中华人民共和国卫生健康常用法律法规全书

ZHONG HUA REN MIN GONG HE GUO WEI SHENG JIAN KANG
CHANG YONG FA LÜ FA GUI QUAN SHU

《中华人民共和国卫生健康常用法律法规全书》编写组 编

中国民主法制出版社

图书在版编目(CIP)数据

中华人民共和国卫生健康常用法律法规全书/《中华人民共和国卫生健康常用法律法规全书》编写组编.—北京:中国民主法制出版社,2021.9

ISBN 978-7-5162-2694-0

Ⅰ.①中… Ⅱ.①中… Ⅲ.①医药卫生管理—法律—汇编—中国 Ⅳ.①D922.169

中国版本图书馆 CIP 数据核字(2021)第 196656 号

图书出品人:刘海涛
出 版 统 筹:乔先彪
责 任 编 辑:陈 曦 谢瑾勋

书名/中华人民共和国卫生健康常用法律法规全书
编者/《中华人民共和国卫生健康常用法律法规全书》编写组 编

出版·发行/中国民主法制出版社
地址/北京市丰台区右安门外玉林里 7 号(100069)
电话/(010)63055259(总编室) 63058068 63057714(营销中心)
传真/(010)63055259
http://www.npcpub.com
E-mail:mzfz@npcpub.com
经销/新华书店
开本/16 开 787 毫米×1092 毫米
印张/76.5 **字数**/1537 千字
版本/2021 年 10 月第 1 版 2021 年 10 月第 1 次印刷
印刷/北京天宇万达印刷有限公司

书号/ISBN 978-7-5162-2694-0
定价/188.00 元

出版说明

为认真贯彻落实党的十九大、十九届三中全会精神，不断深化法治宣传教育，依法行政建设法治政府，全面推进卫生健康依法治理能力，提升治理体系现代化，营造更加良好的法治保障环境，我社根据中华人民共和国成立以来卫生健康领域相关法律、行政法规、部门规章和重要规范性文件的颁布及修订情况，编写《中华人民共和国卫生健康常用法律法规全书》。

本书以习近平新时代中国特色社会主义思想为指导，深入贯彻落实习近平总书记重要讲话精神和治国理政新理念新思想新战略，认真收录了现行有效的与卫生健康相关的法律 24 部，行政法规 36 件，部门规章及行政规范性文件 130 余件和相关司法解释若干。为方便读者查阅，本书按照业务领域对部门规章及规范性文件进行分类，分别是综合监督管理类、医疗卫生监督管理类、老妇幼卫生保健类、食品与生物安全类以及职业健康保障类。

本书在编写过程中的疏漏和不妥之处，敬请批评指正，不甚感激！

中国民主法制出版社有限公司

2021 年 9 月

总　目　录

目 录

第一部分 综合规定

第二部分 其他相关规定

一、法 律

二、行政法规

三、部门规章及行政规范性文件

(一)综合监督管理类

(二)医疗卫生监督管理类

第一部分　综合规定

中华人民共和国民法典

（2020年5月28日第十三届全国人民代表大会第三次会议通过）

目　录

第一编　总　　则

第一章　基本规定

第一条　为了保护民事主体的合法权益，调整民事关系，维护社会和经济秩序，适应中国特色社会主义发展要求，弘扬社会主义核心价值观，根据宪法，制定本法。

第二条 民法调整平等主体的自然人、法人和非法人组织之间的人身关系和财产关系。

第三条 民事主体的人身权利、财产权利以及其他合法权益受法律保护，任何组织或者个人不得侵犯。

第四条 民事主体在民事活动中的法律地位一律平等。

第五条 民事主体从事民事活动，应当遵循自愿原则，按照自己的意思设立、变更、终止民事法律关系。

第六条 民事主体从事民事活动，应当遵循公平原则，合理确定各方的权利和义务。

第七条 民事主体从事民事活动，应当遵循诚信原则，秉持诚实，恪守承诺。

第八条 民事主体从事民事活动，不得违反法律，不得违背公序良俗。

第九条 民事主体从事民事活动，应当有利于节约资源、保护生态环境。

第十条 处理民事纠纷，应当依照法律；法律没有规定的，可以适用习惯，但是不得违背公序良俗。

第十一条 其他法律对民事关系有特别规定的，依照其规定。

第十二条 中华人民共和国领域内的民事活动，适用中华人民共和国法律。法律另有规定的，依照其规定。

第二章 自然人

第一节 民事权利能力和民事行为能力

第十三条 自然人从出生时起到死亡时止，具有民事权利能力，依法享有民事权利，承担民事义务。

第十四条 自然人的民事权利能力一律平等。

第十五条 自然人的出生时间和死亡时间，以出生证明、死亡证明记载的时间为准；没有出生证明、死亡证明的，以户籍登记或者其他有效身份登记记载的时间为准。有其他证据足以推翻以上记载时间的，以该证据证明的时间为准。

第十六条 涉及遗产继承、接受赠与等胎儿利益保护的，胎儿视为具有民事权利能力。但是，胎儿娩出时为死体的，其民事权利能力自始不存在。

第十七条 十八周岁以上的自然人为成年人。不满十八周岁的自然人为未成年人。

第十八条 成年人为完全民事行为能力人，可以独立实施民事法律行为。

十六周岁以上的未成年人，以自己的劳动收入为主要生活来源的，视为完全民事行为能力人。

第十九条 八周岁以上的未成年人为限制民事行为能力人，实施民事法律行为由其法定代理人代理或者经其法定代理人同意、追认；但是，可以独立实施纯获利益的民事法律行为或者与其年龄、智力相适应的民事法律行为。

第二十条 不满八周岁的未成年人为无民事行为能力人，由其法定代理人代理实施民事法律行为。

第二十一条 不能辨认自己行为的成年人为无民事行为能力人,由其法定代理人代理实施民事法律行为。

八周岁以上的未成年人不能辨认自己行为的,适用前款规定。

第二十二条 不能完全辨认自己行为的成年人为限制民事行为能力人,实施民事法律行为由其法定代理人代理或者经其法定代理人同意、追认;但是,可以独立实施纯获利益的民事法律行为或者与其智力、精神健康状况相适应的民事法律行为。

第二十三条 无民事行为能力人、限制民事行为能力人的监护人是其法定代理人。

第二十四条 不能辨认或者不能完全辨认自己行为的成年人,其利害关系人或者有关组织,可以向人民法院申请认定该成年人为无民事行为能力人或者限制民事行为能力人。

被人民法院认定为无民事行为能力人或者限制民事行为能力人的,经本人、利害关系人或者有关组织申请,人民法院可以根据其智力、精神健康恢复的状况,认定该成年人恢复为限制民事行为能力人或者完全民事行为能力人。

本条规定的有关组织包括:居民委员会、村民委员会、学校、医疗机构、妇女联合会、残疾人联合会、依法设立的老年人组织、民政部门等。

第二十五条 自然人以户籍登记或者其他有效身份登记记载的居所为住所;经常居所与住所不一致的,经常居所视为住所。

第二节 监 护

第二十六条 父母对未成年子女负有抚养、教育和保护的义务。

成年子女对父母负有赡养、扶助和保护的义务。

第二十七条 父母是未成年子女的监护人。

未成年人的父母已经死亡或者没有监护能力的,由下列有监护能力的人按顺序担任监护人:

(一)祖父母、外祖父母;

(二)兄、姐;

(三)其他愿意担任监护人的个人或者组织,但是须经未成年人住所地的居民委员会、村民委员会或者民政部门同意。

第二十八条 无民事行为能力或者限制民事行为能力的成年人,由下列有监护能力的人按顺序担任监护人:

(一)配偶;

(二)父母、子女;

(三)其他近亲属;

(四)其他愿意担任监护人的个人或者组织,但是须经被监护人住所地的居民委员会、村民委员会或者民政部门同意。

第二十九条 被监护人的父母担任监护人的,可以通过遗嘱指定监护人。

第三十条 依法具有监护资格的人之间可以协议确定监护人。协议确定监护人应当尊重被监护人的真实意愿。

第三十一条 对监护人的确定有争议的，由被监护人住所地的居民委员会、村民委员会或者民政部门指定监护人，有关当事人对指定不服的，可以向人民法院申请指定监护人；有关当事人也可以直接向人民法院申请指定监护人。

居民委员会、村民委员会、民政部门或者人民法院应当尊重被监护人的真实意愿，按照最有利于被监护人的原则在依法具有监护资格的人中指定监护人。

依据本条第一款规定指定监护人前，被监护人的人身权利、财产权利以及其他合法权益处于无人保护状态的，由被监护人住所地的居民委员会、村民委员会、法律规定的有关组织或者民政部门担任临时监护人。

监护人被指定后，不得擅自变更；擅自变更的，不免除被指定的监护人的责任。

第三十二条 没有依法具有监护资格的人的，监护人由民政部门担任，也可以由具备履行监护职责条件的被监护人住所地的居民委员会、村民委员会担任。

第三十三条 具有完全民事行为能力的成年人，可以与其近亲属、其他愿意担任监护人的个人或者组织事先协商，以书面形式确定自己的监护人，在自己丧失或者部分丧失民事行为能力时，由该监护人履行监护职责。

第三十四条 监护人的职责是代理被监护人实施民事法律行为，保护被监护人的人身权利、财产权利以及其他合法权益等。

监护人依法履行监护职责产生的权利，受法律保护。

监护人不履行监护职责或者侵害被监护人合法权益的，应当承担法律责任。

因发生突发事件等紧急情况，监护人暂时无法履行监护职责，被监护人的生活处于无人照料状态的，被监护人住所地的居民委员会、村民委员会或者民政部门应当为被监护人安排必要的临时生活照料措施。

第三十五条 监护人应当按照最有利于被监护人的原则履行监护职责。监护人除为维护被监护人利益外，不得处分被监护人的财产。

未成年人的监护人履行监护职责，在作出与被监护人利益有关的决定时，应当根据被监护人的年龄和智力状况，尊重被监护人的真实意愿。

成年人的监护人履行监护职责，应当最大程度地尊重被监护人的真实意愿，保障并协助被监护人实施与其智力、精神健康状况相适应的民事法律行为。对被监护人有能力独立处理的事务，监护人不得干涉。

第三十六条 监护人有下列情形之一的，人民法院根据有关个人或者组织的申请，撤销其监护人资格，安排必要的临时监护措施，并按照最有利于被监护人的原则依法指定监护人：

（一）实施严重损害被监护人身心健康的行为；

（二）怠于履行监护职责，或者无法履行监护职责且拒绝将监护职责部分或者全部委托给他人，导致被监护人处于危困状态；

（三）实施严重侵害被监护人合法权益的其他行为。

本条规定的有关个人、组织包括：其他依法具有监护资格的人，居民委员会、村民委员会、学校、医疗机构、妇女联合会、残疾人联合会、未成年人保护组织、依法设立的老年人组织、民政部门等。

前款规定的个人和民政部门以外的组织未及时向人民法院申请撤销监护人资格的,民政部门应当向人民法院申请。

第三十七条 依法负担被监护人抚养费、赡养费、扶养费的父母、子女、配偶等,被人民法院撤销监护人资格后,应当继续履行负担的义务。

第三十八条 被监护人的父母或者子女被人民法院撤销监护人资格后,除对被监护人实施故意犯罪的外,确有悔改表现的,经其申请,人民法院可以在尊重被监护人真实意愿的前提下,视情况恢复其监护人资格,人民法院指定的监护人与被监护人的监护关系同时终止。

第三十九条 有下列情形之一的,监护关系终止:

(一)被监护人取得或者恢复完全民事行为能力;

(二)监护人丧失监护能力;

(三)被监护人或者监护人死亡;

(四)人民法院认定监护关系终止的其他情形。

监护关系终止后,被监护人仍然需要监护的,应当依法另行确定监护人。

第三节 宣告失踪和宣告死亡

第四十条 自然人下落不明满二年的,利害关系人可以向人民法院申请宣告该自然人为失踪人。

第四十一条 自然人下落不明的时间自其失去音讯之日起计算。战争期间下落不明的,下落不明的时间自战争结束之日或者有关机关确定的下落不明之日起计算。

第四十二条 失踪人的财产由其配偶、成年子女、父母或者其他愿意担任财产代管人的人代管。

代管有争议,没有前款规定的人,或者前款规定的人无代管能力的,由人民法院指定的人代管。

第四十三条 财产代管人应当妥善管理失踪人的财产,维护其财产权益。

失踪人所欠税款、债务和应付的其他费用,由财产代管人从失踪人的财产中支付。

财产代管人因故意或者重大过失造成失踪人财产损失的,应当承担赔偿责任。

第四十四条 财产代管人不履行代管职责、侵害失踪人财产权益或者丧失代管能力的,失踪人的利害关系人可以向人民法院申请变更财产代管人。

财产代管人有正当理由的,可以向人民法院申请变更财产代管人。

人民法院变更财产代管人的,变更后的财产代管人有权请求原财产代管人及时移交有关财产并报告财产代管情况。

第四十五条 失踪人重新出现,经本人或者利害关系人申请,人民法院应当撤销失踪宣告。

失踪人重新出现,有权请求财产代管人及时移交有关财产并报告财产代管情况。

第四十六条 自然人有下列情形之一的,利害关系人可以向人民法院申请宣告该自然人死亡:

(一)下落不明满四年;

(二)因意外事件,下落不明满二年。

因意外事件下落不明,经有关机关证明该自然人不可能生存的,申请宣告死亡不受二年时间的限制。

第四十七条 对同一自然人,有的利害关系人申请宣告死亡,有的利害关系人申请宣告失踪,符合本法规定的宣告死亡条件的,人民法院应当宣告死亡。

第四十八条 被宣告死亡的人,人民法院宣告死亡的判决作出之日视为其死亡的日期;因意外事件下落不明宣告死亡的,意外事件发生之日视为其死亡的日期。

第四十九条 自然人被宣告死亡但是并未死亡的,不影响该自然人在被宣告死亡期间实施的民事法律行为的效力。

第五十条 被宣告死亡的人重新出现,经本人或者利害关系人申请,人民法院应当撤销死亡宣告。

第五十一条 被宣告死亡的人的婚姻关系,自死亡宣告之日起消除。死亡宣告被撤销的,婚姻关系自撤销死亡宣告之日起自行恢复。但是,其配偶再婚或者向婚姻登记机关书面声明不愿意恢复的除外。

第五十二条 被宣告死亡的人在被宣告死亡期间,其子女被他人依法收养的,在死亡宣告被撤销后,不得以未经本人同意为由主张收养行为无效。

第五十三条 被撤销死亡宣告的人有权请求依照本法第六编取得其财产的民事主体返还财产;无法返还的,应当给予适当补偿。

利害关系人隐瞒真实情况,致使他人被宣告死亡而取得其财产的,除应当返还财产外,还应当对由此造成的损失承担赔偿责任。

第四节 个体工商户和农村承包经营户

第五十四条 自然人从事工商业经营,经依法登记,为个体工商户。个体工商户可以起字号。

第五十五条 农村集体经济组织的成员,依法取得农村土地承包经营权,从事家庭承包经营的,为农村承包经营户。

第五十六条 个体工商户的债务,个人经营的,以个人财产承担;家庭经营的,以家庭财产承担;无法区分的,以家庭财产承担。

农村承包经营户的债务,以从事农村土地承包经营的农户财产承担;事实上由农户部分成员经营的,以该部分成员的财产承担。

第三章 法 人

第一节 一般规定

第五十七条 法人是具有民事权利能力和民事行为能力,依法独立享有民事权利和承担民事义务的组织。

第五十八条 法人应当依法成立。

法人应当有自己的名称、组织机构、住所、财产或者经费。法人成立的具体条件和程序,依照法律、行政法规的规定。

设立法人,法律、行政法规规定须经有关机关批准的,依照其规定。

第五十九条 法人的民事权利能力和民事行为能力,从法人成立时产生,到法人终止时消灭。

第六十条 法人以其全部财产独立承担民事责任。

第六十一条 依照法律或者法人章程的规定,代表法人从事民事活动的负责人,为法人的法定代表人。

法定代表人以法人名义从事的民事活动,其法律后果由法人承受。

法人章程或者法人权力机构对法定代表人代表权的限制,不得对抗善意相对人。

第六十二条 法定代表人因执行职务造成他人损害的,由法人承担民事责任。

法人承担民事责任后,依照法律或者法人章程的规定,可以向有过错的法定代表人追偿。

第六十三条 法人以其主要办事机构所在地为住所。依法需要办理法人登记的,应当将主要办事机构所在地登记为住所。

第六十四条 法人存续期间登记事项发生变化的,应当依法向登记机关申请变更登记。

第六十五条 法人的实际情况与登记的事项不一致的,不得对抗善意相对人。

第六十六条 登记机关应当依法及时公示法人登记的有关信息。

第六十七条 法人合并的,其权利和义务由合并后的法人享有和承担。

法人分立的,其权利和义务由分立后的法人享有连带债权,承担连带债务,但是债权人和债务人另有约定的除外。

第六十八条 有下列原因之一并依法完成清算、注销登记的,法人终止:

(一)法人解散;

(二)法人被宣告破产;

(三)法律规定的其他原因。

法人终止,法律、行政法规规定须经有关机关批准的,依照其规定。

第六十九条 有下列情形之一的,法人解散:

(一)法人章程规定的存续期间届满或者法人章程规定的其他解散事由出现;

(二)法人的权力机构决议解散;

(三)因法人合并或者分立需要解散;

(四)法人依法被吊销营业执照、登记证书,被责令关闭或者被撤销;

(五)法律规定的其他情形。

第七十条 法人解散的,除合并或者分立的情形外,清算义务人应当及时组成清算组进行清算。

法人的董事、理事等执行机构或者决策机构的成员为清算义务人。法律、行政法规另有规定的，依照其规定。

清算义务人未及时履行清算义务，造成损害的，应当承担民事责任；主管机关或者利害关系人可以申请人民法院指定有关人员组成清算组进行清算。

第七十一条　法人的清算程序和清算组职权，依照有关法律的规定；没有规定的，参照适用公司法律的有关规定。

第七十二条　清算期间法人存续，但是不得从事与清算无关的活动。

法人清算后的剩余财产，按照法人章程的规定或者法人权力机构的决议处理。法律另有规定的，依照其规定。

清算结束并完成法人注销登记时，法人终止；依法不需要办理法人登记的，清算结束时，法人终止。

第七十三条　法人被宣告破产的，依法进行破产清算并完成法人注销登记时，法人终止。

第七十四条　法人可以依法设立分支机构。法律、行政法规规定分支机构应当登记的，依照其规定。

分支机构以自己的名义从事民事活动，产生的民事责任由法人承担；也可以先以该分支机构管理的财产承担，不足以承担的，由法人承担。

第七十五条　设立人为设立法人从事的民事活动，其法律后果由法人承受；法人未成立的，其法律后果由设立人承受，设立人为二人以上的，享有连带债权，承担连带债务。

设立人为设立法人以自己的名义从事民事活动产生的民事责任，第三人有权选择请求法人或者设立人承担。

第二节　营利法人

第七十六条　以取得利润并分配给股东等出资人为目的成立的法人，为营利法人。

营利法人包括有限责任公司、股份有限公司和其他企业法人等。

第七十七条　营利法人经依法登记成立。

第七十八条　依法设立的营利法人，由登记机关发给营利法人营业执照。营业执照签发日期为营利法人的成立日期。

第七十九条　设立营利法人应当依法制定法人章程。

第八十条　营利法人应当设权力机构。

权力机构行使修改法人章程，选举或者更换执行机构、监督机构成员，以及法人章程规定的其他职权。

第八十一条　营利法人应当设执行机构。

执行机构行使召集权力机构会议，决定法人的经营计划和投资方案，决定法人内部管理机构的设置，以及法人章程规定的其他职权。

执行机构为董事会或者执行董事的，董事长、执行董事或者经理按照法人章程的规定担任法定代表人；未设董事会或者执行董事的，法人章程规定的主要负责人为其执行机构和法定代表人。

第八十二条　营利法人设监事会或者监事等监督机构的，监督机构依法行使检查法人财务，监督执行机构成员、高级管理人员执行法人职务的行为，以及法人章程规定的其他职权。

第八十三条　营利法人的出资人不得滥用出资人权利损害法人或者其他出资人的利益；滥用出资人权利造成法人或者其他出资人损失的，应当依法承担民事责任。

营利法人的出资人不得滥用法人独立地位和出资人有限责任损害法人债权人的利益；滥用法人独立地位和出资人有限责任，逃避债务，严重损害法人债权人的利益的，应当对法人债务承担连带责任。

第八十四条　营利法人的控股出资人、实际控制人、董事、监事、高级管理人员不得利用其关联关系损害法人的利益；利用关联关系造成法人损失的，应当承担赔偿责任。

第八十五条　营利法人的权力机构、执行机构作出决议的会议召集程序、表决方式违反法律、行政法规、法人章程，或者决议内容违反法人章程的，营利法人的出资人可以请求人民法院撤销该决议。但是，营利法人依据该决议与善意相对人形成的民事法律关系不受影响。

第八十六条　营利法人从事经营活动，应当遵守商业道德，维护交易安全，接受政府和社会的监督，承担社会责任。

第三节　非营利法人

第八十七条　为公益目的或者其他非营利目的成立，不向出资人、设立人或者会员分配所取得利润的法人，为非营利法人。

非营利法人包括事业单位、社会团体、基金会、社会服务机构等。

第八十八条　具备法人条件，为适应经济社会发展需要，提供公益服务设立的事业单位，经依法登记成立，取得事业单位法人资格；依法不需要办理法人登记的，从成立之日起，具有事业单位法人资格。

第八十九条　事业单位法人设理事会的，除法律另有规定外，理事会为其决策机构。事业单位法人的法定代表人依照法律、行政法规或者法人章程的规定产生。

第九十条　具备法人条件，基于会员共同意愿，为公益目的或者会员共同利益等非营利目的设立的社会团体，经依法登记成立，取得社会团体法人资格；依法不需要办理法人登记的，从成立之日起，具有社会团体法人资格。

第九十一条　设立社会团体法人应当依法制定法人章程。

社会团体法人应当设会员大会或者会员代表大会等权力机构。

社会团体法人应当设理事会等执行机构。理事长或者会长等负责人按照法人章程的规定担任法定代表人。

第九十二条　具备法人条件，为公益目的以捐助财产设立的基金会、社会服务机构等，经依法登记成立，取得捐助法人资格。

依法设立的宗教活动场所，具备法人条件的，可以申请法人登记，取得捐助法人资格。

法律、行政法规对宗教活动场所有规定的，依照其规定。

第九十三条 设立捐助法人应当依法制定法人章程。

捐助法人应当设理事会、民主管理组织等决策机构，并设执行机构。理事长等负责人按照法人章程的规定担任法定代表人。

捐助法人应当设监事会等监督机构。

第九十四条 捐助人有权向捐助法人查询捐助财产的使用、管理情况，并提出意见和建议，捐助法人应当及时、如实答复。

捐助法人的决策机构、执行机构或者法定代表人作出决定的程序违反法律、行政法规、法人章程，或者决定内容违反法人章程的，捐助人等利害关系人或者主管机关可以请求人民法院撤销该决定。但是，捐助法人依据该决定与善意相对人形成的民事法律关系不受影响。

第九十五条 为公益目的成立的非营利法人终止时，不得向出资人、设立人或者会员分配剩余财产。剩余财产应当按照法人章程的规定或者权力机构的决议用于公益目的；无法按照法人章程的规定或者权力机构的决议处理的，由主管机关主持转给宗旨相同或者相近的法人，并向社会公告。

第四节 特别法人

第九十六条 本节规定的机关法人、农村集体经济组织法人、城镇农村的合作经济组织法人、基层群众性自治组织法人，为特别法人。

第九十七条 有独立经费的机关和承担行政职能的法定机构从成立之日起，具有机关法人资格，可以从事为履行职能所需要的民事活动。

第九十八条 机关法人被撤销的，法人终止，其民事权利和义务由继任的机关法人享有和承担；没有继任的机关法人的，由作出撤销决定的机关法人享有和承担。

第九十九条 农村集体经济组织依法取得法人资格。

法律、行政法规对农村集体经济组织有规定的，依照其规定。

第一百条 城镇农村的合作经济组织依法取得法人资格。

法律、行政法规对城镇农村的合作经济组织有规定的，依照其规定。

第一百零一条 居民委员会、村民委员会具有基层群众性自治组织法人资格，可以从事为履行职能所需要的民事活动。

未设立村集体经济组织的，村民委员会可以依法代行村集体经济组织的职能。

第四章 非法人组织

第一百零二条 非法人组织是不具有法人资格，但是能够依法以自己的名义从事民事活动的组织。

非法人组织包括个人独资企业、合伙企业、不具有法人资格的专业服务机构等。

第一百零三条 非法人组织应当依照法律的规定登记。

设立非法人组织，法律、行政法规规定须经有关机关批准的，依照其规定。

第一百零四条 非法人组织的财产不足以清偿债务的,其出资人或者设立人承担无限责任。法律另有规定的,依照其规定。

第一百零五条 非法人组织可以确定一人或者数人代表该组织从事民事活动。

第一百零六条 有下列情形之一的,非法人组织解散:

(一)章程规定的存续期间届满或者章程规定的其他解散事由出现;

(二)出资人或者设立人决定解散;

(三)法律规定的其他情形。

第一百零七条 非法人组织解散的,应当依法进行清算。

第一百零八条 非法人组织除适用本章规定外,参照适用本编第三章第一节的有关规定。

第五章 民事权利

第一百零九条 自然人的人身自由、人格尊严受法律保护。

第一百一十条 自然人享有生命权、身体权、健康权、姓名权、肖像权、名誉权、荣誉权、隐私权、婚姻自主权等权利。

法人、非法人组织享有名称权、名誉权和荣誉权。

第一百一十一条 自然人的个人信息受法律保护。任何组织或者个人需要获取他人个人信息的,应当依法取得并确保信息安全,不得非法收集、使用、加工、传输他人个人信息,不得非法买卖、提供或者公开他人个人信息。

第一百一十二条 自然人因婚姻家庭关系等产生的人身权利受法律保护。

第一百一十三条 民事主体的财产权利受法律平等保护。

第一百一十四条 民事主体依法享有物权。

物权是权利人依法对特定的物享有直接支配和排他的权利,包括所有权、用益物权和担保物权。

第一百一十五条 物包括不动产和动产。法律规定权利作为物权客体的,依照其规定。

第一百一十六条 物权的种类和内容,由法律规定。

第一百一十七条 为了公共利益的需要,依照法律规定的权限和程序征收、征用不动产或者动产的,应当给予公平、合理的补偿。

第一百一十八条 民事主体依法享有债权。

债权是因合同、侵权行为、无因管理、不当得利以及法律的其他规定,权利人请求特定义务人为或者不为一定行为的权利。

第一百一十九条 依法成立的合同,对当事人具有法律约束力。

第一百二十条 民事权益受到侵害的,被侵权人有权请求侵权人承担侵权责任。

第一百二十一条 没有法定的或者约定的义务,为避免他人利益受损失而进行管理的人,有权请求受益人偿还由此支出的必要费用。

第一百二十二条 因他人没有法律根据,取得不当利益,受损失的人有权请求其返还不当利益。

第一百二十三条 民事主体依法享有知识产权。

知识产权是权利人依法就下列客体享有的专有的权利：

(一)作品；

(二)发明、实用新型、外观设计；

(三)商标；

(四)地理标志；

(五)商业秘密；

(六)集成电路布图设计；

(七)植物新品种；

(八)法律规定的其他客体。

第一百二十四条 自然人依法享有继承权。

自然人合法的私有财产，可以依法继承。

第一百二十五条 民事主体依法享有股权和其他投资性权利。

第一百二十六条 民事主体享有法律规定的其他民事权利和利益。

第一百二十七条 法律对数据、网络虚拟财产的保护有规定的，依照其规定。

第一百二十八条 法律对未成年人、老年人、残疾人、妇女、消费者等的民事权利保护有特别规定的，依照其规定。

第一百二十九条 民事权利可以依据民事法律行为、事实行为、法律规定的事件或者法律规定的其他方式取得。

第一百三十条 民事主体按照自己的意愿依法行使民事权利，不受干涉。

第一百三十一条 民事主体行使权利时，应当履行法律规定的和当事人约定的义务。

第一百三十二条 民事主体不得滥用民事权利损害国家利益、社会公共利益或者他人合法权益。

第六章 民事法律行为

第一节 一般规定

第一百三十三条 民事法律行为是民事主体通过意思表示设立、变更、终止民事法律关系的行为。

第一百三十四条 民事法律行为可以基于双方或者多方的意思表示一致成立，也可以基于单方的意思表示成立。

法人、非法人组织依照法律或者章程规定的议事方式和表决程序作出决议的，该决议行为成立。

第一百三十五条 民事法律行为可以采用书面形式、口头形式或者其他形式；法律、行政法规规定或者当事人约定采用特定形式的，应当采用特定形式。

第一百三十六条 民事法律行为自成立时生效，但是法律另有规定或者当事人另有约定的除外。

行为人非依法律规定或者未经对方同意,不得擅自变更或者解除民事法律行为。

第二节　意思表示

第一百三十七条　以对话方式作出的意思表示,相对人知道其内容时生效。

以非对话方式作出的意思表示,到达相对人时生效。以非对话方式作出的采用数据电文形式的意思表示,相对人指定特定系统接收数据电文的,该数据电文进入该特定系统时生效;未指定特定系统的,相对人知道或者应当知道该数据电文进入其系统时生效。当事人对采用数据电文形式的意思表示的生效时间另有约定的,按照其约定。

第一百三十八条　无相对人的意思表示,表示完成时生效。法律另有规定的,依照其规定。

第一百三十九条　以公告方式作出的意思表示,公告发布时生效。

第一百四十条　行为人可以明示或者默示作出意思表示。

沉默只有在有法律规定、当事人约定或者符合当事人之间的交易习惯时,才可以视为意思表示。

第一百四十一条　行为人可以撤回意思表示。撤回意思表示的通知应当在意思表示到达相对人前或者与意思表示同时到达相对人。

第一百四十二条　有相对人的意思表示的解释,应当按照所使用的词句,结合相关条款、行为的性质和目的、习惯以及诚信原则,确定意思表示的含义。

无相对人的意思表示的解释,不能完全拘泥于所使用的词句,而应当结合相关条款、行为的性质和目的、习惯以及诚信原则,确定行为人的真实意思。

第三节　民事法律行为的效力

第一百四十三条　具备下列条件的民事法律行为有效:

(一)行为人具有相应的民事行为能力;

(二)意思表示真实;

(三)不违反法律、行政法规的强制性规定,不违背公序良俗。

第一百四十四条　无民事行为能力人实施的民事法律行为无效。

第一百四十五条　限制民事行为能力人实施的纯获利益的民事法律行为或者与其年龄、智力、精神健康状况相适应的民事法律行为有效;实施的其他民事法律行为经法定代理人同意或者追认后有效。

相对人可以催告法定代理人自收到通知之日起三十日内予以追认。法定代理人未作表示的,视为拒绝追认。民事法律行为被追认前,善意相对人有撤销的权利。撤销应当以通知的方式作出。

第一百四十六条　行为人与相对人以虚假的意思表示实施的民事法律行为无效。

以虚假的意思表示隐藏的民事法律行为的效力,依照有关法律规定处理。

第一百四十七条　基于重大误解实施的民事法律行为,行为人有权请求人民法院或者仲裁机构予以撤销。

第一百四十八条 一方以欺诈手段,使对方在违背真实意思的情况下实施的民事法律行为,受欺诈方有权请求人民法院或者仲裁机构予以撤销。

第一百四十九条 第三人实施欺诈行为,使一方在违背真实意思的情况下实施的民事法律行为,对方知道或者应当知道该欺诈行为的,受欺诈方有权请求人民法院或者仲裁机构予以撤销。

第一百五十条 一方或者第三人以胁迫手段,使对方在违背真实意思的情况下实施的民事法律行为,受胁迫方有权请求人民法院或者仲裁机构予以撤销。

第一百五十一条 一方利用对方处于危困状态、缺乏判断能力等情形,致使民事法律行为成立时显失公平的,受损害方有权请求人民法院或者仲裁机构予以撤销。

第一百五十二条 有下列情形之一的,撤销权消灭:

(一)当事人自知道或者应当知道撤销事由之日起一年内、重大误解的当事人自知道或者应当知道撤销事由之日起九十日内没有行使撤销权;

(二)当事人受胁迫,自胁迫行为终止之日起一年内没有行使撤销权;

(三)当事人知道撤销事由后明确表示或者以自己的行为表明放弃撤销权。

当事人自民事法律行为发生之日起五年内没有行使撤销权的,撤销权消灭。

第一百五十三条 违反法律、行政法规的强制性规定的民事法律行为无效。但是,该强制性规定不导致该民事法律行为无效的除外。

违背公序良俗的民事法律行为无效。

第一百五十四条 行为人与相对人恶意串通,损害他人合法权益的民事法律行为无效。

第一百五十五条 无效的或者被撤销的民事法律行为自始没有法律约束力。

第一百五十六条 民事法律行为部分无效,不影响其他部分效力的,其他部分仍然有效。

第一百五十七条 民事法律行为无效、被撤销或者确定不发生效力后,行为人因该行为取得的财产,应当予以返还;不能返还或者没有必要返还的,应当折价补偿。有过错的一方应当赔偿对方由此所受到的损失;各方都有过错的,应当各自承担相应的责任。法律另有规定的,依照其规定。

第四节 民事法律行为的附条件和附期限

第一百五十八条 民事法律行为可以附条件,但是根据其性质不得附条件的除外。附生效条件的民事法律行为,自条件成就时生效。附解除条件的民事法律行为,自条件成就时失效。

第一百五十九条 附条件的民事法律行为,当事人为自己的利益不正当地阻止条件成就的,视为条件已经成就;不正当地促成条件成就的,视为条件不成就。

第一百六十条 民事法律行为可以附期限,但是根据其性质不得附期限的除外。附生效期限的民事法律行为,自期限届至时生效。附终止期限的民事法律行为,自期限届满时失效。

第七章　代　　理

第一节　一般规定

第一百六十一条　民事主体可以通过代理人实施民事法律行为。

依照法律规定、当事人约定或者民事法律行为的性质，应当由本人亲自实施的民事法律行为，不得代理。

第一百六十二条　代理人在代理权限内，以被代理人名义实施的民事法律行为，对被代理人发生效力。

第一百六十三条　代理包括委托代理和法定代理。

委托代理人按照被代理人的委托行使代理权。法定代理人依照法律的规定行使代理权。

第一百六十四条　代理人不履行或者不完全履行职责，造成被代理人损害的，应当承担民事责任。

代理人和相对人恶意串通，损害被代理人合法权益的，代理人和相对人应当承担连带责任。

第二节　委托代理

第一百六十五条　委托代理授权采用书面形式的，授权委托书应当载明代理人的姓名或者名称、代理事项、权限和期限，并由被代理人签名或者盖章。

第一百六十六条　数人为同一代理事项的代理人的，应当共同行使代理权，但是当事人另有约定的除外。

第一百六十七条　代理人知道或者应当知道代理事项违法仍然实施代理行为，或者被代理人知道或者应当知道代理人的代理行为违法未作反对表示的，被代理人和代理人应当承担连带责任。

第一百六十八条　代理人不得以被代理人的名义与自己实施民事法律行为，但是被代理人同意或者追认的除外。

代理人不得以被代理人的名义与自己同时代理的其他人实施民事法律行为，但是被代理的双方同意或者追认的除外。

第一百六十九条　代理人需要转委托第三人代理的，应当取得被代理人的同意或者追认。

转委托代理经被代理人同意或者追认的，被代理人可以就代理事务直接指示转委托的第三人，代理人仅就第三人的选任以及对第三人的指示承担责任。

转委托代理未经被代理人同意或者追认的，代理人应当对转委托的第三人的行为承担责任；但是，在紧急情况下代理人为了维护被代理人的利益需要转委托第三人代理的除外。

第一百七十条　执行法人或者非法人组织工作任务的人员，就其职权范围内的事项，以法人或者非法人组织的名义实施的民事法律行为,对法人或者非法人组织发生效力。

法人或者非法人组织对执行其工作任务的人员职权范围的限制,不得对抗善意相对人。

第一百七十一条 行为人没有代理权、超越代理权或者代理权终止后,仍然实施代理行为,未经被代理人追认的,对被代理人不发生效力。

相对人可以催告被代理人自收到通知之日起三十日内予以追认。被代理人未作表示的,视为拒绝追认。行为人实施的行为被追认前,善意相对人有撤销的权利。撤销应当以通知的方式作出。

行为人实施的行为未被追认的,善意相对人有权请求行为人履行债务或者就其受到的损害请求行为人赔偿。但是,赔偿的范围不得超过被代理人追认时相对人所能获得的利益。

相对人知道或者应当知道行为人无权代理的,相对人和行为人按照各自的过错承担责任。

第一百七十二条 行为人没有代理权、超越代理权或者代理权终止后,仍然实施代理行为,相对人有理由相信行为人有代理权的,代理行为有效。

第三节 代理终止

第一百七十三条 有下列情形之一的,委托代理终止:

(一)代理期限届满或者代理事务完成;

(二)被代理人取消委托或者代理人辞去委托;

(三)代理人丧失民事行为能力;

(四)代理人或者被代理人死亡;

(五)作为代理人或者被代理人的法人、非法人组织终止。

第一百七十四条 被代理人死亡后,有下列情形之一的,委托代理人实施的代理行为有效:

(一)代理人不知道且不应当知道被代理人死亡;

(二)被代理人的继承人予以承认;

(三)授权中明确代理权在代理事务完成时终止;

(四)被代理人死亡前已经实施,为了被代理人的继承人的利益继续代理。

作为被代理人的法人、非法人组织终止的,参照适用前款规定。

第一百七十五条 有下列情形之一的,法定代理终止:

(一)被代理人取得或者恢复完全民事行为能力;

(二)代理人丧失民事行为能力;

(三)代理人或者被代理人死亡;

(四)法律规定的其他情形。

第八章 民事责任

第一百七十六条 民事主体依照法律规定或者按照当事人约定,履行民事义务,承担民事责任。

第一百七十七条 二人以上依法承担按份责任,能够确定责任大小的,各自承担相应的责任;难以确定责任大小的,平均承担责任。

第一百七十八条 二人以上依法承担连带责任的,权利人有权请求部分或者全部连带责任人承担责任。

连带责任人的责任份额根据各自责任大小确定;难以确定责任大小的,平均承担责任。实际承担责任超过自己责任份额的连带责任人,有权向其他连带责任人追偿。

连带责任,由法律规定或者当事人约定。

第一百七十九条 承担民事责任的方式主要有:

(一)停止侵害;

(二)排除妨碍;

(三)消除危险;

(四)返还财产;

(五)恢复原状;

(六)修理、重作、更换;

(七)继续履行;

(八)赔偿损失;

(九)支付违约金;

(十)消除影响、恢复名誉;

(十一)赔礼道歉。

法律规定惩罚性赔偿的,依照其规定。

本条规定的承担民事责任的方式,可以单独适用,也可以合并适用。

第一百八十条 因不可抗力不能履行民事义务的,不承担民事责任。法律另有规定的,依照其规定。

不可抗力是不能预见、不能避免且不能克服的客观情况。

第一百八十一条 因正当防卫造成损害的,不承担民事责任。

正当防卫超过必要的限度,造成不应有的损害的,正当防卫人应当承担适当的民事责任。

第一百八十二条 因紧急避险造成损害的,由引起险情发生的人承担民事责任。

危险由自然原因引起的,紧急避险人不承担民事责任,可以给予适当补偿。

紧急避险采取措施不当或者超过必要的限度,造成不应有的损害的,紧急避险人应当承担适当的民事责任。

第一百八十三条 因保护他人民事权益使自己受到损害的,由侵权人承担民事责任,受益人可以给予适当补偿。没有侵权人、侵权人逃逸或者无力承担民事责任,受害人请求补偿的,受益人应当给予适当补偿。

第一百八十四条 因自愿实施紧急救助行为造成受助人损害的,救助人不承担民事责任。

第一百八十五条 侵害英雄烈士等的姓名、肖像、名誉、荣誉,损害社会公共利益的,应当承担民事责任。

第一百八十六条 因当事人一方的违约行为,损害对方人身权益、财产权益的,受损害方有权选择请求其承担违约责任或者侵权责任。

第一百八十七条 民事主体因同一行为应当承担民事责任、行政责任和刑事责任的,承担行政责任或者刑事责任不影响承担民事责任;民事主体的财产不足以支付的,优先用于承担民事责任。

第九章 诉讼时效

第一百八十八条 向人民法院请求保护民事权利的诉讼时效期间为三年。法律另有规定的,依照其规定。

诉讼时效期间自权利人知道或者应当知道权利受到损害以及义务人之日起计算。法律另有规定的,依照其规定。但是,自权利受到损害之日起超过二十年的,人民法院不予保护,有特殊情况的,人民法院可以根据权利人的申请决定延长。

第一百八十九条 当事人约定同一债务分期履行的,诉讼时效期间自最后一期履行期限届满之日起计算。

第一百九十条 无民事行为能力人或者限制民事行为能力人对其法定代理人的请求权的诉讼时效期间,自该法定代理终止之日起计算。

第一百九十一条 未成年人遭受性侵害的损害赔偿请求权的诉讼时效期间,自受害人年满十八周岁之日起计算。

第一百九十二条 诉讼时效期间届满的,义务人可以提出不履行义务的抗辩。

诉讼时效期间届满后,义务人同意履行的,不得以诉讼时效期间届满为由抗辩;义务人已经自愿履行的,不得请求返还。

第一百九十三条 人民法院不得主动适用诉讼时效的规定。

第一百九十四条 在诉讼时效期间的最后六个月内,因下列障碍,不能行使请求权的,诉讼时效中止:

(一)不可抗力;

(二)无民事行为能力人或者限制民事行为能力人没有法定代理人,或者法定代理人死亡、丧失民事行为能力、丧失代理权;

(三)继承开始后未确定继承人或者遗产管理人;

(四)权利人被义务人或者其他人控制;

(五)其他导致权利人不能行使请求权的障碍。

自中止时效的原因消除之日起满六个月,诉讼时效期间届满。

第一百九十五条 有下列情形之一的,诉讼时效中断,从中断、有关程序终结时起,诉讼时效期间重新计算:

(一)权利人向义务人提出履行请求;

(二)义务人同意履行义务;

（三）权利人提起诉讼或者申请仲裁；

（四）与提起诉讼或者申请仲裁具有同等效力的其他情形。

第一百九十六条 下列请求权不适用诉讼时效的规定：

（一）请求停止侵害、排除妨碍、消除危险；

（二）不动产物权和登记的动产物权的权利人请求返还财产；

（三）请求支付抚养费、赡养费或者扶养费；

（四）依法不适用诉讼时效的其他请求权。

第一百九十七条 诉讼时效的期间、计算方法以及中止、中断的事由由法律规定，当事人约定无效。

当事人对诉讼时效利益的预先放弃无效。

第一百九十八条 法律对仲裁时效有规定的，依照其规定；没有规定的，适用诉讼时效的规定。

第一百九十九条 法律规定或者当事人约定的撤销权、解除权等权利的存续期间，除法律另有规定外，自权利人知道或者应当知道权利产生之日起计算，不适用有关诉讼时效中止、中断和延长的规定。存续期间届满，撤销权、解除权等权利消灭。

第十章 期间计算

第二百条 民法所称的期间按照公历年、月、日、小时计算。

第二百零一条 按照年、月、日计算期间的，开始的当日不计入，自下一日开始计算。

按照小时计算期间的，自法律规定或者当事人约定的时间开始计算。

第二百零二条 按照年、月计算期间的，到期月的对应日为期间的最后一日；没有对应日的，月末日为期间的最后一日。

第二百零三条 期间的最后一日是法定休假日的，以法定休假日结束的次日为期间的最后一日。

期间的最后一日的截止时间为二十四时；有业务时间的，停止业务活动的时间为截止时间。

第二百零四条 期间的计算方法依照本法的规定，但是法律另有规定或者当事人另有约定的除外。

第二编 物 权

第一分编 通 则

第一章 一般规定

第二百零五条 本编调整因物的归属和利用产生的民事关系。

第二百零六条 国家坚持和完善公有制为主体、多种所有制经济共同发展，按劳分配为主体、多种分配方式并存，社会主义市场经济体制等社会主义基本经济制度。

国家巩固和发展公有制经济，鼓励、支持和引导非公有制经济的发展。

国家实行社会主义市场经济，保障一切市场主体的平等法律地位和发展权利。

第二百零七条 国家、集体、私人的物权和其他权利人的物权受法律平等保护，任何组织或者个人不得侵犯。

第二百零八条 不动产物权的设立、变更、转让和消灭，应当依照法律规定登记。动产物权的设立和转让，应当依照法律规定交付。

第二章 物权的设立、变更、转让和消灭

第一节 不动产登记

第二百零九条 不动产物权的设立、变更、转让和消灭，经依法登记，发生效力；未经登记，不发生效力，但是法律另有规定的除外。

依法属于国家所有的自然资源，所有权可以不登记。

第二百一十条 不动产登记，由不动产所在地的登记机构办理。

国家对不动产实行统一登记制度。统一登记的范围、登记机构和登记办法，由法律、行政法规规定。

第二百一十一条 当事人申请登记，应当根据不同登记事项提供权属证明和不动产界址、面积等必要材料。

第二百一十二条 登记机构应当履行下列职责：

（一）查验申请人提供的权属证明和其他必要材料；

（二）就有关登记事项询问申请人；

（三）如实、及时登记有关事项；

（四）法律、行政法规规定的其他职责。

申请登记的不动产的有关情况需要进一步证明的，登记机构可以要求申请人补充材料，必要时可以实地查看。

第二百一十三条 登记机构不得有下列行为：

（一）要求对不动产进行评估；

（二）以年检等名义进行重复登记；

（三）超出登记职责范围的其他行为。

第二百一十四条 不动产物权的设立、变更、转让和消灭，依照法律规定应当登记的，自记载于不动产登记簿时发生效力。

第二百一十五条 当事人之间订立有关设立、变更、转让和消灭不动产物权的合同，除法律另有规定或者当事人另有约定外，自合同成立时生效；未办理物权登记的，不影响合同效力。

第二百一十六条 不动产登记簿是物权归属和内容的根据。

不动产登记簿由登记机构管理。

第二百一十七条 不动产权属证书是权利人享有该不动产物权的证明。不动产权属

证书记载的事项,应当与不动产登记簿一致;记载不一致的,除有证据证明不动产登记簿确有错误外,以不动产登记簿为准。

第二百一十八条 权利人、利害关系人可以申请查询、复制不动产登记资料,登记机构应当提供。

第二百一十九条 利害关系人不得公开、非法使用权利人的不动产登记资料。

第二百二十条 权利人、利害关系人认为不动产登记簿记载的事项错误的,可以申请更正登记。不动产登记簿记载的权利人书面同意更正或者有证据证明登记确有错误的,登记机构应当予以更正。

不动产登记簿记载的权利人不同意更正的,利害关系人可以申请异议登记。登记机构予以异议登记,申请人自异议登记之日起十五日内不提起诉讼的,异议登记失效。异议登记不当,造成权利人损害的,权利人可以向申请人请求损害赔偿。

第二百二十一条 当事人签订买卖房屋的协议或者签订其他不动产物权的协议,为保障将来实现物权,按照约定可以向登记机构申请预告登记。预告登记后,未经预告登记的权利人同意,处分该不动产的,不发生物权效力。

预告登记后,债权消灭或者自能够进行不动产登记之日起九十日内未申请登记的,预告登记失效。

第二百二十二条 当事人提供虚假材料申请登记,造成他人损害的,应当承担赔偿责任。

因登记错误,造成他人损害的,登记机构应当承担赔偿责任。登记机构赔偿后,可以向造成登记错误的人追偿。

第二百二十三条 不动产登记费按件收取,不得按照不动产的面积、体积或者价款的比例收取。

第二节 动产交付

第二百二十四条 动产物权的设立和转让,自交付时发生效力,但是法律另有规定的除外。

第二百二十五条 船舶、航空器和机动车等的物权的设立、变更、转让和消灭,未经登记,不得对抗善意第三人。

第二百二十六条 动产物权设立和转让前,权利人已经占有该动产的,物权自民事法律行为生效时发生效力。

第二百二十七条 动产物权设立和转让前,第三人占有该动产的,负有交付义务的人可以通过转让请求第三人返还原物的权利代替交付。

第二百二十八条 动产物权转让时,当事人又约定由出让人继续占有该动产的,物权自该约定生效时发生效力。

第三节 其他规定

第二百二十九条 因人民法院、仲裁机构的法律文书或者人民政府的征收决定等,导致物权设立、变更、转让或者消灭的,自法律文书或者征收决定等生效时发生效力。

第二百三十条 因继承取得物权的,自继承开始时发生效力。

第二百三十一条 因合法建造、拆除房屋等事实行为设立或者消灭物权的,自事实行为成就时发生效力。

第二百三十二条 处分依照本节规定享有的不动产物权,依照法律规定需要办理登记的,未经登记,不发生物权效力。

第三章 物权的保护

第二百三十三条 物权受到侵害的,权利人可以通过和解、调解、仲裁、诉讼等途径解决。

第二百三十四条 因物权的归属、内容发生争议的,利害关系人可以请求确认权利。

第二百三十五条 无权占有不动产或者动产的,权利人可以请求返还原物。

第二百三十六条 妨害物权或者可能妨害物权的,权利人可以请求排除妨害或者消除危险。

第二百三十七条 造成不动产或者动产毁损的,权利人可以依法请求修理、重作、更换或者恢复原状。

第二百三十八条 侵害物权,造成权利人损害的,权利人可以依法请求损害赔偿,也可以依法请求承担其他民事责任。

第二百三十九条 本章规定的物权保护方式,可以单独适用,也可以根据权利被侵害的情形合并适用。

第二分编 所有权

第四章 一般规定

第二百四十条 所有权人对自己的不动产或者动产,依法享有占有、使用、收益和处分的权利。

第二百四十一条 所有权人有权在自己的不动产或者动产上设立用益物权和担保物权。用益物权人、担保物权人行使权利,不得损害所有权人的权益。

第二百四十二条 法律规定专属于国家所有的不动产和动产,任何组织或者个人不能取得所有权。

第二百四十三条 为了公共利益的需要,依照法律规定的权限和程序可以征收集体所有的土地和组织、个人的房屋以及其他不动产。

征收集体所有的土地,应当依法及时足额支付土地补偿费、安置补助费以及农村村民住宅、其他地上附着物和青苗等的补偿费用,并安排被征地农民的社会保障费用,保障被征地农民的生活,维护被征地农民的合法权益。

征收组织、个人的房屋以及其他不动产,应当依法给予征收补偿,维护被征收人的合法权益;征收个人住宅的,还应当保障被征收人的居住条件。

任何组织或者个人不得贪污、挪用、私分、截留、拖欠征收补偿费等费用。

第二百四十四条 国家对耕地实行特殊保护，严格限制农用地转为建设用地，控制建设用地总量。不得违反法律规定的权限和程序征收集体所有的土地。

第二百四十五条 因抢险救灾、疫情防控等紧急需要，依照法律规定的权限和程序可以征用组织、个人的不动产或者动产。被征用的不动产或者动产使用后，应当返还被征用人。组织、个人的不动产或者动产被征用或者征用后毁损、灭失的，应当给予补偿。

第五章 国家所有权和集体所有权、私人所有权

第二百四十六条 法律规定属于国家所有的财产，属于国家所有即全民所有。

国有财产由国务院代表国家行使所有权。法律另有规定的，依照其规定。

第二百四十七条 矿藏、水流、海域属于国家所有。

第二百四十八条 无居民海岛属于国家所有，国务院代表国家行使无居民海岛所有权。

第二百四十九条 城市的土地，属于国家所有。法律规定属于国家所有的农村和城市郊区的土地，属于国家所有。

第二百五十条 森林、山岭、草原、荒地、滩涂等自然资源，属于国家所有，但是法律规定属于集体所有的除外。

第二百五十一条 法律规定属于国家所有的野生动植物资源，属于国家所有。

第二百五十二条 无线电频谱资源属于国家所有。

第二百五十三条 法律规定属于国家所有的文物，属于国家所有。

第二百五十四条 国防资产属于国家所有。

铁路、公路、电力设施、电信设施和油气管道等基础设施，依照法律规定为国家所有的，属于国家所有。

第二百五十五条 国家机关对其直接支配的不动产和动产，享有占有、使用以及依照法律和国务院的有关规定处分的权利。

第二百五十六条 国家举办的事业单位对其直接支配的不动产和动产，享有占有、使用以及依照法律和国务院的有关规定收益、处分的权利。

第二百五十七条 国家出资的企业，由国务院、地方人民政府依照法律、行政法规规定分别代表国家履行出资人职责，享有出资人权益。

第二百五十八条 国家所有的财产受法律保护，禁止任何组织或者个人侵占、哄抢、私分、截留、破坏。

第二百五十九条 履行国有财产管理、监督职责的机构及其工作人员，应当依法加强对国有财产的管理、监督，促进国有财产保值增值，防止国有财产损失；滥用职权，玩忽职守，造成国有财产损失的，应当依法承担法律责任。

违反国有财产管理规定，在企业改制、合并分立、关联交易等过程中，低价转让、合谋私分、擅自担保或者以其他方式造成国有财产损失的，应当依法承担法律责任。

第二百六十条 集体所有的不动产和动产包括：

（一）法律规定属于集体所有的土地和森林、山岭、草原、荒地、滩涂；

（二）集体所有的建筑物、生产设施、农田水利设施；

（三）集体所有的教育、科学、文化、卫生、体育等设施；

（四）集体所有的其他不动产和动产。

第二百六十一条 农民集体所有的不动产和动产，属于本集体成员集体所有。

下列事项应当依照法定程序经本集体成员决定：

（一）土地承包方案以及将土地发包给本集体以外的组织或者个人承包；

（二）个别土地承包经营权人之间承包地的调整；

（三）土地补偿费等费用的使用、分配办法；

（四）集体出资的企业的所有权变动等事项；

（五）法律规定的其他事项。

第二百六十二条 对于集体所有的土地和森林、山岭、草原、荒地、滩涂等，依照下列规定行使所有权：

（一）属于村农民集体所有的，由村集体经济组织或者村民委员会依法代表集体行使所有权；

（二）分别属于村内两个以上农民集体所有的，由村内各该集体经济组织或者村民小组依法代表集体行使所有权；

（三）属于乡镇农民集体所有的，由乡镇集体经济组织代表集体行使所有权。

第二百六十三条 城镇集体所有的不动产和动产，依照法律、行政法规的规定由本集体享有占有、使用、收益和处分的权利。

第二百六十四条 农村集体经济组织或者村民委员会、村民小组应当依照法律、行政法规以及章程、村规民约向本集体成员公布集体财产的状况。集体成员有权查阅、复制相关资料。

第二百六十五条 集体所有的财产受法律保护，禁止任何组织或者个人侵占、哄抢、私分、破坏。

农村集体经济组织、村民委员会或者其负责人作出的决定侵害集体成员合法权益的，受侵害的集体成员可以请求人民法院予以撤销。

第二百六十六条 私人对其合法的收入、房屋、生活用品、生产工具、原材料等不动产和动产享有所有权。

第二百六十七条 私人的合法财产受法律保护，禁止任何组织或者个人侵占、哄抢、破坏。

第二百六十八条 国家、集体和私人依法可以出资设立有限责任公司、股份有限公司或者其他企业。国家、集体和私人所有的不动产或者动产投到企业的，由出资人按照约定或者出资比例享有资产收益、重大决策以及选择经营管理者等权利并履行义务。

第二百六十九条 营利法人对其不动产和动产依照法律、行政法规以及章程享有占有、使用、收益和处分的权利。

营利法人以外的法人，对其不动产和动产的权利，适用有关法律、行政法规以及章程的规定。

第二百七十条 社会团体法人、捐助法人依法所有的不动产和动产,受法律保护。

第六章 业主的建筑物区分所有权

第二百七十一条 业主对建筑物内的住宅、经营性用房等专有部分享有所有权,对专有部分以外的共有部分享有共有和共同管理的权利。

第二百七十二条 业主对其建筑物专有部分享有占有、使用、收益和处分的权利。业主行使权利不得危及建筑物的安全,不得损害其他业主的合法权益。

第二百七十三条 业主对建筑物专有部分以外的共有部分,享有权利,承担义务;不得以放弃权利为由不履行义务。

业主转让建筑物内的住宅、经营性用房,其对共有部分享有的共有和共同管理的权利一并转让。

第二百七十四条 建筑区划内的道路,属于业主共有,但是属于城镇公共道路的除外。建筑区划内的绿地,属于业主共有,但是属于城镇公共绿地或者明示属于个人的除外。建筑区划内的其他公共场所、公用设施和物业服务用房,属于业主共有。

第二百七十五条 建筑区划内,规划用于停放汽车的车位、车库的归属,由当事人通过出售、附赠或者出租等方式约定。

占用业主共有的道路或者其他场地用于停放汽车的车位,属于业主共有。

第二百七十六条 建筑区划内,规划用于停放汽车的车位、车库应当首先满足业主的需要。

第二百七十七条 业主可以设立业主大会,选举业主委员会。业主大会、业主委员会成立的具体条件和程序,依照法律、法规的规定。

地方人民政府有关部门、居民委员会应当对设立业主大会和选举业主委员会给予指导和协助。

第二百七十八条 下列事项由业主共同决定:

(一)制定和修改业主大会议事规则;

(二)制定和修改管理规约;

(三)选举业主委员会或者更换业主委员会成员;

(四)选聘和解聘物业服务企业或者其他管理人;

(五)使用建筑物及其附属设施的维修资金;

(六)筹集建筑物及其附属设施的维修资金;

(七)改建、重建建筑物及其附属设施;

(八)改变共有部分的用途或者利用共有部分从事经营活动;

(九)有关共有和共同管理权利的其他重大事项。

业主共同决定事项,应当由专有部分面积占比三分之二以上的业主且人数占比三分之二以上的业主参与表决。决定前款第六项至第八项规定的事项,应当经参与表决专有部分面积四分之三以上的业主且参与表决人数四分之三以上的业主同意。决定前款其他事项，应当经参与表决专有部分面积过半数的业主且参与表决人数过半数的业主同意。

第二百七十九条 业主不得违反法律、法规以及管理规约，将住宅改变为经营性用房。业主将住宅改变为经营性用房的，除遵守法律、法规以及管理规约外，应当经有利害关系的业主一致同意。

第二百八十条 业主大会或者业主委员会的决定，对业主具有法律约束力。

业主大会或者业主委员会作出的决定侵害业主合法权益的，受侵害的业主可以请求人民法院予以撤销。

第二百八十一条 建筑物及其附属设施的维修资金，属于业主共有。经业主共同决定，可以用于电梯、屋顶、外墙、无障碍设施等共有部分的维修、更新和改造。建筑物及其附属设施的维修资金的筹集、使用情况应当定期公布。

紧急情况下需要维修建筑物及其附属设施的，业主大会或者业主委员会可以依法申请使用建筑物及其附属设施的维修资金。

第二百八十二条 建设单位、物业服务企业或者其他管理人等利用业主的共有部分产生的收入，在扣除合理成本之后，属于业主共有。

第二百八十三条 建筑物及其附属设施的费用分摊、收益分配等事项，有约定的，按照约定；没有约定或者约定不明确的，按照业主专有部分面积所占比例确定。

第二百八十四条 业主可以自行管理建筑物及其附属设施，也可以委托物业服务企业或者其他管理人管理。

对建设单位聘请的物业服务企业或者其他管理人，业主有权依法更换。

第二百八十五条 物业服务企业或者其他管理人根据业主的委托，依照本法第三编有关物业服务合同的规定管理建筑区划内的建筑物及其附属设施，接受业主的监督，并及时答复业主对物业服务情况提出的询问。

物业服务企业或者其他管理人应当执行政府依法实施的应急处置措施和其他管理措施，积极配合开展相关工作。

第二百八十六条 业主应当遵守法律、法规以及管理规约，相关行为应当符合节约资源、保护生态环境的要求。对于物业服务企业或者其他管理人执行政府依法实施的应急处置措施和其他管理措施，业主应当依法予以配合。

业主大会或者业主委员会，对任意弃置垃圾、排放污染物或者噪声、违反规定饲养动物、违章搭建、侵占通道、拒付物业费等损害他人合法权益的行为，有权依照法律、法规以及管理规约，请求行为人停止侵害、排除妨碍、消除危险、恢复原状、赔偿损失。

业主或者其他行为人拒不履行相关义务的，有关当事人可以向有关行政主管部门报告或者投诉，有关行政主管部门应当依法处理。

第二百八十七条 业主对建设单位、物业服务企业或者其他管理人以及其他业主侵害自己合法权益的行为，有权请求其承担民事责任。

第七章 相邻关系

第二百八十八条 不动产的相邻权利人应当按照有利生产、方便生活、团结互助、公平合理的原则，正确处理相邻关系。

第二百八十九条　法律、法规对处理相邻关系有规定的，依照其规定；法律、法规没有规定的，可以按照当地习惯。

第二百九十条　不动产权利人应当为相邻权利人用水、排水提供必要的便利。

对自然流水的利用，应当在不动产的相邻权利人之间合理分配。对自然流水的排放，应当尊重自然流向。

第二百九十一条　不动产权利人对相邻权利人因通行等必须利用其土地的，应当提供必要的便利。

第二百九十二条　不动产权利人因建造、修缮建筑物以及铺设电线、电缆、水管、暖气和燃气管线等必须利用相邻土地、建筑物的，该土地、建筑物的权利人应当提供必要的便利。

第二百九十三条　建造建筑物，不得违反国家有关工程建设标准，不得妨碍相邻建筑物的通风、采光和日照。

第二百九十四条　不动产权利人不得违反国家规定弃置固体废物，排放大气污染物、水污染物、土壤污染物、噪声、光辐射、电磁辐射等有害物质。

第二百九十五条　不动产权利人挖掘土地、建造建筑物、铺设管线以及安装设备等，不得危及相邻不动产的安全。

第二百九十六条　不动产权利人因用水、排水、通行、铺设管线等利用相邻不动产的，应当尽量避免对相邻的不动产权利人造成损害。

第八章　共　　有

第二百九十七条　不动产或者动产可以由两个以上组织、个人共有。共有包括按份共有和共同共有。

第二百九十八条　按份共有人对共有的不动产或者动产按照其份额享有所有权。

第二百九十九条　共同共有人对共有的不动产或者动产共同享有所有权。

第三百条　共有人按照约定管理共有的不动产或者动产；没有约定或者约定不明确的，各共有人都有管理的权利和义务。

第三百零一条　处分共有的不动产或者动产以及对共有的不动产或者动产作重大修缮、变更性质或者用途的，应当经占份额三分之二以上的按份共有人或者全体共同共有人同意，但是共有人之间另有约定的除外。

第三百零二条　共有人对共有物的管理费用以及其他负担，有约定的，按照其约定；没有约定或者约定不明确的，按份共有人按照其份额负担，共同共有人共同负担。

第三百零三条　共有人约定不得分割共有的不动产或者动产，以维持共有关系的，应当按照约定，但是共有人有重大理由需要分割的，可以请求分割；没有约定或者约定不明确的，按份共有人可以随时请求分割，共同共有人在共有的基础丧失或者有重大理由需要分割时可以请求分割。因分割造成其他共有人损害的，应当给予赔偿。

第三百零四条　共有人可以协商确定分割方式。达不成协议，共有的不动产或者动产可以分割且不会因分割减损价值的，应当对实物予以分割；难以分割或者因分割会减损价值的，应当对折价或者拍卖、变卖取得的价款予以分割。

共有人分割所得的不动产或者动产有瑕疵的，其他共有人应当分担损失。

第三百零五条 按份共有人可以转让其享有的共有的不动产或者动产份额。其他共有人在同等条件下享有优先购买的权利。

第三百零六条 按份共有人转让其享有的共有的不动产或者动产份额的，应当将转让条件及时通知其他共有人。其他共有人应当在合理期限内行使优先购买权。

两个以上其他共有人主张行使优先购买权的，协商确定各自的购买比例；协商不成的，按照转让时各自的共有份额比例行使优先购买权。

第三百零七条 因共有的不动产或者动产产生的债权债务，在对外关系上，共有人享有连带债权、承担连带债务，但是法律另有规定或者第三人知道共有人不具有连带债权债务关系的除外；在共有人内部关系上，除共有人另有约定外，按份共有人按照份额享有债权、承担债务，共同共有人共同享有债权、承担债务。偿还债务超过自己应当承担份额的按份共有人，有权向其他共有人追偿。

第三百零八条 共有人对共有的不动产或者动产没有约定为按份共有或者共同共有，或者约定不明确的，除共有人具有家庭关系等外，视为按份共有。

第三百零九条 按份共有人对共有的不动产或者动产享有的份额，没有约定或者约定不明确的，按照出资额确定；不能确定出资额的，视为等额享有。

第三百一十条 两个以上组织、个人共同享有用益物权、担保物权的，参照适用本章的有关规定。

第九章 所有权取得的特别规定

第三百一十一条 无处分权人将不动产或者动产转让给受让人的，所有权人有权追回；除法律另有规定外，符合下列情形的，受让人取得该不动产或者动产的所有权：

（一）受让人受让该不动产或者动产时是善意；

（二）以合理的价格转让；

（三）转让的不动产或者动产依照法律规定应当登记的已经登记，不需要登记的已经交付给受让人。

受让人依据前款规定取得不动产或者动产的所有权的，原所有权人有权向无处分权人请求损害赔偿。

当事人善意取得其他物权的，参照适用前两款规定。

第三百一十二条 所有权人或者其他权利人有权追回遗失物。该遗失物通过转让被他人占有的，权利人有权向无处分权人请求损害赔偿，或者自知道或者应当知道受让人之日起二年内向受让人请求返还原物；但是，受让人通过拍卖或者向具有经营资格的经营者购得该遗失物的，权利人请求返还原物时应当支付受让人所付的费用。权利人向受让人支付所付费用后，有权向无处分权人追偿。

第三百一十三条 善意受让人取得动产后，该动产上的原有权利消灭。但是，善意受让人在受让时知道或者应当知道该权利的除外。

第三百一十四条　拾得遗失物，应当返还权利人。拾得人应当及时通知权利人领取，或者送交公安等有关部门。

第三百一十五条　有关部门收到遗失物，知道权利人的，应当及时通知其领取；不知道的，应当及时发布招领公告。

第三百一十六条　拾得人在遗失物送交有关部门前，有关部门在遗失物被领取前，应当妥善保管遗失物。因故意或者重大过失致使遗失物毁损、灭失的，应当承担民事责任。

第三百一十七条　权利人领取遗失物时，应当向拾得人或者有关部门支付保管遗失物等支出的必要费用。

权利人悬赏寻找遗失物的，领取遗失物时应当按照承诺履行义务。

拾得人侵占遗失物的，无权请求保管遗失物等支出的费用，也无权请求权利人按照承诺履行义务。

第三百一十八条　遗失物自发布招领公告之日起一年内无人认领的，归国家所有。

第三百一十九条　拾得漂流物、发现埋藏物或者隐藏物的，参照适用拾得遗失物的有关规定。法律另有规定的，依照其规定。

第三百二十条　主物转让的，从物随主物转让，但是当事人另有约定的除外。

第三百二十一条　天然孳息，由所有权人取得；既有所有权人又有用益物权人的，由用益物权人取得。当事人另有约定的，按照其约定。

法定孳息，当事人有约定的，按照约定取得；没有约定或者约定不明确的，按照交易习惯取得。

第三百二十二条　因加工、附合、混合而产生的物的归属，有约定的，按照约定；没有约定或者约定不明确的，依照法律规定；法律没有规定的，按照充分发挥物的效用以及保护无过错当事人的原则确定。因一方当事人的过错或者确定物的归属造成另一方当事人损害的，应当给予赔偿或者补偿。

第三分编　用益物权

第十章　一般规定

第三百二十三条　用益物权人对他人所有的不动产或者动产，依法享有占有、使用和收益的权利。

第三百二十四条　国家所有或者国家所有由集体使用以及法律规定属于集体所有的自然资源，组织、个人依法可以占有、使用和收益。

第三百二十五条　国家实行自然资源有偿使用制度，但是法律另有规定的除外。

第三百二十六条　用益物权人行使权利，应当遵守法律有关保护和合理开发利用资源、保护生态环境的规定。所有权人不得干涉用益物权人行使权利。

第三百二十七条　因不动产或者动产被征收、征用致使用益物权消灭或者影响用益物权行使的，用益物权人有权依据本法第二百四十三条、第二百四十五条的规定获得相应补偿。

第三百二十八条 依法取得的海域使用权受法律保护。

第三百二十九条 依法取得的探矿权、采矿权、取水权和使用水域、滩涂从事养殖、捕捞的权利受法律保护。

第十一章 土地承包经营权

第三百三十条 农村集体经济组织实行家庭承包经营为基础、统分结合的双层经营体制。

农民集体所有和国家所有由农民集体使用的耕地、林地、草地以及其他用于农业的土地,依法实行土地承包经营制度。

第三百三十一条 土地承包经营权人依法对其承包经营的耕地、林地、草地等享有占有、使用和收益的权利,有权从事种植业、林业、畜牧业等农业生产。

第三百三十二条 耕地的承包期为三十年。草地的承包期为三十年至五十年。林地的承包期为三十年至七十年。

前款规定的承包期限届满,由土地承包经营权人依照农村土地承包的法律规定继续承包。

第三百三十三条 土地承包经营权自土地承包经营权合同生效时设立。

登记机构应当向土地承包经营权人发放土地承包经营权证、林权证等证书,并登记造册,确认土地承包经营权。

第三百三十四条 土地承包经营权人依照法律规定,有权将土地承包经营权互换、转让。未经依法批准,不得将承包地用于非农建设。

第三百三十五条 土地承包经营权互换、转让的,当事人可以向登记机构申请登记;未经登记,不得对抗善意第三人。

第三百三十六条 承包期内发包人不得调整承包地。

因自然灾害严重毁损承包地等特殊情形,需要适当调整承包的耕地和草地的,应当依照农村土地承包的法律规定办理。

第三百三十七条 承包期内发包人不得收回承包地。法律另有规定的,依照其规定。

第三百三十八条 承包地被征收的,土地承包经营权人有权依据本法第二百四十三条的规定获得相应补偿。

第三百三十九条 土地承包经营权人可以自主决定依法采取出租、入股或者其他方式向他人流转土地经营权。

第三百四十条 土地经营权人有权在合同约定的期限内占有农村土地,自主开展农业生产经营并取得收益。

第三百四十一条 流转期限为五年以上的土地经营权,自流转合同生效时设立。当事人可以向登记机构申请土地经营权登记;未经登记,不得对抗善意第三人。

第三百四十二条 通过招标、拍卖、公开协商等方式承包农村土地,经依法登记取得权属证书的,可以依法采取出租、入股、抵押或者其他方式流转土地经营权。

第三百四十三条 国家所有的农用地实行承包经营的,参照适用本编的有关规定。

第十二章　建设用地使用权

第三百四十四条　建设用地使用权人依法对国家所有的土地享有占有、使用和收益的权利，有权利用该土地建造建筑物、构筑物及其附属设施。

第三百四十五条　建设用地使用权可以在土地的地表、地上或者地下分别设立。

第三百四十六条　设立建设用地使用权，应当符合节约资源、保护生态环境的要求，遵守法律、行政法规关于土地用途的规定，不得损害已经设立的用益物权。

第三百四十七条　设立建设用地使用权，可以采取出让或者划拨等方式。

工业、商业、旅游、娱乐和商品住宅等经营性用地以及同一土地有两个以上意向用地者的，应当采取招标、拍卖等公开竞价的方式出让。

严格限制以划拨方式设立建设用地使用权。

第三百四十八条　通过招标、拍卖、协议等出让方式设立建设用地使用权的，当事人应当采用书面形式订立建设用地使用权出让合同。

建设用地使用权出让合同一般包括下列条款：

（一）当事人的名称和住所；

（二）土地界址、面积等；

（三）建筑物、构筑物及其附属设施占用的空间；

（四）土地用途、规划条件；

（五）建设用地使用权期限；

（六）出让金等费用及其支付方式；

（七）解决争议的方法。

第三百四十九条　设立建设用地使用权的，应当向登记机构申请建设用地使用权登记。建设用地使用权自登记时设立。登记机构应当向建设用地使用权人发放权属证书。

第三百五十条　建设用地使用权人应当合理利用土地，不得改变土地用途；需要改变土地用途的，应当依法经有关行政主管部门批准。

第三百五十一条　建设用地使用权人应当依照法律规定以及合同约定支付出让金等费用。

第三百五十二条　建设用地使用权人建造的建筑物、构筑物及其附属设施的所有权属于建设用地使用权人，但是有相反证据证明的除外。

第三百五十三条　建设用地使用权人有权将建设用地使用权转让、互换、出资、赠与或者抵押，但是法律另有规定的除外。

第三百五十四条　建设用地使用权转让、互换、出资、赠与或者抵押的，当事人应当采用书面形式订立相应的合同。使用期限由当事人约定，但是不得超过建设用地使用权的剩余期限。

第三百五十五条　建设用地使用权转让、互换、出资或者赠与的，应当向登记机构申请变更登记。

第三百五十六条　建设用地使用权转让、互换、出资或者赠与的，附着于该土地上的建筑物、构筑物及其附属设施一并处分。

第三百五十七条 建筑物、构筑物及其附属设施转让、互换、出资或者赠与的，该建筑物、构筑物及其附属设施占用范围内的建设用地使用权一并处分。

第三百五十八条 建设用地使用权期限届满前，因公共利益需要提前收回该土地的，应当依据本法第二百四十三条的规定对该土地上的房屋以及其他不动产给予补偿，并退还相应的出让金。

第三百五十九条 住宅建设用地使用权期限届满的，自动续期。续期费用的缴纳或者减免，依照法律、行政法规的规定办理。

非住宅建设用地使用权期限届满后的续期，依照法律规定办理。该土地上的房屋以及其他不动产的归属，有约定的，按照约定；没有约定或者约定不明确的，依照法律、行政法规的规定办理。

第三百六十条 建设用地使用权消灭的，出让人应当及时办理注销登记。登记机构应当收回权属证书。

第三百六十一条 集体所有的土地作为建设用地的，应当依照土地管理的法律规定办理。

第十三章 宅基地使用权

第三百六十二条 宅基地使用权人依法对集体所有的土地享有占有和使用的权利，有权依法利用该土地建造住宅及其附属设施。

第三百六十三条 宅基地使用权的取得、行使和转让，适用土地管理的法律和国家有关规定。

第三百六十四条 宅基地因自然灾害等原因灭失的，宅基地使用权消灭。对失去宅基地的村民，应当依法重新分配宅基地。

第三百六十五条 已经登记的宅基地使用权转让或者消灭的，应当及时办理变更登记或者注销登记。

第十四章 居 住 权

第三百六十六条 居住权人有权按照合同约定，对他人的住宅享有占有、使用的用益物权，以满足生活居住的需要。

第三百六十七条 设立居住权，当事人应当采用书面形式订立居住权合同。

居住权合同一般包括下列条款：

（一）当事人的姓名或者名称和住所；

（二）住宅的位置；

（三）居住的条件和要求；

（四）居住权期限；

（五）解决争议的方法。

第三百六十八条 居住权无偿设立，但是当事人另有约定的除外。设立居住权的，应当向登记机构申请居住权登记。居住权自登记时设立。

第三百六十九条 居住权不得转让、继承。设立居住权的住宅不得出租,但是当事人另有约定的除外。

第三百七十条 居住权期限届满或者居住权人死亡的,居住权消灭。居住权消灭的,应当及时办理注销登记。

第三百七十一条 以遗嘱方式设立居住权的,参照适用本章的有关规定。

第十五章 地 役 权

第三百七十二条 地役权人有权按照合同约定,利用他人的不动产,以提高自己的不动产的效益。

前款所称他人的不动产为供役地,自己的不动产为需役地。

第三百七十三条 设立地役权,当事人应当采用书面形式订立地役权合同。

地役权合同一般包括下列条款:

(一)当事人的姓名或者名称和住所;

(二)供役地和需役地的位置;

(三)利用目的和方法;

(四)地役权期限;

(五)费用及其支付方式;

(六)解决争议的方法。

第三百七十四条 地役权自地役权合同生效时设立。当事人要求登记的,可以向登记机构申请地役权登记;未经登记,不得对抗善意第三人。

第三百七十五条 供役地权利人应当按照合同约定,允许地役权人利用其不动产,不得妨害地役权人行使权利。

第三百七十六条 地役权人应当按照合同约定的利用目的和方法利用供役地,尽量减少对供役地权利人物权的限制。

第三百七十七条 地役权期限由当事人约定;但是,不得超过土地承包经营权、建设用地使用权等用益物权的剩余期限。

第三百七十八条 土地所有权人享有地役权或者负担地役权的,设立土地承包经营权、宅基地使用权等用益物权时,该用益物权人继续享有或者负担已经设立的地役权。

第三百七十九条 土地上已经设立土地承包经营权、建设用地使用权、宅基地使用权等用益物权的,未经用益物权人同意,土地所有权人不得设立地役权。

第三百八十条 地役权不得单独转让。土地承包经营权、建设用地使用权等转让的,地役权一并转让,但是合同另有约定的除外。

第三百八十一条 地役权不得单独抵押。土地经营权、建设用地使用权等抵押的,在实现抵押权时,地役权一并转让。

第三百八十二条 需役地以及需役地上的土地承包经营权、建设用地使用权等部分转让时,转让部分涉及地役权的,受让人同时享有地役权。

第三百八十三条 供役地以及供役地上的土地承包经营权、建设用地使用权等部分转让时,转让部分涉及地役权的,地役权对受让人具有法律约束力。

第三百八十四条 地役权人有下列情形之一的,供役地权利人有权解除地役权合同,地役权消灭:

(一)违反法律规定或者合同约定,滥用地役权;

(二)有偿利用供役地,约定的付款期限届满后在合理期限内经两次催告未支付费用。

第三百八十五条 已经登记的地役权变更、转让或者消灭的,应当及时办理变更登记或者注销登记。

第四分编 担保物权

第十六章 一般规定

第三百八十六条 担保物权人在债务人不履行到期债务或者发生当事人约定的实现担保物权的情形,依法享有就担保财产优先受偿的权利,但是法律另有规定的除外。

第三百八十七条 债权人在借贷、买卖等民事活动中,为保障实现其债权,需要担保的,可以依照本法和其他法律的规定设立担保物权。

第三人为债务人向债权人提供担保的,可以要求债务人提供反担保。反担保适用本法和其他法律的规定。

第三百八十八条 设立担保物权,应当依照本法和其他法律的规定订立担保合同。担保合同包括抵押合同、质押合同和其他具有担保功能的合同。担保合同是主债权债务合同的从合同。主债权债务合同无效的,担保合同无效,但是法律另有规定的除外。

担保合同被确认无效后,债务人、担保人、债权人有过错的,应当根据其过错各自承担相应的民事责任。

第三百八十九条 担保物权的担保范围包括主债权及其利息、违约金、损害赔偿金、保管担保财产和实现担保物权的费用。当事人另有约定的,按照其约定。

第三百九十条 担保期间,担保财产毁损、灭失或者被征收等,担保物权人可以就获得的保险金、赔偿金或者补偿金等优先受偿。被担保债权的履行期限未届满的,也可以提存该保险金、赔偿金或者补偿金等。

第三百九十一条 第三人提供担保,未经其书面同意,债权人允许债务人转移全部或者部分债务的,担保人不再承担相应的担保责任。

第三百九十二条 被担保的债权既有物的担保又有人的担保的,债务人不履行到期债务或者发生当事人约定的实现担保物权的情形,债权人应当按照约定实现债权;没有约定或者约定不明确,债务人自己提供物的担保的,债权人应当先就该物的担保实现债权;第三人提供物的担保的,债权人可以就物的担保实现债权,也可以请求保证人承担保证责任。提供担保的第三人承担担保责任后,有权向债务人追偿。

第三百九十三条 有下列情形之一的,担保物权消灭:

(一)主债权消灭;

（二）担保物权实现；

（三）债权人放弃担保物权；

（四）法律规定担保物权消灭的其他情形。

第十七章 抵押权

第一节 一般抵押权

第三百九十四条 为担保债务的履行，债务人或者第三人不转移财产的占有，将该财产抵押给债权人的，债务人不履行到期债务或者发生当事人约定的实现抵押权的情形，债权人有权就该财产优先受偿。

前款规定的债务人或者第三人为抵押人，债权人为抵押权人，提供担保的财产为抵押财产。

第三百九十五条 债务人或者第三人有权处分的下列财产可以抵押：

（一）建筑物和其他土地附着物；

（二）建设用地使用权；

（三）海域使用权；

（四）生产设备、原材料、半成品、产品；

（五）正在建造的建筑物、船舶、航空器；

（六）交通运输工具；

（七）法律、行政法规未禁止抵押的其他财产。

抵押人可以将前款所列财产一并抵押。

第三百九十六条 企业、个体工商户、农业生产经营者可以将现有的以及将有的生产设备、原材料、半成品、产品抵押，债务人不履行到期债务或者发生当事人约定的实现抵押权的情形，债权人有权就抵押财产确定时的动产优先受偿。

第三百九十七条 以建筑物抵押的，该建筑物占用范围内的建设用地使用权一并抵押。以建设用地使用权抵押的，该土地上的建筑物一并抵押。

抵押人未依据前款规定一并抵押的，未抵押的财产视为一并抵押。

第三百九十八条 乡镇、村企业的建设用地使用权不得单独抵押。以乡镇、村企业的厂房等建筑物抵押的，其占用范围内的建设用地使用权一并抵押。

第三百九十九条 下列财产不得抵押：

（一）土地所有权；

（二）宅基地、自留地、自留山等集体所有土地的使用权，但是法律规定可以抵押的除外；

（三）学校、幼儿园、医疗机构等为公益目的成立的非营利法人的教育设施、医疗卫生设施和其他公益设施；

（四）所有权、使用权不明或者有争议的财产；

（五）依法被查封、扣押、监管的财产；

（六）法律、行政法规规定不得抵押的其他财产。

第四百条　设立抵押权,当事人应当采用书面形式订立抵押合同。

抵押合同一般包括下列条款:

(一)被担保债权的种类和数额;

(二)债务人履行债务的期限;

(三)抵押财产的名称、数量等情况;

(四)担保的范围。

第四百零一条　抵押权人在债务履行期限届满前,与抵押人约定债务人不履行到期债务时抵押财产归债权人所有的,只能依法就抵押财产优先受偿。

第四百零二条　以本法第三百九十五条第一款第一项至第三项规定的财产或者第五项规定的正在建造的建筑物抵押的,应当办理抵押登记。抵押权自登记时设立。

第四百零三条　以动产抵押的,抵押权自抵押合同生效时设立;未经登记,不得对抗善意第三人。

第四百零四条　以动产抵押的,不得对抗正常经营活动中已经支付合理价款并取得抵押财产的买受人。

第四百零五条　抵押权设立前,抵押财产已经出租并转移占有的,原租赁关系不受该抵押权的影响。

第四百零六条　抵押期间,抵押人可以转让抵押财产。当事人另有约定的,按照其约定。抵押财产转让的,抵押权不受影响。

抵押人转让抵押财产的,应当及时通知抵押权人。抵押权人能够证明抵押财产转让可能损害抵押权的,可以请求抵押人将转让所得的价款向抵押权人提前清偿债务或者提存。转让的价款超过债权数额的部分归抵押人所有,不足部分由债务人清偿。

第四百零七条　抵押权不得与债权分离而单独转让或者作为其他债权的担保。债权转让的,担保该债权的抵押权一并转让,但是法律另有规定或者当事人另有约定的除外。

第四百零八条　抵押人的行为足以使抵押财产价值减少的,抵押权人有权请求抵押人停止其行为;抵押财产价值减少的,抵押权人有权请求恢复抵押财产的价值,或者提供与减少的价值相应的担保。抵押人不恢复抵押财产的价值,也不提供担保的,抵押权人有权请求债务人提前清偿债务。

第四百零九条　抵押权人可以放弃抵押权或者抵押权的顺位。抵押权人与抵押人可以协议变更抵押权顺位以及被担保的债权数额等内容。但是,抵押权的变更未经其他抵押权人书面同意的,不得对其他抵押权人产生不利影响。

债务人以自己的财产设定抵押,抵押权人放弃该抵押权、抵押权顺位或者变更抵押权的,其他担保人在抵押权人丧失优先受偿权益的范围内免除担保责任,但是其他担保人承诺仍然提供担保的除外。

第四百一十条　债务人不履行到期债务或者发生当事人约定的实现抵押权的情形,抵押权人可以与抵押人协议以抵押财产折价或者以拍卖、变卖该抵押财产所得的价款优先受偿。协议损害其他债权人利益的,其他债权人可以请求人民法院撤销该协议。

抵押权人与抵押人未就抵押权实现方式达成协议的,抵押权人可以请求人民法院拍卖、变卖抵押财产。

抵押财产折价或者变卖的,应当参照市场价格。

第四百一十一条 依据本法第三百九十六条规定设定抵押的,抵押财产自下列情形之一发生时确定:

(一)债务履行期限届满,债权未实现;

(二)抵押人被宣告破产或者解散;

(三)当事人约定的实现抵押权的情形;

(四)严重影响债权实现的其他情形。

第四百一十二条 债务人不履行到期债务或者发生当事人约定的实现抵押权的情形,致使抵押财产被人民法院依法扣押的,自扣押之日起,抵押权人有权收取该抵押财产的天然孳息或者法定孳息,但是抵押权人未通知应当清偿法定孳息义务人的除外。

前款规定的孳息应当先充抵收取孳息的费用。

第四百一十三条 抵押财产折价或者拍卖、变卖后,其价款超过债权数额的部分归抵押人所有,不足部分由债务人清偿。

第四百一十四条 同一财产向两个以上债权人抵押的,拍卖、变卖抵押财产所得的价款依照下列规定清偿:

(一)抵押权已经登记的,按照登记的时间先后确定清偿顺序;

(二)抵押权已经登记的先于未登记的受偿;

(三)抵押权未登记的,按照债权比例清偿。

其他可以登记的担保物权,清偿顺序参照适用前款规定。

第四百一十五条 同一财产既设立抵押权又设立质权的,拍卖、变卖该财产所得的价款按照登记、交付的时间先后确定清偿顺序。

第四百一十六条 动产抵押担保的主债权是抵押物的价款,标的物交付后十日内办理抵押登记的,该抵押权人优先于抵押物买受人的其他担保物权人受偿,但是留置权人除外。

第四百一十七条 建设用地使用权抵押后,该土地上新增的建筑物不属于抵押财产。该建设用地使用权实现抵押权时,应当将该土地上新增的建筑物与建设用地使用权一并处分。但是,新增建筑物所得的价款,抵押权人无权优先受偿。

第四百一十八条 以集体所有土地的使用权依法抵押的,实现抵押权后,未经法定程序,不得改变土地所有权的性质和土地用途。

第四百一十九条 抵押权人应当在主债权诉讼时效期间行使抵押权;未行使的,人民法院不予保护。

第二节 最高额抵押权

第四百二十条 为担保债务的履行,债务人或者第三人对一定期间内将要连续发生的债权提供担保财产的,债务人不履行到期债务或者发生当事人约定的实现抵押权的情形,抵押权人有权在最高债权额限度内就该担保财产优先受偿。

最高额抵押权设立前已经存在的债权,经当事人同意,可以转入最高额抵押担保的债权范围。

第四百二十一条　最高额抵押担保的债权确定前，部分债权转让的，最高额抵押权不得转让，但是当事人另有约定的除外。

第四百二十二条　最高额抵押担保的债权确定前，抵押权人与抵押人可以通过协议变更债权确定的期间、债权范围以及最高债权额。但是，变更的内容不得对其他抵押权人产生不利影响。

第四百二十三条　有下列情形之一的，抵押权人的债权确定：

（一）约定的债权确定期间届满；

（二）没有约定债权确定期间或者约定不明确，抵押权人或者抵押人自最高额抵押权设立之日起满二年后请求确定债权；

（三）新的债权不可能发生；

（四）抵押权人知道或者应当知道抵押财产被查封、扣押；

（五）债务人、抵押人被宣告破产或者解散；

（六）法律规定债权确定的其他情形。

第四百二十四条　最高额抵押权除适用本节规定外，适用本章第一节的有关规定。

第十八章　质　　权

第一节　动产质权

第四百二十五条　为担保债务的履行，债务人或者第三人将其动产出质给债权人占有的，债务人不履行到期债务或者发生当事人约定的实现质权的情形，债权人有权就该动产优先受偿。

前款规定的债务人或者第三人为出质人，债权人为质权人，交付的动产为质押财产。

第四百二十六条　法律、行政法规禁止转让的动产不得出质。

第四百二十七条　设立质权，当事人应当采用书面形式订立质押合同。

质押合同一般包括下列条款：

（一）被担保债权的种类和数额；

（二）债务人履行债务的期限；

（三）质押财产的名称、数量等情况；

（四）担保的范围；

（五）质押财产交付的时间、方式。

第四百二十八条　质权人在债务履行期限届满前，与出质人约定债务人不履行到期债务时质押财产归债权人所有的，只能依法就质押财产优先受偿。

第四百二十九条　质权自出质人交付质押财产时设立。

第四百三十条　质权人有权收取质押财产的孳息，但是合同另有约定的除外。

前款规定的孳息应当先充抵收取孳息的费用。

第四百三十一条　质权人在质权存续期间，未经出质人同意，擅自使用、处分质押财产,造成出质人损害的,应当承担赔偿责任。

第四百三十二条 质权人负有妥善保管质押财产的义务;因保管不善致使质押财产毁损、灭失的,应当承担赔偿责任。

质权人的行为可能使质押财产毁损、灭失的,出质人可以请求质权人将质押财产提存,或者请求提前清偿债务并返还质押财产。

第四百三十三条 因不可归责于质权人的事由可能使质押财产毁损或者价值明显减少,足以危害质权人权利的,质权人有权请求出质人提供相应的担保;出质人不提供的,质权人可以拍卖、变卖质押财产,并与出质人协议将拍卖、变卖所得的价款提前清偿债务或者提存。

第四百三十四条 质权人在质权存续期间,未经出质人同意转质,造成质押财产毁损、灭失的,应当承担赔偿责任。

第四百三十五条 质权人可以放弃质权。债务人以自己的财产出质,质权人放弃该质权的,其他担保人在质权人丧失优先受偿权益的范围内免除担保责任,但是其他担保人承诺仍然提供担保的除外。

第四百三十六条 债务人履行债务或者出质人提前清偿所担保的债权的,质权人应当返还质押财产。

债务人不履行到期债务或者发生当事人约定的实现质权的情形,质权人可以与出质人协议以质押财产折价,也可以就拍卖、变卖质押财产所得的价款优先受偿。

质押财产折价或者变卖的,应当参照市场价格。

第四百三十七条 出质人可以请求质权人在债务履行期限届满后及时行使质权;质权人不行使的,出质人可以请求人民法院拍卖、变卖质押财产。

出质人请求质权人及时行使质权,因质权人怠于行使权利造成出质人损害的,由质权人承担赔偿责任。

第四百三十八条 质押财产折价或者拍卖、变卖后,其价款超过债权数额的部分归出质人所有,不足部分由债务人清偿。

第四百三十九条 出质人与质权人可以协议设立最高额质权。

最高额质权除适用本节有关规定外,参照适用本编第十七章第二节的有关规定。

第二节 权利质权

第四百四十条 债务人或者第三人有权处分的下列权利可以出质:

(一)汇票、本票、支票;

(二)债券、存款单;

(三)仓单、提单;

(四)可以转让的基金份额、股权;

(五)可以转让的注册商标专用权、专利权、著作权等知识产权中的财产权;

(六)现有的以及将有的应收账款;

(七)法律、行政法规规定可以出质的其他财产权利。

第四百四十一条　以汇票、本票、支票、债券、存款单、仓单、提单出质的，质权自权利凭证交付质权人时设立；没有权利凭证的，质权自办理出质登记时设立。法律另有规定的，依照其规定。

第四百四十二条　汇票、本票、支票、债券、存款单、仓单、提单的兑现日期或者提货日期先于主债权到期的，质权人可以兑现或者提货，并与出质人协议将兑现的价款或者提取的货物提前清偿债务或者提存。

第四百四十三条　以基金份额、股权出质的，质权自办理出质登记时设立。

基金份额、股权出质后，不得转让，但是出质人与质权人协商同意的除外。出质人转让基金份额、股权所得的价款，应当向质权人提前清偿债务或者提存。

第四百四十四条　以注册商标专用权、专利权、著作权等知识产权中的财产权出质的，质权自办理出质登记时设立。

知识产权中的财产权出质后，出质人不得转让或者许可他人使用，但是出质人与质权人协商同意的除外。出质人转让或者许可他人使用出质的知识产权中的财产权所得的价款，应当向质权人提前清偿债务或者提存。

第四百四十五条　以应收账款出质的，质权自办理出质登记时设立。

应收账款出质后，不得转让，但是出质人与质权人协商同意的除外。出质人转让应收账款所得的价款，应当向质权人提前清偿债务或者提存。

第四百四十六条　权利质权除适用本节规定外，适用本章第一节的有关规定。

第十九章　留置权

第四百四十七条　债务人不履行到期债务，债权人可以留置已经合法占有的债务人的动产，并有权就该动产优先受偿。

前款规定的债权人为留置权人，占有的动产为留置财产。

第四百四十八条　债权人留置的动产，应当与债权属于同一法律关系，但是企业之间留置的除外。

第四百四十九条　法律规定或者当事人约定不得留置的动产，不得留置。

第四百五十条　留置财产为可分物的，留置财产的价值应当相当于债务的金额。

第四百五十一条　留置权人负有妥善保管留置财产的义务；因保管不善致使留置财产毁损、灭失的，应当承担赔偿责任。

第四百五十二条　留置权人有权收取留置财产的孳息。

前款规定的孳息应当先充抵收取孳息的费用。

第四百五十三条　留置权人与债务人应当约定留置财产后的债务履行期限；没有约定或者约定不明确的，留置权人应当给债务人六十日以上履行债务的期限，但是鲜活易腐等不易保管的动产除外。债务人逾期未履行的，留置权人可以与债务人协议以留置财产折价，也可以就拍卖、变卖留置财产所得的价款优先受偿。

留置财产折价或者变卖的，应当参照市场价格。

第四百五十四条　债务人可以请求留置权人在债务履行期限届满后行使留置权；留

置权人不行使的,债务人可以请求人民法院拍卖、变卖留置财产。

第四百五十五条 留置财产折价或者拍卖、变卖后,其价款超过债权数额的部分归债务人所有,不足部分由债务人清偿。

第四百五十六条 同一动产上已经设立抵押权或者质权,该动产又被留置的,留置权人优先受偿。

第四百五十七条 留置权人对留置财产丧失占有或者留置权人接受债务人另行提供担保的,留置权消灭。

第五分编　占　　有

第二十章　占　　有

第四百五十八条 基于合同关系等产生的占有,有关不动产或者动产的使用、收益、违约责任等,按照合同约定;合同没有约定或者约定不明确的,依照有关法律规定。

第四百五十九条 占有人因使用占有的不动产或者动产,致使该不动产或者动产受到损害的,恶意占有人应当承担赔偿责任。

第四百六十条 不动产或者动产被占有人占有的,权利人可以请求返还原物及其孳息;但是,应当支付善意占有人因维护该不动产或者动产支出的必要费用。

第四百六十一条 占有的不动产或者动产毁损、灭失,该不动产或者动产的权利人请求赔偿的,占有人应当将因毁损、灭失取得的保险金、赔偿金或者补偿金等返还给权利人;权利人的损害未得到足够弥补的,恶意占有人还应当赔偿损失。

第四百六十二条 占有的不动产或者动产被侵占的,占有人有权请求返还原物;对妨害占有的行为,占有人有权请求排除妨害或者消除危险;因侵占或者妨害造成损害的,占有人有权依法请求损害赔偿。

占有人返还原物的请求权,自侵占发生之日起一年内未行使的,该请求权消灭。

第三编　合　　同

第一分编　通　　则

第一章　一般规定

第四百六十三条 本编调整因合同产生的民事关系。

第四百六十四条 合同是民事主体之间设立、变更、终止民事法律关系的协议。

婚姻、收养、监护等有关身份关系的协议,适用有关该身份关系的法律规定;没有规定的,可以根据其性质参照适用本编规定。

第四百六十五条 依法成立的合同,受法律保护。

依法成立的合同,仅对当事人具有法律约束力,但是法律另有规定的除外。

第四百六十六条 当事人对合同条款的理解有争议的,应当依据本法第一百四十二条第一款的规定，确定争议条款的含义。

合同文本采用两种以上文字订立并约定具有同等效力的，对各文本使用的词句推定具有相同含义。各文本使用的词句不一致的，应当根据合同的相关条款、性质、目的以及诚信原则等予以解释。

第四百六十七条 本法或者其他法律没有明文规定的合同，适用本编通则的规定，并可以参照适用本编或者其他法律最相类似合同的规定。

在中华人民共和国境内履行的中外合资经营企业合同、中外合作经营企业合同、中外合作勘探开发自然资源合同，适用中华人民共和国法律。

第四百六十八条 非因合同产生的债权债务关系，适用有关该债权债务关系的法律规定；没有规定的，适用本编通则的有关规定，但是根据其性质不能适用的除外。

第二章 合同的订立

第四百六十九条 当事人订立合同，可以采用书面形式、口头形式或者其他形式。

书面形式是合同书、信件、电报、电传、传真等可以有形地表现所载内容的形式。

以电子数据交换、电子邮件等方式能够有形地表现所载内容，并可以随时调取查用的数据电文，视为书面形式。

第四百七十条 合同的内容由当事人约定，一般包括下列条款：

（一）当事人的姓名或者名称和住所；

（二）标的；

（三）数量；

（四）质量；

（五）价款或者报酬；

（六）履行期限、地点和方式；

（七）违约责任；

（八）解决争议的方法。

当事人可以参照各类合同的示范文本订立合同。

第四百七十一条 当事人订立合同，可以采取要约、承诺方式或者其他方式。

第四百七十二条 要约是希望与他人订立合同的意思表示，该意思表示应当符合下列条件：

（一）内容具体确定；

（二）表明经受要约人承诺，要约人即受该意思表示约束。

第四百七十三条 要约邀请是希望他人向自己发出要约的表示。拍卖公告、招标公告、招股说明书、债券募集办法、基金招募说明书、商业广告和宣传、寄送的价目表等为要约邀请。

商业广告和宣传的内容符合要约条件的，构成要约。

第四百七十四条 要约生效的时间适用本法第一百三十七条的规定。

第四百七十五条 要约可以撤回。要约的撤回适用本法第一百四十一条的规定。

第四百七十六条 要约可以撤销，但是有下列情形之一的除外：

（一）要约人以确定承诺期限或者其他形式明示要约不可撤销；

（二）受要约人有理由认为要约是不可撤销的，并已经为履行合同做了合理准备工作。

第四百七十七条 撤销要约的意思表示以对话方式作出的，该意思表示的内容应当在受要约人作出承诺之前为受要约人所知道；撤销要约的意思表示以非对话方式作出的，应当在受要约人作出承诺之前到达受要约人。

第四百七十八条 有下列情形之一的，要约失效：

（一）要约被拒绝；

（二）要约被依法撤销；

（三）承诺期限届满，受要约人未作出承诺；

（四）受要约人对要约的内容作出实质性变更。

第四百七十九条 承诺是受要约人同意要约的意思表示。

第四百八十条 承诺应当以通知的方式作出；但是，根据交易习惯或者要约表明可以通过行为作出承诺的除外。

第四百八十一条 承诺应当在要约确定的期限内到达要约人。

要约没有确定承诺期限的，承诺应当依照下列规定到达：

（一）要约以对话方式作出的，应当即时作出承诺；

（二）要约以非对话方式作出的，承诺应当在合理期限内到达。

第四百八十二条 要约以信件或者电报作出的，承诺期限自信件载明的日期或者电报交发之日开始计算。信件未载明日期的，自投寄该信件的邮戳日期开始计算。要约以电话、传真、电子邮件等快速通讯方式作出的，承诺期限自要约到达受要约人时开始计算。

第四百八十三条 承诺生效时合同成立，但是法律另有规定或者当事人另有约定的除外。

第四百八十四条 以通知方式作出的承诺，生效的时间适用本法第一百三十七条的规定。

承诺不需要通知的，根据交易习惯或者要约的要求作出承诺的行为时生效。

第四百八十五条 承诺可以撤回。承诺的撤回适用本法第一百四十一条的规定。

第四百八十六条 受要约人超过承诺期限发出承诺，或者在承诺期限内发出承诺，按照通常情形不能及时到达要约人的，为新要约；但是，要约人及时通知受要约人该承诺有效的除外。

第四百八十七条 受要约人在承诺期限内发出承诺，按照通常情形能够及时到达要约人，但是因其他原因致使承诺到达要约人时超过承诺期限的，除要约人及时通知受要约人因承诺超过期限不接受该承诺外，该承诺有效。

第四百八十八条 承诺的内容应当与要约的内容一致。受要约人对要约的内容作出实质性变更的，为新要约。有关合同标的、数量、质量、价款或者报酬、履行期限、履行地点和方式、违约责任和解决争议方法等的变更，是对要约内容的实质性变更。

第四百八十九条 承诺对要约的内容作出非实质性变更的，除要约人及时表示反对或者要约表明承诺不得对要约的内容作出任何变更外，该承诺有效，合同的内容以承诺的内容为准。

第四百九十条 当事人采用合同书形式订立合同的，自当事人均签名、盖章或者按指印时合同成立。在签名、盖章或者按指印之前，当事人一方已经履行主要义务，对方接受时，该合同成立。

法律、行政法规规定或者当事人约定合同应当采用书面形式订立，当事人未采用书面形式但是一方已经履行主要义务，对方接受时，该合同成立。

第四百九十一条 当事人采用信件、数据电文等形式订立合同要求签订确认书的，签订确认书时合同成立。

当事人一方通过互联网等信息网络发布的商品或者服务信息符合要约条件的，对方选择该商品或者服务并提交订单成功时合同成立，但是当事人另有约定的除外。

第四百九十二条 承诺生效的地点为合同成立的地点。

采用数据电文形式订立合同的，收件人的主营业地为合同成立的地点；没有主营业地的，其住所地为合同成立的地点。当事人另有约定的，按照其约定。

第四百九十三条 当事人采用合同书形式订立合同的，最后签名、盖章或者按指印的地点为合同成立的地点，但是当事人另有约定的除外。

第四百九十四条 国家根据抢险救灾、疫情防控或者其他需要下达国家订货任务、指令性任务的，有关民事主体之间应当依照有关法律、行政法规规定的权利和义务订立合同。

依照法律、行政法规的规定负有发出要约义务的当事人，应当及时发出合理的要约。

依照法律、行政法规的规定负有作出承诺义务的当事人，不得拒绝对方合理的订立合同要求。

第四百九十五条 当事人约定在将来一定期限内订立合同的认购书、订购书、预订书等，构成预约合同。

当事人一方不履行预约合同约定的订立合同义务的，对方可以请求其承担预约合同的违约责任。

第四百九十六条 格式条款是当事人为了重复使用而预先拟定，并在订立合同时未与对方协商的条款。

采用格式条款订立合同的，提供格式条款的一方应当遵循公平原则确定当事人之间的权利和义务，并采取合理的方式提示对方注意免除或者减轻其责任等与对方有重大利害关系的条款，按照对方的要求，对该条款予以说明。提供格式条款的一方未履行提示或者说明义务，致使对方没有注意或者理解与其有重大利害关系的条款的，对方可以主张该条款不成为合同的内容。

第四百九十七条 有下列情形之一的，该格式条款无效：

（一）具有本法第一编第六章第三节和本法第五百零六条规定的无效情形；

（二）提供格式条款一方不合理地免除或者减轻其责任、加重对方责任、限制对方主要权利；

（三）提供格式条款一方排除对方主要权利。

第四百九十八条　对格式条款的理解发生争议的，应当按照通常理解予以解释。对格式条款有两种以上解释的，应当作出不利于提供格式条款一方的解释。格式条款和非格式条款不一致的，应当采用非格式条款。

第四百九十九条　悬赏人以公开方式声明对完成特定行为的人支付报酬的，完成该行为的人可以请求其支付。

第五百条　当事人在订立合同过程中有下列情形之一，造成对方损失的，应当承担赔偿责任：

（一）假借订立合同，恶意进行磋商；

（二）故意隐瞒与订立合同有关的重要事实或者提供虚假情况；

（三）有其他违背诚信原则的行为。

第五百零一条　当事人在订立合同过程中知悉的商业秘密或者其他应当保密的信息，无论合同是否成立，不得泄露或者不正当地使用；泄露、不正当地使用该商业秘密或者信息，造成对方损失的，应当承担赔偿责任。

第三章　合同的效力

第五百零二条　依法成立的合同，自成立时生效，但是法律另有规定或者当事人另有约定的除外。

依照法律、行政法规的规定，合同应当办理批准等手续的，依照其规定。未办理批准等手续影响合同生效的，不影响合同中履行报批等义务条款以及相关条款的效力。应当办理申请批准等手续的当事人未履行义务的，对方可以请求其承担违反该义务的责任。

依照法律、行政法规的规定，合同的变更、转让、解除等情形应当办理批准等手续的，适用前款规定。

第五百零三条　无权代理人以被代理人的名义订立合同，被代理人已经开始履行合同义务或者接受相对人履行的，视为对合同的追认。

第五百零四条　法人的法定代表人或者非法人组织的负责人超越权限订立的合同，除相对人知道或者应当知道其超越权限外，该代表行为有效，订立的合同对法人或者非法人组织发生效力。

第五百零五条　当事人超越经营范围订立的合同的效力，应当依照本法第一编第六章第三节和本编的有关规定确定，不得仅以超越经营范围确认合同无效。

第五百零六条　合同中的下列免责条款无效：

（一）造成对方人身损害的；

（二）因故意或者重大过失造成对方财产损失的。

第五百零七条　合同不生效、无效、被撤销或者终止的，不影响合同中有关解决争议方法的条款的效力。

第五百零八条　本编对合同的效力没有规定的，适用本法第一编第六章的有关规定。

第四章 合同的履行

第五百零九条 当事人应当按照约定全面履行自己的义务。

当事人应当遵循诚信原则,根据合同的性质、目的和交易习惯履行通知、协助、保密等义务。

当事人在履行合同过程中,应当避免浪费资源、污染环境和破坏生态。

第五百一十条 合同生效后,当事人就质量、价款或者报酬、履行地点等内容没有约定或者约定不明确的,可以协议补充;不能达成补充协议的,按照合同相关条款或者交易习惯确定。

第五百一十一条 当事人就有关合同内容约定不明确,依据前条规定仍不能确定的,适用下列规定:

(一)质量要求不明确的,按照强制性国家标准履行;没有强制性国家标准的,按照推荐性国家标准履行;没有推荐性国家标准的,按照行业标准履行;没有国家标准、行业标准的,按照通常标准或者符合合同目的的特定标准履行。

(二)价款或者报酬不明确的,按照订立合同时履行地的市场价格履行;依法应当执行政府定价或者政府指导价的,依照规定履行。

(三)履行地点不明确,给付货币的,在接受货币一方所在地履行;交付不动产的,在不动产所在地履行;其他标的,在履行义务一方所在地履行。

(四)履行期限不明确的,债务人可以随时履行,债权人也可以随时请求履行,但是应当给对方必要的准备时间。

(五)履行方式不明确的,按照有利于实现合同目的的方式履行。

(六)履行费用的负担不明确的,由履行义务一方负担;因债权人原因增加的履行费用,由债权人负担。

第五百一十二条 通过互联网等信息网络订立的电子合同的标的为交付商品并采用快递物流方式交付的,收货人的签收时间为交付时间。电子合同的标的为提供服务的,生成的电子凭证或者实物凭证中载明的时间为提供服务时间;前述凭证没有载明时间或者载明时间与实际提供服务时间不一致的,以实际提供服务的时间为准。

电子合同的标的物为采用在线传输方式交付的,合同标的物进入对方当事人指定的特定系统且能够检索识别的时间为交付时间。

电子合同当事人对交付商品或者提供服务的方式、时间另有约定的,按照其约定。

第五百一十三条 执行政府定价或者政府指导价的,在合同约定的交付期限内政府价格调整时,按照交付时的价格计价。逾期交付标的物的,遇价格上涨时,按照原价格执行;价格下降时,按照新价格执行。逾期提取标的物或者逾期付款的,遇价格上涨时,按照新价格执行;价格下降时,按照原价格执行。

第五百一十四条 以支付金钱为内容的债,除法律另有规定或者当事人另有约定外,债权人可以请求债务人以实际履行地的法定货币履行。

第五百一十五条 标的有多项而债务人只需履行其中一项的,债务人享有选择权;但是，法律另有规定、当事人另有约定或者另有交易习惯的除外。

享有选择权的当事人在约定期限内或者履行期限届满未作选择，经催告后在合理期限内仍未选择的，选择权转移至对方。

第五百一十六条　当事人行使选择权应当及时通知对方，通知到达对方时，标的确定。标的确定后不得变更，但是经对方同意的除外。

可选择的标的发生不能履行情形的，享有选择权的当事人不得选择不能履行的标的，但是该不能履行的情形是由对方造成的除外。

第五百一十七条　债权人为二人以上，标的可分，按照份额各自享有债权的，为按份债权；债务人为二人以上，标的可分，按照份额各自负担债务的，为按份债务。

按份债权人或者按份债务人的份额难以确定的，视为份额相同。

第五百一十八条　债权人为二人以上，部分或者全部债权人均可以请求债务人履行债务的，为连带债权；债务人为二人以上，债权人可以请求部分或者全部债务人履行全部债务的，为连带债务。

连带债权或者连带债务，由法律规定或者当事人约定。

第五百一十九条　连带债务人之间的份额难以确定的，视为份额相同。

实际承担债务超过自己份额的连带债务人，有权就超出部分在其他连带债务人未履行的份额范围内向其追偿，并相应地享有债权人的权利，但是不得损害债权人的利益。其他连带债务人对债权人的抗辩，可以向该债务人主张。

被追偿的连带债务人不能履行其应分担份额的，其他连带债务人应当在相应范围内按比例分担。

第五百二十条　部分连带债务人履行、抵销债务或者提存标的物的，其他债务人对债权人的债务在相应范围内消灭；该债务人可以依据前条规定向其他债务人追偿。

部分连带债务人的债务被债权人免除的，在该连带债务人应当承担的份额范围内，其他债务人对债权人的债务消灭。

部分连带债务人的债务与债权人的债权同归于一人的，在扣除该债务人应当承担的份额后，债权人对其他债务人的债权继续存在。

债权人对部分连带债务人的给付受领迟延的，对其他连带债务人发生效力。

第五百二十一条　连带债权人之间的份额难以确定的，视为份额相同。

实际受领债权的连带债权人，应当按比例向其他连带债权人返还。

连带债权参照适用本章连带债务的有关规定。

第五百二十二条　当事人约定由债务人向第三人履行债务，债务人未向第三人履行债务或者履行债务不符合约定的，应当向债权人承担违约责任。

法律规定或者当事人约定第三人可以直接请求债务人向其履行债务，第三人未在合理期限内明确拒绝，债务人未向第三人履行债务或者履行债务不符合约定的，第三人可以请求债务人承担违约责任；债务人对债权人的抗辩，可以向第三人主张。

第五百二十三条　当事人约定由第三人向债权人履行债务，第三人不履行债务或者履行债务不符合约定的，债务人应当向债权人承担违约责任。

第五百二十四条 债务人不履行债务,第三人对履行该债务具有合法利益的,第三人有权向债权人代为履行;但是,根据债务性质、按照当事人约定或者依照法律规定只能由债务人履行的除外。

债权人接受第三人履行后,其对债务人的债权转让给第三人,但是债务人和第三人另有约定的除外。

第五百二十五条 当事人互负债务,没有先后履行顺序的,应当同时履行。一方在对方履行之前有权拒绝其履行请求。一方在对方履行债务不符合约定时,有权拒绝其相应的履行请求。

第五百二十六条 当事人互负债务,有先后履行顺序,应当先履行债务一方未履行的,后履行一方有权拒绝其履行请求。先履行一方履行债务不符合约定的,后履行一方有权拒绝其相应的履行请求。

第五百二十七条 应当先履行债务的当事人,有确切证据证明对方有下列情形之一的,可以中止履行:

(一)经营状况严重恶化;

(二)转移财产、抽逃资金,以逃避债务;

(三)丧失商业信誉;

(四)有丧失或者可能丧失履行债务能力的其他情形。

当事人没有确切证据中止履行的,应当承担违约责任。

第五百二十八条 当事人依据前条规定中止履行的,应当及时通知对方。对方提供适当担保的,应当恢复履行。中止履行后,对方在合理期限内未恢复履行能力且未提供适当担保的,视为以自己的行为表明不履行主要债务,中止履行的一方可以解除合同并可以请求对方承担违约责任。

第五百二十九条 债权人分立、合并或者变更住所没有通知债务人,致使履行债务发生困难的,债务人可以中止履行或者将标的物提存。

第五百三十条 债权人可以拒绝债务人提前履行债务,但是提前履行不损害债权人利益的除外。

债务人提前履行债务给债权人增加的费用,由债务人负担。

第五百三十一条 债权人可以拒绝债务人部分履行债务,但是部分履行不损害债权人利益的除外。

债务人部分履行债务给债权人增加的费用,由债务人负担。

第五百三十二条 合同生效后,当事人不得因姓名、名称的变更或者法定代表人、负责人、承办人的变动而不履行合同义务。

第五百三十三条 合同成立后,合同的基础条件发生了当事人在订立合同时无法预见的、不属于商业风险的重大变化,继续履行合同对于当事人一方明显不公平的,受不利影响的当事人可以与对方重新协商;在合理期限内协商不成的,当事人可以请求人民法院或者仲裁机构变更或者解除合同。

人民法院或者仲裁机构应当结合案件的实际情况,根据公平原则变更或者解除合同。

第五百三十四条　对当事人利用合同实施危害国家利益、社会公共利益行为的，市场监督管理和其他有关行政主管部门依照法律、行政法规的规定负责监督处理。

第五章　合同的保全

第五百三十五条　因债务人怠于行使其债权或者与该债权有关的从权利，影响债权人的到期债权实现的，债权人可以向人民法院请求以自己的名义代位行使债务人对相对人的权利，但是该权利专属于债务人自身的除外。

代位权的行使范围以债权人的到期债权为限。债权人行使代位权的必要费用，由债务人负担。

相对人对债务人的抗辩，可以向债权人主张。

第五百三十六条　债权人的债权到期前，债务人的债权或者与该债权有关的从权利存在诉讼时效期间即将届满或者未及时申报破产债权等情形，影响债权人的债权实现的，债权人可以代位向债务人的相对人请求其向债务人履行、向破产管理人申报或者作出其他必要的行为。

第五百三十七条　人民法院认定代位权成立的，由债务人的相对人向债权人履行义务，债权人接受履行后，债权人与债务人、债务人与相对人之间相应的权利义务终止。债务人对相对人的债权或者与该债权有关的从权利被采取保全、执行措施，或者债务人破产的，依照相关法律的规定处理。

第五百三十八条　债务人以放弃其债权、放弃债权担保、无偿转让财产等方式无偿处分财产权益，或者恶意延长其到期债权的履行期限，影响债权人的债权实现的，债权人可以请求人民法院撤销债务人的行为。

第五百三十九条　债务人以明显不合理的低价转让财产、以明显不合理的高价受让他人财产或者为他人的债务提供担保，影响债权人的债权实现，债务人的相对人知道或者应当知道该情形的，债权人可以请求人民法院撤销债务人的行为。

第五百四十条　撤销权的行使范围以债权人的债权为限。债权人行使撤销权的必要费用，由债务人负担。

第五百四十一条　撤销权自债权人知道或者应当知道撤销事由之日起一年内行使。自债务人的行为发生之日起五年内没有行使撤销权的，该撤销权消灭。

第五百四十二条　债务人影响债权人的债权实现的行为被撤销的，自始没有法律约束力。

第六章　合同的变更和转让

第五百四十三条　当事人协商一致，可以变更合同。

第五百四十四条　当事人对合同变更的内容约定不明确的，推定为未变更。

第五百四十五条　债权人可以将债权的全部或者部分转让给第三人，但是有下列情形之一的除外：

（一）根据债权性质不得转让；

（二）按照当事人约定不得转让；

（三）依照法律规定不得转让。

当事人约定非金钱债权不得转让的，不得对抗善意第三人。当事人约定金钱债权不得转让的，不得对抗第三人。

第五百四十六条 债权人转让债权，未通知债务人的，该转让对债务人不发生效力。

债权转让的通知不得撤销，但是经受让人同意的除外。

第五百四十七条 债权人转让债权的，受让人取得与债权有关的从权利，但是该从权利专属于债权人自身的除外。

受让人取得从权利不因该从权利未办理转移登记手续或者未转移占有而受到影响。

第五百四十八条 债务人接到债权转让通知后，债务人对让与人的抗辩，可以向受让人主张。

第五百四十九条 有下列情形之一的，债务人可以向受让人主张抵销：

（一）债务人接到债权转让通知时，债务人对让与人享有债权，且债务人的债权先于转让的债权到期或者同时到期；

（二）债务人的债权与转让的债权是基于同一合同产生。

第五百五十条 因债权转让增加的履行费用，由让与人负担。

第五百五十一条 债务人将债务的全部或者部分转移给第三人的，应当经债权人同意。

债务人或者第三人可以催告债权人在合理期限内予以同意，债权人未作表示的，视为不同意。

第五百五十二条 第三人与债务人约定加入债务并通知债权人，或者第三人向债权人表示愿意加入债务，债权人未在合理期限内明确拒绝的，债权人可以请求第三人在其愿意承担的债务范围内和债务人承担连带债务。

第五百五十三条 债务人转移债务的，新债务人可以主张原债务人对债权人的抗辩；原债务人对债权人享有债权的，新债务人不得向债权人主张抵销。

第五百五十四条 债务人转移债务的，新债务人应当承担与主债务有关的从债务，但是该从债务专属于原债务人自身的除外。

第五百五十五条 当事人一方经对方同意，可以将自己在合同中的权利和义务一并转让给第三人。

第五百五十六条 合同的权利和义务一并转让的，适用债权转让、债务转移的有关规定。

第七章 合同的权利义务终止

第五百五十七条 有下列情形之一的，债权债务终止：

（一）债务已经履行；

（二）债务相互抵销；

（三）债务人依法将标的物提存；

（四）债权人免除债务；

（五）债权债务同归于一人；

（六）法律规定或者当事人约定终止的其他情形。

合同解除的，该合同的权利义务关系终止。

第五百五十八条 债权债务终止后，当事人应当遵循诚信等原则，根据交易习惯履行通知、协助、保密、旧物回收等义务。

第五百五十九条 债权债务终止时，债权的从权利同时消灭，但是法律另有规定或者当事人另有约定的除外。

第五百六十条 债务人对同一债权人负担的数项债务种类相同，债务人的给付不足以清偿全部债务的，除当事人另有约定外，由债务人在清偿时指定其履行的债务。

债务人未作指定的，应当优先履行已经到期的债务；数项债务均到期的，优先履行对债权人缺乏担保或者担保最少的债务；均无担保或者担保相等的，优先履行债务人负担较重的债务；负担相同的，按照债务到期的先后顺序履行；到期时间相同的，按照债务比例履行。

第五百六十一条 债务人在履行主债务外还应当支付利息和实现债权的有关费用，其给付不足以清偿全部债务的，除当事人另有约定外，应当按照下列顺序履行：

（一）实现债权的有关费用；

（二）利息；

（三）主债务。

第五百六十二条 当事人协商一致，可以解除合同。

当事人可以约定一方解除合同的事由。解除合同的事由发生时，解除权人可以解除合同。

第五百六十三条 有下列情形之一的，当事人可以解除合同：

（一）因不可抗力致使不能实现合同目的；

（二）在履行期限届满前，当事人一方明确表示或者以自己的行为表明不履行主要债务；

（三）当事人一方迟延履行主要债务，经催告后在合理期限内仍未履行；

（四）当事人一方迟延履行债务或者有其他违约行为致使不能实现合同目的；

（五）法律规定的其他情形。

以持续履行的债务为内容的不定期合同，当事人可以随时解除合同，但是应当在合理期限之前通知对方。

第五百六十四条 法律规定或者当事人约定解除权行使期限，期限届满当事人不行使的，该权利消灭。

法律没有规定或者当事人没有约定解除权行使期限，自解除权人知道或者应当知道解除事由之日起一年内不行使，或者经对方催告后在合理期限内不行使的，该权利消灭。

第五百六十五条 当事人一方依法主张解除合同的，应当通知对方。合同自通知到达对方时解除；通知载明债务人在一定期限内不履行债务则合同自动解除，债务人在该期限内未履行债务的，合同自通知载明的期限届满时解除。对方对解除合同有异议的，任何一方当事人均可以请求人民法院或者仲裁机构确认解除行为的效力。

当事人一方未通知对方，直接以提起诉讼或者申请仲裁的方式依法主张解除合同，人民法院或者仲裁机构确认该主张的，合同自起诉状副本或者仲裁申请书副本送达对方时解除。

第五百六十六条 合同解除后，尚未履行的，终止履行；已经履行的，根据履行情况和合同性质，当事人可以请求恢复原状或者采取其他补救措施，并有权请求赔偿损失。

合同因违约解除的，解除权人可以请求违约方承担违约责任，但是当事人另有约定的除外。

主合同解除后，担保人对债务人应当承担的民事责任仍应当承担担保责任，但是担保合同另有约定的除外。

第五百六十七条 合同的权利义务关系终止，不影响合同中结算和清理条款的效力。

第五百六十八条 当事人互负债务，该债务的标的物种类、品质相同的，任何一方可以将自己的债务与对方的到期债务抵销；但是，根据债务性质、按照当事人约定或者依照法律规定不得抵销的除外。

当事人主张抵销的，应当通知对方。通知自到达对方时生效。抵销不得附条件或者附期限。

第五百六十九条 当事人互负债务，标的物种类、品质不相同的，经协商一致，也可以抵销。

第五百七十条 有下列情形之一，难以履行债务的，债务人可以将标的物提存：

（一）债权人无正当理由拒绝受领；

（二）债权人下落不明；

（三）债权人死亡未确定继承人、遗产管理人，或者丧失民事行为能力未确定监护人；

（四）法律规定的其他情形。

标的物不适于提存或者提存费用过高的，债务人依法可以拍卖或者变卖标的物，提存所得的价款。

第五百七十一条 债务人将标的物或者将标的物依法拍卖、变卖所得价款交付提存部门时，提存成立。

提存成立的，视为债务人在其提存范围内已经交付标的物。

第五百七十二条 标的物提存后，债务人应当及时通知债权人或者债权人的继承人、遗产管理人、监护人、财产代管人。

第五百七十三条 标的物提存后，毁损、灭失的风险由债权人承担。提存期间，标的物的孳息归债权人所有。提存费用由债权人负担。

第五百七十四条 债权人可以随时领取提存物。但是，债权人对债务人负有到期债务的，在债权人未履行债务或者提供担保之前，提存部门根据债务人的要求应当拒绝其领取提存物。

债权人领取提存物的权利，自提存之日起五年内不行使而消灭，提存物扣除提存费用后归国家所有。但是，债权人未履行对债务人的到期债务，或者债权人向提存部门书面表示放弃领取提存物权利的，债务人负担提存费用后有权取回提存物。

第五百七十五条　债权人免除债务人部分或者全部债务的，债权债务部分或者全部终止，但是债务人在合理期限内拒绝的除外。

第五百七十六条　债权和债务同归于一人的，债权债务终止，但是损害第三人利益的除外。

第八章　违约责任

第五百七十七条　当事人一方不履行合同义务或者履行合同义务不符合约定的，应当承担继续履行、采取补救措施或者赔偿损失等违约责任。

第五百七十八条　当事人一方明确表示或者以自己的行为表明不履行合同义务的，对方可以在履行期限届满前请求其承担违约责任。

第五百七十九条　当事人一方未支付价款、报酬、租金、利息，或者不履行其他金钱债务的，对方可以请求其支付。

第五百八十条　当事人一方不履行非金钱债务或者履行非金钱债务不符合约定的，对方可以请求履行，但是有下列情形之一的除外：

（一）法律上或者事实上不能履行；

（二）债务的标的不适于强制履行或者履行费用过高；

（三）债权人在合理期限内未请求履行。

有前款规定的除外情形之一，致使不能实现合同目的的，人民法院或者仲裁机构可以根据当事人的请求终止合同权利义务关系，但是不影响违约责任的承担。

第五百八十一条　当事人一方不履行债务或者履行债务不符合约定，根据债务的性质不得强制履行的，对方可以请求其负担由第三人替代履行的费用。

第五百八十二条　履行不符合约定的，应当按照当事人的约定承担违约责任。对违约责任没有约定或者约定不明确，依据本法第五百一十条的规定仍不能确定的，受损害方根据标的的性质以及损失的大小，可以合理选择请求对方承担修理、重作、更换、退货、减少价款或者报酬等违约责任。

第五百八十三条　当事人一方不履行合同义务或者履行合同义务不符合约定的，在履行义务或者采取补救措施后，对方还有其他损失的，应当赔偿损失。

第五百八十四条　当事人一方不履行合同义务或者履行合同义务不符合约定，造成对方损失的，损失赔偿额应当相当于因违约所造成的损失，包括合同履行后可以获得的利益；但是，不得超过违约一方订立合同时预见到或者应当预见到的因违约可能造成的损失。

第五百八十五条　当事人可以约定一方违约时应当根据违约情况向对方支付一定数额的违约金，也可以约定因违约产生的损失赔偿额的计算方法。

约定的违约金低于造成的损失的，人民法院或者仲裁机构可以根据当事人的请求予以增加；约定的违约金过分高于造成的损失的，人民法院或者仲裁机构可以根据当事人的请求予以适当减少。

当事人就迟延履行约定违约金的,违约方支付违约金后,还应当履行债务。

第五百八十六条 当事人可以约定一方向对方给付定金作为债权的担保。定金合同自实际交付定金时成立。

定金的数额由当事人约定;但是,不得超过主合同标的额的百分之二十,超过部分不产生定金的效力。实际交付的定金数额多于或者少于约定数额的,视为变更约定的定金数额。

第五百八十七条 债务人履行债务的,定金应当抵作价款或者收回。给付定金的一方不履行债务或者履行债务不符合约定,致使不能实现合同目的的,无权请求返还定金;收受定金的一方不履行债务或者履行债务不符合约定,致使不能实现合同目的的,应当双倍返还定金。

第五百八十八条 当事人既约定违约金,又约定定金的,一方违约时,对方可以选择适用违约金或者定金条款。

定金不足以弥补一方违约造成的损失的,对方可以请求赔偿超过定金数额的损失。

第五百八十九条 债务人按照约定履行债务,债权人无正当理由拒绝受领的,债务人可以请求债权人赔偿增加的费用。

在债权人受领迟延期间,债务人无须支付利息。

第五百九十条 当事人一方因不可抗力不能履行合同的,根据不可抗力的影响,部分或者全部免除责任,但是法律另有规定的除外。因不可抗力不能履行合同的,应当及时通知对方,以减轻可能给对方造成的损失,并应当在合理期限内提供证明。

当事人迟延履行后发生不可抗力的,不免除其违约责任。

第五百九十一条 当事人一方违约后,对方应当采取适当措施防止损失的扩大;没有采取适当措施致使损失扩大的,不得就扩大的损失请求赔偿。

当事人因防止损失扩大而支出的合理费用,由违约方负担。

第五百九十二条 当事人都违反合同的,应当各自承担相应的责任。

当事人一方违约造成对方损失,对方对损失的发生有过错的,可以减少相应的损失赔偿额。

第五百九十三条 当事人一方因第三人的原因造成违约的,应当依法向对方承担违约责任。当事人一方和第三人之间的纠纷,依照法律规定或者按照约定处理。

第五百九十四条 因国际货物买卖合同和技术进出口合同争议提起诉讼或者申请仲裁的时效期间为四年。

第二分编 典型合同

第九章 买卖合同

第五百九十五条 买卖合同是出卖人转移标的物的所有权于买受人,买受人支付价款的合同。

第五百九十六条　买卖合同的内容一般包括标的物的名称、数量、质量、价款、履行期限、履行地点和方式、包装方式、检验标准和方法、结算方式、合同使用的文字及其效力等条款。

第五百九十七条　因出卖人未取得处分权致使标的物所有权不能转移的，买受人可以解除合同并请求出卖人承担违约责任。

法律、行政法规禁止或者限制转让的标的物，依照其规定。

第五百九十八条　出卖人应当履行向买受人交付标的物或者交付提取标的物的单证，并转移标的物所有权的义务。

第五百九十九条　出卖人应当按照约定或者交易习惯向买受人交付提取标的物单证以外的有关单证和资料。

第六百条　出卖具有知识产权的标的物的，除法律另有规定或者当事人另有约定外，该标的物的知识产权不属于买受人。

第六百零一条　出卖人应当按照约定的时间交付标的物。约定交付期限的，出卖人可以在该交付期限内的任何时间交付。

第六百零二条　当事人没有约定标的物的交付期限或者约定不明确的，适用本法第五百一十条、第五百一十一条第四项的规定。

第六百零三条　出卖人应当按照约定的地点交付标的物。

当事人没有约定交付地点或者约定不明确，依据本法第五百一十条的规定仍不能确定的，适用下列规定：

（一）标的物需要运输的，出卖人应当将标的物交付给第一承运人以运交给买受人；

（二）标的物不需要运输，出卖人和买受人订立合同时知道标的物在某一地点的，出卖人应当在该地点交付标的物；不知道标的物在某一地点的，应当在出卖人订立合同时的营业地交付标的物。

第六百零四条　标的物毁损、灭失的风险，在标的物交付之前由出卖人承担，交付之后由买受人承担，但是法律另有规定或者当事人另有约定的除外。

第六百零五条　因买受人的原因致使标的物未按照约定的期限交付的，买受人应当自违反约定时起承担标的物毁损、灭失的风险。

第六百零六条　出卖人出卖交由承运人运输的在途标的物，除当事人另有约定外，毁损、灭失的风险自合同成立时起由买受人承担。

第六百零七条　出卖人按照约定将标的物运送至买受人指定地点并交付给承运人后，标的物毁损、灭失的风险由买受人承担。

当事人没有约定交付地点或者约定不明确，依据本法第六百零三条第二款第一项的规定标的物需要运输的，出卖人将标的物交付给第一承运人后，标的物毁损、灭失的风险由买受人承担。

第六百零八条　出卖人按照约定或者依据本法第六百零三条第二款第二项的规定将标的物置于交付地点，买受人违反约定没有收取的，标的物毁损、灭失的风险自违反约定时起由买受人承担。

第六百零九条 出卖人按照约定未交付有关标的物的单证和资料的，不影响标的物毁损、灭失风险的转移。

第六百一十条 因标的物不符合质量要求，致使不能实现合同目的的，买受人可以拒绝接受标的物或者解除合同。买受人拒绝接受标的物或者解除合同的，标的物毁损、灭失的风险由出卖人承担。

第六百一十一条 标的物毁损、灭失的风险由买受人承担的，不影响因出卖人履行义务不符合约定，买受人请求其承担违约责任的权利。

第六百一十二条 出卖人就交付的标的物，负有保证第三人对该标的物不享有任何权利的义务，但是法律另有规定的除外。

第六百一十三条 买受人订立合同时知道或者应当知道第三人对买卖的标的物享有权利的，出卖人不承担前条规定的义务。

第六百一十四条 买受人有确切证据证明第三人对标的物享有权利的，可以中止支付相应的价款，但是出卖人提供适当担保的除外。

第六百一十五条 出卖人应当按照约定的质量要求交付标的物。出卖人提供有关标的物质量说明的，交付的标的物应当符合该说明的质量要求。

第六百一十六条 当事人对标的物的质量要求没有约定或者约定不明确，依据本法第五百一十条的规定仍不能确定的，适用本法第五百一十一条第一项的规定。

第六百一十七条 出卖人交付的标的物不符合质量要求的，买受人可以依据本法第五百八十二条至第五百八十四条的规定请求承担违约责任。

第六百一十八条 当事人约定减轻或者免除出卖人对标的物瑕疵承担的责任，因出卖人故意或者重大过失不告知买受人标的物瑕疵的，出卖人无权主张减轻或者免除责任。

第六百一十九条 出卖人应当按照约定的包装方式交付标的物。对包装方式没有约定或者约定不明确，依据本法第五百一十条的规定仍不能确定的，应当按照通用的方式包装；没有通用方式的，应当采取足以保护标的物且有利于节约资源、保护生态环境的包装方式。

第六百二十条 买受人收到标的物时应当在约定的检验期限内检验。没有约定检验期限的，应当及时检验。

第六百二十一条 当事人约定检验期限的，买受人应当在检验期限内将标的物的数量或者质量不符合约定的情形通知出卖人。买受人怠于通知的，视为标的物的数量或者质量符合约定。

当事人没有约定检验期限的，买受人应当在发现或者应当发现标的物的数量或者质量不符合约定的合理期限内通知出卖人。买受人在合理期限内未通知或者自收到标的物之日起二年内未通知出卖人的，视为标的物的数量或者质量符合约定；但是，对标的物有质量保证期的，适用质量保证期，不适用该二年的规定。

出卖人知道或者应当知道提供的标的物不符合约定的，买受人不受前两款规定的通知时间的限制。

第六百二十二条 当事人约定的检验期限过短，根据标的物的性质和交易习惯，买受人在检验期限内难以完成全面检验的，该期限仅视为买受人对标的物的外观瑕疵提出异议的期限。

约定的检验期限或者质量保证期短于法律、行政法规规定期限的，应当以法律、行政法规规定的期限为准。

第六百二十三条 当事人对检验期限未作约定，买受人签收的送货单、确认单等载明标的物数量、型号、规格的，推定买受人已经对数量和外观瑕疵进行检验，但是有相关证据足以推翻的除外。

第六百二十四条 出卖人依照买受人的指示向第三人交付标的物，出卖人和买受人约定的检验标准与买受人和第三人约定的检验标准不一致的，以出卖人和买受人约定的检验标准为准。

第六百二十五条 依照法律、行政法规的规定或者按照当事人的约定，标的物在有效使用年限届满后应予回收的，出卖人负有自行或者委托第三人对标的物予以回收的义务。

第六百二十六条 买受人应当按照约定的数额和支付方式支付价款。对价款的数额和支付方式没有约定或者约定不明确的，适用本法第五百一十条、第五百一十一条第二项和第五项的规定。

第六百二十七条 买受人应当按照约定的地点支付价款。对支付地点没有约定或者约定不明确，依据本法第五百一十条的规定仍不能确定的，买受人应当在出卖人的营业地支付；但是，约定支付价款以交付标的物或者交付提取标的物单证为条件的，在交付标的物或者交付提取标的物单证的所在地支付。

第六百二十八条 买受人应当按照约定的时间支付价款。对支付时间没有约定或者约定不明确，依据本法第五百一十条的规定仍不能确定的，买受人应当在收到标的物或者提取标的物单证的同时支付。

第六百二十九条 出卖人多交标的物的，买受人可以接收或者拒绝接收多交的部分。买受人接收多交部分的，按照约定的价格支付价款；买受人拒绝接收多交部分的，应当及时通知出卖人。

第六百三十条 标的物在交付之前产生的孳息，归出卖人所有；交付之后产生的孳息，归买受人所有。但是，当事人另有约定的除外。

第六百三十一条 因标的物的主物不符合约定而解除合同的，解除合同的效力及于从物。因标的物的从物不符合约定被解除的，解除的效力不及于主物。

第六百三十二条 标的物为数物，其中一物不符合约定的，买受人可以就该物解除。但是，该物与他物分离使标的物的价值显受损害的，买受人可以就数物解除合同。

第六百三十三条 出卖人分批交付标的物的，出卖人对其中一批标的物不交付或者交付不符合约定，致使该批标的物不能实现合同目的的，买受人可以就该批标的物解除。

出卖人不交付其中一批标的物或者交付不符合约定，致使之后其他各批标的物的交付不能实现合同目的的，买受人可以就该批以及之后其他各批标的物解除。

买受人如果就其中一批标的物解除，该批标的物与其他各批标的物相互依存的，可以就已经交付和未交付的各批标的物解除。

第六百三十四条 分期付款的买受人未支付到期价款的数额达到全部价款的五分之

一,经催告后在合理期限内仍未支付到期价款的,出卖人可以请求买受人支付全部价款或者解除合同。

出卖人解除合同的,可以向买受人请求支付该标的物的使用费。

第六百三十五条　凭样品买卖的当事人应当封存样品,并可以对样品质量予以说明。出卖人交付的标的物应当与样品及其说明的质量相同。

第六百三十六条　凭样品买卖的买受人不知道样品有隐蔽瑕疵的,即使交付的标的物与样品相同,出卖人交付的标的物的质量仍然应当符合同种物的通常标准。

第六百三十七条　试用买卖的当事人可以约定标的物的试用期限。对试用期限没有约定或者约定不明确,依据本法第五百一十条的规定仍不能确定的,由出卖人确定。

第六百三十八条　试用买卖的买受人在试用期内可以购买标的物,也可以拒绝购买。试用期限届满,买受人对是否购买标的物未作表示的,视为购买。

试用买卖的买受人在试用期内已经支付部分价款或者对标的物实施出卖、出租、设立担保物权等行为的,视为同意购买。

第六百三十九条　试用买卖的当事人对标的物使用费没有约定或者约定不明确的,出卖人无权请求买受人支付。

第六百四十条　标的物在试用期内毁损、灭失的风险由出卖人承担。

第六百四十一条　当事人可以在买卖合同中约定买受人未履行支付价款或者其他义务的,标的物的所有权属于出卖人。

出卖人对标的物保留的所有权,未经登记,不得对抗善意第三人。

第六百四十二条　当事人约定出卖人保留合同标的物的所有权,在标的物所有权转移前,买受人有下列情形之一,造成出卖人损害的,除当事人另有约定外,出卖人有权取回标的物:

(一)未按照约定支付价款,经催告后在合理期限内仍未支付;

(二)未按照约定完成特定条件;

(三)将标的物出卖、出质或者作出其他不当处分。

出卖人可以与买受人协商取回标的物;协商不成的,可以参照适用担保物权的实现程序。

第六百四十三条　出卖人依据前条第一款的规定取回标的物后,买受人在双方约定或者出卖人指定的合理回赎期限内,消除出卖人取回标的物的事由的,可以请求回赎标的物。

买受人在回赎期限内没有回赎标的物,出卖人可以以合理价格将标的物出卖给第三人,出卖所得价款扣除买受人未支付的价款以及必要费用后仍有剩余的,应当返还买受人;不足部分由买受人清偿。

第六百四十四条　招标投标买卖的当事人的权利和义务以及招标投标程序等,依照有关法律、行政法规的规定。

第六百四十五条　拍卖的当事人的权利和义务以及拍卖程序等,依照有关法律、行政法规的规定。

第六百四十六条　法律对其他有偿合同有规定的,依照其规定;没有规定的,参照适用买卖合同的有关规定。

第六百四十七条　当事人约定易货交易，转移标的物的所有权的，参照适用买卖合同的有关规定。

第十章　供用电、水、气、热力合同

第六百四十八条　供用电合同是供电人向用电人供电，用电人支付电费的合同。

向社会公众供电的供电人，不得拒绝用电人合理的订立合同要求。

第六百四十九条　供用电合同的内容一般包括供电的方式、质量、时间，用电容量、地址、性质，计量方式，电价、电费的结算方式，供用电设施的维护责任等条款。

第六百五十条　供用电合同的履行地点，按照当事人约定；当事人没有约定或者约定不明确的，供电设施的产权分界处为履行地点。

第六百五十一条　供电人应当按照国家规定的供电质量标准和约定安全供电。供电人未按照国家规定的供电质量标准和约定安全供电，造成用电人损失的，应当承担赔偿责任。

第六百五十二条　供电人因供电设施计划检修、临时检修、依法限电或者用电人违法用电等原因，需要中断供电时，应当按照国家有关规定事先通知用电人；未事先通知用电人中断供电，造成用电人损失的，应当承担赔偿责任。

第六百五十三条　因自然灾害等原因断电，供电人应当按照国家有关规定及时抢修；未及时抢修，造成用电人损失的，应当承担赔偿责任。

第六百五十四条　用电人应当按照国家有关规定和当事人的约定及时支付电费。用电人逾期不支付电费的，应当按照约定支付违约金。经催告用电人在合理期限内仍不支付电费和违约金的，供电人可以按照国家规定的程序中止供电。

供电人依据前款规定中止供电的，应当事先通知用电人。

第六百五十五条　用电人应当按照国家有关规定和当事人的约定安全、节约和计划用电。用电人未按照国家有关规定和当事人的约定用电，造成供电人损失的，应当承担赔偿责任。

第六百五十六条　供用水、供用气、供用热力合同，参照适用供用电合同的有关规定。

第十一章　赠与合同

第六百五十七条　赠与合同是赠与人将自己的财产无偿给予受赠人，受赠人表示接受赠与的合同。

第六百五十八条　赠与人在赠与财产的权利转移之前可以撤销赠与。

经过公证的赠与合同或者依法不得撤销的具有救灾、扶贫、助残等公益、道德义务性质的赠与合同，不适用前款规定。

第六百五十九条　赠与的财产依法需要办理登记或者其他手续的，应当办理有关手续。

第六百六十条　经过公证的赠与合同或者依法不得撤销的具有救灾、扶贫、助残等公益、道德义务性质的赠与合同，赠与人不交付赠与财产的，受赠人可以请求交付。

依据前款规定应当交付的赠与财产因赠与人故意或者重大过失致使毁损、灭失的，赠与人应当承担赔偿责任。

第六百六十一条 赠与可以附义务。

赠与附义务的，受赠人应当按照约定履行义务。

第六百六十二条 赠与的财产有瑕疵的，赠与人不承担责任。附义务的赠与，赠与的财产有瑕疵的，赠与人在附义务的限度内承担与出卖人相同的责任。

赠与人故意不告知瑕疵或者保证无瑕疵，造成受赠人损失的，应当承担赔偿责任。

第六百六十三条 受赠人有下列情形之一的，赠与人可以撤销赠与：

（一）严重侵害赠与人或者赠与人近亲属的合法权益；

（二）对赠与人有扶养义务而不履行；

（三）不履行赠与合同约定的义务。

赠与人的撤销权，自知道或者应当知道撤销事由之日起一年内行使。

第六百六十四条 因受赠人的违法行为致使赠与人死亡或者丧失民事行为能力的，赠与人的继承人或者法定代理人可以撤销赠与。

赠与人的继承人或者法定代理人的撤销权，自知道或者应当知道撤销事由之日起六个月内行使。

第六百六十五条 撤销权人撤销赠与的，可以向受赠人请求返还赠与的财产。

第六百六十六条 赠与人的经济状况显著恶化，严重影响其生产经营或者家庭生活的，可以不再履行赠与义务。

第十二章 借款合同

第六百六十七条 借款合同是借款人向贷款人借款，到期返还借款并支付利息的合同。

第六百六十八条 借款合同应当采用书面形式，但是自然人之间借款另有约定的除外。

借款合同的内容一般包括借款种类、币种、用途、数额、利率、期限和还款方式等条款。

第六百六十九条 订立借款合同，借款人应当按照贷款人的要求提供与借款有关的业务活动和财务状况的真实情况。

第六百七十条 借款的利息不得预先在本金中扣除。利息预先在本金中扣除的，应当按照实际借款数额返还借款并计算利息。

第六百七十一条 贷款人未按照约定的日期、数额提供借款，造成借款人损失的，应当赔偿损失。

借款人未按照约定的日期、数额收取借款的，应当按照约定的日期、数额支付利息。

第六百七十二条 贷款人按照约定可以检查、监督借款的使用情况。借款人应当按照约定向贷款人定期提供有关财务会计报表或者其他资料。

第六百七十三条 借款人未按照约定的借款用途使用借款的，贷款人可以停止发放借款、提前收回借款或者解除合同。

第六百七十四条 借款人应当按照约定的期限支付利息。对支付利息的期限没有约定或者约定不明确，依据本法第五百一十条的规定仍不能确定，借款期间不满一年的，应当在返还借款时一并支付；借款期间一年以上的，应当在每届满一年时支付，剩余期间不满一年的,应当在返还借款时一并支付。

第六百七十五条 借款人应当按照约定的期限返还借款。对借款期限没有约定或者约定不明确,依据本法第五百一十条的规定仍不能确定的,借款人可以随时返还;贷款人可以催告借款人在合理期限内返还。

第六百七十六条 借款人未按照约定的期限返还借款的,应当按照约定或者国家有关规定支付逾期利息。

第六百七十七条 借款人提前返还借款的,除当事人另有约定外,应当按照实际借款的期间计算利息。

第六百七十八条 借款人可以在还款期限届满前向贷款人申请展期;贷款人同意的,可以展期。

第六百七十九条 自然人之间的借款合同,自贷款人提供借款时成立。

第六百八十条 禁止高利放贷,借款的利率不得违反国家有关规定。

借款合同对支付利息没有约定的,视为没有利息。

借款合同对支付利息约定不明确,当事人不能达成补充协议的,按照当地或者当事人的交易方式、交易习惯、市场利率等因素确定利息;自然人之间借款的,视为没有利息。

第十三章 保证合同

第一节 一般规定

第六百八十一条 保证合同是为保障债权的实现,保证人和债权人约定,当债务人不履行到期债务或者发生当事人约定的情形时,保证人履行债务或者承担责任的合同。

第六百八十二条 保证合同是主债权债务合同的从合同。主债权债务合同无效的,保证合同无效,但是法律另有规定的除外。

保证合同被确认无效后,债务人、保证人、债权人有过错的,应当根据其过错各自承担相应的民事责任。

第六百八十三条 机关法人不得为保证人,但是经国务院批准为使用外国政府或者国际经济组织贷款进行转贷的除外。

以公益为目的的非营利法人、非法人组织不得为保证人。

第六百八十四条 保证合同的内容一般包括被保证的主债权的种类、数额,债务人履行债务的期限,保证的方式、范围和期间等条款。

第六百八十五条 保证合同可以是单独订立的书面合同,也可以是主债权债务合同中的保证条款。

第三人单方以书面形式向债权人作出保证,债权人接收且未提出异议的,保证合同成立。

第六百八十六条 保证的方式包括一般保证和连带责任保证。

当事人在保证合同中对保证方式没有约定或者约定不明确的,按照一般保证承担保证责任。

第六百八十七条 当事人在保证合同中约定，债务人不能履行债务时，由保证人承担保证责任的，为一般保证。

一般保证的保证人在主合同纠纷未经审判或者仲裁，并就债务人财产依法强制执行仍不能履行债务前，有权拒绝向债权人承担保证责任，但是有下列情形之一的除外：

（一）债务人下落不明，且无财产可供执行；

（二）人民法院已经受理债务人破产案件；

（三）债权人有证据证明债务人的财产不足以履行全部债务或者丧失履行债务能力；

（四）保证人书面表示放弃本款规定的权利。

第六百八十八条 当事人在保证合同中约定保证人和债务人对债务承担连带责任的，为连带责任保证。

连带责任保证的债务人不履行到期债务或者发生当事人约定的情形时，债权人可以请求债务人履行债务，也可以请求保证人在其保证范围内承担保证责任。

第六百八十九条 保证人可以要求债务人提供反担保。

第六百九十条 保证人与债权人可以协商订立最高额保证的合同，约定在最高债权额限度内就一定期间连续发生的债权提供保证。

最高额保证除适用本章规定外，参照适用本法第二编最高额抵押权的有关规定。

第二节 保证责任

第六百九十一条 保证的范围包括主债权及其利息、违约金、损害赔偿金和实现债权的费用。当事人另有约定的，按照其约定。

第六百九十二条 保证期间是确定保证人承担保证责任的期间，不发生中止、中断和延长。

债权人与保证人可以约定保证期间，但是约定的保证期间早于主债务履行期限或者与主债务履行期限同时届满的，视为没有约定；没有约定或者约定不明确的，保证期间为主债务履行期限届满之日起六个月。

债权人与债务人对主债务履行期限没有约定或者约定不明确的，保证期间自债权人请求债务人履行债务的宽限期届满之日起计算。

第六百九十三条 一般保证的债权人未在保证期间对债务人提起诉讼或者申请仲裁的，保证人不再承担保证责任。

连带责任保证的债权人未在保证期间请求保证人承担保证责任的，保证人不再承担保证责任。

第六百九十四条 一般保证的债权人在保证期间届满前对债务人提起诉讼或者申请仲裁的，从保证人拒绝承担保证责任的权利消灭之日起，开始计算保证债务的诉讼时效。

连带责任保证的债权人在保证期间届满前请求保证人承担保证责任的，从债权人请求保证人承担保证责任之日起，开始计算保证债务的诉讼时效。

第六百九十五条 债权人和债务人未经保证人书面同意，协商变更主债权债务合同内容，减轻债务的，保证人仍对变更后的债务承担保证责任；加重债务的，保证人对加重的部分不承担保证责任。

债权人和债务人变更主债权债务合同的履行期限,未经保证人书面同意的,保证期间不受影响。

第六百九十六条 债权人转让全部或者部分债权,未通知保证人的,该转让对保证人不发生效力。

保证人与债权人约定禁止债权转让,债权人未经保证人书面同意转让债权的,保证人对受让人不再承担保证责任。

第六百九十七条 债权人未经保证人书面同意,允许债务人转移全部或者部分债务,保证人对未经其同意转移的债务不再承担保证责任,但是债权人和保证人另有约定的除外。

第三人加入债务的,保证人的保证责任不受影响。

第六百九十八条 一般保证的保证人在主债务履行期限届满后,向债权人提供债务人可供执行财产的真实情况,债权人放弃或者怠于行使权利致使该财产不能被执行的,保证人在其提供可供执行财产的价值范围内不再承担保证责任。

第六百九十九条 同一债务有两个以上保证人的,保证人应当按照保证合同约定的保证份额,承担保证责任;没有约定保证份额的,债权人可以请求任何一个保证人在其保证范围内承担保证责任。

第七百条 保证人承担保证责任后,除当事人另有约定外,有权在其承担保证责任的范围内向债务人追偿,享有债权人对债务人的权利,但是不得损害债权人的利益。

第七百零一条 保证人可以主张债务人对债权人的抗辩。债务人放弃抗辩的,保证人仍有权向债权人主张抗辩。

第七百零二条 债务人对债权人享有抵销权或者撤销权的,保证人可以在相应范围内拒绝承担保证责任。

第十四章 租赁合同

第七百零三条 租赁合同是出租人将租赁物交付承租人使用、收益,承租人支付租金的合同。

第七百零四条 租赁合同的内容一般包括租赁物的名称、数量、用途、租赁期限、租金及其支付期限和方式、租赁物维修等条款。

第七百零五条 租赁期限不得超过二十年。超过二十年的,超过部分无效。

租赁期限届满,当事人可以续订租赁合同;但是,约定的租赁期限自续订之日起不得超过二十年。

第七百零六条 当事人未依照法律、行政法规规定办理租赁合同登记备案手续的,不影响合同的效力。

第七百零七条 租赁期限六个月以上的,应当采用书面形式。当事人未采用书面形式,无法确定租赁期限的,视为不定期租赁。

第七百零八条 出租人应当按照约定将租赁物交付承租人,并在租赁期限内保持租赁物符合约定的用途。

第七百零九条　承租人应当按照约定的方法使用租赁物。对租赁物的使用方法没有约定或者约定不明确,依据本法第五百一十条的规定仍不能确定的,应当根据租赁物的性质使用。

第七百一十条　承租人按照约定的方法或者根据租赁物的性质使用租赁物,致使租赁物受到损耗的,不承担赔偿责任。

第七百一十一条　承租人未按照约定的方法或者未根据租赁物的性质使用租赁物,致使租赁物受到损失的,出租人可以解除合同并请求赔偿损失。

第七百一十二条　出租人应当履行租赁物的维修义务,但是当事人另有约定的除外。

第七百一十三条　承租人在租赁物需要维修时可以请求出租人在合理期限内维修。出租人未履行维修义务的,承租人可以自行维修,维修费用由出租人负担。因维修租赁物影响承租人使用的,应当相应减少租金或者延长租期。

因承租人的过错致使租赁物需要维修的,出租人不承担前款规定的维修义务。

第七百一十四条　承租人应当妥善保管租赁物,因保管不善造成租赁物毁损、灭失的,应当承担赔偿责任。

第七百一十五条　承租人经出租人同意,可以对租赁物进行改善或者增设他物。

承租人未经出租人同意,对租赁物进行改善或者增设他物的,出租人可以请求承租人恢复原状或者赔偿损失。

第七百一十六条　承租人经出租人同意,可以将租赁物转租给第三人。承租人转租的,承租人与出租人之间的租赁合同继续有效;第三人造成租赁物损失的,承租人应当赔偿损失。

承租人未经出租人同意转租的,出租人可以解除合同。

第七百一十七条　承租人经出租人同意将租赁物转租给第三人,转租期限超过承租人剩余租赁期限的,超过部分的约定对出租人不具有法律约束力,但是出租人与承租人另有约定的除外。

第七百一十八条　出租人知道或者应当知道承租人转租,但是在六个月内未提出异议的,视为出租人同意转租。

第七百一十九条　承租人拖欠租金的,次承租人可以代承租人支付其欠付的租金和违约金,但是转租合同对出租人不具有法律约束力的除外。

次承租人代为支付的租金和违约金,可以充抵次承租人应当向承租人支付的租金;超出其应付的租金数额的,可以向承租人追偿。

第七百二十条　在租赁期限内因占有、使用租赁物获得的收益,归承租人所有,但是当事人另有约定的除外。

第七百二十一条　承租人应当按照约定的期限支付租金。对支付租金的期限没有约定或者约定不明确,依据本法第五百一十条的规定仍不能确定,租赁期限不满一年的,应当在租赁期限届满时支付;租赁期限一年以上的,应当在每届满一年时支付,剩余期限不满一年的,应当在租赁期限届满时支付。

第七百二十二条 承租人无正当理由未支付或者迟延支付租金的，出租人可以请求承租人在合理期限内支付；承租人逾期不支付的，出租人可以解除合同。

第七百二十三条 因第三人主张权利，致使承租人不能对租赁物使用、收益的，承租人可以请求减少租金或者不支付租金。

第三人主张权利的，承租人应当及时通知出租人。

第七百二十四条 有下列情形之一，非因承租人原因致使租赁物无法使用的，承租人可以解除合同：

（一）租赁物被司法机关或者行政机关依法查封、扣押；

（二）租赁物权属有争议；

（三）租赁物具有违反法律、行政法规关于使用条件的强制性规定情形。

第七百二十五条 租赁物在承租人按照租赁合同占有期限内发生所有权变动的，不影响租赁合同的效力。

第七百二十六条 出租人出卖租赁房屋的，应当在出卖之前的合理期限内通知承租人，承租人享有以同等条件优先购买的权利；但是，房屋按份共有人行使优先购买权或者出租人将房屋出卖给近亲属的除外。

出租人履行通知义务后，承租人在十五日内未明确表示购买的，视为承租人放弃优先购买权。

第七百二十七条 出租人委托拍卖人拍卖租赁房屋的，应当在拍卖五日前通知承租人。承租人未参加拍卖的，视为放弃优先购买权。

第七百二十八条 出租人未通知承租人或者有其他妨害承租人行使优先购买权情形的，承租人可以请求出租人承担赔偿责任。但是，出租人与第三人订立的房屋买卖合同的效力不受影响。

第七百二十九条 因不可归责于承租人的事由，致使租赁物部分或者全部毁损、灭失的，承租人可以请求减少租金或者不支付租金；因租赁物部分或者全部毁损、灭失，致使不能实现合同目的的，承租人可以解除合同。

第七百三十条 当事人对租赁期限没有约定或者约定不明确，依据本法第五百一十条的规定仍不能确定的，视为不定期租赁；当事人可以随时解除合同，但是应当在合理期限之前通知对方。

第七百三十一条 租赁物危及承租人的安全或者健康的，即使承租人订立合同时明知该租赁物质量不合格，承租人仍然可以随时解除合同。

第七百三十二条 承租人在房屋租赁期限内死亡的，与其生前共同居住的人或者共同经营人可以按照原租赁合同租赁该房屋。

第七百三十三条 租赁期限届满，承租人应当返还租赁物。返还的租赁物应当符合按照约定或者根据租赁物的性质使用后的状态。

第七百三十四条 租赁期限届满，承租人继续使用租赁物，出租人没有提出异议的，原租赁合同继续有效，但是租赁期限为不定期。

租赁期限届满，房屋承租人享有以同等条件优先承租的权利。

第十五章 融资租赁合同

第七百三十五条 融资租赁合同是出租人根据承租人对出卖人、租赁物的选择，向出卖人购买租赁物，提供给承租人使用，承租人支付租金的合同。

第七百三十六条 融资租赁合同的内容一般包括租赁物的名称、数量、规格、技术性能、检验方法，租赁期限，租金构成及其支付期限和方式、币种，租赁期限届满租赁物的归属等条款。

融资租赁合同应当采用书面形式。

第七百三十七条 当事人以虚构租赁物方式订立的融资租赁合同无效。

第七百三十八条 依照法律、行政法规的规定，对于租赁物的经营使用应当取得行政许可的，出租人未取得行政许可不影响融资租赁合同的效力。

第七百三十九条 出租人根据承租人对出卖人、租赁物的选择订立的买卖合同，出卖人应当按照约定向承租人交付标的物，承租人享有与受领标的物有关的买受人的权利。

第七百四十条 出卖人违反向承租人交付标的物的义务，有下列情形之一的，承租人可以拒绝受领出卖人向其交付的标的物：

（一）标的物严重不符合约定；

（二）未按照约定交付标的物，经承租人或者出租人催告后在合理期限内仍未交付。

承租人拒绝受领标的物的，应当及时通知出租人。

第七百四十一条 出租人、出卖人、承租人可以约定，出卖人不履行买卖合同义务的，由承租人行使索赔的权利。承租人行使索赔权利的，出租人应当协助。

第七百四十二条 承租人对出卖人行使索赔权利，不影响其履行支付租金的义务。但是，承租人依赖出租人的技能确定租赁物或者出租人干预选择租赁物的，承租人可以请求减免相应租金。

第七百四十三条 出租人有下列情形之一，致使承租人对出卖人行使索赔权利失败的，承租人有权请求出租人承担相应的责任：

（一）明知租赁物有质量瑕疵而不告知承租人；

（二）承租人行使索赔权利时，未及时提供必要协助。

出租人怠于行使只能由其对出卖人行使的索赔权利，造成承租人损失的，承租人有权请求出租人承担赔偿责任。

第七百四十四条 出租人根据承租人对出卖人、租赁物的选择订立的买卖合同，未经承租人同意，出租人不得变更与承租人有关的合同内容。

第七百四十五条 出租人对租赁物享有的所有权，未经登记，不得对抗善意第三人。

第七百四十六条 融资租赁合同的租金，除当事人另有约定外，应当根据购买租赁物的大部分或者全部成本以及出租人的合理利润确定。

第七百四十七条 租赁物不符合约定或者不符合使用目的的，出租人不承担责任。但是，承租人依赖出租人的技能确定租赁物或者出租人干预选择租赁物的除外。

第七百四十八条 出租人应当保证承租人对租赁物的占有和使用。

出租人有下列情形之一的，承租人有权请求其赔偿损失：

（一）无正当理由收回租赁物；

（二）无正当理由妨碍、干扰承租人对租赁物的占有和使用；

（三）因出租人的原因致使第三人对租赁物主张权利；

（四）不当影响承租人对租赁物占有和使用的其他情形。

第七百四十九条　承租人占有租赁物期间，租赁物造成第三人人身损害或者财产损失的，出租人不承担责任。

第七百五十条　承租人应当妥善保管、使用租赁物。

承租人应当履行占有租赁物期间的维修义务。

第七百五十一条　承租人占有租赁物期间，租赁物毁损、灭失的，出租人有权请求承租人继续支付租金，但是法律另有规定或者当事人另有约定的除外。

第七百五十二条　承租人应当按照约定支付租金。承租人经催告后在合理期限内仍不支付租金的，出租人可以请求支付全部租金；也可以解除合同，收回租赁物。

第七百五十三条　承租人未经出租人同意，将租赁物转让、抵押、质押、投资入股或者以其他方式处分的，出租人可以解除融资租赁合同。

第七百五十四条　有下列情形之一的，出租人或者承租人可以解除融资租赁合同：

（一）出租人与出卖人订立的买卖合同解除、被确认无效或者被撤销，且未能重新订立买卖合同；

（二）租赁物因不可归责于当事人的原因毁损、灭失，且不能修复或者确定替代物；

（三）因出卖人的原因致使融资租赁合同的目的不能实现。

第七百五十五条　融资租赁合同因买卖合同解除、被确认无效或者被撤销而解除，出卖人、租赁物系由承租人选择的，出租人有权请求承租人赔偿相应损失；但是，因出租人原因致使买卖合同解除、被确认无效或者被撤销的除外。

出租人的损失已经在买卖合同解除、被确认无效或者被撤销时获得赔偿的，承租人不再承担相应的赔偿责任。

第七百五十六条　融资租赁合同因租赁物交付承租人后意外毁损、灭失等不可归责于当事人的原因解除的，出租人可以请求承租人按照租赁物折旧情况给予补偿。

第七百五十七条　出租人和承租人可以约定租赁期限届满租赁物的归属；对租赁物的归属没有约定或者约定不明确，依据本法第五百一十条的规定仍不能确定的，租赁物的所有权归出租人。

第七百五十八条　当事人约定租赁期限届满租赁物归承租人所有，承租人已经支付大部分租金，但是无力支付剩余租金，出租人因此解除合同收回租赁物，收回的租赁物的价值超过承租人欠付的租金以及其他费用的，承租人可以请求相应返还。

当事人约定租赁期限届满租赁物归出租人所有，因租赁物毁损、灭失或者附合、混合于他物致使承租人不能返还的，出租人有权请求承租人给予合理补偿。

第七百五十九条　当事人约定租赁期限届满，承租人仅需向出租人支付象征性价款的，视为约定的租金义务履行完毕后租赁物的所有权归承租人。

第七百六十条 融资租赁合同无效,当事人就该情形下租赁物的归属有约定的,按照其约定;没有约定或者约定不明确的,租赁物应当返还出租人。但是,因承租人原因致使合同无效,出租人不请求返还或者返还后会显著降低租赁物效用的,租赁物的所有权归承租人,由承租人给予出租人合理补偿。

第十六章 保理合同

第七百六十一条 保理合同是应收账款债权人将现有的或者将有的应收账款转让给保理人,保理人提供资金融通、应收账款管理或者催收、应收账款债务人付款担保等服务的合同。

第七百六十二条 保理合同的内容一般包括业务类型、服务范围、服务期限、基础交易合同情况、应收账款信息、保理融资款或者服务报酬及其支付方式等条款。

保理合同应当采用书面形式。

第七百六十三条 应收账款债权人与债务人虚构应收账款作为转让标的,与保理人订立保理合同的,应收账款债务人不得以应收账款不存在为由对抗保理人,但是保理人明知虚构的除外。

第七百六十四条 保理人向应收账款债务人发出应收账款转让通知的,应当表明保理人身份并附有必要凭证。

第七百六十五条 应收账款债务人接到应收账款转让通知后,应收账款债权人与债务人无正当理由协商变更或者终止基础交易合同,对保理人产生不利影响的,对保理人不发生效力。

第七百六十六条 当事人约定有追索权保理的,保理人可以向应收账款债权人主张返还保理融资款本息或者回购应收账款债权,也可以向应收账款债务人主张应收账款债权。保理人向应收账款债务人主张应收账款债权,在扣除保理融资款本息和相关费用后有剩余的,剩余部分应当返还给应收账款债权人。

第七百六十七条 当事人约定无追索权保理的,保理人应当向应收账款债务人主张应收账款债权,保理人取得超过保理融资款本息和相关费用的部分,无需向应收账款债权人返还。

第七百六十八条 应收账款债权人就同一应收账款订立多个保理合同,致使多个保理人主张权利的,已经登记的先于未登记的取得应收账款;均已经登记的,按照登记时间的先后顺序取得应收账款;均未登记的,由最先到达应收账款债务人的转让通知中载明的保理人取得应收账款;既未登记也未通知的,按照保理融资款或者服务报酬的比例取得应收账款。

第七百六十九条 本章没有规定的,适用本编第六章债权转让的有关规定。

第十七章 承揽合同

第七百七十条 承揽合同是承揽人按照定作人的要求完成工作,交付工作成果,定作人支付报酬的合同。

承揽包括加工、定作、修理、复制、测试、检验等工作。

第七百七十一条　承揽合同的内容一般包括承揽的标的、数量、质量、报酬，承揽方式，材料的提供，履行期限，验收标准和方法等条款。

第七百七十二条　承揽人应当以自己的设备、技术和劳力，完成主要工作，但是当事人另有约定的除外。

承揽人将其承揽的主要工作交由第三人完成的，应当就该第三人完成的工作成果向定作人负责；未经定作人同意的，定作人也可以解除合同。

第七百七十三条　承揽人可以将其承揽的辅助工作交由第三人完成。承揽人将其承揽的辅助工作交由第三人完成的，应当就该第三人完成的工作成果向定作人负责。

第七百七十四条　承揽人提供材料的，应当按照约定选用材料，并接受定作人检验。

第七百七十五条　定作人提供材料的，应当按照约定提供材料。承揽人对定作人提供的材料应当及时检验，发现不符合约定时，应当及时通知定作人更换、补齐或者采取其他补救措施。

承揽人不得擅自更换定作人提供的材料，不得更换不需要修理的零部件。

第七百七十六条　承揽人发现定作人提供的图纸或者技术要求不合理的，应当及时通知定作人。因定作人怠于答复等原因造成承揽人损失的，应当赔偿损失。

第七百七十七条　定作人中途变更承揽工作的要求，造成承揽人损失的，应当赔偿损失。

第七百七十八条　承揽工作需要定作人协助的，定作人有协助的义务。定作人不履行协助义务致使承揽工作不能完成的，承揽人可以催告定作人在合理期限内履行义务，并可以顺延履行期限；定作人逾期不履行的，承揽人可以解除合同。

第七百七十九条　承揽人在工作期间，应当接受定作人必要的监督检验。定作人不得因监督检验妨碍承揽人的正常工作。

第七百八十条　承揽人完成工作的，应当向定作人交付工作成果，并提交必要的技术资料和有关质量证明。定作人应当验收该工作成果。

第七百八十一条　承揽人交付的工作成果不符合质量要求的，定作人可以合理选择请求承揽人承担修理、重作、减少报酬、赔偿损失等违约责任。

第七百八十二条　定作人应当按照约定的期限支付报酬。对支付报酬的期限没有约定或者约定不明确，依据本法第五百一十条的规定仍不能确定的，定作人应当在承揽人交付工作成果时支付；工作成果部分交付的，定作人应当相应支付。

第七百八十三条　定作人未向承揽人支付报酬或者材料费等价款的，承揽人对完成的工作成果享有留置权或者有权拒绝交付，但是当事人另有约定的除外。

第七百八十四条　承揽人应当妥善保管定作人提供的材料以及完成的工作成果，因保管不善造成毁损、灭失的，应当承担赔偿责任。

第七百八十五条　承揽人应当按照定作人的要求保守秘密，未经定作人许可，不得留存复制品或者技术资料。

第七百八十六条　共同承揽人对定作人承担连带责任，但是当事人另有约定的除外。

第七百八十七条　定作人在承揽人完成工作前可以随时解除合同，造成承揽人损失的，应当赔偿损失。

第十八章 建设工程合同

第七百八十八条 建设工程合同是承包人进行工程建设，发包人支付价款的合同。

建设工程合同包括工程勘察、设计、施工合同。

第七百八十九条 建设工程合同应当采用书面形式。

第七百九十条 建设工程的招标投标活动，应当依照有关法律的规定公开、公平、公正进行。

第七百九十一条 发包人可以与总承包人订立建设工程合同，也可以分别与勘察人、设计人、施工人订立勘察、设计、施工承包合同。发包人不得将应当由一个承包人完成的建设工程支解成若干部分发包给数个承包人。

总承包人或者勘察、设计、施工承包人经发包人同意，可以将自己承包的部分工作交由第三人完成。第三人就其完成的工作成果与总承包人或者勘察、设计、施工承包人向发包人承担连带责任。承包人不得将其承包的全部建设工程转包给第三人或者将其承包的全部建设工程支解以后以分包的名义分别转包给第三人。

禁止承包人将工程分包给不具备相应资质条件的单位。禁止分包单位将其承包的工程再分包。建设工程主体结构的施工必须由承包人自行完成。

第七百九十二条 国家重大建设工程合同，应当按照国家规定的程序和国家批准的投资计划、可行性研究报告等文件订立。

第七百九十三条 建设工程施工合同无效，但是建设工程经验收合格的，可以参照合同关于工程价款的约定折价补偿承包人。

建设工程施工合同无效，且建设工程经验收不合格的，按照以下情形处理：

（一）修复后的建设工程经验收合格的，发包人可以请求承包人承担修复费用；

（二）修复后的建设工程经验收不合格的，承包人无权请求参照合同关于工程价款的约定折价补偿。

发包人对因建设工程不合格造成的损失有过错的，应当承担相应的责任。

第七百九十四条 勘察、设计合同的内容一般包括提交有关基础资料和概预算等文件的期限、质量要求、费用以及其他协作条件等条款。

第七百九十五条 施工合同的内容一般包括工程范围、建设工期、中间交工工程的开工和竣工时间、工程质量、工程造价、技术资料交付时间、材料和设备供应责任、拨款和结算、竣工验收、质量保修范围和质量保证期、相互协作等条款。

第七百九十六条 建设工程实行监理的，发包人应当与监理人采用书面形式订立委托监理合同。发包人与监理人的权利和义务以及法律责任，应当依照本编委托合同以及其他有关法律、行政法规的规定。

第七百九十七条 发包人在不妨碍承包人正常作业的情况下，可以随时对作业进度、质量进行检查。

第七百九十八条 隐蔽工程在隐蔽以前，承包人应当通知发包人检查。发包人没有及时检查的，承包人可以顺延工程日期，并有权请求赔偿停工、窝工等损失。

第七百九十九条　建设工程竣工后，发包人应当根据施工图纸及说明书、国家颁发的施工验收规范和质量检验标准及时进行验收。验收合格的，发包人应当按照约定支付价款，并接收该建设工程。

建设工程竣工经验收合格后，方可交付使用；未经验收或者验收不合格的，不得交付使用。

第八百条　勘察、设计的质量不符合要求或者未按照期限提交勘察、设计文件拖延工期，造成发包人损失的，勘察人、设计人应当继续完善勘察、设计，减收或者免收勘察、设计费并赔偿损失。

第八百零一条　因施工人的原因致使建设工程质量不符合约定的，发包人有权请求施工人在合理期限内无偿修理或者返工、改建。经过修理或者返工、改建后，造成逾期交付的，施工人应当承担违约责任。

第八百零二条　因承包人的原因致使建设工程在合理使用期限内造成人身损害和财产损失的，承包人应当承担赔偿责任。

第八百零三条　发包人未按照约定的时间和要求提供原材料、设备、场地、资金、技术资料的，承包人可以顺延工程日期，并有权请求赔偿停工、窝工等损失。

第八百零四条　因发包人的原因致使工程中途停建、缓建的，发包人应当采取措施弥补或者减少损失，赔偿承包人因此造成的停工、窝工、倒运、机械设备调迁、材料和构件积压等损失和实际费用。

第八百零五条　因发包人变更计划，提供的资料不准确，或者未按照期限提供必需的勘察、设计工作条件而造成勘察、设计的返工、停工或者修改设计，发包人应当按照勘察人、设计人实际消耗的工作量增付费用。

第八百零六条　承包人将建设工程转包、违法分包的，发包人可以解除合同。

发包人提供的主要建筑材料、建筑构配件和设备不符合强制性标准或者不履行协助义务，致使承包人无法施工，经催告后在合理期限内仍未履行相应义务的，承包人可以解除合同。

合同解除后，已经完成的建设工程质量合格的，发包人应当按照约定支付相应的工程价款；已经完成的建设工程质量不合格的，参照本法第七百九十三条的规定处理。

第八百零七条　发包人未按照约定支付价款的，承包人可以催告发包人在合理期限内支付价款。发包人逾期不支付的，除根据建设工程的性质不宜折价、拍卖外，承包人可以与发包人协议将该工程折价，也可以请求人民法院将该工程依法拍卖。建设工程的价款就该工程折价或者拍卖的价款优先受偿。

第八百零八条　本章没有规定的，适用承揽合同的有关规定。

第十九章　运输合同

第一节　一般规定

第八百零九条　运输合同是承运人将旅客或者货物从起运地点运输到约定地点，旅客、托运人或者收货人支付票款或者运输费用的合同。

第八百一十条 从事公共运输的承运人不得拒绝旅客、托运人通常、合理的运输要求。

第八百一十一条 承运人应当在约定期限或者合理期限内将旅客、货物安全运输到约定地点。

第八百一十二条 承运人应当按照约定的或者通常的运输路线将旅客、货物运输到约定地点。

第八百一十三条 旅客、托运人或者收货人应当支付票款或者运输费用。承运人未按照约定路线或者通常路线运输增加票款或者运输费用的，旅客、托运人或者收货人可以拒绝支付增加部分的票款或者运输费用。

第二节 客运合同

第八百一十四条 客运合同自承运人向旅客出具客票时成立，但是当事人另有约定或者另有交易习惯的除外。

第八百一十五条 旅客应当按照有效客票记载的时间、班次和座位号乘坐。旅客无票乘坐、超程乘坐、越级乘坐或者持不符合减价条件的优惠客票乘坐的，应当补交票款，承运人可以按照规定加收票款；旅客不支付票款的，承运人可以拒绝运输。

实名制客运合同的旅客丢失客票的，可以请求承运人挂失补办，承运人不得再次收取票款和其他不合理费用。

第八百一十六条 旅客因自己的原因不能按照客票记载的时间乘坐的，应当在约定的期限内办理退票或者变更手续；逾期办理的，承运人可以不退票款，并不再承担运输义务。

第八百一十七条 旅客随身携带行李应当符合约定的限量和品类要求；超过限量或者违反品类要求携带行李的，应当办理托运手续。

第八百一十八条 旅客不得随身携带或者在行李中夹带易燃、易爆、有毒、有腐蚀性、有放射性以及可能危及运输工具上人身和财产安全的危险物品或者违禁物品。

旅客违反前款规定的，承运人可以将危险物品或者违禁物品卸下、销毁或者送交有关部门。旅客坚持携带或者夹带危险物品或者违禁物品的，承运人应当拒绝运输。

第八百一十九条 承运人应当严格履行安全运输义务，及时告知旅客安全运输应当注意的事项。旅客对承运人为安全运输所作的合理安排应当积极协助和配合。

第八百二十条 承运人应当按照有效客票记载的时间、班次和座位号运输旅客。承运人迟延运输或者有其他不能正常运输情形的，应当及时告知和提醒旅客，采取必要的安置措施，并根据旅客的要求安排改乘其他班次或者退票；由此造成旅客损失的，承运人应当承担赔偿责任，但是不可归责于承运人的除外。

第八百二十一条 承运人擅自降低服务标准的，应当根据旅客的请求退票或者减收票款；提高服务标准的，不得加收票款。

第八百二十二条 承运人在运输过程中，应当尽力救助患有急病、分娩、遇险的旅客。

第八百二十三条 承运人应当对运输过程中旅客的伤亡承担赔偿责任；但是，伤亡是旅客自身健康原因造成的或者承运人证明伤亡是旅客故意、重大过失造成的除外。

前款规定适用于按照规定免票、持优待票或者经承运人许可搭乘的无票旅客。

第八百二十四条 在运输过程中旅客随身携带物品毁损、灭失，承运人有过错的，应当承担赔偿责任。

旅客托运的行李毁损、灭失的，适用货物运输的有关规定。

第三节 货运合同

第八百二十五条 托运人办理货物运输，应当向承运人准确表明收货人的姓名、名称或者凭指示的收货人，货物的名称、性质、重量、数量，收货地点等有关货物运输的必要情况。

因托运人申报不实或者遗漏重要情况，造成承运人损失的，托运人应当承担赔偿责任。

第八百二十六条 货物运输需要办理审批、检验等手续的，托运人应当将办理完有关手续的文件提交承运人。

第八百二十七条 托运人应当按照约定的方式包装货物。对包装方式没有约定或者约定不明确的，适用本法第六百一十九条的规定。

托运人违反前款规定的，承运人可以拒绝运输。

第八百二十八条 托运人托运易燃、易爆、有毒、有腐蚀性、有放射性等危险物品的，应当按照国家有关危险物品运输的规定对危险物品妥善包装，做出危险物品标志和标签，并将有关危险物品的名称、性质和防范措施的书面材料提交承运人。

托运人违反前款规定的，承运人可以拒绝运输，也可以采取相应措施以避免损失的发生，因此产生的费用由托运人负担。

第八百二十九条 在承运人将货物交付收货人之前，托运人可以要求承运人中止运输、返还货物、变更到达地或者将货物交给其他收货人，但是应当赔偿承运人因此受到的损失。

第八百三十条 货物运输到达后，承运人知道收货人的，应当及时通知收货人，收货人应当及时提货。收货人逾期提货的，应当向承运人支付保管费等费用。

第八百三十一条 收货人提货时应当按照约定的期限检验货物。对检验货物的期限没有约定或者约定不明确，依据本法第五百一十条的规定仍不能确定的，应当在合理期限内检验货物。收货人在约定的期限或者合理期限内对货物的数量、毁损等未提出异议的，视为承运人已经按照运输单证的记载交付的初步证据。

第八百三十二条 承运人对运输过程中货物的毁损、灭失承担赔偿责任。但是，承运人证明货物的毁损、灭失是因不可抗力、货物本身的自然性质或者合理损耗以及托运人、收货人的过错造成的，不承担赔偿责任。

第八百三十三条 货物的毁损、灭失的赔偿额，当事人有约定的，按照其约定；没有约定或者约定不明确，依据本法第五百一十条的规定仍不能确定的，按照交付或者应当交付时货物到达地的市场价格计算。法律、行政法规对赔偿额的计算方法和赔偿限额另有规定的，依照其规定。

第八百三十四条 两个以上承运人以同一运输方式联运的，与托运人订立合同的承运人应当对全程运输承担责任；损失发生在某一运输区段的，与托运人订立合同的承运人和该区段的承运人承担连带责任。

第八百三十五条 货物在运输过程中因不可抗力灭失，未收取运费的，承运人不得请求支付运费；已经收取运费的，托运人可以请求返还。法律另有规定的，依照其规定。

第八百三十六条 托运人或者收货人不支付运费、保管费或者其他费用的，承运人对相应的运输货物享有留置权，但是当事人另有约定的除外。

第八百三十七条 收货人不明或者收货人无正当理由拒绝受领货物的，承运人依法可以提存货物。

第四节 多式联运合同

第八百三十八条 多式联运经营人负责履行或者组织履行多式联运合同，对全程运输享有承运人的权利，承担承运人的义务。

第八百三十九条 多式联运经营人可以与参加多式联运的各区段承运人就多式联运合同的各区段运输约定相互之间的责任；但是，该约定不影响多式联运经营人对全程运输承担的义务。

第八百四十条 多式联运经营人收到托运人交付的货物时，应当签发多式联运单据。按照托运人的要求，多式联运单据可以是可转让单据，也可以是不可转让单据。

第八百四十一条 因托运人托运货物时的过错造成多式联运经营人损失的，即使托运人已经转让多式联运单据，托运人仍然应当承担赔偿责任。

第八百四十二条 货物的毁损、灭失发生于多式联运的某一运输区段的，多式联运经营人的赔偿责任和责任限额，适用调整该区段运输方式的有关法律规定；货物毁损、灭失发生的运输区段不能确定的，依照本章规定承担赔偿责任。

第二十章 技术合同

第一节 一般规定

第八百四十三条 技术合同是当事人就技术开发、转让、许可、咨询或者服务订立的确立相互之间权利和义务的合同。

第八百四十四条 订立技术合同，应当有利于知识产权的保护和科学技术的进步，促进科学技术成果的研发、转化、应用和推广。

第八百四十五条 技术合同的内容一般包括项目的名称，标的的内容、范围和要求，履行的计划、地点和方式，技术信息和资料的保密，技术成果的归属和收益的分配办法，验收标准和方法，名词和术语的解释等条款。

与履行合同有关的技术背景资料、可行性论证和技术评价报告、项目任务书和计划书、技术标准、技术规范、原始设计和工艺文件,以及其他技术文档,按照当事人的约定可以作为合同的组成部分。

技术合同涉及专利的,应当注明发明创造的名称、专利申请人和专利权人、申请日期、申请号、专利号以及专利权的有效期限。

第八百四十六条 技术合同价款、报酬或者使用费的支付方式由当事人约定,可以采取一次总算、一次总付或者一次总算、分期支付,也可以采取提成支付或者提成支付附加预付入门费的方式。

约定提成支付的,可以按照产品价格、实施专利和使用技术秘密后新增的产值、利润或者产品销售额的一定比例提成,也可以按照约定的其他方式计算。提成支付的比例可以采取固定比例、逐年递增比例或者逐年递减比例。

约定提成支付的,当事人可以约定查阅有关会计账目的办法。

第八百四十七条 职务技术成果的使用权、转让权属于法人或者非法人组织的,法人或者非法人组织可以就该项职务技术成果订立技术合同。法人或者非法人组织订立技术合同转让职务技术成果时,职务技术成果的完成人享有以同等条件优先受让的权利。

职务技术成果是执行法人或者非法人组织的工作任务,或者主要是利用法人或者非法人组织的物质技术条件所完成的技术成果。

第八百四十八条 非职务技术成果的使用权、转让权属于完成技术成果的个人,完成技术成果的个人可以就该项非职务技术成果订立技术合同。

第八百四十九条 完成技术成果的个人享有在有关技术成果文件上写明自己是技术成果完成者的权利和取得荣誉证书、奖励的权利。

第八百五十条 非法垄断技术或者侵害他人技术成果的技术合同无效。

第二节 技术开发合同

第八百五十一条 技术开发合同是当事人之间就新技术、新产品、新工艺、新品种或者新材料及其系统的研究开发所订立的合同。

技术开发合同包括委托开发合同和合作开发合同。

技术开发合同应当采用书面形式。

当事人之间就具有实用价值的科技成果实施转化订立的合同,参照适用技术开发合同的有关规定。

第八百五十二条 委托开发合同的委托人应当按照约定支付研究开发经费和报酬,提供技术资料,提出研究开发要求,完成协作事项,接受研究开发成果。

第八百五十三条 委托开发合同的研究开发人应当按照约定制定和实施研究开发计划,合理使用研究开发经费,按期完成研究开发工作,交付研究开发成果,提供有关的技术资料和必要的技术指导,帮助委托人掌握研究开发成果。

第八百五十四条 委托开发合同的当事人违反约定造成研究开发工作停滞、延误或者失败的,应当承担违约责任。

第八百五十五条 合作开发合同的当事人应当按照约定进行投资,包括以技术进行投资，分工参与研究开发工作，协作配合研究开发工作。

第八百五十六条 合作开发合同的当事人违反约定造成研究开发工作停滞、延误或者失败的，应当承担违约责任。

第八百五十七条 作为技术开发合同标的的技术已经由他人公开，致使技术开发合同的履行没有意义的，当事人可以解除合同。

第八百五十八条 技术开发合同履行过程中，因出现无法克服的技术困难，致使研究开发失败或者部分失败的，该风险由当事人约定；没有约定或者约定不明确，依据本法第五百一十条的规定仍不能确定的，风险由当事人合理分担。

当事人一方发现前款规定的可能致使研究开发失败或者部分失败的情形时，应当及时通知另一方并采取适当措施减少损失；没有及时通知并采取适当措施，致使损失扩大的，应当就扩大的损失承担责任。

第八百五十九条 委托开发完成的发明创造，除法律另有规定或者当事人另有约定外，申请专利的权利属于研究开发人。研究开发人取得专利权的，委托人可以依法实施该专利。

研究开发人转让专利申请权的，委托人享有以同等条件优先受让的权利。

第八百六十条 合作开发完成的发明创造，申请专利的权利属于合作开发的当事人共有；当事人一方转让其共有的专利申请权的，其他各方享有以同等条件优先受让的权利。但是，当事人另有约定的除外。

合作开发的当事人一方声明放弃其共有的专利申请权的，除当事人另有约定外，可以由另一方单独申请或者由其他各方共同申请。申请人取得专利权的，放弃专利申请权的一方可以免费实施该专利。

合作开发的当事人一方不同意申请专利的，另一方或者其他各方不得申请专利。

第八百六十一条 委托开发或者合作开发完成的技术秘密成果的使用权、转让权以及收益的分配办法，由当事人约定；没有约定或者约定不明确，依据本法第五百一十条的规定仍不能确定的，在没有相同技术方案被授予专利权前，当事人均有使用和转让的权利。但是，委托开发的研究开发人不得在向委托人交付研究开发成果之前，将研究开发成果转让给第三人。

第三节 技术转让合同和技术许可合同

第八百六十二条 技术转让合同是合法拥有技术的权利人，将现有特定的专利、专利申请、技术秘密的相关权利让与他人所订立的合同。

技术许可合同是合法拥有技术的权利人，将现有特定的专利、技术秘密的相关权利许可他人实施、使用所订立的合同。

技术转让合同和技术许可合同中关于提供实施技术的专用设备、原材料或者提供有关的技术咨询、技术服务的约定，属于合同的组成部分。

第八百六十三条 技术转让合同包括专利权转让、专利申请权转让、技术秘密转让等合同。

技术许可合同包括专利实施许可、技术秘密使用许可等合同。

技术转让合同和技术许可合同应当采用书面形式。

第八百六十四条　技术转让合同和技术许可合同可以约定实施专利或者使用技术秘密的范围，但是不得限制技术竞争和技术发展。

第八百六十五条　专利实施许可合同仅在该专利权的存续期限内有效。专利权有效期限届满或者专利权被宣告无效的，专利权人不得就该专利与他人订立专利实施许可合同。

第八百六十六条　专利实施许可合同的许可人应当按照约定许可被许可人实施专利，交付实施专利有关的技术资料，提供必要的技术指导。

第八百六十七条　专利实施许可合同的被许可人应当按照约定实施专利，不得许可约定以外的第三人实施该专利，并按照约定支付使用费。

第八百六十八条　技术秘密转让合同的让与人和技术秘密使用许可合同的许可人应当按照约定提供技术资料，进行技术指导，保证技术的实用性、可靠性，承担保密义务。

前款规定的保密义务，不限制许可人申请专利，但是当事人另有约定的除外。

第八百六十九条　技术秘密转让合同的受让人和技术秘密使用许可合同的被许可人应当按照约定使用技术，支付转让费、使用费，承担保密义务。

第八百七十条　技术转让合同的让与人和技术许可合同的许可人应当保证自己是所提供的技术的合法拥有者，并保证所提供的技术完整、无误、有效，能够达到约定的目标。

第八百七十一条　技术转让合同的受让人和技术许可合同的被许可人应当按照约定的范围和期限，对让与人、许可人提供的技术中尚未公开的秘密部分，承担保密义务。

第八百七十二条　许可人未按照约定许可技术的，应当返还部分或者全部使用费，并应当承担违约责任；实施专利或者使用技术秘密超越约定的范围的，违反约定擅自许可第三人实施该项专利或者使用该项技术秘密的，应当停止违约行为，承担违约责任；违反约定的保密义务的，应当承担违约责任。

让与人承担违约责任，参照适用前款规定。

第八百七十三条　被许可人未按照约定支付使用费的，应当补交使用费并按照约定支付违约金；不补交使用费或者支付违约金的，应当停止实施专利或者使用技术秘密，交还技术资料，承担违约责任；实施专利或者使用技术秘密超越约定的范围的，未经许可人同意擅自许可第三人实施该专利或者使用该技术秘密的，应当停止违约行为，承担违约责任；违反约定的保密义务的，应当承担违约责任。

受让人承担违约责任，参照适用前款规定。

第八百七十四条　受让人或者被许可人按照约定实施专利、使用技术秘密侵害他人合法权益的，由让与人或者许可人承担责任，但是当事人另有约定的除外。

第八百七十五条　当事人可以按照互利的原则，在合同中约定实施专利、使用技术秘密后续改进的技术成果的分享办法；没有约定或者约定不明确，依据本法第五百一十条的规定仍不能确定的，一方后续改进的技术成果，其他各方无权分享。

第八百七十六条　集成电路布图设计专有权、植物新品种权、计算机软件著作权等其他知识产权的转让和许可，参照适用本节的有关规定。

第八百七十七条 法律、行政法规对技术进出口合同或者专利、专利申请合同另有规定的，依照其规定。

第四节 技术咨询合同和技术服务合同

第八百七十八条 技术咨询合同是当事人一方以技术知识为对方就特定技术项目提供可行性论证、技术预测、专题技术调查、分析评价报告等所订立的合同。

技术服务合同是当事人一方以技术知识为对方解决特定技术问题所订立的合同，不包括承揽合同和建设工程合同。

第八百七十九条 技术咨询合同的委托人应当按照约定阐明咨询的问题，提供技术背景材料及有关技术资料，接受受托人的工作成果，支付报酬。

第八百八十条 技术咨询合同的受托人应当按照约定的期限完成咨询报告或者解答问题，提出的咨询报告应当达到约定的要求。

第八百八十一条 技术咨询合同的委托人未按照约定提供必要的资料，影响工作进度和质量，不接受或者逾期接受工作成果的，支付的报酬不得追回，未支付的报酬应当支付。

技术咨询合同的受托人未按期提出咨询报告或者提出的咨询报告不符合约定的，应当承担减收或者免收报酬等违约责任。

技术咨询合同的委托人按照受托人符合约定要求的咨询报告和意见作出决策所造成的损失，由委托人承担，但是当事人另有约定的除外。

第八百八十二条 技术服务合同的委托人应当按照约定提供工作条件，完成配合事项，接受工作成果并支付报酬。

第八百八十三条 技术服务合同的受托人应当按照约定完成服务项目，解决技术问题，保证工作质量，并传授解决技术问题的知识。

第八百八十四条 技术服务合同的委托人不履行合同义务或者履行合同义务不符合约定，影响工作进度和质量，不接受或者逾期接受工作成果的，支付的报酬不得追回，未支付的报酬应当支付。

技术服务合同的受托人未按照约定完成服务工作的，应当承担免收报酬等违约责任。

第八百八十五条 技术咨询合同、技术服务合同履行过程中，受托人利用委托人提供的技术资料和工作条件完成的新的技术成果，属于受托人。委托人利用受托人的工作成果完成的新的技术成果，属于委托人。当事人另有约定的，按照其约定。

第八百八十六条 技术咨询合同和技术服务合同对受托人正常开展工作所需费用的负担没有约定或者约定不明确的，由受托人负担。

第八百八十七条 法律、行政法规对技术中介合同、技术培训合同另有规定的，依照其规定。

第二十一章 保管合同

第八百八十八条 保管合同是保管人保管寄存人交付的保管物，并返还该物的合同。

寄存人到保管人处从事购物、就餐、住宿等活动，将物品存放在指定场所的，视为保管，但是当事人另有约定或者另有交易习惯的除外。

第八百八十九条　寄存人应当按照约定向保管人支付保管费。

当事人对保管费没有约定或者约定不明确，依据本法第五百一十条的规定仍不能确定的，视为无偿保管。

第八百九十条　保管合同自保管物交付时成立，但是当事人另有约定的除外。

第八百九十一条　寄存人向保管人交付保管物的，保管人应当出具保管凭证，但是另有交易习惯的除外。

第八百九十二条　保管人应当妥善保管保管物。

当事人可以约定保管场所或者方法。除紧急情况或者为维护寄存人利益外，不得擅自改变保管场所或者方法。

第八百九十三条　寄存人交付的保管物有瑕疵或者根据保管物的性质需要采取特殊保管措施的，寄存人应当将有关情况告知保管人。寄存人未告知，致使保管物受损失的，保管人不承担赔偿责任；保管人因此受损失的，除保管人知道或者应当知道且未采取补救措施外，寄存人应当承担赔偿责任。

第八百九十四条　保管人不得将保管物转交第三人保管，但是当事人另有约定的除外。

保管人违反前款规定，将保管物转交第三人保管，造成保管物损失的，应当承担赔偿责任。

第八百九十五条　保管人不得使用或者许可第三人使用保管物，但是当事人另有约定的除外。

第八百九十六条　第三人对保管物主张权利的，除依法对保管物采取保全或者执行措施外，保管人应当履行向寄存人返还保管物的义务。

第三人对保管人提起诉讼或者对保管物申请扣押的，保管人应当及时通知寄存人。

第八百九十七条　保管期内，因保管人保管不善造成保管物毁损、灭失的，保管人应当承担赔偿责任。但是，无偿保管人证明自己没有故意或者重大过失的，不承担赔偿责任。

第八百九十八条　寄存人寄存货币、有价证券或者其他贵重物品的，应当向保管人声明，由保管人验收或者封存；寄存人未声明的，该物品毁损、灭失后，保管人可以按照一般物品予以赔偿。

第八百九十九条　寄存人可以随时领取保管物。

当事人对保管期限没有约定或者约定不明确的，保管人可以随时请求寄存人领取保管物；约定保管期限的，保管人无特别事由，不得请求寄存人提前领取保管物。

第九百条　保管期限届满或者寄存人提前领取保管物的，保管人应当将原物及其孳息归还寄存人。

第九百零一条　保管人保管货币的，可以返还相同种类、数量的货币；保管其他可替代物的，可以按照约定返还相同种类、品质、数量的物品。

第九百零二条 有偿的保管合同,寄存人应当按照约定的期限向保管人支付保管费。

当事人对支付期限没有约定或者约定不明确,依据本法第五百一十条的规定仍不能确定的,应当在领取保管物的同时支付。

第九百零三条 寄存人未按照约定支付保管费或者其他费用的,保管人对保管物享有留置权,但是当事人另有约定的除外。

第二十二章 仓储合同

第九百零四条 仓储合同是保管人储存存货人交付的仓储物,存货人支付仓储费的合同。

第九百零五条 仓储合同自保管人和存货人意思表示一致时成立。

第九百零六条 储存易燃、易爆、有毒、有腐蚀性、有放射性等危险物品或者易变质物品的,存货人应当说明该物品的性质,提供有关资料。

存货人违反前款规定的,保管人可以拒收仓储物,也可以采取相应措施以避免损失的发生,因此产生的费用由存货人负担。

保管人储存易燃、易爆、有毒、有腐蚀性、有放射性等危险物品的,应当具备相应的保管条件。

第九百零七条 保管人应当按照约定对入库仓储物进行验收。保管人验收时发现入库仓储物与约定不符合的,应当及时通知存货人。保管人验收后,发生仓储物的品种、数量、质量不符合约定的,保管人应当承担赔偿责任。

第九百零八条 存货人交付仓储物的,保管人应当出具仓单、入库单等凭证。

第九百零九条 保管人应当在仓单上签名或者盖章。仓单包括下列事项:

(一)存货人的姓名或者名称和住所;

(二)仓储物的品种、数量、质量、包装及其件数和标记;

(三)仓储物的损耗标准;

(四)储存场所;

(五)储存期限;

(六)仓储费;

(七)仓储物已经办理保险的,其保险金额、期间以及保险人的名称;

(八)填发人、填发地和填发日期。

第九百一十条 仓单是提取仓储物的凭证。存货人或者仓单持有人在仓单上背书并经保管人签名或者盖章的,可以转让提取仓储物的权利。

第九百一十一条 保管人根据存货人或者仓单持有人的要求,应当同意其检查仓储物或者提取样品。

第九百一十二条 保管人发现入库仓储物有变质或者其他损坏的,应当及时通知存货人或者仓单持有人。

第九百一十三条 保管人发现入库仓储物有变质或者其他损坏,危及其他仓储物的安全和正常保管的,应当催告存货人或者仓单持有人作出必要的处置。因情况紧急,保管人可以作出必要的处置;但是,事后应当将该情况及时通知存货人或者仓单持有人。

第九百一十四条 当事人对储存期限没有约定或者约定不明确的,存货人或者仓单持有人可以随时提取仓储物,保管人也可以随时请求存货人或者仓单持有人提取仓储物,但是应当给予必要的准备时间。

第九百一十五条 储存期限届满,存货人或者仓单持有人应当凭仓单、入库单等提取仓储物。存货人或者仓单持有人逾期提取的,应当加收仓储费;提前提取的,不减收仓储费。

第九百一十六条 储存期限届满,存货人或者仓单持有人不提取仓储物的,保管人可以催告其在合理期限内提取;逾期不提取的,保管人可以提存仓储物。

第九百一十七条 储存期内,因保管不善造成仓储物毁损、灭失的,保管人应当承担赔偿责任。因仓储物本身的自然性质、包装不符合约定或者超过有效储存期造成仓储物变质、损坏的,保管人不承担赔偿责任。

第九百一十八条 本章没有规定的,适用保管合同的有关规定。

第二十三章 委托合同

第九百一十九条 委托合同是委托人和受托人约定,由受托人处理委托人事务的合同。

第九百二十条 委托人可以特别委托受托人处理一项或者数项事务,也可以概括委托受托人处理一切事务。

第九百二十一条 委托人应当预付处理委托事务的费用。受托人为处理委托事务垫付的必要费用,委托人应当偿还该费用并支付利息。

第九百二十二条 受托人应当按照委托人的指示处理委托事务。需要变更委托人指示的,应当经委托人同意;因情况紧急,难以和委托人取得联系的,受托人应当妥善处理委托事务,但是事后应当将该情况及时报告委托人。

第九百二十三条 受托人应当亲自处理委托事务。经委托人同意,受托人可以转委托。转委托经同意或者追认的,委托人可以就委托事务直接指示转委托的第三人,受托人仅就第三人的选任及其对第三人的指示承担责任。转委托未经同意或者追认的,受托人应当对转委托的第三人的行为承担责任;但是,在紧急情况下受托人为了维护委托人的利益需要转委托第三人的除外。

第九百二十四条 受托人应当按照委托人的要求,报告委托事务的处理情况。委托合同终止时,受托人应当报告委托事务的结果。

第九百二十五条 受托人以自己的名义,在委托人的授权范围内与第三人订立的合同,第三人在订立合同时知道受托人与委托人之间的代理关系的,该合同直接约束委托人和第三人;但是,有确切证据证明该合同只约束受托人和第三人的除外。

第九百二十六条 受托人以自己的名义与第三人订立合同时,第三人不知道受托人与委托人之间的代理关系的,受托人因第三人的原因对委托人不履行义务,受托人应当向委托人披露第三人,委托人因此可以行使受托人对第三人的权利。但是,第三人与受托人订立合同时如果知道该委托人就不会订立合同的除外。

受托人因委托人的原因对第三人不履行义务，受托人应当向第三人披露委托人，第三人因此可以选择受托人或者委托人作为相对人主张其权利，但是第三人不得变更选定的相对人。

委托人行使受托人对第三人的权利的，第三人可以向委托人主张其对受托人的抗辩。第三人选定委托人作为其相对人的，委托人可以向第三人主张其对受托人的抗辩以及受托人对第三人的抗辩。

第九百二十七条 受托人处理委托事务取得的财产，应当转交给委托人。

第九百二十八条 受托人完成委托事务的，委托人应当按照约定向其支付报酬。

因不可归责于受托人的事由，委托合同解除或者委托事务不能完成的，委托人应当向受托人支付相应的报酬。当事人另有约定的，按照其约定。

第九百二十九条 有偿的委托合同，因受托人的过错造成委托人损失的，委托人可以请求赔偿损失。无偿的委托合同，因受托人的故意或者重大过失造成委托人损失的，委托人可以请求赔偿损失。

受托人超越权限造成委托人损失的，应当赔偿损失。

第九百三十条 受托人处理委托事务时，因不可归责于自己的事由受到损失的，可以向委托人请求赔偿损失。

第九百三十一条 委托人经受托人同意，可以在受托人之外委托第三人处理委托事务。因此造成受托人损失的，受托人可以向委托人请求赔偿损失。

第九百三十二条 两个以上的受托人共同处理委托事务的，对委托人承担连带责任。

第九百三十三条 委托人或者受托人可以随时解除委托合同。因解除合同造成对方损失的，除不可归责于该当事人的事由外，无偿委托合同的解除方应当赔偿因解除时间不当造成的直接损失，有偿委托合同的解除方应当赔偿对方的直接损失和合同履行后可以获得的利益。

第九百三十四条 委托人死亡、终止或者受托人死亡、丧失民事行为能力、终止的，委托合同终止；但是，当事人另有约定或者根据委托事务的性质不宜终止的除外。

第九百三十五条 因委托人死亡或者被宣告破产、解散，致使委托合同终止将损害委托人利益的，在委托人的继承人、遗产管理人或者清算人承受委托事务之前，受托人应当继续处理委托事务。

第九百三十六条 因受托人死亡、丧失民事行为能力或者被宣告破产、解散，致使委托合同终止的，受托人的继承人、遗产管理人、法定代理人或者清算人应当及时通知委托人。因委托合同终止将损害委托人利益的，在委托人作出善后处理之前，受托人的继承人、遗产管理人、法定代理人或者清算人应当采取必要措施。

第二十四章　物业服务合同

第九百三十七条 物业服务合同是物业服务人在物业服务区域内，为业主提供建筑物及其附属设施的维修养护、环境卫生和相关秩序的管理维护等物业服务，业主支付物业费的合同。

物业服务人包括物业服务企业和其他管理人。

第九百三十八条 物业服务合同的内容一般包括服务事项、服务质量、服务费用的标准和收取办法、维修资金的使用、服务用房的管理和使用、服务期限、服务交接等条款。

物业服务人公开作出的有利于业主的服务承诺,为物业服务合同的组成部分。

物业服务合同应当采用书面形式。

第九百三十九条 建设单位依法与物业服务人订立的前期物业服务合同,以及业主委员会与业主大会依法选聘的物业服务人订立的物业服务合同,对业主具有法律约束力。

第九百四十条 建设单位依法与物业服务人订立的前期物业服务合同约定的服务期限届满前,业主委员会或者业主与新物业服务人订立的物业服务合同生效的,前期物业服务合同终止。

第九百四十一条 物业服务人将物业服务区域内的部分专项服务事项委托给专业性服务组织或者其他第三人的,应当就该部分专项服务事项向业主负责。

物业服务人不得将其应当提供的全部物业服务转委托给第三人,或者将全部物业服务支解后分别转委托给第三人。

第九百四十二条 物业服务人应当按照约定和物业的使用性质,妥善维修、养护、清洁、绿化和经营管理物业服务区域内的业主共有部分,维护物业服务区域内的基本秩序,采取合理措施保护业主的人身、财产安全。

对物业服务区域内违反有关治安、环保、消防等法律法规的行为,物业服务人应当及时采取合理措施制止、向有关行政主管部门报告并协助处理。

第九百四十三条 物业服务人应当定期将服务的事项、负责人员、质量要求、收费项目、收费标准、履行情况,以及维修资金使用情况、业主共有部分的经营与收益情况等以合理方式向业主公开并向业主大会、业主委员会报告。

第九百四十四条 业主应当按照约定向物业服务人支付物业费。物业服务人已经按照约定和有关规定提供服务的,业主不得以未接受或者无需接受相关物业服务为由拒绝支付物业费。

业主违反约定逾期不支付物业费的,物业服务人可以催告其在合理期限内支付;合理期限届满仍不支付的,物业服务人可以提起诉讼或者申请仲裁。

物业服务人不得采取停止供电、供水、供热、供燃气等方式催交物业费。

第九百四十五条 业主装饰装修房屋的,应当事先告知物业服务人,遵守物业服务人提示的合理注意事项,并配合其进行必要的现场检查。

业主转让、出租物业专有部分、设立居住权或者依法改变共有部分用途的,应当及时将相关情况告知物业服务人。

第九百四十六条 业主依照法定程序共同决定解聘物业服务人的,可以解除物业服务合同。决定解聘的,应当提前六十日书面通知物业服务人,但是合同对通知期限另有约定的除外。

依据前款规定解除合同造成物业服务人损失的,除不可归责于业主的事由外,业主应当赔偿损失。

第九百四十七条 物业服务期限届满前，业主依法共同决定续聘的，应当与原物业服务人在合同期限届满前续订物业服务合同。

物业服务期限届满前，物业服务人不同意续聘的，应当在合同期限届满前九十日书面通知业主或者业主委员会，但是合同对通知期限另有约定的除外。

第九百四十八条 物业服务期限届满后，业主没有依法作出续聘或者另聘物业服务人的决定，物业服务人继续提供物业服务的，原物业服务合同继续有效，但是服务期限为不定期。

当事人可以随时解除不定期物业服务合同，但是应当提前六十日书面通知对方。

第九百四十九条 物业服务合同终止的，原物业服务人应当在约定期限或者合理期限内退出物业服务区域，将物业服务用房、相关设施、物业服务所必需的相关资料等交还给业主委员会、决定自行管理的业主或者其指定的人，配合新物业服务人做好交接工作，并如实告知物业的使用和管理状况。

原物业服务人违反前款规定的，不得请求业主支付物业服务合同终止后的物业费；造成业主损失的，应当赔偿损失。

第九百五十条 物业服务合同终止后，在业主或者业主大会选聘的新物业服务人或者决定自行管理的业主接管之前，原物业服务人应当继续处理物业服务事项，并可以请求业主支付该期间的物业费。

第二十五章 行纪合同

第九百五十一条 行纪合同是行纪人以自己的名义为委托人从事贸易活动，委托人支付报酬的合同。

第九百五十二条 行纪人处理委托事务支出的费用，由行纪人负担，但是当事人另有约定的除外。

第九百五十三条 行纪人占有委托物的，应当妥善保管委托物。

第九百五十四条 委托物交付给行纪人时有瑕疵或者容易腐烂、变质的，经委托人同意，行纪人可以处分该物；不能与委托人及时取得联系的，行纪人可以合理处分。

第九百五十五条 行纪人低于委托人指定的价格卖出或者高于委托人指定的价格买入的，应当经委托人同意；未经委托人同意，行纪人补偿其差额的，该买卖对委托人发生效力。

行纪人高于委托人指定的价格卖出或者低于委托人指定的价格买入的，可以按照约定增加报酬；没有约定或者约定不明确，依据本法第五百一十条的规定仍不能确定的，该利益属于委托人。

委托人对价格有特别指示的，行纪人不得违背该指示卖出或者买入。

第九百五十六条 行纪人卖出或者买入具有市场定价的商品，除委托人有相反的意思表示外，行纪人自己可以作为买受人或者出卖人。

行纪人有前款规定情形的，仍然可以请求委托人支付报酬。

第九百五十七条 行纪人按照约定买入委托物，委托人应当及时受领。经行纪人催告，委托人无正当理由拒绝受领的，行纪人依法可以提存委托物。

委托物不能卖出或者委托人撤回出卖，经行纪人催告，委托人不取回或者不处分该物的，行纪人依法可以提存委托物。

第九百五十八条 行纪人与第三人订立合同的，行纪人对该合同直接享有权利、承担义务。

第三人不履行义务致使委托人受到损害的，行纪人应当承担赔偿责任，但是行纪人与委托人另有约定的除外。

第九百五十九条 行纪人完成或者部分完成委托事务的，委托人应当向其支付相应的报酬。委托人逾期不支付报酬的，行纪人对委托物享有留置权，但是当事人另有约定的除外。

第九百六十条 本章没有规定的，参照适用委托合同的有关规定。

第二十六章 中介合同

第九百六十一条 中介合同是中介人向委托人报告订立合同的机会或者提供订立合同的媒介服务，委托人支付报酬的合同。

第九百六十二条 中介人应当就有关订立合同的事项向委托人如实报告。

中介人故意隐瞒与订立合同有关的重要事实或者提供虚假情况，损害委托人利益的，不得请求支付报酬并应当承担赔偿责任。

第九百六十三条 中介人促成合同成立的，委托人应当按照约定支付报酬。对中介人的报酬没有约定或者约定不明确，依据本法第五百一十条的规定仍不能确定的，根据中介人的劳务合理确定。因中介人提供订立合同的媒介服务而促成合同成立的，由该合同的当事人平均负担中介人的报酬。

中介人促成合同成立的，中介活动的费用，由中介人负担。

第九百六十四条 中介人未促成合同成立的，不得请求支付报酬；但是，可以按照约定请求委托人支付从事中介活动支出的必要费用。

第九百六十五条 委托人在接受中介人的服务后，利用中介人提供的交易机会或者媒介服务，绕开中介人直接订立合同的，应当向中介人支付报酬。

第九百六十六条 本章没有规定的，参照适用委托合同的有关规定。

第二十七章 合伙合同

第九百六十七条 合伙合同是两个以上合伙人为了共同的事业目的，订立的共享利益、共担风险的协议。

第九百六十八条 合伙人应当按照约定的出资方式、数额和缴付期限，履行出资义务。

第九百六十九条 合伙人的出资、因合伙事务依法取得的收益和其他财产，属于合伙财产。

合伙合同终止前，合伙人不得请求分割合伙财产。

第九百七十条 合伙人就合伙事务作出决定的，除合伙合同另有约定外，应当经全体合伙人一致同意。

合伙事务由全体合伙人共同执行。按照合伙合同的约定或者全体合伙人的决定，可以委托一个或者数个合伙人执行合伙事务；其他合伙人不再执行合伙事务，但是有权监督执行情况。

合伙人分别执行合伙事务的，执行事务合伙人可以对其他合伙人执行的事务提出异议；提出异议后，其他合伙人应当暂停该项事务的执行。

第九百七十一条 合伙人不得因执行合伙事务而请求支付报酬，但是合伙合同另有约定的除外。

第九百七十二条 合伙的利润分配和亏损分担，按照合伙合同的约定办理；合伙合同没有约定或者约定不明确的，由合伙人协商决定；协商不成的，由合伙人按照实缴出资比例分配、分担；无法确定出资比例的，由合伙人平均分配、分担。

第九百七十三条 合伙人对合伙债务承担连带责任。清偿合伙债务超过自己应当承担份额的合伙人，有权向其他合伙人追偿。

第九百七十四条 除合伙合同另有约定外，合伙人向合伙人以外的人转让其全部或者部分财产份额的，须经其他合伙人一致同意。

第九百七十五条 合伙人的债权人不得代位行使合伙人依照本章规定和合伙合同享有的权利，但是合伙人享有的利益分配请求权除外。

第九百七十六条 合伙人对合伙期限没有约定或者约定不明确，依据本法第五百一十条的规定仍不能确定的，视为不定期合伙。

合伙期限届满，合伙人继续执行合伙事务，其他合伙人没有提出异议的，原合伙合同继续有效，但是合伙期限为不定期。

合伙人可以随时解除不定期合伙合同，但是应当在合理期限之前通知其他合伙人。

第九百七十七条 合伙人死亡、丧失民事行为能力或者终止的，合伙合同终止；但是，合伙合同另有约定或者根据合伙事务的性质不宜终止的除外。

第九百七十八条 合伙合同终止后，合伙财产在支付因终止而产生的费用以及清偿合伙债务后有剩余的，依据本法第九百七十二条的规定进行分配。

第三分编 准合同

第二十八章 无因管理

第九百七十九条 管理人没有法定的或者约定的义务，为避免他人利益受损失而管理他人事务的，可以请求受益人偿还因管理事务而支出的必要费用；管理人因管理事务受到损失的，可以请求受益人给予适当补偿。

管理事务不符合受益人真实意思的，管理人不享有前款规定的权利；但是，受益人的真实意思违反法律或者违背公序良俗的除外。

第九百八十条 管理人管理事务不属于前条规定的情形，但是受益人享有管理利益的,受益人应当在其获得的利益范围内向管理人承担前条第一款规定的义务。

第九百八十一条 管理人管理他人事务,应当采取有利于受益人的方法。中断管理对受益人不利的,无正当理由不得中断。

第九百八十二条 管理人管理他人事务,能够通知受益人的,应当及时通知受益人。管理的事务不需要紧急处理的,应当等待受益人的指示。

第九百八十三条 管理结束后,管理人应当向受益人报告管理事务的情况。管理人管理事务取得的财产,应当及时转交给受益人。

第九百八十四条 管理人管理事务经受益人事后追认的,从管理事务开始时起,适用委托合同的有关规定,但是管理人另有意思表示的除外。

第二十九章 不当得利

第九百八十五条 得利人没有法律根据取得不当利益的,受损失的人可以请求得利人返还取得的利益,但是有下列情形之一的除外:

(一)为履行道德义务进行的给付;

(二)债务到期之前的清偿;

(三)明知无给付义务而进行的债务清偿。

第九百八十六条 得利人不知道且不应当知道取得的利益没有法律根据,取得的利益已经不存在的,不承担返还该利益的义务。

第九百八十七条 得利人知道或者应当知道取得的利益没有法律根据的,受损失的人可以请求得利人返还其取得的利益并依法赔偿损失。

第九百八十八条 得利人已经将取得的利益无偿转让给第三人的,受损失的人可以请求第三人在相应范围内承担返还义务。

第四编 人格权

第一章 一般规定

第九百八十九条 本编调整因人格权的享有和保护产生的民事关系。

第九百九十条 人格权是民事主体享有的生命权、身体权、健康权、姓名权、名称权、肖像权、名誉权、荣誉权、隐私权等权利。

除前款规定的人格权外,自然人享有基于人身自由、人格尊严产生的其他人格权益。

第九百九十一条 民事主体的人格权受法律保护,任何组织或者个人不得侵害。

第九百九十二条 人格权不得放弃、转让或者继承。

第九百九十三条 民事主体可以将自己的姓名、名称、肖像等许可他人使用,但是依照法律规定或者根据其性质不得许可的除外。

第九百九十四条 死者的姓名、肖像、名誉、荣誉、隐私、遗体等受到侵害的,其配偶、子女、父母有权依法请求行为人承担民事责任;死者没有配偶、子女且父母已经死亡的,其他近亲属有权依法请求行为人承担民事责任。

第九百九十五条　人格权受到侵害的,受害人有权依照本法和其他法律的规定请求行为人承担民事责任。受害人的停止侵害、排除妨碍、消除危险、消除影响、恢复名誉、赔礼道歉请求权,不适用诉讼时效的规定。

第九百九十六条　因当事人一方的违约行为,损害对方人格权并造成严重精神损害,受损害方选择请求其承担违约责任的,不影响受损害方请求精神损害赔偿。

第九百九十七条　民事主体有证据证明行为人正在实施或者即将实施侵害其人格权的违法行为,不及时制止将使其合法权益受到难以弥补的损害的,有权依法向人民法院申请采取责令行为人停止有关行为的措施。

第九百九十八条　认定行为人承担侵害除生命权、身体权和健康权外的人格权的民事责任,应当考虑行为人和受害人的职业、影响范围、过错程度,以及行为的目的、方式、后果等因素。

第九百九十九条　为公共利益实施新闻报道、舆论监督等行为的,可以合理使用民事主体的姓名、名称、肖像、个人信息等;使用不合理侵害民事主体人格权的,应当依法承担民事责任。

第一千条　行为人因侵害人格权承担消除影响、恢复名誉、赔礼道歉等民事责任的,应当与行为的具体方式和造成的影响范围相当。

行为人拒不承担前款规定的民事责任的,人民法院可以采取在报刊、网络等媒体上发布公告或者公布生效裁判文书等方式执行,产生的费用由行为人负担。

第一千零一条　对自然人因婚姻家庭关系等产生的身份权利的保护,适用本法第一编、第五编和其他法律的相关规定;没有规定的,可以根据其性质参照适用本编人格权保护的有关规定。

第二章　生命权、身体权和健康权

第一千零二条　自然人享有生命权。自然人的生命安全和生命尊严受法律保护。任何组织或者个人不得侵害他人的生命权。

第一千零三条　自然人享有身体权。自然人的身体完整和行动自由受法律保护。任何组织或者个人不得侵害他人的身体权。

第一千零四条　自然人享有健康权。自然人的身心健康受法律保护。任何组织或者个人不得侵害他人的健康权。

第一千零五条　自然人的生命权、身体权、健康权受到侵害或者处于其他危难情形的,负有法定救助义务的组织或者个人应当及时施救。

第一千零六条　完全民事行为能力人有权依法自主决定无偿捐献其人体细胞、人体组织、人体器官、遗体。任何组织或者个人不得强迫、欺骗、利诱其捐献。

完全民事行为能力人依据前款规定同意捐献的,应当采用书面形式,也可以订立遗嘱。

自然人生前未表示不同意捐献的,该自然人死亡后,其配偶、成年子女、父母可以共同决定捐献,决定捐献应当采用书面形式。

第一千零七条 禁止以任何形式买卖人体细胞、人体组织、人体器官、遗体。

违反前款规定的买卖行为无效。

第一千零八条 为研制新药、医疗器械或者发展新的预防和治疗方法,需要进行临床试验的,应当依法经相关主管部门批准并经伦理委员会审查同意,向受试者或者受试者的监护人告知试验目的、用途和可能产生的风险等详细情况,并经其书面同意。

进行临床试验的,不得向受试者收取试验费用。

第一千零九条 从事与人体基因、人体胚胎等有关的医学和科研活动,应当遵守法律、行政法规和国家有关规定,不得危害人体健康,不得违背伦理道德,不得损害公共利益。

第一千零一十条 违背他人意愿,以言语、文字、图像、肢体行为等方式对他人实施性骚扰的,受害人有权依法请求行为人承担民事责任。

机关、企业、学校等单位应当采取合理的预防、受理投诉、调查处置等措施,防止和制止利用职权、从属关系等实施性骚扰。

第一千零一十一条 以非法拘禁等方式剥夺、限制他人的行动自由,或者非法搜查他人身体的,受害人有权依法请求行为人承担民事责任。

第三章 姓名权和名称权

第一千零一十二条 自然人享有姓名权,有权依法决定、使用、变更或者许可他人使用自己的姓名,但是不得违背公序良俗。

第一千零一十三条 法人、非法人组织享有名称权,有权依法决定、使用、变更、转让或者许可他人使用自己的名称。

第一千零一十四条 任何组织或者个人不得以干涉、盗用、假冒等方式侵害他人的姓名权或者名称权。

第一千零一十五条 自然人应当随父姓或者母姓,但是有下列情形之一的,可以在父姓和母姓之外选取姓氏:

(一)选取其他直系长辈血亲的姓氏;

(二)因由法定扶养人以外的人扶养而选取扶养人姓氏;

(三)有不违背公序良俗的其他正当理由。

少数民族自然人的姓氏可以遵从本民族的文化传统和风俗习惯。

第一千零一十六条 自然人决定、变更姓名,或者法人、非法人组织决定、变更、转让名称的,应当依法向有关机关办理登记手续,但是法律另有规定的除外。

民事主体变更姓名、名称的,变更前实施的民事法律行为对其具有法律约束力。

第一千零一十七条 具有一定社会知名度,被他人使用足以造成公众混淆的笔名、艺名、网名、译名、字号、姓名和名称的简称等,参照适用姓名权和名称权保护的有关规定。

第四章 肖像权

第一千零一十八条 自然人享有肖像权,有权依法制作、使用、公开或者许可他人使用自己的肖像。

肖像是通过影像、雕塑、绘画等方式在一定载体上所反映的特定自然人可以被识别的外部形象。

第一千零一十九条　任何组织或者个人不得以丑化、污损,或者利用信息技术手段伪造等方式侵害他人的肖像权。未经肖像权人同意,不得制作、使用、公开肖像权人的肖像,但是法律另有规定的除外。

未经肖像权人同意,肖像作品权利人不得以发表、复制、发行、出租、展览等方式使用或者公开肖像权人的肖像。

第一千零二十条　合理实施下列行为的,可以不经肖像权人同意:

(一)为个人学习、艺术欣赏、课堂教学或者科学研究,在必要范围内使用肖像权人已经公开的肖像;

(二)为实施新闻报道,不可避免地制作、使用、公开肖像权人的肖像;

(三)为依法履行职责,国家机关在必要范围内制作、使用、公开肖像权人的肖像;

(四)为展示特定公共环境,不可避免地制作、使用、公开肖像权人的肖像;

(五)为维护公共利益或者肖像权人合法权益,制作、使用、公开肖像权人的肖像的其他行为。

第一千零二十一条　当事人对肖像许可使用合同中关于肖像使用条款的理解有争议的,应当作出有利于肖像权人的解释。

第一千零二十二条　当事人对肖像许可使用期限没有约定或者约定不明确的,任何一方当事人可以随时解除肖像许可使用合同,但是应当在合理期限之前通知对方。

当事人对肖像许可使用期限有明确约定,肖像权人有正当理由的,可以解除肖像许可使用合同,但是应当在合理期限之前通知对方。因解除合同造成对方损失的,除不可归责于肖像权人的事由外,应当赔偿损失。

第一千零二十三条　对姓名等的许可使用,参照适用肖像许可使用的有关规定。

对自然人声音的保护,参照适用肖像权保护的有关规定。

第五章　名誉权和荣誉权

第一千零二十四条　民事主体享有名誉权。任何组织或者个人不得以侮辱、诽谤等方式侵害他人的名誉权。

名誉是对民事主体的品德、声望、才能、信用等的社会评价。

第一千零二十五条　行为人为公共利益实施新闻报道、舆论监督等行为,影响他人名誉的,不承担民事责任,但是有下列情形之一的除外:

(一)捏造、歪曲事实;

(二)对他人提供的严重失实内容未尽到合理核实义务;

(三)使用侮辱性言辞等贬损他人名誉。

第一千零二十六条　认定行为人是否尽到前条第二项规定的合理核实义务,应当考虑下列因素:

(一)内容来源的可信度;

（二）对明显可能引发争议的内容是否进行了必要的调查；

（三）内容的时限性；

（四）内容与公序良俗的关联性；

（五）受害人名誉受贬损的可能性；

（六）核实能力和核实成本。

第一千零二十七条 行为人发表的文学、艺术作品以真人真事或者特定人为描述对象，含有侮辱、诽谤内容，侵害他人名誉权的，受害人有权依法请求该行为人承担民事责任。

行为人发表的文学、艺术作品不以特定人为描述对象，仅其中的情节与该特定人的情况相似的，不承担民事责任。

第一千零二十八条 民事主体有证据证明报刊、网络等媒体报道的内容失实，侵害其名誉权的，有权请求该媒体及时采取更正或者删除等必要措施。

第一千零二十九条 民事主体可以依法查询自己的信用评价；发现信用评价不当的，有权提出异议并请求采取更正、删除等必要措施。信用评价人应当及时核查，经核查属实的，应当及时采取必要措施。

第一千零三十条 民事主体与征信机构等信用信息处理者之间的关系，适用本编有关个人信息保护的规定和其他法律、行政法规的有关规定。

第一千零三十一条 民事主体享有荣誉权。任何组织或者个人不得非法剥夺他人的荣誉称号，不得诋毁、贬损他人的荣誉。

获得的荣誉称号应当记载而没有记载的，民事主体可以请求记载；获得的荣誉称号记载错误的，民事主体可以请求更正。

第六章 隐私权和个人信息保护

第一千零三十二条 自然人享有隐私权。任何组织或者个人不得以刺探、侵扰、泄露、公开等方式侵害他人的隐私权。

隐私是自然人的私人生活安宁和不愿为他人知晓的私密空间、私密活动、私密信息。

第一千零三十三条 除法律另有规定或者权利人明确同意外，任何组织或者个人不得实施下列行为：

（一）以电话、短信、即时通讯工具、电子邮件、传单等方式侵扰他人的私人生活安宁；

（二）进入、拍摄、窥视他人的住宅、宾馆房间等私密空间；

（三）拍摄、窥视、窃听、公开他人的私密活动；

（四）拍摄、窥视他人身体的私密部位；

（五）处理他人的私密信息；

（六）以其他方式侵害他人的隐私权。

第一千零三十四条 自然人的个人信息受法律保护。

个人信息是以电子或者其他方式记录的能够单独或者与其他信息结合识别特定自然人的各种信息，包括自然人的姓名、出生日期、身份证件号码、生物识别信息、住址、电话号码、电子邮箱、健康信息、行踪信息等。

个人信息中的私密信息，适用有关隐私权的规定；没有规定的，适用有关个人信息保护的规定。

第一千零三十五条 处理个人信息的，应当遵循合法、正当、必要原则，不得过度处理，并符合下列条件：

（一）征得该自然人或者其监护人同意，但是法律、行政法规另有规定的除外；

（二）公开处理信息的规则；

（三）明示处理信息的目的、方式和范围；

（四）不违反法律、行政法规的规定和双方的约定。

个人信息的处理包括个人信息的收集、存储、使用、加工、传输、提供、公开等。

第一千零三十六条 处理个人信息，有下列情形之一的，行为人不承担民事责任：

（一）在该自然人或者其监护人同意的范围内合理实施的行为；

（二）合理处理该自然人自行公开的或者其他已经合法公开的信息，但是该自然人明确拒绝或者处理该信息侵害其重大利益的除外；

（三）为维护公共利益或者该自然人合法权益，合理实施的其他行为。

第一千零三十七条 自然人可以依法向信息处理者查阅或者复制其个人信息；发现信息有错误的，有权提出异议并请求及时采取更正等必要措施。

自然人发现信息处理者违反法律、行政法规的规定或者双方的约定处理其个人信息的，有权请求信息处理者及时删除。

第一千零三十八条 信息处理者不得泄露或者篡改其收集、存储的个人信息；未经自然人同意，不得向他人非法提供其个人信息，但是经过加工无法识别特定个人且不能复原的除外。

信息处理者应当采取技术措施和其他必要措施，确保其收集、存储的个人信息安全，防止信息泄露、篡改、丢失；发生或者可能发生个人信息泄露、篡改、丢失的，应当及时采取补救措施，按照规定告知自然人并向有关主管部门报告。

第一千零三十九条 国家机关、承担行政职能的法定机构及其工作人员对于履行职责过程中知悉的自然人的隐私和个人信息，应当予以保密，不得泄露或者向他人非法提供。

第五编 婚姻家庭

第一章 一般规定

第一千零四十条 本编调整因婚姻家庭产生的民事关系。

第一千零四十一条 婚姻家庭受国家保护。

实行婚姻自由、一夫一妻、男女平等的婚姻制度。

保护妇女、未成年人、老年人、残疾人的合法权益。

第一千零四十二条 禁止包办、买卖婚姻和其他干涉婚姻自由的行为。禁止借婚姻索取财物。

禁止重婚。禁止有配偶者与他人同居。

禁止家庭暴力。禁止家庭成员间的虐待和遗弃。

第一千零四十三条　家庭应当树立优良家风,弘扬家庭美德,重视家庭文明建设。

夫妻应当互相忠实,互相尊重,互相关爱;家庭成员应当敬老爱幼,互相帮助,维护平等、和睦、文明的婚姻家庭关系。

第一千零四十四条　收养应当遵循最有利于被收养人的原则,保障被收养人和收养人的合法权益。

禁止借收养名义买卖未成年人。

第一千零四十五条　亲属包括配偶、血亲和姻亲。

配偶、父母、子女、兄弟姐妹、祖父母、外祖父母、孙子女、外孙子女为近亲属。

配偶、父母、子女和其他共同生活的近亲属为家庭成员。

第二章　结　　婚

第一千零四十六条　结婚应当男女双方完全自愿,禁止任何一方对另一方加以强迫,禁止任何组织或者个人加以干涉。

第一千零四十七条　结婚年龄,男不得早于二十二周岁,女不得早于二十周岁。

第一千零四十八条　直系血亲或者三代以内的旁系血亲禁止结婚。

第一千零四十九条　要求结婚的男女双方应当亲自到婚姻登记机关申请结婚登记。符合本法规定的,予以登记,发给结婚证。完成结婚登记,即确立婚姻关系。未办理结婚登记的,应当补办登记。

第一千零五十条　登记结婚后,按照男女双方约定,女方可以成为男方家庭的成员,男方可以成为女方家庭的成员。

第一千零五十一条　有下列情形之一的,婚姻无效:

(一)重婚;

(二)有禁止结婚的亲属关系;

(三)未到法定婚龄。

第一千零五十二条　因胁迫结婚的,受胁迫的一方可以向人民法院请求撤销婚姻。

请求撤销婚姻的,应当自胁迫行为终止之日起一年内提出。

被非法限制人身自由的当事人请求撤销婚姻的,应当自恢复人身自由之日起一年内提出。

第一千零五十三条　一方患有重大疾病的,应当在结婚登记前如实告知另一方;不如实告知的,另一方可以向人民法院请求撤销婚姻。

请求撤销婚姻的,应当自知道或者应当知道撤销事由之日起一年内提出。

第一千零五十四条　无效的或者被撤销的婚姻自始没有法律约束力,当事人不具有夫妻的权利和义务。同居期间所得的财产,由当事人协议处理;协议不成的,由人民法院根据照顾无过错方的原则判决。对重婚导致的无效婚姻的财产处理,不得侵害合法婚姻当事人的财产权益。当事人所生的子女,适用本法关于父母子女的规定。

婚姻无效或者被撤销的,无过错方有权请求损害赔偿。

第三章 家庭关系

第一节 夫妻关系

第一千零五十五条 夫妻在婚姻家庭中地位平等。

第一千零五十六条 夫妻双方都有各自使用自己姓名的权利。

第一千零五十七条 夫妻双方都有参加生产、工作、学习和社会活动的自由，一方不得对另一方加以限制或者干涉。

第一千零五十八条 夫妻双方平等享有对未成年子女抚养、教育和保护的权利，共同承担对未成年子女抚养、教育和保护的义务。

第一千零五十九条 夫妻有相互扶养的义务。

需要扶养的一方，在另一方不履行扶养义务时，有要求其给付扶养费的权利。

第一千零六十条 夫妻一方因家庭日常生活需要而实施的民事法律行为，对夫妻双方发生效力，但是夫妻一方与相对人另有约定的除外。

夫妻之间对一方可以实施的民事法律行为范围的限制，不得对抗善意相对人。

第一千零六十一条 夫妻有相互继承遗产的权利。

第一千零六十二条 夫妻在婚姻关系存续期间所得的下列财产，为夫妻的共同财产，归夫妻共同所有：

（一）工资、奖金、劳务报酬；

（二）生产、经营、投资的收益；

（三）知识产权的收益；

（四）继承或者受赠的财产，但是本法第一千零六十三条第三项规定的除外；

（五）其他应当归共同所有的财产。

夫妻对共同财产，有平等的处理权。

第一千零六十三条 下列财产为夫妻一方的个人财产：

（一）一方的婚前财产；

（二）一方因受到人身损害获得的赔偿或者补偿；

（三）遗嘱或者赠与合同中确定只归一方的财产；

（四）一方专用的生活用品；

（五）其他应当归一方的财产。

第一千零六十四条 夫妻双方共同签名或者夫妻一方事后追认等共同意思表示所负的债务，以及夫妻一方在婚姻关系存续期间以个人名义为家庭日常生活需要所负的债务，属于夫妻共同债务。

夫妻一方在婚姻关系存续期间以个人名义超出家庭日常生活需要所负的债务，不属于夫妻共同债务；但是，债权人能够证明该债务用于夫妻共同生活、共同生产经营或者基于夫妻双方共同意思表示的除外。

第一千零六十五条 男女双方可以约定婚姻关系存续期间所得的财产以及婚前财产

归各自所有、共同所有或者部分各自所有、部分共同所有。约定应当采用书面形式。没有约定或者约定不明确的，适用本法第一千零六十二条、第一千零六十三条的规定。

夫妻对婚姻关系存续期间所得的财产以及婚前财产的约定，对双方具有法律约束力。

夫妻对婚姻关系存续期间所得的财产约定归各自所有，夫或者妻一方对外所负的债务，相对人知道该约定的，以夫或者妻一方的个人财产清偿。

第一千零六十六条 婚姻关系存续期间，有下列情形之一的，夫妻一方可以向人民法院请求分割共同财产：

（一）一方有隐藏、转移、变卖、毁损、挥霍夫妻共同财产或者伪造夫妻共同债务等严重损害夫妻共同财产利益的行为；

（二）一方负有法定扶养义务的人患重大疾病需要医治，另一方不同意支付相关医疗费用。

第二节 父母子女关系和其他近亲属关系

第一千零六十七条 父母不履行抚养义务的，未成年子女或者不能独立生活的成年子女，有要求父母给付抚养费的权利。

成年子女不履行赡养义务的，缺乏劳动能力或者生活困难的父母，有要求成年子女给付赡养费的权利。

第一千零六十八条 父母有教育、保护未成年子女的权利和义务。未成年子女造成他人损害的，父母应当依法承担民事责任。

第一千零六十九条 子女应当尊重父母的婚姻权利，不得干涉父母离婚、再婚以及婚后的生活。子女对父母的赡养义务，不因父母的婚姻关系变化而终止。

第一千零七十条 父母和子女有相互继承遗产的权利。

第一千零七十一条 非婚生子女享有与婚生子女同等的权利，任何组织或者个人不得加以危害和歧视。

不直接抚养非婚生子女的生父或者生母，应当负担未成年子女或者不能独立生活的成年子女的抚养费。

第一千零七十二条 继父母与继子女间，不得虐待或者歧视。

继父或者继母和受其抚养教育的继子女间的权利义务关系，适用本法关于父母子女关系的规定。

第一千零七十三条 对亲子关系有异议且有正当理由的，父或者母可以向人民法院提起诉讼，请求确认或者否认亲子关系。

对亲子关系有异议且有正当理由的，成年子女可以向人民法院提起诉讼，请求确认亲子关系。

第一千零七十四条 有负担能力的祖父母、外祖父母，对于父母已经死亡或者父母无力抚养的未成年孙子女、外孙子女，有抚养的义务。

有负担能力的孙子女、外孙子女，对于子女已经死亡或者子女无力赡养的祖父母、外祖父母，有赡养的义务。

第一千零七十五条 有负担能力的兄、姐，对于父母已经死亡或者父母无力抚养的未成年弟、妹,有扶养的义务。

由兄、姐扶养长大的有负担能力的弟、妹,对于缺乏劳动能力又缺乏生活来源的兄、姐,有扶养的义务。

第四章 离 婚

第一千零七十六条 夫妻双方自愿离婚的,应当签订书面离婚协议,并亲自到婚姻登记机关申请离婚登记。

离婚协议应当载明双方自愿离婚的意思表示和对子女抚养、财产以及债务处理等事项协商一致的意见。

第一千零七十七条 自婚姻登记机关收到离婚登记申请之日起三十日内,任何一方不愿意离婚的,可以向婚姻登记机关撤回离婚登记申请。

前款规定期限届满后三十日内,双方应当亲自到婚姻登记机关申请发给离婚证;未申请的,视为撤回离婚登记申请。

第一千零七十八条 婚姻登记机关查明双方确实是自愿离婚,并已经对子女抚养、财产以及债务处理等事项协商一致的,予以登记,发给离婚证。

第一千零七十九条 夫妻一方要求离婚的,可以由有关组织进行调解或者直接向人民法院提起离婚诉讼。

人民法院审理离婚案件,应当进行调解;如果感情确已破裂,调解无效的,应当准予离婚。

有下列情形之一,调解无效的,应当准予离婚:

(一)重婚或者与他人同居;

(二)实施家庭暴力或者虐待、遗弃家庭成员;

(三)有赌博、吸毒等恶习屡教不改;

(四)因感情不和分居满二年;

(五)其他导致夫妻感情破裂的情形。

一方被宣告失踪,另一方提起离婚诉讼的,应当准予离婚。

经人民法院判决不准离婚后,双方又分居满一年,一方再次提起离婚诉讼的,应当准予离婚。

第一千零八十条 完成离婚登记,或者离婚判决书、调解书生效,即解除婚姻关系。

第一千零八十一条 现役军人的配偶要求离婚,应当征得军人同意,但是军人一方有重大过错的除外。

第一千零八十二条 女方在怀孕期间、分娩后一年内或者终止妊娠后六个月内,男方不得提出离婚;但是,女方提出离婚或者人民法院认为确有必要受理男方离婚请求的除外。

第一千零八十三条 离婚后,男女双方自愿恢复婚姻关系的,应当到婚姻登记机关重新进行结婚登记。

第一千零八十四条 父母与子女间的关系,不因父母离婚而消除。离婚后,子女无论由父或者母直接抚养,仍是父母双方的子女。

离婚后,父母对于子女仍有抚养、教育、保护的权利和义务。

离婚后,不满两周岁的子女,以由母亲直接抚养为原则。已满两周岁的子女,父母双方对抚养问题协议不成的,由人民法院根据双方的具体情况,按照最有利于未成年子女的原则判决。子女已满八周岁的,应当尊重其真实意愿。

第一千零八十五条 离婚后,子女由一方直接抚养的,另一方应当负担部分或者全部抚养费。负担费用的多少和期限的长短,由双方协议;协议不成的,由人民法院判决。

前款规定的协议或者判决,不妨碍子女在必要时向父母任何一方提出超过协议或者判决原定数额的合理要求。

第一千零八十六条 离婚后,不直接抚养子女的父或者母,有探望子女的权利,另一方有协助的义务。

行使探望权利的方式、时间由当事人协议;协议不成的,由人民法院判决。

父或者母探望子女,不利于子女身心健康的,由人民法院依法中止探望;中止的事由消失后,应当恢复探望。

第一千零八十七条 离婚时,夫妻的共同财产由双方协议处理;协议不成的,由人民法院根据财产的具体情况,按照照顾子女、女方和无过错方权益的原则判决。

对夫或者妻在家庭土地承包经营中享有的权益等,应当依法予以保护。

第一千零八十八条 夫妻一方因抚育子女、照料老年人、协助另一方工作等负担较多义务的,离婚时有权向另一方请求补偿,另一方应当给予补偿。具体办法由双方协议;协议不成的,由人民法院判决。

第一千零八十九条 离婚时,夫妻共同债务应当共同偿还。共同财产不足清偿或者财产归各自所有的,由双方协议清偿;协议不成的,由人民法院判决。

第一千零九十条 离婚时,如果一方生活困难,有负担能力的另一方应当给予适当帮助。具体办法由双方协议;协议不成的,由人民法院判决。

第一千零九十一条 有下列情形之一,导致离婚的,无过错方有权请求损害赔偿:

(一)重婚;

(二)与他人同居;

(三)实施家庭暴力;

(四)虐待、遗弃家庭成员;

(五)有其他重大过错。

第一千零九十二条 夫妻一方隐藏、转移、变卖、毁损、挥霍夫妻共同财产,或者伪造夫妻共同债务企图侵占另一方财产的,在离婚分割夫妻共同财产时,对该方可以少分或者不分。离婚后,另一方发现有上述行为的,可以向人民法院提起诉讼,请求再次分割夫妻共同财产。

第五章 收　　养

第一节 收养关系的成立

第一千零九十三条 下列未成年人,可以被收养:

（一）丧失父母的孤儿；

（二）查找不到生父母的未成年人；

（三）生父母有特殊困难无力抚养的子女。

第一千零九十四条 下列个人、组织可以作送养人：

（一）孤儿的监护人；

（二）儿童福利机构；

（三）有特殊困难无力抚养子女的生父母。

第一千零九十五条 未成年人的父母均不具备完全民事行为能力且可能严重危害该未成年人的，该未成年人的监护人可以将其送养。

第一千零九十六条 监护人送养孤儿的，应当征得有抚养义务的人同意。有抚养义务的人不同意送养、监护人不愿意继续履行监护职责的，应当依照本法第一编的规定另行确定监护人。

第一千零九十七条 生父母送养子女，应当双方共同送养。生父母一方不明或者查找不到的，可以单方送养。

第一千零九十八条 收养人应当同时具备下列条件：

（一）无子女或者只有一名子女；

（二）有抚养、教育和保护被收养人的能力；

（三）未患有在医学上认为不应当收养子女的疾病；

（四）无不利于被收养人健康成长的违法犯罪记录；

（五）年满三十周岁。

第一千零九十九条 收养三代以内旁系同辈血亲的子女，可以不受本法第一千零九十三条第三项、第一千零九十四条第三项和第一千一百零二条规定的限制。

华侨收养三代以内旁系同辈血亲的子女，还可以不受本法第一千零九十八条第一项规定的限制。

第一千一百条 无子女的收养人可以收养两名子女；有子女的收养人只能收养一名子女。

收养孤儿、残疾未成年人或者儿童福利机构抚养的查找不到生父母的未成年人，可以不受前款和本法第一千零九十八条第一项规定的限制。

第一千一百零一条 有配偶者收养子女，应当夫妻共同收养。

第一千一百零二条 无配偶者收养异性子女的，收养人与被收养人的年龄应当相差四十周岁以上。

第一千一百零三条 继父或者继母经继子女的生父母同意，可以收养继子女，并可以不受本法第一千零九十三条第三项、第一千零九十四条第三项、第一千零九十八条和第一千一百条第一款规定的限制。

第一千一百零四条 收养人收养与送养人送养，应当双方自愿。收养八周岁以上未成年人的，应当征得被收养人的同意。

第一千一百零五条 收养应当向县级以上人民政府民政部门登记。收养关系自登记之日起成立。

收养查找不到生父母的未成年人的，办理登记的民政部门应当在登记前予以公告。

收养关系当事人愿意签订收养协议的，可以签订收养协议。

收养关系当事人各方或者一方要求办理收养公证的，应当办理收养公证。

县级以上人民政府民政部门应当依法进行收养评估。

第一千一百零六条 收养关系成立后，公安机关应当按照国家有关规定为被收养人办理户口登记。

第一千一百零七条 孤儿或者生父母无力抚养的子女，可以由生父母的亲属、朋友抚养；抚养人与被抚养人的关系不适用本章规定。

第一千一百零八条 配偶一方死亡，另一方送养未成年子女的，死亡一方的父母有优先抚养的权利。

第一千一百零九条 外国人依法可以在中华人民共和国收养子女。

外国人在中华人民共和国收养子女，应当经其所在国主管机关依照该国法律审查同意。收养人应当提供由其所在国有权机构出具的有关其年龄、婚姻、职业、财产、健康、有无受过刑事处罚等状况的证明材料，并与送养人签订书面协议，亲自向省、自治区、直辖市人民政府民政部门登记。

前款规定的证明材料应当经收养人所在国外交机关或者外交机关授权的机构认证，并经中华人民共和国驻该国使领馆认证，但是国家另有规定的除外。

第一千一百一十条 收养人、送养人要求保守收养秘密的，其他人应当尊重其意愿，不得泄露。

第二节 收养的效力

第一千一百一十一条 自收养关系成立之日起，养父母与养子女间的权利义务关系，适用本法关于父母子女关系的规定；养子女与养父母的近亲属间的权利义务关系，适用本法关于子女与父母的近亲属关系的规定。

养子女与生父母以及其他近亲属间的权利义务关系，因收养关系的成立而消除。

第一千一百一十二条 养子女可以随养父或者养母的姓氏，经当事人协商一致，也可以保留原姓氏。

第一千一百一十三条 有本法第一编关于民事法律行为无效规定情形或者违反本编规定的收养行为无效。

无效的收养行为自始没有法律约束力。

第三节 收养关系的解除

第一千一百一十四条 收养人在被收养人成年以前，不得解除收养关系，但是收养人、送养人双方协议解除的除外。养子女八周岁以上的，应当征得本人同意。

收养人不履行抚养义务，有虐待、遗弃等侵害未成年养子女合法权益行为的，送养人有权要求解除养父母与养子女间的收养关系。送养人、收养人不能达成解除收养关系协议的,可以向人民法院提起诉讼。

第一千一百一十五条 养父母与成年养子女关系恶化、无法共同生活的,可以协议解除收养关系。不能达成协议的,可以向人民法院提起诉讼。

第一千一百一十六条 当事人协议解除收养关系的,应当到民政部门办理解除收养关系登记。

第一千一百一十七条 收养关系解除后,养子女与养父母以及其他近亲属间的权利义务关系即行消除,与生父母以及其他近亲属间的权利义务关系自行恢复。但是,成年养子女与生父母以及其他近亲属间的权利义务关系是否恢复,可以协商确定。

第一千一百一十八条 收养关系解除后,经养父母抚养的成年养子女,对缺乏劳动能力又缺乏生活来源的养父母,应当给付生活费。因养子女成年后虐待、遗弃养父母而解除收养关系的,养父母可以要求养子女补偿收养期间支出的抚养费。

生父母要求解除收养关系的,养父母可以要求生父母适当补偿收养期间支出的抚养费;但是,因养父母虐待、遗弃养子女而解除收养关系的除外。

第六编 继 承

第一章 一般规定

第一千一百一十九条 本编调整因继承产生的民事关系。

第一千一百二十条 国家保护自然人的继承权。

第一千一百二十一条 继承从被继承人死亡时开始。

相互有继承关系的数人在同一事件中死亡,难以确定死亡时间的,推定没有其他继承人的人先死亡。都有其他继承人,辈份不同的,推定长辈先死亡;辈份相同的,推定同时死亡,相互不发生继承。

第一千一百二十二条 遗产是自然人死亡时遗留的个人合法财产。

依照法律规定或者根据其性质不得继承的遗产,不得继承。

第一千一百二十三条 继承开始后,按照法定继承办理;有遗嘱的,按照遗嘱继承或者遗赠办理;有遗赠扶养协议的,按照协议办理。

第一千一百二十四条 继承开始后,继承人放弃继承的,应当在遗产处理前,以书面形式作出放弃继承的表示;没有表示的,视为接受继承。

受遗赠人应当在知道受遗赠后六十日内,作出接受或者放弃受遗赠的表示;到期没有表示的,视为放弃受遗赠。

第一千一百二十五条 继承人有下列行为之一的,丧失继承权:

(一)故意杀害被继承人;

(二)为争夺遗产而杀害其他继承人;

(三)遗弃被继承人,或者虐待被继承人情节严重;

(四)伪造、篡改、隐匿或者销毁遗嘱,情节严重;

(五)以欺诈、胁迫手段迫使或者妨碍被继承人设立、变更或者撤回遗嘱,情节严重。

继承人有前款第三项至第五项行为,确有悔改表现,被继承人表示宽恕或者事后在遗嘱中将其列为继承人的,该继承人不丧失继承权。

受遗赠人有本条第一款规定行为的,丧失受遗赠权。

第二章 法定继承

第一千一百二十六条 继承权男女平等。

第一千一百二十七条 遗产按照下列顺序继承:

(一)第一顺序:配偶、子女、父母;

(二)第二顺序:兄弟姐妹、祖父母、外祖父母。

继承开始后,由第一顺序继承人继承,第二顺序继承人不继承;没有第一顺序继承人继承的,由第二顺序继承人继承。

本编所称子女,包括婚生子女、非婚生子女、养子女和有扶养关系的继子女。

本编所称父母,包括生父母、养父母和有扶养关系的继父母。

本编所称兄弟姐妹,包括同父母的兄弟姐妹、同父异母或者同母异父的兄弟姐妹、养兄弟姐妹、有扶养关系的继兄弟姐妹。

第一千一百二十八条 被继承人的子女先于被继承人死亡的,由被继承人的子女的直系晚辈血亲代位继承。

被继承人的兄弟姐妹先于被继承人死亡的,由被继承人的兄弟姐妹的子女代位继承。

代位继承人一般只能继承被代位继承人有权继承的遗产份额。

第一千一百二十九条 丧偶儿媳对公婆,丧偶女婿对岳父母,尽了主要赡养义务的,作为第一顺序继承人。

第一千一百三十条 同一顺序继承人继承遗产的份额,一般应当均等。

对生活有特殊困难又缺乏劳动能力的继承人,分配遗产时,应当予以照顾。

对被继承人尽了主要扶养义务或者与被继承人共同生活的继承人,分配遗产时,可以多分。

有扶养能力和有扶养条件的继承人,不尽扶养义务的,分配遗产时,应当不分或者少分。

继承人协商同意的,也可以不均等。

第一千一百三十一条 对继承人以外的依靠被继承人扶养的人,或者继承人以外的对被继承人扶养较多的人,可以分给适当的遗产。

第一千一百三十二条 继承人应当本着互谅互让、和睦团结的精神,协商处理继承问题。遗产分割的时间、办法和份额,由继承人协商确定;协商不成的,可以由人民调解委员会调解或者向人民法院提起诉讼。

第三章 遗嘱继承和遗赠

第一千一百三十三条 自然人可以依照本法规定立遗嘱处分个人财产,并可以指定遗嘱执行人。

自然人可以立遗嘱将个人财产指定由法定继承人中的一人或者数人继承。

自然人可以立遗嘱将个人财产赠与国家、集体或者法定继承人以外的组织、个人。

自然人可以依法设立遗嘱信托。

第一千一百三十四条 自书遗嘱由遗嘱人亲笔书写,签名,注明年、月、日。

第一千一百三十五条 代书遗嘱应当有两个以上见证人在场见证,由其中一人代书,并由遗嘱人、代书人和其他见证人签名,注明年、月、日。

第一千一百三十六条 打印遗嘱应当有两个以上见证人在场见证。遗嘱人和见证人应当在遗嘱每一页签名,注明年、月、日。

第一千一百三十七条 以录音录像形式立的遗嘱,应当有两个以上见证人在场见证。遗嘱人和见证人应当在录音录像中记录其姓名或者肖像,以及年、月、日。

第一千一百三十八条 遗嘱人在危急情况下,可以立口头遗嘱。口头遗嘱应当有两个以上见证人在场见证。危急情况消除后,遗嘱人能够以书面或者录音录像形式立遗嘱的,所立的口头遗嘱无效。

第一千一百三十九条 公证遗嘱由遗嘱人经公证机构办理。

第一千一百四十条 下列人员不能作为遗嘱见证人:

(一)无民事行为能力人、限制民事行为能力人以及其他不具有见证能力的人;

(二)继承人、受遗赠人;

(三)与继承人、受遗赠人有利害关系的人。

第一千一百四十一条 遗嘱应当为缺乏劳动能力又没有生活来源的继承人保留必要的遗产份额。

第一千一百四十二条 遗嘱人可以撤回、变更自己所立的遗嘱。

立遗嘱后,遗嘱人实施与遗嘱内容相反的民事法律行为的,视为对遗嘱相关内容的撤回。

立有数份遗嘱,内容相抵触的,以最后的遗嘱为准。

第一千一百四十三条 无民事行为能力人或者限制民事行为能力人所立的遗嘱无效。

遗嘱必须表示遗嘱人的真实意思,受欺诈、胁迫所立的遗嘱无效。

伪造的遗嘱无效。

遗嘱被篡改的,篡改的内容无效。

第一千一百四十四条 遗嘱继承或者遗赠附有义务的,继承人或者受遗赠人应当履行义务。没有正当理由不履行义务的,经利害关系人或者有关组织请求,人民法院可以取消其接受附义务部分遗产的权利。

第四章 遗产的处理

第一千一百四十五条 继承开始后,遗嘱执行人为遗产管理人;没有遗嘱执行人的,继承人应当及时推选遗产管理人;继承人未推选的,由继承人共同担任遗产管理人;没有继承人或者继承人均放弃继承的,由被继承人生前住所地的民政部门或者村民委员会担任遗产管理人。

第一千一百四十六条 对遗产管理人的确定有争议的，利害关系人可以向人民法院申请指定遗产管理人。

第一千一百四十七条 遗产管理人应当履行下列职责：

（一）清理遗产并制作遗产清单；

（二）向继承人报告遗产情况；

（三）采取必要措施防止遗产毁损、灭失；

（四）处理被继承人的债权债务；

（五）按照遗嘱或者依照法律规定分割遗产；

（六）实施与管理遗产有关的其他必要行为。

第一千一百四十八条 遗产管理人应当依法履行职责，因故意或者重大过失造成继承人、受遗赠人、债权人损害的，应当承担民事责任。

第一千一百四十九条 遗产管理人可以依照法律规定或者按照约定获得报酬。

第一千一百五十条 继承开始后，知道被继承人死亡的继承人应当及时通知其他继承人和遗嘱执行人。继承人中无人知道被继承人死亡或者知道被继承人死亡而不能通知的，由被继承人生前所在单位或者住所地的居民委员会、村民委员会负责通知。

第一千一百五十一条 存有遗产的人，应当妥善保管遗产，任何组织或者个人不得侵吞或者争抢。

第一千一百五十二条 继承开始后，继承人于遗产分割前死亡，并没有放弃继承的，该继承人应当继承的遗产转给其继承人，但是遗嘱另有安排的除外。

第一千一百五十三条 夫妻共同所有的财产，除有约定的外，遗产分割时，应当先将共同所有的财产的一半分出为配偶所有，其余的为被继承人的遗产。

遗产在家庭共有财产之中的，遗产分割时，应当先分出他人的财产。

第一千一百五十四条 有下列情形之一的，遗产中的有关部分按照法定继承办理：

（一）遗嘱继承人放弃继承或者受遗赠人放弃受遗赠；

（二）遗嘱继承人丧失继承权或者受遗赠人丧失受遗赠权；

（三）遗嘱继承人、受遗赠人先于遗嘱人死亡或者终止；

（四）遗嘱无效部分所涉及的遗产；

（五）遗嘱未处分的遗产。

第一千一百五十五条 遗产分割时，应当保留胎儿的继承份额。胎儿娩出时是死体的，保留的份额按照法定继承办理。

第一千一百五十六条 遗产分割应当有利于生产和生活需要，不损害遗产的效用。

不宜分割的遗产，可以采取折价、适当补偿或者共有等方法处理。

第一千一百五十七条 夫妻一方死亡后另一方再婚的，有权处分所继承的财产，任何组织或者个人不得干涉。

第一千一百五十八条 自然人可以与继承人以外的组织或者个人签订遗赠扶养协议。按照协议，该组织或者个人承担该自然人生养死葬的义务，享有受遗赠的权利。

第一千一百五十九条　分割遗产,应当清偿被继承人依法应当缴纳的税款和债务;但是,应当为缺乏劳动能力又没有生活来源的继承人保留必要的遗产。

第一千一百六十条　无人继承又无人受遗赠的遗产,归国家所有,用于公益事业;死者生前是集体所有制组织成员的,归所在集体所有制组织所有。

第一千一百六十一条　继承人以所得遗产实际价值为限清偿被继承人依法应当缴纳的税款和债务。超过遗产实际价值部分,继承人自愿偿还的不在此限。

继承人放弃继承的,对被继承人依法应当缴纳的税款和债务可以不负清偿责任。

第一千一百六十二条　执行遗赠不得妨碍清偿遗赠人依法应当缴纳的税款和债务。

第一千一百六十三条　既有法定继承又有遗嘱继承、遗赠的,由法定继承人清偿被继承人依法应当缴纳的税款和债务;超过法定继承遗产实际价值部分,由遗嘱继承人和受遗赠人按比例以所得遗产清偿。

第七编　侵权责任

第一章　一般规定

第一千一百六十四条　本编调整因侵害民事权益产生的民事关系。

第一千一百六十五条　行为人因过错侵害他人民事权益造成损害的,应当承担侵权责任。

依照法律规定推定行为人有过错,其不能证明自己没有过错的,应当承担侵权责任。

第一千一百六十六条　行为人造成他人民事权益损害,不论行为人有无过错,法律规定应当承担侵权责任的,依照其规定。

第一千一百六十七条　侵权行为危及他人人身、财产安全的,被侵权人有权请求侵权人承担停止侵害、排除妨碍、消除危险等侵权责任。

第一千一百六十八条　二人以上共同实施侵权行为,造成他人损害的,应当承担连带责任。

第一千一百六十九条　教唆、帮助他人实施侵权行为的,应当与行为人承担连带责任。

教唆、帮助无民事行为能力人、限制民事行为能力人实施侵权行为的,应当承担侵权责任;该无民事行为能力人、限制民事行为能力人的监护人未尽到监护职责的,应当承担相应的责任。

第一千一百七十条　二人以上实施危及他人人身、财产安全的行为,其中一人或者数人的行为造成他人损害,能够确定具体侵权人的,由侵权人承担责任;不能确定具体侵权人的,行为人承担连带责任。

第一千一百七十一条　二人以上分别实施侵权行为造成同一损害,每个人的侵权行为都足以造成全部损害的,行为人承担连带责任。

第一千一百七十二条　二人以上分别实施侵权行为造成同一损害,能够确定责任大小的,各自承担相应的责任;难以确定责任大小的,平均承担责任。

第一千一百七十三条　被侵权人对同一损害的发生或者扩大有过错的,可以减轻侵权人的责任。

第一千一百七十四条 损害是因受害人故意造成的，行为人不承担责任。

第一千一百七十五条 损害是因第三人造成的，第三人应当承担侵权责任。

第一千一百七十六条 自愿参加具有一定风险的文体活动，因其他参加者的行为受到损害的，受害人不得请求其他参加者承担侵权责任；但是，其他参加者对损害的发生有故意或者重大过失的除外。

活动组织者的责任适用本法第一千一百九十八条至第一千二百零一条的规定。

第一千一百七十七条 合法权益受到侵害，情况紧迫且不能及时获得国家机关保护，不立即采取措施将使其合法权益受到难以弥补的损害的，受害人可以在保护自己合法权益的必要范围内采取扣留侵权人的财物等合理措施；但是，应当立即请求有关国家机关处理。

受害人采取的措施不当造成他人损害的，应当承担侵权责任。

第一千一百七十八条 本法和其他法律对不承担责任或者减轻责任的情形另有规定的，依照其规定。

第二章 损害赔偿

第一千一百七十九条 侵害他人造成人身损害的，应当赔偿医疗费、护理费、交通费、营养费、住院伙食补助费等为治疗和康复支出的合理费用，以及因误工减少的收入。造成残疾的，还应当赔偿辅助器具费和残疾赔偿金；造成死亡的，还应当赔偿丧葬费和死亡赔偿金。

第一千一百八十条 因同一侵权行为造成多人死亡的，可以以相同数额确定死亡赔偿金。

第一千一百八十一条 被侵权人死亡的，其近亲属有权请求侵权人承担侵权责任。被侵权人为组织，该组织分立、合并的，承继权利的组织有权请求侵权人承担侵权责任。

被侵权人死亡的，支付被侵权人医疗费、丧葬费等合理费用的人有权请求侵权人赔偿费用，但是侵权人已经支付该费用的除外。

第一千一百八十二条 侵害他人人身权益造成财产损失的，按照被侵权人因此受到的损失或者侵权人因此获得的利益赔偿；被侵权人因此受到的损失以及侵权人因此获得的利益难以确定，被侵权人和侵权人就赔偿数额协商不一致，向人民法院提起诉讼的，由人民法院根据实际情况确定赔偿数额。

第一千一百八十三条 侵害自然人人身权益造成严重精神损害的，被侵权人有权请求精神损害赔偿。

因故意或者重大过失侵害自然人具有人身意义的特定物造成严重精神损害的，被侵权人有权请求精神损害赔偿。

第一千一百八十四条 侵害他人财产的，财产损失按照损失发生时的市场价格或者其他合理方式计算。

第一千一百八十五条 故意侵害他人知识产权，情节严重的，被侵权人有权请求相应的惩罚性赔偿。

第一千一百八十六条　受害人和行为人对损害的发生都没有过错的，依照法律的规定由双方分担损失。

第一千一百八十七条　损害发生后，当事人可以协商赔偿费用的支付方式。协商不一致的，赔偿费用应当一次性支付；一次性支付确有困难的，可以分期支付，但是被侵权人有权请求提供相应的担保。

第三章　责任主体的特殊规定

第一千一百八十八条　无民事行为能力人、限制民事行为能力人造成他人损害的，由监护人承担侵权责任。监护人尽到监护职责的，可以减轻其侵权责任。

有财产的无民事行为能力人、限制民事行为能力人造成他人损害的，从本人财产中支付赔偿费用；不足部分，由监护人赔偿。

第一千一百八十九条　无民事行为能力人、限制民事行为能力人造成他人损害，监护人将监护职责委托给他人的，监护人应当承担侵权责任；受托人有过错的，承担相应的责任。

第一千一百九十条　完全民事行为能力人对自己的行为暂时没有意识或者失去控制造成他人损害有过错的，应当承担侵权责任；没有过错的，根据行为人的经济状况对受害人适当补偿。

完全民事行为能力人因醉酒、滥用麻醉药品或者精神药品对自己的行为暂时没有意识或者失去控制造成他人损害的，应当承担侵权责任。

第一千一百九十一条　用人单位的工作人员因执行工作任务造成他人损害的，由用人单位承担侵权责任。用人单位承担侵权责任后，可以向有故意或者重大过失的工作人员追偿。

劳务派遣期间，被派遣的工作人员因执行工作任务造成他人损害的，由接受劳务派遣的用工单位承担侵权责任；劳务派遣单位有过错的，承担相应的责任。

第一千一百九十二条　个人之间形成劳务关系，提供劳务一方因劳务造成他人损害的，由接受劳务一方承担侵权责任。接受劳务一方承担侵权责任后，可以向有故意或者重大过失的提供劳务一方追偿。提供劳务一方因劳务受到损害的，根据双方各自的过错承担相应的责任。

提供劳务期间，因第三人的行为造成提供劳务一方损害的，提供劳务一方有权请求第三人承担侵权责任，也有权请求接受劳务一方给予补偿。接受劳务一方补偿后，可以向第三人追偿。

第一千一百九十三条　承揽人在完成工作过程中造成第三人损害或者自己损害的，定作人不承担侵权责任。但是，定作人对定作、指示或者选任有过错的，应当承担相应的责任。

第一千一百九十四条　网络用户、网络服务提供者利用网络侵害他人民事权益的，应当承担侵权责任。法律另有规定的，依照其规定。

第一千一百九十五条　网络用户利用网络服务实施侵权行为的，权利人有权通知网络服务提供者采取删除、屏蔽、断开链接等必要措施。通知应当包括构成侵权的初步证据及权利人的真实身份信息。

网络服务提供者接到通知后，应当及时将该通知转送相关网络用户，并根据构成侵权的初步证据和服务类型采取必要措施；未及时采取必要措施的，对损害的扩大部分与该网络用户承担连带责任。

权利人因错误通知造成网络用户或者网络服务提供者损害的，应当承担侵权责任。法律另有规定的，依照其规定。

第一千一百九十六条　网络用户接到转送的通知后，可以向网络服务提供者提交不存在侵权行为的声明。声明应当包括不存在侵权行为的初步证据及网络用户的真实身份信息。

网络服务提供者接到声明后，应当将该声明转送发出通知的权利人，并告知其可以向有关部门投诉或者向人民法院提起诉讼。网络服务提供者在转送声明到达权利人后的合理期限内，未收到权利人已经投诉或者提起诉讼通知的，应当及时终止所采取的措施。

第一千一百九十七条　网络服务提供者知道或者应当知道网络用户利用其网络服务侵害他人民事权益，未采取必要措施的，与该网络用户承担连带责任。

第一千一百九十八条　宾馆、商场、银行、车站、机场、体育场馆、娱乐场所等经营场所、公共场所的经营者、管理者或者群众性活动的组织者，未尽到安全保障义务，造成他人损害的，应当承担侵权责任。

因第三人的行为造成他人损害的，由第三人承担侵权责任；经营者、管理者或者组织者未尽到安全保障义务的，承担相应的补充责任。经营者、管理者或者组织者承担补充责任后，可以向第三人追偿。

第一千一百九十九条　无民事行为能力人在幼儿园、学校或者其他教育机构学习、生活期间受到人身损害的，幼儿园、学校或者其他教育机构应当承担侵权责任；但是，能够证明尽到教育、管理职责的，不承担侵权责任。

第一千二百条　限制民事行为能力人在学校或者其他教育机构学习、生活期间受到人身损害，学校或者其他教育机构未尽到教育、管理职责的，应当承担侵权责任。

第一千二百零一条　无民事行为能力人或者限制民事行为能力人在幼儿园、学校或者其他教育机构学习、生活期间，受到幼儿园、学校或者其他教育机构以外的第三人人身损害的，由第三人承担侵权责任；幼儿园、学校或者其他教育机构未尽到管理职责的，承担相应的补充责任。幼儿园、学校或者其他教育机构承担补充责任后，可以向第三人追偿。

第四章　产品责任

第一千二百零二条　因产品存在缺陷造成他人损害的，生产者应当承担侵权责任。

第一千二百零三条　因产品存在缺陷造成他人损害的，被侵权人可以向产品的生产者请求赔偿，也可以向产品的销售者请求赔偿。

产品缺陷由生产者造成的，销售者赔偿后，有权向生产者追偿。因销售者的过错使产品存在缺陷的，生产者赔偿后，有权向销售者追偿。

第一千二百零四条 因运输者、仓储者等第三人的过错使产品存在缺陷，造成他人损害的，产品的生产者、销售者赔偿后，有权向第三人追偿。

第一千二百零五条 因产品缺陷危及他人人身、财产安全的，被侵权人有权请求生产者、销售者承担停止侵害、排除妨碍、消除危险等侵权责任。

第一千二百零六条 产品投入流通后发现存在缺陷的，生产者、销售者应当及时采取停止销售、警示、召回等补救措施；未及时采取补救措施或者补救措施不力造成损害扩大的，对扩大的损害也应当承担侵权责任。

依据前款规定采取召回措施的，生产者、销售者应当负担被侵权人因此支出的必要费用。

第一千二百零七条 明知产品存在缺陷仍然生产、销售，或者没有依据前条规定采取有效补救措施，造成他人死亡或者健康严重损害的，被侵权人有权请求相应的惩罚性赔偿。

第五章 机动车交通事故责任

第一千二百零八条 机动车发生交通事故造成损害的，依照道路交通安全法律和本法的有关规定承担赔偿责任。

第一千二百零九条 因租赁、借用等情形机动车所有人、管理人与使用人不是同一人时，发生交通事故造成损害，属于该机动车一方责任的，由机动车使用人承担赔偿责任；机动车所有人、管理人对损害的发生有过错的，承担相应的赔偿责任。

第一千二百一十条 当事人之间已经以买卖或者其他方式转让并交付机动车但是未办理登记，发生交通事故造成损害，属于该机动车一方责任的，由受让人承担赔偿责任。

第一千二百一十一条 以挂靠形式从事道路运输经营活动的机动车，发生交通事故造成损害，属于该机动车一方责任的，由挂靠人和被挂靠人承担连带责任。

第一千二百一十二条 未经允许驾驶他人机动车，发生交通事故造成损害，属于该机动车一方责任的，由机动车使用人承担赔偿责任；机动车所有人、管理人对损害的发生有过错的，承担相应的赔偿责任，但是本章另有规定的除外。

第一千二百一十三条 机动车发生交通事故造成损害，属于该机动车一方责任的，先由承保机动车强制保险的保险人在强制保险责任限额范围内予以赔偿；不足部分，由承保机动车商业保险的保险人按照保险合同的约定予以赔偿；仍然不足或者没有投保机动车商业保险的，由侵权人赔偿。

第一千二百一十四条 以买卖或者其他方式转让拼装或者已经达到报废标准的机动车，发生交通事故造成损害的，由转让人和受让人承担连带责任。

第一千二百一十五条 盗窃、抢劫或者抢夺的机动车发生交通事故造成损害的，由盗窃人、抢劫人或者抢夺人承担赔偿责任。盗窃人、抢劫人或者抢夺人与机动车使用人不是同一人，发生交通事故造成损害，属于该机动车一方责任的，由盗窃人、抢劫人或者抢夺人与机动车使用人承担连带责任。

保险人在机动车强制保险责任限额范围内垫付抢救费用的，有权向交通事故责任人追偿。

第一千二百一十六条　机动车驾驶人发生交通事故后逃逸，该机动车参加强制保险的，由保险人在机动车强制保险责任限额范围内予以赔偿；机动车不明、该机动车未参加强制保险或者抢救费用超过机动车强制保险责任限额，需要支付被侵权人人身伤亡的抢救、丧葬等费用的，由道路交通事故社会救助基金垫付。道路交通事故社会救助基金垫付后，其管理机构有权向交通事故责任人追偿。

第一千二百一十七条　非营运机动车发生交通事故造成无偿搭乘人损害，属于该机动车一方责任的，应当减轻其赔偿责任，但是机动车使用人有故意或者重大过失的除外。

第六章　医疗损害责任

第一千二百一十八条　患者在诊疗活动中受到损害，医疗机构或者其医务人员有过错的，由医疗机构承担赔偿责任。

第一千二百一十九条　医务人员在诊疗活动中应当向患者说明病情和医疗措施。需要实施手术、特殊检查、特殊治疗的，医务人员应当及时向患者具体说明医疗风险、替代医疗方案等情况，并取得其明确同意；不能或者不宜向患者说明的，应当向患者的近亲属说明，并取得其明确同意。

医务人员未尽到前款义务，造成患者损害的，医疗机构应当承担赔偿责任。

第一千二百二十条　因抢救生命垂危的患者等紧急情况，不能取得患者或者其近亲属意见的，经医疗机构负责人或者授权的负责人批准，可以立即实施相应的医疗措施。

第一千二百二十一条　医务人员在诊疗活动中未尽到与当时的医疗水平相应的诊疗义务，造成患者损害的，医疗机构应当承担赔偿责任。

第一千二百二十二条　患者在诊疗活动中受到损害，有下列情形之一的，推定医疗机构有过错：

（一）违反法律、行政法规、规章以及其他有关诊疗规范的规定；

（二）隐匿或者拒绝提供与纠纷有关的病历资料；

（三）遗失、伪造、篡改或者违法销毁病历资料。

第一千二百二十三条　因药品、消毒产品、医疗器械的缺陷，或者输入不合格的血液造成患者损害的，患者可以向药品上市许可持有人、生产者、血液提供机构请求赔偿，也可以向医疗机构请求赔偿。患者向医疗机构请求赔偿的，医疗机构赔偿后，有权向负有责任的药品上市许可持有人、生产者、血液提供机构追偿。

第一千二百二十四条　患者在诊疗活动中受到损害，有下列情形之一的，医疗机构不承担赔偿责任：

（一）患者或者其近亲属不配合医疗机构进行符合诊疗规范的诊疗；

（二）医务人员在抢救生命垂危的患者等紧急情况下已经尽到合理诊疗义务；

（三）限于当时的医疗水平难以诊疗。

前款第一项情形中，医疗机构或者其医务人员也有过错的，应当承担相应的赔偿责任。

第一千二百二十五条 医疗机构及其医务人员应当按照规定填写并妥善保管住院志、医嘱单、检验报告、手术及麻醉记录、病理资料、护理记录等病历资料。

患者要求查阅、复制前款规定的病历资料的,医疗机构应当及时提供。

第一千二百二十六条 医疗机构及其医务人员应当对患者的隐私和个人信息保密。泄露患者的隐私和个人信息,或者未经患者同意公开其病历资料的,应当承担侵权责任。

第一千二百二十七条 医疗机构及其医务人员不得违反诊疗规范实施不必要的检查。

第一千二百二十八条 医疗机构及其医务人员的合法权益受法律保护。

干扰医疗秩序,妨碍医务人员工作、生活,侵害医务人员合法权益的,应当依法承担法律责任。

第七章 环境污染和生态破坏责任

第一千二百二十九条 因污染环境、破坏生态造成他人损害的,侵权人应当承担侵权责任。

第一千二百三十条 因污染环境、破坏生态发生纠纷,行为人应当就法律规定的不承担责任或者减轻责任的情形及其行为与损害之间不存在因果关系承担举证责任。

第一千二百三十一条 两个以上侵权人污染环境、破坏生态的,承担责任的大小,根据污染物的种类、浓度、排放量,破坏生态的方式、范围、程度,以及行为对损害后果所起的作用等因素确定。

第一千二百三十二条 侵权人违反法律规定故意污染环境、破坏生态造成严重后果的,被侵权人有权请求相应的惩罚性赔偿。

第一千二百三十三条 因第三人的过错污染环境、破坏生态的,被侵权人可以向侵权人请求赔偿,也可以向第三人请求赔偿。侵权人赔偿后,有权向第三人追偿。

第一千二百三十四条 违反国家规定造成生态环境损害,生态环境能够修复的,国家规定的机关或者法律规定的组织有权请求侵权人在合理期限内承担修复责任。侵权人在期限内未修复的,国家规定的机关或者法律规定的组织可以自行或者委托他人进行修复,所需费用由侵权人负担。

第一千二百三十五条 违反国家规定造成生态环境损害的,国家规定的机关或者法律规定的组织有权请求侵权人赔偿下列损失和费用:

(一)生态环境受到损害至修复完成期间服务功能丧失导致的损失;

(二)生态环境功能永久性损害造成的损失;

(三)生态环境损害调查、鉴定评估等费用;

(四)清除污染、修复生态环境费用;

(五)防止损害的发生和扩大所支出的合理费用。

第八章 高度危险责任

第一千二百三十六条 从事高度危险作业造成他人损害的,应当承担侵权责任。

第一千二百三十七条　民用核设施或者运入运出核设施的核材料发生核事故造成他人损害的，民用核设施的营运单位应当承担侵权责任；但是，能够证明损害是因战争、武装冲突、暴乱等情形或者受害人故意造成的，不承担责任。

第一千二百三十八条　民用航空器造成他人损害的，民用航空器的经营者应当承担侵权责任；但是，能够证明损害是因受害人故意造成的，不承担责任。

第一千二百三十九条　占有或者使用易燃、易爆、剧毒、高放射性、强腐蚀性、高致病性等高度危险物造成他人损害的，占有人或者使用人应当承担侵权责任；但是，能够证明损害是因受害人故意或者不可抗力造成的，不承担责任。被侵权人对损害的发生有重大过失的，可以减轻占有人或者使用人的责任。

第一千二百四十条　从事高空、高压、地下挖掘活动或者使用高速轨道运输工具造成他人损害的，经营者应当承担侵权责任；但是，能够证明损害是因受害人故意或者不可抗力造成的，不承担责任。被侵权人对损害的发生有重大过失的，可以减轻经营者的责任。

第一千二百四十一条　遗失、抛弃高度危险物造成他人损害的，由所有人承担侵权责任。所有人将高度危险物交由他人管理的，由管理人承担侵权责任；所有人有过错的，与管理人承担连带责任。

第一千二百四十二条　非法占有高度危险物造成他人损害的，由非法占有人承担侵权责任。所有人、管理人不能证明对防止非法占有尽到高度注意义务的，与非法占有人承担连带责任。

第一千二百四十三条　未经许可进入高度危险活动区域或者高度危险物存放区域受到损害，管理人能够证明已经采取足够安全措施并尽到充分警示义务的，可以减轻或者不承担责任。

第一千二百四十四条　承担高度危险责任，法律规定赔偿限额的，依照其规定，但是行为人有故意或者重大过失的除外。

第九章　饲养动物损害责任

第一千二百四十五条　饲养的动物造成他人损害的，动物饲养人或者管理人应当承担侵权责任；但是，能够证明损害是因被侵权人故意或者重大过失造成的，可以不承担或者减轻责任。

第一千二百四十六条　违反管理规定，未对动物采取安全措施造成他人损害的，动物饲养人或者管理人应当承担侵权责任；但是，能够证明损害是因被侵权人故意造成的，可以减轻责任。

第一千二百四十七条　禁止饲养的烈性犬等危险动物造成他人损害的，动物饲养人或者管理人应当承担侵权责任。

第一千二百四十八条　动物园的动物造成他人损害的，动物园应当承担侵权责任；但是，能够证明尽到管理职责的，不承担侵权责任。

第一千二百四十九条　遗弃、逃逸的动物在遗弃、逃逸期间造成他人损害的，由动物原饲养人或者管理人承担侵权责任。

第一千二百五十条 因第三人的过错致使动物造成他人损害的,被侵权人可以向动物饲养人或者管理人请求赔偿,也可以向第三人请求赔偿。动物饲养人或者管理人赔偿后,有权向第三人追偿。

第一千二百五十一条 饲养动物应当遵守法律法规,尊重社会公德,不得妨碍他人生活。

第十章 建筑物和物件损害责任

第一千二百五十二条 建筑物、构筑物或者其他设施倒塌、塌陷造成他人损害的,由建设单位与施工单位承担连带责任,但是建设单位与施工单位能够证明不存在质量缺陷的除外。建设单位、施工单位赔偿后,有其他责任人的,有权向其他责任人追偿。

因所有人、管理人、使用人或者第三人的原因,建筑物、构筑物或者其他设施倒塌、塌陷造成他人损害的,由所有人、管理人、使用人或者第三人承担侵权责任。

第一千二百五十三条 建筑物、构筑物或者其他设施及其搁置物、悬挂物发生脱落、坠落造成他人损害,所有人、管理人或者使用人不能证明自己没有过错的,应当承担侵权责任。所有人、管理人或者使用人赔偿后,有其他责任人的,有权向其他责任人追偿。

第一千二百五十四条 禁止从建筑物中抛掷物品。从建筑物中抛掷物品或者从建筑物上坠落的物品造成他人损害的,由侵权人依法承担侵权责任;经调查难以确定具体侵权人的,除能够证明自己不是侵权人的外,由可能加害的建筑物使用人给予补偿。可能加害的建筑物使用人补偿后,有权向侵权人追偿。

物业服务企业等建筑物管理人应当采取必要的安全保障措施防止前款规定情形的发生;未采取必要的安全保障措施的,应当依法承担未履行安全保障义务的侵权责任。

发生本条第一款规定的情形的,公安等机关应当依法及时调查,查清责任人。

第一千二百五十五条 堆放物倒塌、滚落或者滑落造成他人损害,堆放人不能证明自己没有过错的,应当承担侵权责任。

第一千二百五十六条 在公共道路上堆放、倾倒、遗撒妨碍通行的物品造成他人损害的,由行为人承担侵权责任。公共道路管理人不能证明已经尽到清理、防护、警示等义务的,应当承担相应的责任。

第一千二百五十七条 因林木折断、倾倒或者果实坠落等造成他人损害,林木的所有人或者管理人不能证明自己没有过错的,应当承担侵权责任。

第一千二百五十八条 在公共场所或者道路上挖掘、修缮安装地下设施等造成他人损害,施工人不能证明已经设置明显标志和采取安全措施的,应当承担侵权责任。

窨井等地下设施造成他人损害,管理人不能证明尽到管理职责的,应当承担侵权责任。

附 则

第一千二百五十九条 民法所称的“以上”、“以下”、“以内”、“届满”,包括本数;所称的“不满”、“超过”、“以外”,不包括本数。

第一千二百六十条 本法自2021年1月1日起施行。《中华人民共和国婚姻法》、《中华人民共和国继承法》、《中华人民共和国民法通则》、《中华人民共和国收养法》、《中华人民共和国担保法》、《中华人民共和国合同法》、《中华人民共和国物权法》、《中华人民共和国侵权责任法》、《中华人民共和国民法总则》同时废止。

中华人民共和国刑法

(1979年7月1日第五届全国人民代表大会第二次会议通过 自1980年1月1日起施行 1997年3月14日第八届全国人民代表大会第五次会议修订 自1997年10月1日起施行 根据1998年12月29日第九届全国人民代表大会常务委员会第六次会议通过的《全国人民代表大会常务委员会关于惩治骗购外汇、逃汇和非法买卖外汇犯罪的决定》 1999年12月25日第九届全国人民代表大会常务委员会第十三次会议通过的《中华人民共和国刑法修正案》 2001年8月31日第九届全国人民代表大会常务委员会第二十三次会议通过的《中华人民共和国刑法修正案(二)》 2001年12月29日第九届全国人民代表大会常务委员会第二十五次会议通过的《中华人民共和国刑法修正案(三)》 2002年12月28日第九届全国人民代表大会常务委员会第三十一次会议通过的《中华人民共和国刑法修正案(四)》 2005年2月28日第十届全国人民代表大会常务委员会第十四次会议通过的《中华人民共和国刑法修正案(五)》 2006年6月29日第十届全国人民代表大会常务委员会第二十二次会议通过的《中华人民共和国刑法修正案(六)》 2009年2月28日第十一届全国人民代表大会常务委员会第七次会议通过的《中华人民共和国刑法修正案(七)》 2009年8月27日第十一届全国人民代表大会常务委员会第十次会议通过的《全国人民代表大会常务委员会关于修改部分法律的决定》 2011年2月25日第十一届全国人民代表大会常务委员会第十九次会议通过的《中华人民共和国刑法修正案(八)》 2015年8月29日第十二届全国人民代表大会常务委员会第十六次会议通过的《中华人民共和国刑法修正案(九)》 2017年11月4日第十二届全国人民代表大会常务委员会第三十次会议通过的《中华人民共和国刑法修正案(十)》 2020年12月26日第十三届全国人民代表大会常务委员会第二十四次会议通过的《中华人民共和国刑法修正案(十一)》修正 自2021年3月1日起施行)

目　录

第一编 总 则

第一章 刑法的任务、基本原则和适用范围

第一条 为了惩罚犯罪，保护人民，根据宪法，结合我国同犯罪作斗争的具体经验及实际情况，制定本法。

第二条 中华人民共和国刑法的任务，是用刑罚同一切犯罪行为作斗争，以保卫国家安全，保卫人民民主专政的政权和社会主义制度，保护国有财产和劳动群众集体所有的财产，保护公民私人所有的财产，保护公民的人身权利、民主权利和其他权利，维护社会秩序、经济秩序，保障社会主义建设事业的顺利进行。

第三条 法律明文规定为犯罪行为的，依照法律定罪处刑；法律没有明文规定为犯罪行为的，不得定罪处刑。

第四条 对任何人犯罪，在适用法律上一律平等。不允许任何人有超越法律的特权。

第五条 刑罚的轻重，应当与犯罪分子所犯罪行和承担的刑事责任相适应。

第六条 凡在中华人民共和国领域内犯罪的，除法律有特别规定的以外，都适用本法。

凡在中华人民共和国船舶或者航空器内犯罪的，也适用本法。

犯罪的行为或者结果有一项发生在中华人民共和国领域内的，就认为是在中华人民共和国领域内犯罪。

第七条 中华人民共和国公民在中华人民共和国领域外犯本法规定之罪的，适用本法，但是按本法规定的最高刑为三年以下有期徒刑的，可以不予追究。

中华人民共和国国家工作人员和军人在中华人民共和国领域外犯本法规定之罪的，适用本法。

第八条 外国人在中华人民共和国领域外对中华人民共和国国家或者公民犯罪，而按本法规定的最低刑为三年以上有期徒刑的，可以适用本法，但是按照犯罪地的法律不受处罚的除外。

第九条 对于中华人民共和国缔结或者参加的国际条约所规定的罪行，中华人民共

和国在所承担条约义务的范围内行使刑事管辖权的，适用本法。

第十条　凡在中华人民共和国领域外犯罪，依照本法应当负刑事责任的，虽然经过外国审判，仍然可以依照本法追究，但是在外国已经受过刑罚处罚的，可以免除或者减轻处罚。

第十一条　享有外交特权和豁免权的外国人的刑事责任，通过外交途径解决。

第十二条　中华人民共和国成立以后本法施行以前的行为，如果当时的法律不认为是犯罪的，适用当时的法律；如果当时的法律认为是犯罪的，依照本法总则第四章第八节的规定应当追诉的，按照当时的法律追究刑事责任，但是如果本法不认为是犯罪或者处刑较轻的，适用本法。

本法施行以前，依照当时的法律已经作出的生效判决，继续有效。

第二章　犯　罪

第一节　犯罪和刑事责任

第十三条　一切危害国家主权、领土完整和安全，分裂国家、颠覆人民民主专政的政权和推翻社会主义制度，破坏社会秩序和经济秩序，侵犯国有财产或者劳动群众集体所有的财产，侵犯公民私人所有的财产，侵犯公民的人身权利、民主权利和其他权利，以及其他危害社会的行为，依照法律应当受刑罚处罚的，都是犯罪，但是情节显著轻微危害不大的，不认为是犯罪。

第十四条　明知自己的行为会发生危害社会的结果，并且希望或者放任这种结果发生，因而构成犯罪的，是故意犯罪。

故意犯罪，应当负刑事责任。

第十五条　应当预见自己的行为可能发生危害社会的结果，因为疏忽大意而没有预见，或者已经预见而轻信能够避免，以致发生这种结果的，是过失犯罪。

过失犯罪，法律有规定的才负刑事责任。

第十六条　行为在客观上虽然造成了损害结果，但是不是出于故意或者过失，而是由于不能抗拒或者不能预见的原因所引起的，不是犯罪。

第十七条　已满十六周岁的人犯罪，应当负刑事责任。

已满十四周岁不满十六周岁的人，犯故意杀人、故意伤害致人重伤或者死亡、强奸、抢劫、贩卖毒品、放火、爆炸、投放危险物质罪的，应当负刑事责任。

已满十二周岁不满十四周岁的人，犯故意杀人、故意伤害罪，致人死亡或者以特别残忍手段致人重伤造成严重残疾，情节恶劣，经最高人民检察院核准追诉的，应当负刑事责任。

对依照前三款规定追究刑事责任的不满十八周岁的人，应当从轻或者减轻处罚。

因不满十六周岁不予刑事处罚的，责令其父母或者其他监护人加以管教；在必要的时候，依法进行专门矫治教育。

第十七条之一　已满七十五周岁的人故意犯罪的，可以从轻或者减轻处罚；过失犯罪的，应当从轻或者减轻处罚。

第十八条　精神病人在不能辨认或者不能控制自己行为的时候造成危害结果，经法定程序鉴定确认的，不负刑事责任，但是应当责令他的家属或者监护人严加看管和医疗；在必要的时候，由政府强制医疗。

间歇性的精神病人在精神正常的时候犯罪，应当负刑事责任。

尚未完全丧失辨认或者控制自己行为能力的精神病人犯罪的，应当负刑事责任，但是可以从轻或者减轻处罚。

醉酒的人犯罪，应当负刑事责任。

第十九条　又聋又哑的人或者盲人犯罪，可以从轻、减轻或者免除处罚。

第二十条　为了使国家、公共利益、本人或者他人的人身、财产和其他权利免受正在进行的不法侵害，而采取的制止不法侵害的行为，对不法侵害人造成损害的，属于正当防卫，不负刑事责任。

正当防卫明显超过必要限度造成重大损害的，应当负刑事责任，但是应当减轻或者免除处罚。

对正在进行行凶、杀人、抢劫、强奸、绑架以及其他严重危及人身安全的暴力犯罪，采取防卫行为，造成不法侵害人伤亡的，不属于防卫过当，不负刑事责任。

第二十一条　为了使国家、公共利益、本人或者他人的人身、财产和其他权利免受正在发生的危险，不得已采取的紧急避险行为，造成损害的，不负刑事责任。

紧急避险超过必要限度造成不应有的损害的，应当负刑事责任，但是应当减轻或者免除处罚。

第一款中关于避免本人危险的规定，不适用于职务上、业务上负有特定责任的人。

第二节　犯罪的预备、未遂和中止

第二十二条　为了犯罪，准备工具、制造条件的，是犯罪预备。

对于预备犯，可以比照既遂犯从轻、减轻处罚或者免除处罚。

第二十三条　已经着手实行犯罪，由于犯罪分子意志以外的原因而未得逞的，是犯罪未遂。

对于未遂犯，可以比照既遂犯从轻或者减轻处罚。

第二十四条　在犯罪过程中，自动放弃犯罪或者自动有效地防止犯罪结果发生的，是犯罪中止。

对于中止犯，没有造成损害的，应当免除处罚；造成损害的，应当减轻处罚。

第三节　共同犯罪

第二十五条　共同犯罪是指二人以上共同故意犯罪。

二人以上共同过失犯罪，不以共同犯罪论处；应当负刑事责任的，按照他们所犯的罪分别处罚。

第二十六条　组织、领导犯罪集团进行犯罪活动的或者在共同犯罪中起主要作用的，是主犯。

三人以上为共同实施犯罪而组成的较为固定的犯罪组织,是犯罪集团。

对组织、领导犯罪集团的首要分子,按照集团所犯的全部罪行处罚。

对于第三款规定以外的主犯,应当按照其所参与的或者组织、指挥的全部犯罪处罚。

第二十七条 在共同犯罪中起次要或者辅助作用的,是从犯。

对于从犯,应当从轻、减轻处罚或者免除处罚。

第二十八条 对于被胁迫参加犯罪的,应当按照他的犯罪情节减轻处罚或者免除处罚。

第二十九条 教唆他人犯罪的,应当按照他在共同犯罪中所起的作用处罚。教唆不满十八周岁的人犯罪的,应当从重处罚。

如果被教唆的人没有犯被教唆的罪,对于教唆犯,可以从轻或者减轻处罚。

第四节 单位犯罪

第三十条 公司、企业、事业单位、机关、团体实施的危害社会的行为,法律规定为单位犯罪的,应当负刑事责任。

第三十一条 单位犯罪的,对单位判处罚金,并对其直接负责的主管人员和其他直接责任人员判处刑罚。本法分则和其他法律另有规定的,依照规定。

第三章 刑 罚

第一节 刑罚的种类

第三十二条 刑罚分为主刑和附加刑。

第三十三条 主刑的种类如下:

(一)管制;

(二)拘役;

(三)有期徒刑;

(四)无期徒刑;

(五)死刑。

第三十四条 附加刑的种类如下:

(一)罚金;

(二)剥夺政治权利;

(三)没收财产。

附加刑也可以独立适用。

第三十五条 对于犯罪的外国人,可以独立适用或者附加适用驱逐出境。

第三十六条 由于犯罪行为而使被害人遭受经济损失的,对犯罪分子除依法给予刑事处罚外,并应根据情况判处赔偿经济损失。

承担民事赔偿责任的犯罪分子,同时被判处罚金,其财产不足以全部支付的,或者被判处没收财产的，应当先承担对被害人的民事赔偿责任。

第三十七条　对于犯罪情节轻微不需要判处刑罚的，可以免予刑事处罚，但是可以根据案件的不同情况，予以训诫或者责令具结悔过、赔礼道歉、赔偿损失，或者由主管部门予以行政处罚或者行政处分。

第三十七条之一　因利用职业便利实施犯罪，或者实施违背职业要求的特定义务的犯罪被判处刑罚的，人民法院可以根据犯罪情况和预防再犯罪的需要，禁止其自刑罚执行完毕之日或者假释之日起从事相关职业，期限为三年至五年。

被禁止从事相关职业的人违反人民法院依照前款规定作出的决定的，由公安机关依法给予处罚；情节严重的，依照本法第三百一十三条的规定定罪处罚。

其他法律、行政法规对其从事相关职业另有禁止或者限制性规定的，从其规定。

第二节　管　　制

第三十八条　管制的期限，为三个月以上二年以下。

判处管制，可以根据犯罪情况，同时禁止犯罪分子在执行期间从事特定活动，进入特定区域、场所，接触特定的人。

对判处管制的犯罪分子，依法实行社区矫正。

违反第二款规定的禁止令的，由公安机关依照《中华人民共和国治安管理处罚法》的规定处罚。

第三十九条　被判处管制的犯罪分子，在执行期间，应当遵守下列规定：

（一）遵守法律、行政法规，服从监督；

（二）未经执行机关批准，不得行使言论、出版、集会、结社、游行、示威自由的权利；

（三）按照执行机关规定报告自己的活动情况；

（四）遵守执行机关关于会客的规定；

（五）离开所居住的市、县或者迁居，应当报经执行机关批准。

对于被判处管制的犯罪分子，在劳动中应当同工同酬。

第四十条　被判处管制的犯罪分子，管制期满，执行机关应即向本人和其所在单位或者居住地的群众宣布解除管制。

第四十一条　管制的刑期，从判决执行之日起计算；判决执行以前先行羁押的，羁押一日折抵刑期二日。

第三节　拘　　役

第四十二条　拘役的期限，为一个月以上六个月以下。

第四十三条　被判处拘役的犯罪分子，由公安机关就近执行。

在执行期间，被判处拘役的犯罪分子每月可以回家一天至两天；参加劳动的，可以酌量发给报酬。

第四十四条　拘役的刑期，从判决执行之日起计算；判决执行以前先行羁押的，羁押一日折抵刑期一日。

第四节　有期徒刑、无期徒刑

第四十五条　有期徒刑的期限，除本法第五十条、第六十九条规定外，为六个月以上十五年以下。

第四十六条　被判处有期徒刑、无期徒刑的犯罪分子，在监狱或者其他执行场所执行；凡有劳动能力的，都应当参加劳动，接受教育和改造。

第四十七条　有期徒刑的刑期，从判决执行之日起计算；判决执行以前先行羁押的，羁押一日折抵刑期一日。

第五节　死　　刑

第四十八条　死刑只适用于罪行极其严重的犯罪分子。对于应当判处死刑的犯罪分子，如果不是必须立即执行的，可以判处死刑同时宣告缓期二年执行。

死刑除依法由最高人民法院判决的以外，都应当报请最高人民法院核准。死刑缓期执行的，可以由高级人民法院判决或者核准。

第四十九条　犯罪的时候不满十八周岁的人和审判的时候怀孕的妇女，不适用死刑。

审判的时候已满七十五周岁的人，不适用死刑，但以特别残忍手段致人死亡的除外。

第五十条　判处死刑缓期执行的，在死刑缓期执行期间，如果没有故意犯罪，二年期满以后，减为无期徒刑；如果确有重大立功表现，二年期满以后，减为二十五年有期徒刑；如果故意犯罪，情节恶劣的，报请最高人民法院核准后执行死刑；对于故意犯罪未执行死刑的，死刑缓期执行的期间重新计算，并报最高人民法院备案。

对被判处死刑缓期执行的累犯以及因故意杀人、强奸、抢劫、绑架、放火、爆炸、投放危险物质或者有组织的暴力性犯罪被判处死刑缓期执行的犯罪分子，人民法院根据犯罪情节等情况可以同时决定对其限制减刑。

第五十一条　死刑缓期执行的期间，从判决确定之日起计算。死刑缓期执行减为有期徒刑的刑期，从死刑缓期执行期满之日起计算。

第六节　罚　　金

第五十二条　判处罚金，应当根据犯罪情节决定罚金数额。

第五十三条　罚金在判决指定的期限内一次或者分期缴纳。期满不缴纳的，强制缴纳。对于不能全部缴纳罚金的，人民法院在任何时候发现被执行人有可以执行的财产，应当随时追缴。

由于遭遇不能抗拒的灾祸等原因缴纳确实有困难的，经人民法院裁定，可以延期缴纳、酌情减少或者免除。

第七节　剥夺政治权利

第五十四条　剥夺政治权利是剥夺下列权利：

（一）选举权和被选举权；

（二）言论、出版、集会、结社、游行、示威自由的权利；

（三）担任国家机关职务的权利；

（四）担任国有公司、企业、事业单位和人民团体领导职务的权利。

第五十五条　剥夺政治权利的期限，除本法第五十七条规定外，为一年以上五年以下。

判处管制附加剥夺政治权利的，剥夺政治权利的期限与管制的期限相等，同时执行。

第五十六条　对于危害国家安全的犯罪分子应当附加剥夺政治权利；对于故意杀人、强奸、放火、爆炸、投毒、抢劫等严重破坏社会秩序的犯罪分子，可以附加剥夺政治权利。

独立适用剥夺政治权利的，依照本法分则的规定。

第五十七条　对于被判处死刑、无期徒刑的犯罪分子，应当剥夺政治权利终身。

在死刑缓期执行减为有期徒刑或者无期徒刑减为有期徒刑的时候，应当把附加剥夺政治权利的期限改为三年以上十年以下。

第五十八条　附加剥夺政治权利的刑期，从徒刑、拘役执行完毕之日或者从假释之日起计算；剥夺政治权利的效力当然施用于主刑执行期间。

被剥夺政治权利的犯罪分子，在执行期间，应当遵守法律、行政法规和国务院公安部门有关监督管理的规定，服从监督；不得行使本法第五十四条规定的各项权利。

第八节　没收财产

第五十九条　没收财产是没收犯罪分子个人所有财产的一部或者全部。没收全部财产的，应当对犯罪分子个人及其扶养的家属保留必需的生活费用。

在判处没收财产的时候，不得没收属于犯罪分子家属所有或者应有的财产。

第六十条　没收财产以前犯罪分子所负的正当债务，需要以没收的财产偿还的，经债权人请求，应当偿还。

第四章　刑罚的具体运用

第一节　量　　刑

第六十一条　对于犯罪分子决定刑罚的时候，应当根据犯罪的事实、犯罪的性质、情节和对于社会的危害程度，依照本法的有关规定判处。

第六十二条　犯罪分子具有本法规定的从重处罚、从轻处罚情节的，应当在法定刑的限度以内判处刑罚。

第六十三条　犯罪分子具有本法规定的减轻处罚情节的，应当在法定刑以下判处刑罚；本法规定有数个量刑幅度的，应当在法定量刑幅度的下一个量刑幅度内判处刑罚。

犯罪分子虽然不具有本法规定的减轻处罚情节，但是根据案件的特殊情况，经最高人民法院核准，也可以在法定刑以下判处刑罚。

第六十四条　犯罪分子违法所得的一切财物，应当予以追缴或者责令退赔；对被害人的合法财产，应当及时返还；违禁品和供犯罪所用的本人财物，应当予以没收。没收的财物和罚金，一律上缴国库，不得挪用和自行处理。

第二节 累 犯

第六十五条 被判处有期徒刑以上刑罚的犯罪分子，刑罚执行完毕或者赦免以后，在五年以内再犯应当判处有期徒刑以上刑罚之罪的，是累犯，应当从重处罚，但是过失犯罪和不满十八周岁的人犯罪的除外。

前款规定的期限，对于被假释的犯罪分子，从假释期满之日起计算。

第六十六条 危害国家安全犯罪、恐怖活动犯罪、黑社会性质的组织犯罪的犯罪分子，在刑罚执行完毕或者赦免以后，在任何时候再犯上述任一类罪的，都以累犯论处。

第三节 自首和立功

第六十七条 犯罪以后自动投案，如实供述自己的罪行的，是自首。对于自首的犯罪分子，可以从轻或者减轻处罚。其中，犯罪较轻的，可以免除处罚。

被采取强制措施的犯罪嫌疑人、被告人和正在服刑的罪犯，如实供述司法机关还未掌握的本人其他罪行的，以自首论。

犯罪嫌疑人虽不具有前两款规定的自首情节，但是如实供述自己罪行的，可以从轻处罚；因其如实供述自己罪行，避免特别严重后果发生的，可以减轻处罚。

第六十八条 犯罪分子有揭发他人犯罪行为，查证属实的，或者提供重要线索，从而得以侦破其他案件等立功表现的，可以从轻或者减轻处罚；有重大立功表现的，可以减轻或者免除处罚。

第四节 数罪并罚

第六十九条 判决宣告以前一人犯数罪的，除判处死刑和无期徒刑的以外，应当在总和刑期以下、数刑中最高刑期以上，酌情决定执行的刑期，但是管制最高不能超过三年，拘役最高不能超过一年，有期徒刑总和刑期不满三十五年的，最高不能超过二十年，总和刑期在三十五年以上的，最高不能超过二十五年。

数罪中有判处有期徒刑和拘役的，执行有期徒刑。数罪中有判处有期徒刑和管制，或者拘役和管制的，有期徒刑、拘役执行完毕后，管制仍须执行。

数罪中有判处附加刑的，附加刑仍须执行，其中附加刑种类相同的，合并执行，种类不同的，分别执行。

第七十条 判决宣告以后，刑罚执行完毕以前，发现被判刑的犯罪分子在判决宣告以前还有其他罪没有判决的，应当对新发现的罪作出判决，把前后两个判决所判处的刑罚，依照本法第六十九条的规定，决定执行的刑罚。已经执行的刑期，应当计算在新判决决定的刑期以内。

第七十一条 判决宣告以后，刑罚执行完毕以前，被判刑的犯罪分子又犯罪的，应当对新犯的罪作出判决，把前罪没有执行的刑罚和后罪所判处的刑罚，依照本法第六十九条的规定，决定执行的刑罚。

第五节　缓　　刑

第七十二条　对于被判处拘役、三年以下有期徒刑的犯罪分子,同时符合下列条件的,可以宣告缓刑,对其中不满十八周岁的人、怀孕的妇女和已满七十五周岁的人,应当宣告缓刑:

(一)犯罪情节较轻;

(二)有悔罪表现;

(三)没有再犯罪的危险;

(四)宣告缓刑对所居住社区没有重大不良影响。

宣告缓刑,可以根据犯罪情况,同时禁止犯罪分子在缓刑考验期限内从事特定活动,进入特定区域、场所,接触特定的人。

被宣告缓刑的犯罪分子,如果被判处附加刑,附加刑仍须执行。

第七十三条　拘役的缓刑考验期限为原判刑期以上一年以下,但是不能少于二个月。

有期徒刑的缓刑考验期限为原判刑期以上五年以下,但是不能少于一年。

缓刑考验期限,从判决确定之日起计算。

第七十四条　对于累犯和犯罪集团的首要分子,不适用缓刑。

第七十五条　被宣告缓刑的犯罪分子,应当遵守下列规定:

(一)遵守法律、行政法规,服从监督;

(二)按照考察机关的规定报告自己的活动情况;

(三)遵守考察机关关于会客的规定;

(四)离开所居住的市、县或者迁居,应当报经考察机关批准。

第七十六条　对宣告缓刑的犯罪分子,在缓刑考验期限内,依法实行社区矫正,如果没有本法第七十七条规定的情形,缓刑考验期满,原判的刑罚就不再执行,并公开予以宣告。

第七十七条　被宣告缓刑的犯罪分子,在缓刑考验期限内犯新罪或者发现判决宣告以前还有其他罪没有判决的,应当撤销缓刑,对新犯的罪或者新发现的罪作出判决,把前罪和后罪所判处的刑罚,依照本法第六十九条的规定,决定执行的刑罚。

被宣告缓刑的犯罪分子,在缓刑考验期限内,违反法律、行政法规或者国务院有关部门关于缓刑的监督管理规定,或者违反人民法院判决中的禁止令,情节严重的,应当撤销缓刑,执行原判刑罚。

第六节　减　　刑

第七十八条　被判处管制、拘役、有期徒刑、无期徒刑的犯罪分子,在执行期间,如果认真遵守监规,接受教育改造,确有悔改表现的,或者有立功表现的,可以减刑;有下列重大立功表现之一的,应当减刑:

(一)阻止他人重大犯罪活动的;

(二)检举监狱内外重大犯罪活动,经查证属实的;

（三）有发明创造或者重大技术革新的；

（四）在日常生产、生活中舍己救人的；

（五）在抗御自然灾害或者排除重大事故中，有突出表现的；

（六）对国家和社会有其他重大贡献的。

减刑以后实际执行的刑期不能少于下列期限：

（一）判处管制、拘役、有期徒刑的，不能少于原判刑期的二分之一；

（二）判处无期徒刑的，不能少于十三年；

（三）人民法院依照本法第五十条第二款规定限制减刑的死刑缓期执行的犯罪分子，缓期执行期满后依法减为无期徒刑的，不能少于二十五年，缓期执行期满后依法减为二十五年有期徒刑的，不能少于二十年。

第七十九条 对于犯罪分子的减刑，由执行机关向中级以上人民法院提出减刑建议书。人民法院应当组成合议庭进行审理，对确有悔改或者立功事实的，裁定予以减刑。非经法定程序不得减刑。

第八十条 无期徒刑减为有期徒刑的刑期，从裁定减刑之日起计算。

第七节 假 释

第八十一条 被判处有期徒刑的犯罪分子，执行原判刑期二分之一以上，被判处无期徒刑的犯罪分子，实际执行十三年以上，如果认真遵守监规，接受教育改造，确有悔改表现，没有再犯罪的危险的，可以假释。如果有特殊情况，经最高人民法院核准，可以不受上述执行刑期的限制。

对累犯以及因故意杀人、强奸、抢劫、绑架、放火、爆炸、投放危险物质或者有组织的暴力性犯罪被判处十年以上有期徒刑、无期徒刑的犯罪分子，不得假释。

对犯罪分子决定假释时，应当考虑其假释后对所居住社区的影响。

第八十二条 对于犯罪分子的假释，依照本法第七十九条规定的程序进行。非经法定程序不得假释。

第八十三条 有期徒刑的假释考验期限，为没有执行完毕的刑期；无期徒刑的假释考验期限为十年。

假释考验期限，从假释之日起计算。

第八十四条 被宣告假释的犯罪分子，应当遵守下列规定：

（一）遵守法律、行政法规，服从监督；

（二）按照监督机关的规定报告自己的活动情况；

（三）遵守监督机关关于会客的规定；

（四）离开所居住的市、县或者迁居，应当报经监督机关批准。

第八十五条 对假释的犯罪分子，在假释考验期限内，依法实行社区矫正，如果没有本法第八十六条规定的情形，假释考验期满，就认为原判刑罚已经执行完毕，并公开予以宣告。

第八十六条 被假释的犯罪分子，在假释考验期限内犯新罪，应当撤销假释，依照本法第七十一条的规定实行数罪并罚。

在假释考验期限内,发现被假释的犯罪分子在判决宣告以前还有其他罪没有判决的,应当撤销假释,依照本法第七十条的规定实行数罪并罚。

被假释的犯罪分子,在假释考验期限内,有违反法律、行政法规或者国务院有关部门关于假释的监督管理规定的行为,尚未构成新的犯罪的,应当依照法定程序撤销假释,收监执行未执行完毕的刑罚。

第八节 时 效

第八十七条 犯罪经过下列期限不再追诉:

(一)法定最高刑为不满五年有期徒刑的,经过五年;

(二)法定最高刑为五年以上不满十年有期徒刑的,经过十年;

(三)法定最高刑为十年以上有期徒刑的,经过十五年;

(四)法定最高刑为无期徒刑、死刑的,经过二十年。如果二十年以后认为必须追诉的,须报请最高人民检察院核准。

第八十八条 在人民检察院、公安机关、国家安全机关立案侦查或者在人民法院受理案件以后,逃避侦查或者审判的,不受追诉期限的限制。

被害人在追诉期限内提出控告,人民法院、人民检察院、公安机关应当立案而不予立案的,不受追诉期限的限制。

第八十九条 追诉期限从犯罪之日起计算;犯罪行为有连续或者继续状态的,从犯罪行为终了之日起计算。

在追诉期限以内又犯罪的,前罪追诉的期限从犯后罪之日起计算。

第五章 其他规定

第九十条 民族自治地方不能全部适用本法规定的,可以由自治区或者省的人民代表大会根据当地民族的政治、经济、文化的特点和本法规定的基本原则,制定变通或者补充的规定,报请全国人民代表大会常务委员会批准施行。

第九十一条 本法所称公共财产,是指下列财产:

(一)国有财产;

(二)劳动群众集体所有的财产;

(三)用于扶贫和其他公益事业的社会捐助或者专项基金的财产。

在国家机关、国有公司、企业、集体企业和人民团体管理、使用或者运输中的私人财产,以公共财产论。

第九十二条 本法所称公民私人所有的财产,是指下列财产:

(一)公民的合法收入、储蓄、房屋和其他生活资料;

(二)依法归个人、家庭所有的生产资料;

(三)个体户和私营企业的合法财产;

(四)依法归个人所有的股份、股票、债券和其他财产。

第九十三条 本法所称国家工作人员,是指国家机关中从事公务的人员。

国有公司、企业、事业单位、人民团体中从事公务的人员和国家机关、国有公司、企业、事业单位委派到非国有公司、企业、事业单位、社会团体从事公务的人员,以及其他依照法律从事公务的人员,以国家工作人员论。

第九十四条 本法所称司法工作人员,是指有侦查、检察、审判、监管职责的工作人员。

第九十五条 本法所称重伤,是指有下列情形之一的伤害:

(一)使人肢体残废或者毁人容貌的;

(二)使人丧失听觉、视觉或者其他器官机能的;

(三)其他对于人身健康有重大伤害的。

第九十六条 本法所称违反国家规定,是指违反全国人民代表大会及其常务委员会制定的法律和决定,国务院制定的行政法规、规定的行政措施、发布的决定和命令。

第九十七条 本法所称首要分子,是指在犯罪集团或者聚众犯罪中起组织、策划、指挥作用的犯罪分子。

第九十八条 本法所称告诉才处理,是指被害人告诉才处理。如果被害人因受强制、威吓无法告诉的,人民检察院和被害人的近亲属也可以告诉。

第九十九条 本法所称以上、以下、以内,包括本数。

第一百条 依法受过刑事处罚的人,在入伍、就业的时候,应当如实向有关单位报告自己曾受过刑事处罚,不得隐瞒。

犯罪的时候不满十八周岁被判处五年有期徒刑以下刑罚的人,免除前款规定的报告义务。

第一百零一条 本法总则适用于其他有刑罚规定的法律,但是其他法律有特别规定的除外。

第二编 分 则

第一章 危害国家安全罪

第一百零二条 勾结外国,危害中华人民共和国的主权、领土完整和安全的,处无期徒刑或者十年以上有期徒刑。

与境外机构、组织、个人相勾结,犯前款罪的,依照前款的规定处罚。

第一百零三条 组织、策划、实施分裂国家、破坏国家统一的,对首要分子或者罪行重大的,处无期徒刑或者十年以上有期徒刑;对积极参加的,处三年以上十年以下有期徒刑;对其他参加的,处三年以下有期徒刑、拘役、管制或者剥夺政治权利。

煽动分裂国家、破坏国家统一的,处五年以下有期徒刑、拘役、管制或者剥夺政治权利;首要分子或者罪行重大的,处五年以上有期徒刑。

第一百零四条 组织、策划、实施武装叛乱或者武装暴乱的,对首要分子或者罪行重大的,处无期徒刑或者十年以上有期徒刑;对积极参加的,处三年以上十年以下有期徒刑;

对其他参加的，处三年以下有期徒刑、拘役、管制或者剥夺政治权利。

策动、胁迫、勾引、收买国家机关工作人员、武装部队人员、人民警察、民兵进行武装叛乱或者武装暴乱的，依照前款的规定从重处罚。

第一百零五条　组织、策划、实施颠覆国家政权、推翻社会主义制度的，对首要分子或者罪行重大的，处无期徒刑或者十年以上有期徒刑；对积极参加的，处三年以上十年以下有期徒刑；对其他参加的，处三年以下有期徒刑、拘役、管制或者剥夺政治权利。

以造谣、诽谤或者其他方式煽动颠覆国家政权、推翻社会主义制度的，处五年以下有期徒刑、拘役、管制或者剥夺政治权利；首要分子或者罪行重大的，处五年以上有期徒刑。

第一百零六条　与境外机构、组织、个人相勾结，实施本章第一百零三条、第一百零四条、第一百零五条规定之罪的，依照各该条的规定从重处罚。

第一百零七条　境内外机构、组织或者个人资助实施本章第一百零二条、第一百零三条、第一百零四条、第一百零五条规定之罪的，对直接责任人员，处五年以下有期徒刑、拘役、管制或者剥夺政治权利；情节严重的，处五年以上有期徒刑。

第一百零八条　投敌叛变的，处三年以上十年以下有期徒刑；情节严重或者带领武装部队人员、人民警察、民兵投敌叛变的，处十年以上有期徒刑或者无期徒刑。

第一百零九条　国家机关工作人员在履行公务期间，擅离岗位，叛逃境外或者在境外叛逃的，处五年以下有期徒刑、拘役、管制或者剥夺政治权利；情节严重的，处五年以上十年以下有期徒刑。

掌握国家秘密的国家工作人员叛逃境外或者在境外叛逃的，依照前款的规定从重处罚。

第一百一十条　有下列间谍行为之一，危害国家安全的，处十年以上有期徒刑或者无期徒刑；情节较轻的，处三年以上十年以下有期徒刑：

（一）参加间谍组织或者接受间谍组织及其代理人的任务的；

（二）为敌人指示轰击目标的。

第一百一十一条　为境外的机构、组织、人员窃取、刺探、收买、非法提供国家秘密或者情报的，处五年以上十年以下有期徒刑；情节特别严重的，处十年以上有期徒刑或者无期徒刑；情节较轻的，处五年以下有期徒刑、拘役、管制或者剥夺政治权利。

第一百一十二条　战时供给敌人武器装备、军用物资资敌的，处十年以上有期徒刑或者无期徒刑；情节较轻的，处三年以上十年以下有期徒刑。

第一百一十三条　本章上述危害国家安全罪行中，除第一百零三条第二款、第一百零五条、第一百零七条、第一百零九条外，对国家和人民危害特别严重、情节特别恶劣的，可以判处死刑。

犯本章之罪的，可以并处没收财产。

第二章　危害公共安全罪

第一百一十四条　放火、决水、爆炸以及投放毒害性、放射性、传染病病原体等物质或者以其他危险方法危害公共安全，尚未造成严重后果的，处三年以上十年以下有期徒刑。

第一百一十五条 放火、决水、爆炸以及投放毒害性、放射性、传染病病原体等物质或者以其他危险方法致人重伤、死亡或者使公私财产遭受重大损失的，处十年以上有期徒刑、无期徒刑或者死刑。

过失犯前款罪的，处三年以上七年以下有期徒刑；情节较轻的，处三年以下有期徒刑或者拘役。

第一百一十六条 破坏火车、汽车、电车、船只、航空器，足以使火车、汽车、电车、船只、航空器发生倾覆、毁坏危险，尚未造成严重后果的，处三年以上十年以下有期徒刑。

第一百一十七条 破坏轨道、桥梁、隧道、公路、机场、航道、灯塔、标志或者进行其他破坏活动，足以使火车、汽车、电车、船只、航空器发生倾覆、毁坏危险，尚未造成严重后果的，处三年以上十年以下有期徒刑。

第一百一十八条 破坏电力、燃气或者其他易燃易爆设备，危害公共安全，尚未造成严重后果的，处三年以上十年以下有期徒刑。

第一百一十九条 破坏交通工具、交通设施、电力设备、燃气设备、易燃易爆设备，造成严重后果的，处十年以上有期徒刑、无期徒刑或者死刑。

过失犯前款罪的，处三年以上七年以下有期徒刑；情节较轻的，处三年以下有期徒刑或者拘役。

第一百二十条 组织、领导恐怖活动组织的，处十年以上有期徒刑或者无期徒刑，并处没收财产；积极参加的，处三年以上十年以下有期徒刑，并处罚金；其他参加的，处三年以下有期徒刑、拘役、管制或者剥夺政治权利，可以并处罚金。

犯前款罪并实施杀人、爆炸、绑架等犯罪的，依照数罪并罚的规定处罚。

第一百二十条之一 资助恐怖活动组织、实施恐怖活动的个人的，或者资助恐怖活动培训的，处五年以下有期徒刑、拘役、管制或者剥夺政治权利，并处罚金；情节严重的，处五年以上有期徒刑，并处罚金或者没收财产。

为恐怖活动组织、实施恐怖活动或者恐怖活动培训招募、运送人员的，依照前款的规定处罚。

单位犯前两款罪的，对单位判处罚金，并对其直接负责的主管人员和其他直接责任人员，依照第一款的规定处罚。

第一百二十条之二 有下列情形之一的，处五年以下有期徒刑、拘役、管制或者剥夺政治权利，并处罚金；情节严重的，处五年以上有期徒刑，并处罚金或者没收财产：

（一）为实施恐怖活动准备凶器、危险物品或者其他工具的；

（二）组织恐怖活动培训或者积极参加恐怖活动培训的；

（三）为实施恐怖活动与境外恐怖活动组织或者人员联络的；

（四）为实施恐怖活动进行策划或者其他准备的。

有前款行为，同时构成其他犯罪的，依照处罚较重的规定定罪处罚。

第一百二十条之三 以制作、散发宣扬恐怖主义、极端主义的图书、音频视频资料或者其他物品，或者通过讲授、发布信息等方式宣扬恐怖主义、极端主义的，或者煽动实施恐怖活动的，处五年以下有期徒刑、拘役、管制或者剥夺政治权利，并处罚金；情节严重的，处五年以上有期徒刑，并处罚金或者没收财产。

第一百二十条之四　利用极端主义煽动、胁迫群众破坏国家法律确立的婚姻、司法、教育、社会管理等制度实施的，处三年以下有期徒刑、拘役或者管制，并处罚金；情节严重的，处三年以上七年以下有期徒刑，并处罚金；情节特别严重的，处七年以上有期徒刑，并处罚金或者没收财产。

第一百二十条之五　以暴力、胁迫等方式强制他人在公共场所穿着、佩戴宣扬恐怖主义、极端主义服饰、标志的，处三年以下有期徒刑、拘役或者管制，并处罚金。

第一百二十条之六　明知是宣扬恐怖主义、极端主义的图书、音频视频资料或者其他物品而非法持有，情节严重的，处三年以下有期徒刑、拘役或者管制，并处或者单处罚金。

第一百二十一条　以暴力、胁迫或者其他方法劫持航空器的，处十年以上有期徒刑或者无期徒刑；致人重伤、死亡或者使航空器遭受严重破坏的，处死刑。

第一百二十二条　以暴力、胁迫或者其他方法劫持船只、汽车的，处五年以上十年以下有期徒刑；造成严重后果的，处十年以上有期徒刑或者无期徒刑。

第一百二十三条　对飞行中的航空器上的人员使用暴力，危及飞行安全，尚未造成严重后果的，处五年以下有期徒刑或者拘役；造成严重后果的，处五年以上有期徒刑。

第一百二十四条　破坏广播电视设施、公用电信设施，危害公共安全的，处三年以上七年以下有期徒刑；造成严重后果的，处七年以上有期徒刑。

过失犯前款罪的，处三年以上七年以下有期徒刑；情节较轻的，处三年以下有期徒刑或者拘役。

第一百二十五条　非法制造、买卖、运输、邮寄、储存枪支、弹药、爆炸物的，处三年以上十年以下有期徒刑；情节严重的，处十年以上有期徒刑、无期徒刑或者死刑。

非法制造、买卖、运输、储存毒害性、放射性、传染病病原体等物质，危害公共安全的，依照前款的规定处罚。

单位犯前两款罪的，对单位判处罚金，并对其直接负责的主管人员和其他直接责任人员，依照第一款的规定处罚。

第一百二十六条　依法被指定、确定的枪支制造企业、销售企业，违反枪支管理规定，有下列行为之一的，对单位判处罚金，并对其直接负责的主管人员和其他直接责任人员，处五年以下有期徒刑；情节严重的，处五年以上十年以下有期徒刑；情节特别严重的，处十年以上有期徒刑或者无期徒刑：

（一）以非法销售为目的，超过限额或者不按照规定的品种制造、配售枪支的；

（二）以非法销售为目的，制造无号、重号、假号的枪支的；

（三）非法销售枪支或者在境内销售为出口制造的枪支的。

第一百二十七条　盗窃、抢夺枪支、弹药、爆炸物的，或者盗窃、抢夺毒害性、放射性、传染病病原体等物质，危害公共安全的，处三年以上十年以下有期徒刑；情节严重的，处十年以上有期徒刑、无期徒刑或者死刑。

抢劫枪支、弹药、爆炸物的，或者抢劫毒害性、放射性、传染病病原体等物质，危害公共安全的，或者盗窃、抢夺国家机关、军警人员、民兵的枪支、弹药、爆炸物的，处十年以上有期徒刑、无期徒刑或者死刑。

第一百二十八条 违反枪支管理规定，非法持有、私藏枪支、弹药的，处三年以下有期徒刑、拘役或者管制；情节严重的，处三年以上七年以下有期徒刑。

依法配备公务用枪的人员，非法出租、出借枪支的，依照前款的规定处罚。

依法配置枪支的人员，非法出租、出借枪支，造成严重后果的，依照第一款的规定处罚。

单位犯第二款、第三款罪的，对单位判处罚金，并对其直接负责的主管人员和其他直接责任人员，依照第一款的规定处罚。

第一百二十九条 依法配备公务用枪的人员，丢失枪支不及时报告，造成严重后果的，处三年以下有期徒刑或者拘役。

第一百三十条 非法携带枪支、弹药、管制刀具或者爆炸性、易燃性、放射性、毒害性、腐蚀性物品，进入公共场所或者公共交通工具，危及公共安全，情节严重的，处三年以下有期徒刑、拘役或者管制。

第一百三十一条 航空人员违反规章制度，致使发生重大飞行事故，造成严重后果的，处三年以下有期徒刑或者拘役；造成飞机坠毁或者人员死亡的，处三年以上七年以下有期徒刑。

第一百三十二条 铁路职工违反规章制度，致使发生铁路运营安全事故，造成严重后果的，处三年以下有期徒刑或者拘役；造成特别严重后果的，处三年以上七年以下有期徒刑。

第一百三十三条 违反交通运输管理法规，因而发生重大事故，致人重伤、死亡或者使公私财产遭受重大损失的，处三年以下有期徒刑或者拘役；交通运输肇事后逃逸或者有其他特别恶劣情节的，处三年以上七年以下有期徒刑；因逃逸致人死亡的，处七年以上有期徒刑。

第一百三十三条之一 在道路上驾驶机动车，有下列情形之一的，处拘役，并处罚金：

（一）追逐竞驶，情节恶劣的；

（二）醉酒驾驶机动车的；

（三）从事校车业务或者旅客运输，严重超过额定乘员载客，或者严重超过规定时速行驶的；

（四）违反危险化学品安全管理规定运输危险化学品，危及公共安全的。

机动车所有人、管理人对前款第三项、第四项行为负有直接责任的，依照前款的规定处罚。

有前两款行为，同时构成其他犯罪的，依照处罚较重的规定定罪处罚。

第一百三十三条之二 对行驶中的公共交通工具的驾驶人员使用暴力或者抢控驾驶操纵装置，干扰公共交通工具正常行驶，危及公共安全的，处一年以下有期徒刑、拘役或者管制，并处或者单处罚金。

前款规定的驾驶人员在行驶的公共交通工具上擅离职守，与他人互殴或者殴打他人，危及公共安全的，依照前款的规定处罚。

有前两款行为,同时构成其他犯罪的,依照处罚较重的规定定罪处罚。

第一百三十四条 在生产、作业中违反有关安全管理的规定,因而发生重大伤亡事故或者造成其他严重后果的,处三年以下有期徒刑或者拘役;情节特别恶劣的,处三年以上七年以下有期徒刑。

强令他人违章冒险作业,或者明知存在重大事故隐患而不排除,仍冒险组织作业,因而发生重大伤亡事故或者造成其他严重后果的,处五年以下有期徒刑或者拘役;情节特别恶劣的,处五年以上有期徒刑。

第一百三十四条之一 在生产、作业中违反有关安全管理的规定,有下列情形之一,具有发生重大伤亡事故或者其他严重后果的现实危险的,处一年以下有期徒刑、拘役或者管制:

(一)关闭、破坏直接关系生产安全的监控、报警、防护、救生设备、设施,或者篡改、隐瞒、销毁其相关数据、信息的;

(二)因存在重大事故隐患被依法责令停产停业、停止施工、停止使用有关设备、设施、场所或者立即采取排除危险的整改措施,而拒不执行的;

(三)涉及安全生产的事项未经依法批准或者许可,擅自从事矿山开采、金属冶炼、建筑施工,以及危险物品生产、经营、储存等高度危险的生产作业活动的。

第一百三十五条 安全生产设施或者安全生产条件不符合国家规定,因而发生重大伤亡事故或者造成其他严重后果的,对直接负责的主管人员和其他直接责任人员,处三年以下有期徒刑或者拘役;情节特别恶劣的,处三年以上七年以下有期徒刑。

第一百三十五条之一 举办大型群众性活动违反安全管理规定,因而发生重大伤亡事故或者造成其他严重后果的,对直接负责的主管人员和其他直接责任人员,处三年以下有期徒刑或者拘役;情节特别恶劣的,处三年以上七年以下有期徒刑。

第一百三十六条 违反爆炸性、易燃性、放射性、毒害性、腐蚀性物品的管理规定,在生产、储存、运输、使用中发生重大事故,造成严重后果的,处三年以下有期徒刑或者拘役;后果特别严重的,处三年以上七年以下有期徒刑。

第一百三十七条 建设单位、设计单位、施工单位、工程监理单位违反国家规定,降低工程质量标准,造成重大安全事故的,对直接责任人员,处五年以下有期徒刑或者拘役,并处罚金;后果特别严重的,处五年以上十年以下有期徒刑,并处罚金。

第一百三十八条 明知校舍或者教育教学设施有危险,而不采取措施或者不及时报告,致使发生重大伤亡事故的,对直接责任人员,处三年以下有期徒刑或者拘役;后果特别严重的,处三年以上七年以下有期徒刑。

第一百三十九条 违反消防管理法规,经消防监督机构通知采取改正措施而拒绝执行,造成严重后果的,对直接责任人员,处三年以下有期徒刑或者拘役;后果特别严重的,处三年以上七年以下有期徒刑。

第一百三十九条之一 在安全事故发生后,负有报告职责的人员不报或者谎报事故情况,贻误事故抢救,情节严重的,处三年以下有期徒刑或者拘役;情节特别严重的,处三年以上七年以下有期徒刑。

第三章 破坏社会主义市场经济秩序罪

第一节 生产、销售伪劣商品罪

第一百四十条 生产者、销售者在产品中掺杂、掺假，以假充真，以次充好或者以不合格产品冒充合格产品，销售金额五万元以上不满二十万元的，处二年以下有期徒刑或者拘役，并处或者单处销售金额百分之五十以上二倍以下罚金；销售金额二十万元以上不满五十万元的，处二年以上七年以下有期徒刑，并处销售金额百分之五十以上二倍以下罚金；销售金额五十万元以上不满二百万元的，处七年以上有期徒刑，并处销售金额百分之五十以上二倍以下罚金；销售金额二百万元以上的，处十五年有期徒刑或者无期徒刑，并处销售金额百分之五十以上二倍以下罚金或者没收财产。

第一百四十一条 生产、销售假药的，处三年以下有期徒刑或者拘役，并处罚金；对人体健康造成严重危害或者有其他严重情节的，处三年以上十年以下有期徒刑，并处罚金；致人死亡或者有其他特别严重情节的，处十年以上有期徒刑、无期徒刑或者死刑，并处罚金或者没收财产。

药品使用单位的人员明知是假药而提供给他人使用的，依照前款的规定处罚。

第一百四十二条 生产、销售劣药，对人体健康造成严重危害的，处三年以上十年以下有期徒刑，并处罚金；后果特别严重的，处十年以上有期徒刑或者无期徒刑，并处罚金或者没收财产。

药品使用单位的人员明知是劣药而提供给他人使用的，依照前款的规定处罚。

第一百四十二条之一 违反药品管理法规，有下列情形之一，足以严重危害人体健康的，处三年以下有期徒刑或者拘役，并处或者单处罚金；对人体健康造成严重危害或者有其他严重情节的，处三年以上七年以下有期徒刑，并处罚金：

(一)生产、销售国务院药品监督管理部门禁止使用的药品的；

(二)未取得药品相关批准证明文件生产、进口药品或者明知是上述药品而销售的；

(三)药品申请注册中提供虚假的证明、数据、资料、样品或者采取其他欺骗手段的；

(四)编造生产、检验记录的。

有前款行为，同时又构成本法第一百四十一条、第一百四十二条规定之罪或者其他犯罪的，依照处罚较重的规定定罪处罚。

第一百四十三条 生产、销售不符合食品安全标准的食品，足以造成严重食物中毒事故或者其他严重食源性疾病的，处三年以下有期徒刑或者拘役，并处罚金；对人体健康造成严重危害或者有其他严重情节的，处三年以上七年以下有期徒刑，并处罚金；后果特别严重的，处七年以上有期徒刑或者无期徒刑，并处罚金或者没收财产。

第一百四十四条 在生产、销售的食品中掺入有毒、有害的非食品原料的，或者销售明知掺有有毒、有害的非食品原料的食品的，处五年以下有期徒刑，并处罚金；对人体健康造成严重危害或者有其他严重情节的，处五年以上十年以下有期徒刑，并处罚金；致人死亡或者有其他特别严重情节的，依照本法第一百四十一条的规定处罚。

第一百四十五条 生产不符合保障人体健康的国家标准、行业标准的医疗器械、医用卫生材料,或者销售明知是不符合保障人体健康的国家标准、行业标准的医疗器械、医用卫生材料,足以严重危害人体健康的,处三年以下有期徒刑或者拘役,并处销售金额百分之五十以上二倍以下罚金;对人体健康造成严重危害的,处三年以上十年以下有期徒刑,并处销售金额百分之五十以上二倍以下罚金;后果特别严重的,处十年以上有期徒刑或者无期徒刑,并处销售金额百分之五十以上二倍以下罚金或者没收财产。

第一百四十六条 生产不符合保障人身、财产安全的国家标准、行业标准的电器、压力容器、易燃易爆产品或者其他不符合保障人身、财产安全的国家标准、行业标准的产品,或者销售明知是以上不符合保障人身、财产安全的国家标准、行业标准的产品,造成严重后果的,处五年以下有期徒刑,并处销售金额百分之五十以上二倍以下罚金;后果特别严重的,处五年以上有期徒刑,并处销售金额百分之五十以上二倍以下罚金。

第一百四十七条 生产假农药、假兽药、假化肥,销售明知是假的或者失去使用效能的农药、兽药、化肥、种子,或者生产者、销售者以不合格的农药、兽药、化肥、种子冒充合格的农药、兽药、化肥、种子,使生产遭受较大损失的,处三年以下有期徒刑或者拘役,并处或者单处销售金额百分之五十以上二倍以下罚金;使生产遭受重大损失的,处三年以上七年以下有期徒刑,并处销售金额百分之五十以上二倍以下罚金;使生产遭受特别重大损失的,处七年以上有期徒刑或者无期徒刑,并处销售金额百分之五十以上二倍以下罚金或者没收财产。

第一百四十八条 生产不符合卫生标准的化妆品,或者销售明知是不符合卫生标准的化妆品,造成严重后果的,处三年以下有期徒刑或者拘役,并处或者单处销售金额百分之五十以上二倍以下罚金。

第一百四十九条 生产、销售本节第一百四十一条至第一百四十八条所列产品,不构成各该条规定的犯罪,但是销售金额在五万元以上的,依照本节第一百四十条的规定定罪处罚。

生产、销售本节第一百四十一条至第一百四十八条所列产品,构成各该条规定的犯罪,同时又构成本节第一百四十条规定之罪的,依照处罚较重的规定定罪处罚。

第一百五十条 单位犯本节第一百四十条至第一百四十八条规定之罪的,对单位判处罚金,并对其直接负责的主管人员和其他直接责任人员,依照各该条的规定处罚。

第二节 走私罪

第一百五十一条 走私武器、弹药、核材料或者伪造的货币的,处七年以上有期徒刑,并处罚金或者没收财产;情节特别严重的,处无期徒刑,并处没收财产;情节较轻的,处三年以上七年以下有期徒刑,并处罚金。

走私国家禁止出口的文物、黄金、白银和其他贵重金属或者国家禁止进出口的珍贵动物及其制品的,处五年以上十年以下有期徒刑,并处罚金;情节特别严重的,处十年以上有期徒刑或者无期徒刑,并处没收财产;情节较轻的,处五年以下有期徒刑,并处罚金。

走私珍稀植物及其制品等国家禁止进出口的其他货物、物品的,处五年以下有期徒刑或者拘役,并处或者单处罚金;情节严重的,处五年以上有期徒刑,并处罚金。

单位犯本条规定之罪的,对单位判处罚金,并对其直接负责的主管人员和其他直接责任人员,依照本条各款的规定处罚。

第一百五十二条 以牟利或者传播为目的,走私淫秽的影片、录像带、录音带、图片、书刊或者其他淫秽物品的,处三年以上十年以下有期徒刑,并处罚金;情节严重的,处十年以上有期徒刑或者无期徒刑,并处罚金或者没收财产;情节较轻的,处三年以下有期徒刑、拘役或者管制,并处罚金。

逃避海关监管将境外固体废物、液态废物和气态废物运输进境,情节严重的,处五年以下有期徒刑,并处或者单处罚金;情节特别严重的,处五年以上有期徒刑,并处罚金。

单位犯前两款罪的,对单位判处罚金,并对其直接负责的主管人员和其他直接责任人员,依照前两款的规定处罚。

第一百五十三条 走私本法第一百五十一条、第一百五十二条、第三百四十七条规定以外的货物、物品的,根据情节轻重,分别依照下列规定处罚:

(一)走私货物、物品偷逃应缴税额较大或者一年内曾因走私被给予二次行政处罚后又走私的,处三年以下有期徒刑或者拘役,并处偷逃应缴税额一倍以上五倍以下罚金。

(二)走私货物、物品偷逃应缴税额巨大或者有其他严重情节的,处三年以上十年以下有期徒刑,并处偷逃应缴税额一倍以上五倍以下罚金。

(三)走私货物、物品偷逃应缴税额特别巨大或者有其他特别严重情节的,处十年以上有期徒刑或者无期徒刑,并处偷逃应缴税额一倍以上五倍以下罚金或者没收财产。

单位犯前款罪的,对单位判处罚金,并对其直接负责的主管人员和其他直接责任人员,处三年以下有期徒刑或者拘役;情节严重的,处三年以上十年以下有期徒刑;情节特别严重的,处十年以上有期徒刑。

对多次走私未经处理的,按照累计走私货物、物品的偷逃应缴税额处罚。

第一百五十四条 下列走私行为,根据本节规定构成犯罪的,依照本法第一百五十三条的规定定罪处罚:

(一)未经海关许可并且未补缴应缴税额,擅自将批准进口的来料加工、来件装配、补偿贸易的原材料、零件、制成品、设备等保税货物,在境内销售牟利的;

(二)未经海关许可并且未补缴应缴税额,擅自将特定减税、免税进口的货物、物品,在境内销售牟利的。

第一百五十五条 下列行为,以走私罪论处,依照本节的有关规定处罚:

(一)直接向走私人非法收购国家禁止进口物品的,或者直接向走私人非法收购走私进口的其他货物、物品,数额较大的;

(二)在内海、领海、界河、界湖运输、收购、贩卖国家禁止进出口物品的,或者运输、收购、贩卖国家限制进出口货物、物品,数额较大,没有合法证明的。

第一百五十六条 与走私罪犯通谋,为其提供贷款、资金、帐号、发票、证明,或者为其提供运输、保管、邮寄或者其他方便的,以走私罪的共犯论处。

第一百五十七条 武装掩护走私的,依照本法第一百五十一条第一款的规定从重处罚。

以暴力、威胁方法抗拒缉私的，以走私罪和本法第二百七十七条规定的阻碍国家机关工作人员依法执行职务罪，依照数罪并罚的规定处罚。

第三节 妨害对公司、企业的管理秩序罪

第一百五十八条 申请公司登记使用虚假证明文件或者采取其他欺诈手段虚报注册资本，欺骗公司登记主管部门，取得公司登记，虚报注册资本数额巨大、后果严重或者有其他严重情节的，处三年以下有期徒刑或者拘役，并处或者单处虚报注册资本金额百分之一以上百分之五以下罚金。

单位犯前款罪的，对单位判处罚金，并对其直接负责的主管人员和其他直接责任人员，处三年以下有期徒刑或者拘役。

第一百五十九条 公司发起人、股东违反公司法的规定未交付货币、实物或者未转移财产权，虚假出资，或者在公司成立后又抽逃其出资，数额巨大、后果严重或者有其他严重情节的，处五年以下有期徒刑或者拘役，并处或者单处虚假出资金额或者抽逃出资金额百分之二以上百分之十以下罚金。

单位犯前款罪的，对单位判处罚金，并对其直接负责的主管人员和其他直接责任人员，处五年以下有期徒刑或者拘役。

第一百六十条 在招股说明书、认股书、公司、企业债券募集办法等发行文件中隐瞒重要事实或者编造重大虚假内容，发行股票或者公司、企业债券、存托凭证或者国务院依法认定的其他证券，数额巨大、后果严重或者有其他严重情节的，处五年以下有期徒刑或者拘役，并处或者单处罚金；数额特别巨大、后果特别严重或者有其他特别严重情节的，处五年以上有期徒刑，并处罚金。

控股股东、实际控制人组织、指使实施前款行为的，处五年以下有期徒刑或者拘役，并处或者单处非法募集资金金额百分之二十以上一倍以下罚金；数额特别巨大、后果特别严重或者有其他特别严重情节的，处五年以上有期徒刑，并处非法募集资金金额百分之二十以上一倍以下罚金。

单位犯前两款罪的，对单位判处非法募集资金金额百分之二十以上一倍以下罚金，并对其直接负责的主管人员和其他直接责任人员，依照第一款的规定处罚。

第一百六十一条 依法负有信息披露义务的公司、企业向股东和社会公众提供虚假的或者隐瞒重要事实的财务会计报告，或者对依法应当披露的其他重要信息不按照规定披露，严重损害股东或者其他人利益，或者有其他严重情节的，对其直接负责的主管人员和其他直接责任人员，处五年以下有期徒刑或者拘役，并处或者单处罚金；情节特别严重的，处五年以上十年以下有期徒刑，并处罚金。

前款规定的公司、企业的控股股东、实际控制人实施或者组织、指使实施前款行为的，或者隐瞒相关事项导致前款规定的情形发生的，依照前款的规定处罚。

犯前款罪的控股股东、实际控制人是单位的，对单位判处罚金，并对其直接负责的主管人员和其他直接责任人员，依照第一款的规定处罚。

第一百六十二条 公司、企业进行清算时，隐匿财产，对资产负债表或者财产清单作

虚伪记载或者在未清偿债务前分配公司、企业财产，严重损害债权人或者其他人利益的，对其直接负责的主管人员和其他直接责任人员，处五年以下有期徒刑或者拘役，并处或者单处二万元以上二十万元以下罚金。

第一百六十二条之一 隐匿或者故意销毁依法应当保存的会计凭证、会计帐簿、财务会计报告，情节严重的，处五年以下有期徒刑或者拘役，并处或者单处二万元以上二十万元以下罚金。

单位犯前款罪的，对单位判处罚金，并对其直接负责的主管人员和其他直接责任人员，依照前款的规定处罚。

第一百六十二条之二 公司、企业通过隐匿财产、承担虚构的债务或者以其他方法转移、处分财产，实施虚假破产，严重损害债权人或者其他人利益的，对其直接负责的主管人员和其他直接责任人员，处五年以下有期徒刑或者拘役，并处或者单处二万元以上二十万元以下罚金。

第一百六十三条 公司、企业或者其他单位的工作人员，利用职务上的便利，索取他人财物或者非法收受他人财物，为他人谋取利益，数额较大的，处三年以下有期徒刑或者拘役，并处罚金；数额巨大或者有其他严重情节的，处三年以上十年以下有期徒刑，并处罚金；数额特别巨大或者有其他特别严重情节的，处十年以上有期徒刑或者无期徒刑，并处罚金。

公司、企业或者其他单位的工作人员在经济往来中，利用职务上的便利，违反国家规定，收受各种名义的回扣、手续费，归个人所有的，依照前款的规定处罚。

国有公司、企业或者其他国有单位中从事公务的人员和国有公司、企业或者其他国有单位委派到非国有公司、企业以及其他单位从事公务的人员有前两款行为的，依照本法第三百八十五条、第三百八十六条的规定定罪处罚。

第一百六十四条 为谋取不正当利益，给予公司、企业或者其他单位的工作人员以财物，数额较大的，处三年以下有期徒刑或者拘役，并处罚金；数额巨大的，处三年以上十年以下有期徒刑，并处罚金。

为谋取不正当商业利益，给予外国公职人员或者国际公共组织官员以财物的，依照前款的规定处罚。

单位犯前两款罪的，对单位判处罚金，并对其直接负责的主管人员和其他直接责任人员，依照第一款的规定处罚。

行贿人在被追诉前主动交待行贿行为的，可以减轻处罚或者免除处罚。

第一百六十五条 国有公司、企业的董事、经理利用职务便利，自己经营或者为他人经营与其所任职公司、企业同类的营业，获取非法利益，数额巨大的，处三年以下有期徒刑或者拘役，并处或者单处罚金；数额特别巨大的，处三年以上七年以下有期徒刑，并处罚金。

第一百六十六条 国有公司、企业、事业单位的工作人员，利用职务便利，有下列情形之一，使国家利益遭受重大损失的，处三年以下有期徒刑或者拘役，并处或者单处罚金；致使国家利益遭受特别重大损失的，处三年以上七年以下有期徒刑，并处罚金：

（一）将本单位的盈利业务交由自己的亲友进行经营的；

（二）以明显高于市场的价格向自己的亲友经营管理的单位采购商品或者以明显低于市场的价格向自己的亲友经营管理的单位销售商品的；

（三）向自己的亲友经营管理的单位采购不合格商品的。

第一百六十七条　国有公司、企业、事业单位直接负责的主管人员，在签订、履行合同过程中，因严重不负责任被诈骗，致使国家利益遭受重大损失的，处三年以下有期徒刑或者拘役；致使国家利益遭受特别重大损失的，处三年以上七年以下有期徒刑。

第一百六十八条　国有公司、企业的工作人员，由于严重不负责任或者滥用职权，造成国有公司、企业破产或者严重损失，致使国家利益遭受重大损失的，处三年以下有期徒刑或者拘役；致使国家利益遭受特别重大损失的，处三年以上七年以下有期徒刑。

国有事业单位的工作人员有前款行为，致使国家利益遭受重大损失的，依照前款的规定处罚。

国有公司、企业、事业单位的工作人员，徇私舞弊，犯前两款罪的，依照第一款的规定从重处罚。

第一百六十九条　国有公司、企业或者其上级主管部门直接负责的主管人员，徇私舞弊，将国有资产低价折股或者低价出售，致使国家利益遭受重大损失的，处三年以下有期徒刑或者拘役；致使国家利益遭受特别重大损失的，处三年以上七年以下有期徒刑。

第一百六十九条之一　上市公司的董事、监事、高级管理人员违背对公司的忠实义务，利用职务便利，操纵上市公司从事下列行为之一，致使上市公司利益遭受重大损失的，处三年以下有期徒刑或者拘役，并处或者单处罚金；致使上市公司利益遭受特别重大损失的，处三年以上七年以下有期徒刑，并处罚金：

（一）无偿向其他单位或者个人提供资金、商品、服务或者其他资产的；

（二）以明显不公平的条件，提供或者接受资金、商品、服务或者其他资产的；

（三）向明显不具有清偿能力的单位或者个人提供资金、商品、服务或者其他资产的；

（四）为明显不具有清偿能力的单位或者个人提供担保，或者无正当理由为其他单位或者个人提供担保的；

（五）无正当理由放弃债权、承担债务的；

（六）采用其他方式损害上市公司利益的。

上市公司的控股股东或者实际控制人，指使上市公司董事、监事、高级管理人员实施前款行为的，依照前款的规定处罚。

犯前款罪的上市公司的控股股东或者实际控制人是单位的，对单位判处罚金，并对其直接负责的主管人员和其他直接责任人员，依照第一款的规定处罚。

第四节　破坏金融管理秩序罪

第一百七十条　伪造货币的，处三年以上十年以下有期徒刑，并处罚金；有下列情形之一的，处十年以上有期徒刑或者无期徒刑，并处罚金或者没收财产：

（一）伪造货币集团的首要分子；

（二）伪造货币数额特别巨大的；

（三）有其他特别严重情节的。

第一百七十一条 出售、购买伪造的货币或者明知是伪造的货币而运输，数额较大的，处三年以下有期徒刑或者拘役，并处二万元以上二十万元以下罚金；数额巨大的，处三年以上十年以下有期徒刑，并处五万元以上五十万元以下罚金；数额特别巨大的，处十年以上有期徒刑或者无期徒刑，并处五万元以上五十万元以下罚金或者没收财产。

银行或者其他金融机构的工作人员购买伪造的货币或者利用职务上的便利，以伪造的货币换取货币的，处三年以上十年以下有期徒刑，并处二万元以上二十万元以下罚金；数额巨大或者有其他严重情节的，处十年以上有期徒刑或者无期徒刑，并处二万元以上二十万元以下罚金或者没收财产；情节较轻的，处三年以下有期徒刑或者拘役，并处或者单处一万元以上十万元以下罚金。

伪造货币并出售或者运输伪造的货币的，依照本法第一百七十条的规定定罪从重处罚。

第一百七十二条 明知是伪造的货币而持有、使用，数额较大的，处三年以下有期徒刑或者拘役，并处或者单处一万元以上十万元以下罚金；数额巨大的，处三年以上十年以下有期徒刑，并处二万元以上二十万元以下罚金；数额特别巨大的，处十年以上有期徒刑，并处五万元以上五十万元以下罚金或者没收财产。

第一百七十三条 变造货币，数额较大的，处三年以下有期徒刑或者拘役，并处或者单处一万元以上十万元以下罚金；数额巨大的，处三年以上十年以下有期徒刑，并处二万元以上二十万元以下罚金。

第一百七十四条 未经国家有关主管部门批准，擅自设立商业银行、证券交易所、期货交易所、证券公司、期货经纪公司、保险公司或者其他金融机构的，处三年以下有期徒刑或者拘役，并处或者单处二万元以上二十万元以下罚金；情节严重的，处三年以上十年以下有期徒刑，并处五万元以上五十万元以下罚金。

伪造、变造、转让商业银行、证券交易所、期货交易所、证券公司、期货经纪公司、保险公司或者其他金融机构的经营许可证或者批准文件的，依照前款的规定处罚。

单位犯前两款罪的，对单位判处罚金，并对其直接负责的主管人员和其他直接责任人员，依照第一款的规定处罚。

第一百七十五条 以转贷牟利为目的，套取金融机构信贷资金高利转贷他人，违法所得数额较大的，处三年以下有期徒刑或者拘役，并处违法所得一倍以上五倍以下罚金；数额巨大的，处三年以上七年以下有期徒刑，并处违法所得一倍以上五倍以下罚金。

单位犯前款罪的，对单位判处罚金，并对其直接负责的主管人员和其他直接责任人员，处三年以下有期徒刑或者拘役。

第一百七十五条之一 以欺骗手段取得银行或者其他金融机构贷款、票据承兑、信用证、保函等，给银行或者其他金融机构造成重大损失的，处三年以下有期徒刑或者拘役，并处或者单处罚金；给银行或者其他金融机构造成特别重大损失或者有其他特别严重情节的，处三年以上七年以下有期徒刑，并处罚金。

单位犯前款罪的，对单位判处罚金，并对其直接负责的主管人员和其他直接责任人员，依照前款的规定处罚。

第一百七十六条 非法吸收公众存款或者变相吸收公众存款，扰乱金融秩序的，处三年以下有期徒刑或者拘役，并处或者单处罚金；数额巨大或者有其他严重情节的，处三年以上十年以下有期徒刑，并处罚金；数额特别巨大或者有其他特别严重情节的，处十年以上有期徒刑，并处罚金。

单位犯前款罪的，对单位判处罚金，并对其直接负责的主管人员和其他直接责任人员，依照前款的规定处罚。

有前两款行为，在提起公诉前积极退赃退赔，减少损害结果发生的，可以从轻或者减轻处罚。

第一百七十七条 有下列情形之一，伪造、变造金融票证的，处五年以下有期徒刑或者拘役，并处或者单处二万元以上二十万元以下罚金；情节严重的，处五年以上十年以下有期徒刑，并处五万元以上五十万元以下罚金；情节特别严重的，处十年以上有期徒刑或者无期徒刑，并处五万元以上五十万元以下罚金或者没收财产：

（一）伪造、变造汇票、本票、支票的；

（二）伪造、变造委托收款凭证、汇款凭证、银行存单等其他银行结算凭证的；

（三）伪造、变造信用证或者附随的单据、文件的；

（四）伪造信用卡的。

单位犯前款罪的，对单位判处罚金，并对其直接负责的主管人员和其他直接责任人员，依照前款的规定处罚。

第一百七十七条之一 有下列情形之一，妨害信用卡管理的，处三年以下有期徒刑或者拘役，并处或者单处一万元以上十万元以下罚金；数量巨大或者有其他严重情节的，处三年以上十年以下有期徒刑，并处二万元以上二十万元以下罚金：

（一）明知是伪造的信用卡而持有、运输的，或者明知是伪造的空白信用卡而持有、运输，数量较大的；

（二）非法持有他人信用卡，数量较大的；

（三）使用虚假的身份证明骗领信用卡的；

（四）出售、购买、为他人提供伪造的信用卡或者以虚假的身份证明骗领的信用卡的。

窃取、收买或者非法提供他人信用卡信息资料的，依照前款规定处罚。

银行或者其他金融机构的工作人员利用职务上的便利，犯第二款罪的，从重处罚。

第一百七十八条 伪造、变造国库券或者国家发行的其他有价证券，数额较大的，处三年以下有期徒刑或者拘役，并处或者单处二万元以上二十万元以下罚金；数额巨大的，处三年以上十年以下有期徒刑，并处五万元以上五十万元以下罚金；数额特别巨大的，处十年以上有期徒刑或者无期徒刑，并处五万元以上五十万元以下罚金或者没收财产。

伪造、变造股票或者公司、企业债券，数额较大的，处三年以下有期徒刑或者拘役，并处或者单处一万元以上十万元以下罚金；数额巨大的，处三年以上十年以下有期徒刑，并处二万元以上二十万元以下罚金。

单位犯前两款罪的，对单位判处罚金，并对其直接负责的主管人员和其他直接责任人员，依照前两款的规定处罚。

第一百七十九条　未经国家有关主管部门批准，擅自发行股票或者公司、企业债券，数额巨大、后果严重或者有其他严重情节的，处五年以下有期徒刑或者拘役，并处或者单处非法募集资金金额百分之一以上百分之五以下罚金。

单位犯前款罪的，对单位判处罚金，并对其直接负责的主管人员和其他直接责任人员，处五年以下有期徒刑或者拘役。

第一百八十条　证券、期货交易内幕信息的知情人员或者非法获取证券、期货交易内幕信息的人员，在涉及证券的发行，证券、期货交易或者其他对证券、期货交易价格有重大影响的信息尚未公开前，买入或者卖出该证券，或者从事与该内幕信息有关的期货交易，或者泄露该信息，或者明示、暗示他人从事上述交易活动，情节严重的，处五年以下有期徒刑或者拘役，并处或者单处违法所得一倍以上五倍以下罚金；情节特别严重的，处五年以上十年以下有期徒刑，并处违法所得一倍以上五倍以下罚金。

单位犯前款罪的，对单位判处罚金，并对其直接负责的主管人员和其他直接责任人员，处五年以下有期徒刑或者拘役。

内幕信息、知情人员的范围，依照法律、行政法规的规定确定。

证券交易所、期货交易所、证券公司、期货经纪公司、基金管理公司、商业银行、保险公司等金融机构的从业人员以及有关监管部门或者行业协会的工作人员，利用因职务便利获取的内幕信息以外的其他未公开的信息，违反规定，从事与该信息相关的证券、期货交易活动，或者明示、暗示他人从事相关交易活动，情节严重的，依照第一款的规定处罚。

第一百八十一条　编造并且传播影响证券、期货交易的虚假信息，扰乱证券、期货交易市场，造成严重后果的，处五年以下有期徒刑或者拘役，并处或者单处一万元以上十万元以下罚金。

证券交易所、期货交易所、证券公司、期货经纪公司的从业人员，证券业协会、期货业协会或者证券期货监督管理部门的工作人员，故意提供虚假信息或者伪造、变造、销毁交易记录，诱骗投资者买卖证券、期货合约，造成严重后果的，处五年以下有期徒刑或者拘役，并处或者单处一万元以上十万元以下罚金；情节特别恶劣的，处五年以上十年以下有期徒刑，并处二万元以上二十万元以下罚金。

单位犯前两款罪的，对单位判处罚金，并对其直接负责的主管人员和其他直接责任人员，处五年以下有期徒刑或者拘役。

第一百八十二条　有下列情形之一，操纵证券、期货市场，影响证券、期货交易价格或者证券、期货交易量，情节严重的，处五年以下有期徒刑或者拘役，并处或者单处罚金；情节特别严重的，处五年以上十年以下有期徒刑，并处罚金：

（一）单独或者合谋，集中资金优势、持股或者持仓优势或者利用信息优势联合或者连续买卖的；

（二）与他人串通，以事先约定的时间、价格和方式相互进行证券、期货交易的；

（三）在自己实际控制的帐户之间进行证券交易，或者以自己为交易对象，自买自卖期货合约的；

（四）不以成交为目的，频繁或者大量申报买入、卖出证券、期货合约并撤销申报的；

（五）利用虚假或者不确定的重大信息，诱导投资者进行证券、期货交易的；

（六）对证券、证券发行人、期货交易标的公开作出评价、预测或者投资建议，同时进行反向证券交易或者相关期货交易的；

（七）以其他方法操纵证券、期货市场的。

单位犯前款罪的，对单位判处罚金，并对其直接负责的主管人员和其他直接责任人员，依照前款的规定处罚。

第一百八十三条　保险公司的工作人员利用职务上的便利，故意编造未曾发生的保险事故进行虚假理赔，骗取保险金归自己所有的，依照本法第二百七十一条的规定定罪处罚。

国有保险公司工作人员和国有保险公司委派到非国有保险公司从事公务的人员有前款行为的，依照本法第三百八十二条、第三百八十三条的规定定罪处罚。

第一百八十四条　银行或者其他金融机构的工作人员在金融业务活动中索取他人财物或者非法收受他人财物，为他人谋取利益的，或者违反国家规定，收受各种名义的回扣、手续费，归个人所有的，依照本法第一百六十三条的规定定罪处罚。

国有金融机构工作人员和国有金融机构委派到非国有金融机构从事公务的人员有前款行为的，依照本法第三百八十五条、第三百八十六条的规定定罪处罚。

第一百八十五条　商业银行、证券交易所、期货交易所、证券公司、期货经纪公司、保险公司或者其他金融机构的工作人员利用职务上的便利，挪用本单位或者客户资金的，依照本法第二百七十二条的规定定罪处罚。

国有商业银行、证券交易所、期货交易所、证券公司、期货经纪公司、保险公司或者其他国有金融机构的工作人员和国有商业银行、证券交易所、期货交易所、证券公司、期货经纪公司、保险公司或者其他国有金融机构委派到前款规定中的非国有机构从事公务的人员有前款行为的，依照本法第三百八十四条的规定定罪处罚。

第一百八十五条之一　商业银行、证券交易所、期货交易所、证券公司、期货经纪公司、保险公司或者其他金融机构，违背受托义务，擅自运用客户资金或者其他委托、信托的财产，情节严重的，对单位判处罚金，并对其直接负责的主管人员和其他直接责任人员，处三年以下有期徒刑或者拘役，并处三万元以上三十万元以下罚金；情节特别严重的，处三年以上十年以下有期徒刑，并处五万元以上五十万元以下罚金。

社会保障基金管理机构、住房公积金管理机构等公众资金管理机构，以及保险公司、保险资产管理公司、证券投资基金管理公司，违反国家规定运用资金的，对其直接负责的主管人员和其他直接责任人员，依照前款的规定处罚。

第一百八十六条　银行或者其他金融机构的工作人员违反国家规定发放贷款，数额巨大或者造成重大损失的，处五年以下有期徒刑或者拘役，并处一万元以上十万元以下罚金；数额特别巨大或者造成特别重大损失的，处五年以上有期徒刑，并处二万元以上二十万元以下罚金。

银行或者其他金融机构的工作人员违反国家规定，向关系人发放贷款的，依照前款的规定从重处罚。

单位犯前两款罪的，对单位判处罚金，并对其直接负责的主管人员和其他直接责任人员，依照前两款的规定处罚。

关系人的范围，依照《中华人民共和国商业银行法》和有关金融法规确定。

第一百八十七条 银行或者其他金融机构的工作人员吸收客户资金不入帐，数额巨大或者造成重大损失的，处五年以下有期徒刑或者拘役，并处二万元以上二十万元以下罚金；数额特别巨大或者造成特别重大损失的，处五年以上有期徒刑，并处五万元以上五十万元以下罚金。

单位犯前款罪的，对单位判处罚金，并对其直接负责的主管人员和其他直接责任人员，依照前款的规定处罚。

第一百八十八条 银行或者其他金融机构的工作人员违反规定，为他人出具信用证或者其他保函、票据、存单、资信证明，情节严重的，处五年以下有期徒刑或者拘役；情节特别严重的，处五年以上有期徒刑。

单位犯前款罪的，对单位判处罚金，并对其直接负责的主管人员和其他直接责任人员，依照前款的规定处罚。

第一百八十九条 银行或者其他金融机构的工作人员在票据业务中，对违反票据法规定的票据予以承兑、付款或者保证，造成重大损失的，处五年以下有期徒刑或者拘役；造成特别重大损失的，处五年以上有期徒刑。

单位犯前款罪的，对单位判处罚金，并对其直接负责的主管人员和其他直接责任人员，依照前款的规定处罚。

第一百九十条 公司、企业或者其他单位，违反国家规定，擅自将外汇存放境外，或者将境内的外汇非法转移到境外，数额较大的，对单位判处逃汇数额百分之五以上百分之三十以下罚金，并对其直接负责的主管人员和其他直接责任人员，处五年以下有期徒刑或者拘役；数额巨大或者有其他严重情节的，对单位判处逃汇数额百分之五以上百分之三十以下罚金，并对其直接负责的主管人员和其他直接责任人员，处五年以上有期徒刑。

第一百九十一条 为掩饰、隐瞒毒品犯罪、黑社会性质的组织犯罪、恐怖活动犯罪、走私犯罪、贪污贿赂犯罪、破坏金融管理秩序犯罪、金融诈骗犯罪的所得及其产生的收益的来源和性质，有下列行为之一的，没收实施以上犯罪的所得及其产生的收益，处五年以下有期徒刑或者拘役，并处或者单处罚金；情节严重的，处五年以上十年以下有期徒刑，并处罚金：

（一）提供资金帐户的；

（二）将财产转换为现金、金融票据、有价证券的；

（三）通过转帐或者其他支付结算方式转移资金的；

（四）跨境转移资产的；

（五）以其他方法掩饰、隐瞒犯罪所得及其收益的来源和性质的。

单位犯前款罪的，对单位判处罚金，并对其直接负责的主管人员和其他直接责任人员，依照前款的规定处罚。

第五节 金融诈骗罪

第一百九十二条 以非法占有为目的，使用诈骗方法非法集资，数额较大的，处三年以上七年以下有期徒刑，并处罚金；数额巨大或者有其他严重情节的，处七年以上有期徒刑或者无期徒刑，并处罚金或者没收财产。

单位犯前款罪的，对单位判处罚金，并对其直接负责的主管人员和其他直接责任人员，依照前款的规定处罚。

第一百九十三条 有下列情形之一，以非法占有为目的，诈骗银行或者其他金融机构的贷款，数额较大的，处五年以下有期徒刑或者拘役，并处二万元以上二十万元以下罚金；数额巨大或者有其他严重情节的，处五年以上十年以下有期徒刑，并处五万元以上五十万元以下罚金；数额特别巨大或者有其他特别严重情节的，处十年以上有期徒刑或者无期徒刑，并处五万元以上五十万元以下罚金或者没收财产：

（一）编造引进资金、项目等虚假理由的；

（二）使用虚假的经济合同的；

（三）使用虚假的证明文件的；

（四）使用虚假的产权证明作担保或者超出抵押物价值重复担保的；

（五）以其他方法诈骗贷款的。

第一百九十四条 有下列情形之一，进行金融票据诈骗活动，数额较大的，处五年以下有期徒刑或者拘役，并处二万元以上二十万元以下罚金；数额巨大或者有其他严重情节的，处五年以上十年以下有期徒刑，并处五万元以上五十万元以下罚金；数额特别巨大或者有其他特别严重情节的，处十年以上有期徒刑或者无期徒刑，并处五万元以上五十万元以下罚金或者没收财产：

（一）明知是伪造、变造的汇票、本票、支票而使用的；

（二）明知是作废的汇票、本票、支票而使用的；

（三）冒用他人的汇票、本票、支票的；

（四）签发空头支票或者与其预留印鉴不符的支票，骗取财物的；

（五）汇票、本票的出票人签发无资金保证的汇票、本票或者在出票时作虚假记载，骗取财物的。

使用伪造、变造的委托收款凭证、汇款凭证、银行存单等其他银行结算凭证的，依照前款的规定处罚。

第一百九十五条 有下列情形之一，进行信用证诈骗活动的，处五年以下有期徒刑或者拘役，并处二万元以上二十万元以下罚金；数额巨大或者有其他严重情节的，处五年以上十年以下有期徒刑，并处五万元以上五十万元以下罚金；数额特别巨大或者有其他特别严重情节的，处十年以上有期徒刑或者无期徒刑，并处五万元以上五十万元以下罚金或者没收财产：

（一）使用伪造、变造的信用证或者附随的单据、文件的；

（二）使用作废的信用证的；

（三）骗取信用证的；

（四）以其他方法进行信用证诈骗活动的。

第一百九十六条 有下列情形之一，进行信用卡诈骗活动，数额较大的，处五年以下有期徒刑或者拘役，并处二万元以上二十万元以下罚金；数额巨大或者有其他严重情节的，处五年以上十年以下有期徒刑，并处五万元以上五十万元以下罚金；数额特别巨大或者有其他特别严重情节的，处十年以上有期徒刑或者无期徒刑，并处五万元以上五十万元以下罚金或者没收财产：

（一）使用伪造的信用卡，或者使用以虚假的身份证明骗领的信用卡的；

（二）使用作废的信用卡的；

（三）冒用他人信用卡的；

（四）恶意透支的。

前款所称恶意透支，是指持卡人以非法占有为目的，超过规定限额或者规定期限透支，并且经发卡银行催收后仍不归还的行为。

盗窃信用卡并使用的，依照本法第二百六十四条的规定定罪处罚。

第一百九十七条 使用伪造、变造的国库券或者国家发行的其他有价证券，进行诈骗活动，数额较大的，处五年以下有期徒刑或者拘役，并处二万元以上二十万元以下罚金；数额巨大或者有其他严重情节的，处五年以上十年以下有期徒刑，并处五万元以上五十万元以下罚金；数额特别巨大或者有其他特别严重情节的，处十年以上有期徒刑或者无期徒刑，并处五万元以上五十万元以下罚金或者没收财产。

第一百九十八条 有下列情形之一，进行保险诈骗活动，数额较大的，处五年以下有期徒刑或者拘役，并处一万元以上十万元以下罚金；数额巨大或者有其他严重情节的，处五年以上十年以下有期徒刑，并处二万元以上二十万元以下罚金；数额特别巨大或者有其他特别严重情节的，处十年以上有期徒刑，并处二万元以上二十万元以下罚金或者没收财产：

（一）投保人故意虚构保险标的，骗取保险金的；

（二）投保人、被保险人或者受益人对发生的保险事故编造虚假的原因或者夸大损失的程度，骗取保险金的；

（三）投保人、被保险人或者受益人编造未曾发生的保险事故，骗取保险金的；

（四）投保人、被保险人故意造成财产损失的保险事故，骗取保险金的；

（五）投保人、受益人故意造成被保险人死亡、伤残或者疾病，骗取保险金的。

有前款第四项、第五项所列行为，同时构成其他犯罪的，依照数罪并罚的规定处罚。

单位犯第一款罪的，对单位判处罚金，并对其直接负责的主管人员和其他直接责任人员，处五年以下有期徒刑或者拘役；数额巨大或者有其他严重情节的，处五年以上十年以下有期徒刑；数额特别巨大或者有其他特别严重情节的，处十年以上有期徒刑。

保险事故的鉴定人、证明人、财产评估人故意提供虚假的证明文件，为他人诈骗提供条件的，以保险诈骗的共犯论处。

第一百九十九条(删去)

第二百条 单位犯本节第一百九十四条、第一百九十五条规定之罪的,对单位判处罚金,并对其直接负责的主管人员和其他直接责任人员,处五年以下有期徒刑或者拘役,可以并处罚金;数额巨大或者有其他严重情节的,处五年以上十年以下有期徒刑,并处罚金;数额特别巨大或者有其他特别严重情节的,处十年以上有期徒刑或者无期徒刑,并处罚金。

第六节 危害税收征管罪

第二百零一条 纳税人采取欺骗、隐瞒手段进行虚假纳税申报或者不申报,逃避缴纳税款数额较大并且占应纳税额百分之十以上的,处三年以下有期徒刑或者拘役,并处罚金;数额巨大并且占应纳税额百分之三十以上的,处三年以上七年以下有期徒刑,并处罚金。

扣缴义务人采取前款所列手段,不缴或者少缴已扣、已收税款,数额较大的,依照前款的规定处罚。

对多次实施前两款行为,未经处理的,按照累计数额计算。

有第一款行为,经税务机关依法下达追缴通知后,补缴应纳税款,缴纳滞纳金,已受行政处罚的,不予追究刑事责任;但是,五年内因逃避缴纳税款受过刑事处罚或者被税务机关给予二次以上行政处罚的除外。

第二百零二条 以暴力、威胁方法拒不缴纳税款的,处三年以下有期徒刑或者拘役,并处拒缴税款一倍以上五倍以下罚金;情节严重的,处三年以上七年以下有期徒刑,并处拒缴税款一倍以上五倍以下罚金。

第二百零三条 纳税人欠缴应纳税款,采取转移或者隐匿财产的手段,致使税务机关无法追缴欠缴的税款,数额在一万元以上不满十万元的,处三年以下有期徒刑或者拘役,并处或者单处欠缴税款一倍以上五倍以下罚金;数额在十万元以上的,处三年以上七年以下有期徒刑,并处欠缴税款一倍以上五倍以下罚金。

第二百零四条 以假报出口或者其他欺骗手段,骗取国家出口退税款,数额较大的,处五年以下有期徒刑或者拘役,并处骗取税款一倍以上五倍以下罚金;数额巨大或者有其他严重情节的,处五年以上十年以下有期徒刑,并处骗取税款一倍以上五倍以下罚金;数额特别巨大或者有其他特别严重情节的,处十年以上有期徒刑或者无期徒刑,并处骗取税款一倍以上五倍以下罚金或者没收财产。

纳税人缴纳税款后,采取前款规定的欺骗方法,骗取所缴纳的税款的,依照本法第二百零一条的规定定罪处罚;骗取税款超过所缴纳的税款部分,依照前款的规定处罚。

第二百零五条 虚开增值税专用发票或者虚开用于骗取出口退税、抵扣税款的其他发票的,处三年以下有期徒刑或者拘役,并处二万元以上二十万元以下罚金;虚开的税款数额较大或者有其他严重情节的,处三年以上十年以下有期徒刑,并处五万元以上五十万元以下罚金;虚开的税款数额巨大或者有其他特别严重情节的,处十年以上有期徒刑或者无期徒刑,并处五万元以上五十万元以下罚金或者没收财产。

单位犯本条规定之罪的，对单位判处罚金，并对其直接负责的主管人员和其他直接责任人员，处三年以下有期徒刑或者拘役；虚开的税款数额较大或者有其他严重情节的，处三年以上十年以下有期徒刑；虚开的税款数额巨大或者有其他特别严重情节的，处十年以上有期徒刑或者无期徒刑。

虚开增值税专用发票或者虚开用于骗取出口退税、抵扣税款的其他发票，是指有为他人虚开、为自己虚开、让他人为自己虚开、介绍他人虚开行为之一的。

第二百零五条之一 虚开本法第二百零五条规定以外的其他发票，情节严重的，处二年以下有期徒刑、拘役或者管制，并处罚金；情节特别严重的，处二年以上七年以下有期徒刑，并处罚金。

单位犯前款罪的，对单位判处罚金，并对其直接负责的主管人员和其他直接责任人员，依照前款的规定处罚。

第二百零六条 伪造或者出售伪造的增值税专用发票的，处三年以下有期徒刑、拘役或者管制，并处二万元以上二十万元以下罚金；数量较大或者有其他严重情节的，处三年以上十年以下有期徒刑，并处五万元以上五十万元以下罚金；数量巨大或者有其他特别严重情节的，处十年以上有期徒刑或者无期徒刑，并处五万元以上五十万元以下罚金或者没收财产。

单位犯本条规定之罪的，对单位判处罚金，并对其直接负责的主管人员和其他直接责任人员，处三年以下有期徒刑、拘役或者管制；数量较大或者有其他严重情节的，处三年以上十年以下有期徒刑；数量巨大或者有其他特别严重情节的，处十年以上有期徒刑或者无期徒刑。

第二百零七条 非法出售增值税专用发票的，处三年以下有期徒刑、拘役或者管制，并处二万元以上二十万元以下罚金；数量较大的，处三年以上十年以下有期徒刑，并处五万元以上五十万元以下罚金；数量巨大的，处十年以上有期徒刑或者无期徒刑，并处五万元以上五十万元以下罚金或者没收财产。

第二百零八条 非法购买增值税专用发票或者购买伪造的增值税专用发票的，处五年以下有期徒刑或者拘役，并处或者单处二万元以上二十万元以下罚金。

非法购买增值税专用发票或者购买伪造的增值税专用发票又虚开或者出售的，分别依照本法第二百零五条、第二百零六条、第二百零七条的规定定罪处罚。

第二百零九条 伪造、擅自制造或者出售伪造、擅自制造的可以用于骗取出口退税、抵扣税款的其他发票的，处三年以下有期徒刑、拘役或者管制，并处二万元以上二十万元以下罚金；数量巨大的，处三年以上七年以下有期徒刑，并处五万元以上五十万元以下罚金；数量特别巨大的，处七年以上有期徒刑，并处五万元以上五十万元以下罚金或者没收财产。

伪造、擅自制造或者出售伪造、擅自制造的前款规定以外的其他发票的，处二年以下有期徒刑、拘役或者管制，并处或者单处一万元以上五万元以下罚金；情节严重的，处二年以上七年以下有期徒刑，并处五万元以上五十万元以下罚金。

非法出售可以用于骗取出口退税、抵扣税款的其他发票的，依照第一款的规定处罚。

非法出售第三款规定以外的其他发票的，依照第二款的规定处罚。

第二百一十条 盗窃增值税专用发票或者可以用于骗取出口退税、抵扣税款的其他发票的，依照本法第二百六十四条的规定定罪处罚。

使用欺骗手段骗取增值税专用发票或者可以用于骗取出口退税、抵扣税款的其他发票的，依照本法第二百六十六条的规定定罪处罚。

第二百一十条之一 明知是伪造的发票而持有，数量较大的，处二年以下有期徒刑、拘役或者管制，并处罚金；数量巨大的，处二年以上七年以下有期徒刑，并处罚金。

单位犯前款罪的，对单位判处罚金，并对其直接负责的主管人员和其他直接责任人员，依照前款的规定处罚。

第二百一十一条 单位犯本节第二百零一条、第二百零三条、第二百零四条、第二百零七条、第二百零八条、第二百零九条规定之罪的，对单位判处罚金，并对其直接负责的主管人员和其他直接责任人员，依照各该条的规定处罚。

第二百一十二条 犯本节第二百零一条至第二百零五条规定之罪，被判处罚金、没收财产的，在执行前，应当先由税务机关追缴税款和所骗取的出口退税款。

第七节 侵犯知识产权罪

第二百一十三条 未经注册商标所有人许可，在同一种商品、服务上使用与其注册商标相同的商标，情节严重的，处三年以下有期徒刑，并处或者单处罚金；情节特别严重的，处三年以上十年以下有期徒刑，并处罚金。

第二百一十四条 销售明知是假冒注册商标的商品，违法所得数额较大或者有其他严重情节的，处三年以下有期徒刑，并处或者单处罚金；违法所得数额巨大或者有其他特别严重情节的，处三年以上十年以下有期徒刑，并处罚金。

第二百一十五条 伪造、擅自制造他人注册商标标识或者销售伪造、擅自制造的注册商标标识，情节严重的，处三年以下有期徒刑，并处或者单处罚金；情节特别严重的，处三年以上十年以下有期徒刑，并处罚金。

第二百一十六条 假冒他人专利，情节严重的，处三年以下有期徒刑或者拘役，并处或者单处罚金。

第二百一十七条 以营利为目的，有下列侵犯著作权或者与著作权有关的权利的情形之一，违法所得数额较大或者有其他严重情节的，处三年以下有期徒刑，并处或者单处罚金；违法所得数额巨大或者有其他特别严重情节的，处三年以上十年以下有期徒刑，并处罚金：

（一）未经著作权人许可，复制发行、通过信息网络向公众传播其文字作品、音乐、美术、视听作品、计算机软件及法律、行政法规规定的其他作品的；

（二）出版他人享有专有出版权的图书的；

（三）未经录音录像制作者许可，复制发行、通过信息网络向公众传播其制作的录音录像的；

（四）未经表演者许可，复制发行录有其表演的录音录像制品，或者通过信息网络向公众传播其表演的；

（五）制作、出售假冒他人署名的美术作品的；

（六）未经著作权人或者与著作权有关的权利人许可，故意避开或者破坏权利人为其作品、录音录像制品等采取的保护著作权或者与著作权有关的权利的技术措施的。

第二百一十八条 以营利为目的，销售明知是本法第二百一十七条规定的侵权复制品，违法所得数额巨大或者有其他严重情节的，处五年以下有期徒刑，并处或者单处罚金。

第二百一十九条 有下列侵犯商业秘密行为之一，情节严重的，处三年以下有期徒刑，并处或者单处罚金；情节特别严重的，处三年以上十年以下有期徒刑，并处罚金：

（一）以盗窃、贿赂、欺诈、胁迫、电子侵入或者其他不正当手段获取权利人的商业秘密的；

（二）披露、使用或者允许他人使用以前项手段获取的权利人的商业秘密的；

（三）违反保密义务或者违反权利人有关保守商业秘密的要求，披露、使用或者允许他人使用其所掌握的商业秘密的。

明知前款所列行为，获取、披露、使用或者允许他人使用该商业秘密的，以侵犯商业秘密论。

本条所称权利人，是指商业秘密的所有人和经商业秘密所有人许可的商业秘密使用人。

第二百一十九条之一 为境外的机构、组织、人员窃取、刺探、收买、非法提供商业秘密的，处五年以下有期徒刑，并处或者单处罚金；情节严重的，处五年以上有期徒刑，并处罚金。

第二百二十条 单位犯本节第二百一十三条至第二百一十九条之一规定之罪的，对单位判处罚金，并对其直接负责的主管人员和其他直接责任人员，依照本节各该条的规定处罚。

第八节 扰乱市场秩序罪

第二百二十一条 捏造并散布虚伪事实，损害他人的商业信誉、商品声誉，给他人造成重大损失或者有其他严重情节的，处二年以下有期徒刑或者拘役，并处或者单处罚金。

第二百二十二条 广告主、广告经营者、广告发布者违反国家规定，利用广告对商品或者服务作虚假宣传，情节严重的，处二年以下有期徒刑或者拘役，并处或者单处罚金。

第二百二十三条 投标人相互串通投标报价，损害招标人或者其他投标人利益，情节严重的，处三年以下有期徒刑或者拘役，并处或者单处罚金。

投标人与招标人串通投标，损害国家、集体、公民的合法利益的，依照前款的规定处罚。

第二百二十四条 有下列情形之一，以非法占有为目的，在签订、履行合同过程中，骗取对方当事人财物，数额较大的，处三年以下有期徒刑或者拘役，并处或者单处罚金；数额巨大或者有其他严重情节的，处三年以上十年以下有期徒刑，并处罚金；数额特别巨大或者有其他特别严重情节的，处十年以上有期徒刑或者无期徒刑，并处罚金或者没收财产：

（一）以虚构的单位或者冒用他人名义签订合同的；

（二）以伪造、变造、作废的票据或者其他虚假的产权证明作担保的；

（三）没有实际履行能力，以先履行小额合同或者部分履行合同的方法，诱骗对方当事人继续签订和履行合同的；

（四）收受对方当事人给付的货物、货款、预付款或者担保财产后逃匿的；

（五）以其他方法骗取对方当事人财物的。

第二百二十四条之一 组织、领导以推销商品、提供服务等经营活动为名，要求参加者以缴纳费用或者购买商品、服务等方式获得加入资格，并按照一定顺序组成层级，直接或者间接以发展人员的数量作为计酬或者返利依据，引诱、胁迫参加者继续发展他人参加，骗取财物，扰乱经济社会秩序的传销活动的，处五年以下有期徒刑或者拘役，并处罚金；情节严重的，处五年以上有期徒刑，并处罚金。

第二百二十五条 违反国家规定，有下列非法经营行为之一，扰乱市场秩序，情节严重的，处五年以下有期徒刑或者拘役，并处或者单处违法所得一倍以上五倍以下罚金；情节特别严重的，处五年以上有期徒刑，并处违法所得一倍以上五倍以下罚金或者没收财产：

（一）未经许可经营法律、行政法规规定的专营、专卖物品或者其他限制买卖的物品的；

（二）买卖进出口许可证、进出口原产地证明以及其他法律、行政法规规定的经营许可证或者批准文件的；

（三）未经国家有关主管部门批准非法经营证券、期货、保险业务的，或者非法从事资金支付结算业务的；

（四）其他严重扰乱市场秩序的非法经营行为。

第二百二十六条 以暴力、威胁手段，实施下列行为之一，情节严重的，处三年以下有期徒刑或者拘役，并处或者单处罚金；情节特别严重的，处三年以上七年以下有期徒刑，并处罚金：

（一）强买强卖商品的；

（二）强迫他人提供或者接受服务的；

（三）强迫他人参与或者退出投标、拍卖的；

（四）强迫他人转让或者收购公司、企业的股份、债券或者其他资产的；

（五）强迫他人参与或者退出特定的经营活动的。

第二百二十七条 伪造或者倒卖伪造的车票、船票、邮票或者其他有价票证，数额较大的，处二年以下有期徒刑、拘役或者管制，并处或者单处票证价额一倍以上五倍以下罚金；数额巨大的，处二年以上七年以下有期徒刑，并处票证价额一倍以上五倍以下罚金。

倒卖车票、船票，情节严重的，处三年以下有期徒刑、拘役或者管制，并处或者单处票证价额一倍以上五倍以下罚金。

第二百二十八条 以牟利为目的，违反土地管理法规，非法转让、倒卖土地使用权，情节严重的，处三年以下有期徒刑或者拘役，并处或者单处非法转让、倒卖土地使用权价额百分之五以上百分之二十以下罚金；情节特别严重的，处三年以上七年以下有期徒刑，并处非法转让、倒卖土地使用权价额百分之五以上百分之二十以下罚金。

第二百二十九条 承担资产评估、验资、验证、会计、审计、法律服务、保荐、安全评价、环境影响评价、环境监测等职责的中介组织的人员故意提供虚假证明文件,情节严重的,处五年以下有期徒刑或者拘役,并处罚金;有下列情形之一的,处五年以上十年以下有期徒刑,并处罚金:

(一)提供与证券发行相关的虚假的资产评估、会计、审计、法律服务、保荐等证明文件,情节特别严重的;

(二)提供与重大资产交易相关的虚假的资产评估、会计、审计等证明文件,情节特别严重的;

(三)在涉及公共安全的重大工程、项目中提供虚假的安全评价、环境影响评价等证明文件,致使公共财产、国家和人民利益遭受特别重大损失的。

有前款行为,同时索取他人财物或者非法收受他人财物构成犯罪的,依照处罚较重的规定定罪处罚。

第一款规定的人员,严重不负责任,出具的证明文件有重大失实,造成严重后果的,处三年以下有期徒刑或者拘役,并处或者单处罚金。

第二百三十条 违反进出口商品检验法的规定,逃避商品检验,将必须经商检机构检验的进口商品未报经检验而擅自销售、使用,或者将必须经商检机构检验的出口商品未报经检验合格而擅自出口,情节严重的,处三年以下有期徒刑或者拘役,并处或者单处罚金。

第二百三十一条 单位犯本节第二百二十一条至第二百三十条规定之罪的,对单位判处罚金,并对其直接负责的主管人员和其他直接责任人员,依照本节各该条的规定处罚。

第四章　侵犯公民人身权利、民主权利罪

第二百三十二条 故意杀人的,处死刑、无期徒刑或者十年以上有期徒刑;情节较轻的,处三年以上十年以下有期徒刑。

第二百三十三条 过失致人死亡的,处三年以上七年以下有期徒刑;情节较轻的,处三年以下有期徒刑。本法另有规定的,依照规定。

第二百三十四条 故意伤害他人身体的,处三年以下有期徒刑、拘役或者管制。

犯前款罪,致人重伤的,处三年以上十年以下有期徒刑;致人死亡或者以特别残忍手段致人重伤造成严重残疾的,处十年以上有期徒刑、无期徒刑或者死刑。本法另有规定的,依照规定。

第二百三十四条之一 组织他人出卖人体器官的,处五年以下有期徒刑,并处罚金;情节严重的,处五年以上有期徒刑,并处罚金或者没收财产。

未经本人同意摘取其器官,或者摘取不满十八周岁的人的器官,或者强迫、欺骗他人捐献器官的,依照本法第二百三十四条、第二百三十二条的规定定罪处罚。

违背本人生前意愿摘取其尸体器官,或者本人生前未表示同意,违反国家规定,违背其近亲属意愿摘取其尸体器官的,依照本法第三百零二条的规定定罪处罚。

第二百三十五条　过失伤害他人致人重伤的，处三年以下有期徒刑或者拘役。本法另有规定的，依照规定。

第二百三十六条　以暴力、胁迫或者其他手段强奸妇女的，处三年以上十年以下有期徒刑。

奸淫不满十四周岁的幼女的，以强奸论，从重处罚。

强奸妇女、奸淫幼女，有下列情形之一的，处十年以上有期徒刑、无期徒刑或者死刑：

（一）强奸妇女、奸淫幼女情节恶劣的；

（二）强奸妇女、奸淫幼女多人的；

（三）在公共场所当众强奸妇女、奸淫幼女的；

（四）二人以上轮奸的；

（五）奸淫不满十周岁的幼女或者造成幼女伤害的；

（六）致使被害人重伤、死亡或者造成其他严重后果的。

第二百三十六条之一　对已满十四周岁不满十六周岁的未成年女性负有监护、收养、看护、教育、医疗等特殊职责的人员，与该未成年女性发生性关系的，处三年以下有期徒刑；情节恶劣的，处三年以上十年以下有期徒刑。

有前款行为，同时又构成本法第二百三十六条规定之罪的，依照处罚较重的规定定罪处罚。

第二百三十七条　以暴力、胁迫或者其他方法强制猥亵他人或者侮辱妇女的，处五年以下有期徒刑或者拘役。

聚众或者在公共场所当众犯前款罪的，或者有其他恶劣情节的，处五年以上有期徒刑。

猥亵儿童的，处五年以下有期徒刑；有下列情形之一的，处五年以上有期徒刑：

（一）猥亵儿童多人或者多次的；

（二）聚众猥亵儿童的，或者在公共场所当众猥亵儿童，情节恶劣的；

（三）造成儿童伤害或者其他严重后果的；

（四）猥亵手段恶劣或者有其他恶劣情节的。

第二百三十八条　非法拘禁他人或者以其他方法非法剥夺他人人身自由的，处三年以下有期徒刑、拘役、管制或者剥夺政治权利。具有殴打、侮辱情节的，从重处罚。

犯前款罪，致人重伤的，处三年以上十年以下有期徒刑；致人死亡的，处十年以上有期徒刑。使用暴力致人伤残、死亡的，依照本法第二百三十四条、第二百三十二条的规定定罪处罚。

为索取债务非法扣押、拘禁他人的，依照前两款的规定处罚。

国家机关工作人员利用职权犯前三款罪的，依照前三款的规定从重处罚。

第二百三十九条　以勒索财物为目的绑架他人的，或者绑架他人作为人质的，处十年以上有期徒刑或者无期徒刑，并处罚金或者没收财产；情节较轻的，处五年以上十年以下有期徒刑，并处罚金。

犯前款罪，杀害被绑架人的，或者故意伤害被绑架人，致人重伤、死亡的，处无期徒刑或者死刑，并处没收财产。

以勒索财物为目的偷盗婴幼儿的，依照前两款的规定处罚。

第二百四十条 拐卖妇女、儿童的，处五年以上十年以下有期徒刑，并处罚金；有下列情形之一的，处十年以上有期徒刑或者无期徒刑，并处罚金或者没收财产；情节特别严重的，处死刑，并处没收财产：

（一）拐卖妇女、儿童集团的首要分子；

（二）拐卖妇女、儿童三人以上的；

（三）奸淫被拐卖的妇女的；

（四）诱骗、强迫被拐卖的妇女卖淫或者将被拐卖的妇女卖给他人迫使其卖淫的；

（五）以出卖为目的，使用暴力、胁迫或者麻醉方法绑架妇女、儿童的；

（六）以出卖为目的，偷盗婴幼儿的；

（七）造成被拐卖的妇女、儿童或者其亲属重伤、死亡或者其他严重后果的；

（八）将妇女、儿童卖往境外的。

拐卖妇女、儿童是指以出卖为目的，有拐骗、绑架、收买、贩卖、接送、中转妇女、儿童的行为之一的。

第二百四十一条 收买被拐卖的妇女、儿童的，处三年以下有期徒刑、拘役或者管制。

收买被拐卖的妇女，强行与其发生性关系的，依照本法第二百三十六条的规定定罪处罚。

收买被拐卖的妇女、儿童，非法剥夺、限制其人身自由或者有伤害、侮辱等犯罪行为的，依照本法的有关规定定罪处罚。

收买被拐卖的妇女、儿童，并有第二款、第三款规定的犯罪行为的，依照数罪并罚的规定处罚。

收买被拐卖的妇女、儿童又出卖的，依照本法第二百四十条的规定定罪处罚。

收买被拐卖的妇女、儿童，对被买儿童没有虐待行为，不阻碍对其进行解救的，可以从轻处罚；按照被买妇女的意愿，不阻碍其返回原居住地的，可以从轻或者减轻处罚。

第二百四十二条 以暴力、威胁方法阻碍国家机关工作人员解救被收买的妇女、儿童的，依照本法第二百七十七条的规定定罪处罚。

聚众阻碍国家机关工作人员解救被收买的妇女、儿童的首要分子，处五年以下有期徒刑或者拘役；其他参与者使用暴力、威胁方法的，依照前款的规定处罚。

第二百四十三条 捏造事实诬告陷害他人，意图使他人受刑事追究，情节严重的，处三年以下有期徒刑、拘役或者管制；造成严重后果的，处三年以上十年以下有期徒刑。

国家机关工作人员犯前款罪的，从重处罚。

不是有意诬陷，而是错告，或者检举失实的，不适用前两款的规定。

第二百四十四条 以暴力、威胁或者限制人身自由的方法强迫他人劳动的，处三年以下有期徒刑或者拘役，并处罚金；情节严重的，处三年以上十年以下有期徒刑，并处罚金。

明知他人实施前款行为，为其招募、运送人员或者有其他协助强迫他人劳动行为的，依照前款的规定处罚。

单位犯前两款罪的，对单位判处罚金，并对其直接负责的主管人员和其他直接责任人员，依照第一款的规定处罚。

第二百四十四条之一　违反劳动管理法规，雇用未满十六周岁的未成年人从事超强度体力劳动的，或者从事高空、井下作业的，或者在爆炸性、易燃性、放射性、毒害性等危险环境下从事劳动，情节严重的，对直接责任人员，处三年以下有期徒刑或者拘役，并处罚金；情节特别严重的，处三年以上七年以下有期徒刑，并处罚金。

有前款行为，造成事故，又构成其他犯罪的，依照数罪并罚的规定处罚。

第二百四十五条　非法搜查他人身体、住宅，或者非法侵入他人住宅的，处三年以下有期徒刑或者拘役。

司法工作人员滥用职权，犯前款罪的，从重处罚。

第二百四十六条　以暴力或者其他方法公然侮辱他人或者捏造事实诽谤他人，情节严重的，处三年以下有期徒刑、拘役、管制或者剥夺政治权利。

前款罪，告诉的才处理，但是严重危害社会秩序和国家利益的除外。

通过信息网络实施第一款规定的行为，被害人向人民法院告诉，但提供证据确有困难的，人民法院可以要求公安机关提供协助。

第二百四十七条　司法工作人员对犯罪嫌疑人、被告人实行刑讯逼供或者使用暴力逼取证人证言的，处三年以下有期徒刑或者拘役。致人伤残、死亡的，依照本法第二百三十四条、第二百三十二条的规定定罪从重处罚。

第二百四十八条　监狱、拘留所、看守所等监管机构的监管人员对被监管人进行殴打或者体罚虐待，情节严重的，处三年以下有期徒刑或者拘役；情节特别严重的，处三年以上十年以下有期徒刑。致人伤残、死亡的，依照本法第二百三十四条、第二百三十二条的规定定罪从重处罚。

监管人员指使被监管人殴打或者体罚虐待其他被监管人的，依照前款的规定处罚。

第二百四十九条　煽动民族仇恨、民族歧视，情节严重的，处三年以下有期徒刑、拘役、管制或者剥夺政治权利；情节特别严重的，处三年以上十年以下有期徒刑。

第二百五十条　在出版物中刊载歧视、侮辱少数民族的内容，情节恶劣，造成严重后果的，对直接责任人员，处三年以下有期徒刑、拘役或者管制。

第二百五十一条　国家机关工作人员非法剥夺公民的宗教信仰自由和侵犯少数民族风俗习惯，情节严重的，处二年以下有期徒刑或者拘役。

第二百五十二条　隐匿、毁弃或者非法开拆他人信件，侵犯公民通信自由权利，情节严重的，处一年以下有期徒刑或者拘役。

第二百五十三条　邮政工作人员私自开拆或者隐匿、毁弃邮件、电报的，处二年以下有期徒刑或者拘役。

犯前款罪而窃取财物的，依照本法第二百六十四条的规定定罪从重处罚。

第二百五十三条之一　违反国家有关规定，向他人出售或者提供公民个人信息，情节严重的，处三年以下有期徒刑或者拘役，并处或者单处罚金；情节特别严重的，处三年以上七年以下有期徒刑，并处罚金。

违反国家有关规定，将在履行职责或者提供服务过程中获得的公民个人信息，出售或者提供给他人的，依照前款的规定从重处罚。

窃取或者以其他方法非法获取公民个人信息的，依照第一款的规定处罚。

单位犯前三款罪的，对单位判处罚金，并对其直接负责的主管人员和其他直接责任人员，依照各该款的规定处罚。

第二百五十四条 国家机关工作人员滥用职权、假公济私，对控告人、申诉人、批评人、举报人实行报复陷害的，处二年以下有期徒刑或者拘役；情节严重的，处二年以上七年以下有期徒刑。

第二百五十五条 公司、企业、事业单位、机关、团体的领导人，对依法履行职责、抵制违反会计法、统计法行为的会计、统计人员实行打击报复，情节恶劣的，处三年以下有期徒刑或者拘役。

第二百五十六条 在选举各级人民代表大会代表和国家机关领导人员时，以暴力、威胁、欺骗、贿赂、伪造选举文件、虚报选举票数等手段破坏选举或者妨害选民和代表自由行使选举权和被选举权，情节严重的，处三年以下有期徒刑、拘役或者剥夺政治权利。

第二百五十七条 以暴力干涉他人婚姻自由的，处二年以下有期徒刑或者拘役。

犯前款罪，致使被害人死亡的，处二年以上七年以下有期徒刑。

第一款罪，告诉的才处理。

第二百五十八条 有配偶而重婚的，或者明知他人有配偶而与之结婚的，处二年以下有期徒刑或者拘役。

第二百五十九条 明知是现役军人的配偶而与之同居或者结婚的，处三年以下有期徒刑或者拘役。

利用职权、从属关系，以胁迫手段奸淫现役军人的妻子的，依照本法第二百三十六条的规定定罪处罚。

第二百六十条 虐待家庭成员，情节恶劣的，处二年以下有期徒刑、拘役或者管制。

犯前款罪，致使被害人重伤、死亡的，处二年以上七年以下有期徒刑。

第一款罪，告诉的才处理，但被害人没有能力告诉，或者因受到强制、威吓无法告诉的除外。

第二百六十条之一 对未成年人、老年人、患病的人、残疾人等负有监护、看护职责的人虐待被监护、看护的人，情节恶劣的，处三年以下有期徒刑或者拘役。

单位犯前款罪的，对单位判处罚金，并对其直接负责的主管人员和其他直接责任人员，依照前款的规定处罚。

有第一款行为，同时构成其他犯罪的，依照处罚较重的规定定罪处罚。

第二百六十一条 对于年老、年幼、患病或者其他没有独立生活能力的人，负有扶养义务而拒绝扶养，情节恶劣的，处五年以下有期徒刑、拘役或者管制。

第二百六十二条 拐骗不满十四周岁的未成年人，脱离家庭或者监护人的，处五年以下有期徒刑或者拘役。

第二百六十二条之一 以暴力、胁迫手段组织残疾人或者不满十四周岁的未成年人乞讨的，处三年以下有期徒刑或者拘役，并处罚金；情节严重的，处三年以上七年以下有期徒刑，并处罚金。

第二百六十二条之二 组织未成年人进行盗窃、诈骗、抢夺、敲诈勒索等违反治安管理活动的，处三年以下有期徒刑或者拘役，并处罚金；情节严重的，处三年以上七年以下有期徒刑，并处罚金。

第五章 侵犯财产罪

第二百六十三条 以暴力、胁迫或者其他方法抢劫公私财物的，处三年以上十年以下有期徒刑，并处罚金；有下列情形之一的，处十年以上有期徒刑、无期徒刑或者死刑，并处罚金或者没收财产：

（一）入户抢劫的；

（二）在公共交通工具上抢劫的；

（三）抢劫银行或者其他金融机构的；

（四）多次抢劫或者抢劫数额巨大的；

（五）抢劫致人重伤、死亡的；

（六）冒充军警人员抢劫的；

（七）持枪抢劫的；

（八）抢劫军用物资或者抢险、救灾、救济物资的。

第二百六十四条 盗窃公私财物，数额较大的，或者多次盗窃、入户盗窃、携带凶器盗窃、扒窃的，处三年以下有期徒刑、拘役或者管制，并处或者单处罚金；数额巨大或者有其他严重情节的，处三年以上十年以下有期徒刑，并处罚金；数额特别巨大或者有其他特别严重情节的，处十年以上有期徒刑或者无期徒刑，并处罚金或者没收财产。

第二百六十五条 以牟利为目的，盗接他人通信线路、复制他人电信码号或者明知是盗接、复制的电信设备、设施而使用的，依照本法第二百六十四条的规定定罪处罚。

第二百六十六条 诈骗公私财物，数额较大的，处三年以下有期徒刑、拘役或者管制，并处或者单处罚金；数额巨大或者有其他严重情节的，处三年以上十年以下有期徒刑，并处罚金；数额特别巨大或者有其他特别严重情节的，处十年以上有期徒刑或者无期徒刑，并处罚金或者没收财产。本法另有规定的，依照规定。

第二百六十七条 抢夺公私财物，数额较大的，或者多次抢夺的，处三年以下有期徒刑、拘役或者管制，并处或者单处罚金；数额巨大或者有其他严重情节的，处三年以上十年以下有期徒刑，并处罚金；数额特别巨大或者有其他特别严重情节的，处十年以上有期徒刑或者无期徒刑，并处罚金或者没收财产。

携带凶器抢夺的，依照本法第二百六十三条的规定定罪处罚。

第二百六十八条 聚众哄抢公私财物，数额较大或者有其他严重情节的，对首要分子和积极参加的，处三年以下有期徒刑、拘役或者管制，并处罚金；数额巨大或者有其他特别严重情节的，处三年以上十年以下有期徒刑，并处罚金。

第二百六十九条 犯盗窃、诈骗、抢夺罪，为窝藏赃物、抗拒抓捕或者毁灭罪证而当场使用暴力或者以暴力相威胁的，依照本法第二百六十三条的规定定罪处罚。

第二百七十条 将代为保管的他人财物非法占为己有，数额较大，拒不退还的，处二年以下有期徒刑、拘役或者罚金；数额巨大或者有其他严重情节的，处二年以上五年以下有期徒刑，并处罚金。

将他人的遗忘物或者埋藏物非法占为己有，数额较大，拒不交出的，依照前款的规定处罚。

本条罪，告诉的才处理。

第二百七十一条 公司、企业或者其他单位的工作人员，利用职务上的便利，将本单位财物非法占为己有，数额较大的，处三年以下有期徒刑或者拘役，并处罚金；数额巨大的，处三年以上十年以下有期徒刑，并处罚金；数额特别巨大的，处十年以上有期徒刑或者无期徒刑，并处罚金。

国有公司、企业或者其他国有单位中从事公务的人员和国有公司、企业或者其他国有单位委派到非国有公司、企业以及其他单位从事公务的人员有前款行为的，依照本法第三百八十二条、第三百八十三条的规定定罪处罚。

第二百七十二条 公司、企业或者其他单位的工作人员，利用职务上的便利，挪用本单位资金归个人使用或者借贷给他人，数额较大、超过三个月未还的，或者虽未超过三个月，但数额较大、进行营利活动的，或者进行非法活动的，处三年以下有期徒刑或者拘役；挪用本单位资金数额巨大的，处三年以上七年以下有期徒刑；数额特别巨大的，处七年以上有期徒刑。

国有公司、企业或者其他国有单位中从事公务的人员和国有公司、企业或者其他国有单位委派到非国有公司、企业以及其他单位从事公务的人员有前款行为的，依照本法第三百八十四条的规定定罪处罚。

有第一款行为，在提起公诉前将挪用的资金退还的，可以从轻或者减轻处罚。其中，犯罪较轻的，可以减轻或者免除处罚。

第二百七十三条 挪用用于救灾、抢险、防汛、优抚、扶贫、移民、救济款物，情节严重，致使国家和人民群众利益遭受重大损害的，对直接责任人员，处三年以下有期徒刑或者拘役；情节特别严重的，处三年以上七年以下有期徒刑。

第二百七十四条 敲诈勒索公私财物，数额较大或者多次敲诈勒索的，处三年以下有期徒刑、拘役或者管制，并处或者单处罚金；数额巨大或者有其他严重情节的，处三年以上十年以下有期徒刑，并处罚金；数额特别巨大或者有其他特别严重情节的，处十年以上有期徒刑，并处罚金。

第二百七十五条 故意毁坏公私财物，数额较大或者有其他严重情节的，处三年以下有期徒刑、拘役或者罚金；数额巨大或者有其他特别严重情节的，处三年以上七年以下有期徒刑。

第二百七十六条 由于泄愤报复或者其他个人目的，毁坏机器设备、残害耕畜或者以其他方法破坏生产经营的，处三年以下有期徒刑、拘役或者管制；情节严重的，处三年以上七年以下有期徒刑。

第二百七十六条之一　以转移财产、逃匿等方法逃避支付劳动者的劳动报酬或者有能力支付而不支付劳动者的劳动报酬,数额较大,经政府有关部门责令支付仍不支付的,处三年以下有期徒刑或者拘役,并处或者单处罚金;造成严重后果的,处三年以上七年以下有期徒刑,并处罚金。

单位犯前款罪的,对单位判处罚金,并对其直接负责的主管人员和其他直接责任人员,依照前款的规定处罚。

有前两款行为,尚未造成严重后果,在提起公诉前支付劳动者的劳动报酬,并依法承担相应赔偿责任的,可以减轻或者免除处罚。

第六章　妨害社会管理秩序罪

第一节　扰乱公共秩序罪

第二百七十七条　以暴力、威胁方法阻碍国家机关工作人员依法执行职务的,处三年以下有期徒刑、拘役、管制或者罚金。

以暴力、威胁方法阻碍全国人民代表大会和地方各级人民代表大会代表依法执行代表职务的,依照前款的规定处罚。

在自然灾害和突发事件中,以暴力、威胁方法阻碍红十字会工作人员依法履行职责的,依照第一款的规定处罚。

故意阻碍国家安全机关、公安机关依法执行国家安全工作任务,未使用暴力、威胁方法,造成严重后果的,依照第一款的规定处罚。

暴力袭击正在依法执行职务的人民警察的,处三年以下有期徒刑、拘役或者管制;使用枪支、管制刀具,或者以驾驶机动车撞击等手段,严重危及其人身安全的,处三年以上七年以下有期徒刑。

第二百七十八条　煽动群众暴力抗拒国家法律、行政法规实施的,处三年以下有期徒刑、拘役、管制或者剥夺政治权利;造成严重后果的,处三年以上七年以下有期徒刑。

第二百七十九条　冒充国家机关工作人员招摇撞骗的,处三年以下有期徒刑、拘役、管制或者剥夺政治权利;情节严重的,处三年以上十年以下有期徒刑。

冒充人民警察招摇撞骗的,依照前款的规定从重处罚。

第二百八十条　伪造、变造、买卖或者盗窃、抢夺、毁灭国家机关的公文、证件、印章的,处三年以下有期徒刑、拘役、管制或者剥夺政治权利,并处罚金;情节严重的,处三年以上十年以下有期徒刑,并处罚金。

伪造公司、企业、事业单位、人民团体的印章的,处三年以下有期徒刑、拘役、管制或者剥夺政治权利,并处罚金。

伪造、变造、买卖居民身份证、护照、社会保障卡、驾驶证等依法可以用于证明身份的证件的,处三年以下有期徒刑、拘役、管制或者剥夺政治权利,并处罚金;情节严重的,处三年以上七年以下有期徒刑,并处罚金。

第二百八十条之一　在依照国家规定应当提供身份证明的活动中,使用伪造、变造的或者盗用他人的居民身份证、护照、社会保障卡、驾驶证等依法可以用于证明身份的证件，情节严重的，处拘役或者管制，并处或者单处罚金。

有前款行为，同时构成其他犯罪的，依照处罚较重的规定定罪处罚。

第二百八十条之二 盗用、冒用他人身份，顶替他人取得的高等学历教育入学资格、公务员录用资格、就业安置待遇的，处三年以下有期徒刑、拘役或者管制，并处罚金。

组织、指使他人实施前款行为的，依照前款的规定从重处罚。

国家工作人员有前两款行为，又构成其他犯罪的，依照数罪并罚的规定处罚。

第二百八十一条 非法生产、买卖人民警察制式服装、车辆号牌等专用标志、警械，情节严重的，处三年以下有期徒刑、拘役或者管制，并处或者单处罚金。

单位犯前款罪的，对单位判处罚金，并对其直接负责的主管人员和其他直接责任人员，依照前款的规定处罚。

第二百八十二条 以窃取、刺探、收买方法，非法获取国家秘密的，处三年以下有期徒刑、拘役、管制或者剥夺政治权利；情节严重的，处三年以上七年以下有期徒刑。

非法持有属于国家绝密、机密的文件、资料或者其他物品，拒不说明来源与用途的，处三年以下有期徒刑、拘役或者管制。

第二百八十三条 非法生产、销售专用间谍器材或者窃听、窃照专用器材的，处三年以下有期徒刑、拘役或者管制，并处或者单处罚金；情节严重的，处三年以上七年以下有期徒刑，并处罚金。

单位犯前款罪的，对单位判处罚金，并对其直接负责的主管人员和其他直接责任人员，依照前款的规定处罚。

第二百八十四条 非法使用窃听、窃照专用器材，造成严重后果的，处二年以下有期徒刑、拘役或者管制。

第二百八十四条之一 在法律规定的国家考试中，组织作弊的，处三年以下有期徒刑或者拘役，并处或者单处罚金；情节严重的，处三年以上七年以下有期徒刑，并处罚金。

为他人实施前款犯罪提供作弊器材或者其他帮助的，依照前款的规定处罚。

为实施考试作弊行为，向他人非法出售或者提供第一款规定的考试的试题、答案的，依照第一款的规定处罚。

代替他人或者让他人代替自己参加第一款规定的考试的，处拘役或者管制，并处或者单处罚金。

第二百八十五条 违反国家规定，侵入国家事务、国防建设、尖端科学技术领域的计算机信息系统的，处三年以下有期徒刑或者拘役。

违反国家规定，侵入前款规定以外的计算机信息系统或者采用其他技术手段，获取该计算机信息系统中存储、处理或者传输的数据，或者对该计算机信息系统实施非法控制，情节严重的，处三年以下有期徒刑或者拘役，并处或者单处罚金；情节特别严重的，处三年以上七年以下有期徒刑，并处罚金。

提供专门用于侵入、非法控制计算机信息系统的程序、工具，或者明知他人实施侵入、非法控制计算机信息系统的违法犯罪行为而为其提供程序、工具，情节严重的，依照前款的规定处罚。

单位犯前三款罪的，对单位判处罚金，并对其直接负责的主管人员和其他直接责任人员，依照各该款的规定处罚。

第二百八十六条　违反国家规定，对计算机信息系统功能进行删除、修改、增加、干扰，造成计算机信息系统不能正常运行，后果严重的，处五年以下有期徒刑或者拘役；后果特别严重的，处五年以上有期徒刑。

违反国家规定，对计算机信息系统中存储、处理或者传输的数据和应用程序进行删除、修改、增加的操作，后果严重的，依照前款的规定处罚。

故意制作、传播计算机病毒等破坏性程序，影响计算机系统正常运行，后果严重的，依照第一款的规定处罚。

单位犯前三款罪的，对单位判处罚金，并对其直接负责的主管人员和其他直接责任人员，依照第一款的规定处罚。

第二百八十六条之一　网络服务提供者不履行法律、行政法规规定的信息网络安全管理义务，经监管部门责令采取改正措施而拒不改正，有下列情形之一的，处三年以下有期徒刑、拘役或者管制，并处或者单处罚金：

（一）致使违法信息大量传播的；

（二）致使用户信息泄露，造成严重后果的；

（三）致使刑事案件证据灭失，情节严重的；

（四）有其他严重情节的。

单位犯前款罪的，对单位判处罚金，并对其直接负责的主管人员和其他直接责任人员，依照前款的规定处罚。

有前两款行为，同时构成其他犯罪的，依照处罚较重的规定定罪处罚。

第二百八十七条　利用计算机实施金融诈骗、盗窃、贪污、挪用公款、窃取国家秘密或者其他犯罪的，依照本法有关规定定罪处罚。

第二百八十七条之一　利用信息网络实施下列行为之一，情节严重的，处三年以下有期徒刑或者拘役，并处或者单处罚金：

（一）设立用于实施诈骗、传授犯罪方法、制作或者销售违禁物品、管制物品等违法犯罪活动的网站、通讯群组的；

（二）发布有关制作或者销售毒品、枪支、淫秽物品等违禁物品、管制物品或者其他违法犯罪信息的；

（三）为实施诈骗等违法犯罪活动发布信息的。

单位犯前款罪的，对单位判处罚金，并对其直接负责的主管人员和其他直接责任人员，依照第一款的规定处罚。

有前两款行为，同时构成其他犯罪的，依照处罚较重的规定定罪处罚。

第二百八十七条之二　明知他人利用信息网络实施犯罪，为其犯罪提供互联网接入、服务器托管、网络存储、通讯传输等技术支持，或者提供广告推广、支付结算等帮助，情节严重的，处三年以下有期徒刑或者拘役，并处或者单处罚金。

单位犯前款罪的，对单位判处罚金，并对其直接负责的主管人员和其他直接责任人员，依照第一款的规定处罚。

有前两款行为，同时构成其他犯罪的，依照处罚较重的规定定罪处罚。

第二百八十八条 违反国家规定，擅自设置、使用无线电台（站），或者擅自使用无线电频率，干扰无线电通讯秩序，情节严重的，处三年以下有期徒刑、拘役或者管制，并处或者单处罚金；情节特别严重的，处三年以上七年以下有期徒刑，并处罚金。

单位犯前款罪的，对单位判处罚金，并对其直接负责的主管人员和其他直接责任人员，依照前款的规定处罚。

第二百八十九条 聚众"打砸抢"，致人伤残、死亡的，依照本法第二百三十四条、第二百三十二条的规定定罪处罚。毁坏或者抢走公私财物的，除判令退赔外，对首要分子，依照本法第二百六十三条的规定定罪处罚。

第二百九十条 聚众扰乱社会秩序，情节严重，致使工作、生产、营业和教学、科研、医疗无法进行，造成严重损失的，对首要分子，处三年以上七年以下有期徒刑；对其他积极参加的，处三年以下有期徒刑、拘役、管制或者剥夺政治权利。

聚众冲击国家机关，致使国家机关工作无法进行，造成严重损失的，对首要分子，处五年以上十年以下有期徒刑；对其他积极参加的，处五年以下有期徒刑、拘役、管制或者剥夺政治权利。

多次扰乱国家机关工作秩序，经行政处罚后仍不改正，造成严重后果的，处三年以下有期徒刑、拘役或者管制。

多次组织、资助他人非法聚集，扰乱社会秩序，情节严重的，依照前款的规定处罚。

第二百九十一条 聚众扰乱车站、码头、民用航空站、商场、公园、影剧院、展览会、运动场或者其他公共场所秩序，聚众堵塞交通或者破坏交通秩序，抗拒、阻碍国家治安管理工作人员依法执行职务，情节严重的，对首要分子，处五年以下有期徒刑、拘役或者管制。

第二百九十一条之一 投放虚假的爆炸性、毒害性、放射性、传染病病原体等物质，或者编造爆炸威胁、生化威胁、放射威胁等恐怖信息，或者明知是编造的恐怖信息而故意传播，严重扰乱社会秩序的，处五年以下有期徒刑、拘役或者管制；造成严重后果的，处五年以上有期徒刑。

编造虚假的险情、疫情、灾情、警情，在信息网络或者其他媒体上传播，或者明知是上述虚假信息，故意在信息网络或者其他媒体上传播，严重扰乱社会秩序的，处三年以下有期徒刑、拘役或者管制；造成严重后果的，处三年以上七年以下有期徒刑。

第二百九十一条之二 从建筑物或者其他高空抛掷物品，情节严重的，处一年以下有期徒刑、拘役或者管制，并处或者单处罚金。

有前款行为，同时构成其他犯罪的，依照处罚较重的规定定罪处罚。

第二百九十二条 聚众斗殴的，对首要分子和其他积极参加的，处三年以下有期徒刑、拘役或者管制；有下列情形之一的，对首要分子和其他积极参加的，处三年以上十年以下有期徒刑：

（一）多次聚众斗殴的；

（二）聚众斗殴人数多，规模大，社会影响恶劣的；

（三）在公共场所或者交通要道聚众斗殴，造成社会秩序严重混乱的；

（四）持械聚众斗殴的。

聚众斗殴，致人重伤、死亡的，依照本法第二百三十四条、第二百三十二条的规定定罪处罚。

第二百九十三条　有下列寻衅滋事行为之一，破坏社会秩序的，处五年以下有期徒刑、拘役或者管制：

（一）随意殴打他人，情节恶劣的；

（二）追逐、拦截、辱骂、恐吓他人，情节恶劣的；

（三）强拿硬要或者任意损毁、占用公私财物，情节严重的；

（四）在公共场所起哄闹事，造成公共场所秩序严重混乱的。

纠集他人多次实施前款行为，严重破坏社会秩序的，处五年以上十年以下有期徒刑，可以并处罚金。

第二百九十三条之一　有下列情形之一，催收高利放贷等产生的非法债务，情节严重的，处三年以下有期徒刑、拘役或者管制，并处或者单处罚金：

（一）使用暴力、胁迫方法的；

（二）限制他人人身自由或者侵入他人住宅的；

（三）恐吓、跟踪、骚扰他人的。

第二百九十四条　组织、领导黑社会性质的组织的，处七年以上有期徒刑，并处没收财产；积极参加的，处三年以上七年以下有期徒刑，可以并处罚金或者没收财产；其他参加的，处三年以下有期徒刑、拘役、管制或者剥夺政治权利，可以并处罚金。

境外的黑社会组织的人员到中华人民共和国境内发展组织成员的，处三年以上十年以下有期徒刑。

国家机关工作人员包庇黑社会性质的组织，或者纵容黑社会性质的组织进行违法犯罪活动的，处五年以下有期徒刑；情节严重的，处五年以上有期徒刑。

犯前三款罪又有其他犯罪行为的，依照数罪并罚的规定处罚。

黑社会性质的组织应当同时具备以下特征：

（一）形成较稳定的犯罪组织，人数较多，有明确的组织者、领导者，骨干成员基本固定；

（二）有组织地通过违法犯罪活动或者其他手段获取经济利益，具有一定的经济实力，以支持该组织的活动；

（三）以暴力、威胁或者其他手段，有组织地多次进行违法犯罪活动，为非作恶，欺压、残害群众；

（四）通过实施违法犯罪活动，或者利用国家工作人员的包庇或者纵容，称霸一方，在一定区域或者行业内，形成非法控制或者重大影响，严重破坏经济、社会生活秩序。

第二百九十五条　传授犯罪方法的，处五年以下有期徒刑、拘役或者管制；情节严重的，处五年以上十年以下有期徒刑；情节特别严重的，处十年以上有期徒刑或者无期徒刑。

第二百九十六条 举行集会、游行、示威,未依照法律规定申请或者申请未获许可,或者未按照主管机关许可的起止时间、地点、路线进行,又拒不服从解散命令,严重破坏社会秩序的,对集会、游行、示威的负责人和直接责任人员,处五年以下有期徒刑、拘役、管制或者剥夺政治权利。

第二百九十七条 违反法律规定,携带武器、管制刀具或者爆炸物参加集会、游行、示威的,处三年以下有期徒刑、拘役、管制或者剥夺政治权利。

第二百九十八条 扰乱、冲击或者以其他方法破坏依法举行的集会、游行、示威,造成公共秩序混乱的,处五年以下有期徒刑、拘役、管制或者剥夺政治权利。

第二百九十九条 在公共场合,故意以焚烧、毁损、涂划、玷污、践踏等方式侮辱中华人民共和国国旗、国徽的,处三年以下有期徒刑、拘役、管制或者剥夺政治权利。

在公共场合,故意篡改中华人民共和国国歌歌词、曲谱,以歪曲、贬损方式奏唱国歌,或者以其他方式侮辱国歌,情节严重的,依照前款的规定处罚。

第二百九十九条之一 侮辱、诽谤或者以其他方式侵害英雄烈士的名誉、荣誉,损害社会公共利益,情节严重的,处三年以下有期徒刑、拘役、管制或者剥夺政治权利。

第三百条 组织、利用会道门、邪教组织或者利用迷信破坏国家法律、行政法规实施的,处三年以上七年以下有期徒刑,并处罚金;情节特别严重的,处七年以上有期徒刑或者无期徒刑,并处罚金或者没收财产;情节较轻的,处三年以下有期徒刑、拘役、管制或者剥夺政治权利,并处或者单处罚金。

组织、利用会道门、邪教组织或者利用迷信蒙骗他人,致人重伤、死亡的,依照前款的规定处罚。

犯第一款罪又有奸淫妇女、诈骗财物等犯罪行为的,依照数罪并罚的规定处罚。

第三百零一条 聚众进行淫乱活动的,对首要分子或者多次参加的,处五年以下有期徒刑、拘役或者管制。

引诱未成年人参加聚众淫乱活动的,依照前款的规定从重处罚。

第三百零二条 盗窃、侮辱、故意毁坏尸体、尸骨、骨灰的,处三年以下有期徒刑、拘役或者管制。

第三百零三条 以营利为目的,聚众赌博或者以赌博为业的,处三年以下有期徒刑、拘役或者管制,并处罚金。

开设赌场的,处五年以下有期徒刑、拘役或者管制,并处罚金;情节严重的,处五年以上十年以下有期徒刑,并处罚金。

组织中华人民共和国公民参与国(境)外赌博,数额巨大或者有其他严重情节的,依照前款的规定处罚。

第三百零四条 邮政工作人员严重不负责任,故意延误投递邮件,致使公共财产、国家和人民利益遭受重大损失的,处二年以下有期徒刑或者拘役。

第二节 妨害司法罪

第三百零五条 在刑事诉讼中,证人、鉴定人、记录人、翻译人对与案件有重要关系的情节，故意作虚假证明、鉴定、记录、翻译，意图陷害他人或者隐匿罪证的，处三年以下有期徒刑或者拘役；情节严重的，处三年以上七年以下有期徒刑。

第三百零六条　在刑事诉讼中，辩护人、诉讼代理人毁灭、伪造证据，帮助当事人毁灭、伪造证据，威胁、引诱证人违背事实改变证言或者作伪证的，处三年以下有期徒刑或者拘役；情节严重的，处三年以上七年以下有期徒刑。

辩护人、诉讼代理人提供、出示、引用的证人证言或者其他证据失实，不是有意伪造的，不属于伪造证据。

第三百零七条　以暴力、威胁、贿买等方法阻止证人作证或者指使他人作伪证的，处三年以下有期徒刑或者拘役；情节严重的，处三年以上七年以下有期徒刑。

帮助当事人毁灭、伪造证据，情节严重的，处三年以下有期徒刑或者拘役。

司法工作人员犯前两款罪的，从重处罚。

第三百零七条之一　以捏造的事实提起民事诉讼，妨害司法秩序或者严重侵害他人合法权益的，处三年以下有期徒刑、拘役或者管制，并处或者单处罚金；情节严重的，处三年以上七年以下有期徒刑，并处罚金。

单位犯前款罪的，对单位判处罚金，并对其直接负责的主管人员和其他直接责任人员，依照前款的规定处罚。

有第一款行为，非法占有他人财产或者逃避合法债务，又构成其他犯罪的，依照处罚较重的规定定罪从重处罚。

司法工作人员利用职权，与他人共同实施前三款行为的，从重处罚；同时构成其他犯罪的，依照处罚较重的规定定罪从重处罚。

第三百零八条　对证人进行打击报复的，处三年以下有期徒刑或者拘役；情节严重的，处三年以上七年以下有期徒刑。

第三百零八条之一　司法工作人员、辩护人、诉讼代理人或者其他诉讼参与人，泄露依法不公开审理的案件中不应当公开的信息，造成信息公开传播或者其他严重后果的，处三年以下有期徒刑、拘役或者管制，并处或者单处罚金。

有前款行为，泄露国家秘密的，依照本法第三百九十八条的规定定罪处罚。

公开披露、报道第一款规定的案件信息，情节严重的，依照第一款的规定处罚。

单位犯前款罪的，对单位判处罚金，并对其直接负责的主管人员和其他直接责任人员，依照第一款的规定处罚。

第三百零九条　有下列扰乱法庭秩序情形之一的，处三年以下有期徒刑、拘役、管制或者罚金：

（一）聚众哄闹、冲击法庭的；

（二）殴打司法工作人员或者诉讼参与人的；

（三）侮辱、诽谤、威胁司法工作人员或者诉讼参与人，不听法庭制止，严重扰乱法庭秩序的；

（四）有毁坏法庭设施，抢夺、损毁诉讼文书、证据等扰乱法庭秩序行为，情节严重的。

第三百一十条　明知是犯罪的人而为其提供隐藏处所、财物，帮助其逃匿或者作假证明包庇的,处三年以下有期徒刑、拘役或者管制;情节严重的,处三年以上十年以下有期徒刑。

犯前款罪,事前通谋的,以共同犯罪论处。

第三百一十一条　明知他人有间谍犯罪或者恐怖主义、极端主义犯罪行为,在司法机关向其调查有关情况、收集有关证据时,拒绝提供,情节严重的,处三年以下有期徒刑、拘役或者管制。

第三百一十二条　明知是犯罪所得及其产生的收益而予以窝藏、转移、收购、代为销售或者以其他方法掩饰、隐瞒的,处三年以下有期徒刑、拘役或者管制,并处或者单处罚金;情节严重的,处三年以上七年以下有期徒刑,并处罚金。

单位犯前款罪的,对单位判处罚金,并对其直接负责的主管人员和其他直接责任人员,依照前款的规定处罚。

第三百一十三条　对人民法院的判决、裁定有能力执行而拒不执行,情节严重的,处三年以下有期徒刑、拘役或者罚金;情节特别严重的,处三年以上七年以下有期徒刑,并处罚金。

单位犯前款罪的,对单位判处罚金,并对其直接负责的主管人员和其他直接责任人员,依照前款的规定处罚。

第三百一十四条　隐藏、转移、变卖、故意毁损已被司法机关查封、扣押、冻结的财产,情节严重的,处三年以下有期徒刑、拘役或者罚金。

第三百一十五条　依法被关押的罪犯,有下列破坏监管秩序行为之一,情节严重的,处三年以下有期徒刑:

(一)殴打监管人员的;

(二)组织其他被监管人破坏监管秩序的;

(三)聚众闹事,扰乱正常监管秩序的;

(四)殴打、体罚或者指使他人殴打、体罚其他被监管人的。

第三百一十六条　依法被关押的罪犯、被告人、犯罪嫌疑人脱逃的,处五年以下有期徒刑或者拘役。

劫夺押解途中的罪犯、被告人、犯罪嫌疑人的,处三年以上七年以下有期徒刑;情节严重的,处七年以上有期徒刑。

第三百一十七条　组织越狱的首要分子和积极参加的,处五年以上有期徒刑;其他参加的,处五年以下有期徒刑或者拘役。

暴动越狱或者聚众持械劫狱的首要分子和积极参加的,处十年以上有期徒刑或者无期徒刑;情节特别严重的,处死刑;其他参加的,处三年以上十年以下有期徒刑。

第三节　妨害国(边)境管理罪

第三百一十八条　组织他人偷越国(边)境的,处二年以上七年以下有期徒刑,并处罚金;有下列情形之一的,处七年以上有期徒刑或者无期徒刑,并处罚金或者没收财产:

(一)组织他人偷越国(边)境集团的首要分子;

（二）多次组织他人偷越国（边）境或者组织他人偷越国（边）境人数众多的；

（三）造成被组织人重伤、死亡的；

（四）剥夺或者限制被组织人人身自由的；

（五）以暴力、威胁方法抗拒检查的；

（六）违法所得数额巨大的；

（七）有其他特别严重情节的。

犯前款罪，对被组织人有杀害、伤害、强奸、拐卖等犯罪行为，或者对检查人员有杀害、伤害等犯罪行为的，依照数罪并罚的规定处罚。

第三百一十九条　以劳务输出、经贸往来或者其他名义，弄虚作假，骗取护照、签证等出境证件，为组织他人偷越国（边）境使用的，处三年以下有期徒刑，并处罚金；情节严重的，处三年以上十年以下有期徒刑，并处罚金。

单位犯前款罪的，对单位判处罚金，并对其直接负责的主管人员和其他直接责任人员，依照前款的规定处罚。

第三百二十条　为他人提供伪造、变造的护照、签证等出入境证件，或者出售护照、签证等出入境证件的，处五年以下有期徒刑，并处罚金；情节严重的，处五年以上有期徒刑，并处罚金。

第三百二十一条　运送他人偷越国（边）境的，处五年以下有期徒刑、拘役或者管制，并处罚金；有下列情形之一的，处五年以上十年以下有期徒刑，并处罚金：

（一）多次实施运送行为或者运送人数众多的；

（二）所使用的船只、车辆等交通工具不具备必要的安全条件，足以造成严重后果的；

（三）违法所得数额巨大的；

（四）有其他特别严重情节的。

在运送他人偷越国（边）境中造成被运送人重伤、死亡，或者以暴力、威胁方法抗拒检查的，处七年以上有期徒刑，并处罚金。

犯前两款罪，对被运送人有杀害、伤害、强奸、拐卖等犯罪行为，或者对检查人员有杀害、伤害等犯罪行为的，依照数罪并罚的规定处罚。

第三百二十二条　违反国（边）境管理法规，偷越国（边）境，情节严重的，处一年以下有期徒刑、拘役或者管制，并处罚金；为参加恐怖活动组织、接受恐怖活动培训或者实施恐怖活动，偷越国（边）境的，处一年以上三年以下有期徒刑，并处罚金。

第三百二十三条　故意破坏国家边境的界碑、界桩或者永久性测量标志的，处三年以下有期徒刑或者拘役。

第四节　妨害文物管理罪

第三百二十四条　故意损毁国家保护的珍贵文物或者被确定为全国重点文物保护单位、省级文物保护单位的文物的，处三年以下有期徒刑或者拘役，并处或者单处罚金；情节严重的，处三年以上十年以下有期徒刑，并处罚金。

故意损毁国家保护的名胜古迹，情节严重的，处五年以下有期徒刑或者拘役，并处或者单处罚金。

过失损毁国家保护的珍贵文物或者被确定为全国重点文物保护单位、省级文物保护单位的文物,造成严重后果的,处三年以下有期徒刑或者拘役。

第三百二十五条 违反文物保护法规,将收藏的国家禁止出口的珍贵文物私自出售或者私自赠送给外国人的,处五年以下有期徒刑或者拘役,可以并处罚金。

单位犯前款罪的,对单位判处罚金,并对其直接负责的主管人员和其他直接责任人员,依照前款的规定处罚。

第三百二十六条 以牟利为目的,倒卖国家禁止经营的文物,情节严重的,处五年以下有期徒刑或者拘役,并处罚金;情节特别严重的,处五年以上十年以下有期徒刑,并处罚金。

单位犯前款罪的,对单位判处罚金,并对其直接负责的主管人员和其他直接责任人员,依照前款的规定处罚。

第三百二十七条 违反文物保护法规,国有博物馆、图书馆等单位将国家保护的文物藏品出售或者私自送给非国有单位或者个人的,对单位判处罚金,并对其直接负责的主管人员和其他直接责任人员,处三年以下有期徒刑或者拘役。

第三百二十八条 盗掘具有历史、艺术、科学价值的古文化遗址、古墓葬的,处三年以上十年以下有期徒刑,并处罚金;情节较轻的,处三年以下有期徒刑、拘役或者管制,并处罚金;有下列情形之一的,处十年以上有期徒刑或者无期徒刑,并处罚金或者没收财产:

(一)盗掘确定为全国重点文物保护单位和省级文物保护单位的古文化遗址、古墓葬的;

(二)盗掘古文化遗址、古墓葬集团的首要分子;

(三)多次盗掘古文化遗址、古墓葬的;

(四)盗掘古文化遗址、古墓葬,并盗窃珍贵文物或者造成珍贵文物严重破坏的。

盗掘国家保护的具有科学价值的古人类化石和古脊椎动物化石的,依照前款的规定处罚。

第三百二十九条 抢夺、窃取国家所有的档案的,处五年以下有期徒刑或者拘役。

违反档案法的规定,擅自出卖、转让国家所有的档案,情节严重的,处三年以下有期徒刑或者拘役。

有前两款行为,同时又构成本法规定的其他犯罪的,依照处罚较重的规定定罪处罚。

第五节 危害公共卫生罪

第三百三十条 违反传染病防治法的规定,有下列情形之一,引起甲类传染病以及依法确定采取甲类传染病预防、控制措施的传染病传播或者有传播严重危险的,处三年以下有期徒刑或者拘役;后果特别严重的,处三年以上七年以下有期徒刑:

(一)供水单位供应的饮用水不符合国家规定的卫生标准的;

(二)拒绝按照疾病预防控制机构提出的卫生要求,对传染病病原体污染的污水、污物、场所和物品进行消毒处理的;

（三）准许或者纵容传染病病人、病原携带者和疑似传染病病人从事国务院卫生行政部门规定禁止从事的易使该传染病扩散的工作的；

（四）出售、运输疫区中被传染病病原体污染或者可能被传染病病原体污染的物品，未进行消毒处理的；

（五）拒绝执行县级以上人民政府、疾病预防控制机构依照传染病防治法提出的预防、控制措施的。

单位犯前款罪的，对单位判处罚金，并对其直接负责的主管人员和其他直接责任人员，依照前款的规定处罚。

甲类传染病的范围，依照《中华人民共和国传染病防治法》和国务院有关规定确定。

第三百三十一条 从事实验、保藏、携带、运输传染病菌种、毒种的人员，违反国务院卫生行政部门的有关规定，造成传染病菌种、毒种扩散，后果严重的，处三年以下有期徒刑或者拘役；后果特别严重的，处三年以上七年以下有期徒刑。

第三百三十二条 违反国境卫生检疫规定，引起检疫传染病传播或者有传播严重危险的，处三年以下有期徒刑或者拘役，并处或者单处罚金。

单位犯前款罪的，对单位判处罚金，并对其直接负责的主管人员和其他直接责任人员，依照前款的规定处罚。

第三百三十三条 非法组织他人出卖血液的，处五年以下有期徒刑，并处罚金；以暴力、威胁方法强迫他人出卖血液的，处五年以上十年以下有期徒刑，并处罚金。

有前款行为，对他人造成伤害的，依照本法第二百三十四条的规定定罪处罚。

第三百三十四条 非法采集、供应血液或者制作、供应血液制品，不符合国家规定的标准，足以危害人体健康的，处五年以下有期徒刑或者拘役，并处罚金；对人体健康造成严重危害的，处五年以上十年以下有期徒刑，并处罚金；造成特别严重后果的，处十年以上有期徒刑或者无期徒刑，并处罚金或者没收财产。

经国家主管部门批准采集、供应血液或者制作、供应血液制品的部门，不依照规定进行检测或者违背其他操作规定，造成危害他人身体健康后果的，对单位判处罚金，并对其直接负责的主管人员和其他直接责任人员，处五年以下有期徒刑或者拘役。

第三百三十四条之一 违反国家有关规定，非法采集我国人类遗传资源或者非法运送、邮寄、携带我国人类遗传资源材料出境，危害公众健康或者社会公共利益，情节严重的，处三年以下有期徒刑、拘役或者管制，并处或者单处罚金；情节特别严重的，处三年以上七年以下有期徒刑，并处罚金。

第三百三十五条 医务人员由于严重不负责任，造成就诊人死亡或者严重损害就诊人身体健康的，处三年以下有期徒刑或者拘役。

第三百三十六条 未取得医生执业资格的人非法行医，情节严重的，处三年以下有期徒刑、拘役或者管制，并处或者单处罚金；严重损害就诊人身体健康的，处三年以上十年以下有期徒刑，并处罚金；造成就诊人死亡的，处十年以上有期徒刑，并处罚金。

未取得医生执业资格的人擅自为他人进行节育复通手术、假节育手术、终止妊娠手术或者摘取宫内节育器，情节严重的，处三年以下有期徒刑、拘役或者管制，并处或者单处罚金;严重损害就诊人身体健康的,处三年以上十年以下有期徒刑,并处罚金;造成就诊人死亡的,处十年以上有期徒刑,并处罚金。

第三百三十六条之一 将基因编辑、克隆的人类胚胎植入人体或者动物体内,或者将基因编辑、克隆的动物胚胎植入人体内,情节严重的,处三年以下有期徒刑或者拘役,并处罚金;情节特别严重的,处三年以上七年以下有期徒刑,并处罚金。

第三百三十七条 违反有关动植物防疫、检疫的国家规定,引起重大动植物疫情的,或者有引起重大动植物疫情危险,情节严重的,处三年以下有期徒刑或者拘役,并处或者单处罚金。

单位犯前款罪的,对单位判处罚金,并对其直接负责的主管人员和其他直接责任人员,依照前款的规定处罚。

第六节 破坏环境资源保护罪

第三百三十八条 违反国家规定,排放、倾倒或者处置有放射性的废物、含传染病病原体的废物、有毒物质或者其他有害物质,严重污染环境的,处三年以下有期徒刑或者拘役,并处或者单处罚金;情节严重的,处三年以上七年以下有期徒刑,并处罚金;有下列情形之一的,处七年以上有期徒刑,并处罚金:

(一)在饮用水水源保护区、自然保护地核心保护区等依法确定的重点保护区域排放、倾倒、处置有放射性的废物、含传染病病原体的废物、有毒物质,情节特别严重的;

(二)向国家确定的重要江河、湖泊水域排放、倾倒、处置有放射性的废物、含传染病病原体的废物、有毒物质,情节特别严重的;

(三)致使大量永久基本农田基本功能丧失或者遭受永久性破坏的;

(四)致使多人重伤、严重疾病,或者致人严重残疾、死亡的。

有前款行为,同时构成其他犯罪的,依照处罚较重的规定定罪处罚。

第三百三十九条 违反国家规定,将境外的固体废物进境倾倒、堆放、处置的,处五年以下有期徒刑或者拘役,并处罚金;造成重大环境污染事故,致使公私财产遭受重大损失或者严重危害人体健康的,处五年以上十年以下有期徒刑,并处罚金;后果特别严重的,处十年以上有期徒刑,并处罚金。

未经国务院有关主管部门许可,擅自进口固体废物用作原料,造成重大环境污染事故,致使公私财产遭受重大损失或者严重危害人体健康的,处五年以下有期徒刑或者拘役,并处罚金;后果特别严重的,处五年以上十年以下有期徒刑,并处罚金。

以原料利用为名,进口不能用作原料的固体废物、液态废物和气态废物的,依照本法第一百五十二条第二款、第三款的规定定罪处罚。

第三百四十条 违反保护水产资源法规,在禁渔区、禁渔期或者使用禁用的工具、方法捕捞水产品,情节严重的,处三年以下有期徒刑、拘役、管制或者罚金。

第三百四十一条 非法猎捕、杀害国家重点保护的珍贵、濒危野生动物的,或者非法收购、运输、出售国家重点保护的珍贵、濒危野生动物及其制品的,处五年以下有期徒刑或者拘役,并处罚金;情节严重的,处五年以上十年以下有期徒刑,并处罚金;情节特别严重的,处十年以上有期徒刑,并处罚金或者没收财产。

违反狩猎法规,在禁猎区、禁猎期或者使用禁用的工具、方法进行狩猎,破坏野生动物资源,情节严重的,处三年以下有期徒刑、拘役、管制或者罚金。

违反野生动物保护管理法规,以食用为目的非法猎捕、收购、运输、出售第一款规定以外的在野外环境自然生长繁殖的陆生野生动物,情节严重的,依照前款的规定处罚。

第三百四十二条 违反土地管理法规,非法占用耕地、林地等农用地,改变被占用土地用途,数量较大,造成耕地、林地等农用地大量毁坏的,处五年以下有期徒刑或者拘役,并处或者单处罚金。

第三百四十二条之一 违反自然保护地管理法规,在国家公园、国家级自然保护区进行开垦、开发活动或者修建建筑物,造成严重后果或者有其他恶劣情节的,处五年以下有期徒刑或者拘役,并处或者单处罚金。

有前款行为,同时构成其他犯罪的,依照处罚较重的规定定罪处罚。

第三百四十三条 违反矿产资源法的规定,未取得采矿许可证擅自采矿,擅自进入国家规划矿区、对国民经济具有重要价值的矿区和他人矿区范围采矿,或者擅自开采国家规定实行保护性开采的特定矿种,情节严重的,处三年以下有期徒刑、拘役或者管制,并处或者单处罚金;情节特别严重的,处三年以上七年以下有期徒刑,并处罚金。

违反矿产资源法的规定,采取破坏性的开采方法开采矿产资源,造成矿产资源严重破坏的,处五年以下有期徒刑或者拘役,并处罚金。

第三百四十四条 违反国家规定,非法采伐、毁坏珍贵树木或者国家重点保护的其他植物的,或者非法收购、运输、加工、出售珍贵树木或者国家重点保护的其他植物及其制品的,处三年以下有期徒刑、拘役或者管制,并处罚金;情节严重的,处三年以上七年以下有期徒刑,并处罚金。

第三百四十四条之一 违反国家规定,非法引进、释放或者丢弃外来入侵物种,情节严重的,处三年以下有期徒刑或者拘役,并处或者单处罚金。

第三百四十五条 盗伐森林或者其他林木,数量较大的,处三年以下有期徒刑、拘役或者管制,并处或者单处罚金;数量巨大的,处三年以上七年以下有期徒刑,并处罚金;数量特别巨大的,处七年以上有期徒刑,并处罚金。

违反森林法的规定,滥伐森林或者其他林木,数量较大的,处三年以下有期徒刑、拘役或者管制,并处或者单处罚金;数量巨大的,处三年以上七年以下有期徒刑,并处罚金。

非法收购、运输明知是盗伐、滥伐的林木,情节严重的,处三年以下有期徒刑、拘役或者管制,并处或者单处罚金;情节特别严重的,处三年以上七年以下有期徒刑,并处罚金。

盗伐、滥伐国家级自然保护区内的森林或者其他林木的,从重处罚。

第三百四十六条 单位犯本节第三百三十八条至第三百四十五条规定之罪的,对单位判处罚金,并对其直接负责的主管人员和其他直接责任人员,依照本节各该条的规定处罚。

第七节 走私、贩卖、运输、制造毒品罪

第三百四十七条 走私、贩卖、运输、制造毒品,无论数量多少,都应当追究刑事责任,

予以刑事处罚。

走私、贩卖、运输、制造毒品，有下列情形之一的，处十五年有期徒刑、无期徒刑或者死刑，并处没收财产：

（一）走私、贩卖、运输、制造鸦片一千克以上、海洛因或者甲基苯丙胺五十克以上或者其他毒品数量大的；

（二）走私、贩卖、运输、制造毒品集团的首要分子；

（三）武装掩护走私、贩卖、运输、制造毒品的；

（四）以暴力抗拒检查、拘留、逮捕，情节严重的；

（五）参与有组织的国际贩毒活动的。

走私、贩卖、运输、制造鸦片二百克以上不满一千克、海洛因或者甲基苯丙胺十克以上不满五十克或者其他毒品数量较大的，处七年以上有期徒刑，并处罚金。

走私、贩卖、运输、制造鸦片不满二百克、海洛因或者甲基苯丙胺不满十克或者其他少量毒品的，处三年以下有期徒刑、拘役或者管制，并处罚金；情节严重的，处三年以上七年以下有期徒刑，并处罚金。

单位犯第二款、第三款、第四款罪的，对单位判处罚金，并对其直接负责的主管人员和其他直接责任人员，依照各该款的规定处罚。

利用、教唆未成年人走私、贩卖、运输、制造毒品，或者向未成年人出售毒品的，从重处罚。

对多次走私、贩卖、运输、制造毒品，未经处理的，毒品数量累计计算。

第三百四十八条 非法持有鸦片一千克以上、海洛因或者甲基苯丙胺五十克以上或者其他毒品数量大的，处七年以上有期徒刑或者无期徒刑，并处罚金；非法持有鸦片二百克以上不满一千克、海洛因或者甲基苯丙胺十克以上不满五十克或者其他毒品数量较大的，处三年以下有期徒刑、拘役或者管制，并处罚金；情节严重的，处三年以上七年以下有期徒刑，并处罚金。

第三百四十九条 包庇走私、贩卖、运输、制造毒品的犯罪分子的，为犯罪分子窝藏、转移、隐瞒毒品或者犯罪所得的财物的，处三年以下有期徒刑、拘役或者管制；情节严重的，处三年以上十年以下有期徒刑。

缉毒人员或者其他国家机关工作人员掩护、包庇走私、贩卖、运输、制造毒品的犯罪分子的，依照前款的规定从重处罚。

犯前两款罪，事先通谋的，以走私、贩卖、运输、制造毒品罪的共犯论处。

第三百五十条 违反国家规定，非法生产、买卖、运输醋酸酐、乙醚、三氯甲烷或者其他用于制造毒品的原料、配剂，或者携带上述物品进出境，情节较重的，处三年以下有期徒刑、拘役或者管制，并处罚金；情节严重的，处三年以上七年以下有期徒刑，并处罚金；情节特别严重的，处七年以上有期徒刑，并处罚金或者没收财产。

明知他人制造毒品而为其生产、买卖、运输前款规定的物品的，以制造毒品罪的共犯论处。

单位犯前两款罪的，对单位判处罚金，并对其直接负责的主管人员和其他直接责任人员，依照前两款的规定处罚。

第三百五十一条 非法种植罂粟、大麻等毒品原植物的，一律强制铲除。有下列情形之一的，处五年以下有期徒刑、拘役或者管制，并处罚金：

（一）种植罂粟五百株以上不满三千株或者其他毒品原植物数量较大的；

（二）经公安机关处理后又种植的；

（三）抗拒铲除的。

非法种植罂粟三千株以上或者其他毒品原植物数量大的，处五年以上有期徒刑，并处罚金或者没收财产。

非法种植罂粟或者其他毒品原植物，在收获前自动铲除的，可以免除处罚。

第三百五十二条 非法买卖、运输、携带、持有未经灭活的罂粟等毒品原植物种子或者幼苗，数量较大的，处三年以下有期徒刑、拘役或者管制，并处或者单处罚金。

第三百五十三条 引诱、教唆、欺骗他人吸食、注射毒品的，处三年以下有期徒刑、拘役或者管制，并处罚金；情节严重的，处三年以上七年以下有期徒刑，并处罚金。

强迫他人吸食、注射毒品的，处三年以上十年以下有期徒刑，并处罚金。

引诱、教唆、欺骗或者强迫未成年人吸食、注射毒品的，从重处罚。

第三百五十四条 容留他人吸食、注射毒品的，处三年以下有期徒刑、拘役或者管制，并处罚金。

第三百五十五条 依法从事生产、运输、管理、使用国家管制的麻醉药品、精神药品的人员，违反国家规定，向吸食、注射毒品的人提供国家规定管制的能够使人形成瘾癖的麻醉药品、精神药品的，处三年以下有期徒刑或者拘役，并处罚金；情节严重的，处三年以上七年以下有期徒刑，并处罚金。向走私、贩卖毒品的犯罪分子或者以牟利为目的，向吸食、注射毒品的人提供国家规定管制的能够使人形成瘾癖的麻醉药品、精神药品的，依照本法第三百四十七条的规定定罪处罚。

单位犯前款罪的，对单位判处罚金，并对其直接负责的主管人员和其他直接责任人员，依照前款的规定处罚。

第三百五十五条之一 引诱、教唆、欺骗运动员使用兴奋剂参加国内、国际重大体育竞赛，或者明知运动员参加上述竞赛而向其提供兴奋剂，情节严重的，处三年以下有期徒刑或者拘役，并处罚金。

组织、强迫运动员使用兴奋剂参加国内、国际重大体育竞赛的，依照前款的规定从重处罚。

第三百五十六条 因走私、贩卖、运输、制造、非法持有毒品罪被判过刑，又犯本节规定之罪的，从重处罚。

第三百五十七条 本法所称的毒品，是指鸦片、海洛因、甲基苯丙胺（冰毒）、吗啡、大麻、可卡因以及国家规定管制的其他能够使人形成瘾癖的麻醉药品和精神药品。

毒品的数量以查证属实的走私、贩卖、运输、制造、非法持有毒品的数量计算，不以纯度折算。

第八节 组织、强迫、引诱、容留、介绍卖淫罪

第三百五十八条 组织、强迫他人卖淫的，处五年以上十年以下有期徒刑，并处罚金；

情节严重的，处十年以上有期徒刑或者无期徒刑，并处罚金或者没收财产。

组织、强迫未成年人卖淫的，依照前款的规定从重处罚。

犯前两款罪，并有杀害、伤害、强奸、绑架等犯罪行为的，依照数罪并罚的规定处罚。

为组织卖淫的人招募、运送人员或者有其他协助组织他人卖淫行为的，处五年以下有期徒刑，并处罚金；情节严重的，处五年以上十年以下有期徒刑，并处罚金。

第三百五十九条 引诱、容留、介绍他人卖淫的，处五年以下有期徒刑、拘役或者管制，并处罚金；情节严重的，处五年以上有期徒刑，并处罚金。

引诱不满十四周岁的幼女卖淫的，处五年以上有期徒刑，并处罚金。

第三百六十条 明知自己患有梅毒、淋病等严重性病卖淫、嫖娼的，处五年以下有期徒刑、拘役或者管制，并处罚金。

第三百六十一条 旅馆业、饮食服务业、文化娱乐业、出租汽车业等单位的人员，利用本单位的条件，组织、强迫、引诱、容留、介绍他人卖淫的，依照本法第三百五十八条、第三百五十九条的规定定罪处罚。

前款所列单位的主要负责人，犯前款罪的，从重处罚。

第三百六十二条 旅馆业、饮食服务业、文化娱乐业、出租汽车业等单位的人员，在公安机关查处卖淫、嫖娼活动时，为违法犯罪分子通风报信，情节严重的，依照本法第三百一十条的规定定罪处罚。

第九节 制作、贩卖、传播淫秽物品罪

第三百六十三条 以牟利为目的，制作、复制、出版、贩卖、传播淫秽物品的，处三年以下有期徒刑、拘役或者管制，并处罚金；情节严重的，处三年以上十年以下有期徒刑，并处罚金；情节特别严重的，处十年以上有期徒刑或者无期徒刑，并处罚金或者没收财产。

为他人提供书号，出版淫秽书刊的，处三年以下有期徒刑、拘役或者管制，并处或者单处罚金；明知他人用于出版淫秽书刊而提供书号的，依照前款的规定处罚。

第三百六十四条 传播淫秽的书刊、影片、音像、图片或者其他淫秽物品，情节严重的，处二年以下有期徒刑、拘役或者管制。

组织播放淫秽的电影、录像等音像制品的，处三年以下有期徒刑、拘役或者管制，并处罚金；情节严重的，处三年以上十年以下有期徒刑，并处罚金。

制作、复制淫秽的电影、录像等音像制品组织播放的，依照第二款的规定从重处罚。

向不满十八周岁的未成年人传播淫秽物品的，从重处罚。

第三百六十五条 组织进行淫秽表演的，处三年以下有期徒刑、拘役或者管制，并处罚金；情节严重的，处三年以上十年以下有期徒刑，并处罚金。

第三百六十六条 单位犯本节第三百六十三条、第三百六十四条、第三百六十五条规定之罪的，对单位判处罚金，并对其直接负责的主管人员和其他直接责任人员，依照各该条的规定处罚。

第三百六十七条 本法所称淫秽物品，是指具体描绘性行为或者露骨宣扬色情的诲淫性的书刊、影片、录像带、录音带、图片及其他淫秽物品。

有关人体生理、医学知识的科学著作不是淫秽物品。

包含有色情内容的有艺术价值的文学、艺术作品不视为淫秽物品。

第七章　危害国防利益罪

第三百六十八条　以暴力、威胁方法阻碍军人依法执行职务的，处三年以下有期徒刑、拘役、管制或者罚金。

故意阻碍武装部队军事行动，造成严重后果的，处五年以下有期徒刑或者拘役。

第三百六十九条　破坏武器装备、军事设施、军事通信的，处三年以下有期徒刑、拘役或者管制；破坏重要武器装备、军事设施、军事通信的，处三年以上十年以下有期徒刑；情节特别严重的，处十年以上有期徒刑、无期徒刑或者死刑。

过失犯前款罪，造成严重后果的，处三年以下有期徒刑或者拘役；造成特别严重后果的，处三年以上七年以下有期徒刑。

战时犯前两款罪的，从重处罚。

第三百七十条　明知是不合格的武器装备、军事设施而提供给武装部队的，处五年以下有期徒刑或者拘役；情节严重的，处五年以上十年以下有期徒刑；情节特别严重的，处十年以上有期徒刑、无期徒刑或者死刑。

过失犯前款罪，造成严重后果的，处三年以下有期徒刑或者拘役；造成特别严重后果的，处三年以上七年以下有期徒刑。

单位犯第一款罪的，对单位判处罚金，并对其直接负责的主管人员和其他直接责任人员，依照第一款的规定处罚。

第三百七十一条　聚众冲击军事禁区，严重扰乱军事禁区秩序的，对首要分子，处五年以上十年以下有期徒刑；对其他积极参加的，处五年以下有期徒刑、拘役、管制或者剥夺政治权利。

聚众扰乱军事管理区秩序，情节严重，致使军事管理区工作无法进行，造成严重损失的，对首要分子，处三年以上七年以下有期徒刑；对其他积极参加的，处三年以下有期徒刑、拘役、管制或者剥夺政治权利。

第三百七十二条　冒充军人招摇撞骗的，处三年以下有期徒刑、拘役、管制或者剥夺政治权利；情节严重的，处三年以上十年以下有期徒刑。

第三百七十三条　煽动军人逃离部队或者明知是逃离部队的军人而雇用，情节严重的，处三年以下有期徒刑、拘役或者管制。

第三百七十四条　在征兵工作中徇私舞弊，接送不合格兵员，情节严重的，处三年以下有期徒刑或者拘役；造成特别严重后果的，处三年以上七年以下有期徒刑。

第三百七十五条　伪造、变造、买卖或者盗窃、抢夺武装部队公文、证件、印章的，处三年以下有期徒刑、拘役、管制或者剥夺政治权利；情节严重的，处三年以上十年以下有期徒刑。

非法生产、买卖武装部队制式服装，情节严重的，处三年以下有期徒刑、拘役或者管制，并处或者单处罚金。

伪造、盗窃、买卖或者非法提供、使用武装部队车辆号牌等专用标志，情节严重的，处三年以下有期徒刑、拘役或者管制，并处或者单处罚金；情节特别严重的，处三年以上七年以下有期徒刑，并处罚金。

单位犯第二款、第三款罪的，对单位判处罚金，并对其直接负责的主管人员和其他直接责任人员，依照各该款的规定处罚。

第三百七十六条 预备役人员战时拒绝、逃避征召或者军事训练，情节严重的，处三年以下有期徒刑或者拘役。

公民战时拒绝、逃避服役，情节严重的，处二年以下有期徒刑或者拘役。

第三百七十七条 战时故意向武装部队提供虚假敌情，造成严重后果的，处三年以上十年以下有期徒刑；造成特别严重后果的，处十年以上有期徒刑或者无期徒刑。

第三百七十八条 战时造谣惑众，扰乱军心的，处三年以下有期徒刑、拘役或者管制；情节严重的，处三年以上十年以下有期徒刑。

第三百七十九条 战时明知是逃离部队的军人而为其提供隐蔽处所、财物，情节严重的，处三年以下有期徒刑或者拘役。

第三百八十条 战时拒绝或者故意延误军事订货，情节严重的，对单位判处罚金，并对其直接负责的主管人员和其他直接责任人员，处五年以下有期徒刑或者拘役；造成严重后果的，处五年以上有期徒刑。

第三百八十一条 战时拒绝军事征收、征用，情节严重的，处三年以下有期徒刑或者拘役。

第八章　贪污贿赂罪

第三百八十二条 国家工作人员利用职务上的便利，侵吞、窃取、骗取或者以其他手段非法占有公共财物的，是贪污罪。

受国家机关、国有公司、企业、事业单位、人民团体委托管理、经营国有财产的人员，利用职务上的便利，侵吞、窃取、骗取或者以其他手段非法占有国有财物的，以贪污论。

与前两款所列人员勾结，伙同贪污的，以共犯论处。

第三百八十三条 对犯贪污罪的，根据情节轻重，分别依照下列规定处罚：

（一）贪污数额较大或者有其他较重情节的，处三年以下有期徒刑或者拘役，并处罚金。

（二）贪污数额巨大或者有其他严重情节的，处三年以上十年以下有期徒刑，并处罚金或者没收财产。

（三）贪污数额特别巨大或者有其他特别严重情节的，处十年以上有期徒刑或者无期徒刑，并处罚金或者没收财产；数额特别巨大，并使国家和人民利益遭受特别重大损失的，处无期徒刑或者死刑，并处没收财产。

对多次贪污未经处理的，按照累计贪污数额处罚。

犯第一款罪，在提起公诉前如实供述自己罪行、真诚悔罪、积极退赃，避免、减少损害结果的发生，有第一项规定情形的，可以从轻、减轻或者免除处罚；有第二项、第三项规定情形的，可以从轻处罚。

犯第一款罪，有第三项规定情形被判处死刑缓期执行的，人民法院根据犯罪情节等情况可以同时决定在其死刑缓期执行二年期满依法减为无期徒刑后，终身监禁，不得减刑、假释。

第三百八十四条 国家工作人员利用职务上的便利，挪用公款归个人使用，进行非法活动的，或者挪用公款数额较大、进行营利活动的，或者挪用公款数额较大、超过三个月未还的，是挪用公款罪，处五年以下有期徒刑或者拘役；情节严重的，处五年以上有期徒刑。挪用公款数额巨大不退还的，处十年以上有期徒刑或者无期徒刑。

挪用用于救灾、抢险、防汛、优抚、扶贫、移民、救济款物归个人使用的，从重处罚。

第三百八十五条 国家工作人员利用职务上的便利，索取他人财物的，或者非法收受他人财物，为他人谋取利益的，是受贿罪。

国家工作人员在经济往来中，违反国家规定，收受各种名义的回扣、手续费，归个人所有的，以受贿论处。

第三百八十六条 对犯受贿罪的，根据受贿所得数额及情节，依照本法第三百八十三条的规定处罚。索贿的从重处罚。

第三百八十七条 国家机关、国有公司、企业、事业单位、人民团体，索取、非法收受他人财物，为他人谋取利益，情节严重的，对单位判处罚金，并对其直接负责的主管人员和其他直接责任人员，处五年以下有期徒刑或者拘役。

前款所列单位，在经济往来中，在帐外暗中收受各种名义的回扣、手续费的，以受贿论，依照前款的规定处罚。

第三百八十八条 国家工作人员利用本人职权或者地位形成的便利条件，通过其他国家工作人员职务上的行为，为请托人谋取不正当利益，索取请托人财物或者收受请托人财物的，以受贿论处。

第三百八十八条之一 国家工作人员的近亲属或者其他与该国家工作人员关系密切的人，通过该国家工作人员职务上的行为，或者利用该国家工作人员职权或者地位形成的便利条件，通过其他国家工作人员职务上的行为，为请托人谋取不正当利益，索取请托人财物或者收受请托人财物，数额较大或者有其他较重情节的，处三年以下有期徒刑或者拘役，并处罚金；数额巨大或者有其他严重情节的，处三年以上七年以下有期徒刑，并处罚金；数额特别巨大或者有其他特别严重情节的，处七年以上有期徒刑，并处罚金或者没收财产。

离职的国家工作人员或者其近亲属以及其他与其关系密切的人，利用该离职的国家工作人员原职权或者地位形成的便利条件实施前款行为的，依照前款的规定定罪处罚。

第三百八十九条 为谋取不正当利益，给予国家工作人员以财物的，是行贿罪。

在经济往来中，违反国家规定，给予国家工作人员以财物，数额较大的，或者违反国家规定，给予国家工作人员以各种名义的回扣、手续费的，以行贿论处。

因被勒索给予国家工作人员以财物，没有获得不正当利益的，不是行贿。

第三百九十条 对犯行贿罪的，处五年以下有期徒刑或者拘役，并处罚金；因行贿谋取不正当利益,情节严重的,或者使国家利益遭受重大损失的,处五年以上十年以下有期徒刑,并处罚金;情节特别严重的,或者使国家利益遭受特别重大损失的,处十年以上有期徒刑或者无期徒刑,并处罚金或者没收财产。

行贿人在被追诉前主动交待行贿行为的,可以从轻或者减轻处罚。其中,犯罪较轻的,对侦破重大案件起关键作用的,或者有重大立功表现的,可以减轻或者免除处罚。

第三百九十条之一 为谋取不正当利益,向国家工作人员的近亲属或者其他与该国家工作人员关系密切的人,或者向离职的国家工作人员或者其近亲属以及其他与其关系密切的人行贿的,处三年以下有期徒刑或者拘役,并处罚金;情节严重的,或者使国家利益遭受重大损失的,处三年以上七年以下有期徒刑,并处罚金;情节特别严重的,或者使国家利益遭受特别重大损失的,处七年以上十年以下有期徒刑,并处罚金。

单位犯前款罪的,对单位判处罚金,并对其直接负责的主管人员和其他直接责任人员,处三年以下有期徒刑或者拘役,并处罚金。

第三百九十一条 为谋取不正当利益,给予国家机关、国有公司、企业、事业单位、人民团体以财物的,或者在经济往来中,违反国家规定,给予各种名义的回扣、手续费的,处三年以下有期徒刑或者拘役,并处罚金。

单位犯前款罪的,对单位判处罚金,并对其直接负责的主管人员和其他直接责任人员,依照前款的规定处罚。

第三百九十二条 向国家工作人员介绍贿赂,情节严重的,处三年以下有期徒刑或者拘役,并处罚金。

介绍贿赂人在被追诉前主动交待介绍贿赂行为的,可以减轻处罚或者免除处罚。

第三百九十三条 单位为谋取不正当利益而行贿,或者违反国家规定,给予国家工作人员以回扣、手续费,情节严重的,对单位判处罚金,并对其直接负责的主管人员和其他直接责任人员,处五年以下有期徒刑或者拘役,并处罚金。因行贿取得的违法所得归个人所有的,依照本法第三百八十九条、第三百九十条的规定定罪处罚。

第三百九十四条 国家工作人员在国内公务活动或者对外交往中接受礼物,依照国家规定应当交公而不交公,数额较大的,依照本法第三百八十二条、第三百八十三条的规定定罪处罚。

第三百九十五条 国家工作人员的财产、支出明显超过合法收入,差额巨大的,可以责令该国家工作人员说明来源,不能说明来源的,差额部分以非法所得论,处五年以下有期徒刑或者拘役;差额特别巨大的,处五年以上十年以下有期徒刑。财产的差额部分予以追缴。

国家工作人员在境外的存款,应当依照国家规定申报。数额较大、隐瞒不报的,处二年以下有期徒刑或者拘役;情节较轻的,由其所在单位或者上级主管机关酌情给予行政处分。

第三百九十六条 国家机关、国有公司、企业、事业单位、人民团体,违反国家规定,以单位名义将国有资产集体私分给个人,数额较大的,对其直接负责的主管人员和其他直接责任人员,处三年以下有期徒刑或者拘役,并处或者单处罚金;数额巨大的,处三年以上七年以下有期徒刑，并处罚金。

司法机关、行政执法机关违反国家规定，将应当上缴国家的罚没财物，以单位名义集体私分给个人的，依照前款的规定处罚。

第九章　渎职罪

第三百九十七条　国家机关工作人员滥用职权或者玩忽职守，致使公共财产、国家和人民利益遭受重大损失的，处三年以下有期徒刑或者拘役；情节特别严重的，处三年以上七年以下有期徒刑。本法另有规定的，依照规定。

国家机关工作人员徇私舞弊，犯前款罪的，处五年以下有期徒刑或者拘役；情节特别严重的，处五年以上十年以下有期徒刑。本法另有规定的，依照规定。

第三百九十八条　国家机关工作人员违反保守国家秘密法的规定，故意或者过失泄露国家秘密，情节严重的，处三年以下有期徒刑或者拘役；情节特别严重的，处三年以上七年以下有期徒刑。

非国家机关工作人员犯前款罪的，依照前款的规定酌情处罚。

第三百九十九条　司法工作人员徇私枉法、徇情枉法，对明知是无罪的人而使他受追诉、对明知是有罪的人而故意包庇不使他受追诉，或者在刑事审判活动中故意违背事实和法律作枉法裁判的，处五年以下有期徒刑或者拘役；情节严重的，处五年以上十年以下有期徒刑；情节特别严重的，处十年以上有期徒刑。

在民事、行政审判活动中故意违背事实和法律作枉法裁判，情节严重的，处五年以下有期徒刑或者拘役；情节特别严重的，处五年以上十年以下有期徒刑。

在执行判决、裁定活动中，严重不负责任或者滥用职权，不依法采取诉讼保全措施、不履行法定执行职责，或者违法采取诉讼保全措施、强制执行措施，致使当事人或者其他人的利益遭受重大损失的，处五年以下有期徒刑或者拘役；致使当事人或者其他人的利益遭受特别重大损失的，处五年以上十年以下有期徒刑。

司法工作人员收受贿赂，有前三款行为的，同时又构成本法第三百八十五条规定之罪的，依照处罚较重的规定定罪处罚。

第三百九十九条之一　依法承担仲裁职责的人员，在仲裁活动中故意违背事实和法律作枉法裁决，情节严重的，处三年以下有期徒刑或者拘役；情节特别严重的，处三年以上七年以下有期徒刑。

第四百条　司法工作人员私放在押的犯罪嫌疑人、被告人或者罪犯的，处五年以下有期徒刑或者拘役；情节严重的，处五年以上十年以下有期徒刑；情节特别严重的，处十年以上有期徒刑。

司法工作人员由于严重不负责任，致使在押的犯罪嫌疑人、被告人或者罪犯脱逃，造成严重后果的，处三年以下有期徒刑或者拘役；造成特别严重后果的，处三年以上十年以下有期徒刑。

第四百零一条　司法工作人员徇私舞弊，对不符合减刑、假释、暂予监外执行条件的罪犯，予以减刑、假释或者暂予监外执行的，处三年以下有期徒刑或者拘役；情节严重的，处三年以上七年以下有期徒刑。

第四百零二条 行政执法人员徇私舞弊，对依法应当移交司法机关追究刑事责任的不移交，情节严重的，处三年以下有期徒刑或者拘役；造成严重后果的，处三年以上七年以下有期徒刑。

第四百零三条 国家有关主管部门的国家机关工作人员，徇私舞弊，滥用职权，对不符合法律规定条件的公司设立、登记申请或者股票、债券发行、上市申请，予以批准或者登记，致使公共财产、国家和人民利益遭受重大损失的，处五年以下有期徒刑或者拘役。

上级部门强令登记机关及其工作人员实施前款行为的，对其直接负责的主管人员，依照前款的规定处罚。

第四百零四条 税务机关的工作人员徇私舞弊，不征或者少征应征税款，致使国家税收遭受重大损失的，处五年以下有期徒刑或者拘役；造成特别重大损失的，处五年以上有期徒刑。

第四百零五条 税务机关的工作人员违反法律、行政法规的规定，在办理发售发票、抵扣税款、出口退税工作中，徇私舞弊，致使国家利益遭受重大损失的，处五年以下有期徒刑或者拘役；致使国家利益遭受特别重大损失的，处五年以上有期徒刑。

其他国家机关工作人员违反国家规定，在提供出口货物报关单、出口收汇核销单等出口退税凭证的工作中，徇私舞弊，致使国家利益遭受重大损失的，依照前款的规定处罚。

第四百零六条 国家机关工作人员在签订、履行合同过程中，因严重不负责任被诈骗，致使国家利益遭受重大损失的，处三年以下有期徒刑或者拘役；致使国家利益遭受特别重大损失的，处三年以上七年以下有期徒刑。

第四百零七条 林业主管部门的工作人员违反森林法的规定，超过批准的年采伐限额发放林木采伐许可证或者违反规定滥发林木采伐许可证，情节严重，致使森林遭受严重破坏的，处三年以下有期徒刑或者拘役。

第四百零八条 负有环境保护监督管理职责的国家机关工作人员严重不负责任，导致发生重大环境污染事故，致使公私财产遭受重大损失或者造成人身伤亡的严重后果的，处三年以下有期徒刑或者拘役。

第四百零八条之一 负有食品药品安全监督管理职责的国家机关工作人员，滥用职权或者玩忽职守，有下列情形之一，造成严重后果或者有其他严重情节的，处五年以下有期徒刑或者拘役；造成特别严重后果或者有其他特别严重情节的，处五年以上十年以下有期徒刑：

（一）瞒报、谎报食品安全事故、药品安全事件的；

（二）对发现的严重食品药品安全违法行为未按规定查处的；

（三）在药品和特殊食品审批审评过程中，对不符合条件的申请准予许可的；

（四）依法应当移交司法机关追究刑事责任不移交的；

（五）有其他滥用职权或者玩忽职守行为的。

徇私舞弊犯前款罪的，从重处罚。

第四百零九条 从事传染病防治的政府卫生行政部门的工作人员严重不负责任，导致传染病传播或者流行,情节严重的,处三年以下有期徒刑或者拘役。

第四百一十条　国家机关工作人员徇私舞弊,违反土地管理法规,滥用职权,非法批准征收、征用、占用土地,或者非法低价出让国有土地使用权,情节严重的,处三年以下有期徒刑或者拘役;致使国家或者集体利益遭受特别重大损失的,处三年以上七年以下有期徒刑。

第四百一十一条　海关工作人员徇私舞弊,放纵走私,情节严重的,处五年以下有期徒刑或者拘役;情节特别严重的,处五年以上有期徒刑。

第四百一十二条　国家商检部门、商检机构的工作人员徇私舞弊,伪造检验结果的,处五年以下有期徒刑或者拘役;造成严重后果的,处五年以上十年以下有期徒刑。

前款所列人员严重不负责任,对应当检验的物品不检验,或者延误检验出证、错误出证,致使国家利益遭受重大损失的,处三年以下有期徒刑或者拘役。

第四百一十三条　动植物检疫机关的检疫人员徇私舞弊,伪造检疫结果的,处五年以下有期徒刑或者拘役;造成严重后果的,处五年以上十年以下有期徒刑。

前款所列人员严重不负责任,对应当检疫的检疫物不检疫,或者延误检疫出证、错误出证,致使国家利益遭受重大损失的,处三年以下有期徒刑或者拘役。

第四百一十四条　对生产、销售伪劣商品犯罪行为负有追究责任的国家机关工作人员,徇私舞弊,不履行法律规定的追究职责,情节严重的,处五年以下有期徒刑或者拘役。

第四百一十五条　负责办理护照、签证以及其他出入境证件的国家机关工作人员,对明知是企图偷越国(边)境的人员,予以办理出入境证件的,或者边防、海关等国家机关工作人员,对明知是偷越国(边)境的人员,予以放行的,处三年以下有期徒刑或者拘役;情节严重的,处三年以上七年以下有期徒刑。

第四百一十六条　对被拐卖、绑架的妇女、儿童负有解救职责的国家机关工作人员,接到被拐卖、绑架的妇女、儿童及其家属的解救要求或者接到其他人的举报,而对被拐卖、绑架的妇女、儿童不进行解救,造成严重后果的,处五年以下有期徒刑或者拘役。

负有解救职责的国家机关工作人员利用职务阻碍解救的,处二年以上七年以下有期徒刑;情节较轻的,处二年以下有期徒刑或者拘役。

第四百一十七条　有查禁犯罪活动职责的国家机关工作人员,向犯罪分子通风报信、提供便利,帮助犯罪分子逃避处罚的,处三年以下有期徒刑或者拘役;情节严重的,处三年以上十年以下有期徒刑。

第四百一十八条　国家机关工作人员在招收公务员、学生工作中徇私舞弊,情节严重的,处三年以下有期徒刑或者拘役。

第四百一十九条　国家机关工作人员严重不负责任,造成珍贵文物损毁或者流失,后果严重的,处三年以下有期徒刑或者拘役。

第十章　军人违反职责罪

第四百二十条　军人违反职责,危害国家军事利益,依照法律应当受刑罚处罚的行为,是军人违反职责罪。

第四百二十一条　战时违抗命令,对作战造成危害的,处三年以上十年以下有期徒刑;致使战斗、战役遭受重大损失的,处十年以上有期徒刑、无期徒刑或者死刑。

第四百二十二条　故意隐瞒、谎报军情或者拒传、假传军令,对作战造成危害的,处三年以上十年以下有期徒刑;致使战斗、战役遭受重大损失的,处十年以上有期徒刑、无期徒刑或者死刑。

第四百二十三条　在战场上贪生怕死,自动放下武器投降敌人的,处三年以上十年以下有期徒刑;情节严重的,处十年以上有期徒刑或者无期徒刑。

投降后为敌人效劳的,处十年以上有期徒刑、无期徒刑或者死刑。

第四百二十四条　战时临阵脱逃的,处三年以下有期徒刑;情节严重的,处三年以上十年以下有期徒刑;致使战斗、战役遭受重大损失的,处十年以上有期徒刑、无期徒刑或者死刑。

第四百二十五条　指挥人员和值班、值勤人员擅离职守或者玩忽职守,造成严重后果的,处三年以下有期徒刑或者拘役;造成特别严重后果的,处三年以上七年以下有期徒刑。

战时犯前款罪的,处五年以上有期徒刑。

第四百二十六条　以暴力、威胁方法,阻碍指挥人员或者值班、值勤人员执行职务的,处五年以下有期徒刑或者拘役;情节严重的,处五年以上十年以下有期徒刑;情节特别严重的,处十年以上有期徒刑或者无期徒刑。战时从重处罚。

第四百二十七条　滥用职权,指使部属进行违反职责的活动,造成严重后果的,处五年以下有期徒刑或者拘役;情节特别严重的,处五年以上十年以下有期徒刑。

第四百二十八条　指挥人员违抗命令,临阵畏缩,作战消极,造成严重后果的,处五年以下有期徒刑;致使战斗、战役遭受重大损失或者有其他特别严重情节的,处五年以上有期徒刑。

第四百二十九条　在战场上明知友邻部队处境危急请求救援,能救援而不救援,致使友邻部队遭受重大损失的,对指挥人员,处五年以下有期徒刑。

第四百三十条　在履行公务期间,擅离岗位,叛逃境外或者在境外叛逃,危害国家军事利益的,处五年以下有期徒刑或者拘役;情节严重的,处五年以上有期徒刑。

驾驶航空器、舰船叛逃的,或者有其他特别严重情节的,处十年以上有期徒刑、无期徒刑或者死刑。

第四百三十一条　以窃取、刺探、收买方法,非法获取军事秘密的,处五年以下有期徒刑;情节严重的,处五年以上十年以下有期徒刑;情节特别严重的,处十年以上有期徒刑。

为境外的机构、组织、人员窃取、刺探、收买、非法提供军事秘密的,处五年以上十年以下有期徒刑;情节严重的,处十年以上有期徒刑、无期徒刑或者死刑。

第四百三十二条　违反保守国家秘密法规,故意或者过失泄露军事秘密,情节严重的,处五年以下有期徒刑或者拘役;情节特别严重的,处五年以上十年以下有期徒刑。

战时犯前款罪的,处五年以上十年以下有期徒刑;情节特别严重的,处十年以上有期徒刑或者无期徒刑。

第四百三十三条　战时造谣惑众,动摇军心的,处三年以下有期徒刑;情节严重的,处三年以上十年以下有期徒刑;情节特别严重的,处十年以上有期徒刑或者无期徒刑。

第四百三十四条 战时自伤身体,逃避军事义务的,处三年以下有期徒刑;情节严重的,处三年以上七年以下有期徒刑。

第四百三十五条 违反兵役法规,逃离部队,情节严重的,处三年以下有期徒刑或者拘役。

战时犯前款罪的,处三年以上七年以下有期徒刑。

第四百三十六条 违反武器装备使用规定,情节严重,因而发生责任事故,致人重伤、死亡或者造成其他严重后果的,处三年以下有期徒刑或者拘役;后果特别严重的,处三年以上七年以下有期徒刑。

第四百三十七条 违反武器装备管理规定,擅自改变武器装备的编配用途,造成严重后果的,处三年以下有期徒刑或者拘役;造成特别严重后果的,处三年以上七年以下有期徒刑。

第四百三十八条 盗窃、抢夺武器装备或者军用物资的,处五年以下有期徒刑或者拘役;情节严重的,处五年以上十年以下有期徒刑;情节特别严重的,处十年以上有期徒刑、无期徒刑或者死刑。

盗窃、抢夺枪支、弹药、爆炸物的,依照本法第一百二十七条的规定处罚。

第四百三十九条 非法出卖、转让军队武器装备的,处三年以上十年以下有期徒刑;出卖、转让大量武器装备或者有其他特别严重情节的,处十年以上有期徒刑、无期徒刑或者死刑。

第四百四十条 违抗命令,遗弃武器装备的,处五年以下有期徒刑或者拘役;遗弃重要或者大量武器装备的,或者有其他严重情节的,处五年以上有期徒刑。

第四百四十一条 遗失武器装备,不及时报告或者有其他严重情节的,处三年以下有期徒刑或者拘役。

第四百四十二条 违反规定,擅自出卖、转让军队房地产,情节严重的,对直接责任人员,处三年以下有期徒刑或者拘役;情节特别严重的,处三年以上十年以下有期徒刑。

第四百四十三条 滥用职权,虐待部属,情节恶劣,致人重伤或者造成其他严重后果的,处五年以下有期徒刑或者拘役;致人死亡的,处五年以上有期徒刑。

第四百四十四条 在战场上故意遗弃伤病军人,情节恶劣的,对直接责任人员,处五年以下有期徒刑。

第四百四十五条 战时在救护治疗职位上,有条件救治而拒不救治危重伤病军人的,处五年以下有期徒刑或者拘役;造成伤病军人重残、死亡或者有其他严重情节的,处五年以上十年以下有期徒刑。

第四百四十六条 战时在军事行动地区,残害无辜居民或者掠夺无辜居民财物的,处五年以下有期徒刑;情节严重的,处五年以上十年以下有期徒刑;情节特别严重的,处十年以上有期徒刑、无期徒刑或者死刑。

第四百四十七条 私放俘虏的,处五年以下有期徒刑;私放重要俘虏、私放俘虏多人或者有其他严重情节的,处五年以上有期徒刑。

第四百四十八条 虐待俘虏,情节恶劣的,处三年以下有期徒刑。

第四百四十九条 在战时,对被判处三年以下有期徒刑没有现实危险宣告缓刑的犯罪军人,允许其戴罪立功,确有立功表现时,可以撤销原判刑罚,不以犯罪论处。

第四百五十条 本章适用于中国人民解放军的现役军官、文职干部、士兵及具有军籍的学员和中国人民武装警察部队的现役警官、文职干部、士兵及具有军籍的学员以及文职人员、执行军事任务的预备役人员和其他人员。

第四百五十一条 本章所称战时,是指国家宣布进入战争状态、部队受领作战任务或者遭敌突然袭击时。

部队执行戒严任务或者处置突发性暴力事件时,以战时论。

附　则

第四百五十二条 本法自1997年10月1日起施行。

中华人民共和国行政处罚法

(1996年3月17日第八届全国人民代表大会第四次会议通过　根据2009年8月27日第十一届全国人民代表大会常务委员会第十次会议《关于修改部分法律的决定》第一次修正　根据2017年9月1日第十二届全国人民代表大会常务委员会第二十九次会议《关于修改〈中华人民共和国法官法〉等八部法律的决定》第二次修正　2021年1月22日第十三届全国人民代表大会常务委员会第二十五次会议修订)

目　录

第一章　总　　则

第一条 为了规范行政处罚的设定和实施,保障和监督行政机关有效实施行政管理,维护公共利益和社会秩序,保护公民、法人或者其他组织的合法权益,根据宪法,制定本法。

第二条 行政处罚是指行政机关依法对违反行政管理秩序的公民、法人或者其他组织,以减损权益或者增加义务的方式予以惩戒的行为。

第三条 行政处罚的设定和实施,适用本法。

第四条 公民、法人或者其他组织违反行政管理秩序的行为,应当给予行政处罚的,依照本法由法律、法规、规章规定,并由行政机关依照本法规定的程序实施。

第五条 行政处罚遵循公正、公开的原则。

设定和实施行政处罚必须以事实为依据,与违法行为的事实、性质、情节以及社会危害程度相当。

对违法行为给予行政处罚的规定必须公布;未经公布的,不得作为行政处罚的依据。

第六条 实施行政处罚,纠正违法行为,应当坚持处罚与教育相结合,教育公民、法人或者其他组织自觉守法。

第七条 公民、法人或者其他组织对行政机关所给予的行政处罚,享有陈述权、申辩权;对行政处罚不服的,有权依法申请行政复议或者提起行政诉讼。

公民、法人或者其他组织因行政机关违法给予行政处罚受到损害的,有权依法提出赔偿要求。

第八条 公民、法人或者其他组织因违法行为受到行政处罚,其违法行为对他人造成损害的,应当依法承担民事责任。

违法行为构成犯罪,应当依法追究刑事责任的,不得以行政处罚代替刑事处罚。

第二章 行政处罚的种类和设定

第九条 行政处罚的种类:

(一)警告、通报批评;

(二)罚款、没收违法所得、没收非法财物;

(三)暂扣许可证件、降低资质等级、吊销许可证件;

(四)限制开展生产经营活动、责令停产停业、责令关闭、限制从业;

(五)行政拘留;

(六)法律、行政法规规定的其他行政处罚。

第十条 法律可以设定各种行政处罚。

限制人身自由的行政处罚,只能由法律设定。

第十一条 行政法规可以设定除限制人身自由以外的行政处罚。

法律对违法行为已经作出行政处罚规定,行政法规需要作出具体规定的,必须在法律规定的给予行政处罚的行为、种类和幅度的范围内规定。

法律对违法行为未作出行政处罚规定,行政法规为实施法律,可以补充设定行政处罚。拟补充设定行政处罚的,应当通过听证会、论证会等形式广泛听取意见,并向制定机关作出书面说明。行政法规报送备案时,应当说明补充设定行政处罚的情况。

第十二条 地方性法规可以设定除限制人身自由、吊销营业执照以外的行政处罚。

法律、行政法规对违法行为已经作出行政处罚规定，地方性法规需要作出具体规定的，必须在法律、行政法规规定的给予行政处罚的行为、种类和幅度的范围内规定。

法律、行政法规对违法行为未作出行政处罚规定，地方性法规为实施法律、行政法规，可以补充设定行政处罚。拟补充设定行政处罚的，应当通过听证会、论证会等形式广泛听取意见，并向制定机关作出书面说明。地方性法规报送备案时，应当说明补充设定行政处罚的情况。

第十三条 国务院部门规章可以在法律、行政法规规定的给予行政处罚的行为、种类和幅度的范围内作出具体规定。

尚未制定法律、行政法规的，国务院部门规章对违反行政管理秩序的行为，可以设定警告、通报批评或者一定数额罚款的行政处罚。罚款的限额由国务院规定。

第十四条 地方政府规章可以在法律、法规规定的给予行政处罚的行为、种类和幅度的范围内作出具体规定。

尚未制定法律、法规的，地方政府规章对违反行政管理秩序的行为，可以设定警告、通报批评或者一定数额罚款的行政处罚。罚款的限额由省、自治区、直辖市人民代表大会常务委员会规定。

第十五条 国务院部门和省、自治区、直辖市人民政府及其有关部门应当定期组织评估行政处罚的实施情况和必要性，对不适当的行政处罚事项及种类、罚款数额等，应当提出修改或者废止的建议。

第十六条 除法律、法规、规章外，其他规范性文件不得设定行政处罚。

第三章 行政处罚的实施机关

第十七条 行政处罚由具有行政处罚权的行政机关在法定职权范围内实施。

第十八条 国家在城市管理、市场监管、生态环境、文化市场、交通运输、应急管理、农业等领域推行建立综合行政执法制度，相对集中行政处罚权。

国务院或者省、自治区、直辖市人民政府可以决定一个行政机关行使有关行政机关的行政处罚权。

限制人身自由的行政处罚权只能由公安机关和法律规定的其他机关行使。

第十九条 法律、法规授权的具有管理公共事务职能的组织可以在法定授权范围内实施行政处罚。

第二十条 行政机关依照法律、法规、规章的规定，可以在其法定权限内书面委托符合本法第二十一条规定条件的组织实施行政处罚。行政机关不得委托其他组织或者个人实施行政处罚。

委托书应当载明委托的具体事项、权限、期限等内容。委托行政机关和受委托组织应当将委托书向社会公布。

委托行政机关对受委托组织实施行政处罚的行为应当负责监督，并对该行为的后果承担法律责任。

受委托组织在委托范围内，以委托行政机关名义实施行政处罚；不得再委托其他组织或者个人实施行政处罚。

第二十一条 受委托组织必须符合以下条件：

（一）依法成立并具有管理公共事务职能；

（二）有熟悉有关法律、法规、规章和业务并取得行政执法资格的工作人员；

（三）需要进行技术检查或者技术鉴定的，应当有条件组织进行相应的技术检查或者技术鉴定。

第四章 行政处罚的管辖和适用

第二十二条 行政处罚由违法行为发生地的行政机关管辖。法律、行政法规、部门规章另有规定的，从其规定。

第二十三条 行政处罚由县级以上地方人民政府具有行政处罚权的行政机关管辖。法律、行政法规另有规定的，从其规定。

第二十四条 省、自治区、直辖市根据当地实际情况，可以决定将基层管理迫切需要的县级人民政府部门的行政处罚权交由能够有效承接的乡镇人民政府、街道办事处行使，并定期组织评估。决定应当公布。

承接行政处罚权的乡镇人民政府、街道办事处应当加强执法能力建设，按照规定范围、依照法定程序实施行政处罚。

有关地方人民政府及其部门应当加强组织协调、业务指导、执法监督，建立健全行政处罚协调配合机制，完善评议、考核制度。

第二十五条 两个以上行政机关都有管辖权的，由最先立案的行政机关管辖。

对管辖发生争议的，应当协商解决，协商不成的，报请共同的上一级行政机关指定管辖；也可以直接由共同的上一级行政机关指定管辖。

第二十六条 行政机关因实施行政处罚的需要，可以向有关机关提出协助请求。协助事项属于被请求机关职权范围内的，应当依法予以协助。

第二十七条 违法行为涉嫌犯罪的，行政机关应当及时将案件移送司法机关，依法追究刑事责任。对依法不需要追究刑事责任或者免予刑事处罚，但应当给予行政处罚的，司法机关应当及时将案件移送有关行政机关。

行政处罚实施机关与司法机关之间应当加强协调配合，建立健全案件移送制度，加强证据材料移交、接收衔接，完善案件处理信息通报机制。

第二十八条 行政机关实施行政处罚时，应当责令当事人改正或者限期改正违法行为。

当事人有违法所得，除依法应当退赔的外，应当予以没收。违法所得是指实施违法行为所取得的款项。法律、行政法规、部门规章对违法所得的计算另有规定的，从其规定。

第二十九条 对当事人的同一个违法行为，不得给予两次以上罚款的行政处罚。同一个违法行为违反多个法律规范应当给予罚款处罚的，按照罚款数额高的规定处罚。

第三十条 不满十四周岁的未成年人有违法行为的，不予行政处罚，责令监护人加以管教；已满十四周岁不满十八周岁的未成年人有违法行为的，应当从轻或者减轻行政处罚。

第三十一条 精神病人、智力残疾人在不能辨认或者不能控制自己行为时有违法行为的，不予行政处罚，但应当责令其监护人严加看管和治疗。间歇性精神病人在精神正常时有违法行为的，应当给予行政处罚。尚未完全丧失辨认或者控制自己行为能力的精神病人、智力残疾人有违法行为的，可以从轻或者减轻行政处罚。

第三十二条 当事人有下列情形之一，应当从轻或者减轻行政处罚：

（一）主动消除或者减轻违法行为危害后果的；

（二）受他人胁迫或者诱骗实施违法行为的；

（三）主动供述行政机关尚未掌握的违法行为的；

（四）配合行政机关查处违法行为有立功表现的；

（五）法律、法规、规章规定其他应当从轻或者减轻行政处罚的。

第三十三条 违法行为轻微并及时改正，没有造成危害后果的，不予行政处罚。初次违法且危害后果轻微并及时改正的，可以不予行政处罚。

当事人有证据足以证明没有主观过错的，不予行政处罚。法律、行政法规另有规定的，从其规定。

对当事人的违法行为依法不予行政处罚的，行政机关应当对当事人进行教育。

第三十四条 行政机关可以依法制定行政处罚裁量基准，规范行使行政处罚裁量权。行政处罚裁量基准应当向社会公布。

第三十五条 违法行为构成犯罪，人民法院判处拘役或者有期徒刑时，行政机关已经给予当事人行政拘留的，应当依法折抵相应刑期。

违法行为构成犯罪，人民法院判处罚金时，行政机关已经给予当事人罚款的，应当折抵相应罚金；行政机关尚未给予当事人罚款的，不再给予罚款。

第三十六条 违法行为在二年内未被发现的，不再给予行政处罚；涉及公民生命健康安全、金融安全且有危害后果的，上述期限延长至五年。法律另有规定的除外。

前款规定的期限，从违法行为发生之日起计算；违法行为有连续或者继续状态的，从行为终了之日起计算。

第三十七条 实施行政处罚，适用违法行为发生时的法律、法规、规章的规定。但是，作出行政处罚决定时，法律、法规、规章已被修改或者废止，且新的规定处罚较轻或者不认为是违法的，适用新的规定。

第三十八条 行政处罚没有依据或者实施主体不具有行政主体资格的，行政处罚无效。

违反法定程序构成重大且明显违法的，行政处罚无效。

第五章 行政处罚的决定

第一节 一般规定

第三十九条 行政处罚的实施机关、立案依据、实施程序和救济渠道等信息应当公示。

第四十条 公民、法人或者其他组织违反行政管理秩序的行为，依法应当给予行政处罚的，行政机关必须查明事实；违法事实不清、证据不足的，不得给予行政处罚。

第四十一条　行政机关依照法律、行政法规规定利用电子技术监控设备收集、固定违法事实的，应当经过法制和技术审核，确保电子技术监控设备符合标准、设置合理、标志明显，设置地点应当向社会公布。

电子技术监控设备记录违法事实应当真实、清晰、完整、准确。行政机关应当审核记录内容是否符合要求；未经审核或者经审核不符合要求的，不得作为行政处罚的证据。

行政机关应当及时告知当事人违法事实，并采取信息化手段或者其他措施，为当事人查询、陈述和申辩提供便利。不得限制或者变相限制当事人享有的陈述权、申辩权。

第四十二条　行政处罚应当由具有行政执法资格的执法人员实施。执法人员不得少于两人，法律另有规定的除外。

执法人员应当文明执法，尊重和保护当事人合法权益。

第四十三条　执法人员与案件有直接利害关系或者有其他关系可能影响公正执法的，应当回避。

当事人认为执法人员与案件有直接利害关系或者有其他关系可能影响公正执法的，有权申请回避。

当事人提出回避申请的，行政机关应当依法审查，由行政机关负责人决定。决定作出之前，不停止调查。

第四十四条　行政机关在作出行政处罚决定之前，应当告知当事人拟作出的行政处罚内容及事实、理由、依据，并告知当事人依法享有的陈述、申辩、要求听证等权利。

第四十五条　当事人有权进行陈述和申辩。行政机关必须充分听取当事人的意见，对当事人提出的事实、理由和证据，应当进行复核；当事人提出的事实、理由或者证据成立的，行政机关应当采纳。

行政机关不得因当事人陈述、申辩而给予更重的处罚。

第四十六条　证据包括：

（一）书证；

（二）物证；

（三）视听资料；

（四）电子数据；

（五）证人证言；

（六）当事人的陈述；

（七）鉴定意见；

（八）勘验笔录、现场笔录。

证据必须经查证属实，方可作为认定案件事实的根据。

以非法手段取得的证据，不得作为认定案件事实的根据。

第四十七条　行政机关应当依法以文字、音像等形式，对行政处罚的启动、调查取证、审核、决定、送达、执行等进行全过程记录，归档保存。

第四十八条　具有一定社会影响的行政处罚决定应当依法公开。

公开的行政处罚决定被依法变更、撤销、确认违法或者确认无效的,行政机关应当在三日内撤回行政处罚决定信息并公开说明理由。

第四十九条 发生重大传染病疫情等突发事件,为了控制、减轻和消除突发事件引起的社会危害,行政机关对违反突发事件应对措施的行为,依法快速、从重处罚。

第五十条 行政机关及其工作人员对实施行政处罚过程中知悉的国家秘密、商业秘密或者个人隐私,应当依法予以保密。

第二节 简易程序

第五十一条 违法事实确凿并有法定依据,对公民处以二百元以下、对法人或者其他组织处以三千元以下罚款或者警告的行政处罚的,可以当场作出行政处罚决定。法律另有规定的,从其规定。

第五十二条 执法人员当场作出行政处罚决定的,应当向当事人出示执法证件,填写预定格式、编有号码的行政处罚决定书,并当场交付当事人。当事人拒绝签收的,应当在行政处罚决定书上注明。

前款规定的行政处罚决定书应当载明当事人的违法行为,行政处罚的种类和依据、罚款数额、时间、地点,申请行政复议、提起行政诉讼的途径和期限以及行政机关名称,并由执法人员签名或者盖章。

执法人员当场作出的行政处罚决定,应当报所属行政机关备案。

第五十三条 对当场作出的行政处罚决定,当事人应当依照本法第六十七条至第六十九条的规定履行。

第三节 普通程序

第五十四条 除本法第五十一条规定的可以当场作出的行政处罚外,行政机关发现公民、法人或者其他组织有依法应当给予行政处罚的行为的,必须全面、客观、公正地调查,收集有关证据;必要时,依照法律、法规的规定,可以进行检查。

符合立案标准的,行政机关应当及时立案。

第五十五条 执法人员在调查或者进行检查时,应当主动向当事人或者有关人员出示执法证件。当事人或者有关人员有权要求执法人员出示执法证件。执法人员不出示执法证件的,当事人或者有关人员有权拒绝接受调查或者检查。

当事人或者有关人员应当如实回答询问,并协助调查或者检查,不得拒绝或者阻挠。询问或者检查应当制作笔录。

第五十六条 行政机关在收集证据时,可以采取抽样取证的方法;在证据可能灭失或者以后难以取得的情况下,经行政机关负责人批准,可以先行登记保存,并应当在七日内及时作出处理决定,在此期间,当事人或者有关人员不得销毁或者转移证据。

第五十七条 调查终结,行政机关负责人应当对调查结果进行审查,根据不同情况,分别作出如下决定:

(一)确有应受行政处罚的违法行为的,根据情节轻重及具体情况,作出行政处罚决定;

（二）违法行为轻微，依法可以不予行政处罚的，不予行政处罚；

（三）违法事实不能成立的，不予行政处罚；

（四）违法行为涉嫌犯罪的，移送司法机关。

对情节复杂或者重大违法行为给予行政处罚，行政机关负责人应当集体讨论决定。

第五十八条 有下列情形之一，在行政机关负责人作出行政处罚的决定之前，应当由从事行政处罚决定法制审核的人员进行法制审核；未经法制审核或者审核未通过的，不得作出决定：

（一）涉及重大公共利益的；

（二）直接关系当事人或者第三人重大权益，经过听证程序的；

（三）案件情况疑难复杂、涉及多个法律关系的；

（四）法律、法规规定应当进行法制审核的其他情形。

行政机关中初次从事行政处罚决定法制审核的人员，应当通过国家统一法律职业资格考试取得法律职业资格。

第五十九条 行政机关依照本法第五十七条的规定给予行政处罚，应当制作行政处罚决定书。行政处罚决定书应当载明下列事项：

（一）当事人的姓名或者名称、地址；

（二）违反法律、法规、规章的事实和证据；

（三）行政处罚的种类和依据；

（四）行政处罚的履行方式和期限；

（五）申请行政复议、提起行政诉讼的途径和期限；

（六）作出行政处罚决定的行政机关名称和作出决定的日期。

行政处罚决定书必须盖有作出行政处罚决定的行政机关的印章。

第六十条 行政机关应当自行政处罚案件立案之日起九十日内作出行政处罚决定。法律、法规、规章另有规定的，从其规定。

第六十一条 行政处罚决定书应当在宣告后当场交付当事人；当事人不在场的，行政机关应当在七日内依照《中华人民共和国民事诉讼法》的有关规定，将行政处罚决定书送达当事人。

当事人同意并签订确认书的，行政机关可以采用传真、电子邮件等方式，将行政处罚决定书等送达当事人。

第六十二条 行政机关及其执法人员在作出行政处罚决定之前，未依照本法第四十四条、第四十五条的规定向当事人告知拟作出的行政处罚内容及事实、理由、依据，或者拒绝听取当事人的陈述、申辩，不得作出行政处罚决定；当事人明确放弃陈述或者申辩权利的除外。

第四节　听证程序

第六十三条 行政机关拟作出下列行政处罚决定，应当告知当事人有要求听证的权利，当事人要求听证的，行政机关应当组织听证：

（一）较大数额罚款；

（二）没收较大数额违法所得、没收较大价值非法财物；

（三）降低资质等级、吊销许可证件；

（四）责令停产停业、责令关闭、限制从业；

（五）其他较重的行政处罚；

（六）法律、法规、规章规定的其他情形。

当事人不承担行政机关组织听证的费用。

第六十四条 听证应当依照以下程序组织：

（一）当事人要求听证的，应当在行政机关告知后五日内提出；

（二）行政机关应当在举行听证的七日前，通知当事人及有关人员听证的时间、地点；

（三）除涉及国家秘密、商业秘密或者个人隐私依法予以保密外，听证公开举行；

（四）听证由行政机关指定的非本案调查人员主持；当事人认为主持人与本案有直接利害关系的，有权申请回避；

（五）当事人可以亲自参加听证，也可以委托一至二人代理；

（六）当事人及其代理人无正当理由拒不出席听证或者未经许可中途退出听证的，视为放弃听证权利，行政机关终止听证；

（七）举行听证时，调查人员提出当事人违法的事实、证据和行政处罚建议，当事人进行申辩和质证；

（八）听证应当制作笔录。笔录应当交当事人或者其代理人核对无误后签字或者盖章。当事人或者其代理人拒绝签字或者盖章的，由听证主持人在笔录中注明。

第六十五条 听证结束后，行政机关应当根据听证笔录，依照本法第五十七条的规定，作出决定。

第六章 行政处罚的执行

第六十六条 行政处罚决定依法作出后，当事人应当在行政处罚决定书载明的期限内，予以履行。

当事人确有经济困难，需要延期或者分期缴纳罚款的，经当事人申请和行政机关批准，可以暂缓或者分期缴纳。

第六十七条 作出罚款决定的行政机关应当与收缴罚款的机构分离。

除依照本法第六十八条、第六十九条的规定当场收缴的罚款外，作出行政处罚决定的行政机关及其执法人员不得自行收缴罚款。

当事人应当自收到行政处罚决定书之日起十五日内，到指定的银行或者通过电子支付系统缴纳罚款。银行应当收受罚款，并将罚款直接上缴国库。

第六十八条 依照本法第五十一条的规定当场作出行政处罚决定，有下列情形之一，执法人员可以当场收缴罚款：

（一）依法给予一百元以下罚款的；

（二）不当场收缴事后难以执行的。

第六十九条　在边远、水上、交通不便地区，行政机关及其执法人员依照本法第五十一条、第五十七条的规定作出罚款决定后，当事人到指定的银行或者通过电子支付系统缴纳罚款确有困难，经当事人提出，行政机关及其执法人员可以当场收缴罚款。

第七十条　行政机关及其执法人员当场收缴罚款的，必须向当事人出具国务院财政部门或者省、自治区、直辖市人民政府财政部门统一制发的专用票据；不出具财政部门统一制发的专用票据的，当事人有权拒绝缴纳罚款。

第七十一条　执法人员当场收缴的罚款，应当自收缴罚款之日起二日内，交至行政机关；在水上当场收缴的罚款，应当自抵岸之日起二日内交至行政机关；行政机关应当在二日内将罚款缴付指定的银行。

第七十二条　当事人逾期不履行行政处罚决定的，作出行政处罚决定的行政机关可以采取下列措施：

（一）到期不缴纳罚款的，每日按罚款数额的百分之三加处罚款，加处罚款的数额不得超出罚款的数额；

（二）根据法律规定，将查封、扣押的财物拍卖、依法处理或者将冻结的存款、汇款划拨抵缴罚款；

（三）根据法律规定，采取其他行政强制执行方式；

（四）依照《中华人民共和国行政强制法》的规定申请人民法院强制执行。

行政机关批准延期、分期缴纳罚款的，申请人民法院强制执行的期限，自暂缓或者分期缴纳罚款期限结束之日起计算。

第七十三条　当事人对行政处罚决定不服，申请行政复议或者提起行政诉讼的，行政处罚不停止执行，法律另有规定的除外。

当事人对限制人身自由的行政处罚决定不服，申请行政复议或者提起行政诉讼的，可以向作出决定的机关提出暂缓执行申请。符合法律规定情形的，应当暂缓执行。

当事人申请行政复议或者提起行政诉讼的，加处罚款的数额在行政复议或者行政诉讼期间不予计算。

第七十四条　除依法应当予以销毁的物品外，依法没收的非法财物必须按照国家规定公开拍卖或者按照国家有关规定处理。

罚款、没收的违法所得或者没收非法财物拍卖的款项，必须全部上缴国库，任何行政机关或者个人不得以任何形式截留、私分或者变相私分。

罚款、没收的违法所得或者没收非法财物拍卖的款项，不得同作出行政处罚决定的行政机关及其工作人员的考核、考评直接或者变相挂钩。除依法应当退还、退赔的外，财政部门不得以任何形式向作出行政处罚决定的行政机关返还罚款、没收的违法所得或者没收非法财物拍卖的款项。

第七十五条　行政机关应当建立健全对行政处罚的监督制度。县级以上人民政府应当定期组织开展行政执法评议、考核，加强对行政处罚的监督检查，规范和保障行政处罚的实施。

行政机关实施行政处罚应当接受社会监督。公民、法人或者其他组织对行政机关实施行政处罚的行为,有权申诉或者检举;行政机关应当认真审查,发现有错误的,应当主动改正。

第七章　法律责任

第七十六条　行政机关实施行政处罚,有下列情形之一,由上级行政机关或者有关机关责令改正,对直接负责的主管人员和其他直接责任人员依法给予处分:

(一)没有法定的行政处罚依据的;

(二)擅自改变行政处罚种类、幅度的;

(三)违反法定的行政处罚程序的;

(四)违反本法第二十条关于委托处罚的规定的;

(五)执法人员未取得执法证件的。

行政机关对符合立案标准的案件不及时立案的,依照前款规定予以处理。

第七十七条　行政机关对当事人进行处罚不使用罚款、没收财物单据或者使用非法定部门制发的罚款、没收财物单据的,当事人有权拒绝,并有权予以检举,由上级行政机关或者有关机关对使用的非法单据予以收缴销毁,对直接负责的主管人员和其他直接责任人员依法给予处分。

第七十八条　行政机关违反本法第六十七条的规定自行收缴罚款的,财政部门违反本法第七十四条的规定向行政机关返还罚款、没收的违法所得或者拍卖款项的,由上级行政机关或者有关机关责令改正,对直接负责的主管人员和其他直接责任人员依法给予处分。

第七十九条　行政机关截留、私分或者变相私分罚款、没收的违法所得或者财物的,由财政部门或者有关机关予以追缴,对直接负责的主管人员和其他直接责任人员依法给予处分;情节严重构成犯罪的,依法追究刑事责任。

执法人员利用职务上的便利,索取或者收受他人财物、将收缴罚款据为己有,构成犯罪的,依法追究刑事责任;情节轻微不构成犯罪的,依法给予处分。

第八十条　行政机关使用或者损毁查封、扣押的财物,对当事人造成损失的,应当依法予以赔偿,对直接负责的主管人员和其他直接责任人员依法给予处分。

第八十一条　行政机关违法实施检查措施或者执行措施,给公民人身或者财产造成损害、给法人或者其他组织造成损失的,应当依法予以赔偿,对直接负责的主管人员和其他直接责任人员依法给予处分;情节严重构成犯罪的,依法追究刑事责任。

第八十二条　行政机关对应当依法移交司法机关追究刑事责任的案件不移交,以行政处罚代替刑事处罚,由上级行政机关或者有关机关责令改正,对直接负责的主管人员和其他直接责任人员依法给予处分;情节严重构成犯罪的,依法追究刑事责任。

第八十三条　行政机关对应当予以制止和处罚的违法行为不予制止、处罚,致使公民、法人或者其他组织的合法权益、公共利益和社会秩序遭受损害的,对直接负责的主管人员和其他直接责任人员依法给予处分;情节严重构成犯罪的,依法追究刑事责任。

第八章　附　　则

第八十四条　外国人、无国籍人、外国组织在中华人民共和国领域内有违法行为,应当给予行政处罚的,适用本法,法律另有规定的除外。

第八十五条　本法中"二日""三日""五日""七日"的规定是指工作日,不含法定节假日。

第八十六条　本法自2021年7月15日起施行。

中华人民共和国行政许可法

(2003年8月27日第十届全国人民代表大会常务委员会第四次会议通过　根据2019年4月23日第十三届全国人民代表大会常务委员会第十次会议《关于修改〈中华人民共和国建筑法〉等八部法律的决定》修正)

目　　录

第一章　总　　则

第一条　为了规范行政许可的设定和实施,保护公民、法人和其他组织的合法权益,维护公共利益和社会秩序,保障和监督行政机关有效实施行政管理,根据宪法,制定本法。

第二条　本法所称行政许可,是指行政机关根据公民、法人或者其他组织的申请,经依法审查,准予其从事特定活动的行为。

第三条　行政许可的设定和实施,适用本法。

有关行政机关对其他机关或者对其直接管理的事业单位的人事、财务、外事等事项的审批,不适用本法。

第四条　设定和实施行政许可,应当依照法定的权限、范围、条件和程序。

第五条　设定和实施行政许可,应当遵循公开、公平、公正、非歧视的原则。

有关行政许可的规定应当公布;未经公布的,不得作为实施行政许可的依据。行政许可的实施和结果，除涉及国家秘密、商业秘密或者个人隐私的外，应当公开。未经申请人同意，行政机关及其工作人员、参与专家评审等的人员不得披露申请人提交的商业秘密、未披露信息或者保密商务信息，法律另有规定或者涉及国家安全、重大社会公共利益的除外；行政机关依法公开申请人前述信息的，允许申请人在合理期限内提出异议。

符合法定条件、标准的，申请人有依法取得行政许可的平等权利，行政机关不得歧视任何人。

第六条 实施行政许可，应当遵循便民的原则，提高办事效率，提供优质服务。

第七条 公民、法人或者其他组织对行政机关实施行政许可，享有陈述权、申辩权；有权依法申请行政复议或者提起行政诉讼；其合法权益因行政机关违法实施行政许可受到损害的，有权依法要求赔偿。

第八条 公民、法人或者其他组织依法取得的行政许可受法律保护，行政机关不得擅自改变已经生效的行政许可。

行政许可所依据的法律、法规、规章修改或者废止，或者准予行政许可所依据的客观情况发生重大变化的，为了公共利益的需要，行政机关可以依法变更或者撤回已经生效的行政许可。由此给公民、法人或者其他组织造成财产损失的，行政机关应当依法给予补偿。

第九条 依法取得的行政许可，除法律、法规规定依照法定条件和程序可以转让的外，不得转让。

第十条 县级以上人民政府应当建立健全对行政机关实施行政许可的监督制度，加强对行政机关实施行政许可的监督检查。

行政机关应当对公民、法人或者其他组织从事行政许可事项的活动实施有效监督。

第二章 行政许可的设定

第十一条 设定行政许可，应当遵循经济和社会发展规律，有利于发挥公民、法人或者其他组织的积极性、主动性，维护公共利益和社会秩序，促进经济、社会和生态环境协调发展。

第十二条 下列事项可以设定行政许可：

（一）直接涉及国家安全、公共安全、经济宏观调控、生态环境保护以及直接关系人身健康、生命财产安全等特定活动，需要按照法定条件予以批准的事项；

（二）有限自然资源开发利用、公共资源配置以及直接关系公共利益的特定行业的市场准入等，需要赋予特定权利的事项；

（三）提供公众服务并且直接关系公共利益的职业、行业，需要确定具备特殊信誉、特殊条件或者特殊技能等资格、资质的事项；

（四）直接关系公共安全、人身健康、生命财产安全的重要设备、设施、产品、物品，需要按照技术标准、技术规范，通过检验、检测、检疫等方式进行审定的事项；

（五）企业或者其他组织的设立等，需要确定主体资格的事项；

（六）法律、行政法规规定可以设定行政许可的其他事项。

第十三条 本法第十二条所列事项，通过下列方式能够予以规范的，可以不设行政许可：

(一)公民、法人或者其他组织能够自主决定的；

(二)市场竞争机制能够有效调节的；

(三)行业组织或者中介机构能够自律管理的；

(四)行政机关采用事后监督等其他行政管理方式能够解决的。

第十四条 本法第十二条所列事项，法律可以设定行政许可。尚未制定法律的，行政法规可以设定行政许可。

必要时，国务院可以采用发布决定的方式设定行政许可。实施后，除临时性行政许可事项外，国务院应当及时提请全国人民代表大会及其常务委员会制定法律，或者自行制定行政法规。

第十五条 本法第十二条所列事项，尚未制定法律、行政法规的，地方性法规可以设定行政许可；尚未制定法律、行政法规和地方性法规的，因行政管理的需要，确需立即实施行政许可的，省、自治区、直辖市人民政府规章可以设定临时性的行政许可。临时性的行政许可实施满一年需要继续实施的，应当提请本级人民代表大会及其常务委员会制定地方性法规。

地方性法规和省、自治区、直辖市人民政府规章，不得设定应当由国家统一确定的公民、法人或者其他组织的资格、资质的行政许可；不得设定企业或者其他组织的设立登记及其前置性行政许可。其设定的行政许可，不得限制其他地区的个人或者企业到本地区从事生产经营和提供服务，不得限制其他地区的商品进入本地区市场。

第十六条 行政法规可以在法律设定的行政许可事项范围内，对实施该行政许可作出具体规定。

地方性法规可以在法律、行政法规设定的行政许可事项范围内，对实施该行政许可作出具体规定。

规章可以在上位法设定的行政许可事项范围内，对实施该行政许可作出具体规定。

法规、规章对实施上位法设定的行政许可作出的具体规定，不得增设行政许可；对行政许可条件作出的具体规定，不得增设违反上位法的其他条件。

第十七条 除本法第十四条、第十五条规定的外，其他规范性文件一律不得设定行政许可。

第十八条 设定行政许可，应当规定行政许可的实施机关、条件、程序、期限。

第十九条 起草法律草案、法规草案和省、自治区、直辖市人民政府规章草案，拟设定行政许可的，起草单位应当采取听证会、论证会等形式听取意见，并向制定机关说明设定该行政许可的必要性、对经济和社会可能产生的影响以及听取和采纳意见的情况。

第二十条 行政许可的设定机关应当定期对其设定的行政许可进行评价；对已设定的行政许可，认为通过本法第十三条所列方式能够解决的，应当对设定该行政许可的规定及时予以修改或者废止。

行政许可的实施机关可以对已设定的行政许可的实施情况及存在的必要性适时进行

评价，并将意见报告该行政许可的设定机关。

公民、法人或者其他组织可以向行政许可的设定机关和实施机关就行政许可的设定和实施提出意见和建议。

第二十一条 省、自治区、直辖市人民政府对行政法规设定的有关经济事务的行政许可，根据本行政区域经济和社会发展情况，认为通过本法第十三条所列方式能够解决的，报国务院批准后，可以在本行政区域内停止实施该行政许可。

第三章 行政许可的实施机关

第二十二条 行政许可由具有行政许可权的行政机关在其法定职权范围内实施。

第二十三条 法律、法规授权的具有管理公共事务职能的组织，在法定授权范围内，以自己的名义实施行政许可。被授权的组织适用本法有关行政机关的规定。

第二十四条 行政机关在其法定职权范围内，依照法律、法规、规章的规定，可以委托其他行政机关实施行政许可。委托机关应当将受委托行政机关和受委托实施行政许可的内容予以公告。

委托行政机关对受委托行政机关实施行政许可的行为应当负责监督，并对该行为的后果承担法律责任。

受委托行政机关在委托范围内，以委托行政机关名义实施行政许可；不得再委托其他组织或者个人实施行政许可。

第二十五条 经国务院批准，省、自治区、直辖市人民政府根据精简、统一、效能的原则，可以决定一个行政机关行使有关行政机关的行政许可权。

第二十六条 行政许可需要行政机关内设的多个机构办理的，该行政机关应当确定一个机构统一受理行政许可申请，统一送达行政许可决定。

行政许可依法由地方人民政府两个以上部门分别实施的，本级人民政府可以确定一个部门受理行政许可申请并转告有关部门分别提出意见后统一办理，或者组织有关部门联合办理、集中办理。

第二十七条 行政机关实施行政许可，不得向申请人提出购买指定商品、接受有偿服务等不正当要求。

行政机关工作人员办理行政许可，不得索取或者收受申请人的财物，不得谋取其他利益。

第二十八条 对直接关系公共安全、人身健康、生命财产安全的设备、设施、产品、物品的检验、检测、检疫，除法律、行政法规规定由行政机关实施的外，应当逐步由符合法定条件的专业技术组织实施。专业技术组织及其有关人员对所实施的检验、检测、检疫结论承担法律责任。

第四章 行政许可的实施程序

第一节 申请与受理

第二十九条 公民、法人或者其他组织从事特定活动，依法需要取得行政许可的，应当向行政机关提出申请。申请书需要采用格式文本的，行政机关应当向申请人提供行政许可申请书格式文本。申请书格式文本中不得包含与申请行政许可事项没有直接关系的内容。

申请人可以委托代理人提出行政许可申请。但是，依法应当由申请人到行政机关办公场所提出行政许可申请的除外。

行政许可申请可以通过信函、电报、电传、传真、电子数据交换和电子邮件等方式提出。

第三十条　行政机关应当将法律、法规、规章规定的有关行政许可的事项、依据、条件、数量、程序、期限以及需要提交的全部材料的目录和申请书示范文本等在办公场所公示。

申请人要求行政机关对公示内容予以说明、解释的，行政机关应当说明、解释，提供准确、可靠的信息。

第三十一条　申请人申请行政许可，应当如实向行政机关提交有关材料和反映真实情况，并对其申请材料实质内容的真实性负责。行政机关不得要求申请人提交与其申请的行政许可事项无关的技术资料和其他材料。

行政机关及其工作人员不得以转让技术作为取得行政许可的条件；不得在实施行政许可的过程中，直接或者间接地要求转让技术。

第三十二条　行政机关对申请人提出的行政许可申请，应当根据下列情况分别作出处理：

（一）申请事项依法不需要取得行政许可的，应当即时告知申请人不受理；

（二）申请事项依法不属于本行政机关职权范围的，应当即时作出不予受理的决定，并告知申请人向有关行政机关申请；

（三）申请材料存在可以当场更正的错误的，应当允许申请人当场更正；

（四）申请材料不齐全或者不符合法定形式的，应当当场或者在五日内一次告知申请人需要补正的全部内容，逾期不告知的，自收到申请材料之日起即为受理；

（五）申请事项属于本行政机关职权范围，申请材料齐全、符合法定形式，或者申请人按照本行政机关的要求提交全部补正申请材料的，应当受理行政许可申请。

行政机关受理或者不予受理行政许可申请，应当出具加盖本行政机关专用印章和注明日期的书面凭证。

第三十三条　行政机关应当建立和完善有关制度，推行电子政务，在行政机关的网站上公布行政许可事项，方便申请人采取数据电文等方式提出行政许可申请；应当与其他行政机关共享有关行政许可信息，提高办事效率。

第二节　审查与决定

第三十四条　行政机关应当对申请人提交的申请材料进行审查。

申请人提交的申请材料齐全、符合法定形式，行政机关能够当场作出决定的，应当当场作出书面的行政许可决定。

根据法定条件和程序，需要对申请材料的实质内容进行核实的，行政机关应当指派两名以上工作人员进行核查。

第三十五条 依法应当先经下级行政机关审查后报上级行政机关决定的行政许可，下级行政机关应当在法定期限内将初步审查意见和全部申请材料直接报送上级行政机关。上级行政机关不得要求申请人重复提供申请材料。

第三十六条 行政机关对行政许可申请进行审查时，发现行政许可事项直接关系他人重大利益的，应当告知该利害关系人。申请人、利害关系人有权进行陈述和申辩。行政机关应当听取申请人、利害关系人的意见。

第三十七条 行政机关对行政许可申请进行审查后，除当场作出行政许可决定的外，应当在法定期限内按照规定程序作出行政许可决定。

第三十八条 申请人的申请符合法定条件、标准的，行政机关应当依法作出准予行政许可的书面决定。

行政机关依法作出不予行政许可的书面决定的，应当说明理由，并告知申请人享有依法申请行政复议或者提起行政诉讼的权利。

第三十九条 行政机关作出准予行政许可的决定，需要颁发行政许可证件的，应当向申请人颁发加盖本行政机关印章的下列行政许可证件：

（一）许可证、执照或者其他许可证书；

（二）资格证、资质证或者其他合格证书；

（三）行政机关的批准文件或者证明文件；

（四）法律、法规规定的其他行政许可证件。

行政机关实施检验、检测、检疫的，可以在检验、检测、检疫合格的设备、设施、产品、物品上加贴标签或者加盖检验、检测、检疫印章。

第四十条 行政机关作出的准予行政许可决定，应当予以公开，公众有权查阅。

第四十一条 法律、行政法规设定的行政许可，其适用范围没有地域限制的，申请人取得的行政许可在全国范围内有效。

第三节 期 限

第四十二条 除可以当场作出行政许可决定的外，行政机关应当自受理行政许可申请之日起二十日内作出行政许可决定。二十日内不能作出决定的，经本行政机关负责人批准，可以延长十日，并应当将延长期限的理由告知申请人。但是，法律、法规另有规定的，依照其规定。

依照本法第二十六条的规定，行政许可采取统一办理或者联合办理、集中办理的，办理的时间不得超过四十五日；四十五日内不能办结的，经本级人民政府负责人批准，可以延长十五日，并应当将延长期限的理由告知申请人。

第四十三条 依法应当先经下级行政机关审查后报上级行政机关决定的行政许可，下级行政机关应当自其受理行政许可申请之日起二十日内审查完毕。但是，法律、法规另有规定的，依照其规定。

第四十四条 行政机关作出准予行政许可的决定，应当自作出决定之日起十日内向申请人颁发、送达行政许可证件,或者加贴标签、加盖检验、检测、检疫印章。

第四十五条 行政机关作出行政许可决定,依法需要听证、招标、拍卖、检验、检测、检疫、鉴定和专家评审的,所需时间不计算在本节规定的期限内。行政机关应当将所需时间书面告知申请人。

第四节 听 证

第四十六条 法律、法规、规章规定实施行政许可应当听证的事项,或者行政机关认为需要听证的其他涉及公共利益的重大行政许可事项,行政机关应当向社会公告,并举行听证。

第四十七条 行政许可直接涉及申请人与他人之间重大利益关系的,行政机关在作出行政许可决定前,应当告知申请人、利害关系人享有要求听证的权利;申请人、利害关系人在被告知听证权利之日起五日内提出听证申请的,行政机关应当在二十日内组织听证。

申请人、利害关系人不承担行政机关组织听证的费用。

第四十八条 听证按照下列程序进行:

(一)行政机关应当于举行听证的七日前将举行听证的时间、地点通知申请人、利害关系人,必要时予以公告;

(二)听证应当公开举行;

(三)行政机关应当指定审查该行政许可申请的工作人员以外的人员为听证主持人,申请人、利害关系人认为主持人与该行政许可事项有直接利害关系的,有权申请回避;

(四)举行听证时,审查该行政许可申请的工作人员应当提供审查意见的证据、理由,申请人、利害关系人可以提出证据,并进行申辩和质证;

(五)听证应当制作笔录,听证笔录应当交听证参加人确认无误后签字或者盖章。

行政机关应当根据听证笔录,作出行政许可决定。

第五节 变更与延续

第四十九条 被许可人要求变更行政许可事项的,应当向作出行政许可决定的行政机关提出申请;符合法定条件、标准的,行政机关应当依法办理变更手续。

第五十条 被许可人需要延续依法取得的行政许可的有效期的,应当在该行政许可有效期届满三十日前向作出行政许可决定的行政机关提出申请。但是,法律、法规、规章另有规定的,依照其规定。

行政机关应当根据被许可人的申请,在该行政许可有效期届满前作出是否准予延续的决定;逾期未作决定的,视为准予延续。

第六节 特别规定

第五十一条 实施行政许可的程序,本节有规定的,适用本节规定;本节没有规定的,适用本章其他有关规定。

第五十二条 国务院实施行政许可的程序,适用有关法律、行政法规的规定。

第五十三条　实施本法第十二条第二项所列事项的行政许可的,行政机关应当通过招标、拍卖等公平竞争的方式作出决定。但是,法律、行政法规另有规定的,依照其规定。

行政机关通过招标、拍卖等方式作出行政许可决定的具体程序,依照有关法律、行政法规的规定。

行政机关按照招标、拍卖程序确定中标人、买受人后,应当作出准予行政许可的决定,并依法向中标人、买受人颁发行政许可证件。

行政机关违反本条规定,不采用招标、拍卖方式,或者违反招标、拍卖程序,损害申请人合法权益的,申请人可以依法申请行政复议或者提起行政诉讼。

第五十四条　实施本法第十二条第三项所列事项的行政许可,赋予公民特定资格,依法应当举行国家考试的,行政机关根据考试成绩和其他法定条件作出行政许可决定;赋予法人或者其他组织特定的资格、资质的,行政机关根据申请人的专业人员构成、技术条件、经营业绩和管理水平等的考核结果作出行政许可决定。但是,法律、行政法规另有规定的,依照其规定。

公民特定资格的考试依法由行政机关或者行业组织实施,公开举行。行政机关或者行业组织应当事先公布资格考试的报名条件、报考办法、考试科目以及考试大纲。但是,不得组织强制性的资格考试的考前培训,不得指定教材或者其他助考材料。

第五十五条　实施本法第十二条第四项所列事项的行政许可的,应当按照技术标准、技术规范依法进行检验、检测、检疫,行政机关根据检验、检测、检疫的结果作出行政许可决定。

行政机关实施检验、检测、检疫,应当自受理申请之日起五日内指派两名以上工作人员按照技术标准、技术规范进行检验、检测、检疫。不需要对检验、检测、检疫结果作进一步技术分析即可认定设备、设施、产品、物品是否符合技术标准、技术规范的,行政机关应当当场作出行政许可决定。

行政机关根据检验、检测、检疫结果,作出不予行政许可决定的,应当书面说明不予行政许可所依据的技术标准、技术规范。

第五十六条　实施本法第十二条第五项所列事项的行政许可,申请人提交的申请材料齐全、符合法定形式的,行政机关应当当场予以登记。需要对申请材料的实质内容进行核实的,行政机关依照本法第三十四条第三款的规定办理。

第五十七条　有数量限制的行政许可,两个或者两个以上申请人的申请均符合法定条件、标准的,行政机关应当根据受理行政许可申请的先后顺序作出准予行政许可的决定。但是,法律、行政法规另有规定的,依照其规定。

第五章　行政许可的费用

第五十八条　行政机关实施行政许可和对行政许可事项进行监督检查,不得收取任何费用。但是,法律、行政法规另有规定的,依照其规定。

行政机关提供行政许可申请书格式文本,不得收费。

行政机关实施行政许可所需经费应当列入本行政机关的预算,由本级财政予以保障,按照批准的预算予以核拨。

第五十九条　行政机关实施行政许可，依照法律、行政法规收取费用的，应当按照公布的法定项目和标准收费；所收取的费用必须全部上缴国库，任何机关或者个人不得以任何形式截留、挪用、私分或者变相私分。财政部门不得以任何形式向行政机关返还或者变相返还实施行政许可所收取的费用。

第六章　监督检查

第六十条　上级行政机关应当加强对下级行政机关实施行政许可的监督检查，及时纠正行政许可实施中的违法行为。

第六十一条　行政机关应当建立健全监督制度，通过核查反映被许可人从事行政许可事项活动情况的有关材料，履行监督责任。

行政机关依法对被许可人从事行政许可事项的活动进行监督检查时，应当将监督检查的情况和处理结果予以记录，由监督检查人员签字后归档。公众有权查阅行政机关监督检查记录。

行政机关应当创造条件，实现与被许可人、其他有关行政机关的计算机档案系统互联，核查被许可人从事行政许可事项活动情况。

第六十二条　行政机关可以对被许可人生产经营的产品依法进行抽样检查、检验、检测，对其生产经营场所依法进行实地检查。检查时，行政机关可以依法查阅或者要求被许可人报送有关材料；被许可人应当如实提供有关情况和材料。

行政机关根据法律、行政法规的规定，对直接关系公共安全、人身健康、生命财产安全的重要设备、设施进行定期检验。对检验合格的，行政机关应当发给相应的证明文件。

第六十三条　行政机关实施监督检查，不得妨碍被许可人正常的生产经营活动，不得索取或者收受被许可人的财物，不得谋取其他利益。

第六十四条　被许可人在作出行政许可决定的行政机关管辖区域外违法从事行政许可事项活动的，违法行为发生地的行政机关应当依法将被许可人的违法事实、处理结果抄告作出行政许可决定的行政机关。

第六十五条　个人和组织发现违法从事行政许可事项的活动，有权向行政机关举报，行政机关应当及时核实、处理。

第六十六条　被许可人未依法履行开发利用自然资源义务或者未依法履行利用公共资源义务的，行政机关应当责令限期改正；被许可人在规定期限内不改正的，行政机关应当依照有关法律、行政法规的规定予以处理。

第六十七条　取得直接关系公共利益的特定行业的市场准入行政许可的被许可人，应当按照国家规定的服务标准、资费标准和行政机关依法规定的条件，向用户提供安全、方便、稳定和价格合理的服务，并履行普遍服务的义务；未经作出行政许可决定的行政机关批准，不得擅自停业、歇业。

被许可人不履行前款规定的义务的，行政机关应当责令限期改正，或者依法采取有效措施督促其履行义务。

第六十八条　对直接关系公共安全、人身健康、生命财产安全的重要设备、设施，行政机关应当督促设计、建造、安装和使用单位建立相应的自检制度。

行政机关在监督检查时,发现直接关系公共安全、人身健康、生命财产安全的重要设备、设施存在安全隐患的,应当责令停止建造、安装和使用,并责令设计、建造、安装和使用单位立即改正。

第六十九条　有下列情形之一的,作出行政许可决定的行政机关或者其上级行政机关,根据利害关系人的请求或者依据职权,可以撤销行政许可:

(一)行政机关工作人员滥用职权、玩忽职守作出准予行政许可决定的;

(二)超越法定职权作出准予行政许可决定的;

(三)违反法定程序作出准予行政许可决定的;

(四)对不具备申请资格或者不符合法定条件的申请人准予行政许可的;

(五)依法可以撤销行政许可的其他情形。

被许可人以欺骗、贿赂等不正当手段取得行政许可的,应当予以撤销。

依照前两款的规定撤销行政许可,可能对公共利益造成重大损害的,不予撤销。

依照本条第一款的规定撤销行政许可,被许可人的合法权益受到损害的,行政机关应当依法给予赔偿。依照本条第二款的规定撤销行政许可的,被许可人基于行政许可取得的利益不受保护。

第七十条　有下列情形之一的,行政机关应当依法办理有关行政许可的注销手续:

(一)行政许可有效期届满未延续的;

(二)赋予公民特定资格的行政许可,该公民死亡或者丧失行为能力的;

(三)法人或者其他组织依法终止的;

(四)行政许可依法被撤销、撤回,或者行政许可证件依法被吊销的;

(五)因不可抗力导致行政许可事项无法实施的;

(六)法律、法规规定的应当注销行政许可的其他情形。

第七章　法律责任

第七十一条　违反本法第十七条规定设定的行政许可,有关机关应当责令设定该行政许可的机关改正,或者依法予以撤销。

第七十二条　行政机关及其工作人员违反本法的规定,有下列情形之一的,由其上级行政机关或者监察机关责令改正;情节严重的,对直接负责的主管人员和其他直接责任人员依法给予行政处分:

(一)对符合法定条件的行政许可申请不予受理的;

(二)不在办公场所公示依法应当公示的材料的;

(三)在受理、审查、决定行政许可过程中,未向申请人、利害关系人履行法定告知义务的;

(四)申请人提交的申请材料不齐全、不符合法定形式,不一次告知申请人必须补正的全部内容的;

(五)违法披露申请人提交的商业秘密、未披露信息或者保密商务信息的;

（六）以转让技术作为取得行政许可的条件，或者在实施行政许可的过程中直接或者间接地要求转让技术的；

（七）未依法说明不受理行政许可申请或者不予行政许可的理由的；

（八）依法应当举行听证而不举行听证的。

第七十三条 行政机关工作人员办理行政许可、实施监督检查，索取或者收受他人财物或者谋取其他利益，构成犯罪的，依法追究刑事责任；尚不构成犯罪的，依法给予行政处分。

第七十四条 行政机关实施行政许可，有下列情形之一的，由其上级行政机关或者监察机关责令改正，对直接负责的主管人员和其他直接责任人员依法给予行政处分；构成犯罪的，依法追究刑事责任：

（一）对不符合法定条件的申请人准予行政许可或者超越法定职权作出准予行政许可决定的；

（二）对符合法定条件的申请人不予行政许可或者不在法定期限内作出准予行政许可决定的；

（三）依法应当根据招标、拍卖结果或者考试成绩择优作出准予行政许可决定，未经招标、拍卖或者考试，或者不根据招标、拍卖结果或者考试成绩择优作出准予行政许可决定的。

第七十五条 行政机关实施行政许可，擅自收费或者不按照法定项目和标准收费的，由其上级行政机关或者监察机关责令退还非法收取的费用；对直接负责的主管人员和其他直接责任人员依法给予行政处分。

截留、挪用、私分或者变相私分实施行政许可依法收取的费用的，予以追缴；对直接负责的主管人员和其他直接责任人员依法给予行政处分；构成犯罪的，依法追究刑事责任。

第七十六条 行政机关违法实施行政许可，给当事人的合法权益造成损害的，应当依照国家赔偿法的规定给予赔偿。

第七十七条 行政机关不依法履行监督职责或者监督不力，造成严重后果的，由其上级行政机关或者监察机关责令改正，对直接负责的主管人员和其他直接责任人员依法给予行政处分；构成犯罪的，依法追究刑事责任。

第七十八条 行政许可申请人隐瞒有关情况或者提供虚假材料申请行政许可的，行政机关不予受理或者不予行政许可，并给予警告；行政许可申请属于直接关系公共安全、人身健康、生命财产安全事项的，申请人在一年内不得再次申请该行政许可。

第七十九条 被许可人以欺骗、贿赂等不正当手段取得行政许可的，行政机关应当依法给予行政处罚；取得的行政许可属于直接关系公共安全、人身健康、生命财产安全事项的，申请人在三年内不得再次申请该行政许可；构成犯罪的，依法追究刑事责任。

第八十条 被许可人有下列行为之一的，行政机关应当依法给予行政处罚；构成犯罪的，依法追究刑事责任：

（一）涂改、倒卖、出租、出借行政许可证件，或者以其他形式非法转让行政许可的；

（二）超越行政许可范围进行活动的；

（三）向负责监督检查的行政机关隐瞒有关情况、提供虚假材料或者拒绝提供反映其活动情况的真实材料的；

（四）法律、法规、规章规定的其他违法行为。

第八十一条 公民、法人或者其他组织未经行政许可，擅自从事依法应当取得行政许可的活动的，行政机关应当依法采取措施予以制止，并依法给予行政处罚；构成犯罪的，依法追究刑事责任。

第八章 附 则

第八十二条 本法规定的行政机关实施行政许可的期限以工作日计算，不含法定节假日。

第八十三条 本法自2004年7月1日起施行。

本法施行前有关行政许可的规定，制定机关应当依照本法规定予以清理；不符合本法规定的，自本法施行之日起停止执行。

中华人民共和国行政强制法

（2011年6月30日第十一届全国人民代表大会常务委员会第二十一次会议通过）

目 录

第一章 总 则

第一条 为了规范行政强制的设定和实施，保障和监督行政机关依法履行职责，维护公共利益和社会秩序，保护公民、法人和其他组织的合法权益，根据宪法，制定本法。

第二条 本法所称行政强制，包括行政强制措施和行政强制执行。

行政强制措施，是指行政机关在行政管理过程中，为制止违法行为、防止证据损毁、避免危害发生、控制危险扩大等情形，依法对公民的人身自由实施暂时性限制，或者对公民、法人或者其他组织的财物实施暂时性控制的行为。

行政强制执行，是指行政机关或者行政机关申请人民法院，对不履行行政决定的公民、法人或者其他组织，依法强制履行义务的行为。

第三条 行政强制的设定和实施，适用本法。

发生或者即将发生自然灾害、事故灾难、公共卫生事件或者社会安全事件等突发事件，行政机关采取应急措施或者临时措施，依照有关法律、行政法规的规定执行。

行政机关采取金融业审慎监管措施、进出境货物强制性技术监控措施，依照有关法律、行政法规的规定执行。

第四条 行政强制的设定和实施，应当依照法定的权限、范围、条件和程序。

第五条 行政强制的设定和实施，应当适当。采用非强制手段可以达到行政管理目的的，不得设定和实施行政强制。

第六条 实施行政强制，应当坚持教育与强制相结合。

第七条 行政机关及其工作人员不得利用行政强制权为单位或者个人谋取利益。

第八条 公民、法人或者其他组织对行政机关实施行政强制，享有陈述权、申辩权；有权依法申请行政复议或者提起行政诉讼；因行政机关违法实施行政强制受到损害的，有权依法要求赔偿。

公民、法人或者其他组织因人民法院在强制执行中有违法行为或者扩大强制执行范围受到损害的，有权依法要求赔偿。

第二章　行政强制的种类和设定

第九条 行政强制措施的种类：

（一）限制公民人身自由；

（二）查封场所、设施或者财物；

（三）扣押财物；

（四）冻结存款、汇款；

（五）其他行政强制措施。

第十条 行政强制措施由法律设定。

尚未制定法律，且属于国务院行政管理职权事项的，行政法规可以设定除本法第九条第一项、第四项和应当由法律规定的行政强制措施以外的其他行政强制措施。

尚未制定法律、行政法规，且属于地方性事务的，地方性法规可以设定本法第九条第二项、第三项的行政强制措施。

法律、法规以外的其他规范性文件不得设定行政强制措施。

第十一条 法律对行政强制措施的对象、条件、种类作了规定的，行政法规、地方性法规不得作出扩大规定。

法律中未设定行政强制措施的，行政法规、地方性法规不得设定行政强制措施。但是，法律规定特定事项由行政法规规定具体管理措施的，行政法规可以设定除本法第九条第一项、第四项和应当由法律规定的行政强制措施以外的其他行政强制措施。

第十二条 行政强制执行的方式：

（一）加处罚款或者滞纳金；

（二）划拨存款、汇款；

（三）拍卖或者依法处理查封、扣押的场所、设施或者财物；

（四）排除妨碍、恢复原状；

（五）代履行；

（六）其他强制执行方式。

第十三条 行政强制执行由法律设定。

法律没有规定行政机关强制执行的，作出行政决定的行政机关应当申请人民法院强制执行。

第十四条 起草法律草案、法规草案，拟设定行政强制的，起草单位应当采取听证会、论证会等形式听取意见，并向制定机关说明设定该行政强制的必要性、可能产生的影响以及听取和采纳意见的情况。

第十五条 行政强制的设定机关应当定期对其设定的行政强制进行评价，并对不适当的行政强制及时予以修改或者废止。

行政强制的实施机关可以对已设定的行政强制的实施情况及存在的必要性适时进行评价，并将意见报告该行政强制的设定机关。

公民、法人或者其他组织可以向行政强制的设定机关和实施机关就行政强制的设定和实施提出意见和建议。有关机关应当认真研究论证，并以适当方式予以反馈。

第三章 行政强制措施实施程序

第一节 一般规定

第十六条 行政机关履行行政管理职责，依照法律、法规的规定，实施行政强制措施。

违法行为情节显著轻微或者没有明显社会危害的，可以不采取行政强制措施。

第十七条 行政强制措施由法律、法规规定的行政机关在法定职权范围内实施。行政强制措施权不得委托。

依据《中华人民共和国行政处罚法》的规定行使相对集中行政处罚权的行政机关，可以实施法律、法规规定的与行政处罚权有关的行政强制措施。

行政强制措施应当由行政机关具备资格的行政执法人员实施，其他人员不得实施。

第十八条 行政机关实施行政强制措施应当遵守下列规定：

（一）实施前须向行政机关负责人报告并经批准；

（二）由两名以上行政执法人员实施；

（三）出示执法身份证件；

（四）通知当事人到场；

（五）当场告知当事人采取行政强制措施的理由、依据以及当事人依法享有的权利、救济途径；

（六）听取当事人的陈述和申辩；

（七）制作现场笔录；

（八）现场笔录由当事人和行政执法人员签名或者盖章，当事人拒绝的，在笔录中予以注明；

（九）当事人不到场的，邀请见证人到场，由见证人和行政执法人员在现场笔录上签名或者盖章；

（十）法律、法规规定的其他程序。

第十九条 情况紧急，需要当场实施行政强制措施的，行政执法人员应当在二十四小时内向行政机关负责人报告，并补办批准手续。行政机关负责人认为不应当采取行政强制措施的，应当立即解除。

第二十条 依照法律规定实施限制公民人身自由的行政强制措施，除应当履行本法第十八条规定的程序外，还应当遵守下列规定：

（一）当场告知或者实施行政强制措施后立即通知当事人家属实施行政强制措施的行政机关、地点和期限；

（二）在紧急情况下当场实施行政强制措施的，在返回行政机关后，立即向行政机关负责人报告并补办批准手续；

（三）法律规定的其他程序。

实施限制人身自由的行政强制措施不得超过法定期限。实施行政强制措施的目的已经达到或者条件已经消失，应当立即解除。

第二十一条 违法行为涉嫌犯罪应当移送司法机关的，行政机关应当将查封、扣押、冻结的财物一并移送，并书面告知当事人。

第二节 查封、扣押

第二十二条 查封、扣押应当由法律、法规规定的行政机关实施，其他任何行政机关或者组织不得实施。

第二十三条 查封、扣押限于涉案的场所、设施或者财物，不得查封、扣押与违法行为无关的场所、设施或者财物；不得查封、扣押公民个人及其所扶养家属的生活必需品。

当事人的场所、设施或者财物已被其他国家机关依法查封的，不得重复查封。

第二十四条 行政机关决定实施查封、扣押的，应当履行本法第十八条规定的程序，制作并当场交付查封、扣押决定书和清单。

查封、扣押决定书应当载明下列事项：

（一）当事人的姓名或者名称、地址；

（二）查封、扣押的理由、依据和期限；

（三）查封、扣押场所、设施或者财物的名称、数量等；

（四）申请行政复议或者提起行政诉讼的途径和期限；

（五）行政机关的名称、印章和日期。

查封、扣押清单一式二份，由当事人和行政机关分别保存。

第二十五条 查封、扣押的期限不得超过三十日；情况复杂的，经行政机关负责人批准，可以延长，但是延长期限不得超过三十日。法律、行政法规另有规定的除外。

延长查封、扣押的决定应当及时书面告知当事人，并说明理由。

对物品需要进行检测、检验、检疫或者技术鉴定的，查封、扣押的期间不包括检测、检验、检疫或者技术鉴定的期间。检测、检验、检疫或者技术鉴定的期间应当明确，并书面告知当事人。检测、检验、检疫或者技术鉴定的费用由行政机关承担。

第二十六条 对查封、扣押的场所、设施或者财物，行政机关应当妥善保管，不得使用或者损毁；造成损失的，应当承担赔偿责任。

对查封的场所、设施或者财物，行政机关可以委托第三人保管，第三人不得损毁或者擅自转移、处置。因第三人的原因造成的损失，行政机关先行赔付后，有权向第三人追偿。

因查封、扣押发生的保管费用由行政机关承担。

第二十七条 行政机关采取查封、扣押措施后，应当及时查清事实，在本法第二十五条规定的期限内作出处理决定。对违法事实清楚，依法应当没收的非法财物予以没收；法律、行政法规规定应当销毁的，依法销毁；应当解除查封、扣押的，作出解除查封、扣押的决定。

第二十八条 有下列情形之一的，行政机关应当及时作出解除查封、扣押决定：

（一）当事人没有违法行为；

（二）查封、扣押的场所、设施或者财物与违法行为无关；

（三）行政机关对违法行为已经作出处理决定，不再需要查封、扣押；

（四）查封、扣押期限已经届满；

（五）其他不再需要采取查封、扣押措施的情形。

解除查封、扣押应当立即退还财物；已将鲜活物品或者其他不易保管的财物拍卖或者变卖的，退还拍卖或者变卖所得款项。变卖价格明显低于市场价格，给当事人造成损失的，应当给予补偿。

第三节　冻　结

第二十九条 冻结存款、汇款应当由法律规定的行政机关实施，不得委托给其他行政机关或者组织；其他任何行政机关或者组织不得冻结存款、汇款。

冻结存款、汇款的数额应当与违法行为涉及的金额相当；已被其他国家机关依法冻结的，不得重复冻结。

第三十条 行政机关依照法律规定决定实施冻结存款、汇款的，应当履行本法第十八条第一项、第二项、第三项、第七项规定的程序，并向金融机构交付冻结通知书。

金融机构接到行政机关依法作出的冻结通知书后，应当立即予以冻结，不得拖延，不得在冻结前向当事人泄露信息。

法律规定以外的行政机关或者组织要求冻结当事人存款、汇款的，金融机构应当拒绝。

第三十一条　依照法律规定冻结存款、汇款的，作出决定的行政机关应当在三日内向当事人交付冻结决定书。冻结决定书应当载明下列事项：

（一）当事人的姓名或者名称、地址；

（二）冻结的理由、依据和期限；

（三）冻结的账号和数额；

（四）申请行政复议或者提起行政诉讼的途径和期限；

（五）行政机关的名称、印章和日期。

第三十二条　自冻结存款、汇款之日起三十日内，行政机关应当作出处理决定或者作出解除冻结决定；情况复杂的，经行政机关负责人批准，可以延长，但是延长期限不得超过三十日。法律另有规定的除外。

延长冻结的决定应当及时书面告知当事人，并说明理由。

第三十三条　有下列情形之一的，行政机关应当及时作出解除冻结决定：

（一）当事人没有违法行为；

（二）冻结的存款、汇款与违法行为无关；

（三）行政机关对违法行为已经作出处理决定，不再需要冻结；

（四）冻结期限已经届满；

（五）其他不再需要采取冻结措施的情形。

行政机关作出解除冻结决定的，应当及时通知金融机构和当事人。金融机构接到通知后，应当立即解除冻结。

行政机关逾期未作出处理决定或者解除冻结决定的，金融机构应当自冻结期满之日起解除冻结。

第四章　行政机关强制执行程序

第一节　一般规定

第三十四条　行政机关依法作出行政决定后，当事人在行政机关决定的期限内不履行义务的，具有行政强制执行权的行政机关依照本章规定强制执行。

第三十五条　行政机关作出强制执行决定前，应当事先催告当事人履行义务。催告应当以书面形式作出，并载明下列事项：

（一）履行义务的期限；

（二）履行义务的方式；

（三）涉及金钱给付的，应当有明确的金额和给付方式；

（四）当事人依法享有的陈述权和申辩权。

第三十六条　当事人收到催告书后有权进行陈述和申辩。行政机关应当充分听取当事人的意见，对当事人提出的事实、理由和证据，应当进行记录、复核。当事人提出的事实、理由或者证据成立的，行政机关应当采纳。

第三十七条　经催告，当事人逾期仍不履行行政决定，且无正当理由的，行政机关可以作出强制执行决定。

强制执行决定应当以书面形式作出,并载明下列事项:

(一)当事人的姓名或者名称、地址;

(二)强制执行的理由和依据;

(三)强制执行的方式和时间;

(四)申请行政复议或者提起行政诉讼的途径和期限;

(五)行政机关的名称、印章和日期。

在催告期间,对有证据证明有转移或者隐匿财物迹象的,行政机关可以作出立即强制执行决定。

第三十八条 催告书、行政强制执行决定书应当直接送达当事人。当事人拒绝接收或者无法直接送达当事人的,应当依照《中华人民共和国民事诉讼法》的有关规定送达。

第三十九条 有下列情形之一的,中止执行:

(一)当事人履行行政决定确有困难或者暂无履行能力的;

(二)第三人对执行标的主张权利,确有理由的;

(三)执行可能造成难以弥补的损失,且中止执行不损害公共利益的;

(四)行政机关认为需要中止执行的其他情形。

中止执行的情形消失后,行政机关应当恢复执行。对没有明显社会危害,当事人确无能力履行,中止执行满三年未恢复执行的,行政机关不再执行。

第四十条 有下列情形之一的,终结执行:

(一)公民死亡,无遗产可供执行,又无义务承受人的;

(二)法人或者其他组织终止,无财产可供执行,又无义务承受人的;

(三)执行标的灭失的;

(四)据以执行的行政决定被撤销的;

(五)行政机关认为需要终结执行的其他情形。

第四十一条 在执行中或者执行完毕后,据以执行的行政决定被撤销、变更,或者执行错误的,应当恢复原状或者退还财物;不能恢复原状或者退还财物的,依法给予赔偿。

第四十二条 实施行政强制执行,行政机关可以在不损害公共利益和他人合法权益的情况下,与当事人达成执行协议。执行协议可以约定分阶段履行;当事人采取补救措施的,可以减免加处的罚款或者滞纳金。

执行协议应当履行。当事人不履行执行协议的,行政机关应当恢复强制执行。

第四十三条 行政机关不得在夜间或者法定节假日实施行政强制执行。但是,情况紧急的除外。

行政机关不得对居民生活采取停止供水、供电、供热、供燃气等方式迫使当事人履行相关行政决定。

第四十四条 对违法的建筑物、构筑物、设施等需要强制拆除的,应当由行政机关予以公告,限期当事人自行拆除。当事人在法定期限内不申请行政复议或者提起行政诉讼,又不拆除的,行政机关可以依法强制拆除。

第二节 金钱给付义务的执行

第四十五条 行政机关依法作出金钱给付义务的行政决定，当事人逾期不履行的，行政机关可以依法加处罚款或者滞纳金。加处罚款或者滞纳金的标准应当告知当事人。

加处罚款或者滞纳金的数额不得超出金钱给付义务的数额。

第四十六条 行政机关依照本法第四十五条规定实施加处罚款或者滞纳金超过三十日，经催告当事人仍不履行的，具有行政强制执行权的行政机关可以强制执行。

行政机关实施强制执行前，需要采取查封、扣押、冻结措施的，依照本法第三章规定办理。

没有行政强制执行权的行政机关应当申请人民法院强制执行。但是，当事人在法定期限内不申请行政复议或者提起行政诉讼，经催告仍不履行的，在实施行政管理过程中已经采取查封、扣押措施的行政机关，可以将查封、扣押的财物依法拍卖抵缴罚款。

第四十七条 划拨存款、汇款应当由法律规定的行政机关决定，并书面通知金融机构。金融机构接到行政机关依法作出划拨存款、汇款的决定后，应当立即划拨。

法律规定以外的行政机关或者组织要求划拨当事人存款、汇款的，金融机构应当拒绝。

第四十八条 依法拍卖财物，由行政机关委托拍卖机构依照《中华人民共和国拍卖法》的规定办理。

第四十九条 划拨的存款、汇款以及拍卖和依法处理所得的款项应当上缴国库或者划入财政专户。任何行政机关或者个人不得以任何形式截留、私分或者变相私分。

第三节 代履行

第五十条 行政机关依法作出要求当事人履行排除妨碍、恢复原状等义务的行政决定，当事人逾期不履行，经催告仍不履行，其后果已经或者将危害交通安全、造成环境污染或者破坏自然资源的，行政机关可以代履行，或者委托没有利害关系的第三人代履行。

第五十一条 代履行应当遵守下列规定：

(一)代履行前送达决定书，代履行决定书应当载明当事人的姓名或者名称、地址，代履行的理由和依据、方式和时间、标的、费用预算以及代履行人；

(二)代履行三日前，催告当事人履行，当事人履行的，停止代履行；

(三)代履行时，作出决定的行政机关应当派员到场监督；

(四)代履行完毕，行政机关到场监督的工作人员、代履行人和当事人或者见证人应当在执行文书上签名或者盖章。

代履行的费用按照成本合理确定，由当事人承担。但是，法律另有规定的除外。

代履行不得采用暴力、胁迫以及其他非法方式。

第五十二条 需要立即清除道路、河道、航道或者公共场所的遗洒物、障碍物或者污染物，当事人不能清除的，行政机关可以决定立即实施代履行；当事人不在场的，行政机关应当在事后立即通知当事人，并依法作出处理。

第五章　申请人民法院强制执行

第五十三条　当事人在法定期限内不申请行政复议或者提起行政诉讼,又不履行行政决定的,没有行政强制执行权的行政机关可以自期限届满之日起三个月内,依照本章规定申请人民法院强制执行。

第五十四条　行政机关申请人民法院强制执行前,应当催告当事人履行义务。催告书送达十日后当事人仍未履行义务的,行政机关可以向所在地有管辖权的人民法院申请强制执行;执行对象是不动产的,向不动产所在地有管辖权的人民法院申请强制执行。

第五十五条　行政机关向人民法院申请强制执行,应当提供下列材料:

(一)强制执行申请书;

(二)行政决定书及作出决定的事实、理由和依据;

(三)当事人的意见及行政机关催告情况;

(四)申请强制执行标的情况;

(五)法律、行政法规规定的其他材料。

强制执行申请书应当由行政机关负责人签名,加盖行政机关的印章,并注明日期。

第五十六条　人民法院接到行政机关强制执行的申请,应当在五日内受理。

行政机关对人民法院不予受理的裁定有异议的,可以在十五日内向上一级人民法院申请复议,上一级人民法院应当自收到复议申请之日起十五日内作出是否受理的裁定。

第五十七条　人民法院对行政机关强制执行的申请进行书面审查,对符合本法第五十五条规定,且行政决定具备法定执行效力的,除本法第五十八条规定的情形外,人民法院应当自受理之日起七日内作出执行裁定。

第五十八条　人民法院发现有下列情形之一的,在作出裁定前可以听取被执行人和行政机关的意见:

(一)明显缺乏事实根据的;

(二)明显缺乏法律、法规依据的;

(三)其他明显违法并损害被执行人合法权益的。

人民法院应当自受理之日起三十日内作出是否执行的裁定。裁定不予执行的,应当说明理由,并在五日内将不予执行的裁定送达行政机关。

行政机关对人民法院不予执行的裁定有异议的,可以自收到裁定之日起十五日内向上一级人民法院申请复议,上一级人民法院应当自收到复议申请之日起三十日内作出是否执行的裁定。

第五十九条　因情况紧急,为保障公共安全,行政机关可以申请人民法院立即执行。经人民法院院长批准,人民法院应当自作出执行裁定之日起五日内执行。

第六十条　行政机关申请人民法院强制执行,不缴纳申请费。强制执行的费用由被执行人承担。

人民法院以划拨、拍卖方式强制执行的,可以在划拨、拍卖后将强制执行的费用扣除。

依法拍卖财物,由人民法院委托拍卖机构依照《中华人民共和国拍卖法》的规定办理。

划拨的存款、汇款以及拍卖和依法处理所得的款项应当上缴国库或者划入财政专户，不得以任何形式截留、私分或者变相私分。

第六章 法律责任

第六十一条 行政机关实施行政强制，有下列情形之一的，由上级行政机关或者有关部门责令改正，对直接负责的主管人员和其他直接责任人员依法给予处分：

（一）没有法律、法规依据的；

（二）改变行政强制对象、条件、方式的；

（三）违反法定程序实施行政强制的；

（四）违反本法规定，在夜间或者法定节假日实施行政强制执行的；

（五）对居民生活采取停止供水、供电、供热、供燃气等方式迫使当事人履行相关行政决定的；

（六）有其他违法实施行政强制情形的。

第六十二条 违反本法规定，行政机关有下列情形之一的，由上级行政机关或者有关部门责令改正，对直接负责的主管人员和其他直接责任人员依法给予处分：

（一）扩大查封、扣押、冻结范围的；

（二）使用或者损毁查封、扣押场所、设施或者财物的；

（三）在查封、扣押法定期间不作出处理决定或者未依法及时解除查封、扣押的；

（四）在冻结存款、汇款法定期间不作出处理决定或者未依法及时解除冻结的。

第六十三条 行政机关将查封、扣押的财物或者划拨的存款、汇款以及拍卖和依法处理所得的款项，截留、私分或者变相私分的，由财政部门或者有关部门予以追缴；对直接负责的主管人员和其他直接责任人员依法给予记大过、降级、撤职或者开除的处分。

行政机关工作人员利用职务上的便利，将查封、扣押的场所、设施或者财物据为己有的，由上级行政机关或者有关部门责令改正，依法给予记大过、降级、撤职或者开除的处分。

第六十四条 行政机关及其工作人员利用行政强制权为单位或者个人谋取利益的，由上级行政机关或者有关部门责令改正，对直接负责的主管人员和其他直接责任人员依法给予处分。

第六十五条 违反本法规定，金融机构有下列行为之一的，由金融业监督管理机构责令改正，对直接负责的主管人员和其他直接责任人员依法给予处分：

（一）在冻结前向当事人泄露信息的；

（二）对应当立即冻结、划拨的存款、汇款不冻结或者不划拨，致使存款、汇款转移的；

（三）将不应当冻结、划拨的存款、汇款予以冻结或者划拨的；

（四）未及时解除冻结存款、汇款的。

第六十六条 违反本法规定，金融机构将款项划入国库或者财政专户以外的其他账户的，由金融业监督管理机构责令改正，并处以违法划拨款项二倍的罚款；对直接负责的主管人员和其他直接责任人员依法给予处分。

违反本法规定,行政机关、人民法院指令金融机构将款项划入国库或者财政专户以外的其他账户的,对直接负责的主管人员和其他直接责任人员依法给予处分。

第六十七条　人民法院及其工作人员在强制执行中有违法行为或者扩大强制执行范围的,对直接负责的主管人员和其他直接责任人员依法给予处分。

第六十八条　违反本法规定,给公民、法人或者其他组织造成损失的,依法给予赔偿。

违反本法规定,构成犯罪的,依法追究刑事责任。

第七章　附　　则

第六十九条　本法中十日以内期限的规定是指工作日,不含法定节假日。

第七十条　法律、行政法规授权的具有管理公共事务职能的组织在法定授权范围内,以自己的名义实施行政强制,适用本法有关行政机关的规定。

第七十一条　本法自2012年1月1日起施行。

中华人民共和国行政复议法

(1999年4月29日第九届全国人民代表大会常务委员会第九次会议通过　根据2009年8月27日第十一届全国人民代表大会常务委员会第十次会议《关于修改部分法律的决定》第一次修正　根据2017年9月1日第十二届全国人民代表大会常务委员会第二十九次会议《关于修改〈中华人民共和国法官法〉等八部法律的决定》第二次修正)

目　　录

第一章　总　　则

第一条　为了防止和纠正违法的或者不当的具体行政行为,保护公民、法人和其他组织的合法权益,保障和监督行政机关依法行使职权,根据宪法,制定本法。

第二条　公民、法人或者其他组织认为具体行政行为侵犯其合法权益,向行政机关提出行政复议申请,行政机关受理行政复议申请、作出行政复议决定,适用本法。

第三条　依照本法履行行政复议职责的行政机关是行政复议机关。行政复议机关负责法制工作的机构具体办理行政复议事项,履行下列职责:

(一)受理行政复议申请;

(二)向有关组织和人员调查取证,查阅文件和资料;

（三）审查申请行政复议的具体行政行为是否合法与适当，拟订行政复议决定；

（四）处理或者转送对本法第七条所列有关规定的审查申请；

（五）对行政机关违反本法规定的行为依照规定的权限和程序提出处理建议；

（六）办理因不服行政复议决定提起行政诉讼的应诉事项；

（七）法律、法规规定的其他职责。

行政机关中初次从事行政复议的人员，应当通过国家统一法律职业资格考试取得法律职业资格。

第四条 行政复议机关履行行政复议职责，应当遵循合法、公正、公开、及时、便民的原则，坚持有错必纠，保障法律、法规的正确实施。

第五条 公民、法人或者其他组织对行政复议决定不服的，可以依照行政诉讼法的规定向人民法院提起行政诉讼，但是法律规定行政复议决定为最终裁决的除外。

第二章 行政复议范围

第六条 有下列情形之一的，公民、法人或者其他组织可以依照本法申请行政复议：

（一）对行政机关作出的警告、罚款、没收违法所得、没收非法财物、责令停产停业、暂扣或者吊销许可证、暂扣或者吊销执照、行政拘留等行政处罚决定不服的；

（二）对行政机关作出的限制人身自由或者查封、扣押、冻结财产等行政强制措施决定不服的；

（三）对行政机关作出的有关许可证、执照、资质证、资格证等证书变更、中止、撤销的决定不服的；

（四）对行政机关作出的关于确认土地、矿藏、水流、森林、山岭、草原、荒地、滩涂、海域等自然资源的所有权或者使用权的决定不服的；

（五）认为行政机关侵犯合法的经营自主权的；

（六）认为行政机关变更或者废止农业承包合同，侵犯其合法权益的；

（七）认为行政机关违法集资、征收财物、摊派费用或者违法要求履行其他义务的；

（八）认为符合法定条件，申请行政机关颁发许可证、执照、资质证、资格证等证书，或者申请行政机关审批、登记有关事项，行政机关没有依法办理的；

（九）申请行政机关履行保护人身权利、财产权利、受教育权利的法定职责，行政机关没有依法履行的；

（十）申请行政机关依法发放抚恤金、社会保险金或者最低生活保障费，行政机关没有依法发放的；

（十一）认为行政机关的其他具体行政行为侵犯其合法权益的。

第七条 公民、法人或者其他组织认为行政机关的具体行政行为所依据的下列规定不合法，在对具体行政行为申请行政复议时，可以一并向行政复议机关提出对该规定的审查申请：

（一）国务院部门的规定；

（二）县级以上地方各级人民政府及其工作部门的规定；

（三）乡、镇人民政府的规定。

前款所列规定不含国务院部、委员会规章和地方人民政府规章。规章的审查依照法律、行政法规办理。

第八条 不服行政机关作出的行政处分或者其他人事处理决定的，依照有关法律、行政法规的规定提出申诉。

不服行政机关对民事纠纷作出的调解或者其他处理，依法申请仲裁或者向人民法院提起诉讼。

第三章 行政复议申请

第九条 公民、法人或者其他组织认为具体行政行为侵犯其合法权益的，可以自知道该具体行政行为之日起六十日内提出行政复议申请；但是法律规定的申请期限超过六十日的除外。

因不可抗力或者其他正当理由耽误法定申请期限的，申请期限自障碍消除之日起继续计算。

第十条 依照本法申请行政复议的公民、法人或者其他组织是申请人。

有权申请行政复议的公民死亡的，其近亲属可以申请行政复议。有权申请行政复议的公民为无民事行为能力人或者限制民事行为能力人的，其法定代理人可以代为申请行政复议。有权申请行政复议的法人或者其他组织终止的，承受其权利的法人或者其他组织可以申请行政复议。

同申请行政复议的具体行政行为有利害关系的其他公民、法人或者其他组织，可以作为第三人参加行政复议。

公民、法人或者其他组织对行政机关的具体行政行为不服申请行政复议的，作出具体行政行为的行政机关是被申请人。

申请人、第三人可以委托代理人代为参加行政复议。

第十一条 申请人申请行政复议，可以书面申请，也可以口头申请；口头申请的，行政复议机关应当当场记录申请人的基本情况、行政复议请求、申请行政复议的主要事实、理由和时间。

第十二条 对县级以上地方各级人民政府工作部门的具体行政行为不服的，由申请人选择，可以向该部门的本级人民政府申请行政复议，也可以向上一级主管部门申请行政复议。

对海关、金融、国税、外汇管理等实行垂直领导的行政机关和国家安全机关的具体行政行为不服的，向上一级主管部门申请行政复议。

第十三条 对地方各级人民政府的具体行政行为不服的，向上一级地方人民政府申请行政复议。

对省、自治区人民政府依法设立的派出机关所属的县级地方人民政府的具体行政行为不服的，向该派出机关申请行政复议。

第十四条 对国务院部门或者省、自治区、直辖市人民政府的具体行政行为不服的，向作出该具体行政行为的国务院部门或者省、自治区、直辖市人民政府申请行政复议。对行政复议决定不服的,可以向人民法院提起行政诉讼;也可以向国务院申请裁决,国务院依照本法的规定作出最终裁决。

第十五条　对本法第十二条、第十三条、第十四条规定以外的其他行政机关、组织的具体行政行为不服的,按照下列规定申请行政复议:

(一)对县级以上地方人民政府依法设立的派出机关的具体行政行为不服的,向设立该派出机关的人民政府申请行政复议;

(二)对政府工作部门依法设立的派出机构依照法律、法规或者规章规定,以自己的名义作出的具体行政行为不服的,向设立该派出机构的部门或者该部门的本级地方人民政府申请行政复议;

(三)对法律、法规授权的组织的具体行政行为不服的,分别向直接管理该组织的地方人民政府、地方人民政府工作部门或者国务院部门申请行政复议;

(四)对两个或者两个以上行政机关以共同的名义作出的具体行政行为不服的,向其共同上一级行政机关申请行政复议;

(五)对被撤销的行政机关在撤销前所作出的具体行政行为不服的,向继续行使其职权的行政机关的上一级行政机关申请行政复议。

有前款所列情形之一的,申请人也可以向具体行政行为发生地的县级地方人民政府提出行政复议申请,由接受申请的县级地方人民政府依照本法第十八条的规定办理。

第十六条　公民、法人或者其他组织申请行政复议,行政复议机关已经依法受理的,或者法律、法规规定应当先向行政复议机关申请行政复议、对行政复议决定不服再向人民法院提起行政诉讼的,在法定行政复议期限内不得向人民法院提起行政诉讼。

公民、法人或者其他组织向人民法院提起行政诉讼,人民法院已经依法受理的,不得申请行政复议。

第四章　行政复议受理

第十七条　行政复议机关收到行政复议申请后,应当在五日内进行审查,对不符合本法规定的行政复议申请,决定不予受理,并书面告知申请人;对符合本法规定,但是不属于本机关受理的行政复议申请,应当告知申请人向有关行政复议机关提出。

除前款规定外,行政复议申请自行政复议机关负责法制工作的机构收到之日起即为受理。

第十八条　依照本法第十五条第二款的规定接受行政复议申请的县级地方人民政府,对依照本法第十五条第一款的规定属于其他行政复议机关受理的行政复议申请,应当自接到该行政复议申请之日起七日内,转送有关行政复议机关,并告知申请人。接受转送的行政复议机关应当依照本法第十七条的规定办理。

第十九条　法律、法规规定应当先向行政复议机关申请行政复议、对行政复议决定不服再向人民法院提起行政诉讼的,行政复议机关决定不予受理或者受理后超过行政复议期限不作答复的,公民、法人或者其他组织可以自收到不予受理决定书之日起或者行政复议期满之日起十五日内,依法向人民法院提起行政诉讼。

第二十条 公民、法人或者其他组织依法提出行政复议申请,行政复议机关无正当理由不予受理的,上级行政机关应当责令其受理;必要时,上级行政机关也可以直接受理。

第二十一条 行政复议期间具体行政行为不停止执行;但是,有下列情形之一的,可以停止执行:

(一)被申请人认为需要停止执行的;

(二)行政复议机关认为需要停止执行的;

(三)申请人申请停止执行,行政复议机关认为其要求合理,决定停止执行的;

(四)法律规定停止执行的。

第五章 行政复议决定

第二十二条 行政复议原则上采取书面审查的办法,但是申请人提出要求或者行政复议机关负责法制工作的机构认为有必要时,可以向有关组织和人员调查情况,听取申请人、被申请人和第三人的意见。

第二十三条 行政复议机关负责法制工作的机构应当自行政复议申请受理之日起七日内,将行政复议申请书副本或者行政复议申请笔录复印件发送被申请人。被申请人应当自收到申请书副本或者申请笔录复印件之日起十日内,提出书面答复,并提交当初作出具体行政行为的证据、依据和其他有关材料。

申请人、第三人可以查阅被申请人提出的书面答复、作出具体行政行为的证据、依据和其他有关材料,除涉及国家秘密、商业秘密或者个人隐私外,行政复议机关不得拒绝。

第二十四条 在行政复议过程中,被申请人不得自行向申请人和其他有关组织或者个人收集证据。

第二十五条 行政复议决定作出前,申请人要求撤回行政复议申请的,经说明理由,可以撤回;撤回行政复议申请的,行政复议终止。

第二十六条 申请人在申请行政复议时,一并提出对本法第七条所列有关规定的审查申请的,行政复议机关对该规定有权处理的,应当在三十日内依法处理;无权处理的,应当在七日内按照法定程序转送有权处理的行政机关依法处理,有权处理的行政机关应当在六十日内依法处理。处理期间,中止对具体行政行为的审查。

第二十七条 行政复议机关在对被申请人作出的具体行政行为进行审查时,认为其依据不合法,本机关有权处理的,应当在三十日内依法处理;无权处理的,应当在七日内按照法定程序转送有权处理的国家机关依法处理。处理期间,中止对具体行政行为的审查。

第二十八条 行政复议机关负责法制工作的机构应当对被申请人作出的具体行政行为进行审查,提出意见,经行政复议机关的负责人同意或者集体讨论通过后,按照下列规定作出行政复议决定:

(一)具体行政行为认定事实清楚,证据确凿,适用依据正确,程序合法,内容适当的,决定维持;

(二)被申请人不履行法定职责的,决定其在一定期限内履行;

(三)具体行政行为有下列情形之一的,决定撤销、变更或者确认该具体行政行为违法;决定撤销或者确认该具体行政行为违法的,可以责令被申请人在一定期限内重新作出具体行政行为:

1. 主要事实不清、证据不足的;

2. 适用依据错误的;

3. 违反法定程序的;

4. 超越或者滥用职权的;

5. 具体行政行为明显不当的。

(四)被申请人不按照本法第二十三条的规定提出书面答复、提交当初作出具体行政行为的证据、依据和其他有关材料的,视为该具体行政行为没有证据、依据,决定撤销该具体行政行为。

行政复议机关责令被申请人重新作出具体行政行为的,被申请人不得以同一的事实和理由作出与原具体行政行为相同或者基本相同的具体行政行为。

第二十九条　申请人在申请行政复议时可以一并提出行政赔偿请求,行政复议机关对符合国家赔偿法的有关规定应当给予赔偿的,在决定撤销、变更具体行政行为或者确认具体行政行为违法时,应当同时决定被申请人依法给予赔偿。

申请人在申请行政复议时没有提出行政赔偿请求的,行政复议机关在依法决定撤销或者变更罚款,撤销违法集资、没收财物、征收财物、摊派费用以及对财产的查封、扣押、冻结等具体行政行为时,应当同时责令被申请人返还财产,解除对财产的查封、扣押、冻结措施,或者赔偿相应的价款。

第三十条　公民、法人或者其他组织认为行政机关的具体行政行为侵犯其已经依法取得的土地、矿藏、水流、森林、山岭、草原、荒地、滩涂、海域等自然资源的所有权或者使用权的,应当先申请行政复议;对行政复议决定不服的,可以依法向人民法院提起行政诉讼。

根据国务院或者省、自治区、直辖市人民政府对行政区划的勘定、调整或者征收土地的决定,省、自治区、直辖市人民政府确认土地、矿藏、水流、森林、山岭、草原、荒地、滩涂、海域等自然资源的所有权或者使用权的行政复议决定为最终裁决。

第三十一条　行政复议机关应当自受理申请之日起六十日内作出行政复议决定;但是法律规定的行政复议期限少于六十日的除外。情况复杂,不能在规定期限内作出行政复议决定的,经行政复议机关的负责人批准,可以适当延长,并告知申请人和被申请人;但是延长期限最多不超过三十日。

行政复议机关作出行政复议决定,应当制作行政复议决定书,并加盖印章。

行政复议决定书一经送达,即发生法律效力。

第三十二条　被申请人应当履行行政复议决定。

被申请人不履行或者无正当理由拖延履行行政复议决定的,行政复议机关或者有关上级行政机关应当责令其限期履行。

第三十三条　申请人逾期不起诉又不履行行政复议决定的,或者不履行最终裁决的

行政复议决定的,按照下列规定分别处理:

(一)维持具体行政行为的行政复议决定,由作出具体行政行为的行政机关依法强制执行,或者申请人民法院强制执行;

(二)变更具体行政行为的行政复议决定,由行政复议机关依法强制执行,或者申请人民法院强制执行。

第六章　法律责任

第三十四条　行政复议机关违反本法规定,无正当理由不予受理依法提出的行政复议申请或者不按照规定转送行政复议申请的,或者在法定期限内不作出行政复议决定的,对直接负责的主管人员和其他直接责任人员依法给予警告、记过、记大过的行政处分;经责令受理仍不受理或者不按照规定转送行政复议申请,造成严重后果的,依法给予降级、撤职、开除的行政处分。

第三十五条　行政复议机关工作人员在行政复议活动中,徇私舞弊或者有其他渎职、失职行为的,依法给予警告、记过、记大过的行政处分;情节严重的,依法给予降级、撤职、开除的行政处分;构成犯罪的,依法追究刑事责任。

第三十六条　被申请人违反本法规定,不提出书面答复或者不提交作出具体行政行为的证据、依据和其他有关材料,或者阻挠、变相阻挠公民、法人或者其他组织依法申请行政复议的,对直接负责的主管人员和其他直接责任人员依法给予警告、记过、记大过的行政处分;进行报复陷害的,依法给予降级、撤职、开除的行政处分;构成犯罪的,依法追究刑事责任。

第三十七条　被申请人不履行或者无正当理由拖延履行行政复议决定的,对直接负责的主管人员和其他直接责任人员依法给予警告、记过、记大过的行政处分;经责令履行仍拒不履行的,依法给予降级、撤职、开除的行政处分。

第三十八条　行政复议机关负责法制工作的机构发现有无正当理由不予受理行政复议申请、不按照规定期限作出行政复议决定、徇私舞弊、对申请人打击报复或者不履行行政复议决定等情形的,应当向有关行政机关提出建议,有关行政机关应当依照本法和有关法律、行政法规的规定作出处理。

第七章　附　　则

第三十九条　行政复议机关受理行政复议申请,不得向申请人收取任何费用。行政复议活动所需经费,应当列入本机关的行政经费,由本级财政予以保障。

第四十条　行政复议期间的计算和行政复议文书的送达,依照民事诉讼法关于期间、送达的规定执行。

本法关于行政复议期间有关"五日"、"七日"的规定是指工作日,不含节假日。

第四十一条　外国人、无国籍人、外国组织在中华人民共和国境内申请行政复议,适用本法。

第四十二条　本法施行前公布的法律有关行政复议的规定与本法的规定不一致的,

以本法的规定为准。

第四十三条　本法自1999年10月1日起施行。1990年12月24日国务院发布、1994年10月9日国务院修订发布的《行政复议条例》同时废止。

中华人民共和国行政诉讼法

（1989年4月4日第七届全国人民代表大会第二次会议通过　根据2014年11月1日第十二届全国人民代表大会常务委员会第十一次会议《关于修改〈中华人民共和国行政诉讼法〉的决定》第一次修正　根据2017年6月27日第十二届全国人民代表大会常务委员会第二十八次会议《关于修改〈中华人民共和国民事诉讼法〉和〈中华人民共和国行政诉讼法〉的决定》第二次修正）

目　　录

第一章　总　　则

第一条　为保证人民法院公正、及时审理行政案件，解决行政争议，保护公民、法人和其他组织的合法权益，监督行政机关依法行使职权，根据宪法，制定本法。

第二条　公民、法人或者其他组织认为行政机关和行政机关工作人员的行政行为侵犯其合法权益，有权依照本法向人民法院提起诉讼。

前款所称行政行为，包括法律、法规、规章授权的组织作出的行政行为。

第三条　人民法院应当保障公民、法人和其他组织的起诉权利，对应当受理的行政案件依法受理。

行政机关及其工作人员不得干预、阻碍人民法院受理行政案件。

被诉行政机关负责人应当出庭应诉。不能出庭的,应当委托行政机关相应的工作人员出庭。

第四条 人民法院依法对行政案件独立行使审判权,不受行政机关、社会团体和个人的干涉。

人民法院设行政审判庭,审理行政案件。

第五条 人民法院审理行政案件,以事实为根据,以法律为准绳。

第六条 人民法院审理行政案件,对行政行为是否合法进行审查。

第七条 人民法院审理行政案件,依法实行合议、回避、公开审判和两审终审制度。

第八条 当事人在行政诉讼中的法律地位平等。

第九条 各民族公民都有用本民族语言、文字进行行政诉讼的权利。

在少数民族聚居或者多民族共同居住的地区,人民法院应当用当地民族通用的语言、文字进行审理和发布法律文书。

人民法院应当对不通晓当地民族通用的语言、文字的诉讼参与人提供翻译。

第十条 当事人在行政诉讼中有权进行辩论。

第十一条 人民检察院有权对行政诉讼实行法律监督。

第二章 受案范围

第十二条 人民法院受理公民、法人或者其他组织提起的下列诉讼:

(一)对行政拘留、暂扣或者吊销许可证和执照、责令停产停业、没收违法所得、没收非法财物、罚款、警告等行政处罚不服的;

(二)对限制人身自由或者对财产的查封、扣押、冻结等行政强制措施和行政强制执行不服的;

(三)申请行政许可,行政机关拒绝或者在法定期限内不予答复,或者对行政机关作出的有关行政许可的其他决定不服的;

(四)对行政机关作出的关于确认土地、矿藏、水流、森林、山岭、草原、荒地、滩涂、海域等自然资源的所有权或者使用权的决定不服的;

(五)对征收、征用决定及其补偿决定不服的;

(六)申请行政机关履行保护人身权、财产权等合法权益的法定职责,行政机关拒绝履行或者不予答复的;

(七)认为行政机关侵犯其经营自主权或者农村土地承包经营权、农村土地经营权的;

(八)认为行政机关滥用行政权力排除或者限制竞争的;

(九)认为行政机关违法集资、摊派费用或者违法要求履行其他义务的;

(十)认为行政机关没有依法支付抚恤金、最低生活保障待遇或者社会保险待遇的;

(十一)认为行政机关不依法履行、未按照约定履行或者违法变更、解除政府特许经营协议、土地房屋征收补偿协议等协议的;

(十二)认为行政机关侵犯其他人身权、财产权等合法权益的。

除前款规定外,人民法院受理法律、法规规定可以提起诉讼的其他行政案件。

第十三条 人民法院不受理公民、法人或者其他组织对下列事项提起的诉讼：

（一）国防、外交等国家行为；

（二）行政法规、规章或者行政机关制定、发布的具有普遍约束力的决定、命令；

（三）行政机关对行政机关工作人员的奖惩、任免等决定；

（四）法律规定由行政机关最终裁决的行政行为。

第三章 管 辖

第十四条 基层人民法院管辖第一审行政案件。

第十五条 中级人民法院管辖下列第一审行政案件：

（一）对国务院部门或者县级以上地方人民政府所作的行政行为提起诉讼的案件；

（二）海关处理的案件；

（三）本辖区内重大、复杂的案件；

（四）其他法律规定由中级人民法院管辖的案件。

第十六条 高级人民法院管辖本辖区内重大、复杂的第一审行政案件。

第十七条 最高人民法院管辖全国范围内重大、复杂的第一审行政案件。

第十八条 行政案件由最初作出行政行为的行政机关所在地人民法院管辖。经复议的案件，也可以由复议机关所在地人民法院管辖。

经最高人民法院批准，高级人民法院可以根据审判工作的实际情况，确定若干人民法院跨行政区域管辖行政案件。

第十九条 对限制人身自由的行政强制措施不服提起的诉讼，由被告所在地或者原告所在地人民法院管辖。

第二十条 因不动产提起的行政诉讼，由不动产所在地人民法院管辖。

第二十一条 两个以上人民法院都有管辖权的案件，原告可以选择其中一个人民法院提起诉讼。原告向两个以上有管辖权的人民法院提起诉讼的，由最先立案的人民法院管辖。

第二十二条 人民法院发现受理的案件不属于本院管辖的，应当移送有管辖权的人民法院，受移送的人民法院应当受理。受移送的人民法院认为受移送的案件按照规定不属于本院管辖的，应当报请上级人民法院指定管辖，不得再自行移送。

第二十三条 有管辖权的人民法院由于特殊原因不能行使管辖权的，由上级人民法院指定管辖。

人民法院对管辖权发生争议，由争议双方协商解决。协商不成的，报它们的共同上级人民法院指定管辖。

第二十四条 上级人民法院有权审理下级人民法院管辖的第一审行政案件。

下级人民法院对其管辖的第一审行政案件，认为需要由上级人民法院审理或者指定管辖的，可以报请上级人民法院决定。

第四章 诉讼参加人

第二十五条 行政行为的相对人以及其他与行政行为有利害关系的公民、法人或者其他组织,有权提起诉讼。

有权提起诉讼的公民死亡,其近亲属可以提起诉讼。

有权提起诉讼的法人或者其他组织终止,承受其权利的法人或者其他组织可以提起诉讼。

人民检察院在履行职责中发现生态环境和资源保护、食品药品安全、国有财产保护、国有土地使用权出让等领域负有监督管理职责的行政机关违法行使职权或者不作为,致使国家利益或者社会公共利益受到侵害的,应当向行政机关提出检察建议,督促其依法履行职责。行政机关不依法履行职责的,人民检察院依法向人民法院提起诉讼。

第二十六条 公民、法人或者其他组织直接向人民法院提起诉讼的,作出行政行为的行政机关是被告。

经复议的案件,复议机关决定维持原行政行为的,作出原行政行为的行政机关和复议机关是共同被告;复议机关改变原行政行为的,复议机关是被告。

复议机关在法定期限内未作出复议决定,公民、法人或者其他组织起诉原行政行为的,作出原行政行为的行政机关是被告;起诉复议机关不作为的,复议机关是被告。

两个以上行政机关作出同一行政行为的,共同作出行政行为的行政机关是共同被告。

行政机关委托的组织所作的行政行为,委托的行政机关是被告。

行政机关被撤销或者职权变更的,继续行使其职权的行政机关是被告。

第二十七条 当事人一方或者双方为二人以上,因同一行政行为发生的行政案件,或者因同类行政行为发生的行政案件、人民法院认为可以合并审理并经当事人同意的,为共同诉讼。

第二十八条 当事人一方人数众多的共同诉讼,可以由当事人推选代表人进行诉讼。代表人的诉讼行为对其所代表的当事人发生效力,但代表人变更、放弃诉讼请求或者承认对方当事人的诉讼请求,应当经被代表的当事人同意。

第二十九条 公民、法人或者其他组织同被诉行政行为有利害关系但没有提起诉讼,或者同案件处理结果有利害关系的,可以作为第三人申请参加诉讼,或者由人民法院通知参加诉讼。

人民法院判决第三人承担义务或者减损第三人权益的,第三人有权依法提起上诉。

第三十条 没有诉讼行为能力的公民,由其法定代理人代为诉讼。法定代理人互相推诿代理责任的,由人民法院指定其中一人代为诉讼。

第三十一条 当事人、法定代理人,可以委托一至二人作为诉讼代理人。

下列人员可以被委托为诉讼代理人:

(一)律师、基层法律服务工作者;

(二)当事人的近亲属或者工作人员;

(三)当事人所在社区、单位以及有关社会团体推荐的公民。

第三十二条 代理诉讼的律师,有权按照规定查阅、复制本案有关材料,有权向有关组织和公民调查,收集与本案有关的证据。对涉及国家秘密、商业秘密和个人隐私的材料,应当依照法律规定保密。

当事人和其他诉讼代理人有权按照规定查阅、复制本案庭审材料,但涉及国家秘密、商业秘密和个人隐私的内容除外。

第五章 证 据

第三十三条 证据包括:

(一)书证;

(二)物证;

(三)视听资料;

(四)电子数据;

(五)证人证言;

(六)当事人的陈述;

(七)鉴定意见;

(八)勘验笔录、现场笔录。

以上证据经法庭审查属实,才能作为认定案件事实的根据。

第三十四条 被告对作出的行政行为负有举证责任,应当提供作出该行政行为的证据和所依据的规范性文件。

被告不提供或者无正当理由逾期提供证据,视为没有相应证据。但是,被诉行政行为涉及第三人合法权益,第三人提供证据的除外。

第三十五条 在诉讼过程中,被告及其诉讼代理人不得自行向原告、第三人和证人收集证据。

第三十六条 被告在作出行政行为时已经收集了证据,但因不可抗力等正当事由不能提供的,经人民法院准许,可以延期提供。

原告或者第三人提出了其在行政处理程序中没有提出的理由或者证据的,经人民法院准许,被告可以补充证据。

第三十七条 原告可以提供证明行政行为违法的证据。原告提供的证据不成立的,不免除被告的举证责任。

第三十八条 在起诉被告不履行法定职责的案件中,原告应当提供其向被告提出申请的证据。但有下列情形之一的除外:

(一)被告应当依职权主动履行法定职责的;

(二)原告因正当理由不能提供证据的。

在行政赔偿、补偿的案件中,原告应当对行政行为造成的损害提供证据。因被告的原因导致原告无法举证的,由被告承担举证责任。

第三十九条 人民法院有权要求当事人提供或者补充证据。

第四十条 人民法院有权向有关行政机关以及其他组织、公民调取证据。但是,不得为证明行政行为的合法性调取被告作出行政行为时未收集的证据。

第四十一条 与本案有关的下列证据,原告或者第三人不能自行收集的,可以申请人民法院调取:

（一）由国家机关保存而须由人民法院调取的证据；

（二）涉及国家秘密、商业秘密和个人隐私的证据；

（三）确因客观原因不能自行收集的其他证据。

第四十二条 在证据可能灭失或者以后难以取得的情况下，诉讼参加人可以向人民法院申请保全证据，人民法院也可以主动采取保全措施。

第四十三条 证据应当在法庭上出示，并由当事人互相质证。对涉及国家秘密、商业秘密和个人隐私的证据，不得在公开开庭时出示。

人民法院应当按照法定程序，全面、客观地审查核实证据。对未采纳的证据应当在裁判文书中说明理由。

以非法手段取得的证据，不得作为认定案件事实的根据。

第六章 起诉和受理

第四十四条 对属于人民法院受案范围的行政案件，公民、法人或者其他组织可以先向行政机关申请复议，对复议决定不服的，再向人民法院提起诉讼；也可以直接向人民法院提起诉讼。

法律、法规规定应当先向行政机关申请复议，对复议决定不服再向人民法院提起诉讼的，依照法律、法规的规定。

第四十五条 公民、法人或者其他组织不服复议决定的，可以在收到复议决定书之日起十五日内向人民法院提起诉讼。复议机关逾期不作决定的，申请人可以在复议期满之日起十五日内向人民法院提起诉讼。法律另有规定的除外。

第四十六条 公民、法人或者其他组织直接向人民法院提起诉讼的，应当自知道或者应当知道作出行政行为之日起六个月内提出。法律另有规定的除外。

因不动产提起诉讼的案件自行政行为作出之日起超过二十年，其他案件自行政行为作出之日起超过五年提起诉讼的，人民法院不予受理。

第四十七条 公民、法人或者其他组织申请行政机关履行保护其人身权、财产权等合法权益的法定职责，行政机关在接到申请之日起两个月内不履行的，公民、法人或者其他组织可以向人民法院提起诉讼。法律、法规对行政机关履行职责的期限另有规定的，从其规定。

公民、法人或者其他组织在紧急情况下请求行政机关履行保护其人身权、财产权等合法权益的法定职责，行政机关不履行的，提起诉讼不受前款规定期限的限制。

第四十八条 公民、法人或者其他组织因不可抗力或者其他不属于其自身的原因耽误起诉期限的，被耽误的时间不计算在起诉期限内。

公民、法人或者其他组织因前款规定以外的其他特殊情况耽误起诉期限的，在障碍消除后十日内，可以申请延长期限，是否准许由人民法院决定。

第四十九条 提起诉讼应当符合下列条件：

（一）原告是符合本法第二十五条规定的公民、法人或者其他组织；

（二）有明确的被告；

（三）有具体的诉讼请求和事实根据；

（四）属于人民法院受案范围和受诉人民法院管辖。

第五十条　起诉应当向人民法院递交起诉状，并按照被告人数提出副本。

书写起诉状确有困难的，可以口头起诉，由人民法院记入笔录，出具注明日期的书面凭证，并告知对方当事人。

第五十一条　人民法院在接到起诉状时对符合本法规定的起诉条件的，应当登记立案。

对当场不能判定是否符合本法规定的起诉条件的，应当接收起诉状，出具注明收到日期的书面凭证，并在七日内决定是否立案。不符合起诉条件的，作出不予立案的裁定。裁定书应当载明不予立案的理由。原告对裁定不服的，可以提起上诉。

起诉状内容欠缺或者有其他错误的，应当给予指导和释明，并一次性告知当事人需要补正的内容。不得未经指导和释明即以起诉不符合条件为由不接收起诉状。

对于不接收起诉状、接收起诉状后不出具书面凭证，以及不一次性告知当事人需要补正的起诉状内容的，当事人可以向上级人民法院投诉，上级人民法院应当责令改正，并对直接负责的主管人员和其他直接责任人员依法给予处分。

第五十二条　人民法院既不立案，又不作出不予立案裁定的，当事人可以向上一级人民法院起诉。上一级人民法院认为符合起诉条件的，应当立案、审理，也可以指定其他下级人民法院立案、审理。

第五十三条　公民、法人或者其他组织认为行政行为所依据的国务院部门和地方人民政府及其部门制定的规范性文件不合法，在对行政行为提起诉讼时，可以一并请求对该规范性文件进行审查。

前款规定的规范性文件不含规章。

第七章　审理和判决

第一节　一般规定

第五十四条　人民法院公开审理行政案件，但涉及国家秘密、个人隐私和法律另有规定的除外。

涉及商业秘密的案件，当事人申请不公开审理的，可以不公开审理。

第五十五条　当事人认为审判人员与本案有利害关系或者有其他关系可能影响公正审判，有权申请审判人员回避。

审判人员认为自己与本案有利害关系或者有其他关系，应当申请回避。

前两款规定，适用于书记员、翻译人员、鉴定人、勘验人。

院长担任审判长时的回避，由审判委员会决定；审判人员的回避，由院长决定；其他人员的回避，由审判长决定。当事人对决定不服的，可以申请复议一次。

第五十六条　诉讼期间，不停止行政行为的执行。但有下列情形之一的，裁定停止执行：

（一）被告认为需要停止执行的；

（二）原告或者利害关系人申请停止执行，人民法院认为该行政行为的执行会造成难以弥补的损失，并且停止执行不损害国家利益、社会公共利益的；

（三）人民法院认为该行政行为的执行会给国家利益、社会公共利益造成重大损害的；

（四）法律、法规规定停止执行的。

当事人对停止执行或者不停止执行的裁定不服的，可以申请复议一次。

第五十七条 人民法院对起诉行政机关没有依法支付抚恤金、最低生活保障金和工伤、医疗社会保险金的案件，权利义务关系明确、不先予执行将严重影响原告生活的，可以根据原告的申请，裁定先予执行。

当事人对先予执行裁定不服的，可以申请复议一次。复议期间不停止裁定的执行。

第五十八条 经人民法院传票传唤，原告无正当理由拒不到庭，或者未经法庭许可中途退庭的，可以按照撤诉处理；被告无正当理由拒不到庭，或者未经法庭许可中途退庭的，可以缺席判决。

第五十九条 诉讼参与人或者其他人有下列行为之一的，人民法院可以根据情节轻重，予以训诫、责令具结悔过或者处一万元以下的罚款、十五日以下的拘留；构成犯罪的，依法追究刑事责任：

（一）有义务协助调查、执行的人，对人民法院的协助调查决定、协助执行通知书，无故推拖、拒绝或者妨碍调查、执行的；

（二）伪造、隐藏、毁灭证据或者提供虚假证明材料，妨碍人民法院审理案件的；

（三）指使、贿买、胁迫他人作伪证或者威胁、阻止证人作证的；

（四）隐藏、转移、变卖、毁损已被查封、扣押、冻结的财产的；

（五）以欺骗、胁迫等非法手段使原告撤诉的；

（六）以暴力、威胁或者其他方法阻碍人民法院工作人员执行职务，或者以哄闹、冲击法庭等方法扰乱人民法院工作秩序的；

（七）对人民法院审判人员或者其他工作人员、诉讼参与人、协助调查和执行的人员恐吓、侮辱、诽谤、诬陷、殴打、围攻或者打击报复的。

人民法院对有前款规定的行为之一的单位，可以对其主要负责人或者直接责任人员依照前款规定予以罚款、拘留；构成犯罪的，依法追究刑事责任。

罚款、拘留须经人民法院院长批准。当事人不服的，可以向上一级人民法院申请复议一次。复议期间不停止执行。

第六十条 人民法院审理行政案件，不适用调解。但是，行政赔偿、补偿以及行政机关行使法律、法规规定的自由裁量权的案件可以调解。

调解应当遵循自愿、合法原则，不得损害国家利益、社会公共利益和他人合法权益。

第六十一条 在涉及行政许可、登记、征收、征用和行政机关对民事争议所作的裁决的行政诉讼中，当事人申请一并解决相关民事争议的，人民法院可以一并审理。

在行政诉讼中，人民法院认为行政案件的审理需以民事诉讼的裁判为依据的，可以裁定中止行政诉讼。

第六十二条　人民法院对行政案件宣告判决或者裁定前，原告申请撤诉的，或者被告改变其所作的行政行为，原告同意并申请撤诉的，是否准许，由人民法院裁定。

第六十三条　人民法院审理行政案件，以法律和行政法规、地方性法规为依据。地方性法规适用于本行政区域内发生的行政案件。

人民法院审理民族自治地方的行政案件，并以该民族自治地方的自治条例和单行条例为依据。

人民法院审理行政案件，参照规章。

第六十四条　人民法院在审理行政案件中，经审查认为本法第五十三条规定的规范性文件不合法的，不作为认定行政行为合法的依据，并向制定机关提出处理建议。

第六十五条　人民法院应当公开发生法律效力的判决书、裁定书，供公众查阅，但涉及国家秘密、商业秘密和个人隐私的内容除外。

第六十六条　人民法院在审理行政案件中，认为行政机关的主管人员、直接责任人员违法违纪的，应当将有关材料移送监察机关、该行政机关或者其上一级行政机关；认为有犯罪行为的，应当将有关材料移送公安、检察机关。

人民法院对被告经传票传唤无正当理由拒不到庭，或者未经法庭许可中途退庭的，可以将被告拒不到庭或者中途退庭的情况予以公告，并可以向监察机关或者被告的上一级行政机关提出依法给予其主要负责人或者直接责任人员处分的司法建议。

第二节　第一审普通程序

第六十七条　人民法院应当在立案之日起五日内，将起诉状副本发送被告。被告应当在收到起诉状副本之日起十五日内向人民法院提交作出行政行为的证据和所依据的规范性文件，并提出答辩状。人民法院应当在收到答辩状之日起五日内，将答辩状副本发送原告。

被告不提出答辩状的，不影响人民法院审理。

第六十八条　人民法院审理行政案件，由审判员组成合议庭，或者由审判员、陪审员组成合议庭。合议庭的成员，应当是三人以上的单数。

第六十九条　行政行为证据确凿，适用法律、法规正确，符合法定程序的，或者原告申请被告履行法定职责或者给付义务理由不成立的，人民法院判决驳回原告的诉讼请求。

第七十条　行政行为有下列情形之一的，人民法院判决撤销或者部分撤销，并可以判决被告重新作出行政行为：

（一）主要证据不足的；

（二）适用法律、法规错误的；

（三）违反法定程序的；

（四）超越职权的；

（五）滥用职权的；

（六）明显不当的。

第七十一条　人民法院判决被告重新作出行政行为的，被告不得以同一的事实和理由作出与原行政行为基本相同的行政行为。

第七十二条 人民法院经过审理,查明被告不履行法定职责的,判决被告在一定期限内履行。

第七十三条 人民法院经过审理,查明被告依法负有给付义务的,判决被告履行给付义务。

第七十四条 行政行为有下列情形之一的,人民法院判决确认违法,但不撤销行政行为:

(一)行政行为依法应当撤销,但撤销会给国家利益、社会公共利益造成重大损害的;

(二)行政行为程序轻微违法,但对原告权利不产生实际影响的。

行政行为有下列情形之一,不需要撤销或者判决履行的,人民法院判决确认违法:

(一)行政行为违法,但不具有可撤销内容的;

(二)被告改变原违法行政行为,原告仍要求确认原行政行为违法的;

(三)被告不履行或者拖延履行法定职责,判决履行没有意义的。

第七十五条 行政行为有实施主体不具有行政主体资格或者没有依据等重大且明显违法情形,原告申请确认行政行为无效的,人民法院判决确认无效。

第七十六条 人民法院判决确认违法或者无效的,可以同时判决责令被告采取补救措施;给原告造成损失的,依法判决被告承担赔偿责任。

第七十七条 行政处罚明显不当,或者其他行政行为涉及对款额的确定、认定确有错误的,人民法院可以判决变更。

人民法院判决变更,不得加重原告的义务或者减损原告的权益。但利害关系人同为原告,且诉讼请求相反的除外。

第七十八条 被告不依法履行、未按照约定履行或者违法变更、解除本法第十二条第一款第十一项规定的协议的,人民法院判决被告承担继续履行、采取补救措施或者赔偿损失等责任。

被告变更、解除本法第十二条第一款第十一项规定的协议合法,但未依法给予补偿的,人民法院判决给予补偿。

第七十九条 复议机关与作出原行政行为的行政机关为共同被告的案件,人民法院应当对复议决定和原行政行为一并作出裁判。

第八十条 人民法院对公开审理和不公开审理的案件,一律公开宣告判决。

当庭宣判的,应当在十日内发送判决书;定期宣判的,宣判后立即发给判决书。

宣告判决时,必须告知当事人上诉权利、上诉期限和上诉的人民法院。

第八十一条 人民法院应当在立案之日起六个月内作出第一审判决。有特殊情况需要延长的,由高级人民法院批准,高级人民法院审理第一审案件需要延长的,由最高人民法院批准。

第三节 简易程序

第八十二条 人民法院审理下列第一审行政案件,认为事实清楚、权利义务关系明

确、争议不大的,可以适用简易程序:

(一)被诉行政行为是依法当场作出的;

(二)案件涉及款额二千元以下的;

(三)属于政府信息公开案件的。

除前款规定以外的第一审行政案件,当事人各方同意适用简易程序的,可以适用简易程序。

发回重审、按照审判监督程序再审的案件不适用简易程序。

第八十三条 适用简易程序审理的行政案件,由审判员一人独任审理,并应当在立案之日起四十五日内审结。

第八十四条 人民法院在审理过程中,发现案件不宜适用简易程序的,裁定转为普通程序。

第四节 第二审程序

第八十五条 当事人不服人民法院第一审判决的,有权在判决书送达之日起十五日内向上一级人民法院提起上诉。当事人不服人民法院第一审裁定的,有权在裁定书送达之日起十日内向上一级人民法院提起上诉。逾期不提起上诉的,人民法院的第一审判决或者裁定发生法律效力。

第八十六条 人民法院对上诉案件,应当组成合议庭,开庭审理。经过阅卷、调查和询问当事人,对没有提出新的事实、证据或者理由,合议庭认为不需要开庭审理的,也可以不开庭审理。

第八十七条 人民法院审理上诉案件,应当对原审人民法院的判决、裁定和被诉行政行为进行全面审查。

第八十八条 人民法院审理上诉案件,应当在收到上诉状之日起三个月内作出终审判决。有特殊情况需要延长的,由高级人民法院批准,高级人民法院审理上诉案件需要延长的,由最高人民法院批准。

第八十九条 人民法院审理上诉案件,按照下列情形,分别处理:

(一)原判决、裁定认定事实清楚,适用法律、法规正确的,判决或者裁定驳回上诉,维持原判决、裁定;

(二)原判决、裁定认定事实错误或者适用法律、法规错误的,依法改判、撤销或者变更;

(三)原判决认定基本事实不清、证据不足的,发回原审人民法院重审,或者查清事实后改判;

(四)原判决遗漏当事人或者违法缺席判决等严重违反法定程序的,裁定撤销原判决,发回原审人民法院重审。

原审人民法院对发回重审的案件作出判决后,当事人提起上诉的,第二审人民法院不得再次发回重审。

人民法院审理上诉案件,需要改变原审判决的,应当同时对被诉行政行为作出判决。

第五节 审判监督程序

第九十条 当事人对已经发生法律效力的判决、裁定,认为确有错误的,可以向上一级人民法院申请再审,但判决、裁定不停止执行。

第九十一条 当事人的申请符合下列情形之一的,人民法院应当再审:

(一)不予立案或者驳回起诉确有错误的;

(二)有新的证据,足以推翻原判决、裁定的;

(三)原判决、裁定认定事实的主要证据不足、未经质证或者系伪造的;

(四)原判决、裁定适用法律、法规确有错误的;

(五)违反法律规定的诉讼程序,可能影响公正审判的;

(六)原判决、裁定遗漏诉讼请求的;

(七)据以作出原判决、裁定的法律文书被撤销或者变更的;

(八)审判人员在审理该案件时有贪污受贿、徇私舞弊、枉法裁判行为的。

第九十二条 各级人民法院院长对本院已经发生法律效力的判决、裁定,发现有本法第九十一条规定情形之一,或者发现调解违反自愿原则或者调解书内容违法,认为需要再审的,应当提交审判委员会讨论决定。

最高人民法院对地方各级人民法院已经发生法律效力的判决、裁定,上级人民法院对下级人民法院已经发生法律效力的判决、裁定,发现有本法第九十一条规定情形之一,或者发现调解违反自愿原则或者调解书内容违法的,有权提审或者指令下级人民法院再审。

第九十三条 最高人民检察院对各级人民法院已经发生法律效力的判决、裁定,上级人民检察院对下级人民法院已经发生法律效力的判决、裁定,发现有本法第九十一条规定情形之一,或者发现调解书损害国家利益、社会公共利益的,应当提出抗诉。

地方各级人民检察院对同级人民法院已经发生法律效力的判决、裁定,发现有本法第九十一条规定情形之一,或者发现调解书损害国家利益、社会公共利益的,可以向同级人民法院提出检察建议,并报上级人民检察院备案;也可以提请上级人民检察院向同级人民法院提出抗诉。

各级人民检察院对审判监督程序以外的其他审判程序中审判人员的违法行为,有权向同级人民法院提出检察建议。

第八章 执 行

第九十四条 当事人必须履行人民法院发生法律效力的判决、裁定、调解书。

第九十五条 公民、法人或者其他组织拒绝履行判决、裁定、调解书的,行政机关或者第三人可以向第一审人民法院申请强制执行,或者由行政机关依法强制执行。

第九十六条 行政机关拒绝履行判决、裁定、调解书的,第一审人民法院可以采取下列措施:

(一)对应当归还的罚款或者应当给付的款额,通知银行从该行政机关的账户内划拨;

(二)在规定期限内不履行的,从期满之日起,对该行政机关负责人按日处五十元至一百元的罚款；

（三）将行政机关拒绝履行的情况予以公告；

（四）向监察机关或者该行政机关的上一级行政机关提出司法建议。接受司法建议的机关，根据有关规定进行处理，并将处理情况告知人民法院；

（五）拒不履行判决、裁定、调解书，社会影响恶劣的，可以对该行政机关直接负责的主管人员和其他直接责任人员予以拘留；情节严重，构成犯罪的，依法追究刑事责任。

第九十七条　公民、法人或者其他组织对行政行为在法定期限内不提起诉讼又不履行的，行政机关可以申请人民法院强制执行，或者依法强制执行。

第九章　涉外行政诉讼

第九十八条　外国人、无国籍人、外国组织在中华人民共和国进行行政诉讼，适用本法。法律另有规定的除外。

第九十九条　外国人、无国籍人、外国组织在中华人民共和国进行行政诉讼，同中华人民共和国公民、组织有同等的诉讼权利和义务。

外国法院对中华人民共和国公民、组织的行政诉讼权利加以限制的，人民法院对该国公民、组织的行政诉讼权利，实行对等原则。

第一百条　外国人、无国籍人、外国组织在中华人民共和国进行行政诉讼，委托律师代理诉讼的，应当委托中华人民共和国律师机构的律师。

第十章　附　　则

第一百零一条　人民法院审理行政案件，关于期间、送达、财产保全、开庭审理、调解、中止诉讼、终结诉讼、简易程序、执行等，以及人民检察院对行政案件受理、审理、裁判、执行的监督，本法没有规定的，适用《中华人民共和国民事诉讼法》的相关规定。

第一百零二条　人民法院审理行政案件，应当收取诉讼费用。诉讼费用由败诉方承担，双方都有责任的由双方分担。收取诉讼费用的具体办法另行规定。

第一百零三条　本法自1990年10月1日起施行。

中华人民共和国国家赔偿法

（1994年5月12日第八届全国人民代表大会常务委员会第七次会议通过　根据2010年4月29日第十一届全国人民代表大会常务委员会第十四次会议《关于修改〈中华人民共和国国家赔偿法〉的决定》第一次修正　根据2012年10月26日第十一届全国人民代表大会常务委员会第二十九次会议《关于修改〈中华人民共和国国家赔偿法〉的决定》第二次修正）

目　　录

第一章 总 则

第一条 为保障公民、法人和其他组织享有依法取得国家赔偿的权利,促进国家机关依法行使职权,根据宪法,制定本法。

第二条 国家机关和国家机关工作人员行使职权,有本法规定的侵犯公民、法人和其他组织合法权益的情形,造成损害的,受害人有依照本法取得国家赔偿的权利。

本法规定的赔偿义务机关,应当依照本法及时履行赔偿义务。

第二章 行政赔偿

第一节 赔偿范围

第三条 行政机关及其工作人员在行使行政职权时有下列侵犯人身权情形之一的,受害人有取得赔偿的权利:

(一)违法拘留或者违法采取限制公民人身自由的行政强制措施的;

(二)非法拘禁或者以其他方法非法剥夺公民人身自由的;

(三)以殴打、虐待等行为或者唆使、放纵他人以殴打、虐待等行为造成公民身体伤害或者死亡的;

(四)违法使用武器、警械造成公民身体伤害或者死亡的;

(五)造成公民身体伤害或者死亡的其他违法行为。

第四条 行政机关及其工作人员在行使行政职权时有下列侵犯财产权情形之一的,受害人有取得赔偿的权利:

(一)违法实施罚款、吊销许可证和执照、责令停产停业、没收财物等行政处罚的;

(二)违法对财产采取查封、扣押、冻结等行政强制措施的;

(三)违法征收、征用财产的;

(四)造成财产损害的其他违法行为。

第五条 属于下列情形之一的,国家不承担赔偿责任:

(一)行政机关工作人员与行使职权无关的个人行为;

（二）因公民、法人和其他组织自己的行为致使损害发生的；

（三）法律规定的其他情形。

第二节　赔偿请求人和赔偿义务机关

第六条　受害的公民、法人和其他组织有权要求赔偿。

受害的公民死亡，其继承人和其他有扶养关系的亲属有权要求赔偿。

受害的法人或者其他组织终止的，其权利承受人有权要求赔偿。

第七条　行政机关及其工作人员行使行政职权侵犯公民、法人和其他组织的合法权益造成损害的，该行政机关为赔偿义务机关。

两个以上行政机关共同行使行政职权时侵犯公民、法人和其他组织的合法权益造成损害的，共同行使行政职权的行政机关为共同赔偿义务机关。

法律、法规授权的组织在行使授予的行政权力时侵犯公民、法人和其他组织的合法权益造成损害的，被授权的组织为赔偿义务机关。

受行政机关委托的组织或者个人在行使受委托的行政权力时侵犯公民、法人和其他组织的合法权益造成损害的，委托的行政机关为赔偿义务机关。

赔偿义务机关被撤销的，继续行使其职权的行政机关为赔偿义务机关；没有继续行使其职权的行政机关的，撤销该赔偿义务机关的行政机关为赔偿义务机关。

第八条　经复议机关复议的，最初造成侵权行为的行政机关为赔偿义务机关，但复议机关的复议决定加重损害的，复议机关对加重的部分履行赔偿义务。

第三节　赔偿程序

第九条　赔偿义务机关有本法第三条、第四条规定情形之一的，应当给予赔偿。

赔偿请求人要求赔偿，应当先向赔偿义务机关提出，也可以在申请行政复议或者提起行政诉讼时一并提出。

第十条　赔偿请求人可以向共同赔偿义务机关中的任何一个赔偿义务机关要求赔偿，该赔偿义务机关应当先予赔偿。

第十一条　赔偿请求人根据受到的不同损害，可以同时提出数项赔偿要求。

第十二条　要求赔偿应当递交申请书，申请书应当载明下列事项：

（一）受害人的姓名、性别、年龄、工作单位和住所，法人或者其他组织的名称、住所和法定代表人或者主要负责人的姓名、职务；

（二）具体的要求、事实根据和理由；

（三）申请的年、月、日。

赔偿请求人书写申请书确有困难的，可以委托他人代书；也可以口头申请，由赔偿义务机关记入笔录。

赔偿请求人不是受害人本人的，应当说明与受害人的关系，并提供相应证明。

赔偿请求人当面递交申请书的，赔偿义务机关应当当场出具加盖本行政机关专用印章并注明收讫日期的书面凭证。申请材料不齐全的，赔偿义务机关应当当场或者在五日内一次性告知赔偿请求人需要补正的全部内容。

第十三条 赔偿义务机关应当自收到申请之日起两个月内,作出是否赔偿的决定。赔偿义务机关作出赔偿决定,应当充分听取赔偿请求人的意见,并可以与赔偿请求人就赔偿方式、赔偿项目和赔偿数额依照本法第四章的规定进行协商。

赔偿义务机关决定赔偿的,应当制作赔偿决定书,并自作出决定之日起十日内送达赔偿请求人。

赔偿义务机关决定不予赔偿的,应当自作出决定之日起十日内书面通知赔偿请求人,并说明不予赔偿的理由。

第十四条 赔偿义务机关在规定期限内未作出是否赔偿的决定,赔偿请求人可以自期限届满之日起三个月内,向人民法院提起诉讼。

赔偿请求人对赔偿的方式、项目、数额有异议的,或者赔偿义务机关作出不予赔偿决定的,赔偿请求人可以自赔偿义务机关作出赔偿或者不予赔偿决定之日起三个月内,向人民法院提起诉讼。

第十五条 人民法院审理行政赔偿案件,赔偿请求人和赔偿义务机关对自己提出的主张,应当提供证据。

赔偿义务机关采取行政拘留或者限制人身自由的强制措施期间,被限制人身自由的人死亡或者丧失行为能力的,赔偿义务机关的行为与被限制人身自由的人的死亡或者丧失行为能力是否存在因果关系,赔偿义务机关应当提供证据。

第十六条 赔偿义务机关赔偿损失后,应当责令有故意或者重大过失的工作人员或者受委托的组织或者个人承担部分或者全部赔偿费用。

对有故意或者重大过失的责任人员,有关机关应当依法给予处分;构成犯罪的,应当依法追究刑事责任。

第三章 刑事赔偿

第一节 赔偿范围

第十七条 行使侦查、检察、审判职权的机关以及看守所、监狱管理机关及其工作人员在行使职权时有下列侵犯人身权情形之一的,受害人有取得赔偿的权利:

(一)违反刑事诉讼法的规定对公民采取拘留措施的,或者依照刑事诉讼法规定的条件和程序对公民采取拘留措施,但是拘留时间超过刑事诉讼法规定的时限,其后决定撤销案件、不起诉或者判决宣告无罪终止追究刑事责任的;

(二)对公民采取逮捕措施后,决定撤销案件、不起诉或者判决宣告无罪终止追究刑事责任的;

(三)依照审判监督程序再审改判无罪,原判刑罚已经执行的;

(四)刑讯逼供或者以殴打、虐待等行为或者唆使、放纵他人以殴打、虐待等行为造成公民身体伤害或者死亡的;

(五)违法使用武器、警械造成公民身体伤害或者死亡的。

第十八条　行使侦查、检察、审判职权的机关以及看守所、监狱管理机关及其工作人员在行使职权时有下列侵犯财产权情形之一的，受害人有取得赔偿的权利：

（一）违法对财产采取查封、扣押、冻结、追缴等措施的；

（二）依照审判监督程序再审改判无罪，原判罚金、没收财产已经执行的。

第十九条　属于下列情形之一的，国家不承担赔偿责任：

（一）因公民自己故意作虚伪供述，或者伪造其他有罪证据被羁押或者被判处刑罚的；

（二）依照刑法第十七条、第十八条规定不负刑事责任的人被羁押的；

（三）依照刑事诉讼法第十五条、第一百七十三条第二款、第二百七十三条第二款、第二百七十九条规定不追究刑事责任的人被羁押的；

（四）行使侦查、检察、审判职权的机关以及看守所、监狱管理机关的工作人员与行使职权无关的个人行为；

（五）因公民自伤、自残等故意行为致使损害发生的；

（六）法律规定的其他情形。

第二节　赔偿请求人和赔偿义务机关

第二十条　赔偿请求人的确定依照本法第六条的规定。

第二十一条　行使侦查、检察、审判职权的机关以及看守所、监狱管理机关及其工作人员在行使职权时侵犯公民、法人和其他组织的合法权益造成损害的，该机关为赔偿义务机关。

对公民采取拘留措施，依照本法的规定应当给予国家赔偿的，作出拘留决定的机关为赔偿义务机关。

对公民采取逮捕措施后决定撤销案件、不起诉或者判决宣告无罪的，作出逮捕决定的机关为赔偿义务机关。

再审改判无罪的，作出原生效判决的人民法院为赔偿义务机关。二审改判无罪，以及二审发回重审后作无罪处理的，作出一审有罪判决的人民法院为赔偿义务机关。

第三节　赔偿程序

第二十二条　赔偿义务机关有本法第十七条、第十八条规定情形之一的，应当给予赔偿。

赔偿请求人要求赔偿，应当先向赔偿义务机关提出。

赔偿请求人提出赔偿请求，适用本法第十一条、第十二条的规定。

第二十三条　赔偿义务机关应当自收到申请之日起两个月内，作出是否赔偿的决定。赔偿义务机关作出赔偿决定，应当充分听取赔偿请求人的意见，并可以与赔偿请求人就赔偿方式、赔偿项目和赔偿数额依照本法第四章的规定进行协商。

赔偿义务机关决定赔偿的，应当制作赔偿决定书，并自作出决定之日起十日内送达赔偿请求人。

赔偿义务机关决定不予赔偿的，应当自作出决定之日起十日内书面通知赔偿请求人，并说明不予赔偿的理由。

第二十四条 赔偿义务机关在规定期限内未作出是否赔偿的决定，赔偿请求人可以自期限届满之日起三十日内向赔偿义务机关的上一级机关申请复议。

赔偿请求人对赔偿的方式、项目、数额有异议的，或者赔偿义务机关作出不予赔偿决定的，赔偿请求人可以自赔偿义务机关作出赔偿或者不予赔偿决定之日起三十日内，向赔偿义务机关的上一级机关申请复议。

赔偿义务机关是人民法院的，赔偿请求人可以依照本条规定向其上一级人民法院赔偿委员会申请作出赔偿决定。

第二十五条 复议机关应当自收到申请之日起两个月内作出决定。

赔偿请求人不服复议决定的，可以在收到复议决定之日起三十日内向复议机关所在地的同级人民法院赔偿委员会申请作出赔偿决定；复议机关逾期不作决定的，赔偿请求人可以自期限届满之日起三十日内向复议机关所在地的同级人民法院赔偿委员会申请作出赔偿决定。

第二十六条 人民法院赔偿委员会处理赔偿请求，赔偿请求人和赔偿义务机关对自己提出的主张，应当提供证据。

被羁押人在羁押期间死亡或者丧失行为能力的，赔偿义务机关的行为与被羁押人的死亡或者丧失行为能力是否存在因果关系，赔偿义务机关应当提供证据。

第二十七条 人民法院赔偿委员会处理赔偿请求，采取书面审查的办法。必要时，可以向有关单位和人员调查情况、收集证据。赔偿请求人与赔偿义务机关对损害事实及因果关系有争议的，赔偿委员会可以听取赔偿请求人和赔偿义务机关的陈述和申辩，并可以进行质证。

第二十八条 人民法院赔偿委员会应当自收到赔偿申请之日起三个月内作出决定；属于疑难、复杂、重大案件的，经本院院长批准，可以延长三个月。

第二十九条 中级以上的人民法院设立赔偿委员会，由人民法院三名以上审判员组成，组成人员的人数应当为单数。

赔偿委员会作赔偿决定，实行少数服从多数的原则。

赔偿委员会作出的赔偿决定，是发生法律效力的决定，必须执行。

第三十条 赔偿请求人或者赔偿义务机关对赔偿委员会作出的决定，认为确有错误的，可以向上一级人民法院赔偿委员会提出申诉。

赔偿委员会作出的赔偿决定生效后，如发现赔偿决定违反本法规定的，经本院院长决定或者上级人民法院指令，赔偿委员会应当在两个月内重新审查并依法作出决定，上一级人民法院赔偿委员会也可以直接审查并作出决定。

最高人民检察院对各级人民法院赔偿委员会作出的决定，上级人民检察院对下级人民法院赔偿委员会作出的决定，发现违反本法规定的，应当向同级人民法院赔偿委员会提出意见，同级人民法院赔偿委员会应当在两个月内重新审查并依法作出决定。

第三十一条 赔偿义务机关赔偿后，应当向有下列情形之一的工作人员追偿部分或者全部赔偿费用：

（一）有本法第十七条第四项、第五项规定情形的；

（二）在处理案件中有贪污受贿，徇私舞弊，枉法裁判行为的。

对有前款规定情形的责任人员，有关机关应当依法给予处分；构成犯罪的，应当依法追究刑事责任。

第四章　赔偿方式和计算标准

第三十二条　国家赔偿以支付赔偿金为主要方式。

能够返还财产或者恢复原状的，予以返还财产或者恢复原状。

第三十三条　侵犯公民人身自由的，每日赔偿金按照国家上年度职工日平均工资计算。

第三十四条　侵犯公民生命健康权的，赔偿金按照下列规定计算：

（一）造成身体伤害的，应当支付医疗费、护理费，以及赔偿因误工减少的收入。减少的收入每日的赔偿金按照国家上年度职工日平均工资计算，最高额为国家上年度职工年平均工资的五倍；

（二）造成部分或者全部丧失劳动能力的，应当支付医疗费、护理费、残疾生活辅助具费、康复费等因残疾而增加的必要支出和继续治疗所必需的费用，以及残疾赔偿金。残疾赔偿金根据丧失劳动能力的程度，按照国家规定的伤残等级确定，最高不超过国家上年度职工年平均工资的二十倍。造成全部丧失劳动能力的，对其扶养的无劳动能力的人，还应当支付生活费；

（三）造成死亡的，应当支付死亡赔偿金、丧葬费，总额为国家上年度职工年平均工资的二十倍。对死者生前扶养的无劳动能力的人，还应当支付生活费。

前款第二项、第三项规定的生活费的发放标准，参照当地最低生活保障标准执行。被扶养的人是未成年人的，生活费给付至十八周岁止；其他无劳动能力的人，生活费给付至死亡时止。

第三十五条　有本法第三条或者第十七条规定情形之一，致人精神损害的，应当在侵权行为影响的范围内，为受害人消除影响，恢复名誉，赔礼道歉；造成严重后果的，应当支付相应的精神损害抚慰金。

第三十六条　侵犯公民、法人和其他组织的财产权造成损害的，按照下列规定处理：

（一）处罚款、罚金、追缴、没收财产或者违法征收、征用财产的，返还财产；

（二）查封、扣押、冻结财产的，解除对财产的查封、扣押、冻结，造成财产损坏或者灭失的，依照本条第三项、第四项的规定赔偿；

（三）应当返还的财产损坏的，能够恢复原状的恢复原状，不能恢复原状的，按照损害程度给付相应的赔偿金；

（四）应当返还的财产灭失的，给付相应的赔偿金；

（五）财产已经拍卖或者变卖的，给付拍卖或者变卖所得的价款；变卖的价款明显低于财产价值的，应当支付相应的赔偿金；

（六）吊销许可证和执照、责令停产停业的，赔偿停产停业期间必要的经常性费用开支；

（七）返还执行的罚款或者罚金、追缴或者没收的金钱，解除冻结的存款或者汇款的，应当支付银行同期存款利息；

（八）对财产权造成其他损害的，按照直接损失给予赔偿。

第三十七条 赔偿费用列入各级财政预算。

赔偿请求人凭生效的判决书、复议决定书、赔偿决定书或者调解书，向赔偿义务机关申请支付赔偿金。

赔偿义务机关应当自收到支付赔偿金申请之日起七日内，依照预算管理权限向有关的财政部门提出支付申请。财政部门应当自收到支付申请之日起十五日内支付赔偿金。

赔偿费用预算与支付管理的具体办法由国务院规定。

第五章 其他规定

第三十八条 人民法院在民事诉讼、行政诉讼过程中，违法采取对妨害诉讼的强制措施、保全措施或者对判决、裁定及其他生效法律文书执行错误，造成损害的，赔偿请求人要求赔偿的程序，适用本法刑事赔偿程序的规定。

第三十九条 赔偿请求人请求国家赔偿的时效为两年，自其知道或者应当知道国家机关及其工作人员行使职权时的行为侵犯其人身权、财产权之日起计算，但被羁押等限制人身自由期间不计算在内。在申请行政复议或者提起行政诉讼时一并提出赔偿请求的，适用行政复议法、行政诉讼法有关时效的规定。

赔偿请求人在赔偿请求时效的最后六个月内，因不可抗力或者其他障碍不能行使请求权的，时效中止。从中止时效的原因消除之日起，赔偿请求时效期间继续计算。

第四十条 外国人、外国企业和组织在中华人民共和国领域内要求中华人民共和国国家赔偿的，适用本法。

外国人、外国企业和组织的所属国对中华人民共和国公民、法人和其他组织要求该国国家赔偿的权利不予保护或者限制的，中华人民共和国与该外国人、外国企业和组织的所属国实行对等原则。

第六章 附 则

第四十一条 赔偿请求人要求国家赔偿的，赔偿义务机关、复议机关和人民法院不得向赔偿请求人收取任何费用。

对赔偿请求人取得的赔偿金不予征税。

第四十二条 本法自 1995 年 1 月 1 日起施行。

中华人民共和国行政复议法实施条例

（2007 年 5 月 29 日中华人民共和国国务院令第 499 号公布）

第一章　总　　则

第一条　为了进一步发挥行政复议制度在解决行政争议、建设法治政府、构建社会主义和谐社会中的作用，根据《中华人民共和国行政复议法》（以下简称行政复议法），制定本条例。

第二条　各级行政复议机关应当认真履行行政复议职责，领导并支持本机关负责法制工作的机构（以下简称行政复议机构）依法办理行政复议事项，并依照有关规定配备、充实、调剂专职行政复议人员，保证行政复议机构的办案能力与工作任务相适应。

第三条　行政复议机构除应当依照行政复议法第三条的规定履行职责外，还应当履行下列职责：

（一）依照行政复议法第十八条的规定转送有关行政复议申请；

（二）办理行政复议法第二十九条规定的行政赔偿等事项；

（三）按照职责权限，督促行政复议申请的受理和行政复议决定的履行；

（四）办理行政复议、行政应诉案件统计和重大行政复议决定备案事项；

（五）办理或者组织办理未经行政复议直接提起行政诉讼的行政应诉事项；

（六）研究行政复议工作中发现的问题，及时向有关机关提出改进建议，重大问题及时向行政复议机关报告。

第四条　专职行政复议人员应当具备与履行行政复议职责相适应的品行、专业知识和业务能力，并取得相应资格。具体办法由国务院法制机构会同国务院有关部门规定。

第二章　行政复议申请

第一节　申请人

第五条　依照行政复议法和本条例的规定申请行政复议的公民、法人或者其他组织为申请人。

第六条　合伙企业申请行政复议的，应当以核准登记的企业为申请人，由执行合伙事务的合伙人代表该企业参加行政复议；其他合伙组织申请行政复议的，由合伙人共同申请行政复议。

前款规定以外的不具备法人资格的其他组织申请行政复议的，由该组织的主要负责人代表该组织参加行政复议；没有主要负责人的，由共同推选的其他成员代表该组织参加行政复议。

第七条　股份制企业的股东大会、股东代表大会、董事会认为行政机关作出的具体行政行为侵犯企业合法权益的，可以以企业的名义申请行政复议。

第八条　同一行政复议案件申请人超过 5 人的，推选 1 至 5 名代表参加行政复议。

第九条 行政复议期间，行政复议机构认为申请人以外的公民、法人或者其他组织与被审查的具体行政行为有利害关系的，可以通知其作为第三人参加行政复议。

行政复议期间，申请人以外的公民、法人或者其他组织与被审查的具体行政行为有利害关系的，可以向行政复议机构申请作为第三人参加行政复议。

第三人不参加行政复议，不影响行政复议案件的审理。

第十条 申请人、第三人可以委托1至2名代理人参加行政复议。申请人、第三人委托代理人的，应当向行政复议机构提交授权委托书。授权委托书应当载明委托事项、权限和期限。公民在特殊情况下无法书面委托的，可以口头委托。口头委托的，行政复议机构应当核实并记录在卷。申请人、第三人解除或者变更委托的，应当书面报告行政复议机构。

第二节 被申请人

第十一条 公民、法人或者其他组织对行政机关的具体行政行为不服，依照行政复议法和本条例的规定申请行政复议的，作出该具体行政行为的行政机关为被申请人。

第十二条 行政机关与法律、法规授权的组织以共同的名义作出具体行政行为的，行政机关和法律、法规授权的组织为共同被申请人。

行政机关与其他组织以共同名义作出具体行政行为的，行政机关为被申请人。

第十三条 下级行政机关依照法律、法规、规章规定，经上级行政机关批准作出具体行政行为的，批准机关为被申请人。

第十四条 行政机关设立的派出机构、内设机构或者其他组织，未经法律、法规授权，对外以自己名义作出具体行政行为的，该行政机关为被申请人。

第三节 行政复议申请期限

第十五条 行政复议法第九条第一款规定的行政复议申请期限的计算，依照下列规定办理：

（一）当场作出具体行政行为的，自具体行政行为作出之日起计算；

（二）载明具体行政行为的法律文书直接送达的，自受送达人签收之日起计算；

（三）载明具体行政行为的法律文书邮寄送达的，自受送达人在邮件签收单上签收之日起计算；没有邮件签收单的，自受送达人在送达回执上签名之日起计算；

（四）具体行政行为依法通过公告形式告知受送达人的，自公告规定的期限届满之日起计算；

（五）行政机关作出具体行政行为时未告知公民、法人或者其他组织，事后补充告知的，自该公民、法人或者其他组织收到行政机关补充告知的通知之日起计算；

（六）被申请人能够证明公民、法人或者其他组织知道具体行政行为的，自证据材料证明其知道具体行政行为之日起计算。

行政机关作出具体行政行为，依法应当向有关公民、法人或者其他组织送达法律文书而未送达的，视为该公民、法人或者其他组织不知道该具体行政行为。

第十六条 公民、法人或者其他组织依照行政复议法第六条第(八)项、第(九)项、第(十)项的规定申请行政机关履行法定职责,行政机关未履行的,行政复议申请期限依照下列规定计算:

(一)有履行期限规定的,自履行期限届满之日起计算;

(二)没有履行期限规定的,自行政机关收到申请满60日起计算。

公民、法人或者其他组织在紧急情况下请求行政机关履行保护人身权、财产权的法定职责,行政机关不履行的,行政复议申请期限不受前款规定的限制。

第十七条 行政机关作出的具体行政行为对公民、法人或者其他组织的权利、义务可能产生不利影响的,应当告知其申请行政复议的权利、行政复议机关和行政复议申请期限。

第四节 行政复议申请的提出

第十八条 申请人书面申请行政复议的,可以采取当面递交、邮寄或者传真等方式提出行政复议申请。

有条件的行政复议机构可以接受以电子邮件形式提出的行政复议申请。

第十九条 申请人书面申请行政复议的,应当在行政复议申请书中载明下列事项:

(一)申请人的基本情况,包括:公民的姓名、性别、年龄、身份证号码、工作单位、住所、邮政编码;法人或者其他组织的名称、住所、邮政编码和法定代表人或者主要负责人的姓名、职务;

(二)被申请人的名称;

(三)行政复议请求、申请行政复议的主要事实和理由;

(四)申请人的签名或者盖章;

(五)申请行政复议的日期。

第二十条 申请人口头申请行政复议的,行政复议机构应当依照本条例第十九条规定的事项,当场制作行政复议申请笔录交申请人核对或者向申请人宣读,并由申请人签字确认。

第二十一条 有下列情形之一的,申请人应当提供证明材料:

(一)认为被申请人不履行法定职责的,提供曾经要求被申请人履行法定职责而被申请人未履行的证明材料;

(二)申请行政复议时一并提出行政赔偿请求的,提供受具体行政行为侵害而造成损害的证明材料;

(三)法律、法规规定需要申请人提供证据材料的其他情形。

第二十二条 申请人提出行政复议申请时错列被申请人的,行政复议机构应当告知申请人变更被申请人。

第二十三条 申请人对两个以上国务院部门共同作出的具体行政行为不服的,依照行政复议法第十四条的规定,可以向其中任何一个国务院部门提出行政复议申请,由作出具体行政行为的国务院部门共同作出行政复议决定。

第二十四条 申请人对经国务院批准实行省以下垂直领导的部门作出的具体行政行

为不服的,可以选择向该部门的本级人民政府或者上一级主管部门申请行政复议;省、自治区、直辖市另有规定的,依照省、自治区、直辖市的规定办理。

第二十五条 申请人依照行政复议法第三十条第二款的规定申请行政复议的,应当向省、自治区、直辖市人民政府提出行政复议申请。

第二十六条 依照行政复议法第七条的规定,申请人认为具体行政行为所依据的规定不合法的,可以在对具体行政行为申请行政复议的同时一并提出对该规定的审查申请;申请人在对具体行政行为提出行政复议申请时尚不知道该具体行政行为所依据的规定的,可以在行政复议机关作出行政复议决定前向行政复议机关提出对该规定的审查申请。

第三章 行政复议受理

第二十七条 公民、法人或者其他组织认为行政机关的具体行政行为侵犯其合法权益提出行政复议申请,除不符合行政复议法和本条例规定的申请条件的,行政复议机关必须受理。

第二十八条 行政复议申请符合下列规定的,应当予以受理:

(一)有明确的申请人和符合规定的被申请人;

(二)申请人与具体行政行为有利害关系;

(三)有具体的行政复议请求和理由;

(四)在法定申请期限内提出;

(五)属于行政复议法规定的行政复议范围;

(六)属于收到行政复议申请的行政复议机构的职责范围;

(七)其他行政复议机关尚未受理同一行政复议申请,人民法院尚未受理同一主体就同一事实提起的行政诉讼。

第二十九条 行政复议申请材料不齐全或者表述不清楚的,行政复议机构可以自收到该行政复议申请之日起5日内书面通知申请人补正。补正通知应当载明需要补正的事项和合理的补正期限。无正当理由逾期不补正的,视为申请人放弃行政复议申请。补正申请材料所用时间不计入行政复议审理期限。

第三十条 申请人就同一事项向两个或者两个以上有权受理的行政机关申请行政复议的,由最先收到行政复议申请的行政机关受理;同时收到行政复议申请的,由收到行政复议申请的行政机关在10日内协商确定;协商不成的,由其共同上一级行政机关在10日内指定受理机关。协商确定或者指定受理机关所用时间不计入行政复议审理期限。

第三十一条 依照行政复议法第二十条的规定,上级行政机关认为行政复议机关不予受理行政复议申请的理由不成立的,可以先行督促其受理;经督促仍不受理的,应当责令其限期受理,必要时也可以直接受理;认为行政复议申请不符合法定受理条件的,应当告知申请人。

第四章 行政复议决定

第三十二条 行政复议机构审理行政复议案件,应当由2名以上行政复议人员参加。

第三十三条　行政复议机构认为必要时,可以实地调查核实证据;对重大、复杂的案件,申请人提出要求或者行政复议机构认为必要时,可以采取听证的方式审理。

第三十四条　行政复议人员向有关组织和人员调查取证时,可以查阅、复制、调取有关文件和资料,向有关人员进行询问。

调查取证时,行政复议人员不得少于2人,并应当向当事人或者有关人员出示证件。被调查单位和人员应当配合行政复议人员的工作,不得拒绝或者阻挠。

需要现场勘验的,现场勘验所用时间不计入行政复议审理期限。

第三十五条　行政复议机关应当为申请人、第三人查阅有关材料提供必要条件。

第三十六条　依照行政复议法第十四条的规定申请原级行政复议的案件,由原承办具体行政行为有关事项的部门或者机构提出书面答复,并提交作出具体行政行为的证据、依据和其他有关材料。

第三十七条　行政复议期间涉及专门事项需要鉴定的,当事人可以自行委托鉴定机构进行鉴定,也可以申请行政复议机构委托鉴定机构进行鉴定。鉴定费用由当事人承担。鉴定所用时间不计入行政复议审理期限。

第三十八条　申请人在行政复议决定作出前自愿撤回行政复议申请的,经行政复议机构同意,可以撤回。

申请人撤回行政复议申请的,不得再以同一事实和理由提出行政复议申请。但是,申请人能够证明撤回行政复议申请违背其真实意思表示的除外。

第三十九条　行政复议期间被申请人改变原具体行政行为的,不影响行政复议案件的审理。但是,申请人依法撤回行政复议申请的除外。

第四十条　公民、法人或者其他组织对行政机关行使法律、法规规定的自由裁量权作出的具体行政行为不服申请行政复议,申请人与被申请人在行政复议决定作出前自愿达成和解的,应当向行政复议机构提交书面和解协议;和解内容不损害社会公共利益和他人合法权益的,行政复议机构应当准许。

第四十一条　行政复议期间有下列情形之一,影响行政复议案件审理的,行政复议中止:

(一)作为申请人的自然人死亡,其近亲属尚未确定是否参加行政复议的;

(二)作为申请人的自然人丧失参加行政复议的能力,尚未确定法定代理人参加行政复议的;

(三)作为申请人的法人或者其他组织终止,尚未确定权利义务承受人的;

(四)作为申请人的自然人下落不明或者被宣告失踪的;

(五)申请人、被申请人因不可抗力,不能参加行政复议的;

(六)案件涉及法律适用问题,需要有权机关作出解释或者确认的;

(七)案件审理需要以其他案件的审理结果为依据,而其他案件尚未审结的;

(八)其他需要中止行政复议的情形。

行政复议中止的原因消除后,应当及时恢复行政复议案件的审理。

行政复议机构中止、恢复行政复议案件的审理,应当告知有关当事人。

第四十二条 行政复议期间有下列情形之一的,行政复议终止:

(一)申请人要求撤回行政复议申请,行政复议机构准予撤回的;

(二)作为申请人的自然人死亡,没有近亲属或者其近亲属放弃行政复议权利的;

(三)作为申请人的法人或者其他组织终止,其权利义务的承受人放弃行政复议权利的;

(四)申请人与被申请人依照本条例第四十条的规定,经行政复议机构准许达成和解的;

(五)申请人对行政拘留或者限制人身自由的行政强制措施不服申请行政复议后,因申请人同一违法行为涉嫌犯罪,该行政拘留或者限制人身自由的行政强制措施变更为刑事拘留的。

依照本条例第四十一条第一款第(一)项、第(二)项、第(三)项规定中止行政复议,满60日行政复议中止的原因仍未消除的,行政复议终止。

第四十三条 依照行政复议法第二十八条第一款第(一)项规定,具体行政行为认定事实清楚,证据确凿,适用依据正确,程序合法,内容适当的,行政复议机关应当决定维持。

第四十四条 依照行政复议法第二十八条第一款第(二)项规定,被申请人不履行法定职责的,行政复议机关应当决定其在一定期限内履行法定职责。

第四十五条 具体行政行为有行政复议法第二十八条第一款第(三)项规定情形之一的,行政复议机关应当决定撤销、变更该具体行政行为或者确认该具体行政行为违法;决定撤销该具体行政行为或者确认该具体行政行为违法的,可以责令被申请人在一定期限内重新作出具体行政行为。

第四十六条 被申请人未依照行政复议法第二十三条的规定提出书面答复、提交当初作出具体行政行为的证据、依据和其他有关材料的,视为该具体行政行为没有证据、依据,行政复议机关应当决定撤销该具体行政行为。

第四十七条 具体行政行为有下列情形之一,行政复议机关可以决定变更:

(一)认定事实清楚,证据确凿,程序合法,但是明显不当或者适用依据错误的;

(二)认定事实不清,证据不足,但是经行政复议机关审理查明事实清楚,证据确凿的。

第四十八条 有下列情形之一的,行政复议机关应当决定驳回行政复议申请:

(一)申请人认为行政机关不履行法定职责申请行政复议,行政复议机关受理后发现该行政机关没有相应法定职责或者在受理前已经履行法定职责的;

(二)受理行政复议申请后,发现该行政复议申请不符合行政复议法和本条例规定的受理条件的。

上级行政机关认为行政复议机关驳回行政复议申请的理由不成立的,应当责令其恢复审理。

第四十九条 行政复议机关依照行政复议法第二十八条的规定责令被申请人重新作出具体行政行为的,被申请人应当在法律、法规、规章规定的期限内重新作出具体行政行为;法律、法规、规章未规定期限的,重新作出具体行政行为的期限为60日。

公民、法人或者其他组织对被申请人重新作出的具体行政行为不服,可以依法申请行政复议或者提起行政诉讼。

第五十条　有下列情形之一的，行政复议机关可以按照自愿、合法的原则进行调解：

（一）公民、法人或者其他组织对行政机关行使法律、法规规定的自由裁量权作出的具体行政行为不服申请行政复议的；

（二）当事人之间的行政赔偿或者行政补偿纠纷。

当事人经调解达成协议的，行政复议机关应当制作行政复议调解书。调解书应当载明行政复议请求、事实、理由和调解结果，并加盖行政复议机关印章。行政复议调解书经双方当事人签字，即具有法律效力。

调解未达成协议或者调解书生效前一方反悔的，行政复议机关应当及时作出行政复议决定。

第五十一条　行政复议机关在申请人的行政复议请求范围内，不得作出对申请人更为不利的行政复议决定。

第五十二条　第三人逾期不起诉又不履行行政复议决定的，依照行政复议法第三十三条的规定处理。

第五章　行政复议指导和监督

第五十三条　行政复议机关应当加强对行政复议工作的领导。

行政复议机构在本级行政复议机关的领导下，按照职责权限对行政复议工作进行督促、指导。

第五十四条　县级以上各级人民政府应当加强对所属工作部门和下级人民政府履行行政复议职责的监督。

行政复议机关应当加强对其行政复议机构履行行政复议职责的监督。

第五十五条　县级以上地方各级人民政府应当建立健全行政复议工作责任制，将行政复议工作纳入本级政府目标责任制。

第五十六条　县级以上地方各级人民政府应当按照职责权限，通过定期组织检查、抽查等方式，对所属工作部门和下级人民政府行政复议工作进行检查，并及时向有关方面反馈检查结果。

第五十七条　行政复议期间行政复议机关发现被申请人或者其他下级行政机关的相关行政行为违法或者需要做好善后工作的，可以制作行政复议意见书。有关机关应当自收到行政复议意见书之日起60日内将纠正相关行政违法行为或者做好善后工作的情况通报行政复议机构。

行政复议期间行政复议机构发现法律、法规、规章实施中带有普遍性的问题，可以制作行政复议建议书，向有关机关提出完善制度和改进行政执法的建议。

第五十八条　县级以上各级人民政府行政复议机构应当定期向本级人民政府提交行政复议工作状况分析报告。

第五十九条　下级行政复议机关应当及时将重大行政复议决定报上级行政复议机关备案。

第六十条　各级行政复议机构应当定期组织对行政复议人员进行业务培训，提高行政复议人员的专业素质。

第六十一条　各级行政复议机关应当定期总结行政复议工作，对在行政复议工作中做出显著成绩的单位和个人，依照有关规定给予表彰和奖励。

第六章　法律责任

第六十二条　被申请人在规定期限内未按照行政复议决定的要求重新作出具体行政行为，或者违反规定重新作出具体行政行为的，依照行政复议法第三十七条的规定追究法律责任。

第六十三条　拒绝或者阻挠行政复议人员调查取证、查阅、复制、调取有关文件和资料的，对有关责任人员依法给予处分或者治安处罚；构成犯罪的，依法追究刑事责任。

第六十四条　行政复议机关或者行政复议机构不履行行政复议法和本条例规定的行政复议职责，经有权监督的行政机关督促仍不改正的，对直接负责的主管人员和其他直接责任人员依法给予警告、记过、记大过的处分；造成严重后果的，依法给予降级、撤职、开除的处分。

第六十五条　行政机关及其工作人员违反行政复议法和本条例规定的，行政复议机构可以向人事、监察部门提出对有关责任人员的处分建议，也可以将有关人员违法的事实材料直接转送人事、监察部门处理；接受转送的人事、监察部门应当依法处理，并将处理结果通报转送的行政复议机构。

第七章　附　　则

第六十六条　本条例自2007年8月1日起施行。

中华人民共和国政府信息公开条例

（2007年4月5日中华人民共和国国务院令第492号公布　2019年4月3日中华人民共和国国务院令第711号修订）

第一章　总　　则

第一条　为了保障公民、法人和其他组织依法获取政府信息，提高政府工作的透明度，建设法治政府，充分发挥政府信息对人民群众生产、生活和经济社会活动的服务作用，制定本条例。

第二条　本条例所称政府信息，是指行政机关在履行行政管理职能过程中制作或者获取的，以一定形式记录、保存的信息。

第三条　各级人民政府应当加强对政府信息公开工作的组织领导。

国务院办公厅是全国政府信息公开工作的主管部门，负责推进、指导、协调、监督全国的政府信息公开工作。

县级以上地方人民政府办公厅（室）是本行政区域的政府信息公开工作主管部门，负责推进、指导、协调、监督本行政区域的政府信息公开工作。

实行垂直领导的部门的办公厅(室)主管本系统的政府信息公开工作。

第四条 各级人民政府及县级以上人民政府部门应当建立健全本行政机关的政府信息公开工作制度,并指定机构(以下统称政府信息公开工作机构)负责本行政机关政府信息公开的日常工作。

政府信息公开工作机构的具体职能是:

(一)办理本行政机关的政府信息公开事宜;

(二)维护和更新本行政机关公开的政府信息;

(三)组织编制本行政机关的政府信息公开指南、政府信息公开目录和政府信息公开工作年度报告;

(四)组织开展对拟公开政府信息的审查;

(五)本行政机关规定的与政府信息公开有关的其他职能。

第五条 行政机关公开政府信息,应当坚持以公开为常态、不公开为例外,遵循公正、公平、合法、便民的原则。

第六条 行政机关应当及时、准确地公开政府信息。

行政机关发现影响或者可能影响社会稳定、扰乱社会和经济管理秩序的虚假或者不完整信息的,应当发布准确的政府信息予以澄清。

第七条 各级人民政府应当积极推进政府信息公开工作,逐步增加政府信息公开的内容。

第八条 各级人民政府应当加强政府信息资源的规范化、标准化、信息化管理,加强互联网政府信息公开平台建设,推进政府信息公开平台与政务服务平台融合,提高政府信息公开在线办理水平。

第九条 公民、法人和其他组织有权对行政机关的政府信息公开工作进行监督,并提出批评和建议。

第二章 公开的主体和范围

第十条 行政机关制作的政府信息,由制作该政府信息的行政机关负责公开。行政机关从公民、法人和其他组织获取的政府信息,由保存该政府信息的行政机关负责公开;行政机关获取的其他行政机关的政府信息,由制作或者最初获取该政府信息的行政机关负责公开。法律、法规对政府信息公开的权限另有规定的,从其规定。

行政机关设立的派出机构、内设机构依照法律、法规对外以自己名义履行行政管理职能的,可以由该派出机构、内设机构负责与所履行行政管理职能有关的政府信息公开工作。

两个以上行政机关共同制作的政府信息,由牵头制作的行政机关负责公开。

第十一条 行政机关应当建立健全政府信息公开协调机制。行政机关公开政府信息涉及其他机关的,应当与有关机关协商、确认,保证行政机关公开的政府信息准确一致。

行政机关公开政府信息依照法律、行政法规和国家有关规定需要批准的,经批准予以公开。

第十二条 行政机关编制、公布的政府信息公开指南和政府信息公开目录应当及时更新。

政府信息公开指南包括政府信息的分类、编排体系、获取方式和政府信息公开工作机构的名称、办公地址、办公时间、联系电话、传真号码、互联网联系方式等内容。

政府信息公开目录包括政府信息的索引、名称、内容概述、生成日期等内容。

第十三条 除本条例第十四条、第十五条、第十六条规定的政府信息外,政府信息应当公开。

行政机关公开政府信息,采取主动公开和依申请公开的方式。

第十四条 依法确定为国家秘密的政府信息,法律、行政法规禁止公开的政府信息,以及公开后可能危及国家安全、公共安全、经济安全、社会稳定的政府信息,不予公开。

第十五条 涉及商业秘密、个人隐私等公开会对第三方合法权益造成损害的政府信息,行政机关不得公开。但是,第三方同意公开或者行政机关认为不公开会对公共利益造成重大影响的,予以公开。

第十六条 行政机关的内部事务信息,包括人事管理、后勤管理、内部工作流程等方面的信息,可以不予公开。

行政机关在履行行政管理职能过程中形成的讨论记录、过程稿、磋商信函、请示报告等过程性信息以及行政执法案卷信息,可以不予公开。法律、法规、规章规定上述信息应当公开的,从其规定。

第十七条 行政机关应当建立健全政府信息公开审查机制,明确审查的程序和责任。

行政机关应当依照《中华人民共和国保守国家秘密法》以及其他法律、法规和国家有关规定对拟公开的政府信息进行审查。

行政机关不能确定政府信息是否可以公开的,应当依照法律、法规和国家有关规定报有关主管部门或者保密行政管理部门确定。

第十八条 行政机关应当建立健全政府信息管理动态调整机制,对本行政机关不予公开的政府信息进行定期评估审查,对因情势变化可以公开的政府信息应当公开。

第三章 主动公开

第十九条 对涉及公众利益调整、需要公众广泛知晓或者需要公众参与决策的政府信息,行政机关应当主动公开。

第二十条 行政机关应当依照本条例第十九条的规定,主动公开本行政机关的下列政府信息:

(一)行政法规、规章和规范性文件;

(二)机关职能、机构设置、办公地址、办公时间、联系方式、负责人姓名;

(三)国民经济和社会发展规划、专项规划、区域规划及相关政策;

(四)国民经济和社会发展统计信息;

(五)办理行政许可和其他对外管理服务事项的依据、条件、程序以及办理结果;

（六）实施行政处罚、行政强制的依据、条件、程序以及本行政机关认为具有一定社会影响的行政处罚决定；

（七）财政预算、决算信息；

（八）行政事业性收费项目及其依据、标准；

（九）政府集中采购项目的目录、标准及实施情况；

（十）重大建设项目的批准和实施情况；

（十一）扶贫、教育、医疗、社会保障、促进就业等方面的政策、措施及其实施情况；

（十二）突发公共事件的应急预案、预警信息及应对情况；

（十三）环境保护、公共卫生、安全生产、食品药品、产品质量的监督检查情况；

（十四）公务员招考的职位、名额、报考条件等事项以及录用结果；

（十五）法律、法规、规章和国家有关规定规定应当主动公开的其他政府信息。

第二十一条 除本条例第二十条规定的政府信息外，设区的市级、县级人民政府及其部门还应当根据本地方的具体情况，主动公开涉及市政建设、公共服务、公益事业、土地征收、房屋征收、治安管理、社会救助等方面的政府信息；乡（镇）人民政府还应当根据本地方的具体情况，主动公开贯彻落实农业农村政策、农田水利工程建设运营、农村土地承包经营权流转、宅基地使用情况审核、土地征收、房屋征收、筹资筹劳、社会救助等方面的政府信息。

第二十二条 行政机关应当依照本条例第二十条、第二十一条的规定，确定主动公开政府信息的具体内容，并按照上级行政机关的部署，不断增加主动公开的内容。

第二十三条 行政机关应当建立健全政府信息发布机制，将主动公开的政府信息通过政府公报、政府网站或者其他互联网政务媒体、新闻发布会以及报刊、广播、电视等途径予以公开。

第二十四条 各级人民政府应当加强依托政府门户网站公开政府信息的工作，利用统一的政府信息公开平台集中发布主动公开的政府信息。政府信息公开平台应当具备信息检索、查阅、下载等功能。

第二十五条 各级人民政府应当在国家档案馆、公共图书馆、政务服务场所设置政府信息查阅场所，并配备相应的设施、设备，为公民、法人和其他组织获取政府信息提供便利。

行政机关可以根据需要设立公共查阅室、资料索取点、信息公告栏、电子信息屏等场所、设施，公开政府信息。

行政机关应当及时向国家档案馆、公共图书馆提供主动公开的政府信息。

第二十六条 属于主动公开范围的政府信息，应当自该政府信息形成或者变更之日起20个工作日内及时公开。法律、法规对政府信息公开的期限另有规定的，从其规定。

第四章 依申请公开

第二十七条 除行政机关主动公开的政府信息外，公民、法人或者其他组织可以向地方各级人民政府、对外以自己名义履行行政管理职能的县级以上人民政府部门（含本条例第十条第二款规定的派出机构、内设机构）申请获取相关政府信息。

第二十八条　本条例第二十七条规定的行政机关应当建立完善政府信息公开申请渠道，为申请人依法申请获取政府信息提供便利。

第二十九条　公民、法人或者其他组织申请获取政府信息的，应当向行政机关的政府信息公开工作机构提出，并采用包括信件、数据电文在内的书面形式；采用书面形式确有困难的，申请人可以口头提出，由受理该申请的政府信息公开工作机构代为填写政府信息公开申请。

政府信息公开申请应当包括下列内容：

（一）申请人的姓名或者名称、身份证明、联系方式；

（二）申请公开的政府信息的名称、文号或者便于行政机关查询的其他特征性描述；

（三）申请公开的政府信息的形式要求，包括获取信息的方式、途径。

第三十条　政府信息公开申请内容不明确的，行政机关应当给予指导和释明，并自收到申请之日起7个工作日内一次性告知申请人作出补正，说明需要补正的事项和合理的补正期限。答复期限自行政机关收到补正的申请之日起计算。申请人无正当理由逾期不补正的，视为放弃申请，行政机关不再处理该政府信息公开申请。

第三十一条　行政机关收到政府信息公开申请的时间，按照下列规定确定：

（一）申请人当面提交政府信息公开申请的，以提交之日为收到申请之日；

（二）申请人以邮寄方式提交政府信息公开申请的，以行政机关签收之日为收到申请之日；以平常信函等无需签收的邮寄方式提交政府信息公开申请的，政府信息公开工作机构应当于收到申请的当日与申请人确认，确认之日为收到申请之日；

（三）申请人通过互联网渠道或者政府信息公开工作机构的传真提交政府信息公开申请的，以双方确认之日为收到申请之日。

第三十二条　依申请公开的政府信息公开会损害第三方合法权益的，行政机关应当书面征求第三方的意见。第三方应当自收到征求意见书之日起15个工作日内提出意见。第三方逾期未提出意见的，由行政机关依照本条例的规定决定是否公开。第三方不同意公开且有合理理由的，行政机关不予公开。行政机关认为不公开可能对公共利益造成重大影响的，可以决定予以公开，并将决定公开的政府信息内容和理由书面告知第三方。

第三十三条　行政机关收到政府信息公开申请，能够当场答复的，应当当场予以答复。

行政机关不能当场答复的，应当自收到申请之日起20个工作日内予以答复；需要延长答复期限的，应当经政府信息公开工作机构负责人同意并告知申请人，延长的期限最长不得超过20个工作日。

行政机关征求第三方和其他机关意见所需时间不计算在前款规定的期限内。

第三十四条　申请公开的政府信息由两个以上行政机关共同制作的，牵头制作的行政机关收到政府信息公开申请后可以征求相关行政机关的意见，被征求意见机关应当自收到征求意见书之日起15个工作日内提出意见，逾期未提出意见的视为同意公开。

第三十五条　申请人申请公开政府信息的数量、频次明显超过合理范围，行政机关可以要求申请人说明理由。行政机关认为申请理由不合理的，告知申请人不予处理；行政机关认为申请理由合理,但是无法在本条例第三十三条规定的期限内答复申请人的,可以确定延迟答复的合理期限并告知申请人。

第三十六条　对政府信息公开申请,行政机关根据下列情况分别作出答复:

(一)所申请公开信息已经主动公开的,告知申请人获取该政府信息的方式、途径;

(二)所申请公开信息可以公开的,向申请人提供该政府信息,或者告知申请人获取该政府信息的方式、途径和时间;

(三)行政机关依据本条例的规定决定不予公开的,告知申请人不予公开并说明理由;

(四)经检索没有所申请公开信息的,告知申请人该政府信息不存在;

(五)所申请公开信息不属于本行政机关负责公开的,告知申请人并说明理由;能够确定负责公开该政府信息的行政机关的,告知申请人该行政机关的名称、联系方式;

(六)行政机关已就申请人提出的政府信息公开申请作出答复、申请人重复申请公开相同政府信息的,告知申请人不予重复处理;

(七)所申请公开信息属于工商、不动产登记资料等信息,有关法律、行政法规对信息的获取有特别规定的,告知申请人依照有关法律、行政法规的规定办理。

第三十七条　申请公开的信息中含有不应当公开或者不属于政府信息的内容,但是能够作区分处理的,行政机关应当向申请人提供可以公开的政府信息内容,并对不予公开的内容说明理由。

第三十八条　行政机关向申请人提供的信息,应当是已制作或者获取的政府信息。除依照本条例第三十七条的规定能够作区分处理的外,需要行政机关对现有政府信息进行加工、分析的,行政机关可以不予提供。

第三十九条　申请人以政府信息公开申请的形式进行信访、投诉、举报等活动,行政机关应当告知申请人不作为政府信息公开申请处理并可以告知通过相应渠道提出。

申请人提出的申请内容为要求行政机关提供政府公报、报刊、书籍等公开出版物的,行政机关可以告知获取的途径。

第四十条　行政机关依申请公开政府信息,应当根据申请人的要求及行政机关保存政府信息的实际情况,确定提供政府信息的具体形式;按照申请人要求的形式提供政府信息,可能危及政府信息载体安全或者公开成本过高的,可以通过电子数据以及其他适当形式提供,或者安排申请人查阅、抄录相关政府信息。

第四十一条　公民、法人或者其他组织有证据证明行政机关提供的与其自身相关的政府信息记录不准确的,可以要求行政机关更正。有权更正的行政机关审核属实的,应当予以更正并告知申请人;不属于本行政机关职能范围的,行政机关可以转送有权更正的行政机关处理并告知申请人,或者告知申请人向有权更正的行政机关提出。

第四十二条　行政机关依申请提供政府信息,不收取费用。但是,申请人申请公开政府信息的数量、频次明显超过合理范围的,行政机关可以收取信息处理费。

行政机关收取信息处理费的具体办法由国务院价格主管部门会同国务院财政部门、全国政府信息公开工作主管部门制定。

第四十三条　申请公开政府信息的公民存在阅读困难或者视听障碍的,行政机关应当为其提供必要的帮助。

第四十四条 多个申请人就相同政府信息向同一行政机关提出公开申请,且该政府信息属于可以公开的,行政机关可以纳入主动公开的范围。

对行政机关依申请公开的政府信息,申请人认为涉及公众利益调整、需要公众广泛知晓或者需要公众参与决策的,可以建议行政机关将该信息纳入主动公开的范围。行政机关经审核认为属于主动公开范围的,应当及时主动公开。

第四十五条 行政机关应当建立健全政府信息公开申请登记、审核、办理、答复、归档的工作制度,加强工作规范。

第五章 监督和保障

第四十六条 各级人民政府应当建立健全政府信息公开工作考核制度、社会评议制度和责任追究制度,定期对政府信息公开工作进行考核、评议。

第四十七条 政府信息公开工作主管部门应当加强对政府信息公开工作的日常指导和监督检查,对行政机关未按照要求开展政府信息公开工作的,予以督促整改或者通报批评;需要对负有责任的领导人员和直接责任人员追究责任的,依法向有权机关提出处理建议。

公民、法人或者其他组织认为行政机关未按照要求主动公开政府信息或者对政府信息公开申请不依法答复处理的,可以向政府信息公开工作主管部门提出。政府信息公开工作主管部门查证属实的,应当予以督促整改或者通报批评。

第四十八条 政府信息公开工作主管部门应当对行政机关的政府信息公开工作人员定期进行培训。

第四十九条 县级以上人民政府部门应当在每年1月31日前向本级政府信息公开工作主管部门提交本行政机关上一年度政府信息公开工作年度报告并向社会公布。

县级以上地方人民政府的政府信息公开工作主管部门应当在每年3月31日前向社会公布本级政府上一年度政府信息公开工作年度报告。

第五十条 政府信息公开工作年度报告应当包括下列内容:

(一)行政机关主动公开政府信息的情况;

(二)行政机关收到和处理政府信息公开申请的情况;

(三)因政府信息公开工作被申请行政复议、提起行政诉讼的情况;

(四)政府信息公开工作存在的主要问题及改进情况,各级人民政府的政府信息公开工作年度报告还应当包括工作考核、社会评议和责任追究结果情况;

(五)其他需要报告的事项。

全国政府信息公开工作主管部门应当公布政府信息公开工作年度报告统一格式,并适时更新。

第五十一条 公民、法人或者其他组织认为行政机关在政府信息公开工作中侵犯其合法权益的,可以向上一级行政机关或者政府信息公开工作主管部门投诉、举报,也可以依法申请行政复议或者提起行政诉讼。

第五十二条 行政机关违反本条例的规定,未建立健全政府信息公开有关制度、机制的,由上一级行政机关责令改正;情节严重的,对负有责任的领导人员和直接责任人员依法给予处分。

第五十三条 行政机关违反本条例的规定,有下列情形之一的,由上一级行政机关责令改正;情节严重的,对负有责任的领导人员和直接责任人员依法给予处分;构成犯罪的,依法追究刑事责任:

(一)不依法履行政府信息公开职能;

(二)不及时更新公开的政府信息内容、政府信息公开指南和政府信息公开目录;

(三)违反本条例规定的其他情形。

第六章 附 则

第五十四条 法律、法规授权的具有管理公共事务职能的组织公开政府信息的活动,适用本条例。

第五十五条 教育、卫生健康、供水、供电、供气、供热、环境保护、公共交通等与人民群众利益密切相关的公共企事业单位,公开在提供社会公共服务过程中制作、获取的信息,依照相关法律、法规和国务院有关主管部门或者机构的规定执行。全国政府信息公开工作主管部门根据实际需要可以制定专门的规定。

前款规定的公共企事业单位未依照相关法律、法规和国务院有关主管部门或者机构的规定公开在提供社会公共服务过程中制作、获取的信息,公民、法人或者其他组织可以向有关主管部门或者机构申诉,接受申诉的部门或者机构应当及时调查处理并将处理结果告知申诉人。

第五十六条 本条例自 2019 年 5 月 15 日起施行。

第二部分　其他相关规定

一、法　律

中华人民共和国基本医疗卫生与健康促进法

（2019年12月28日第十三届全国人民代表大会常务委员会第十五次会议通过）

目　录

第一章　总　则

第一条　为了发展医疗卫生与健康事业，保障公民享有基本医疗卫生服务，提高公民健康水平，推进健康中国建设，根据宪法，制定本法。

第二条　从事医疗卫生、健康促进及其监督管理活动，适用本法。

第三条　医疗卫生与健康事业应当坚持以人民为中心，为人民健康服务。

医疗卫生事业应当坚持公益性原则。

第四条　国家和社会尊重、保护公民的健康权。

国家实施健康中国战略，普及健康生活，优化健康服务，完善健康保障，建设健康环境，发展健康产业，提升公民全生命周期健康水平。

国家建立健康教育制度，保障公民获得健康教育的权利，提高公民的健康素养。

第五条　公民依法享有从国家和社会获得基本医疗卫生服务的权利。

国家建立基本医疗卫生制度，建立健全医疗卫生服务体系，保护和实现公民获得基本医疗卫生服务的权利。

第六条　各级人民政府应当把人民健康放在优先发展的战略地位，将健康理念融入各项政策，坚持预防为主，完善健康促进工作体系，组织实施健康促进的规划和行动，推进全民健身，建立健康影响评估制度，将公民主要健康指标改善情况纳入政府目标责任考核。

全社会应当共同关心和支持医疗卫生与健康事业的发展。

第七条 国务院和地方各级人民政府领导医疗卫生与健康促进工作。

国务院卫生健康主管部门负责统筹协调全国医疗卫生与健康促进工作。国务院其他有关部门在各自职责范围内负责有关的医疗卫生与健康促进工作。

县级以上地方人民政府卫生健康主管部门负责统筹协调本行政区域医疗卫生与健康促进工作。县级以上地方人民政府其他有关部门在各自职责范围内负责有关的医疗卫生与健康促进工作。

第八条 国家加强医学基础科学研究,鼓励医学科学技术创新,支持临床医学发展,促进医学科技成果的转化和应用,推进医疗卫生与信息技术融合发展,推广医疗卫生适宜技术,提高医疗卫生服务质量。

国家发展医学教育,完善适应医疗卫生事业发展需要的医学教育体系,大力培养医疗卫生人才。

第九条 国家大力发展中医药事业,坚持中西医并重、传承与创新相结合,发挥中医药在医疗卫生与健康事业中的独特作用。

第十条 国家合理规划和配置医疗卫生资源,以基层为重点,采取多种措施优先支持县级以下医疗卫生机构发展,提高其医疗卫生服务能力。

第十一条 国家加大对医疗卫生与健康事业的财政投入,通过增加转移支付等方式重点扶持革命老区、民族地区、边疆地区和经济欠发达地区发展医疗卫生与健康事业。

第十二条 国家鼓励和支持公民、法人和其他组织通过依法举办机构和捐赠、资助等方式,参与医疗卫生与健康事业,满足公民多样化、差异化、个性化健康需求。

公民、法人和其他组织捐赠财产用于医疗卫生与健康事业的,依法享受税收优惠。

第十三条 对在医疗卫生与健康事业中做出突出贡献的组织和个人,按照国家规定给予表彰、奖励。

第十四条 国家鼓励和支持医疗卫生与健康促进领域的对外交流合作。

开展医疗卫生与健康促进对外交流合作活动,应当遵守法律、法规,维护国家主权、安全和社会公共利益。

第二章 基本医疗卫生服务

第十五条 基本医疗卫生服务,是指维护人体健康所必需、与经济社会发展水平相适应、公民可公平获得的,采用适宜药物、适宜技术、适宜设备提供的疾病预防、诊断、治疗、护理和康复等服务。

基本医疗卫生服务包括基本公共卫生服务和基本医疗服务。基本公共卫生服务由国家免费提供。

第十六条 国家采取措施,保障公民享有安全有效的基本公共卫生服务,控制影响健康的危险因素,提高疾病的预防控制水平。

国家基本公共卫生服务项目由国务院卫生健康主管部门会同国务院财政部门、中医药主管部门等共同确定。

省、自治区、直辖市人民政府可以在国家基本公共卫生服务项目基础上，补充确定本行政区域的基本公共卫生服务项目，并报国务院卫生健康主管部门备案。

第十七条 国务院和省、自治区、直辖市人民政府可以将针对重点地区、重点疾病和特定人群的服务内容纳入基本公共卫生服务项目并组织实施。

县级以上地方人民政府针对本行政区域重大疾病和主要健康危险因素，开展专项防控工作。

第十八条 县级以上人民政府通过举办专业公共卫生机构、基层医疗卫生机构和医院，或者从其他医疗卫生机构购买服务的方式提供基本公共卫生服务。

第十九条 国家建立健全突发事件卫生应急体系，制定和完善应急预案，组织开展突发事件的医疗救治、卫生学调查处置和心理援助等卫生应急工作，有效控制和消除危害。

第二十条 国家建立传染病防控制度，制定传染病防治规划并组织实施，加强传染病监测预警，坚持预防为主、防治结合，联防联控、群防群控、源头防控、综合治理，阻断传播途径，保护易感人群，降低传染病的危害。

任何组织和个人应当接受、配合医疗卫生机构为预防、控制、消除传染病危害依法采取的调查、检验、采集样本、隔离治疗、医学观察等措施。

第二十一条 国家实行预防接种制度，加强免疫规划工作。居民有依法接种免疫规划疫苗的权利和义务。政府向居民免费提供免疫规划疫苗。

第二十二条 国家建立慢性非传染性疾病防控与管理制度，对慢性非传染性疾病及其致病危险因素开展监测、调查和综合防控干预，及时发现高危人群，为患者和高危人群提供诊疗、早期干预、随访管理和健康教育等服务。

第二十三条 国家加强职业健康保护。县级以上人民政府应当制定职业病防治规划，建立健全职业健康工作机制，加强职业健康监督管理，提高职业病综合防治能力和水平。

用人单位应当控制职业病危害因素，采取工程技术、个体防护和健康管理等综合治理措施，改善工作环境和劳动条件。

第二十四条 国家发展妇幼保健事业，建立健全妇幼健康服务体系，为妇女、儿童提供保健及常见病防治服务，保障妇女、儿童健康。

国家采取措施，为公民提供婚前保健、孕产期保健等服务，促进生殖健康，预防出生缺陷。

第二十五条 国家发展老年人保健事业。国务院和省、自治区、直辖市人民政府应当将老年人健康管理和常见病预防等纳入基本公共卫生服务项目。

第二十六条 国家发展残疾预防和残疾人康复事业，完善残疾预防和残疾人康复及其保障体系，采取措施为残疾人提供基本康复服务。

县级以上人民政府应当优先开展残疾儿童康复工作，实行康复与教育相结合。

第二十七条 国家建立健全院前急救体系，为急危重症患者提供及时、规范、有效的急救服务。

卫生健康主管部门、红十字会等有关部门、组织应当积极开展急救培训，普及急救知识，鼓励医疗卫生人员、经过急救培训的人员积极参与公共场所急救服务。公共场所应当按照规定配备必要的急救设备、设施。

急救中心（站）不得以未付费为由拒绝或者拖延为急危重症患者提供急救服务。

第二十八条　国家发展精神卫生事业，建设完善精神卫生服务体系，维护和增进公民心理健康，预防、治疗精神障碍。

国家采取措施，加强心理健康服务体系和人才队伍建设，促进心理健康教育、心理评估、心理咨询与心理治疗服务的有效衔接，设立为公众提供公益服务的心理援助热线，加强未成年人、残疾人和老年人等重点人群心理健康服务。

第二十九条　基本医疗服务主要由政府举办的医疗卫生机构提供。鼓励社会力量举办的医疗卫生机构提供基本医疗服务。

第三十条　国家推进基本医疗服务实行分级诊疗制度，引导非急诊患者首先到基层医疗卫生机构就诊，实行首诊负责制和转诊审核责任制，逐步建立基层首诊、双向转诊、急慢分治、上下联动的机制，并与基本医疗保险制度相衔接。

县级以上地方人民政府根据本行政区域医疗卫生需求，整合区域内政府举办的医疗卫生资源，因地制宜建立医疗联合体等协同联动的医疗服务合作机制。鼓励社会力量举办的医疗卫生机构参与医疗服务合作机制。

第三十一条　国家推进基层医疗卫生机构实行家庭医生签约服务，建立家庭医生服务团队，与居民签订协议，根据居民健康状况和医疗需求提供基本医疗卫生服务。

第三十二条　公民接受医疗卫生服务，对病情、诊疗方案、医疗风险、医疗费用等事项依法享有知情同意的权利。

需要实施手术、特殊检查、特殊治疗的，医疗卫生人员应当及时向患者说明医疗风险、替代医疗方案等情况，并取得其同意；不能或者不宜向患者说明的，应当向患者的近亲属说明，并取得其同意。法律另有规定的，依照其规定。

开展药物、医疗器械临床试验和其他医学研究应当遵守医学伦理规范，依法通过伦理审查，取得知情同意。

第三十三条　公民接受医疗卫生服务，应当受到尊重。医疗卫生机构、医疗卫生人员应当关心爱护、平等对待患者，尊重患者人格尊严，保护患者隐私。

公民接受医疗卫生服务，应当遵守诊疗制度和医疗卫生服务秩序，尊重医疗卫生人员。

第三章　医疗卫生机构

第三十四条　国家建立健全由基层医疗卫生机构、医院、专业公共卫生机构等组成的城乡全覆盖、功能互补、连续协同的医疗卫生服务体系。

国家加强县级医院、乡镇卫生院、村卫生室、社区卫生服务中心（站）和专业公共卫生机构等的建设，建立健全农村医疗卫生服务网络和城市社区卫生服务网络。

第三十五条　基层医疗卫生机构主要提供预防、保健、健康教育、疾病管理，为居民建立健康档案，常见病、多发病的诊疗以及部分疾病的康复、护理，接收医院转诊患者，向医院转诊超出自身服务能力的患者等基本医疗卫生服务。

医院主要提供疾病诊治，特别是急危重症和疑难病症的诊疗，突发事件医疗处置和救援以及健康教育等医疗卫生服务，并开展医学教育、医疗卫生人员培训、医学科学研究和对基层医疗卫生机构的业务指导等工作。

专业公共卫生机构主要提供传染病、慢性非传染性疾病、职业病、地方病等疾病预防控制和健康教育、妇幼保健、精神卫生、院前急救、采供血、食品安全风险监测评估、出生缺陷防治等公共卫生服务。

第三十六条　各级各类医疗卫生机构应当分工合作，为公民提供预防、保健、治疗、护理、康复、安宁疗护等全方位全周期的医疗卫生服务。

各级人民政府采取措施支持医疗卫生机构与养老机构、儿童福利机构、社区组织建立协作机制，为老年人、孤残儿童提供安全、便捷的医疗和健康服务。

第三十七条　县级以上人民政府应当制定并落实医疗卫生服务体系规划，科学配置医疗卫生资源，举办医疗卫生机构，为公民获得基本医疗卫生服务提供保障。

政府举办医疗卫生机构，应当考虑本行政区域人口、经济社会发展状况、医疗卫生资源、健康危险因素、发病率、患病率以及紧急救治需求等情况。

第三十八条　举办医疗机构，应当具备下列条件，按照国家有关规定办理审批或者备案手续：

（一）有符合规定的名称、组织机构和场所；

（二）有与其开展的业务相适应的经费、设施、设备和医疗卫生人员；

（三）有相应的规章制度；

（四）能够独立承担民事责任；

（五）法律、行政法规规定的其他条件。

医疗机构依法取得执业许可证。禁止伪造、变造、买卖、出租、出借医疗机构执业许可证。

各级各类医疗卫生机构的具体条件和配置应当符合国务院卫生健康主管部门制定的医疗卫生机构标准。

第三十九条　国家对医疗卫生机构实行分类管理。

医疗卫生服务体系坚持以非营利性医疗卫生机构为主体、营利性医疗卫生机构为补充。政府举办非营利性医疗卫生机构，在基本医疗卫生事业中发挥主导作用，保障基本医疗卫生服务公平可及。

以政府资金、捐赠资产举办或者参与举办的医疗卫生机构不得设立为营利性医疗卫生机构。

医疗卫生机构不得对外出租、承包医疗科室。非营利性医疗卫生机构不得向出资人、举办者分配或者变相分配收益。

第四十条　政府举办的医疗卫生机构应当坚持公益性质，所有收支均纳入预算管理，按照医疗卫生服务体系规划合理设置并控制规模。

国家鼓励政府举办的医疗卫生机构与社会力量合作举办非营利性医疗卫生机构。

政府举办的医疗卫生机构不得与其他组织投资设立非独立法人资格的医疗卫生机构,不得与社会资本合作举办营利性医疗卫生机构。

第四十一条 国家采取多种措施,鼓励和引导社会力量依法举办医疗卫生机构,支持和规范社会力量举办的医疗卫生机构与政府举办的医疗卫生机构开展多种类型的医疗业务、学科建设、人才培养等合作。

社会力量举办的医疗卫生机构在基本医疗保险定点、重点专科建设、科研教学、等级评审、特定医疗技术准入、医疗卫生人员职称评定等方面享有与政府举办的医疗卫生机构同等的权利。

社会力量可以选择设立非营利性或者营利性医疗卫生机构。社会力量举办的非营利性医疗卫生机构按照规定享受与政府举办的医疗卫生机构同等的税收、财政补助、用地、用水、用电、用气、用热等政策,并依法接受监督管理。

第四十二条 国家以建成的医疗卫生机构为基础,合理规划与设置国家医学中心和国家、省级区域性医疗中心,诊治疑难重症,研究攻克重大医学难题,培养高层次医疗卫生人才。

第四十三条 医疗卫生机构应当遵守法律、法规、规章,建立健全内部质量管理和控制制度,对医疗卫生服务质量负责。

医疗卫生机构应当按照临床诊疗指南、临床技术操作规范和行业标准以及医学伦理规范等有关要求,合理进行检查、用药、诊疗,加强医疗卫生安全风险防范,优化服务流程,持续改进医疗卫生服务质量。

第四十四条 国家对医疗卫生技术的临床应用进行分类管理,对技术难度大、医疗风险高,服务能力、人员专业技术水平要求较高的医疗卫生技术实行严格管理。

医疗卫生机构开展医疗卫生技术临床应用,应当与其功能任务相适应,遵循科学、安全、规范、有效、经济的原则,并符合伦理。

第四十五条 国家建立权责清晰、管理科学、治理完善、运行高效、监督有力的现代医院管理制度。

医院应当制定章程,建立和完善法人治理结构,提高医疗卫生服务能力和运行效率。

第四十六条 医疗卫生机构执业场所是提供医疗卫生服务的公共场所,任何组织或者个人不得扰乱其秩序。

第四十七条 国家完善医疗风险分担机制,鼓励医疗机构参加医疗责任保险或者建立医疗风险基金,鼓励患者参加医疗意外保险。

第四十八条 国家鼓励医疗卫生机构不断改进预防、保健、诊断、治疗、护理和康复的技术、设备与服务,支持开发适合基层和边远地区应用的医疗卫生技术。

第四十九条 国家推进全民健康信息化,推动健康医疗大数据、人工智能等的应用发展,加快医疗卫生信息基础设施建设,制定健康医疗数据采集、存储、分析和应用的技术标准,运用信息技术促进优质医疗卫生资源的普及与共享。

县级以上人民政府及其有关部门应当采取措施,推进信息技术在医疗卫生领域和医学教育中的应用，支持探索发展医疗卫生服务新模式、新业态。

国家采取措施，推进医疗卫生机构建立健全医疗卫生信息交流和信息安全制度，应用信息技术开展远程医疗服务，构建线上线下一体化医疗服务模式。

第五十条　发生自然灾害、事故灾难、公共卫生事件和社会安全事件等严重威胁人民群众生命健康的突发事件时，医疗卫生机构、医疗卫生人员应当服从政府部门的调遣，参与卫生应急处置和医疗救治。对致病、致残、死亡的参与人员，按照规定给予工伤或者抚恤、烈士褒扬等相关待遇。

第四章　医疗卫生人员

第五十一条　医疗卫生人员应当弘扬敬佑生命、救死扶伤、甘于奉献、大爱无疆的崇高职业精神，遵守行业规范，恪守医德，努力提高专业水平和服务质量。

医疗卫生行业组织、医疗卫生机构、医学院校应当加强对医疗卫生人员的医德医风教育。

第五十二条　国家制定医疗卫生人员培养规划，建立适应行业特点和社会需求的医疗卫生人员培养机制和供需平衡机制，完善医学院校教育、毕业后教育和继续教育体系，建立健全住院医师、专科医师规范化培训制度，建立规模适宜、结构合理、分布均衡的医疗卫生队伍。

国家加强全科医生的培养和使用。全科医生主要提供常见病、多发病的诊疗和转诊、预防、保健、康复，以及慢性病管理、健康管理等服务。

第五十三条　国家对医师、护士等医疗卫生人员依法实行执业注册制度。医疗卫生人员应当依法取得相应的职业资格。

第五十四条　医疗卫生人员应当遵循医学科学规律，遵守有关临床诊疗技术规范和各项操作规范以及医学伦理规范，使用适宜技术和药物，合理诊疗，因病施治，不得对患者实施过度医疗。

医疗卫生人员不得利用职务之便索要、非法收受财物或者牟取其他不正当利益。

第五十五条　国家建立健全符合医疗卫生行业特点的人事、薪酬、奖励制度，体现医疗卫生人员职业特点和技术劳动价值。

对从事传染病防治、放射医学和精神卫生工作以及其他在特殊岗位工作的医疗卫生人员，应当按照国家规定给予适当的津贴。津贴标准应当定期调整。

第五十六条　国家建立医疗卫生人员定期到基层和艰苦边远地区从事医疗卫生工作制度。

国家采取定向免费培养、对口支援、退休返聘等措施，加强基层和艰苦边远地区医疗卫生队伍建设。

执业医师晋升为副高级技术职称的，应当有累计一年以上在县级以下或者对口支援的医疗卫生机构提供医疗卫生服务的经历。

对在基层和艰苦边远地区工作的医疗卫生人员，在薪酬津贴、职称评定、职业发展、教育培训和表彰奖励等方面实行优惠待遇。

国家加强乡村医疗卫生队伍建设，建立县乡村上下贯通的职业发展机制，完善对乡村医疗卫生人员的服务收入多渠道补助机制和养老政策。

第五十七条 全社会应当关心、尊重医疗卫生人员，维护良好安全的医疗卫生服务秩序，共同构建和谐医患关系。

医疗卫生人员的人身安全、人格尊严不受侵犯，其合法权益受法律保护。禁止任何组织或者个人威胁、危害医疗卫生人员人身安全，侵犯医疗卫生人员人格尊严。

国家采取措施，保障医疗卫生人员执业环境。

第五章 药品供应保障

第五十八条 国家完善药品供应保障制度，建立工作协调机制，保障药品的安全、有效、可及。

第五十九条 国家实施基本药物制度，遴选适当数量的基本药物品种，满足疾病防治基本用药需求。

国家公布基本药物目录，根据药品临床应用实践、药品标准变化、药品新上市情况等，对基本药物目录进行动态调整。

基本药物按照规定优先纳入基本医疗保险药品目录。

国家提高基本药物的供给能力，强化基本药物质量监管，确保基本药物公平可及、合理使用。

第六十条 国家建立健全以临床需求为导向的药品审评审批制度，支持临床急需药品、儿童用药品和防治罕见病、重大疾病等药品的研制、生产，满足疾病防治需求。

第六十一条 国家建立健全药品研制、生产、流通、使用全过程追溯制度，加强药品管理，保证药品质量。

第六十二条 国家建立健全药品价格监测体系，开展成本价格调查，加强药品价格监督检查，依法查处价格垄断、价格欺诈、不正当竞争等违法行为，维护药品价格秩序。

国家加强药品分类采购管理和指导。参加药品采购投标的投标人不得以低于成本的报价竞标，不得以欺诈、串通投标、滥用市场支配地位等方式竞标。

第六十三条 国家建立中央与地方两级医药储备，用于保障重大灾情、疫情及其他突发事件等应急需要。

第六十四条 国家建立健全药品供求监测体系，及时收集和汇总分析药品供求信息，定期公布药品生产、流通、使用等情况。

第六十五条 国家加强对医疗器械的管理，完善医疗器械的标准和规范，提高医疗器械的安全有效水平。

国务院卫生健康主管部门和省、自治区、直辖市人民政府卫生健康主管部门应当根据技术的先进性、适宜性和可及性，编制大型医用设备配置规划，促进区域内医用设备合理配置、充分共享。

第六十六条 国家加强中药的保护与发展，充分体现中药的特色和优势，发挥其在预防、保健、医疗、康复中的作用。

第六章 健康促进

第六十七条 各级人民政府应当加强健康教育工作及其专业人才培养，建立健康知识和技能核心信息发布制度，普及健康科学知识，向公众提供科学、准确的健康信息。

医疗卫生、教育、体育、宣传等机构、基层群众性自治组织和社会组织应当开展健康知识的宣传和普及。医疗卫生人员在提供医疗卫生服务时，应当对患者开展健康教育。新闻媒体应当开展健康知识的公益宣传。健康知识的宣传应当科学、准确。

第六十八条 国家将健康教育纳入国民教育体系。学校应当利用多种形式实施健康教育，普及健康知识、科学健身知识、急救知识和技能，提高学生主动防病的意识，培养学生良好的卫生习惯和健康的行为习惯，减少、改善学生近视、肥胖等不良健康状况。

学校应当按照规定开设体育与健康课程，组织学生开展广播体操、眼保健操、体能锻炼等活动。

学校按照规定配备校医，建立和完善卫生室、保健室等。

县级以上人民政府教育主管部门应当按照规定将学生体质健康水平纳入学校考核体系。

第六十九条 公民是自己健康的第一责任人，树立和践行对自己健康负责的健康管理理念，主动学习健康知识，提高健康素养，加强健康管理。倡导家庭成员相互关爱，形成符合自身和家庭特点的健康生活方式。

公民应当尊重他人的健康权利和利益，不得损害他人健康和社会公共利益。

第七十条 国家组织居民健康状况调查和统计，开展体质监测，对健康绩效进行评估，并根据评估结果制定、完善与健康相关的法律、法规、政策和规划。

第七十一条 国家建立疾病和健康危险因素监测、调查和风险评估制度。县级以上人民政府及其有关部门针对影响健康的主要问题，组织开展健康危险因素研究，制定综合防治措施。

国家加强影响健康的环境问题预防和治理，组织开展环境质量对健康影响的研究，采取措施预防和控制与环境问题有关的疾病。

第七十二条 国家大力开展爱国卫生运动，鼓励和支持开展爱国卫生月等群众性卫生与健康活动，依靠和动员群众控制和消除健康危险因素，改善环境卫生状况，建设健康城市、健康村镇、健康社区。

第七十三条 国家建立科学、严格的食品、饮用水安全监督管理制度，提高安全水平。

第七十四条 国家建立营养状况监测制度，实施经济欠发达地区、重点人群营养干预计划，开展未成年人和老年人营养改善行动，倡导健康饮食习惯，减少不健康饮食引起的疾病风险。

第七十五条 国家发展全民健身事业，完善覆盖城乡的全民健身公共服务体系，加强公共体育设施建设，组织开展和支持全民健身活动，加强全民健身指导服务，普及科学健身知识和方法。

国家鼓励单位的体育场地设施向公众开放。

第七十六条　国家制定并实施未成年人、妇女、老年人、残疾人等的健康工作计划，加强重点人群健康服务。

国家推动长期护理保障工作，鼓励发展长期护理保险。

第七十七条　国家完善公共场所卫生管理制度。县级以上人民政府卫生健康等主管部门应当加强对公共场所的卫生监督。公共场所卫生监督信息应当依法向社会公开。

公共场所经营单位应当建立健全并严格实施卫生管理制度，保证其经营活动持续符合国家对公共场所的卫生要求。

第七十八条　国家采取措施，减少吸烟对公民健康的危害。

公共场所控制吸烟，强化监督执法。

烟草制品包装应当印制带有说明吸烟危害的警示。

禁止向未成年人出售烟酒。

第七十九条　用人单位应当为职工创造有益于健康的环境和条件，严格执行劳动安全卫生等相关规定，积极组织职工开展健身活动，保护职工健康。

国家鼓励用人单位开展职工健康指导工作。

国家提倡用人单位为职工定期开展健康检查。法律、法规对健康检查有规定的，依照其规定。

第七章　资金保障

第八十条　各级人民政府应当切实履行发展医疗卫生与健康事业的职责，建立与经济社会发展、财政状况和健康指标相适应的医疗卫生与健康事业投入机制，将医疗卫生与健康促进经费纳入本级政府预算，按照规定主要用于保障基本医疗服务、公共卫生服务、基本医疗保障和政府举办的医疗卫生机构建设和运行发展。

第八十一条　县级以上人民政府通过预算、审计、监督执法、社会监督等方式，加强资金的监督管理。

第八十二条　基本医疗服务费用主要由基本医疗保险基金和个人支付。国家依法多渠道筹集基本医疗保险基金，逐步完善基本医疗保险可持续筹资和保障水平调整机制。

公民有依法参加基本医疗保险的权利和义务。用人单位和职工按照国家规定缴纳职工基本医疗保险费。城乡居民按照规定缴纳城乡居民基本医疗保险费。

第八十三条　国家建立以基本医疗保险为主体，商业健康保险、医疗救助、职工互助医疗和医疗慈善服务等为补充的、多层次的医疗保障体系。

国家鼓励发展商业健康保险，满足人民群众多样化健康保障需求。

国家完善医疗救助制度，保障符合条件的困难群众获得基本医疗服务。

第八十四条　国家建立健全基本医疗保险经办机构与协议定点医疗卫生机构之间的协商谈判机制，科学合理确定基本医疗保险基金支付标准和支付方式，引导医疗卫生机构合理诊疗，促进患者有序流动，提高基本医疗保险基金使用效益。

第八十五条　基本医疗保险基金支付范围由国务院医疗保障主管部门组织制定，并应当听取国务院卫生健康主管部门、中医药主管部门、药品监督管理部门、财政部门等的意见。

省、自治区、直辖市人民政府可以按照国家有关规定，补充确定本行政区域基本医疗保险基金支付的具体项目和标准，并报国务院医疗保障主管部门备案。

国务院医疗保障主管部门应当对纳入支付范围的基本医疗保险药品目录、诊疗项目、医疗服务设施标准等组织开展循证医学和经济性评价，并应当听取国务院卫生健康主管部门、中医药主管部门、药品监督管理部门、财政部门等有关方面的意见。评价结果应当作为调整基本医疗保险基金支付范围的依据。

第八章　监督管理

第八十六条　国家建立健全机构自治、行业自律、政府监管、社会监督相结合的医疗卫生综合监督管理体系。

县级以上人民政府卫生健康主管部门对医疗卫生行业实行属地化、全行业监督管理。

第八十七条　县级以上人民政府医疗保障主管部门应当提高医疗保障监管能力和水平，对纳入基本医疗保险基金支付范围的医疗服务行为和医疗费用加强监督管理，确保基本医疗保险基金合理使用、安全可控。

第八十八条　县级以上人民政府应当组织卫生健康、医疗保障、药品监督管理、发展改革、财政等部门建立沟通协商机制，加强制度衔接和工作配合，提高医疗卫生资源使用效率和保障水平。

第八十九条　县级以上人民政府应当定期向本级人民代表大会或者其常务委员会报告基本医疗卫生与健康促进工作，依法接受监督。

第九十条　县级以上人民政府有关部门未履行医疗卫生与健康促进工作相关职责的，本级人民政府或者上级人民政府有关部门应当对其主要负责人进行约谈。

地方人民政府未履行医疗卫生与健康促进工作相关职责的，上级人民政府应当对其主要负责人进行约谈。

被约谈的部门和地方人民政府应当立即采取措施，进行整改。

约谈情况和整改情况应当纳入有关部门和地方人民政府工作评议、考核记录。

第九十一条　县级以上地方人民政府卫生健康主管部门应当建立医疗卫生机构绩效评估制度，组织对医疗卫生机构的服务质量、医疗技术、药品和医用设备使用等情况进行评估。评估应当吸收行业组织和公众参与。评估结果应当以适当方式向社会公开，作为评价医疗卫生机构和卫生监管的重要依据。

第九十二条　国家保护公民个人健康信息，确保公民个人健康信息安全。任何组织或者个人不得非法收集、使用、加工、传输公民个人健康信息，不得非法买卖、提供或者公开公民个人健康信息。

第九十三条　县级以上人民政府卫生健康主管部门、医疗保障主管部门应当建立医疗卫生机构、人员等信用记录制度，纳入全国信用信息共享平台，按照国家规定实施联合惩戒。

第九十四条　县级以上地方人民政府卫生健康主管部门及其委托的卫生健康监督机构，依法开展本行政区域医疗卫生等行政执法工作。

第九十五条　县级以上人民政府卫生健康主管部门应当积极培育医疗卫生行业组织，发挥其在医疗卫生与健康促进工作中的作用，支持其参与行业管理规范、技术标准制定和医疗卫生评价、评估、评审等工作。

第九十六条　国家建立医疗纠纷预防和处理机制，妥善处理医疗纠纷，维护医疗秩序。

第九十七条　国家鼓励公民、法人和其他组织对医疗卫生与健康促进工作进行社会监督。

任何组织和个人对违反本法规定的行为，有权向县级以上人民政府卫生健康主管部门和其他有关部门投诉、举报。

第九章　法律责任

第九十八条　违反本法规定，地方各级人民政府、县级以上人民政府卫生健康主管部门和其他有关部门，滥用职权、玩忽职守、徇私舞弊的，对直接负责的主管人员和其他直接责任人员依法给予处分。

第九十九条　违反本法规定，未取得医疗机构执业许可证擅自执业的，由县级以上人民政府卫生健康主管部门责令停止执业活动，没收违法所得和药品、医疗器械，并处违法所得五倍以上二十倍以下的罚款，违法所得不足一万元的，按一万元计算。

违反本法规定，伪造、变造、买卖、出租、出借医疗机构执业许可证的，由县级以上人民政府卫生健康主管部门责令改正，没收违法所得，并处违法所得五倍以上十五倍以下的罚款，违法所得不足一万元的，按一万元计算；情节严重的，吊销医疗机构执业许可证。

第一百条　违反本法规定，有下列行为之一的，由县级以上人民政府卫生健康主管部门责令改正，没收违法所得，并处违法所得二倍以上十倍以下的罚款，违法所得不足一万元的，按一万元计算；对直接负责的主管人员和其他直接责任人员依法给予处分：

（一）政府举办的医疗卫生机构与其他组织投资设立非独立法人资格的医疗卫生机构；

（二）医疗卫生机构对外出租、承包医疗科室；

（三）非营利性医疗卫生机构向出资人、举办者分配或者变相分配收益。

第一百零一条　违反本法规定，医疗卫生机构等的医疗信息安全制度、保障措施不健全，导致医疗信息泄露，或者医疗质量管理和医疗技术管理制度、安全措施不健全的，由县级以上人民政府卫生健康等主管部门责令改正，给予警告，并处一万元以上五万元以下的罚款；情节严重的，可以责令停止相应执业活动，对直接负责的主管人员和其他直接责任人员依法追究法律责任。

第一百零二条　违反本法规定，医疗卫生人员有下列行为之一的，由县级以上人民政府卫生健康主管部门依照有关执业医师、护士管理和医疗纠纷预防处理等法律、行政法规的规定给予行政处罚：

（一）利用职务之便索要、非法收受财物或者牟取其他不正当利益；

（二）泄露公民个人健康信息；

（三）在开展医学研究或提供医疗卫生服务过程中未按照规定履行告知义务或者违反

医学伦理规范。

前款规定的人员属于政府举办的医疗卫生机构中的人员的,依法给予处分。

第一百零三条 违反本法规定,参加药品采购投标的投标人以低于成本的报价竞标,或者以欺诈、串通投标、滥用市场支配地位等方式竞标的,由县级以上人民政府医疗保障主管部门责令改正,没收违法所得;中标的,中标无效,处中标项目金额千分之五以上千分之十以下的罚款,对法定代表人、主要负责人、直接负责的主管人员和其他责任人员处对单位罚款数额百分之五以上百分之十以下的罚款;情节严重的,取消其二年至五年内参加药品采购投标的资格并予以公告。

第一百零四条 违反本法规定,以欺诈、伪造证明材料或者其他手段骗取基本医疗保险待遇,或者基本医疗保险经办机构以及医疗机构、药品经营单位等以欺诈、伪造证明材料或者其他手段骗取基本医疗保险基金支出的,由县级以上人民政府医疗保障主管部门依照有关社会保险的法律、行政法规规定给予行政处罚。

第一百零五条 违反本法规定,扰乱医疗卫生机构执业场所秩序,威胁、危害医疗卫生人员人身安全,侵犯医疗卫生人员人格尊严,非法收集、使用、加工、传输公民个人健康信息,非法买卖、提供或者公开公民个人健康信息等,构成违反治安管理行为的,依法给予治安管理处罚。

第一百零六条 违反本法规定,构成犯罪的,依法追究刑事责任;造成人身、财产损害的,依法承担民事责任。

第十章 附 则

第一百零七条 本法中下列用语的含义:

(一)主要健康指标,是指人均预期寿命、孕产妇死亡率、婴儿死亡率、五岁以下儿童死亡率等。

(二)医疗卫生机构,是指基层医疗卫生机构、医院和专业公共卫生机构等。

(三)基层医疗卫生机构,是指乡镇卫生院、社区卫生服务中心(站)、村卫生室、医务室、门诊部和诊所等。

(四)专业公共卫生机构,是指疾病预防控制中心、专科疾病防治机构、健康教育机构、急救中心(站)和血站等。

(五)医疗卫生人员,是指执业医师、执业助理医师、注册护士、药师(士)、检验技师(士)、影像技师(士)和乡村医生等卫生专业人员。

(六)基本药物,是指满足疾病防治基本用药需求,适应现阶段基本国情和保障能力,剂型适宜,价格合理,能够保障供应,可公平获得的药品。

第一百零八条 省、自治区、直辖市和设区的市、自治州可以结合实际,制定本地方发展医疗卫生与健康事业的具体办法。

第一百零九条 中国人民解放军和中国人民武装警察部队的医疗卫生与健康促进工作,由国务院和中央军事委员会依照本法制定管理办法。

第一百一十条 本法自 2020 年 6 月 1 日起施行。

中华人民共和国国境卫生检疫法

（1986年12月2日第六届全国人民代表大会常务委员会第十八次会议通过　根据2007年12月29日第十届全国人民代表大会常务委员会第三十一次会议《关于修改〈中华人民共和国国境卫生检疫法〉的决定》第一次修正　根据2009年8月27日第十一届全国人民代表大会常务委员会第十次会议《关于修改部分法律的决定》第二次修正　根据2018年4月27日第十三届全国人民代表大会常务委员会第二次会议《关于修改〈中华人民共和国国境卫生检疫法〉等六部法律的决定》第三次修正）

目　　录

第一章　总　　则

第一条　为了防止传染病由国外传入或者由国内传出，实施国境卫生检疫，保护人体健康，制定本法。

第二条　在中华人民共和国国际通航的港口、机场以及陆地边境和国界江河的口岸（以下简称国境口岸），设立国境卫生检疫机关，依照本法规定实施传染病检疫、监测和卫生监督。

第三条　本法规定的传染病是指检疫传染病和监测传染病。

检疫传染病，是指鼠疫、霍乱、黄热病以及国务院确定和公布的其他传染病。

监测传染病，由国务院卫生行政部门确定和公布。

第四条　入境、出境的人员、交通工具、运输设备以及可能传播检疫传染病的行李、货物、邮包等物品，都应当接受检疫，经国境卫生检疫机关许可，方准入境或者出境。具体办法由本法实施细则规定。

第五条　国境卫生检疫机关发现检疫传染病或者疑似检疫传染病时，除采取必要措施外，必须立即通知当地卫生行政部门，同时用最快的方法报告国务院卫生行政部门，最迟不得超过二十四小时。邮电部门对疫情报告应当优先传送。

中华人民共和国与外国之间的传染病疫情通报，由国务院卫生行政部门会同有关部门办理。

第六条　在国外或者国内有检疫传染病大流行的时候，国务院可以下令封锁有关的国境或者采取其他紧急措施。

第二章 检 疫

第七条 入境的交通工具和人员,必须在最先到达的国境口岸的指定地点接受检疫。除引航员外,未经国境卫生检疫机关许可,任何人不准上下交通工具,不准装卸行李、货物、邮包等物品。具体办法由本法实施细则规定。

第八条 出境的交通工具和人员,必须在最后离开的国境口岸接受检疫。

第九条 来自国外的船舶、航空器因故停泊、降落在中国境内非口岸地点的时候,船舶、航空器的负责人应当立即向就近的国境卫生检疫机关或者当地卫生行政部门报告。除紧急情况外,未经国境卫生检疫机关或者当地卫生行政部门许可,任何人不准上下船舶、航空器,不准装卸行李、货物、邮包等物品。

第十条 在国境口岸发现检疫传染病、疑似检疫传染病,或者有人非因意外伤害而死亡并死因不明的,国境口岸有关单位和交通工具的负责人,应当立即向国境卫生检疫机关报告,并申请临时检疫。

第十一条 国境卫生检疫机关依据检疫医师提供的检疫结果,对未染有检疫传染病或者已实施卫生处理的交通工具,签发入境检疫证或者出境检疫证。

第十二条 国境卫生检疫机关对检疫传染病染疫人必须立即将其隔离,隔离期限根据医学检查结果确定;对检疫传染病染疫嫌疑人应当将其留验,留验期限根据该传染病的潜伏期确定。

因患检疫传染病而死亡的尸体,必须就近火化。

第十三条 接受入境检疫的交通工具有下列情形之一的,应当实施消毒、除鼠、除虫或者其他卫生处理:

(一)来自检疫传染病疫区的;

(二)被检疫传染病污染的;

(三)发现有与人类健康有关的啮齿动物或者病媒昆虫的。

如果外国交通工具的负责人拒绝接受卫生处理,除有特殊情况外,准许该交通工具在国境卫生检疫机关的监督下,立即离开中华人民共和国国境。

第十四条 国境卫生检疫机关对来自疫区的、被检疫传染病污染的或者可能成为检疫传染病传播媒介的行李、货物、邮包等物品,应当进行卫生检查,实施消毒、除鼠、除虫或者其他卫生处理。

入境、出境的尸体、骸骨的托运人或者其代理人,必须向国境卫生检疫机关申报,经卫生检查合格后,方准运进或者运出。

第三章 传染病监测

第十五条 国境卫生检疫机关对入境、出境的人员实施传染病监测,并且采取必要的预防、控制措施。

第十六条 国境卫生检疫机关有权要求入境、出境的人员填写健康申明卡,出示某种传染病的预防接种证书、健康证明或者其他有关证件。

第十七条 对患有监测传染病的人、来自国外监测传染病流行区的人或者与监测传染病人密切接触的人,国境卫生检疫机关应当区别情况,发给就诊方便卡,实施留验或者采取其他预防、控制措施,并及时通知当地卫生行政部门。各地医疗单位对持有就诊方便卡的人员,应当优先诊治。

第四章 卫生监督

第十八条 国境卫生检疫机关根据国家规定的卫生标准,对国境口岸的卫生状况和停留在国境口岸的入境、出境的交通工具的卫生状况实施卫生监督:

(一)监督和指导有关人员对啮齿动物、病媒昆虫的防除;

(二)检查和检验食品、饮用水及其储存、供应、运输设施;

(三)监督从事食品、饮用水供应的从业人员的健康状况,检查其健康证明书;

(四)监督和检查垃圾、废物、污水、粪便、压舱水的处理。

第十九条 国境卫生检疫机关设立国境口岸卫生监督员,执行国境卫生检疫机关交给的任务。

国境口岸卫生监督员在执行任务时,有权对国境口岸和入境、出境的交通工具进行卫生监督和技术指导,对卫生状况不良和可能引起传染病传播的因素提出改进意见,协同有关部门采取必要的措施,进行卫生处理。

第五章 法律责任

第二十条 对违反本法规定,有下列行为之一的单位或者个人,国境卫生检疫机关可以根据情节轻重,给予警告或者罚款:

(一)逃避检疫,向国境卫生检疫机关隐瞒真实情况的;

(二)入境的人员未经国境卫生检疫机关许可,擅自上下交通工具,或者装卸行李、货物、邮包等物品,不听劝阻的。

罚款全部上缴国库。

第二十一条 当事人对国境卫生检疫机关给予的罚款决定不服的,可以在接到通知之日起十五日内,向当地人民法院起诉。逾期不起诉又不履行的,国境卫生检疫机关可以申请人民法院强制执行。

第二十二条 违反本法规定,引起检疫传染病传播或者有引起检疫传染病传播严重危险的,依照刑法有关规定追究刑事责任。

第二十三条 国境卫生检疫机关工作人员,应当秉公执法,忠于职守,对入境、出境的交通工具和人员,及时进行检疫;违法失职的,给予行政处分,情节严重构成犯罪的,依法追究刑事责任。

第六章 附 则

第二十四条 中华人民共和国缔结或者参加的有关卫生检疫的国际条约同本法有不同规定的,适用该国际条约的规定。但是,中华人民共和国声明保留的条款除外。

第二十五条 中华人民共和国边防机关与邻国边防机关之间在边境地区的往来，居住在两国边境接壤地区的居民在边境指定地区的临时往来，双方的交通工具和人员的入境、出境检疫，依照双方协议办理，没有协议的，依照中国政府的有关规定办理。

第二十六条 国境卫生检疫机关实施卫生检疫，按照国家规定收取费用。

第二十七条 本法自1987年5月1日起施行。1957年12月23日公布的《中华人民共和国国境卫生检疫条例》同时废止。

中华人民共和国传染病防治法

（1989年2月21日第七届全国人民代表大会常务委员会第六次会议通过 2004年8月28日第十届全国人民代表大会常务委员会第十一次会议修订 根据2013年6月29日第十二届全国人民代表大会常务委员会第三次会议《关于修改〈中华人民共和国文物保护法〉等十二部法律的决定》修正）

目 录

第一章 总 则

第一条 为了预防、控制和消除传染病的发生与流行，保障人体健康和公共卫生，制定本法。

第二条 国家对传染病防治实行预防为主的方针，防治结合、分类管理、依靠科学、依靠群众。

第三条 本法规定的传染病分为甲类、乙类和丙类。

甲类传染病是指：鼠疫、霍乱。

乙类传染病是指：传染性非典型肺炎、艾滋病、病毒性肝炎、脊髓灰质炎、人感染高致病性禽流感、麻疹、流行性出血热、狂犬病、流行性乙型脑炎、登革热、炭疽、细菌性和阿米巴性痢疾、肺结核、伤寒和副伤寒、流行性脑脊髓膜炎、百日咳、白喉、新生儿破伤风、猩红热、布鲁氏菌病、淋病、梅毒、钩端螺旋体病、血吸虫病、疟疾。

丙类传染病是指：流行性感冒、流行性腮腺炎、风疹、急性出血性结膜炎、麻风病、流行性和地方性斑疹伤寒、黑热病、包虫病、丝虫病，除霍乱、细菌性和阿米巴性痢疾、伤寒和副伤寒以外的感染性腹泻病。

国务院卫生行政部门根据传染病暴发、流行情况和危害程度，可以决定增加、减少或者调整乙类、丙类传染病病种并予以公布。

第四条　对乙类传染病中传染性非典型肺炎、炭疽中的肺炭疽和人感染高致病性禽流感，采取本法所称甲类传染病的预防、控制措施。其他乙类传染病和突发原因不明的传染病需要采取本法所称甲类传染病的预防、控制措施的，由国务院卫生行政部门及时报经国务院批准后予以公布、实施。

需要解除依照前款规定采取的甲类传染病预防、控制措施的，由国务院卫生行政部门报经国务院批准后予以公布。

省、自治区、直辖市人民政府对本行政区域内常见、多发的其他地方性传染病，可以根据情况决定按照乙类或者丙类传染病管理并予以公布，报国务院卫生行政部门备案。

第五条　各级人民政府领导传染病防治工作。

县级以上人民政府制定传染病防治规划并组织实施，建立健全传染病防治的疾病预防控制、医疗救治和监督管理体系。

第六条　国务院卫生行政部门主管全国传染病防治及其监督管理工作。县级以上地方人民政府卫生行政部门负责本行政区域内的传染病防治及其监督管理工作。

县级以上人民政府其他部门在各自的职责范围内负责传染病防治工作。

军队的传染病防治工作，依照本法和国家有关规定办理，由中国人民解放军卫生主管部门实施监督管理。

第七条　各级疾病预防控制机构承担传染病监测、预测、流行病学调查、疫情报告以及其他预防、控制工作。

医疗机构承担与医疗救治有关的传染病防治工作和责任区域内的传染病预防工作。城市社区和农村基层医疗机构在疾病预防控制机构的指导下，承担城市社区、农村基层相应的传染病防治工作。

第八条　国家发展现代医学和中医药等传统医学，支持和鼓励开展传染病防治的科学研究，提高传染病防治的科学技术水平。

国家支持和鼓励开展传染病防治的国际合作。

第九条　国家支持和鼓励单位和个人参与传染病防治工作。各级人民政府应当完善有关制度，方便单位和个人参与防治传染病的宣传教育、疫情报告、志愿服务和捐赠活动。

居民委员会、村民委员会应当组织居民、村民参与社区、农村的传染病预防与控制活动。

第十条　国家开展预防传染病的健康教育。新闻媒体应当无偿开展传染病防治和公共卫生教育的公益宣传。

各级各类学校应当对学生进行健康知识和传染病预防知识的教育。

医学院校应当加强预防医学教育和科学研究，对在校学生以及其他与传染病防治相关人员进行预防医学教育和培训，为传染病防治工作提供技术支持。

疾病预防控制机构、医疗机构应当定期对其工作人员进行传染病防治知识、技能的培训。

第十一条　对在传染病防治工作中做出显著成绩和贡献的单位和个人，给予表彰和奖励。

对因参与传染病防治工作致病、致残、死亡的人员，按照有关规定给予补助、抚恤。

第十二条　在中华人民共和国领域内的一切单位和个人，必须接受疾病预防控制机构、医疗机构有关传染病的调查、检验、采集样本、隔离治疗等预防、控制措施，如实提供有关情况。疾病预防控制机构、医疗机构不得泄露涉及个人隐私的有关信息、资料。

卫生行政部门以及其他有关部门、疾病预防控制机构和医疗机构因违法实施行政管理或者预防、控制措施，侵犯单位和个人合法权益的，有关单位和个人可以依法申请行政复议或者提起诉讼。

第二章　传染病预防

第十三条　各级人民政府组织开展群众性卫生活动，进行预防传染病的健康教育，倡导文明健康的生活方式，提高公众对传染病的防治意识和应对能力，加强环境卫生建设，消除鼠害和蚊、蝇等病媒生物的危害。

各级人民政府农业、水利、林业行政部门按照职责分工负责指导和组织消除农田、湖区、河流、牧场、林区的鼠害与血吸虫危害，以及其他传播传染病的动物和病媒生物的危害。

铁路、交通、民用航空行政部门负责组织消除交通工具以及相关场所的鼠害和蚊、蝇等病媒生物的危害。

第十四条　地方各级人民政府应当有计划地建设和改造公共卫生设施，改善饮用水卫生条件，对污水、污物、粪便进行无害化处置。

第十五条　国家实行有计划的预防接种制度。国务院卫生行政部门和省、自治区、直辖市人民政府卫生行政部门，根据传染病预防、控制的需要，制定传染病预防接种规划并组织实施。用于预防接种的疫苗必须符合国家质量标准。

国家对儿童实行预防接种证制度。国家免疫规划项目的预防接种实行免费。医疗机构、疾病预防控制机构与儿童的监护人应当相互配合，保证儿童及时接受预防接种。具体办法由国务院制定。

第十六条　国家和社会应当关心、帮助传染病病人、病原携带者和疑似传染病病人，使其得到及时救治。任何单位和个人不得歧视传染病病人、病原携带者和疑似传染病病人。

传染病病人、病原携带者和疑似传染病病人，在治愈前或者在排除传染病嫌疑前，不得从事法律、行政法规和国务院卫生行政部门规定禁止从事的易使该传染病扩散的工作。

第十七条　国家建立传染病监测制度。

国务院卫生行政部门制定国家传染病监测规划和方案。省、自治区、直辖市人民政府卫生行政部门根据国家传染病监测规划和方案，制定本行政区域的传染病监测计划和工作方案。

各级疾病预防控制机构对传染病的发生、流行以及影响其发生、流行的因素，进行监测；对国外发生、国内尚未发生的传染病或者国内新发生的传染病，进行监测。

第十八条 各级疾病预防控制机构在传染病预防控制中履行下列职责：

（一）实施传染病预防控制规划、计划和方案；

（二）收集、分析和报告传染病监测信息，预测传染病的发生、流行趋势；

（三）开展对传染病疫情和突发公共卫生事件的流行病学调查、现场处理及其效果评价；

（四）开展传染病实验室检测、诊断、病原学鉴定；

（五）实施免疫规划，负责预防性生物制品的使用管理；

（六）开展健康教育、咨询，普及传染病防治知识；

（七）指导、培训下级疾病预防控制机构及其工作人员开展传染病监测工作；

（八）开展传染病防治应用性研究和卫生评价，提供技术咨询。

国家、省级疾病预防控制机构负责对传染病发生、流行以及分布进行监测，对重大传染病流行趋势进行预测，提出预防控制对策，参与并指导对暴发的疫情进行调查处理，开展传染病病原学鉴定，建立检测质量控制体系，开展应用性研究和卫生评价。

设区的市和县级疾病预防控制机构负责传染病预防控制规划、方案的落实，组织实施免疫、消毒、控制病媒生物的危害，普及传染病防治知识，负责本地区疫情和突发公共卫生事件监测、报告，开展流行病学调查和常见病原微生物检测。

第十九条 国家建立传染病预警制度。

国务院卫生行政部门和省、自治区、直辖市人民政府根据传染病发生、流行趋势的预测，及时发出传染病预警，根据情况予以公布。

第二十条 县级以上地方人民政府应当制定传染病预防、控制预案，报上一级人民政府备案。

传染病预防、控制预案应当包括以下主要内容：

（一）传染病预防控制指挥部的组成和相关部门的职责；

（二）传染病的监测、信息收集、分析、报告、通报制度；

（三）疾病预防控制机构、医疗机构在发生传染病疫情时的任务与职责；

（四）传染病暴发、流行情况的分级以及相应的应急工作方案；

（五）传染病预防、疫点疫区现场控制，应急设施、设备、救治药品和医疗器械以及其他物资和技术的储备与调用。

地方人民政府和疾病预防控制机构接到国务院卫生行政部门或者省、自治区、直辖市人民政府发出的传染病预警后，应当按照传染病预防、控制预案，采取相应的预防、控制措施。

第二十一条 医疗机构必须严格执行国务院卫生行政部门规定的管理制度、操作规范，防止传染病的医源性感染和医院感染。

医疗机构应当确定专门的部门或者人员，承担传染病疫情报告、本单位的传染病预防、控制以及责任区域内的传染病预防工作；承担医疗活动中与医院感染有关的危险因素监测、安全防护、消毒、隔离和医疗废物处置工作。

疾病预防控制机构应当指定专门人员负责对医疗机构内传染病预防工作进行指导、考核,开展流行病学调查。

第二十二条 疾病预防控制机构、医疗机构的实验室和从事病原微生物实验的单位,应当符合国家规定的条件和技术标准,建立严格的监督管理制度,对传染病病原体样本按照规定的措施实行严格监督管理,严防传染病病原体的实验室感染和病原微生物的扩散。

第二十三条 采供血机构、生物制品生产单位必须严格执行国家有关规定,保证血液、血液制品的质量。禁止非法采集血液或者组织他人出卖血液。

疾病预防控制机构、医疗机构使用血液和血液制品,必须遵守国家有关规定,防止因输入血液、使用血液制品引起经血液传播疾病的发生。

第二十四条 各级人民政府应当加强艾滋病的防治工作,采取预防、控制措施,防止艾滋病的传播。具体办法由国务院制定。

第二十五条 县级以上人民政府农业、林业行政部门以及其他有关部门,依据各自的职责负责与人畜共患传染病有关的动物传染病的防治管理工作。

与人畜共患传染病有关的野生动物、家畜家禽,经检疫合格后,方可出售、运输。

第二十六条 国家建立传染病菌种、毒种库。

对传染病菌种、毒种和传染病检测样本的采集、保藏、携带、运输和使用实行分类管理,建立健全严格的管理制度。

对可能导致甲类传染病传播的以及国务院卫生行政部门规定的菌种、毒种和传染病检测样本,确需采集、保藏、携带、运输和使用的,须经省级以上人民政府卫生行政部门批准。具体办法由国务院制定。

第二十七条 对被传染病病原体污染的污水、污物、场所和物品,有关单位和个人必须在疾病预防控制机构的指导下或者按照其提出的卫生要求,进行严格消毒处理;拒绝消毒处理的,由当地卫生行政部门或者疾病预防控制机构进行强制消毒处理。

第二十八条 在国家确认的自然疫源地计划兴建水利、交通、旅游、能源等大型建设项目的,应当事先由省级以上疾病预防控制机构对施工环境进行卫生调查。建设单位应当根据疾病预防控制机构的意见,采取必要的传染病预防、控制措施。施工期间,建设单位应当设专人负责工地上的卫生防疫工作。工程竣工后,疾病预防控制机构应当对可能发生的传染病进行监测。

第二十九条 用于传染病防治的消毒产品、饮用水供水单位供应的饮用水和涉及饮用水卫生安全的产品,应当符合国家卫生标准和卫生规范。

饮用水供水单位从事生产或者供应活动,应当依法取得卫生许可证。

生产用于传染病防治的消毒产品的单位和生产用于传染病防治的消毒产品,应当经省级以上人民政府卫生行政部门审批。具体办法由国务院制定。

第三章 疫情报告、通报和公布

第三十条 疾病预防控制机构、医疗机构和采供血机构及其执行职务的人员发现本法规定的传染病疫情或者发现其他传染病暴发、流行以及突发原因不明的传染病时，应当遵循疫情报告属地管理原则，按照国务院规定的或者国务院卫生行政部门规定的内容、程序、方式和时限报告。

军队医疗机构向社会公众提供医疗服务，发现前款规定的传染病疫情时，应当按照国务院卫生行政部门的规定报告。

第三十一条　任何单位和个人发现传染病病人或者疑似传染病病人时，应当及时向附近的疾病预防控制机构或者医疗机构报告。

第三十二条　港口、机场、铁路疾病预防控制机构以及国境卫生检疫机关发现甲类传染病病人、病原携带者、疑似传染病病人时，应当按照国家有关规定立即向国境口岸所在地的疾病预防控制机构或者所在地县级以上地方人民政府卫生行政部门报告并互相通报。

第三十三条　疾病预防控制机构应当主动收集、分析、调查、核实传染病疫情信息。接到甲类、乙类传染病疫情报告或者发现传染病暴发、流行时，应当立即报告当地卫生行政部门，由当地卫生行政部门立即报告当地人民政府，同时报告上级卫生行政部门和国务院卫生行政部门。

疾病预防控制机构应当设立或者指定专门的部门、人员负责传染病疫情信息管理工作，及时对疫情报告进行核实、分析。

第三十四条　县级以上地方人民政府卫生行政部门应当及时向本行政区域内的疾病预防控制机构和医疗机构通报传染病疫情以及监测、预警的相关信息。接到通报的疾病预防控制机构和医疗机构应当及时告知本单位的有关人员。

第三十五条　国务院卫生行政部门应当及时向国务院其他有关部门和各省、自治区、直辖市人民政府卫生行政部门通报全国传染病疫情以及监测、预警的相关信息。

毗邻的以及相关的地方人民政府卫生行政部门，应当及时互相通报本行政区域的传染病疫情以及监测、预警的相关信息。

县级以上人民政府有关部门发现传染病疫情时，应当及时向同级人民政府卫生行政部门通报。

中国人民解放军卫生主管部门发现传染病疫情时，应当向国务院卫生行政部门通报。

第三十六条　动物防疫机构和疾病预防控制机构，应当及时互相通报动物间和人间发生的人畜共患传染病疫情以及相关信息。

第三十七条　依照本法的规定负有传染病疫情报告职责的人民政府有关部门、疾病预防控制机构、医疗机构、采供血机构及其工作人员，不得隐瞒、谎报、缓报传染病疫情。

第三十八条　国家建立传染病疫情信息公布制度。

国务院卫生行政部门定期公布全国传染病疫情信息。省、自治区、直辖市人民政府卫生行政部门定期公布本行政区域的传染病疫情信息。

传染病暴发、流行时，国务院卫生行政部门负责向社会公布传染病疫情信息，并可以授权省、自治区、直辖市人民政府卫生行政部门向社会公布本行政区域的传染病疫情信息。

公布传染病疫情信息应当及时、准确。

第四章 疫情控制

第三十九条 医疗机构发现甲类传染病时,应当及时采取下列措施:

(一)对病人、病原携带者,予以隔离治疗,隔离期限根据医学检查结果确定;

(二)对疑似病人,确诊前在指定场所单独隔离治疗;

(三)对医疗机构内的病人、病原携带者、疑似病人的密切接触者,在指定场所进行医学观察和采取其他必要的预防措施。

拒绝隔离治疗或者隔离期未满擅自脱离隔离治疗的,可以由公安机关协助医疗机构采取强制隔离治疗措施。

医疗机构发现乙类或者丙类传染病病人,应当根据病情采取必要的治疗和控制传播措施。

医疗机构对本单位内被传染病病原体污染的场所、物品以及医疗废物,必须依照法律、法规的规定实施消毒和无害化处置。

第四十条 疾病预防控制机构发现传染病疫情或者接到传染病疫情报告时,应当及时采取下列措施:

(一)对传染病疫情进行流行病学调查,根据调查情况提出划定疫点、疫区的建议,对被污染的场所进行卫生处理,对密切接触者,在指定场所进行医学观察和采取其他必要的预防措施,并向卫生行政部门提出疫情控制方案;

(二)传染病暴发、流行时,对疫点、疫区进行卫生处理,向卫生行政部门提出疫情控制方案,并按照卫生行政部门的要求采取措施;

(三)指导下级疾病预防控制机构实施传染病预防、控制措施,组织、指导有关单位对传染病疫情的处理。

第四十一条 对已经发生甲类传染病病例的场所或者该场所内的特定区域的人员,所在地的县级以上地方人民政府可以实施隔离措施,并同时向上一级人民政府报告;接到报告的上级人民政府应当即时作出是否批准的决定。上级人民政府作出不予批准决定的,实施隔离措施的人民政府应当立即解除隔离措施。

在隔离期间,实施隔离措施的人民政府应当对被隔离人员提供生活保障;被隔离人员有工作单位的,所在单位不得停止支付其隔离期间的工作报酬。

隔离措施的解除,由原决定机关决定并宣布。

第四十二条 传染病暴发、流行时,县级以上地方人民政府应当立即组织力量,按照预防、控制预案进行防治,切断传染病的传播途径,必要时,报经上一级人民政府决定,可以采取下列紧急措施并予以公告:

(一)限制或者停止集市、影剧院演出或者其他人群聚集的活动;

(二)停工、停业、停课;

(三)封闭或者封存被传染病病原体污染的公共饮用水源、食品以及相关物品;

(四)控制或者扑杀染疫野生动物、家畜家禽;

（五）封闭可能造成传染病扩散的场所。

上级人民政府接到下级人民政府关于采取前款所列紧急措施的报告时，应当即时作出决定。

紧急措施的解除，由原决定机关决定并宣布。

第四十三条 甲类、乙类传染病暴发、流行时，县级以上地方人民政府报经上一级人民政府决定，可以宣布本行政区域部分或者全部为疫区；国务院可以决定并宣布跨省、自治区、直辖市的疫区。县级以上地方人民政府可以在疫区内采取本法第四十二条规定的紧急措施，并可以对出入疫区的人员、物资和交通工具实施卫生检疫。

省、自治区、直辖市人民政府可以决定对本行政区域内的甲类传染病疫区实施封锁；但是，封锁大、中城市的疫区或者封锁跨省、自治区、直辖市的疫区，以及封锁疫区导致中断干线交通或者封锁国境的，由国务院决定。

疫区封锁的解除，由原决定机关决定并宣布。

第四十四条 发生甲类传染病时，为了防止该传染病通过交通工具及其乘运的人员、物资传播，可以实施交通卫生检疫。具体办法由国务院制定。

第四十五条 传染病暴发、流行时，根据传染病疫情控制的需要，国务院有权在全国范围或者跨省、自治区、直辖市范围内，县级以上地方人民政府有权在本行政区域内紧急调集人员或者调用储备物资，临时征用房屋、交通工具以及相关设施、设备。

紧急调集人员的，应当按照规定给予合理报酬。临时征用房屋、交通工具以及相关设施、设备的，应当依法给予补偿；能返还的，应当及时返还。

第四十六条 患甲类传染病、炭疽死亡的，应当将尸体立即进行卫生处理，就近火化。患其他传染病死亡的，必要时，应当将尸体进行卫生处理后火化或者按照规定深埋。

为了查找传染病病因，医疗机构在必要时可以按照国务院卫生行政部门的规定，对传染病病人尸体或者疑似传染病病人尸体进行解剖查验，并应当告知死者家属。

第四十七条 疫区中被传染病病原体污染或者可能被传染病病原体污染的物品，经消毒可以使用的，应当在当地疾病预防控制机构的指导下，进行消毒处理后，方可使用、出售和运输。

第四十八条 发生传染病疫情时，疾病预防控制机构和省级以上人民政府卫生行政部门指派的其他与传染病有关的专业技术机构，可以进入传染病疫点、疫区进行调查、采集样本、技术分析和检验。

第四十九条 传染病暴发、流行时，药品和医疗器械生产、供应单位应当及时生产、供应防治传染病的药品和医疗器械。铁路、交通、民用航空经营单位必须优先运送处理传染病疫情的人员以及防治传染病的药品和医疗器械。县级以上人民政府有关部门应当做好组织协调工作。

第五章 医疗救治

第五十条 县级以上人民政府应当加强和完善传染病医疗救治服务网络的建设，指定具备传染病救治条件和能力的医疗机构承担传染病救治任务，或者根据传染病救治需要设置传染病医院。

第五十一条　医疗机构的基本标准、建筑设计和服务流程,应当符合预防传染病医院感染的要求。

医疗机构应当按照规定对使用的医疗器械进行消毒;对按照规定一次使用的医疗器具,应当在使用后予以销毁。

医疗机构应当按照国务院卫生行政部门规定的传染病诊断标准和治疗要求,采取相应措施,提高传染病医疗救治能力。

第五十二条　医疗机构应当对传染病病人或者疑似传染病病人提供医疗救护、现场救援和接诊治疗,书写病历记录以及其他有关资料,并妥善保管。

医疗机构应当实行传染病预检、分诊制度;对传染病病人、疑似传染病病人,应当引导至相对隔离的分诊点进行初诊。医疗机构不具备相应救治能力的,应当将患者及其病历记录复印件一并转至具备相应救治能力的医疗机构。具体办法由国务院卫生行政部门规定。

第六章　监督管理

第五十三条　县级以上人民政府卫生行政部门对传染病防治工作履行下列监督检查职责:

(一)对下级人民政府卫生行政部门履行本法规定的传染病防治职责进行监督检查;

(二)对疾病预防控制机构、医疗机构的传染病防治工作进行监督检查;

(三)对采供血机构的采供血活动进行监督检查;

(四)对用于传染病防治的消毒产品及其生产单位进行监督检查,并对饮用水供水单位从事生产或者供应活动以及涉及饮用水卫生安全的产品进行监督检查;

(五)对传染病菌种、毒种和传染病检测样本的采集、保藏、携带、运输、使用进行监督检查;

(六)对公共场所和有关单位的卫生条件和传染病预防、控制措施进行监督检查。

省级以上人民政府卫生行政部门负责组织对传染病防治重大事项的处理。

第五十四条　县级以上人民政府卫生行政部门在履行监督检查职责时,有权进入被检查单位和传染病疫情发生现场调查取证,查阅或者复制有关的资料和采集样本。被检查单位应当予以配合,不得拒绝、阻挠。

第五十五条　县级以上地方人民政府卫生行政部门在履行监督检查职责时,发现被传染病病原体污染的公共饮用水源、食品以及相关物品,如不及时采取控制措施可能导致传染病传播、流行的,可以采取封闭公共饮用水源、封存食品以及相关物品或者暂停销售的临时控制措施,并予以检验或者进行消毒。经检验,属于被污染的食品,应当予以销毁;对未被污染的食品或者经消毒后可以使用的物品,应当解除控制措施。

第五十六条　卫生行政部门工作人员依法执行职务时,应当不少于两人,并出示执法证件,填写卫生执法文书。

卫生执法文书经核对无误后,应当由卫生执法人员和当事人签名。当事人拒绝签名的,卫生执法人员应当注明情况。

第五十七条　卫生行政部门应当依法建立健全内部监督制度,对其工作人员依据法定职权和程序履行职责的情况进行监督。

上级卫生行政部门发现下级卫生行政部门不及时处理职责范围内的事项或者不履行职责的,应当责令纠正或者直接予以处理。

第五十八条　卫生行政部门及其工作人员履行职责,应当自觉接受社会和公民的监督。单位和个人有权向上级人民政府及其卫生行政部门举报违反本法的行为。接到举报的有关人民政府或者其卫生行政部门,应当及时调查处理。

第七章　保障措施

第五十九条　国家将传染病防治工作纳入国民经济和社会发展计划,县级以上地方人民政府将传染病防治工作纳入本行政区域的国民经济和社会发展计划。

第六十条　县级以上地方人民政府按照本级政府职责负责本行政区域内传染病预防、控制、监督工作的日常经费。

国务院卫生行政部门会同国务院有关部门,根据传染病流行趋势,确定全国传染病预防、控制、救治、监测、预测、预警、监督检查等项目。中央财政对困难地区实施重大传染病防治项目给予补助。

省、自治区、直辖市人民政府根据本行政区域内传染病流行趋势,在国务院卫生行政部门确定的项目范围内,确定传染病预防、控制、监督等项目,并保障项目的实施经费。

第六十一条　国家加强基层传染病防治体系建设,扶持贫困地区和少数民族地区的传染病防治工作。

地方各级人民政府应当保障城市社区、农村基层传染病预防工作的经费。

第六十二条　国家对患有特定传染病的困难人群实行医疗救助,减免医疗费用。具体办法由国务院卫生行政部门会同国务院财政部门等部门制定。

第六十三条　县级以上人民政府负责储备防治传染病的药品、医疗器械和其他物资,以备调用。

第六十四条　对从事传染病预防、医疗、科研、教学、现场处理疫情的人员,以及在生产、工作中接触传染病病原体的其他人员,有关单位应当按照国家规定,采取有效的卫生防护措施和医疗保健措施,并给予适当的津贴。

第八章　法律责任

第六十五条　地方各级人民政府未依照本法的规定履行报告职责,或者隐瞒、谎报、缓报传染病疫情,或者在传染病暴发、流行时,未及时组织救治、采取控制措施的,由上级人民政府责令改正,通报批评;造成传染病传播、流行或者其他严重后果的,对负有责任的主管人员,依法给予行政处分;构成犯罪的,依法追究刑事责任。

第六十六条　县级以上人民政府卫生行政部门违反本法规定,有下列情形之一的,由本级人民政府、上级人民政府卫生行政部门责令改正,通报批评;造成传染病传播、流行或者其他严重后果的，对负有责任的主管人员和其他直接责任人员，依法给予行政处分；构成犯罪的，依法追究刑事责任：

（一）未依法履行传染病疫情通报、报告或者公布职责，或者隐瞒、谎报、缓报传染病疫情的；

（二）发生或者可能发生传染病传播时未及时采取预防、控制措施的；

（三）未依法履行监督检查职责，或者发现违法行为不及时查处的；

（四）未及时调查、处理单位和个人对下级卫生行政部门不履行传染病防治职责的举报的；

（五）违反本法的其他失职、渎职行为。

第六十七条　县级以上人民政府有关部门未依照本法的规定履行传染病防治和保障职责的，由本级人民政府或者上级人民政府有关部门责令改正，通报批评；造成传染病传播、流行或者其他严重后果的，对负有责任的主管人员和其他直接责任人员，依法给予行政处分；构成犯罪的，依法追究刑事责任。

第六十八条　疾病预防控制机构违反本法规定，有下列情形之一的，由县级以上人民政府卫生行政部门责令限期改正，通报批评，给予警告；对负有责任的主管人员和其他直接责任人员，依法给予降级、撤职、开除的处分，并可以依法吊销有关责任人员的执业证书；构成犯罪的，依法追究刑事责任：

（一）未依法履行传染病监测职责的；

（二）未依法履行传染病疫情报告、通报职责，或者隐瞒、谎报、缓报传染病疫情的；

（三）未主动收集传染病疫情信息，或者对传染病疫情信息和疫情报告未及时进行分析、调查、核实的；

（四）发现传染病疫情时，未依据职责及时采取本法规定的措施的；

（五）故意泄露传染病病人、病原携带者、疑似传染病病人、密切接触者涉及个人隐私的有关信息、资料的。

第六十九条　医疗机构违反本法规定，有下列情形之一的，由县级以上人民政府卫生行政部门责令改正，通报批评，给予警告；造成传染病传播、流行或者其他严重后果的，对负有责任的主管人员和其他直接责任人员，依法给予降级、撤职、开除的处分，并可以依法吊销有关责任人员的执业证书；构成犯罪的，依法追究刑事责任：

（一）未按照规定承担本单位的传染病预防、控制工作、医院感染控制任务和责任区域内的传染病预防工作的；

（二）未按照规定报告传染病疫情，或者隐瞒、谎报、缓报传染病疫情的；

（三）发现传染病疫情时，未按照规定对传染病病人、疑似传染病病人提供医疗救护、现场救援、接诊、转诊的，或者拒绝接受转诊的；

（四）未按照规定对本单位内被传染病病原体污染的场所、物品以及医疗废物实施消毒或者无害化处置的；

（五）未按照规定对医疗器械进行消毒，或者对按照规定一次使用的医疗器具未予销毁，再次使用的；

（六）在医疗救治过程中未按照规定保管医学记录资料的；

（七）故意泄露传染病病人、病原携带者、疑似传染病病人、密切接触者涉及个人隐私的有关信息、资料的。

第七十条 采供血机构未按照规定报告传染病疫情，或者隐瞒、谎报、缓报传染病疫情，或者未执行国家有关规定，导致因输入血液引起经血液传播疾病发生的，由县级以上人民政府卫生行政部门责令改正，通报批评，给予警告；造成传染病传播、流行或者其他严重后果的，对负有责任的主管人员和其他直接责任人员，依法给予降级、撤职、开除的处分，并可以依法吊销采供血机构的执业许可证；构成犯罪的，依法追究刑事责任。

非法采集血液或者组织他人出卖血液的，由县级以上人民政府卫生行政部门予以取缔，没收违法所得，可以并处十万元以下的罚款；构成犯罪的，依法追究刑事责任。

第七十一条 国境卫生检疫机关、动物防疫机构未依法履行传染病疫情通报职责的，由有关部门在各自职责范围内责令改正，通报批评；造成传染病传播、流行或者其他严重后果的，对负有责任的主管人员和其他直接责任人员，依法给予降级、撤职、开除的处分；构成犯罪的，依法追究刑事责任。

第七十二条 铁路、交通、民用航空经营单位未依照本法的规定优先运送处理传染病疫情的人员以及防治传染病的药品和医疗器械的，由有关部门责令限期改正，给予警告；造成严重后果的，对负有责任的主管人员和其他直接责任人员，依法给予降级、撤职、开除的处分。

第七十三条 违反本法规定，有下列情形之一，导致或者可能导致传染病传播、流行的，由县级以上人民政府卫生行政部门责令限期改正，没收违法所得，可以并处五万元以下的罚款；已取得许可证的，原发证部门可以依法暂扣或者吊销许可证；构成犯罪的，依法追究刑事责任：

（一）饮用水供水单位供应的饮用水不符合国家卫生标准和卫生规范的；

（二）涉及饮用水卫生安全的产品不符合国家卫生标准和卫生规范的；

（三）用于传染病防治的消毒产品不符合国家卫生标准和卫生规范的；

（四）出售、运输疫区中被传染病病原体污染或者可能被传染病病原体污染的物品，未进行消毒处理的；

（五）生物制品生产单位生产的血液制品不符合国家质量标准的。

第七十四条 违反本法规定，有下列情形之一的，由县级以上地方人民政府卫生行政部门责令改正，通报批评，给予警告，已取得许可证的，可以依法暂扣或者吊销许可证；造成传染病传播、流行以及其他严重后果的，对负有责任的主管人员和其他直接责任人员，依法给予降级、撤职、开除的处分，并可以依法吊销有关责任人员的执业证书；构成犯罪的，依法追究刑事责任：

（一）疾病预防控制机构、医疗机构和从事病原微生物实验的单位，不符合国家规定的条件和技术标准，对传染病病原体样本未按照规定进行严格管理，造成实验室感染和病原微生物扩散的；

（二）违反国家有关规定，采集、保藏、携带、运输和使用传染病菌种、毒种和传染病检测样本的；

（三）疾病预防控制机构、医疗机构未执行国家有关规定，导致因输入血液、使用血液制品引起经血液传播疾病发生的。

第七十五条　未经检疫出售、运输与人畜共患传染病有关的野生动物、家畜家禽的，由县级以上地方人民政府畜牧兽医行政部门责令停止违法行为，并依法给予行政处罚。

第七十六条　在国家确认的自然疫源地兴建水利、交通、旅游、能源等大型建设项目，未经卫生调查进行施工的，或者未按照疾病预防控制机构的意见采取必要的传染病预防、控制措施的，由县级以上人民政府卫生行政部门责令限期改正，给予警告，处五千元以上三万元以下的罚款；逾期不改正的，处三万元以上十万元以下的罚款，并可以提请有关人民政府依据职责权限，责令停建、关闭。

第七十七条　单位和个人违反本法规定，导致传染病传播、流行，给他人人身、财产造成损害的，应当依法承担民事责任。

第九章　附　　则

第七十八条　本法中下列用语的含义：

（一）传染病病人、疑似传染病病人：指根据国务院卫生行政部门发布的《中华人民共和国传染病防治法规定管理的传染病诊断标准》，符合传染病病人和疑似传染病病人诊断标准的人。

（二）病原携带者：指感染病原体无临床症状但能排出病原体的人。

（三）流行病学调查：指对人群中疾病或者健康状况的分布及其决定因素进行调查研究，提出疾病预防控制措施及保健对策。

（四）疫点：指病原体从传染源向周围播散的范围较小或者单个疫源地。

（五）疫区：指传染病在人群中暴发、流行，其病原体向周围播散时所能波及的地区。

（六）人畜共患传染病：指人与脊椎动物共同罹患的传染病，如鼠疫、狂犬病、血吸虫病等。

（七）自然疫源地：指某些可引起人类传染病的病原体在自然界的野生动物中长期存在和循环的地区。

（八）病媒生物：指能够将病原体从人或者其他动物传播给人的生物，如蚊、蝇、蚤类等。

（九）医源性感染：指在医学服务中，因病原体传播引起的感染。

（十）医院感染：指住院病人在医院内获得的感染，包括在住院期间发生的感染和在医院内获得出院后发生的感染，但不包括入院前已开始或者入院时已处于潜伏期的感染。医院工作人员在医院内获得的感染也属医院感染。

（十一）实验室感染：指从事实验室工作时，因接触病原体所致的感染。

（十二）菌种、毒种：指可能引起本法规定的传染病发生的细菌菌种、病毒毒种。

（十三）消毒：指用化学、物理、生物的方法杀灭或者消除环境中的病原微生物。

（十四）疾病预防控制机构：指从事疾病预防控制活动的疾病预防控制中心以及与上

述机构业务活动相同的单位。

（十五）医疗机构：指按照《医疗机构管理条例》取得医疗机构执业许可证，从事疾病诊断、治疗活动的机构。

第七十九条　传染病防治中有关食品、药品、血液、水、医疗废物和病原微生物的管理以及动物防疫和国境卫生检疫，本法未规定的，分别适用其他有关法律、行政法规的规定。

第八十条　本法自2004年12月1日起施行。

中华人民共和国红十字会法

（1993年10月31日第八届全国人民代表大会常务委员会第四次会议通过　根据2009年8月27日第十一届全国人民代表大会常务委员会第十次会议《关于修改部分法律的决定》修正　2017年2月24日第十二届全国人民代表大会常务委员会第二十六次会议修订）

目　录

第一章　总　　则

第一条　为了保护人的生命和健康，维护人的尊严，发扬人道主义精神，促进和平进步事业，保障和规范红十字会依法履行职责，制定本法。

第二条　中国红十字会是中华人民共和国统一的红十字组织，是从事人道主义工作的社会救助团体。

第三条　中华人民共和国公民，不分民族、种族、性别、职业、宗教信仰、教育程度，承认中国红十字会章程并缴纳会费的，可以自愿参加中国红十字会。

企业、事业单位及有关团体通过申请可以成为红十字会的团体会员。

国家鼓励自然人、法人以及其他组织参与红十字志愿服务。

国家支持在学校开展红十字青少年工作。

第四条　中国红十字会应当遵守宪法和法律，遵循国际红十字和红新月运动确立的基本原则，依照中国批准或者加入的日内瓦公约及其附加议定书和中国红十字会章程，独立自主地开展工作。

中国红十字会全国会员代表大会依法制定或者修改中国红十字会章程，章程不得与宪法和法律相抵触。

第五条 各级人民政府对红十字会给予支持和资助,保障红十字会依法履行职责,并对其活动进行监督。

第六条 中国红十字会根据独立、平等、互相尊重的原则,发展同各国红十字会和红新月会的友好合作关系。

第二章 组 织

第七条 全国建立中国红十字会总会。中国红十字会总会对外代表中国红十字会。

县级以上地方按行政区域建立地方各级红十字会,根据实际工作需要配备专职工作人员。

全国性行业根据需要可以建立行业红十字会。

上级红十字会指导下级红十字会工作。

第八条 各级红十字会设立理事会、监事会。理事会、监事会由会员代表大会选举产生,向会员代表大会负责并报告工作,接受其监督。

理事会民主选举产生会长和副会长。理事会执行会员代表大会的决议。

执行委员会是理事会的常设执行机构,其人员组成由理事会决定,向理事会负责并报告工作。

监事会民主推选产生监事长和副监事长。理事会、执行委员会工作受监事会监督。

第九条 中国红十字会总会可以设名誉会长和名誉副会长。名誉会长和名誉副会长由中国红十字会总会理事会聘请。

第十条 中国红十字会总会具有社会团体法人资格;地方各级红十字会、行业红十字会依法取得社会团体法人资格。

第三章 职 责

第十一条 红十字会履行下列职责:

(一)开展救援、救灾的相关工作,建立红十字应急救援体系。在战争、武装冲突和自然灾害、事故灾难、公共卫生事件等突发事件中,对伤病人员和其他受害者提供紧急救援和人道救助;

(二)开展应急救护培训,普及应急救护、防灾避险和卫生健康知识,组织志愿者参与现场救护;

(三)参与、推动无偿献血、遗体和人体器官捐献工作,参与开展造血干细胞捐献的相关工作;

(四)组织开展红十字志愿服务、红十字青少年工作;

(五)参加国际人道主义救援工作;

(六)宣传国际红十字和红新月运动的基本原则和日内瓦公约及其附加议定书;

(七)依照国际红十字和红新月运动的基本原则,完成人民政府委托事宜;

(八)依照日内瓦公约及其附加议定书的有关规定开展工作;

(九)协助人民政府开展与其职责相关的其他人道主义服务活动。

第十二条　在战争、武装冲突和自然灾害、事故灾难、公共卫生事件等突发事件中，执行救援、救助任务并标有红十字标志的人员、物资和交通工具有优先通行的权利。

第十三条　任何组织和个人不得阻碍红十字会工作人员依法履行救援、救助、救护职责。

第四章　标志与名称

第十四条　中国红十字会使用白底红十字标志。

红十字标志具有保护作用和标明作用。

红十字标志的保护使用，是标示在战争、武装冲突中必须受到尊重和保护的人员和设备、设施。其使用办法，依照日内瓦公约及其附加议定书的有关规定执行。

红十字标志的标明使用，是标示与红十字活动有关的人或者物。其使用办法，由国务院和中央军事委员会依据本法规定。

第十五条　国家武装力量的医疗卫生机构使用红十字标志，应当符合日内瓦公约及其附加议定书的有关规定。

第十六条　红十字标志和名称受法律保护。禁止利用红十字标志和名称牟利，禁止以任何形式冒用、滥用、篡改红十字标志和名称。

第五章　财产与监管

第十七条　红十字会财产的主要来源：

（一）红十字会会员缴纳的会费；

（二）境内外组织和个人捐赠的款物；

（三）动产和不动产的收入；

（四）人民政府的拨款；

（五）其他合法收入。

第十八条　国家对红十字会兴办的与其宗旨相符的公益事业给予扶持。

第十九条　红十字会可以依法进行募捐活动。募捐活动应当符合《中华人民共和国慈善法》的有关规定。

第二十条　红十字会依法接受自然人、法人以及其他组织捐赠的款物，应当向捐赠人开具由财政部门统一监（印）制的公益事业捐赠票据。捐赠人匿名或者放弃接受捐赠票据的，红十字会应当做好相关记录。

捐赠人依法享受税收优惠。

第二十一条　红十字会应当按照募捐方案、捐赠人意愿或者捐赠协议处分其接受的捐赠款物。

捐赠人有权查询、复制其捐赠财产管理使用的有关资料，红十字会应当及时主动向捐赠人反馈有关情况。

红十字会违反募捐方案、捐赠人意愿或者捐赠协议约定的用途，滥用捐赠财产的，捐赠人有权要求其改正；拒不改正的，捐赠人可以向人民政府民政部门投诉、举报或者向人民法院提起诉讼。

第二十二条 红十字会应当建立财务管理、内部控制、审计公开和监督检查制度。

红十字会的财产使用应当与其宗旨相一致。

红十字会对接受的境外捐赠款物,应当建立专项审查监督制度。

红十字会应当及时聘请依法设立的独立第三方机构,对捐赠款物的收入和使用情况进行审计,将审计结果向红十字会理事会和监事会报告,并向社会公布。

第二十三条 红十字会应当建立健全信息公开制度,规范信息发布,在统一的信息平台及时向社会公布捐赠款物的收入和使用情况,接受社会监督。

第二十四条 红十字会财产的收入和使用情况依法接受人民政府审计等部门的监督。

红十字会接受社会捐赠及其使用情况,依法接受人民政府民政部门的监督。

第二十五条 任何组织和个人不得私分、挪用、截留或者侵占红十字会的财产。

第六章 法律责任

第二十六条 红十字会及其工作人员有下列情形之一的,由同级人民政府审计、民政等部门责令改正;情节严重的,对直接负责的主管人员和其他直接责任人员依法给予处分;造成损害的,依法承担民事责任;构成犯罪的,依法追究刑事责任:

(一)违背募捐方案、捐赠人意愿或者捐赠协议,擅自处分其接受的捐赠款物的;

(二)私分、挪用、截留或者侵占财产的;

(三)未依法向捐赠人反馈情况或者开具捐赠票据的;

(四)未依法对捐赠款物的收入和使用情况进行审计的;

(五)未依法公开信息的;

(六)法律、法规规定的其他情形。

第二十七条 自然人、法人或者其他组织有下列情形之一,造成损害的,依法承担民事责任;构成违反治安管理行为的,依法给予治安管理处罚;构成犯罪的,依法追究刑事责任:

(一)冒用、滥用、篡改红十字标志和名称的;

(二)利用红十字标志和名称牟利的;

(三)制造、发布、传播虚假信息,损害红十字会名誉的;

(四)盗窃、损毁或者以其他方式侵害红十字会财产的;

(五)阻碍红十字会工作人员依法履行救援、救助、救护职责的;

(六)法律、法规规定的其他情形。

红十字会及其工作人员有前款第一项、第二项所列行为的,按照前款规定处罚。

第二十八条 各级人民政府有关部门及其工作人员在实施监督管理中滥用职权、玩忽职守、徇私舞弊的,对直接负责的主管人员和其他直接责任人员依法给予处分;构成犯罪的,依法追究刑事责任。

第七章 附 则

第二十九条 本法所称"国际红十字和红新月运动确立的基本原则",是指一九八六年十月日内瓦国际红十字大会第二十五次会议通过的“国际红十字和红新月运动章程”中确立的人道、公正、中立、独立、志愿服务、统一和普遍七项基本原则。

本法所称“日内瓦公约”,是指中国批准的于一九四九年八月十二日订立的日内瓦四公约,即:《改善战地武装部队伤者病者境遇之日内瓦公约》、《改善海上武装部队伤者病者及遇船难者境遇之日内瓦公约》、《关于战俘待遇之日内瓦公约》和《关于战时保护平民之日内瓦公约》。

本法所称日内瓦公约“附加议定书”,是指中国加入的于一九七七年六月八日订立的《一九四九年八月十二日日内瓦四公约关于保护国际性武装冲突受难者的附加议定书》和《一九四九年八月十二日日内瓦四公约关于保护非国际性武装冲突受难者的附加议定书》。

第三十条 本法自2017年5月8日起施行。

中华人民共和国母婴保健法

(1994年10月27日第八届全国人民代表大会常务委员会第十次会议通过 根据2009年8月27日第十一届全国人民代表大会常务委员会第十次会议《关于修改部分法律的决定》第一次修正 根据2017年11月4日第十二届全国人民代表大会常务委员会第三十次会议《关于修改〈中华人民共和国会计法〉等十一部法律的决定》第二次修正)

目 录

第一章 总 则

第一条 为了保障母亲和婴儿健康,提高出生人口素质,根据宪法,制定本法。

第二条 国家发展母婴保健事业,提供必要条件和物质帮助,使母亲和婴儿获得医疗保健服务。

国家对边远贫困地区的母婴保健事业给予扶持。

第三条 各级人民政府领导母婴保健工作。

母婴保健事业应当纳入国民经济和社会发展计划。

第四条 国务院卫生行政部门主管全国母婴保健工作,根据不同地区情况提出分级分类指导原则,并对全国母婴保健工作实施监督管理。

国务院其他有关部门在各自职责范围内,配合卫生行政部门做好母婴保健工作。

第五条 国家鼓励、支持母婴保健领域的教育和科学研究，推广先进、实用的母婴保健技术，普及母婴保健科学知识。

第六条 对在母婴保健工作中做出显著成绩和在母婴保健科学研究中取得显著成果的组织和个人，应当给予奖励。

第二章 婚前保健

第七条 医疗保健机构应当为公民提供婚前保健服务。

婚前保健服务包括下列内容：

（一）婚前卫生指导：关于性卫生知识、生育知识和遗传病知识的教育；

（二）婚前卫生咨询：对有关婚配、生育保健等问题提供医学意见；

（三）婚前医学检查：对准备结婚的男女双方可能患影响结婚和生育的疾病进行医学检查。

第八条 婚前医学检查包括对下列疾病的检查：

（一）严重遗传性疾病；

（二）指定传染病；

（三）有关精神病。

经婚前医学检查，医疗保健机构应当出具婚前医学检查证明。

第九条 经婚前医学检查，对患指定传染病在传染期内或者有关精神病在发病期内的，医师应当提出医学意见；准备结婚的男女双方应当暂缓结婚。

第十条 经婚前医学检查，对诊断患医学上认为不宜生育的严重遗传性疾病的，医师应当向男女双方说明情况，提出医学意见；经男女双方同意，采取长效避孕措施或者施行结扎手术后不生育的，可以结婚。但《中华人民共和国婚姻》规定禁止结婚的除外。

第十一条 接受婚前医学检查的人员对检查结果持有异议的，可以申请医学技术鉴定，取得医学鉴定证明。

第十二条 男女双方在结婚登记时，应当持有婚前医学检查证明或者医学鉴定证明。

第十三条 省、自治区、直辖市人民政府根据本地区的实际情况，制定婚前医学检查制度实施办法。

省、自治区、直辖市人民政府对婚前医学检查应当规定合理的收费标准，对边远贫困地区或者交费确有困难的人员应当给予减免。

第三章 孕产期保健

第十四条 医疗保健机构应当为育龄妇女和孕产妇提供孕产期保健服务。

孕产期保健服务包括下列内容：

（一）母婴保健指导：对孕育健康后代以及严重遗传性疾病和碘缺乏病等地方病的发病原因、治疗和预防方法提供医学意见；

（二）孕妇、产妇保健：为孕妇、产妇提供卫生、营养、心理等方面的咨询和指导以及产前定期检查等医疗保健服务；

（三）胎儿保健：为胎儿生长发育进行监护，提供咨询和医学指导；

（四）新生儿保健：为新生儿生长发育、哺乳和护理提供医疗保健服务。

第十五条　对患严重疾病或者接触致畸物质，妊娠可能危及孕妇生命安全或者可能严重影响孕妇健康和胎儿正常发育的，医疗保健机构应当予以医学指导。

第十六条　医师发现或者怀疑患严重遗传性疾病的育龄夫妻，应当提出医学意见。育龄夫妻应当根据医师的医学意见采取相应的措施。

第十七条　经产前检查，医师发现或者怀疑胎儿异常的，应当对孕妇进行产前诊断。

第十八条　经产前诊断，有下列情形之一的，医师应当向夫妻双方说明情况，并提出终止妊娠的医学意见：

（一）胎儿患严重遗传性疾病的；

（二）胎儿有严重缺陷的；

（三）因患严重疾病，继续妊娠可能危及孕妇生命安全或者严重危害孕妇健康的。

第十九条　依照本法规定施行终止妊娠或者结扎手术，应当经本人同意，并签署意见。本人无行为能力的，应当经其监护人同意，并签署意见。

依照本法规定施行终止妊娠或者结扎手术的，接受免费服务。

第二十条　生育过严重缺陷患儿的妇女再次妊娠前，夫妻双方应当到县级以上医疗保健机构接受医学检查。

第二十一条　医师和助产人员应当严格遵守有关操作规程，提高助产技术和服务质量，预防和减少产伤。

第二十二条　不能住院分娩的孕妇应当由经过培训、具备相应接生能力的接生人员实行消毒接生。

第二十三条　医疗保健机构和从事家庭接生的人员按照国务院卫生行政部门的规定，出具统一制发的新生儿出生医学证明；有产妇和婴儿死亡以及新生儿出生缺陷情况的，应当向卫生行政部门报告。

第二十四条　医疗保健机构为产妇提供科学育儿、合理营养和母乳喂养的指导。

医疗保健机构对婴儿进行体格检查和预防接种，逐步开展新生儿疾病筛查、婴儿多发病和常见病防治等医疗保健服务。

第四章　技术鉴定

第二十五条　县级以上地方人民政府可以设立医学技术鉴定组织，负责对婚前医学检查、遗传病诊断和产前诊断结果有异议的进行医学技术鉴定。

第二十六条　从事医学技术鉴定的人员，必须具有临床经验和医学遗传学知识，并具有主治医师以上的专业技术职务。

医学技术鉴定组织的组成人员，由卫生行政部门提名，同级人民政府聘任。

第二十七条　医学技术鉴定实行回避制度。凡与当事人有利害关系，可能影响公正鉴定的人员，应当回避。

第五章 行政管理

第二十八条 各级人民政府应当采取措施,加强母婴保健工作,提高医疗保健服务水平,积极防治由环境因素所致严重危害母亲和婴儿健康的地方性高发性疾病,促进母婴保健事业的发展。

第二十九条 县级以上地方人民政府卫生行政部门管理本行政区域内的母婴保健工作。

第三十条 省、自治区、直辖市人民政府卫生行政部门指定的医疗保健机构负责本行政区域内的母婴保健监测和技术指导。

第三十一条 医疗保健机构按照国务院卫生行政部门的规定,负责其职责范围内的母婴保健工作,建立医疗保健工作规范,提高医学技术水平,采取各种措施方便人民群众,做好母婴保健服务工作。

第三十二条 医疗保健机构依照本法规定开展婚前医学检查、遗传病诊断、产前诊断以及施行结扎手术和终止妊娠手术的,必须符合国务院卫生行政部门规定的条件和技术标准,并经县级以上地方人民政府卫生行政部门许可。

严禁采用技术手段对胎儿进行性别鉴定,但医学上确有需要的除外。

第三十三条 从事本法规定的遗传病诊断、产前诊断的人员,必须经过省、自治区、直辖市人民政府卫生行政部门的考核,并取得相应的合格证书。

从事本法规定的婚前医学检查、施行结扎手术和终止妊娠手术的人员,必须经过县级以上地方人民政府卫生行政部门的考核,并取得相应的合格证书。

第三十四条 从事母婴保健工作的人员应当严格遵守职业道德,为当事人保守秘密。

第六章 法律责任

第三十五条 未取得国家颁发的有关合格证书的,有下列行为之一,县级以上地方人民政府卫生行政部门应当予以制止,并可以根据情节给予警告或者处以罚款:

(一)从事婚前医学检查、遗传病诊断、产前诊断或者医学技术鉴定的;

(二)施行终止妊娠手术的;

(三)出具本法规定的有关医学证明的。

上款第(三)项出具的有关医学证明无效。

第三十六条 未取得国家颁发的有关合格证书,施行终止妊娠手术或者采取其他方法终止妊娠,致人死亡、残疾、丧失或者基本丧失劳动能力的,依照刑法有关规定追究刑事责任。

第三十七条 从事母婴保健工作的人员违反本法规定,出具有关虚假医学证明或者进行胎儿性别鉴定的,由医疗保健机构或者卫生行政部门根据情节给予行政处分;情节严重的,依法取消执业资格。

第七章 附 则

第三十八条 本法下列用语的含义:

指定传染病，是指《中华人民共和国传染病防治法》中规定的艾滋病、淋病、梅毒、麻疯病以及医学上认为影响结婚和生育的其他传染病。

严重遗传性疾病，是指由于遗传因素先天形成，患者全部或者部分丧失自主生活能力，后代再现风险高，医学上认为不宜生育的遗传性疾病。

有关精神病，是指精神分裂症、躁狂抑郁型精神病以及其他重型精神病。

产前诊断，是指对胎儿进行先天性缺陷和遗传性疾病的诊断。

第三十九条 本法自1995年6月1日起施行。

中华人民共和国未成年人保护法

（1991年9月4日第七届全国人民代表大会常务委员会第二十一次会议通过 2006年12月29日第十届全国人民代表大会常务委员会第二十五次会议第一次修订 根据2012年10月26日第十一届全国人民代表大会常务委员会第二十九次会议《关于修改〈中华人民共和国未成年人保护法〉的决定》修正 2020年10月17日第十三届全国人民代表大会常务委员会第二十二次会议第二次修订）

目 录

第一章 总 则

第一条 为了保护未成年人身心健康，保障未成年人合法权益，促进未成年人德智体美劳全面发展，培养有理想、有道德、有文化、有纪律的社会主义建设者和接班人，培养担当民族复兴大任的时代新人，根据宪法，制定本法。

第二条 本法所称未成年人是指未满十八周岁的公民。

第三条 国家保障未成年人的生存权、发展权、受保护权、参与权等权利。

未成年人依法平等地享有各项权利，不因本人及其父母或者其他监护人的民族、种族、性别、户籍、职业、宗教信仰、教育程度、家庭状况、身心健康状况等受到歧视。

第四条 保护未成年人，应当坚持最有利于未成年人的原则。处理涉及未成年人事项，应当符合下列要求：

（一）给予未成年人特殊、优先保护；

（二）尊重未成年人人格尊严；

（三）保护未成年人隐私权和个人信息；

（四）适应未成年人身心健康发展的规律和特点；

（五）听取未成年人的意见；

（六）保护与教育相结合。

第五条 国家、社会、学校和家庭应当对未成年人进行理想教育、道德教育、科学教育、文化教育、法治教育、国家安全教育、健康教育、劳动教育，加强爱国主义、集体主义和中国特色社会主义的教育，培养爱祖国、爱人民、爱劳动、爱科学、爱社会主义的公德，抵制资本主义、封建主义和其他腐朽思想的侵蚀，引导未成年人树立和践行社会主义核心价值观。

第六条 保护未成年人，是国家机关、武装力量、政党、人民团体、企业事业单位、社会组织、城乡基层群众性自治组织、未成年人的监护人以及其他成年人的共同责任。

国家、社会、学校和家庭应当教育和帮助未成年人维护自身合法权益，增强自我保护的意识和能力。

第七条 未成年人的父母或者其他监护人依法对未成年人承担监护职责。

国家采取措施指导、支持、帮助和监督未成年人的父母或者其他监护人履行监护职责。

第八条 县级以上人民政府应当将未成年人保护工作纳入国民经济和社会发展规划，相关经费纳入本级政府预算。

第九条 县级以上人民政府应当建立未成年人保护工作协调机制，统筹、协调、督促和指导有关部门在各自职责范围内做好未成年人保护工作。协调机制具体工作由县级以上人民政府民政部门承担，省级人民政府也可以根据本地实际情况确定由其他有关部门承担。

第十条 共产主义青年团、妇女联合会、工会、残疾人联合会、关心下一代工作委员会、青年联合会、学生联合会、少年先锋队以及其他人民团体、有关社会组织，应当协助各级人民政府及其有关部门、人民检察院、人民法院做好未成年人保护工作，维护未成年人合法权益。

第十一条 任何组织或者个人发现不利于未成年人身心健康或者侵犯未成年人合法权益的情形，都有权劝阻、制止或者向公安、民政、教育等有关部门提出检举、控告。

国家机关、居民委员会、村民委员会、密切接触未成年人的单位及其工作人员，在工作中发现未成年人身心健康受到侵害、疑似受到侵害或者面临其他危险情形的，应当立即向公安、民政、教育等有关部门报告。

有关部门接到涉及未成年人的检举、控告或者报告，应当依法及时受理、处置，并以适当方式将处理结果告知相关单位和人员。

第十二条 国家鼓励和支持未成年人保护方面的科学研究，建设相关学科、设置相关专业，加强人才培养。

第十三条 国家建立健全未成年人统计调查制度，开展未成年人健康、受教育等状况的统计、调查和分析，发布未成年人保护的有关信息。

第十四条 国家对保护未成年人有显著成绩的组织和个人给予表彰和奖励。

第二章 家庭保护

第十五条 未成年人的父母或者其他监护人应当学习家庭教育知识，接受家庭教育指导，创造良好、和睦、文明的家庭环境。

共同生活的其他成年家庭成员应当协助未成年人的父母或者其他监护人抚养、教育和保护未成年人。

第十六条 未成年人的父母或者其他监护人应当履行下列监护职责：

（一）为未成年人提供生活、健康、安全等方面的保障；

（二）关注未成年人的生理、心理状况和情感需求；

（三）教育和引导未成年人遵纪守法、勤俭节约，养成良好的思想品德和行为习惯；

（四）对未成年人进行安全教育，提高未成年人的自我保护意识和能力；

（五）尊重未成年人受教育的权利，保障适龄未成年人依法接受并完成义务教育；

（六）保障未成年人休息、娱乐和体育锻炼的时间，引导未成年人进行有益身心健康的活动；

（七）妥善管理和保护未成年人的财产；

（八）依法代理未成年人实施民事法律行为；

（九）预防和制止未成年人的不良行为和违法犯罪行为，并进行合理管教；

（十）其他应当履行的监护职责。

第十七条 未成年人的父母或者其他监护人不得实施下列行为：

（一）虐待、遗弃、非法送养未成年人或者对未成年人实施家庭暴力；

（二）放任、教唆或者利用未成年人实施违法犯罪行为；

（三）放任、唆使未成年人参与邪教、迷信活动或者接受恐怖主义、分裂主义、极端主义等侵害；

（四）放任、唆使未成年人吸烟（含电子烟，下同）、饮酒、赌博、流浪乞讨或者欺凌他人；

（五）放任或者迫使应当接受义务教育的未成年人失学、辍学；

（六）放任未成年人沉迷网络，接触危害或者可能影响其身心健康的图书、报刊、电影、广播电视节目、音像制品、电子出版物和网络信息等；

（七）放任未成年人进入营业性娱乐场所、酒吧、互联网上网服务营业场所等不适宜未成年人活动的场所；

（八）允许或者迫使未成年人从事国家规定以外的劳动；

（九）允许、迫使未成年人结婚或者为未成年人订立婚约；

（十）违法处分、侵吞未成年人的财产或者利用未成年人牟取不正当利益；

（十一）其他侵犯未成年人身心健康、财产权益或者不依法履行未成年人保护义务的行为。

第十八条　未成年人的父母或者其他监护人应当为未成年人提供安全的家庭生活环境,及时排除引发触电、烫伤、跌落等伤害的安全隐患;采取配备儿童安全座椅、教育未成年人遵守交通规则等措施,防止未成年人受到交通事故的伤害;提高户外安全保护意识,避免未成年人发生溺水、动物伤害等事故。

第十九条　未成年人的父母或者其他监护人应当根据未成年人的年龄和智力发展状况,在作出与未成年人权益有关的决定前,听取未成年人的意见,充分考虑其真实意愿。

第二十条　未成年人的父母或者其他监护人发现未成年人身心健康受到侵害、疑似受到侵害或者其他合法权益受到侵犯的,应当及时了解情况并采取保护措施;情况严重的,应当立即向公安、民政、教育等部门报告。

第二十一条　未成年人的父母或者其他监护人不得使未满八周岁或者由于身体、心理原因需要特别照顾的未成年人处于无人看护状态,或者将其交由无民事行为能力、限制民事行为能力、患有严重传染性疾病或者其他不适宜的人员临时照护。

未成年人的父母或者其他监护人不得使未满十六周岁的未成年人脱离监护单独生活。

第二十二条　未成年人的父母或者其他监护人因外出务工等原因在一定期限内不能完全履行监护职责的,应当委托具有照护能力的完全民事行为能力人代为照护;无正当理由的,不得委托他人代为照护。

未成年人的父母或者其他监护人在确定被委托人时,应当综合考虑其道德品质、家庭状况、身心健康状况、与未成年人生活情感上的联系等情况,并听取有表达意愿能力未成年人的意见。

具有下列情形之一的,不得作为被委托人:

(一)曾实施性侵害、虐待、遗弃、拐卖、暴力伤害等违法犯罪行为;

(二)有吸毒、酗酒、赌博等恶习;

(三)曾拒不履行或者长期怠于履行监护、照护职责;

(四)其他不适宜担任被委托人的情形。

第二十三条　未成年人的父母或者其他监护人应当及时将委托照护情况书面告知未成年人所在学校、幼儿园和实际居住地的居民委员会、村民委员会,加强和未成年人所在学校、幼儿园的沟通;与未成年人、被委托人至少每周联系和交流一次,了解未成年人的生活、学习、心理等情况,并给予未成年人亲情关爱。

未成年人的父母或者其他监护人接到被委托人、居民委员会、村民委员会、学校、幼儿园等关于未成年人心理、行为异常的通知后,应当及时采取干预措施。

第二十四条　未成年人的父母离婚时,应当妥善处理未成年子女的抚养、教育、探望、财产等事宜,听取有表达意愿能力未成年人的意见。不得以抢夺、藏匿未成年子女等方式争夺抚养权。

未成年人的父母离婚后,不直接抚养未成年子女的一方应当依照协议、人民法院判决或者调解确定的时间和方式,在不影响未成年人学习、生活的情况下探望未成年子女,直接抚养的一方应当配合,但被人民法院依法中止探望权的除外。

第三章　学校保护

第二十五条　学校应当全面贯彻国家教育方针，坚持立德树人，实施素质教育，提高教育质量，注重培养未成年学生认知能力、合作能力、创新能力和实践能力，促进未成年学生全面发展。

学校应当建立未成年学生保护工作制度，健全学生行为规范，培养未成年学生遵纪守法的良好行为习惯。

第二十六条　幼儿园应当做好保育、教育工作，遵循幼儿身心发展规律，实施启蒙教育，促进幼儿在体质、智力、品德等方面和谐发展。

第二十七条　学校、幼儿园的教职员工应当尊重未成年人人格尊严，不得对未成年人实施体罚、变相体罚或者其他侮辱人格尊严的行为。

第二十八条　学校应当保障未成年学生受教育的权利，不得违反国家规定开除、变相开除未成年学生。

学校应当对尚未完成义务教育的辍学未成年学生进行登记并劝返复学；劝返无效的，应当及时向教育行政部门书面报告。

第二十九条　学校应当关心、爱护未成年学生，不得因家庭、身体、心理、学习能力等情况歧视学生。对家庭困难、身心有障碍的学生，应当提供关爱；对行为异常、学习有困难的学生，应当耐心帮助。

学校应当配合政府有关部门建立留守未成年学生、困境未成年学生的信息档案，开展关爱帮扶工作。

第三十条　学校应当根据未成年学生身心发展特点，进行社会生活指导、心理健康辅导、青春期教育和生命教育。

第三十一条　学校应当组织未成年学生参加与其年龄相适应的日常生活劳动、生产劳动和服务性劳动，帮助未成年学生掌握必要的劳动知识和技能，养成良好的劳动习惯。

第三十二条　学校、幼儿园应当开展勤俭节约、反对浪费、珍惜粮食、文明饮食等宣传教育活动，帮助未成年人树立浪费可耻、节约为荣的意识，养成文明健康、绿色环保的生活习惯。

第三十三条　学校应当与未成年学生的父母或者其他监护人互相配合，合理安排未成年学生的学习时间，保障其休息、娱乐和体育锻炼的时间。

学校不得占用国家法定节假日、休息日及寒暑假期，组织义务教育阶段的未成年学生集体补课，加重其学习负担。

幼儿园、校外培训机构不得对学龄前未成年人进行小学课程教育。

第三十四条　学校、幼儿园应当提供必要的卫生保健条件，协助卫生健康部门做好在校、在园未成年人的卫生保健工作。

第三十五条　学校、幼儿园应当建立安全管理制度，对未成年人进行安全教育，完善安保设施、配备安保人员，保障未成年人在校、在园期间的人身和财产安全。

学校、幼儿园不得在危及未成年人人身安全、身心健康的校舍和其他设施、场所中进行教育教学活动。

学校、幼儿园安排未成年人参加文化娱乐、社会实践等集体活动，应当保护未成年人的身心健康，防止发生人身伤害事故。

第三十六条 使用校车的学校、幼儿园应当建立健全校车安全管理制度，配备安全管理人员，定期对校车进行安全检查，对校车驾驶人进行安全教育，并向未成年人讲解校车安全乘坐知识，培养未成年人校车安全事故应急处理技能。

第三十七条 学校、幼儿园应当根据需要，制定应对自然灾害、事故灾难、公共卫生事件等突发事件和意外伤害的预案，配备相应设施并定期进行必要的演练。

未成年人在校内、园内或者本校、本园组织的校外、园外活动中发生人身伤害事故的，学校、幼儿园应当立即救护，妥善处理，及时通知未成年人的父母或者其他监护人，并向有关部门报告。

第三十八条 学校、幼儿园不得安排未成年人参加商业性活动，不得向未成年人及其父母或者其他监护人推销或者要求其购买指定的商品和服务。

学校、幼儿园不得与校外培训机构合作为未成年人提供有偿课程辅导。

第三十九条 学校应当建立学生欺凌防控工作制度，对教职员工、学生等开展防治学生欺凌的教育和培训。

学校对学生欺凌行为应当立即制止，通知实施欺凌和被欺凌未成年学生的父母或者其他监护人参与欺凌行为的认定和处理；对相关未成年学生及时给予心理辅导、教育和引导；对相关未成年学生的父母或者其他监护人给予必要的家庭教育指导。

对实施欺凌的未成年学生，学校应当根据欺凌行为的性质和程度，依法加强管教。对严重的欺凌行为，学校不得隐瞒，应当及时向公安机关、教育行政部门报告，并配合相关部门依法处理。

第四十条 学校、幼儿园应当建立预防性侵害、性骚扰未成年人工作制度。对性侵害、性骚扰未成年人等违法犯罪行为，学校、幼儿园不得隐瞒，应当及时向公安机关、教育行政部门报告，并配合相关部门依法处理。

学校、幼儿园应当对未成年人开展适合其年龄的性教育，提高未成年人防范性侵害、性骚扰的自我保护意识和能力。对遭受性侵害、性骚扰的未成年人，学校、幼儿园应当及时采取相关的保护措施。

第四十一条 婴幼儿照护服务机构、早期教育服务机构、校外培训机构、校外托管机构等应当参照本章有关规定，根据不同年龄阶段未成年人的成长特点和规律，做好未成年人保护工作。

第四章 社会保护

第四十二条 全社会应当树立关心、爱护未成年人的良好风尚。

国家鼓励、支持和引导人民团体、企业事业单位、社会组织以及其他组织和个人，开展有利于未成年人健康成长的社会活动和服务。

第四十三条 居民委员会、村民委员会应当设置专人专岗负责未成年人保护工作，协助政府有关部门宣传未成年人保护方面的法律法规，指导、帮助和监督未成年人的父母或者其他监护人依法履行监护职责，建立留守未成年人、困境未成年人的信息档案并给予关爱帮扶。

居民委员会、村民委员会应当协助政府有关部门监督未成年人委托照护情况，发现被委托人缺乏照护能力、怠于履行照护职责等情况，应当及时向政府有关部门报告，并告知未成年人的父母或者其他监护人，帮助、督促被委托人履行照护职责。

第四十四条　爱国主义教育基地、图书馆、青少年宫、儿童活动中心、儿童之家应当对未成年人免费开放；博物馆、纪念馆、科技馆、展览馆、美术馆、文化馆、社区公益性互联网上网服务场所以及影剧院、体育场馆、动物园、植物园、公园等场所，应当按照有关规定对未成年人免费或者优惠开放。

国家鼓励爱国主义教育基地、博物馆、科技馆、美术馆等公共场馆开设未成年人专场，为未成年人提供有针对性的服务。

国家鼓励国家机关、企业事业单位、部队等开发自身教育资源，设立未成年人开放日，为未成年人主题教育、社会实践、职业体验等提供支持。

国家鼓励科研机构和科技类社会组织对未成年人开展科学普及活动。

第四十五条　城市公共交通以及公路、铁路、水路、航空客运等应当按照有关规定对未成年人实施免费或者优惠票价。

第四十六条　国家鼓励大型公共场所、公共交通工具、旅游景区景点等设置母婴室、婴儿护理台以及方便幼儿使用的坐便器、洗手台等卫生设施，为未成年人提供便利。

第四十七条　任何组织或者个人不得违反有关规定，限制未成年人应当享有的照顾或者优惠。

第四十八条　国家鼓励创作、出版、制作和传播有利于未成年人健康成长的图书、报刊、电影、广播电视节目、舞台艺术作品、音像制品、电子出版物和网络信息等。

第四十九条　新闻媒体应当加强未成年人保护方面的宣传，对侵犯未成年人合法权益的行为进行舆论监督。新闻媒体采访报道涉及未成年人事件应当客观、审慎和适度，不得侵犯未成年人的名誉、隐私和其他合法权益。

第五十条　禁止制作、复制、出版、发布、传播含有宣扬淫秽、色情、暴力、邪教、迷信、赌博、引诱自杀、恐怖主义、分裂主义、极端主义等危害未成年人身心健康内容的图书、报刊、电影、广播电视节目、舞台艺术作品、音像制品、电子出版物和网络信息等。

第五十一条　任何组织或者个人出版、发布、传播的图书、报刊、电影、广播电视节目、舞台艺术作品、音像制品、电子出版物或者网络信息，包含可能影响未成年人身心健康内容的，应当以显著方式作出提示。

第五十二条　禁止制作、复制、发布、传播或者持有有关未成年人的淫秽色情物品和网络信息。

第五十三条　任何组织或者个人不得刊登、播放、张贴或者散发含有危害未成年人身心健康内容的广告；不得在学校、幼儿园播放、张贴或者散发商业广告；不得利用校服、教材等发布或者变相发布商业广告。

第五十四条 禁止拐卖、绑架、虐待、非法收养未成年人,禁止对未成年人实施性侵害、性骚扰。

禁止胁迫、引诱、教唆未成年人参加黑社会性质组织或者从事违法犯罪活动。

禁止胁迫、诱骗、利用未成年人乞讨。

第五十五条 生产、销售用于未成年人的食品、药品、玩具、用具和游戏游艺设备、游乐设施等,应当符合国家或者行业标准,不得危害未成年人的人身安全和身心健康。上述产品的生产者应当在显著位置标明注意事项,未标明注意事项的不得销售。

第五十六条 未成年人集中活动的公共场所应当符合国家或者行业安全标准,并采取相应安全保护措施。对可能存在安全风险的设施,应当定期进行维护,在显著位置设置安全警示标志并标明适龄范围和注意事项;必要时应当安排专门人员看管。

大型的商场、超市、医院、图书馆、博物馆、科技馆、游乐场、车站、码头、机场、旅游景区景点等场所运营单位应当设置搜寻走失未成年人的安全警报系统。场所运营单位接到求助后,应当立即启动安全警报系统,组织人员进行搜寻并向公安机关报告。

公共场所发生突发事件时,应当优先救护未成年人。

第五十七条 旅馆、宾馆、酒店等住宿经营者接待未成年人入住,或者接待未成年人和成年人共同入住时,应当询问父母或者其他监护人的联系方式、入住人员的身份关系等有关情况;发现有违法犯罪嫌疑的,应当立即向公安机关报告,并及时联系未成年人的父母或者其他监护人。

第五十八条 学校、幼儿园周边不得设置营业性娱乐场所、酒吧、互联网上网服务营业场所等不适宜未成年人活动的场所。营业性歌舞娱乐场所、酒吧、互联网上网服务营业场所等不适宜未成年人活动场所的经营者,不得允许未成年人进入;游艺娱乐场所设置的电子游戏设备,除国家法定节假日外,不得向未成年人提供。经营者应当在显著位置设置未成年人禁入、限入标志;对难以判明是否是未成年人的,应当要求其出示身份证件。

第五十九条 学校、幼儿园周边不得设置烟、酒、彩票销售网点。禁止向未成年人销售烟、酒、彩票或者兑付彩票奖金。烟、酒和彩票经营者应当在显著位置设置不向未成年人销售烟、酒或者彩票的标志;对难以判明是否是未成年人的,应当要求其出示身份证件。

任何人不得在学校、幼儿园和其他未成年人集中活动的公共场所吸烟、饮酒。

第六十条 禁止向未成年人提供、销售管制刀具或者其他可能致人严重伤害的器具等物品。经营者难以判明购买者是否是未成年人的,应当要求其出示身份证件。

第六十一条 任何组织或者个人不得招用未满十六周岁未成年人,国家另有规定的除外。

营业性娱乐场所、酒吧、互联网上网服务营业场所等不适宜未成年人活动的场所不得招用已满十六周岁的未成年人。

招用已满十六周岁未成年人的单位和个人应当执行国家在工种、劳动时间、劳动强度和保护措施等方面的规定,不得安排其从事过重、有毒、有害等危害未成年人身心健康的劳动或者危险作业。

任何组织或者个人不得组织未成年人进行危害其身心健康的表演等活动。经未成年人的父母或者其他监护人同意,未成年人参与演出、节目制作等活动,活动组织方应当根据国家有关规定,保障未成年人合法权益。

第六十二条 密切接触未成年人的单位招聘工作人员时,应当向公安机关、人民检察院查询应聘者是否具有性侵害、虐待、拐卖、暴力伤害等违法犯罪记录;发现其具有前述行为记录的,不得录用。

密切接触未成年人的单位应当每年定期对工作人员是否具有上述违法犯罪记录进行查询。通过查询或者其他方式发现其工作人员具有上述行为的,应当及时解聘。

第六十三条 任何组织或者个人不得隐匿、毁弃、非法删除未成年人的信件、日记、电子邮件或者其他网络通讯内容。

除下列情形外,任何组织或者个人不得开拆、查阅未成年人的信件、日记、电子邮件或者其他网络通讯内容:

(一)无民事行为能力未成年人的父母或者其他监护人代未成年人开拆、查阅;

(二)因国家安全或者追查刑事犯罪依法进行检查;

(三)紧急情况下为了保护未成年人本人的人身安全。

第五章 网络保护

第六十四条 国家、社会、学校和家庭应当加强未成年人网络素养宣传教育,培养和提高未成年人的网络素养,增强未成年人科学、文明、安全、合理使用网络的意识和能力,保障未成年人在网络空间的合法权益。

第六十五条 国家鼓励和支持有利于未成年人健康成长的网络内容的创作与传播,鼓励和支持专门以未成年人为服务对象、适合未成年人身心健康特点的网络技术、产品、服务的研发、生产和使用。

第六十六条 网信部门及其他有关部门应当加强对未成年人网络保护工作的监督检查,依法惩处利用网络从事危害未成年人身心健康的活动,为未成年人提供安全、健康的网络环境。

第六十七条 网信部门会同公安、文化和旅游、新闻出版、电影、广播电视等部门根据保护不同年龄阶段未成年人的需要,确定可能影响未成年人身心健康网络信息的种类、范围和判断标准。

第六十八条 新闻出版、教育、卫生健康、文化和旅游、网信等部门应当定期开展预防未成年人沉迷网络的宣传教育,监督网络产品和服务提供者履行预防未成年人沉迷网络的义务,指导家庭、学校、社会组织互相配合,采取科学、合理的方式对未成年人沉迷网络进行预防和干预。

任何组织或者个人不得以侵害未成年人身心健康的方式对未成年人沉迷网络进行干预。

第六十九条 学校、社区、图书馆、文化馆、青少年宫等场所为未成年人提供的互联网上网服务设施,应当安装未成年人网络保护软件或者采取其他安全保护技术措施。

智能终端产品的制造者、销售者应当在产品上安装未成年人网络保护软件,或者以显著方式告知用户未成年人网络保护软件的安装渠道和方法。

第七十条 学校应当合理使用网络开展教学活动。未经学校允许,未成年学生不得将手机等智能终端产品带入课堂,带入学校的应当统一管理。

学校发现未成年学生沉迷网络的,应当及时告知其父母或者其他监护人,共同对未成年学生进行教育和引导,帮助其恢复正常的学习生活。

第七十一条 未成年人的父母或者其他监护人应当提高网络素养,规范自身使用网络的行为,加强对未成年人使用网络行为的引导和监督。

未成年人的父母或者其他监护人应当通过在智能终端产品上安装未成年人网络保护软件、选择适合未成年人的服务模式和管理功能等方式,避免未成年人接触危害或者可能影响其身心健康的网络信息,合理安排未成年人使用网络的时间,有效预防未成年人沉迷网络。

第七十二条 信息处理者通过网络处理未成年人个人信息的,应当遵循合法、正当和必要的原则。处理不满十四周岁未成年人个人信息的,应当征得未成年人的父母或者其他监护人同意,但法律、行政法规另有规定的除外。

未成年人、父母或者其他监护人要求信息处理者更正、删除未成年人个人信息的,信息处理者应当及时采取措施予以更正、删除,但法律、行政法规另有规定的除外。

第七十三条 网络服务提供者发现未成年人通过网络发布私密信息的,应当及时提示,并采取必要的保护措施。

第七十四条 网络产品和服务提供者不得向未成年人提供诱导其沉迷的产品和服务。

网络游戏、网络直播、网络音视频、网络社交等网络服务提供者应当针对未成年人使用其服务设置相应的时间管理、权限管理、消费管理等功能。

以未成年人为服务对象的在线教育网络产品和服务,不得插入网络游戏链接,不得推送广告等与教学无关的信息。

第七十五条 网络游戏经依法审批后方可运营。

国家建立统一的未成年人网络游戏电子身份认证系统。网络游戏服务提供者应当要求未成年人以真实身份信息注册并登录网络游戏。

网络游戏服务提供者应当按照国家有关规定和标准,对游戏产品进行分类,作出适龄提示,并采取技术措施,不得让未成年人接触不适宜的游戏或者游戏功能。

网络游戏服务提供者不得在每日二十二时至次日八时向未成年人提供网络游戏服务。

第七十六条 网络直播服务提供者不得为未满十六周岁的未成年人提供网络直播发布者账号注册服务;为年满十六周岁的未成年人提供网络直播发布者账号注册服务时,应当对其身份信息进行认证,并征得其父母或者其他监护人同意。

第七十七条 任何组织或者个人不得通过网络以文字、图片、音视频等形式,对未成年人实施侮辱、诽谤、威胁或者恶意损害形象等网络欺凌行为。

遭受网络欺凌的未成年人及其父母或者其他监护人有权通知网络服务提供者采取删

除、屏蔽、断开链接等措施。网络服务提供者接到通知后，应当及时采取必要的措施制止网络欺凌行为，防止信息扩散。

第七十八条 网络产品和服务提供者应当建立便捷、合理、有效的投诉和举报渠道，公开投诉、举报方式等信息，及时受理并处理涉及未成年人的投诉、举报。

第七十九条 任何组织或者个人发现网络产品、服务含有危害未成年人身心健康的信息，有权向网络产品和服务提供者或者网信、公安等部门投诉、举报。

第八十条 网络服务提供者发现用户发布、传播可能影响未成年人身心健康的信息且未作显著提示的，应当作出提示或者通知用户予以提示；未作出提示的，不得传输相关信息。

网络服务提供者发现用户发布、传播含有危害未成年人身心健康内容的信息的，应当立即停止传输相关信息，采取删除、屏蔽、断开链接等处置措施，保存有关记录，并向网信、公安等部门报告。

网络服务提供者发现用户利用其网络服务对未成年人实施违法犯罪行为的，应当立即停止向该用户提供网络服务，保存有关记录，并向公安机关报告。

第六章 政府保护

第八十一条 县级以上人民政府承担未成年人保护协调机制具体工作的职能部门应当明确相关内设机构或者专门人员，负责承担未成年人保护工作。

乡镇人民政府和街道办事处应当设立未成年人保护工作站或者指定专门人员，及时办理未成年人相关事务；支持、指导居民委员会、村民委员会设立专人专岗，做好未成年人保护工作。

第八十二条 各级人民政府应当将家庭教育指导服务纳入城乡公共服务体系，开展家庭教育知识宣传，鼓励和支持有关人民团体、企业事业单位、社会组织开展家庭教育指导服务。

第八十三条 各级人民政府应当保障未成年人受教育的权利，并采取措施保障留守未成年人、困境未成年人、残疾未成年人接受义务教育。

对尚未完成义务教育的辍学未成年学生，教育行政部门应当责令父母或者其他监护人将其送入学校接受义务教育。

第八十四条 各级人民政府应当发展托育、学前教育事业，办好婴幼儿照护服务机构、幼儿园，支持社会力量依法兴办母婴室、婴幼儿照护服务机构、幼儿园。

县级以上地方人民政府及其有关部门应当培养和培训婴幼儿照护服务机构、幼儿园的保教人员，提高其职业道德素质和业务能力。

第八十五条 各级人民政府应当发展职业教育，保障未成年人接受职业教育或者职业技能培训，鼓励和支持人民团体、企业事业单位、社会组织为未成年人提供职业技能培训服务。

第八十六条 各级人民政府应当保障具有接受普通教育能力、能适应校园生活的残疾未成年人就近在普通学校、幼儿园接受教育；保障不具有接受普通教育能力的残疾未成年人在特殊教育学校、幼儿园接受学前教育、义务教育和职业教育。

各级人民政府应当保障特殊教育学校、幼儿园的办学、办园条件，鼓励和支持社会力量举办特殊教育学校、幼儿园。

第八十七条 地方人民政府及其有关部门应当保障校园安全，监督、指导学校、幼儿园等单位落实校园安全责任，建立突发事件的报告、处置和协调机制。

第八十八条 公安机关和其他有关部门应当依法维护校园周边的治安和交通秩序，设置监控设备和交通安全设施，预防和制止侵害未成年人的违法犯罪行为。

第八十九条 地方人民政府应当建立和改善适合未成年人的活动场所和设施，支持公益性未成年人活动场所和设施的建设和运行，鼓励社会力量兴办适合未成年人的活动场所和设施，并加强管理。

地方人民政府应当采取措施，鼓励和支持学校在国家法定节假日、休息日及寒暑假期将文化体育设施对未成年人免费或者优惠开放。

地方人民政府应当采取措施，防止任何组织或者个人侵占、破坏学校、幼儿园、婴幼儿照护服务机构等未成年人活动场所的场地、房屋和设施。

第九十条 各级人民政府及其有关部门应当对未成年人进行卫生保健和营养指导，提供卫生保健服务。

卫生健康部门应当依法对未成年人的疫苗预防接种进行规范，防治未成年人常见病、多发病，加强传染病防治和监督管理，做好伤害预防和干预，指导和监督学校、幼儿园、婴幼儿照护服务机构开展卫生保健工作。

教育行政部门应当加强未成年人的心理健康教育，建立未成年人心理问题的早期发现和及时干预机制。卫生健康部门应当做好未成年人心理治疗、心理危机干预以及精神障碍早期识别和诊断治疗等工作。

第九十一条 各级人民政府及其有关部门对困境未成年人实施分类保障，采取措施满足其生活、教育、安全、医疗康复、住房等方面的基本需要。

第九十二条 具有下列情形之一的，民政部门应当依法对未成年人进行临时监护：

（一）未成年人流浪乞讨或者身份不明，暂时查找不到父母或者其他监护人；

（二）监护人下落不明且无其他人可以担任监护人；

（三）监护人因自身客观原因或者因发生自然灾害、事故灾难、公共卫生事件等突发事件不能履行监护职责，导致未成年人监护缺失；

（四）监护人拒绝或者怠于履行监护职责，导致未成年人处于无人照料的状态；

（五）监护人教唆、利用未成年人实施违法犯罪行为，未成年人需要被带离安置；

（六）未成年人遭受监护人严重伤害或者面临人身安全威胁，需要被紧急安置；

（七）法律规定的其他情形。

第九十三条 对临时监护的未成年人，民政部门可以采取委托亲属抚养、家庭寄养等方式进行安置，也可以交由未成年人救助保护机构或者儿童福利机构进行收留、抚养。

临时监护期间，经民政部门评估，监护人重新具备履行监护职责条件的，民政部门可以将未成年人送回监护人抚养。

第九十四条 具有下列情形之一的,民政部门应当依法对未成年人进行长期监护:

(一)查找不到未成年人的父母或者其他监护人;

(二)监护人死亡或者被宣告死亡且无其他人可以担任监护人;

(三)监护人丧失监护能力且无其他人可以担任监护人;

(四)人民法院判决撤销监护人资格并指定由民政部门担任监护人;

(五)法律规定的其他情形。

第九十五条 民政部门进行收养评估后,可以依法将其长期监护的未成年人交由符合条件的申请人收养。收养关系成立后,民政部门与未成年人的监护关系终止。

第九十六条 民政部门承担临时监护或者长期监护职责的,财政、教育、卫生健康、公安等部门应当根据各自职责予以配合。

县级以上人民政府及其民政部门应当根据需要设立未成年人救助保护机构、儿童福利机构,负责收留、抚养由民政部门监护的未成年人。

第九十七条 县级以上人民政府应当开通全国统一的未成年人保护热线,及时受理、转介侵犯未成年人合法权益的投诉、举报;鼓励和支持人民团体、企业事业单位、社会组织参与建设未成年人保护服务平台、服务热线、服务站点,提供未成年人保护方面的咨询、帮助。

第九十八条 国家建立性侵害、虐待、拐卖、暴力伤害等违法犯罪人员信息查询系统,向密切接触未成年人的单位提供免费查询服务。

第九十九条 地方人民政府应当培育、引导和规范有关社会组织、社会工作者参与未成年人保护工作,开展家庭教育指导服务,为未成年人的心理辅导、康复救助、监护及收养评估等提供专业服务。

第七章 司法保护

第一百条 公安机关、人民检察院、人民法院和司法行政部门应当依法履行职责,保障未成年人合法权益。

第一百零一条 公安机关、人民检察院、人民法院和司法行政部门应当确定专门机构或者指定专门人员,负责办理涉及未成年人案件。办理涉及未成年人案件的人员应当经过专门培训,熟悉未成年人身心特点。专门机构或者专门人员中,应当有女性工作人员。

公安机关、人民检察院、人民法院和司法行政部门应当对上述机构和人员实行与未成年人保护工作相适应的评价考核标准。

第一百零二条 公安机关、人民检察院、人民法院和司法行政部门办理涉及未成年人案件,应当考虑未成年人身心特点和健康成长的需要,使用未成年人能够理解的语言和表达方式,听取未成年人的意见。

第一百零三条 公安机关、人民检察院、人民法院、司法行政部门以及其他组织和个人不得披露有关案件中未成年人的姓名、影像、住所、就读学校以及其他可能识别出其身份的信息,但查找失踪、被拐卖未成年人等情形除外。

第一百零四条 对需要法律援助或者司法救助的未成年人,法律援助机构或者公安机关、人民检察院、人民法院和司法行政部门应当给予帮助，依法为其提供法律援助或者司法救助。

法律援助机构应当指派熟悉未成年人身心特点的律师为未成年人提供法律援助服务。

法律援助机构和律师协会应当对办理未成年人法律援助案件的律师进行指导和培训。

第一百零五条 人民检察院通过行使检察权，对涉及未成年人的诉讼活动等依法进行监督。

第一百零六条 未成年人合法权益受到侵犯，相关组织和个人未代为提起诉讼的，人民检察院可以督促、支持其提起诉讼；涉及公共利益的，人民检察院有权提起公益诉讼。

第一百零七条 人民法院审理继承案件，应当依法保护未成年人的继承权和受遗赠权。

人民法院审理离婚案件，涉及未成年子女抚养问题的，应当尊重已满八周岁未成年子女的真实意愿，根据双方具体情况，按照最有利于未成年子女的原则依法处理。

第一百零八条 未成年人的父母或者其他监护人不依法履行监护职责或者严重侵犯被监护的未成年人合法权益的，人民法院可以根据有关人员或者单位的申请，依法作出人身安全保护令或者撤销监护人资格。

被撤销监护人资格的父母或者其他监护人应当依法继续负担抚养费用。

第一百零九条 人民法院审理离婚、抚养、收养、监护、探望等案件涉及未成年人的，可以自行或者委托社会组织对未成年人的相关情况进行社会调查。

第一百一十条 公安机关、人民检察院、人民法院讯问未成年犯罪嫌疑人、被告人，询问未成年被害人、证人，应当依法通知其法定代理人或者其成年亲属、所在学校的代表等合适成年人到场，并采取适当方式，在适当场所进行，保障未成年人的名誉权、隐私权和其他合法权益。

人民法院开庭审理涉及未成年人案件，未成年被害人、证人一般不出庭作证；必须出庭的，应当采取保护其隐私的技术手段和心理干预等保护措施。

第一百一十一条 公安机关、人民检察院、人民法院应当与其他有关政府部门、人民团体、社会组织互相配合，对遭受性侵害或者暴力伤害的未成年被害人及其家庭实施必要的心理干预、经济救助、法律援助、转学安置等保护措施。

第一百一十二条 公安机关、人民检察院、人民法院办理未成年人遭受性侵害或者暴力伤害案件，在询问未成年被害人、证人时，应当采取同步录音录像等措施，尽量一次完成；未成年被害人、证人是女性的，应当由女性工作人员进行。

第一百一十三条 对违法犯罪的未成年人，实行教育、感化、挽救的方针，坚持教育为主、惩罚为辅的原则。

对违法犯罪的未成年人依法处罚后，在升学、就业等方面不得歧视。

第一百一十四条 公安机关、人民检察院、人民法院和司法行政部门发现有关单位未尽到未成年人教育、管理、救助、看护等保护职责的，应当向该单位提出建议。被建议单位应当在一个月内作出书面回复。

第一百一十五条 公安机关、人民检察院、人民法院和司法行政部门应当结合实际，根据涉及未成年人案件的特点，开展未成年人法治宣传教育工作。

第一百一十六条　国家鼓励和支持社会组织、社会工作者参与涉及未成年人案件中未成年人的心理干预、法律援助、社会调查、社会观护、教育矫治、社区矫正等工作。

第八章　法律责任

第一百一十七条　违反本法第十一条第二款规定，未履行报告义务造成严重后果的，由上级主管部门或者所在单位对直接负责的主管人员和其他直接责任人员依法给予处分。

第一百一十八条　未成年人的父母或者其他监护人不依法履行监护职责或者侵犯未成年人合法权益的，由其居住地的居民委员会、村民委员会予以劝诫、制止；情节严重的，居民委员会、村民委员会应当及时向公安机关报告。

公安机关接到报告或者公安机关、人民检察院、人民法院在办理案件过程中发现未成年人的父母或者其他监护人存在上述情形的，应当予以训诫，并可以责令其接受家庭教育指导。

第一百一十九条　学校、幼儿园、婴幼儿照护服务等机构及其教职员工违反本法第二十七条、第二十八条、第三十九条规定的，由公安、教育、卫生健康、市场监督管理等部门按照职责分工责令改正；拒不改正或者情节严重的，对直接负责的主管人员和其他直接责任人员依法给予处分。

第一百二十条　违反本法第四十四条、第四十五条、第四十七条规定，未给予未成年人免费或者优惠待遇的，由市场监督管理、文化和旅游、交通运输等部门按照职责分工责令限期改正，给予警告；拒不改正的，处一万元以上十万元以下罚款。

第一百二十一条　违反本法第五十条、第五十一条规定的，由新闻出版、广播电视、电影、网信等部门按照职责分工责令限期改正，给予警告，没收违法所得，可以并处十万元以下罚款；拒不改正或者情节严重的，责令暂停相关业务、停产停业或者吊销营业执照、吊销相关许可证，违法所得一百万元以上的，并处违法所得一倍以上十倍以下的罚款，没有违法所得或者违法所得不足一百万元的，并处十万元以上一百万元以下罚款。

第一百二十二条　场所运营单位违反本法第五十六条第二款规定、住宿经营者违反本法第五十七条规定的，由市场监督管理、应急管理、公安等部门按照职责分工责令限期改正，给予警告；拒不改正或者造成严重后果的，责令停业整顿或者吊销营业执照、吊销相关许可证，并处一万元以上十万元以下罚款。

第一百二十三条　相关经营者违反本法第五十八条、第五十九条第一款、第六十条规定的，由文化和旅游、市场监督管理、烟草专卖、公安等部门按照职责分工责令限期改正，给予警告，没收违法所得，可以并处五万元以下罚款；拒不改正或者情节严重的，责令停业整顿或者吊销营业执照、吊销相关许可证，可以并处五万元以上五十万元以下罚款。

第一百二十四条　违反本法第五十九条第二款规定，在学校、幼儿园和其他未成年人集中活动的公共场所吸烟、饮酒的，由卫生健康、教育、市场监督管理等部门按照职责分工责令改正，给予警告，可以并处五百元以下罚款；场所管理者未及时制止的，由卫生健康、教育、市场监督管理等部门按照职责分工给予警告，并处一万元以下罚款。

第一百二十五条　违反本法第六十一条规定的，由文化和旅游、人力资源和社会保障、市场监督管理等部门按照职责分工责令限期改正，给予警告，没收违法所得，可以并处十万元以下罚款；拒不改正或者情节严重的，责令停产停业或者吊销营业执照、吊销相关许可证，并处十万元以上一百万元以下罚款。

第一百二十六条　密切接触未成年人的单位违反本法第六十二条规定，未履行查询义务，或者招用、继续聘用具有相关违法犯罪记录人员的，由教育、人力资源和社会保障、市场监督管理等部门按照职责分工责令限期改正，给予警告，并处五万元以下罚款；拒不改正或者造成严重后果的，责令停业整顿或者吊销营业执照、吊销相关许可证，并处五万元以上五十万元以下罚款，对直接负责的主管人员和其他直接责任人员依法给予处分。

第一百二十七条　信息处理者违反本法第七十二条规定，或者网络产品和服务提供者违反本法第七十三条、第七十四条、第七十五条、第七十六条、第七十七条、第八十条规定的，由公安、网信、电信、新闻出版、广播电视、文化和旅游等有关部门按照职责分工责令改正，给予警告，没收违法所得，违法所得一百万元以上的，并处违法所得一倍以上十倍以下罚款，没有违法所得或者违法所得不足一百万元的，并处十万元以上一百万元以下罚款，对直接负责的主管人员和其他责任人员处一万元以上十万元以下罚款；拒不改正或者情节严重的，并可以责令暂停相关业务、停业整顿、关闭网站、吊销营业执照或者吊销相关许可证。

第一百二十八条　国家机关工作人员玩忽职守、滥用职权、徇私舞弊，损害未成年人合法权益的，依法给予处分。

第一百二十九条　违反本法规定，侵犯未成年人合法权益，造成人身、财产或者其他损害的，依法承担民事责任。

违反本法规定，构成违反治安管理行为的，依法给予治安管理处罚；构成犯罪的，依法追究刑事责任。

第九章　附　　则

第一百三十条　本法中下列用语的含义：

（一）密切接触未成年人的单位，是指学校、幼儿园等教育机构；校外培训机构；未成年人救助保护机构、儿童福利机构等未成年人安置、救助机构；婴幼儿照护服务机构、早期教育服务机构；校外托管、临时看护机构；家政服务机构；为未成年人提供医疗服务的医疗机构；其他对未成年人负有教育、培训、监护、救助、看护、医疗等职责的企业事业单位、社会组织等。

（二）学校，是指普通中小学、特殊教育学校、中等职业学校、专门学校。

（三）学生欺凌，是指发生在学生之间，一方蓄意或者恶意通过肢体、语言及网络等手段实施欺压、侮辱，造成另一方人身伤害、财产损失或者精神损害的行为。

第一百三十一条　对中国境内未满十八周岁的外国人、无国籍人，依照本法有关规定予以保护。

第一百三十二条　本法自2021年6月1日起施行。

中华人民共和国献血法

（1997 年 12 月 29 日第八届全国人民代表大会常务委员会第二十九次会议通过）

第一条　为保证医疗临床用血需要和安全，保障献血者和用血者身体健康，发扬人道主义精神，促进社会主义物质文明和精神文明建设，制定本法。

第二条　国家实行无偿献血制度。

国家提倡十八周岁至五十五周岁的健康公民自愿献血。

第三条　地方各级人民政府领导本行政区域内的献血工作，统一规划并负责组织、协调有关部门共同做好献血工作。

第四条　县级以上各级人民政府卫生行政部门监督管理献血工作。

各级红十字会依法参与、推动献血工作。

第五条　各级人民政府采取措施广泛宣传献血的意义，普及献血的科学知识，开展预防和控制经血液途径传播的疾病的教育。

新闻媒介应当开展献血的社会公益性宣传。

第六条　国家机关、军队、社会团体、企业事业组织、居民委员会、村民委员会，应当动员和组织本单位或者本居住区的适龄公民参加献血。

现役军人献血的动员和组织办法，由中国人民解放军卫生主管部门制定。

对献血者，发给国务院卫生行政部门制作的无偿献血证书，有关单位可以给予适当补贴。

第七条　国家鼓励国家工作人员、现役军人和高等学校在校学生率先献血，为树立社会新风尚作表率。

第八条　血站是采集、提供临床用血的机构，是不以营利为目的的公益性组织。设立血站向公民采集血液，必须经国务院卫生行政部门或者省、自治区、直辖市人民政府卫生行政部门批准。血站应当为献血者提供各种安全、卫生、便利的条件。血站的设立条件和管理办法由国务院卫生行政部门制定。

第九条　血站对献血者必须免费进行必要的健康检查；身体状况不符合献血条件的，血站应当向其说明情况，不得采集血液。献血者的身体健康条件由国务院卫生行政部门规定。

血站对献血者每次采集血液量一般为二百毫升，最多不得超过四百毫升，两次采集间隔期不少于六个月。

严格禁止血站违反前款规定对献血者超量、频繁采集血液。

第十条　血站采集血液必须严格遵守有关操作规程和制度，采血必须由具有采血资格的医务人员进行，一次性采血器材用后必须销毁，确保献血者的身体健康。

血站应当根据国务院卫生行政部门制定的标准，保证血液质量。

血站对采集的血液必须进行检测；未经检测或者检测不合格的血液，不得向医疗机构提供。

第十一条 无偿献血的血液必须用于临床，不得买卖。血站、医疗机构不得将无偿献血的血液出售给单采血浆站或者血液制品生产单位。

第十二条 临床用血的包装、储存、运输，必须符合国家规定的卫生标准和要求。

第十三条 医疗机构对临床用血必须进行核查，不得将不符合国家规定标准的血液用于临床。

第十四条 公民临床用血时只交付用于血液的采集、储存、分离、检验等费用；具体收费标准由国务院卫生行政部门会同国务院价格主管部门制定。

无偿献血者临床需要用血时，免交前款规定的费用；无偿献血者的配偶和直系亲属临床需要用血时，可以按照省、自治区、直辖市人民政府的规定免交或者减交前款规定的费用。

第十五条 为保障公民临床急救用血的需要，国家提倡并指导择期手术的患者自身储血，动员家庭、亲友、所在单位以及社会互助献血。

为保证应急用血，医疗机构可以临时采集血液，但应当依照本法规定，确保采血用血安全。

第十六条 医疗机构临床用血应当制定用血计划，遵循合理、科学的原则，不得浪费和滥用血液。

医疗机构应当积极推行按血液成分针对医疗实际需要输血，具体管理办法由国务院卫生行政部门制定。

国家鼓励临床用血新技术的研究和推广。

第十七条 各级人民政府和红十字会对积极参加献血和在献血工作中做出显著成绩的单位和个人，给予奖励。

第十八条 有下列行为之一的，由县级以上地方人民政府卫生行政部门予以取缔，没收违法所得，可以并处十万元以下的罚款；构成犯罪的，依法追究刑事责任：

（一）非法采集血液的；

（二）血站、医疗机构出售无偿献血的血液的；

（三）非法组织他人出卖血液的。

第十九条 血站违反有关操作规程和制度采集血液，由县级以上地方人民政府卫生行政部门责令改正；给献血者健康造成损害的，应当依法赔偿，对直接负责的主管人员和其他直接责任人员，依法给予行政处分；构成犯罪的，依法追究刑事责任。

第二十条 临床用血的包装、储存、运输，不符合国家规定的卫生标准和要求的，由县级以上地方人民政府卫生行政部门责令改正，给予警告，可以并处一万元以下的罚款。

第二十一条 血站违反本法的规定，向医疗机构提供不符合国家规定标准的血液的，由县级以上人民政府卫生行政部门责令改正；情节严重，造成经血液途径传播的疾病传播或者有传播严重危险的，限期整顿，对直接负责的主管人员和其他直接责任人员，依法给予行政处分；构成犯罪的，依法追究刑事责任。

第二十二条 医疗机构的医务人员违反本法规定，将不符合国家规定标准的血液用于患者的，由县级以上地方人民政府卫生行政部门责令改正；给患者健康造成损害的，应当依法赔偿，对直接负责的主管人员和其他直接责任人员，依法给予行政处分；构成犯罪的,依法追究刑事责任。

第二十三条 卫生行政部门及其工作人员在献血、用血的监督管理工作中,玩忽职守,造成严重后果,构成犯罪的,依法追究刑事责任;尚不构成犯罪的,依法给予行政处分。

第二十四条 本法自1998年10月1日起施行。

中华人民共和国医师法

(2021年8月20日第十三届全国人民代表大会常务委员会第三十次会议通过)

目　录

第一章　总　　则

第一条 为了保障医师合法权益,规范医师执业行为,加强医师队伍建设,保护人民健康,推进健康中国建设,制定本法。

第二条 本法所称医师,是指依法取得医师资格,经注册在医疗卫生机构中执业的专业医务人员,包括执业医师和执业助理医师。

第三条 医师应当坚持人民至上、生命至上,发扬人道主义精神,弘扬敬佑生命、救死扶伤、甘于奉献、大爱无疆的崇高职业精神,恪守职业道德,遵守执业规范,提高执业水平,履行防病治病、保护人民健康的神圣职责。

医师依法执业,受法律保护。医师的人格尊严、人身安全不受侵犯。

第四条 国务院卫生健康主管部门负责全国的医师管理工作。国务院教育、人力资源社会保障、中医药等有关部门在各自职责范围内负责有关的医师管理工作。

县级以上地方人民政府卫生健康主管部门负责本行政区域内的医师管理工作。县级以上地方人民政府教育、人力资源社会保障、中医药等有关部门在各自职责范围内负责有关的医师管理工作。

第五条 每年8月19日为中国医师节。

对在医疗卫生服务工作中做出突出贡献的医师,按照国家有关规定给予表彰、奖励。

全社会应当尊重医师。各级人民政府应当关心爱护医师,弘扬先进事迹,加强业务培训,支持开拓创新,帮助解决困难,推动在全社会广泛形成尊医重卫的良好氛围。

第六条 国家建立健全医师医学专业技术职称设置、评定和岗位聘任制度,将职业道德、专业实践能力和工作业绩作为重要条件,科学设置有关评定、聘任标准。

第七条 医师可以依法组织和参加医师协会等有关行业组织、专业学术团体。

医师协会等有关行业组织应当加强行业自律和医师执业规范，维护医师合法权益，协助卫生健康主管部门和其他有关部门开展相关工作。

第二章 考试和注册

第八条 国家实行医师资格考试制度。

医师资格考试分为执业医师资格考试和执业助理医师资格考试。医师资格考试由省级以上人民政府卫生健康主管部门组织实施。

医师资格考试的类别和具体办法，由国务院卫生健康主管部门制定。

第九条 具有下列条件之一的，可以参加执业医师资格考试：

（一）具有高等学校相关医学专业本科以上学历，在执业医师指导下，在医疗卫生机构中参加医学专业工作实践满一年；

（二）具有高等学校相关医学专业专科学历，取得执业助理医师执业证书后，在医疗卫生机构中执业满二年。

第十条 具有高等学校相关医学专业专科以上学历，在执业医师指导下，在医疗卫生机构中参加医学专业工作实践满一年的，可以参加执业助理医师资格考试。

第十一条 以师承方式学习中医满三年，或者经多年实践医术确有专长的，经县级以上人民政府卫生健康主管部门委托的中医药专业组织或者医疗卫生机构考核合格并推荐，可以参加中医医师资格考试。

以师承方式学习中医或者经多年实践，医术确有专长的，由至少二名中医医师推荐，经省级人民政府中医药主管部门组织实践技能和效果考核合格后，即可取得中医医师资格及相应的资格证书。

本条规定的相关考试、考核办法，由国务院中医药主管部门拟订，报国务院卫生健康主管部门审核、发布。

第十二条 医师资格考试成绩合格，取得执业医师资格或者执业助理医师资格，发给医师资格证书。

第十三条 国家实行医师执业注册制度。

取得医师资格的，可以向所在地县级以上地方人民政府卫生健康主管部门申请注册。医疗卫生机构可以为本机构中的申请人集体办理注册手续。

除有本法规定不予注册的情形外，卫生健康主管部门应当自受理申请之日起二十个工作日内准予注册，将注册信息录入国家信息平台，并发给医师执业证书。

未注册取得医师执业证书，不得从事医师执业活动。

医师执业注册管理的具体办法，由国务院卫生健康主管部门制定。

第十四条 医师经注册后，可以在医疗卫生机构中按照注册的执业地点、执业类别、执业范围执业，从事相应的医疗卫生服务。

中医、中西医结合医师可以在医疗机构中的中医科、中西医结合科或者其他临床科室按照注册的执业类别、执业范围执业。

医师经相关专业培训和考核合格,可以增加执业范围。法律、行政法规对医师从事特定范围执业活动的资质条件有规定的,从其规定。

经考试取得医师资格的中医医师按照国家有关规定,经培训和考核合格,在执业活动中可以采用与其专业相关的西医药技术方法。西医医师按照国家有关规定,经培训和考核合格,在执业活动中可以采用与其专业相关的中医药技术方法。

第十五条 医师在二个以上医疗卫生机构定期执业的,应当以一个医疗卫生机构为主,并按照国家有关规定办理相关手续。国家鼓励医师定期定点到县级以下医疗卫生机构,包括乡镇卫生院、村卫生室、社区卫生服务中心等,提供医疗卫生服务,主执业机构应当支持并提供便利。

卫生健康主管部门、医疗卫生机构应当加强对有关医师的监督管理,规范其执业行为,保证医疗卫生服务质量。

第十六条 有下列情形之一的,不予注册:

(一)无民事行为能力或者限制民事行为能力;

(二)受刑事处罚,刑罚执行完毕不满二年或者被依法禁止从事医师职业的期限未满;

(三)被吊销医师执业证书不满二年;

(四)因医师定期考核不合格被注销注册不满一年;

(五)法律、行政法规规定不得从事医疗卫生服务的其他情形。

受理申请的卫生健康主管部门对不予注册的,应当自受理申请之日起二十个工作日内书面通知申请人和其所在医疗卫生机构,并说明理由。

第十七条 医师注册后有下列情形之一的,注销注册,废止医师执业证书:

(一)死亡;

(二)受刑事处罚;

(三)被吊销医师执业证书;

(四)医师定期考核不合格,暂停执业活动期满,再次考核仍不合格;

(五)中止医师执业活动满二年;

(六)法律、行政法规规定不得从事医疗卫生服务或者应当办理注销手续的其他情形。

有前款规定情形的,医师所在医疗卫生机构应当在三十日内报告准予注册的卫生健康主管部门;卫生健康主管部门依职权发现医师有前款规定情形的,应当及时通报准予注册的卫生健康主管部门。准予注册的卫生健康主管部门应当及时注销注册,废止医师执业证书。

第十八条 医师变更执业地点、执业类别、执业范围等注册事项的,应当依照本法规定到准予注册的卫生健康主管部门办理变更注册手续。

医师从事下列活动的,可以不办理相关变更注册手续:

(一)参加规范化培训、进修、对口支援、会诊、突发事件医疗救援、慈善或者其他公益性医疗、义诊;

(二)承担国家任务或者参加政府组织的重要活动等;

(三)在医疗联合体内的医疗机构中执业。

第十九条 中止医师执业活动二年以上或者本法规定不予注册的情形消失，申请重新执业的，应当由县级以上人民政府卫生健康主管部门或者其委托的医疗卫生机构、行业组织考核合格，并依照本法规定重新注册。

第二十条 医师个体行医应当依法办理审批或者备案手续。

执业医师个体行医，须经注册后在医疗卫生机构中执业满五年；但是，依照本法第十一条第二款规定取得中医医师资格的人员，按照考核内容进行执业注册后，即可在注册的执业范围内个体行医。

县级以上地方人民政府卫生健康主管部门对个体行医的医师，应当按照国家有关规定实施监督检查，发现有本法规定注销注册的情形的，应当及时注销注册，废止医师执业证书。

第二十一条 县级以上地方人民政府卫生健康主管部门应当将准予注册和注销注册的人员名单及时予以公告，由省级人民政府卫生健康主管部门汇总，报国务院卫生健康主管部门备案，并按照规定通过网站提供医师注册信息查询服务。

第三章 执业规则

第二十二条 医师在执业活动中享有下列权利：

（一）在注册的执业范围内，按照有关规范进行医学诊查、疾病调查、医学处置、出具相应的医学证明文件，选择合理的医疗、预防、保健方案；

（二）获取劳动报酬，享受国家规定的福利待遇，按照规定参加社会保险并享受相应待遇；

（三）获得符合国家规定标准的执业基本条件和职业防护装备；

（四）从事医学教育、研究、学术交流；

（五）参加专业培训，接受继续医学教育；

（六）对所在医疗卫生机构和卫生健康主管部门的工作提出意见和建议，依法参与所在机构的民主管理；

（七）法律、法规规定的其他权利。

第二十三条 医师在执业活动中履行下列义务：

（一）树立敬业精神，恪守职业道德，履行医师职责，尽职尽责救治患者，执行疫情防控等公共卫生措施；

（二）遵循临床诊疗指南，遵守临床技术操作规范和医学伦理规范等；

（三）尊重、关心、爱护患者，依法保护患者隐私和个人信息；

（四）努力钻研业务，更新知识，提高医学专业技术能力和水平，提升医疗卫生服务质量；

（五）宣传推广与岗位相适应的健康科普知识，对患者及公众进行健康教育和健康指导；

（六）法律、法规规定的其他义务。

第二十四条 医师实施医疗、预防、保健措施，签署有关医学证明文件，必须亲自诊查、调查，并按照规定及时填写病历等医学文书，不得隐匿、伪造、篡改或者擅自销毁病历等医学文书及有关资料。

医师不得出具虚假医学证明文件以及与自己执业范围无关或者与执业类别不相符的医学证明文件。

第二十五条　医师在诊疗活动中应当向患者说明病情、医疗措施和其他需要告知的事项。需要实施手术、特殊检查、特殊治疗的,医师应当及时向患者具体说明医疗风险、替代医疗方案等情况,并取得其明确同意;不能或者不宜向患者说明的,应当向患者的近亲属说明,并取得其明确同意。

第二十六条　医师开展药物、医疗器械临床试验和其他医学临床研究应当符合国家有关规定,遵守医学伦理规范,依法通过伦理审查,取得书面知情同意。

第二十七条　对需要紧急救治的患者,医师应当采取紧急措施进行诊治,不得拒绝急救处置。

因抢救生命垂危的患者等紧急情况,不能取得患者或者其近亲属意见的,经医疗机构负责人或者授权的负责人批准,可以立即实施相应的医疗措施。

国家鼓励医师积极参与公共交通工具等公共场所急救服务;医师因自愿实施急救造成受助人损害的,不承担民事责任。

第二十八条　医师应当使用经依法批准或者备案的药品、消毒药剂、医疗器械,采用合法、合规、科学的诊疗方法。

除按照规范用于诊断治疗外,不得使用麻醉药品、医疗用毒性药品、精神药品、放射性药品等。

第二十九条　医师应当坚持安全有效、经济合理的用药原则,遵循药品临床应用指导原则、临床诊疗指南和药品说明书等合理用药。

在尚无有效或者更好治疗手段等特殊情况下,医师取得患者明确知情同意后,可以采用药品说明书中未明确但具有循证医学证据的药品用法实施治疗。医疗机构应当建立管理制度,对医师处方、用药医嘱的适宜性进行审核,严格规范医师用药行为。

第三十条　执业医师按照国家有关规定,经所在医疗卫生机构同意,可以通过互联网等信息技术提供部分常见病、慢性病复诊等适宜的医疗卫生服务。国家支持医疗卫生机构之间利用互联网等信息技术开展远程医疗合作。

第三十一条　医师不得利用职务之便,索要、非法收受财物或者牟取其他不正当利益;不得对患者实施不必要的检查、治疗。

第三十二条　遇有自然灾害、事故灾难、公共卫生事件和社会安全事件等严重威胁人民生命健康的突发事件时,县级以上人民政府卫生健康主管部门根据需要组织医师参与卫生应急处置和医疗救治,医师应当服从调遣。

第三十三条　在执业活动中有下列情形之一的,医师应当按照有关规定及时向所在医疗卫生机构或者有关部门、机构报告:

(一)发现传染病、突发不明原因疾病或者异常健康事件;

(二)发生或者发现医疗事故;

(三)发现可能与药品、医疗器械有关的不良反应或者不良事件;

(四)发现假药或者劣药;

（五）发现患者涉嫌伤害事件或者非正常死亡；

（六）法律、法规规定的其他情形。

第三十四条 执业助理医师应当在执业医师的指导下，在医疗卫生机构中按照注册的执业类别、执业范围执业。

在乡、民族乡、镇和村医疗卫生机构以及艰苦边远地区县级医疗卫生机构中执业的执业助理医师，可以根据医疗卫生服务情况和本人实践经验，独立从事一般的执业活动。

第三十五条 参加临床教学实践的医学生和尚未取得医师执业证书、在医疗卫生机构中参加医学专业工作实践的医学毕业生，应当在执业医师监督、指导下参与临床诊疗活动。医疗卫生机构应当为有关医学生、医学毕业生参与临床诊疗活动提供必要的条件。

第三十六条 有关行业组织、医疗卫生机构、医学院校应当加强对医师的医德医风教育。

医疗卫生机构应当建立健全医师岗位责任、内部监督、投诉处理等制度，加强对医师的管理。

第四章 培训和考核

第三十七条 国家制定医师培养规划，建立适应行业特点和社会需求的医师培养和供需平衡机制，统筹各类医学人才需求，加强全科、儿科、精神科、老年医学等紧缺专业人才培养。

国家采取措施，加强医教协同，完善医学院校教育、毕业后教育和继续教育体系。

国家通过多种途径，加强以全科医生为重点的基层医疗卫生人才培养和配备。

国家采取措施，完善中医西医相互学习的教育制度，培养高层次中西医结合人才和能够提供中西医结合服务的全科医生。

第三十八条 国家建立健全住院医师规范化培训制度，健全临床带教激励机制，保障住院医师培训期间待遇，严格培训过程管理和结业考核。

国家建立健全专科医师规范化培训制度，不断提高临床医师专科诊疗水平。

第三十九条 县级以上人民政府卫生健康主管部门和其他有关部门应当制定医师培训计划，采取多种形式对医师进行分级分类培训，为医师接受继续医学教育提供条件。

县级以上人民政府应当采取有力措施，优先保障基层、欠发达地区和民族地区的医疗卫生人员接受继续医学教育。

第四十条 医疗卫生机构应当合理调配人力资源，按照规定和计划保证本机构医师接受继续医学教育。

县级以上人民政府卫生健康主管部门应当有计划地组织协调县级以上医疗卫生机构对乡镇卫生院、村卫生室、社区卫生服务中心等基层医疗卫生机构中的医疗卫生人员开展培训，提高其医学专业技术能力和水平。

有关行业组织应当为医师接受继续医学教育提供服务和创造条件，加强继续医学教育的组织、管理。

第四十一条 国家在每年的医学专业招生计划和教育培训计划中，核定一定比例用于定向培养、委托培训，加强基层和艰苦边远地区医师队伍建设。

有关部门、医疗卫生机构与接受定向培养、委托培训的人员签订协议，约定相关待遇、服务年限、违约责任等事项，有关人员应当履行协议约定的义务。县级以上人民政府有关部门应当采取措施，加强履约管理。协议各方违反约定的，应当承担违约责任。

第四十二条　国家实行医师定期考核制度。

县级以上人民政府卫生健康主管部门或者其委托的医疗卫生机构、行业组织应当按照医师执业标准，对医师的业务水平、工作业绩和职业道德状况进行考核，考核周期为三年。对具有较长年限执业经历、无不良行为记录的医师，可以简化考核程序。

受委托的机构或者组织应当将医师考核结果报准予注册的卫生健康主管部门备案。

对考核不合格的医师，县级以上人民政府卫生健康主管部门应当责令其暂停执业活动三个月至六个月，并接受相关专业培训。暂停执业活动期满，再次进行考核，对考核合格的，允许其继续执业。

第四十三条　省级以上人民政府卫生健康主管部门负责指导、检查和监督医师考核工作。

第五章　保障措施

第四十四条　国家建立健全体现医师职业特点和技术劳动价值的人事、薪酬、职称、奖励制度。

对从事传染病防治、放射医学和精神卫生工作以及其他特殊岗位工作的医师，应当按照国家有关规定给予适当的津贴。津贴标准应当定期调整。

在基层和艰苦边远地区工作的医师，按照国家有关规定享受津贴、补贴政策，并在职称评定、职业发展、教育培训和表彰奖励等方面享受优惠待遇。

第四十五条　国家加强疾病预防控制人才队伍建设，建立适应现代化疾病预防控制体系的医师培养和使用机制。

疾病预防控制机构、二级以上医疗机构以及乡镇卫生院、社区卫生服务中心等基层医疗卫生机构应当配备一定数量的公共卫生医师，从事人群疾病及危害因素监测、风险评估研判、监测预警、流行病学调查、免疫规划管理、职业健康管理等公共卫生工作。医疗机构应当建立健全管理制度，严格执行院内感染防控措施。

国家建立公共卫生与临床医学相结合的人才培养机制，通过多种途径对临床医师进行疾病预防控制、突发公共卫生事件应对等方面业务培训，对公共卫生医师进行临床医学业务培训，完善医防结合和中西医协同防治的体制机制。

第四十六条　国家采取措施，统筹城乡资源，加强基层医疗卫生队伍和服务能力建设，对乡村医疗卫生人员建立县乡村上下贯通的职业发展机制，通过县管乡用、乡聘村用等方式，将乡村医疗卫生人员纳入县域医疗卫生人员管理。

执业医师晋升为副高级技术职称的，应当有累计一年以上在县级以下或者对口支援的医疗卫生机构提供医疗卫生服务的经历；晋升副高级技术职称后，在县级以下或者对口支援的医疗卫生机构提供医疗卫生服务，累计一年以上的，同等条件下优先晋升正高级技术职称。

国家采取措施,鼓励取得执业医师资格或者执业助理医师资格的人员依法开办村医疗卫生机构,或者在村医疗卫生机构提供医疗卫生服务。

第四十七条 国家鼓励在村医疗卫生机构中向村民提供预防、保健和一般医疗服务的乡村医生通过医学教育取得医学专业学历;鼓励符合条件的乡村医生参加医师资格考试,依法取得医师资格。

国家采取措施,通过信息化、智能化手段帮助乡村医生提高医学技术能力和水平,进一步完善对乡村医生的服务收入多渠道补助机制和养老等政策。

乡村医生的具体管理办法,由国务院制定。

第四十八条 医师有下列情形之一的,按照国家有关规定给予表彰、奖励:

(一)在执业活动中,医德高尚,事迹突出;

(二)在医学研究、教育中开拓创新,对医学专业技术有重大突破,做出显著贡献;

(三)遇有突发事件时,在预防预警、救死扶伤等工作中表现突出;

(四)长期在艰苦边远地区的县级以下医疗卫生机构努力工作;

(五)在疾病预防控制、健康促进工作中做出突出贡献;

(六)法律、法规规定的其他情形。

第四十九条 县级以上人民政府及其有关部门应当将医疗纠纷预防和处理工作纳入社会治安综合治理体系,加强医疗卫生机构及周边治安综合治理,维护医疗卫生机构良好的执业环境,有效防范和依法打击涉医违法犯罪行为,保护医患双方合法权益。

医疗卫生机构应当完善安全保卫措施,维护良好的医疗秩序,及时主动化解医疗纠纷,保障医师执业安全。

禁止任何组织或者个人阻碍医师依法执业,干扰医师正常工作、生活;禁止通过侮辱、诽谤、威胁、殴打等方式,侵犯医师的人格尊严、人身安全。

第五十条 医疗卫生机构应当为医师提供职业安全和卫生防护用品,并采取有效的卫生防护和医疗保健措施。

医师受到事故伤害或者在职业活动中因接触有毒、有害因素而引起疾病、死亡的,依照有关法律、行政法规的规定享受工伤保险待遇。

第五十一条 医疗卫生机构应当为医师合理安排工作时间,落实带薪休假制度,定期开展健康检查。

第五十二条 国家建立完善医疗风险分担机制。医疗机构应当参加医疗责任保险或者建立、参加医疗风险基金。鼓励患者参加医疗意外保险。

第五十三条 新闻媒体应当开展医疗卫生法律、法规和医疗卫生知识的公益宣传,弘扬医师先进事迹,引导公众尊重医师、理性对待医疗卫生风险。

第六章 法律责任

第五十四条 在医师资格考试中有违反考试纪律等行为,情节严重的,一年至三年内禁止参加医师资格考试。

以不正当手段取得医师资格证书或者医师执业证书的，由发给证书的卫生健康主管部门予以撤销，三年内不受理其相应申请。

伪造、变造、买卖、出租、出借医师执业证书的，由县级以上人民政府卫生健康主管部门责令改正，没收违法所得，并处违法所得二倍以上五倍以下的罚款，违法所得不足一万元的，按一万元计算；情节严重的，吊销医师执业证书。

第五十五条 违反本法规定，医师在执业活动中有下列行为之一的，由县级以上人民政府卫生健康主管部门责令改正，给予警告；情节严重的，责令暂停六个月以上一年以下执业活动直至吊销医师执业证书：

（一）在提供医疗卫生服务或者开展医学临床研究中，未按照规定履行告知义务或者取得知情同意；

（二）对需要紧急救治的患者，拒绝急救处置，或者由于不负责任延误诊治；

（三）遇有自然灾害、事故灾难、公共卫生事件和社会安全事件等严重威胁人民生命健康的突发事件时，不服从卫生健康主管部门调遣；

（四）未按照规定报告有关情形；

（五）违反法律、法规、规章或者执业规范，造成医疗事故或者其他严重后果。

第五十六条 违反本法规定，医师在执业活动中有下列行为之一的，由县级以上人民政府卫生健康主管部门责令改正，给予警告，没收违法所得，并处一万元以上三万元以下的罚款；情节严重的，责令暂停六个月以上一年以下执业活动直至吊销医师执业证书：

（一）泄露患者隐私或者个人信息；

（二）出具虚假医学证明文件，或者未经亲自诊查、调查，签署诊断、治疗、流行病学等证明文件或者有关出生、死亡等证明文件；

（三）隐匿、伪造、篡改或者擅自销毁病历等医学文书及有关资料；

（四）未按照规定使用麻醉药品、医疗用毒性药品、精神药品、放射性药品等；

（五）利用职务之便，索要、非法收受财物或者牟取其他不正当利益，或者违反诊疗规范，对患者实施不必要的检查、治疗造成不良后果；

（六）开展禁止类医疗技术临床应用。

第五十七条 违反本法规定，医师未按照注册的执业地点、执业类别、执业范围执业的，由县级以上人民政府卫生健康主管部门或者中医药主管部门责令改正，给予警告，没收违法所得，并处一万元以上三万元以下的罚款；情节严重的，责令暂停六个月以上一年以下执业活动直至吊销医师执业证书。

第五十八条 严重违反医师职业道德、医学伦理规范，造成恶劣社会影响的，由省级以上人民政府卫生健康主管部门吊销医师执业证书或者责令停止非法执业活动，五年直至终身禁止从事医疗卫生服务或者医学临床研究。

第五十九条 违反本法规定，非医师行医的，由县级以上人民政府卫生健康主管部门责令停止非法执业活动，没收违法所得和药品、医疗器械，并处违法所得二倍以上十倍以下的罚款，违法所得不足一万元的，按一万元计算。

第六十条 违反本法规定，阻碍医师依法执业，干扰医师正常工作、生活，或者通过侮辱、诽谤、威胁、殴打等方式，侵犯医师人格尊严、人身安全，构成违反治安管理行为的，依法给予治安管理处罚。

第六十一条 违反本法规定，医疗卫生机构未履行报告职责，造成严重后果的，由县级以上人民政府卫生健康主管部门给予警告，对直接负责的主管人员和其他直接责任人员依法给予处分。

第六十二条 违反本法规定，卫生健康主管部门和其他有关部门工作人员或者医疗卫生机构工作人员弄虚作假、滥用职权、玩忽职守、徇私舞弊的，依法给予处分。

第六十三条 违反本法规定，构成犯罪的，依法追究刑事责任；造成人身、财产损害的，依法承担民事责任。

第七章 附 则

第六十四条 国家采取措施，鼓励具有中等专业学校医学专业学历的人员通过参加更高层次学历教育等方式，提高医学技术能力和水平。

在本法施行前以及在本法施行后一定期限内取得中等专业学校相关医学专业学历的人员，可以参加医师资格考试。具体办法由国务院卫生健康主管部门会同国务院教育、中医药等有关部门制定。

第六十五条 中国人民解放军和中国人民武装警察部队执行本法的具体办法，由国务院、中央军事委员会依据本法制定。

第六十六条 境外人员参加医师资格考试、申请注册、执业或者从事临床示教、临床研究、临床学术交流等活动的具体管理办法，由国务院卫生健康主管部门制定。

第六十七条 本法自 2022 年 3 月 1 日起施行。《中华人民共和国执业医师法》同时废止。

中华人民共和国职业病防治法

（2001 年 10 月 27 日第九届全国人民代表大会常务委员会第二十四次会议通过 根据 2011 年 12 月 31 日第十一届全国人民代表大会常务委员会第二十四次会议《关于修改〈中华人民共和国职业病防治法〉的决定》第一次修正 根据 2016 年 7 月 2 日第十二届全国人民代表大会常务委员会第二十一次会议《关于修改〈中华人民共和国节约能源法〉等六部法律的决定》第二次修正 根据 2017 年 11 月 4 日第十二届全国人民代表大会常务委员会第三十次会议《关于修改〈中华人民共和国会计法〉等十一部法律的决定》第三次修正 根据 2018 年 12 月 29 日第十三届全国人民代表大会常务委员会第七次会议《关于修改〈中华人民共和国劳动法〉等七部法律的决定》第四次修正）

目 录

第一章　总　　则

第一条　为了预防、控制和消除职业病危害，防治职业病，保护劳动者健康及其相关权益，促进经济社会发展，根据宪法，制定本法。

第二条　本法适用于中华人民共和国领域内的职业病防治活动。

本法所称职业病，是指企业、事业单位和个体经济组织等用人单位的劳动者在职业活动中，因接触粉尘、放射性物质和其他有毒、有害因素而引起的疾病。

职业病的分类和目录由国务院卫生行政部门会同国务院劳动保障行政部门制定、调整并公布。

第三条　职业病防治工作坚持预防为主、防治结合的方针，建立用人单位负责、行政机关监管、行业自律、职工参与和社会监督的机制，实行分类管理、综合治理。

第四条　劳动者依法享有职业卫生保护的权利。

用人单位应当为劳动者创造符合国家职业卫生标准和卫生要求的工作环境和条件，并采取措施保障劳动者获得职业卫生保护。

工会组织依法对职业病防治工作进行监督，维护劳动者的合法权益。用人单位制定或者修改有关职业病防治的规章制度，应当听取工会组织的意见。

第五条　用人单位应当建立、健全职业病防治责任制，加强对职业病防治的管理，提高职业病防治水平，对本单位产生的职业病危害承担责任。

第六条　用人单位的主要负责人对本单位的职业病防治工作全面负责。

第七条　用人单位必须依法参加工伤保险。

国务院和县级以上地方人民政府劳动保障行政部门应当加强对工伤保险的监督管理，确保劳动者依法享受工伤保险待遇。

第八条　国家鼓励和支持研制、开发、推广、应用有利于职业病防治和保护劳动者健康的新技术、新工艺、新设备、新材料，加强对职业病的机理和发生规律的基础研究，提高职业病防治科学技术水平；积极采用有效的职业病防治技术、工艺、设备、材料；限制使用或者淘汰职业病危害严重的技术、工艺、设备、材料。

国家鼓励和支持职业病医疗康复机构的建设。

第九条　国家实行职业卫生监督制度。

国务院卫生行政部门、劳动保障行政部门依照本法和国务院确定的职责，负责全国职业病防治的监督管理工作。国务院有关部门在各自的职责范围内负责职业病防治的有关监督管理工作。

县级以上地方人民政府卫生行政部门、劳动保障行政部门依据各自职责，负责本行政区域内职业病防治的监督管理工作。县级以上地方人民政府有关部门在各自的职责范围内负责职业病防治的有关监督管理工作。

县级以上人民政府卫生行政部门、劳动保障行政部门(以下统称职业卫生监督管理部门)应当加强沟通,密切配合,按照各自职责分工,依法行使职权,承担责任。

第十条　国务院和县级以上地方人民政府应当制定职业病防治规划,将其纳入国民经济和社会发展计划,并组织实施。

县级以上地方人民政府统一负责、领导、组织、协调本行政区域的职业病防治工作,建立健全职业病防治工作体制、机制,统一领导、指挥职业卫生突发事件应对工作;加强职业病防治能力建设和服务体系建设,完善、落实职业病防治工作责任制。

乡、民族乡、镇的人民政府应当认真执行本法,支持职业卫生监督管理部门依法履行职责。

第十一条　县级以上人民政府职业卫生监督管理部门应当加强对职业病防治的宣传教育,普及职业病防治的知识,增强用人单位的职业病防治观念,提高劳动者的职业健康意识、自我保护意识和行使职业卫生保护权利的能力。

第十二条　有关防治职业病的国家职业卫生标准,由国务院卫生行政部门组织制定并公布。

国务院卫生行政部门应当组织开展重点职业病监测和专项调查,对职业健康风险进行评估,为制定职业卫生标准和职业病防治政策提供科学依据。

县级以上地方人民政府卫生行政部门应当定期对本行政区域的职业病防治情况进行统计和调查分析。

第十三条　任何单位和个人有权对违反本法的行为进行检举和控告。有关部门收到相关的检举和控告后,应当及时处理。

对防治职业病成绩显著的单位和个人,给予奖励。

第二章　前期预防

第十四条　用人单位应当依照法律、法规要求,严格遵守国家职业卫生标准,落实职业病预防措施,从源头上控制和消除职业病危害。

第十五条　产生职业病危害的用人单位的设立除应当符合法律、行政法规规定的设立条件外,其工作场所还应当符合下列职业卫生要求:

(一)职业病危害因素的强度或者浓度符合国家职业卫生标准;

(二)有与职业病危害防护相适应的设施;

(三)生产布局合理,符合有害与无害作业分开的原则;

(四)有配套的更衣间、洗浴间、孕妇休息间等卫生设施;

(五)设备、工具、用具等设施符合保护劳动者生理、心理健康的要求;

(六)法律、行政法规和国务院卫生行政部门关于保护劳动者健康的其他要求。

第十六条　国家建立职业病危害项目申报制度。

用人单位工作场所存在职业病目录所列职业病的危害因素的,应当及时、如实向所在地卫生行政部门申报危害项目,接受监督。

职业病危害因素分类目录由国务院卫生行政部门制定、调整并公布。职业病危害项目申报的具体办法由国务院卫生行政部门制定。

第十七条 新建、扩建、改建建设项目和技术改造、技术引进项目(以下统称建设项目)可能产生职业病危害的,建设单位在可行性论证阶段应当进行职业病危害预评价。

医疗机构建设项目可能产生放射性职业病危害的,建设单位应当向卫生行政部门提交放射性职业病危害预评价报告。卫生行政部门应当自收到预评价报告之日起三十日内,作出审核决定并书面通知建设单位。未提交预评价报告或者预评价报告未经卫生行政部门审核同意的,不得开工建设。

职业病危害预评价报告应当对建设项目可能产生的职业病危害因素及其对工作场所和劳动者健康的影响作出评价,确定危害类别和职业病防护措施。

建设项目职业病危害分类管理办法由国务院卫生行政部门制定。

第十八条 建设项目的职业病防护设施所需费用应当纳入建设项目工程预算,并与主体工程同时设计,同时施工,同时投入生产和使用。

建设项目的职业病防护设施设计应当符合国家职业卫生标准和卫生要求;其中,医疗机构放射性职业病危害严重的建设项目的防护设施设计,应当经卫生行政部门审查同意后,方可施工。

建设项目在竣工验收前,建设单位应当进行职业病危害控制效果评价。

医疗机构可能产生放射性职业病危害的建设项目竣工验收时,其放射性职业病防护设施经卫生行政部门验收合格后,方可投入使用;其他建设项目的职业病防护设施应当由建设单位负责依法组织验收,验收合格后,方可投入生产和使用。卫生行政部门应当加强对建设单位组织的验收活动和验收结果的监督核查。

第十九条 国家对从事放射性、高毒、高危粉尘等作业实行特殊管理。具体管理办法由国务院制定。

第三章 劳动过程中的防护与管理

第二十条 用人单位应当采取下列职业病防治管理措施:

(一)设置或者指定职业卫生管理机构或者组织,配备专职或者兼职的职业卫生管理人员,负责本单位的职业病防治工作;

(二)制定职业病防治计划和实施方案;

(三)建立、健全职业卫生管理制度和操作规程;

(四)建立、健全职业卫生档案和劳动者健康监护档案;

(五)建立、健全工作场所职业病危害因素监测及评价制度;

(六)建立、健全职业病危害事故应急救援预案。

第二十一条 用人单位应当保障职业病防治所需的资金投入,不得挤占、挪用,并对因资金投入不足导致的后果承担责任。

第二十二条 用人单位必须采用有效的职业病防护设施,并为劳动者提供个人使用的职业病防护用品。

用人单位为劳动者个人提供的职业病防护用品必须符合防治职业病的要求;不符合要求的,不得使用。

第二十三条 用人单位应当优先采用有利于防治职业病和保护劳动者健康的新技术、新工艺、新设备、新材料,逐步替代职业病危害严重的技术、工艺、设备、材料。

第二十四条 产生职业病危害的用人单位,应当在醒目位置设置公告栏,公布有关职业病防治的规章制度、操作规程、职业病危害事故应急救援措施和工作场所职业病危害因素检测结果。

对产生严重职业病危害的作业岗位,应当在其醒目位置,设置警示标识和中文警示说明。警示说明应当载明产生职业病危害的种类、后果、预防以及应急救治措施等内容。

第二十五条 对可能发生急性职业损伤的有毒、有害工作场所,用人单位应当设置报警装置,配置现场急救用品、冲洗设备、应急撤离通道和必要的泄险区。

对放射工作场所和放射性同位素的运输、贮存,用人单位必须配置防护设备和报警装置,保证接触放射线的工作人员佩戴个人剂量计。

对职业病防护设备、应急救援设施和个人使用的职业病防护用品,用人单位应当进行经常性的维护、检修,定期检测其性能和效果,确保其处于正常状态,不得擅自拆除或者停止使用。

第二十六条 用人单位应当实施由专人负责的职业病危害因素日常监测,并确保监测系统处于正常运行状态。

用人单位应当按照国务院卫生行政部门的规定,定期对工作场所进行职业病危害因素检测、评价。检测、评价结果存入用人单位职业卫生档案,定期向所在地卫生行政部门报告并向劳动者公布。

职业病危害因素检测、评价由依法设立的取得国务院卫生行政部门或者设区的市级以上地方人民政府卫生行政部门按照职责分工给予资质认可的职业卫生技术服务机构进行。职业卫生技术服务机构所作检测、评价应当客观、真实。

发现工作场所职业病危害因素不符合国家职业卫生标准和卫生要求时,用人单位应当立即采取相应治理措施,仍然达不到国家职业卫生标准和卫生要求的,必须停止存在职业病危害因素的作业;职业病危害因素经治理后,符合国家职业卫生标准和卫生要求的,方可重新作业。

第二十七条 职业卫生技术服务机构依法从事职业病危害因素检测、评价工作,接受卫生行政部门的监督检查。卫生行政部门应当依法履行监督职责。

第二十八条 向用人单位提供可能产生职业病危害的设备的,应当提供中文说明书,并在设备的醒目位置设置警示标识和中文警示说明。警示说明应当载明设备性能、可能产生的职业病危害、安全操作和维护注意事项、职业病防护以及应急救治措施等内容。

第二十九条 向用人单位提供可能产生职业病危害的化学品、放射性同位素和含有放射性物质的材料的,应当提供中文说明书。说明书应当载明产品特性、主要成份、存在的有害因素、可能产生的危害后果、安全使用注意事项、职业病防护以及应急救治措施等内容。产品包装应当有醒目的警示标识和中文警示说明。贮存上述材料的场所应当在规定的部位设置危险物品标识或者放射性警示标识。

国内首次使用或者首次进口与职业病危害有关的化学材料,使用单位或者进口单位按照国家规定经国务院有关部门批准后,应当向国务院卫生行政部门报送该化学材料的毒性鉴定以及经有关部门登记注册或者批准进口的文件等资料。

进口放射性同位素、射线装置和含有放射性物质的物品的,按照国家有关规定办理。

第三十条 任何单位和个人不得生产、经营、进口和使用国家明令禁止使用的可能产生职业病危害的设备或者材料。

第三十一条 任何单位和个人不得将产生职业病危害的作业转移给不具备职业病防护条件的单位和个人。不具备职业病防护条件的单位和个人不得接受产生职业病危害的作业。

第三十二条 用人单位对采用的技术、工艺、设备、材料,应当知悉其产生的职业病危害,对有职业病危害的技术、工艺、设备、材料隐瞒其危害而采用的,对所造成的职业病危害后果承担责任。

第三十三条 用人单位与劳动者订立劳动合同(含聘用合同,下同)时,应当将工作过程中可能产生的职业病危害及其后果、职业病防护措施和待遇等如实告知劳动者,并在劳动合同中写明,不得隐瞒或者欺骗。

劳动者在已订立劳动合同期间因工作岗位或者工作内容变更,从事与所订立劳动合同中未告知的存在职业病危害的作业时,用人单位应当依照前款规定,向劳动者履行如实告知的义务,并协商变更原劳动合同相关条款。

用人单位违反前两款规定的,劳动者有权拒绝从事存在职业病危害的作业,用人单位不得因此解除与劳动者所订立的劳动合同。

第三十四条 用人单位的主要负责人和职业卫生管理人员应当接受职业卫生培训,遵守职业病防治法律、法规,依法组织本单位的职业病防治工作。

用人单位应当对劳动者进行上岗前的职业卫生培训和在岗期间的定期职业卫生培训,普及职业卫生知识,督促劳动者遵守职业病防治法律、法规、规章和操作规程,指导劳动者正确使用职业病防护设备和个人使用的职业病防护用品。

劳动者应当学习和掌握相关的职业卫生知识,增强职业病防范意识,遵守职业病防治法律、法规、规章和操作规程,正确使用、维护职业病防护设备和个人使用的职业病防护用品,发现职业病危害事故隐患应当及时报告。

劳动者不履行前款规定义务的,用人单位应当对其进行教育。

第三十五条 对从事接触职业病危害的作业的劳动者,用人单位应当按照国务院卫生行政部门的规定组织上岗前、在岗期间和离岗时的职业健康检查,并将检查结果书面告知劳动者。职业健康检查费用由用人单位承担。

用人单位不得安排未经上岗前职业健康检查的劳动者从事接触职业病危害的作业;不得安排有职业禁忌的劳动者从事其所禁忌的作业;对在职业健康检查中发现有与所从事的职业相关的健康损害的劳动者,应当调离原工作岗位,并妥善安置;对未进行离岗前职业健康检查的劳动者不得解除或者终止与其订立的劳动合同。

职业健康检查应当由取得《医疗机构执业许可证》的医疗卫生机构承担。卫生行政部门应当加强对职业健康检查工作的规范管理,具体管理办法由国务院卫生行政部门制定。

第三十六条 用人单位应当为劳动者建立职业健康监护档案,并按照规定的期限妥善保存。

职业健康监护档案应当包括劳动者的职业史、职业病危害接触史、职业健康检查结果和职业病诊疗等有关个人健康资料。

劳动者离开用人单位时,有权索取本人职业健康监护档案复印件,用人单位应当如实、无偿提供,并在所提供的复印件上签章。

第三十七条 发生或者可能发生急性职业病危害事故时,用人单位应当立即采取应急救援和控制措施,并及时报告所在地卫生行政部门和有关部门。卫生行政部门接到报告后,应当及时会同有关部门组织调查处理;必要时,可以采取临时控制措施。卫生行政部门应当组织做好医疗救治工作。

对遭受或者可能遭受急性职业病危害的劳动者,用人单位应当及时组织救治、进行健康检查和医学观察,所需费用由用人单位承担。

第三十八条 用人单位不得安排未成年工从事接触职业病危害的作业;不得安排孕期、哺乳期的女职工从事对本人和胎儿、婴儿有危害的作业。

第三十九条 劳动者享有下列职业卫生保护权利:

(一)获得职业卫生教育、培训;

(二)获得职业健康检查、职业病诊疗、康复等职业病防治服务;

(三)了解工作场所产生或者可能产生的职业病危害因素、危害后果和应当采取的职业病防护措施;

(四)要求用人单位提供符合防治职业病要求的职业病防护设施和个人使用的职业病防护用品,改善工作条件;

(五)对违反职业病防治法律、法规以及危及生命健康的行为提出批评、检举和控告;

(六)拒绝违章指挥和强令进行没有职业病防护措施的作业;

(七)参与用人单位职业卫生工作的民主管理,对职业病防治工作提出意见和建议。

用人单位应当保障劳动者行使前款所列权利。因劳动者依法行使正当权利而降低其工资、福利等待遇或者解除、终止与其订立的劳动合同的,其行为无效。

第四十条 工会组织应当督促并协助用人单位开展职业卫生宣传教育和培训,有权对用人单位的职业病防治工作提出意见和建议,依法代表劳动者与用人单位签订劳动安全卫生专项集体合同,与用人单位就劳动者反映的有关职业病防治的问题进行协调并督促解决。

工会组织对用人单位违反职业病防治法律、法规,侵犯劳动者合法权益的行为,有权要求纠正;产生严重职业病危害时,有权要求采取防护措施,或者向政府有关部门建议采取强制性措施;发生职业病危害事故时,有权参与事故调查处理;发现危及劳动者生命健康的情形时,有权向用人单位建议组织劳动者撤离危险现场,用人单位应当立即作出处理。

第四十一条　用人单位按照职业病防治要求，用于预防和治理职业病危害、工作场所卫生检测、健康监护和职业卫生培训等费用，按照国家有关规定，在生产成本中据实列支。

第四十二条　职业卫生监督管理部门应当按照职责分工，加强对用人单位落实职业病防护管理措施情况的监督检查，依法行使职权，承担责任。

第四章　职业病诊断与职业病病人保障

第四十三条　职业病诊断应当由取得《医疗机构执业许可证》的医疗卫生机构承担。卫生行政部门应当加强对职业病诊断工作的规范管理，具体管理办法由国务院卫生行政部门制定。

承担职业病诊断的医疗卫生机构还应当具备下列条件：

（一）具有与开展职业病诊断相适应的医疗卫生技术人员；

（二）具有与开展职业病诊断相适应的仪器、设备；

（三）具有健全的职业病诊断质量管理制度。

承担职业病诊断的医疗卫生机构不得拒绝劳动者进行职业病诊断的要求。

第四十四条　劳动者可以在用人单位所在地、本人户籍所在地或者经常居住地依法承担职业病诊断的医疗卫生机构进行职业病诊断。

第四十五条　职业病诊断标准和职业病诊断、鉴定办法由国务院卫生行政部门制定。职业病伤残等级的鉴定办法由国务院劳动保障行政部门会同国务院卫生行政部门制定。

第四十六条　职业病诊断，应当综合分析下列因素：

（一）病人的职业史；

（二）职业病危害接触史和工作场所职业病危害因素情况；

（三）临床表现以及辅助检查结果等。

没有证据否定职业病危害因素与病人临床表现之间的必然联系的，应当诊断为职业病。

职业病诊断证明书应当由参与诊断的取得职业病诊断资格的执业医师签署，并经承担职业病诊断的医疗卫生机构审核盖章。

第四十七条　用人单位应当如实提供职业病诊断、鉴定所需的劳动者职业史和职业病危害接触史、工作场所职业病危害因素检测结果等资料；卫生行政部门应当监督检查和督促用人单位提供上述资料；劳动者和有关机构也应当提供与职业病诊断、鉴定有关的资料。

职业病诊断、鉴定机构需要了解工作场所职业病危害因素情况时，可以对工作场所进行现场调查，也可以向卫生行政部门提出，卫生行政部门应当在十日内组织现场调查。用人单位不得拒绝、阻挠。

第四十八条　职业病诊断、鉴定过程中，用人单位不提供工作场所职业病危害因素检测结果等资料的，诊断、鉴定机构应当结合劳动者的临床表现、辅助检查结果和劳动者的职业史、职业病危害接触史，并参考劳动者的自述、卫生行政部门提供的日常监督检查信息等，作出职业病诊断、鉴定结论。

劳动者对用人单位提供的工作场所职业病危害因素检测结果等资料有异议，或者因劳动者的用人单位解散、破产，无用人单位提供上述资料的，诊断、鉴定机构应当提请卫生行政部门进行调查，卫生行政部门应当自接到申请之日起三十日内对存在异议的资料或者工作场所职业病危害因素情况作出判定；有关部门应当配合。

第四十九条 职业病诊断、鉴定过程中，在确认劳动者职业史、职业病危害接触史时，当事人对劳动关系、工种、工作岗位或者在岗时间有争议的，可以向当地的劳动人事争议仲裁委员会申请仲裁；接到申请的劳动人事争议仲裁委员会应当受理，并在三十日内作出裁决。

当事人在仲裁过程中对自己提出的主张，有责任提供证据。劳动者无法提供由用人单位掌握管理的与仲裁主张有关的证据的，仲裁庭应当要求用人单位在指定期限内提供；用人单位在指定期限内不提供的，应当承担不利后果。

劳动者对仲裁裁决不服的，可以依法向人民法院提起诉讼。

用人单位对仲裁裁决不服的，可以在职业病诊断、鉴定程序结束之日起十五日内依法向人民法院提起诉讼；诉讼期间，劳动者的治疗费用按照职业病待遇规定的途径支付。

第五十条 用人单位和医疗卫生机构发现职业病病人或者疑似职业病病人时，应当及时向所在地卫生行政部门报告。确诊为职业病的，用人单位还应当向所在地劳动保障行政部门报告。接到报告的部门应当依法作出处理。

第五十一条 县级以上地方人民政府卫生行政部门负责本行政区域内的职业病统计报告的管理工作，并按照规定上报。

第五十二条 当事人对职业病诊断有异议的，可以向作出诊断的医疗卫生机构所在地地方人民政府卫生行政部门申请鉴定。

职业病诊断争议由设区的市级以上地方人民政府卫生行政部门根据当事人的申请，组织职业病诊断鉴定委员会进行鉴定。

当事人对设区的市级职业病诊断鉴定委员会的鉴定结论不服的，可以向省、自治区、直辖市人民政府卫生行政部门申请再鉴定。

第五十三条 职业病诊断鉴定委员会由相关专业的专家组成。

省、自治区、直辖市人民政府卫生行政部门应当设立相关的专家库，需要对职业病争议作出诊断鉴定时，由当事人或者当事人委托有关卫生行政部门从专家库中以随机抽取的方式确定参加诊断鉴定委员会的专家。

职业病诊断鉴定委员会应当按照国务院卫生行政部门颁布的职业病诊断标准和职业病诊断、鉴定办法进行职业病诊断鉴定，向当事人出具职业病诊断鉴定书。职业病诊断、鉴定费用由用人单位承担。

第五十四条 职业病诊断鉴定委员会组成人员应当遵守职业道德，客观、公正地进行诊断鉴定，并承担相应的责任。职业病诊断鉴定委员会组成人员不得私下接触当事人，不得收受当事人的财物或者其他好处，与当事人有利害关系的，应当回避。

人民法院受理有关案件需要进行职业病鉴定时，应当从省、自治区、直辖市人民政府卫生行政部门依法设立的相关的专家库中选取参加鉴定的专家。

第五十五条　医疗卫生机构发现疑似职业病病人时,应当告知劳动者本人并及时通知用人单位。

用人单位应当及时安排对疑似职业病病人进行诊断;在疑似职业病病人诊断或者医学观察期间,不得解除或者终止与其订立的劳动合同。

疑似职业病病人在诊断、医学观察期间的费用,由用人单位承担。

第五十六条　用人单位应当保障职业病病人依法享受国家规定的职业病待遇。

用人单位应当按照国家有关规定,安排职业病病人进行治疗、康复和定期检查。

用人单位对不适宜继续从事原工作的职业病病人,应当调离原岗位,并妥善安置。

用人单位对从事接触职业病危害的作业的劳动者,应当给予适当岗位津贴。

第五十七条　职业病病人的诊疗、康复费用,伤残以及丧失劳动能力的职业病病人的社会保障,按照国家有关工伤保险的规定执行。

第五十八条　职业病病人除依法享有工伤保险外,依照有关民事法律,尚有获得赔偿的权利的,有权向用人单位提出赔偿要求。

第五十九条　劳动者被诊断患有职业病,但用人单位没有依法参加工伤保险的,其医疗和生活保障由该用人单位承担。

第六十条　职业病病人变动工作单位,其依法享有的待遇不变。

用人单位在发生分立、合并、解散、破产等情形时,应当对从事接触职业病危害的作业的劳动者进行健康检查,并按照国家有关规定妥善安置职业病病人。

第六十一条　用人单位已经不存在或者无法确认劳动关系的职业病病人,可以向地方人民政府医疗保障、民政部门申请医疗救助和生活等方面的救助。

地方各级人民政府应当根据本地区的实际情况,采取其他措施,使前款规定的职业病病人获得医疗救治。

第五章　监督检查

第六十二条　县级以上人民政府职业卫生监督管理部门依照职业病防治法律、法规、国家职业卫生标准和卫生要求,依据职责划分,对职业病防治工作进行监督检查。

第六十三条　卫生行政部门履行监督检查职责时,有权采取下列措施:

(一)进入被检查单位和职业病危害现场,了解情况,调查取证;

(二)查阅或者复制与违反职业病防治法律、法规的行为有关的资料和采集样品;

(三)责令违反职业病防治法律、法规的单位和个人停止违法行为。

第六十四条　发生职业病危害事故或者有证据证明危害状态可能导致职业病危害事故发生时,卫生行政部门可以采取下列临时控制措施:

(一)责令暂停导致职业病危害事故的作业;

(二)封存造成职业病危害事故或者可能导致职业病危害事故发生的材料和设备;

(三)组织控制职业病危害事故现场。

在职业病危害事故或者危害状态得到有效控制后,卫生行政部门应当及时解除控制措施。

第六十五条　职业卫生监督执法人员依法执行职务时,应当出示监督执法证件。

职业卫生监督执法人员应当忠于职守,秉公执法,严格遵守执法规范;涉及用人单位的秘密的,应当为其保密。

第六十六条　职业卫生监督执法人员依法执行职务时,被检查单位应当接受检查并予以支持配合,不得拒绝和阻碍。

第六十七条　卫生行政部门及其职业卫生监督执法人员履行职责时,不得有下列行为:

(一)对不符合法定条件的,发给建设项目有关证明文件、资质证明文件或者予以批准;

(二)对已经取得有关证明文件的,不履行监督检查职责;

(三)发现用人单位存在职业病危害的,可能造成职业病危害事故,不及时依法采取控制措施;

(四)其他违反本法的行为。

第六十八条　职业卫生监督执法人员应当依法经过资格认定。

职业卫生监督管理部门应当加强队伍建设,提高职业卫生监督执法人员的政治、业务素质,依照本法和其他有关法律、法规的规定,建立、健全内部监督制度,对其工作人员执行法律、法规和遵守纪律的情况,进行监督检查。

第六章　法律责任

第六十九条　建设单位违反本法规定,有下列行为之一的,由卫生行政部门给予警告,责令限期改正;逾期不改正的,处十万元以上五十万元以下的罚款;情节严重的,责令停止产生职业病危害的作业,或者提请有关人民政府按照国务院规定的权限责令停建、关闭:

(一)未按照规定进行职业病危害预评价的;

(二)医疗机构可能产生放射性职业病危害的建设项目未按照规定提交放射性职业病危害预评价报告,或者放射性职业病危害预评价报告未经卫生行政部门审核同意,开工建设的;

(三)建设项目的职业病防护设施未按照规定与主体工程同时设计、同时施工、同时投入生产和使用的;

(四)建设项目的职业病防护设施设计不符合国家职业卫生标准和卫生要求,或者医疗机构放射性职业病危害严重的建设项目的防护设施设计未经卫生行政部门审查同意擅自施工的;

(五)未按照规定对职业病防护设施进行职业病危害控制效果评价的;

(六)建设项目竣工投入生产和使用前,职业病防护设施未按照规定验收合格的。

第七十条　违反本法规定,有下列行为之一的,由卫生行政部门给予警告,责令限期改正;逾期不改正的,处十万元以下的罚款:

（一）工作场所职业病危害因素检测、评价结果没有存档、上报、公布的；

（二）未采取本法第二十条规定的职业病防治管理措施的；

（三）未按照规定公布有关职业病防治的规章制度、操作规程、职业病危害事故应急救援措施的；

（四）未按照规定组织劳动者进行职业卫生培训，或者未对劳动者个人职业病防护采取指导、督促措施的；

（五）国内首次使用或者首次进口与职业病危害有关的化学材料，未按照规定报送毒性鉴定资料以及经有关部门登记注册或者批准进口的文件的。

第七十一条　用人单位违反本法规定，有下列行为之一的，由卫生行政部门责令限期改正，给予警告，可以并处五万元以上十万元以下的罚款：

（一）未按照规定及时、如实向卫生行政部门申报产生职业病危害的项目的；

（二）未实施由专人负责的职业病危害因素日常监测，或者监测系统不能正常监测的；

（三）订立或者变更劳动合同时，未告知劳动者职业病危害真实情况的；

（四）未按照规定组织职业健康检查、建立职业健康监护档案或者未将检查结果书面告知劳动者的；

（五）未依照本法规定在劳动者离开用人单位时提供职业健康监护档案复印件的。

第七十二条　用人单位违反本法规定，有下列行为之一的，由卫生行政部门给予警告，责令限期改正，逾期不改正的，处五万元以上二十万元以下的罚款；情节严重的，责令停止产生职业病危害的作业，或者提请有关人民政府按照国务院规定的权限责令关闭：

（一）工作场所职业病危害因素的强度或者浓度超过国家职业卫生标准的；

（二）未提供职业病防护设施和个人使用的职业病防护用品，或者提供的职业病防护设施和个人使用的职业病防护用品不符合国家职业卫生标准和卫生要求的；

（三）对职业病防护设备、应急救援设施和个人使用的职业病防护用品未按照规定进行维护、检修、检测，或者不能保持正常运行、使用状态的；

（四）未按照规定对工作场所职业病危害因素进行检测、评价的；

（五）工作场所职业病危害因素经治理仍然达不到国家职业卫生标准和卫生要求时，未停止存在职业病危害因素的作业的；

（六）未按照规定安排职业病病人、疑似职业病病人进行诊治的；

（七）发生或者可能发生急性职业病危害事故时，未立即采取应急救援和控制措施或者未按照规定及时报告的；

（八）未按照规定在产生严重职业病危害的作业岗位醒目位置设置警示标识和中文警示说明的；

（九）拒绝职业卫生监督管理部门监督检查的；

（十）隐瞒、伪造、篡改、毁损职业健康监护档案、工作场所职业病危害因素检测评价结果等相关资料，或者拒不提供职业病诊断、鉴定所需资料的；

（十一）未按照规定承担职业病诊断、鉴定费用和职业病病人的医疗、生活保障费用的。

第七十三条 向用人单位提供可能产生职业病危害的设备、材料，未按照规定提供中文说明书或者设置警示标识和中文警示说明的，由卫生行政部门责令限期改正，给予警告，并处五万元以上二十万元以下的罚款。

第七十四条 用人单位和医疗卫生机构未按照规定报告职业病、疑似职业病的，由有关主管部门依据职责分工责令限期改正，给予警告，可以并处一万元以下的罚款；弄虚作假的，并处二万元以上五万元以下的罚款；对直接负责的主管人员和其他直接责任人员，可以依法给予降级或者撤职的处分。

第七十五条 违反本法规定，有下列情形之一的，由卫生行政部门责令限期治理，并处五万元以上三十万元以下的罚款；情节严重的，责令停止产生职业病危害的作业，或者提请有关人民政府按照国务院规定的权限责令关闭：

（一）隐瞒技术、工艺、设备、材料所产生的职业病危害而采用的；

（二）隐瞒本单位职业卫生真实情况的；

（三）可能发生急性职业损伤的有毒、有害工作场所、放射工作场所或者放射性同位素的运输、贮存不符合本法第二十五条规定的；

（四）使用国家明令禁止使用的可能产生职业病危害的设备或者材料的；

（五）将产生职业病危害的作业转移给没有职业病防护条件的单位和个人，或者没有职业病防护条件的单位和个人接受产生职业病危害的作业的；

（六）擅自拆除、停止使用职业病防护设备或者应急救援设施的；

（七）安排未经职业健康检查的劳动者、有职业禁忌的劳动者、未成年工或者孕期、哺乳期女职工从事接触职业病危害的作业或者禁忌作业的；

（八）违章指挥和强令劳动者进行没有职业病防护措施的作业的。

第七十六条 生产、经营或者进口国家明令禁止使用的可能产生职业病危害的设备或者材料的，依照有关法律、行政法规的规定给予处罚。

第七十七条 用人单位违反本法规定，已经对劳动者生命健康造成严重损害的，由卫生行政部门责令停止产生职业病危害的作业，或者提请有关人民政府按照国务院规定的权限责令关闭，并处十万元以上五十万元以下的罚款。

第七十八条 用人单位违反本法规定，造成重大职业病危害事故或者其他严重后果，构成犯罪的，对直接负责的主管人员和其他直接责任人员，依法追究刑事责任。

第七十九条 未取得职业卫生技术服务资质认可擅自从事职业卫生技术服务的，由卫生行政部门责令立即停止违法行为，没收违法所得；违法所得五千元以上的，并处违法所得二倍以上十倍以下的罚款；没有违法所得或者违法所得不足五千元的，并处五千元以上五万元以下的罚款；情节严重的，对直接负责的主管人员和其他直接责任人员，依法给予降级、撤职或者开除的处分。

第八十条 从事职业卫生技术服务的机构和承担职业病诊断的医疗卫生机构违反本法规定，有下列行为之一的，由卫生行政部门责令立即停止违法行为，给予警告，没收违法所得；违法所得五千元以上的，并处违法所得二倍以上五倍以下的罚款；没有违法所得或者违法所得不足五千元的，并处五千元以上二万元以下的罚款；情节严重的，由原认可或者登记机关取消其相应的资格;对直接负责的主管人员和其他直接责任人员,依法给予降级、撤职或者开除的处分;构成犯罪的,依法追究刑事责任:

(一)超出资质认可或者诊疗项目登记范围从事职业卫生技术服务或者职业病诊断的;

(二)不按照本法规定履行法定职责的;

(三)出具虚假证明文件的。

第八十一条　职业病诊断鉴定委员会组成人员收受职业病诊断争议当事人的财物或者其他好处的,给予警告,没收收受的财物,可以并处三千元以上五万元以下的罚款,取消其担任职业病诊断鉴定委员会组成人员的资格,并从省、自治区、直辖市人民政府卫生行政部门设立的专家库中予以除名。

第八十二条　卫生行政部门不按照规定报告职业病和职业病危害事故的,由上一级行政部门责令改正,通报批评,给予警告;虚报、瞒报的,对单位负责人、直接负责的主管人员和其他直接责任人员依法给予降级、撤职或者开除的处分。

第八十三条　县级以上地方人民政府在职业病防治工作中未依照本法履行职责,本行政区域出现重大职业病危害事故、造成严重社会影响的,依法对直接负责的主管人员和其他直接责任人员给予记大过直至开除的处分。

县级以上人民政府职业卫生监督管理部门不履行本法规定的职责,滥用职权、玩忽职守、徇私舞弊,依法对直接负责的主管人员和其他直接责任人员给予记大过或者降级的处分;造成职业病危害事故或者其他严重后果的,依法给予撤职或者开除的处分。

第八十四条　违反本法规定,构成犯罪的,依法追究刑事责任。

第七章　附　　则

第八十五条　本法下列用语的含义:

职业病危害,是指对从事职业活动的劳动者可能导致职业病的各种危害。职业病危害因素包括:职业活动中存在的各种有害的化学、物理、生物因素以及在作业过程中产生的其他职业有害因素。

职业禁忌,是指劳动者从事特定职业或者接触特定职业病危害因素时,比一般职业人群更易于遭受职业病危害和罹患职业病或者可能导致原有自身疾病病情加重,或者在从事作业过程中诱发可能导致对他人生命健康构成危险的疾病的个人特殊生理或者病理状态。

第八十六条　本法第二条规定的用人单位以外的单位,产生职业病危害的,其职业病防治活动可以参照本法执行。

劳务派遣用工单位应当履行本法规定的用人单位的义务。

中国人民解放军参照执行本法的办法,由国务院、中央军事委员会制定。

第八十七条　对医疗机构放射性职业病危害控制的监督管理,由卫生行政部门依照本法的规定实施。

第八十八条　本法自2002年5月1日起施行。

中华人民共和国人口与计划生育法

（2001 年 12 月 29 日第九届全国人民代表大会常务委员会第二十五次会议通过　根据 2015 年 12 月 27 日第十二届全国人民代表大会常务委员会第十八次会议《关于修改〈中华人民共和国人口与计划生育法〉的决定》第一次修正　根据 2021 年 8 月 20 日第十三届全国人民代表大会常务委员会第三十次会议《关于修改〈中华人民共和国人口与计划生育法〉的决定》第二次修正）

目　录

第一章　总　　则

第一条　为了实现人口与经济、社会、资源、环境的协调发展，推行计划生育，维护公民的合法权益，促进家庭幸福、民族繁荣与社会进步，根据宪法，制定本法。

第二条　我国是人口众多的国家，实行计划生育是国家的基本国策。

国家采取综合措施，调控人口数量，提高人口素质，推动实现适度生育水平，优化人口结构，促进人口长期均衡发展。

国家依靠宣传教育、科学技术进步、综合服务、建立健全奖励和社会保障制度，开展人口与计划生育工作。

第三条　开展人口与计划生育工作，应当与增加妇女受教育和就业机会、增进妇女健康、提高妇女地位相结合。

第四条　各级人民政府及其工作人员在推行计划生育工作中应当严格依法行政，文明执法，不得侵犯公民的合法权益。

卫生健康主管部门及其工作人员依法执行公务受法律保护。

第五条　国务院领导全国的人口与计划生育工作。

地方各级人民政府领导本行政区域内的人口与计划生育工作。

第六条　国务院卫生健康主管部门负责全国计划生育工作和与计划生育有关的人口工作。

县级以上地方各级人民政府卫生健康主管部门负责本行政区域内的计划生育工作和与计划生育有关的人口工作。

县级以上各级人民政府其他有关部门在各自的职责范围内，负责有关的人口与计划生育工作。

第七条　工会、共产主义青年团、妇女联合会及计划生育协会等社会团体、企业事业组织和公民应当协助人民政府开展人口与计划生育工作。

第八条　国家对在人口与计划生育工作中作出显著成绩的组织和个人，给予奖励。

第二章　人口发展规划的制定与实施

第九条　国务院编制人口发展规划，并将其纳入国民经济和社会发展计划。

县级以上地方各级人民政府根据全国人口发展规划以及上一级人民政府人口发展规划，结合当地实际情况编制本行政区域的人口发展规划，并将其纳入国民经济和社会发展计划。

第十条　县级以上各级人民政府根据人口发展规划，制定人口与计划生育实施方案并组织实施。

县级以上各级人民政府卫生健康主管部门负责实施人口与计划生育实施方案的日常工作。

乡、民族乡、镇的人民政府和城市街道办事处负责本管辖区域内的人口与计划生育工作，贯彻落实人口与计划生育实施方案。

第十一条　人口与计划生育实施方案应当规定调控人口数量，提高人口素质，推动实现适度生育水平，优化人口结构，加强母婴保健和婴幼儿照护服务，促进家庭发展的措施。

第十二条　村民委员会、居民委员会应当依法做好计划生育工作。

机关、部队、社会团体、企业事业组织应当做好本单位的计划生育工作。

第十三条　卫生健康、教育、科技、文化、民政、新闻出版、广播电视等部门应当组织开展人口与计划生育宣传教育。

大众传媒负有开展人口与计划生育的社会公益性宣传的义务。

学校应当在学生中，以符合受教育者特征的适当方式，有计划地开展生理卫生教育、青春期教育或者性健康教育。

第十四条　流动人口的计划生育工作由其户籍所在地和现居住地的人民政府共同负责管理，以现居住地为主。

第十五条　国家根据国民经济和社会发展状况逐步提高人口与计划生育经费投入的总体水平。各级人民政府应当保障人口与计划生育工作必要的经费。

各级人民政府应当对欠发达地区、少数民族地区开展人口与计划生育工作给予重点扶持。

国家鼓励社会团体、企业事业组织和个人为人口与计划生育工作提供捐助。

任何单位和个人不得截留、克扣、挪用人口与计划生育工作费用。

第十六条　国家鼓励开展人口与计划生育领域的科学研究和对外交流与合作。

第三章　生育调节

第十七条　公民有生育的权利，也有依法实行计划生育的义务，夫妻双方在实行计划生育中负有共同的责任。

第十八条 国家提倡适龄婚育、优生优育。一对夫妻可以生育三个子女。

符合法律、法规规定条件的,可以要求安排再生育子女。具体办法由省、自治区、直辖市人民代表大会或者其常务委员会规定。

少数民族也要实行计划生育,具体办法由省、自治区、直辖市人民代表大会或者其常务委员会规定。

夫妻双方户籍所在地的省、自治区、直辖市之间关于再生育子女的规定不一致的,按照有利于当事人的原则适用。

第十九条 国家创造条件,保障公民知情选择安全、有效、适宜的避孕节育措施。实施避孕节育手术,应当保证受术者的安全。

第二十条 育龄夫妻自主选择计划生育避孕节育措施,预防和减少非意愿妊娠。

第二十一条 实行计划生育的育龄夫妻免费享受国家规定的基本项目的计划生育技术服务。

前款规定所需经费,按照国家有关规定列入财政预算或者由社会保险予以保障。

第二十二条 禁止歧视、虐待生育女婴的妇女和不育的妇女。

禁止歧视、虐待、遗弃女婴。

第四章 奖励与社会保障

第二十三条 国家对实行计划生育的夫妻,按照规定给予奖励。

第二十四条 国家建立、健全基本养老保险、基本医疗保险、生育保险和社会福利等社会保障制度,促进计划生育。

国家鼓励保险公司举办有利于计划生育的保险项目。

第二十五条 符合法律、法规规定生育子女的夫妻,可以获得延长生育假的奖励或者其他福利待遇。

国家支持有条件的地方设立父母育儿假。

第二十六条 妇女怀孕、生育和哺乳期间,按照国家有关规定享受特殊劳动保护并可以获得帮助和补偿。国家保障妇女就业合法权益,为因生育影响就业的妇女提供就业服务。

公民实行计划生育手术,享受国家规定的休假。

第二十七条 国家采取财政、税收、保险、教育、住房、就业等支持措施,减轻家庭生育、养育、教育负担。

第二十八条 县级以上各级人民政府综合采取规划、土地、住房、财政、金融、人才等措施,推动建立普惠托育服务体系,提高婴幼儿家庭获得服务的可及性和公平性。

国家鼓励和引导社会力量兴办托育机构,支持幼儿园和机关、企业事业单位、社区提供托育服务。

托育机构的设置和服务应当符合托育服务相关标准和规范。托育机构应当向县级人民政府卫生健康主管部门备案。

第二十九条 县级以上地方各级人民政府应当在城乡社区建设改造中，建设与常住人口规模相适应的婴幼儿活动场所及配套服务设施。

公共场所和女职工比较多的用人单位应当配置母婴设施，为婴幼儿照护、哺乳提供便利条件。

第三十条 县级以上各级人民政府应当加强对家庭婴幼儿照护的支持和指导，增强家庭的科学育儿能力。

医疗卫生机构应当按照规定为婴幼儿家庭开展预防接种、疾病防控等服务，提供膳食营养、生长发育等健康指导。

第三十一条 在国家提倡一对夫妻生育一个子女期间，自愿终身只生育一个子女的夫妻，国家发给《独生子女父母光荣证》。

获得《独生子女父母光荣证》的夫妻，按照国家和省、自治区、直辖市有关规定享受独生子女父母奖励。

法律、法规或者规章规定给予获得《独生子女父母光荣证》的夫妻奖励的措施中由其所在单位落实的，有关单位应当执行。

在国家提倡一对夫妻生育一个子女期间，按照规定应当享受计划生育家庭老年人奖励扶助的，继续享受相关奖励扶助，并在老年人福利、养老服务等方面给予必要的优先和照顾。

第三十二条 获得《独生子女父母光荣证》的夫妻，独生子女发生意外伤残、死亡的，按照规定获得扶助。县级以上各级人民政府建立、健全对上述人群的生活、养老、医疗、精神慰藉等全方位帮扶保障制度。

第三十三条 地方各级人民政府对农村实行计划生育的家庭发展经济，给予资金、技术、培训等方面的支持、优惠；对实行计划生育的贫困家庭，在扶贫贷款、以工代赈、扶贫项目和社会救济等方面给予优先照顾。

第三十四条 本章规定的奖励和社会保障措施，省、自治区、直辖市和设区的市、自治州的人民代表大会及其常务委员会或者人民政府可以依据本法和有关法律、行政法规的规定，结合当地实际情况，制定具体实施办法。

第五章　计划生育服务

第三十五条 国家建立婚前保健、孕产期保健制度，防止或者减少出生缺陷，提高出生婴儿健康水平。

第三十六条 各级人民政府应当采取措施，保障公民享有计划生育服务，提高公民的生殖健康水平。

第三十七条 医疗卫生机构应当针对育龄人群开展优生优育知识宣传教育，对育龄妇女开展围孕期、孕产期保健服务，承担计划生育、优生优育、生殖保健的咨询、指导和技术服务，规范开展不孕不育症诊疗。

第三十八条 计划生育技术服务人员应当指导实行计划生育的公民选择安全、有效、适宜的避孕措施。

国家鼓励计划生育新技术、新药具的研究、应用和推广。

第三十九条 严禁利用超声技术和其他技术手段进行非医学需要的胎儿性别鉴定；严禁非医学需要的选择性别的人工终止妊娠。

第六章 法律责任

第四十条 违反本法规定,有下列行为之一的,由卫生健康主管部门责令改正,给予警告,没收违法所得;违法所得一万元以上的,处违法所得二倍以上六倍以下的罚款;没有违法所得或者违法所得不足一万元的,处一万元以上三万元以下的罚款;情节严重的,由原发证机关吊销执业证书;构成犯罪的,依法追究刑事责任:

(一)非法为他人施行计划生育手术的;

(二)利用超声技术和其他技术手段为他人进行非医学需要的胎儿性别鉴定或者选择性别的人工终止妊娠的。

第四十一条 托育机构违反托育服务相关标准和规范的,由卫生健康主管部门责令改正,给予警告;拒不改正的,处五千元以上五万元以下的罚款;情节严重的,责令停止托育服务,并处五万元以上十万元以下的罚款。

托育机构有虐待婴幼儿行为的,其直接负责的主管人员和其他直接责任人员终身不得从事婴幼儿照护服务;构成犯罪的,依法追究刑事责任。

第四十二条 计划生育技术服务人员违章操作或者延误抢救、诊治,造成严重后果的,依照有关法律、行政法规的规定承担相应的法律责任。

第四十三条 国家机关工作人员在计划生育工作中,有下列行为之一,构成犯罪的,依法追究刑事责任;尚不构成犯罪的,依法给予处分;有违法所得的,没收违法所得:

(一)侵犯公民人身权、财产权和其他合法权益的;

(二)滥用职权、玩忽职守、徇私舞弊的;

(三)索取、收受贿赂的;

(四)截留、克扣、挪用、贪污计划生育经费的;

(五)虚报、瞒报、伪造、篡改或者拒报人口与计划生育统计数据的。

第四十四条 违反本法规定,不履行协助计划生育管理义务的,由有关地方人民政府责令改正,并给予通报批评;对直接负责的主管人员和其他直接责任人员依法给予处分。

第四十五条 拒绝、阻碍卫生健康主管部门及其工作人员依法执行公务的,由卫生健康主管部门给予批评教育并予以制止;构成违反治安管理行为的,依法给予治安管理处罚;构成犯罪的,依法追究刑事责任。

第四十六条 公民、法人或者其他组织认为行政机关在实施计划生育管理过程中侵犯其合法权益,可以依法申请行政复议或者提起行政诉讼。

第七章 附 则

第四十七条 中国人民解放军和中国人民武装警察部队执行本法的具体办法,由中央军事委员会依据本法制定。

第四十八条 本法自 2002 年 9 月 1 日起施行。

中华人民共和国食品安全法

（2009 年 2 月 28 日第十一届全国人民代表大会常务委员会第七次会议通过　2015 年 4 月 24 日第十二届全国人民代表大会常务委员会第十四次会议修订　根据 2018 年 12 月 29 日第十三届全国人民代表大会常务委员会第七次会议《关于修改〈中华人民共和国产品质量法〉等五部法律的决定》第一次修正　根据 2021 年 4 月 29 日第十三届全国人民代表大会常务委员会第二十八次会议《关于修改〈中华人民共和国道路交通安全法〉等八部法律的决定》第二次修正）

目　　录

第一章　总　　则

第一条　为了保证食品安全，保障公众身体健康和生命安全，制定本法。

第二条　在中华人民共和国境内从事下列活动，应当遵守本法：

（一）食品生产和加工（以下称食品生产），食品销售和餐饮服务（以下称食品经营）；

（二）食品添加剂的生产经营；

（三）用于食品的包装材料、容器、洗涤剂、消毒剂和用于食品生产经营的工具、设备（以下称食品相关产品）的生产经营；

（四）食品生产经营者使用食品添加剂、食品相关产品；

（五）食品的贮存和运输；

（六）对食品、食品添加剂、食品相关产品的安全管理。

供食用的源于农业的初级产品（以下称食用农产品）的质量安全管理，遵守《中华人民共和国农产品质量安全法》的规定。但是，食用农产品的市场销售、有关质量安全标准的制定、有关安全信息的公布和本法对农业投入品作出规定的,应当遵守本法的规定。

第三条　食品安全工作实行预防为主、风险管理、全程控制、社会共治,建立科学、严格的监督管理制度。

第四条　食品生产经营者对其生产经营食品的安全负责。

食品生产经营者应当依照法律、法规和食品安全标准从事生产经营活动,保证食品安全,诚信自律,对社会和公众负责,接受社会监督,承担社会责任。

第五条　国务院设立食品安全委员会,其职责由国务院规定。

国务院食品安全监督管理部门依照本法和国务院规定的职责,对食品生产经营活动实施监督管理。

国务院卫生行政部门依照本法和国务院规定的职责,组织开展食品安全风险监测和风险评估,会同国务院食品安全监督管理部门制定并公布食品安全国家标准。

国务院其他有关部门依照本法和国务院规定的职责,承担有关食品安全工作。

第六条　县级以上地方人民政府对本行政区域的食品安全监督管理工作负责,统一领导、组织、协调本行政区域的食品安全监督管理工作以及食品安全突发事件应对工作,建立健全食品安全全程监督管理工作机制和信息共享机制。

县级以上地方人民政府依照本法和国务院的规定,确定本级食品安全监督管理、卫生行政部门和其他有关部门的职责。有关部门在各自职责范围内负责本行政区域的食品安全监督管理工作。

县级人民政府食品安全监督管理部门可以在乡镇或者特定区域设立派出机构。

第七条　县级以上地方人民政府实行食品安全监督管理责任制。上级人民政府负责对下一级人民政府的食品安全监督管理工作进行评议、考核。县级以上地方人民政府负责对本级食品安全监督管理部门和其他有关部门的食品安全监督管理工作进行评议、考核。

第八条　县级以上人民政府应当将食品安全工作纳入本级国民经济和社会发展规划,将食品安全工作经费列入本级政府财政预算,加强食品安全监督管理能力建设,为食品安全工作提供保障。

县级以上人民政府食品安全监督管理部门和其他有关部门应当加强沟通、密切配合,按照各自职责分工,依法行使职权,承担责任。

第九条　食品行业协会应当加强行业自律,按照章程建立健全行业规范和奖惩机制,提供食品安全信息、技术等服务,引导和督促食品生产经营者依法生产经营,推动行业诚信建设,宣传、普及食品安全知识。

消费者协会和其他消费者组织对违反本法规定,损害消费者合法权益的行为,依法进行社会监督。

第十条　各级人民政府应当加强食品安全的宣传教育,普及食品安全知识,鼓励社会组织、基层群众性自治组织、食品生产经营者开展食品安全法律、法规以及食品安全标准和知识的普及工作,倡导健康的饮食方式,增强消费者食品安全意识和自我保护能力。

新闻媒体应当开展食品安全法律、法规以及食品安全标准和知识的公益宣传,并对食品安全违法行为进行舆论监督。有关食品安全的宣传报道应当真实、公正。

第十一条 国家鼓励和支持开展与食品安全有关的基础研究、应用研究,鼓励和支持食品生产经营者为提高食品安全水平采用先进技术和先进管理规范。

国家对农药的使用实行严格的管理制度,加快淘汰剧毒、高毒、高残留农药,推动替代产品的研发和应用,鼓励使用高效低毒低残留农药。

第十二条 任何组织或者个人有权举报食品安全违法行为,依法向有关部门了解食品安全信息,对食品安全监督管理工作提出意见和建议。

第十三条 对在食品安全工作中做出突出贡献的单位和个人,按照国家有关规定给予表彰、奖励。

第二章 食品安全风险监测和评估

第十四条 国家建立食品安全风险监测制度,对食源性疾病、食品污染以及食品中的有害因素进行监测。

国务院卫生行政部门会同国务院食品安全监督管理等部门,制定、实施国家食品安全风险监测计划。

国务院食品安全监督管理部门和其他有关部门获知有关食品安全风险信息后,应当立即核实并向国务院卫生行政部门通报。对有关部门通报的食品安全风险信息以及医疗机构报告的食源性疾病等有关疾病信息,国务院卫生行政部门应当会同国务院有关部门分析研究,认为必要的,及时调整国家食品安全风险监测计划。

省、自治区、直辖市人民政府卫生行政部门会同同级食品安全监督管理等部门,根据国家食品安全风险监测计划,结合本行政区域的具体情况,制定、调整本行政区域的食品安全风险监测方案,报国务院卫生行政部门备案并实施。

第十五条 承担食品安全风险监测工作的技术机构应当根据食品安全风险监测计划和监测方案开展监测工作,保证监测数据真实、准确,并按照食品安全风险监测计划和监测方案的要求报送监测数据和分析结果。

食品安全风险监测工作人员有权进入相关食用农产品种植养殖、食品生产经营场所采集样品、收集相关数据。采集样品应当按照市场价格支付费用。

第十六条 食品安全风险监测结果表明可能存在食品安全隐患的,县级以上人民政府卫生行政部门应当及时将相关信息通报同级食品安全监督管理等部门,并报告本级人民政府和上级人民政府卫生行政部门。食品安全监督管理等部门应当组织开展进一步调查。

第十七条 国家建立食品安全风险评估制度,运用科学方法,根据食品安全风险监测信息、科学数据以及有关信息,对食品、食品添加剂、食品相关产品中生物性、化学性和物理性危害因素进行风险评估。

国务院卫生行政部门负责组织食品安全风险评估工作,成立由医学、农业、食品、营养、生物、环境等方面的专家组成的食品安全风险评估专家委员会进行食品安全风险评估。食品安全风险评估结果由国务院卫生行政部门公布。

对农药、肥料、兽药、饲料和饲料添加剂等的安全性评估，应当有食品安全风险评估专家委员会的专家参加。

食品安全风险评估不得向生产经营者收取费用，采集样品应当按照市场价格支付费用。

第十八条 有下列情形之一的，应当进行食品安全风险评估：

（一）通过食品安全风险监测或者接到举报发现食品、食品添加剂、食品相关产品可能存在安全隐患的；

（二）为制定或者修订食品安全国家标准提供科学依据需要进行风险评估的；

（三）为确定监督管理的重点领域、重点品种需要进行风险评估的；

（四）发现新的可能危害食品安全因素的；

（五）需要判断某一因素是否构成食品安全隐患的；

（六）国务院卫生行政部门认为需要进行风险评估的其他情形。

第十九条 国务院食品安全监督管理、农业行政等部门在监督管理工作中发现需要进行食品安全风险评估的，应当向国务院卫生行政部门提出食品安全风险评估的建议，并提供风险来源、相关检验数据和结论等信息、资料。属于本法第十八条规定情形的，国务院卫生行政部门应当及时进行食品安全风险评估，并向国务院有关部门通报评估结果。

第二十条 省级以上人民政府卫生行政、农业行政部门应当及时相互通报食品、食用农产品安全风险监测信息。

国务院卫生行政、农业行政部门应当及时相互通报食品、食用农产品安全风险评估结果等信息。

第二十一条 食品安全风险评估结果是制定、修订食品安全标准和实施食品安全监督管理的科学依据。

经食品安全风险评估，得出食品、食品添加剂、食品相关产品不安全结论的，国务院食品安全监督管理等部门应当依据各自职责立即向社会公告，告知消费者停止食用或者使用，并采取相应措施，确保该食品、食品添加剂、食品相关产品停止生产经营；需要制定、修订相关食品安全国家标准的，国务院卫生行政部门应当会同国务院食品安全监督管理部门立即制定、修订。

第二十二条 国务院食品安全监督管理部门应当会同国务院有关部门，根据食品安全风险评估结果、食品安全监督管理信息，对食品安全状况进行综合分析。对经综合分析表明可能具有较高程度安全风险的食品，国务院食品安全监督管理部门应当及时提出食品安全风险警示，并向社会公布。

第二十三条 县级以上人民政府食品安全监督管理部门和其他有关部门、食品安全风险评估专家委员会及其技术机构，应当按照科学、客观、及时、公开的原则，组织食品生产经营者、食品检验机构、认证机构、食品行业协会、消费者协会以及新闻媒体等，就食品安全风险评估信息和食品安全监督管理信息进行交流沟通。

第三章　食品安全标准

第二十四条 制定食品安全标准，应当以保障公众身体健康为宗旨，做到科学合理、安全可靠。

第二十五条　食品安全标准是强制执行的标准。除食品安全标准外，不得制定其他食品强制性标准。

第二十六条　食品安全标准应当包括下列内容：

（一）食品、食品添加剂、食品相关产品中的致病性微生物，农药残留、兽药残留、生物毒素、重金属等污染物质以及其他危害人体健康物质的限量规定；

（二）食品添加剂的品种、使用范围、用量；

（三）专供婴幼儿和其他特定人群的主辅食品的营养成分要求；

（四）对与卫生、营养等食品安全要求有关的标签、标志、说明书的要求；

（五）食品生产经营过程的卫生要求；

（六）与食品安全有关的质量要求；

（七）与食品安全有关的食品检验方法与规程；

（八）其他需要制定为食品安全标准的内容。

第二十七条　食品安全国家标准由国务院卫生行政部门会同国务院食品安全监督管理部门制定、公布，国务院标准化行政部门提供国家标准编号。

食品中农药残留、兽药残留的限量规定及其检验方法与规程由国务院卫生行政部门、国务院农业行政部门会同国务院食品安全监督管理部门制定。

屠宰畜、禽的检验规程由国务院农业行政部门会同国务院卫生行政部门制定。

第二十八条　制定食品安全国家标准，应当依据食品安全风险评估结果并充分考虑食用农产品安全风险评估结果，参照相关的国际标准和国际食品安全风险评估结果，并将食品安全国家标准草案向社会公布，广泛听取食品生产经营者、消费者、有关部门等方面的意见。

食品安全国家标准应当经国务院卫生行政部门组织的食品安全国家标准审评委员会审查通过。食品安全国家标准审评委员会由医学、农业、食品、营养、生物、环境等方面的专家以及国务院有关部门、食品行业协会、消费者协会的代表组成，对食品安全国家标准草案的科学性和实用性等进行审查。

第二十九条　对地方特色食品，没有食品安全国家标准的，省、自治区、直辖市人民政府卫生行政部门可以制定并公布食品安全地方标准，报国务院卫生行政部门备案。食品安全国家标准制定后，该地方标准即行废止。

第三十条　国家鼓励食品生产企业制定严于食品安全国家标准或者地方标准的企业标准，在本企业适用，并报省、自治区、直辖市人民政府卫生行政部门备案。

第三十一条　省级以上人民政府卫生行政部门应当在其网站上公布制定和备案的食品安全国家标准、地方标准和企业标准，供公众免费查阅、下载。

对食品安全标准执行过程中的问题，县级以上人民政府卫生行政部门应当会同有关部门及时给予指导、解答。

第三十二条　省级以上人民政府卫生行政部门应当会同同级食品安全监督管理、农业行政等部门，分别对食品安全国家标准和地方标准的执行情况进行跟踪评价，并根据评价结果及时修订食品安全标准。

省级以上人民政府食品安全监督管理、农业行政等部门应当对食品安全标准执行中存在的问题进行收集、汇总，并及时向同级卫生行政部门通报。

食品生产经营者、食品行业协会发现食品安全标准在执行中存在问题的，应当立即向卫生行政部门报告。

第四章　食品生产经营

第一节　一般规定

第三十三条　食品生产经营应当符合食品安全标准，并符合下列要求：

（一）具有与生产经营的食品品种、数量相适应的食品原料处理和食品加工、包装、贮存等场所，保持该场所环境整洁，并与有毒、有害场所以及其他污染源保持规定的距离；

（二）具有与生产经营的食品品种、数量相适应的生产经营设备或者设施，有相应的消毒、更衣、盥洗、采光、照明、通风、防腐、防尘、防蝇、防鼠、防虫、洗涤以及处理废水、存放垃圾和废弃物的设备或者设施；

（三）有专职或者兼职的食品安全专业技术人员、食品安全管理人员和保证食品安全的规章制度；

（四）具有合理的设备布局和工艺流程，防止待加工食品与直接入口食品、原料与成品交叉污染，避免食品接触有毒物、不洁物；

（五）餐具、饮具和盛放直接入口食品的容器，使用前应当洗净、消毒，炊具、用具用后应当洗净，保持清洁；

（六）贮存、运输和装卸食品的容器、工具和设备应当安全、无害，保持清洁，防止食品污染，并符合保证食品安全所需的温度、湿度等特殊要求，不得将食品与有毒、有害物品一同贮存、运输；

（七）直接入口的食品应当使用无毒、清洁的包装材料、餐具、饮具和容器；

（八）食品生产经营人员应当保持个人卫生，生产经营食品时，应当将手洗净，穿戴清洁的工作衣、帽等；销售无包装的直接入口食品时，应当使用无毒、清洁的容器、售货工具和设备；

（九）用水应当符合国家规定的生活饮用水卫生标准；

（十）使用的洗涤剂、消毒剂应当对人体安全、无害；

（十一）法律、法规规定的其他要求。

非食品生产经营者从事食品贮存、运输和装卸的，应当符合前款第六项的规定。

第三十四条　禁止生产经营下列食品、食品添加剂、食品相关产品：

（一）用非食品原料生产的食品或者添加食品添加剂以外的化学物质和其他可能危害人体健康物质的食品，或者用回收食品作为原料生产的食品；

（二）致病性微生物，农药残留、兽药残留、生物毒素、重金属等污染物质以及其他危害人体健康的物质含量超过食品安全标准限量的食品、食品添加剂、食品相关产品；

（三）用超过保质期的食品原料、食品添加剂生产的食品、食品添加剂；

（四）超范围、超限量使用食品添加剂的食品；

（五）营养成分不符合食品安全标准的专供婴幼儿和其他特定人群的主辅食品；

（六）腐败变质、油脂酸败、霉变生虫、污秽不洁、混有异物、掺假掺杂或者感官性状异常的食品、食品添加剂；

（七）病死、毒死或者死因不明的禽、畜、兽、水产动物肉类及其制品；

（八）未按规定进行检疫或者检疫不合格的肉类，或者未经检验或者检验不合格的肉类制品；

（九）被包装材料、容器、运输工具等污染的食品、食品添加剂；

（十）标注虚假生产日期、保质期或者超过保质期的食品、食品添加剂；

（十一）无标签的预包装食品、食品添加剂；

（十二）国家为防病等特殊需要明令禁止生产经营的食品；

（十三）其他不符合法律、法规或者食品安全标准的食品、食品添加剂、食品相关产品。

第三十五条 国家对食品生产经营实行许可制度。从事食品生产、食品销售、餐饮服务，应当依法取得许可。但是，销售食用农产品和仅销售预包装食品的，不需要取得许可。仅销售预包装食品的，应当报所在地县级以上地方人民政府食品安全监督管理部门备案。

县级以上地方人民政府食品安全监督管理部门应当依照《中华人民共和国行政许可法》的规定，审核申请人提交的本法第三十三条第一款第一项至第四项规定要求的相关资料，必要时对申请人的生产经营场所进行现场核查；对符合规定条件的，准予许可；对不符合规定条件的，不予许可并书面说明理由。

第三十六条 食品生产加工小作坊和食品摊贩等从事食品生产经营活动，应当符合本法规定的与其生产经营规模、条件相适应的食品安全要求，保证所生产经营的食品卫生、无毒、无害，食品安全监督管理部门应当对其加强监督管理。

县级以上地方人民政府应当对食品生产加工小作坊、食品摊贩等进行综合治理，加强服务和统一规划，改善其生产经营环境，鼓励和支持其改进生产经营条件，进入集中交易市场、店铺等固定场所经营，或者在指定的临时经营区域、时段经营。

食品生产加工小作坊和食品摊贩等的具体管理办法由省、自治区、直辖市制定。

第三十七条 利用新的食品原料生产食品，或者生产食品添加剂新品种、食品相关产品新品种，应当向国务院卫生行政部门提交相关产品的安全性评估材料。国务院卫生行政部门应当自收到申请之日起六十日内组织审查；对符合食品安全要求的，准予许可并公布；对不符合食品安全要求的，不予许可并书面说明理由。

第三十八条 生产经营的食品中不得添加药品，但是可以添加按照传统既是食品又是中药材的物质。按照传统既是食品又是中药材的物质目录由国务院卫生行政部门会同国务院食品安全监督管理部门制定、公布。

第三十九条 国家对食品添加剂生产实行许可制度。从事食品添加剂生产，应当具有与所生产食品添加剂品种相适应的场所、生产设备或者设施、专业技术人员和管理制度，并依照本法第三十五条第二款规定的程序，取得食品添加剂生产许可。

生产食品添加剂应当符合法律、法规和食品安全国家标准。

第四十条 食品添加剂应当在技术上确有必要且经过风险评估证明安全可靠,方可列入允许使用的范围;有关食品安全国家标准应当根据技术必要性和食品安全风险评估结果及时修订。

食品生产经营者应当按照食品安全国家标准使用食品添加剂。

第四十一条 生产食品相关产品应当符合法律、法规和食品安全国家标准。对直接接触食品的包装材料等具有较高风险的食品相关产品,按照国家有关工业产品生产许可证管理的规定实施生产许可。食品安全监督管理部门应当加强对食品相关产品生产活动的监督管理。

第四十二条 国家建立食品安全全程追溯制度。

食品生产经营者应当依照本法的规定,建立食品安全追溯体系,保证食品可追溯。国家鼓励食品生产经营者采用信息化手段采集、留存生产经营信息,建立食品安全追溯体系。

国务院食品安全监督管理部门会同国务院农业行政等有关部门建立食品安全全程追溯协作机制。

第四十三条 地方各级人民政府应当采取措施鼓励食品规模化生产和连锁经营、配送。

国家鼓励食品生产经营企业参加食品安全责任保险。

第二节 生产经营过程控制

第四十四条 食品生产经营企业应当建立健全食品安全管理制度,对职工进行食品安全知识培训,加强食品检验工作,依法从事生产经营活动。

食品生产经营企业的主要负责人应当落实企业食品安全管理制度,对本企业的食品安全工作全面负责。

食品生产经营企业应当配备食品安全管理人员,加强对其培训和考核。经考核不具备食品安全管理能力的,不得上岗。食品安全监督管理部门应当对企业食品安全管理人员随机进行监督抽查考核并公布考核情况。监督抽查考核不得收取费用。

第四十五条 食品生产经营者应当建立并执行从业人员健康管理制度。患有国务院卫生行政部门规定的有碍食品安全疾病的人员,不得从事接触直接入口食品的工作。

从事接触直接入口食品工作的食品生产经营人员应当每年进行健康检查,取得健康证明后方可上岗工作。

第四十六条 食品生产企业应当就下列事项制定并实施控制要求,保证所生产的食品符合食品安全标准:

(一)原料采购、原料验收、投料等原料控制;

(二)生产工序、设备、贮存、包装等生产关键环节控制;

(三)原料检验、半成品检验、成品出厂检验等检验控制;

(四)运输和交付控制。

第四十七条　食品生产经营者应当建立食品安全自查制度，定期对食品安全状况进行检查评价。生产经营条件发生变化，不再符合食品安全要求的，食品生产经营者应当立即采取整改措施；有发生食品安全事故潜在风险的，应当立即停止食品生产经营活动，并向所在地县级人民政府食品安全监督管理部门报告。

第四十八条　国家鼓励食品生产经营企业符合良好生产规范要求，实施危害分析与关键控制点体系，提高食品安全管理水平。

对通过良好生产规范、危害分析与关键控制点体系认证的食品生产经营企业，认证机构应当依法实施跟踪调查；对不再符合认证要求的企业，应当依法撤销认证，及时向县级以上人民政府食品安全监督管理部门通报，并向社会公布。认证机构实施跟踪调查不得收取费用。

第四十九条　食用农产品生产者应当按照食品安全标准和国家有关规定使用农药、肥料、兽药、饲料和饲料添加剂等农业投入品，严格执行农业投入品使用安全间隔期或者休药期的规定，不得使用国家明令禁止的农业投入品。禁止将剧毒、高毒农药用于蔬菜、瓜果、茶叶和中草药材等国家规定的农作物。

食用农产品的生产企业和农民专业合作经济组织应当建立农业投入品使用记录制度。

县级以上人民政府农业行政部门应当加强对农业投入品使用的监督管理和指导，建立健全农业投入品安全使用制度。

第五十条　食品生产者采购食品原料、食品添加剂、食品相关产品，应当查验供货者的许可证和产品合格证明；对无法提供合格证明的食品原料，应当按照食品安全标准进行检验；不得采购或者使用不符合食品安全标准的食品原料、食品添加剂、食品相关产品。

食品生产企业应当建立食品原料、食品添加剂、食品相关产品进货查验记录制度，如实记录食品原料、食品添加剂、食品相关产品的名称、规格、数量、生产日期或者生产批号、保质期、进货日期以及供货者名称、地址、联系方式等内容，并保存相关凭证。记录和凭证保存期限不得少于产品保质期满后六个月；没有明确保质期的，保存期限不得少于二年。

第五十一条　食品生产企业应当建立食品出厂检验记录制度，查验出厂食品的检验合格证和安全状况，如实记录食品的名称、规格、数量、生产日期或者生产批号、保质期、检验合格证号、销售日期以及购货者名称、地址、联系方式等内容，并保存相关凭证。记录和凭证保存期限应当符合本法第五十条第二款的规定。

第五十二条　食品、食品添加剂、食品相关产品的生产者，应当按照食品安全标准对所生产的食品、食品添加剂、食品相关产品进行检验，检验合格后方可出厂或者销售。

第五十三条　食品经营者采购食品，应当查验供货者的许可证和食品出厂检验合格证或者其他合格证明（以下称合格证明文件）。

食品经营企业应当建立食品进货查验记录制度，如实记录食品的名称、规格、数量、生产日期或者生产批号、保质期、进货日期以及供货者名称、地址、联系方式等内容，并保存相关凭证。记录和凭证保存期限应当符合本法第五十条第二款的规定。

实行统一配送经营方式的食品经营企业，可以由企业总部统一查验供货者的许可证和食品合格证明文件，进行食品进货查验记录。

从事食品批发业务的经营企业应当建立食品销售记录制度，如实记录批发食品的名称、规格、数量、生产日期或者生产批号、保质期、销售日期以及购货者名称、地址、联系方式等内容，并保存相关凭证。记录和凭证保存期限应当符合本法第五十条第二款的规定。

第五十四条 食品经营者应当按照保证食品安全的要求贮存食品，定期检查库存食品，及时清理变质或者超过保质期的食品。

食品经营者贮存散装食品，应当在贮存位置标明食品的名称、生产日期或者生产批号、保质期、生产者名称及联系方式等内容。

第五十五条 餐饮服务提供者应当制定并实施原料控制要求，不得采购不符合食品安全标准的食品原料。倡导餐饮服务提供者公开加工过程，公示食品原料及其来源等信息。

餐饮服务提供者在加工过程中应当检查待加工的食品及原料，发现有本法第三十四条第六项规定情形的，不得加工或者使用。

第五十六条 餐饮服务提供者应当定期维护食品加工、贮存、陈列等设施、设备；定期清洗、校验保温设施及冷藏、冷冻设施。

餐饮服务提供者应当按照要求对餐具、饮具进行清洗消毒，不得使用未经清洗消毒的餐具、饮具；餐饮服务提供者委托清洗消毒餐具、饮具的，应当委托符合本法规定条件的餐具、饮具集中消毒服务单位。

第五十七条 学校、托幼机构、养老机构、建筑工地等集中用餐单位的食堂应当严格遵守法律、法规和食品安全标准；从供餐单位订餐的，应当从取得食品生产经营许可的企业订购，并按照要求对订购的食品进行查验。供餐单位应当严格遵守法律、法规和食品安全标准，当餐加工，确保食品安全。

学校、托幼机构、养老机构、建筑工地等集中用餐单位的主管部门应当加强对集中用餐单位的食品安全教育和日常管理，降低食品安全风险，及时消除食品安全隐患。

第五十八条 餐具、饮具集中消毒服务单位应当具备相应的作业场所、清洗消毒设备或者设施，用水和使用的洗涤剂、消毒剂应当符合相关食品安全国家标准和其他国家标准、卫生规范。

餐具、饮具集中消毒服务单位应当对消毒餐具、饮具进行逐批检验，检验合格后方可出厂，并应当随附消毒合格证明。消毒后的餐具、饮具应当在独立包装上标注单位名称、地址、联系方式、消毒日期以及使用期限等内容。

第五十九条 食品添加剂生产者应当建立食品添加剂出厂检验记录制度，查验出厂产品的检验合格证和安全状况，如实记录食品添加剂的名称、规格、数量、生产日期或者生产批号、保质期、检验合格证号、销售日期以及购货者名称、地址、联系方式等相关内容，并保存相关凭证。记录和凭证保存期限应当符合本法第五十条第二款的规定。

第六十条 食品添加剂经营者采购食品添加剂，应当依法查验供货者的许可证和产品合格证明文件，如实记录食品添加剂的名称、规格、数量、生产日期或者生产批号、保质期、进货日期以及供货者名称、地址、联系方式等内容，并保存相关凭证。记录和凭证保存期限应当符合本法第五十条第二款的规定。

第六十一条 集中交易市场的开办者、柜台出租者和展销会举办者,应当依法审查入场食品经营者的许可证,明确其食品安全管理责任,定期对其经营环境和条件进行检查,发现其有违反本法规定行为的,应当及时制止并立即报告所在地县级人民政府食品安全监督管理部门。

第六十二条 网络食品交易第三方平台提供者应当对入网食品经营者进行实名登记,明确其食品安全管理责任;依法应当取得许可证的,还应当审查其许可证。

网络食品交易第三方平台提供者发现入网食品经营者有违反本法规定行为的,应当及时制止并立即报告所在地县级人民政府食品安全监督管理部门;发现严重违法行为的,应当立即停止提供网络交易平台服务。

第六十三条 国家建立食品召回制度。食品生产者发现其生产的食品不符合食品安全标准或者有证据证明可能危害人体健康的,应当立即停止生产,召回已经上市销售的食品,通知相关生产经营者和消费者,并记录召回和通知情况。

食品经营者发现其经营的食品有前款规定情形的,应当立即停止经营,通知相关生产经营者和消费者,并记录停止经营和通知情况。食品生产者认为应当召回的,应当立即召回。由于食品经营者的原因造成其经营的食品有前款规定情形的,食品经营者应当召回。

食品生产经营者应当对召回的食品采取无害化处理、销毁等措施,防止其再次流入市场。但是,对因标签、标志或者说明书不符合食品安全标准而被召回的食品,食品生产者在采取补救措施且能保证食品安全的情况下可以继续销售;销售时应当向消费者明示补救措施。

食品生产经营者应当将食品召回和处理情况向所在地县级人民政府食品安全监督管理部门报告;需要对召回的食品进行无害化处理、销毁的,应当提前报告时间、地点。食品安全监督管理部门认为必要的,可以实施现场监督。

食品生产经营者未依照本条规定召回或者停止经营的,县级以上人民政府食品安全监督管理部门可以责令其召回或者停止经营。

第六十四条 食用农产品批发市场应当配备检验设备和检验人员或者委托符合本法规定的食品检验机构,对进入该批发市场销售的食用农产品进行抽样检验;发现不符合食品安全标准的,应当要求销售者立即停止销售,并向食品安全监督管理部门报告。

第六十五条 食用农产品销售者应当建立食用农产品进货查验记录制度,如实记录食用农产品的名称、数量、进货日期以及供货者名称、地址、联系方式等内容,并保存相关凭证。记录和凭证保存期限不得少于六个月。

第六十六条 进入市场销售的食用农产品在包装、保鲜、贮存、运输中使用保鲜剂、防腐剂等食品添加剂和包装材料等食品相关产品,应当符合食品安全国家标准。

第三节 标签、说明书和广告

第六十七条 预包装食品的包装上应当有标签。标签应当标明下列事项:

(一)名称、规格、净含量、生产日期;

（二）成分或者配料表；

（三）生产者的名称、地址、联系方式；

（四）保质期；

（五）产品标准代号；

（六）贮存条件；

（七）所使用的食品添加剂在国家标准中的通用名称；

（八）生产许可证编号；

（九）法律、法规或者食品安全标准规定应当标明的其他事项。

专供婴幼儿和其他特定人群的主辅食品，其标签还应当标明主要营养成分及其含量。

食品安全国家标准对标签标注事项另有规定的，从其规定。

第六十八条 食品经营者销售散装食品，应当在散装食品的容器、外包装上标明食品的名称、生产日期或者生产批号、保质期以及生产经营者名称、地址、联系方式等内容。

第六十九条 生产经营转基因食品应当按照规定显著标示。

第七十条 食品添加剂应当有标签、说明书和包装。标签、说明书应当载明本法第六十七条第一款第一项至第六项、第八项、第九项规定的事项，以及食品添加剂的使用范围、用量、使用方法，并在标签上载明"食品添加剂"字样。

第七十一条 食品和食品添加剂的标签、说明书，不得含有虚假内容，不得涉及疾病预防、治疗功能。生产经营者对其提供的标签、说明书的内容负责。

食品和食品添加剂的标签、说明书应当清楚、明显，生产日期、保质期等事项应当显著标注，容易辨识。

食品和食品添加剂与其标签、说明书的内容不符的，不得上市销售。

第七十二条 食品经营者应当按照食品标签标示的警示标志、警示说明或者注意事项的要求销售食品。

第七十三条 食品广告的内容应当真实合法，不得含有虚假内容，不得涉及疾病预防、治疗功能。食品生产经营者对食品广告内容的真实性、合法性负责。

县级以上人民政府食品安全监督管理部门和其他有关部门以及食品检验机构、食品行业协会不得以广告或者其他形式向消费者推荐食品。消费者组织不得以收取费用或者其他牟取利益的方式向消费者推荐食品。

第四节 特殊食品

第七十四条 国家对保健食品、特殊医学用途配方食品和婴幼儿配方食品等特殊食品实行严格监督管理。

第七十五条 保健食品声称保健功能，应当具有科学依据，不得对人体产生急性、亚急性或者慢性危害。

保健食品原料目录和允许保健食品声称的保健功能目录，由国务院食品安全监督管理部门会同国务院卫生行政部门、国家中医药管理部门制定、调整并公布。

保健食品原料目录应当包括原料名称、用量及其对应的功效；列入保健食品原料目录的原料只能用于保健食品生产，不得用于其他食品生产。

第七十六条　使用保健食品原料目录以外原料的保健食品和首次进口的保健食品应当经国务院食品安全监督管理部门注册。但是，首次进口的保健食品中属于补充维生素、矿物质等营养物质的，应当报国务院食品安全监督管理部门备案。其他保健食品应当报省、自治区、直辖市人民政府食品安全监督管理部门备案。

进口的保健食品应当是出口国（地区）主管部门准许上市销售的产品。

第七十七条　依法应当注册的保健食品，注册时应当提交保健食品的研发报告、产品配方、生产工艺、安全性和保健功能评价、标签、说明书等材料及样品，并提供相关证明文件。国务院食品安全监督管理部门经组织技术审评，对符合安全和功能声称要求的，准予注册；对不符合要求的，不予注册并书面说明理由。对使用保健食品原料目录以外原料的保健食品作出准予注册决定的，应当及时将该原料纳入保健食品原料目录。

依法应当备案的保健食品，备案时应当提交产品配方、生产工艺、标签、说明书以及表明产品安全性和保健功能的材料。

第七十八条　保健食品的标签、说明书不得涉及疾病预防、治疗功能，内容应当真实，与注册或者备案的内容相一致，载明适宜人群、不适宜人群、功效成分或者标志性成分及其含量等，并声明"本品不能代替药物"。保健食品的功能和成分应当与标签、说明书相一致。

第七十九条　保健食品广告除应当符合本法第七十三条第一款的规定外，还应当声明"本品不能代替药物"；其内容应当经生产企业所在地省、自治区、直辖市人民政府食品安全监督管理部门审查批准，取得保健食品广告批准文件。省、自治区、直辖市人民政府食品安全监督管理部门应当公布并及时更新已经批准的保健食品广告目录以及批准的广告内容。

第八十条　特殊医学用途配方食品应当经国务院食品安全监督管理部门注册。注册时，应当提交产品配方、生产工艺、标签、说明书以及表明产品安全性、营养充足性和特殊医学用途临床效果的材料。

特殊医学用途配方食品广告适用《中华人民共和国广告法》和其他法律、行政法规关于药品广告管理的规定。

第八十一条　婴幼儿配方食品生产企业应当实施从原料进厂到成品出厂的全过程质量控制，对出厂的婴幼儿配方食品实施逐批检验，保证食品安全。

生产婴幼儿配方食品使用的生鲜乳、辅料等食品原料、食品添加剂等，应当符合法律、行政法规的规定和食品安全国家标准，保证婴幼儿生长发育所需的营养成分。

婴幼儿配方食品生产企业应当将食品原料、食品添加剂、产品配方及标签等事项向省、自治区、直辖市人民政府食品安全监督管理部门备案。

婴幼儿配方乳粉的产品配方应当经国务院食品安全监督管理部门注册。注册时，应当提交配方研发报告和其他表明配方科学性、安全性的材料。

不得以分装方式生产婴幼儿配方乳粉，同一企业不得用同一配方生产不同品牌的婴幼儿配方乳粉。

第八十二条 保健食品、特殊医学用途配方食品、婴幼儿配方乳粉的注册人或者备案人应当对其提交材料的真实性负责。

省级以上人民政府食品安全监督管理部门应当及时公布注册或者备案的保健食品、特殊医学用途配方食品、婴幼儿配方乳粉目录,并对注册或者备案中获知的企业商业秘密予以保密。

保健食品、特殊医学用途配方食品、婴幼儿配方乳粉生产企业应当按照注册或者备案的产品配方、生产工艺等技术要求组织生产。

第八十三条 生产保健食品,特殊医学用途配方食品、婴幼儿配方食品和其他专供特定人群的主辅食品的企业,应当按照良好生产规范的要求建立与所生产食品相适应的生产质量管理体系,定期对该体系的运行情况进行自查,保证其有效运行,并向所在地县级人民政府食品安全监督管理部门提交自查报告。

第五章 食品检验

第八十四条 食品检验机构按照国家有关认证认可的规定取得资质认定后,方可从事食品检验活动。但是,法律另有规定的除外。

食品检验机构的资质认定条件和检验规范,由国务院食品安全监督管理部门规定。

符合本法规定的食品检验机构出具的检验报告具有同等效力。

县级以上人民政府应当整合食品检验资源,实现资源共享。

第八十五条 食品检验由食品检验机构指定的检验人独立进行。

检验人应当依照有关法律、法规的规定,并按照食品安全标准和检验规范对食品进行检验,尊重科学,恪守职业道德,保证出具的检验数据和结论客观、公正,不得出具虚假检验报告。

第八十六条 食品检验实行食品检验机构与检验人负责制。食品检验报告应当加盖食品检验机构公章,并有检验人的签名或者盖章。食品检验机构和检验人对出具的食品检验报告负责。

第八十七条 县级以上人民政府食品安全监督管理部门应当对食品进行定期或者不定期的抽样检验,并依据有关规定公布检验结果,不得免检。进行抽样检验,应当购买抽取的样品,委托符合本法规定的食品检验机构进行检验,并支付相关费用;不得向食品生产经营者收取检验费和其他费用。

第八十八条 对依照本法规定实施的检验结论有异议的,食品生产经营者可以自收到检验结论之日起七个工作日内向实施抽样检验的食品安全监督管理部门或者其上一级食品安全监督管理部门提出复检申请,由受理复检申请的食品安全监督管理部门在公布的复检机构名录中随机确定复检机构进行复检。复检机构出具的复检结论为最终检验结论。复检机构与初检机构不得为同一机构。复检机构名录由国务院认证认可监督管理、食品安全监督管理、卫生行政、农业行政等部门共同公布。

采用国家规定的快速检测方法对食用农产品进行抽查检测,被抽查人对检测结果有异议的,可以自收到检测结果时起四小时内申请复检。复检不得采用快速检测方法。

第八十九条 食品生产企业可以自行对所生产的食品进行检验,也可以委托符合本法规定的食品检验机构进行检验。

食品行业协会和消费者协会等组织、消费者需要委托食品检验机构对食品进行检验的,应当委托符合本法规定的食品检验机构进行。

第九十条 食品添加剂的检验,适用本法有关食品检验的规定。

第六章 食品进出口

第九十一条 国家出入境检验检疫部门对进出口食品安全实施监督管理。

第九十二条 进口的食品、食品添加剂、食品相关产品应当符合我国食品安全国家标准。

进口的食品、食品添加剂应当经出入境检验检疫机构依照进出口商品检验相关法律、行政法规的规定检验合格。

进口的食品、食品添加剂应当按照国家出入境检验检疫部门的要求随附合格证明材料。

第九十三条 进口尚无食品安全国家标准的食品,由境外出口商、境外生产企业或者其委托的进口商向国务院卫生行政部门提交所执行的相关国家(地区)标准或者国际标准。国务院卫生行政部门对相关标准进行审查,认为符合食品安全要求的,决定暂予适用,并及时制定相应的食品安全国家标准。进口利用新的食品原料生产的食品或者进口食品添加剂新品种、食品相关产品新品种,依照本法第三十七条的规定办理。

出入境检验检疫机构按照国务院卫生行政部门的要求,对前款规定的食品、食品添加剂、食品相关产品进行检验。检验结果应当公开。

第九十四条 境外出口商、境外生产企业应当保证向我国出口的食品、食品添加剂、食品相关产品符合本法以及我国其他有关法律、行政法规的规定和食品安全国家标准的要求,并对标签、说明书的内容负责。

进口商应当建立境外出口商、境外生产企业审核制度,重点审核前款规定的内容;审核不合格的,不得进口。

发现进口食品不符合我国食品安全国家标准或者有证据证明可能危害人体健康的,进口商应当立即停止进口,并依照本法第六十三条的规定召回。

第九十五条 境外发生的食品安全事件可能对我国境内造成影响,或者在进口食品、食品添加剂、食品相关产品中发现严重食品安全问题的,国家出入境检验检疫部门应当及时采取风险预警或者控制措施,并向国务院食品安全监督管理、卫生行政、农业行政部门通报。接到通报的部门应当及时采取相应措施。

县级以上人民政府食品安全监督管理部门对国内市场上销售的进口食品、食品添加剂实施监督管理。发现存在严重食品安全问题的,国务院食品安全监督管理部门应当及时向国家出入境检验检疫部门通报。国家出入境检验检疫部门应当及时采取相应措施。

第九十六条 向我国境内出口食品的境外出口商或者代理商、进口食品的进口商应当向国家出入境检验检疫部门备案。向我国境内出口食品的境外食品生产企业应当经国家出入境检验检疫部门注册。已经注册的境外食品生产企业提供虚假材料，或者因其自身的原因致使进口食品发生重大食品安全事故的，国家出入境检验检疫部门应当撤销注册并公告。

国家出入境检验检疫部门应当定期公布已经备案的境外出口商、代理商、进口商和已经注册的境外食品生产企业名单。

第九十七条　进口的预包装食品、食品添加剂应当有中文标签；依法应当有说明书的，还应当有中文说明书。标签、说明书应当符合本法以及我国其他有关法律、行政法规的规定和食品安全国家标准的要求，并载明食品的原产地以及境内代理商的名称、地址、联系方式。预包装食品没有中文标签、中文说明书或者标签、说明书不符合本条规定的，不得进口。

第九十八条　进口商应当建立食品、食品添加剂进口和销售记录制度，如实记录食品、食品添加剂的名称、规格、数量、生产日期、生产或者进口批号、保质期、境外出口商和购货者名称、地址及联系方式、交货日期等内容，并保存相关凭证。记录和凭证保存期限应当符合本法第五十条第二款的规定。

第九十九条　出口食品生产企业应当保证其出口食品符合进口国（地区）的标准或者合同要求。

出口食品生产企业和出口食品原料种植、养殖场应当向国家出入境检验检疫部门备案。

第一百条　国家出入境检验检疫部门应当收集、汇总下列进出口食品安全信息，并及时通报相关部门、机构和企业：

（一）出入境检验检疫机构对进出口食品实施检验检疫发现的食品安全信息；

（二）食品行业协会和消费者协会等组织、消费者反映的进口食品安全信息；

（三）国际组织、境外政府机构发布的风险预警信息及其他食品安全信息，以及境外食品行业协会等组织、消费者反映的食品安全信息；

（四）其他食品安全信息。

国家出入境检验检疫部门应当对进出口食品的进口商、出口商和出口食品生产企业实施信用管理，建立信用记录，并依法向社会公布。对有不良记录的进口商、出口商和出口食品生产企业，应当加强对其进出口食品的检验检疫。

第一百零一条　国家出入境检验检疫部门可以对向我国境内出口食品的国家（地区）的食品安全管理体系和食品安全状况进行评估和审查，并根据评估和审查结果，确定相应检验检疫要求。

第七章　食品安全事故处置

第一百零二条　国务院组织制定国家食品安全事故应急预案。

县级以上地方人民政府应当根据有关法律、法规的规定和上级人民政府的食品安全事故应急预案以及本行政区域的实际情况，制定本行政区域的食品安全事故应急预案，并报上一级人民政府备案。

食品安全事故应急预案应当对食品安全事故分级、事故处置组织指挥体系与职责、预防预警机制、处置程序、应急保障措施等作出规定。

食品生产经营企业应当制定食品安全事故处置方案，定期检查本企业各项食品安全防范措施的落实情况，及时消除事故隐患。

第一百零三条 发生食品安全事故的单位应当立即采取措施，防止事故扩大。事故单位和接收病人进行治疗的单位应当及时向事故发生地县级人民政府食品安全监督管理、卫生行政部门报告。

县级以上人民政府农业行政等部门在日常监督管理中发现食品安全事故或者接到事故举报，应当立即向同级食品安全监督管理部门通报。

发生食品安全事故，接到报告的县级人民政府食品安全监督管理部门应当按照应急预案的规定向本级人民政府和上级人民政府食品安全监督管理部门报告。县级人民政府和上级人民政府食品安全监督管理部门应当按照应急预案的规定上报。

任何单位和个人不得对食品安全事故隐瞒、谎报、缓报，不得隐匿、伪造、毁灭有关证据。

第一百零四条 医疗机构发现其接收的病人属于食源性疾病病人或者疑似病人的，应当按照规定及时将相关信息向所在地县级人民政府卫生行政部门报告。县级人民政府卫生行政部门认为与食品安全有关的，应当及时通报同级食品安全监督管理部门。

县级以上人民政府卫生行政部门在调查处理传染病或者其他突发公共卫生事件中发现与食品安全相关的信息，应当及时通报同级食品安全监督管理部门。

第一百零五条 县级以上人民政府食品安全监督管理部门接到食品安全事故的报告后，应当立即会同同级卫生行政、农业行政等部门进行调查处理，并采取下列措施，防止或者减轻社会危害：

（一）开展应急救援工作，组织救治因食品安全事故导致人身伤害的人员；

（二）封存可能导致食品安全事故的食品及其原料，并立即进行检验；对确认属于被污染的食品及其原料，责令食品生产经营者依照本法第六十三条的规定召回或者停止经营；

（三）封存被污染的食品相关产品，并责令进行清洗消毒；

（四）做好信息发布工作，依法对食品安全事故及其处理情况进行发布，并对可能产生的危害加以解释、说明。

发生食品安全事故需要启动应急预案的，县级以上人民政府应当立即成立事故处置指挥机构，启动应急预案，依照前款和应急预案的规定进行处置。

发生食品安全事故，县级以上疾病预防控制机构应当对事故现场进行卫生处理，并对与事故有关的因素开展流行病学调查，有关部门应当予以协助。县级以上疾病预防控制机构应当向同级食品安全监督管理、卫生行政部门提交流行病学调查报告。

第一百零六条 发生食品安全事故，设区的市级以上人民政府食品安全监督管理部门应当立即会同有关部门进行事故责任调查，督促有关部门履行职责，向本级人民政府和上一级人民政府食品安全监督管理部门提出事故责任调查处理报告。

涉及两个以上省、自治区、直辖市的重大食品安全事故由国务院食品安全监督管理部门依照前款规定组织事故责任调查。

第一百零七条 调查食品安全事故,应当坚持实事求是、尊重科学的原则,及时、准确查清事故性质和原因,认定事故责任,提出整改措施。

调查食品安全事故,除了查明事故单位的责任,还应当查明有关监督管理部门、食品检验机构、认证机构及其工作人员的责任。

第一百零八条 食品安全事故调查部门有权向有关单位和个人了解与事故有关的情况,并要求提供相关资料和样品。有关单位和个人应当予以配合,按照要求提供相关资料和样品,不得拒绝。

任何单位和个人不得阻挠、干涉食品安全事故的调查处理。

第八章 监督管理

第一百零九条 县级以上人民政府食品安全监督管理部门根据食品安全风险监测、风险评估结果和食品安全状况等,确定监督管理的重点、方式和频次,实施风险分级管理。

县级以上地方人民政府组织本级食品安全监督管理、农业行政等部门制定本行政区域的食品安全年度监督管理计划,向社会公布并组织实施。

食品安全年度监督管理计划应当将下列事项作为监督管理的重点:

(一)专供婴幼儿和其他特定人群的主辅食品;

(二)保健食品生产过程中的添加行为和按照注册或者备案的技术要求组织生产的情况,保健食品标签、说明书以及宣传材料中有关功能宣传的情况;

(三)发生食品安全事故风险较高的食品生产经营者;

(四)食品安全风险监测结果表明可能存在食品安全隐患的事项。

第一百一十条 县级以上人民政府食品安全监督管理部门履行食品安全监督管理职责,有权采取下列措施,对生产经营者遵守本法的情况进行监督检查:

(一)进入生产经营场所实施现场检查;

(二)对生产经营的食品、食品添加剂、食品相关产品进行抽样检验;

(三)查阅、复制有关合同、票据、账簿以及其他有关资料;

(四)查封、扣押有证据证明不符合食品安全标准或者有证据证明存在安全隐患以及用于违法生产经营的食品、食品添加剂、食品相关产品;

(五)查封违法从事生产经营活动的场所。

第一百一十一条 对食品安全风险评估结果证明食品存在安全隐患,需要制定、修订食品安全标准的,在制定、修订食品安全标准前,国务院卫生行政部门应当及时会同国务院有关部门规定食品中有害物质的临时限量值和临时检验方法,作为生产经营和监督管理的依据。

第一百一十二条 县级以上人民政府食品安全监督管理部门在食品安全监督管理工作中可以采用国家规定的快速检测方法对食品进行抽查检测。

对抽查检测结果表明可能不符合食品安全标准的食品,应当依照本法第八十七条的规定进行检验。抽查检测结果确定有关食品不符合食品安全标准的,可以作为行政处罚的依据。

第一百一十三条 县级以上人民政府食品安全监督管理部门应当建立食品生产经营者食品安全信用档案，记录许可颁发、日常监督检查结果、违法行为查处等情况，依法向社会公布并实时更新；对有不良信用记录的食品生产经营者增加监督检查频次，对违法行为情节严重的食品生产经营者，可以通报投资主管部门、证券监督管理机构和有关的金融机构。

第一百一十四条 食品生产经营过程中存在食品安全隐患，未及时采取措施消除的，县级以上人民政府食品安全监督管理部门可以对食品生产经营者的法定代表人或者主要负责人进行责任约谈。食品生产经营者应当立即采取措施，进行整改，消除隐患。责任约谈情况和整改情况应当纳入食品生产经营者食品安全信用档案。

第一百一十五条 县级以上人民政府食品安全监督管理等部门应当公布本部门的电子邮件地址或者电话，接受咨询、投诉、举报。接到咨询、投诉、举报，对属于本部门职责的，应当受理并在法定期限内及时答复、核实、处理；对不属于本部门职责的，应当移交有权处理的部门并书面通知咨询、投诉、举报人。有权处理的部门应当在法定期限内及时处理，不得推诿。对查证属实的举报，给予举报人奖励。

有关部门应当对举报人的信息予以保密，保护举报人的合法权益。举报人举报所在企业的，该企业不得以解除、变更劳动合同或者其他方式对举报人进行打击报复。

第一百一十六条 县级以上人民政府食品安全监督管理等部门应当加强对执法人员食品安全法律、法规、标准和专业知识与执法能力等的培训，并组织考核。不具备相应知识和能力的，不得从事食品安全执法工作。

食品生产经营者、食品行业协会、消费者协会等发现食品安全执法人员在执法过程中有违反法律、法规规定的行为以及不规范执法行为的，可以向本级或者上级人民政府食品安全监督管理等部门或者监察机关投诉、举报。接到投诉、举报的部门或者机关应当进行核实，并将经核实的情况向食品安全执法人员所在部门通报；涉嫌违法违纪的，按照本法和有关规定处理。

第一百一十七条 县级以上人民政府食品安全监督管理等部门未及时发现食品安全系统性风险，未及时消除监督管理区域内的食品安全隐患的，本级人民政府可以对其主要负责人进行责任约谈。

地方人民政府未履行食品安全职责，未及时消除区域性重大食品安全隐患的，上级人民政府可以对其主要负责人进行责任约谈。

被约谈的食品安全监督管理等部门、地方人民政府应当立即采取措施，对食品安全监督管理工作进行整改。

责任约谈情况和整改情况应当纳入地方人民政府和有关部门食品安全监督管理工作评议、考核记录。

第一百一十八条 国家建立统一的食品安全信息平台，实行食品安全信息统一公布制度。国家食品安全总体情况、食品安全风险警示信息、重大食品安全事故及其调查处理信息和国务院确定需要统一公布的其他信息由国务院食品安全监督管理部门统一公布。

食品安全风险警示信息和重大食品安全事故及其调查处理信息的影响限于特定区域的，也可以由有关省、自治区、直辖市人民政府食品安全监督管理部门公布。未经授权不得发布上述信息。

县级以上人民政府食品安全监督管理、农业行政部门依据各自职责公布食品安全日常监督管理信息。

公布食品安全信息，应当做到准确、及时，并进行必要的解释说明，避免误导消费者和社会舆论。

第一百一十九条 县级以上地方人民政府食品安全监督管理、卫生行政、农业行政部门获知本法规定需要统一公布的信息，应当向上级主管部门报告，由上级主管部门立即报告国务院食品安全监督管理部门；必要时，可以直接向国务院食品安全监督管理部门报告。

县级以上人民政府食品安全监督管理、卫生行政、农业行政部门应当相互通报获知的食品安全信息。

第一百二十条 任何单位和个人不得编造、散布虚假食品安全信息。

县级以上人民政府食品安全监督管理部门发现可能误导消费者和社会舆论的食品安全信息，应当立即组织有关部门、专业机构、相关食品生产经营者等进行核实、分析，并及时公布结果。

第一百二十一条 县级以上人民政府食品安全监督管理等部门发现涉嫌食品安全犯罪的，应当按照有关规定及时将案件移送公安机关。对移送的案件，公安机关应当及时审查；认为有犯罪事实需要追究刑事责任的，应当立案侦查。

公安机关在食品安全犯罪案件侦查过程中认为没有犯罪事实，或者犯罪事实显著轻微，不需要追究刑事责任，但依法应当追究行政责任的，应当及时将案件移送食品安全监督管理等部门和监察机关，有关部门应当依法处理。

公安机关商请食品安全监督管理、生态环境等部门提供检验结论、认定意见以及对涉案物品进行无害化处理等协助的，有关部门应当及时提供，予以协助。

第九章 法律责任

第一百二十二条 违反本法规定，未取得食品生产经营许可从事食品生产经营活动，或者未取得食品添加剂生产许可从事食品添加剂生产活动的，由县级以上人民政府食品安全监督管理部门没收违法所得和违法生产经营的食品、食品添加剂以及用于违法生产经营的工具、设备、原料等物品；违法生产经营的食品、食品添加剂货值金额不足一万元的，并处五万元以上十万元以下罚款；货值金额一万元以上的，并处货值金额十倍以上二十倍以下罚款。

明知从事前款规定的违法行为，仍为其提供生产经营场所或者其他条件的，由县级以上人民政府食品安全监督管理部门责令停止违法行为，没收违法所得，并处五万元以上十万元以下罚款；使消费者的合法权益受到损害的，应当与食品、食品添加剂生产经营者承担连带责任。

第一百二十三条　违反本法规定，有下列情形之一，尚不构成犯罪的，由县级以上人民政府食品安全监督管理部门没收违法所得和违法生产经营的食品，并可以没收用于违法生产经营的工具、设备、原料等物品；违法生产经营的食品货值金额不足一万元的，并处十万元以上十五万元以下罚款；货值金额一万元以上的，并处货值金额十五倍以上三十倍以下罚款；情节严重的，吊销许可证，并可以由公安机关对其直接负责的主管人员和其他直接责任人员处五日以上十五日以下拘留：

（一）用非食品原料生产食品、在食品中添加食品添加剂以外的化学物质和其他可能危害人体健康的物质，或者用回收食品作为原料生产食品，或者经营上述食品；

（二）生产经营营养成分不符合食品安全标准的专供婴幼儿和其他特定人群的主辅食品；

（三）经营病死、毒死或者死因不明的禽、畜、兽、水产动物肉类，或者生产经营其制品；

（四）经营未按规定进行检疫或者检疫不合格的肉类，或者生产经营未经检验或者检验不合格的肉类制品；

（五）生产经营国家为防病等特殊需要明令禁止生产经营的食品；

（六）生产经营添加药品的食品。

明知从事前款规定的违法行为，仍为其提供生产经营场所或者其他条件的，由县级以上人民政府食品安全监督管理部门责令停止违法行为，没收违法所得，并处十万元以上二十万元以下罚款；使消费者的合法权益受到损害的，应当与食品生产经营者承担连带责任。

违法使用剧毒、高毒农药的，除依照有关法律、法规规定给予处罚外，可以由公安机关依照第一款规定给予拘留。

第一百二十四条　违反本法规定，有下列情形之一，尚不构成犯罪的，由县级以上人民政府食品安全监督管理部门没收违法所得和违法生产经营的食品、食品添加剂，并可以没收用于违法生产经营的工具、设备、原料等物品；违法生产经营的食品、食品添加剂货值金额不足一万元的，并处五万元以上十万元以下罚款；货值金额一万元以上的，并处货值金额十倍以上二十倍以下罚款；情节严重的，吊销许可证：

（一）生产经营致病性微生物，农药残留、兽药残留、生物毒素、重金属等污染物质以及其他危害人体健康的物质含量超过食品安全标准限量的食品、食品添加剂；

（二）用超过保质期的食品原料、食品添加剂生产食品、食品添加剂，或者经营上述食品、食品添加剂；

（三）生产经营超范围、超限量使用食品添加剂的食品；

（四）生产经营腐败变质、油脂酸败、霉变生虫、污秽不洁、混有异物、掺假掺杂或者感官性状异常的食品、食品添加剂；

（五）生产经营标注虚假生产日期、保质期或者超过保质期的食品、食品添加剂；

（六）生产经营未按规定注册的保健食品、特殊医学用途配方食品、婴幼儿配方乳粉，或者未按注册的产品配方、生产工艺等技术要求组织生产；

（七）以分装方式生产婴幼儿配方乳粉，或者同一企业以同一配方生产不同品牌的婴幼儿配方乳粉；

（八）利用新的食品原料生产食品，或者生产食品添加剂新品种，未通过安全性评估；

（九）食品生产经营者在食品安全监督管理部门责令其召回或者停止经营后，仍拒不召回或者停止经营。

除前款和本法第一百二十三条、第一百二十五条规定的情形外，生产经营不符合法律、法规或者食品安全标准的食品、食品添加剂的，依照前款规定给予处罚。

生产食品相关产品新品种，未通过安全性评估，或者生产不符合食品安全标准的食品相关产品的，由县级以上人民政府食品安全监督管理部门依照第一款规定给予处罚。

第一百二十五条 违反本法规定，有下列情形之一的，由县级以上人民政府食品安全监督管理部门没收违法所得和违法生产经营的食品、食品添加剂，并可以没收用于违法生产经营的工具、设备、原料等物品；违法生产经营的食品、食品添加剂货值金额不足一万元的，并处五千元以上五万元以下罚款；货值金额一万元以上的，并处货值金额五倍以上十倍以下罚款；情节严重的，责令停产停业，直至吊销许可证：

（一）生产经营被包装材料、容器、运输工具等污染的食品、食品添加剂；

（二）生产经营无标签的预包装食品、食品添加剂或者标签、说明书不符合本法规定的食品、食品添加剂；

（三）生产经营转基因食品未按规定进行标示；

（四）食品生产经营者采购或者使用不符合食品安全标准的食品原料、食品添加剂、食品相关产品。

生产经营的食品、食品添加剂的标签、说明书存在瑕疵但不影响食品安全且不会对消费者造成误导的，由县级以上人民政府食品安全监督管理部门责令改正；拒不改正的，处二千元以下罚款。

第一百二十六条 违反本法规定，有下列情形之一的，由县级以上人民政府食品安全监督管理部门责令改正，给予警告；拒不改正的，处五千元以上五万元以下罚款；情节严重的，责令停产停业，直至吊销许可证：

（一）食品、食品添加剂生产者未按规定对采购的食品原料和生产的食品、食品添加剂进行检验；

（二）食品生产经营企业未按规定建立食品安全管理制度，或者未按规定配备或者培训、考核食品安全管理人员；

（三）食品、食品添加剂生产经营者进货时未查验许可证和相关证明文件，或者未按规定建立并遵守进货查验记录、出厂检验记录和销售记录制度；

（四）食品生产经营企业未制定食品安全事故处置方案；

（五）餐具、饮具和盛放直接入口食品的容器，使用前未经洗净、消毒或者清洗消毒不合格，或者餐饮服务设施、设备未按规定定期维护、清洗、校验；

（六）食品生产经营者安排未取得健康证明或者患有国务院卫生行政部门规定的有碍食品安全疾病的人员从事接触直接入口食品的工作；

（七）食品经营者未按规定要求销售食品；

（八）保健食品生产企业未按规定向食品安全监督管理部门备案，或者未按备案的产品配方、生产工艺等技术要求组织生产；

（九）婴幼儿配方食品生产企业未将食品原料、食品添加剂、产品配方、标签等向食品安全监督管理部门备案；

（十）特殊食品生产企业未按规定建立生产质量管理体系并有效运行，或者未定期提交自查报告；

（十一）食品生产经营者未定期对食品安全状况进行检查评价，或者生产经营条件发生变化，未按规定处理；

（十二）学校、托幼机构、养老机构、建筑工地等集中用餐单位未按规定履行食品安全管理责任；

（十三）食品生产企业、餐饮服务提供者未按规定制定、实施生产经营过程控制要求。

餐具、饮具集中消毒服务单位违反本法规定用水，使用洗涤剂、消毒剂，或者出厂的餐具、饮具未按规定检验合格并随附消毒合格证明，或者未按规定在独立包装上标注相关内容的，由县级以上人民政府卫生行政部门依照前款规定给予处罚。

食品相关产品生产者未按规定对生产的食品相关产品进行检验的，由县级以上人民政府食品安全监督管理部门依照第一款规定给予处罚。

食用农产品销售者违反本法第六十五条规定的，由县级以上人民政府食品安全监督管理部门依照第一款规定给予处罚。

第一百二十七条　对食品生产加工小作坊、食品摊贩等的违法行为的处罚，依照省、自治区、直辖市制定的具体管理办法执行。

第一百二十八条　违反本法规定，事故单位在发生食品安全事故后未进行处置、报告的，由有关主管部门按照各自职责分工责令改正，给予警告；隐匿、伪造、毁灭有关证据的，责令停产停业，没收违法所得，并处十万元以上五十万元以下罚款；造成严重后果的，吊销许可证。

第一百二十九条　违反本法规定，有下列情形之一的，由出入境检验检疫机构依照本法第一百二十四条的规定给予处罚：

（一）提供虚假材料，进口不符合我国食品安全国家标准的食品、食品添加剂、食品相关产品；

（二）进口尚无食品安全国家标准的食品，未提交所执行的标准并经国务院卫生行政部门审查，或者进口利用新的食品原料生产的食品或者进口食品添加剂新品种、食品相关产品新品种，未通过安全性评估；

（三）未遵守本法的规定出口食品；

（四）进口商在有关主管部门责令其依照本法规定召回进口的食品后，仍拒不召回。

违反本法规定，进口商未建立并遵守食品、食品添加剂进口和销售记录制度、境外出口商或者生产企业审核制度的，由出入境检验检疫机构依照本法第一百二十六条的规定给予处罚。

第一百三十条　违反本法规定，集中交易市场的开办者、柜台出租者、展销会的举办者允许未依法取得许可的食品经营者进入市场销售食品，或者未履行检查、报告等义务的，由县级以上人民政府食品安全监督管理部门责令改正，没收违法所得，并处五万元以上二十万元以下罚款；造成严重后果的，责令停业，直至由原发证部门吊销许可证；使消费者的合法权益受到损害的，应当与食品经营者承担连带责任。

食用农产品批发市场违反本法第六十四条规定的，依照前款规定承担责任。

第一百三十一条 违反本法规定，网络食品交易第三方平台提供者未对入网食品经营者进行实名登记、审查许可证，或者未履行报告、停止提供网络交易平台服务等义务的，由县级以上人民政府食品安全监督管理部门责令改正，没收违法所得，并处五万元以上二十万元以下罚款；造成严重后果的，责令停业，直至由原发证部门吊销许可证；使消费者的合法权益受到损害的，应当与食品经营者承担连带责任。

消费者通过网络食品交易第三方平台购买食品，其合法权益受到损害的，可以向入网食品经营者或者食品生产者要求赔偿。网络食品交易第三方平台提供者不能提供入网食品经营者的真实名称、地址和有效联系方式的，由网络食品交易第三方平台提供者赔偿。网络食品交易第三方平台提供者赔偿后，有权向入网食品经营者或者食品生产者追偿。网络食品交易第三方平台提供者作出更有利于消费者承诺的，应当履行其承诺。

第一百三十二条 违反本法规定，未按要求进行食品贮存、运输和装卸的，由县级以上人民政府食品安全监督管理等部门按照各自职责分工责令改正，给予警告；拒不改正的，责令停产停业，并处一万元以上五万元以下罚款；情节严重的，吊销许可证。

第一百三十三条 违反本法规定，拒绝、阻挠、干涉有关部门、机构及其工作人员依法开展食品安全监督检查、事故调查处理、风险监测和风险评估的，由有关主管部门按照各自职责分工责令停产停业，并处二千元以上五万元以下罚款；情节严重的，吊销许可证；构成违反治安管理行为的，由公安机关依法给予治安管理处罚。

违反本法规定，对举报人以解除、变更劳动合同或者其他方式打击报复的，应当依照有关法律的规定承担责任。

第一百三十四条 食品生产经营者在一年内累计三次因违反本法规定受到责令停产停业、吊销许可证以外处罚的，由食品安全监督管理部门责令停产停业，直至吊销许可证。

第一百三十五条 被吊销许可证的食品生产经营者及其法定代表人、直接负责的主管人员和其他直接责任人员自处罚决定作出之日起五年内不得申请食品生产经营许可，或者从事食品生产经营管理工作、担任食品生产经营企业食品安全管理人员。

因食品安全犯罪被判处有期徒刑以上刑罚的，终身不得从事食品生产经营管理工作，也不得担任食品生产经营企业食品安全管理人员。

食品生产经营者聘用人员违反前两款规定的，由县级以上人民政府食品安全监督管理部门吊销许可证。

第一百三十六条 食品经营者履行了本法规定的进货查验等义务，有充分证据证明其不知道所采购的食品不符合食品安全标准，并能如实说明其进货来源的，可以免予处罚，但应当依法没收其不符合食品安全标准的食品；造成人身、财产或者其他损害的，依法承担赔偿责任。

第一百三十七条 违反本法规定，承担食品安全风险监测、风险评估工作的技术机构、技术人员提供虚假监测、评估信息的，依法对技术机构直接负责的主管人员和技术人员给予撤职、开除处分；有执业资格的，由授予其资格的主管部门吊销执业证书。

第一百三十八条 违反本法规定，食品检验机构、食品检验人员出具虚假检验报告的，由授予其资质的主管部门或者机构撤销该食品检验机构的检验资质，没收所收取的检验费用，并处检验费用五倍以上十倍以下罚款，检验费用不足一万元的，并处五万元以上十万元以下罚款；依法对食品检验机构直接负责的主管人员和食品检验人员给予撤职或者开除处分；导致发生重大食品安全事故的，对直接负责的主管人员和食品检验人员给予开除处分。

违反本法规定，受到开除处分的食品检验机构人员，自处分决定作出之日起十年内不得从事食品检验工作；因食品安全违法行为受到刑事处罚或者因出具虚假检验报告导致发生重大食品安全事故受到开除处分的食品检验机构人员，终身不得从事食品检验工作。食品检验机构聘用不得从事食品检验工作的人员的，由授予其资质的主管部门或者机构撤销该食品检验机构的检验资质。

食品检验机构出具虚假检验报告，使消费者的合法权益受到损害的，应当与食品生产经营者承担连带责任。

第一百三十九条 违反本法规定，认证机构出具虚假认证结论，由认证认可监督管理部门没收所收取的认证费用，并处认证费用五倍以上十倍以下罚款，认证费用不足一万元的，并处五万元以上十万元以下罚款；情节严重的，责令停业，直至撤销认证机构批准文件，并向社会公布；对直接负责的主管人员和负有直接责任的认证人员，撤销其执业资格。

认证机构出具虚假认证结论，使消费者的合法权益受到损害的，应当与食品生产经营者承担连带责任。

第一百四十条 违反本法规定，在广告中对食品作虚假宣传，欺骗消费者，或者发布未取得批准文件、广告内容与批准文件不一致的保健食品广告的，依照《中华人民共和国广告法》的规定给予处罚。

广告经营者、发布者设计、制作、发布虚假食品广告，使消费者的合法权益受到损害的，应当与食品生产经营者承担连带责任。

社会团体或者其他组织、个人在虚假广告或者其他虚假宣传中向消费者推荐食品，使消费者的合法权益受到损害的，应当与食品生产经营者承担连带责任。

违反本法规定，食品安全监督管理等部门、食品检验机构、食品行业协会以广告或者其他形式向消费者推荐食品，消费者组织以收取费用或者其他牟取利益的方式向消费者推荐食品的，由有关主管部门没收违法所得，依法对直接负责的主管人员和其他直接责任人员给予记大过、降级或者撤职处分；情节严重的，给予开除处分。

对食品作虚假宣传且情节严重的，由省级以上人民政府食品安全监督管理部门决定暂停销售该食品，并向社会公布；仍然销售该食品的，由县级以上人民政府食品安全监督管理部门没收违法所得和违法销售的食品，并处二万元以上五万元以下罚款。

第一百四十一条 违反本法规定，编造、散布虚假食品安全信息，构成违反治安管理行为的，由公安机关依法给予治安管理处罚。

媒体编造、散布虚假食品安全信息的，由有关主管部门依法给予处罚，并对直接负责的主管人员和其他直接责任人员给予处分；使公民、法人或者其他组织的合法权益受到损害的，依法承担消除影响、恢复名誉、赔偿损失、赔礼道歉等民事责任。

第一百四十二条 违反本法规定，县级以上地方人民政府有下列行为之一的，对直接负责的主管人员和其他直接责任人员给予记大过处分；情节较重的，给予降级或者撤职处分；情节严重的，给予开除处分；造成严重后果的，其主要负责人还应当引咎辞职：

（一）对发生在本行政区域内的食品安全事故，未及时组织协调有关部门开展有效处置，造成不良影响或者损失；

（二）对本行政区域内涉及多环节的区域性食品安全问题，未及时组织整治，造成不良影响或者损失；

（三）隐瞒、谎报、缓报食品安全事故；

（四）本行政区域内发生特别重大食品安全事故，或者连续发生重大食品安全事故。

第一百四十三条 违反本法规定，县级以上地方人民政府有下列行为之一的，对直接负责的主管人员和其他直接责任人员给予警告、记过或者记大过处分；造成严重后果的，给予降级或者撤职处分：

（一）未确定有关部门的食品安全监督管理职责，未建立健全食品安全全程监督管理工作机制和信息共享机制，未落实食品安全监督管理责任制；

（二）未制定本行政区域的食品安全事故应急预案，或者发生食品安全事故后未按规定立即成立事故处置指挥机构、启动应急预案。

第一百四十四条 违反本法规定，县级以上人民政府食品安全监督管理、卫生行政、农业行政等部门有下列行为之一的，对直接负责的主管人员和其他直接责任人员给予记大过处分；情节较重的，给予降级或者撤职处分；情节严重的，给予开除处分；造成严重后果的，其主要负责人还应当引咎辞职：

（一）隐瞒、谎报、缓报食品安全事故；

（二）未按规定查处食品安全事故，或者接到食品安全事故报告未及时处理，造成事故扩大或者蔓延；

（三）经食品安全风险评估得出食品、食品添加剂、食品相关产品不安全结论后，未及时采取相应措施，造成食品安全事故或者不良社会影响；

（四）对不符合条件的申请人准予许可，或者超越法定职权准予许可；

（五）不履行食品安全监督管理职责，导致发生食品安全事故。

第一百四十五条 违反本法规定，县级以上人民政府食品安全监督管理、卫生行政、农业行政等部门有下列行为之一，造成不良后果的，对直接负责的主管人员和其他直接责任人员给予警告、记过或者记大过处分；情节较重的，给予降级或者撤职处分；情节严重的，给予开除处分：

（一）在获知有关食品安全信息后，未按规定向上级主管部门和本级人民政府报告，或者未按规定相互通报；

（二）未按规定公布食品安全信息；

（三）不履行法定职责，对查处食品安全违法行为不配合，或者滥用职权、玩忽职守、徇私舞弊。

第一百四十六条 食品安全监督管理等部门在履行食品安全监督管理职责过程中，违法实施检查、强制等执法措施，给生产经营者造成损失的，应当依法予以赔偿，对直接负责的主管人员和其他直接责任人员依法给予处分。

第一百四十七条 违反本法规定，造成人身、财产或者其他损害的，依法承担赔偿责任。生产经营者财产不足以同时承担民事赔偿责任和缴纳罚款、罚金时，先承担民事赔偿责任。

第一百四十八条 消费者因不符合食品安全标准的食品受到损害的，可以向经营者要求赔偿损失，也可以向生产者要求赔偿损失。接到消费者赔偿要求的生产经营者，应当实行首负责任制，先行赔付，不得推诿；属于生产者责任的，经营者赔偿后有权向生产者追偿；属于经营者责任的，生产者赔偿后有权向经营者追偿。

生产不符合食品安全标准的食品或者经营明知是不符合食品安全标准的食品，消费者除要求赔偿损失外，还可以向生产者或者经营者要求支付价款十倍或者损失三倍的赔偿金；增加赔偿的金额不足一千元的，为一千元。但是，食品的标签、说明书存在不影响食品安全且不会对消费者造成误导的瑕疵的除外。

第一百四十九条 违反本法规定，构成犯罪的，依法追究刑事责任。

第十章 附 则

第一百五十条 本法下列用语的含义：

食品，指各种供人食用或者饮用的成品和原料以及按照传统既是食品又是中药材的物品，但是不包括以治疗为目的的物品。

食品安全，指食品无毒、无害，符合应当有的营养要求，对人体健康不造成任何急性、亚急性或者慢性危害。

预包装食品，指预先定量包装或者制作在包装材料、容器中的食品。

食品添加剂，指为改善食品品质和色、香、味以及为防腐、保鲜和加工工艺的需要而加入食品中的人工合成或者天然物质，包括营养强化剂。

用于食品的包装材料和容器，指包装、盛放食品或者食品添加剂用的纸、竹、木、金属、搪瓷、陶瓷、塑料、橡胶、天然纤维、化学纤维、玻璃等制品和直接接触食品或者食品添加剂的涂料。

用于食品生产经营的工具、设备，指在食品或者食品添加剂生产、销售、使用过程中直接接触食品或者食品添加剂的机械、管道、传送带、容器、用具、餐具等。

用于食品的洗涤剂、消毒剂，指直接用于洗涤或者消毒食品、餐具、饮具以及直接接触食品的工具、设备或者食品包装材料和容器的物质。

食品保质期，指食品在标明的贮存条件下保持品质的期限。

食源性疾病，指食品中致病因素进入人体引起的感染性、中毒性等疾病，包括食物中毒。

食品安全事故，指食源性疾病、食品污染等源于食品，对人体健康有危害或者可能有危害的事故。

第一百五十一条　转基因食品和食盐的食品安全管理，本法未作规定的，适用其他法律、行政法规的规定。

第一百五十二条　铁路、民航运营中食品安全的管理办法由国务院食品安全监督管理部门会同国务院有关部门依照本法制定。

保健食品的具体管理办法由国务院食品安全监督管理部门依照本法制定。

食品相关产品生产活动的具体管理办法由国务院食品安全监督管理部门依照本法制定。

国境口岸食品的监督管理由出入境检验检疫机构依照本法以及有关法律、行政法规的规定实施。

军队专用食品和自供食品的食品安全管理办法由中央军事委员会依照本法制定。

第一百五十三条　国务院根据实际需要，可以对食品安全监督管理体制作出调整。

第一百五十四条　本法自2015年10月1日起施行。

中华人民共和国生物安全法

（2020年10月17日第十三届全国人民代表大会常务委员会第二十二次会议通过）

目　录

第一章　总　　则

第一条　为了维护国家安全，防范和应对生物安全风险，保障人民生命健康，保护生物资源和生态环境，促进生物技术健康发展，推动构建人类命运共同体，实现人与自然和谐共生，制定本法。

第二条　本法所称生物安全，是指国家有效防范和应对危险生物因子及相关因素威胁，生物技术能够稳定健康发展，人民生命健康和生态系统相对处于没有危险和不受威胁的状态，生物领域具备维护国家安全和持续发展的能力。

从事下列活动，适用本法：

（一）防控重大新发突发传染病、动植物疫情；

（二）生物技术研究、开发与应用；

（三）病原微生物实验室生物安全管理；

（四）人类遗传资源与生物资源安全管理；

（五）防范外来物种入侵与保护生物多样性；

（六）应对微生物耐药；

（七）防范生物恐怖袭击与防御生物武器威胁；

（八）其他与生物安全相关的活动。

第三条　生物安全是国家安全的重要组成部分。维护生物安全应当贯彻总体国家安全观，统筹发展和安全，坚持以人为本、风险预防、分类管理、协同配合的原则。

第四条　坚持中国共产党对国家生物安全工作的领导，建立健全国家生物安全领导体制，加强国家生物安全风险防控和治理体系建设，提高国家生物安全治理能力。

第五条　国家鼓励生物科技创新，加强生物安全基础设施和生物科技人才队伍建设，支持生物产业发展，以创新驱动提升生物科技水平，增强生物安全保障能力。

第六条　国家加强生物安全领域的国际合作，履行中华人民共和国缔结或者参加的国际条约规定的义务，支持参与生物科技交流合作与生物安全事件国际救援，积极参与生物安全国际规则的研究与制定，推动完善全球生物安全治理。

第七条　各级人民政府及其有关部门应当加强生物安全法律法规和生物安全知识宣传普及工作，引导基层群众性自治组织、社会组织开展生物安全法律法规和生物安全知识宣传，促进全社会生物安全意识的提升。

相关科研院校、医疗机构以及其他企业事业单位应当将生物安全法律法规和生物安全知识纳入教育培训内容，加强学生、从业人员生物安全意识和伦理意识的培养。

新闻媒体应当开展生物安全法律法规和生物安全知识公益宣传，对生物安全违法行为进行舆论监督，增强公众维护生物安全的社会责任意识。

第八条　任何单位和个人不得危害生物安全。

任何单位和个人有权举报危害生物安全的行为；接到举报的部门应当及时依法处理。

第九条　对在生物安全工作中做出突出贡献的单位和个人，县级以上人民政府及其有关部门按照国家规定予以表彰和奖励。

第二章　生物安全风险防控体制

第十条　中央国家安全领导机构负责国家生物安全工作的决策和议事协调，研究制定、指导实施国家生物安全战略和有关重大方针政策，统筹协调国家生物安全的重大事项和重要工作，建立国家生物安全工作协调机制。

省、自治区、直辖市建立生物安全工作协调机制，组织协调、督促推进本行政区域内生物安全相关工作。

第十一条 国家生物安全工作协调机制由国务院卫生健康、农业农村、科学技术、外交等主管部门和有关军事机关组成,分析研判国家生物安全形势,组织协调、督促推进国家生物安全相关工作。国家生物安全工作协调机制设立办公室,负责协调机制的日常工作。

国家生物安全工作协调机制成员单位和国务院其他有关部门根据职责分工,负责生物安全相关工作。

第十二条 国家生物安全工作协调机制设立专家委员会,为国家生物安全战略研究、政策制定及实施提供决策咨询。

国务院有关部门组织建立相关领域、行业的生物安全技术咨询专家委员会,为生物安全工作提供咨询、评估、论证等技术支撑。

第十三条 地方各级人民政府对本行政区域内生物安全工作负责。

县级以上地方人民政府有关部门根据职责分工,负责生物安全相关工作。

基层群众性自治组织应当协助地方人民政府以及有关部门做好生物安全风险防控、应急处置和宣传教育等工作。

有关单位和个人应当配合做好生物安全风险防控和应急处置等工作。

第十四条 国家建立生物安全风险监测预警制度。国家生物安全工作协调机制组织建立国家生物安全风险监测预警体系,提高生物安全风险识别和分析能力。

第十五条 国家建立生物安全风险调查评估制度。国家生物安全工作协调机制应当根据风险监测的数据、资料等信息,定期组织开展生物安全风险调查评估。

有下列情形之一的,有关部门应当及时开展生物安全风险调查评估,依法采取必要的风险防控措施:

(一)通过风险监测或者接到举报发现可能存在生物安全风险;

(二)为确定监督管理的重点领域、重点项目,制定、调整生物安全相关名录或者清单;

(三)发生重大新发突发传染病、动植物疫情等危害生物安全的事件;

(四)需要调查评估的其他情形。

第十六条 国家建立生物安全信息共享制度。国家生物安全工作协调机制组织建立统一的国家生物安全信息平台,有关部门应当将生物安全数据、资料等信息汇交国家生物安全信息平台,实现信息共享。

第十七条 国家建立生物安全信息发布制度。国家生物安全总体情况、重大生物安全风险警示信息、重大生物安全事件及其调查处理信息等重大生物安全信息,由国家生物安全工作协调机制成员单位根据职责分工发布;其他生物安全信息由国务院有关部门和县级以上地方人民政府及其有关部门根据职责权限发布。

任何单位和个人不得编造、散布虚假的生物安全信息。

第十八条 国家建立生物安全名录和清单制度。国务院及其有关部门根据生物安全工作需要,对涉及生物安全的材料、设备、技术、活动、重要生物资源数据、传染病、动植物疫病、外来入侵物种等制定、公布名录或者清单,并动态调整。

第十九条 国家建立生物安全标准制度。国务院标准化主管部门和国务院其他有关部门根据职责分工，制定和完善生物安全领域相关标准。

国家生物安全工作协调机制组织有关部门加强不同领域生物安全标准的协调和衔接，建立和完善生物安全标准体系。

第二十条 国家建立生物安全审查制度。对影响或者可能影响国家安全的生物领域重大事项和活动，由国务院有关部门进行生物安全审查，有效防范和化解生物安全风险。

第二十一条 国家建立统一领导、协同联动、有序高效的生物安全应急制度。

国务院有关部门应当组织制定相关领域、行业生物安全事件应急预案，根据应急预案和统一部署开展应急演练、应急处置、应急救援和事后恢复等工作。

县级以上地方人民政府及其有关部门应当制定并组织、指导和督促相关企业事业单位制定生物安全事件应急预案，加强应急准备、人员培训和应急演练，开展生物安全事件应急处置、应急救援和事后恢复等工作。

中国人民解放军、中国人民武装警察部队按照中央军事委员会的命令，依法参加生物安全事件应急处置和应急救援工作。

第二十二条 国家建立生物安全事件调查溯源制度。发生重大新发突发传染病、动植物疫情和不明原因的生物安全事件，国家生物安全工作协调机制应当组织开展调查溯源，确定事件性质，全面评估事件影响，提出意见建议。

第二十三条 国家建立首次进境或者暂停后恢复进境的动植物、动植物产品、高风险生物因子国家准入制度。

进出境的人员、运输工具、集装箱、货物、物品、包装物和国际航行船舶压舱水排放等应当符合我国生物安全管理要求。

海关对发现的进出境和过境生物安全风险，应当依法处置。经评估为生物安全高风险的人员、运输工具、货物、物品等，应当从指定的国境口岸进境，并采取严格的风险防控措施。

第二十四条 国家建立境外重大生物安全事件应对制度。境外发生重大生物安全事件的，海关依法采取生物安全紧急防控措施，加强证件核验，提高查验比例，暂停相关人员、运输工具、货物、物品等进境。必要时经国务院同意，可以采取暂时关闭有关口岸、封锁有关国境等措施。

第二十五条 县级以上人民政府有关部门应当依法开展生物安全监督检查工作，被检查单位和个人应当配合，如实说明情况，提供资料，不得拒绝、阻挠。

涉及专业技术要求较高、执法业务难度较大的监督检查工作，应当有生物安全专业技术人员参加。

第二十六条 县级以上人民政府有关部门实施生物安全监督检查，可以依法采取下列措施：

（一）进入被检查单位、地点或者涉嫌实施生物安全违法行为的场所进行现场监测、勘查、检查或者核查；

（二）向有关单位和个人了解情况；

（三）查阅、复制有关文件、资料、档案、记录、凭证等；

（四）查封涉嫌实施生物安全违法行为的场所、设施；

（五）扣押涉嫌实施生物安全违法行为的工具、设备以及相关物品；

（六）法律法规规定的其他措施。

有关单位和个人的生物安全违法信息应当依法纳入全国信用信息共享平台。

第三章　防控重大新发突发传染病、动植物疫情

第二十七条　国务院卫生健康、农业农村、林业草原、海关、生态环境主管部门应当建立新发突发传染病、动植物疫情、进出境检疫、生物技术环境安全监测网络，组织监测站点布局、建设，完善监测信息报告系统，开展主动监测和病原检测，并纳入国家生物安全风险监测预警体系。

第二十八条　疾病预防控制机构、动物疫病预防控制机构、植物病虫害预防控制机构（以下统称专业机构）应当对传染病、动植物疫病和列入监测范围的不明原因疾病开展主动监测，收集、分析、报告监测信息，预测新发突发传染病、动植物疫病的发生、流行趋势。

国务院有关部门、县级以上地方人民政府及其有关部门应当根据预测和职责权限及时发布预警，并采取相应的防控措施。

第二十九条　任何单位和个人发现传染病、动植物疫病的，应当及时向医疗机构、有关专业机构或者部门报告。

医疗机构、专业机构及其工作人员发现传染病、动植物疫病或者不明原因的聚集性疾病的，应当及时报告，并采取保护性措施。

依法应当报告的，任何单位和个人不得瞒报、谎报、缓报、漏报，不得授意他人瞒报、谎报、缓报，不得阻碍他人报告。

第三十条　国家建立重大新发突发传染病、动植物疫情联防联控机制。

发生重大新发突发传染病、动植物疫情，应当依照有关法律法规和应急预案的规定及时采取控制措施；国务院卫生健康、农业农村、林业草原主管部门应当立即组织疫情会商研判，将会商研判结论向中央国家安全领导机构和国务院报告，并通报国家生物安全工作协调机制其他成员单位和国务院其他有关部门。

发生重大新发突发传染病、动植物疫情，地方各级人民政府统一履行本行政区域内疫情防控职责，加强组织领导，开展群防群控、医疗救治，动员和鼓励社会力量依法有序参与疫情防控工作。

第三十一条　国家加强国境、口岸传染病和动植物疫情联合防控能力建设，建立传染病、动植物疫情防控国际合作网络，尽早发现、控制重大新发突发传染病、动植物疫情。

第三十二条　国家保护野生动物，加强动物防疫，防止动物源性传染病传播。

第三十三条　国家加强对抗生素药物等抗微生物药物使用和残留的管理，支持应对微生物耐药的基础研究和科技攻关。

县级以上人民政府卫生健康主管部门应当加强对医疗机构合理用药的指导和监督，采取措施防止抗微生物药物的不合理使用。县级以上人民政府农业农村、林业草原主管部门应当加强对农业生产中合理用药的指导和监督，采取措施防止抗微生物药物的不合

理使用,降低在农业生产环境中的残留。

国务院卫生健康、农业农村、林业草原、生态环境等主管部门和药品监督管理部门应当根据职责分工,评估抗微生物药物残留对人体健康、环境的危害,建立抗微生物药物污染物指标评价体系。

第四章 生物技术研究、开发与应用安全

第三十四条 国家加强对生物技术研究、开发与应用活动的安全管理,禁止从事危及公众健康、损害生物资源、破坏生态系统和生物多样性等危害生物安全的生物技术研究、开发与应用活动。

从事生物技术研究、开发与应用活动,应当符合伦理原则。

第三十五条 从事生物技术研究、开发与应用活动的单位应当对本单位生物技术研究、开发与应用的安全负责,采取生物安全风险防控措施,制定生物安全培训、跟踪检查、定期报告等工作制度,强化过程管理。

第三十六条 国家对生物技术研究、开发活动实行分类管理。根据对公众健康、工业农业、生态环境等造成危害的风险程度,将生物技术研究、开发活动分为高风险、中风险、低风险三类。

生物技术研究、开发活动风险分类标准及名录由国务院科学技术、卫生健康、农业农村等主管部门根据职责分工,会同国务院其他有关部门制定、调整并公布。

第三十七条 从事生物技术研究、开发活动,应当遵守国家生物技术研究开发安全管理规范。

从事生物技术研究、开发活动,应当进行风险类别判断,密切关注风险变化,及时采取应对措施。

第三十八条 从事高风险、中风险生物技术研究、开发活动,应当由在我国境内依法成立的法人组织进行,并依法取得批准或者进行备案。

从事高风险、中风险生物技术研究、开发活动,应当进行风险评估,制定风险防控计划和生物安全事件应急预案,降低研究、开发活动实施的风险。

第三十九条 国家对涉及生物安全的重要设备和特殊生物因子实行追溯管理。购买或者引进列入管控清单的重要设备和特殊生物因子,应当进行登记,确保可追溯,并报国务院有关部门备案。

个人不得购买或者持有列入管控清单的重要设备和特殊生物因子。

第四十条 从事生物医学新技术临床研究,应当通过伦理审查,并在具备相应条件的医疗机构内进行;进行人体临床研究操作的,应当由符合相应条件的卫生专业技术人员执行。

第四十一条 国务院有关部门依法对生物技术应用活动进行跟踪评估,发现存在生物安全风险的,应当及时采取有效补救和管控措施。

第五章 病原微生物实验室生物安全

第四十二条 国家加强对病原微生物实验室生物安全的管理,制定统一的实验室生

物安全标准。病原微生物实验室应当符合生物安全国家标准和要求。

从事病原微生物实验活动，应当严格遵守有关国家标准和实验室技术规范、操作规程，采取安全防范措施。

第四十三条 国家根据病原微生物的传染性、感染后对人和动物的个体或者群体的危害程度，对病原微生物实行分类管理。

从事高致病性或者疑似高致病性病原微生物样本采集、保藏、运输活动，应当具备相应条件，符合生物安全管理规范。具体办法由国务院卫生健康、农业农村主管部门制定。

第四十四条 设立病原微生物实验室，应当依法取得批准或者进行备案。

个人不得设立病原微生物实验室或者从事病原微生物实验活动。

第四十五条 国家根据对病原微生物的生物安全防护水平，对病原微生物实验室实行分等级管理。

从事病原微生物实验活动应当在相应等级的实验室进行。低等级病原微生物实验室不得从事国家病原微生物目录规定应当在高等级病原微生物实验室进行的病原微生物实验活动。

第四十六条 高等级病原微生物实验室从事高致病性或者疑似高致病性病原微生物实验活动，应当经省级以上人民政府卫生健康或者农业农村主管部门批准，并将实验活动情况向批准部门报告。

对我国尚未发现或者已经宣布消灭的病原微生物，未经批准不得从事相关实验活动。

第四十七条 病原微生物实验室应当采取措施，加强对实验动物的管理，防止实验动物逃逸，对使用后的实验动物按照国家规定进行无害化处理，实现实验动物可追溯。禁止将使用后的实验动物流入市场。

病原微生物实验室应当加强对实验活动废弃物的管理，依法对废水、废气以及其他废弃物进行处置，采取措施防止污染。

第四十八条 病原微生物实验室的设立单位负责实验室的生物安全管理，制定科学、严格的管理制度，定期对有关生物安全规定的落实情况进行检查，对实验室设施、设备、材料等进行检查、维护和更新，确保其符合国家标准。

病原微生物实验室设立单位的法定代表人和实验室负责人对实验室的生物安全负责。

第四十九条 病原微生物实验室的设立单位应当建立和完善安全保卫制度，采取安全保卫措施，保障实验室及其病原微生物的安全。

国家加强对高等级病原微生物实验室的安全保卫。高等级病原微生物实验室应当接受公安机关等部门有关实验室安全保卫工作的监督指导，严防高致病性病原微生物泄漏、丢失和被盗、被抢。

国家建立高等级病原微生物实验室人员进入审核制度。进入高等级病原微生物实验室的人员应当经实验室负责人批准。对可能影响实验室生物安全的，不予批准；对批准进入的，应当采取安全保障措施。

第五十条 病原微生物实验室的设立单位应当制定生物安全事件应急预案，定期组织开展人员培训和应急演练。发生高致病性病原微生物泄漏、丢失和被盗、被抢或者其他生物安全风险的,应当按照应急预案的规定及时采取控制措施,并按照国家规定报告。

第五十一条 病原微生物实验室所在地省级人民政府及其卫生健康主管部门应当加强实验室所在地感染性疾病医疗资源配置,提高感染性疾病医疗救治能力。

第五十二条 企业对涉及病原微生物操作的生产车间的生物安全管理,依照有关病原微生物实验室的规定和其他生物安全管理规范进行。

涉及生物毒素、植物有害生物及其他生物因子操作的生物安全实验室的建设和管理,参照有关病原微生物实验室的规定执行。

第六章 人类遗传资源与生物资源安全

第五十三条 国家加强对我国人类遗传资源和生物资源采集、保藏、利用、对外提供等活动的管理和监督,保障人类遗传资源和生物资源安全。

国家对我国人类遗传资源和生物资源享有主权。

第五十四条 国家开展人类遗传资源和生物资源调查。

国务院科学技术主管部门组织开展我国人类遗传资源调查,制定重要遗传家系和特定地区人类遗传资源申报登记办法。

国务院科学技术、自然资源、生态环境、卫生健康、农业农村、林业草原、中医药主管部门根据职责分工,组织开展生物资源调查,制定重要生物资源申报登记办法。

第五十五条 采集、保藏、利用、对外提供我国人类遗传资源,应当符合伦理原则,不得危害公众健康、国家安全和社会公共利益。

第五十六条 从事下列活动,应当经国务院科学技术主管部门批准:

(一)采集我国重要遗传家系、特定地区人类遗传资源或者采集国务院科学技术主管部门规定的种类、数量的人类遗传资源;

(二)保藏我国人类遗传资源;

(三)利用我国人类遗传资源开展国际科学研究合作;

(四)将我国人类遗传资源材料运送、邮寄、携带出境。

前款规定不包括以临床诊疗、采供血服务、查处违法犯罪、兴奋剂检测和殡葬等为目的采集、保藏人类遗传资源及开展的相关活动。

为了取得相关药品和医疗器械在我国上市许可,在临床试验机构利用我国人类遗传资源开展国际合作临床试验、不涉及人类遗传资源出境的,不需要批准;但是,在开展临床试验前应当将拟使用的人类遗传资源种类、数量及用途向国务院科学技术主管部门备案。

境外组织、个人及其设立或者实际控制的机构不得在我国境内采集、保藏我国人类遗传资源,不得向境外提供我国人类遗传资源。

第五十七条 将我国人类遗传资源信息向境外组织、个人及其设立或者实际控制的机构提供或者开放使用的,应当向国务院科学技术主管部门事先报告并提交信息备份。

第五十八条 采集、保藏、利用、运输出境我国珍贵、濒危、特有物种及其可用于再生或者繁殖传代的个体、器官、组织、细胞、基因等遗传资源,应当遵守有关法律法规。

境外组织、个人及其设立或者实际控制的机构获取和利用我国生物资源,应当依法取得批准。

第五十九条 利用我国生物资源开展国际科学研究合作,应当依法取得批准。

利用我国人类遗传资源和生物资源开展国际科学研究合作,应当保证中方单位及其研究人员全过程、实质性地参与研究,依法分享相关权益。

第六十条 国家加强对外来物种入侵的防范和应对,保护生物多样性。国务院农业农村主管部门会同国务院其他有关部门制定外来入侵物种名录和管理办法。

国务院有关部门根据职责分工,加强对外来入侵物种的调查、监测、预警、控制、评估、清除以及生态修复等工作。

任何单位和个人未经批准,不得擅自引进、释放或者丢弃外来物种。

第七章 防范生物恐怖与生物武器威胁

第六十一条 国家采取一切必要措施防范生物恐怖与生物武器威胁。

禁止开发、制造或者以其他方式获取、储存、持有和使用生物武器。

禁止以任何方式唆使、资助、协助他人开发、制造或者以其他方式获取生物武器。

第六十二条 国务院有关部门制定、修改、公布可被用于生物恐怖活动、制造生物武器的生物体、生物毒素、设备或者技术清单,加强监管,防止其被用于制造生物武器或者恐怖目的。

第六十三条 国务院有关部门和有关军事机关根据职责分工,加强对可被用于生物恐怖活动、制造生物武器的生物体、生物毒素、设备或者技术进出境、进出口、获取、制造、转移和投放等活动的监测、调查,采取必要的防范和处置措施。

第六十四条 国务院有关部门、省级人民政府及其有关部门负责组织遭受生物恐怖袭击、生物武器攻击后的人员救治与安置、环境消毒、生态修复、安全监测和社会秩序恢复等工作。

国务院有关部门、省级人民政府及其有关部门应当有效引导社会舆论科学、准确报道生物恐怖袭击和生物武器攻击事件,及时发布疏散、转移和紧急避难等信息,对应急处置与恢复过程中遭受污染的区域和人员进行长期环境监测和健康监测。

第六十五条 国家组织开展对我国境内战争遗留生物武器及其危害结果、潜在影响的调查。

国家组织建设存放和处理战争遗留生物武器设施,保障对战争遗留生物武器的安全处置。

第八章 生物安全能力建设

第六十六条 国家制定生物安全事业发展规划,加强生物安全能力建设,提高应对生物安全事件的能力和水平。

县级以上人民政府应当支持生物安全事业发展,按照事权划分,将支持下列生物安全事业发展的相关支出列入政府预算:

（一）监测网络的构建和运行；

（二）应急处置和防控物资的储备；

（三）关键基础设施的建设和运行；

（四）关键技术和产品的研究、开发；

（五）人类遗传资源和生物资源的调查、保藏；

（六）法律法规规定的其他重要生物安全事业。

第六十七条　国家采取措施支持生物安全科技研究，加强生物安全风险防御与管控技术研究，整合优势力量和资源，建立多学科、多部门协同创新的联合攻关机制，推动生物安全核心关键技术和重大防御产品的成果产出与转化应用，提高生物安全的科技保障能力。

第六十八条　国家统筹布局全国生物安全基础设施建设。国务院有关部门根据职责分工，加快建设生物信息、人类遗传资源保藏、菌（毒）种保藏、动植物遗传资源保藏、高等级病原微生物实验室等方面的生物安全国家战略资源平台，建立共享利用机制，为生物安全科技创新提供战略保障和支撑。

第六十九条　国务院有关部门根据职责分工，加强生物基础科学研究人才和生物领域专业技术人才培养，推动生物基础科学学科建设和科学研究。

国家生物安全基础设施重要岗位的从业人员应当具备符合要求的资格，相关信息应当向国务院有关部门备案，并接受岗位培训。

第七十条　国家加强重大新发突发传染病、动植物疫情等生物安全风险防控的物资储备。

国家加强生物安全应急药品、装备等物资的研究、开发和技术储备。国务院有关部门根据职责分工，落实生物安全应急药品、装备等物资研究、开发和技术储备的相关措施。

国务院有关部门和县级以上地方人民政府及其有关部门应当保障生物安全事件应急处置所需的医疗救护设备、救治药品、医疗器械等物资的生产、供应和调配；交通运输主管部门应当及时组织协调运输经营单位优先运送。

第七十一条　国家对从事高致病性病原微生物实验活动、生物安全事件现场处置等高风险生物安全工作的人员，提供有效的防护措施和医疗保障。

第九章　法律责任

第七十二条　违反本法规定，履行生物安全管理职责的工作人员在生物安全工作中滥用职权、玩忽职守、徇私舞弊或者有其他违法行为的，依法给予处分。

第七十三条　违反本法规定，医疗机构、专业机构或者其工作人员瞒报、谎报、缓报、漏报，授意他人瞒报、谎报、缓报，或者阻碍他人报告传染病、动植物疫病或者不明原因的聚集性疾病的，由县级以上人民政府有关部门责令改正，给予警告；对法定代表人、主要负责人、直接负责的主管人员和其他直接责任人员，依法给予处分，并可以依法暂停一定期限的执业活动直至吊销相关执业证书。

违反本法规定，编造、散布虚假的生物安全信息，构成违反治安管理行为的，由公安机关依法给予治安管理处罚。

第七十四条　违反本法规定，从事国家禁止的生物技术研究、开发与应用活动的，由县级以上人民政府卫生健康、科学技术、农业农村主管部门根据职责分工，责令停止违法行为，没收违法所得、技术资料和用于违法行为的工具、设备、原材料等物品，处一百万元以上一千万元以下的罚款，违法所得在一百万元以上的，处违法所得十倍以上二十倍以下的罚款，并可以依法禁止一定期限内从事相应的生物技术研究、开发与应用活动，吊销相关许可证件；对法定代表人、主要负责人、直接负责的主管人员和其他直接责任人员，依法给予处分，处十万元以上二十万元以下的罚款，十年直至终身禁止从事相应的生物技术研究、开发与应用活动，依法吊销相关执业证书。

第七十五条　违反本法规定，从事生物技术研究、开发活动未遵守国家生物技术研究开发安全管理规范的，由县级以上人民政府有关部门根据职责分工，责令改正，给予警告，可以并处二万元以上二十万元以下的罚款；拒不改正或者造成严重后果的，责令停止研究、开发活动，并处二十万元以上二百万元以下的罚款。

第七十六条　违反本法规定，从事病原微生物实验活动未在相应等级的实验室进行，或者高等级病原微生物实验室未经批准从事高致病性、疑似高致病性病原微生物实验活动的，由县级以上地方人民政府卫生健康、农业农村主管部门根据职责分工，责令停止违法行为，监督其将用于实验活动的病原微生物销毁或者送交保藏机构，给予警告；造成传染病传播、流行或者其他严重后果的，对法定代表人、主要负责人、直接负责的主管人员和其他直接责任人员依法给予撤职、开除处分。

第七十七条　违反本法规定，将使用后的实验动物流入市场的，由县级以上人民政府科学技术主管部门责令改正，没收违法所得，并处二十万元以上一百万元以下的罚款，违法所得在二十万元以上的，并处违法所得五倍以上十倍以下的罚款；情节严重的，由发证部门吊销相关许可证件。

第七十八条　违反本法规定，有下列行为之一的，由县级以上人民政府有关部门根据职责分工，责令改正，没收违法所得，给予警告，可以并处十万元以上一百万元以下的罚款：

（一）购买或者引进列入管控清单的重要设备、特殊生物因子未进行登记，或者未报国务院有关部门备案；

（二）个人购买或者持有列入管控清单的重要设备或者特殊生物因子；

（三）个人设立病原微生物实验室或者从事病原微生物实验活动；

（四）未经实验室负责人批准进入高等级病原微生物实验室。

第七十九条　违反本法规定，未经批准，采集、保藏我国人类遗传资源或者利用我国人类遗传资源开展国际科学研究合作的，由国务院科学技术主管部门责令停止违法行为，没收违法所得和违法采集、保藏的人类遗传资源，并处五十万元以上五百万元以下的罚款，违法所得在一百万元以上的，并处违法所得五倍以上十倍以下的罚款；情节严重的，对法定代表人、主要负责人、直接负责的主管人员和其他直接责任人员，依法给予处分，五年内禁止从事相应活动。

第八十条 违反本法规定，境外组织、个人及其设立或者实际控制的机构在我国境内采集、保藏我国人类遗传资源，或者向境外提供我国人类遗传资源的，由国务院科学技术主管部门责令停止违法行为，没收违法所得和违法采集、保藏的人类遗传资源，并处一百万元以上一千万元以下的罚款；违法所得在一百万元以上的，并处违法所得十倍以上二十倍以下的罚款。

第八十一条 违反本法规定，未经批准，擅自引进外来物种的，由县级以上人民政府有关部门根据职责分工，没收引进的外来物种，并处五万元以上二十五万元以下的罚款。

违反本法规定，未经批准，擅自释放或者丢弃外来物种的，由县级以上人民政府有关部门根据职责分工，责令限期捕回、找回释放或者丢弃的外来物种，处一万元以上五万元以下的罚款。

第八十二条 违反本法规定，构成犯罪的，依法追究刑事责任；造成人身、财产或者其他损害的，依法承担民事责任。

第八十三条 违反本法规定的生物安全违法行为，本法未规定法律责任，其他有关法律、行政法规有规定的，依照其规定。

第八十四条 境外组织或者个人通过运输、邮寄、携带危险生物因子入境或者以其他方式危害我国生物安全的，依法追究法律责任，并可以采取其他必要措施。

第十章 附 则

第八十五条 本法下列术语的含义：

（一）生物因子，是指动物、植物、微生物、生物毒素及其他生物活性物质。

（二）重大新发突发传染病，是指我国境内首次出现或者已经宣布消灭再次发生，或者突然发生，造成或者可能造成公众健康和生命安全严重损害，引起社会恐慌，影响社会稳定的传染病。

（三）重大新发突发动物疫情，是指我国境内首次发生或者已经宣布消灭的动物疫病再次发生，或者发病率、死亡率较高的潜伏动物疫病突然发生并迅速传播，给养殖业生产安全造成严重威胁、危害，以及可能对公众健康和生命安全造成危害的情形。

（四）重大新发突发植物疫情，是指我国境内首次发生或者已经宣布消灭的严重危害植物的真菌、细菌、病毒、昆虫、线虫、杂草、害鼠、软体动物等再次引发病虫害，或者本地有害生物突然大范围发生并迅速传播，对农作物、林木等植物造成严重危害的情形。

（五）生物技术研究、开发与应用，是指通过科学和工程原理认识、改造、合成、利用生物而从事的科学研究、技术开发与应用等活动。

（六）病原微生物，是指可以侵犯人、动物引起感染甚至传染病的微生物，包括病毒、细菌、真菌、立克次体、寄生虫等。

（七）植物有害生物，是指能够对农作物、林木等植物造成危害的真菌、细菌、病毒、昆虫、线虫、杂草、害鼠、软体动物等生物。

（八）人类遗传资源，包括人类遗传资源材料和人类遗传资源信息。人类遗传资源材料是指含有人体基因组、基因等遗传物质的器官、组织、细胞等遗传材料。人类遗传资源信息是指利用人类遗传资源材料产生的数据等信息资料。

（九）微生物耐药，是指微生物对抗微生物药物产生抗性，导致抗微生物药物不能有效控制微生物的感染。

（十）生物武器，是指类型和数量不属于预防、保护或者其他和平用途所正当需要的、任何来源或者任何方法产生的微生物剂、其他生物剂以及生物毒素；也包括为将上述生物剂、生物毒素使用于敌对目的或者武装冲突而设计的武器、设备或者运载工具。

（十一）生物恐怖，是指故意使用致病性微生物、生物毒素等实施袭击，损害人类或者动植物健康，引起社会恐慌，企图达到特定政治目的的行为。

第八十六条　生物安全信息属于国家秘密的，应当依照《中华人民共和国保守国家秘密法》和国家其他有关保密规定实施保密管理。

第八十七条　中国人民解放军、中国人民武装警察部队的生物安全活动，由中央军事委员会依照本法规定的原则另行规定。

第八十八条　本法自2021年4月15日起施行。

中华人民共和国精神卫生法

（2012年10月26日第十一届全国人民代表大会常务委员会第二十九次会议通过　根据2018年4月27日第十三届全国人民代表大会常务委员会第二次会议《关于修改〈中华人民共和国国境卫生检疫法〉等六部法律的决定》修正）

目　录

第一章　总　　则

第一条　为了发展精神卫生事业，规范精神卫生服务，维护精神障碍患者的合法权益，制定本法。

第二条　在中华人民共和国境内开展维护和增进公民心理健康、预防和治疗精神障碍、促进精神障碍患者康复的活动，适用本法。

第三条　精神卫生工作实行预防为主的方针，坚持预防、治疗和康复相结合的原则。

第四条　精神障碍患者的人格尊严、人身和财产安全不受侵犯。

精神障碍患者的教育、劳动、医疗以及从国家和社会获得物质帮助等方面的合法权益受法律保护。

有关单位和个人应当对精神障碍患者的姓名、肖像、住址、工作单位、病历资料以及其他可能推断出其身份的信息予以保密；但是，依法履行职责需要公开的除外。

第五条　全社会应当尊重、理解、关爱精神障碍患者。

任何组织或者个人不得歧视、侮辱、虐待精神障碍患者，不得非法限制精神障碍患者的人身自由。

新闻报道和文学艺术作品等不得含有歧视、侮辱精神障碍患者的内容。

第六条　精神卫生工作实行政府组织领导、部门各负其责、家庭和单位尽力尽责、全社会共同参与的综合管理机制。

第七条　县级以上人民政府领导精神卫生工作，将其纳入国民经济和社会发展规划，建设和完善精神障碍的预防、治疗和康复服务体系，建立健全精神卫生工作协调机制和工作责任制，对有关部门承担的精神卫生工作进行考核、监督。

乡镇人民政府和街道办事处根据本地区的实际情况，组织开展预防精神障碍发生、促进精神障碍患者康复等工作。

第八条　国务院卫生行政部门主管全国的精神卫生工作。县级以上地方人民政府卫生行政部门主管本行政区域的精神卫生工作。

县级以上人民政府司法行政、民政、公安、教育、医疗保障等部门在各自职责范围内负责有关的精神卫生工作。

第九条　精神障碍患者的监护人应当履行监护职责，维护精神障碍患者的合法权益。

禁止对精神障碍患者实施家庭暴力，禁止遗弃精神障碍患者。

第十条　中国残疾人联合会及其地方组织依照法律、法规或者接受政府委托，动员社会力量，开展精神卫生工作。

村民委员会、居民委员会依照本法的规定开展精神卫生工作，并对所在地人民政府开展的精神卫生工作予以协助。

国家鼓励和支持工会、共产主义青年团、妇女联合会、红十字会、科学技术协会等团体依法开展精神卫生工作。

第十一条　国家鼓励和支持开展精神卫生专门人才的培养，维护精神卫生工作人员的合法权益，加强精神卫生专业队伍建设。

国家鼓励和支持开展精神卫生科学技术研究，发展现代医学、我国传统医学、心理学，提高精神障碍预防、诊断、治疗、康复的科学技术水平。

国家鼓励和支持开展精神卫生领域的国际交流与合作。

第十二条　各级人民政府和县级以上人民政府有关部门应当采取措施，鼓励和支持组织、个人提供精神卫生志愿服务，捐助精神卫生事业，兴建精神卫生公益设施。

对在精神卫生工作中作出突出贡献的组织、个人，按照国家有关规定给予表彰、奖励。

第二章　心理健康促进和精神障碍预防

第十三条　各级人民政府和县级以上人民政府有关部门应当采取措施，加强心理健康促进和精神障碍预防工作，提高公众心理健康水平。

第十四条 各级人民政府和县级以上人民政府有关部门制定的突发事件应急预案，应当包括心理援助的内容。发生突发事件，履行统一领导职责或者组织处置突发事件的人民政府应当根据突发事件的具体情况，按照应急预案的规定，组织开展心理援助工作。

第十五条 用人单位应当创造有益于职工身心健康的工作环境，关注职工的心理健康；对处于职业发展特定时期或者在特殊岗位工作的职工，应当有针对性地开展心理健康教育。

第十六条 各级各类学校应当对学生进行精神卫生知识教育；配备或者聘请心理健康教育教师、辅导人员，并可以设立心理健康辅导室，对学生进行心理健康教育。学前教育机构应当对幼儿开展符合其特点的心理健康教育。

发生自然灾害、意外伤害、公共安全事件等可能影响学生心理健康的事件，学校应当及时组织专业人员对学生进行心理援助。

教师应当学习和了解相关的精神卫生知识，关注学生心理健康状况，正确引导、激励学生。地方各级人民政府教育行政部门和学校应当重视教师心理健康。

学校和教师应当与学生父母或者其他监护人、近亲属沟通学生心理健康情况。

第十七条 医务人员开展疾病诊疗服务，应当按照诊断标准和治疗规范的要求，对就诊者进行心理健康指导；发现就诊者可能患有精神障碍的，应当建议其到符合本法规定的医疗机构就诊。

第十八条 监狱、看守所、拘留所、强制隔离戒毒所等场所，应当对服刑人员，被依法拘留、逮捕、强制隔离戒毒的人员等，开展精神卫生知识宣传，关注其心理健康状况，必要时提供心理咨询和心理辅导。

第十九条 县级以上地方人民政府人力资源社会保障、教育、卫生、司法行政、公安等部门应当在各自职责范围内分别对本法第十五条至第十八条规定的单位履行精神障碍预防义务的情况进行督促和指导。

第二十条 村民委员会、居民委员会应当协助所在地人民政府及其有关部门开展社区心理健康指导、精神卫生知识宣传教育活动，创建有益于居民身心健康的社区环境。

乡镇卫生院或者社区卫生服务机构应当为村民委员会、居民委员会开展社区心理健康指导、精神卫生知识宣传教育活动提供技术指导。

第二十一条 家庭成员之间应当相互关爱，创造良好、和睦的家庭环境，提高精神障碍预防意识；发现家庭成员可能患有精神障碍的，应当帮助其及时就诊，照顾其生活，做好看护管理。

第二十二条 国家鼓励和支持新闻媒体、社会组织开展精神卫生的公益性宣传，普及精神卫生知识，引导公众关注心理健康，预防精神障碍的发生。

第二十三条 心理咨询人员应当提高业务素质，遵守执业规范，为社会公众提供专业化的心理咨询服务。

心理咨询人员不得从事心理治疗或者精神障碍的诊断、治疗。

心理咨询人员发现接受咨询的人员可能患有精神障碍的，应当建议其到符合本法规定的医疗机构就诊。

心理咨询人员应当尊重接受咨询人员的隐私，并为其保守秘密。

第二十四条　国务院卫生行政部门建立精神卫生监测网络，实行严重精神障碍发病报告制度，组织开展精神障碍发生状况、发展趋势等的监测和专题调查工作。精神卫生监测和严重精神障碍发病报告管理办法，由国务院卫生行政部门制定。

国务院卫生行政部门应当会同有关部门、组织，建立精神卫生工作信息共享机制，实现信息互联互通、交流共享。

第三章　精神障碍的诊断和治疗

第二十五条　开展精神障碍诊断、治疗活动，应当具备下列条件，并依照医疗机构的管理规定办理有关手续：

（一）有与从事的精神障碍诊断、治疗相适应的精神科执业医师、护士；

（二）有满足开展精神障碍诊断、治疗需要的设施和设备；

（三）有完善的精神障碍诊断、治疗管理制度和质量监控制度。

从事精神障碍诊断、治疗的专科医疗机构还应当配备从事心理治疗的人员。

第二十六条　精神障碍的诊断、治疗，应当遵循维护患者合法权益、尊重患者人格尊严的原则，保障患者在现有条件下获得良好的精神卫生服务。

精神障碍分类、诊断标准和治疗规范，由国务院卫生行政部门组织制定。

第二十七条　精神障碍的诊断应当以精神健康状况为依据。

除法律另有规定外，不得违背本人意志进行确定其是否患有精神障碍的医学检查。

第二十八条　除个人自行到医疗机构进行精神障碍诊断外，疑似精神障碍患者的近亲属可以将其送往医疗机构进行精神障碍诊断。对查找不到近亲属的流浪乞讨疑似精神障碍患者，由当地民政等有关部门按照职责分工，帮助送往医疗机构进行精神障碍诊断。

疑似精神障碍患者发生伤害自身、危害他人安全的行为，或者有伤害自身、危害他人安全的危险的，其近亲属、所在单位、当地公安机关应当立即采取措施予以制止，并将其送往医疗机构进行精神障碍诊断。

医疗机构接到送诊的疑似精神障碍患者，不得拒绝为其作出诊断。

第二十九条　精神障碍的诊断应当由精神科执业医师作出。

医疗机构接到依照本法第二十八条第二款规定送诊的疑似精神障碍患者，应当将其留院，立即指派精神科执业医师进行诊断，并及时出具诊断结论。

第三十条　精神障碍的住院治疗实行自愿原则。

诊断结论、病情评估表明，就诊者为严重精神障碍患者并有下列情形之一的，应当对其实施住院治疗：

（一）已经发生伤害自身的行为，或者有伤害自身的危险的；

（二）已经发生危害他人安全的行为，或者有危害他人安全的危险的。

第三十一条　精神障碍患者有本法第三十条第二款第一项情形的，经其监护人同意，医疗机构应当对患者实施住院治疗；监护人不同意的，医疗机构不得对患者实施住院治疗。监护人应当对在家居住的患者做好看护管理。

第三十二条　精神障碍患者有本法第三十条第二款第二项情形，患者或者其监护人对需要住院治疗的诊断结论有异议，不同意对患者实施住院治疗的，可以要求再次诊断和鉴定。

依照前款规定要求再次诊断的，应当自收到诊断结论之日起三日内向原医疗机构或者其他具有合法资质的医疗机构提出。承担再次诊断的医疗机构应当在接到再次诊断要求后指派二名初次诊断医师以外的精神科执业医师进行再次诊断，并及时出具再次诊断结论。承担再次诊断的执业医师应当到收治患者的医疗机构面见、询问患者，该医疗机构应当予以配合。

对再次诊断结论有异议的，可以自主委托依法取得执业资质的鉴定机构进行精神障碍医学鉴定；医疗机构应当公示经公告的鉴定机构名单和联系方式。接受委托的鉴定机构应当指定本机构具有该鉴定事项执业资格的二名以上鉴定人共同进行鉴定，并及时出具鉴定报告。

第三十三条　鉴定人应当到收治精神障碍患者的医疗机构面见、询问患者，该医疗机构应当予以配合。

鉴定人本人或者其近亲属与鉴定事项有利害关系，可能影响其独立、客观、公正进行鉴定的，应当回避。

第三十四条　鉴定机构、鉴定人应当遵守有关法律、法规、规章的规定，尊重科学，恪守职业道德，按照精神障碍鉴定的实施程序、技术方法和操作规范，依法独立进行鉴定，出具客观、公正的鉴定报告。

鉴定人应当对鉴定过程进行实时记录并签名。记录的内容应当真实、客观、准确、完整，记录的文本或者声像载体应当妥善保存。

第三十五条　再次诊断结论或者鉴定报告表明，不能确定就诊者为严重精神障碍患者，或者患者不需要住院治疗的，医疗机构不得对其实施住院治疗。

再次诊断结论或者鉴定报告表明，精神障碍患者有本法第三十条第二款第二项情形的，其监护人应当同意对患者实施住院治疗。监护人阻碍实施住院治疗或者患者擅自脱离住院治疗的，可以由公安机关协助医疗机构采取措施对患者实施住院治疗。

在相关机构出具再次诊断结论、鉴定报告前，收治精神障碍患者的医疗机构应当按照诊疗规范的要求对患者实施住院治疗。

第三十六条　诊断结论表明需要住院治疗的精神障碍患者，本人没有能力办理住院手续的，由其监护人办理住院手续；患者属于查找不到监护人的流浪乞讨人员的，由送诊的有关部门办理住院手续。

精神障碍患者有本法第三十条第二款第二项情形，其监护人不办理住院手续的，由患者所在单位、村民委员会或者居民委员会办理住院手续，并由医疗机构在患者病历中予以记录。

第三十七条　医疗机构及其医务人员应当将精神障碍患者在诊断、治疗过程中享有的权利，告知患者或者其监护人。

第三十八条　医疗机构应当配备适宜的设施、设备，保护就诊和住院治疗的精神障碍患者的人身安全,防止其受到伤害,并为住院患者创造尽可能接近正常生活的环境和条件。

第三十九条 医疗机构及其医务人员应当遵循精神障碍诊断标准和治疗规范,制定治疗方案,并向精神障碍患者或者其监护人告知治疗方案和治疗方法、目的以及可能产生的后果。

第四十条 精神障碍患者在医疗机构内发生或者将要发生伤害自身、危害他人安全、扰乱医疗秩序的行为,医疗机构及其医务人员在没有其他可替代措施的情况下,可以实施约束、隔离等保护性医疗措施。实施保护性医疗措施应当遵循诊断标准和治疗规范,并在实施后告知患者的监护人。

禁止利用约束、隔离等保护性医疗措施惩罚精神障碍患者。

第四十一条 对精神障碍患者使用药物,应当以诊断和治疗为目的,使用安全、有效的药物,不得为诊断或者治疗以外的目的使用药物。

医疗机构不得强迫精神障碍患者从事生产劳动。

第四十二条 禁止对依照本法第三十条第二款规定实施住院治疗的精神障碍患者实施以治疗精神障碍为目的的外科手术。

第四十三条 医疗机构对精神障碍患者实施下列治疗措施,应当向患者或者其监护人告知医疗风险、替代医疗方案等情况,并取得患者的书面同意;无法取得患者意见的,应当取得其监护人的书面同意,并经本医疗机构伦理委员会批准:

(一)导致人体器官丧失功能的外科手术;

(二)与精神障碍治疗有关的实验性临床医疗。

实施前款第一项治疗措施,因情况紧急查找不到监护人的,应当取得本医疗机构负责人和伦理委员会批准。

禁止对精神障碍患者实施与治疗其精神障碍无关的实验性临床医疗。

第四十四条 自愿住院治疗的精神障碍患者可以随时要求出院,医疗机构应当同意。

对有本法第三十条第二款第一项情形的精神障碍患者实施住院治疗的,监护人可以随时要求患者出院,医疗机构应当同意。

医疗机构认为前两款规定的精神障碍患者不宜出院的,应当告知不宜出院的理由;患者或者其监护人仍要求出院的,执业医师应当在病历资料中详细记录告知的过程,同时提出出院后的医学建议,患者或者其监护人应当签字确认。

对有本法第三十条第二款第二项情形的精神障碍患者实施住院治疗,医疗机构认为患者可以出院的,应当立即告知患者及其监护人。

医疗机构应当根据精神障碍患者病情,及时组织精神科执业医师对依照本法第三十条第二款规定实施住院治疗的患者进行检查评估。评估结果表明患者不需要继续住院治疗的,医疗机构应当立即通知患者及其监护人。

第四十五条 精神障碍患者出院,本人没有能力办理出院手续的,监护人应当为其办理出院手续。

第四十六条 医疗机构及其医务人员应当尊重住院精神障碍患者的通讯和会见探访

者等权利。除在急性发病期或者为了避免妨碍治疗可以暂时性限制外,不得限制患者的通讯和会见探访者等权利。

第四十七条　医疗机构及其医务人员应当在病历资料中如实记录精神障碍患者的病情、治疗措施、用药情况、实施约束、隔离措施等内容,并如实告知患者或者其监护人。患者及其监护人可以查阅、复制病历资料;但是,患者查阅、复制病历资料可能对其治疗产生不利影响的除外。病历资料保存期限不得少于三十年。

第四十八条　医疗机构不得因就诊者是精神障碍患者,推诿或者拒绝为其治疗属于本医疗机构诊疗范围的其他疾病。

第四十九条　精神障碍患者的监护人应当妥善看护未住院治疗的患者,按照医嘱督促其按时服药、接受随访或者治疗。村民委员会、居民委员会、患者所在单位等应当依患者或者其监护人的请求,对监护人看护患者提供必要的帮助。

第五十条　县级以上地方人民政府卫生行政部门应当定期就下列事项对本行政区域内从事精神障碍诊断、治疗的医疗机构进行检查:

(一)相关人员、设施、设备是否符合本法要求;

(二)诊疗行为是否符合本法以及诊断标准、治疗规范的规定;

(三)对精神障碍患者实施住院治疗的程序是否符合本法规定;

(四)是否依法维护精神障碍患者的合法权益。

县级以上地方人民政府卫生行政部门进行前款规定的检查,应当听取精神障碍患者及其监护人的意见;发现存在违反本法行为的,应当立即制止或者责令改正,并依法作出处理。

第五十一条　心理治疗活动应当在医疗机构内开展。专门从事心理治疗的人员不得从事精神障碍的诊断,不得为精神障碍患者开具处方或者提供外科治疗。心理治疗的技术规范由国务院卫生行政部门制定。

第五十二条　监狱、强制隔离戒毒所等场所应当采取措施,保证患有精神障碍的服刑人员、强制隔离戒毒人员等获得治疗。

第五十三条　精神障碍患者违反治安管理处罚法或者触犯刑法的,依照有关法律的规定处理。

第四章　精神障碍的康复

第五十四条　社区康复机构应当为需要康复的精神障碍患者提供场所和条件,对患者进行生活自理能力和社会适应能力等方面的康复训练。

第五十五条　医疗机构应当为在家居住的严重精神障碍患者提供精神科基本药物维持治疗,并为社区康复机构提供有关精神障碍康复的技术指导和支持。

社区卫生服务机构、乡镇卫生院、村卫生室应当建立严重精神障碍患者的健康档案,对在家居住的严重精神障碍患者进行定期随访,指导患者服药和开展康复训练,并对患者的监护人进行精神卫生知识和看护知识的培训。县级人民政府卫生行政部门应当为社区卫生服务机构、乡镇卫生院、村卫生室开展上述工作给予指导和培训。

第五十六条 村民委员会、居民委员会应当为生活困难的精神障碍患者家庭提供帮助，并向所在地乡镇人民政府或者街道办事处以及县级人民政府有关部门反映患者及其家庭的情况和要求，帮助其解决实际困难，为患者融入社会创造条件。

第五十七条 残疾人组织或者残疾人康复机构应当根据精神障碍患者康复的需要，组织患者参加康复活动。

第五十八条 用人单位应当根据精神障碍患者的实际情况，安排患者从事力所能及的工作，保障患者享有同等待遇，安排患者参加必要的职业技能培训，提高患者的就业能力，为患者创造适宜的工作环境，对患者在工作中取得的成绩予以鼓励。

第五十九条 精神障碍患者的监护人应当协助患者进行生活自理能力和社会适应能力等方面的康复训练。

精神障碍患者的监护人在看护患者过程中需要技术指导的，社区卫生服务机构或者乡镇卫生院、村卫生室、社区康复机构应当提供。

第五章 保障措施

第六十条 县级以上人民政府卫生行政部门会同有关部门依据国民经济和社会发展规划的要求，制定精神卫生工作规划并组织实施。

精神卫生监测和专题调查结果应当作为制定精神卫生工作规划的依据。

第六十一条 省、自治区、直辖市人民政府根据本行政区域的实际情况，统筹规划，整合资源，建设和完善精神卫生服务体系，加强精神障碍预防、治疗和康复服务能力建设。

县级人民政府根据本行政区域的实际情况，统筹规划，建立精神障碍患者社区康复机构。

县级以上地方人民政府应当采取措施，鼓励和支持社会力量举办从事精神障碍诊断、治疗的医疗机构和精神障碍患者康复机构。

第六十二条 各级人民政府应当根据精神卫生工作需要，加大财政投入力度，保障精神卫生工作所需经费，将精神卫生工作经费列入本级财政预算。

第六十三条 国家加强基层精神卫生服务体系建设，扶持贫困地区、边远地区的精神卫生工作，保障城市社区、农村基层精神卫生工作所需经费。

第六十四条 医学院校应当加强精神医学的教学和研究，按照精神卫生工作的实际需要培养精神医学专门人才，为精神卫生工作提供人才保障。

第六十五条 综合性医疗机构应当按照国务院卫生行政部门的规定开设精神科门诊或者心理治疗门诊，提高精神障碍预防、诊断、治疗能力。

第六十六条 医疗机构应当组织医务人员学习精神卫生知识和相关法律、法规、政策。

从事精神障碍诊断、治疗、康复的机构应当定期组织医务人员、工作人员进行在岗培训，更新精神卫生知识。

县级以上人民政府卫生行政部门应当组织医务人员进行精神卫生知识培训，提高其识别精神障碍的能力。

第六十七条 师范院校应当为学生开设精神卫生课程;医学院校应当为非精神医学专业的学生开设精神卫生课程。

县级以上人民政府教育行政部门对教师进行上岗前和在岗培训,应当有精神卫生的内容,并定期组织心理健康教育教师、辅导人员进行专业培训。

第六十八条 县级以上人民政府卫生行政部门应当组织医疗机构为严重精神障碍患者免费提供基本公共卫生服务。

精神障碍患者的医疗费用按照国家有关社会保险的规定由基本医疗保险基金支付。医疗保险经办机构应当按照国家有关规定将精神障碍患者纳入城镇职工基本医疗保险、城镇居民基本医疗保险或者新型农村合作医疗的保障范围。县级人民政府应当按照国家有关规定对家庭经济困难的严重精神障碍患者参加基本医疗保险给予资助。医疗保障、财政等部门应当加强协调,简化程序,实现属于基本医疗保险基金支付的医疗费用由医疗机构与医疗保险经办机构直接结算。

精神障碍患者通过基本医疗保险支付医疗费用后仍有困难,或者不能通过基本医疗保险支付医疗费用的,医疗保障部门应当优先给予医疗救助。

第六十九条 对符合城乡最低生活保障条件的严重精神障碍患者,民政部门应当会同有关部门及时将其纳入最低生活保障。

对属于农村五保供养对象的严重精神障碍患者,以及城市中无劳动能力、无生活来源且无法定赡养、抚养、扶养义务人,或者其法定赡养、抚养、扶养义务人无赡养、抚养、扶养能力的严重精神障碍患者,民政部门应当按照国家有关规定予以供养、救助。

前两款规定以外的严重精神障碍患者确有困难的,民政部门可以采取临时救助等措施,帮助其解决生活困难。

第七十条 县级以上地方人民政府及其有关部门应当采取有效措施,保证患有精神障碍的适龄儿童、少年接受义务教育,扶持有劳动能力的精神障碍患者从事力所能及的劳动,并为已经康复的人员提供就业服务。

国家对安排精神障碍患者就业的用人单位依法给予税收优惠,并在生产、经营、技术、资金、物资、场地等方面给予扶持。

第七十一条 精神卫生工作人员的人格尊严、人身安全不受侵犯,精神卫生工作人员依法履行职责受法律保护。全社会应当尊重精神卫生工作人员。

县级以上人民政府及其有关部门、医疗机构、康复机构应当采取措施,加强对精神卫生工作人员的职业保护,提高精神卫生工作人员的待遇水平,并按照规定给予适当的津贴。精神卫生工作人员因工致伤、致残、死亡的,其工伤待遇以及抚恤按照国家有关规定执行。

第六章 法律责任

第七十二条 县级以上人民政府卫生行政部门和其他有关部门未依照本法规定履行精神卫生工作职责,或者滥用职权、玩忽职守、徇私舞弊的,由本级人民政府或者上一级人民政府有关部门责令改正,通报批评,对直接负责的主管人员和其他直接责任人员依法给予警告、记过或者记大过的处分;造成严重后果的,给予降级、撤职或者开除的处分。

第七十三条　不符合本法规定条件的医疗机构擅自从事精神障碍诊断、治疗的，由县级以上人民政府卫生行政部门责令停止相关诊疗活动，给予警告，并处五千元以上一万元以下罚款，有违法所得的，没收违法所得；对直接负责的主管人员和其他直接责任人员依法给予或者责令给予降低岗位等级或者撤职、开除的处分；对有关医务人员，吊销其执业证书。

第七十四条　医疗机构及其工作人员有下列行为之一的，由县级以上人民政府卫生行政部门责令改正，给予警告；情节严重的，对直接负责的主管人员和其他直接责任人员依法给予或者责令给予降低岗位等级或者撤职、开除的处分，并可以责令有关医务人员暂停一个月以上六个月以下执业活动：

（一）拒绝对送诊的疑似精神障碍患者作出诊断的；

（二）对依照本法第三十条第二款规定实施住院治疗的患者未及时进行检查评估或者未根据评估结果作出处理的。

第七十五条　医疗机构及其工作人员有下列行为之一的，由县级以上人民政府卫生行政部门责令改正，对直接负责的主管人员和其他直接责任人员依法给予或者责令给予降低岗位等级或者撤职的处分；对有关医务人员，暂停六个月以上一年以下执业活动；情节严重的，给予或者责令给予开除的处分，并吊销有关医务人员的执业证书：

（一）违反本法规定实施约束、隔离等保护性医疗措施的；

（二）违反本法规定，强迫精神障碍患者劳动的；

（三）违反本法规定对精神障碍患者实施外科手术或者实验性临床医疗的；

（四）违反本法规定，侵害精神障碍患者的通讯和会见探访者等权利的；

（五）违反精神障碍诊断标准，将非精神障碍患者诊断为精神障碍患者的。

第七十六条　有下列情形之一的，由县级以上人民政府卫生行政部门、工商行政管理部门依据各自职责责令改正，给予警告，并处五千元以上一万元以下罚款，有违法所得的，没收违法所得；造成严重后果的，责令暂停六个月以上一年以下执业活动，直至吊销执业证书或者营业执照：

（一）心理咨询人员从事心理治疗或者精神障碍的诊断、治疗的；

（二）从事心理治疗的人员在医疗机构以外开展心理治疗活动的；

（三）专门从事心理治疗的人员从事精神障碍的诊断的；

（四）专门从事心理治疗的人员为精神障碍患者开具处方或者提供外科治疗的。

心理咨询人员、专门从事心理治疗的人员在心理咨询、心理治疗活动中造成他人人身、财产或者其他损害的，依法承担民事责任。

第七十七条　有关单位和个人违反本法第四条第三款规定，给精神障碍患者造成损害的，依法承担赔偿责任；对单位直接负责的主管人员和其他直接责任人员，还应当依法给予处分。

第七十八条　违反本法规定，有下列情形之一，给精神障碍患者或者其他公民造成人身、财产或者其他损害的，依法承担赔偿责任：

（一）将非精神障碍患者故意作为精神障碍患者送入医疗机构治疗的；

（二）精神障碍患者的监护人遗弃患者，或者有不履行监护职责的其他情形的；

（三）歧视、侮辱、虐待精神障碍患者，侵害患者的人格尊严、人身安全的；

（四）非法限制精神障碍患者人身自由的；

（五）其他侵害精神障碍患者合法权益的情形。

第七十九条　医疗机构出具的诊断结论表明精神障碍患者应当住院治疗而其监护人拒绝，致使患者造成他人人身、财产损害的，或者患者有其他造成他人人身、财产损害情形的，其监护人依法承担民事责任。

第八十条　在精神障碍的诊断、治疗、鉴定过程中，寻衅滋事，阻挠有关工作人员依照本法的规定履行职责，扰乱医疗机构、鉴定机构工作秩序的，依法给予治安管理处罚。

违反本法规定，有其他构成违反治安管理行为的，依法给予治安管理处罚。

第八十一条　违反本法规定，构成犯罪的，依法追究刑事责任。

第八十二条　精神障碍患者或者其监护人、近亲属认为行政机关、医疗机构或者其他有关单位和个人违反本法规定侵害患者合法权益的，可以依法提起诉讼。

第七章　附　　则

第八十三条　本法所称精神障碍，是指由各种原因引起的感知、情感和思维等精神活动的紊乱或者异常，导致患者明显的心理痛苦或者社会适应等功能损害。

本法所称严重精神障碍，是指疾病症状严重，导致患者社会适应等功能严重损害、对自身健康状况或者客观现实不能完整认识，或者不能处理自身事务的精神障碍。

本法所称精神障碍患者的监护人，是指依照民法通则的有关规定可以担任监护人的人。

第八十四条　军队的精神卫生工作，由国务院和中央军事委员会依据本法制定管理办法。

第八十五条　本法自2013年5月1日起施行。

中华人民共和国药品管理法

（1984年9月20日第六届全国人民代表大会常务委员会第七次会议通过　2001年2月28日第九届全国人民代表大会常务委员会第二十次会议第一次修订　根据2013年12月28日第十二届全国人民代表大会常务委员会第六次会议《关于修改〈中华人民共和国海洋环境保护法〉等七部法律的决定》第一次修正　根据2015年4月24日第十二届全国人民代表大会常务委员会第十四次会议《关于修改〈中华人民共和国药品管理法〉的决定》第二次修正　2019年8月26日第十三届全国人民代表大会常务委员会第十二次会议第二次修订）

目　　录

第一章　总　　则

第一条　为了加强药品管理，保证药品质量，保障公众用药安全和合法权益，保护和促进公众健康，制定本法。

第二条　在中华人民共和国境内从事药品研制、生产、经营、使用和监督管理活动，适用本法。

本法所称药品，是指用于预防、治疗、诊断人的疾病，有目的地调节人的生理机能并规定有适应症或者功能主治、用法和用量的物质，包括中药、化学药和生物制品等。

第三条　药品管理应当以人民健康为中心，坚持风险管理、全程管控、社会共治的原则，建立科学、严格的监督管理制度，全面提升药品质量，保障药品的安全、有效、可及。

第四条　国家发展现代药和传统药，充分发挥其在预防、医疗和保健中的作用。

国家保护野生药材资源和中药品种，鼓励培育道地中药材。

第五条　国家鼓励研究和创制新药，保护公民、法人和其他组织研究、开发新药的合法权益。

第六条　国家对药品管理实行药品上市许可持有人制度。药品上市许可持有人依法对药品研制、生产、经营、使用全过程中药品的安全性、有效性和质量可控性负责。

第七条　从事药品研制、生产、经营、使用活动，应当遵守法律、法规、规章、标准和规范，保证全过程信息真实、准确、完整和可追溯。

第八条　国务院药品监督管理部门主管全国药品监督管理工作。国务院有关部门在各自职责范围内负责与药品有关的监督管理工作。国务院药品监督管理部门配合国务院有关部门，执行国家药品行业发展规划和产业政策。

省、自治区、直辖市人民政府药品监督管理部门负责本行政区域内的药品监督管理工作。设区的市级、县级人民政府承担药品监督管理职责的部门（以下称药品监督管理部门）负责本行政区域内的药品监督管理工作。县级以上地方人民政府有关部门在各自职责范围内负责与药品有关的监督管理工作。

第九条　县级以上地方人民政府对本行政区域内的药品监督管理工作负责，统一领导、组织、协调本行政区域内的药品监督管理工作以及药品安全突发事件应对工作，建立健全药品监督管理工作机制和信息共享机制。

第十条 县级以上人民政府应当将药品安全工作纳入本级国民经济和社会发展规划，将药品安全工作经费列入本级政府预算，加强药品监督管理能力建设，为药品安全工作提供保障。

第十一条 药品监督管理部门设置或者指定的药品专业技术机构，承担依法实施药品监督管理所需的审评、检验、核查、监测与评价等工作。

第十二条 国家建立健全药品追溯制度。国务院药品监督管理部门应当制定统一的药品追溯标准和规范，推进药品追溯信息互通互享，实现药品可追溯。

国家建立药物警戒制度，对药品不良反应及其他与用药有关的有害反应进行监测、识别、评估和控制。

第十三条 各级人民政府及其有关部门、药品行业协会等应当加强药品安全宣传教育，开展药品安全法律法规等知识的普及工作。

新闻媒体应当开展药品安全法律法规等知识的公益宣传，并对药品违法行为进行舆论监督。有关药品的宣传报道应当全面、科学、客观、公正。

第十四条 药品行业协会应当加强行业自律，建立健全行业规范，推动行业诚信体系建设，引导和督促会员依法开展药品生产经营等活动。

第十五条 县级以上人民政府及其有关部门对在药品研制、生产、经营、使用和监督管理工作中做出突出贡献的单位和个人，按照国家有关规定给予表彰、奖励。

第二章　药品研制和注册

第十六条 国家支持以临床价值为导向、对人的疾病具有明确或者特殊疗效的药物创新，鼓励具有新的治疗机理、治疗严重危及生命的疾病或者罕见病、对人体具有多靶向系统性调节干预功能等的新药研制，推动药品技术进步。

国家鼓励运用现代科学技术和传统中药研究方法开展中药科学技术研究和药物开发，建立和完善符合中药特点的技术评价体系，促进中药传承创新。

国家采取有效措施，鼓励儿童用药品的研制和创新，支持开发符合儿童生理特征的儿童用药品新品种、剂型和规格，对儿童用药品予以优先审评审批。

第十七条 从事药品研制活动，应当遵守药物非临床研究质量管理规范、药物临床试验质量管理规范，保证药品研制全过程持续符合法定要求。

药物非临床研究质量管理规范、药物临床试验质量管理规范由国务院药品监督管理部门会同国务院有关部门制定。

第十八条 开展药物非临床研究，应当符合国家有关规定，有与研究项目相适应的人员、场地、设备、仪器和管理制度，保证有关数据、资料和样品的真实性。

第十九条 开展药物临床试验，应当按照国务院药品监督管理部门的规定如实报送研制方法、质量指标、药理及毒理试验结果等有关数据、资料和样品，经国务院药品监督管理部门批准。国务院药品监督管理部门应当自受理临床试验申请之日起六十个工作日内决定是否同意并通知临床试验申办者，逾期未通知的，视为同意。其中，开展生物等效性试验的，报国务院药品监督管理部门备案。

开展药物临床试验，应当在具备相应条件的临床试验机构进行。药物临床试验机构实行备案管理，具体办法由国务院药品监督管理部门、国务院卫生健康主管部门共同制定。

第二十条 开展药物临床试验，应当符合伦理原则，制定临床试验方案，经伦理委员会审查同意。

伦理委员会应当建立伦理审查工作制度，保证伦理审查过程独立、客观、公正，监督规范开展药物临床试验，保障受试者合法权益，维护社会公共利益。

第二十一条 实施药物临床试验，应当向受试者或者其监护人如实说明和解释临床试验的目的和风险等详细情况，取得受试者或者其监护人自愿签署的知情同意书，并采取有效措施保护受试者合法权益。

第二十二条 药物临床试验期间，发现存在安全性问题或者其他风险的，临床试验申办者应当及时调整临床试验方案、暂停或者终止临床试验，并向国务院药品监督管理部门报告。必要时，国务院药品监督管理部门可以责令调整临床试验方案、暂停或者终止临床试验。

第二十三条 对正在开展临床试验的用于治疗严重危及生命且尚无有效治疗手段的疾病的药物，经医学观察可能获益，并且符合伦理原则的，经审查、知情同意后可以在开展临床试验的机构内用于其他病情相同的患者。

第二十四条 在中国境内上市的药品，应当经国务院药品监督管理部门批准，取得药品注册证书；但是，未实施审批管理的中药材和中药饮片除外。实施审批管理的中药材、中药饮片品种目录由国务院药品监督管理部门会同国务院中医药主管部门制定。

申请药品注册，应当提供真实、充分、可靠的数据、资料和样品，证明药品的安全性、有效性和质量可控性。

第二十五条 对申请注册的药品，国务院药品监督管理部门应当组织药学、医学和其他技术人员进行审评，对药品的安全性、有效性和质量可控性以及申请人的质量管理、风险防控和责任赔偿等能力进行审查；符合条件的，颁发药品注册证书。

国务院药品监督管理部门在审批药品时，对化学原料药一并审评审批，对相关辅料、直接接触药品的包装材料和容器一并审评，对药品的质量标准、生产工艺、标签和说明书一并核准。

本法所称辅料，是指生产药品和调配处方时所用的赋形剂和附加剂。

第二十六条 对治疗严重危及生命且尚无有效治疗手段的疾病以及公共卫生方面急需的药品，药物临床试验已有数据显示疗效并能预测其临床价值的，可以附条件批准，并在药品注册证书中载明相关事项。

第二十七条 国务院药品监督管理部门应当完善药品审评审批工作制度，加强能力建设，建立健全沟通交流、专家咨询等机制，优化审评审批流程，提高审评审批效率。

批准上市药品的审评结论和依据应当依法公开，接受社会监督。对审评审批中知悉的商业秘密应当保密。

第二十八条 药品应当符合国家药品标准。经国务院药品监督管理部门核准的药品质量标准高于国家药品标准的，按照经核准的药品质量标准执行；没有国家药品标准的，应当符合经核准的药品质量标准。

国务院药品监督管理部门颁布的《中华人民共和国药典》和药品标准为国家药品标准。

国务院药品监督管理部门会同国务院卫生健康主管部门组织药典委员会，负责国家药品标准的制定和修订。

国务院药品监督管理部门设置或者指定的药品检验机构负责标定国家药品标准品、对照品。

第二十九条 列入国家药品标准的药品名称为药品通用名称。已经作为药品通用名称的，该名称不得作为药品商标使用。

第三章 药品上市许可持有人

第三十条 药品上市许可持有人是指取得药品注册证书的企业或者药品研制机构等。

药品上市许可持有人应当依照本法规定，对药品的非临床研究、临床试验、生产经营、上市后研究、不良反应监测及报告与处理等承担责任。其他从事药品研制、生产、经营、储存、运输、使用等活动的单位和个人依法承担相应责任。

药品上市许可持有人的法定代表人、主要负责人对药品质量全面负责。

第三十一条 药品上市许可持有人应当建立药品质量保证体系，配备专门人员独立负责药品质量管理。

药品上市许可持有人应当对受托药品生产企业、药品经营企业的质量管理体系进行定期审核，监督其持续具备质量保证和控制能力。

第三十二条 药品上市许可持有人可以自行生产药品，也可以委托药品生产企业生产。

药品上市许可持有人自行生产药品的，应当依照本法规定取得药品生产许可证；委托生产的，应当委托符合条件的药品生产企业。药品上市许可持有人和受托生产企业应当签订委托协议和质量协议，并严格履行协议约定的义务。

国务院药品监督管理部门制定药品委托生产质量协议指南，指导、监督药品上市许可持有人和受托生产企业履行药品质量保证义务。

血液制品、麻醉药品、精神药品、医疗用毒性药品、药品类易制毒化学品不得委托生产；但是，国务院药品监督管理部门另有规定的除外。

第三十三条 药品上市许可持有人应当建立药品上市放行规程，对药品生产企业出厂放行的药品进行审核，经质量受权人签字后方可放行。不符合国家药品标准的，不得放行。

第三十四条 药品上市许可持有人可以自行销售其取得药品注册证书的药品，也可以委托药品经营企业销售。药品上市许可持有人从事药品零售活动的，应当取得药品经营许可证。

药品上市许可持有人自行销售药品的，应当具备本法第五十二条规定的条件；委托销售的，应当委托符合条件的药品经营企业。药品上市许可持有人和受托经营企业应当签订委托协议，并严格履行协议约定的义务。

第三十五条 药品上市许可持有人、药品生产企业、药品经营企业委托储存、运输药品的，应当对受托方的质量保证能力和风险管理能力进行评估，与其签订委托协议，约定药品质量责任、操作规程等内容，并对受托方进行监督。

第三十六条 药品上市许可持有人、药品生产企业、药品经营企业和医疗机构应当建立并实施药品追溯制度，按照规定提供追溯信息，保证药品可追溯。

第三十七条 药品上市许可持有人应当建立年度报告制度，每年将药品生产销售、上市后研究、风险管理等情况按照规定向省、自治区、直辖市人民政府药品监督管理部门报告。

第三十八条 药品上市许可持有人为境外企业的，应当由其指定的在中国境内的企业法人履行药品上市许可持有人义务，与药品上市许可持有人承担连带责任。

第三十九条 中药饮片生产企业履行药品上市许可持有人的相关义务，对中药饮片生产、销售实行全过程管理，建立中药饮片追溯体系，保证中药饮片安全、有效、可追溯。

第四十条 经国务院药品监督管理部门批准，药品上市许可持有人可以转让药品上市许可。受让方应当具备保障药品安全性、有效性和质量可控性的质量管理、风险防控和责任赔偿等能力，履行药品上市许可持有人义务。

第四章 药品生产

第四十一条 从事药品生产活动，应当经所在地省、自治区、直辖市人民政府药品监督管理部门批准，取得药品生产许可证。无药品生产许可证的，不得生产药品。

药品生产许可证应当标明有效期和生产范围，到期重新审查发证。

第四十二条 从事药品生产活动，应当具备以下条件：

（一）有依法经过资格认定的药学技术人员、工程技术人员及相应的技术工人；

（二）有与药品生产相适应的厂房、设施和卫生环境；

（三）有能对所生产药品进行质量管理和质量检验的机构、人员及必要的仪器设备；

（四）有保证药品质量的规章制度，并符合国务院药品监督管理部门依据本法制定的药品生产质量管理规范要求。

第四十三条 从事药品生产活动，应当遵守药品生产质量管理规范，建立健全药品生产质量管理体系，保证药品生产全过程持续符合法定要求。

药品生产企业的法定代表人、主要负责人对本企业的药品生产活动全面负责。

第四十四条 药品应当按照国家药品标准和经药品监督管理部门核准的生产工艺进行生产。生产、检验记录应当完整准确，不得编造。

中药饮片应当按照国家药品标准炮制；国家药品标准没有规定的，应当按照省、自治区、直辖市人民政府药品监督管理部门制定的炮制规范炮制。省、自治区、直辖市人民政府药品监督管理部门制定的炮制规范应当报国务院药品监督管理部门备案。不符合国家药品标准或者不按照省、自治区、直辖市人民政府药品监督管理部门制定的炮制规范炮制的,不得出厂、销售。

第四十五条　生产药品所需的原料、辅料,应当符合药用要求、药品生产质量管理规范的有关要求。

生产药品,应当按照规定对供应原料、辅料等的供应商进行审核,保证购进、使用的原料、辅料等符合前款规定要求。

第四十六条　直接接触药品的包装材料和容器,应当符合药用要求,符合保障人体健康、安全的标准。

对不合格的直接接触药品的包装材料和容器,由药品监督管理部门责令停止使用。

第四十七条　药品生产企业应当对药品进行质量检验。不符合国家药品标准的,不得出厂。

药品生产企业应当建立药品出厂放行规程,明确出厂放行的标准、条件。符合标准、条件的,经质量受权人签字后方可放行。

第四十八条　药品包装应当适合药品质量的要求,方便储存、运输和医疗使用。

发运中药材应当有包装。在每件包装上,应当注明品名、产地、日期、供货单位,并附有质量合格的标志。

第四十九条　药品包装应当按照规定印有或者贴有标签并附有说明书。

标签或者说明书应当注明药品的通用名称、成份、规格、上市许可持有人及其地址、生产企业及其地址、批准文号、产品批号、生产日期、有效期、适应症或者功能主治、用法、用量、禁忌、不良反应和注意事项。标签、说明书中的文字应当清晰,生产日期、有效期等事项应当显著标注,容易辨识。

麻醉药品、精神药品、医疗用毒性药品、放射性药品、外用药品和非处方药的标签、说明书,应当印有规定的标志。

第五十条　药品上市许可持有人、药品生产企业、药品经营企业和医疗机构中直接接触药品的工作人员,应当每年进行健康检查。患有传染病或者其他可能污染药品的疾病的,不得从事直接接触药品的工作。

第五章　药品经营

第五十一条　从事药品批发活动,应当经所在地省、自治区、直辖市人民政府药品监督管理部门批准,取得药品经营许可证。从事药品零售活动,应当经所在地县级以上地方人民政府药品监督管理部门批准,取得药品经营许可证。无药品经营许可证的,不得经营药品。

药品经营许可证应当标明有效期和经营范围,到期重新审查发证。

药品监督管理部门实施药品经营许可,除依据本法第五十二条规定的条件外,还应当遵循方便群众购药的原则。

第五十二条　从事药品经营活动应当具备以下条件:

（一）有依法经过资格认定的药师或者其他药学技术人员；

（二）有与所经营药品相适应的营业场所、设备、仓储设施和卫生环境；

（三）有与所经营药品相适应的质量管理机构或者人员；

（四）有保证药品质量的规章制度，并符合国务院药品监督管理部门依据本法制定的药品经营质量管理规范要求。

第五十三条 从事药品经营活动，应当遵守药品经营质量管理规范，建立健全药品经营质量管理体系，保证药品经营全过程持续符合法定要求。

国家鼓励、引导药品零售连锁经营。从事药品零售连锁经营活动的企业总部，应当建立统一的质量管理制度，对所属零售企业的经营活动履行管理责任。

药品经营企业的法定代表人、主要负责人对本企业的药品经营活动全面负责。

第五十四条 国家对药品实行处方药与非处方药分类管理制度。具体办法由国务院药品监督管理部门会同国务院卫生健康主管部门制定。

第五十五条 药品上市许可持有人、药品生产企业、药品经营企业和医疗机构应当从药品上市许可持有人或者具有药品生产、经营资格的企业购进药品；但是，购进未实施审批管理的中药材除外。

第五十六条 药品经营企业购进药品，应当建立并执行进货检查验收制度，验明药品合格证明和其他标识；不符合规定要求的，不得购进和销售。

第五十七条 药品经营企业购销药品，应当有真实、完整的购销记录。购销记录应当注明药品的通用名称、剂型、规格、产品批号、有效期、上市许可持有人、生产企业、购销单位、购销数量、购销价格、购销日期及国务院药品监督管理部门规定的其他内容。

第五十八条 药品经营企业零售药品应当准确无误，并正确说明用法、用量和注意事项；调配处方应当经过核对，对处方所列药品不得擅自更改或者代用。对有配伍禁忌或者超剂量的处方，应当拒绝调配；必要时，经处方医师更正或者重新签字，方可调配。

药品经营企业销售中药材，应当标明产地。

依法经过资格认定的药师或者其他药学技术人员负责本企业的药品管理、处方审核和调配、合理用药指导等工作。

第五十九条 药品经营企业应当制定和执行药品保管制度，采取必要的冷藏、防冻、防潮、防虫、防鼠等措施，保证药品质量。

药品入库和出库应当执行检查制度。

第六十条 城乡集市贸易市场可以出售中药材，国务院另有规定的除外。

第六十一条 药品上市许可持有人、药品经营企业通过网络销售药品，应当遵守本法药品经营的有关规定。具体管理办法由国务院药品监督管理部门会同国务院卫生健康主管部门等部门制定。

疫苗、血液制品、麻醉药品、精神药品、医疗用毒性药品、放射性药品、药品类易制毒化学品等国家实行特殊管理的药品不得在网络上销售。

第六十二条 药品网络交易第三方平台提供者应当按照国务院药品监督管理部门的规定，向所在地省、自治区、直辖市人民政府药品监督管理部门备案。

第三方平台提供者应当依法对申请进入平台经营的药品上市许可持有人、药品经营企业的资质等进行审核，保证其符合法定要求，并对发生在平台的药品经营行为进行管理。

第三方平台提供者发现进入平台经营的药品上市许可持有人、药品经营企业有违反本法规定行为的，应当及时制止并立即报告所在地县级人民政府药品监督管理部门；发现严重违法行为的，应当立即停止提供网络交易平台服务。

第六十三条 新发现和从境外引种的药材，经国务院药品监督管理部门批准后，方可销售。

第六十四条 药品应当从允许药品进口的口岸进口，并由进口药品的企业向口岸所在地药品监督管理部门备案。海关凭药品监督管理部门出具的进口药品通关单办理通关手续。无进口药品通关单的，海关不得放行。

口岸所在地药品监督管理部门应当通知药品检验机构按照国务院药品监督管理部门的规定对进口药品进行抽查检验。

允许药品进口的口岸由国务院药品监督管理部门会同海关总署提出，报国务院批准。

第六十五条 医疗机构因临床急需进口少量药品的，经国务院药品监督管理部门或者国务院授权的省、自治区、直辖市人民政府批准，可以进口。进口的药品应当在指定医疗机构内用于特定医疗目的。

个人自用携带入境少量药品，按照国家有关规定办理。

第六十六条 进口、出口麻醉药品和国家规定范围内的精神药品，应当持有国务院药品监督管理部门颁发的进口准许证、出口准许证。

第六十七条 禁止进口疗效不确切、不良反应大或者因其他原因危害人体健康的药品。

第六十八条 国务院药品监督管理部门对下列药品在销售前或者进口时，应当指定药品检验机构进行检验；未经检验或者检验不合格的，不得销售或者进口：

（一）首次在中国境内销售的药品；

（二）国务院药品监督管理部门规定的生物制品；

（三）国务院规定的其他药品。

第六章 医疗机构药事管理

第六十九条 医疗机构应当配备依法经过资格认定的药师或者其他药学技术人员，负责本单位的药品管理、处方审核和调配、合理用药指导等工作。非药学技术人员不得直接从事药剂技术工作。

第七十条 医疗机构购进药品，应当建立并执行进货检查验收制度，验明药品合格证明和其他标识；不符合规定要求的，不得购进和使用。

第七十一条 医疗机构应当有与所使用药品相适应的场所、设备、仓储设施和卫生环境，制定和执行药品保管制度，采取必要的冷藏、防冻、防潮、防虫、防鼠等措施，保证药品质量。

第七十二条 医疗机构应当坚持安全有效、经济合理的用药原则，遵循药品临床应用指导原则、临床诊疗指南和药品说明书等合理用药，对医师处方、用药医嘱的适宜性进行审核。

医疗机构以外的其他药品使用单位，应当遵守本法有关医疗机构使用药品的规定。

第七十三条 依法经过资格认定的药师或者其他药学技术人员调配处方，应当进行核对，对处方所列药品不得擅自更改或者代用。对有配伍禁忌或者超剂量的处方，应当拒绝调配；必要时，经处方医师更正或者重新签字，方可调配。

第七十四条 医疗机构配制制剂，应当经所在地省、自治区、直辖市人民政府药品监督管理部门批准，取得医疗机构制剂许可证。无医疗机构制剂许可证的，不得配制制剂。

医疗机构制剂许可证应当标明有效期，到期重新审查发证。

第七十五条 医疗机构配制制剂，应当有能够保证制剂质量的设施、管理制度、检验仪器和卫生环境。

医疗机构配制制剂，应当按照经核准的工艺进行，所需的原料、辅料和包装材料等应当符合药用要求。

第七十六条 医疗机构配制的制剂，应当是本单位临床需要而市场上没有供应的品种，并应当经所在地省、自治区、直辖市人民政府药品监督管理部门批准；但是，法律对配制中药制剂另有规定的除外。

医疗机构配制的制剂应当按照规定进行质量检验；合格的，凭医师处方在本单位使用。经国务院药品监督管理部门或者省、自治区、直辖市人民政府药品监督管理部门批准，医疗机构配制的制剂可以在指定的医疗机构之间调剂使用。

医疗机构配制的制剂不得在市场上销售。

第七章 药品上市后管理

第七十七条 药品上市许可持有人应当制定药品上市后风险管理计划，主动开展药品上市后研究，对药品的安全性、有效性和质量可控性进行进一步确证，加强对已上市药品的持续管理。

第七十八条 对附条件批准的药品，药品上市许可持有人应当采取相应风险管理措施，并在规定期限内按照要求完成相关研究；逾期未按照要求完成研究或者不能证明其获益大于风险的，国务院药品监督管理部门应当依法处理，直至注销药品注册证书。

第七十九条 对药品生产过程中的变更，按照其对药品安全性、有效性和质量可控性的风险和产生影响的程度，实行分类管理。属于重大变更的，应当经国务院药品监督管理部门批准，其他变更应当按照国务院药品监督管理部门的规定备案或者报告。

药品上市许可持有人应当按照国务院药品监督管理部门的规定，全面评估、验证变更事项对药品安全性、有效性和质量可控性的影响。

第八十条 药品上市许可持有人应当开展药品上市后不良反应监测，主动收集、跟踪分析疑似药品不良反应信息，对已识别风险的药品及时采取风险控制措施。

第八十一条 药品上市许可持有人、药品生产企业、药品经营企业和医疗机构应当经常考察本单位所生产、经营、使用的药品质量、疗效和不良反应。发现疑似不良反应的，应当及时向药品监督管理部门和卫生健康主管部门报告。具体办法由国务院药品监督管理部门会同国务院卫生健康主管部门制定。

对已确认发生严重不良反应的药品，由国务院药品监督管理部门或者省、自治区、直辖市人民政府药品监督管理部门根据实际情况采取停止生产、销售、使用等紧急控制措施，并应当在五日内组织鉴定，自鉴定结论作出之日起十五日内依法作出行政处理决定。

第八十二条 药品存在质量问题或者其他安全隐患的，药品上市许可持有人应当立即停止销售，告知相关药品经营企业和医疗机构停止销售和使用，召回已销售的药品，及时公开召回信息，必要时应当立即停止生产，并将药品召回和处理情况向省、自治区、直辖市人民政府药品监督管理部门和卫生健康主管部门报告。药品生产企业、药品经营企业和医疗机构应当配合。

药品上市许可持有人依法应当召回药品而未召回的，省、自治区、直辖市人民政府药品监督管理部门应当责令其召回。

第八十三条 药品上市许可持有人应当对已上市药品的安全性、有效性和质量可控性定期开展上市后评价。必要时，国务院药品监督管理部门可以责令药品上市许可持有人开展上市后评价或者直接组织开展上市后评价。

经评价，对疗效不确切、不良反应大或者因其他原因危害人体健康的药品，应当注销药品注册证书。

已被注销药品注册证书的药品，不得生产或者进口、销售和使用。

已被注销药品注册证书、超过有效期等的药品，应当由药品监督管理部门监督销毁或者依法采取其他无害化处理等措施。

第八章 药品价格和广告

第八十四条 国家完善药品采购管理制度，对药品价格进行监测，开展成本价格调查，加强药品价格监督检查，依法查处价格垄断、哄抬价格等药品价格违法行为，维护药品价格秩序。

第八十五条 依法实行市场调节价的药品，药品上市许可持有人、药品生产企业、药品经营企业和医疗机构应当按照公平、合理和诚实信用、质价相符的原则制定价格，为用药者提供价格合理的药品。

药品上市许可持有人、药品生产企业、药品经营企业和医疗机构应当遵守国务院药品价格主管部门关于药品价格管理的规定，制定和标明药品零售价格，禁止暴利、价格垄断和价格欺诈等行为。

第八十六条 药品上市许可持有人、药品生产企业、药品经营企业和医疗机构应当依法向药品价格主管部门提供其药品的实际购销价格和购销数量等资料。

第八十七条 医疗机构应当向患者提供所用药品的价格清单，按照规定如实公布其常用药品的价格，加强合理用药管理。具体办法由国务院卫生健康主管部门制定。

第八十八条 禁止药品上市许可持有人、药品生产企业、药品经营企业和医疗机构在药品购销中给予、收受回扣或者其他不正当利益。

禁止药品上市许可持有人、药品生产企业、药品经营企业或者代理人以任何名义给予使用其药品的医疗机构的负责人、药品采购人员、医师、药师等有关人员财物或者其他不正当利益。禁止医疗机构的负责人、药品采购人员、医师、药师等有关人员以任何名义收受药品上市许可持有人、药品生产企业、药品经营企业或者代理人给予的财物或者其他不正当利益。

第八十九条 药品广告应当经广告主所在地省、自治区、直辖市人民政府确定的广告审查机关批准;未经批准的,不得发布。

第九十条 药品广告的内容应当真实、合法,以国务院药品监督管理部门核准的药品说明书为准,不得含有虚假的内容。

药品广告不得含有表示功效、安全性的断言或者保证;不得利用国家机关、科研单位、学术机构、行业协会或者专家、学者、医师、药师、患者等的名义或者形象作推荐、证明。

非药品广告不得有涉及药品的宣传。

第九十一条 药品价格和广告,本法未作规定的,适用《中华人民共和国价格法》、《中华人民共和国反垄断法》、《中华人民共和国反不正当竞争法》、《中华人民共和国广告法》等的规定。

第九章 药品储备和供应

第九十二条 国家实行药品储备制度,建立中央和地方两级药品储备。

发生重大灾情、疫情或者其他突发事件时,依照《中华人民共和国突发事件应对法》的规定,可以紧急调用药品。

第九十三条 国家实行基本药物制度,遴选适当数量的基本药物品种,加强组织生产和储备,提高基本药物的供给能力,满足疾病防治基本用药需求。

第九十四条 国家建立药品供求监测体系,及时收集和汇总分析短缺药品供求信息,对短缺药品实行预警,采取应对措施。

第九十五条 国家实行短缺药品清单管理制度。具体办法由国务院卫生健康主管部门会同国务院药品监督管理部门等部门制定。

药品上市许可持有人停止生产短缺药品的,应当按照规定向国务院药品监督管理部门或者省、自治区、直辖市人民政府药品监督管理部门报告。

第九十六条 国家鼓励短缺药品的研制和生产,对临床急需的短缺药品、防治重大传染病和罕见病等疾病的新药予以优先审评审批。

第九十七条 对短缺药品,国务院可以限制或者禁止出口。必要时,国务院有关部门可以采取组织生产、价格干预和扩大进口等措施,保障药品供应。

药品上市许可持有人、药品生产企业、药品经营企业应当按照规定保障药品的生产和供应。

第十章 监督管理

第九十八条 禁止生产(包括配制,下同)、销售、使用假药、劣药。

有下列情形之一的，为假药：

（一）药品所含成份与国家药品标准规定的成份不符；

（二）以非药品冒充药品或者以他种药品冒充此种药品；

（三）变质的药品；

（四）药品所标明的适应症或者功能主治超出规定范围。

有下列情形之一的，为劣药：

（一）药品成份的含量不符合国家药品标准；

（二）被污染的药品；

（三）未标明或者更改有效期的药品；

（四）未注明或者更改产品批号的药品；

（五）超过有效期的药品；

（六）擅自添加防腐剂、辅料的药品；

（七）其他不符合药品标准的药品。

禁止未取得药品批准证明文件生产、进口药品；禁止使用未按照规定审评、审批的原料药、包装材料和容器生产药品。

第九十九条 药品监督管理部门应当依照法律、法规的规定对药品研制、生产、经营和药品使用单位使用药品等活动进行监督检查，必要时可以对为药品研制、生产、经营、使用提供产品或者服务的单位和个人进行延伸检查，有关单位和个人应当予以配合，不得拒绝和隐瞒。

药品监督管理部门应当对高风险的药品实施重点监督检查。

对有证据证明可能存在安全隐患的，药品监督管理部门根据监督检查情况，应当采取告诫、约谈、限期整改以及暂停生产、销售、使用、进口等措施，并及时公布检查处理结果。

药品监督管理部门进行监督检查时，应当出示证明文件，对监督检查中知悉的商业秘密应当保密。

第一百条 药品监督管理部门根据监督管理的需要，可以对药品质量进行抽查检验。抽查检验应当按照规定抽样，并不得收取任何费用；抽样应当购买样品。所需费用按照国务院规定列支。

对有证据证明可能危害人体健康的药品及其有关材料，药品监督管理部门可以查封、扣押，并在七日内作出行政处理决定；药品需要检验的，应当自检验报告书发出之日起十五日内作出行政处理决定。

第一百零一条 国务院和省、自治区、直辖市人民政府的药品监督管理部门应当定期公告药品质量抽查检验结果；公告不当的，应当在原公告范围内予以更正。

第一百零二条 当事人对药品检验结果有异议的，可以自收到药品检验结果之日起七日内向原药品检验机构或者上一级药品监督管理部门设置或者指定的药品检验机构申请复验，也可以直接向国务院药品监督管理部门设置或者指定的药品检验机构申请复验。受理复验的药品检验机构应当在国务院药品监督管理部门规定的时间内作出复验结论。

第一百零三条 药品监督管理部门应当对药品上市许可持有人、药品生产企业、药品经营企业和药物非临床安全性评价研究机构、药物临床试验机构等遵守药品生产质量管理规范、药品经营质量管理规范、药物非临床研究质量管理规范、药物临床试验质量管理规范等情况进行检查,监督其持续符合法定要求。

第一百零四条 国家建立职业化、专业化药品检查员队伍。检查员应当熟悉药品法律法规,具备药品专业知识。

第一百零五条 药品监督管理部门建立药品上市许可持有人、药品生产企业、药品经营企业、药物非临床安全性评价研究机构、药物临床试验机构和医疗机构药品安全信用档案,记录许可颁发、日常监督检查结果、违法行为查处等情况,依法向社会公布并及时更新;对有不良信用记录的,增加监督检查频次,并可以按照国家规定实施联合惩戒。

第一百零六条 药品监督管理部门应当公布本部门的电子邮件地址、电话,接受咨询、投诉、举报,并依法及时答复、核实、处理。对查证属实的举报,按照有关规定给予举报人奖励。

药品监督管理部门应当对举报人的信息予以保密,保护举报人的合法权益。举报人举报所在单位的,该单位不得以解除、变更劳动合同或者其他方式对举报人进行打击报复。

第一百零七条 国家实行药品安全信息统一公布制度。国家药品安全总体情况、药品安全风险警示信息、重大药品安全事件及其调查处理信息和国务院确定需要统一公布的其他信息由国务院药品监督管理部门统一公布。药品安全风险警示信息和重大药品安全事件及其调查处理信息的影响限于特定区域的,也可以由有关省、自治区、直辖市人民政府药品监督管理部门公布。未经授权不得发布上述信息。

公布药品安全信息,应当及时、准确、全面,并进行必要的说明,避免误导。

任何单位和个人不得编造、散布虚假药品安全信息。

第一百零八条 县级以上人民政府应当制定药品安全事件应急预案。药品上市许可持有人、药品生产企业、药品经营企业和医疗机构等应当制定本单位的药品安全事件处置方案,并组织开展培训和应急演练。

发生药品安全事件,县级以上人民政府应当按照应急预案立即组织开展应对工作;有关单位应当立即采取有效措施进行处置,防止危害扩大。

第一百零九条 药品监督管理部门未及时发现药品安全系统性风险,未及时消除监督管理区域内药品安全隐患的,本级人民政府或者上级人民政府药品监督管理部门应当对其主要负责人进行约谈。

地方人民政府未履行药品安全职责,未及时消除区域性重大药品安全隐患的,上级人民政府或者上级人民政府药品监督管理部门应当对其主要负责人进行约谈。

被约谈的部门和地方人民政府应当立即采取措施,对药品监督管理工作进行整改。

约谈情况和整改情况应当纳入有关部门和地方人民政府药品监督管理工作评议、考核记录。

第一百一十条 地方人民政府及其药品监督管理部门不得以要求实施药品检验、审批等手段限制或者排斥非本地区药品上市许可持有人、药品生产企业生产的药品进入本地区。

第一百一十一条 药品监督管理部门及其设置或者指定的药品专业技术机构不得参与药品生产经营活动，不得以其名义推荐或者监制、监销药品。

药品监督管理部门及其设置或者指定的药品专业技术机构的工作人员不得参与药品生产经营活动。

第一百一十二条 国务院对麻醉药品、精神药品、医疗用毒性药品、放射性药品、药品类易制毒化学品等有其他特殊管理规定的，依照其规定。

第一百一十三条 药品监督管理部门发现药品违法行为涉嫌犯罪的，应当及时将案件移送公安机关。

对依法不需要追究刑事责任或者免予刑事处罚，但应当追究行政责任的，公安机关、人民检察院、人民法院应当及时将案件移送药品监督管理部门。

公安机关、人民检察院、人民法院商请药品监督管理部门、生态环境主管部门等部门提供检验结论、认定意见以及对涉案药品进行无害化处理等协助的，有关部门应当及时提供，予以协助。

第十一章 法律责任

第一百一十四条 违反本法规定，构成犯罪的，依法追究刑事责任。

第一百一十五条 未取得药品生产许可证、药品经营许可证或者医疗机构制剂许可证生产、销售药品的，责令关闭，没收违法生产、销售的药品和违法所得，并处违法生产、销售的药品（包括已售出和未售出的药品，下同）货值金额十五倍以上三十倍以下的罚款；货值金额不足十万元的，按十万元计算。

第一百一十六条 生产、销售假药的，没收违法生产、销售的药品和违法所得，责令停产停业整顿，吊销药品批准证明文件，并处违法生产、销售的药品货值金额十五倍以上三十倍以下的罚款；货值金额不足十万元的，按十万元计算；情节严重的，吊销药品生产许可证、药品经营许可证或者医疗机构制剂许可证，十年内不受理其相应申请；药品上市许可持有人为境外企业的，十年内禁止其药品进口。

第一百一十七条 生产、销售劣药的，没收违法生产、销售的药品和违法所得，并处违法生产、销售的药品货值金额十倍以上二十倍以下的罚款；违法生产、批发的药品货值金额不足十万元的，按十万元计算，违法零售的药品货值金额不足一万元的，按一万元计算；情节严重的，责令停产停业整顿直至吊销药品批准证明文件、药品生产许可证、药品经营许可证或者医疗机构制剂许可证。

生产、销售的中药饮片不符合药品标准，尚不影响安全性、有效性的，责令限期改正，给予警告；可以处十万元以上五十万元以下的罚款。

第一百一十八条 生产、销售假药，或者生产、销售劣药且情节严重的，对法定代表人、主要负责人、直接负责的主管人员和其他责任人员，没收违法行为发生期间自本单位所获收入，并处所获收入百分之三十以上三倍以下的罚款，终身禁止从事药品生产经营活动，并可以由公安机关处五日以上十五日以下的拘留。

对生产者专门用于生产假药、劣药的原料、辅料、包装材料、生产设备予以没收。

第一百一十九条　药品使用单位使用假药、劣药的，按照销售假药、零售劣药的规定处罚；情节严重的，法定代表人、主要负责人、直接负责的主管人员和其他责任人员有医疗卫生人员执业证书的，还应当吊销执业证书。

第一百二十条　知道或者应当知道属于假药、劣药或者本法第一百二十四条第一款第一项至第五项规定的药品，而为其提供储存、运输等便利条件的，没收全部储存、运输收入，并处违法收入一倍以上五倍以下的罚款；情节严重的，并处违法收入五倍以上十五倍以下的罚款；违法收入不足五万元的，按五万元计算。

第一百二十一条　对假药、劣药的处罚决定，应当依法载明药品检验机构的质量检验结论。

第一百二十二条　伪造、变造、出租、出借、非法买卖许可证或者药品批准证明文件的，没收违法所得，并处违法所得一倍以上五倍以下的罚款；情节严重的，并处违法所得五倍以上十五倍以下的罚款，吊销药品生产许可证、药品经营许可证、医疗机构制剂许可证或者药品批准证明文件，对法定代表人、主要负责人、直接负责的主管人员和其他责任人员，处二万元以上二十万元以下的罚款，十年内禁止从事药品生产经营活动，并可以由公安机关处五日以上十五日以下的拘留；违法所得不足十万元的，按十万元计算。

第一百二十三条　提供虚假的证明、数据、资料、样品或者采取其他手段骗取临床试验许可、药品生产许可、药品经营许可、医疗机构制剂许可或者药品注册等许可的，撤销相关许可，十年内不受理其相应申请，并处五十万元以上五百万元以下的罚款；情节严重的，对法定代表人、主要负责人、直接负责的主管人员和其他责任人员，处二万元以上二十万元以下的罚款，十年内禁止从事药品生产经营活动，并可以由公安机关处五日以上十五日以下的拘留。

第一百二十四条　违反本法规定，有下列行为之一的，没收违法生产、进口、销售的药品和违法所得以及专门用于违法生产的原料、辅料、包装材料和生产设备，责令停产停业整顿，并处违法生产、进口、销售的药品货值金额十五倍以上三十倍以下的罚款；货值金额不足十万元的，按十万元计算；情节严重的，吊销药品批准证明文件直至吊销药品生产许可证、药品经营许可证或者医疗机构制剂许可证，对法定代表人、主要负责人、直接负责的主管人员和其他责任人员，没收违法行为发生期间自本单位所获收入，并处所获收入百分之三十以上三倍以下的罚款，十年直至终身禁止从事药品生产经营活动，并可以由公安机关处五日以上十五日以下的拘留：

（一）未取得药品批准证明文件生产、进口药品；

（二）使用采取欺骗手段取得的药品批准证明文件生产、进口药品；

（三）使用未经审评审批的原料药生产药品；

（四）应当检验而未经检验即销售药品；

（五）生产、销售国务院药品监督管理部门禁止使用的药品；

（六）编造生产、检验记录；

（七）未经批准在药品生产过程中进行重大变更。

销售前款第一项至第三项规定的药品，或者药品使用单位使用前款第一项至第五项规定的药品的，依照前款规定处罚；情节严重的，药品使用单位的法定代表人、主要负责人、直接负责的主管人员和其他责任人员有医疗卫生人员执业证书的，还应当吊销执业证书。

未经批准进口少量境外已合法上市的药品，情节较轻的，可以依法减轻或者免予处罚。

第一百二十五条　违反本法规定，有下列行为之一的，没收违法生产、销售的药品和违法所得以及包装材料、容器，责令停产停业整顿，并处五十万元以上五百万元以下的罚款；情节严重的，吊销药品批准证明文件、药品生产许可证、药品经营许可证，对法定代表人、主要负责人、直接负责的主管人员和其他责任人员处二万元以上二十万元以下的罚款，十年直至终身禁止从事药品生产经营活动：

（一）未经批准开展药物临床试验；

（二）使用未经审评的直接接触药品的包装材料或者容器生产药品，或者销售该类药品；

（三）使用未经核准的标签、说明书。

第一百二十六条　除本法另有规定的情形外，药品上市许可持有人、药品生产企业、药品经营企业、药物非临床安全性评价研究机构、药物临床试验机构等未遵守药品生产质量管理规范、药品经营质量管理规范、药物非临床研究质量管理规范、药物临床试验质量管理规范等的，责令限期改正，给予警告；逾期不改正的，处十万元以上五十万元以下的罚款；情节严重的，处五十万元以上二百万元以下的罚款，责令停产停业整顿直至吊销药品批准证明文件、药品生产许可证、药品经营许可证等，药物非临床安全性评价研究机构、药物临床试验机构等五年内不得开展药物非临床安全性评价研究、药物临床试验，对法定代表人、主要负责人、直接负责的主管人员和其他责任人员，没收违法行为发生期间自本单位所获收入，并处所获收入百分之十以上百分之五十以下的罚款，十年直至终身禁止从事药品生产经营等活动。

第一百二十七条　违反本法规定，有下列行为之一的，责令限期改正，给予警告；逾期不改正的，处十万元以上五十万元以下的罚款：

（一）开展生物等效性试验未备案；

（二）药物临床试验期间，发现存在安全性问题或者其他风险，临床试验申办者未及时调整临床试验方案、暂停或者终止临床试验，或者未向国务院药品监督管理部门报告；

（三）未按照规定建立并实施药品追溯制度；

（四）未按照规定提交年度报告；

（五）未按照规定对药品生产过程中的变更进行备案或者报告；

（六）未制定药品上市后风险管理计划；

（七）未按照规定开展药品上市后研究或者上市后评价。

第一百二十八条　除依法应当按照假药、劣药处罚的外，药品包装未按照规定印有、贴有标签或者附有说明书，标签、说明书未按照规定注明相关信息或者印有规定标志的，责令改正，给予警告；情节严重的，吊销药品注册证书。

第一百二十九条　违反本法规定，药品上市许可持有人、药品生产企业、药品经营企业或者医疗机构未从药品上市许可持有人或者具有药品生产、经营资格的企业购进药品的，责令改正，没收违法购进的药品和违法所得，并处违法购进药品货值金额二倍以上十倍以下的罚款；情节严重的，并处货值金额十倍以上三十倍以下的罚款，吊销药品批准证明文件、药品生产许可证、药品经营许可证或者医疗机构执业许可证；货值金额不足五万元的，按五万元计算。

第一百三十条　违反本法规定，药品经营企业购销药品未按照规定进行记录，零售药品未正确说明用法、用量等事项，或者未按照规定调配处方的，责令改正，给予警告；情节严重的，吊销药品经营许可证。

第一百三十一条　违反本法规定，药品网络交易第三方平台提供者未履行资质审核、报告、停止提供网络交易平台服务等义务的，责令改正，没收违法所得，并处二十万元以上二百万元以下的罚款；情节严重的，责令停业整顿，并处二百万元以上五百万元以下的罚款。

第一百三十二条　进口已获得药品注册证书的药品，未按照规定向允许药品进口的口岸所在地药品监督管理部门备案的，责令限期改正，给予警告；逾期不改正的，吊销药品注册证书。

第一百三十三条　违反本法规定，医疗机构将其配制的制剂在市场上销售的，责令改正，没收违法销售的制剂和违法所得，并处违法销售制剂货值金额二倍以上五倍以下的罚款；情节严重的，并处货值金额五倍以上十五倍以下的罚款；货值金额不足五万元的，按五万元计算。

第一百三十四条　药品上市许可持有人未按照规定开展药品不良反应监测或者报告疑似药品不良反应的，责令限期改正，给予警告；逾期不改正的，责令停产停业整顿，并处十万元以上一百万元以下的罚款。

药品经营企业未按照规定报告疑似药品不良反应的，责令限期改正，给予警告；逾期不改正的，责令停产停业整顿，并处五万元以上五十万元以下的罚款。

医疗机构未按照规定报告疑似药品不良反应的，责令限期改正，给予警告；逾期不改正的，处五万元以上五十万元以下的罚款。

第一百三十五条　药品上市许可持有人在省、自治区、直辖市人民政府药品监督管理部门责令其召回后，拒不召回的，处应召回药品货值金额五倍以上十倍以下的罚款；货值金额不足十万元的，按十万元计算；情节严重的，吊销药品批准证明文件、药品生产许可证、药品经营许可证，对法定代表人、主要负责人、直接负责的主管人员和其他责任人员，处二万元以上二十万元以下的罚款。药品生产企业、药品经营企业、医疗机构拒不配合召回的，处十万元以上五十万元以下的罚款。

第一百三十六条　药品上市许可持有人为境外企业的，其指定的在中国境内的企业法人未依照本法规定履行相关义务的，适用本法有关药品上市许可持有人法律责任的规定。

第一百三十七条 有下列行为之一的,在本法规定的处罚幅度内从重处罚:

(一)以麻醉药品、精神药品、医疗用毒性药品、放射性药品、药品类易制毒化学品冒充其他药品,或者以其他药品冒充上述药品;

(二)生产、销售以孕产妇、儿童为主要使用对象的假药、劣药;

(三)生产、销售的生物制品属于假药、劣药;

(四)生产、销售假药、劣药,造成人身伤害后果;

(五)生产、销售假药、劣药,经处理后再犯;

(六)拒绝、逃避监督检查,伪造、销毁、隐匿有关证据材料,或者擅自动用查封、扣押物品。

第一百三十八条 药品检验机构出具虚假检验报告的,责令改正,给予警告,对单位并处二十万元以上一百万元以下的罚款;对直接负责的主管人员和其他直接责任人员依法给予降级、撤职、开除处分,没收违法所得,并处五万元以下的罚款;情节严重的,撤销其检验资格。药品检验机构出具的检验结果不实,造成损失的,应当承担相应的赔偿责任。

第一百三十九条 本法第一百一十五条至第一百三十八条规定的行政处罚,由县级以上人民政府药品监督管理部门按照职责分工决定;撤销许可、吊销许可证件的,由原批准、发证的部门决定。

第一百四十条 药品上市许可持有人、药品生产企业、药品经营企业或者医疗机构违反本法规定聘用人员的,由药品监督管理部门或者卫生健康主管部门责令解聘,处五万元以上二十万元以下的罚款。

第一百四十一条 药品上市许可持有人、药品生产企业、药品经营企业或者医疗机构在药品购销中给予、收受回扣或者其他不正当利益的,药品上市许可持有人、药品生产企业、药品经营企业或者代理人给予使用其药品的医疗机构的负责人、药品采购人员、医师、药师等有关人员财物或者其他不正当利益的,由市场监督管理部门没收违法所得,并处三十万元以上三百万元以下的罚款;情节严重的,吊销药品上市许可持有人、药品生产企业、药品经营企业营业执照,并由药品监督管理部门吊销药品批准证明文件、药品生产许可证、药品经营许可证。

药品上市许可持有人、药品生产企业、药品经营企业在药品研制、生产、经营中向国家工作人员行贿的,对法定代表人、主要负责人、直接负责的主管人员和其他责任人员终身禁止从事药品生产经营活动。

第一百四十二条 药品上市许可持有人、药品生产企业、药品经营企业的负责人、采购人员等有关人员在药品购销中收受其他药品上市许可持有人、药品生产企业、药品经营企业或者代理人给予的财物或者其他不正当利益的,没收违法所得,依法给予处罚;情节严重的,五年内禁止从事药品生产经营活动。

医疗机构的负责人、药品采购人员、医师、药师等有关人员收受药品上市许可持有人、药品生产企业、药品经营企业或者代理人给予的财物或者其他不正当利益的,由卫生健康主管部门或者本单位给予处分,没收违法所得;情节严重的,还应当吊销其执业证书。

第一百四十三条 违反本法规定,编造、散布虚假药品安全信息,构成违反治安管理行为的，由公安机关依法给予治安管理处罚。

第一百四十四条 药品上市许可持有人、药品生产企业、药品经营企业或者医疗机构违反本法规定，给用药者造成损害的，依法承担赔偿责任。

因药品质量问题受到损害的，受害人可以向药品上市许可持有人、药品生产企业请求赔偿损失，也可以向药品经营企业、医疗机构请求赔偿损失。接到受害人赔偿请求的，应当实行首负责任制，先行赔付；先行赔付后，可以依法追偿。

生产假药、劣药或者明知是假药、劣药仍然销售、使用的，受害人或者其近亲属除请求赔偿损失外，还可以请求支付价款十倍或者损失三倍的赔偿金；增加赔偿的金额不足一千元的，为一千元。

第一百四十五条 药品监督管理部门或者其设置、指定的药品专业技术机构参与药品生产经营活动的，由其上级主管机关责令改正，没收违法收入；情节严重的，对直接负责的主管人员和其他直接责任人员依法给予处分。

药品监督管理部门或者其设置、指定的药品专业技术机构的工作人员参与药品生产经营活动的，依法给予处分。

第一百四十六条 药品监督管理部门或者其设置、指定的药品检验机构在药品监督检验中违法收取检验费用的，由政府有关部门责令退还，对直接负责的主管人员和其他直接责任人员依法给予处分；情节严重的，撤销其检验资格。

第一百四十七条 违反本法规定，药品监督管理部门有下列行为之一的，应当撤销相关许可，对直接负责的主管人员和其他直接责任人员依法给予处分：

（一）不符合条件而批准进行药物临床试验；

（二）对不符合条件的药品颁发药品注册证书；

（三）对不符合条件的单位颁发药品生产许可证、药品经营许可证或者医疗机构制剂许可证。

第一百四十八条 违反本法规定，县级以上地方人民政府有下列行为之一的，对直接负责的主管人员和其他直接责任人员给予记过或者记大过处分；情节严重的，给予降级、撤职或者开除处分：

（一）瞒报、谎报、缓报、漏报药品安全事件；

（二）未及时消除区域性重大药品安全隐患，造成本行政区域内发生特别重大药品安全事件，或者连续发生重大药品安全事件；

（三）履行职责不力，造成严重不良影响或者重大损失。

第一百四十九条 违反本法规定，药品监督管理等部门有下列行为之一的，对直接负责的主管人员和其他直接责任人员给予记过或者记大过处分；情节较重的，给予降级或者撤职处分；情节严重的，给予开除处分：

（一）瞒报、谎报、缓报、漏报药品安全事件；

（二）对发现的药品安全违法行为未及时查处；

（三）未及时发现药品安全系统性风险，或者未及时消除监督管理区域内药品安全隐患，造成严重影响；

（四）其他不履行药品监督管理职责，造成严重不良影响或者重大损失。

第一百五十条 药品监督管理人员滥用职权、徇私舞弊、玩忽职守的，依法给予处分。

查处假药、劣药违法行为有失职、渎职行为的，对药品监督管理部门直接负责的主管人员和其他直接责任人员依法从重给予处分。

第一百五十一条 本章规定的货值金额以违法生产、销售药品的标价计算；没有标价的，按照同类药品的市场价格计算。

第十二章 附 则

第一百五十二条 中药材种植、采集和饲养的管理，依照有关法律、法规的规定执行。

第一百五十三条 地区性民间习用药材的管理办法，由国务院药品监督管理部门会同国务院中医药主管部门制定。

第一百五十四条 中国人民解放军和中国人民武装警察部队执行本法的具体办法，由国务院、中央军事委员会依据本法制定。

第一百五十五条 本法自2019年12月1日起施行。

中华人民共和国中医药法

（2016年12月25日第十二届全国人民代表大会常务委员会第二十五次会议通过）

目 录

第一章 总 则

第一条 为了继承和弘扬中医药，保障和促进中医药事业发展，保护人民健康，制定本法。

第二条 本法所称中医药，是包括汉族和少数民族医药在内的我国各民族医药的统称，是反映中华民族对生命、健康和疾病的认识，具有悠久历史传统和独特理论及技术方法的医药学体系。

第三条 中医药事业是我国医药卫生事业的重要组成部分。国家大力发展中医药事业，实行中西医并重的方针，建立符合中医药特点的管理制度，充分发挥中医药在我国医药卫生事业中的作用。

发展中医药事业应当遵循中医药发展规律,坚持继承和创新相结合,保持和发挥中医药特色和优势,运用现代科学技术,促进中医药理论和实践的发展。

国家鼓励中医西医相互学习,相互补充,协调发展,发挥各自优势,促进中西医结合。

第四条 县级以上人民政府应当将中医药事业纳入国民经济和社会发展规划,建立健全中医药管理体系,统筹推进中医药事业发展。

第五条 国务院中医药主管部门负责全国的中医药管理工作。国务院其他有关部门在各自职责范围内负责与中医药管理有关的工作。

县级以上地方人民政府中医药主管部门负责本行政区域的中医药管理工作。县级以上地方人民政府其他有关部门在各自职责范围内负责与中医药管理有关的工作。

第六条 国家加强中医药服务体系建设,合理规划和配置中医药服务资源,为公民获得中医药服务提供保障。

国家支持社会力量投资中医药事业,支持组织和个人捐赠、资助中医药事业。

第七条 国家发展中医药教育,建立适应中医药事业发展需要、规模适宜、结构合理、形式多样的中医药教育体系,培养中医药人才。

第八条 国家支持中医药科学研究和技术开发,鼓励中医药科学技术创新,推广应用中医药科学技术成果,保护中医药知识产权,提高中医药科学技术水平。

第九条 国家支持中医药对外交流与合作,促进中医药的国际传播和应用。

第十条 对在中医药事业中做出突出贡献的组织和个人,按照国家有关规定给予表彰、奖励。

第二章 中医药服务

第十一条 县级以上人民政府应当将中医医疗机构建设纳入医疗机构设置规划,举办规模适宜的中医医疗机构,扶持有中医药特色和优势的医疗机构发展。

合并、撤销政府举办的中医医疗机构或者改变其中医医疗性质,应当征求上一级人民政府中医药主管部门的意见。

第十二条 政府举办的综合医院、妇幼保健机构和有条件的专科医院、社区卫生服务中心、乡镇卫生院,应当设置中医药科室。

县级以上人民政府应当采取措施,增强社区卫生服务站和村卫生室提供中医药服务的能力。

第十三条 国家支持社会力量举办中医医疗机构。

社会力量举办的中医医疗机构在准入、执业、基本医疗保险、科研教学、医务人员职称评定等方面享有与政府举办的中医医疗机构同等的权利。

第十四条 举办中医医疗机构应当按照国家有关医疗机构管理的规定办理审批手续,并遵守医疗机构管理的有关规定。

举办中医诊所的,将诊所的名称、地址、诊疗范围、人员配备情况等报所在地县级人民政府中医药主管部门备案后即可开展执业活动。中医诊所应当将本诊所的诊疗范围、中医医师的姓名及其执业范围在诊所的明显位置公示，不得超出备案范围开展医疗活动。具体办法由国务院中医药主管部门拟订，报国务院卫生行政部门审核、发布。

第十五条 从事中医医疗活动的人员应当依照《中华人民共和国执业医师法》的规定，通过中医医师资格考试取得中医医师资格，并进行执业注册。中医医师资格考试的内容应当体现中医药特点。

以师承方式学习中医或者经多年实践，医术确有专长的人员，由至少两名中医医师推荐，经省、自治区、直辖市人民政府中医药主管部门组织实践技能和效果考核合格后，即可取得中医医师资格；按照考核内容进行执业注册后，即可在注册的执业范围内，以个人开业的方式或者在医疗机构内从事中医医疗活动。国务院中医药主管部门应当根据中医药技术方法的安全风险拟订本款规定人员的分类考核办法，报国务院卫生行政部门审核、发布。

第十六条 中医医疗机构配备医务人员应当以中医药专业技术人员为主，主要提供中医药服务；经考试取得医师资格的中医医师按照国家有关规定，经培训、考核合格后，可以在执业活动中采用与其专业相关的现代科学技术方法。在医疗活动中采用现代科学技术方法的，应当有利于保持和发挥中医药特色和优势。

社区卫生服务中心、乡镇卫生院、社区卫生服务站以及有条件的村卫生室应当合理配备中医药专业技术人员，并运用和推广适宜的中医药技术方法。

第十七条 开展中医药服务，应当以中医药理论为指导，运用中医药技术方法，并符合国务院中医药主管部门制定的中医药服务基本要求。

第十八条 县级以上人民政府应当发展中医药预防、保健服务，并按照国家有关规定将其纳入基本公共卫生服务项目统筹实施。

县级以上人民政府应当发挥中医药在突发公共卫生事件应急工作中的作用，加强中医药应急物资、设备、设施、技术与人才资源储备。

医疗卫生机构应当在疾病预防与控制中积极运用中医药理论和技术方法。

第十九条 医疗机构发布中医医疗广告，应当经所在地省、自治区、直辖市人民政府中医药主管部门审查批准；未经审查批准，不得发布。发布的中医医疗广告内容应当与经审查批准的内容相符合，并符合《中华人民共和国广告法》的有关规定。

第二十条 县级以上人民政府中医药主管部门应当加强对中医药服务的监督检查，并将下列事项作为监督检查的重点：

（一）中医医疗机构、中医医师是否超出规定的范围开展医疗活动；

（二）开展中医药服务是否符合国务院中医药主管部门制定的中医药服务基本要求；

（三）中医医疗广告发布行为是否符合本法的规定。

中医药主管部门依法开展监督检查，有关单位和个人应当予以配合，不得拒绝或者阻挠。

第三章　中药保护与发展

第二十一条 国家制定中药材种植养殖、采集、贮存和初加工的技术规范、标准，加强对中药材生产流通全过程的质量监督管理,保障中药材质量安全。

第二十二条　国家鼓励发展中药材规范化种植养殖,严格管理农药、肥料等农业投入品的使用,禁止在中药材种植过程中使用剧毒、高毒农药,支持中药材良种繁育,提高中药材质量。

第二十三条　国家建立道地中药材评价体系,支持道地中药材品种选育,扶持道地中药材生产基地建设,加强道地中药材生产基地生态环境保护,鼓励采取地理标志产品保护等措施保护道地中药材。

前款所称道地中药材,是指经过中医临床长期应用优选出来的,产在特定地域,与其他地区所产同种中药材相比,品质和疗效更好,且质量稳定,具有较高知名度的中药材。

第二十四条　国务院药品监督管理部门应当组织并加强对中药材质量的监测,定期向社会公布监测结果。国务院有关部门应当协助做好中药材质量监测有关工作。

采集、贮存中药材以及对中药材进行初加工,应当符合国家有关技术规范、标准和管理规定。

国家鼓励发展中药材现代流通体系,提高中药材包装、仓储等技术水平,建立中药材流通追溯体系。药品生产企业购进中药材应当建立进货查验记录制度。中药材经营者应当建立进货查验和购销记录制度,并标明中药材产地。

第二十五条　国家保护药用野生动植物资源,对药用野生动植物资源实行动态监测和定期普查,建立药用野生动植物资源种质基因库,鼓励发展人工种植养殖,支持依法开展珍贵、濒危药用野生动植物的保护、繁育及其相关研究。

第二十六条　在村医疗机构执业的中医医师、具备中药材知识和识别能力的乡村医生,按照国家有关规定可以自种、自采地产中药材并在其执业活动中使用。

第二十七条　国家保护中药饮片传统炮制技术和工艺,支持应用传统工艺炮制中药饮片,鼓励运用现代科学技术开展中药饮片炮制技术研究。

第二十八条　对市场上没有供应的中药饮片,医疗机构可以根据本医疗机构医师处方的需要,在本医疗机构内炮制、使用。医疗机构应当遵守中药饮片炮制的有关规定,对其炮制的中药饮片的质量负责,保证药品安全。医疗机构炮制中药饮片,应当向所在地设区的市级人民政府药品监督管理部门备案。

根据临床用药需要,医疗机构可以凭本医疗机构医师的处方对中药饮片进行再加工。

第二十九条　国家鼓励和支持中药新药的研制和生产。

国家保护传统中药加工技术和工艺,支持传统剂型中成药的生产,鼓励运用现代科学技术研究开发传统中成药。

第三十条　生产符合国家规定条件的来源于古代经典名方的中药复方制剂,在申请药品批准文号时,可以仅提供非临床安全性研究资料。具体管理办法由国务院药品监督管理部门会同中医药主管部门制定。

前款所称古代经典名方,是指至今仍广泛应用、疗效确切、具有明显特色与优势的古代中医典籍所记载的方剂。具体目录由国务院中医药主管部门会同药品监督管理部门制定。

第三十一条 国家鼓励医疗机构根据本医疗机构临床用药需要配制和使用中药制剂，支持应用传统工艺配制中药制剂，支持以中药制剂为基础研制中药新药。

医疗机构配制中药制剂，应当依照《中华人民共和国药品管理法》的规定取得医疗机构制剂许可证，或者委托取得药品生产许可证的药品生产企业、取得医疗机构制剂许可证的其他医疗机构配制中药制剂。委托配制中药制剂，应当向委托方所在地省、自治区、直辖市人民政府药品监督管理部门备案。

医疗机构对其配制的中药制剂的质量负责；委托配制中药制剂的，委托方和受托方对所配制的中药制剂的质量分别承担相应责任。

第三十二条 医疗机构配制的中药制剂品种，应当依法取得制剂批准文号。但是，仅应用传统工艺配制的中药制剂品种，向医疗机构所在地省、自治区、直辖市人民政府药品监督管理部门备案后即可配制，不需要取得制剂批准文号。

医疗机构应当加强对备案的中药制剂品种的不良反应监测，并按照国家有关规定进行报告。药品监督管理部门应当加强对备案的中药制剂品种配制、使用的监督检查。

第四章 中医药人才培养

第三十三条 中医药教育应当遵循中医药人才成长规律，以中医药内容为主，体现中医药文化特色，注重中医药经典理论和中医药临床实践、现代教育方式和传统教育方式相结合。

第三十四条 国家完善中医药学校教育体系，支持专门实施中医药教育的高等学校、中等职业学校和其他教育机构的发展。

中医药学校教育的培养目标、修业年限、教学形式、教学内容、教学评价及学术水平评价标准等，应当体现中医药学科特色，符合中医药学科发展规律。

第三十五条 国家发展中医药师承教育，支持有丰富临床经验和技术专长的中医医师、中药专业技术人员在执业、业务活动中带徒授业，传授中医药理论和技术方法，培养中医药专业技术人员。

第三十六条 国家加强对中医医师和城乡基层中医药专业技术人员的培养和培训。

国家发展中西医结合教育，培养高层次的中西医结合人才。

第三十七条 县级以上地方人民政府中医药主管部门应当组织开展中医药继续教育，加强对医务人员，特别是城乡基层医务人员中医药基本知识和技能的培训。

中医药专业技术人员应当按照规定参加继续教育，所在机构应当为其接受继续教育创造条件。

第五章 中医药科学研究

第三十八条 国家鼓励科研机构、高等学校、医疗机构和药品生产企业等，运用现代科学技术和传统中医药研究方法，开展中医药科学研究，加强中西医结合研究，促进中医药理论和技术方法的继承和创新。

第三十九条 国家采取措施支持对中医药古籍文献、著名中医药专家的学术思想和诊疗经验以及民间中医药技术方法的整理、研究和利用。

国家鼓励组织和个人捐献有科学研究和临床应用价值的中医药文献、秘方、验方、诊疗方法和技术。

第四十条 国家建立和完善符合中医药特点的科学技术创新体系、评价体系和管理体制,推动中医药科学技术进步与创新。

第四十一条 国家采取措施,加强对中医药基础理论和辨证论治方法,常见病、多发病、慢性病和重大疑难疾病、重大传染病的中医药防治,以及其他对中医药理论和实践发展有重大促进作用的项目的科学研究。

第六章 中医药传承与文化传播

第四十二条 对具有重要学术价值的中医药理论和技术方法,省级以上人民政府中医药主管部门应当组织遴选本行政区域内的中医药学术传承项目和传承人,并为传承活动提供必要的条件。传承人应当开展传承活动,培养后继人才,收集整理并妥善保存相关的学术资料。属于非物质文化遗产代表性项目的,依照《中华人民共和国非物质文化遗产法》的有关规定开展传承活动。

第四十三条 国家建立中医药传统知识保护数据库、保护名录和保护制度。

中医药传统知识持有人对其持有的中医药传统知识享有传承使用的权利,对他人获取、利用其持有的中医药传统知识享有知情同意和利益分享等权利。

国家对经依法认定属于国家秘密的传统中药处方组成和生产工艺实行特殊保护。

第四十四条 国家发展中医养生保健服务,支持社会力量举办规范的中医养生保健机构。中医养生保健服务规范、标准由国务院中医药主管部门制定。

第四十五条 县级以上人民政府应当加强中医药文化宣传,普及中医药知识,鼓励组织和个人创作中医药文化和科普作品。

第四十六条 开展中医药文化宣传和知识普及活动,应当遵守国家有关规定。任何组织或者个人不得对中医药作虚假、夸大宣传,不得冒用中医药名义牟取不正当利益。

广播、电视、报刊、互联网等媒体开展中医药知识宣传,应当聘请中医药专业技术人员进行。

第七章 保障措施

第四十七条 县级以上人民政府应当为中医药事业发展提供政策支持和条件保障,将中医药事业发展经费纳入本级财政预算。

县级以上人民政府及其有关部门制定基本医疗保险支付政策、药物政策等医药卫生政策,应当有中医药主管部门参加,注重发挥中医药的优势,支持提供和利用中医药服务。

第四十八条 县级以上人民政府及其有关部门应当按照法定价格管理权限,合理确定中医医疗服务的收费项目和标准,体现中医医疗服务成本和专业技术价值。

第四十九条 县级以上地方人民政府有关部门应当按照国家规定,将符合条件的中医医疗机构纳入基本医疗保险定点医疗机构范围,将符合条件的中医诊疗项目、中药饮片、中成药和医疗机构中药制剂纳入基本医疗保险基金支付范围。

第五十条　国家加强中医药标准体系建设，根据中医药特点对需要统一的技术要求制定标准并及时修订。

中医药国家标准、行业标准由国务院有关部门依据职责制定或者修订，并在其网站上公布，供公众免费查阅。

国家推动建立中医药国际标准体系。

第五十一条　开展法律、行政法规规定的与中医药有关的评审、评估、鉴定活动，应当成立中医药评审、评估、鉴定的专门组织，或者有中医药专家参加。

第五十二条　国家采取措施，加大对少数民族医药传承创新、应用发展和人才培养的扶持力度，加强少数民族医疗机构和医师队伍建设，促进和规范少数民族医药事业发展。

第八章　法律责任

第五十三条　县级以上人民政府中医药主管部门及其他有关部门未履行本法规定的职责的，由本级人民政府或者上级人民政府有关部门责令改正；情节严重的，对直接负责的主管人员和其他直接责任人员，依法给予处分。

第五十四条　违反本法规定，中医诊所超出备案范围开展医疗活动的，由所在地县级人民政府中医药主管部门责令改正，没收违法所得，并处一万元以上三万元以下罚款；情节严重的，责令停止执业活动。

中医诊所被责令停止执业活动的，其直接负责的主管人员自处罚决定作出之日起五年内不得在医疗机构内从事管理工作。医疗机构聘用上述不得从事管理工作的人员从事管理工作的，由原发证部门吊销执业许可证或者由原备案部门责令停止执业活动。

第五十五条　违反本法规定，经考核取得医师资格的中医医师超出注册的执业范围从事医疗活动的，由县级以上人民政府中医药主管部门责令暂停六个月以上一年以下执业活动，并处一万元以上三万元以下罚款；情节严重的，吊销执业证书。

第五十六条　违反本法规定，举办中医诊所、炮制中药饮片、委托配制中药制剂应当备案而未备案，或者备案时提供虚假材料的，由中医药主管部门和药品监督管理部门按照各自职责分工责令改正，没收违法所得，并处三万元以下罚款，向社会公告相关信息；拒不改正的，责令停止执业活动或者责令停止炮制中药饮片、委托配制中药制剂活动，其直接责任人员五年内不得从事中医药相关活动。

医疗机构应用传统工艺配制中药制剂未依照本法规定备案，或者未按照备案材料载明的要求配制中药制剂的，按生产假药给予处罚。

第五十七条　违反本法规定，发布的中医医疗广告内容与经审查批准的内容不相符的，由原审查部门撤销该广告的审查批准文件，一年内不受理该医疗机构的广告审查申请。

违反本法规定，发布中医医疗广告有前款规定以外违法行为的，依照《中华人民共和国广告法》的规定给予处罚。

第五十八条　违反本法规定，在中药材种植过程中使用剧毒、高毒农药的，依照有关法律、法规规定给予处罚；情节严重的，可以由公安机关对其直接负责的主管人员和其他直接责任人员处五日以上十五日以下拘留。

第五十九条 违反本法规定，造成人身、财产损害的，依法承担民事责任；构成犯罪的，依法追究刑事责任。

第九章 附 则

第六十条 中医药的管理，本法未作规定的，适用《中华人民共和国执业医师法》、《中华人民共和国药品管理法》等相关法律、行政法规的规定。

军队的中医药管理，由军队卫生主管部门依照本法和军队有关规定组织实施。

第六十一条 民族自治地方可以根据《中华人民共和国民族区域自治法》和本法的有关规定，结合实际，制定促进和规范本地方少数民族医药事业发展的办法。

第六十二条 盲人按照国家有关规定取得盲人医疗按摩人员资格的，可以以个人开业的方式或者在医疗机构内提供医疗按摩服务。

第六十三条 本法自2017年7月1日起施行。

中华人民共和国疫苗管理法

（2019年6月29日第十三届全国人民代表大会常务委员会第十一次会议通过）

目 录

第一章 总 则

第一条 为了加强疫苗管理，保证疫苗质量和供应，规范预防接种，促进疫苗行业发展，保障公众健康，维护公共卫生安全，制定本法。

第二条 在中华人民共和国境内从事疫苗研制、生产、流通和预防接种及其监督管理活动，适用本法。本法未作规定的，适用《中华人民共和国药品管理法》、《中华人民共和国传染病防治法》等法律、行政法规的规定。

本法所称疫苗，是指为预防、控制疾病的发生、流行，用于人体免疫接种的预防性生物制品，包括免疫规划疫苗和非免疫规划疫苗。

第三条 国家对疫苗实行最严格的管理制度，坚持安全第一、风险管理、全程管控、科学监管、社会共治。

第四条 国家坚持疫苗产品的战略性和公益性。

国家支持疫苗基础研究和应用研究，促进疫苗研制和创新，将预防、控制重大疾病的疫苗研制、生产和储备纳入国家战略。

国家制定疫苗行业发展规划和产业政策，支持疫苗产业发展和结构优化，鼓励疫苗生产规模化、集约化，不断提升疫苗生产工艺和质量水平。

第五条 疫苗上市许可持有人应当加强疫苗全生命周期质量管理，对疫苗的安全性、有效性和质量可控性负责。

从事疫苗研制、生产、流通和预防接种活动的单位和个人，应当遵守法律、法规、规章、标准和规范，保证全过程信息真实、准确、完整和可追溯，依法承担责任，接受社会监督。

第六条 国家实行免疫规划制度。

居住在中国境内的居民，依法享有接种免疫规划疫苗的权利，履行接种免疫规划疫苗的义务。政府免费向居民提供免疫规划疫苗。

县级以上人民政府及其有关部门应当保障适龄儿童接种免疫规划疫苗。监护人应当依法保证适龄儿童按时接种免疫规划疫苗。

第七条 县级以上人民政府应当将疫苗安全工作和预防接种工作纳入本级国民经济和社会发展规划，加强疫苗监督管理能力建设，建立健全疫苗监督管理工作机制。

县级以上地方人民政府对本行政区域疫苗监督管理工作负责，统一领导、组织、协调本行政区域疫苗监督管理工作。

第八条 国务院药品监督管理部门负责全国疫苗监督管理工作。国务院卫生健康主管部门负责全国预防接种监督管理工作。国务院其他有关部门在各自职责范围内负责与疫苗有关的监督管理工作。

省、自治区、直辖市人民政府药品监督管理部门负责本行政区域疫苗监督管理工作。设区的市级、县级人民政府承担药品监督管理职责的部门（以下称药品监督管理部门）负责本行政区域疫苗监督管理工作。县级以上地方人民政府卫生健康主管部门负责本行政区域预防接种监督管理工作。县级以上地方人民政府其他有关部门在各自职责范围内负责与疫苗有关的监督管理工作。

第九条 国务院和省、自治区、直辖市人民政府建立部门协调机制，统筹协调疫苗监督管理有关工作，定期分析疫苗安全形势，加强疫苗监督管理，保障疫苗供应。

第十条 国家实行疫苗全程电子追溯制度。

国务院药品监督管理部门会同国务院卫生健康主管部门制定统一的疫苗追溯标准和规范，建立全国疫苗电子追溯协同平台，整合疫苗生产、流通和预防接种全过程追溯信息，实现疫苗可追溯。

疫苗上市许可持有人应当建立疫苗电子追溯系统，与全国疫苗电子追溯协同平台相衔接，实现生产、流通和预防接种全过程最小包装单位疫苗可追溯、可核查。

疾病预防控制机构、接种单位应当依法如实记录疫苗流通、预防接种等情况，并按照规定向全国疫苗电子追溯协同平台提供追溯信息。

第十一条 疫苗研制、生产、检验等过程中应当建立健全生物安全管理制度，严格控制生物安全风险，加强菌毒株等病原微生物的生物安全管理，保护操作人员和公众的健康，保证菌毒株等病原微生物用途合法、正当。

疫苗研制、生产、检验等使用的菌毒株和细胞株，应当明确历史、生物学特征、代次，建立详细档案，保证来源合法、清晰、可追溯；来源不明的，不得使用。

第十二条 各级人民政府及其有关部门、疾病预防控制机构、接种单位、疫苗上市许可持有人和疫苗行业协会等应当通过全国儿童预防接种日等活动定期开展疫苗安全法律、法规以及预防接种知识等的宣传教育、普及工作。

新闻媒体应当开展疫苗安全法律、法规以及预防接种知识等的公益宣传，并对疫苗违法行为进行舆论监督。有关疫苗的宣传报道应当全面、科学、客观、公正。

第十三条 疫苗行业协会应当加强行业自律，建立健全行业规范，推动行业诚信体系建设，引导和督促会员依法开展生产经营等活动。

第二章 疫苗研制和注册

第十四条 国家根据疾病流行情况、人群免疫状况等因素，制定相关研制规划，安排必要资金，支持多联多价等新型疫苗的研制。

国家组织疫苗上市许可持有人、科研单位、医疗卫生机构联合攻关，研制疾病预防、控制急需的疫苗。

第十五条 国家鼓励疫苗上市许可持有人加大研制和创新资金投入，优化生产工艺，提升质量控制水平，推动疫苗技术进步。

第十六条 开展疫苗临床试验，应当经国务院药品监督管理部门依法批准。

疫苗临床试验应当由符合国务院药品监督管理部门和国务院卫生健康主管部门规定条件的三级医疗机构或者省级以上疾病预防控制机构实施或者组织实施。

国家鼓励符合条件的医疗机构、疾病预防控制机构等依法开展疫苗临床试验。

第十七条 疫苗临床试验申办者应当制定临床试验方案，建立临床试验安全监测与评价制度，审慎选择受试者，合理设置受试者群体和年龄组，并根据风险程度采取有效措施，保护受试者合法权益。

第十八条 开展疫苗临床试验，应当取得受试者的书面知情同意；受试者为无民事行为能力人的，应当取得其监护人的书面知情同意；受试者为限制民事行为能力人的，应当取得本人及其监护人的书面知情同意。

第十九条 在中国境内上市的疫苗应当经国务院药品监督管理部门批准，取得药品注册证书；申请疫苗注册，应当提供真实、充分、可靠的数据、资料和样品。

对疾病预防、控制急需的疫苗和创新疫苗，国务院药品监督管理部门应当予以优先审评审批。

第二十条 应对重大突发公共卫生事件急需的疫苗或者国务院卫生健康主管部门认

定急需的其他疫苗，经评估获益大于风险的，国务院药品监督管理部门可以附条件批准疫苗注册申请。

出现特别重大突发公共卫生事件或者其他严重威胁公众健康的紧急事件，国务院卫生健康主管部门根据传染病预防、控制需要提出紧急使用疫苗的建议，经国务院药品监督管理部门组织论证同意后可以在一定范围和期限内紧急使用。

第二十一条　国务院药品监督管理部门在批准疫苗注册申请时，对疫苗的生产工艺、质量控制标准和说明书、标签予以核准。

国务院药品监督管理部门应当在其网站上及时公布疫苗说明书、标签内容。

第三章　疫苗生产和批签发

第二十二条　国家对疫苗生产实行严格准入制度。

从事疫苗生产活动，应当经省级以上人民政府药品监督管理部门批准，取得药品生产许可证。

从事疫苗生产活动，除符合《中华人民共和国药品管理法》规定的从事药品生产活动的条件外，还应当具备下列条件：

（一）具备适度规模和足够的产能储备；

（二）具有保证生物安全的制度和设施、设备；

（三）符合疾病预防、控制需要。

疫苗上市许可持有人应当具备疫苗生产能力；超出疫苗生产能力确需委托生产的，应当经国务院药品监督管理部门批准。接受委托生产的，应当遵守本法规定和国家有关规定，保证疫苗质量。

第二十三条　疫苗上市许可持有人的法定代表人、主要负责人应当具有良好的信用记录，生产管理负责人、质量管理负责人、质量受权人等关键岗位人员应当具有相关专业背景和从业经历。

疫苗上市许可持有人应当加强对前款规定人员的培训和考核，及时将其任职和变更情况向省、自治区、直辖市人民政府药品监督管理部门报告。

第二十四条　疫苗应当按照经核准的生产工艺和质量控制标准进行生产和检验，生产全过程应当符合药品生产质量管理规范的要求。

疫苗上市许可持有人应当按照规定对疫苗生产全过程和疫苗质量进行审核、检验。

第二十五条　疫苗上市许可持有人应当建立完整的生产质量管理体系，持续加强偏差管理，采用信息化手段如实记录生产、检验过程中形成的所有数据，确保生产全过程持续符合法定要求。

第二十六条　国家实行疫苗批签发制度。

每批疫苗销售前或者进口时，应当经国务院药品监督管理部门指定的批签发机构按照相关技术要求进行审核、检验。符合要求的，发给批签发证明；不符合要求的，发给不予批签发通知书。

不予批签发的疫苗不得销售，并应当由省、自治区、直辖市人民政府药品监督管理部门监督销毁;不予批签发的进口疫苗应当由口岸所在地药品监督管理部门监督销毁或者依法进行其他处理。

国务院药品监督管理部门、批签发机构应当及时公布上市疫苗批签发结果,供公众查询。

第二十七条 申请疫苗批签发应当按照规定向批签发机构提供批生产及检验记录摘要等资料和同批号产品等样品。进口疫苗还应当提供原产地证明、批签发证明;在原产地免予批签发的,应当提供免予批签发证明。

第二十八条 预防、控制传染病疫情或者应对突发事件急需的疫苗,经国务院药品监督管理部门批准,免予批签发。

第二十九条 疫苗批签发应当逐批进行资料审核和抽样检验。疫苗批签发检验项目和检验频次应当根据疫苗质量风险评估情况进行动态调整。

对疫苗批签发申请资料或者样品的真实性有疑问,或者存在其他需要进一步核实的情况的,批签发机构应当予以核实,必要时应当采用现场抽样检验等方式组织开展现场核实。

第三十条 批签发机构在批签发过程中发现疫苗存在重大质量风险的,应当及时向国务院药品监督管理部门和省、自治区、直辖市人民政府药品监督管理部门报告。

接到报告的部门应当立即对疫苗上市许可持有人进行现场检查,根据检查结果通知批签发机构对疫苗上市许可持有人的相关产品或者所有产品不予批签发或者暂停批签发,并责令疫苗上市许可持有人整改。疫苗上市许可持有人应当立即整改,并及时将整改情况向责令其整改的部门报告。

第三十一条 对生产工艺偏差、质量差异、生产过程中的故障和事故以及采取的措施,疫苗上市许可持有人应当如实记录,并在相应批产品申请批签发的文件中载明;可能影响疫苗质量的,疫苗上市许可持有人应当立即采取措施,并向省、自治区、直辖市人民政府药品监督管理部门报告。

第四章 疫苗流通

第三十二条 国家免疫规划疫苗由国务院卫生健康主管部门会同国务院财政部门等组织集中招标或者统一谈判,形成并公布中标价格或者成交价格,各省、自治区、直辖市实行统一采购。

国家免疫规划疫苗以外的其他免疫规划疫苗、非免疫规划疫苗由各省、自治区、直辖市通过省级公共资源交易平台组织采购。

第三十三条 疫苗的价格由疫苗上市许可持有人依法自主合理制定。疫苗的价格水平、差价率、利润率应当保持在合理幅度。

第三十四条 省级疾病预防控制机构应当根据国家免疫规划和本行政区域疾病预防、控制需要,制定本行政区域免疫规划疫苗使用计划,并按照国家有关规定向组织采购疫苗的部门报告,同时报省、自治区、直辖市人民政府卫生健康主管部门备案。

第三十五条 疫苗上市许可持有人应当按照采购合同约定,向疾病预防控制机构供应疫苗。

疾病预防控制机构应当按照规定向接种单位供应疫苗。

疾病预防控制机构以外的单位和个人不得向接种单位供应疫苗，接种单位不得接收该疫苗。

第三十六条　疫苗上市许可持有人应当按照采购合同约定，向疾病预防控制机构或者疾病预防控制机构指定的接种单位配送疫苗。

疫苗上市许可持有人、疾病预防控制机构自行配送疫苗应当具备疫苗冷链储存、运输条件，也可以委托符合条件的疫苗配送单位配送疫苗。

疾病预防控制机构配送非免疫规划疫苗可以收取储存、运输费用，具体办法由国务院财政部门会同国务院价格主管部门制定，收费标准由省、自治区、直辖市人民政府价格主管部门会同财政部门制定。

第三十七条　疾病预防控制机构、接种单位、疫苗上市许可持有人、疫苗配送单位应当遵守疫苗储存、运输管理规范，保证疫苗质量。

疫苗在储存、运输全过程中应当处于规定的温度环境，冷链储存、运输应当符合要求，并定时监测、记录温度。

疫苗储存、运输管理规范由国务院药品监督管理部门、国务院卫生健康主管部门共同制定。

第三十八条　疫苗上市许可持有人在销售疫苗时，应当提供加盖其印章的批签发证明复印件或者电子文件；销售进口疫苗的，还应当提供加盖其印章的进口药品通关单复印件或者电子文件。

疾病预防控制机构、接种单位在接收或者购进疫苗时，应当索取前款规定的证明文件，并保存至疫苗有效期满后不少于五年备查。

第三十九条　疫苗上市许可持有人应当按照规定，建立真实、准确、完整的销售记录，并保存至疫苗有效期满后不少于五年备查。

疾病预防控制机构、接种单位、疫苗配送单位应当按照规定，建立真实、准确、完整的接收、购进、储存、配送、供应记录，并保存至疫苗有效期满后不少于五年备查。

疾病预防控制机构、接种单位接收或者购进疫苗时，应当索取本次运输、储存全过程温度监测记录，并保存至疫苗有效期满后不少于五年备查；对不能提供本次运输、储存全过程温度监测记录或者温度控制不符合要求的，不得接收或者购进，并应当立即向县级以上地方人民政府药品监督管理部门、卫生健康主管部门报告。

第四十条　疾病预防控制机构、接种单位应当建立疫苗定期检查制度，对存在包装无法识别、储存温度不符合要求、超过有效期等问题的疫苗，采取隔离存放、设置警示标志等措施，并按照国务院药品监督管理部门、卫生健康主管部门、生态环境主管部门的规定处置。疾病预防控制机构、接种单位应当如实记录处置情况，处置记录应当保存至疫苗有效期满后不少于五年备查。

第五章　预防接种

第四十一条　国务院卫生健康主管部门制定国家免疫规划；国家免疫规划疫苗种类

由国务院卫生健康主管部门会同国务院财政部门拟订,报国务院批准后公布。

国务院卫生健康主管部门建立国家免疫规划专家咨询委员会,并会同国务院财政部门建立国家免疫规划疫苗种类动态调整机制。

省、自治区、直辖市人民政府在执行国家免疫规划时,可以根据本行政区域疾病预防、控制需要,增加免疫规划疫苗种类,报国务院卫生健康主管部门备案并公布。

第四十二条 国务院卫生健康主管部门应当制定、公布预防接种工作规范,强化预防接种规范化管理。

国务院卫生健康主管部门应当制定、公布国家免疫规划疫苗的免疫程序和非免疫规划疫苗的使用指导原则。

省、自治区、直辖市人民政府卫生健康主管部门应当结合本行政区域实际情况制定接种方案,并报国务院卫生健康主管部门备案。

第四十三条 各级疾病预防控制机构应当按照各自职责,开展与预防接种相关的宣传、培训、技术指导、监测、评价、流行病学调查、应急处置等工作。

第四十四条 接种单位应当具备下列条件:

(一)取得医疗机构执业许可证;

(二)具有经过县级人民政府卫生健康主管部门组织的预防接种专业培训并考核合格的医师、护士或者乡村医生;

(三)具有符合疫苗储存、运输管理规范的冷藏设施、设备和冷藏保管制度。

县级以上地方人民政府卫生健康主管部门指定符合条件的医疗机构承担责任区域内免疫规划疫苗接种工作。符合条件的医疗机构可以承担非免疫规划疫苗接种工作,并应当报颁发其医疗机构执业许可证的卫生健康主管部门备案。

接种单位应当加强内部管理,开展预防接种工作应当遵守预防接种工作规范、免疫程序、疫苗使用指导原则和接种方案。

各级疾病预防控制机构应当加强对接种单位预防接种工作的技术指导和疫苗使用的管理。

第四十五条 医疗卫生人员实施接种,应当告知受种者或者其监护人所接种疫苗的品种、作用、禁忌、不良反应以及现场留观等注意事项,询问受种者的健康状况以及是否有接种禁忌等情况,并如实记录告知和询问情况。受种者或者其监护人应当如实提供受种者的健康状况和接种禁忌等情况。有接种禁忌不能接种的,医疗卫生人员应当向受种者或者其监护人提出医学建议,并如实记录提出医学建议情况。

医疗卫生人员在实施接种前,应当按照预防接种工作规范的要求,检查受种者健康状况、核查接种禁忌,查对预防接种证,检查疫苗、注射器的外观、批号、有效期,核对受种者的姓名、年龄和疫苗的品名、规格、剂量、接种部位、接种途径,做到受种者、预防接种证和疫苗信息相一致,确认无误后方可实施接种。

医疗卫生人员应当对符合接种条件的受种者实施接种。受种者在现场留观期间出现不良反应的,医疗卫生人员应当按照预防接种工作规范的要求,及时采取救治等措施。

第四十六条 医疗卫生人员应当按照国务院卫生健康主管部门的规定,真实、准确、完整记录疫苗的品种、上市许可持有人、最小包装单位的识别信息、有效期、接种时间、实施接种的医疗卫生人员、受种者等接种信息，确保接种信息可追溯、可查询。接种记录应当保存至疫苗有效期满后不少于五年备查。

第四十七条 国家对儿童实行预防接种证制度。在儿童出生后一个月内，其监护人应当到儿童居住地承担预防接种工作的接种单位或者出生医院为其办理预防接种证。接种单位或者出生医院不得拒绝办理。监护人应当妥善保管预防接种证。

预防接种实行居住地管理，儿童离开原居住地期间，由现居住地承担预防接种工作的接种单位负责对其实施接种。

预防接种证的格式由国务院卫生健康主管部门规定。

第四十八条 儿童入托、入学时，托幼机构、学校应当查验预防接种证，发现未按照规定接种免疫规划疫苗的，应当向儿童居住地或者托幼机构、学校所在地承担预防接种工作的接种单位报告，并配合接种单位督促其监护人按照规定补种。疾病预防控制机构应当为托幼机构、学校查验预防接种证等提供技术指导。

儿童入托、入学预防接种证查验办法由国务院卫生健康主管部门会同国务院教育行政部门制定。

第四十九条 接种单位接种免疫规划疫苗不得收取任何费用。

接种单位接种非免疫规划疫苗，除收取疫苗费用外，还可以收取接种服务费。接种服务费的收费标准由省、自治区、直辖市人民政府价格主管部门会同财政部门制定。

第五十条 县级以上地方人民政府卫生健康主管部门根据传染病监测和预警信息，为预防、控制传染病暴发、流行，报经本级人民政府决定，并报省级以上人民政府卫生健康主管部门备案，可以在本行政区域进行群体性预防接种。

需要在全国范围或者跨省、自治区、直辖市范围内进行群体性预防接种的，应当由国务院卫生健康主管部门决定。

作出群体性预防接种决定的县级以上地方人民政府或者国务院卫生健康主管部门应当组织有关部门做好人员培训、宣传教育、物资调用等工作。

任何单位和个人不得擅自进行群体性预防接种。

第五十一条 传染病暴发、流行时，县级以上地方人民政府或者其卫生健康主管部门需要采取应急接种措施的，依照法律、行政法规的规定执行。

第六章 异常反应监测和处理

第五十二条 预防接种异常反应，是指合格的疫苗在实施规范接种过程中或者实施规范接种后造成受种者机体组织器官、功能损害，相关各方均无过错的药品不良反应。

下列情形不属于预防接种异常反应：

（一）因疫苗本身特性引起的接种后一般反应；

（二）因疫苗质量问题给受种者造成的损害；

（三）因接种单位违反预防接种工作规范、免疫程序、疫苗使用指导原则、接种方案给受种者造成的损害；

(四)受种者在接种时正处于某种疾病的潜伏期或者前驱期,接种后偶合发病;

(五)受种者有疫苗说明书规定的接种禁忌,在接种前受种者或者其监护人未如实提供受种者的健康状况和接种禁忌等情况,接种后受种者原有疾病急性复发或者病情加重;

(六)因心理因素发生的个体或者群体的心因性反应。

第五十三条 国家加强预防接种异常反应监测。预防接种异常反应监测方案由国务院卫生健康主管部门会同国务院药品监督管理部门制定。

第五十四条 接种单位、医疗机构等发现疑似预防接种异常反应的,应当按照规定向疾病预防控制机构报告。

疫苗上市许可持有人应当设立专门机构,配备专职人员,主动收集、跟踪分析疑似预防接种异常反应,及时采取风险控制措施,将疑似预防接种异常反应向疾病预防控制机构报告,将质量分析报告提交省、自治区、直辖市人民政府药品监督管理部门。

第五十五条 对疑似预防接种异常反应,疾病预防控制机构应当按照规定及时报告,组织调查、诊断,并将调查、诊断结论告知受种者或者其监护人。对调查、诊断结论有争议的,可以根据国务院卫生健康主管部门制定的鉴定办法申请鉴定。

因预防接种导致受种者死亡、严重残疾,或者群体性疑似预防接种异常反应等对社会有重大影响的疑似预防接种异常反应,由设区的市级以上人民政府卫生健康主管部门、药品监督管理部门按照各自职责组织调查、处理。

第五十六条 国家实行预防接种异常反应补偿制度。实施接种过程中或者实施接种后出现受种者死亡、严重残疾、器官组织损伤等损害,属于预防接种异常反应或者不能排除的,应当给予补偿。补偿范围实行目录管理,并根据实际情况进行动态调整。

接种免疫规划疫苗所需的补偿费用,由省、自治区、直辖市人民政府财政部门在预防接种经费中安排;接种非免疫规划疫苗所需的补偿费用,由相关疫苗上市许可持有人承担。国家鼓励通过商业保险等多种形式对预防接种异常反应受种者予以补偿。

预防接种异常反应补偿应当及时、便民、合理。预防接种异常反应补偿范围、标准、程序由国务院规定,省、自治区、直辖市制定具体实施办法。

第七章 疫苗上市后管理

第五十七条 疫苗上市许可持有人应当建立健全疫苗全生命周期质量管理体系,制定并实施疫苗上市后风险管理计划,开展疫苗上市后研究,对疫苗的安全性、有效性和质量可控性进行进一步确证。

对批准疫苗注册申请时提出进一步研究要求的疫苗,疫苗上市许可持有人应当在规定期限内完成研究;逾期未完成研究或者不能证明其获益大于风险的,国务院药品监督管理部门应当依法处理,直至注销该疫苗的药品注册证书。

第五十八条 疫苗上市许可持有人应当对疫苗进行质量跟踪分析,持续提升质量控制标准,改进生产工艺,提高生产工艺稳定性。

生产工艺、生产场地、关键设备等发生变更的,应当进行评估、验证,按照国务院药品监督管理部门有关变更管理的规定备案或者报告;变更可能影响疫苗安全性、有效性和质量可控性的,应当经国务院药品监督管理部门批准。

第五十九条 疫苗上市许可持有人应当根据疫苗上市后研究、预防接种异常反应等情况持续更新说明书、标签,并按照规定申请核准或者备案。

国务院药品监督管理部门应当在其网站上及时公布更新后的疫苗说明书、标签内容。

第六十条 疫苗上市许可持有人应当建立疫苗质量回顾分析和风险报告制度,每年将疫苗生产流通、上市后研究、风险管理等情况按照规定如实向国务院药品监督管理部门报告。

第六十一条 国务院药品监督管理部门可以根据实际情况,责令疫苗上市许可持有人开展上市后评价或者直接组织开展上市后评价。

对预防接种异常反应严重或者其他原因危害人体健康的疫苗,国务院药品监督管理部门应当注销该疫苗的药品注册证书。

第六十二条 国务院药品监督管理部门可以根据疾病预防、控制需要和疫苗行业发展情况,组织对疫苗品种开展上市后评价,发现该疫苗品种的产品设计、生产工艺、安全性、有效性或者质量可控性明显劣于预防、控制同种疾病的其他疫苗品种的,应当注销该品种所有疫苗的药品注册证书并废止相应的国家药品标准。

第八章 保障措施

第六十三条 县级以上人民政府应当将疫苗安全工作、购买免疫规划疫苗和预防接种工作以及信息化建设等所需经费纳入本级政府预算,保证免疫规划制度的实施。

县级人民政府按照国家有关规定对从事预防接种工作的乡村医生和其他基层医疗卫生人员给予补助。

国家根据需要对经济欠发达地区的预防接种工作给予支持。省、自治区、直辖市人民政府和设区的市级人民政府应当对经济欠发达地区的县级人民政府开展与预防接种相关的工作给予必要的经费补助。

第六十四条 省、自治区、直辖市人民政府根据本行政区域传染病流行趋势,在国务院卫生健康主管部门确定的传染病预防、控制项目范围内,确定本行政区域与预防接种相关的项目,并保证项目的实施。

第六十五条 国务院卫生健康主管部门根据各省、自治区、直辖市国家免疫规划疫苗使用计划,向疫苗上市许可持有人提供国家免疫规划疫苗需求信息,疫苗上市许可持有人根据疫苗需求信息合理安排生产。

疫苗存在供应短缺风险时,国务院卫生健康主管部门、国务院药品监督管理部门提出建议,国务院工业和信息化主管部门、国务院财政部门应当采取有效措施,保障疫苗生产、供应。

疫苗上市许可持有人应当依法组织生产,保障疫苗供应;疫苗上市许可持有人停止疫苗生产的,应当及时向国务院药品监督管理部门或者省、自治区、直辖市人民政府药品监督管理部门报告。

第六十六条 国家将疫苗纳入战略物资储备,实行中央和省级两级储备。

国务院工业和信息化主管部门、财政部门会同国务院卫生健康主管部门、公安部门、市场监督管理部门和药品监督管理部门，根据疾病预防、控制和公共卫生应急准备的需要，加强储备疫苗的产能、产品管理，建立动态调整机制。

第六十七条 各级财政安排用于预防接种的经费应当专款专用，任何单位和个人不得挪用、挤占。

有关单位和个人使用预防接种的经费应当依法接受审计机关的审计监督。

第六十八条 国家实行疫苗责任强制保险制度。

疫苗上市许可持有人应当按照规定投保疫苗责任强制保险。因疫苗质量问题造成受种者损害的，保险公司在承保的责任限额内予以赔付。

疫苗责任强制保险制度的具体实施办法，由国务院药品监督管理部门会同国务院卫生健康主管部门、保险监督管理机构等制定。

第六十九条 传染病暴发、流行时，相关疫苗上市许可持有人应当及时生产和供应预防、控制传染病的疫苗。交通运输单位应当优先运输预防、控制传染病的疫苗。县级以上人民政府及其有关部门应当做好组织、协调、保障工作。

第九章 监督管理

第七十条 药品监督管理部门、卫生健康主管部门按照各自职责对疫苗研制、生产、流通和预防接种全过程进行监督管理，监督疫苗上市许可持有人、疾病预防控制机构、接种单位等依法履行义务。

药品监督管理部门依法对疫苗研制、生产、储存、运输以及预防接种中的疫苗质量进行监督检查。卫生健康主管部门依法对免疫规划制度的实施、预防接种活动进行监督检查。

药品监督管理部门应当加强对疫苗上市许可持有人的现场检查；必要时，可以对为疫苗研制、生产、流通等活动提供产品或者服务的单位和个人进行延伸检查；有关单位和个人应当予以配合，不得拒绝和隐瞒。

第七十一条 国家建设中央和省级两级职业化、专业化药品检查员队伍，加强对疫苗的监督检查。

省、自治区、直辖市人民政府药品监督管理部门选派检查员入驻疫苗上市许可持有人。检查员负责监督检查药品生产质量管理规范执行情况，收集疫苗质量风险和违法违规线索，向省、自治区、直辖市人民政府药品监督管理部门报告情况并提出建议，对派驻期间的行为负责。

第七十二条 疫苗质量管理存在安全隐患，疫苗上市许可持有人等未及时采取措施消除的，药品监督管理部门可以采取责任约谈、限期整改等措施。

严重违反药品相关质量管理规范的，药品监督管理部门应当责令暂停疫苗生产、销售、配送，立即整改；整改完成后，经药品监督管理部门检查符合要求的，方可恢复生产、销售、配送。

药品监督管理部门应当建立疫苗上市许可持有人及其相关人员信用记录制度，纳入全国信用信息共享平台，按照规定公示其严重失信信息，实施联合惩戒。

第七十三条　疫苗存在或者疑似存在质量问题的，疫苗上市许可持有人、疾病预防控制机构、接种单位应当立即停止销售、配送、使用，必要时立即停止生产，按照规定向县级以上人民政府药品监督管理部门、卫生健康主管部门报告。卫生健康主管部门应当立即组织疾病预防控制机构和接种单位采取必要的应急处置措施，同时向上级人民政府卫生健康主管部门报告。药品监督管理部门应当依法采取查封、扣押等措施。对已经销售的疫苗，疫苗上市许可持有人应当及时通知相关疾病预防控制机构、疫苗配送单位、接种单位，按照规定召回，如实记录召回和通知情况，疾病预防控制机构、疫苗配送单位、接种单位应当予以配合。

未依照前款规定停止生产、销售、配送、使用或者召回疫苗的，县级以上人民政府药品监督管理部门、卫生健康主管部门应当按照各自职责责令停止生产、销售、配送、使用或者召回疫苗。

疫苗上市许可持有人、疾病预防控制机构、接种单位发现存在或者疑似存在质量问题的疫苗，不得瞒报、谎报、缓报、漏报，不得隐匿、伪造、毁灭有关证据。

第七十四条　疫苗上市许可持有人应当建立信息公开制度，按照规定在其网站上及时公开疫苗产品信息、说明书和标签、药品相关质量管理规范执行情况、批签发情况、召回情况、接受检查和处罚情况以及投保疫苗责任强制保险情况等信息。

第七十五条　国务院药品监督管理部门会同国务院卫生健康主管部门等建立疫苗质量、预防接种等信息共享机制。

省级以上人民政府药品监督管理部门、卫生健康主管部门等应当按照科学、客观、及时、公开的原则，组织疫苗上市许可持有人、疾病预防控制机构、接种单位、新闻媒体、科研单位等，就疫苗质量和预防接种等信息进行交流沟通。

第七十六条　国家实行疫苗安全信息统一公布制度。

疫苗安全风险警示信息、重大疫苗安全事故及其调查处理信息和国务院确定需要统一公布的其他疫苗安全信息，由国务院药品监督管理部门会同有关部门公布。全国预防接种异常反应报告情况，由国务院卫生健康主管部门会同国务院药品监督管理部门统一公布。未经授权不得发布上述信息。公布重大疫苗安全信息，应当及时、准确、全面，并按照规定进行科学评估，作出必要的解释说明。

县级以上人民政府药品监督管理部门发现可能误导公众和社会舆论的疫苗安全信息，应当立即会同卫生健康主管部门及其他有关部门、专业机构、相关疫苗上市许可持有人等进行核实、分析，并及时公布结果。

任何单位和个人不得编造、散布虚假疫苗安全信息。

第七十七条　任何单位和个人有权依法了解疫苗信息，对疫苗监督管理工作提出意见、建议。

任何单位和个人有权向卫生健康主管部门、药品监督管理部门等部门举报疫苗违法行为，对卫生健康主管部门、药品监督管理部门等部门及其工作人员未依法履行监督管理职责的情况有权向本级或者上级人民政府及其有关部门、监察机关举报。有关部门、机关应当及时核实、处理;对查证属实的举报,按照规定给予举报人奖励;举报人举报所在单位严重违法行为,查证属实的,给予重奖。

第七十八条 县级以上人民政府应当制定疫苗安全事件应急预案,对疫苗安全事件分级、处置组织指挥体系与职责、预防预警机制、处置程序、应急保障措施等作出规定。

疫苗上市许可持有人应当制定疫苗安全事件处置方案,定期检查各项防范措施的落实情况,及时消除安全隐患。

发生疫苗安全事件,疫苗上市许可持有人应当立即向国务院药品监督管理部门或者省、自治区、直辖市人民政府药品监督管理部门报告;疾病预防控制机构、接种单位、医疗机构应当立即向县级以上人民政府卫生健康主管部门、药品监督管理部门报告。药品监督管理部门应当会同卫生健康主管部门按照应急预案的规定,成立疫苗安全事件处置指挥机构,开展医疗救治、风险控制、调查处理、信息发布、解释说明等工作,做好补种等善后处置工作。因质量问题造成的疫苗安全事件的补种费用由疫苗上市许可持有人承担。

有关单位和个人不得瞒报、谎报、缓报、漏报疫苗安全事件,不得隐匿、伪造、毁灭有关证据。

第十章 法律责任

第七十九条 违反本法规定,构成犯罪的,依法从重追究刑事责任。

第八十条 生产、销售的疫苗属于假药的,由省级以上人民政府药品监督管理部门没收违法所得和违法生产、销售的疫苗以及专门用于违法生产疫苗的原料、辅料、包装材料、设备等物品,责令停产停业整顿,吊销药品注册证书,直至吊销药品生产许可证等,并处违法生产、销售疫苗货值金额十五倍以上五十倍以下的罚款,货值金额不足五十万元的,按五十万元计算。

生产、销售的疫苗属于劣药的,由省级以上人民政府药品监督管理部门没收违法所得和违法生产、销售的疫苗以及专门用于违法生产疫苗的原料、辅料、包装材料、设备等物品,责令停产停业整顿,并处违法生产、销售疫苗货值金额十倍以上三十倍以下的罚款,货值金额不足五十万元的,按五十万元计算;情节严重的,吊销药品注册证书,直至吊销药品生产许可证等。

生产、销售的疫苗属于假药,或者生产、销售的疫苗属于劣药且情节严重的,由省级以上人民政府药品监督管理部门对法定代表人、主要负责人、直接负责的主管人员和关键岗位人员以及其他责任人员,没收违法行为发生期间自本单位所获收入,并处所获收入一倍以上十倍以下的罚款,终身禁止从事药品生产经营活动,由公安机关处五日以上十五日以下拘留。

第八十一条 有下列情形之一的,由省级以上人民政府药品监督管理部门没收违法所得和违法生产、销售的疫苗以及专门用于违法生产疫苗的原料、辅料、包装材料、设备等物品,责令停产停业整顿,并处违法生产、销售疫苗货值金额十五倍以上五十倍以下的罚款,货值金额不足五十万元的,按五十万元计算;情节严重的,吊销药品相关批准证明文件,直至吊销药品生产许可证等,对法定代表人、主要负责人、直接负责的主管人员和关键岗位人员以及其他责任人员，没收违法行为发生期间自本单位所获收入，并处所获收入百分之五十以上十倍以下的罚款，十年内直至终身禁止从事药品生产经营活动，由公安机关处五日以上十五日以下拘留：

（一）申请疫苗临床试验、注册、批签发提供虚假数据、资料、样品或者有其他欺骗行为；

（二）编造生产、检验记录或者更改产品批号；

（三）疾病预防控制机构以外的单位或者个人向接种单位供应疫苗；

（四）委托生产疫苗未经批准；

（五）生产工艺、生产场地、关键设备等发生变更按照规定应当经批准而未经批准；

（六）更新疫苗说明书、标签按照规定应当经核准而未经核准。

第八十二条 除本法另有规定的情形外，疫苗上市许可持有人或者其他单位违反药品相关质量管理规范的，由县级以上人民政府药品监督管理部门责令改正，给予警告；拒不改正的，处二十万元以上五十万元以下的罚款；情节严重的，处五十万元以上三百万元以下的罚款，责令停产停业整顿，直至吊销药品相关批准证明文件、药品生产许可证等，对法定代表人、主要负责人、直接负责的主管人员和关键岗位人员以及其他责任人员，没收违法行为发生期间自本单位所获收入，并处所获收入百分之五十以上五倍以下的罚款，十年内直至终身禁止从事药品生产经营活动。

第八十三条 违反本法规定，疫苗上市许可持有人有下列情形之一的，由省级以上人民政府药品监督管理部门责令改正，给予警告；拒不改正的，处二十万元以上五十万元以下的罚款；情节严重的，责令停产停业整顿，并处五十万元以上二百万元以下的罚款：

（一）未按照规定建立疫苗电子追溯系统；

（二）法定代表人、主要负责人和生产管理负责人、质量管理负责人、质量受权人等关键岗位人员不符合规定条件或者未按照规定对其进行培训、考核；

（三）未按照规定报告或者备案；

（四）未按照规定开展上市后研究，或者未按照规定设立机构、配备人员主动收集、跟踪分析疑似预防接种异常反应；

（五）未按照规定投保疫苗责任强制保险；

（六）未按照规定建立信息公开制度。

第八十四条 违反本法规定，批签发机构有下列情形之一的，由国务院药品监督管理部门责令改正，给予警告，对主要负责人、直接负责的主管人员和其他直接责任人员依法给予警告直至降级处分：

（一）未按照规定进行审核和检验；

（二）未及时公布上市疫苗批签发结果；

（三）未按照规定进行核实；

（四）发现疫苗存在重大质量风险未按照规定报告。

违反本法规定，批签发机构未按照规定发给批签发证明或者不予批签发通知书的，由国务院药品监督管理部门责令改正，给予警告，对主要负责人、直接负责的主管人员和其他直接责任人员依法给予降级或者撤职处分；情节严重的，对主要负责人、直接负责的主管人员和其他直接责任人员依法给予开除处分。

第八十五条　疾病预防控制机构、接种单位、疫苗上市许可持有人、疫苗配送单位违反疫苗储存、运输管理规范有关冷链储存、运输要求的，由县级以上人民政府药品监督管理部门责令改正，给予警告，对违法储存、运输的疫苗予以销毁，没收违法所得；拒不改正的，对接种单位、疫苗上市许可持有人、疫苗配送单位处二十万元以上一百万元以下的罚款；情节严重的，对接种单位、疫苗上市许可持有人、疫苗配送单位处违法储存、运输疫苗货值金额十倍以上三十倍以下的罚款，货值金额不足十万元的，按十万元计算，责令疫苗上市许可持有人、疫苗配送单位停产停业整顿，直至吊销药品相关批准证明文件、药品生产许可证等，对疫苗上市许可持有人、疫苗配送单位的法定代表人、主要负责人、直接负责的主管人员和关键岗位人员以及其他责任人员依照本法第八十二条规定给予处罚。

疾病预防控制机构、接种单位有前款规定违法行为的，由县级以上人民政府卫生健康主管部门对主要负责人、直接负责的主管人员和其他直接责任人员依法给予警告直至撤职处分，责令负有责任的医疗卫生人员暂停一年以上十八个月以下执业活动；造成严重后果的，对主要负责人、直接负责的主管人员和其他直接责任人员依法给予开除处分，并可以吊销接种单位的接种资格，由原发证部门吊销负有责任的医疗卫生人员的执业证书。

第八十六条　疾病预防控制机构、接种单位、疫苗上市许可持有人、疫苗配送单位有本法第八十五条规定以外的违反疫苗储存、运输管理规范行为的，由县级以上人民政府药品监督管理部门责令改正，给予警告，没收违法所得；拒不改正的，对接种单位、疫苗上市许可持有人、疫苗配送单位处十万元以上三十万元以下的罚款；情节严重的，对接种单位、疫苗上市许可持有人、疫苗配送单位处违法储存、运输疫苗货值金额三倍以上十倍以下的罚款，货值金额不足十万元的，按十万元计算。

疾病预防控制机构、接种单位有前款规定违法行为的，县级以上人民政府卫生健康主管部门可以对主要负责人、直接负责的主管人员和其他直接责任人员依法给予警告直至撤职处分，责令负有责任的医疗卫生人员暂停六个月以上一年以下执业活动；造成严重后果的，对主要负责人、直接负责的主管人员和其他直接责任人员依法给予开除处分，由原发证部门吊销负有责任的医疗卫生人员的执业证书。

第八十七条　违反本法规定，疾病预防控制机构、接种单位有下列情形之一的，由县级以上人民政府卫生健康主管部门责令改正，给予警告，没收违法所得；情节严重的，对主要负责人、直接负责的主管人员和其他直接责任人员依法给予警告直至撤职处分，责令负有责任的医疗卫生人员暂停一年以上十八个月以下执业活动；造成严重后果的，对主要负责人、直接负责的主管人员和其他直接责任人员依法给予开除处分，由原发证部门吊销负有责任的医疗卫生人员的执业证书：

（一）未按照规定供应、接收、采购疫苗；

（二）接种疫苗未遵守预防接种工作规范、免疫程序、疫苗使用指导原则、接种方案；

（三）擅自进行群体性预防接种。

第八十八条　违反本法规定，疾病预防控制机构、接种单位有下列情形之一的，由县级以上人民政府卫生健康主管部门责令改正，给予警告；情节严重的，对主要负责人、直接负责的主管人员和其他直接责任人员依法给予警告直至撤职处分，责令负有责任的医疗卫生人员暂停六个月以上一年以下执业活动；造成严重后果的，对主要负责人、直接负责的主管人员和其他直接责任人员依法给予开除处分，由原发证部门吊销负有责任的医疗卫生人员的执业证书：

（一）未按照规定提供追溯信息；

（二）接收或者购进疫苗时未按照规定索取并保存相关证明文件、温度监测记录；

（三）未按照规定建立并保存疫苗接收、购进、储存、配送、供应、接种、处置记录；

（四）未按照规定告知、询问受种者或者其监护人有关情况。

第八十九条 疾病预防控制机构、接种单位、医疗机构未按照规定报告疑似预防接种异常反应、疫苗安全事件等，或者未按照规定对疑似预防接种异常反应组织调查、诊断等的，由县级以上人民政府卫生健康主管部门责令改正，给予警告；情节严重的，对接种单位、医疗机构处五万元以上五十万元以下的罚款，对疾病预防控制机构、接种单位、医疗机构的主要负责人、直接负责的主管人员和其他直接责任人员依法给予警告直至撤职处分；造成严重后果的，对主要负责人、直接负责的主管人员和其他直接责任人员依法给予开除处分，由原发证部门吊销负有责任的医疗卫生人员的执业证书。

第九十条 疾病预防控制机构、接种单位违反本法规定收取费用的，由县级以上人民政府卫生健康主管部门监督其将违法收取的费用退还给原缴费的单位或者个人，并由县级以上人民政府市场监督管理部门依法给予处罚。

第九十一条 违反本法规定，未经县级以上地方人民政府卫生健康主管部门指定擅自从事免疫规划疫苗接种工作、从事非免疫规划疫苗接种工作不符合条件或者未备案的，由县级以上人民政府卫生健康主管部门责令改正，给予警告，没收违法所得和违法持有的疫苗，责令停业整顿，并处十万元以上一百万元以下的罚款，对主要负责人、直接负责的主管人员和其他直接责任人员依法给予处分。

违反本法规定，疾病预防控制机构、接种单位以外的单位或者个人擅自进行群体性预防接种的，由县级以上人民政府卫生健康主管部门责令改正，没收违法所得和违法持有的疫苗，并处违法持有的疫苗货值金额十倍以上三十倍以下的罚款，货值金额不足五万元的，按五万元计算。

第九十二条 监护人未依法保证适龄儿童按时接种免疫规划疫苗的，由县级人民政府卫生健康主管部门批评教育，责令改正。

托幼机构、学校在儿童入托、入学时未按照规定查验预防接种证，或者发现未按照规定接种的儿童后未向接种单位报告的，由县级以上地方人民政府教育行政部门责令改正，给予警告，对主要负责人、直接负责的主管人员和其他直接责任人员依法给予处分。

第九十三条 编造、散布虚假疫苗安全信息，或者在接种单位寻衅滋事，构成违反治安管理行为的，由公安机关依法给予治安管理处罚。

报纸、期刊、广播、电视、互联网站等传播媒介编造、散布虚假疫苗安全信息的，由有关部门依法给予处罚，对主要负责人、直接负责的主管人员和其他直接责任人员依法给予处分。

第九十四条　县级以上地方人民政府在疫苗监督管理工作中有下列情形之一的，对直接负责的主管人员和其他直接责任人员依法给予降级或者撤职处分；情节严重的，依法给予开除处分；造成严重后果的，其主要负责人应当引咎辞职：

（一）履行职责不力，造成严重不良影响或者重大损失；

（二）瞒报、谎报、缓报、漏报疫苗安全事件；

（三）干扰、阻碍对疫苗违法行为或者疫苗安全事件的调查；

（四）本行政区域发生特别重大疫苗安全事故，或者连续发生重大疫苗安全事故。

第九十五条　药品监督管理部门、卫生健康主管部门等部门在疫苗监督管理工作中有下列情形之一的，对直接负责的主管人员和其他直接责任人员依法给予降级或者撤职处分；情节严重的，依法给予开除处分；造成严重后果的，其主要负责人应当引咎辞职：

（一）未履行监督检查职责，或者发现违法行为不及时查处；

（二）擅自进行群体性预防接种；

（三）瞒报、谎报、缓报、漏报疫苗安全事件；

（四）干扰、阻碍对疫苗违法行为或者疫苗安全事件的调查；

（五）泄露举报人的信息；

（六）接到疑似预防接种异常反应相关报告，未按照规定组织调查、处理；

（七）其他未履行疫苗监督管理职责的行为，造成严重不良影响或者重大损失。

第九十六条　因疫苗质量问题造成受种者损害的，疫苗上市许可持有人应当依法承担赔偿责任。

疾病预防控制机构、接种单位因违反预防接种工作规范、免疫程序、疫苗使用指导原则、接种方案，造成受种者损害的，应当依法承担赔偿责任。

第十一章　附　　则

第九十七条　本法下列用语的含义是：

免疫规划疫苗，是指居民应当按照政府的规定接种的疫苗，包括国家免疫规划确定的疫苗，省、自治区、直辖市人民政府在执行国家免疫规划时增加的疫苗，以及县级以上人民政府或者其卫生健康主管部门组织的应急接种或者群体性预防接种所使用的疫苗。

非免疫规划疫苗，是指由居民自愿接种的其他疫苗。

疫苗上市许可持有人，是指依法取得疫苗药品注册证书和药品生产许可证的企业。

第九十八条　国家鼓励疫苗生产企业按照国际采购要求生产、出口疫苗。

出口的疫苗应当符合进口国（地区）的标准或者合同要求。

第九十九条　出入境预防接种及所需疫苗的采购，由国境卫生检疫机关商国务院财政部门另行规定。

第一百条　本法自 2019 年 12 月 1 日起施行。

二、行政法规

中华人民共和国国境卫生检疫法实施细则

（1989年2月10日国务院批准 1989年3月6日卫生部令第2号公布 根据2010年4月24日《国务院关于修改〈中华人民共和国国境卫生检疫法实施细则〉的决定》第一次修订 根据2016年2月6日《国务院关于修改部分行政法规的决定》第二次修订 根据2019年3月2日《国务院关于修改部分行政法规的决定》第三次修订）

第一章 一般规定

第一条 根据《中华人民共和国国境卫生检疫法》（以下称《国境卫生检疫法》）的规定，制定本细则。

第二条 《国境卫生检疫法》和本细则所称：

“查验”指国境卫生检疫机关（以下称卫生检疫机关）实施的医学检查和卫生检查。

“染疫人”指正在患检疫传染病的人，或者经卫生检疫机关初步诊断，认为已经感染检疫传染病或者已经处于检疫传染病潜伏期的人。

“染疫嫌疑人”指接触过检疫传染病的感染环境，并且可能传播检疫传染病的人。

“隔离”指将染疫人收留在指定的处所，限制其活动并进行治疗，直到消除传染病传播的危险。

“留验”指将染疫嫌疑人收留在指定的处所进行诊察和检验。

“就地诊验”指一个人在卫生检疫机关指定的期间，到就近的卫生检疫机关或者其他医疗卫生单位去接受诊察和检验；或者卫生检疫机关、其他医疗卫生单位到该人员的居留地，对其进行诊察和检验。

“运输设备”指货物集装箱。

“卫生处理”指隔离、留验和就地诊验等医学措施，以及消毒、除鼠、除虫等卫生措施。

“传染病监测”指对特定环境、人群进行流行病学、血清学、病原学、临床症状以及其他有关影响因素的调查研究，预测有关传染病的发生、发展和流行。

“卫生监督”指执行卫生法规和卫生标准所进行的卫生检查、卫生鉴定、卫生评价和采样检验。

“交通工具”指船舶、航空器、列车和其他车辆。

“国境口岸”指国际通航的港口、机场、车站、陆地边境和国界江河的关口。

第三条 卫生检疫机关在国境口岸工作的范围，是指为国境口岸服务的涉外宾馆、饭店、俱乐部，为入境、出境交通工具提供饮食、服务的单位和对入境、出境人员、交通工具、集装箱和货物实施检疫、监测、卫生监督的场所。

第四条 入境、出境的人员、交通工具和集装箱，以及可能传播检疫传染病的行李、货物、邮包等，均应当按照本细则的规定接受检疫，经卫生检疫机关许可，方准入境或者出境。

第五条 卫生检疫机关发现染疫人时，应当立即将其隔离，防止任何人遭受感染，并按照本细则第八章的规定处理。

卫生检疫机关发现染疫嫌疑人时，应当按照本细则第八章的规定处理。但对第八章规定以外的其他病种染疫嫌疑人，可以从该人员离开感染环境的时候算起，实施不超过该传染病最长潜伏期的就地诊验或者留验以及其他的卫生处理。

第六条 卫生检疫机关应当阻止染疫人、染疫嫌疑人出境，但是对来自国外并且在到达时受就地诊验的人，本人要求出境的，可以准许出境；如果乘交通工具出境，检疫医师应当将这种情况在出境检疫证上签注，同时通知交通工具负责人采取必要的预防措施。

第七条 在国境口岸以及停留在该场所的入境、出境交通工具上，所有非因意外伤害而死亡并死因不明的尸体，必须经卫生检疫机关查验，并签发尸体移运许可证后，方准移运。

第八条 来自国内疫区的交通工具，或者在国内航行中发现检疫传染病、疑似检疫传染病，或者有人非因意外伤害而死亡并死因不明的，交通工具负责人应当向到达的国境口岸卫生检疫机关报告，接受临时检疫。

第九条 在国内或者国外检疫传染病大流行的时候，国务院卫生行政部门应当立即报请国务院决定采取下列检疫措施的一部或者全部：

（一）下令封锁陆地边境、国界江河的有关区域；

（二）指定某些物品必须经过消毒、除虫，方准由国外运进或者由国内运出；

（三）禁止某些物品由国外运进或者由国内运出；

（四）指定第一入境港口、降落机场。对来自国外疫区的船舶、航空器，除因遇险或者其他特殊原因外，没有经第一入境港口、机场检疫的，不准进入其他港口和机场。

第十条 入境、出境的集装箱、货物、废旧物等物品在到达口岸的时候，承运人、代理人或者货主，必须向卫生检疫机关申报并接受卫生检疫。对来自疫区的、被传染病污染的以及可能传播检疫传染病或者发现与人类健康有关的啮齿动物和病媒昆虫的集装箱、货物、废旧物等物品，应当实施消毒、除鼠、除虫或者其他必要的卫生处理。

集装箱、货物、废旧物等物品的货主要求在其他地方实施卫生检疫、卫生处理的，卫生检疫机关可以给予方便，并按规定办理。

第十一条 入境、出境的微生物、人体组织、生物制品、血液及其制品等特殊物品的携带人、托运人或者邮递人，必须向卫生检疫机关申报并接受卫生检疫，凭卫生检疫机关签发的特殊物品审批单办理通关手续。未经卫生检疫机关许可，不准入境、出境。

第十二条 入境、出境的旅客、员工个人携带或者托运可能传播传染病的行李和物品，应当接受卫生检查。卫生检疫机关对来自疫区或者被传染病污染的各种食品、饮料、水产品等应当实施卫生处理或者销毁，并签发卫生处理证明。

第十三条 卫生检疫机关对应当实施卫生检疫的邮包进行卫生检查和必要的卫生处理时,邮政部门应予配合。未经卫生检疫机关许可,邮政部门不得运递。

第十四条 卫生检疫单、证的种类、式样和签发办法,由海关总署规定。

第二章 疫情通报

第十五条 在国境口岸以及停留在国境口岸的交通工具上,发现检疫传染病、疑似检疫传染病,或者有人非因意外伤害而死亡并死因不明时,国境口岸有关单位以及交通工具的负责人,应当立即向卫生检疫机关报告。

第十六条 卫生检疫机关发现检疫传染病、监测传染病、疑似检疫传染病时,应当向当地卫生行政部门和卫生防疫机构通报;发现检疫传染病时,还应当用最快的办法向国务院卫生行政部门报告。

当地卫生防疫机构发现检疫传染病、监测传染病时,应当向卫生检疫机关通报。

第十七条 在国内或者国外某一地区发生检疫传染病流行时,国务院卫生行政部门可以宣布该地区为疫区。

第三章 卫生检疫机关

第十八条 卫生检疫机关根据工作需要,可以设立派出机构。卫生检疫机关的设立、合并或者撤销,按照有关规定执行。

第十九条 卫生检疫机关的职责:

(一)执行《国境卫生检疫法》及其实施细则和国家有关卫生法规;

(二)收集、整理、报告国际和国境口岸传染病的发生、流行和终息情况;

(三)对国境口岸的卫生状况实施卫生监督;对入境、出境的交通工具、人员、集装箱、尸体、骸骨以及可能传播检疫传染病的行李、货物、邮包等实施检疫查验、传染病监测、卫生监督和卫生处理;

(四)对入境、出境的微生物、生物制品、人体组织、血液及其制品等特殊物品以及能传播人类传染病的动物,实施卫生检疫;

(五)对入境、出境人员进行预防接种、健康检查、医疗服务、国际旅行健康咨询和卫生宣传;

(六)签发卫生检疫证件;

(七)进行流行病学调查研究,开展科学实验;

(八)执行海关总署、国务院卫生行政部门指定的其他工作。

第二十条 国境口岸卫生监督员的职责:

(一)对国境口岸和停留在国境口岸的入境、出境交通工具进行卫生监督和卫生宣传;

(二)在消毒、除鼠、除虫等卫生处理方面进行技术指导;

(三)对造成传染病传播、啮齿动物和病媒昆虫扩散、食物中毒、食物污染等事故进行调查,并提出控制措施。

第二十一条 卫生检疫机关工作人员、国境口岸卫生监督员在执行任务时,应当穿着检疫制服,佩戴检疫标志;卫生检疫机关的交通工具在执行任务期间,应当悬挂检疫旗帜。

检疫制服、标志、旗帜的式样和使用办法由海关总署会同有关部门制定,报国务院审批。

第四章　海港检疫

第二十二条　船舶的入境检疫,必须在港口的检疫锚地或者经卫生检疫机关同意的指定地点实施。

检疫锚地由港务监督机关和卫生检疫机关会商确定,报国务院交通运输主管部门和海关总署备案。

第二十三条　船舶代理应当在受入境检疫的船舶到达以前,尽早向卫生检疫机关通知下列事项:

(一)船名、国籍、预定到达检疫锚地的日期和时间;

(二)发航港、最后寄港;

(三)船员和旅客人数;

(四)货物种类。

港务监督机关应当将船舶确定到达检疫锚地的日期和时间尽早通知卫生检疫机关。

第二十四条　受入境检疫的船舶,在航行中,发现检疫传染病、疑似检疫传染病,或者有人非因意外伤害而死亡并死因不明的,船长必须立即向实施检疫港口的卫生检疫机关报告下列事项:

(一)船名、国籍、预定到达检疫锚地的日期和时间;

(二)发航港、最后寄港;

(三)船员和旅客人数;

(四)货物种类;

(五)病名或者主要症状、患病人数、死亡人数;

(六)船上有无船医。

第二十五条　受入境检疫的船舶,必须按照下列规定悬挂检疫信号等候查验,在卫生检疫机关发给入境检疫证前,不得降下检疫信号。

昼间在明显处所悬挂国际通语信号旗:

(一)“Q”字旗表示:本船没有染疫,请发给入境检疫证;

(二)“QQ”字旗表示:本船有染疫或者染疫嫌疑,请即刻实施检疫。

夜间在明显处所垂直悬挂灯号:

(一)红灯三盏表示:本船没有染疫,请发给入境检疫证;

(二)红、红、白、红灯四盏表示:本船有染疫或者染疫嫌疑,请即刻实施检疫。

第二十六条　悬挂检疫信号的船舶,除引航员和经卫生检疫机关许可的人员外,其他人员不准上船,不准装卸行李、货物、邮包等物品,其他船舶不准靠近;船上的人员,除因船舶遇险外,未经卫生检疫机关许可,不准离船;引航员不得将船引离检疫锚地。

第二十七条　申请电讯检疫的船舶,首先向卫生检疫机关申请卫生检查,合格者发给卫生证书。该证书自签发之日起12个月内可以申请电讯检疫。

第二十八条 持有效卫生证书的船舶在入境前24小时,应当向卫生检疫机关报告下列事项:

(一)船名、国籍、预定到达检疫锚地的日期和时间;

(二)发航港、最后寄港;

(三)船员和旅客人数及健康状况;

(四)货物种类;

(五)船舶卫生证书的签发日期和编号、除鼠证书或者免予除鼠证书的签发日期和签发港,以及其他卫生证件。

经卫生检疫机关对上述报告答复同意后,即可进港。

第二十九条 对船舶的入境检疫,在日出后到日落前的时间内实施;凡具备船舶夜航条件,夜间可靠离码头和装卸作业的港口口岸,应实行24小时检疫。对来自疫区的船舶,不实行夜间检疫。

第三十条 受入境检疫船舶的船长,在检疫医师到达船上时,必须提交由船长签字或者有船医附签的航海健康申报书、船员名单、旅客名单、载货申报单,并出示除鼠证书或者免予除鼠证书。

在查验中,检疫医师有权查阅航海日志和其他有关证件;需要进一步了解船舶航行中卫生情况时,检疫医师可以向船长、船医提出询问,船长、船医必须如实回答。用书面回答时,须经船长签字和船医附签。

第三十一条 船舶实施入境查验完毕以后,对没有染疫的船舶,检疫医师应当立即签发入境检疫证;如果该船有受卫生处理或者限制的事项,应当在入境检疫证上签注,并按照签注事项办理。对染疫船舶、染疫嫌疑船舶,除通知港务监督机关外,对该船舶还应当发给卫生处理通知书,该船舶上的引航员和经卫生检疫机关许可上船的人员应当视同员工接受有关卫生处理,在卫生处理完毕以后,再发给入境检疫证。

船舶领到卫生检疫机关签发的入境检疫证后,可以降下检疫信号。

第三十二条 船舶代理应当在受出境检疫的船舶启航以前,尽早向卫生检疫机关通知下列事项:

(一)船名、国籍、预定开航的日期和时间;

(二)目的港、最初寄港;

(三)船员名单和旅客名单;

(四)货物种类。

港务监督机关应当将船舶确定开航的日期和时间尽早通知卫生检疫机关。

船舶的入境、出境检疫在同一港口实施时,如果船员、旅客没有变动,可以免报船员名单和旅客名单;有变动的,报变动船员、旅客名单。

第三十三条 受出境检疫的船舶,船长应当向卫生检疫机关出示除鼠证书或者免予除鼠证书和其他有关检疫证件。检疫医师可以向船长、船医提出有关船员、旅客健康情况和船上卫生情况的询问,船长、船医对上述询问应当如实回答。

第三十四条 对船舶实施出境检疫完毕以后，检疫医师应当按照检疫结果立即签发出境检疫证，如果因卫生处理不能按原定时间启航，应当及时通知港务监督机关。

第三十五条 对船舶实施出境检疫完毕以后，除引航员和经卫生检疫机关许可的人员外，其他人员不准上船，不准装卸行李、货物、邮包等物品。如果违反上述规定，该船舶必须重新实施出境检疫。

第五章 航空检疫

第三十六条 航空器在飞行中，不得向下投掷或者任其坠下能传播传染病的任何物品。

第三十七条 实施卫生检疫机场的航空站，应当在受入境检疫的航空器到达以前，尽早向卫生检疫机关通知下列事项：

（一）航空器的国籍、机型、号码、识别标志、预定到达时间；

（二）出发站、经停站；

（三）机组和旅客人数。

第三十八条 受入境检疫的航空器，如果在飞行中发现检疫传染病、疑似检疫传染病，或者有人非因意外伤害而死亡并死因不明时，机长应当立即通知到达机场的航空站，向卫生检疫机关报告下列事项：

（一）航空器的国籍、机型、号码、识别标志、预定到达时间；

（二）出发站、经停站；

（三）机组和旅客人数；

（四）病名或者主要症状、患病人数、死亡人数。

第三十九条 受入境检疫的航空器到达机场以后，检疫医师首先登机。机长或者其授权的代理人，必须向卫生检疫机关提交总申报单、旅客名单、货物仓单和有效的灭蚊证书，以及其他有关检疫证件；对检疫医师提出的有关航空器上卫生状况的询问，机长或者其授权的代理人应当如实回答。在检疫没有结束之前，除经卫生检疫机关许可外，任何人不得上下航空器，不准装卸行李、货物、邮包等物品。

第四十条 入境旅客必须在指定的地点，接受入境查验，同时用书面或者口头回答检疫医师提出的有关询问。在此期间，入境旅客不得离开查验场所。

第四十一条 对入境航空器查验完毕以后，根据查验结果，对没有染疫的航空器，检疫医师应当签发入境检疫证；如果该航空器有受卫生处理或者限制的事项，应当在入境检疫证上签注，由机长或者其授权的代理人负责执行；对染疫或者有染疫嫌疑的航空器，除通知航空站外，对该航空器应当发给卫生处理通知单，在规定的卫生处理完毕以后，再发给入境检疫证。

第四十二条 实施卫生检疫机场的航空站，应当在受出境检疫的航空器起飞以前，尽早向卫生检疫机关提交总申报单、货物仓单和其他有关检疫证件，并通知下列事项：

（一）航空器的国籍、机型、号码、识别标志、预定起飞时间；

（二）经停站、目的站；

（三）机组和旅客人数。

第四十三条 对出境航空器查验完毕以后，如果没有染疫，检疫医师应当签发出境检疫证或者在必要的卫生处理完毕以后，再发给出境检疫证；如果该航空器因卫生处理不能按原定时间起飞，应当及时通知航空站。

第六章 陆地边境检疫

第四十四条 实施卫生检疫的车站，应当在受入境检疫的列车到达之前，尽早向卫生检疫机关通知下列事项：

（一）列车的车次，预定到达的时间；

（二）始发站；

（三）列车编组情况。

第四十五条 受入境检疫的列车和其他车辆到达车站、关口后，检疫医师首先登车，列车长或者其他车辆负责人，应当口头或者书面向卫生检疫机关申报该列车或者其他车辆上人员的健康情况，对检疫医师提出有关卫生状况和人员健康的询问，应当如实回答。

第四十六条 受入境检疫的列车和其他车辆到达车站、关口，在实施入境检疫而未取得入境检疫证以前，未经卫生检疫机关许可，任何人不准上下列车或者其他车辆，不准装卸行李、货物、邮包等物品。

第四十七条 实施卫生检疫的车站，应当在受出境检疫列车发车以前，尽早向卫生检疫机关通知下列事项：

（一）列车的车次，预定发车的时间；

（二）终到站；

（三）列车编组情况。

第四十八条 应当受入境、出境检疫的列车和其他车辆，如果在行程中发现检疫传染病、疑似检疫传染病，或者有人非因意外伤害而死亡并死因不明的，列车或者其他车辆到达车站、关口时，列车长或者其他车辆负责人应当向卫生检疫机关报告。

第四十九条 受入境、出境检疫的列车，在查验中发现检疫传染病或者疑似检疫传染病，或者因受卫生处理不能按原定时间发车，卫生检疫机关应当及时通知车站的站长。如果列车在原停车地点不宜实施卫生处理，站长可以选择站内其他地点实施卫生处理。在处理完毕之前，未经卫生检疫机关许可，任何人不准上下列车，不准装卸行李、货物、邮包等物品。

为了保证入境直通列车的正常运输，卫生检疫机关可以派员随车实施检疫，列车长应当提供方便。

第五十条 对列车或者其他车辆实施入境、出境检疫完毕后，检疫医师应当根据检疫结果分别签发入境、出境检疫证，或者在必要的卫生处理完毕后，再分别签发入境、出境检疫证。

第五十一条 徒步入境、出境的人员，必须首先在指定的场所接受入境、出境查验，未经卫生检疫机关许可，不准离开指定的场所。

第五十二条 受入境、出境检疫的列车以及其他车辆,载有来自疫区、有染疫或者染疫嫌疑或者夹带能传播传染病的病媒昆虫和啮齿动物的货物,应当接受卫生检查和必要的卫生处理。

第七章 卫生处理

第五十三条 卫生检疫机关的工作人员在实施卫生处理时,必须注意下列事项:

(一)防止对任何人的健康造成危害;

(二)防止对交通工具的结构和设备造成损害;

(三)防止发生火灾;

(四)防止对行李、货物造成损害。

第五十四条 入境、出境的集装箱、行李、货物、邮包等物品需要卫生处理的,由卫生检疫机关实施。

入境、出境的交通工具有下列情形之一的,应当由卫生检疫机关实施消毒、除鼠、除虫或者其他卫生处理:

(一)来自检疫传染病疫区的;

(二)被检疫传染病污染的;

(三)发现有与人类健康有关的啮齿动物或者病媒昆虫,超过国家卫生标准的。

第五十五条 由国外起运经过中华人民共和国境内的货物,如果不在境内换装,除发生在流行病学上有重要意义的事件,需要实施卫生处理外,在一般情况下不实施卫生处理。

第五十六条 卫生检疫机关对入境、出境的废旧物品和曾行驶于境外港口的废旧交通工具,根据污染程度,分别实施消毒、除鼠、除虫,对污染严重的实施销毁。

第五十七条 入境、出境的尸体、骸骨托运人或者代理人应当申请卫生检疫,并出示死亡证明或者其他有关证件,对不符合卫生要求的,必须接受卫生检疫机关实施的卫生处理。经卫生检疫合格后,方准运进或者运出。

对因患检疫传染病而死亡的病人尸体,必须就近火化,不准移运。

第五十八条 卫生检疫机关对已在到达本口岸前的其他口岸实施卫生处理的交通工具不再重复实施卫生处理。但有下列情形之一的,仍需实施卫生处理:

(一)在原实施卫生处理的口岸或者该交通工具上,发生流行病学上有重要意义的事件,需要进一步实施卫生处理的;

(二)在到达本口岸前的其他口岸实施的卫生处理没有实际效果的。

第五十九条 在国境口岸或者交通工具上发现啮齿动物有反常死亡或者死因不明的,国境口岸有关单位或者交通工具的负责人,必须立即向卫生检疫机关报告,迅速查明原因,实施卫生处理。

第六十条 国际航行船舶的船长,必须每隔 6 个月向卫生检疫机关申请一次鼠患检查,卫生检疫机关根据检查结果实施除鼠或者免予除鼠,并且分别发给除鼠证书或者免予除鼠证书。该证书自签发之日起 6 个月内有效。

第六十一条 卫生检疫机关只有在下列之一情况下，经检查确认船舶无鼠害的，方可签发免予除鼠证书：

（一）空舱；

（二）舱内虽然装有压舱物品或者其他物品，但是这些物品不引诱鼠类，放置情况又不妨碍实施鼠患检查。

对油轮在实舱时进行检查，可以签发免予除鼠证书。

第六十二条 对船舶的鼠患检查或者除鼠，应当尽量在船舶空舱的时候进行。如果船舶因故不宜按期进行鼠患检查或者蒸熏除鼠，并且该船又开往便于实施鼠患检查或者蒸熏除鼠的港口，可以准许该船原有的除鼠证书或者免予除鼠证书的有效期延长 1 个月，并签发延长证明。

第六十三条 对国际航行的船舶，按照国家规定的标准，应当用蒸熏的方法除鼠时，如果该船的除鼠证书或者免予除鼠证书尚未失效，除该船染有鼠疫或者鼠疫嫌疑外，卫生检疫机关应当将除鼠理由通知船长。船长应当按照要求执行。

第六十四条 船舶在港口停靠期间，船长应当负责采取下列的措施：

（一）缆绳上必须使用有效的防鼠板，或者其他防鼠装置；

（二）夜间放置扶梯、桥板时，应当用强光照射；

（三）在船上发现死鼠或者捕获到鼠类时，应当向卫生检疫机关报告。

第六十五条 在国境口岸停留的国内航行的船舶如果存在鼠患，船方应当进行除鼠。根据船方申请，也可由卫生检疫机关实施除鼠。

第六十六条 国务院卫生行政部门认为必要时，可以要求来自国外或者国外某些地区的人员在入境时，向卫生检疫机关出示有效的某种预防接种证书或者健康证明。

第六十七条 预防接种的有效期如下：

（一）黄热病疫苗自接种后第 10 日起，10 年内有效。如果前次接种不满 10 年又经复种，自复种的当日起，10 年内有效；

（二）其他预防接种的有效期，按照有关规定执行。

第八章 检疫传染病管理

第一节 鼠 疫

第六十八条 鼠疫的潜伏期为 6 日。

第六十九条 船舶、航空器在到达时，有下列情形之一的，为染有鼠疫：

（一）船舶、航空器上有鼠疫病例的；

（二）船舶、航空器上发现有感染鼠疫的啮齿动物的；

（三）船舶上曾经有人在上船 6 日以后患鼠疫的。

第七十条 船舶在到达时，有下列情形之一的，为染有鼠疫嫌疑：

（一）船舶上没有鼠疫病例，但曾经有人在上船后 6 日以内患鼠疫的；

（二）船上啮齿动物有反常死亡，并且死因不明的。

第七十一条 对染有鼠疫的船舶、航空器应当实施下列卫生处理：

（一）对染疫人实施隔离；

（二）对染疫嫌疑人实施除虫，并且从到达时算起，实施不超过6日的就地诊验或者留验。在此期间，船上的船员除因工作需要并且经卫生检疫机关许可外，不准上岸；

（三）对染疫人、染疫嫌疑人的行李、使用过的其他物品和卫生检疫机关认为有污染嫌疑的物品，实施除虫，必要时实施消毒；

（四）对染疫人占用过的部位和卫生检疫机关认为有污染嫌疑的部位，实施除虫，必要时实施消毒；

（五）船舶、航空器上有感染鼠疫的啮齿动物，卫生检疫机关必须实施除鼠。如果船舶上发现只有未感染鼠疫的啮齿动物，卫生检疫机关也可以实施除鼠。实施除鼠可以在隔离的情况下进行。对船舶的除鼠应当在卸货以前进行；

（六）卸货应当在卫生检疫机关的监督下进行，并且防止卸货的工作人员遭受感染，必要时，对卸货的工作人员从卸货完毕时算起，实施不超过6日的就地诊验或者留验。

第七十二条 对染有鼠疫嫌疑的船舶，应当实施本细则第七十一条第（二）至第（六）项规定的卫生处理。

第七十三条 对没有染疫的船舶、航空器，如果来自鼠疫疫区，卫生检疫机关认为必要时，可以实施下列卫生处理：

（一）对离船、离航空器的染疫嫌疑人，从船舶、航空器离开疫区的时候算起，实施不超过6日的就地诊验或者留验；

（二）在特殊情况下，对船舶、航空器实施除鼠。

第七十四条 对到达的时候载有鼠疫病例的列车和其他车辆，应当实施下列卫生处理：

（一）本细则第七十一条第（一）、第（三）、第（四）、第（六）项规定的卫生处理；

（二）对染疫嫌疑人实施除虫，并且从到达时算起，实施不超过6日的就地诊验或者留验；

（三）必要时，对列车和其他车辆实施除鼠。

第二节 霍　乱

第七十五条 霍乱潜伏期为5日。

第七十六条 船舶在到达的时候载有霍乱病例，或者在到达前5日以内，船上曾经有霍乱病例发生，为染有霍乱。

船舶在航行中曾经有霍乱病例发生，但是在到达前5日以内，没有发生新病例，为染有霍乱嫌疑。

第七十七条 航空器在到达的时候载有霍乱病例，为染有霍乱。

航空器在航行中曾经有霍乱病例发生，但在到达以前该病员已经离去，为染有霍乱嫌疑。

第七十八条 对染有霍乱的船舶、航空器，应当实施下列卫生处理：

(一)对染疫人实施隔离；

(二)对离船、离航空器的员工、旅客，从卫生处理完毕时算起，实施不超过5日的就地诊验或者留验；从船舶到达时算起5日内，船上的船员除因工作需要，并且经卫生检疫机关许可外，不准上岸；

(三)对染疫人、染疫嫌疑人的行李，使用过的其他物品和有污染嫌疑的物品、食品实施消毒；

(四)对染疫人占用的部位，污染嫌疑部位，实施消毒；

(五)对污染或者有污染嫌疑的饮用水，应当实施消毒后排放，并在储水容器消毒后再换清洁饮用水；

(六)人的排泄物、垃圾、废水、废物和装自霍乱疫区的压舱水，未经消毒，不准排放和移下；

(七)卸货必须在卫生检疫机关监督下进行，并且防止工作人员遭受感染，必要时，对卸货工作人员从卸货完毕时算起，实施不超过5日的就地诊验或者留验。

第七十九条 对染有霍乱嫌疑的船舶、航空器应当实施下列卫生处理：

(一)本细则第七十八条第(二)至第(七)项规定的卫生处理；

(二)对离船、离航空器的员工、旅客从到达时算起，实施不超过5日的就地诊验或者留验。在此期间，船上的船员除因工作需要，并经卫生检疫机关许可外，不准离开口岸区域；或者对离船、离航空器的员工、旅客，从离开疫区时算起，实施不超过5日的就地诊验或者留验。

第八十条 对没有染疫的船舶、航空器，如果来自霍乱疫区，卫生检疫机关认为必要时，可以实施下列卫生处理：

(一)本细则第七十八条第(五)、第(六)项规定的卫生处理；

(二)对离船、离航空器的员工、旅客，从离开疫区时算起，实施不超过5日的就地诊验或者留验。

第八十一条 对到达时载有霍乱病例的列车和其他车辆应当实施下列卫生处理：

(一)按本细则第七十八条第(一)、第(三)、第(四)、第(五)、第(七)项规定的卫生处理；

(二)对染疫嫌疑人从到达时算起，实施不超过5日的就地诊验或者留验。

第八十二条 对来自霍乱疫区的或者染有霍乱嫌疑的交通工具，卫生检疫机关认为必要时，可以实施除虫、消毒；如果交通工具载有水产品、水果、蔬菜、饮料及其他食品，除装在密封容器内没有被污染外，未经卫生检疫机关许可，不准卸下，必要时可以实施卫生处理。

第八十三条 对来自霍乱疫区的水产品、水果、蔬菜、饮料以及装有这些制品的邮包，卫生检疫机关在查验时，为了判明是否被污染，可以抽样检验，必要时可以实施卫生处理。

第三节 黄热病

第八十四条 黄热病的潜伏期为6日。

第八十五条 来自黄热病疫区的人员，在入境时，必须向卫生检疫机关出示有效的黄热病预防接种证书。

对无有效的黄热病预防接种证书的人员，卫生检疫机关可以从该人员离开感染环境的时候算起，实施6日的留验，或者实施预防接种并留验到黄热病预防接种证书生效时为止。

第八十六条 航空器到达时载有黄热病病例，为染有黄热病。

第八十七条 来自黄热病疫区的航空器，应当出示在疫区起飞前的灭蚊证书；如果在到达时不出示灭蚊证书，或者卫生检疫机关认为出示的灭蚊证书不符合要求，并且在航空器上发现活蚊，为染有黄热病嫌疑。

第八十八条 船舶在到达时载有黄热病病例，或者在航行中曾经有黄热病病例发生，为染有黄热病。

船舶在到达时，如果离开黄热病疫区没有满6日，或者没有满30日并且在船上发现埃及伊蚊或者其他黄热病媒介，为染有黄热病嫌疑。

第八十九条 对染有黄热病的船舶、航空器，应当实施下列卫生处理：

（一）对染疫人实施隔离；

（二）对离船、离航空器又无有效的黄热病预防接种证书的员工、旅客，实施本细则第八十五条规定的卫生处理；

（三）彻底杀灭船舶、航空器上的埃及伊蚊及其虫卵、幼虫和其他黄热病媒介，并且在没有完成灭蚊以前限制该船与陆地和其他船舶的距离不少于400米；

（四）卸货应当在灭蚊以后进行，如果在灭蚊以前卸货，应当在卫生检疫机关监督下进行，并且采取预防措施，使卸货的工作人员免受感染，必要时，对卸货的工作人员，从卸货完毕时算起，实施6日的就地诊验或者留验。

第九十条 对染有黄热病嫌疑的船舶、航空器，应当实施本细则第八十九条第（二）至第（四）项规定的卫生处理。

第九十一条 对没有染疫的船舶、航空器，如果来自黄热病疫区，卫生检疫机关认为必要时，可以实施本细则第八十九条第（三）项规定的卫生处理。

第九十二条 对到达的时候载有黄热病病例的列车和其他车辆，或者来自黄热病疫区的列车和其他车辆，应当实施本细则第八十九条第（一）、第（四）项规定的卫生处理；对列车、车辆彻底杀灭成蚊及其虫卵、幼虫；对无有效黄热病预防接种证书的员工、旅客，应当实施本细则第八十五条规定的卫生处理。

第四节　就地诊验、留验和隔离

第九十三条 卫生检疫机关对受就地诊验的人员，应当发给就地诊验记录簿，必要的时候，可以在该人员出具履行就地诊验的保证书以后，再发给其就地诊验记录簿。

受就地诊验的人员应当携带就地诊验记录簿，按照卫生检疫机关指定的期间、地点，接受医学检查；如果就地诊验的结果没有染疫，就地诊验期满的时候，受就地诊验的人员应当将就地诊验记录簿退还卫生检疫机关。

第九十四条 卫生检疫机关应当将受就地诊验人员的情况，用最快的方法通知受就地诊验人员的旅行停留地的卫生检疫机关或者其他医疗卫生单位。

卫生检疫机关、医疗卫生单位遇有受就地诊验的人员请求医学检查时，应当视同急诊给予医学检查，并将检查结果在就地诊验记录簿上签注；如果发现其患检疫传染病或者监测传染病、疑似检疫传染病或者疑似监测传染病时，应当立即采取必要的卫生措施，将其就地诊验记录簿收回存查，并且报告当地卫生防疫机构和签发就地诊验记录簿的卫生检疫机关。

第九十五条 受留验的人员必须在卫生检疫机关指定的场所接受留验；但是有下列情形之一的，经卫生检疫机关同意，可以在船上留验：

（一）船长请求船员在船上留验的；

（二）旅客请求在船上留验，经船长同意，并且船上有船医和医疗、消毒设备的。

第九十六条 受留验的人员在留验期间如果出现检疫传染病的症状，卫生检疫机关应当立即对该人员实施隔离，对与其接触的其他受留验的人员，应当实施必要的卫生处理，并且从卫生处理完毕时算起，重新计算留验时间。

第九章　传染病监测

第九十七条 入境、出境的交通工具、人员、食品、饮用水和其他物品以及病媒昆虫、动物，均为传染病监测的对象。

第九十八条 传染病监测内容是：

（一）首发病例的个案调查；

（二）暴发流行的流行病学调查；

（三）传染源调查；

（四）国境口岸内监测传染病的回顾性调查；

（五）病原体的分离、鉴定，人群、有关动物血清学调查以及流行病学调查；

（六）有关动物、病媒昆虫、食品、饮用水和环境因素的调查；

（七）消毒、除鼠、除虫的效果观察与评价；

（八）国境口岸以及国内外监测传染病疫情的收集、整理、分析和传递；

（九）对监测对象开展健康检查和对监测传染病病人、疑似病人、密切接触人员的管理。

第九十九条 卫生检疫机关应当阻止患有严重精神病、传染性肺结核病或者有可能对公共卫生造成重大危害的其他传染病的外国人入境。

第一百条 受入境、出境检疫的人员，必须根据检疫医师的要求，如实填报健康申明卡，出示某种有效的传染病预防接种证书、健康证明或者其他有关证件。

第一百零一条 卫生检疫机关对国境口岸的涉外宾馆、饭店内居住的入境、出境人员及工作人员实施传染病监测，并区别情况采取必要的预防、控制措施。

对来自检疫传染病和监测传染病疫区的人员，检疫医师可以根据流行病学和医学检查结果，发给就诊方便卡。

卫生检疫机关、医疗卫生单位遇到持有就诊方便卡的人员请求医学检查时，应当视同急诊给予医学检查；如果发现其患检疫传染病或者监测传染病，疑似检疫传染病或者疑似监测传染病，应当立即实施必要的卫生措施，并且将情况报告当地卫生防疫机构和签发就诊方便卡的卫生检疫机关。

第一百零二条　凡申请出境居住1年以上的中国籍人员，必须持有卫生检疫机关签发的健康证明。中国公民出境、入境管理机关凭卫生检疫机关签发的健康证明办理出境手续。

凡在境外居住1年以上的中国籍人员，入境时必须向卫生检疫机关申报健康情况，并在入境后1个月内到就近的卫生检疫机关或者县级以上的医院进行健康检查。公安机关凭健康证明办理有关手续。健康证明的副本应当寄送到原入境口岸的卫生检疫机关备案。

国际通行交通工具上的中国籍员工，应当持有卫生检疫机关或者县级以上医院出具的健康证明。健康证明的项目、格式由海关总署统一规定，有效期为12个月。

第一百零三条　卫生检疫机关在国境口岸内设立传染病监测点时，有关单位应当给予协助并提供方便。

第十章　卫生监督

第一百零四条　卫生检疫机关依照《国境卫生检疫法》第十八条、第十九条规定的内容，对国境口岸和交通工具实施卫生监督。

第一百零五条　对国境口岸的卫生要求是：

（一）国境口岸和国境口岸内涉外的宾馆、生活服务单位以及候船、候车、候机厅（室）应当有健全的卫生制度和必要的卫生设施，并保持室内外环境整洁、通风良好；

（二）国境口岸有关部门应当采取切实可行的措施，控制啮齿动物、病媒昆虫，使其数量降低到不足为害的程度。仓库、货场必须具有防鼠设施；

（三）国境口岸的垃圾、废物、污水、粪便必须进行无害化处理，保持国境口岸环境整洁卫生。

第一百零六条　对交通工具的卫生要求是：

（一）交通工具上的宿舱、车厢必须保持清洁卫生，通风良好；

（二）交通工具上必须备有足够的消毒、除鼠、除虫药物及器械，并备有防鼠装置；

（三）交通工具上的货舱、行李舱、货车车厢在装货前或者卸货后应当进行彻底清扫，有毒物品和食品不得混装，防止污染；

（四）对不符合卫生要求的入境、出境交通工具，必须接受卫生检疫机关的督导立即进行改进。

第一百零七条　对饮用水、食品及从业人员的卫生要求是：

（一）国境口岸和交通工具上的食品、饮用水必须符合有关的卫生标准；

（二）国境口岸内的涉外宾馆，以及向入境、出境的交通工具提供饮食服务的部门，必须取得卫生检疫机关发放的卫生许可证；

（三）国境口岸内涉外的宾馆和入境、出境交通工具上的食品、饮用水从业人员应当持有有效健康证明。

第一百零八条　国境口岸有关单位和交通工具负责人应当遵守下列事项：

（一）遵守《国境卫生检疫法》和本细则及有关卫生法规的规定；

（二）接受卫生监督员的监督和检查，并为其工作提供方便；

（三）按照卫生监督员的建议，对国境口岸和交通工具的卫生状况及时采取改进措施。

第十一章　罚　　则

第一百零九条　《国境卫生检疫法》和本细则所规定的应当受行政处罚的行为是指：

（一）应当受入境检疫的船舶，不悬挂检疫信号的；

（二）入境、出境的交通工具，在入境检疫之前或者在出境检疫之后，擅自上下人员，装卸行李、货物、邮包等物品的；

（三）拒绝接受检疫或者抵制卫生监督，拒不接受卫生处理的；

（四）伪造或者涂改检疫单、证、不如实申报疫情的；

（五）瞒报携带禁止进口的微生物、人体组织、生物制品、血液及其制品或者其他可能引起传染病传播的动物和物品的；

（六）未经检疫的入境、出境交通工具，擅自离开检疫地点，逃避查验的；

（七）隐瞒疫情或者伪造情节的；

（八）未经卫生检疫机关实施卫生处理，擅自排放压舱水，移下垃圾、污物等控制的物品的；

（九）未经卫生检疫机关实施卫生处理，擅自移运尸体、骸骨的；

（十）废旧物品、废旧交通工具，未向卫生检疫机关申报，未经卫生检疫机关实施卫生处理和签发卫生检疫证书而擅自入境、出境或者使用、拆卸的；

（十一）未经卫生检疫机关检查，从交通工具上移下传染病病人造成传染病传播危险的。

第一百一十条　具有本细则第一百零九条所列第（一）至第（五）项行为的，处以警告或者100元以上5000元以下的罚款；

具有本细则第一百零九条所列第（六）至第（九）项行为的，处以1000元以上1万元以下的罚款；

具有本细则第一百零九条所列第（十）、第（十一）项行为的，处以5000元以上3万元以下的罚款。

第一百一十一条　卫生检疫机关在收取罚款时，应当出具正式的罚款收据。罚款全部上交国库。

第十二章　附　　则

第一百一十二条　国境卫生检疫机关实施卫生检疫的收费标准，由海关总署会同国务院财政、物价部门共同制定。

第一百一十三条 本细则自发布之日起施行。

中华人民共和国传染病防治法实施办法

(1991年10月4日国务院批准 1991年12月6日卫生部令第17号发布)

第一章 总 则

第一条 根据《中华人民共和国传染病防治法》(以下简称《传染病防治法》)的规定,制定本办法。

第二条 国家对传染病实行预防为主的方针,各级政府在制定社会经济发展规划时,必须包括传染病防治目标,并组织有关部门共同实施。

第三条 各级政府卫生行政部门对传染病防治工作实施统一监督管理。

受国务院卫生行政部门委托的其他有关部门卫生主管机构,在本系统内行使《传染病防治法》第三十二条第一款所列职权。

军队的传染病防治工作,依照《传染病防治法》和本办法中的有关规定以及国家其他有关规定,由中国人民解放军卫生主管部门实施监督管理。

第四条 各级各类卫生防疫机构按照专业分工承担传染病监测管理的责任和范围,由省级政府卫生行政部门确定。

铁路、交通、民航、厂(场)矿的卫生防疫机构,承担本系统传染病监测管理工作,并接受本系统上级卫生主管机构和省级政府卫生行政部门指定的卫生防疫机构的业务指导。

第五条 各级各类医疗保健机构承担传染病防治管理的责任和范围,由当地政府卫生行政部门确定。

第六条 各级政府对预防、控制传染病做出显著成绩和贡献单位和个人,应当给予奖励。

第二章 预 防

第七条 各级政府应当组织有关部门,开展传染病预防知识和防治措施的卫生健康教育。

第八条 各级政府组织开展爱国卫生活动。

铁路、交通、民航部门负责组织消除交通工具的鼠害和各种病媒昆虫的危害。

农业、林业部门负责组织消除农田、牧场及林区的鼠害。

国务院各有关部委消除钉螺危害的分工,按照国务院的有关规定办理。

第九条 集中式供水必须符合国家《生活饮用水卫生标准》。

各单位自备水源,未经城市建设部门和卫生行政部门批准,不得与城镇集中式供水系统连接。

第十条 地方各级政府应当有计划地建设和改造公共卫生设施。

城市应当按照城市环境卫生设施标准修建公共厕所、垃圾粪便的无害化处理场和污水、雨水排放处理系统等公共卫生设施。

农村应当逐步改造厕所,对粪便进行无害化处理,加强对公共生活用水的卫生管理,建立必要的卫生管理制度。饮用水水源附近禁止有污水池、粪堆(坑)等污染源。禁止在饮用水水源附近洗刷便器和运输粪便的工具。

第十一条 国家实行有计划的预防接种制度。

中华人民共和国境内的任何人均应按照有关规定接受预防接种。

各省、自治区、直辖市政府卫生行政部门可以根据当地传染病的流行情况,增加预防接种项目。

第十二条 国家对儿童实行预防接种证制度。

适龄儿童应当按照国家有关规定,接受预防接种。适龄儿童的家长或者监护人应当及时向医疗保健机构申请办理预防接种证。

托幼机构、学校在办理入托、入学手续时,应当查验预防接种证,未按规定接种的儿童应当及时补种。

第十三条 各级各类医疗保健机构的预防保健组织或者人员,在本单位及责任地段内承担下列工作:

(一)传染病疫情报告和管理;

(二)传染病预防和控制工作;

(三)卫生行政部门指定的卫生防疫机构交付的传染病防治和监测任务。

第十四条 医疗保健机构必须按照国务院卫生行政部门的有关规定,严格执行消毒隔离制度,防止医院内感染和医源性感染。

第十五条 卫生防疫机构和从事致病性微生物实验的科研、教学、生产等单位必须做到:

(一)建立健全防止致病性微生物扩散的制度和人体防护措施;

(二)严格执行实验操作规程,对实验后的样品、器材、污染物品等,按照有关规定严格消毒后处理。

(三)实验动物必须按照国家有关规定进行管理。

第十六条 传染病的菌(毒)种分为下列三类:

一类:鼠疫耶尔森氏菌、霍乱弧菌;天花病毒、艾滋病病毒;

二类:布氏菌、炭疽菌、麻风杆菌、肝炎病毒、狂犬病毒、出血热病毒、登革热病毒;斑疹伤寒立克次体;

三类:脑膜炎双球菌、链球菌、淋病双球菌、结核杆菌、百日咳嗜血杆菌、白喉棒状杆菌、沙门氏菌、志贺氏菌、破伤风梭状杆菌;钩端螺旋体、梅毒螺旋体;乙型脑炎病毒、脊髓灰质炎病毒、流感病毒、流行性腮腺炎病毒、麻疹病毒、风疹病毒。

国务院卫生行政部门可以根据情况增加或者减少菌(毒)种的种类。

第十七条 国家对传染病菌(毒)种的保藏、携带、运输实行严格管理:

(一)菌(毒)种的保藏由国务院卫生行政部门指定的单位负责。

(二)一、二类菌(毒)种的供应由国务院卫生行政部门指定的保藏管理单位供应。三类菌(毒)种由设有专业实验室的单位或者国务院卫生行政部门指定的保藏管理单位供应。

（三）使用一类菌（毒）种的单位，必须经国务院卫生行政部门批准；使用二类菌（毒）种的单位必须经省级政府卫生行政部门批准；使用三类菌（毒）种的单位，应当经县级政府卫生行政部门批准。

（四）一、二类菌（毒）种，应派专人向供应单位领取，不得邮寄；三类菌（毒）种的邮寄必须持有邮寄单位的证明，并按照菌（毒）种邮寄与包装的有关规定办理。地方法规 4 篇

第十八条 对患有下列传染病的病人或者病原携带者予以必要的隔离治疗，直至医疗保健机构证明其不具有传染性时，方可恢复工作：

（一）鼠疫、霍乱；

（二）艾滋病、病毒性肝炎、细菌性和阿米巴痢疾、伤寒和副伤寒、炭疽、斑疹伤寒、麻疹、百日咳、白喉、脊髓灰质炎、流行性脑脊髓膜炎、猩红热、流行性出血热、登革热、淋病、梅毒；

（三）肺结核、麻风病、流行性腮腺炎、风疹、急性出血性结膜炎。

第十九条 从事饮水、饮食、整容、保育等易使传染病扩散工作的从业人员，必须按照国家有关规定取得健康合格证后方可上岗。

第二十条 招用流动人员二百人以上的用工单位，应当向当地政府卫生行政部门指定的卫生防疫机构报告，并按照要求采取预防控制传染病的卫生措施。

第二十一条 被甲类传染病病原体污染的污水、污物、粪便，有关单位和个人必须在卫生防疫人员的指导监督下，按照下列要求进行处理：

（一）被鼠疫病原体污染

1、被污染的室内空气、地面、四壁必须进行严格消毒，被污染的物品必须严格消毒或者焚烧处理；

2、彻底消除鼠疫疫区内的鼠类、蚤类；发现病鼠、死鼠应当送检；解剖检验后的鼠尸必须焚化；

3、疫区内啮齿类动物的皮毛不能就地进行有效的消毒处理时，必须在卫生防疫机构的监督下焚烧。

（二）被霍乱病原体污染

1、被污染的饮用水，必须进行严格消毒处理；

2、污水经消毒处理后排放；

3、被污染的食物要就地封存，消毒处理；

4、粪便消毒处理达到无害化；

5、被污染的物品，必须进行严格消毒或者焚烧处理。

第二十二条 被伤寒和副伤寒、细菌性痢疾、脊髓灰质炎、病毒性肝炎病原体污染的水、物品、粪便，有关单位和个人应当按照下列要求进行处理：

（一）被污染的饮用水，应当进行严格消毒处理；

（二）污水经消毒处理后排放；

（三）被污染的物品，应当进行严格消毒处理或者焚烧处理；

（四）粪便消毒处理达到无害化。

死于炭疽的动物尸体必须就地焚化，被污染的用具必须消毒处理，被污染的土地、草皮消毒后，必须将10厘米厚的表层土铲除，并在远离水源及河流的地方深埋。

第二十三条 出售、运输被传染病病原体污染或者来自疫区可能被传染病病原体污染的皮毛、旧衣物及生活用品等，必须按照卫生防疫机构的要求进行必要的卫生处理。

第二十四条 用于预防传染病的菌苗、疫苗等生物制品，由各省、自治区、直辖市卫生防疫机构统一向生物制品生产单位订购，其他任何单位和个人不得经营。

用于预防传染病的菌苗、疫苗等生物制品必须在卫生防疫机构监督指导下使用。

第二十五条 凡从事可能导致经血液传播传染病的美容、整容等单位和个人，必须执行国务院卫生行政部门的有关规定。

第二十六条 血站（库）、生物制品生产单位，必须严格执行国务院卫生行政部门的有关规定，保证血液、血液制品的质量，防止因输入血液、血液制品引起病毒性肝炎、艾滋病、疟疾等疾病的发生。任何单位和个人不准使用国务院卫生行政部门禁止进口的血液和血液制品。

第二十七条 生产、经营、使用消毒药剂和消毒器械、卫生用品、卫生材料、一次性医疗器材、隐形眼镜、人造器官等必须符合国家有关标准，不符合国家有关标准的不得生产、经营和使用。

第二十八条 发现人畜共患传染病已在人、畜间流行时，卫生行政部门与畜牧兽医部门应当深入疫区，按照职责分别对人、畜开展防治工作。

传染病流行区的家畜家禽，未经畜牧兽医部门检疫不得外运。

进入鼠疫自然疫源地捕猎旱獭应按照国家有关规定执行。

第二十九条 狂犬病的防治管理工作按照下列规定分工负责：

（一）公安部门负责县以上城市养犬的审批与违章养犬的处理，捕杀狂犬、野犬。

（二）畜牧兽医部门负责兽用狂犬病疫苗的研制、生产和供应；对城乡经批准的养犬进行预防接种、登记和发放“家犬免疫证”；对犬类狂犬病的疫情进行监测和负责进出口犬类的检疫、免疫及管理。

（三）乡（镇）政府负责辖区内养犬的管理，捕杀狂犬、野犬。

（四）卫生部门负责人用狂犬病疫苗的供应、接种和病人的诊治。

第三十条 自然疫源地或者可能是自然疫源地的地区计划兴建大型建设项目时，建设单位在设计任务书批准后，应当向当地卫生防疫机构申请对施工环境进行卫生调查，并根据卫生防疫机构的意见采取必要的卫生防疫措施后，方可办理开工手续。

兴建城市规划内的建设项目，属于在自然疫源地和可能是自然疫源地范围内的，城市规划主管部门在核发建设工程规划许可证明中，必须有卫生防疫部门提出的有关意见及结论。建设单位在施工过程中，必须采取预防传染病传播和扩散的措施。

第三十一条 卫生防疫机构接到在自然疫源地和可能是自然疫源地范围内兴办大型建设项目的建设单位的卫生调查申请后，应当及时组成调查组到现场进行调查，并提出该地区自然环境中可能存在的传染病病种、流行范围、流行强度及预防措施等意见和结论。

第三十二条 在自然疫源地或者可能是自然疫源地内施工的建设单位,应当设立预防保健组织负责施工期间的卫生防疫工作。

第三十三条 凡在生产、工作中接触传染病病原体的工作人员,可以按照国家有关规定申领卫生防疫津贴。

第三章 疫情报告

第三十四条 执行职务的医疗保健人员、卫生防疫人员为责任疫情报告人。

责任疫情报告人应当按照本办法第三十五条规定的时限向卫生行政部门指定的卫生防疫机构报告疫情,并做疫情登记。

第三十五条 责任疫情报告人发现甲类传染病和乙类传染病中的艾滋病、肺炭疽的病人、病原携带者和疑似传染病病人时,城镇于六小时内,农村于十二小时内,以最快的通讯方式向发病地的卫生防疫机构报告,并同时报出传染病报告卡。

责任疫情报告人发现乙类传染病病人、病原携带者和疑传染病病人时,城镇于十二小时内,农村于二十四小时内向发病地的卫生防疫机构报出传染病报告卡。

责任疫情报告人在丙类传染病监测区内发现丙类传染病病人时,应当在二十四小时内向发病地的卫生防疫机构报出传染病报告卡。

第三十六条 传染病暴发、流行时,责任疫情报告人应当以最快的通讯方式向当地卫生防疫机构报告疫情。接到疫情报告的卫生防疫机构应当以最快的通讯方式报告上级卫生防疫机构和当地政府卫生行政部门,卫生行政部门接到报告后,应当立即报告当地政府。

省级政府卫生行政部门接到发现甲类传染病和发生传染病暴发、流行的报告后,应当于六小时内报告国务院卫生行政部门。

第三十七条 流动人员中的传染病病人、病原携带者和疑似传染病病人的传染病报告、处理由诊治地负责,其疫情登记、统计由户口所在地负责。

第三十八条 铁路、交通、民航、厂(场)矿的卫生防疫机构,应当定期向所在地卫生行政部门指定的卫生防疫机构报告疫情。

第三十九条 军队的传染病疫情,由中国人民解放军卫生主管部门根据军队有关规定向国务院卫生行政部门报告。

军队的医疗保健和卫生防疫机构,发现地方就诊的传染病病人、病原携带者、疑似传染病病人时,应当按照本办法第三十五条的规定报告疫情,并接受当地卫生防疫机构的业务指导。

第四十条 国境口岸所在地卫生行政部门指定的卫生防疫机构和港口、机场、铁路卫生防疫机构和国境卫生检疫机关在发现国境卫生检疫法规定的检疫传染病时,应当互相通报疫情。

发现人畜共患传染病时,卫生防疫机构和畜牧兽医部门应当互相通报疫情。

第四十一条 各级政府卫生行政部门指定的卫生防疫机构应当对辖区内各类医疗保健机构的疫情登记报告和管理情况定期进行核实、检查、指导。

第四十二条 传染病报告卡片邮寄信封应当印有明显的“红十字”标志及写明××卫生防疫机构收的字样。

邮电部门应当及时传递疫情报告的电话或者信卡,并实行邮资总付。

第四十三条 医务人员未经县级以上政府卫生行政部门批准,不得将就诊的淋病、梅毒、麻风病、艾滋病病人和艾滋病病原携带者及其家属的姓名、住址和个人病史公开。

第四章 控 制

第四十四条 卫生防疫机构和医疗保健机构传染病的疫情处理实行分级分工管理。

第四十五条 艾滋病的监测管理按照国务院有关规定执行。

第四十六条 淋病、梅毒病人应当在医疗保健机构、卫生防疫机构接受治疗。尚未治愈前,不得进入公共浴池、游泳池。

第四十七条 医疗保健机构或者卫生防疫机构在诊治中发现甲类传染病的疑似病人,应当在二日内作出明确诊断。

第四十八条 甲类传染病病人和病原携带者以及乙类传染病中的艾滋病、淋病、梅毒病人的密切接触者必须按照有关规定接受检疫、医学检查和防治措施。

前款以外的乙类传染病病人及病原携带者的密切接触者,应当接受医学检查和防治措施。

第四十九条 甲类传染病疑似病人或者病原携带者的密切接触者,经留验排除是病人或者病原携带者后,留验期间的工资福利待遇由所属单位按出勤照发。

第五十条 发现甲类传染病病人、病原携带者或者疑似病人的污染场所,卫生防疫机构接到疫情报告后,应立即进行严格的卫生处理。

第五十一条 地方各级政府卫生行政部门发现本地区发生从未有过的传染病或者国家已宣布消除的传染病时,应当立即采取措施,必要时,向当地政府报告。

第五十二条 在传染病暴发、流行区域、当地政府应当根据传染病疫情控制的需要,组织卫生、医药、公安、工商、交通、水利、城建、农业、商业、民政、邮电、广播电视等部门采取下列预防、控制措施:

(一)对病人进行抢救、隔离治疗;

(二)加强粪便管理,清除垃圾、污物;

(三)加强自来水和其他饮用水的管理,保护饮用水源;

(四)消除病媒昆虫、钉螺、鼠类及其他染疫动物;

(五)加强易使传染病传播扩散活动的卫生管理;

(六)开展防病知识的宣传;

(七)组织对传染病病人、病原携带者、染疫动物密切接触人群的检疫、预防服药、应急接种等;

(八)供应用于预防和控制疫情所必需的药品、生物制品、消毒药品、器械等;

(九)保证居民生活必需品的供应。

第五十三条 县级以上政府接到下一级政府关于采取《传染病防治法》第二十五条规

定的紧急措施报告时,应当在二十四小时内做出决定。下一级政府在上一级政府作出决定前,必要时,可以临时采取《传染病防治法》第二十五条第一款第(一)、(四)项紧急措施,但不得超过二十四小时。

第五十四条 撤销采取《传染病防治法》第二十五条紧急措施的条件是:

(一)甲类传染病病人、病原携带者全部治愈,乙类传染病病人、病原携带者得到有效的隔离治疗;病人尸体得到严格消毒处理;

(二)污染的物品及环境已经过消毒等卫生处理;有关病媒昆虫、染疫动物基本消除;

(三)暴发、流行的传染病病种,经过最长潜伏期后,未发现新的传染病病人,疫情得到有效的控制。

第五十五条 因患鼠疫、霍乱和炭疽病死亡的病人尸体,由治疗病人的医疗单位负责消毒处理,处理后应当立即火化。

患病毒性肝炎、伤寒和副伤寒、艾滋病、白喉、炭疽、脊髓灰质炎死亡的病人尸体,由治疗病人的医疗单位或者当地卫生防疫机构消毒处理后火化。

不具备火化条件的农村、边远地区,由治疗病人的医疗单位或者当地卫生防疫机构负责消毒后,可选远离居民点五百米以外、远离饮用水源五十米以外的地方,将尸体在距地面两米以下深埋。

民族自治地方执行前款的规定,依照《传染病防治法》第二十八条第三款的规定办理。

第五十六条 医疗保健机构、卫生防疫机构经县级以上政府卫生行政部门的批准可以对传染病病人尸体或者疑似传染病病人的尸体进行解剖查验。

第五十七条 卫生防疫机构处理传染病疫情的人员,可以凭当地政府卫生行政部门出具的处理疫情证明及有效的身份证明,优先在铁路、交通、民航部门购票,铁路、交通、民航部门应当保证售给最近一次通往目的地的车、船、机票。

交付运输的处理疫情的物品应当有明显标志,铁路、交通、民航部门应当保证用最快通往目的地的交通工具运出。

第五十八条 用于传染病监督控制的车辆,其标志由国务院卫生行政部门会同有关部门统一制定。任何单位和个人不得阻拦依法执行处理疫情任务的车辆和人员。

第五章 监　　督

第五十九条 地方各级政府卫生行政部门、卫生防疫机构和受国务院卫生行政部门委托的其他有关部门卫生主管机构推荐的传染病管理监督员,由省级以上政府卫生行政部门聘任并发给证件。

省级政府卫生行政部门聘任的传染病管理监督员,报国务院卫生行政部门备案。

第六十条 传染病管理监督员执行下列任务:

(一)监督检查《传染病防治法》及本办法的执行情况;

(二)进行现场调查,包括采集必需的标本及查阅、索取、翻印复制必要的文字、图片、声象资料等,并根据调查情况写出书面报告;

(三)对违法单位或者个人提出处罚建议;

（四）执行卫生行政部门或者其他有关部门卫生主管机构交付的任务；

（五）及时提出预防和控制传染病措施的建议。

第六十一条 各级各类医疗保健机构内设立的传染病管理检查员，由本单位推荐，经县级以上政府卫生行政部门或受国务院卫生行政部门委托的其他部门卫生主管机构批准并发给证件。

第六十二条 传染病管理检查员执行下列任务：

（一）宣传《传染病防治法》及本办法，检查本单位和责任地段的传染病防治措施的实施和疫情报告执行情况；

（二）对本单位和责任地段的传染病防治工作进行技术指导；

（三）执行卫生行政部门和卫生防疫机构对本单位及责任地段提出的改进传染病防治管理工作意见；

（四）定期向卫生行政部门指定的卫生防疫机构汇报工作情况，遇到紧急情况及时报告。

第六十三条 传染病管理监督员、传染病管理检查员执行任务时，有关单位和个人必须给予协助。

第六十四条 传染病管理监督员的解聘和传染病管理检查员资格的取消，由原发证机关决定，并通知其所在单位和个人。

第六十五条 县级以上政府卫生行政部门和受国务院卫生行政部门委托的部门，可以成立传染病技术鉴定组织。

第六章 罚 则

第六十六条 有下列行为之一的，由县级以上政府卫生行政部门责令限期改正，可以处五千元以下的罚款；情节较严重的，可以处五千元以上二万元以下的罚款，对主管人员和直接责任人员由其所在单位或者上级机关给予行政处分：

（一）集中式供水单位供应的饮用水不符合国家规定的《生活饮用水卫生标准》的；

（二）单位自备水源未经批准与城镇供水系统连接的；

（三）未按城市环境卫生设施标准修建公共卫生设施致使垃圾、粪便、污水不能进行无害化处理的；

（四）对被传染病病原体污染的污水、污物、粪便不按规定进行消毒处理的；

（五）对被甲类和乙类传染病病人、病原携带者、疑似传染病病人污染的场所、物品未按照卫生防疫机构的要求实施必要的卫生处理的；

（六）造成传染病的医源性感染、医院内感染、实验室感染和致病性微生物扩散的；

（七）生产、经营、使用消毒药剂和消毒器械、卫生用品、卫生材料、一次性医疗器材、隐形眼镜、人造器官等不符合国家卫生标准，可能造成传染病的传播、扩散或者造成传染病的传播、扩散的；

（八）准许或者纵容传染病病人、病原携带者和疑似传染病病人，从事国务院卫生行政部门规定禁止从事的易使该传染病扩散的工作的；

（九）传染病病人、病原携带者故意传播传染病，造成他人感染的；

（十）甲类传染病病人、病原携带者或者疑似传染病病人，乙类传染病中艾滋病、肺炭疽病人拒绝进行隔离治疗的；

（十一）招用流动人员的用工单位，未向卫生防疫机构报告并未采取卫生措施，造成传染病传播、流行的；

（十二）违章养犬或者拒绝、阻挠捕杀违章犬，造成咬伤他人或者导致人群中发生狂犬病的。

前款所称情节较严重的，是指下列情形之一：

（一）造成甲类传染病、艾滋病、肺炭疽传播危险的；

（二）造成除艾滋病、肺炭疽之外的乙、丙类传染病暴发、流行的；

（三）造成传染病菌（毒）种扩散的；

（四）造成病人残废、死亡的；

（五）拒绝执行《传染病防治法》及本办法的规定，屡经教育仍继续违法的。

第六十七条　在自然疫源地和可能是自然疫源地的地区兴建大型建设项目未经卫生调查即进行施工的，由县级以上政府卫生行政部门责令限期改正，可以处二千元以上二万以下的罚款。

第六十八条　单位和个人出售、运输被传染病病原体污染和来自疫区可能被传染病病原体污染的皮毛、旧衣物及生物用品的，由县级以上政府卫生行政部门责令限期进行卫生处理，可以处出售金额一倍以下的罚款；造成传染病流行的，根据情节，可以处相当出式金额三倍以下的罚款，危害严重，出售金额不满二千元的，以二千元计算；对主管人员和直接责任人员由所在单位或者上级机关给予行政处分。

第六十九条　单位和个人非法经营、出售用于预防传染病菌苗、疫苗等生物制品的，县级以上政府卫生行政部门可以处相当出售金额三倍以下的罚款，危害严重，出售金额不满五千元，以五千元计算；对主管人员和直接责任人员由所在单位或者上级机关根据情节，可以给予行政处分。

第七十条　有下列行为之一的单位和个人，县级以上政府卫生行政部门报请同级政府批准，对单位予以通报批评；对主管人员和直接责任人员由所在单位或者上级机关给予行政处分。

（一）传染病暴发、流行时，妨碍或者拒绝执行政府采取紧急措施的；

（二）传染病暴发、流行时，医疗保健人员、卫生防疫人员拒绝执行各级政府卫生行政部门调集其参加控制疫情的决定的；

（三）对控制传染病暴发、流行负有责任的部门拒绝执行政府有关控制疫情决定的；

（四）无故阻止和拦截依法执行处理疫情任务的车辆和人员的。

第七十一条　执行职务的医疗保健人员、卫生防疫人员和责任单位，不报、漏报、迟报传染病疫情的，由县级以上政府卫生行政部门责令限期改正，对主管人员和直接责任人员由其所在单位或者上级机关根据情节，可以给予行政处分。

个体行医人员在执行职务时，不报、漏报、迟报传染病疫情的，由县级以上政府卫生行政部门责令限期改正,限期内不改的,可以处一百元以上五百元以下罚款;对造成传染病传播流行的,可以处二百元以下二千元以下罚款。

第七十二条 县级政府卫生行政部门可以作出处一万元以下罚款的决定;决定处一万元以上罚款的,须报上一级政府卫生行政部门批准。

受国务院卫生行政部门委托的有关部门卫生主管机构可以作出处二千元以下罚款的决定;决定处二千元以上罚款的,须报当地县级以上政府卫生行政部门批准。

县级以上政府卫生行政部门在收取罚款时,应当出具正式的罚款收据。罚款全部上缴国库。

第七章 附 则

第七十三条 《传染病防治法》及本办法的用语含义如下:

传染病病人、疑似传染病病人:指根据国务院卫生行政部门发布的《中华人民共和国传染病防治法规定管理的传染病诊断标准》,符合传染病病人和疑似传染病病人诊断标准的人。

病原携带者:指感染病原体无临床症状但能排出病原体的人。

暴发:指在一个局部地区,短期内,突然发生多例同一种传染病病人。

流行:指一个地区某种传染病发病率显著超过该病历年的一般发病率水平。

重大传染病疫情:指《传染病防治法》第二十五条所称的传染病的暴发、流行。

传染病监测:指对人群传染病的发生、流行及影响因素进行有计划地、系统地长期观察。

疫区:指传染病在人群中暴发或者流行,其病原体向周围传播时可能波及的地区。

人畜共患传染病:指鼠疫、流行性出血热、狂犬病、钩端螺旋体病、布鲁氏菌病、炭疽、流行性乙型脑炎、黑热病、包虫病、血吸虫病。

自然疫源地:指某些传染病的病原体在自然界的野生动物中长期保存并造成动物间流行的地区。

可能是自然疫源地:指在自然界中具有自然疫源性疾病存在的传染源和传播媒介,但尚未查明的地区。

医源性感染:指在医学服务中,因病原体传播引起的感染。

医院内感染:指就诊患者在医疗保健机构内受到的感染。

实验室感染:指从事实验室工作时,因接触病原体所致的感染。

消毒:指用化学、物理、生物的方式杀灭或者消除环境中的致病性微生物。

卫生处理:指消毒、杀虫、灭鼠等卫生措施以及隔离、留验、就地检验等医学措施。

卫生防疫机构:指卫生防疫站、结核病防治研究所(院)、寄生虫病防治研究所(站)、血吸虫病防治研究所(站)、皮肤病性病防治研究所(站)、地方病防治研究所(站)、鼠疫防治站(所)、乡镇预防保健站(所)及与上述机构专业相同的单位。

医疗保健机构:指医院、卫生院(所)、门诊部(所)、疗养院(所)、妇幼保健院(站)及与上述机构业务活动相同的单位。

第七十四条 省、自治区、直辖市政府可以根据《传染病防治法》和本办法制定实施细则。

第七十五条 本办法由国务院卫生行政部门负责解释。

第七十六条 本办法自发布之日起施行。

中华人民共和国母婴保健法实施办法

（2001年6月20日中华人民共和国国务院令第308号公布 根据2017年11月17日《国务院关于修改部分行政法规的决定》修订）

第一章 总 则

第一条 根据《中华人民共和国母婴保健法》（以下简称母婴保健法），制定本办法。

第二条 在中华人民共和国境内从事母婴保健服务活动的机构及其人员应当遵守母婴保健法和本办法。

从事计划生育技术服务的机构开展计划生育技术服务活动，依照《计划生育技术服务管理条例》的规定执行。

第三条 母婴保健技术服务主要包括下列事项：

（一）有关母婴保健的科普宣传、教育和咨询；

（二）婚前医学检查；

（三）产前诊断和遗传病诊断；

（四）助产技术；

（五）实施医学上需要的节育手术；

（六）新生儿疾病筛查；

（七）有关生育、节育、不育的其他生殖保健服务。

第四条 公民享有母婴保健的知情选择权。国家保障公民获得适宜的母婴保健服务的权利。

第五条 母婴保健工作以保健为中心，以保障生殖健康为目的，实行保健和临床相结合，面向群体、面向基层和预防为主的方针。

第六条 各级人民政府应当将母婴保健工作纳入本级国民经济和社会发展计划，为母婴保健事业的发展提供必要的经济、技术和物质条件，并对少数民族地区、贫困地区的母婴保健事业给予特殊支持。

县级以上地方人民政府根据本地区的实际情况和需要，可以设立母婴保健事业发展专项资金。

第七条 国务院卫生行政部门主管全国母婴保健工作，履行下列职责：

（一）制定母婴保健法及本办法的配套规章和技术规范；

（二）按照分级分类指导的原则，制定全国母婴保健工作发展规划和实施步骤；

（三）组织推广母婴保健及其他生殖健康的适宜技术；

（四）对母婴保健工作实施监督。

第八条　县级以上各级人民政府财政、公安、民政、教育、劳动保障、计划生育等部门应当在各自职责范围内，配合同级卫生行政部门做好母婴保健工作。

第二章　婚前保健

第九条　母婴保健法第七条所称婚前卫生指导，包括下列事项：

（一）有关性卫生的保健和教育；

（二）新婚避孕知识及计划生育指导；

（三）受孕前的准备、环境和疾病对后代影响等孕前保健知识；

（四）遗传病的基本知识；

（五）影响婚育的有关疾病的基本知识；

（六）其他生殖健康知识。

医师进行婚前卫生咨询时，应当为服务对象提供科学的信息，对可能产生的后果进行指导，并提出适当的建议。

第十条　在实行婚前医学检查的地区，准备结婚的男女双方在办理结婚登记前，应当到医疗、保健机构进行婚前医学检查。

第十一条　从事婚前医学检查的医疗、保健机构，由其所在地设区的市级人民政府卫生行政部门进行审查；符合条件的，在其《医疗机构执业许可证》上注明。

第十二条　申请从事婚前医学检查的医疗、保健机构应当具备下列条件：

（一）分别设置专用的男、女婚前医学检查室，配备常规检查和专科检查设备；

（二）设置婚前生殖健康宣传教育室；

（三）具有符合条件的进行男、女婚前医学检查的执业医师。

第十三条　婚前医学检查包括询问病史、体格及相关检查。

婚前医学检查应当遵守婚前保健工作规范并按照婚前医学检查项目进行。婚前保健工作规范和婚前医学检查项目由国务院卫生行政部门规定。

第十四条　经婚前医学检查，医疗、保健机构应当向接受婚前医学检查的当事人出具婚前医学检查证明。

婚前医学检查证明应当列明是否发现下列疾病：

（一）在传染期内的指定传染病；

（二）在发病期内的有关精神病；

（三）不宜生育的严重遗传性疾病；

（四）医学上认为不宜结婚的其他疾病。

发现前款第（一）项、第（二）项、第（三）项疾病的，医师应当向当事人说明情况，提出预防、治疗以及采取相应医学措施的建议。当事人依据医生的医学意见，可以暂缓结婚，也可以自愿采用长效避孕措施或者结扎手术；医疗、保健机构应当为其治疗提供医学咨询和医疗服务。

第十五条　经婚前医学检查，医疗、保健机构不能确诊的，应当转到设区的市级以上人民政府卫生行政部门指定的医疗、保健机构确诊。

第十六条 在实行婚前医学检查的地区，婚姻登记机关在办理结婚登记时，应当查验婚前医学检查证明或者母婴保健法第十一条规定的医学鉴定证明。

第三章 孕产期保健

第十七条 医疗、保健机构应当为育龄妇女提供有关避孕、节育、生育、不育和生殖健康的咨询和医疗保健服务。

医师发现或者怀疑育龄夫妻患有严重遗传性疾病的，应当提出医学意见；限于现有医疗技术水平难以确诊的，应当向当事人说明情况。育龄夫妻可以选择避孕、节育、不孕等相应的医学措施。

第十八条 医疗、保健机构应当为孕产妇提供下列医疗保健服务：

（一）为孕产妇建立保健手册（卡），定期进行产前检查；

（二）为孕产妇提供卫生、营养、心理等方面的医学指导与咨询；

（三）对高危孕妇进行重点监护、随访和医疗保健服务；

（四）为孕产妇提供安全分娩技术服务；

（五）定期进行产后访视，指导产妇科学喂养婴儿；

（六）提供避孕咨询指导和技术服务；

（七）对产妇及其家属进行生殖健康教育和科学育儿知识教育；

（八）其他孕产期保健服务。

第十九条 医疗、保健机构发现孕妇患有下列严重疾病或者接触物理、化学、生物等有毒、有害因素，可能危及孕妇生命安全或者可能严重影响孕妇健康和胎儿正常发育的，应当对孕妇进行医学指导和下列必要的医学检查：

（一）严重的妊娠合并症或者并发症；

（二）严重的精神性疾病；

（三）国务院卫生行政部门规定的严重影响生育的其他疾病。

第二十条 孕妇有下列情形之一的，医师应当对其进行产前诊断：

（一）羊水过多或者过少的；

（二）胎儿发育异常或者胎儿有可疑畸形的；

（三）孕早期接触过可能导致胎儿先天缺陷的物质的；

（四）有遗传病家族史或者曾经分娩过先天性严重缺陷婴儿的；

（五）初产妇年龄超过35周岁的。

第二十一条 母婴保健法第十八条规定的胎儿的严重遗传性疾病、胎儿的严重缺陷、孕妇患继续妊娠可能危及其生命健康和安全的严重疾病目录，由国务院卫生行政部门规定。

第二十二条 生育过严重遗传性疾病或者严重缺陷患儿的，再次妊娠前，夫妻双方应当按照国家有关规定到医疗、保健机构进行医学检查。医疗、保健机构应当向当事人介绍有关遗传性疾病的知识，给予咨询、指导。对诊断患有医学上认为不宜生育的严重遗传性疾病的，医师应当向当事人说明情况，并提出医学意见。

第二十三条　严禁采用技术手段对胎儿进行性别鉴定。

对怀疑胎儿可能为伴性遗传病,需要进行性别鉴定的,由省、自治区、直辖市人民政府卫生行政部门指定的医疗、保健机构按照国务院卫生行政部门的规定进行鉴定。

第二十四条　国家提倡住院分娩。医疗、保健机构应当按照国务院卫生行政部门制定的技术操作规范,实施消毒接生和新生儿复苏,预防产伤及产后出血等产科并发症,降低孕产妇及围产儿发病率、死亡率。

没有条件住院分娩的,应当由经过培训、具备相应接生能力的家庭接生人员接生。

高危孕妇应当在医疗、保健机构住院分娩。

县级人民政府卫生行政部门应当加强对家庭接生人员的培训、技术指导和监督管理。

第四章　婴儿保健

第二十五条　医疗、保健机构应当按照国家有关规定开展新生儿先天性、遗传性代谢病筛查、诊断、治疗和监测。

第二十六条　医疗、保健机构应当按照规定进行新生儿访视,建立儿童保健手册(卡),定期对其进行健康检查,提供有关预防疾病、合理膳食、促进智力发育等科学知识,做好婴儿多发病、常见病防治等医疗保健服务。

第二十七条　医疗、保健机构应当按照规定的程序和项目对婴儿进行预防接种。

婴儿的监护人应当保证婴儿及时接受预防接种。

第二十八条　国家推行母乳喂养。医疗、保健机构应当为实施母乳喂养提供技术指导,为住院分娩的产妇提供必要的母乳喂养条件。

医疗、保健机构不得向孕产妇和婴儿家庭宣传、推荐母乳代用品。

第二十九条　母乳代用品产品包装标签应当在显著位置标明母乳喂养的优越性。

母乳代用品生产者、销售者不得向医疗、保健机构赠送产品样品或者以推销为目的有条件地提供设备、资金和资料。

第三十条　妇女享有国家规定的产假。有不满 1 周岁婴儿的妇女,所在单位应当在劳动时间内为其安排一定的哺乳时间。

第五章　技术鉴定

第三十一条　母婴保健医学技术鉴定委员会分为省、市、县三级。

母婴保健医学技术鉴定委员会成员应当符合下列任职条件:

(一)县级母婴保健医学技术鉴定委员会成员应当具有主治医师以上专业技术职务;

(二)设区的市级和省级母婴保健医学技术鉴定委员会成员应当具有副主任医师以上专业技术职务。

第三十二条　当事人对婚前医学检查、遗传病诊断、产前诊断结果有异议,需要进一步确诊的,可以自接到检查或者诊断结果之日起 15 日内向所在地县级或者设区的市级母婴保健医学技术鉴定委员会提出书面鉴定申请。

母婴保健医学技术鉴定委员会应当自接到鉴定申请之日起 30 日内作出医学技术鉴

定意见,并及时通知当事人。

当事人对鉴定意见有异议的,可以自接到鉴定意见通知书之日起15日内向上一级母婴保健医学技术鉴定委员会申请再鉴定。

第三十三条 母婴保健医学技术鉴定委员会进行医学鉴定时须有5名以上相关专业医学技术鉴定委员会成员参加。

鉴定委员会成员应当在鉴定结论上署名;不同意见应当如实记录。鉴定委员会根据鉴定结论向当事人出具鉴定意见书。

母婴保健医学技术鉴定管理办法由国务院卫生行政部门制定。

第六章 监督管理

第三十四条 县级以上地方人民政府卫生行政部门负责本行政区域内的母婴保健监督管理工作,履行下列监督管理职责:

(一)依照母婴保健法和本办法以及国务院卫生行政部门规定的条件和技术标准,对从事母婴保健工作的机构和人员实施许可,并核发相应的许可证书;

(二)对母婴保健法和本办法的执行情况进行监督检查;

(三)对违反母婴保健法和本办法的行为,依法给予行政处罚;

(四)负责母婴保健工作监督管理的其他事项。

第三十五条 从事遗传病诊断、产前诊断的医疗、保健机构和人员,须经省、自治区、直辖市人民政府卫生行政部门许可。

从事婚前医学检查的医疗、保健机构和人员,须经设区的市级人民政府卫生行政部门许可。

从事助产技术服务、结扎手术和终止妊娠手术的医疗、保健机构和人员,须经县级人民政府卫生行政部门许可,并取得相应的合格证书。

第三十六条 卫生监督人员在执行职务时,应当出示证件。

卫生监督人员可以向医疗、保健机构了解情况,索取必要的资料,对母婴保健工作进行监督、检查,医疗、保健机构不得拒绝和隐瞒。

卫生监督人员对医疗、保健机构提供的技术资料负有保密的义务。

第三十七条 医疗、保健机构应当根据其从事的业务,配备相应的人员和医疗设备,对从事母婴保健工作的人员加强岗位业务培训和职业道德教育,并定期对其进行检查、考核。

医师和助产人员(包括家庭接生人员)应当严格遵守有关技术操作规范,认真填写各项记录,提高助产技术和服务质量。

助产人员的管理,按照国务院卫生行政部门的规定执行。

从事母婴保健工作的执业医师应当依照母婴保健法的规定取得相应的资格。

第三十八条 医疗、保健机构应当按照国务院卫生行政部门的规定,对托幼园、所卫生保健工作进行业务指导。

第三十九条 国家建立孕产妇死亡、婴儿死亡和新生儿出生缺陷监测、报告制度。

第七章　罚　　则

第四十条　医疗、保健机构或者人员未取得母婴保健技术许可,擅自从事婚前医学检查、遗传病诊断、产前诊断、终止妊娠手术和医学技术鉴定或者出具有关医学证明的,由卫生行政部门给予警告,责令停止违法行为,没收违法所得;违法所得5000元以上的,并处违法所得3倍以上5倍以下的罚款;没有违法所得或者违法所得不足5000元的,并处5000元以上2万元以下的罚款。

第四十一条　从事母婴保健技术服务的人员出具虚假医学证明文件的,依法给予行政处分;有下列情形之一的,由原发证部门撤销相应的母婴保健技术执业资格或者医师执业证书:

(一)因延误诊治,造成严重后果的;

(二)给当事人身心健康造成严重后果的;

(三)造成其他严重后果的。

第四十二条　违反本办法规定进行胎儿性别鉴定的,由卫生行政部门给予警告,责令停止违法行为;对医疗、保健机构直接负责的主管人员和其他直接责任人员,依法给予行政处分。进行胎儿性别鉴定两次以上的或者以营利为目的进行胎儿性别鉴定的,并由原发证机关撤销相应的母婴保健技术执业资格或者医师执业证书。

第八章　附　　则

第四十三条　婚前医学检查证明的格式由国务院卫生行政部门规定。

第四十四条　母婴保健法及本办法所称的医疗、保健机构,是指依照《医疗机构管理条例》取得卫生行政部门医疗机构执业许可的各级各类医疗机构。

第四十五条　本办法自公布之日起施行。

中华人民共和国红十字标志使用办法

(1996年1月29日中华人民共和国国务院　中华人民共和国中央军事委员会第194号发布)

第一章　总　　则

第一条　为了维护红十字标志的严肃性,正确使用红十字标志,依照红十字会法的有关规定,制定本办法。

第二条　红十字标志是白底红十字。

第三条　红十字标志是国际人道主义保护标志,是武装力量医疗机构的特定标志,是红十字会的专用标志。

除本办法规定的外,禁止任何组织或者个人使用红十字标志。

第四条　红十字标志具有保护作用和标明作用,二者不得混淆使用。

第五条　地方各级人民政府依照本办法对本行政区域内红十字标志的使用实施监督

管理。

地方各级红十字会应当协助本级人民政府对红十字标志的使用实施监督管理。

第二章　红十字标志的保护性使用

第六条　红十字标志的保护性使用，是指在武装冲突中，冲突各方对依照本办法的规定佩带红十字标志的人员和标有红十字标志的处所及其物品、医务运输工具，必须予以保护和尊重。

第七条　红十字作为保护性标志使用时，不得在标志上添加任何内容。

红十字作为保护性标志使用时，用在旗帜上的，红十字不得触及旗帜的边缘；用在臂章上的，红十字应当置于臂章的中间部位；用在建筑物上的，红十字应当置于建筑物顶部的明显部位。

红十字作为保护性标志使用时，应当在尽可能远的地方或者不同的方向得以辨认；在夜间或者能见度低时，应当以灯光照明或者用发光物装饰。

第八条　在武装冲突中，下列人员可以使用保护性红十字标志：

（一）武装力量医疗机构的医务人员和工作人员；

（二）红十字会的工作人员和医务人员；

（三）经国务院或者中央军事委员会批准的国际红十字组织和外国红十字组织的工作人员和医务人员；

（四）军用的和民用的医务运输工具上的医务人员和工作人员；

（五）经国务院或者中央军事委员会批准的国内外的志愿救助团体人员和民用医疗机构的医务人员。

第九条　在武装冲突中，下列机构或者组织及其处所、物品、医务运输工具可以使用保护性红十字标志：

（一）武装力量的医疗机构；

（二）参加救助活动的红十字会；

（三）经国务院或者中央军事委员会批准的国内外的志愿救助才体和医疗机构；

（四）经国务院或者中央军事委员会批准的国际组织。

第十条　使用保护性红十字标志的人员，必须随身携带由国务院或者中央军事委员会授权的部门签发的身份证明。

第十一条　武装力量医疗机构的人员、处所及其物品、医务运输工具，和平时期可以使用保护性红十字标志作为标记。

第三章　红十字标志的标明性使用

第十二条　红十字标志的标明性使用，是指对与红十字活动有关的人或者物的标示。

第十三条　红十字作为标明性标志使用时，在红十字下方必须伴以红十字会的名称或者名称缩写，并不得将红十字置于建筑物顶部。

红十字会的工作人员、会员和其他有关人员履行职责时，应当佩带标有红十字的小尺寸臂章;不履行职责时,可以佩带标有红十字的小尺寸胸针或者胸章。

第十四条 下列人员可以使用标明性红十字标志:

(一)红十字会工作人员;

(二)红十字会会员;

(三)红十字青少年会员。

第十五条 下列场所可以使用标明性红十字标志:

(一)红十字会使用的建筑物;

(二)红十字会所属的医疗机构;

(三)红十字会开展符合其宗旨的活动场所。

第十六条 下列物品、运输工具可以使用标明性红十字标志:

(一)红十字会的徽章、奖章、证章;

(二)红十字会的印刷品、宣传品;

(三)红十字会的救灾、救护物资及运输工具。

第十七条 在本办法规定的范围以外需要使用标明性红十字标志的,由红十字会总会批准。

第四章 红十字标志的禁止使用

第十八条 红十字标志不得用于:

(一)商标或者商业性广告;

(二)非红十字会或者非武装力量的医疗机构;

(三)药店、兽医站;

(四)商品的包装;

(五)公司的标志;

(六)工程设计、产品设计;

(七)本办法规定可以使用红十字标志以外的其他情形。

第五章 罚 则

第十九条 对违反本办法的规定,有下列情形之一的,红十字会有权予以劝阻,并要求其停止使用;拒绝停止使用的,红十字会可以提请人民政府责令停止使用:

(一)红十字会的工作人员、会员、红十字青少年会员以外的人员使用标明性红十字标志的;

(二)非红十字会使用的建筑物及其他场所使用标明性红十字标志的;

(三)非红十字会的医疗机构使用标明性红十字标志的;

(四)不属于红十字会的物品、运输工具等使用标明性红十字标志的;

(五)有违反本办法规定使用红十字标志的其他情形的。

第二十条 违反本办法第十八条的规定,擅自使用红十字标志的,由县级以上人民政府责令停止使用,没收非法所得,并处 1 万元以下的罚款。

第二十一条　阻碍红十字会工作人员依法履行职责的,依法给予治安管理处罚或者追究刑事责任。

第二十二条　武装力量中的组织和人员有违反本办法规定行为的,由军队有关部门处理。

第六章　附　　则

第二十三条　本办法有关红十字标志保护性使用的规定未尽事宜,依照日内瓦公约及其附加议定书的有关规定执行。

前款日内瓦公约及其附加议定书是指《中华人民共和国红十字会法》第二十七条规定的公约和议定书。

第二十四条　本办法自发布之日起施行。

中华人民共和国药品管理法实施条例

(2002年8月4日中华人民共和国国务院令第360号公布　根据2016年2月6日《国务院关于修改部分行政法规的决定》第一次修订　根据2019年3月2日《国务院关于修改部分行政法规的决定》第二次修订)

第一章　总　　则

第一条　根据《中华人民共和国药品管理法》(以下简称《药品管理法》),制定本条例。

第二条　国务院药品监督管理部门设置国家药品检验机构。

省、自治区、直辖市人民政府药品监督管理部门可以在本行政区域内设置药品检验机构。地方药品检验机构的设置规划由省、自治区、直辖市人民政府药品监督管理部门提出,报省、自治区、直辖市人民政府批准。

国务院和省、自治区、直辖市人民政府的药品监督管理部门可以根据需要,确定符合药品检验条件的检验机构承担药品检验工作。

第二章　药品生产企业管理

第三条　开办药品生产企业,申办人应当向拟办企业所在地省、自治区、直辖市人民政府药品监督管理部门提出申请。省、自治区、直辖市人民政府药品监督管理部门应当自收到申请之日起30个工作日内,依据《药品管理法》第八条规定的开办条件组织验收;验收合格的,发给《药品生产许可证》。

第四条　药品生产企业变更《药品生产许可证》许可事项的,应当在许可事项发生变更30日前,向原发证机关申请《药品生产许可证》变更登记;未经批准,不得变更许可事项。原发证机关应当自收到申请之日起15个工作日内作出决定。

第五条　省级以上人民政府药品监督管理部门应当按照《药品生产质量管理规范》和国务院药品监督管理部门规定的实施办法和实施步骤,组织对药品生产企业的认证工作;符合《药品生产质量管理规范》的,发给认证证书。其中,生产注射剂、放射性药品和国务院药品监督管理部门规定的生物制品的药品生产企业的认证工作，由国务院药品监督管理部门负责。

《药品生产质量管理规范》认证证书的格式由国务院药品监督管理部门统一规定。

第六条　新开办药品生产企业、药品生产企业新建药品生产车间或者新增生产剂型的，应当自取得药品生产证明文件或者经批准正式生产之日起30日内，按照规定向药品监督管理部门申请《药品生产质量管理规范》认证。受理申请的药品监督管理部门应当自收到企业申请之日起6个月内，组织对申请企业是否符合《药品生产质量管理规范》进行认证；认证合格的，发给认证证书。

第七条　国务院药品监督管理部门应当设立《药品生产质量管理规范》认证检查员库。《药品生产质量管理规范》认证检查员必须符合国务院药品监督管理部门规定的条件。进行《药品生产质量管理规范》认证，必须按照国务院药品监督管理部门的规定，从《药品生产质量管理规范》认证检查员库中随机抽取认证检查员组成认证检查组进行认证检查。

第八条　《药品生产许可证》有效期为5年。有效期届满，需要继续生产药品的，持证企业应当在许可证有效期届满前6个月，按照国务院药品监督管理部门的规定申请换发《药品生产许可证》。

药品生产企业终止生产药品或者关闭的，《药品生产许可证》由原发证部门缴销。

第九条　药品生产企业生产药品所使用的原料药，必须具有国务院药品监督管理部门核发的药品批准文号或者进口药品注册证书、医药产品注册证书；但是，未实施批准文号管理的中药材、中药饮片除外。

第十条　依据《药品管理法》第十三条规定，接受委托生产药品的，受托方必须是持有与其受托生产的药品相适应的《药品生产质量管理规范》认证证书的药品生产企业。

疫苗、血液制品和国务院药品监督管理部门规定的其他药品，不得委托生产。

第三章　药品经营企业管理

第十一条　开办药品批发企业，申办人应当向拟办企业所在地省、自治区、直辖市人民政府药品监督管理部门提出申请。省、自治区、直辖市人民政府药品监督管理部门应当自收到申请之日起30个工作日内，依据国务院药品监督管理部门规定的设置标准作出是否同意筹建的决定。申办人完成拟办企业筹建后，应当向原审批部门申请验收。原审批部门应当自收到申请之日起30个工作日内，依据《药品管理法》第十五条规定的开办条件组织验收；符合条件的，发给《药品经营许可证》。

第十二条　开办药品零售企业，申办人应当向拟办企业所在地设区的市级药品监督管理机构或者省、自治区、直辖市人民政府药品监督管理部门直接设置的县级药品监督管理机构提出申请。受理申请的药品监督管理机构应当自收到申请之日起30个工作日内，依据国务院药品监督管理部门的规定，结合当地常住人口数量、地域、交通状况和实际需要进行审查，作出是否同意筹建的决定。申办人完成拟办企业筹建后，应当向原审批机构申请验收。原审批机构应当自收到申请之日起15个工作日内，依据《药品管理法》第十五条规定的开办条件组织验收；符合条件的，发给《药品经营许可证》。

第十三条　省、自治区、直辖市人民政府药品监督管理部门和设区的市级药品监督管理机构负责组织药品经营企业的认证工作。药品经营企业应当按照国务院药品监督管理部门规定的实施办法和实施步骤，通过省、自治区、直辖市人民政府药品监督管理部门或者设区的市级药品监督管理机构组织的《药品经营质量管理规范》的认证，取得认证证书。《药品经营质量管理规范》认证证书的格式由国务院药品监督管理部门统一规定。

新开办药品批发企业和药品零售企业，应当自取得《药品经营许可证》之日起30日内，向发给其《药品经营许可证》的药品监督管理部门或者药品监督管理机构申请《药品经营质量管理规范》认证。受理申请的药品监督管理部门或者药品监督管理机构应当自收到申请之日起3个月内，按照国务院药品监督管理部门的规定，组织对申请认证的药品批发企业或者药品零售企业是否符合《药品经营质量管理规范》进行认证；认证合格的，发给认证证书。

第十四条　省、自治区、直辖市人民政府药品监督管理部门应当设立《药品经营质量管理规范》认证检查员库。《药品经营质量管理规范》认证检查员必须符合国务院药品监督管理部门规定的条件。进行《药品经营质量管理规范》认证，必须按照国务院药品监督管理部门的规定，从《药品经营质量管理规范》认证检查员库中随机抽取认证检查员组成认证检查组进行认证检查。

第十五条　国家实行处方药和非处方药分类管理制度。国家根据非处方药品的安全性，将非处方药分为甲类非处方药和乙类非处方药。

经营处方药、甲类非处方药的药品零售企业，应当配备执业药师或者其他依法经资格认定的药学技术人员。经营乙类非处方药的药品零售企业，应当配备经设区的市级药品监督管理机构或者省、自治区、直辖市人民政府药品监督管理部门直接设置的县级药品监督管理机构组织考核合格的业务人员。

第十六条　药品经营企业变更《药品经营许可证》许可事项的，应当在许可事项发生变更30日前，向原发证机关申请《药品经营许可证》变更登记；未经批准，不得变更许可事项。原发证机关应当自收到企业申请之日起15个工作日内作出决定。

第十七条　《药品经营许可证》有效期为5年。有效期届满，需要继续经营药品的，持证企业应当在许可证有效期届满前6个月，按照国务院药品监督管理部门的规定申请换发《药品经营许可证》。

药品经营企业终止经营药品或者关闭的，《药品经营许可证》由原发证机关缴销。

第十八条　交通不便的边远地区城乡集市贸易市场没有药品零售企业的，当地药品零售企业经所在地县（市）药品监督管理机构批准并到工商行政管理部门办理登记注册后，可以在该城乡集市贸易市场内设点并在批准经营的药品范围内销售非处方药品。

第十九条　通过互联网进行药品交易的药品生产企业、药品经营企业、医疗机构及其交易的药品，必须符合《药品管理法》和本条例的规定。互联网药品交易服务的管理办法，由国务院药品监督管理部门会同国务院有关部门制定。

第四章　医疗机构的药剂管理

第二十条　医疗机构设立制剂室，应当向所在地省、自治区、直辖市人民政府卫生行政部门提出申请，经审核同意后，报同级人民政府药品监督管理部门审批；省、自治区、直辖市人民政府药品监督管理部门验收合格的，予以批准，发给《医疗机构制剂许可证》。

省、自治区、直辖市人民政府卫生行政部门和药品监督管理部门应当在各自收到申请之日起30个工作日内，作出是否同意或者批准的决定。

第二十一条 医疗机构变更《医疗机构制剂许可证》许可事项的，应当在许可事项发生变更30日前，依照本条例第二十条的规定向原审核、批准机关申请《医疗机构制剂许可证》变更登记；未经批准，不得变更许可事项。原审核、批准机关应当在各自收到申请之日起15个工作日内作出决定。

医疗机构新增配制剂型或者改变配制场所的，应当经所在地省、自治区、直辖市人民政府药品监督管理部门验收合格后，依照前款规定办理《医疗机构制剂许可证》变更登记。

第二十二条 《医疗机构制剂许可证》有效期为5年。有效期届满，需要继续配制制剂的，医疗机构应当在许可证有效期届满前6个月，按照国务院药品监督管理部门的规定申请换发《医疗机构制剂许可证》。

医疗机构终止配制制剂或者关闭的，《医疗机构制剂许可证》由原发证机关缴销。

第二十三条 医疗机构配制制剂，必须按照国务院药品监督管理部门的规定报送有关资料和样品，经所在地省、自治区、直辖市人民政府药品监督管理部门批准，并发给制剂批准文号后，方可配制。

第二十四条 医疗机构配制的制剂不得在市场上销售或者变相销售，不得发布医疗机构制剂广告。

发生灾情、疫情、突发事件或者临床急需而市场没有供应时，经国务院或者省、自治区、直辖市人民政府的药品监督管理部门批准，在规定期限内，医疗机构配制的制剂可以在指定的医疗机构之间调剂使用。

国务院药品监督管理部门规定的特殊制剂的调剂使用以及省、自治区、直辖市之间医疗机构制剂的调剂使用，必须经国务院药品监督管理部门批准。

第二十五条 医疗机构审核和调配处方的药剂人员必须是依法经资格认定的药学技术人员。

第二十六条 医疗机构购进药品，必须有真实、完整的药品购进记录。药品购进记录必须注明药品的通用名称、剂型、规格、批号、有效期、生产厂商、供货单位、购货数量、购进价格、购货日期以及国务院药品监督管理部门规定的其他内容。

第二十七条 医疗机构向患者提供的药品应当与诊疗范围相适应，并凭执业医师或者执业助理医师的处方调配。

计划生育技术服务机构采购和向患者提供药品，其范围应当与经批准的服务范围相一致，并凭执业医师或者执业助理医师的处方调配。

个人设置的门诊部、诊所等医疗机构不得配备常用药品和急救药品以外的其他药品。常用药品和急救药品的范围和品种，由所在地的省、自治区、直辖市人民政府卫生行政部门会同同级人民政府药品监督管理部门规定。

第五章　药品管理

第二十八条　药物非临床安全性评价研究机构必须执行《药物非临床研究质量管理规范》，药物临床试验机构必须执行《药物临床试验质量管理规范》。《药物非临床研究质量管理规范》、《药物临床试验质量管理规范》由国务院药品监督管理部门分别商国务院科学技术行政部门和国务院卫生行政部门制定。

第二十九条　药物临床试验、生产药品和进口药品，应当符合《药品管理法》及本条例的规定，经国务院药品监督管理部门审查批准；国务院药品监督管理部门可以委托省、自治区、直辖市人民政府药品监督管理部门对申报药物的研制情况及条件进行审查，对申报资料进行形式审查，并对试制的样品进行检验。具体办法由国务院药品监督管理部门制定。

第三十条　研制新药，需要进行临床试验的，应当依照《药品管理法》第二十九条的规定，经国务院药品监督管理部门批准。

药物临床试验申请经国务院药品监督管理部门批准后，申报人应当在经依法认定的具有药物临床试验资格的机构中选择承担药物临床试验的机构，并将该临床试验机构报国务院药品监督管理部门和国务院卫生行政部门备案。

药物临床试验机构进行药物临床试验，应当事先告知受试者或者其监护人真实情况，并取得其书面同意。

第三十一条　生产已有国家标准的药品，应当按照国务院药品监督管理部门的规定，向省、自治区、直辖市人民政府药品监督管理部门或者国务院药品监督管理部门提出申请，报送有关技术资料并提供相关证明文件。省、自治区、直辖市人民政府药品监督管理部门应当自受理申请之日起30个工作日内进行审查，提出意见后报送国务院药品监督管理部门审核，并同时将审查意见通知申报方。国务院药品监督管理部门经审核符合规定的，发给药品批准文号。

第三十二条　变更研制新药、生产药品和进口药品已获批准证明文件及其附件中载明事项的，应当向国务院药品监督管理部门提出补充申请；国务院药品监督管理部门经审核符合规定的，应当予以批准。其中，不改变药品内在质量的，应当向省、自治区、直辖市人民政府药品监督管理部门提出补充申请；省、自治区、直辖市人民政府药品监督管理部门经审核符合规定的，应当予以批准，并报国务院药品监督管理部门备案。不改变药品内在质量的补充申请事项由国务院药品监督管理部门制定。

第三十三条　国务院药品监督管理部门根据保护公众健康的要求，可以对药品生产企业生产的新药品种设立不超过5年的监测期；在监测期内，不得批准其他企业生产和进口。

第三十四条　国家对获得生产或者销售含有新型化学成份药品许可的生产者或者销售者提交的自行取得且未披露的试验数据和其他数据实施保护，任何人不得对该未披露的试验数据和其他数据进行不正当的商业利用。

自药品生产者或者销售者获得生产、销售新型化学成份药品的许可证明文件之日起6

年内，对其他申请人未经已获得许可的申请人同意，使用前款数据申请生产、销售新型化学成份药品许可的，药品监督管理部门不予许可；但是，其他申请人提交自行取得数据的除外。

除下列情形外，药品监督管理部门不得披露本条第一款规定的数据：

（一）公共利益需要；

（二）已采取措施确保该类数据不会被不正当地进行商业利用。

第三十五条 申请进口的药品，应当是在生产国家或者地区获得上市许可的药品；未在生产国家或者地区获得上市许可的，经国务院药品监督管理部门确认该药品品种安全、有效而且临床需要的，可以依照《药品管理法》及本条例的规定批准进口。

进口药品，应当按照国务院药品监督管理部门的规定申请注册。国外企业生产的药品取得《进口药品注册证》，中国香港、澳门和台湾地区企业生产的药品取得《医药产品注册证》后，方可进口。

第三十六条 医疗机构因临床急需进口少量药品的，应当持《医疗机构执业许可证》向国务院药品监督管理部门提出申请；经批准后，方可进口。进口的药品应当在指定医疗机构内用于特定医疗目的。

第三十七条 进口药品到岸后，进口单位应当持《进口药品注册证》或者《医药产品注册证》以及产地证明原件、购货合同副本、装箱单、运单、货运发票、出厂检验报告书、说明书等材料，向口岸所在地药品监督管理部门备案。口岸所在地药品监督管理部门经审查，提交的材料符合要求的，发给《进口药品通关单》。进口单位凭《进口药品通关单》向海关办理报关验放手续。

口岸所在地药品监督管理部门应当通知药品检验机构对进口药品逐批进行抽查检验；但是，有《药品管理法》第四十一条规定情形的除外。

第三十八条 疫苗类制品、血液制品、用于血源筛查的体外诊断试剂以及国务院药品监督管理部门规定的其他生物制品在销售前或者进口时，应当按照国务院药品监督管理部门的规定进行检验或者审核批准；检验不合格或者未获批准的，不得销售或者进口。

第三十九条 国家鼓励培育中药材。对集中规模化栽培养殖、质量可以控制并符合国务院药品监督管理部门规定条件的中药材品种，实行批准文号管理。

第四十条 国务院药品监督管理部门对已批准生产、销售的药品进行再评价，根据药品再评价结果，可以采取责令修改药品说明书，暂停生产、销售和使用的措施；对不良反应大或者其他原因危害人体健康的药品，应当撤销该药品批准证明文件。

第四十一条 国务院药品监督管理部门核发的药品批准文号、《进口药品注册证》、《医药产品注册证》的有效期为5年。有效期届满，需要继续生产或者进口的，应当在有效期届满前6个月申请再注册。药品再注册时，应当按照国务院药品监督管理部门的规定报送相关资料。有效期届满，未申请再注册或者经审查不符合国务院药品监督管理部门关于再注册的规定的，注销其药品批准文号、《进口药品注册证》或者《医药产品注册证》。

药品批准文号的再注册由省、自治区、直辖市人民政府药品监督管理部门审批，并报国务院药品监督管理部门备案；《进口药品注册证》、《医药产品注册证》的再注册由国务院药品监督管理部门审批。

第四十二条 非药品不得在其包装、标签、说明书及有关宣传资料上进行含有预防、治疗、诊断人体疾病等有关内容的宣传;但是,法律、行政法规另有规定的除外。

第六章 药品包装的管理

第四十三条 药品生产企业使用的直接接触药品的包装材料和容器,必须符合药用要求和保障人体健康、安全的标准。

直接接触药品的包装材料和容器的管理办法、产品目录和药用要求与标准,由国务院药品监督管理部门组织制定并公布。

第四十四条 生产中药饮片,应当选用与药品性质相适应的包装材料和容器;包装不符合规定的中药饮片,不得销售。中药饮片包装必须印有或者贴有标签。

中药饮片的标签必须注明品名、规格、产地、生产企业、产品批号、生产日期,实施批准文号管理的中药饮片还必须注明药品批准文号。

第四十五条 药品包装、标签、说明书必须依照《药品管理法》第五十四条和国务院药品监督管理部门的规定印制。

药品商品名称应当符合国务院药品监督管理部门的规定。

第四十六条 医疗机构配制制剂所使用的直接接触药品的包装材料和容器、制剂的标签和说明书应当符合《药品管理法》第六章和本条例的有关规定,并经省、自治区、直辖市人民政府药品监督管理部门批准。

第七章 药品价格和广告的管理

第四十七条 政府价格主管部门依照《价格法》第二十八条的规定实行药品价格监测时,为掌握、分析药品价格变动和趋势,可以指定部分药品生产企业、药品经营企业和医疗机构作为价格监测定点单位;定点单位应当给予配合、支持,如实提供有关信息资料。

第四十八条 发布药品广告,应当向药品生产企业所在地省、自治区、直辖市人民政府药品监督管理部门报送有关材料。省、自治区、直辖市人民政府药品监督管理部门应当自收到有关材料之日起10个工作日内作出是否核发药品广告批准文号的决定;核发药品广告批准文号的,应当同时报国务院药品监督管理部门备案。具体办法由国务院药品监督管理部门制定。

发布进口药品广告,应当依照前款规定向进口药品代理机构所在地省、自治区、直辖市人民政府药品监督管理部门申请药品广告批准文号。

在药品生产企业所在地和进口药品代理机构所在地以外的省、自治区、直辖市发布药品广告的,发布广告的企业应当在发布前向发布地省、自治区、直辖市人民政府药品监督管理部门备案。接受备案的省、自治区、直辖市人民政府药品监督管理部门发现药品广告批准内容不符合药品广告管理规定的,应当交由原核发部门处理。

第四十九条 经国务院或者省、自治区、直辖市人民政府的药品监督管理部门决定,责令暂停生产、销售和使用的药品,在暂停期间不得发布该品种药品广告;已经发布广告的,必须立即停止。

第五十条　未经省、自治区、直辖市人民政府药品监督管理部门批准的药品广告，使用伪造、冒用、失效的药品广告批准文号的广告，或者因其他广告违法活动被撤销药品广告批准文号的广告，发布广告的企业、广告经营者、广告发布者必须立即停止该药品广告的发布。

对违法发布药品广告，情节严重的，省、自治区、直辖市人民政府药品监督管理部门可以予以公告。

第八章　药品监督

第五十一条　药品监督管理部门（含省级人民政府药品监督管理部门依法设立的药品监督管理机构，下同）依法对药品的研制、生产、经营、使用实施监督检查。

第五十二条　药品抽样必须由两名以上药品监督检查人员实施，并按照国务院药品监督管理部门的规定进行抽样；被抽检方应当提供抽检样品，不得拒绝。

药品被抽检单位没有正当理由，拒绝抽查检验的，国务院药品监督管理部门和被抽检单位所在地省、自治区、直辖市人民政府药品监督管理部门可以宣布停止该单位拒绝抽检的药品上市销售和使用。

第五十三条　对有掺杂、掺假嫌疑的药品，在国家药品标准规定的检验方法和检验项目不能检验时，药品检验机构可以补充检验方法和检验项目进行药品检验；经国务院药品监督管理部门批准后，使用补充检验方法和检验项目所得出的检验结果，可以作为药品监督管理部门认定药品质量的依据。

第五十四条　国务院和省、自治区、直辖市人民政府的药品监督管理部门应当根据药品质量抽查检验结果，定期发布药品质量公告。药品质量公告应当包括抽验药品的品名、检品来源、生产企业、生产批号、药品规格、检验机构、检验依据、检验结果、不合格项目等内容。药品质量公告不当的，发布部门应当自确认公告不当之日起5日内，在原公告范围内予以更正。

当事人对药品检验机构的检验结果有异议，申请复验的，应当向负责复验的药品检验机构提交书面申请、原药品检验报告书。复验的样品从原药品检验机构留样中抽取。

第五十五条　药品监督管理部门依法对有证据证明可能危害人体健康的药品及其有关证据材料采取查封、扣押的行政强制措施的，应当自采取行政强制措施之日起7日内作出是否立案的决定；需要检验的，应当自检验报告书发出之日起15日内作出是否立案的决定；不符合立案条件的，应当解除行政强制措施；需要暂停销售和使用的，应当由国务院或者省、自治区、直辖市人民政府的药品监督管理部门作出决定。

第五十六条　药品抽查检验，不得收取任何费用。

当事人对药品检验结果有异议，申请复验的，应当按照国务院有关部门或者省、自治区、直辖市人民政府有关部门的规定，向复验机构预先支付药品检验费用。复验结论与原检验结论不一致的，复验检验费用由原药品检验机构承担。

第五十七条　依据《药品管理法》和本条例的规定核发证书、进行药品注册、药品认证和实施药品审批检验及其强制性检验，可以收取费用。具体收费标准由国务院财政部门、国务院价格主管部门制定。

第九章 法律责任

第五十八条 药品生产企业、药品经营企业有下列情形之一的，由药品监督管理部门依照《药品管理法》第七十九条的规定给予处罚：

（一）开办药品生产企业、药品生产企业新建药品生产车间、新增生产剂型，在国务院药品监督管理部门规定的时间内未通过《药品生产质量管理规范》认证，仍进行药品生产的；

（二）开办药品经营企业，在国务院药品监督管理部门规定的时间内未通过《药品经营质量管理规范》认证，仍进行药品经营的。

第五十九条 违反《药品管理法》第十三条的规定，擅自委托或者接受委托生产药品的，对委托方和受托方均依照《药品管理法》第七十四条的规定给予处罚。

第六十条 未经批准，擅自在城乡集市贸易市场设点销售药品或者在城乡集市贸易市场设点销售的药品超出批准经营的药品范围的，依照《药品管理法》第七十三条的规定给予处罚。

第六十一条 未经批准，医疗机构擅自使用其他医疗机构配制的制剂的，依照《药品管理法》第八十条的规定给予处罚。

第六十二条 个人设置的门诊部、诊所等医疗机构向患者提供的药品超出规定的范围和品种的，依照《药品管理法》第七十三条的规定给予处罚。

第六十三条 医疗机构使用假药、劣药的，依照《药品管理法》第七十四条、第七十五条的规定给予处罚。

第六十四条 违反《药品管理法》第二十九条的规定，擅自进行临床试验的，对承担药物临床试验的机构，依照《药品管理法》第七十九条的规定给予处罚。

第六十五条 药品申报者在申报临床试验时，报送虚假研制方法、质量标准、药理及毒理试验结果等有关资料和样品的，国务院药品监督管理部门对该申报药品的临床试验不予批准，对药品申报者给予警告；情节严重的，3 年内不受理该药品申报者申报该品种的临床试验申请。

第六十六条 生产没有国家药品标准的中药饮片，不符合省、自治区、直辖市人民政府药品监督管理部门制定的炮制规范的；医疗机构不按照省、自治区、直辖市人民政府药品监督管理部门批准的标准配制制剂的，依照《药品管理法》第七十五条的规定给予处罚。

第六十七条 药品监督管理部门及其工作人员违反规定，泄露生产者、销售者为获得生产、销售含有新型化学成份药品许可而提交的未披露试验数据或者其他数据，造成申请人损失的，由药品监督管理部门依法承担赔偿责任；药品监督管理部门赔偿损失后，应当责令故意或者有重大过失的工作人员承担部分或者全部赔偿费用，并对直接责任人员依法给予行政处分。

第六十八条 药品生产企业、药品经营企业生产、经营的药品及医疗机构配制的制剂，其包装、标签、说明书违反《药品管理法》及本条例规定的，依照《药品管理法》第八十六条的规定给予处罚。

第六十九条 药品生产企业、药品经营企业和医疗机构变更药品生产经营许可事项，应当办理变更登记手续而未办理的，由原发证部门给予警告，责令限期补办变更登记手续；逾期不补办的，宣布其《药品生产许可证》、《药品经营许可证》和《医疗机构制剂许可证》无效；仍从事药品生产经营活动的，依照《药品管理法》第七十三条的规定给予处罚。

第七十条 篡改经批准的药品广告内容的，由药品监督管理部门责令广告主立即停止该药品广告的发布，并由原审批的药品监督管理部门依照《药品管理法》第九十二条的规定给予处罚。

药品监督管理部门撤销药品广告批准文号后，应当自作出行政处理决定之日起5个工作日内通知广告监督管理机关。广告监督管理机关应当自收到药品监督管理部门通知之日起15个工作日内，依照《中华人民共和国广告法》的有关规定作出行政处理决定。

第七十一条 发布药品广告的企业在药品生产企业所在地或者进口药品代理机构所在地以外的省、自治区、直辖市发布药品广告，未按照规定向发布地省、自治区、直辖市人民政府药品监督管理部门备案的，由发布地的药品监督管理部门责令限期改正；逾期不改正的，停止该药品品种在发布地的广告发布活动。

第七十二条 未经省、自治区、直辖市人民政府药品监督管理部门批准，擅自发布药品广告的，药品监督管理部门发现后，应当通知广告监督管理部门依法查处。

第七十三条 违反《药品管理法》和本条例的规定，有下列行为之一的，由药品监督管理部门在《药品管理法》和本条例规定的处罚幅度内从重处罚：

（一）以麻醉药品、精神药品、医疗用毒性药品、放射性药品冒充其他药品，或者以其他药品冒充上述药品的；

（二）生产、销售以孕产妇、婴幼儿及儿童为主要使用对象的假药、劣药的；

（三）生产、销售的生物制品、血液制品属于假药、劣药的；

（四）生产、销售、使用假药、劣药，造成人员伤害后果的；

（五）生产、销售、使用假药、劣药，经处理后重犯的；

（六）拒绝、逃避监督检查，或者伪造、销毁、隐匿有关证据材料的，或者擅自动用查封、扣押物品的。

第七十四条 药品监督管理部门设置的派出机构，有权作出《药品管理法》和本条例规定的警告、罚款、没收违法生产、销售的药品和违法所得的行政处罚。

第七十五条 药品经营企业、医疗机构未违反《药品管理法》和本条例的有关规定，并有充分证据证明其不知道所销售或者使用的药品是假药、劣药的，应当没收其销售或者使用的假药、劣药和违法所得；但是，可以免除其他行政处罚。

第七十六条 依照《药品管理法》和本条例的规定没收的物品，由药品监督管理部门按照规定监督处理。

第十章 附 则

第七十七条 本条例下列用语的含义：

药品合格证明和其他标识，是指药品生产批准证明文件、药品检验报告书、药品的包装、标签和说明书。

新药,是指未曾在中国境内上市销售的药品。

处方药,是指凭执业医师和执业助理医师处方方可购买、调配和使用的药品。

非处方药,是指由国务院药品监督管理部门公布的,不需要凭执业医师和执业助理医师处方,消费者可以自行判断、购买和使用的药品。

医疗机构制剂,是指医疗机构根据本单位临床需要经批准而配制、自用的固定处方制剂。

药品认证,是指药品监督管理部门对药品研制、生产、经营、使用单位实施相应质量管理规范进行检查、评价并决定是否发给相应认证证书的过程。

药品经营方式,是指药品批发和药品零售。

药品经营范围,是指经药品监督管理部门核准经营药品的品种类别。

药品批发企业,是指将购进的药品销售给药品生产企业、药品经营企业、医疗机构的药品经营企业。

药品零售企业,是指将购进的药品直接销售给消费者的药品经营企业。

第七十八条　《药品管理法》第四十一条中"首次在中国销售的药品",是指国内或者国外药品生产企业第一次在中国销售的药品,包括不同药品生产企业生产的相同品种。

第七十九条　《药品管理法》第五十九条第二款"禁止药品的生产企业、经营企业或者其代理人以任何名义给予使用其药品的医疗机构的负责人、药品采购人员、医师等有关人员以财物或者其他利益"中的"财物或者其他利益",是指药品的生产企业、经营企业或者其代理人向医疗机构的负责人、药品采购人员、医师等有关人员提供的目的在于影响其药品采购或者药品处方行为的不正当利益。

第八十条　本条例自2002年9月15日起施行。

中华人民共和国人类遗传资源管理条例

(2019年3月20日国务院第41次常务会议通过　2019年5月28日中华人民共和国国务院令第717号公布)

第一章　总　　则

第一条　为了有效保护和合理利用我国人类遗传资源,维护公众健康、国家安全和社会公共利益,制定本条例。

第二条　本条例所称人类遗传资源包括人类遗传资源材料和人类遗传资源信息。

人类遗传资源材料是指含有人体基因组、基因等遗传物质的器官、组织、细胞等遗传材料。

人类遗传资源信息是指利用人类遗传资源材料产生的数据等信息资料。

第三条　采集、保藏、利用、对外提供我国人类遗传资源,应当遵守本条例。

为临床诊疗、采供血服务、查处违法犯罪、兴奋剂检测和殡葬等活动需要,采集、保藏器官、组织、细胞等人体物质及开展相关活动,依照相关法律、行政法规规定执行。

第四条　国务院科学技术行政部门负责全国人类遗传资源管理工作;国务院其他有

关部门在各自的职责范围内,负责有关人类遗传资源管理工作。

省、自治区、直辖市人民政府科学技术行政部门负责本行政区域人类遗传资源管理工作;省、自治区、直辖市人民政府其他有关部门在各自的职责范围内,负责本行政区域有关人类遗传资源管理工作。

第五条 国家加强对我国人类遗传资源的保护,开展人类遗传资源调查,对重要遗传家系和特定地区人类遗传资源实行申报登记制度。

国务院科学技术行政部门负责组织我国人类遗传资源调查,制定重要遗传家系和特定地区人类遗传资源申报登记具体办法。

第六条 国家支持合理利用人类遗传资源开展科学研究、发展生物医药产业、提高诊疗技术,提高我国生物安全保障能力,提升人民健康保障水平。

第七条 外国组织、个人及其设立或者实际控制的机构不得在我国境内采集、保藏我国人类遗传资源,不得向境外提供我国人类遗传资源。

第八条 采集、保藏、利用、对外提供我国人类遗传资源,不得危害我国公众健康、国家安全和社会公共利益。

第九条 采集、保藏、利用、对外提供我国人类遗传资源,应当符合伦理原则,并按照国家有关规定进行伦理审查。

采集、保藏、利用、对外提供我国人类遗传资源,应当尊重人类遗传资源提供者的隐私权,取得其事先知情同意,并保护其合法权益。

采集、保藏、利用、对外提供我国人类遗传资源,应当遵守国务院科学技术行政部门制定的技术规范。

第十条 禁止买卖人类遗传资源。

为科学研究依法提供或者使用人类遗传资源并支付或者收取合理成本费用,不视为买卖。

第二章 采集和保藏

第十一条 采集我国重要遗传家系、特定地区人类遗传资源或者采集国务院科学技术行政部门规定种类、数量的人类遗传资源的,应当符合下列条件,并经国务院科学技术行政部门批准:

(一)具有法人资格;

(二)采集目的明确、合法;

(三)采集方案合理;

(四)通过伦理审查;

(五)具有负责人类遗传资源管理的部门和管理制度;

(六)具有与采集活动相适应的场所、设施、设备和人员。

第十二条 采集我国人类遗传资源,应当事先告知人类遗传资源提供者采集目的、采集用途、对健康可能产生的影响、个人隐私保护措施及其享有的自愿参与和随时无条件退出的权利,征得人类遗传资源提供者书面同意。

在告知人类遗传资源提供者前款规定的信息时，必须全面、完整、真实、准确，不得隐瞒、误导、欺骗。

第十三条　国家加强人类遗传资源保藏工作，加快标准化、规范化的人类遗传资源保藏基础平台和人类遗传资源大数据建设，为开展相关研究开发活动提供支撑。

国家鼓励科研机构、高等学校、医疗机构、企业根据自身条件和相关研究开发活动需要开展人类遗传资源保藏工作，并为其他单位开展相关研究开发活动提供便利。

第十四条　保藏我国人类遗传资源、为科学研究提供基础平台的，应当符合下列条件，并经国务院科学技术行政部门批准：

（一）具有法人资格；

（二）保藏目的明确、合法；

（三）保藏方案合理；

（四）拟保藏的人类遗传资源来源合法；

（五）通过伦理审查；

（六）具有负责人类遗传资源管理的部门和保藏管理制度；

（七）具有符合国家人类遗传资源保藏技术规范和要求的场所、设施、设备和人员。

第十五条　保藏单位应当对所保藏的人类遗传资源加强管理和监测，采取安全措施，制定应急预案，确保保藏、使用安全。

保藏单位应当完整记录人类遗传资源保藏情况，妥善保存人类遗传资源的来源信息和使用信息，确保人类遗传资源的合法使用。

保藏单位应当就本单位保藏人类遗传资源情况向国务院科学技术行政部门提交年度报告。

第十六条　国家人类遗传资源保藏基础平台和数据库应当依照国家有关规定向有关科研机构、高等学校、医疗机构、企业开放。

为公众健康、国家安全和社会公共利益需要，国家可以依法使用保藏单位保藏的人类遗传资源。

第三章　利用和对外提供

第十七条　国务院科学技术行政部门和省、自治区、直辖市人民政府科学技术行政部门应当会同本级人民政府有关部门对利用人类遗传资源开展科学研究、发展生物医药产业统筹规划，合理布局，加强创新体系建设，促进生物科技和产业创新、协调发展。

第十八条　科研机构、高等学校、医疗机构、企业利用人类遗传资源开展研究开发活动，对其研究开发活动以及成果的产业化依照法律、行政法规和国家有关规定予以支持。

第十九条　国家鼓励科研机构、高等学校、医疗机构、企业根据自身条件和相关研究开发活动需要，利用我国人类遗传资源开展国际合作科学研究，提升相关研究开发能力和水平。

第二十条　利用我国人类遗传资源开展生物技术研究开发活动或者开展临床试验的，应当遵守有关生物技术研究、临床应用管理法律、行政法规和国家有关规定。

第二十一条　外国组织及外国组织、个人设立或者实际控制的机构（以下称外方单位)需要利用我国人类遗传资源开展科学研究活动的,应当遵守我国法律、行政法规和国家有关规定,并采取与我国科研机构、高等学校、医疗机构、企业(以下称中方单位)合作的方式进行。

第二十二条 利用我国人类遗传资源开展国际合作科学研究的,应当符合下列条件,并由合作双方共同提出申请,经国务院科学技术行政部门批准:

(一)对我国公众健康、国家安全和社会公共利益没有危害;

(二)合作双方为具有法人资格的中方单位、外方单位,并具有开展相关工作的基础和能力;

(三)合作研究目的和内容明确、合法,期限合理;

(四)合作研究方案合理;

(五)拟使用的人类遗传资源来源合法,种类、数量与研究内容相符;

(六)通过合作双方各自所在国(地区)的伦理审查;

(七)研究成果归属明确,有合理明确的利益分配方案。

为获得相关药品和医疗器械在我国上市许可,在临床机构利用我国人类遗传资源开展国际合作临床试验、不涉及人类遗传资源材料出境的,不需要审批。但是,合作双方在开展临床试验前应当将拟使用的人类遗传资源种类、数量及其用途向国务院科学技术行政部门备案。国务院科学技术行政部门和省、自治区、直辖市人民政府科学技术行政部门加强对备案事项的监管。

第二十三条 在利用我国人类遗传资源开展国际合作科学研究过程中,合作方、研究目的、研究内容、合作期限等重大事项发生变更的,应当办理变更审批手续。

第二十四条 利用我国人类遗传资源开展国际合作科学研究,应当保证中方单位及其研究人员在合作期间全过程、实质性地参与研究,研究过程中的所有记录以及数据信息等完全向中方单位开放并向中方单位提供备份。

利用我国人类遗传资源开展国际合作科学研究,产生的成果申请专利的,应当由合作双方共同提出申请,专利权归合作双方共有。研究产生的其他科技成果,其使用权、转让权和利益分享办法由合作双方通过合作协议约定;协议没有约定的,合作双方都有使用的权利,但向第三方转让须经合作双方同意,所获利益按合作双方贡献大小分享。

第二十五条 利用我国人类遗传资源开展国际合作科学研究,合作双方应当按照平等互利、诚实信用、共同参与、共享成果的原则,依法签订合作协议,并依照本条例第二十四条的规定对相关事项作出明确、具体的约定。

第二十六条 利用我国人类遗传资源开展国际合作科学研究,合作双方应当在国际合作活动结束后6个月内共同向国务院科学技术行政部门提交合作研究情况报告。

第二十七条 利用我国人类遗传资源开展国际合作科学研究,或者因其他特殊情况确需将我国人类遗传资源材料运送、邮寄、携带出境的,应当符合下列条件,并取得国务院科学技术行政部门出具的人类遗传资源材料出境证明:

(一)对我国公众健康、国家安全和社会公共利益没有危害;

(二)具有法人资格;

（三）有明确的境外合作方和合理的出境用途；

（四）人类遗传资源材料采集合法或者来自合法的保藏单位；

（五）通过伦理审查。

利用我国人类遗传资源开展国际合作科学研究，需要将我国人类遗传资源材料运送、邮寄、携带出境的，可以单独提出申请，也可以在开展国际合作科学研究申请中列明出境计划一并提出申请，由国务院科学技术行政部门合并审批。

将我国人类遗传资源材料运送、邮寄、携带出境的，凭人类遗传资源材料出境证明办理海关手续。

第二十八条 将人类遗传资源信息向外国组织、个人及其设立或者实际控制的机构提供或者开放使用，不得危害我国公众健康、国家安全和社会公共利益；可能影响我国公众健康、国家安全和社会公共利益的，应当通过国务院科学技术行政部门组织的安全审查。

将人类遗传资源信息向外国组织、个人及其设立或者实际控制的机构提供或者开放使用的，应当向国务院科学技术行政部门备案并提交信息备份。

利用我国人类遗传资源开展国际合作科学研究产生的人类遗传资源信息，合作双方可以使用。

第四章 服务和监督

第二十九条 国务院科学技术行政部门应当加强电子政务建设，方便申请人利用互联网办理审批、备案等事项。

第三十条 国务院科学技术行政部门应当制定并及时发布有关采集、保藏、利用、对外提供我国人类遗传资源的审批指南和示范文本，加强对申请人办理有关审批、备案等事项的指导。

第三十一条 国务院科学技术行政部门应当聘请生物技术、医药、卫生、伦理、法律等方面的专家组成专家评审委员会，对依照本条例规定提出的采集、保藏我国人类遗传资源，开展国际合作科学研究以及将我国人类遗传资源材料运送、邮寄、携带出境的申请进行技术评审。评审意见作为作出审批决定的参考依据。

第三十二条 国务院科学技术行政部门应当自受理依照本条例规定提出的采集、保藏我国人类遗传资源，开展国际合作科学研究以及将我国人类遗传资源材料运送、邮寄、携带出境申请之日起20个工作日内，作出批准或者不予批准的决定；不予批准的，应当说明理由。因特殊原因无法在规定期限内作出审批决定的，经国务院科学技术行政部门负责人批准，可以延长10个工作日。

第三十三条 国务院科学技术行政部门和省、自治区、直辖市人民政府科学技术行政部门应当加强对采集、保藏、利用、对外提供人类遗传资源活动各环节的监督检查，发现违反本条例规定的，及时依法予以处理并向社会公布检查、处理结果。

第三十四条 国务院科学技术行政部门和省、自治区、直辖市人民政府科学技术行政部门进行监督检查，可以采取下列措施：

（一）进入现场检查；

（二）询问相关人员；

（三）查阅、复制有关资料；

（四）查封、扣押有关人类遗传资源。

第三十五条 任何单位和个人对违反本条例规定的行为，有权向国务院科学技术行政部门和省、自治区、直辖市人民政府科学技术行政部门投诉、举报。

国务院科学技术行政部门和省、自治区、直辖市人民政府科学技术行政部门应当公布投诉、举报电话和电子邮件地址，接受相关投诉、举报。对查证属实的，给予举报人奖励。

第五章 法律责任

第三十六条 违反本条例规定，有下列情形之一的，由国务院科学技术行政部门责令停止违法行为，没收违法采集、保藏的人类遗传资源和违法所得，处50万元以上500万元以下罚款，违法所得在100万元以上的，处违法所得5倍以上10倍以下罚款：

（一）未经批准，采集我国重要遗传家系、特定地区人类遗传资源，或者采集国务院科学技术行政部门规定种类、数量的人类遗传资源；

（二）未经批准，保藏我国人类遗传资源；

（三）未经批准，利用我国人类遗传资源开展国际合作科学研究；

（四）未通过安全审查，将可能影响我国公众健康、国家安全和社会公共利益的人类遗传资源信息向外国组织、个人及其设立或者实际控制的机构提供或者开放使用；

（五）开展国际合作临床试验前未将拟使用的人类遗传资源种类、数量及其用途向国务院科学技术行政部门备案。

第三十七条 提供虚假材料或者采取其他欺骗手段取得行政许可的，由国务院科学技术行政部门撤销已经取得的行政许可，处50万元以上500万元以下罚款，5年内不受理相关责任人及单位提出的许可申请。

第三十八条 违反本条例规定，未经批准将我国人类遗传资源材料运送、邮寄、携带出境的，由海关依照法律、行政法规的规定处罚。科学技术行政部门应当配合海关开展鉴定等执法协助工作。海关应当将依法没收的人类遗传资源材料移送省、自治区、直辖市人民政府科学技术行政部门进行处理。

第三十九条 违反本条例规定，有下列情形之一的，由省、自治区、直辖市人民政府科学技术行政部门责令停止开展相关活动，没收违法采集、保藏的人类遗传资源和违法所得，处50万元以上100万元以下罚款，违法所得在100万元以上的，处违法所得5倍以上10倍以下罚款：

（一）采集、保藏、利用、对外提供我国人类遗传资源未通过伦理审查；

（二）采集我国人类遗传资源未经人类遗传资源提供者事先知情同意，或者采取隐瞒、误导、欺骗等手段取得人类遗传资源提供者同意；

（三）采集、保藏、利用、对外提供我国人类遗传资源违反相关技术规范；

（四）将人类遗传资源信息向外国组织、个人及其设立或者实际控制的机构提供或者开放使用，未向国务院科学技术行政部门备案或者提交信息备份。

第四十条　违反本条例规定，有下列情形之一的，由国务院科学技术行政部门责令改正，给予警告，可以处50万元以下罚款：

（一）保藏我国人类遗传资源过程中未完整记录并妥善保存人类遗传资源的来源信息和使用信息；

（二）保藏我国人类遗传资源未提交年度报告；

（三）开展国际合作科学研究未及时提交合作研究情况报告。

第四十一条　外国组织、个人及其设立或者实际控制的机构违反本条例规定，在我国境内采集、保藏我国人类遗传资源，利用我国人类遗传资源开展科学研究，或者向境外提供我国人类遗传资源的，由国务院科学技术行政部门责令停止违法行为，没收违法采集、保藏的人类遗传资源和违法所得，处100万元以上1000万元以下罚款，违法所得在100万元以上的，处违法所得5倍以上10倍以下罚款。

第四十二条　违反本条例规定，买卖人类遗传资源的，由国务院科学技术行政部门责令停止违法行为，没收违法采集、保藏的人类遗传资源和违法所得，处100万元以上1000万元以下罚款，违法所得在100万元以上的，处违法所得5倍以上10倍以下罚款。

第四十三条　对有本条例第三十六条、第三十九条、第四十一条、第四十二条规定违法行为的单位，情节严重的，由国务院科学技术行政部门或者省、自治区、直辖市人民政府科学技术行政部门依据职责禁止其1至5年内从事采集、保藏、利用、对外提供我国人类遗传资源的活动；情节特别严重的，永久禁止其从事采集、保藏、利用、对外提供我国人类遗传资源的活动。

对有本条例第三十六条至第三十九条、第四十一条、第四十二条规定违法行为的单位的法定代表人、主要负责人、直接负责的主管人员以及其他责任人员，依法给予处分，并由国务院科学技术行政部门或者省、自治区、直辖市人民政府科学技术行政部门依据职责没收其违法所得，处50万元以下罚款；情节严重的，禁止其1至5年内从事采集、保藏、利用、对外提供我国人类遗传资源的活动；情节特别严重的，永久禁止其从事采集、保藏、利用、对外提供我国人类遗传资源的活动。

单位和个人有本条例规定违法行为的，记入信用记录，并依照有关法律、行政法规的规定向社会公示。

第四十四条　违反本条例规定，侵害他人合法权益的，依法承担民事责任；构成犯罪的，依法追究刑事责任。

第四十五条　国务院科学技术行政部门和省、自治区、直辖市人民政府科学技术行政部门的工作人员违反本条例规定，不履行职责或者滥用职权、玩忽职守、徇私舞弊的，依法给予处分；构成犯罪的，依法追究刑事责任。

第六章　附　　则

第四十六条　人类遗传资源相关信息属于国家秘密的，应当依照《中华人民共和国保守国家秘密法》和国家其他有关保密规定实施保密管理。

第四十七条　本条例自2019年7月1日起施行。

中华人民共和国食品安全法实施条例

（2009 年 7 月 20 日中华人民共和国国务院令第 557 号公布　根据 2016 年 2 月 6 日《国务院关于修改部分行政法规的决定》修订　2019 年 3 月 26 日国务院第 42 次常务会议修订通过）

第一章　总　　则

第一条　根据《中华人民共和国食品安全法》（以下简称食品安全），制定本条例。

第二条　食品生产经营者应当依照法律、法规和食品安全标准从事生产经营活动，建立健全食品安全管理制度，采取有效措施预防和控制食品安全风险，保证食品安全。

第三条　国务院食品安全委员会负责分析食品安全形势，研究部署、统筹指导食品安全工作，提出食品安全监督管理的重大政策措施，督促落实食品安全监督管理责任。县级以上地方人民政府食品安全委员会按照本级人民政府规定的职责开展工作。

第四条　县级以上人民政府建立统一权威的食品安全监督管理体制，加强食品安全监督管理能力建设。

县级以上人民政府食品安全监督管理部门和其他有关部门应当依法履行职责，加强协调配合，做好食品安全监督管理工作。

乡镇人民政府和街道办事处应当支持、协助县级人民政府食品安全监督管理部门及其派出机构依法开展食品安全监督管理工作。

第五条　国家将食品安全知识纳入国民素质教育内容，普及食品安全科学常识和法律知识，提高全社会的食品安全意识。

第二章　食品安全风险监测和评估

第六条　县级以上人民政府卫生行政部门会同同级食品安全监督管理等部门建立食品安全风险监测会商机制，汇总、分析风险监测数据，研判食品安全风险，形成食品安全风险监测分析报告，报本级人民政府；县级以上地方人民政府卫生行政部门还应当将食品安全风险监测分析报告同时报上一级人民政府卫生行政部门。食品安全风险监测会商的具体办法由国务院卫生行政部门会同国务院食品安全监督管理等部门制定。

第七条　食品安全风险监测结果表明存在食品安全隐患，食品安全监督管理等部门经进一步调查确认有必要通知相关食品生产经营者的，应当及时通知。

接到通知的食品生产经营者应当立即进行自查，发现食品不符合食品安全标准或者有证据证明可能危害人体健康的，应当依照食品安全法第六十三条的规定停止生产、经营，实施食品召回，并报告相关情况。

第八条　国务院卫生行政、食品安全监督管理等部门发现需要对农药、肥料、兽药、饲料和饲料添加剂等进行安全性评估的，应当向国务院农业行政部门提出安全性评估建议。国务院农业行政部门应当及时组织评估，并向国务院有关部门通报评估结果。

第九条　国务院食品安全监督管理部门和其他有关部门建立食品安全风险信息交流

机制,明确食品安全风险信息交流的内容、程序和要求。

第三章　食品安全标准

第十条　国务院卫生行政部门会同国务院食品安全监督管理、农业行政等部门制定食品安全国家标准规划及其年度实施计划。国务院卫生行政部门应当在其网站上公布食品安全国家标准规划及其年度实施计划的草案,公开征求意见。

第十一条　省、自治区、直辖市人民政府卫生行政部门依照食品安全法第二十九条的规定制定食品安全地方标准,应当公开征求意见。省、自治区、直辖市人民政府卫生行政部门应当自食品安全地方标准公布之日起30个工作日内,将地方标准报国务院卫生行政部门备案。国务院卫生行政部门发现备案的食品安全地方标准违反法律、法规或者食品安全国家标准的,应当及时予以纠正。

食品安全地方标准依法废止的,省、自治区、直辖市人民政府卫生行政部门应当及时在其网站上公布废止情况。

第十二条　保健食品、特殊医学用途配方食品、婴幼儿配方食品等特殊食品不属于地方特色食品,不得对其制定食品安全地方标准。

第十三条　食品安全标准公布后,食品生产经营者可以在食品安全标准规定的实施日期之前实施并公开提前实施情况。

第十四条　食品生产企业不得制定低于食品安全国家标准或者地方标准要求的企业标准。食品生产企业制定食品安全指标严于食品安全国家标准或者地方标准的企业标准的,应当报省、自治区、直辖市人民政府卫生行政部门备案。

食品生产企业制定企业标准的,应当公开,供公众免费查阅。

第四章　食品生产经营

第十五条　食品生产经营许可的有效期为5年。

食品生产经营者的生产经营条件发生变化,不再符合食品生产经营要求的,食品生产经营者应当立即采取整改措施;需要重新办理许可手续的,应当依法办理。

第十六条　国务院卫生行政部门应当及时公布新的食品原料、食品添加剂新品种和食品相关产品新品种目录以及所适用的食品安全国家标准。

对按照传统既是食品又是中药材的物质目录,国务院卫生行政部门会同国务院食品安全监督管理部门应当及时更新。

第十七条　国务院食品安全监督管理部门会同国务院农业行政等有关部门明确食品安全全程追溯基本要求,指导食品生产经营者通过信息化手段建立、完善食品安全追溯体系。

食品安全监督管理等部门应当将婴幼儿配方食品等针对特定人群的食品以及其他食品安全风险较高或者销售量大的食品的追溯体系建设作为监督检查的重点。

第十八条　食品生产经营者应当建立食品安全追溯体系,依照食品安全法的规定如实记录并保存进货查验、出厂检验、食品销售等信息,保证食品可追溯。

第十九条　食品生产经营企业的主要负责人对本企业的食品安全工作全面负责，建立并落实本企业的食品安全责任制，加强供货者管理、进货查验和出厂检验、生产经营过程控制、食品安全自查等工作。食品生产经营企业的食品安全管理人员应当协助企业主要负责人做好食品安全管理工作。

第二十条　食品生产经营企业应当加强对食品安全管理人员的培训和考核。食品安全管理人员应当掌握与其岗位相适应的食品安全法律、法规、标准和专业知识，具备食品安全管理能力。食品安全监督管理部门应当对企业食品安全管理人员进行随机监督抽查考核。考核指南由国务院食品安全监督管理部门制定、公布。

第二十一条　食品、食品添加剂生产经营者委托生产食品、食品添加剂的，应当委托取得食品生产许可、食品添加剂生产许可的生产者生产，并对其生产行为进行监督，对委托生产的食品、食品添加剂的安全负责。受托方应当依照法律、法规、食品安全标准以及合同约定进行生产，对生产行为负责，并接受委托方的监督。

第二十二条　食品生产经营者不得在食品生产、加工场所贮存依照本条例第六十三条规定制定的名录中的物质。

第二十三条　对食品进行辐照加工，应当遵守食品安全国家标准，并按照食品安全国家标准的要求对辐照加工食品进行检验和标注。

第二十四条　贮存、运输对温度、湿度等有特殊要求的食品，应当具备保温、冷藏或者冷冻等设备设施，并保持有效运行。

第二十五条　食品生产经营者委托贮存、运输食品的，应当对受托方的食品安全保障能力进行审核，并监督受托方按照保证食品安全的要求贮存、运输食品。受托方应当保证食品贮存、运输条件符合食品安全的要求，加强食品贮存、运输过程管理。

接受食品生产经营者委托贮存、运输食品的，应当如实记录委托方和收货方的名称、地址、联系方式等内容。记录保存期限不得少于贮存、运输结束后2年。

非食品生产经营者从事对温度、湿度等有特殊要求的食品贮存业务的，应当自取得营业执照之日起30个工作日内向所在地县级人民政府食品安全监督管理部门备案。

第二十六条　餐饮服务提供者委托餐具饮具集中消毒服务单位提供清洗消毒服务的，应当查验、留存餐具饮具集中消毒服务单位的营业执照复印件和消毒合格证明。保存期限不得少于消毒餐具饮具使用期限到期后6个月。

第二十七条　餐具饮具集中消毒服务单位应当建立餐具饮具出厂检验记录制度，如实记录出厂餐具饮具的数量、消毒日期和批号、使用期限、出厂日期以及委托方名称、地址、联系方式等内容。出厂检验记录保存期限不得少于消毒餐具饮具使用期限到期后6个月。消毒后的餐具饮具应当在独立包装上标注单位名称、地址、联系方式、消毒日期和批号以及使用期限等内容。

第二十八条　学校、托幼机构、养老机构、建筑工地等集中用餐单位的食堂应当执行原料控制、餐具饮具清洗消毒、食品留样等制度，并依照食品安全法第四十七条的规定定期开展食堂食品安全自查。

承包经营集中用餐单位食堂的，应当依法取得食品经营许可，并对食堂的食品安全负责。集中用餐单位应当督促承包方落实食品安全管理制度,承担管理责任。

第二十九条　食品生产经营者应当对变质、超过保质期或者回收的食品进行显著标示或者单独存放在有明确标志的场所,及时采取无害化处理、销毁等措施并如实记录。

食品安全法所称回收食品,是指已经售出,因违反法律、法规、食品安全标准或者超过保质期等原因,被召回或者退回的食品,不包括依照食品安全法第六十三条第三款的规定可以继续销售的食品。

第三十条　县级以上地方人民政府根据需要建设必要的食品无害化处理和销毁设施。食品生产经营者可以按照规定使用政府建设的设施对食品进行无害化处理或者予以销毁。

第三十一条　食品集中交易市场的开办者、食品展销会的举办者应当在市场开业或者展销会举办前向所在地县级人民政府食品安全监督管理部门报告。

第三十二条　网络食品交易第三方平台提供者应当妥善保存入网食品经营者的登记信息和交易信息。县级以上人民政府食品安全监督管理部门开展食品安全监督检查、食品安全案件调查处理、食品安全事故处置确需了解有关信息的,经其负责人批准,可以要求网络食品交易第三方平台提供者提供,网络食品交易第三方平台提供者应当按照要求提供。县级以上人民政府食品安全监督管理部门及其工作人员对网络食品交易第三方平台提供者提供的信息依法负有保密义务。

第三十三条　生产经营转基因食品应当显著标示,标示办法由国务院食品安全监督管理部门会同国务院农业行政部门制定。

第三十四条　禁止利用包括会议、讲座、健康咨询在内的任何方式对食品进行虚假宣传。食品安全监督管理部门发现虚假宣传行为的,应当依法及时处理。

第三十五条　保健食品生产工艺有原料提取、纯化等前处理工序的,生产企业应当具备相应的原料前处理能力。

第三十六条　特殊医学用途配方食品生产企业应当按照食品安全国家标准规定的检验项目对出厂产品实施逐批检验。

特殊医学用途配方食品中的特定全营养配方食品应当通过医疗机构或者药品零售企业向消费者销售。医疗机构、药品零售企业销售特定全营养配方食品的,不需要取得食品经营许可,但是应当遵守食品安全法和本条例关于食品销售的规定。

第三十七条　特殊医学用途配方食品中的特定全营养配方食品广告按照处方药广告管理,其他类别的特殊医学用途配方食品广告按照非处方药广告管理。

第三十八条　对保健食品之外的其他食品,不得声称具有保健功能。

对添加食品安全国家标准规定的选择性添加物质的婴幼儿配方食品,不得以选择性添加物质命名。

第三十九条　特殊食品的标签、说明书内容应当与注册或者备案的标签、说明书一致。销售特殊食品,应当核对食品标签、说明书内容是否与注册或者备案的标签、说明书一致,不一致的不得销售。省级以上人民政府食品安全监督管理部门应当在其网站上公布注册或者备案的特殊食品的标签、说明书。

特殊食品不得与普通食品或者药品混放销售。

第五章　食品检验

第四十条　对食品进行抽样检验，应当按照食品安全标准、注册或者备案的特殊食品的产品技术要求以及国家有关规定确定的检验项目和检验方法进行。

第四十一条　对可能掺杂掺假的食品，按照现有食品安全标准规定的检验项目和检验方法以及依照食品安全法第一百一十一条和本条例第六十三条规定制定的检验项目和检验方法无法检验的，国务院食品安全监督管理部门可以制定补充检验项目和检验方法，用于对食品的抽样检验、食品安全案件调查处理和食品安全事故处置。

第四十二条　依照食品安全法第八十八条的规定申请复检的，申请人应当向复检机构先行支付复检费用。复检结论表明食品不合格的，复检费用由复检申请人承担；复检结论表明食品合格的，复检费用由实施抽样检验的食品安全监督管理部门承担。

复检机构无正当理由不得拒绝承担复检任务。

第四十三条　任何单位和个人不得发布未依法取得资质认定的食品检验机构出具的食品检验信息，不得利用上述检验信息对食品、食品生产经营者进行等级评定，欺骗、误导消费者。

第六章　食品进出口

第四十四条　进口商进口食品、食品添加剂，应当按照规定向出入境检验检疫机构报检，如实申报产品相关信息，并随附法律、行政法规规定的合格证明材料。

第四十五条　进口食品运达口岸后，应当存放在出入境检验检疫机构指定或者认可的场所；需要移动的，应当按照出入境检验检疫机构的要求采取必要的安全防护措施。大宗散装进口食品应当在卸货口岸进行检验。

第四十六条　国家出入境检验检疫部门根据风险管理需要，可以对部分食品实行指定口岸进口。

第四十七条　国务院卫生行政部门依照食品安全法第九十三条的规定对境外出口商、境外生产企业或者其委托的进口商提交的相关国家（地区）标准或者国际标准进行审查，认为符合食品安全要求的，决定暂予适用并予以公布；暂予适用的标准公布前，不得进口尚无食品安全国家标准的食品。

食品安全国家标准中通用标准已经涵盖的食品不属于食品安全法第九十三条规定的尚无食品安全国家标准的食品。

第四十八条　进口商应当建立境外出口商、境外生产企业审核制度，重点审核境外出口商、境外生产企业制定和执行食品安全风险控制措施的情况以及向我国出口的食品是否符合食品安全法、本条例和其他有关法律、行政法规的规定以及食品安全国家标准的要求。

第四十九条　进口商依照食品安全法第九十四条第三款的规定召回进口食品的，应当将食品召回和处理情况向所在地县级人民政府食品安全监督管理部门和所在地出入境检验检疫机构报告。

第五十条　国家出入境检验检疫部门发现已经注册的境外食品生产企业不再符合注册要求的,应当责令其在规定期限内整改,整改期间暂停进口其生产的食品;经整改仍不符合注册要求的,国家出入境检验检疫部门应当撤销境外食品生产企业注册并公告。

第五十一条　对通过我国良好生产规范、危害分析与关键控制点体系认证的境外生产企业,认证机构应当依法实施跟踪调查。对不再符合认证要求的企业,认证机构应当依法撤销认证并向社会公布。

第五十二条　境外发生的食品安全事件可能对我国境内造成影响,或者在进口食品、食品添加剂、食品相关产品中发现严重食品安全问题的,国家出入境检验检疫部门应当及时进行风险预警,并可以对相关的食品、食品添加剂、食品相关产品采取下列控制措施:

(一)退货或者销毁处理;

(二)有条件地限制进口;

(三)暂停或者禁止进口。

第五十三条　出口食品、食品添加剂的生产企业应当保证其出口食品、食品添加剂符合进口国家(地区)的标准或者合同要求;我国缔结或者参加的国际条约、协定有要求的,还应当符合国际条约、协定的要求。

第七章　食品安全事故处置

第五十四条　食品安全事故按照国家食品安全事故应急预案实行分级管理。县级以上人民政府食品安全监督管理部门会同同级有关部门负责食品安全事故调查处理。

县级以上人民政府应当根据实际情况及时修改、完善食品安全事故应急预案。

第五十五条　县级以上人民政府应当完善食品安全事故应急管理机制,改善应急装备,做好应急物资储备和应急队伍建设,加强应急培训、演练。

第五十六条　发生食品安全事故的单位应当对导致或者可能导致食品安全事故的食品及原料、工具、设备、设施等,立即采取封存等控制措施。

第五十七条　县级以上人民政府食品安全监督管理部门接到食品安全事故报告后,应当立即会同同级卫生行政、农业行政等部门依照食品安全法第一百零五条的规定进行调查处理。食品安全监督管理部门应当对事故单位封存的食品及原料、工具、设备、设施等予以保护,需要封存而事故单位尚未封存的应当直接封存或者责令事故单位立即封存,并通知疾病预防控制机构对与事故有关的因素开展流行病学调查。

疾病预防控制机构应当在调查结束后向同级食品安全监督管理、卫生行政部门同时提交流行病学调查报告。

任何单位和个人不得拒绝、阻挠疾病预防控制机构开展流行病学调查。有关部门应当对疾病预防控制机构开展流行病学调查予以协助。

第五十八条　国务院食品安全监督管理部门会同国务院卫生行政、农业行政等部门定期对全国食品安全事故情况进行分析,完善食品安全监督管理措施,预防和减少事故的发生。

第八章 监督管理

第五十九条 设区的市级以上人民政府食品安全监督管理部门根据监督管理工作需要,可以对由下级人民政府食品安全监督管理部门负责日常监督管理的食品生产经营者实施随机监督检查,也可以组织下级人民政府食品安全监督管理部门对食品生产经营者实施异地监督检查。

设区的市级以上人民政府食品安全监督管理部门认为必要的,可以直接调查处理下级人民政府食品安全监督管理部门管辖的食品安全违法案件,也可以指定其他下级人民政府食品安全监督管理部门调查处理。

第六十条 国家建立食品安全检查员制度,依托现有资源加强职业化检查员队伍建设,强化考核培训,提高检查员专业化水平。

第六十一条 县级以上人民政府食品安全监督管理部门依照食品安全法第一百一十条的规定实施查封、扣押措施,查封、扣押的期限不得超过30日;情况复杂的,经实施查封、扣押措施的食品安全监督管理部门负责人批准,可以延长,延长期限不得超过45日。

第六十二条 网络食品交易第三方平台多次出现入网食品经营者违法经营或者入网食品经营者的违法经营行为造成严重后果的,县级以上人民政府食品安全监督管理部门可以对网络食品交易第三方平台提供者的法定代表人或者主要负责人进行责任约谈。

第六十三条 国务院食品安全监督管理部门会同国务院卫生行政等部门根据食源性疾病信息、食品安全风险监测信息和监督管理信息等,对发现的添加或者可能添加到食品中的非食品用化学物质和其他可能危害人体健康的物质,制定名录及检测方法并予以公布。

第六十四条 县级以上地方人民政府卫生行政部门应当对餐具饮具集中消毒服务单位进行监督检查,发现不符合法律、法规、国家相关标准以及相关卫生规范等要求的,应当及时调查处理。监督检查的结果应当向社会公布。

第六十五条 国家实行食品安全违法行为举报奖励制度,对查证属实的举报,给予举报人奖励。举报人举报所在企业食品安全重大违法犯罪行为的,应当加大奖励力度。有关部门应当对举报人的信息予以保密,保护举报人的合法权益。食品安全违法行为举报奖励办法由国务院食品安全监督管理部门会同国务院财政等有关部门制定。

食品安全违法行为举报奖励资金纳入各级人民政府预算。

第六十六条 国务院食品安全监督管理部门应当会同国务院有关部门建立守信联合激励和失信联合惩戒机制,结合食品生产经营者信用档案,建立严重违法生产经营者黑名单制度,将食品安全信用状况与准入、融资、信贷、征信等相衔接,及时向社会公布。

第九章 法律责任

第六十七条 有下列情形之一的,属于食品安全法第一百二十三条至第一百二十六条、第一百三十二条以及本条例第七十二条、第七十三条规定的情节严重情形:

(一)违法行为涉及的产品货值金额2万元以上或者违法行为持续时间3个月以上;

（二）造成食源性疾病并出现死亡病例，或者造成30人以上食源性疾病但未出现死亡病例；

（三）故意提供虚假信息或者隐瞒真实情况；

（四）拒绝、逃避监督检查；

（五）因违反食品安全法律、法规受到行政处罚后1年内又实施同一性质的食品安全违法行为，或者因违反食品安全法律、法规受到刑事处罚后又实施食品安全违法行为；

（六）其他情节严重的情形。

对情节严重的违法行为处以罚款时，应当依法从重从严。

第六十八条 有下列情形之一的，依照食品安全法第一百二十五条第一款、本条例第七十五条的规定给予处罚：

（一）在食品生产、加工场所贮存依照本条例第六十三条规定制定的名录中的物质；

（二）生产经营的保健食品之外的食品的标签、说明书声称具有保健功能；

（三）以食品安全国家标准规定的选择性添加物质命名婴幼儿配方食品；

（四）生产经营的特殊食品的标签、说明书内容与注册或者备案的标签、说明书不一致。

第六十九条 有下列情形之一的，依照食品安全法第一百二十六条第一款、本条例第七十五条的规定给予处罚：

（一）接受食品生产经营者委托贮存、运输食品，未按照规定记录保存信息；

（二）餐饮服务提供者未查验、留存餐具饮具集中消毒服务单位的营业执照复印件和消毒合格证明；

（三）食品生产经营者未按照规定对变质、超过保质期或者回收的食品进行标示或者存放，或者未及时对上述食品采取无害化处理、销毁等措施并如实记录；

（四）医疗机构和药品零售企业之外的单位或者个人向消费者销售特殊医学用途配方食品中的特定全营养配方食品；

（五）将特殊食品与普通食品或者药品混放销售。

第七十条 除食品安全法第一百二十五条第一款、第一百二十六条规定的情形外，食品生产经营者的生产经营行为不符合食品安全法第三十三条第一款第五项、第七项至第十项的规定，或者不符合有关食品生产经营过程要求的食品安全国家标准的，依照食品安全法第一百二十六条第一款、本条例第七十五条的规定给予处罚。

第七十一条 餐具饮具集中消毒服务单位未按照规定建立并遵守出厂检验记录制度的，由县级以上人民政府卫生行政部门依照食品安全法第一百二十六条第一款、本条例第七十五条的规定给予处罚。

第七十二条 从事对温度、湿度等有特殊要求的食品贮存业务的非食品生产经营者，食品集中交易市场的开办者、食品展销会的举办者，未按照规定备案或者报告的，由县级以上人民政府食品安全监督管理部门责令改正，给予警告；拒不改正的，处1万元以上5万元以下罚款；情节严重的，责令停产停业，并处5万元以上20万元以下罚款。

第七十三条 利用会议、讲座、健康咨询等方式对食品进行虚假宣传的，由县级以上人民政府食品安全监督管理部门责令消除影响,有违法所得的,没收违法所得;情节严重的,依照食品安全法第一百四十条第五款的规定进行处罚;属于单位违法的,还应当依照本条例第七十五条的规定对单位的法定代表人、主要负责人、直接负责的主管人员和其他直接责任人员给予处罚。

第七十四条　食品生产经营者生产经营的食品符合食品安全标准但不符合食品所标注的企业标准规定的食品安全指标的,由县级以上人民政府食品安全监督管理部门给予警告,并责令食品经营者停止经营该食品,责令食品生产企业改正;拒不停止经营或者改正的,没收不符合企业标准规定的食品安全指标的食品,货值金额不足1万元的,并处1万元以上5万元以下罚款,货值金额1万元以上的,并处货值金额5倍以上10倍以下罚款。

第七十五条　食品生产经营企业等单位有食品安全法规定的违法情形,除依照食品安全法的规定给予处罚外,有下列情形之一的,对单位的法定代表人、主要负责人、直接负责的主管人员和其他直接责任人员处以其上一年度从本单位取得收入的1倍以上10倍以下罚款:

(一)故意实施违法行为;

(二)违法行为性质恶劣;

(三)违法行为造成严重后果。

属于食品安全法第一百二十五条第二款规定情形的,不适用前款规定。

第七十六条　食品生产经营者依照食品安全法第六十三条第一款、第二款的规定停止生产、经营,实施食品召回,或者采取其他有效措施减轻或者消除食品安全风险,未造成危害后果的,可以从轻或者减轻处罚。

第七十七条　县级以上地方人民政府食品安全监督管理等部门对有食品安全法第一百二十三条规定的违法情形且情节严重,可能需要行政拘留的,应当及时将案件及有关材料移送同级公安机关。公安机关认为需要补充材料的,食品安全监督管理等部门应当及时提供。公安机关经审查认为不符合行政拘留条件的,应当及时将案件及有关材料退回移送的食品安全监督管理等部门。

第七十八条　公安机关对发现的食品安全违法行为,经审查没有犯罪事实或者立案侦查后认为不需要追究刑事责任,但依法应当予以行政拘留的,应当及时作出行政拘留的处罚决定;不需要予以行政拘留但依法应当追究其他行政责任的,应当及时将案件及有关材料移送同级食品安全监督管理等部门。

第七十九条　复检机构无正当理由拒绝承担复检任务的,由县级以上人民政府食品安全监督管理部门给予警告,无正当理由1年内2次拒绝承担复检任务的,由国务院有关部门撤销其复检机构资质并向社会公布。

第八十条　发布未依法取得资质认定的食品检验机构出具的食品检验信息,或者利用上述检验信息对食品、食品生产经营者进行等级评定,欺骗、误导消费者的,由县级以上人民政府食品安全监督管理部门责令改正,有违法所得的,没收违法所得,并处10万元以上50万元以下罚款;拒不改正的,处50万元以上100万元以下罚款;构成违反治安管理行为的，由公安机关依法给予治安管理处罚。

第八十一条　食品安全监督管理部门依照食品安全法、本条例对违法单位或者个人处以30万元以上罚款的，由设区的市级以上人民政府食品安全监督管理部门决定。罚款具体处罚权限由国务院食品安全监督管理部门规定。

第八十二条　阻碍食品安全监督管理等部门工作人员依法执行职务，构成违反治安管理行为的，由公安机关依法给予治安管理处罚。

第八十三条　县级以上人民政府食品安全监督管理等部门发现单位或者个人违反食品安全法第一百二十条第一款规定，编造、散布虚假食品安全信息，涉嫌构成违反治安管理行为的，应当将相关情况通报同级公安机关。

第八十四条　县级以上人民政府食品安全监督管理部门及其工作人员违法向他人提供网络食品交易第三方平台提供者提供的信息的，依照食品安全法第一百四十五条的规定给予处分。

第八十五条　违反本条例规定，构成犯罪的，依法追究刑事责任。

第十章　附　　则

第八十六条　本条例自2019年12月1日起施行。

国务院关于加强食品等产品安全监督管理的特别规定

（2007年7月25日国务院第186次常务会议通过　2007年7月26日中华人民共和国国务院令第503号公布）

第一条　为了加强食品等产品安全监督管理，进一步明确生产经营者、监督管理部门和地方人民政府的责任，加强各监督管理部门的协调、配合，保障人体健康和生命安全，制定本规定。

第二条　本规定所称产品除食品外，还包括食用农产品、药品等与人体健康和生命安全有关的产品。

对产品安全监督管理，法律有规定的，适用法律规定；法律没有规定或者规定不明确的，适用本规定。

第三条　生产经营者应当对其生产、销售的产品安全负责，不得生产、销售不符合法定要求的产品。

依照法律、行政法规规定生产、销售产品需要取得许可证照或者需要经过认证的，应当按照法定条件、要求从事生产经营活动。不按照法定条件、要求从事生产经营活动或者生产、销售不符合法定要求产品的，由农业、卫生、质检、商务、工商、药品等监督管理部门依据各自职责，没收违法所得、产品和用于违法生产的工具、设备、原材料等物品，货值金额不足5000元的，并处5万元罚款；货值金额5000元以上不足1万元的，并处10万元罚款；货值金额1万元以上的，并处货值金额10倍以上20倍以下的罚款；造成严重后果的，由原发证部门吊销许可证照；构成非法经营罪或者生产、销售伪劣商品罪等犯罪的，依法追究刑事责任。

生产经营者不再符合法定条件、要求,继续从事生产经营活动的,由原发证部门吊销许可证照,并在当地主要媒体上公告被吊销许可证照的生产经营者名单;构成非法经营罪或者生产、销售伪劣商品罪等犯罪的,依法追究刑事责任。

依法应当取得许可证照而未取得许可证照从事生产经营活动的,由农业、卫生、质检、商务、工商、药品等监督管理部门依据各自职责,没收违法所得、产品和用于违法生产的工具、设备、原材料等物品,货值金额不足 1 万元的,并处 10 万元罚款;货值金额 1 万元以上的,并处货值金额 10 倍以上 20 倍以下的罚款;构成非法经营罪的,依法追究刑事责任。

有关行业协会应当加强行业自律,监督生产经营者的生产经营活动;加强公众健康知识的普及、宣传,引导消费者选择合法生产经营者生产、销售的产品以及有合法标识的产品。

第四条 生产者生产产品所使用的原料、辅料、添加剂、农业投入品,应当符合法律、行政法规的规定和国家强制性标准。

违反前款规定,违法使用原料、辅料、添加剂、农业投入品的,由农业、卫生、质检、商务、药品等监督管理部门依据各自职责没收违法所得,货值金额不足 5000 元的,并处 2 万元罚款;货值金额 5000 元以上不足 1 万元的,并处 5 万元罚款;货值金额 1 万元以上的,并处货值金额 5 倍以上 10 倍以下的罚款;造成严重后果的,由原发证部门吊销许可证照;构成生产、销售伪劣商品罪的,依法追究刑事责任。

第五条 销售者必须建立并执行进货检查验收制度,审验供货商的经营资格,验明产品合格证明和产品标识,并建立产品进货台账,如实记录产品名称、规格、数量、供货商及其联系方式、进货时间等内容。从事产品批发业务的销售企业应当建立产品销售台账,如实记录批发的产品品种、规格、数量、流向等内容。在产品集中交易场所销售自制产品的生产企业应当比照从事产品批发业务的销售企业的规定,履行建立产品销售台账的义务。进货台账和销售台账保存期限不得少于 2 年。销售者应当向供货商按照产品生产批次索要符合法定条件的检验机构出具的检验报告或者由供货商签字或者盖章的检验报告复印件;不能提供检验报告或者检验报告复印件的产品,不得销售。

违反前款规定的,由工商、药品监督管理部门依据各自职责责令停止销售;不能提供检验报告或者检验报告复印件销售产品的,没收违法所得和违法销售的产品,并处货值金额 3 倍的罚款;造成严重后果的,由原发证部门吊销许可证照。

第六条 产品集中交易市场的开办企业、产品经营柜台出租企业、产品展销会的举办企业,应当审查入场销售者的经营资格,明确入场销售者的产品安全管理责任,定期对入场销售者的经营环境、条件、内部安全管理制度和经营产品是否符合法定要求进行检查,发现销售不符合法定要求产品或者其他违法行为的,应当及时制止并立即报告所在地工商行政管理部门。

违反前款规定的,由工商行政管理部门处以 1000 元以上 5 万元以下的罚款;情节严重的,责令停业整顿;造成严重后果的,吊销营业执照。

第七条 出口产品的生产经营者应当保证其出口产品符合进口国(地区)的标准或者

合同要求。法律规定产品必须经过检验方可出口的,应当经符合法律规定的机构检验合格。

出口产品检验人员应当依照法律、行政法规规定和有关标准、程序、方法进行检验,对其出具的检验证单等负责。

出入境检验检疫机构和商务、药品等监督管理部门应当建立出口产品的生产经营者良好记录和不良记录,并予以公布。对有良好记录的出口产品的生产经营者,简化检验检疫手续。

出口产品的生产经营者逃避产品检验或者弄虚作假的,由出入境检验检疫机构和药品监督管理部门依据各自职责,没收违法所得和产品,并处货值金额3倍的罚款;构成犯罪的,依法追究刑事责任。

第八条 进口产品应当符合我国国家技术规范的强制性要求以及我国与出口国(地区)签订的协议规定的检验要求。

质检、药品监督管理部门依据生产经营者的诚信度和质量管理水平以及进口产品风险评估的结果,对进口产品实施分类管理,并对进口产品的收货人实施备案管理。进口产品的收货人应当如实记录进口产品流向。记录保存期限不得少于2年。

质检、药品监督管理部门发现不符合法定要求产品时,可以将不符合法定要求产品的进货人、报检人、代理人列入不良记录名单。进口产品的进货人、销售者弄虚作假的,由质检、药品监督管理部门依据各自职责,没收违法所得和产品,并处货值金额3倍的罚款;构成犯罪的,依法追究刑事责任。进口产品的报检人、代理人弄虚作假的,取消报检资格,并处货值金额等值的罚款。

第九条 生产企业发现其生产的产品存在安全隐患,可能对人体健康和生命安全造成损害的,应当向社会公布有关信息,通知销售者停止销售,告知消费者停止使用,主动召回产品,并向有关监督管理部门报告;销售者应当立即停止销售该产品。销售者发现其销售的产品存在安全隐患,可能对人体健康和生命安全造成损害的,应当立即停止销售该产品,通知生产企业或者供货商,并向有关监督管理部门报告。

生产企业和销售者不履行前款规定义务的,由农业、卫生、质检、商务、工商、药品等监督管理部门依据各自职责,责令生产企业召回产品、销售者停止销售,对生产企业并处货值金额3倍的罚款,对销售者并处1000元以上5万元以下的罚款;造成严重后果的,由原发证部门吊销许可证照。

第十条 县级以上地方人民政府应当将产品安全监督管理纳入政府工作考核目标,对本行政区域内的产品安全监督管理负总责,统一领导、协调本行政区域内的监督管理工作,建立健全监督管理协调机制,加强对行政执法的协调、监督;统一领导、指挥产品安全突发事件应对工作,依法组织查处产品安全事故;建立监督管理责任制,对各监督管理部门进行评议、考核。质检、工商和药品等监督管理部门应当在所在地同级人民政府的统一协调下,依法做好产品安全监督管理工作。

县级以上地方人民政府不履行产品安全监督管理的领导、协调职责,本行政区域内一年多次出现产品安全事故、造成严重社会影响的,由监察机关或者任免机关对政府的主要负责人和直接负责的主管人员给予记大过、降级或者撤职的处分。

第十一条 国务院质检、卫生、农业等主管部门在各自职责范围内尽快制定、修改或者起草相关国家标准,加快建立统一管理、协调配套、符合实际、科学合理的产品标准体系。

第十二条 县级以上人民政府及其部门对产品安全实施监督管理,应当按照法定权限和程序履行职责,做到公开、公平、公正。对生产经营者同一违法行为,不得给予2次以上罚款的行政处罚;对涉嫌构成犯罪、依法需要追究刑事责任的,应当依照《行政执法机关移送涉嫌犯罪案件的规定》,向公安机关移送。

农业、卫生、质检、商务、工商、药品等监督管理部门应当依据各自职责对生产经营者进行监督检查,并对其遵守强制性标准、法定要求的情况予以记录,由监督检查人员签字后归档。监督检查记录应当作为其直接负责主管人员定期考核的内容。公众有权查阅监督检查记录。

第十三条 生产经营者有下列情形之一的,农业、卫生、质检、商务、工商、药品等监督管理部门应当依据各自职责采取措施,纠正违法行为,防止或者减少危害发生,并依照本规定予以处罚:

(一)依法应当取得许可证照而未取得许可证照从事生产经营活动的;

(二)取得许可证照或者经过认证后,不按照法定条件、要求从事生产经营活动或者生产、销售不符合法定要求产品的;

(三)生产经营者不再符合法定条件、要求继续从事生产经营活动的;

(四)生产者生产产品不按照法律、行政法规的规定和国家强制性标准使用原料、辅料、添加剂、农业投入品的;

(五)销售者没有建立并执行进货检查验收制度,并建立产品进货台账的;

(六)生产企业和销售者发现其生产、销售的产品存在安全隐患,可能对人体健康和生命安全造成损害,不履行本规定的义务的;

(七)生产经营者违反法律、行政法规和本规定的其他有关规定的。

农业、卫生、质检、商务、工商、药品等监督管理部门不履行前款规定职责、造成后果的,由监察机关或者任免机关对其主要负责人、直接负责的主管人员和其他直接责任人员给予记大过或者降级的处分;造成严重后果的,给予其主要负责人、直接负责的主管人员和其他直接责任人员撤职或者开除的处分;其主要负责人、直接负责的主管人员和其他直接责任人员构成渎职罪的,依法追究刑事责任。

违反本规定,滥用职权或者有其他渎职行为的,由监察机关或者任免机关对其主要负责人、直接负责的主管人员和其他直接责任人员给予记过或者记大过的处分;造成严重后果的,给予其主要负责人、直接负责的主管人员和其他直接责任人员降级或者撤职的处分;其主要负责人、直接负责的主管人员和其他直接责任人员构成渎职罪的,依法追究刑事责任。

第十四条 农业、卫生、质检、商务、工商、药品等监督管理部门发现违反本规定的行为,属于其他监督管理部门职责的,应当立即书面通知并移交有权处理的监督管理部门处理。有权处理的部门应当立即处理,不得推诿;因不立即处理或者推诿造成后果的,由监察机关或者任免机关对其主要负责人、直接负责的主管人员和其他直接责任人员给予记大过或者降级的处分。

第十五条 农业、卫生、质检、商务、工商、药品等监督管理部门履行各自产品安全监督管理职责,有下列职权:

(一)进入生产经营场所实施现场检查;

(二)查阅、复制、查封、扣押有关合同、票据、账簿以及其他有关资料;

(三)查封、扣押不符合法定要求的产品,违法使用的原料、辅料、添加剂、农业投入品以及用于违法生产的工具、设备;

(四)查封存在危害人体健康和生命安全重大隐患的生产经营场所。

第十六条 农业、卫生、质检、商务、工商、药品等监督管理部门应当建立生产经营者违法行为记录制度,对违法行为的情况予以记录并公布;对有多次违法行为记录的生产经营者,吊销许可证照。

第十七条 检验检测机构出具虚假检验报告,造成严重后果的,由授予其资质的部门吊销其检验检测资质;构成犯罪的,对直接负责的主管人员和其他直接责任人员依法追究刑事责任。

第十八条 发生产品安全事故或者其他对社会造成严重影响的产品安全事件时,农业、卫生、质检、商务、工商、药品等监督管理部门必须在各自职责范围内及时作出反应,采取措施,控制事态发展,减少损失,依照国务院规定发布信息,做好有关善后工作。

第十九条 任何组织或者个人对违反本规定的行为有权举报。接到举报的部门应当为举报人保密。举报经调查属实的,受理举报的部门应当给予举报人奖励。

农业、卫生、质检、商务、工商、药品等监督管理部门应当公布本单位的电子邮件地址或者举报电话;对接到的举报,应当及时、完整地进行记录并妥善保存。举报的事项属于本部门职责的,应当受理,并依法进行核实、处理、答复;不属于本部门职责的,应当转交有权处理的部门,并告知举报人。

第二十条 本规定自公布之日起施行。

医疗保障基金使用监督管理条例

(2020年12月9日国务院第117次常务会议通过 2021年1月15日中华人民共和国国务院令第735号公布)

第一章 总 则

第一条 为了加强医疗保障基金使用监督管理,保障基金安全,促进基金有效使用,维护公民医疗保障合法权益,根据《中华人民共和国社会保险法》和其他有关法律规定,制定本条例。

第二条 本条例适用于中华人民共和国境内基本医疗保险(含生育保险)基金、医疗救助基金等医疗保障基金使用及其监督管理。

第三条 医疗保障基金使用坚持以人民健康为中心，保障水平与经济社会发展水平相适应，遵循合法、安全、公开、便民的原则。

第四条 医疗保障基金使用监督管理实行政府监管、社会监督、行业自律和个人守信相结合。

第五条 县级以上人民政府应当加强对医疗保障基金使用监督管理工作的领导，建立健全医疗保障基金使用监督管理机制和基金监督管理执法体制，加强医疗保障基金使用监督管理能力建设，为医疗保障基金使用监督管理工作提供保障。

第六条 国务院医疗保障行政部门主管全国的医疗保障基金使用监督管理工作。国务院其他有关部门在各自职责范围内负责有关的医疗保障基金使用监督管理工作。

县级以上地方人民政府医疗保障行政部门负责本行政区域的医疗保障基金使用监督管理工作。县级以上地方人民政府其他有关部门在各自职责范围内负责有关的医疗保障基金使用监督管理工作。

第七条 国家鼓励和支持新闻媒体开展医疗保障法律、法规和医疗保障知识的公益宣传，并对医疗保障基金使用行为进行舆论监督。有关医疗保障的宣传报道应当真实、公正。

县级以上人民政府及其医疗保障等行政部门应当通过书面征求意见、召开座谈会等方式，听取人大代表、政协委员、参保人员代表等对医疗保障基金使用的意见，畅通社会监督渠道，鼓励和支持社会各方面参与对医疗保障基金使用的监督。

医疗机构、药品经营单位（以下统称医药机构）等单位和医药卫生行业协会应当加强行业自律，规范医药服务行为，促进行业规范和自我约束，引导依法、合理使用医疗保障基金。

第二章 基金使用

第八条 医疗保障基金使用应当符合国家规定的支付范围。

医疗保障基金支付范围由国务院医疗保障行政部门依法组织制定。省、自治区、直辖市人民政府按照国家规定的权限和程序，补充制定本行政区域内医疗保障基金支付的具体项目和标准，并报国务院医疗保障行政部门备案。

第九条 国家建立健全全国统一的医疗保障经办管理体系，提供标准化、规范化的医疗保障经办服务，实现省、市、县、乡镇（街道）、村（社区）全覆盖。

第十条 医疗保障经办机构应当建立健全业务、财务、安全和风险管理制度，做好服务协议管理、费用监控、基金拨付、待遇审核及支付等工作，并定期向社会公开医疗保障基金的收入、支出、结余等情况，接受社会监督。

第十一条 医疗保障经办机构应当与定点医药机构建立集体谈判协商机制，合理确定定点医药机构的医疗保障基金预算金额和拨付时限，并根据保障公众健康需求和管理服务的需要，与定点医药机构协商签订服务协议，规范医药服务行为，明确违反服务协议的行为及其责任。

医疗保障经办机构应当及时向社会公布签订服务协议的定点医药机构名单。

医疗保障行政部门应当加强对服务协议订立、履行等情况的监督。

第十二条 医疗保障经办机构应当按照服务协议的约定，及时结算和拨付医疗保障基金。

定点医药机构应当按照规定提供医药服务，提高服务质量，合理使用医疗保障基金，维护公民健康权益。

第十三条 定点医药机构违反服务协议的，医疗保障经办机构可以督促其履行服务协议，按照服务协议约定暂停或者不予拨付费用、追回违规费用、中止相关责任人员或者所在部门涉及医疗保障基金使用的医药服务，直至解除服务协议；定点医药机构及其相关责任人员有权进行陈述、申辩。

医疗保障经办机构违反服务协议的，定点医药机构有权要求纠正或者提请医疗保障行政部门协调处理、督促整改，也可以依法申请行政复议或者提起行政诉讼。

第十四条 定点医药机构应当建立医疗保障基金使用内部管理制度，由专门机构或者人员负责医疗保障基金使用管理工作，建立健全考核评价体系。

定点医药机构应当组织开展医疗保障基金相关制度、政策的培训，定期检查本单位医疗保障基金使用情况，及时纠正医疗保障基金使用不规范的行为。

第十五条 定点医药机构及其工作人员应当执行实名就医和购药管理规定，核验参保人员医疗保障凭证，按照诊疗规范提供合理、必要的医药服务，向参保人员如实出具费用单据和相关资料，不得分解住院、挂床住院，不得违反诊疗规范过度诊疗、过度检查、分解处方、超量开药、重复开药，不得重复收费、超标准收费、分解项目收费，不得串换药品、医用耗材、诊疗项目和服务设施，不得诱导、协助他人冒名或者虚假就医、购药。

定点医药机构应当确保医疗保障基金支付的费用符合规定的支付范围；除急诊、抢救等特殊情形外，提供医疗保障基金支付范围以外的医药服务的，应当经参保人员或者其近亲属、监护人同意。

第十六条 定点医药机构应当按照规定保管财务账目、会计凭证、处方、病历、治疗检查记录、费用明细、药品和医用耗材出入库记录等资料，及时通过医疗保障信息系统全面准确传送医疗保障基金使用有关数据，向医疗保障行政部门报告医疗保障基金使用监督管理所需信息，向社会公开医药费用、费用结构等信息，接受社会监督。

第十七条 参保人员应当持本人医疗保障凭证就医、购药，并主动出示接受查验。参保人员有权要求定点医药机构如实出具费用单据和相关资料。

参保人员应当妥善保管本人医疗保障凭证，防止他人冒名使用。因特殊原因需要委托他人代为购药的，应当提供委托人和受托人的身份证明。

参保人员应当按照规定享受医疗保障待遇，不得重复享受。

参保人员有权要求医疗保障经办机构提供医疗保障咨询服务，对医疗保障基金的使用提出改进建议。

第十八条 在医疗保障基金使用过程中，医疗保障等行政部门、医疗保障经办机构、定点医药机构及其工作人员不得收受贿赂或者取得其他非法收入。

第十九条 参保人员不得利用其享受医疗保障待遇的机会转卖药品，接受返还现金、实物或者获得其他非法利益。

定点医药机构不得为参保人员利用其享受医疗保障待遇的机会转卖药品，接受返还现金、实物或者获得其他非法利益提供便利。

第二十条 医疗保障经办机构、定点医药机构等单位及其工作人员和参保人员等人员不得通过伪造、变造、隐匿、涂改、销毁医学文书、医学证明、会计凭证、电子信息等有关资料，或者虚构医药服务项目等方式，骗取医疗保障基金。

第二十一条 医疗保障基金专款专用，任何组织和个人不得侵占或者挪用。

第三章 监督管理

第二十二条 医疗保障、卫生健康、中医药、市场监督管理、财政、审计、公安等部门应当分工协作、相互配合，建立沟通协调、案件移送等机制，共同做好医疗保障基金使用监督管理工作。

医疗保障行政部门应当加强对纳入医疗保障基金支付范围的医疗服务行为和医疗费用的监督，规范医疗保障经办业务，依法查处违法使用医疗保障基金的行为。

第二十三条 国务院医疗保障行政部门负责制定服务协议管理办法，规范、简化、优化医药机构定点申请、专业评估、协商谈判程序，制作并定期修订服务协议范本。

国务院医疗保障行政部门制定服务协议管理办法，应当听取有关部门、医药机构、行业协会、社会公众、专家等方面意见。

第二十四条 医疗保障行政部门应当加强与有关部门的信息交换和共享，创新监督管理方式，推广使用信息技术，建立全国统一、高效、兼容、便捷、安全的医疗保障信息系统，实施大数据实时动态智能监控，并加强共享数据使用全过程管理，确保共享数据安全。

第二十五条 医疗保障行政部门应当根据医疗保障基金风险评估、举报投诉线索、医疗保障数据监控等因素，确定检查重点，组织开展专项检查。

第二十六条 医疗保障行政部门可以会同卫生健康、中医药、市场监督管理、财政、公安等部门开展联合检查。

对跨区域的医疗保障基金使用行为，由共同的上一级医疗保障行政部门指定的医疗保障行政部门检查。

第二十七条 医疗保障行政部门实施监督检查，可以采取下列措施：

（一）进入现场检查；

（二）询问有关人员；

（三）要求被检查对象提供与检查事项相关的文件资料，并作出解释和说明；

（四）采取记录、录音、录像、照相或者复制等方式收集有关情况和资料；

（五）对可能被转移、隐匿或者灭失的资料等予以封存；

（六）聘请符合条件的会计师事务所等第三方机构和专业人员协助开展检查；

（七）法律、法规规定的其他措施。

第二十八条 医疗保障行政部门可以依法委托符合法定条件的组织开展医疗保障行政执法工作。

第二十九条 开展医疗保障基金使用监督检查，监督检查人员不得少于2人，并且应当出示执法证件。

医疗保障行政部门进行监督检查时，被检查对象应当予以配合，如实提供相关资料和信息，不得拒绝、阻碍检查或者谎报、瞒报。

第三十条　定点医药机构涉嫌骗取医疗保障基金支出的，在调查期间，医疗保障行政部门可以采取增加监督检查频次、加强费用监控等措施，防止损失扩大。定点医药机构拒不配合调查的，经医疗保障行政部门主要负责人批准，医疗保障行政部门可以要求医疗保障经办机构暂停医疗保障基金结算。经调查，属于骗取医疗保障基金支出的，依照本条例第四十条的规定处理；不属于骗取医疗保障基金支出的，按照规定结算。

参保人员涉嫌骗取医疗保障基金支出且拒不配合调查的，医疗保障行政部门可以要求医疗保障经办机构暂停医疗费用联网结算。暂停联网结算期间发生的医疗费用，由参保人员全额垫付。经调查，属于骗取医疗保障基金支出的，依照本条例第四十一条的规定处理；不属于骗取医疗保障基金支出的，按照规定结算。

第三十一条　医疗保障行政部门对违反本条例的行为作出行政处罚或者行政处理决定前，应当听取当事人的陈述、申辩；作出行政处罚或者行政处理决定，应当告知当事人依法享有申请行政复议或者提起行政诉讼的权利。

第三十二条　医疗保障等行政部门、医疗保障经办机构、会计师事务所等机构及其工作人员，不得将工作中获取、知悉的被调查对象资料或者相关信息用于医疗保障基金使用监督管理以外的其他目的，不得泄露、篡改、毁损、非法向他人提供当事人的个人信息和商业秘密。

第三十三条　国务院医疗保障行政部门应当建立定点医药机构、人员等信用管理制度，根据信用评价等级分级分类监督管理，将日常监督检查结果、行政处罚结果等情况纳入全国信用信息共享平台和其他相关信息公示系统，按照国家有关规定实施惩戒。

第三十四条　医疗保障行政部门应当定期向社会公布医疗保障基金使用监督检查结果，加大对医疗保障基金使用违法案件的曝光力度，接受社会监督。

第三十五条　任何组织和个人有权对侵害医疗保障基金的违法违规行为进行举报、投诉。

医疗保障行政部门应当畅通举报投诉渠道，依法及时处理有关举报投诉，并对举报人的信息保密。对查证属实的举报，按照国家有关规定给予举报人奖励。

第四章　法律责任

第三十六条　医疗保障经办机构有下列情形之一的，由医疗保障行政部门责令改正，对直接负责的主管人员和其他直接责任人员依法给予处分：

（一）未建立健全业务、财务、安全和风险管理制度；

（二）未履行服务协议管理、费用监控、基金拨付、待遇审核及支付等职责；

（三）未定期向社会公开医疗保障基金的收入、支出、结余等情况。

第三十七条　医疗保障经办机构通过伪造、变造、隐匿、涂改、销毁医学文书、医学证明、会计凭证、电子信息等有关资料或者虚构医药服务项目等方式，骗取医疗保障基金支出的,由医疗保障行政部门责令退回,处骗取金额 2 倍以上 5 倍以下的罚款,对直接负责的主管人员和其他直接责任人员依法给予处分。

第三十八条 定点医药机构有下列情形之一的,由医疗保障行政部门责令改正,并可以约谈有关负责人;造成医疗保障基金损失的,责令退回,处造成损失金额 1 倍以上 2 倍以下的罚款;拒不改正或者造成严重后果的,责令定点医药机构暂停相关责任部门 6 个月以上 1 年以下涉及医疗保障基金使用的医药服务;违反其他法律、行政法规的,由有关主管部门依法处理:

(一)分解住院、挂床住院;

(二)违反诊疗规范过度诊疗、过度检查、分解处方、超量开药、重复开药或者提供其他不必要的医药服务;

(三)重复收费、超标准收费、分解项目收费;

(四)串换药品、医用耗材、诊疗项目和服务设施;

(五)为参保人员利用其享受医疗保障待遇的机会转卖药品,接受返还现金、实物或者获得其他非法利益提供便利;

(六)将不属于医疗保障基金支付范围的医药费用纳入医疗保障基金结算;

(七)造成医疗保障基金损失的其他违法行为。

第三十九条 定点医药机构有下列情形之一的,由医疗保障行政部门责令改正,并可以约谈有关负责人;拒不改正的,处 1 万元以上 5 万元以下的罚款;违反其他法律、行政法规的,由有关主管部门依法处理:

(一)未建立医疗保障基金使用内部管理制度,或者没有专门机构或者人员负责医疗保障基金使用管理工作;

(二)未按照规定保管财务账目、会计凭证、处方、病历、治疗检查记录、费用明细、药品和医用耗材出入库记录等资料;

(三)未按照规定通过医疗保障信息系统传送医疗保障基金使用有关数据;

(四)未按照规定向医疗保障行政部门报告医疗保障基金使用监督管理所需信息;

(五)未按照规定向社会公开医药费用、费用结构等信息;

(六)除急诊、抢救等特殊情形外,未经参保人员或者其近亲属、监护人同意提供医疗保障基金支付范围以外的医药服务;

(七)拒绝医疗保障等行政部门监督检查或者提供虚假情况。

第四十条 定点医药机构通过下列方式骗取医疗保障基金支出的,由医疗保障行政部门责令退回,处骗取金额 2 倍以上 5 倍以下的罚款;责令定点医药机构暂停相关责任部门 6 个月以上 1 年以下涉及医疗保障基金使用的医药服务,直至由医疗保障经办机构解除服务协议;有执业资格的,由有关主管部门依法吊销执业资格:

(一)诱导、协助他人冒名或者虚假就医、购药,提供虚假证明材料,或者串通他人虚开费用单据;

(二)伪造、变造、隐匿、涂改、销毁医学文书、医学证明、会计凭证、电子信息等有关资料;

（三）虚构医药服务项目；

（四）其他骗取医疗保障基金支出的行为。

定点医药机构以骗取医疗保障基金为目的，实施了本条例第三十八条规定行为之一，造成医疗保障基金损失的，按照本条规定处理。

第四十一条 个人有下列情形之一的，由医疗保障行政部门责令改正；造成医疗保障基金损失的，责令退回；属于参保人员的，暂停其医疗费用联网结算 3 个月至 12 个月：

（一）将本人的医疗保障凭证交由他人冒名使用；

（二）重复享受医疗保障待遇；

（三）利用享受医疗保障待遇的机会转卖药品，接受返还现金、实物或者获得其他非法利益。

个人以骗取医疗保障基金为目的，实施了前款规定行为之一，造成医疗保障基金损失的；或者使用他人医疗保障凭证冒名就医、购药的；或者通过伪造、变造、隐匿、涂改、销毁医学文书、医学证明、会计凭证、电子信息等有关资料或者虚构医药服务项目等方式，骗取医疗保障基金支出的，除依照前款规定处理外，还应当由医疗保障行政部门处骗取金额 2 倍以上 5 倍以下的罚款。

第四十二条 医疗保障等行政部门、医疗保障经办机构、定点医药机构及其工作人员收受贿赂或者取得其他非法收入的，没收违法所得，对有关责任人员依法给予处分；违反其他法律、行政法规的，由有关主管部门依法处理。

第四十三条 定点医药机构违反本条例规定，造成医疗保障基金重大损失或者其他严重不良社会影响的，其法定代表人或者主要负责人 5 年内禁止从事定点医药机构管理活动，由有关部门依法给予处分。

第四十四条 违反本条例规定，侵占、挪用医疗保障基金的，由医疗保障等行政部门责令追回；有违法所得的，没收违法所得；对直接负责的主管人员和其他直接责任人员依法给予处分。

第四十五条 退回的基金退回原医疗保障基金财政专户；罚款、没收的违法所得依法上缴国库。

第四十六条 医疗保障等行政部门、医疗保障经办机构、会计师事务所等机构及其工作人员，泄露、篡改、毁损、非法向他人提供个人信息、商业秘密的，对直接负责的主管人员和其他直接责任人员依法给予处分；违反其他法律、行政法规的，由有关主管部门依法处理。

第四十七条 医疗保障等行政部门工作人员在医疗保障基金使用监督管理工作中滥用职权、玩忽职守、徇私舞弊的，依法给予处分。

第四十八条 违反本条例规定，构成违反治安管理行为的，依法给予治安管理处罚；构成犯罪的，依法追究刑事责任。

违反本条例规定，给有关单位或者个人造成损失的，依法承担赔偿责任。

第五章　附　　则

第四十九条 职工大额医疗费用补助、公务员医疗补助等医疗保障资金使用的监督管理,参照本条例执行。

居民大病保险资金的使用按照国家有关规定执行,医疗保障行政部门应当加强监督。

第五十条 本条例自2021年5月1日起施行。

医疗机构管理条例

(1994年2月26日中华人民共和国国务院令第149号发布 根据2016年2月6日《国务院关于修改部分行政法规的决定》修订)

第一章 总 则

第一条 为了加强对医疗机构的管理,促进医疗卫生事业的发展,保障公民健康,制定本条例。

第二条 本条例适用于从事疾病诊断、治疗活动的医院、卫生院、疗养院、门诊部、诊所、卫生所(室)以及急救站等医疗机构。

第三条 医疗机构以救死扶伤,防病治病,为公民的健康服务为宗旨。

第四条 国家扶持医疗机构的发展,鼓励多种形式兴办医疗机构。

第五条 国务院卫生行政部门负责全国医疗机构的监督管理工作。

县级以上地方人民政府卫生行政部门负责本行政区域内医疗机构的监督管理工作。

中国人民解放军卫生主管部门依照本条例和国家有关规定,对军队的医疗机构实施监督管理。

第二章 规划布局和设置审批

第六条 县级以上地方人民政府卫生行政部门应当根据本行政区域内的人口、医疗资源、医疗需求和现有医疗机构的分布状况,制定本行政区域医疗机构设置规划。

机关、企业和事业单位可以根据需要设置医疗机构,并纳入当地医疗机构的设置规划。

第七条 县级以上地方人民政府应当把医疗机构设置规划纳入当地的区域卫生发展规划和城乡建设发展总体规划。

第八条 设置医疗机构应当符合医疗机构设置规划和医疗机构基本标准。

医疗机构基本标准由国务院卫生行政部门制定。

第九条 单位或者个人设置医疗机构,必须经县级以上地方人民政府卫生行政部门审查批准,并取得设置医疗机构批准书。

第十条 申请设置医疗机构,应当提交下列文件:

(一)设置申请书;

(二)设置可行性研究报告;

(三)选址报告和建筑设计平面图。

第十一条 单位或者个人设置医疗机构,应当按照以下规定提出设置申请:

(一)不设床位或者床位不满100张的医疗机构,向所在地的县级人民政府卫生行政部门申请；

（二）床位在100张以上的医疗机构和专科医院按照省级人民政府卫生行政部门的规定申请。

第十二条　县级以上地方人民政府卫生行政部门应当自受理设置申请之日起30日内，作出批准或者不批准的书面答复；批准设置的，发给设置医疗机构批准书。

第十三条　国家统一规划的医疗机构的设置，由国务院卫生行政部门决定。

第十四条　机关、企业和事业单位按照国家医疗机构基本标准设置为内部职工服务的门诊部、诊所、卫生所（室），报所在地的县级人民政府卫生行政部门备案。

第三章　登　　记

第十五条　医疗机构执业，必须进行登记，领取《医疗机构执业许可证》。

第十六条　申请医疗机构执业登记，应当具备下列条件：

（一）有设置医疗机构批准书；

（二）符合医疗机构的基本标准；

（三）有适合的名称、组织机构和场所；

（四）有与其开展的业务相适应的经费、设施、设备和专业卫生技术人员；

（五）有相应的规章制度；

（六）能够独立承担民事责任。

第十七条　医疗机构的执业登记，由批准其设置的人民政府卫生行政部门办理。

按照本条例第十三条规定设置的医疗机构的执业登记，由所在地的省、自治区、直辖市人民政府卫生行政部门办理。

机关、企业和事业单位设置的为内部职工服务的门诊部、诊所、卫生所（室）的执业登记，由所在地的县级人民政府卫生行政部门办理。

第十八条　医疗机构执业登记的主要事项：

（一）名称、地址、主要负责人；

（二）所有制形式；

（三）诊疗科目、床位；

（四）注册资金。

第十九条　县级以上地方人民政府卫生行政部门自受理执业登记申请之日起45日内，根据本条例和医疗机构基本标准进行审核。审核合格的，予以登记，发给《医疗机构执业许可证》；审核不合格的，将审核结果以书面形式通知申请人。

第二十条　医疗机构改变名称、场所、主要负责人、诊疗科目、床位，必须向原登记机关办理变更登记。

第二十一条　医疗机构歇业，必须向原登记机关办理注销登记。经登记机关核准后，收缴《医疗机构执业许可证》。

医疗机构非因改建、扩建、迁建原因停业超过1年的，视为歇业。

第二十二条　床位不满100张的医疗机构，其《医疗机构执业许可证》每年校验1次；

床位在100张以上的医疗机构,其《医疗机构执业许可证》每3年校验1次。校验由原登记机关办理。

第二十三条 《医疗机构执业许可证》不得伪造、涂改、出卖、转让、出借。

《医疗机构执业许可证》遗失的,应当及时申明,并向原登记机关申请补发。

第四章 执 业

第二十四条 任何单位或者个人,未取得《医疗机构执业许可证》,不得开展诊疗活动。

第二十五条 医疗机构执业,必须遵守有关法律、法规和医疗技术规范。

第二十六条 医疗机构必须将《医疗机构执业许可证》、诊疗科目、诊疗时间和收费标准悬挂于明显处所。

第二十七条 医疗机构必须按照核准登记的诊疗科目开展诊疗活动。

第二十八条 医疗机构不得使用非卫生技术人员从事医疗卫生技术工作。

第二十九条 医疗机构应当加强对医务人员的医德教育。

第三十条 医疗机构工作人员上岗工作,必须佩带载有本人姓名、职务或者职称的标牌。

第三十一条 医疗机构对危重病人应当立即抢救。对限于设备或者技术条件不能诊治的病人,应当及时转诊。

第三十二条 未经医师(士)亲自诊查病人,医疗机构不得出具疾病诊断书、健康证明书或者死亡证明书等证明文件;未经医师(士)、助产人员亲自接产,医疗机构不得出具出生证明书或者死产报告书。

第三十三条 医疗机构施行手术、特殊检查或者特殊治疗时,必须征得患者同意,并应当取得其家属或者关系人同意并签字;无法取得患者意见时,应当取得家属或者关系人同意并签字;无法取得患者意见又无家属或者关系人在场,或者遇到其他特殊情况时,经治医师应当提出医疗处置方案,在取得医疗机构负责人或者被授权负责人员的批准后实施。

第三十四条 医疗机构发生医疗事故,按照国家有关规定处理。

第三十五条 医疗机构对传染病、精神病、职业病等患者的特殊诊治和处理,应当按照国家有关法律、法规的规定办理。

第三十六条 医疗机构必须按照有关药品管理的法律、法规,加强药品管理。

第三十七条 医疗机构必须按照人民政府或者物价部门的有关规定收取医疗费用,详列细项,并出具收据。

第三十八条 医疗机构必须承担相应的预防保健工作,承担县级以上人民政府卫生行政部门委托的支援农村、指导基层医疗卫生工作等任务。

第三十九条 发生重大灾害、事故、疾病流行或者其他意外情况时,医疗机构及其卫生技术人员必须服从县级以上人民政府卫生行政部门的调遣。

第五章 监督管理

第四十条 县级以上人民政府卫生行政部门行使下列监督管理职权:

（一）负责医疗机构的设置审批、执业登记和校验；

（二）对医疗机构的执业活动进行检查指导；

（三）负责组织对医疗机构的评审；

（四）对违反本条例的行为给予处罚。

第四十一条　国家实行医疗机构评审制度，由专家组成的评审委员会按照医疗机构评审办法和评审标准，对医疗机构的执业活动、医疗服务质量等进行综合评价。

医疗机构评审办法和评审标准由国务院卫生行政部门制定。

第四十二条　县级以上地方人民政府卫生行政部门负责组织本行政区域医疗机构评审委员会。

医疗机构评审委员会由医院管理、医学教育、医疗、医技、护理和财务等有关专家组成。评审委员会成员由县级以上地方人民政府卫生行政部门聘任。

第四十三条　县级以上地方人民政府卫生行政部门根据评审委员会的评审意见，对达到评审标准的医疗机构，发给评审合格证书；对未达到评审标准的医疗机构，提出处理意见。

第六章　罚　　则

第四十四条　违反本条例第二十四条规定，未取得《医疗机构执业许可证》擅自执业的，由县级以上人民政府卫生行政部门责令其停止执业活动，没收非法所得和药品、器械，并可以根据情节处以1万元以下的罚款。

第四十五条　违反本条例第二十二条规定，逾期不校验《医疗机构执业许可证》仍从事诊疗活动的，由县级以上人民政府卫生行政部门责令其限期补办校验手续；拒不校验的，吊销其《医疗机构执业许可证》。

第四十六条　违反本条例第二十三条规定，出卖、转让、出借《医疗机构执业许可证》的，由县级以上人民政府卫生行政部门没收非法所得，并可以处以5000元以下的罚款；情节严重的，吊销其《医疗机构执业许可证》。

第四十七条　违反本条例第二十七条规定，诊疗活动超出登记范围的，由县级以上人民政府卫生行政部门予以警告、责令其改正，并可以根据情节处以3000元以下的罚款；情节严重的，吊销其《医疗机构执业许可证》。

第四十八条　违反本条例第二十八条规定，使用非卫生技术人员从事医疗卫生技术工作的，由县级以上人民政府卫生行政部门责令其限期改正，并可以处以5000元以下的罚款；情节严重的，吊销其《医疗机构执业许可证》。

第四十九条　违反本条例第三十二条规定，出具虚假证明文件的，由县级以上人民政府卫生行政部门予以警告；对造成危害后果的，可以处以1000元以下的罚款；对直接责任人员由所在单位或者上级机关给予行政处分。

第五十条　没收的财物和罚款全部上交国库。

第五十一条　当事人对行政处罚决定不服的，可以依照国家法律、法规的规定申请行政复议或者提起行政诉讼。当事人对罚款及没收药品、器械的处罚决定未在法定期限内申请复议或者提起诉讼又不履行的,县级以上人民政府卫生行政部门可以申请人民法院强制执行。

第七章 附 则

第五十二条 本条例实施前已经执业的医疗机构,应当在条例实施后的6个月内,按照本条例第三章的规定,补办登记手续,领取《医疗机构执业许可证》。

第五十三条 外国人在中华人民共和国境内开设医疗机构及香港、澳门、台湾居民在内地开设医疗机构的管理办法,由国务院卫生行政部门另行制定。

第五十四条 本条例由国务院卫生行政部门负责解释。

第五十五条 本条例自1994年9月1日起施行。1951年政务院批准发布的《医院诊所管理暂行条例》同时废止。

医疗器械监督管理条例

(2000年1月4日中华人民共和国国务院令第276号公布 2014年2月12日国务院第39次常务会议修订通过 根据2017年5月4日《国务院关于修改〈医疗器械监督管理条例〉的决定》修订 2020年12月21日国务院第119次常务会议修订通过)

第一章 总 则

第一条 为了保证医疗器械的安全、有效,保障人体健康和生命安全,促进医疗器械产业发展,制定本条例。

第二条 在中华人民共和国境内从事医疗器械的研制、生产、经营、使用活动及其监督管理,适用本条例。

第三条 国务院药品监督管理部门负责全国医疗器械监督管理工作。

国务院有关部门在各自的职责范围内负责与医疗器械有关的监督管理工作。

第四条 县级以上地方人民政府应当加强对本行政区域的医疗器械监督管理工作的领导,组织协调本行政区域内的医疗器械监督管理工作以及突发事件应对工作,加强医疗器械监督管理能力建设,为医疗器械安全工作提供保障。

县级以上地方人民政府负责药品监督管理的部门负责本行政区域的医疗器械监督管理工作。县级以上地方人民政府有关部门在各自的职责范围内负责与医疗器械有关的监督管理工作。

第五条 医疗器械监督管理遵循风险管理、全程管控、科学监管、社会共治的原则。

第六条 国家对医疗器械按照风险程度实行分类管理。

第一类是风险程度低,实行常规管理可以保证其安全、有效的医疗器械。

第二类是具有中度风险,需要严格控制管理以保证其安全、有效的医疗器械。

第三类是具有较高风险,需要采取特别措施严格控制管理以保证其安全、有效的医疗器械。

评价医疗器械风险程度,应当考虑医疗器械的预期目的、结构特征、使用方法等因素。

国务院药品监督管理部门负责制定医疗器械的分类规则和分类目录,并根据医疗器械生产、经营、使用情况,及时对医疗器械的风险变化进行分析、评价,对分类规则和分类目录进行调整。制定、调整分类规则和分类目录,应当充分听取医疗器械注册人、备案人、生产经营企业以及使用单位、行业组织的意见,并参考国际医疗器械分类实践。医疗器械分类规则和分类目录应当向社会公布。

第七条　医疗器械产品应当符合医疗器械强制性国家标准;尚无强制性国家标准的,应当符合医疗器械强制性行业标准。

第八条　国家制定医疗器械产业规划和政策,将医疗器械创新纳入发展重点,对创新医疗器械予以优先审评审批,支持创新医疗器械临床推广和使用,推动医疗器械产业高质量发展。国务院药品监督管理部门应当配合国务院有关部门,贯彻实施国家医疗器械产业规划和引导政策。

第九条　国家完善医疗器械创新体系,支持医疗器械的基础研究和应用研究,促进医疗器械新技术的推广和应用,在科技立项、融资、信贷、招标采购、医疗保险等方面予以支持。支持企业设立或者联合组建研制机构,鼓励企业与高等学校、科研院所、医疗机构等合作开展医疗器械的研究与创新,加强医疗器械知识产权保护,提高医疗器械自主创新能力。

第十条　国家加强医疗器械监督管理信息化建设,提高在线政务服务水平,为医疗器械行政许可、备案等提供便利。

第十一条　医疗器械行业组织应当加强行业自律,推进诚信体系建设,督促企业依法开展生产经营活动,引导企业诚实守信。

第十二条　对在医疗器械的研究与创新方面做出突出贡献的单位和个人,按照国家有关规定给予表彰奖励。

第二章　医疗器械产品注册与备案

第十三条　第一类医疗器械实行产品备案管理,第二类、第三类医疗器械实行产品注册管理。

医疗器械注册人、备案人应当加强医疗器械全生命周期质量管理,对研制、生产、经营、使用全过程中医疗器械的安全性、有效性依法承担责任。

第十四条　第一类医疗器械产品备案和申请第二类、第三类医疗器械产品注册,应当提交下列资料:

(一)产品风险分析资料;

(二)产品技术要求;

(三)产品检验报告;

(四)临床评价资料;

(五)产品说明书以及标签样稿;

(六)与产品研制、生产有关的质量管理体系文件;

(七)证明产品安全、有效所需的其他资料。

产品检验报告应当符合国务院药品监督管理部门的要求，可以是医疗器械注册申请人、备案人的自检报告，也可以是委托有资质的医疗器械检验机构出具的检验报告。

符合本条例第二十四条规定的免于进行临床评价情形的，可以免于提交临床评价资料。

医疗器械注册申请人、备案人应当确保提交的资料合法、真实、准确、完整和可追溯。

第十五条 第一类医疗器械产品备案，由备案人向所在地设区的市级人民政府负责药品监督管理的部门提交备案资料。

向我国境内出口第一类医疗器械的境外备案人，由其指定的我国境内企业法人向国务院药品监督管理部门提交备案资料和备案人所在国（地区）主管部门准许该医疗器械上市销售的证明文件。未在境外上市的创新医疗器械，可以不提交备案人所在国（地区）主管部门准许该医疗器械上市销售的证明文件。

备案人向负责药品监督管理的部门提交符合本条例规定的备案资料后即完成备案。负责药品监督管理的部门应当自收到备案资料之日起5个工作日内，通过国务院药品监督管理部门在线政务服务平台向社会公布备案有关信息。

备案资料载明的事项发生变化的，应当向原备案部门变更备案。

第十六条 申请第二类医疗器械产品注册，注册申请人应当向所在地省、自治区、直辖市人民政府药品监督管理部门提交注册申请资料。申请第三类医疗器械产品注册，注册申请人应当向国务院药品监督管理部门提交注册申请资料。

向我国境内出口第二类、第三类医疗器械的境外注册申请人，由其指定的我国境内企业法人向国务院药品监督管理部门提交注册申请资料和注册申请人所在国（地区）主管部门准许该医疗器械上市销售的证明文件。未在境外上市的创新医疗器械，可以不提交注册申请人所在国（地区）主管部门准许该医疗器械上市销售的证明文件。

国务院药品监督管理部门应当对医疗器械注册审查程序和要求作出规定，并加强对省、自治区、直辖市人民政府药品监督管理部门注册审查工作的监督指导。

第十七条 受理注册申请的药品监督管理部门应当对医疗器械的安全性、有效性以及注册申请人保证医疗器械安全、有效的质量管理能力等进行审查。

受理注册申请的药品监督管理部门应当自受理注册申请之日起3个工作日内将注册申请资料转交技术审评机构。技术审评机构应当在完成技术审评后，将审评意见提交受理注册申请的药品监督管理部门作为审批的依据。

受理注册申请的药品监督管理部门在组织对医疗器械的技术审评时认为有必要对质量管理体系进行核查的，应当组织开展质量管理体系核查。

第十八条 受理注册申请的药品监督管理部门应当自收到审评意见之日起20个工作日内作出决定。对符合条件的，准予注册并发给医疗器械注册证；对不符合条件的，不予注册并书面说明理由。

受理注册申请的药品监督管理部门应当自医疗器械准予注册之日起5个工作日内，通过国务院药品监督管理部门在线政务服务平台向社会公布注册有关信息。

第十九条 对用于治疗罕见疾病、严重危及生命且尚无有效治疗手段的疾病和应对公共卫生事件等急需的医疗器械，受理注册申请的药品监督管理部门可以作出附条件批准决定，并在医疗器械注册证中载明相关事项。

出现特别重大突发公共卫生事件或者其他严重威胁公众健康的紧急事件，国务院卫生主管部门根据预防、控制事件的需要提出紧急使用医疗器械的建议，经国务院药品监督管理部门组织论证同意后可以在一定范围和期限内紧急使用。

第二十条　医疗器械注册人、备案人应当履行下列义务：

（一）建立与产品相适应的质量管理体系并保持有效运行；

（二）制定上市后研究和风险管控计划并保证有效实施；

（三）依法开展不良事件监测和再评价；

（四）建立并执行产品追溯和召回制度；

（五）国务院药品监督管理部门规定的其他义务。

境外医疗器械注册人、备案人指定的我国境内企业法人应当协助注册人、备案人履行前款规定的义务。

第二十一条　已注册的第二类、第三类医疗器械产品，其设计、原材料、生产工艺、适用范围、使用方法等发生实质性变化，有可能影响该医疗器械安全、有效的，注册人应当向原注册部门申请办理变更注册手续；发生其他变化的，应当按照国务院药品监督管理部门的规定备案或者报告。

第二十二条　医疗器械注册证有效期为 5 年。有效期届满需要延续注册的，应当在有效期届满 6 个月前向原注册部门提出延续注册的申请。

除有本条第三款规定情形外，接到延续注册申请的药品监督管理部门应当在医疗器械注册证有效期届满前作出准予延续的决定。逾期未作决定的，视为准予延续。

有下列情形之一的，不予延续注册：

（一）未在规定期限内提出延续注册申请；

（二）医疗器械强制性标准已经修订，申请延续注册的医疗器械不能达到新要求；

（三）附条件批准的医疗器械，未在规定期限内完成医疗器械注册证载明事项。

第二十三条　对新研制的尚未列入分类目录的医疗器械，申请人可以依照本条例有关第三类医疗器械产品注册的规定直接申请产品注册，也可以依据分类规则判断产品类别并向国务院药品监督管理部门申请类别确认后依照本条例的规定申请产品注册或者进行产品备案。

直接申请第三类医疗器械产品注册的，国务院药品监督管理部门应当按照风险程度确定类别，对准予注册的医疗器械及时纳入分类目录。申请类别确认的，国务院药品监督管理部门应当自受理申请之日起 20 个工作日内对该医疗器械的类别进行判定并告知申请人。

第二十四条　医疗器械产品注册、备案，应当进行临床评价；但是符合下列情形之一，可以免于进行临床评价：

（一）工作机理明确、设计定型，生产工艺成熟，已上市的同品种医疗器械临床应用多年且无严重不良事件记录，不改变常规用途的；

（二）其他通过非临床评价能够证明该医疗器械安全、有效的。

国务院药品监督管理部门应当制定医疗器械临床评价指南。

第二十五条 进行医疗器械临床评价，可以根据产品特征、临床风险、已有临床数据等情形，通过开展临床试验，或者通过对同品种医疗器械临床文献资料、临床数据进行分析评价，证明医疗器械安全、有效。

按照国务院药品监督管理部门的规定，进行医疗器械临床评价时，已有临床文献资料、临床数据不足以确认产品安全、有效的医疗器械，应当开展临床试验。

第二十六条 开展医疗器械临床试验，应当按照医疗器械临床试验质量管理规范的要求，在具备相应条件的临床试验机构进行，并向临床试验申办者所在地省、自治区、直辖市人民政府药品监督管理部门备案。接受临床试验备案的药品监督管理部门应当将备案情况通报临床试验机构所在地同级药品监督管理部门和卫生主管部门。

医疗器械临床试验机构实行备案管理。医疗器械临床试验机构应当具备的条件以及备案管理办法和临床试验质量管理规范，由国务院药品监督管理部门会同国务院卫生主管部门制定并公布。

国家支持医疗机构开展临床试验，将临床试验条件和能力评价纳入医疗机构等级评审，鼓励医疗机构开展创新医疗器械临床试验。

第二十七条 第三类医疗器械临床试验对人体具有较高风险的，应当经国务院药品监督管理部门批准。国务院药品监督管理部门审批临床试验，应当对拟承担医疗器械临床试验的机构的设备、专业人员等条件，该医疗器械的风险程度，临床试验实施方案，临床受益与风险对比分析报告等进行综合分析，并自受理申请之日起60个工作日内作出决定并通知临床试验申办者。逾期未通知的，视为同意。准予开展临床试验的，应当通报临床试验机构所在地省、自治区、直辖市人民政府药品监督管理部门和卫生主管部门。

临床试验对人体具有较高风险的第三类医疗器械目录由国务院药品监督管理部门制定、调整并公布。

第二十八条 开展医疗器械临床试验，应当按照规定进行伦理审查，向受试者告知试验目的、用途和可能产生的风险等详细情况，获得受试者的书面知情同意；受试者为无民事行为能力人或者限制民事行为能力人的，应当依法获得其监护人的书面知情同意。

开展临床试验，不得以任何形式向受试者收取与临床试验有关的费用。

第二十九条 对正在开展临床试验的用于治疗严重危及生命且尚无有效治疗手段的疾病的医疗器械，经医学观察可能使患者获益，经伦理审查、知情同意后，可以在开展医疗器械临床试验的机构内免费用于其他病情相同的患者，其安全性数据可以用于医疗器械注册申请。

第三章 医疗器械生产

第三十条 从事医疗器械生产活动，应当具备下列条件：

（一）有与生产的医疗器械相适应的生产场地、环境条件、生产设备以及专业技术人员；

（二）有能对生产的医疗器械进行质量检验的机构或者专职检验人员以及检验设备；

（三）有保证医疗器械质量的管理制度；

（四）有与生产的医疗器械相适应的售后服务能力；

（五）符合产品研制、生产工艺文件规定的要求。

第三十一条　从事第一类医疗器械生产的，应当向所在地设区的市级人民政府负责药品监督管理的部门备案，在提交符合本条例第三十条规定条件的有关资料后即完成备案。

医疗器械备案人自行生产第一类医疗器械的，可以在依照本条例第十五条规定进行产品备案时一并提交符合本条例第三十条规定条件的有关资料，即完成生产备案。

第三十二条　从事第二类、第三类医疗器械生产的，应当向所在地省、自治区、直辖市人民政府药品监督管理部门申请生产许可并提交其符合本条例第三十条规定条件的有关资料以及所生产医疗器械的注册证。

受理生产许可申请的药品监督管理部门应当对申请资料进行审核，按照国务院药品监督管理部门制定的医疗器械生产质量管理规范的要求进行核查，并自受理申请之日起20个工作日内作出决定。对符合规定条件的，准予许可并发给医疗器械生产许可证；对不符合规定条件的，不予许可并书面说明理由。

医疗器械生产许可证有效期为5年。有效期届满需要延续的，依照有关行政许可的法律规定办理延续手续。

第三十三条　医疗器械生产质量管理规范应当对医疗器械的设计开发、生产设备条件、原材料采购、生产过程控制、产品放行、企业的机构设置和人员配备等影响医疗器械安全、有效的事项作出明确规定。

第三十四条　医疗器械注册人、备案人可以自行生产医疗器械，也可以委托符合本条例规定、具备相应条件的企业生产医疗器械。

委托生产医疗器械的，医疗器械注册人、备案人应当对所委托生产的医疗器械质量负责，并加强对受托生产企业生产行为的管理，保证其按照法定要求进行生产。医疗器械注册人、备案人应当与受托生产企业签订委托协议，明确双方权利、义务和责任。受托生产企业应当依照法律法规、医疗器械生产质量管理规范、强制性标准、产品技术要求和委托协议组织生产，对生产行为负责，并接受委托方的监督。

具有高风险的植入性医疗器械不得委托生产，具体目录由国务院药品监督管理部门制定、调整并公布。

第三十五条　医疗器械注册人、备案人、受托生产企业应当按照医疗器械生产质量管理规范，建立健全与所生产医疗器械相适应的质量管理体系并保证其有效运行；严格按照经注册或者备案的产品技术要求组织生产，保证出厂的医疗器械符合强制性标准以及经注册或者备案的产品技术要求。

医疗器械注册人、备案人、受托生产企业应当定期对质量管理体系的运行情况进行自查，并按照国务院药品监督管理部门的规定提交自查报告。

第三十六条　医疗器械的生产条件发生变化，不再符合医疗器械质量管理体系要求的，医疗器械注册人、备案人、受托生产企业应当立即采取整改措施；可能影响医疗器械安全、有效的，应当立即停止生产活动，并向原生产许可或者生产备案部门报告。

第三十七条　医疗器械应当使用通用名称。通用名称应当符合国务院药品监督管理部门制定的医疗器械命名规则。

第三十八条　国家根据医疗器械产品类别，分步实施医疗器械唯一标识制度，实现医疗器械可追溯，具体办法由国务院药品监督管理部门会同国务院有关部门制定。

第三十九条　医疗器械应当有说明书、标签。说明书、标签的内容应当与经注册或者备案的相关内容一致，确保真实、准确。

医疗器械的说明书、标签应当标明下列事项：

（一）通用名称、型号、规格；

（二）医疗器械注册人、备案人、受托生产企业的名称、地址以及联系方式；

（三）生产日期，使用期限或者失效日期；

（四）产品性能、主要结构、适用范围；

（五）禁忌、注意事项以及其他需要警示或者提示的内容；

（六）安装和使用说明或者图示；

（七）维护和保养方法，特殊运输、贮存的条件、方法；

（八）产品技术要求规定应当标明的其他内容。

第二类、第三类医疗器械还应当标明医疗器械注册证编号。

由消费者个人自行使用的医疗器械还应当具有安全使用的特别说明。

第四章　医疗器械经营与使用

第四十条　从事医疗器械经营活动，应当有与经营规模和经营范围相适应的经营场所和贮存条件，以及与经营的医疗器械相适应的质量管理制度和质量管理机构或者人员。

第四十一条　从事第二类医疗器械经营的，由经营企业向所在地设区的市级人民政府负责药品监督管理的部门备案并提交符合本条例第四十条规定条件的有关资料。

按照国务院药品监督管理部门的规定，对产品安全性、有效性不受流通过程影响的第二类医疗器械，可以免于经营备案。

第四十二条　从事第三类医疗器械经营的，经营企业应当向所在地设区的市级人民政府负责药品监督管理的部门申请经营许可并提交符合本条例第四十条规定条件的有关资料。

受理经营许可申请的负责药品监督管理的部门应当对申请资料进行审查，必要时组织核查，并自受理申请之日起20个工作日内作出决定。对符合规定条件的，准予许可并发给医疗器械经营许可证；对不符合规定条件的，不予许可并书面说明理由。

医疗器械经营许可证有效期为5年。有效期届满需要延续的，依照有关行政许可的法律规定办理延续手续。

第四十三条　医疗器械注册人、备案人经营其注册、备案的医疗器械，无需办理医疗器械经营许可或者备案，但应当符合本条例规定的经营条件。

第四十四条 从事医疗器械经营,应当依照法律法规和国务院药品监督管理部门制定的医疗器械经营质量管理规范的要求,建立健全与所经营医疗器械相适应的质量管理体系并保证其有效运行。

第四十五条 医疗器械经营企业、使用单位应当从具备合法资质的医疗器械注册人、备案人、生产经营企业购进医疗器械。购进医疗器械时,应当查验供货者的资质和医疗器械的合格证明文件,建立进货查验记录制度。从事第二类、第三类医疗器械批发业务以及第三类医疗器械零售业务的经营企业,还应当建立销售记录制度。

记录事项包括:

(一)医疗器械的名称、型号、规格、数量;

(二)医疗器械的生产批号、使用期限或者失效日期、销售日期;

(三)医疗器械注册人、备案人和受托生产企业的名称;

(四)供货者或者购货者的名称、地址以及联系方式;

(五)相关许可证明文件编号等。

进货查验记录和销售记录应当真实、准确、完整和可追溯,并按照国务院药品监督管理部门规定的期限予以保存。国家鼓励采用先进技术手段进行记录。

第四十六条 从事医疗器械网络销售的,应当是医疗器械注册人、备案人或者医疗器械经营企业。从事医疗器械网络销售的经营者,应当将从事医疗器械网络销售的相关信息告知所在地设区的市级人民政府负责药品监督管理的部门,经营第一类医疗器械和本条例第四十一条第二款规定的第二类医疗器械的除外。

为医疗器械网络交易提供服务的电子商务平台经营者应当对入网医疗器械经营者进行实名登记,审查其经营许可、备案情况和所经营医疗器械产品注册、备案情况,并对其经营行为进行管理。电子商务平台经营者发现入网医疗器械经营者有违反本条例规定行为的,应当及时制止并立即报告医疗器械经营者所在地设区的市级人民政府负责药品监督管理的部门;发现严重违法行为的,应当立即停止提供网络交易平台服务。

第四十七条 运输、贮存医疗器械,应当符合医疗器械说明书和标签标示的要求;对温度、湿度等环境条件有特殊要求的,应当采取相应措施,保证医疗器械的安全、有效。

第四十八条 医疗器械使用单位应当有与在用医疗器械品种、数量相适应的贮存场所和条件。医疗器械使用单位应当加强对工作人员的技术培训,按照产品说明书、技术操作规范等要求使用医疗器械。

医疗器械使用单位配置大型医用设备,应当符合国务院卫生主管部门制定的大型医用设备配置规划,与其功能定位、临床服务需求相适应,具有相应的技术条件、配套设施和具备相应资质、能力的专业技术人员,并经省级以上人民政府卫生主管部门批准,取得大型医用设备配置许可证。

大型医用设备配置管理办法由国务院卫生主管部门会同国务院有关部门制定。大型医用设备目录由国务院卫生主管部门商国务院有关部门提出,报国务院批准后执行。

第四十九条 医疗器械使用单位对重复使用的医疗器械,应当按照国务院卫生主管部门制定的消毒和管理的规定进行处理。

一次性使用的医疗器械不得重复使用,对使用过的应当按照国家有关规定销毁并记录。一次性使用的医疗器械目录由国务院药品监督管理部门会同国务院卫生主管部门制定、调整并公布。列入一次性使用的医疗器械目录,应当具有充足的无法重复使用的证据理由。重复使用可以保证安全、有效的医疗器械,不列入一次性使用的医疗器械目录。对因设计、生产工艺、消毒灭菌技术等改进后重复使用可以保证安全、有效的医疗器械,应当调整出一次性使用的医疗器械目录,允许重复使用。

第五十条 医疗器械使用单位对需要定期检查、检验、校准、保养、维护的医疗器械,应当按照产品说明书的要求进行检查、检验、校准、保养、维护并予以记录,及时进行分析、评估,确保医疗器械处于良好状态,保障使用质量;对使用期限长的大型医疗器械,应当逐台建立使用档案,记录其使用、维护、转让、实际使用时间等事项。记录保存期限不得少于医疗器械规定使用期限终止后5年。

第五十一条 医疗器械使用单位应当妥善保存购入第三类医疗器械的原始资料,并确保信息具有可追溯性。

使用大型医疗器械以及植入和介入类医疗器械的,应当将医疗器械的名称、关键性技术参数等信息以及与使用质量安全密切相关的必要信息记载到病历等相关记录中。

第五十二条 发现使用的医疗器械存在安全隐患的,医疗器械使用单位应当立即停止使用,并通知医疗器械注册人、备案人或者其他负责产品质量的机构进行检修;经检修仍不能达到使用安全标准的医疗器械,不得继续使用。

第五十三条 对国内尚无同品种产品上市的体外诊断试剂,符合条件的医疗机构根据本单位的临床需要,可以自行研制,在执业医师指导下在本单位内使用。具体管理办法由国务院药品监督管理部门会同国务院卫生主管部门制定。

第五十四条 负责药品监督管理的部门和卫生主管部门依据各自职责,分别对使用环节的医疗器械质量和医疗器械使用行为进行监督管理。

第五十五条 医疗器械经营企业、使用单位不得经营、使用未依法注册或者备案、无合格证明文件以及过期、失效、淘汰的医疗器械。

第五十六条 医疗器械使用单位之间转让在用医疗器械,转让方应当确保所转让的医疗器械安全、有效,不得转让过期、失效、淘汰以及检验不合格的医疗器械。

第五十七条 进口的医疗器械应当是依照本条例第二章的规定已注册或者已备案的医疗器械。

进口的医疗器械应当有中文说明书、中文标签。说明书、标签应当符合本条例规定以及相关强制性标准的要求,并在说明书中载明医疗器械的原产地以及境外医疗器械注册人、备案人指定的我国境内企业法人的名称、地址、联系方式。没有中文说明书、中文标签或者说明书、标签不符合本条规定的,不得进口。

医疗机构因临床急需进口少量第二类、第三类医疗器械的,经国务院药品监督管理部门或者国务院授权的省、自治区、直辖市人民政府批准,可以进口。进口的医疗器械应当在指定医疗机构内用于特定医疗目的。

禁止进口过期、失效、淘汰等已使用过的医疗器械。

第五十八条 出入境检验检疫机构依法对进口的医疗器械实施检验；检验不合格的，不得进口。

国务院药品监督管理部门应当及时向国家出入境检验检疫部门通报进口医疗器械的注册和备案情况。进口口岸所在地出入境检验检疫机构应当及时向所在地设区的市级人民政府负责药品监督管理的部门通报进口医疗器械的通关情况。

第五十九条 出口医疗器械的企业应当保证其出口的医疗器械符合进口国（地区）的要求。

第六十条 医疗器械广告的内容应当真实合法，以经负责药品监督管理的部门注册或者备案的医疗器械说明书为准，不得含有虚假、夸大、误导性的内容。

发布医疗器械广告，应当在发布前由省、自治区、直辖市人民政府确定的广告审查机关对广告内容进行审查，并取得医疗器械广告批准文号；未经审查，不得发布。

省级以上人民政府药品监督管理部门责令暂停生产、进口、经营和使用的医疗器械，在暂停期间不得发布涉及该医疗器械的广告。

医疗器械广告的审查办法由国务院市场监督管理部门制定。

第五章 不良事件的处理与医疗器械的召回

第六十一条 国家建立医疗器械不良事件监测制度，对医疗器械不良事件及时进行收集、分析、评价、控制。

第六十二条 医疗器械注册人、备案人应当建立医疗器械不良事件监测体系，配备与其产品相适应的不良事件监测机构和人员，对其产品主动开展不良事件监测，并按照国务院药品监督管理部门的规定，向医疗器械不良事件监测技术机构报告调查、分析、评价、产品风险控制等情况。

医疗器械生产经营企业、使用单位应当协助医疗器械注册人、备案人对所生产经营或者使用的医疗器械开展不良事件监测；发现医疗器械不良事件或者可疑不良事件，应当按照国务院药品监督管理部门的规定，向医疗器械不良事件监测技术机构报告。

其他单位和个人发现医疗器械不良事件或者可疑不良事件，有权向负责药品监督管理的部门或者医疗器械不良事件监测技术机构报告。

第六十三条 国务院药品监督管理部门应当加强医疗器械不良事件监测信息网络建设。

医疗器械不良事件监测技术机构应当加强医疗器械不良事件信息监测，主动收集不良事件信息；发现不良事件或者接到不良事件报告的，应当及时进行核实，必要时进行调查、分析、评估，向负责药品监督管理的部门和卫生主管部门报告并提出处理建议。

医疗器械不良事件监测技术机构应当公布联系方式，方便医疗器械注册人、备案人、生产经营企业、使用单位等报告医疗器械不良事件。

第六十四条 负责药品监督管理的部门应当根据医疗器械不良事件评估结果及时采取发布警示信息以及责令暂停生产、进口、经营和使用等控制措施。

省级以上人民政府药品监督管理部门应当会同同级卫生主管部门和相关部门组织对

引起突发、群发的严重伤害或者死亡的医疗器械不良事件及时进行调查和处理,并组织对同类医疗器械加强监测。

负责药品监督管理的部门应当及时向同级卫生主管部门通报医疗器械使用单位的不良事件监测有关情况。

第六十五条 医疗器械注册人、备案人、生产经营企业、使用单位应当对医疗器械不良事件监测技术机构、负责药品监督管理的部门、卫生主管部门开展的医疗器械不良事件调查予以配合。

第六十六条 有下列情形之一的,医疗器械注册人、备案人应当主动开展已上市医疗器械再评价:

(一)根据科学研究的发展,对医疗器械的安全、有效有认识上的改变;

(二)医疗器械不良事件监测、评估结果表明医疗器械可能存在缺陷;

(三)国务院药品监督管理部门规定的其他情形。

医疗器械注册人、备案人应当根据再评价结果,采取相应控制措施,对已上市医疗器械进行改进,并按照规定进行注册变更或者备案变更。再评价结果表明已上市医疗器械不能保证安全、有效的,医疗器械注册人、备案人应当主动申请注销医疗器械注册证或者取消备案;医疗器械注册人、备案人未申请注销医疗器械注册证或者取消备案的,由负责药品监督管理的部门注销医疗器械注册证或者取消备案。

省级以上人民政府药品监督管理部门根据医疗器械不良事件监测、评估等情况,对已上市医疗器械开展再评价。再评价结果表明已上市医疗器械不能保证安全、有效的,应当注销医疗器械注册证或者取消备案。

负责药品监督管理的部门应当向社会及时公布注销医疗器械注册证和取消备案情况。被注销医疗器械注册证或者取消备案的医疗器械不得继续生产、进口、经营、使用。

第六十七条 医疗器械注册人、备案人发现生产的医疗器械不符合强制性标准、经注册或者备案的产品技术要求,或者存在其他缺陷的,应当立即停止生产,通知相关经营企业、使用单位和消费者停止经营和使用,召回已经上市销售的医疗器械,采取补救、销毁等措施,记录相关情况,发布相关信息,并将医疗器械召回和处理情况向负责药品监督管理的部门和卫生主管部门报告。

医疗器械受托生产企业、经营企业发现生产、经营的医疗器械存在前款规定情形的,应当立即停止生产、经营,通知医疗器械注册人、备案人,并记录停止生产、经营和通知情况。医疗器械注册人、备案人认为属于依照前款规定需要召回的医疗器械,应当立即召回。

医疗器械注册人、备案人、受托生产企业、经营企业未依照本条规定实施召回或者停止生产、经营的,负责药品监督管理的部门可以责令其召回或者停止生产、经营。

第六章 监督检查

第六十八条 国家建立职业化专业化检查员制度,加强对医疗器械的监督检查。

第六十九条 负责药品监督管理的部门应当对医疗器械的研制、生产、经营活动以及

使用环节的医疗器械质量加强监督检查,并对下列事项进行重点监督检查:

(一)是否按照经注册或者备案的产品技术要求组织生产;

(二)质量管理体系是否保持有效运行;

(三)生产经营条件是否持续符合法定要求。

必要时,负责药品监督管理的部门可以对为医疗器械研制、生产、经营、使用等活动提供产品或者服务的其他相关单位和个人进行延伸检查。

第七十条　负责药品监督管理的部门在监督检查中有下列职权:

(一)进入现场实施检查、抽取样品;

(二)查阅、复制、查封、扣押有关合同、票据、账簿以及其他有关资料;

(三)查封、扣押不符合法定要求的医疗器械,违法使用的零配件、原材料以及用于违法生产经营医疗器械的工具、设备;

(四)查封违反本条例规定从事医疗器械生产经营活动的场所。

进行监督检查,应当出示执法证件,保守被检查单位的商业秘密。

有关单位和个人应当对监督检查予以配合,提供相关文件和资料,不得隐瞒、拒绝、阻挠。

第七十一条　卫生主管部门应当对医疗机构的医疗器械使用行为加强监督检查。实施监督检查时,可以进入医疗机构,查阅、复制有关档案、记录以及其他有关资料。

第七十二条　医疗器械生产经营过程中存在产品质量安全隐患,未及时采取措施消除的,负责药品监督管理的部门可以采取告诫、责任约谈、责令限期整改等措施。

对人体造成伤害或者有证据证明可能危害人体健康的医疗器械,负责药品监督管理的部门可以采取责令暂停生产、进口、经营、使用的紧急控制措施,并发布安全警示信息。

第七十三条　负责药品监督管理的部门应当加强对医疗器械注册人、备案人、生产经营企业和使用单位生产、经营、使用的医疗器械的抽查检验。抽查检验不得收取检验费和其他任何费用,所需费用纳入本级政府预算。省级以上人民政府药品监督管理部门应当根据抽查检验结论及时发布医疗器械质量公告。

卫生主管部门应当对大型医用设备的使用状况进行监督和评估;发现违规使用以及与大型医用设备相关的过度检查、过度治疗等情形的,应当立即纠正,依法予以处理。

第七十四条　负责药品监督管理的部门未及时发现医疗器械安全系统性风险,未及时消除监督管理区域内医疗器械安全隐患的,本级人民政府或者上级人民政府负责药品监督管理的部门应当对其主要负责人进行约谈。

地方人民政府未履行医疗器械安全职责,未及时消除区域性重大医疗器械安全隐患的,上级人民政府或者上级人民政府负责药品监督管理的部门应当对其主要负责人进行约谈。

被约谈的部门和地方人民政府应当立即采取措施,对医疗器械监督管理工作进行整改。

第七十五条　医疗器械检验机构资质认定工作按照国家有关规定实行统一管理。经国务院认证认可监督管理部门会同国务院药品监督管理部门认定的检验机构,方可对医疗器械实施检验。

负责药品监督管理的部门在执法工作中需要对医疗器械进行检验的,应当委托有资质的医疗器械检验机构进行,并支付相关费用。

当事人对检验结论有异议的,可以自收到检验结论之日起7个工作日内向实施抽样检验的部门或者其上一级负责药品监督管理的部门提出复检申请,由受理复检申请的部门在复检机构名录中随机确定复检机构进行复检。承担复检工作的医疗器械检验机构应当在国务院药品监督管理部门规定的时间内作出复检结论。复检结论为最终检验结论。复检机构与初检机构不得为同一机构;相关检验项目只有一家有资质的检验机构的,复检时应当变更承办部门或者人员。复检机构名录由国务院药品监督管理部门公布。

第七十六条　对可能存在有害物质或者擅自改变医疗器械设计、原材料和生产工艺并存在安全隐患的医疗器械,按照医疗器械国家标准、行业标准规定的检验项目和检验方法无法检验的,医疗器械检验机构可以使用国务院药品监督管理部门批准的补充检验项目和检验方法进行检验;使用补充检验项目、检验方法得出的检验结论,可以作为负责药品监督管理的部门认定医疗器械质量的依据。

第七十七条　市场监督管理部门应当依照有关广告管理的法律、行政法规的规定,对医疗器械广告进行监督检查,查处违法行为。

第七十八条　负责药品监督管理的部门应当通过国务院药品监督管理部门在线政务服务平台依法及时公布医疗器械许可、备案、抽查检验、违法行为查处等日常监督管理信息。但是,不得泄露当事人的商业秘密。

负责药品监督管理的部门建立医疗器械注册人、备案人、生产经营企业、使用单位信用档案,对有不良信用记录的增加监督检查频次,依法加强失信惩戒。

第七十九条　负责药品监督管理的部门等部门应当公布本单位的联系方式,接受咨询、投诉、举报。负责药品监督管理的部门等部门接到与医疗器械监督管理有关的咨询,应当及时答复;接到投诉、举报,应当及时核实、处理、答复。对咨询、投诉、举报情况及其答复、核实、处理情况,应当予以记录、保存。

有关医疗器械研制、生产、经营、使用行为的举报经调查属实的,负责药品监督管理的部门等部门对举报人应当给予奖励。有关部门应当为举报人保密。

第八十条　国务院药品监督管理部门制定、调整、修改本条例规定的目录以及与医疗器械监督管理有关的规范,应当公开征求意见;采取听证会、论证会等形式,听取专家、医疗器械注册人、备案人、生产经营企业、使用单位、消费者、行业协会以及相关组织等方面的意见。

第七章　法律责任

第八十一条　有下列情形之一的,由负责药品监督管理的部门没收违法所得、违法生产经营的医疗器械和用于违法生产经营的工具、设备、原材料等物品;违法生产经营的医疗器械货值金额不足1万元的,并处5万元以上15万元以下罚款;货值金额1万元以上的,并处货值金额15倍以上30倍以下罚款;情节严重的,责令停产停业,10年内不受理相关责任人以及单位提出的医疗器械许可申请，对违法单位的法定代表人、主要负责人、直接负责的主管人员和其他责任人员，没收违法行为发生期间自本单位所获收入，并处所获收入30%以上3倍以下罚款，终身禁止其从事医疗器械生产经营活动：

（一）生产、经营未取得医疗器械注册证的第二类、第三类医疗器械；

（二）未经许可从事第二类、第三类医疗器械生产活动；

（三）未经许可从事第三类医疗器械经营活动。

有前款第一项情形、情节严重的，由原发证部门吊销医疗器械生产许可证或者医疗器械经营许可证。

第八十二条　未经许可擅自配置使用大型医用设备的，由县级以上人民政府卫生主管部门责令停止使用，给予警告，没收违法所得；违法所得不足1万元的，并处5万元以上10万元以下罚款；违法所得1万元以上的，并处违法所得10倍以上30倍以下罚款；情节严重的，5年内不受理相关责任人以及单位提出的大型医用设备配置许可申请，对违法单位的法定代表人、主要负责人、直接负责的主管人员和其他责任人员，没收违法行为发生期间自本单位所获收入，并处所获收入30%以上3倍以下罚款，依法给予处分。

第八十三条　在申请医疗器械行政许可时提供虚假资料或者采取其他欺骗手段的，不予行政许可，已经取得行政许可的，由作出行政许可决定的部门撤销行政许可，没收违法所得、违法生产经营使用的医疗器械，10年内不受理相关责任人以及单位提出的医疗器械许可申请；违法生产经营使用的医疗器械货值金额不足1万元的，并处5万元以上15万元以下罚款；货值金额1万元以上的，并处货值金额15倍以上30倍以下罚款；情节严重的，责令停产停业，对违法单位的法定代表人、主要负责人、直接负责的主管人员和其他责任人员，没收违法行为发生期间自本单位所获收入，并处所获收入30%以上3倍以下罚款，终身禁止其从事医疗器械生产经营活动。

伪造、变造、买卖、出租、出借相关医疗器械许可证件的，由原发证部门予以收缴或者吊销，没收违法所得；违法所得不足1万元的，并处5万元以上10万元以下罚款；违法所得1万元以上的，并处违法所得10倍以上20倍以下罚款；构成违反治安管理行为的，由公安机关依法予以治安管理处罚。

第八十四条　有下列情形之一的，由负责药品监督管理的部门向社会公告单位和产品名称，责令限期改正；逾期不改正的，没收违法所得、违法生产经营的医疗器械；违法生产经营的医疗器械货值金额不足1万元的，并处1万元以上5万元以下罚款；货值金额1万元以上的，并处货值金额5倍以上20倍以下罚款；情节严重的，对违法单位的法定代表人、主要负责人、直接负责的主管人员和其他责任人员，没收违法行为发生期间自本单位所获收入，并处所获收入30%以上2倍以下罚款，5年内禁止其从事医疗器械生产经营活动：

（一）生产、经营未经备案的第一类医疗器械；

（二）未经备案从事第一类医疗器械生产；

（三）经营第二类医疗器械，应当备案但未备案；

（四）已经备案的资料不符合要求。

第八十五条 备案时提供虚假资料的,由负责药品监督管理的部门向社会公告备案单位和产品名称,没收违法所得、违法生产经营的医疗器械;违法生产经营的医疗器械货值金额不足1万元的,并处2万元以上5万元以下罚款;货值金额1万元以上的,并处货值金额5倍以上20倍以下罚款;情节严重的,责令停产停业,对违法单位的法定代表人、主要负责人、直接负责的主管人员和其他责任人员,没收违法行为发生期间自本单位所获收入,并处所获收入30%以上3倍以下罚款,10年内禁止其从事医疗器械生产经营活动。

第八十六条 有下列情形之一的,由负责药品监督管理的部门责令改正,没收违法生产经营使用的医疗器械;违法生产经营使用的医疗器械货值金额不足1万元的,并处2万元以上5万元以下罚款;货值金额1万元以上的,并处货值金额5倍以上20倍以下罚款;情节严重的,责令停产停业,直至由原发证部门吊销医疗器械注册证、医疗器械生产许可证、医疗器械经营许可证,对违法单位的法定代表人、主要负责人、直接负责的主管人员和其他责任人员,没收违法行为发生期间自本单位所获收入,并处所获收入30%以上3倍以下罚款,10年内禁止其从事医疗器械生产经营活动:

(一)生产、经营、使用不符合强制性标准或者不符合经注册或者备案的产品技术要求的医疗器械;

(二)未按照经注册或者备案的产品技术要求组织生产,或者未依照本条例规定建立质量管理体系并保持有效运行,影响产品安全、有效;

(三)经营、使用无合格证明文件、过期、失效、淘汰的医疗器械,或者使用未依法注册的医疗器械;

(四)在负责药品监督管理的部门责令召回后仍拒不召回,或者在负责药品监督管理的部门责令停止或者暂停生产、进口、经营后,仍拒不停止生产、进口、经营医疗器械;

(五)委托不具备本条例规定条件的企业生产医疗器械,或者未对受托生产企业的生产行为进行管理;

(六)进口过期、失效、淘汰等已使用过的医疗器械。

第八十七条 医疗器械经营企业、使用单位履行了本条例规定的进货查验等义务,有充分证据证明其不知道所经营、使用的医疗器械为本条例第八十一条第一款第一项、第八十四条第一项、第八十六条第一项和第三项规定情形的医疗器械,并能如实说明其进货来源的,收缴其经营、使用的不符合法定要求的医疗器械,可以免除行政处罚。

第八十八条 有下列情形之一的,由负责药品监督管理的部门责令改正,处1万元以上5万元以下罚款;拒不改正的,处5万元以上10万元以下罚款;情节严重的,责令停产停业,直至由原发证部门吊销医疗器械生产许可证、医疗器械经营许可证,对违法单位的法定代表人、主要负责人、直接负责的主管人员和其他责任人员,没收违法行为发生期间自本单位所获收入,并处所获收入30%以上2倍以下罚款,5年内禁止其从事医疗器械生产经营活动:

(一)生产条件发生变化、不再符合医疗器械质量管理体系要求,未依照本条例规定整改、停止生产、报告;

(二)生产、经营说明书、标签不符合本条例规定的医疗器械;

（三）未按照医疗器械说明书和标签标示要求运输、贮存医疗器械；

（四）转让过期、失效、淘汰或者检验不合格的在用医疗器械。

第八十九条 有下列情形之一的，由负责药品监督管理的部门和卫生主管部门依据各自职责责令改正，给予警告；拒不改正的，处1万元以上10万元以下罚款；情节严重的，责令停产停业，直至由原发证部门吊销医疗器械注册证、医疗器械生产许可证、医疗器械经营许可证，对违法单位的法定代表人、主要负责人、直接负责的主管人员和其他责任人员处1万元以上3万元以下罚款：

（一）未按照要求提交质量管理体系自查报告；

（二）从不具备合法资质的供货者购进医疗器械；

（三）医疗器械经营企业、使用单位未依照本条例规定建立并执行医疗器械进货查验记录制度；

（四）从事第二类、第三类医疗器械批发业务以及第三类医疗器械零售业务的经营企业未依照本条例规定建立并执行销售记录制度；

（五）医疗器械注册人、备案人、生产经营企业、使用单位未依照本条例规定开展医疗器械不良事件监测，未按照要求报告不良事件，或者对医疗器械不良事件监测技术机构、负责药品监督管理的部门、卫生主管部门开展的不良事件调查不予配合；

（六）医疗器械注册人、备案人未按照规定制定上市后研究和风险管控计划并保证有效实施；

（七）医疗器械注册人、备案人未按照规定建立并执行产品追溯制度；

（八）医疗器械注册人、备案人、经营企业从事医疗器械网络销售未按照规定告知负责药品监督管理的部门；

（九）对需要定期检查、检验、校准、保养、维护的医疗器械，医疗器械使用单位未按照产品说明书要求进行检查、检验、校准、保养、维护并予以记录，及时进行分析、评估，确保医疗器械处于良好状态；

（十）医疗器械使用单位未妥善保存购入第三类医疗器械的原始资料。

第九十条 有下列情形之一的，由县级以上人民政府卫生主管部门责令改正，给予警告；拒不改正的，处5万元以上10万元以下罚款；情节严重的，处10万元以上30万元以下罚款，责令暂停相关医疗器械使用活动，直至由原发证部门吊销执业许可证，依法责令相关责任人员暂停6个月以上1年以下执业活动，直至由原发证部门吊销相关人员执业证书，对违法单位的法定代表人、主要负责人、直接负责的主管人员和其他责任人员，没收违法行为发生期间自本单位所获收入，并处所获收入30%以上3倍以下罚款，依法给予处分：

（一）对重复使用的医疗器械，医疗器械使用单位未按照消毒和管理的规定进行处理；

（二）医疗器械使用单位重复使用一次性使用的医疗器械，或者未按照规定销毁使用过的一次性使用的医疗器械；

（三）医疗器械使用单位未按照规定将大型医疗器械以及植入和介入类医疗器械的信息记载到病历等相关记录中；

（四）医疗器械使用单位发现使用的医疗器械存在安全隐患未立即停止使用、通知检修，或者继续使用经检修仍不能达到使用安全标准的医疗器械；

（五）医疗器械使用单位违规使用大型医用设备，不能保障医疗质量安全。

第九十一条 违反进出口商品检验相关法律、行政法规进口医疗器械的，由出入境检验检疫机构依法处理。

第九十二条 为医疗器械网络交易提供服务的电子商务平台经营者违反本条例规定，未履行对入网医疗器械经营者进行实名登记，审查许可、注册、备案情况，制止并报告违法行为，停止提供网络交易平台服务等管理义务的，由负责药品监督管理的部门依照《中华人民共和国电子商务法》的规定给予处罚。

第九十三条 未进行医疗器械临床试验机构备案开展临床试验的，由负责药品监督管理的部门责令停止临床试验并改正；拒不改正的，该临床试验数据不得用于产品注册、备案，处5万元以上10万元以下罚款，并向社会公告；造成严重后果的，5年内禁止其开展相关专业医疗器械临床试验，并处10万元以上30万元以下罚款，由卫生主管部门对违法单位的法定代表人、主要负责人、直接负责的主管人员和其他责任人员，没收违法行为发生期间自本单位所获收入，并处所获收入30%以上3倍以下罚款，依法给予处分。

临床试验申办者开展临床试验未经备案的，由负责药品监督管理的部门责令停止临床试验，对临床试验申办者处5万元以上10万元以下罚款，并向社会公告；造成严重后果的，处10万元以上30万元以下罚款。该临床试验数据不得用于产品注册、备案，5年内不受理相关责任人以及单位提出的医疗器械注册申请。

临床试验申办者未经批准开展对人体具有较高风险的第三类医疗器械临床试验的，由负责药品监督管理的部门责令立即停止临床试验，对临床试验申办者处10万元以上30万元以下罚款，并向社会公告；造成严重后果的，处30万元以上100万元以下罚款。该临床试验数据不得用于产品注册，10年内不受理相关责任人以及单位提出的医疗器械临床试验和注册申请，对违法单位的法定代表人、主要负责人、直接负责的主管人员和其他责任人员，没收违法行为发生期间自本单位所获收入，并处所获收入30%以上3倍以下罚款。

第九十四条 医疗器械临床试验机构开展医疗器械临床试验未遵守临床试验质量管理规范的，由负责药品监督管理的部门责令改正或者立即停止临床试验，处5万元以上10万元以下罚款；造成严重后果的，5年内禁止其开展相关专业医疗器械临床试验，由卫生主管部门对违法单位的法定代表人、主要负责人、直接负责的主管人员和其他责任人员，没收违法行为发生期间自本单位所获收入，并处所获收入30%以上3倍以下罚款，依法给予处分。

第九十五条 医疗器械临床试验机构出具虚假报告的，由负责药品监督管理的部门处10万元以上30万元以下罚款；有违法所得的，没收违法所得；10年内禁止其开展相关专业医疗器械临床试验；由卫生主管部门对违法单位的法定代表人、主要负责人、直接负责的主管人员和其他责任人员，没收违法行为发生期间自本单位所获收入，并处所获收入30%以上3倍以下罚款，依法给予处分。

第九十六条　医疗器械检验机构出具虚假检验报告的，由授予其资质的主管部门撤销检验资质，10 年内不受理相关责任人以及单位提出的资质认定申请，并处 10 万元以上 30 万元以下罚款；有违法所得的，没收违法所得；对违法单位的法定代表人、主要负责人、直接负责的主管人员和其他责任人员，没收违法行为发生期间自本单位所获收入，并处所获收入 30% 以上 3 倍以下罚款，依法给予处分；受到开除处分的，10 年内禁止其从事医疗器械检验工作。

第九十七条　违反本条例有关医疗器械广告管理规定的，依照《中华人民共和国广告法》的规定给予处罚。

第九十八条　境外医疗器械注册人、备案人指定的我国境内企业法人未依照本条例规定履行相关义务的，由省、自治区、直辖市人民政府药品监督管理部门责令改正，给予警告，并处 5 万元以上 10 万元以下罚款；情节严重的，处 10 万元以上 50 万元以下罚款，5 年内禁止其法定代表人、主要负责人、直接负责的主管人员和其他责任人员从事医疗器械生产经营活动。

境外医疗器械注册人、备案人拒不履行依据本条例作出的行政处罚决定的，10 年内禁止其医疗器械进口。

第九十九条　医疗器械研制、生产、经营单位和检验机构违反本条例规定使用禁止从事医疗器械生产经营活动、检验工作的人员的，由负责药品监督管理的部门责令改正，给予警告；拒不改正的，责令停产停业直至吊销许可证件。

第一百条　医疗器械技术审评机构、医疗器械不良事件监测技术机构未依照本条例规定履行职责，致使审评、监测工作出现重大失误的，由负责药品监督管理的部门责令改正，通报批评，给予警告；造成严重后果的，对违法单位的法定代表人、主要负责人、直接负责的主管人员和其他责任人员，依法给予处分。

第一百零一条　负责药品监督管理的部门或者其他有关部门工作人员违反本条例规定，滥用职权、玩忽职守、徇私舞弊的，依法给予处分。

第一百零二条　违反本条例规定，构成犯罪的，依法追究刑事责任；造成人身、财产或者其他损害的，依法承担赔偿责任。

第八章　附　　则

第一百零三条　本条例下列用语的含义：

医疗器械，是指直接或者间接用于人体的仪器、设备、器具、体外诊断试剂及校准物、材料以及其他类似或者相关的物品，包括所需要的计算机软件；其效用主要通过物理等方式获得，不是通过药理学、免疫学或者代谢的方式获得，或者虽然有这些方式参与但是只起辅助作用；其目的是：

（一）疾病的诊断、预防、监护、治疗或者缓解；

（二）损伤的诊断、监护、治疗、缓解或者功能补偿；

（三）生理结构或者生理过程的检验、替代、调节或者支持；

（四）生命的支持或者维持；

（五）妊娠控制；

（六）通过对来自人体的样本进行检查，为医疗或者诊断目的提供信息。

医疗器械注册人、备案人，是指取得医疗器械注册证或者办理医疗器械备案的企业或者研制机构。

医疗器械使用单位，是指使用医疗器械为他人提供医疗等技术服务的机构，包括医疗机构、计划生育技术服务机构、血站、单采血浆站、康复辅助器具适配机构等。

大型医用设备，是指使用技术复杂、资金投入量大、运行成本高、对医疗费用影响大且纳入目录管理的大型医疗器械。

第一百零四条 医疗器械产品注册可以收取费用。具体收费项目、标准分别由国务院财政、价格主管部门按照国家有关规定制定。

第一百零五条 医疗卫生机构为应对突发公共卫生事件而研制的医疗器械的管理办法，由国务院药品监督管理部门会同国务院卫生主管部门制定。

从事非营利的避孕医疗器械的存储、调拨和供应，应当遵守国务院卫生主管部门会同国务院药品监督管理部门制定的管理办法。

中医医疗器械的技术指导原则，由国务院药品监督管理部门会同国务院中医药管理部门制定。

第一百零六条 军队医疗器械使用的监督管理，依照本条例和军队有关规定执行。

第一百零七条 本条例自2021年6月1日起施行。

医疗事故处理条例

（2002年2月20日国务院第55次常务会议通过 中华人民共和国国务院令第351号公布）

第一章 总 则

第一条 为了正确处理医疗事故，保护患者和医疗机构及其医务人员的合法权益，维护医疗秩序，保障医疗安全，促进医学科学的发展，制定本条例。

第二条 本条例所称医疗事故，是指医疗机构及其医务人员在医疗活动中，违反医疗卫生管理法律、行政法规、部门规章和诊疗护理规范、常规，过失造成患者人身损害的事故。

第三条 处理医疗事故，应当遵循公开、公平、公正、及时、便民的原则，坚持实事求是的科学态度，做到事实清楚、定性准确、责任明确、处理恰当。

第四条 根据对患者人身造成的损害程度，医疗事故分为四级：

一级医疗事故：造成患者死亡、重度残疾的；

二级医疗事故：造成患者中度残疾、器官组织损伤导致严重功能障碍的；

三级医疗事故：造成患者轻度残疾、器官组织损伤导致一般功能障碍的；

四级医疗事故：造成患者明显人身损害的其他后果的。

具体分级标准由国务院卫生行政部门制定。

第二章 医疗事故的预防与处置

第五条 医疗机构及其医务人员在医疗活动中，必须严格遵守医疗卫生管理法律、行政法规、部门规章和诊疗护理规范、常规，恪守医疗服务职业道德。

第六条 医疗机构应当对其医务人员进行医疗卫生管理法律、行政法规、部门规章和诊疗护理规范、常规的培训和医疗服务职业道德教育。

第七条 医疗机构应当设置医疗服务质量监控部门或者配备专(兼)职人员，具体负责监督本医疗机构的医务人员的医疗服务工作，检查医务人员执业情况，接受患者对医疗服务的投诉，向其提供咨询服务。

第八条 医疗机构应当按照国务院卫生行政部门规定的要求，书写并妥善保管病历资料。

因抢救急危患者，未能及时书写病历的，有关医务人员应当在抢救结束后6小时内据实补记，并加以注明。

第九条 严禁涂改、伪造、隐匿、销毁或者抢夺病历资料。

第十条 患者有权复印或者复制其门诊病历、住院志、体温单、医嘱单、化验单(检验报告)、医学影像检查资料、特殊检查同意书、手术同意书、手术及麻醉记录单、病理资料、护理记录以及国务院卫生行政部门规定的其他病历资料。

患者依照前款规定要求复印或者复制病历资料的，医疗机构应当提供复印或者复制服务并在复印或者复制的病历资料上加盖证明印记。复印或者复制病历资料时，应当有患者在场。

医疗机构应患者的要求，为其复印或者复制病历资料，可以按照规定收取工本费。具体收费标准由省、自治区、直辖市人民政府价格主管部门会同同级卫生行政部门规定。

第十一条 在医疗活动中，医疗机构及其医务人员应当将患者的病情、医疗措施、医疗风险等如实告知患者，及时解答其咨询；但是，应当避免对患者产生不利后果。

第十二条 医疗机构应当制定防范、处理医疗事故的预案，预防医疗事故的发生，减轻医疗事故的损害。

第十三条 医务人员在医疗活动中发生或者发现医疗事故、可能引起医疗事故的医疗过失行为或者发生医疗事故争议的，应当立即向所在科室负责人报告，科室负责人应当及时向本医疗机构负责医疗服务质量监控的部门或者专(兼)职人员报告；负责医疗服务质量监控的部门或者专(兼)职人员接到报告后，应当立即进行调查、核实，将有关情况如实向本医疗机构的负责人报告，并向患者通报、解释。

第十四条 发生医疗事故的，医疗机构应当按照规定向所在地卫生行政部门报告。

发生下列重大医疗过失行为的，医疗机构应当在12小时内向所在地卫生行政部门报告：

(一)导致患者死亡或者可能为二级以上的医疗事故；

(二)导致3人以上人身损害后果；

(三)国务院卫生行政部门和省、自治区、直辖市人民政府卫生行政部门规定的其他情形。

第十五条 发生或者发现医疗过失行为,医疗机构及其医务人员应当立即采取有效措施,避免或者减轻对患者身体健康的损害,防止损害扩大。

第十六条 发生医疗事故争议时,死亡病例讨论记录、疑难病例讨论记录、上级医师查房记录、会诊意见、病程记录应当在医患双方在场的情况下封存和启封。封存的病历资料可以是复印件,由医疗机构保管。

第十七条 疑似输液、输血、注射、药物等引起不良后果的,医患双方应当共同对现场实物进行封存和启封,封存的现场实物由医疗机构保管;需要检验的,应当由双方共同指定的、依法具有检验资格的检验机构进行检验;双方无法共同指定时,由卫生行政部门指定。

疑似输血引起不良后果,需要对血液进行封存保留的,医疗机构应当通知提供该血液的采供血机构派员到场。

第十八条 患者死亡,医患双方当事人不能确定死因或者对死因有异议的,应当在患者死亡后48小时内进行尸检;具备尸体冻存条件的,可以延长至7日。尸检应当经死者近亲属同意并签字。

尸检应当由按照国家有关规定取得相应资格的机构和病理解剖专业技术人员进行。承担尸检任务的机构和病理解剖专业技术人员有进行尸检的义务。

医疗事故争议双方当事人可以请法医病理学人员参加尸检,也可以委派代表观察尸检过程。拒绝或者拖延尸检,超过规定时间,影响对死因判定的,由拒绝或者拖延的一方承担责任。

第十九条 患者在医疗机构内死亡的,尸体应当立即移放太平间。死者尸体存放时间一般不得超过2周。逾期不处理的尸体,经医疗机构所在地卫生行政部门批准,并报经同级公安部门备案后,由医疗机构按照规定进行处理。

第三章 医疗事故的技术鉴定

第二十条 卫生行政部门接到医疗机构关于重大医疗过失行为的报告或者医疗事故争议当事人要求处理医疗事故争议的申请后,对需要进行医疗事故技术鉴定的,应当交由负责医疗事故技术鉴定工作的医学会组织鉴定;医患双方协商解决医疗事故争议,需要进行医疗事故技术鉴定的,由双方当事人共同委托负责医疗事故技术鉴定工作的医学会组织鉴定。

第二十一条 设区的市级地方医学会和省、自治区、直辖市直接管辖的县(市)地方医学会负责组织首次医疗事故技术鉴定工作。省、自治区、直辖市地方医学会负责组织再次鉴定工作。

必要时,中华医学会可以组织疑难、复杂并在全国有重大影响的医疗事故争议的技术鉴定工作。

第二十二条 当事人对首次医疗事故技术鉴定结论不服的,可以自收到首次鉴定结论之日起15日内向医疗机构所在地卫生行政部门提出再次鉴定的申请。

第二十三条　负责组织医疗事故技术鉴定工作的医学会应当建立专家库。

专家库由具备下列条件的医疗卫生专业技术人员组成：

(一)有良好的业务素质和执业品德；

(二)受聘于医疗卫生机构或者医学教学、科研机构并担任相应专业高级技术职务3年以上。

符合前款第(一)项规定条件并具备高级技术任职资格的法医可以受聘进入专家库。

负责组织医疗事故技术鉴定工作的医学会依照本条例规定聘请医疗卫生专业技术人员和法医进入专家库，可以不受行政区域的限制。

第二十四条　医疗事故技术鉴定，由负责组织医疗事故技术鉴定工作的医学会组织专家鉴定组进行。

参加医疗事故技术鉴定的相关专业的专家，由医患双方在医学会主持下从专家库中随机抽取。在特殊情况下，医学会根据医疗事故技术鉴定工作的需要，可以组织医患双方在其他医学会建立的专家库中随机抽取相关专业的专家参加鉴定或者函件咨询。

符合本条例第二十三条规定条件的医疗卫生专业技术人员和法医有义务受聘进入专家库，并承担医疗事故技术鉴定工作。

第二十五条　专家鉴定组进行医疗事故技术鉴定，实行合议制。专家鉴定组人数为单数，涉及的主要学科的专家一般不得少于鉴定组成员的二分之一；涉及死因、伤残等级鉴定的，并应当从专家库中随机抽取法医参加专家鉴定组。

第二十六条　专家鉴定组成员有下列情形之一的，应当回避，当事人也可以以口头或者书面的方式申请其回避：

(一)是医疗事故争议当事人或者当事人的近亲属的；

(二)与医疗事故争议有利害关系的；

(三)与医疗事故争议当事人有其他关系，可能影响公正鉴定的。

第二十七条　专家鉴定组依照医疗卫生管理法律、行政法规、部门规章和诊疗护理规范、常规，运用医学科学原理和专业知识，独立进行医疗事故技术鉴定，对医疗事故进行鉴别和判定，为处理医疗事故争议提供医学依据。

任何单位或者个人不得干扰医疗事故技术鉴定工作，不得威胁、利诱、辱骂、殴打专家鉴定组成员。

专家鉴定组成员不得接受双方当事人的财物或者其他利益。

第二十八条　负责组织医疗事故技术鉴定工作的医学会应当自受理医疗事故技术鉴定之日起5日内通知医疗事故争议双方当事人提交进行医疗事故技术鉴定所需的材料。

当事人应当自收到医学会的通知之日起10日内提交有关医疗事故技术鉴定的材料、书面陈述及答辩。医疗机构提交的有关医疗事故技术鉴定的材料应当包括下列内容：

(一)住院患者的病程记录、死亡病例讨论记录、疑难病例讨论记录、会诊意见、上级医师查房记录等病历资料原件；

(二)住院患者的住院志、体温单、医嘱单、化验单(检验报告)、医学影像检查资料、特殊检查同意书、手术同意书、手术及麻醉记录单、病理资料、护理记录等病历资料原件；

（三）抢救急危患者，在规定时间内补记的病历资料原件；

（四）封存保留的输液、注射用物品和血液、药物等实物，或者依法具有检验资格的检验机构对这些物品、实物作出的检验报告；

（五）与医疗事故技术鉴定有关的其他材料。

在医疗机构建有病历档案的门诊、急诊患者，其病历资料由医疗机构提供；没有在医疗机构建立病历档案的，由患者提供。

医患双方应当依照本条例的规定提交相关材料。医疗机构无正当理由未依照本条例的规定如实提供相关材料，导致医疗事故技术鉴定不能进行的，应当承担责任。

第二十九条 负责组织医疗事故技术鉴定工作的医学会应当自接到当事人提交的有关医疗事故技术鉴定的材料、书面陈述及答辩之日起45日内组织鉴定并出具医疗事故技术鉴定书。

负责组织医疗事故技术鉴定工作的医学会可以向双方当事人调查取证。

第三十条 专家鉴定组应当认真审查双方当事人提交的材料，听取双方当事人的陈述及答辩并进行核实。

双方当事人应当按照本条例的规定如实提交进行医疗事故技术鉴定所需要的材料，并积极配合调查。当事人任何一方不予配合，影响医疗事故技术鉴定的，由不予配合的一方承担责任。

第三十一条 专家鉴定组应当在事实清楚、证据确凿的基础上，综合分析患者的病情和个体差异，作出鉴定结论，并制作医疗事故技术鉴定书。鉴定结论以专家鉴定组成员的过半数通过。鉴定过程应当如实记载。

医疗事故技术鉴定书应当包括下列主要内容：

（一）双方当事人的基本情况及要求；

（二）当事人提交的材料和负责组织医疗事故技术鉴定工作的医学会的调查材料；

（三）对鉴定过程的说明；

（四）医疗行为是否违反医疗卫生管理法律、行政法规、部门规章和诊疗护理规范、常规；

（五）医疗过失行为与人身损害后果之间是否存在因果关系；

（六）医疗过失行为在医疗事故损害后果中的责任程度；

（七）医疗事故等级；

（八）对医疗事故患者的医疗护理医学建议。

第三十二条 医疗事故技术鉴定办法由国务院卫生行政部门制定。

第三十三条 有下列情形之一的，不属于医疗事故：

（一）在紧急情况下为抢救垂危患者生命而采取紧急医学措施造成不良后果的；

（二）在医疗活动中由于患者病情异常或者患者体质特殊而发生医疗意外的；

（三）在现有医学科学技术条件下，发生无法预料或者不能防范的不良后果的；

（四）无过错输血感染造成不良后果的；

（五）因患方原因延误诊疗导致不良后果的；

（六）因不可抗力造成不良后果的。

第三十四条　医疗事故技术鉴定，可以收取鉴定费用。经鉴定，属于医疗事故的，鉴定费用由医疗机构支付；不属于医疗事故的，鉴定费用由提出医疗事故处理申请的一方支付。鉴定费用标准由省、自治区、直辖市人民政府价格主管部门会同同级财政部门、卫生行政部门规定。

第四章　医疗事故的行政处理与监督

第三十五条　卫生行政部门应当依照本条例和有关法律、行政法规、部门规章的规定，对发生医疗事故的医疗机构和医务人员作出行政处理。

第三十六条　卫生行政部门接到医疗机构关于重大医疗过失行为的报告后，除责令医疗机构及时采取必要的医疗救治措施，防止损害后果扩大外，应当组织调查，判定是否属于医疗事故；对不能判定是否属于医疗事故的，应当依照本条例的有关规定交由负责医疗事故技术鉴定工作的医学会组织鉴定。

第三十七条　发生医疗事故争议，当事人申请卫生行政部门处理的，应当提出书面申请。申请书应当载明申请人的基本情况、有关事实、具体请求及理由等。

当事人自知道或者应当知道其身体健康受到损害之日起1年内，可以向卫生行政部门提出医疗事故争议处理申请。

第三十八条　发生医疗事故争议，当事人申请卫生行政部门处理的，由医疗机构所在地的县级人民政府卫生行政部门受理。医疗机构所在地是直辖市的，由医疗机构所在地的区、县人民政府卫生行政部门受理。

有下列情形之一的，县级人民政府卫生行政部门应当自接到医疗机构的报告或者当事人提出医疗事故争议处理申请之日起7日内移送上一级人民政府卫生行政部门处理：

（一）患者死亡；

（二）可能为二级以上的医疗事故；

（三）国务院卫生行政部门和省、自治区、直辖市人民政府卫生行政部门规定的其他情形。

第三十九条　卫生行政部门应当自收到医疗事故争议处理申请之日起10日内进行审查，作出是否受理的决定。对符合本条例规定，予以受理，需要进行医疗事故技术鉴定的，应当自作出受理决定之日起5日内将有关材料交由负责医疗事故技术鉴定工作的医学会组织鉴定并书面通知申请人；对不符合本条例规定，不予受理的，应当书面通知申请人并说明理由。

当事人对首次医疗事故技术鉴定结论有异议，申请再次鉴定的，卫生行政部门应当自收到申请之日起7日内交由省、自治区、直辖市地方医学会组织再次鉴定。

第四十条　当事人既向卫生行政部门提出医疗事故争议处理申请，又向人民法院提起诉讼的，卫生行政部门不予受理；卫生行政部门已经受理的，应当终止处理。

第四十一条　卫生行政部门收到负责组织医疗事故技术鉴定工作的医学会出具的医疗事故技术鉴定书后，应当对参加鉴定的人员资格和专业类别、鉴定程序进行审核；必要时,可以组织调查,听取医疗事故争议双方当事人的意见。

第四十二条 卫生行政部门经审核,对符合本条例规定作出的医疗事故技术鉴定结论,应当作为对发生医疗事故的医疗机构和医务人员作出行政处理以及进行医疗事故赔偿调解的依据;经审核,发现医疗事故技术鉴定不符合本条例规定的,应当要求重新鉴定。

第四十三条 医疗事故争议由双方当事人自行协商解决的,医疗机构应当自协商解决之日起7日内向所在地卫生行政部门作出书面报告,并附具协议书。

第四十四条 医疗事故争议经人民法院调解或者判决解决的,医疗机构应当自收到生效的人民法院的调解书或者判决书之日起7日内向所在地卫生行政部门作出书面报告,并附具调解书或者判决书。

第四十五条 县级以上地方人民政府卫生行政部门应当按照规定逐级将当地发生的医疗事故以及依法对发生医疗事故的医疗机构和医务人员作出行政处理的情况,上报国务院卫生行政部门。

第五章 医疗事故的赔偿

第四十六条 发生医疗事故的赔偿等民事责任争议,医患双方可以协商解决;不愿意协商或者协商不成的,当事人可以向卫生行政部门提出调解申请,也可以直接向人民法院提起民事诉讼。

第四十七条 双方当事人协商解决医疗事故的赔偿等民事责任争议的,应当制作协议书。协议书应当载明双方当事人的基本情况和医疗事故的原因、双方当事人共同认定的医疗事故等级以及协商确定的赔偿数额等,并由双方当事人在协议书上签名。

第四十八条 已确定为医疗事故的,卫生行政部门应医疗事故争议双方当事人请求,可以进行医疗事故赔偿调解。调解时,应当遵循当事人双方自愿原则,并应当依据本条例的规定计算赔偿数额。

经调解,双方当事人就赔偿数额达成协议的,制作调解书,双方当事人应当履行;调解不成或者经调解达成协议后一方反悔的,卫生行政部门不再调解。

第四十九条 医疗事故赔偿,应当考虑下列因素,确定具体赔偿数额:

(一)医疗事故等级;

(二)医疗过失行为在医疗事故损害后果中的责任程度;

(三)医疗事故损害后果与患者原有疾病状况之间的关系。

不属于医疗事故的,医疗机构不承担赔偿责任。

第五十条 医疗事故赔偿,按照下列项目和标准计算:

(一)医疗费:按照医疗事故对患者造成的人身损害进行治疗所发生的医疗费用计算,凭据支付,但不包括原发病医疗费用。结案后确实需要继续治疗的,按照基本医疗费用支付。

(二)误工费:患者有固定收入的,按照本人因误工减少的固定收入计算,对收入高于医疗事故发生地上一年度职工年平均工资3倍以上的,按照3倍计算;无固定收入的,按照医疗事故发生地上一年度职工年平均工资计算。

（三）住院伙食补助费：按照医疗事故发生地国家机关一般工作人员的出差伙食补助标准计算。

（四）陪护费：患者住院期间需要专人陪护的，按照医疗事故发生地上一年度职工年平均工资计算。

（五）残疾生活补助费：根据伤残等级，按照医疗事故发生地居民年平均生活费计算，自定残之月起最长赔偿30年；但是，60周岁以上的，不超过15年；70周岁以上的，不超过5年。

（六）残疾用具费：因残疾需要配置补偿功能器具的，凭医疗机构证明，按照普及型器具的费用计算。

（七）丧葬费：按照医疗事故发生地规定的丧葬费补助标准计算。

（八）被扶养人生活费：以死者生前或者残疾者丧失劳动能力前实际扶养且没有劳动能力的人为限，按照其户籍所在地或者居所地居民最低生活保障标准计算。对不满16周岁的，扶养到16周岁。对年满16周岁但无劳动能力的，扶养20年；但是，60周岁以上的，不超过15年；70周岁以上的，不超过5年。

（九）交通费：按照患者实际必需的交通费用计算，凭据支付。

（十）住宿费：按照医疗事故发生地国家机关一般工作人员的出差住宿补助标准计算，凭据支付。

（十一）精神损害抚慰金：按照医疗事故发生地居民年平均生活费计算。造成患者死亡的，赔偿年限最长不超过6年；造成患者残疾的，赔偿年限最长不超过3年。

第五十一条　参加医疗事故处理的患者近亲属所需交通费、误工费、住宿费，参照本条例第五十条的有关规定计算，计算费用的人数不超过2人。

医疗事故造成患者死亡的，参加丧葬活动的患者的配偶和直系亲属所需交通费、误工费、住宿费，参照本条例第五十条的有关规定计算，计算费用的人数不超过2人。

第五十二条　医疗事故赔偿费用，实行一次性结算，由承担医疗事故责任的医疗机构支付。

第六章　罚　　则

第五十三条　卫生行政部门的工作人员在处理医疗事故过程中违反本条例的规定，利用职务上的便利收受他人财物或者其他利益，滥用职权，玩忽职守，或者发现违法行为不予查处，造成严重后果的，依照刑法关于受贿罪、滥用职权罪、玩忽职守罪或者其他有关罪的规定，依法追究刑事责任；尚不够刑事处罚的，依法给予降级或者撤职的行政处分。

第五十四条　卫生行政部门违反本条例的规定，有下列情形之一的，由上级卫生行政部门给予警告并责令限期改正；情节严重的，对负有责任的主管人员和其他直接责任人员依法给予行政处分：

（一）接到医疗机构关于重大医疗过失行为的报告后，未及时组织调查的；

（二）接到医疗事故争议处理申请后，未在规定时间内审查或者移送上一级人民政府卫生行政部门处理的；

（三）未将应当进行医疗事故技术鉴定的重大医疗过失行为或者医疗事故争议移交医学会组织鉴定的；

（四）未按照规定逐级将当地发生的医疗事故以及依法对发生医疗事故的医疗机构和医务人员的行政处理情况上报的；

（五）未依照本条例规定审核医疗事故技术鉴定书的。

第五十五条 医疗机构发生医疗事故的，由卫生行政部门根据医疗事故等级和情节，给予警告；情节严重的，责令限期停业整顿直至由原发证部门吊销执业许可证，对负有责任的医务人员依照刑法关于医疗事故罪的规定，依法追究刑事责任；尚不够刑事处罚的，依法给予行政处分或者纪律处分。

对发生医疗事故的有关医务人员，除依照前款处罚外，卫生行政部门并可以责令暂停6个月以上1年以下执业活动；情节严重的，吊销其执业证书。

第五十六条 医疗机构违反本条例的规定，有下列情形之一的，由卫生行政部门责令改正；情节严重的，对负有责任的主管人员和其他直接责任人员依法给予行政处分或者纪律处分：

（一）未如实告知患者病情、医疗措施和医疗风险的；

（二）没有正当理由，拒绝为患者提供复印或者复制病历资料服务的；

（三）未按照国务院卫生行政部门规定的要求书写和妥善保管病历资料的；

（四）未在规定时间内补记抢救工作病历内容的；

（五）未按照本条例的规定封存、保管和启封病历资料和实物的；

（六）未设置医疗服务质量监控部门或者配备专（兼）职人员的；

（七）未制定有关医疗事故防范和处理预案的；

（八）未在规定时间内向卫生行政部门报告重大医疗过失行为的；

（九）未按照本条例的规定向卫生行政部门报告医疗事故的；

（十）未按照规定进行尸检和保存、处理尸体的。

第五十七条 参加医疗事故技术鉴定工作的人员违反本条例的规定，接受申请鉴定双方或者一方当事人的财物或者其他利益，出具虚假医疗事故技术鉴定书，造成严重后果的，依照刑法关于受贿罪的规定，依法追究刑事责任；尚不够刑事处罚的，由原发证部门吊销其执业证书或者资格证书。

第五十八条 医疗机构或者其他有关机构违反本条例的规定，有下列情形之一的，由卫生行政部门责令改正，给予警告；对负有责任的主管人员和其他直接责任人员依法给予行政处分或者纪律处分；情节严重的，由原发证部门吊销其执业证书或者资格证书：

（一）承担尸检任务的机构没有正当理由，拒绝进行尸检的；

（二）涂改、伪造、隐匿、销毁病历资料的。

第五十九条 以医疗事故为由，寻衅滋事、抢夺病历资料，扰乱医疗机构正常医疗秩序和医疗事故技术鉴定工作，依照刑法关于扰乱社会秩序罪的规定，依法追究刑事责任；尚不够刑事处罚的，依法给予治安管理处罚。

第七章 附 则

第六十条 本条例所称医疗机构，是指依照《医疗机构管理条例》的规定取得《医疗机构执业许可证》的机构。

县级以上城市从事计划生育技术服务的机构依照《计划生育技术服务管理条例》的规定开展与计划生育有关的临床医疗服务，发生的计划生育技术服务事故，依照本条例的有关规定处理；但是，其中不属于医疗机构的县级以上城市从事计划生育技术服务的机构发生的计划生育技术服务事故，由计划生育行政部门行使依照本条例有关规定由卫生行政部门承担的受理、交由负责医疗事故技术鉴定工作的医学会组织鉴定和赔偿调解的职能；对发生计划生育技术服务事故的该机构及其有关责任人员，依法进行处理。

第六十一条 非法行医，造成患者人身损害，不属于医疗事故，触犯刑律的，依法追究刑事责任；有关赔偿，由受害人直接向人民法院提起诉讼。

第六十二条 军队医疗机构的医疗事故处理办法，由中国人民解放军卫生主管部门会同国务院卫生行政部门依据本条例制定。

第六十三条 本条例自2002年9月1日起施行。1987年6月29日国务院发布的《医疗事故处理办法》同时废止。本条例施行前已经处理结案的医疗事故争议，不再重新处理。

医疗废物管理条例

（2003年6月16日中华人民共和国国务院令第380号公布　根据2011年1月8日《国务院关于废止和修改部分行政法规的决定》修订）

第一章 总 则

第一条 为了加强医疗废物的安全管理，防止疾病传播，保护环境，保障人体健康，根据《中华人民共和国传染病防治法》和《中华人民共和国固体废物污染环境防治法》，制定本条例。

第二条 本条例所称医疗废物，是指医疗卫生机构在医疗、预防、保健以及其他相关活动中产生的具有直接或者间接感染性、毒性以及其他危害性的废物。

医疗废物分类目录，由国务院卫生行政主管部门和环境保护行政主管部门共同制定、公布。

第三条 本条例适用于医疗废物的收集、运送、贮存、处置以及监督管理等活动。

医疗卫生机构收治的传染病病人或者疑似传染病病人产生的生活垃圾，按照医疗废物进行管理和处置。

医疗卫生机构废弃的麻醉、精神、放射性、毒性等药品及其相关的废物的管理，依照有关法律、行政法规和国家有关规定、标准执行。

第四条 国家推行医疗废物集中无害化处置，鼓励有关医疗废物安全处置技术的研究与开发。

县级以上地方人民政府负责组织建设医疗废物集中处置设施。

国家对边远贫困地区建设医疗废物集中处置设施给予适当的支持。

第五条 县级以上各级人民政府卫生行政主管部门,对医疗废物收集、运送、贮存、处置活动中的疾病防治工作实施统一监督管理;环境保护行政主管部门,对医疗废物收集、运送、贮存、处置活动中的环境污染防治工作实施统一监督管理。

县级以上各级人民政府其他有关部门在各自的职责范围内负责与医疗废物处置有关的监督管理工作。

第六条 任何单位和个人有权对医疗卫生机构、医疗废物集中处置单位和监督管理部门及其工作人员的违法行为进行举报、投诉、检举和控告。

第二章 医疗废物管理的一般规定

第七条 医疗卫生机构和医疗废物集中处置单位,应当建立、健全医疗废物管理责任制,其法定代表人为第一责任人,切实履行职责,防止因医疗废物导致传染病传播和环境污染事故。

第八条 医疗卫生机构和医疗废物集中处置单位,应当制定与医疗废物安全处置有关的规章制度和在发生意外事故时的应急方案;设置监控部门或者专(兼)职人员,负责检查、督促、落实本单位医疗废物的管理工作,防止违反本条例的行为发生。

第九条 医疗卫生机构和医疗废物集中处置单位,应当对本单位从事医疗废物收集、运送、贮存、处置等工作的人员和管理人员,进行相关法律和专业技术、安全防护以及紧急处理等知识的培训。

第十条 医疗卫生机构和医疗废物集中处置单位,应当采取有效的职业卫生防护措施,为从事医疗废物收集、运送、贮存、处置等工作的人员和管理人员,配备必要的防护用品,定期进行健康检查;必要时,对有关人员进行免疫接种,防止其受到健康损害。

第十一条 医疗卫生机构和医疗废物集中处置单位,应当依照《中华人民共和国固体废物污染环境防治法》的规定,执行危险废物转移联单管理制度。

第十二条 医疗卫生机构和医疗废物集中处置单位,应当对医疗废物进行登记,登记内容应当包括医疗废物的来源、种类、重量或者数量、交接时间、处置方法、最终去向以及经办人签名等项目。登记资料至少保存3年。

第十三条 医疗卫生机构和医疗废物集中处置单位,应当采取有效措施,防止医疗废物流失、泄漏、扩散。

发生医疗废物流失、泄漏、扩散时,医疗卫生机构和医疗废物集中处置单位应当采取减少危害的紧急处理措施,对致病人员提供医疗救护和现场救援;同时向所在地的县级人民政府卫生行政主管部门、环境保护行政主管部门报告,并向可能受到危害的单位和居民通报。

第十四条 禁止任何单位和个人转让、买卖医疗废物。

禁止在运送过程中丢弃医疗废物;禁止在非贮存地点倾倒、堆放医疗废物或者将医疗废物混入其他废物和生活垃圾。

第十五条　禁止邮寄医疗废物。

禁止通过铁路、航空运输医疗废物。

有陆路通道的，禁止通过水路运输医疗废物；没有陆路通道必需经水路运输医疗废物的，应当经设区的市级以上人民政府环境保护行政主管部门批准，并采取严格的环境保护措施后，方可通过水路运输。

禁止将医疗废物与旅客在同一运输工具上载运。

禁止在饮用水源保护区的水体上运输医疗废物。

第三章　医疗卫生机构对医疗废物的管理

第十六条　医疗卫生机构应当及时收集本单位产生的医疗废物，并按照类别分置于防渗漏、防锐器穿透的专用包装物或者密闭的容器内。

医疗废物专用包装物、容器，应当有明显的警示标识和警示说明。

医疗废物专用包装物、容器的标准和警示标识的规定，由国务院卫生行政主管部门和环境保护行政主管部门共同制定。

第十七条　医疗卫生机构应当建立医疗废物的暂时贮存设施、设备，不得露天存放医疗废物；医疗废物暂时贮存的时间不得超过2天。

医疗废物的暂时贮存设施、设备，应当远离医疗区、食品加工区和人员活动区以及生活垃圾存放场所，并设置明显的警示标识和防渗漏、防鼠、防蚊蝇、防蟑螂、防盗以及预防儿童接触等安全措施。

医疗废物的暂时贮存设施、设备应当定期消毒和清洁。

第十八条　医疗卫生机构应当使用防渗漏、防遗撒的专用运送工具，按照本单位确定的内部医疗废物运送时间、路线，将医疗废物收集、运送至暂时贮存地点。

运送工具使用后应当在医疗卫生机构内指定的地点及时消毒和清洁。

第十九条　医疗卫生机构应当根据就近集中处置的原则，及时将医疗废物交由医疗废物集中处置单位处置。

医疗废物中病原体的培养基、标本和菌种、毒种保存液等高危险废物，在交医疗废物集中处置单位处置前应当就地消毒。

第二十条　医疗卫生机构产生的污水、传染病病人或者疑似传染病病人的排泄物，应当按照国家规定严格消毒；达到国家规定的排放标准后，方可排入污水处理系统。

第二十一条　不具备集中处置医疗废物条件的农村，医疗卫生机构应当按照县级人民政府卫生行政主管部门、环境保护行政主管部门的要求，自行就地处置其产生的医疗废物。自行处置医疗废物的，应当符合下列基本要求：

（一）使用后的一次性医疗器具和容易致人损伤的医疗废物，应当消毒并作毁形处理；

（二）能够焚烧的，应当及时焚烧；

（三）不能焚烧的，消毒后集中填埋。

第四章　医疗废物的集中处置

第二十二条　从事医疗废物集中处置活动的单位，应当向县级以上人民政府环境保护行政主管部门申请领取经营许可证;未取得经营许可证的单位,不得从事有关医疗废物集中处置的活动。

第二十三条　医疗废物集中处置单位,应当符合下列条件:

(一)具有符合环境保护和卫生要求的医疗废物贮存、处置设施或者设备;

(二)具有经过培训的技术人员以及相应的技术工人;

(三)具有负责医疗废物处置效果检测、评价工作的机构和人员;

(四)具有保证医疗废物安全处置的规章制度。

第二十四条　医疗废物集中处置单位的贮存、处置设施,应当远离居(村)民居住区、水源保护区和交通干道,与工厂、企业等工作场所有适当的安全防护距离,并符合国务院环境保护行政主管部门的规定。

第二十五条　医疗废物集中处置单位应当至少每2天到医疗卫生机构收集、运送一次医疗废物,并负责医疗废物的贮存、处置。

第二十六条　医疗废物集中处置单位运送医疗废物,应当遵守国家有关危险货物运输管理的规定,使用有明显医疗废物标识的专用车辆。医疗废物专用车辆应当达到防渗漏、防遗撒以及其他环境保护和卫生要求。

运送医疗废物的专用车辆使用后,应当在医疗废物集中处置场所内及时进行消毒和清洁。

运送医疗废物的专用车辆不得运送其他物品。

第二十七条　医疗废物集中处置单位在运送医疗废物过程中应当确保安全,不得丢弃、遗撒医疗废物。

第二十八条　医疗废物集中处置单位应当安装污染物排放在线监控装置,并确保监控装置经常处于正常运行状态。

第二十九条　医疗废物集中处置单位处置医疗废物,应当符合国家规定的环境保护、卫生标准、规范。

第三十条　医疗废物集中处置单位应当按照环境保护行政主管部门和卫生行政主管部门的规定,定期对医疗废物处置设施的环境污染防治和卫生学效果进行检测、评价。检测、评价结果存入医疗废物集中处置单位档案,每半年向所在地环境保护行政主管部门和卫生行政主管部门报告一次。

第三十一条　医疗废物集中处置单位处置医疗废物,按照国家有关规定向医疗卫生机构收取医疗废物处置费用。

医疗卫生机构按照规定支付的医疗废物处置费用,可以纳入医疗成本。

第三十二条　各地区应当利用和改造现有固体废物处置设施和其他设施,对医疗废物集中处置,并达到基本的环境保护和卫生要求。

第三十三条　尚无集中处置设施或者处置能力不足的城市,自本条例施行之日起,设区的市级以上城市应当在1年内建成医疗废物集中处置设施;县级市应当在2年内建成医疗废物集中处置设施。县(旗)医疗废物集中处置设施的建设,由省、自治区、直辖市人民政府规定。

在尚未建成医疗废物集中处置设施期间,有关地方人民政府应当组织制定符合环境保护和卫生要求的医疗废物过渡性处置方案,确定医疗废物收集、运送、处置方式和处置单位。

第五章 监督管理

第三十四条 县级以上地方人民政府卫生行政主管部门、环境保护行政主管部门,应当依照本条例的规定,按照职责分工,对医疗卫生机构和医疗废物集中处置单位进行监督检查。

第三十五条 县级以上地方人民政府卫生行政主管部门,应当对医疗卫生机构和医疗废物集中处置单位从事医疗废物的收集、运送、贮存、处置中的疾病防治工作,以及工作人员的卫生防护等情况进行定期监督检查或者不定期的抽查。

第三十六条 县级以上地方人民政府环境保护行政主管部门,应当对医疗卫生机构和医疗废物集中处置单位从事医疗废物收集、运送、贮存、处置中的环境污染防治工作进行定期监督检查或者不定期的抽查。

第三十七条 卫生行政主管部门、环境保护行政主管部门应当定期交换监督检查和抽查结果。在监督检查或者抽查中发现医疗卫生机构和医疗废物集中处置单位存在隐患时,应当责令立即消除隐患。

第三十八条 卫生行政主管部门、环境保护行政主管部门接到对医疗卫生机构、医疗废物集中处置单位和监督管理部门及其工作人员违反本条例行为的举报、投诉、检举和控告后,应当及时核实,依法作出处理,并将处理结果予以公布。

第三十九条 卫生行政主管部门、环境保护行政主管部门履行监督检查职责时,有权采取下列措施:

(一)对有关单位进行实地检查,了解情况,现场监测,调查取证;

(二)查阅或者复制医疗废物管理的有关资料,采集样品;

(三)责令违反本条例规定的单位和个人停止违法行为;

(四)查封或者暂扣涉嫌违反本条例规定的场所、设备、运输工具和物品;

(五)对违反本条例规定的行为进行查处。

第四十条 发生因医疗废物管理不当导致传染病传播或者环境污染事故,或者有证据证明传染病传播或者环境污染的事故有可能发生时,卫生行政主管部门、环境保护行政主管部门应当采取临时控制措施,疏散人员,控制现场,并根据需要责令暂停导致或者可能导致传染病传播或者环境污染事故的作业。

第四十一条 医疗卫生机构和医疗废物集中处置单位,对有关部门的检查、监测、调查取证,应当予以配合,不得拒绝和阻碍,不得提供虚假材料。

第六章 法律责任

第四十二条 县级以上地方人民政府未依照本条例的规定,组织建设医疗废物集中处置设施或者组织制定医疗废物过渡性处置方案的,由上级人民政府通报批评,责令限期建成医疗废物集中处置设施或者组织制定医疗废物过渡性处置方案;并可以对政府主要领导人、负有责任的主管人员,依法给予行政处分。

第四十三条 县级以上各级人民政府卫生行政主管部门、环境保护行政主管部门或者其他有关部门,未按照本条例的规定履行监督检查职责,发现医疗卫生机构和医疗废物集中处置单位的违法行为不及时处理,发生或者可能发生传染病传播或者环境污染事故时未及时采取减少危害措施,以及有其他玩忽职守、失职、渎职行为的,由本级人民政府或者上级人民政府有关部门责令改正,通报批评;造成传染病传播或者环境污染事故的,对主要负责人、负有责任的主管人员和其他直接责任人员依法给予降级、撤职、开除的行政处分;构成犯罪的,依法追究刑事责任。

第四十四条 县级以上人民政府环境保护行政主管部门,违反本条例的规定发给医疗废物集中处置单位经营许可证的,由本级人民政府或者上级人民政府环境保护行政主管部门通报批评,责令收回违法发给的证书;并可以对主要负责人、负有责任的主管人员和其他直接责任人员依法给予行政处分。

第四十五条 医疗卫生机构、医疗废物集中处置单位违反本条例规定,有下列情形之一的,由县级以上地方人民政府卫生行政主管部门或者环境保护行政主管部门按照各自的职责责令限期改正,给予警告;逾期不改正的,处2000元以上5000元以下的罚款:

(一)未建立、健全医疗废物管理制度,或者未设置监控部门或者专(兼)职人员的;

(二)未对有关人员进行相关法律和专业技术、安全防护以及紧急处理等知识的培训的;

(三)未对从事医疗废物收集、运送、贮存、处置等工作的人员和管理人员采取职业卫生防护措施的;

(四)未对医疗废物进行登记或者未保存登记资料的;

(五)对使用后的医疗废物运送工具或者运送车辆未在指定地点及时进行消毒和清洁的;

(六)未及时收集、运送医疗废物的;

(七)未定期对医疗废物处置设施的环境污染防治和卫生学效果进行检测、评价,或者未将检测、评价效果存档、报告的。

第四十六条 医疗卫生机构、医疗废物集中处置单位违反本条例规定,有下列情形之一的,由县级以上地方人民政府卫生行政主管部门或者环境保护行政主管部门按照各自的职责责令限期改正,给予警告,可以并处5000元以下的罚款;逾期不改正的,处5000元以上3万元以下的罚款:

(一)贮存设施或者设备不符合环境保护、卫生要求的;

(二)未将医疗废物按照类别分置于专用包装物或者容器的;

(三)未使用符合标准的专用车辆运送医疗废物或者使用运送医疗废物的车辆运送其他物品的;

(四)未安装污染物排放在线监控装置或者监控装置未经常处于正常运行状态的。

第四十七条 医疗卫生机构、医疗废物集中处置单位有下列情形之一的,由县级以上地方人民政府卫生行政主管部门或者环境保护行政主管部门按照各自的职责责令限期改正,给予警告,并处5000元以上1万元以下的罚款;逾期不改正的,处1万元以上3万元以下的罚款;造成传染病传播或者环境污染事故的,由原发证部门暂扣或者吊销执业许可证件或者经营许可证件;构成犯罪的,依法追究刑事责任:

(一)在运送过程中丢弃医疗废物,在非贮存地点倾倒、堆放医疗废物或者将医疗废物混入其他废物和生活垃圾的;

(二)未执行危险废物转移联单管理制度的;

(三)将医疗废物交给未取得经营许可证的单位或者个人收集、运送、贮存、处置的;

(四)对医疗废物的处置不符合国家规定的环境保护、卫生标准、规范的;

(五)未按照本条例的规定对污水、传染病病人或者疑似传染病病人的排泄物,进行严格消毒,或者未达到国家规定的排放标准,排入污水处理系统的;

(六)对收治的传染病病人或者疑似传染病病人产生的生活垃圾,未按照医疗废物进行管理和处置的。

第四十八条　医疗卫生机构违反本条例规定,将未达到国家规定标准的污水、传染病病人或者疑似传染病病人的排泄物排入城市排水管网的,由县级以上地方人民政府建设行政主管部门责令限期改正,给予警告,并处5000元以上1万元以下的罚款;逾期不改正的,处1万元以上3万元以下的罚款;造成传染病传播或者环境污染事故的,由原发证部门暂扣或者吊销执业许可证件;构成犯罪的,依法追究刑事责任。

第四十九条　医疗卫生机构、医疗废物集中处置单位发生医疗废物流失、泄漏、扩散时,未采取紧急处理措施,或者未及时向卫生行政主管部门和环境保护行政主管部门报告的,由县级以上地方人民政府卫生行政主管部门或者环境保护行政主管部门按照各自的职责责令改正,给予警告,并处1万元以上3万元以下的罚款;造成传染病传播或者环境污染事故的,由原发证部门暂扣或者吊销执业许可证件或者经营许可证件;构成犯罪的,依法追究刑事责任。

第五十条　医疗卫生机构、医疗废物集中处置单位,无正当理由,阻碍卫生行政主管部门或者环境保护行政主管部门执法人员执行职务,拒绝执法人员进入现场,或者不配合执法部门的检查、监测、调查取证的,由县级以上地方人民政府卫生行政主管部门或者环境保护行政主管部门按照各自的职责责令改正,给予警告;拒不改正的,由原发证部门暂扣或者吊销执业许可证件或者经营许可证件;触犯《中华人民共和国治安管理处罚法》,构成违反治安管理行为的,由公安机关依法予以处罚;构成犯罪的,依法追究刑事责任。

第五十一条　不具备集中处置医疗废物条件的农村,医疗卫生机构未按照本条例的要求处置医疗废物的,由县级人民政府卫生行政主管部门或者环境保护行政主管部门按照各自的职责责令限期改正,给予警告;逾期不改正的,处1000元以上5000元以下的罚款;造成传染病传播或者环境污染事故的,由原发证部门暂扣或者吊销执业许可证件;构成犯罪的,依法追究刑事责任。

第五十二条　未取得经营许可证从事医疗废物的收集、运送、贮存、处置等活动的,由县级以上地方人民政府环境保护行政主管部门责令立即停止违法行为,没收违法所得,可以并处违法所得 1 倍以下的罚款。

第五十三条　转让、买卖医疗废物，邮寄或者通过铁路、航空运输医疗废物，或者违反本条例规定通过水路运输医疗废物的，由县级以上地方人民政府环境保护行政主管部门责令转让、买卖双方、邮寄人、托运人立即停止违法行为，给予警告，没收违法所得；违法所得 5000 元以上的，并处违法所得 2 倍以上 5 倍以下的罚款；没有违法所得或者违法所得不足 5000 元的，并处 5000 元以上 2 万元以下的罚款。

承运人明知托运人违反本条例的规定运输医疗废物，仍予以运输的，或者承运人将医疗废物与旅客在同一工具上载运的，按照前款的规定予以处罚。

第五十四条　医疗卫生机构、医疗废物集中处置单位违反本条例规定，导致传染病传播或者发生环境污染事故，给他人造成损害的，依法承担民事赔偿责任。

第七章　附　　则

第五十五条　计划生育技术服务、医学科研、教学、尸体检查和其他相关活动中产生的具有直接或者间接感染性、毒性以及其他危害性废物的管理，依照本条例执行。

第五十六条　军队医疗卫生机构医疗废物的管理由中国人民解放军卫生主管部门参照本条例制定管理办法。

第五十七条　本条例自公布之日起施行。

医疗纠纷预防和处理条例

（2018 年 6 月 20 日国务院第 13 次常务会议通过　2018 年 7 月 31 日中华人民共和国国务院令第 761 号公布）

第一章　总　　则

第一条　为了预防和妥善处理医疗纠纷，保护医患双方的合法权益，维护医疗秩序，保障医疗安全，制定本条例。

第二条　本条例所称医疗纠纷，是指医患双方因诊疗活动引发的争议。

第三条　国家建立医疗质量安全管理体系，深化医药卫生体制改革，规范诊疗活动，改善医疗服务，提高医疗质量，预防、减少医疗纠纷。

在诊疗活动中，医患双方应当互相尊重，维护自身权益应当遵守有关法律、法规的规定。

第四条　处理医疗纠纷，应当遵循公平、公正、及时的原则，实事求是，依法处理。

第五条　县级以上人民政府应当加强对医疗纠纷预防和处理工作的领导、协调，将其纳入社会治安综合治理体系，建立部门分工协作机制，督促部门依法履行职责。

第六条　卫生主管部门负责指导、监督医疗机构做好医疗纠纷的预防和处理工作，引导医患双方依法解决医疗纠纷。

司法行政部门负责指导医疗纠纷人民调解工作。

公安机关依法维护医疗机构治安秩序，查处、打击侵害患者和医务人员合法权益以及扰乱医疗秩序等违法犯罪行为。

财政、民政、保险监督管理等部门和机构按照各自职责做好医疗纠纷预防和处理的有关工作。

第七条 国家建立完善医疗风险分担机制,发挥保险机制在医疗纠纷处理中的第三方赔付和医疗风险社会化分担的作用,鼓励医疗机构参加医疗责任保险,鼓励患者参加医疗意外保险。

第八条 新闻媒体应当加强医疗卫生法律、法规和医疗卫生常识的宣传,引导公众理性对待医疗风险;报道医疗纠纷,应当遵守有关法律、法规的规定,恪守职业道德,做到真实、客观、公正。

第二章 医疗纠纷预防

第九条 医疗机构及其医务人员在诊疗活动中应当以患者为中心,加强人文关怀,严格遵守医疗卫生法律、法规、规章和诊疗相关规范、常规,恪守职业道德。

医疗机构应当对其医务人员进行医疗卫生法律、法规、规章和诊疗相关规范、常规的培训,并加强职业道德教育。

第十条 医疗机构应当制定并实施医疗质量安全管理制度,设置医疗服务质量监控部门或者配备专(兼)职人员,加强对诊断、治疗、护理、药事、检查等工作的规范化管理,优化服务流程,提高服务水平。

医疗机构应当加强医疗风险管理,完善医疗风险的识别、评估和防控措施,定期检查措施落实情况,及时消除隐患。

第十一条 医疗机构应当按照国务院卫生主管部门制定的医疗技术临床应用管理规定,开展与其技术能力相适应的医疗技术服务,保障临床应用安全,降低医疗风险;采用医疗新技术的,应当开展技术评估和伦理审查,确保安全有效、符合伦理。

第十二条 医疗机构应当依照有关法律、法规的规定,严格执行药品、医疗器械、消毒药剂、血液等的进货查验、保管等制度。禁止使用无合格证明文件、过期等不合格的药品、医疗器械、消毒药剂、血液等。

第十三条 医务人员在诊疗活动中应当向患者说明病情和医疗措施。需要实施手术,或者开展临床试验等存在一定危险性、可能产生不良后果的特殊检查、特殊治疗的,医务人员应当及时向患者说明医疗风险、替代医疗方案等情况,并取得其书面同意;在患者处于昏迷等无法自主作出决定的状态或者病情不宜向患者说明等情形下,应当向患者的近亲属说明,并取得其书面同意。

紧急情况下不能取得患者或者其近亲属意见的,经医疗机构负责人或者授权的负责人批准,可以立即实施相应的医疗措施。

第十四条 开展手术、特殊检查、特殊治疗等具有较高医疗风险的诊疗活动,医疗机构应当提前预备应对方案,主动防范突发风险。

第十五条 医疗机构及其医务人员应当按照国务院卫生主管部门的规定,填写并妥善保管病历资料。

因紧急抢救未能及时填写病历的,医务人员应当在抢救结束后6小时内据实补记,并加以注明。

任何单位和个人不得篡改、伪造、隐匿、毁灭或者抢夺病历资料。

第十六条 患者有权查阅、复制其门诊病历、住院志、体温单、医嘱单、化验单(检验报告)、医学影像检查资料、特殊检查同意书、手术同意书、手术及麻醉记录、病理资料、护理记录、医疗费用以及国务院卫生主管部门规定的其他属于病历的全部资料。

患者要求复制病历资料的,医疗机构应当提供复制服务,并在复制的病历资料上加盖证明印记。复制病历资料时,应当有患者或者其近亲属在场。医疗机构应患者的要求为其复制病历资料,可以收取工本费,收费标准应当公开。

患者死亡的,其近亲属可以依照本条例的规定,查阅、复制病历资料。

第十七条 医疗机构应当建立健全医患沟通机制,对患者在诊疗过程中提出的咨询、意见和建议,应当耐心解释、说明,并按照规定进行处理;对患者就诊疗行为提出的疑问,应当及时予以核实、自查,并指定有关人员与患者或者其近亲属沟通,如实说明情况。

第十八条 医疗机构应当建立健全投诉接待制度,设置统一的投诉管理部门或者配备专(兼)职人员,在医疗机构显著位置公布医疗纠纷解决途径、程序和联系方式等,方便患者投诉或者咨询。

第十九条 卫生主管部门应当督促医疗机构落实医疗质量安全管理制度,组织开展医疗质量安全评估,分析医疗质量安全信息,针对发现的风险制定防范措施。

第二十条 患者应当遵守医疗秩序和医疗机构有关就诊、治疗、检查的规定,如实提供与病情有关的信息,配合医务人员开展诊疗活动。

第二十一条 各级人民政府应当加强健康促进与教育工作,普及健康科学知识,提高公众对疾病治疗等医学科学知识的认知水平。

第三章 医疗纠纷处理

第二十二条 发生医疗纠纷,医患双方可以通过下列途径解决:

(一)双方自愿协商;

(二)申请人民调解;

(三)申请行政调解;

(四)向人民法院提起诉讼;

(五)法律、法规规定的其他途径。

第二十三条 发生医疗纠纷,医疗机构应当告知患者或者其近亲属下列事项:

(一)解决医疗纠纷的合法途径;

(二)有关病历资料、现场实物封存和启封的规定;

(三)有关病历资料查阅、复制的规定。

患者死亡的,还应当告知其近亲属有关尸检的规定。

第二十四条 发生医疗纠纷需要封存、启封病历资料的,应当在医患双方在场的情况下进行。封存的病历资料可以是原件,也可以是复制件,由医疗机构保管。病历尚未完成需要封存的,对已完成病历先行封存;病历按照规定完成后,再对后续完成部分进行封存。医疗机构应当对封存的病历开列封存清单,由医患双方签字或者盖章,各执一份。

病历资料封存后医疗纠纷已经解决,或者患者在病历资料封存满 3 年未再提出解决医疗纠纷要求的,医疗机构可以自行启封。

第二十五条 疑似输液、输血、注射、用药等引起不良后果的,医患双方应当共同对现场实物进行封存、启封,封存的现场实物由医疗机构保管。需要检验的,应当由双方共同委托依法具有检验资格的检验机构进行检验;双方无法共同委托的,由医疗机构所在地县级人民政府卫生主管部门指定。

疑似输血引起不良后果,需要对血液进行封存保留的,医疗机构应当通知提供该血液的血站派员到场。

现场实物封存后医疗纠纷已经解决,或者患者在现场实物封存满 3 年未再提出解决医疗纠纷要求的,医疗机构可以自行启封。

第二十六条 患者死亡,医患双方对死因有异议的,应当在患者死亡后 48 小时内进行尸检;具备尸体冻存条件的,可以延长至 7 日。尸检应当经死者近亲属同意并签字,拒绝签字的,视为死者近亲属不同意进行尸检。不同意或者拖延尸检,超过规定时间,影响对死因判定的,由不同意或者拖延的一方承担责任。

尸检应当由按照国家有关规定取得相应资格的机构和专业技术人员进行。

医患双方可以委派代表观察尸检过程。

第二十七条 患者在医疗机构内死亡的,尸体应当立即移放太平间或者指定的场所,死者尸体存放时间一般不得超过 14 日。逾期不处理的尸体,由医疗机构在向所在地县级人民政府卫生主管部门和公安机关报告后,按照规定处理。

第二十八条 发生重大医疗纠纷的,医疗机构应当按照规定向所在地县级以上地方人民政府卫生主管部门报告。卫生主管部门接到报告后,应当及时了解掌握情况,引导医患双方通过合法途径解决纠纷。

第二十九条 医患双方应当依法维护医疗秩序。任何单位和个人不得实施危害患者和医务人员人身安全、扰乱医疗秩序的行为。

医疗纠纷中发生涉嫌违反治安管理行为或者犯罪行为的,医疗机构应当立即向所在地公安机关报案。公安机关应当及时采取措施,依法处置,维护医疗秩序。

第三十条 医患双方选择协商解决医疗纠纷的,应当在专门场所协商,不得影响正常医疗秩序。医患双方人数较多的,应当推举代表进行协商,每方代表人数不超过 5 人。

协商解决医疗纠纷应当坚持自愿、合法、平等的原则,尊重当事人的权利,尊重客观事实。医患双方应当文明、理性表达意见和要求,不得有违法行为。

协商确定赔付金额应当以事实为依据,防止畸高或者畸低。对分歧较大或者索赔数额较高的医疗纠纷,鼓励医患双方通过人民调解的途径解决。

医患双方经协商达成一致的,应当签署书面和解协议书。

第三十一条 申请医疗纠纷人民调解的,由医患双方共同向医疗纠纷人民调解委员会提出申请;一方申请调解的,医疗纠纷人民调解委员会在征得另一方同意后进行调解。

申请人可以以书面或者口头形式申请调解。书面申请的,申请书应当载明申请人的基本情况、申请调解的争议事项和理由等;口头申请的,医疗纠纷人民调解员应当当场记录申请人的基本情况、申请调解的争议事项和理由等,并经申请人签字确认。

医疗纠纷人民调解委员会获悉医疗机构内发生重大医疗纠纷,可以主动开展工作,引导医患双方申请调解。

当事人已经向人民法院提起诉讼并且已被受理,或者已经申请卫生主管部门调解并且已被受理的,医疗纠纷人民调解委员会不予受理;已经受理的,终止调解。

第三十二条　设立医疗纠纷人民调解委员会,应当遵守《中华人民共和国人民调解法》的规定,并符合本地区实际需要。医疗纠纷人民调解委员会应当自设立之日起30个工作日内向所在地县级以上地方人民政府司法行政部门备案。

医疗纠纷人民调解委员会应当根据具体情况,聘任一定数量的具有医学、法学等专业知识且热心调解工作的人员担任专(兼)职医疗纠纷人民调解员。

医疗纠纷人民调解委员会调解医疗纠纷,不得收取费用。医疗纠纷人民调解工作所需经费按照国务院财政、司法行政部门的有关规定执行。

第三十三条　医疗纠纷人民调解委员会调解医疗纠纷时,可以根据需要咨询专家,并可以从本条例第三十五条规定的专家库中选取专家。

第三十四条　医疗纠纷人民调解委员会调解医疗纠纷,需要进行医疗损害鉴定以明确责任的,由医患双方共同委托医学会或者司法鉴定机构进行鉴定,也可以经医患双方同意,由医疗纠纷人民调解委员会委托鉴定。

医学会或者司法鉴定机构接受委托从事医疗损害鉴定,应当由鉴定事项所涉专业的临床医学、法医学等专业人员进行鉴定;医学会或者司法鉴定机构没有相关专业人员的,应当从本条例第三十五条规定的专家库中抽取相关专业专家进行鉴定。

医学会或者司法鉴定机构开展医疗损害鉴定,应当执行规定的标准和程序,尊重科学,恪守职业道德,对出具的医疗损害鉴定意见负责,不得出具虚假鉴定意见。医疗损害鉴定的具体管理办法由国务院卫生、司法行政部门共同制定。

鉴定费预先向医患双方收取,最终按照责任比例承担。

第三十五条　医疗损害鉴定专家库由设区的市级以上人民政府卫生、司法行政部门共同设立。专家库应当包含医学、法学、法医学等领域的专家。聘请专家进入专家库,不受行政区域的限制。

第三十六条　医学会、司法鉴定机构作出的医疗损害鉴定意见应当载明并详细论述下列内容:

(一)是否存在医疗损害以及损害程度;

(二)是否存在医疗过错;

(三)医疗过错与医疗损害是否存在因果关系;

(四)医疗过错在医疗损害中的责任程度。

第三十七条　咨询专家、鉴定人员有下列情形之一的,应当回避,当事人也可以以口头或者书面形式申请其回避:

(一)是医疗纠纷当事人或者当事人的近亲属;

(二)与医疗纠纷有利害关系;

(三)与医疗纠纷当事人有其他关系,可能影响医疗纠纷公正处理。

第三十八条 医疗纠纷人民调解委员会应当自受理之日起30个工作日内完成调解。需要鉴定的,鉴定时间不计入调解期限。因特殊情况需要延长调解期限的,医疗纠纷人民调解委员会和医患双方可以约定延长调解期限。超过调解期限未达成调解协议的,视为调解不成。

第三十九条 医患双方经人民调解达成一致的,医疗纠纷人民调解委员会应当制作调解协议书。调解协议书经医患双方签字或者盖章,人民调解员签字并加盖医疗纠纷人民调解委员会印章后生效。

达成调解协议的,医疗纠纷人民调解委员会应当告知医患双方可以依法向人民法院申请司法确认。

第四十条 医患双方申请医疗纠纷行政调解的,应当参照本条例第三十一条第一款、第二款的规定向医疗纠纷发生地县级人民政府卫生主管部门提出申请。

卫生主管部门应当自收到申请之日起5个工作日内作出是否受理的决定。当事人已经向人民法院提起诉讼并且已被受理,或者已经申请医疗纠纷人民调解委员会调解并且已被受理的,卫生主管部门不予受理;已经受理的,终止调解。

卫生主管部门应当自受理之日起30个工作日内完成调解。需要鉴定的,鉴定时间不计入调解期限。超过调解期限未达成调解协议的,视为调解不成。

第四十一条 卫生主管部门调解医疗纠纷需要进行专家咨询的,可以从本条例第三十五条规定的专家库中抽取专家;医患双方认为需要进行医疗损害鉴定以明确责任的,参照本条例第三十四条的规定进行鉴定。

医患双方经卫生主管部门调解达成一致的,应当签署调解协议书。

第四十二条 医疗纠纷人民调解委员会及其人民调解员、卫生主管部门及其工作人员应当对医患双方的个人隐私等事项予以保密。

未经医患双方同意,医疗纠纷人民调解委员会、卫生主管部门不得公开进行调解,也不得公开调解协议的内容。

第四十三条 发生医疗纠纷,当事人协商、调解不成的,可以依法向人民法院提起诉讼。当事人也可以直接向人民法院提起诉讼。

第四十四条 发生医疗纠纷,需要赔偿的,赔付金额依照法律的规定确定。

第四章 法律责任

第四十五条 医疗机构篡改、伪造、隐匿、毁灭病历资料的,对直接负责的主管人员和其他直接责任人员,由县级以上人民政府卫生主管部门给予或者责令给予降低岗位等级或者撤职的处分,对有关医务人员责令暂停6个月以上1年以下执业活动;造成严重后果的,对直接负责的主管人员和其他直接责任人员给予或者责令给予开除的处分,对有关医务人员由原发证部门吊销执业证书;构成犯罪的,依法追究刑事责任。

第四十六条 医疗机构将未通过技术评估和伦理审查的医疗新技术应用于临床的，由县级以上人民政府卫生主管部门没收违法所得，并处5万元以上10万元以下罚款，对直接负责的主管人员和其他直接责任人员给予或者责令给予降低岗位等级或者撤职的处分，对有关医务人员责令暂停6个月以上1年以下执业活动；情节严重的，对直接负责的主管人员和其他直接责任人员给予或者责令给予开除的处分，对有关医务人员由原发证部门吊销执业证书；构成犯罪的，依法追究刑事责任。

第四十七条 医疗机构及其医务人员有下列情形之一的，由县级以上人民政府卫生主管部门责令改正，给予警告，并处1万元以上5万元以下罚款；情节严重的，对直接负责的主管人员和其他直接责任人员给予或者责令给予降低岗位等级或者撤职的处分，对有关医务人员可以责令暂停1个月以上6个月以下执业活动；构成犯罪的，依法追究刑事责任：

（一）未按规定制定和实施医疗质量安全管理制度；

（二）未按规定告知患者病情、医疗措施、医疗风险、替代医疗方案等；

（三）开展具有较高医疗风险的诊疗活动，未提前预备应对方案防范突发风险；

（四）未按规定填写、保管病历资料，或者未按规定补记抢救病历；

（五）拒绝为患者提供查阅、复制病历资料服务；

（六）未建立投诉接待制度、设置统一投诉管理部门或者配备专（兼）职人员；

（七）未按规定封存、保管、启封病历资料和现场实物；

（八）未按规定向卫生主管部门报告重大医疗纠纷；

（九）其他未履行本条例规定义务的情形。

第四十八条 医学会、司法鉴定机构出具虚假医疗损害鉴定意见的，由县级以上人民政府卫生、司法行政部门依据职责没收违法所得，并处5万元以上10万元以下罚款，对该医学会、司法鉴定机构和有关鉴定人员责令暂停3个月以上1年以下医疗损害鉴定业务，对直接负责的主管人员和其他直接责任人员给予或者责令给予降低岗位等级或者撤职的处分；情节严重的，该医学会、司法鉴定机构和有关鉴定人员5年内不得从事医疗损害鉴定业务或者撤销登记，对直接负责的主管人员和其他直接责任人员给予或者责令给予开除的处分；构成犯罪的，依法追究刑事责任。

第四十九条 尸检机构出具虚假尸检报告的，由县级以上人民政府卫生、司法行政部门依据职责没收违法所得，并处5万元以上10万元以下罚款，对该尸检机构和有关尸检专业技术人员责令暂停3个月以上1年以下尸检业务，对直接负责的主管人员和其他直接责任人员给予或者责令给予降低岗位等级或者撤职的处分；情节严重的，撤销该尸检机构和有关尸检专业技术人员的尸检资格，对直接负责的主管人员和其他直接责任人员给予或者责令给予开除的处分；构成犯罪的，依法追究刑事责任。

第五十条 医疗纠纷人民调解员有下列行为之一的，由医疗纠纷人民调解委员会给予批评教育、责令改正；情节严重的，依法予以解聘：

（一）偏袒一方当事人；

（二）侮辱当事人；

（三）索取、收受财物或者牟取其他不正当利益；

（四）泄露医患双方个人隐私等事项。

第五十一条 新闻媒体编造、散布虚假医疗纠纷信息的，由有关主管部门依法给予处罚；给公民、法人或者其他组织的合法权益造成损害的，依法承担消除影响、恢复名誉、赔偿损失、赔礼道歉等民事责任。

第五十二条 县级以上人民政府卫生主管部门和其他有关部门及其工作人员在医疗纠纷预防和处理工作中，不履行职责或者滥用职权、玩忽职守、徇私舞弊的，由上级人民政府卫生等有关部门或者监察机关责令改正；依法对直接负责的主管人员和其他直接责任人员给予处分；构成犯罪的，依法追究刑事责任。

第五十三条 医患双方在医疗纠纷处理中，造成人身、财产或者其他损害的，依法承担民事责任；构成违反治安管理行为的，由公安机关依法给予治安管理处罚；构成犯罪的，依法追究刑事责任。

第五章 附 则

第五十四条 军队医疗机构的医疗纠纷预防和处理办法，由中央军委机关有关部门会同国务院卫生主管部门依据本条例制定。

第五十五条 对诊疗活动中医疗事故的行政调查处理，依照《医疗事故处理条例》的相关规定执行。

第五十六条 本条例自2018年10月1日起施行。

医疗用毒性药品管理办法

（1988年11月15日国务院第二十五次常务会议通过 1988年12月27日中华人民共和国国务院令第23号发布）

第一条 为加强医疗用毒性药品的管理，防止中毒或死亡事故的发生，根据《中华人民共和国药品管理法》的规定，制定本办法。

第二条 医疗用毒性药品（以下简称毒性药品），系指毒性剧烈、治疗剂量与中毒剂量相近，使用不当会致人中毒或死亡的药品。

毒性药品的管理品种，由卫生部会同国家医药管理局、国家中医药管理局规定。

第三条 毒性药品年度生产、收购、供应和配制计划，由省、自治区、直辖市医药管理根据医疗需要制定，经省、自治区直辖市卫生行政部门审核后，由医药管理部门下达给指定的毒性药品生产、收购、供应单位，并抄报卫生部、国家医药管理局和国家中医药管理局。生产单位不得擅自改变生产计划自行销售。

第四条 药厂必须由医药专业人员负责生产、配制和质量检验，并建立严格的管理制度。严防与其他药品混杂。每次配料，必须经二人以上复核无误，并详细记录每次生产所用原料和成品数。经手人要签字备查，所有工具、容器要处理干净，以防污染其他药品。标示量要准确无误，包装容器要有毒药标志。

第五条　毒性药品的收购、经营，由各级医药管理部门指定的药品经营单位负责；配方用药由国营药店、医疗单位负责。其他任何单位或者个人均不得从事毒性药品的收购、经营和配方业务。

第六条　收购、经营、加工、使用毒性药品的单位必须建立健全保管、验收、领发、核对等制度，严防收假、发错，严禁与其他药品混杂，做到划定仓位，　专柜加销并由专人保管。

毒性药品的包装容器必须印有毒药标志。在运输毒性药品的过程中，应当采取有效措施，防止发生事故。

第七条　凡加工炮制毒性中药，必须按照《中华人民共和国药典》或者省、自治区、直辖市卫生行政部门制定的《炮制规范》的规定进行。药材符合药用要求的，方可供应、配方和用于中成药生产。

第八条　生产毒性药品及其制剂，必须严格执行生产工艺操作规程，在本单位药品检验人员的监督下准确投料，并建立完整的生产记录，保存五年备查。

在生产毒性药品过程中产生的废弃物，必须妥善处理，不得污染环境。

第九条　医疗单位供应和调配毒性药品，凭医生签名的正式处方。国营药店供应和调配毒性药品，凭盖有医生所在的医疗单位公章的正式处方。每次处方剂量不得超过二日极量。

调配处方时，必须认真负责，计量准确，按医嘱注明要求，并由配方人员及具有药师以上技术职称的复核人员签名盖章后方可发出。对处方未注明"生用"的毒性中药，应当付炮制品。如发现处方有疑问时，须经原处方医生重新审定后再行调配。处方一次有效，取药后处方保存二年备查。

第十条　科研和教学单位所需的毒性药品，必须持本单位的证明信，经单位所在地县以上卫生行政部门批准后，供应部门方能发售。

群众自配民间单、秘、验方需用毒性中药，购买时要持有本单位或者城市街道办事处、乡（镇）人民政府的证明信，供应部门方可发售。每次购用量不得超过二日极量。

第十一条　对违反本办法的规定，擅自生产、收购、经营毒性药品的单位或者个人，由县以上卫生行政部门没收其全部毒性药品，并处以警告或按非法所得的五至十倍罚款。情节严重、致人伤残或死亡，构成犯罪的，由司法机关依法追究其刑事责任。

第十二条　当事人对处罚不服的，可在接到得罚通知之日起十五日内，向作出处理的机关的上级机关申请复议。但申请复议期间仍应执行原处罚决定。上级机关应在接到申请之日起十日内作出答复。对答复不服的，可在接到答复之日起十五日内，向人民法院起诉。

第十三条　本办法由卫生部负责解释。

第十四条　本办法自发布之日起施行。1964 年 4 月 20 日卫生部、商业部、化工部发布的《管理毒药、限制性剧药暂行规定》，1964 年 12 月 7 日卫生部、商业部发布的《管理毒性中药的暂行办法》，1979 年 6 月 30 日卫生部、国家医药管理总局发布的《医疗用毒药、限制性剧药管理规定》，同时废止。

放射性药品管理办法

（1989年1月13日中华人民共和国国务院令第25号发布　根据2011年1月8日《国务院关于废止和修改部分行政法规的决定》第一次修订　根据2017年3月1日《国务院关于修改和废止部分行政法规的决定》第二次修订）

第一章　总　　则

第一条　为了加强放射性药品的管理，根据《中华人民共和国药品管理法》（以下称《药品管理法》）的规定，制定本办法。

第二条　放射性药品是指用于临床诊断或者治疗的放射性核素制剂或者其标记药物。

第三条　凡在中华人民共和国领域内进行放射性药品的研究、生产、经营、运输、使用、检验、监督管理的单位和个人都必须遵守本办法。

第四条　国务院药品监督管理部门负责全国放射性药品监督管理工作。国务院国防科技工业主管部门依据职责负责与放射性药品有关的管理工作。国务院环境保护主管部门负责与放射性药品有关的辐射安全与防护的监督管理工作。

第二章　放射性新药的研制、临床研究和审批

第五条　放射性新药的研制内容，包括工艺路线、质量标准、临床前药理及临床研究。研制单位在制订新药工艺路线的同时，必须研究该药的理化性能、纯度（包括核素纯度）及检验方法、药理、毒理、动物药代动力学、放射性比活度、剂量、剂型、稳定性等。

研制单位对放射免疫分析药盒必须进行可测限度、范围、特异性、准确度、精密度、稳定性等方法学的研究。

放射性新药的分类，按国务院药品监督管理部门有关药品注册的规定办理。

第六条　研制单位研制的放射性新药，在进行临床试验或者验证前，应当向国务院药品监督管理部门提出申请，按规定报送资料及样品，经国务院药品监督管理部门审批同意后，在国务院药品监督管理部门指定的药物临床试验机构进行临床研究。

第七条　研制单位在放射性新药临床研究结束后，向国务院药品监督管理部门提出申请，经国务院药品监督管理部门审核批准，发给新药证书。国务院药品监督管理部门在审核批准时，应当征求国务院国防科技工业主管部门的意见。

第八条　放射性新药投入生产，需由生产单位或者取得放射性药品生产许可证的研制单位，凭新药证书（副本）向国务院药品监督管理部门提出生产该药的申请，并提供样品，由国务院药品监督管理部门审核发给批准文号。

第三章　放射性药品的生产、经营和进出口

第九条　国家根据需要，对放射性药品的生产企业实行合理布局。

第十条　开办放射性药品生产、经营企业，必须具备《药品管理法》规定的条件，符合

国家有关放射性同位素安全和防护的规定与标准，并履行环境影响评价文件的审批手续；开办放射性药品生产企业，经国务院国防科技工业主管部门审查同意，国务院药品监督管理部门审核批准后，由所在省、自治区、直辖市药品监督管理部门发给《放射性药品生产企业许可证》；开办放射性药品经营企业，经国务院药品监督管理部门审核并征求国务院国防科技工业主管部门意见后批准的，由所在省、自治区、直辖市药品监督管理部门发给《放射性药品经营企业许可证》。无许可证的生产、经营企业，一律不准生产、销售放射性药品。

第十一条 《放射性药品生产企业许可证》、《放射性药品经营企业许可证》的有效期为5年，期满前6个月，放射性药品生产、经营企业应当分别向原发证的药品监督管理部门重新提出申请，按第十条审批程序批准后，换发新证。

第十二条 放射性药品生产企业生产已有国家标准的放射性药品，必须经国务院药品监督管理部门征求国务院国防科技工业主管部门意见后审核批准，并发给批准文号。凡是改变国务院药品监督管理部门已批准的生产工艺路线和药品标准的，生产单位必须按原报批程序提出补充申请，经国务院药品监督管理部门批准后方能生产。

第十三条 放射性药品生产、经营企业，必须配备与生产、经营放射性药品相适应的专业技术人员，具有安全、防护和废气、废物、废水处理等设施，并建立严格的质量管理制度。

第十四条 放射性药品生产、经营企业，必须建立质量检验机构，严格实行生产全过程的质量控制和检验。产品出厂前，须经质量检验。符合国家药品标准的产品方可出厂，不符合标准的产品一律不准出厂。

经国务院药品监督管理部门审核批准的含有短半衰期放射性核素的药品，可以边检验边出厂，但发现质量不符合国家药品标准时，该药品的生产企业应当立即停止生产、销售，并立即通知使用单位停止使用，同时报告国务院药品监督管理、卫生行政、国防科技工业主管部门。

第十五条 放射性药品的生产、经营单位和医疗单位凭省、自治区、直辖市药品监督管理部门发给的《放射性药品生产企业许可证》、《放射性药品经营企业许可证》，医疗单位凭省、自治区、直辖市药品监督管理部门发给的《放射性药品使用许可证》，开展放射性药品的购销活动。

第十六条 进口的放射性药品品种，必须符合我国的药品标准或者其他药用要求，并依照《药品管理法》的规定取得进口药品注册证书。

进出口放射性药品，应当按照国家有关对外贸易、放射性同位素安全和防护的规定，办理进出口手续。

第十七条 进口放射性药品，必须经国务院药品监督管理部门指定的药品检验机构抽样检验；检验合格的，方准进口。

对于经国务院药品监督管理部门审核批准的含有短半衰期放射性核素的药品，在保证安全使用的情况下，可以采取边进口检验，边投入使用的办法。进口检验单位发现药品质量不符合要求时，应当立即通知使用单位停止使用，并报告国务院药品监督管理、卫生行政、国防科技工业主管部门。

第四章 放射性药品的包装和运输

第十八条 放射性药品的包装必须安全实用,符合放射性药品质量要求,具有与放射性剂量相适应的防护装置。包装必须分内包装和外包装两部分,外包装必须贴有商标、标签、说明书和放射性药品标志,内包装必须贴有标签。

标签必须注明药品品名、放射性比活度、装量。

说明书除注明前款内容外,还须注明生产单位、批准文号、批号、主要成份、出厂日期、放射性核素半衰期、适应症、用法、用量、禁忌症、有效期和注意事项等。

第十九条 放射性药品的运输,按国家运输、邮政等部门制订的有关规定执行。

严禁任何单位和个人随身携带放射性药品乘坐公共交通运输工具。

第五章 放射性药品的使用

第二十条 医疗单位设置核医学科、室(同位素室),必须配备与其医疗任务相适应的并经核医学技术培训的技术人员。非核医学专业技术人员未经培训,不得从事放射性药品使用工作。

第二十一条 医疗单位使用放射性药品,必须符合国家有关放射性同位素安全和防护的规定。所在地的省、自治区、直辖市药品监督管理部门,应当根据医疗单位核医疗技术人员的水平、设备条件,核发相应等级的《放射性药品使用许可证》,无许可证的医疗单位不得临床使用放射性药品。

《放射性药品使用许可证》有效期为5年,期满前6个月,医疗单位应当向原发证的行政部门重新提出申请,经审核批准后,换发新证。

第二十二条 医疗单位配制、使用放射性制剂,应当符合《药品管理法》及其实施条例的相关规定。

第二十三条 持有《放射性药品使用许可证》的医疗单位,必须负责对使用的放射性药品进行临床质量检验,收集药品不良反应等项工作,并定期向所在地药品监督管理、卫生行政部门报告。由省、自治区、直辖市药品监督管理、卫生行政部门汇总后分别报国务院药品监督管理、卫生行政部门。

第二十四条 放射性药品使用后的废物(包括患者排出物),必须按国家有关规定妥善处置。

第六章 放射性药品标准和检验

第二十五条 放射性药品的国家标准,由国务院药品监督管理部门药典委员会负责制定和修订,报国务院药品监督管理部门审批颁发。

第二十六条 放射性药品的检验由国务院药品监督管理部门公布的药品检验机构承担。

第七章 附 则

第二十七条 对违反本办法规定的单位或者个人,由县以上药品监督管理、卫生行政部门，按照《药品管理法》和有关法规的规定处罚。

第二十八条　本办法自发布之日起施行。

突发公共卫生事件应急条例

（2003年5月9日中华人民共和国国务院令第376号公布　根据2011年1月8日《国务院关于废止和修改部分行政法规的决定》修订）

第一章　总　　则

第一条　为了有效预防、及时控制和消除突发公共卫生事件的危害，保障公众身体健康与生命安全，维护正常的社会秩序，制定本条例。

第二条　本条例所称突发公共卫生事件（以下简称突发事件），是指突然发生，造成或者可能造成社会公众健康严重损害的重大传染病疫情、群体性不明原因疾病、重大食物和职业中毒以及其他严重影响公众健康的事件。

第三条　突发事件发生后，国务院设立全国突发事件应急处理指挥部，由国务院有关部门和军队有关部门组成，国务院主管领导人担任总指挥，负责对全国突发事件应急处理的统一领导、统一指挥。

国务院卫生行政主管部门和其他有关部门，在各自的职责范围内做好突发事件应急处理的有关工作。

第四条　突发事件发生后，省、自治区、直辖市人民政府成立地方突发事件应急处理指挥部，省、自治区、直辖市人民政府主要领导人担任总指挥，负责领导、指挥本行政区域内突发事件应急处理工作。

县级以上地方人民政府卫生行政主管部门，具体负责组织突发事件的调查、控制和医疗救治工作。

县级以上地方人民政府有关部门，在各自的职责范围内做好突发事件应急处理的有关工作。

第五条　突发事件应急工作，应当遵循预防为主、常备不懈的方针，贯彻统一领导、分级负责、反应及时、措施果断、依靠科学、加强合作的原则。

第六条　县级以上各级人民政府应当组织开展防治突发事件相关科学研究，建立突发事件应急流行病学调查、传染源隔离、医疗救护、现场处置、监督检查、监测检验、卫生防护等有关物资、设备、设施、技术与人才资源储备，所需经费列入本级政府财政预算。

国家对边远贫困地区突发事件应急工作给予财政支持。

第七条　国家鼓励、支持开展突发事件监测、预警、反应处理有关技术的国际交流与合作。

第八条　国务院有关部门和县级以上地方人民政府及其有关部门，应当建立严格的突发事件防范和应急处理责任制，切实履行各自的职责，保证突发事件应急处理工作的正常进行。

第九条　县级以上各级人民政府及其卫生行政主管部门，应当对参加突发事件应急处理的医疗卫生人员,给予适当补助和保健津贴;对参加突发事件应急处理作出贡献的人员,给予表彰和奖励;对因参与应急处理工作致病、致残、死亡的人员,按照国家有关规定,给予相应的补助和抚恤。

第二章 预防与应急准备

第十条 国务院卫生行政主管部门按照分类指导、快速反应的要求,制定全国突发事件应急预案,报请国务院批准。

省、自治区、直辖市人民政府根据全国突发事件应急预案,结合本地实际情况,制定本行政区域的突发事件应急预案。

第十一条 全国突发事件应急预案应当包括以下主要内容:

(一)突发事件应急处理指挥部的组成和相关部门的职责;

(二)突发事件的监测与预警;

(三)突发事件信息的收集、分析、报告、通报制度;

(四)突发事件应急处理技术和监测机构及其任务;

(五)突发事件的分级和应急处理工作方案;

(六)突发事件预防、现场控制,应急设施、设备、救治药品和医疗器械以及其他物资和技术的储备与调度;

(七)突发事件应急处理专业队伍的建设和培训。

第十二条 突发事件应急预案应当根据突发事件的变化和实施中发现的问题及时进行修订、补充。

第十三条 地方各级人民政府应当依照法律、行政法规的规定,做好传染病预防和其他公共卫生工作,防范突发事件的发生。

县级以上各级人民政府卫生行政主管部门和其他有关部门,应当对公众开展突发事件应急知识的专门教育,增强全社会对突发事件的防范意识和应对能力。

第十四条 国家建立统一的突发事件预防控制体系。

县级以上地方人民政府应当建立和完善突发事件监测与预警系统。

县级以上各级人民政府卫生行政主管部门,应当指定机构负责开展突发事件的日常监测,并确保监测与预警系统的正常运行。

第十五条 监测与预警工作应当根据突发事件的类别,制定监测计划,科学分析、综合评价监测数据。对早期发现的潜在隐患以及可能发生的突发事件,应当依照本条例规定的报告程序和时限及时报告。

第十六条 国务院有关部门和县级以上地方人民政府及其有关部门,应当根据突发事件应急预案的要求,保证应急设施、设备、救治药品和医疗器械等物资储备。

第十七条 县级以上各级人民政府应当加强急救医疗服务网络的建设,配备相应的医疗救治药物、技术、设备和人员,提高医疗卫生机构应对各类突发事件的救治能力。

设区的市级以上地方人民政府应当设置与传染病防治工作需要相适应的传染病专科医院,或者指定具备传染病防治条件和能力的医疗机构承担传染病防治任务。

第十八条　县级以上地方人民政府卫生行政主管部门,应当定期对医疗卫生机构和人员开展突发事件应急处理相关知识、技能的培训,定期组织医疗卫生机构进行突发事件应急演练,推广最新知识和先进技术。

第三章　报告与信息发布

第十九条　国家建立突发事件应急报告制度。

国务院卫生行政主管部门制定突发事件应急报告规范,建立重大、紧急疫情信息报告系统。

有下列情形之一的,省、自治区、直辖市人民政府应当在接到报告1小时内,向国务院卫生行政主管部门报告:

(一)发生或者可能发生传染病暴发、流行的;

(二)发生或者发现不明原因的群体性疾病的;

(三)发生传染病菌种、毒种丢失的;

(四)发生或者可能发生重大食物和职业中毒事件的。

国务院卫生行政主管部门对可能造成重大社会影响的突发事件,应当立即向国务院报告。

第二十条　突发事件监测机构、医疗卫生机构和有关单位发现有本条例第十九条规定情形之一的,应当在2小时内向所在地县级人民政府卫生行政主管部门报告;接到报告的卫生行政主管部门应当在2小时内向本级人民政府报告,并同时向上级人民政府卫生行政主管部门和国务院卫生行政主管部门报告。

县级人民政府应当在接到报告后2小时内向设区的市级人民政府或者上一级人民政府报告;设区的市级人民政府应当在接到报告后2小时内向省、自治区、直辖市人民政府报告。

第二十一条　任何单位和个人对突发事件,不得隐瞒、缓报、谎报或者授意他人隐瞒、缓报、谎报。

第二十二条　接到报告的地方人民政府、卫生行政主管部门依照本条例规定报告的同时,应当立即组织力量对报告事项调查核实、确证,采取必要的控制措施,并及时报告调查情况。

第二十三条　国务院卫生行政主管部门应当根据发生突发事件的情况,及时向国务院有关部门和各省、自治区、直辖市人民政府卫生行政主管部门以及军队有关部门通报。

突发事件发生地的省、自治区、直辖市人民政府卫生行政主管部门,应当及时向毗邻省、自治区、直辖市人民政府卫生行政主管部门通报。

接到通报的省、自治区、直辖市人民政府卫生行政主管部门,必要时应当及时通知本行政区域内的医疗卫生机构。

县级以上地方人民政府有关部门,已经发生或者发现可能引起突发事件的情形时,应当及时向同级人民政府卫生行政主管部门通报。

第二十四条　国家建立突发事件举报制度,公布统一的突发事件报告、举报电话。

任何单位和个人有权向人民政府及其有关部门报告突发事件隐患,有权向上级人民政府及其有关部门举报地方人民政府及其有关部门不履行突发事件应急处理职责,或者不按照规定履行职责的情况。接到报告、举报的有关人民政府及其有关部门,应当立即组织对突发事件隐患、不履行或者不按照规定履行突发事件应急处理职责的情况进行调查处理。

对举报突发事件有功的单位和个人,县级以上各级人民政府及其有关部门应当予以奖励。

第二十五条 国家建立突发事件的信息发布制度。

国务院卫生行政主管部门负责向社会发布突发事件的信息。必要时,可以授权省、自治区、直辖市人民政府卫生行政主管部门向社会发布本行政区域内突发事件的信息。

信息发布应当及时、准确、全面。

第四章 应急处理

第二十六条 突发事件发生后,卫生行政主管部门应当组织专家对突发事件进行综合评估,初步判断突发事件的类型,提出是否启动突发事件应急预案的建议。

第二十七条 在全国范围内或者跨省、自治区、直辖市范围内启动全国突发事件应急预案,由国务院卫生行政主管部门报国务院批准后实施。省、自治区、直辖市启动突发事件应急预案,由省、自治区、直辖市人民政府决定,并向国务院报告。

第二十八条 全国突发事件应急处理指挥部对突发事件应急处理工作进行督察和指导,地方各级人民政府及其有关部门应当予以配合。

省、自治区、直辖市突发事件应急处理指挥部对本行政区域内突发事件应急处理工作进行督察和指导。

第二十九条 省级以上人民政府卫生行政主管部门或者其他有关部门指定的突发事件应急处理专业技术机构,负责突发事件的技术调查、确证、处置、控制和评价工作。

第三十条 国务院卫生行政主管部门对新发现的突发传染病,根据危害程度、流行强度,依照《中华人民共和国传染病防治法》的规定及时宣布为法定传染病;宣布为甲类传染病的,由国务院决定。

第三十一条 应急预案启动前,县级以上各级人民政府有关部门应当根据突发事件的实际情况,做好应急处理准备,采取必要的应急措施。

应急预案启动后,突发事件发生地的人民政府有关部门,应当根据预案规定的职责要求,服从突发事件应急处理指挥部的统一指挥,立即到达规定岗位,采取有关的控制措施。

医疗卫生机构、监测机构和科学研究机构,应当服从突发事件应急处理指挥部的统一指挥,相互配合、协作,集中力量开展相关的科学研究工作。

第三十二条 突发事件发生后,国务院有关部门和县级以上地方人民政府及其有关部门,应当保证突发事件应急处理所需的医疗救护设备、救治药品、医疗器械等物资的生产、供应;铁路、交通、民用航空行政主管部门应当保证及时运送。

第三十三条 根据突发事件应急处理的需要,突发事件应急处理指挥部有权紧急调集人员、储备的物资、交通工具以及相关设施、设备;必要时,对人员进行疏散或者隔离,并可以依法对传染病疫区实行封锁。

第三十四条 突发事件应急处理指挥部根据突发事件应急处理的需要,可以对食物和水源采取控制措施。

县级以上地方人民政府卫生行政主管部门应当对突发事件现场等采取控制措施,宣传突发事件防治知识,及时对易受感染的人群和其他易受损害的人群采取应急接种、预防性投药、群体防护等措施。

第三十五条 参加突发事件应急处理的工作人员,应当按照预案的规定,采取卫生防护措施,并在专业人员的指导下进行工作。

第三十六条 国务院卫生行政主管部门或者其他有关部门指定的专业技术机构,有权进入突发事件现场进行调查、采样、技术分析和检验,对地方突发事件的应急处理工作进行技术指导,有关单位和个人应当予以配合;任何单位和个人不得以任何理由予以拒绝。

第三十七条 对新发现的突发传染病、不明原因的群体性疾病、重大食物和职业中毒事件,国务院卫生行政主管部门应当尽快组织力量制定相关的技术标准、规范和控制措施。

第三十八条 交通工具上发现根据国务院卫生行政主管部门的规定需要采取应急控制措施的传染病病人、疑似传染病病人,其负责人应当以最快的方式通知前方停靠点,并向交通工具的营运单位报告。交通工具的前方停靠点和营运单位应当立即向交通工具营运单位行政主管部门和县级以上地方人民政府卫生行政主管部门报告。卫生行政主管部门接到报告后,应当立即组织有关人员采取相应的医学处置措施。

交通工具上的传染病病人密切接触者,由交通工具停靠点的县级以上各级人民政府卫生行政主管部门或者铁路、交通、民用航空行政主管部门,根据各自的职责,依照传染病防治法律、行政法规的规定,采取控制措施。

涉及国境口岸和入出境的人员、交通工具、货物、集装箱、行李、邮包等需要采取传染病应急控制措施的,依照国境卫生检疫法律、行政法规的规定办理。

第三十九条 医疗卫生机构应当对因突发事件致病的人员提供医疗救护和现场救援,对就诊病人必须接诊治疗,并书写详细、完整的病历记录;对需要转送的病人,应当按照规定将病人及其病历记录的复印件转送至接诊的或者指定的医疗机构。

医疗卫生机构内应当采取卫生防护措施,防止交叉感染和污染。

医疗卫生机构应当对传染病病人密切接触者采取医学观察措施,传染病病人密切接触者应当予以配合。

医疗机构收治传染病病人、疑似传染病病人,应当依法报告所在地的疾病预防控制机构。接到报告的疾病预防控制机构应当立即对可能受到危害的人员进行调查,根据需要采取必要的控制措施。

第四十条 传染病暴发、流行时,街道、乡镇以及居民委员会、村民委员会应当组织力量,团结协作,群防群治,协助卫生行政主管部门和其他有关部门、医疗卫生机构做好疫情信息的收集和报告、人员的分散隔离、公共卫生措施的落实工作,向居民、村民宣传传染病防治的相关知识。

第四十一条 对传染病暴发、流行区域内流动人口,突发事件发生地的县级以上地方人民政府应当做好预防工作,落实有关卫生控制措施;对传染病病人和疑似传染病病人,应当采取就地隔离、就地观察、就地治疗的措施。对需要治疗和转诊的,应当依照本条例第三十九条第一款的规定执行。

第四十二条 有关部门、医疗卫生机构应当对传染病做到早发现、早报告、早隔离、早治疗,切断传播途径,防止扩散。

第四十三条 县级以上各级人民政府应当提供必要资金,保障因突发事件致病、致残的人员得到及时、有效的救治。具体办法由国务院财政部门、卫生行政主管部门和劳动保障行政主管部门制定。

第四十四条 在突发事件中需要接受隔离治疗、医学观察措施的病人、疑似病人和传染病病人密切接触者在卫生行政主管部门或者有关机构采取医学措施时应当予以配合;拒绝配合的,由公安机关依法协助强制执行。

第五章 法律责任

第四十五条 县级以上地方人民政府及其卫生行政主管部门未依照本条例的规定履行报告职责,对突发事件隐瞒、缓报、谎报或者授意他人隐瞒、缓报、谎报的,对政府主要领导人及其卫生行政主管部门主要负责人,依法给予降级或者撤职的行政处分;造成传染病传播、流行或者对社会公众健康造成其他严重危害后果的,依法给予开除的行政处分;构成犯罪的,依法追究刑事责任。

第四十六条 国务院有关部门、县级以上地方人民政府及其有关部门未依照本条例的规定,完成突发事件应急处理所需要的设施、设备、药品和医疗器械等物资的生产、供应、运输和储备的,对政府主要领导人和政府部门主要负责人依法给予降级或者撤职的行政处分;造成传染病传播、流行或者对社会公众健康造成其他严重危害后果的,依法给予开除的行政处分;构成犯罪的,依法追究刑事责任。

第四十七条 突发事件发生后,县级以上地方人民政府及其有关部门对上级人民政府有关部门的调查不予配合,或者采取其他方式阻碍、干涉调查的,对政府主要领导人和政府部门主要负责人依法给予降级或者撤职的行政处分;构成犯罪的,依法追究刑事责任。

第四十八条 县级以上各级人民政府卫生行政主管部门和其他有关部门在突发事件调查、控制、医疗救治工作中玩忽职守、失职、渎职的,由本级人民政府或者上级人民政府有关部门责令改正、通报批评、给予警告;对主要负责人、负有责任的主管人员和其他责任人员依法给予降级、撤职的行政处分;造成传染病传播、流行或者对社会公众健康造成其他严重危害后果的,依法给予开除的行政处分;构成犯罪的,依法追究刑事责任。

第四十九条 县级以上各级人民政府有关部门拒不履行应急处理职责的,由同级人民政府或者上级人民政府有关部门责令改正、通报批评、给予警告;对主要负责人、负有责任的主管人员和其他责任人员依法给予降级、撤职的行政处分；造成传染病传播、流行或者对社会公众健康造成其他严重危害后果的，依法给予开除的行政处分；构成犯罪的，依法追究刑事责任。

第五十条 医疗卫生机构有下列行为之一的，由卫生行政主管部门责令改正、通报批评、给予警告；情节严重的，吊销《医疗机构执业许可证》；对主要负责人、负有责任的主管人员和其他直接责任人员依法给予降级或者撤职的纪律处分；造成传染病传播、流行或者对社会公众健康造成其他严重危害后果，构成犯罪的，依法追究刑事责任：

（一）未依照本条例的规定履行报告职责，隐瞒、缓报或者谎报的；

（二）未依照本条例的规定及时采取控制措施的；

（三）未依照本条例的规定履行突发事件监测职责的；

（四）拒绝接诊病人的；

（五）拒不服从突发事件应急处理指挥部调度的。

第五十一条 在突发事件应急处理工作中，有关单位和个人未依照本条例的规定履行报告职责，隐瞒、缓报或者谎报，阻碍突发事件应急处理工作人员执行职务，拒绝国务院卫生行政主管部门或者其他有关部门指定的专业技术机构进入突发事件现场，或者不配合调查、采样、技术分析和检验的，对有关责任人员依法给予行政处分或者纪律处分；触犯《中华人民共和国治安管理处罚法》，构成违反治安管理行为的，由公安机关依法予以处罚；构成犯罪的，依法追究刑事责任。

第五十二条 在突发事件发生期间，散布谣言、哄抬物价、欺骗消费者，扰乱社会秩序、市场秩序的，由公安机关或者工商行政管理部门依法给予行政处罚；构成犯罪的，依法追究刑事责任。

第六章 附 则

第五十三条 中国人民解放军、武装警察部队医疗卫生机构参与突发事件应急处理的，依照本条例的规定和军队的相关规定执行。

第五十四条 本条例自公布之日起施行。

公共场所卫生管理条例

（1987 年 4 月 1 日国务院发布 根据 2016 年 2 月 6 日《国务院关于修改部分行政法规的决定》第一次修订 根据 2019 年 4 月 23 日《国务院关于修改部分行政法规的决定》第二次修订）

第一章 总 则

第一条 为创造良好的公共场所卫生条件，预防疾病，保障人体健康，制定本条例。

第二条 本条例适用于下列公共场所：

（一）宾馆、饭馆、旅店、招待所、车马店、咖啡馆、酒吧、茶座；

（二）公共浴室、理发店、美容店；

（三）影剧院、录像厅（室）、游艺厅（室）、舞厅、音乐厅；

（四）体育场（馆）、游泳场（馆）、公园；

（五）展览馆、博物馆、美术馆、图书馆；

（六）商场（店）、书店；

（七）候诊室、候车（机、船）室、公共交通工具。

第三条 公共场所的下列项目应符合国家卫生标准和要求：

（一）空气、微小气候（湿度、温度、风速）；

（二）水质；

（三）采光、照明；

（四）噪音；

（五）顾客用具和卫生设施。

公共场所的卫生标准和要求，由国务院卫生行政部门负责制定。

第四条 国家对公共场所实行“卫生许可证”制度。

“卫生许可证”由县以上卫生行政部门签发。

第二章 卫生管理

第五条 公共场所的主管部门应当建立卫生管理制度，配备专职或者兼职卫生管理人员，对所属经营单位（包括个体经营者，下同）的卫生状况进行经常性检查，并提供必要的条件。

第六条 经营单位应当负责所经营的公共场所的卫生管理，建立卫生责任制度，对本单位的从业人员进行卫生知识的培训和考核工作。

第七条 公共场所直接为顾客服务的人员，持有“健康合格证”方能从事本职工作。患有痢疾、伤寒、病毒性肝炎、活动期肺结核、化脓性或者渗出性皮肤病以及其他有碍公共卫生的疾病的，治愈前不得从事直接为顾客服务的工作。

第八条 除公园、体育场（馆）、公共交通工具外的公共场所，经营单位应当及时向卫生行政部门申请办理“卫生许可证”。“卫生许可证”两年复核一次。

第九条 公共场所因不符合卫生标准和要求造成危害健康事故的，经营单位应妥善处理，并及时报告卫生防疫机构。

第三章 卫生监督

第十条 各级卫生防疫机构，负责管辖范围内的公共场所卫生监督工作。

民航、铁路、交通、厂（场）矿卫生防疫机构对管辖范围内的公共场所，施行卫生监督，并接受当地卫生防疫机构的业务指导。

第十一条 卫生防疫机构根据需要设立公共场所卫生监督员，执行卫生防疫机构交给的任务。公共场所卫生监督员由同级人民政府发给证书。

民航、铁路、交通、工矿企业卫生防疫机构的公共场所卫生监督员，由其上级主管部门发给证书。

第十二条 卫生防疫机构对公共场所的卫生监督职责：

(一)对公共场所进行卫生监测和卫生技术指导；

(二)监督从业人员健康检查，指导有关部门对从业人员进行卫生知识的教育和培训。

第十三条 卫生监督员有权对公共场所进行现场检查，索取有关资料，经营单位不得拒绝或隐瞒。卫生监督员对所提供的技术资料有保密的责任。

公共场所卫生监督员在执行任务时，应佩戴证章、出示证件。

第四章 罚 则

第十四条 凡有下列行为之一的单位或者个人，卫生防疫机构可以根据情节轻重，给予警告、罚款、停业整顿、吊销“卫生许可证”的行政处罚：

(一)卫生质量不符合国家卫生标准和要求，而继续营业的；

(二)未获得“健康合格证”，而从事直接为顾客服务的；

(三)拒绝卫生监督的；

(四)未取得“卫生许可证”，擅自营业的。

罚款一律上交国库。

第十五条 违反本条例的规定造成严重危害公民健康的事故或中毒事故的单位或者个人，应当对受害人赔偿损失。

违反本条例致人残疾或者死亡，构成犯罪的，应由司法机关依法追究直接责任人员的刑事责任。

第十六条 对罚款、停业整顿及吊销“卫生许可证”的行政处罚不服的，在接到处罚通知之日起15天内，可以向当地人民法院起诉。但对公共场所卫生质量控制的决定应立即执行。对处罚的决定不履行又逾期不起诉的，由卫生防疫机构向人民法院申请强制执行。

第十七条 公共场所卫生监督机构和卫生监督员必须尽职尽责，依法办事。对玩忽职守，滥用职权，收取贿赂的，由上级主管部门给予直接责任人员行政处分。构成犯罪的，由司法机关依法追究直接责任人员的刑事责任。

第五章 附 则

第十八条 本条例的实施细则由国务院卫生行政部门负责制定。

第十九条 本条例自发布之日起施行。

学校卫生工作条例

(1990年4月25日国务院批准 1990年6月4日国家教育委员会令第10号 卫生部令第1号发布)

第一章 总 则

第一条 为加强学校卫生工作，提高学生的健康水平，制定本条例。

第二条 学校卫生工作的主要任务是：监测学生健康状况；对学生进行健康教育，培养学生良好的卫生习惯;改善学校卫生环境和教育卫生条件;加强对传染病、学生常见病的预防和治疗。

第三条　本条例所称的学校,是指普通中小学、农业中学、职业中学、中等专业学校、技工学校、普通高等学校。

第四条　教育行政部门负责学校卫生工作的行政管理。卫生行政部门负责对学校卫生工作的监督指导。

第二章　学校卫生工作要求

第五条　学校应当合理安排学生的学习时间。学生每日学习时间(包括自习),小学不超过六小时,中学不超过八小时,大学不超过十小时。

学校或者教师不得以任何理由和方式,增加授课时间和作业量,加重学生学习负担。

第六条　学校教学建筑、环境噪声、室内微小气候、采光、照明等环境质量以及黑板、课桌椅的设置应当符合国家有关标准。

新建、改建、扩建校舍,其选址、设计应当符合国家的卫生标准,并取得当地卫生行政部门的许可。竣工验收应当有当地卫生行政部门参加。

第七条　学校应当按照有关规定为学生设置厕所和洗手设施。寄宿制学校应当为学生提供相应的洗漱、洗澡等卫生设施。

学校应当为学生提供充足的符合卫生标准的饮用水。

第八条　学校应当建立卫生制度,加强对学生个人卫生、环境卫生以及教室、宿舍卫生的管理。

第九条　学校应当认真贯彻执行食品卫生法律、法规,加强饮食卫生管理,办好学生膳食,加强营养指导。

第十条　学校体育场地和器材应当符合卫生和安全要求。运动项目和运动强度应当适合学生的生理承受能力和体质健康状况,防止发生伤害事故。

第十一条　学校应当根据学生的年龄,组织学生参加适当的劳动,并对参加劳动的学生,进行安全教育,提供必要的安全和卫生防护措施。

普通中小学校组织学生参加劳动,不得让学生接触有毒有害物质或者从事不安全工种的作业,不得让学生参加夜班劳动。

普通高等学校、中等专业学校、技工学校、农业中学、职业中学组织学生参加生产劳动,接触有毒有害物质的,按照国家有关规定,提供保健待遇。学校应当定期对他们进行体格检查,加强卫生防护。

第十二条　学校在安排体育课以及劳动等体力活动时,应当注意女学生的生理特点,给予必要的照顾。

第十三条　学校应当把健康教育纳入教学计划。普通中小学必须开设健康教育课,普通高等学校、中等专业学校、技工学校、农业中学、职业中学应当开设健康教育选修课或者讲座。

学校应当开展学生健康咨询活动。

第十四条　学校应当建立学生健康管理制度。根据条件定期对学生进行体格检查，建立学生体质健康卡片，纳入学生档案。

学校对体格检查中发现学生有器质性疾病的，应当配合学生家长做好转诊治疗。

学校对残疾、体弱学生，应当加强医学照顾和心理卫生工作。

第十五条　学校应当配备可以处理一般伤病事故的医疗用品。

第十六条　学校应当积极做好近视眼、弱视、沙眼、龋齿、寄生虫、营养不良、贫血、脊柱弯曲、神经衰弱等学生常见疾病的群体预防和矫治工作。

第十七条　学校应当认真贯彻执行传染病防治法律、法规，做好急、慢性传染病的预防和控制管理工作，同时做好地方病的预防和控制管理工作。

第三章　学校卫生工作管理

第十八条　各级教育行政部门应当把学校卫生工作纳入学校工作计划，作为考评学校工作的一项内容。

第十九条　普通高等学校、中等专业学校、技工学校和规模较大的农业中学、职业中学、普通中小学，可以设立卫生管理机构，管理学校的卫生工作。

第二十条　普通高等学校设校医院或者卫生科。校医院应当设保健科（室），负责师生的卫生保健工作。

城市普通中小学、农村中心小学和普通中学设卫生室，按学生人数六百比一的比例配备专职卫生技术人员。

中等专业学校、技工学校、农业中学、职业中学，可以根据需要，配备专职卫生技术人员。

学生人数不足六百人的学校，可以配备专职或者兼职保健教师，开展学校卫生工作。

第二十一条　经本地区卫生行政部门批准，可以成立区域性的中小学生卫生保健机构。

区域性的中小学生卫生保健机构的主要任务是：

（一）调查研究本地区中小学生体质健康状况；

（二）开展中小学生常见疾病的预防与矫治；

（三）开展中小学卫生技术人员的技术培训和业务指导。

第二十二条　学校卫生技术人员的专业技术职称考核、评定，按照卫生、教育行政部门制定的考核标准和办法，由教育行政部门组织实施。

学校卫生技术人员按照国家有关规定，享受卫生保健津贴。

第二十三条　教育行政部门应当将培养学校卫生技术人员的工作列入招生计划，并通过各种教育形式为学校卫生技术人员和保健教师提供进修机会。

第二十四条　各级教育行政部门和学校应当将学校卫生经费纳入核定的年度教育经费预算。

第二十五条　各级卫生行政部门应当组织医疗单位和专业防治机构对学生进行健康检查、传染病防治和常见病矫治，接受转诊治疗。

第二十六条　各级卫生防疫站，对学校卫生工作承担下列任务：

（一）实施学校卫生监测，掌握本地区学生生长发育和健康状况，掌握学生常见病、传染病、地方病动态；

（二）制定学生常见病、传染病、地方病的防治计划；

（三）对本地区学校卫生工作进行技术指导；

（四）开展学校卫生服务。

第二十七条　供学生使用的文具、娱乐器具、保健用品，必须符合国家有关卫生标准。

第四章　学校卫生工作监督

第二十八条　县以上卫生行政部门对学校卫生工作行使监督职权。其职责是：

（一）对新建、改建、扩建校舍的选址、设计实行卫生监督；

（二）对学校内影响学生健康的学习、生活、劳动、环境、食品等方面的卫生和传染病防治工作实行卫生监督；

（三）对学生使用的文具、娱乐器具、保健用品实行卫生监督。

国务院卫生行政部门可以委托国务院其他有关部门的卫生主管机构，在本系统内对前款所列第（一）、（二）项职责行使学校卫生监督职权。

第二十九条　行使学校卫生监督职权的机构设立学校卫生监督员，由省级以上卫生行政部门聘任并发给学校卫生监督员证书。

学校卫生监督员执行卫生行政部门或者其他有关部门卫生主管机构交付的学校卫生监督任务。

第三十条　学校卫生监督员在执行任务时应出示证件。

学校卫生监督员在进行卫生监督时，有权查阅与卫生监督有关的资料，搜集与卫生监督有关的情况，被监督的单位或者个人应当给予配合。学校卫生监督员对所掌握的资料、情况负有保密责任。

第五章　奖励与处罚

第三十一条　对在学校卫生工作中成绩显著的单位或者个人，各级教育、卫生行政部门和学校应当给予表彰、奖励。

第三十二条　违反本条例第六条第二款规定，未经卫生行政部门许可新建、改建、扩建校舍的，由卫生行政部门对直接责任单位或者个人给予警告、责令停止施工或者限期改建。

第三十三条　违反本条例第六条第一款、第七条和第十条规定的，由卫生行政部门对直接责任单位或者个人给予警告并责令限期改进。情节严重的，可以同时建议教育行政部门给予行政处分。

第三十四条　违反本条例第十一条规定，致使学生健康受到损害的，由卫生行政部门对直接责任单位或者个人给予警告，责令限期改进。

第三十五条　违反本条例第二十七条规定的，由卫生行政部门对直接责任单位或者个人给予警告。情节严重的,可以会同工商行政部门没收其不符合国家有关卫生标准的物品,并处以非法所得两倍以下的罚款。

第三十六条 拒绝或者妨碍学校卫生监督员依照本条例实施卫生监督的,由卫生行政部门对直接责任单位或者个人给予警告。情节严重的,可以建议教育行政部门给予行政处分或者处以二百元以下的罚款。

第三十七条 当事人对没收、罚款的行政处罚不服的,可以在接到处罚决定书之日起十五日内,向作出处罚决定机关的上一级机关申请复议,也可以直接向人民法院起诉。对复议决定不服的,可以在接到复议决定之日起十五日内,向人民法院起诉。对罚款决定不履行又逾期不起诉的,由作出处罚决定的机关申请人民法院强制执行。

第六章 附 则

第三十八条 学校卫生监督办法、学校卫生标准由卫生部会同国家教育委员会制定。

第三十九条 贫困县不能全部适用本条例第六条第一款和第七条规定的,可以由所在省、自治区的教育、卫生行政部门制定变通的规定,变通的规定,应当报送国家教育委员会,卫生部备案。

第四十条 本条例由国家教育委员会、卫生部负责解释。

第四十一条 本条例自发布之日起施行。原教育部、卫生部1979年12月6日颁布的《中、小学卫生工作暂行规定(草案)》和1980年8月26日颁布的《高等学校卫生工作暂行规定(草案)》同时废止。

中药品种保护条例

(1992年10月14日中华人民共和国国务院令第106号发布 根据2018年9月18日《国务院关于修改部分行政法规的决定》修订)

第一章 总 则

第一条 为了提高中药品种的质量,保护中药生产企业的合法权益,促进中药事业的发展,制定本条例。

第二条 本条例适用于中国境内生产制造的中药品种,包括中成药、天然药物的提取物及其制剂和中药人工制成品。

申请专利的中药品种,依照专利法的规定办理,不适用本条例。

第三条 国家鼓励研制开发临床有效的中药品种,对质量稳定、疗效确切的中药品种实行分级保护制度。

第四条 国务院药品监督管理部门负责全国中药品种保护的监督管理工作。

第二章 中药保护品种等级的划分和审批

第五条 依照本条例受保护的中药品种,必须是列入国家药品标准的品种。经国务院药品监督管理部门认定,列为省、自治区、直辖市药品标准的品种,也可以申请保护。

受保护的中药品种分为一、二级。

第六条 符合下列条件之一的中药品种，可以申请一级保护：

(一)对特定疾病有特殊疗效的；

(二)相当于国家一级保护野生药材物种的人工制成品；

(三)用于预防和治疗特殊疾病的。

第七条 符合下列条件之一的中药品种，可以申请二级保护：

(一)符合本条例第六条规定的品种或者已经解除一级保护的品种；

(二)对特定疾病有显著疗效的；

(三)从天然药物中提取的有效物质及特殊制剂。

第八条 国务院药品监督管理部门批准的新药，按照国务院药品监督管理部门规定的保护期给予保护；其中，符合本条例第六条、第七条规定的，在国务院药品监督管理部门批准的保护期限届满前六个月，可以重新依照本条例的规定申请保护。

第九条 申请办理中药品种保护的程序：

(一)中药生产企业对其生产的符合本条例第五条、第六条、第七条、第八条规定的中药品种，可以向所在地省、自治区、直辖市人民政府药品监督管理部门提出申请，由省、自治区、直辖市人民政府药品监督管理部门初审签署意见后，报国务院药品监督管理部门。特殊情况下，中药生产企业也可以直接向国务院药品监督管理部门提出申请。

(二)国务院药品监督管理部门委托国家中药品种保护审评委员会负责对申请保护的中药品种进行审评。国家中药品种保护审评委员会应当自接到申请报告书之日起六个月内作出审评结论。

(三)根据国家中药品种保护审评委员会的审评结论，由国务院药品监督管理部门决定是否给予保护。批准保护的中药品种，由国务院药品监督管理部门发给《中药保护品种证书》。

国务院药品监督管理部门负责组织国家中药品种保护审评委员会，委员会成员由国务院药品监督管理部门聘请中医药方面的医疗、科研、检验及经营、管理专家担任。

第十条 申请中药品种保护的企业，应当按照国务院药品监督管理部门的规定，向国家中药品种保护审评委员会提交完整的资料。

第十一条 对批准保护的中药品种以及保护期满的中药品种，由国务院药品监督管理部门在指定的专业报刊上予以公告。

第三章 中药保护品种的保护

第十二条 中药保护品种的保护期限：

中药一级保护品种分别为三十年、二十年、十年。

中药二级保护品种为七年。

第十三条 中药一级保护品种的处方组成、工艺制法，在保护期限内由获得《中药保护品种证书》的生产企业和有关的药品监督管理部门及有关单位和个人负责保密，不得公开。

负有保密责任的有关部门、企业和单位应当按照国家有关规定,建立必要的保密制度。

第十四条 向国外转让中药一级保护品种的处方组成、工艺制法的,应当按照国家有关保密的规定办理。

第十五条 中药一级保护品种因特殊情况需要延长保护期限的,由生产企业在该品种保护期满前六个月,依照本条例第九条规定的程序申报。延长的保护期限由国务院药品监督管理部门根据国家中药品种保护审评委员会的审评结果确定;但是,每次延长的保护期限不得超过第一次批准的保护期限。

第十六条 中药二级保护品种在保护期满后可以延长七年。

申请延长保护期的中药二级保护品种,应当在保护期满前六个月,由生产企业依照本条例第九条规定的程序申报。

第十七条 被批准保护的中药品种,在保护期内限于由获得《中药保护品种证书》的企业生产;但是,本条例第十九条另有规定的除外。

第十八条 国务院药品监督管理部门批准保护的中药品种如果在批准前是由多家企业生产的,其中未申请《中药保护品种证书》的企业应当自公告发布之日起六个月内向国务院药品监督管理部门申报,并依照本条例第十条的规定提供有关资料,由国务院药品监督管理部门指定药品检验机构对该申报品种进行同品种的质量检验。国务院药品监督管理部门根据检验结果,可以采取以下措施:

(一)对达到国家药品标准的,补发《中药保护品种证书》。

(二)对未达到国家药品标准的,依照药品管理的法律、行政法规的规定撤销该中药品种的批准文号。

第十九条 对临床用药紧缺的中药保护品种的仿制,须经国务院药品监督管理部门批准并发给批准文号。仿制企业应当付给持有《中药保护品种证书》并转让该中药品种的处方组成、工艺制法的企业合理的使用费,其数额由双方商定;双方不能达成协议的,由国务院药品监督管理部门裁决。

第二十条 生产中药保护品种的企业应当根据省、自治区、直辖市人民政府药品监督管理部门提出的要求,改进生产条件,提高品种质量。

第二十一条 中药保护品种在保护期内向国外申请注册的,须经国务院药品监督管理部门批准。

第四章 罚 则

第二十二条 违反本条例第十三条的规定,造成泄密的责任人员,由其所在单位或者上级机关给予行政处分;构成犯罪的,依法追究刑事责任。

第二十三条 违反本条例第十七条的规定,擅自仿制中药保护品种的,由县级以上人民政府负责药品监督管理的部门以生产假药依法论处。

伪造《中药品种保护证书》及有关证明文件进行生产、销售的,由县级以上人民政府负责药品监督管理的部门没收其全部有关药品及违法所得,并可以处以有关药品正品价格三倍以下罚款。

上述行为构成犯罪的,由司法机关依法追究刑事责任。

第二十四条　当事人对负责药品监督管理的部门的处罚决定不服的,可以依照有关法律、行政法规的规定,申请行政复议或者提起行政诉讼。

第五章　附　　则

第二十五条　有关中药保护品种的申报要求、申报表格等,由国务院药品监督管理部门制定。

第二十六条　本条例自一九九三年一月一日起施行。

中华人民共和国尘肺病防治条例

(1987年12月3日国务院发布)

第一章　总　　则

第一条　为保护职工健康,消除粉尘危害,防止发生尘肺病,促进生产发展,制定本条例。

第二条　本条例适用于所有有粉尘作业的企业、事业单位。

第三条　尘肺病系指在生产活动中吸入粉尘而发生的肺组织纤维化为主的疾病。

第四条　地方各级人民政府要加强对尘肺病防治工作的领导。在制定本地区国民经济和社会发展计划时,要统筹安排尘肺病防治工作。

第五条　企业、事业单位的主管部门应当根据国家卫生等有关标准,结合实际情况,制定所属企业的尘肺病防治规划,并督促其施行。

乡镇企业主管部门,必须指定专人负责乡镇企业尘肺病的防治工作,建立监督检查制度,交指导乡镇企业对尘肺病的防治工作。

第六条　企业、事业单位的负责人,对本单位的尘肺病防治工作负有直接责任,应采取有效措施使本单位的粉尘作业场所达到国家卫生标准。

第二章　防　　尘

第七条　凡有粉尘作业的企业、事业单位应采取综合防尘措施和无尘或低尘的新技术、新工艺、新设备,使作业场所粉尘浓度不超过国家卫生标准。

第八条　尘肺病诊断标准由卫生行政部门制定,粉尘浓度卫生标准由卫生行政部门会同劳动等有关部门联合制定。

第九条　防尘设施的鉴定和定型制度,由劳动部门会同卫生行政部门制定。任何企业、事业单位除特殊情况外,未经上级主管部门批准,不得停止运行或者拆除防尘设施。

第十条　防尘经费应当纳入基本建设和技术改造经费计划,专款专用,不得挪用。

第十一条　严禁任何企业、事业单位将粉尘作业转嫁、外包或以联营的形式给没有防尘设施的乡镇、街道企业或个体工商户。

中、小学校各类校办的实习工厂或车间，禁止从事有粉尘的作业。

第十二条 职工使用的防止粉尘危害的防护用品，必须符合国家的有关标准。企业、事业单位应当建立严格的管理制度，并教育职工按规定和要求使用。

对初次从事粉尘作业的职工，由其所在单位进行防尘知识教育和考核，考试合格后方可从事粉尘作业。

不满十八周岁的末成年人，禁止从事粉尘作业。

第十三条 新建、改建、扩建、续建有粉尘作业的工程项目，防尘设施必须与主体工程同时设计、同时施工、同时投产。设计任务书，必须经当地卫生行政部门、劳动部门和工会组织审查同意后，方可施工，竣工验收，应由当地卫生行政部门、劳动部门和工会组织参加，凡不符合要求的，不得投产。

第十四条 作业场所的粉尘浓度超过国家卫生标准，又末积极治理，严重影响职工安全健康时，职工有权拒绝操作。

第三章 监督和监测

第十五条 卫生行政部门、劳动部门和工会组织分工协作，互相配合，对企业、事业单位的尘肺病防治工作进行监督。

第十六条 卫生行政部门负责卫生标准的监测；劳动部门负责劳动卫生工程技术标准的监测。

工会组织负责组织职工群众对本单位的尘肺病防治工作进行监督，并教育职工遵守操作规程与防尘制度。

第十七条 凡有粉尘作业的企业、事业单位，必须定期测定作业场所的粉尘浓度。测尘结果必须向主管部门和当地卫生行政部门、劳动部门和工会组织报告，并定期向职工公布。

从事粉尘作业的单位必须建立测尘资料档案。

第十八条 卫生行政部门和劳动部门，要对从事粉尘作业的企业、事业单位的测尘机构加强业务指导，并对测尘人员加强业务指导和技术培训。

第四章 健康管理

第十九条 各企业、事业单位对新从事粉尘作业的职工，必须进行健康检查。对在职和离职的从事粉尘作业的职工，必须定期进行健康检查。检查的内容、期限和尘肺病诊断标准，按卫生行政部门有关职业病管理的规定执行。

第二十条 各企业、事业单位必须贯彻执行职业病报告制度，按期向当地卫生行政部门、劳动部门、工会组织和本单位的主管部门报告职工尘肺病发生和死亡情况。

第二十一条 各企业、事业单位对已确诊为尘肺病的职工，必须调离粉尘作业岗位，并给予治疗或疗养。尘肺病患者的社会保险待遇，按国家有关规定办理。

第五章 奖励和处罚

第二十二条 对在尘肺病防治工作中做出显著成绩的单位和个人，由其上级主管部门给予奖励。

第二十三条　凡违反本条例规定，有下列行为之一的，卫生行政部门和劳动部门，可视其情节轻重，给予警告、限期治理、罚款和停业整顿的处罚。但停业整顿的处罚，需经当地人民政府同意。

（一）作业场所粉尘浓度超过国家卫生标准，逾期不采取措施的；

（二）任意拆除防尘设施，致使粉尘危害严重的；

（三）挪用防尘措施经费的；

（四）工程设计和竣工验收未经卫生行政部门、劳动部门和工会组织审查同意，擅自施工、投产的；

（五）将粉尘作业转嫁、外包或以联营的形式给没有防尘设施的乡镇、街道企业或个体工商户的；

（六）不执行健康检查制度和测尘制度的；

（七）强令尘肺病患者继续从事粉尘作业的；

（八）假报测尘结果或尘肺病诊断结果的；

（九）安排未成年人从事粉尘作业的。

第二十四条　当事人对处罚不服的，可在接到处罚通知之日起十五日内，向作出处理的部门的上级机关申请复议。但是，对停业整顿的决定应当立即执行。上级机关应当在接到申请之日起三十日内作出答复。对答复不服的，可以在接到答复之日起十五日内，向人民法院起诉。

第二十五条　企业、事业单位负责人和监督、监测人员玩忽职守，致使公共财产、国家和人民利益遭受损失，情节轻微的，由其主管部门给予行政处分；造成重大损失，构成犯罪的，由司法机关依法追究直接责任人员的刑事责任。

第六章　附　　则

第二十六条　本条例由国务院卫生行政部门和劳动部门联合进行解释。

第二十七条　各省、自治区、直辖市人民政府应当结合当地实际情况，制定本条例的实施办法。

第三十八条　本条例自发布之日起施行。

食盐加碘消除碘缺乏危害管理条例

（1994年8月23日中华人民共和国国务院令第163号发布　根据2017年3月1日《国务院关于修改和废止部分行政法规的决定》修订）

第一章　总　　则

第一条　为了消除碘缺乏危害，保护公民身体健康，制定本条例。

第二条　碘缺乏危害，是指由于环境缺碘、公民摄碘不足所引起的地方性甲状腺肿、地方性克汀病和对儿童智力发育的潜在性损伤。

第三条 国家对消除碘缺乏危害,采取长期供应加碘食盐(以下简称碘盐)为主的综合防治措施。

第四条 国务院卫生行政部门负责碘缺乏危害防治和碘盐的卫生监督管理工作;国务院授权的盐业主管机构(以下简称国务院盐业主管机构)负责全国碘盐加工、市场供应的监督管理工作。

第五条 各级人民政府应当将食盐加碘消除碘缺乏危害的工作纳入本地区国民经济和社会发展计划,并组织实施。

县级以上人民政府有关部门应当按照职责分工,密切配合,共同做好食盐加碘消除碘缺乏危害工作。

第六条 国家鼓励和支持在食盐加碘消除碘缺乏危害方面的科学研究和先进技术推广工作。

对在食盐加碘消除碘缺乏危害工作中做出显著成绩的单位和个人,给予奖励。

第二章 碘盐的加工、运输和储存

第七条 从事碘盐加工的盐业企业,应当由省、自治区、直辖市人民政府盐业主管机构指定,并取得同级人民政府卫生行政部门卫生许可后,报国务院盐业主管机构批准。

第八条 用于加工碘盐的食盐和碘酸钾必须符合国家卫生标准。

碘盐中碘酸钾的加入量由国务院卫生行政部门确定。

第九条 碘盐出厂前必须经质量检验,未达到规定含量标准的碘盐不得出厂。

第十条 碘盐出厂前必须予以包装。碘盐的包装应当有明显标识,并附有加工企业名称、地址、加碘量、批号、生产日期和保管方法等说明。

第十一条 碘盐为国家重点运输物资。铁路、交通部门必须依照省、自治区、直辖市人民政府盐业主管机构报送的年度、月度运输计划,及时运送。

碘盐的运输工具和装卸工具,必须符合卫生要求,不得与有毒、有害物质同载、混放。

第十二条 经营碘盐批发业务的企业和在交通不方便的地区经营碘盐零售业务的单位和个人,应当按照省、自治区、直辖市人民政府盐业主管机构的规定,保持合理的碘盐库存量。

碘盐和非碘盐在储存场地应当分库或者分垛存放,做到防晒、干燥、安全、卫生。

第十三条 碘剂的购置费用以及盐业企业因加碘而发生的各种费用,按照国家有关规定执行。

第三章 碘盐的供应

第十四条 省、自治区、直辖市人民政府卫生行政部门负责划定碘缺乏地区(以下简称缺碘地区)范围,经本级人民政府批准后,报国务院卫生行政部门、国务院盐业主管机构备案。

第十五条 国家优先保证缺碘地区居民的碘盐供应;除高碘地区外,逐步实施向全民供应碘盐。

对于经济区域和行政区域不一致的缺碘地区，应当按照盐业运销渠道组织碘盐的供应。

在缺碘地区产生、销售的食品和副食品，凡需添加食用盐的，必须使用碘盐。

第十六条　在缺碘地区销售的碘盐必须达到规定的含碘量，禁止非碘盐和不合格碘盐进入缺碘地区食用盐市场。

对暂时不能供应碘盐的缺碘地区，经省、自治区、直辖市人民政府批准，可以暂时供应非碘盐；但是，省、自治区、直辖市人民政府卫生行政部门应当采取其他补碘的防治措施。

对缺碘地区季节性家庭工业、农业、副业、建筑业所需的非碘盐和非食用盐，由县级以上人民政府盐业主管机构组织供应。

第十七条　经营碘盐批发业务的企业，由省、自治区、直辖市人民政府盐业主管机构审批。

碘盐批发企业应当从国务院盐业主管机构批准的碘盐加工企业进货。经营碘盐零售业务的单位和个人，应当从碘盐批发企业进货，不得从未经批准的单位和个人购进碘盐。

第十八条　碘盐批发企业在从碘盐加工企业购进碘盐时，应当索取加碘证明，碘盐加工企业应当保证提供。

第十九条　碘盐零售单位销售的碘盐应当为小包装，并应当符合本条例的有关规定。碘盐零售的管理办法由省、自治区、直辖市人民政府根据实际情况制定。

第二十条　为防治疾病，在碘盐中同时添加其他营养强化剂的，应当符合《中华人民共和国食品安全法》的相关规定，并标明销售范围。

因治疗疾病，不宜食用碘盐的，应当持当地县级人民政府卫生行政部门指定的医疗机构出具的证明，到当地人民政府盐业主管机构指定的单位购买非碘盐。

第四章　监督和管理

第二十一条　县级以上地方各级人民政府卫生行政部门负责对本地区食盐加碘消除碘缺乏危害的卫生监督和碘盐的卫生监督以及防治效果评估；县级以上地方各级人民政府盐业主管机构负责对本地区碘盐加工、市场供应的监督管理。

第二十二条　县级以上各级人民政府卫生行政部门有权按照国家规定，向碘酸钾生产企业和碘盐加工、经营单位抽检样品，索取与卫生监测有关的资料，任何单位和个人不得拒绝、隐瞒或者提供虚假资料。

第二十三条　卫生监督人员在实施卫生监督、监测时，应当主动出示卫生行政部门制发的监督证件；盐政人员在执行职务时，应当主动出示盐业主管机构制发的证件。

第五章　罚　　则

第二十四条　违反本条例的规定，擅自开办碘盐加工企业或者未经批准从事碘盐批发业务的，由县级以上人民政府盐业主管机构责令停止加工或者批发碘盐，没收全部碘盐和违法所得，可以并处该盐产品价值3倍以下的罚款。

第二十五条　碘盐的加工企业、批发企业违反本条例的规定，加工、批发不合格碘盐的,由县级以上人民政府盐业主管机构责令停止出售并责令责任者按照国家规定标准对食盐补碘,没收违法所得,可以并处该盐产品价值3倍以下的罚款。情节严重的,对加工企业,由省、自治区、直辖市人民政府盐业主管机构报请国务院盐业主管机构批准后,取消其碘盐加工资格;对批发企业,由省、自治区、直辖市人民政府盐业主管机构取消其碘盐批发资格。

第二十六条　违反本条例的规定,在缺碘地区的食用盐市场销售不合格碘盐或者擅自销售非碘盐的,由县级以上人民政府盐业主管机构没收其经营的全部盐产品和违法所得,可以并处该盐产品价值3倍以下的罚款;情节严重,构成犯罪的,依法追究刑事责任。

第二十七条　违反本条例的规定,在碘盐的加工、运输、经营过程中不符合国家卫生标准的,由县级以上人民政府卫生行政部门责令责任者改正,可以并处该盐产品价值3倍以下的罚款。

第二十八条　违反本条例的规定,出厂碘盐未予包装或者包装不符合国家卫生标准的,由县级以上人民政府卫生行政部门责令改正,可以并处该盐产品价值3倍以下的罚款。

第二十九条　违反本条例的规定,在缺碘地区生产、销售的食品和副食品中添加非碘盐的,由县级以上人民政府卫生行政部门责令改正,没收违法所得,可以并处该产品价值1倍以下的罚款。

第六章　附　　则

第三十条　畜牧用盐适用本条例。

第三十一条　省、自治区、直辖市人民政府可以根据本条例制定实施办法。

第三十二条　经省、自治区、直辖市人民政府卫生行政部门、盐业主管机构确定为应当供应碘盐的非缺碘地区适用本条例第十五条第二款、第三款和第十六条第一款、第三款的规定。

第三十三条　本条例自1994年10月1日起施行。1979年12月21日国务院批转的《食盐加碘防治地方性甲状腺肿暂行办法》同时废止。

血液制品管理条例

(1996年12月30日中华人民共和国国务院令第208号发布　根据2016年2月6日《国务院关于修改部分行政法规的决定》修订)

第一章　总　　则

第一条　为了加强血液制品管理,预防和控制经血液途径传播的疾病,保证血液制品的质量,根据药品管理法和传染病防治法,制定本条例。

第二条　本条例适用于在中华人民共和国境内从事原料血浆的采集、供应以及血液制品的生产、经营活动。

第三条　国务院卫生行政部门对全国的原料血浆的采集、供应和血液制品的生产、经营活动实施监督管理。

县级以上地方各级人民政府卫生行政部门对本行政区域内的原料血浆的采集、供应和血液制品的生产、经营活动,依照本条例第三十条规定的职责实施监督管理。

第二章 原料血浆的管理

第四条 国家实行单采血浆站统一规划、设置的制度。

国务院卫生行政部门根据核准的全国生产用原料血浆的需求,对单采血浆站的布局、数量和规模制定总体规划。省、自治区、直辖市人民政府卫生行政部门根据总体规划制定本行政区域内单采血浆站设置规划和采集血浆的区域规划,并报国务院卫生行政部门备案。

第五条 单采血浆站由血液制品生产单位设置或者由县级人民政府卫生行政部门设置,专门从事单采血浆活动,具有独立法人资格。其他任何单位和个人不得从事单采血浆活动。

第六条 设置单采血浆站,必须具备下列条件:

(一)符合单采血浆站布局、数量、规模的规划;

(二)具有与所采集原料血浆相适应的卫生专业技术人员;

(三)具有与所采集原料血浆相适应的场所及卫生环境;

(四)具有识别供血浆者的身份识别系统;

(五)具有与所采集原料血浆相适应的单采血浆机械及其他设施;

(六)具有对所采集原料血浆进行质量检验的技术人员以及必要的仪器设备。

第七条 申请设置单采血浆站的,由县级人民政府卫生行政部门初审,经设区的市、自治州人民政府卫生行政部门或者省、自治区人民政府设立的派出机关的卫生行政机构审查同意,报省、自治区、直辖市人民政府卫生行政部门审批;经审查符合条件的,由省、自治区、直辖市人民政府卫生行政部门核发《单采血浆许可证》,并报国务院卫生行政部门备案。

单采血浆站只能对省、自治区、直辖市人民政府卫生行政部门划定区域内的供血浆者进行筛查和采集血浆。

第八条 《单采血浆许可证》应当规定有效期。

第九条 在一个采血浆区域内,只能设置一个单采血浆站。

严禁单采血浆站采集非划定区域内的供血浆者和其他人员的血浆。

第十条 单采血浆站必须对供血浆者进行健康检查;检查合格的,由县级人民政府卫生行政部门核发《供血浆证》。

供血浆者健康检查标准,由国务院卫生行政部门制定。

第十一条 《供血浆证》由省、自治区、直辖市人民政府卫生行政部门负责设计和印制。《供血浆证》不得涂改、伪造、转让。

第十二条 单采血浆站在采集血浆前,必须对供血浆者进行身份识别并核实其《供血浆证》,确认无误的,方可按照规定程序进行健康检查和血液化验;对检查、化验合格的,按照有关技术操作标准及程序采集血浆,并建立供血浆者健康检查及供血浆记录档案;对检查、化验不合格的,由单采血浆站收缴《供血浆证》,并由所在地县级人民政府卫生行政部门监督销毁。

严禁采集无《供血浆证》者的血浆。

血浆采集技术操作标准及程序,由国务院卫生行政部门制定。

第十三条 单采血浆站只能向一个与其签订质量责任书的血液制品生产单位供应原料血浆,严禁向其他任何单位供应原料血浆。

第十四条 单采血浆站必须使用单采血浆机械采集血浆,严禁手工操作采集血浆。采集的血浆必须按单人份冰冻保存,不得混浆。

严禁单采血浆站采集血液或者将所采集的原料血浆用于临床。

第十五条 单采血浆站必须使用有产品批准文号并经国家药品生物制品检定机构逐批检定合格的体外诊断试剂以及合格的一次性采血浆器材。

采血浆器材等一次性消耗品使用后,必须按照国家有关规定予以销毁,并作记录。

第十六条 单采血浆站采集的原料血浆的包装、储存、运输,必须符合国家规定的卫生标准和要求。

第十七条 单采血浆站必须依照传染病防治法及其实施办法等有关规定,严格执行消毒管理及疫情上报制度。

第十八条 单采血浆站应当每半年向所在地的县级人民政府卫生行政部门报告有关原料血浆采集情况,同时抄报设区的市、自治州人民政府卫生行政部门或者省、自治区人民政府设立的派出机关的卫生行政机构及省、自治区、直辖市人民政府卫生行政部门。省、自治区、直辖市人民政府卫生行政部门应当每年向国务院卫生行政部门汇总报告本行政区域内原料血浆的采集情况。

第十九条 国家禁止出口原料血浆。

第三章 血液制品生产经营单位管理

第二十条 新建、改建或者扩建血液制品生产单位,经国务院卫生行政部门根据总体规划进行立项审查同意后,由省、自治区、直辖市人民政府卫生行政部门依照药品管理法的规定审核批准。

第二十一条 血液制品生产单位必须达到国务院卫生行政部门制定的《药品生产质量管理规范》规定的标准,经国务院卫生行政部门审查合格,并依法向工商行政管理部门申领营业执照后,方可从事血液制品的生产活动。

第二十二条 血液制品生产单位应当积极开发新品种,提高血浆综合利用率。

血液制品生产单位生产国内已经生产的品种,必须依法向国务院卫生行政部门申请产品批准文号;国内尚未生产的品种,必须按照国家有关新药审批的程序和要求申报。

第二十三条 严禁血液制品生产单位出让、出租、出借以及与他人共用《药品生产企业许可证》和产品批准文号。

第二十四条 血液制品生产单位不得向无《单采血浆许可证》的单采血浆站或者未与

其签订质量责任书的单采血浆站及其他任何单位收集原料血浆。

血液制品生产单位不得向其他任何单位供应原料血浆。

第二十五条 血液制品生产单位在原料血浆投料生产前,必须使用有产品批准文号并经国家药品生物制品检定机构逐批检定合格的体外诊断试剂,对每一人份血浆进行全面复检,并作检测记录。

原料血浆经复检不合格的,不得投料生产,并必须在省级药品监督员监督下按照规定程序和方法予以销毁,并作记录。

原料血浆经复检发现有经血液途径传播的疾病的,必须通知供应血浆的单采血浆站,并及时上报所在地省、自治区、直辖市人民政府卫生行政部门。

第二十六条 血液制品出厂前,必须经过质量检验;经检验不符合国家标准的,严禁出厂。

第二十七条 开办血液制品经营单位,由省、自治区、直辖市人民政府卫生行政部门审核批准。

第二十八条 血液制品经营单位应当具备与所经营的产品相适应的冷藏条件和熟悉所经营品种的业务人员。

第二十九条 血液制品生产经营单位生产、包装、储存、运输、经营血液制品,应当符合国家规定的卫生标准和要求。

第四章 监督管理

第三十条 县级以上地方各级人民政府卫生行政部门依照本条例的规定负责本行政区域内的单采血浆站、供血浆者、原料血浆的采集及血液制品经营单位的监督管理。

省、自治区、直辖市人民政府卫生行政部门依照本条例的规定负责本行政区域内的血液制品生产单位的监督管理。

县级以上地方各级人民政府卫生行政部门的监督人员执行职务时,可以按照国家有关规定抽取样品和索取有关资料,有关单位不得拒绝和隐瞒。

第三十一条 省、自治区、直辖市人民政府卫生行政部门每年组织1次对本行政区域内单采血浆站的监督检查并进行年度注册。

设区的市、自治州人民政府卫生行政部门或者省、自治区人民政府设立的派出机关的卫生行政机构每半年对本行政区域内的单采血浆站进行1次检查。

第三十二条 国家药品生物制品检定机构及国务院卫生行政部门指定的省级药品检验机构,应当依照本条例和国家规定的标准和要求,对血液制品生产单位生产的产品定期进行检定。

第三十三条 国务院卫生行政部门负责全国进出口血液制品的审批及监督管理。

第五章 罚 则

第三十四条 违反本条例规定,未取得省、自治区、直辖市人民政府卫生行政部门核发的《单采血浆许可证》,非法从事组织、采集、供应、倒卖原料血浆活动的,由县级以上地方人民政府卫生行政部门予以取缔,没收违法所得和从事违法活动的器材、设备,并处违法所得5倍以上10倍以下的罚款,没有违法所得的,并处5万元以上10万元以下的罚款;造成经血液途径传播的疾病传播、人身伤害等危害,构成犯罪的,依法追究刑事责任。

第三十五条　单采血浆站有下列行为之一的,由县级以上地方人民政府卫生行政部门责令限期改正,处5万元以上10万元以下的罚款;有第八项所列行为的,或者有下列其他行为并且情节严重的,由省、自治区、直辖市人民政府卫生行政部门吊销《单采血浆许可证》;构成犯罪的,对负有直接责任的主管人员和其他直接责任人员依法追究刑事责任:

(一)采集血浆前,未按照国务院卫生行政部门颁布的健康检查标准对供血浆者进行健康检查和血液化验的;

(二)采集非划定区域内的供血浆者或者其他人员的血浆的,或者不对供血浆者进行身份识别,采集冒名顶替者、健康检查不合格者或者无《供血浆证》者的血浆的;

(三)违反国务院卫生行政部门制定的血浆采集技术操作标准和程序,过频过量采集血浆的;

(四)向医疗机构直接供应原料血浆或者擅自采集血液的;

(五)未使用单采血浆机械进行血浆采集的;

(六)未使用有产品批准文号并经国家药品生物制品检定机构逐批检定合格的体外诊断试剂以及合格的一次性采血浆器材的;

(七)未按照国家规定的卫生标准和要求包装、储存、运输原料血浆的;

(八)对国家规定检测项目检测结果呈阳性的血浆不清除、不及时上报的;

(九)对污染的注射器、采血浆器材及不合格血浆等不经消毒处理,擅自倾倒,污染环境,造成社会危害的;

(十)重复使用一次性采血浆器材的;

(十一)向与其签订质量责任书的血液制品生产单位以外的其他单位供应原料血浆的。

第三十六条　单采血浆站已知其采集的血浆检测结果呈阳性,仍向血液制品生产单位供应的,由省、自治区、直辖市人民政府卫生行政部门吊销《单采血浆许可证》,由县级以上地方人民政府卫生行政部门没收违法所得,并处10万元以上30万元以下的罚款;造成经血液途径传播的疾病传播、人身伤害等危害,构成犯罪的,对负有直接责任的主管人员和其他直接责任人员依法追究刑事责任。

第三十七条　涂改、伪造、转让《供血浆证》的,由县级人民政府卫生行政部门收缴《供血浆证》,没收违法所得,并处违法所得3倍以上5倍以下的罚款,没有违法所得的,并处1万元以下的罚款;构成犯罪的,依法追究刑事责任。

第三十八条　血液制品生产单位有下列行为之一的,由省级以上人民政府卫生行政部门依照药品管理法及其实施办法等有关规定,按照生产假药、劣药予以处罚;构成犯罪的,对负有直接责任的主管人员和其他直接责任人员依法追究刑事责任:

(一)使用无《单采血浆许可证》的单采血浆站或者未与其签订质量责任书的单采血浆站及其他任何单位供应的原料血浆的,或者非法采集原料血浆的;

（二）投料生产前未对原料血浆进行复检的，或者使用没有产品批准文号或者未经国家药品生物制品检定机构逐批检定合格的体外诊断试剂进行复检的，或者将检测不合格的原料血浆投入生产的；

（三）擅自更改生产工艺和质量标准的，或者将检验不合格的产品出厂的；

（四）与他人共用产品批准文号的。

第三十九条　血液制品生产单位违反本条例规定，擅自向其他单位出让、出租、出借以及与他人共用《药品生产企业许可证》、产品批准文号或者供应原料血浆的，由省级以上人民政府卫生行政部门没收违法所得，并处违法所得5倍以上10倍以下的罚款，没有违法所得的，并处5万元以上10万元以下的罚款。

第四十条　违反本条例规定，血液制品生产经营单位生产、包装、储存、运输、经营血液制品不符合国家规定的卫生标准和要求的，由省、自治区、直辖市人民政府卫生行政部门责令改正，可以处1万元以下的罚款。

第四十一条　在血液制品生产单位成品库待出厂的产品中，经抽检有一批次达不到国家规定的指标，经复检仍不合格的，由国务院卫生行政部门撤销该血液制品批准文号。

第四十二条　违反本条例规定，擅自进出口血液制品或者出口原料血浆的，由省级以上人民政府卫生行政部门没收所进出口的血液制品或者所出口的原料血浆和违法所得，并处所进出口的血液制品或者所出口的原料血浆总值3倍以上5倍以下的罚款。

第四十三条　血液制品检验人员虚报、瞒报、涂改、伪造检验报告及有关资料的，依法给予行政处分；构成犯罪的，依法追究刑事责任。

第四十四条　卫生行政部门工作人员滥用职权、玩忽职守、徇私舞弊、索贿受贿，构成犯罪的，依法追究刑事责任；尚不构成犯罪的，依法给予行政处分。

第六章　附　则

第四十五条　本条例下列用语的含义：

血液制品，是特指各种人血浆蛋白制品。

原料血浆，是指由单采血浆站采集的专用于血液制品生产原料的血浆。

供血浆者，是指提供血液制品生产用原料血浆的人员。

单采血浆站，是指根据地区血源资源，按照有关标准和要求并经严格审批设立，采集供应血液制品生产用原料血浆的单位。

第四十六条　本条例施行前已经设立的单采血浆站和血液制品生产经营单位应当自本条例施行之日起6个月内，依照本条例的规定重新办理审批手续；凡不符合本条例规定的，一律予以关闭。

本条例施行前已经设立的单采血浆站适用本条例第六条第五项的时间，由国务院卫生行政部门另行规定。

第四十七条　本条例自发布之日起施行。

国内交通卫生检疫条例

（1998年11月28日中华人民共和国国务院令第254号发布）

第一条　为了控制检疫传染病通过交通工具及其乘运的人员、物资传播，防止检疫传染病流行，保障人体健康，依照《中华人民共和国传染病防治法》（以下简称传染病防治法）的规定，制定本条例。

第二条　列车、船舶、航空器和其他车辆（以下简称交通工具）出入检疫传染病疫区和在非检疫传染病疫区的交通工具上发现检疫传染病疫情时，依照本条例对交通工具及其乘运的人员、物资实施交通卫生检疫。

在中华人民共和国国际通航的港口、机场以及陆地边境和国界江河口岸的国境卫生检疫，依照《中华人民共和国国境卫生检疫法》的规定执行。

第三条　本条例所称检疫传染病，是指鼠疫、霍乱以及国务院确定并公布的其他传染病。

检疫传染病的诊断标准，按照国家有关卫生标准和国务院卫生行政部门的规定执行。

第四条　国务院卫生行政部门主管全国国内交通卫生检疫监督管理工作。

县级以上地方人民政府卫生行政部门负责本行政区域内的国内交通卫生检疫监督管理工作。

铁路、交通、民用航空行政主管部门的卫生主管机构，根据有关法律、法规和国务院卫生行政部门分别会同国务院铁路、交通、民用航空行政主管部门规定的职责划分，负责各自职责范围内的国内交通卫生检疫工作。

第五条　省、自治区、直辖市人民政府依照传染病防治法的规定，确定检疫传染病疫区，并决定对出入疫区的交通工具及其乘运的人员、物资实施交通卫生检疫。

第六条　对出入检疫传染病疫区的交通工具及其乘运的人员、物资，县级以上地方人民政府卫生行政部门或者铁路、交通、民用航空行政主管部门的卫生主管机构根据各自的职责，有权采取下列相应的交通卫生检疫措施：

（一）对出入检疫传染病疫区的人员、交通工具及其承运的物资进行查验；

（二）对检疫传染病病人、病原携带者、疑似检疫传染病病人和与其密切接触者，实施临时隔离、医学检查及其他应急医学措施；

（三）对被检疫传染病病原体污染或者可能被污染的物品，实施控制和卫生处理；

（四）对通过该疫区的交通工具及其停靠场所，实施紧急卫生处理；

（五）需要采取的其他卫生检疫措施。

采取前款所列交通卫生检疫措施的期间自决定实施时起至决定解除时止。

第七条　非检疫传染病疫区的交通工具上发现下列情形之一时，县级以上地方人民政府卫生行政部门或者铁路、交通、民用航空行政主管部门的卫生主管机构根据各自的职责，有权对交通工具及其乘运的人员、物资实施交通卫生检疫：

（一）发现有感染鼠疫的啮齿类动物或者啮齿类动物反常死亡，并且死因不明；

（二）发现鼠疫、霍乱病人、病原携带者和疑似鼠疫、霍乱病人；

（三）发现国务院确定并公布的需要实施国内交通卫生检疫的其他传染病。

跨省、自治区、直辖市在非检疫传染病疫区运行的列车、船舶、航空器上发现前款所列情形之一时，国务院卫生行政部门分别会同国务院铁路、交通、民用航空行政主管部门，可以决定对该列车、船舶、航空器实施交通卫生检疫和指令列车、船舶、航空器不得停靠或者通过港口、机场、车站；但是，因实施交通卫生检疫导致中断干线交通或者封锁国境的，须由国务院决定。

第八条 在非检疫传染病疫区的交通工具上，发现检疫传染病病人、病原携带者、疑似检疫传染病病人时，交通工具负责人应当组织有关人员采取下列临时措施：

（一）以最快的方式通知前方停靠点，并向交通工具营运单位的主管部门报告；

（二）对检疫传染病病人、病原携带者、疑似检疫传染病病人和与其密切接触者实施隔离；

（三）封锁已经污染或者可能污染的区域，采取禁止向外排放污物等卫生处理措施；

（四）在指定的停靠点将检疫传染病病人、病原携带者、疑似检疫传染病病人和与其密切接触者以及其他需要跟踪观察的旅客名单，移交当地县级以上地方人民政府卫生行政部门；

（五）对承运过检疫传染病病人、病原携带者、疑似检疫传染病病人的交通工具和可能被污染的环境实施卫生处理。

交通工具停靠地的县级以上地方人民政府卫生行政部门或者铁路、交通、民用航空行政主管部门的卫生主管机构，应当根据各自的职责，依照传染病防治法的规定，采取控制措施。

第九条 县级以上地方人民政府卫生行政部门或者铁路、交通、民用航空行政主管部门的卫生主管机构，根据各自的职责，对出入检疫传染病疫区的或者在非检疫传染病疫区发现检疫传染病疫情的交通工具及其乘运的人员、物资，实施交通卫生检疫；经检疫合格的，签发检疫合格证明。交通工具及其乘运的人员、物资凭检疫合格证明，方可通行。

检疫合格证明的格式，由国务院卫生行政部门商国务院铁路、交通、民用航空行政主管部门制定。

第十条 对拒绝隔离、治疗、留验的检疫传染病病人、病原携带者、疑似检疫传染病病人和与其密切接触者，以及拒绝检查和卫生处理的可能传播检疫传染病的交通工具、停靠场所及物资，县级以上地方人民政府卫生行政部门或者铁路、交通、民用航空行政主管部门的卫生主管机构根据各自的职责，应当依照传染病防治法的规定，采取强制检疫措施；必要时，由当地县级以上人民政府组织公安部门予以协助。

第十一条 检疫传染病疫情发生后，疫区所在地的省、自治区、直辖市人民政府卫生行政部门应当向有关铁路、交通、民用航空行政主管部门的卫生主管机构通报疫情。铁路、交通、民用航空行政主管部门的卫生主管机构接到疫情通报后，应当及时通知有关交通工具的营运单位。

检疫传染病疫情的报告、通报和公布，依照传染病防治法及其实施办法的规定执行。

第十二条 国务院卫生行政部门应当依照传染病防治法的规定，加强对检疫传染病防治的监督管理，会同国务院铁路、交通、民用航空行政主管部门，依照本条例的规定，拟订国内交通卫生检疫实施方案。

第十三条 检疫传染病病人、病原携带者、疑似检疫传染病病人和与其密切接触者隐瞒真实情况、逃避交通卫生检疫的，由县级以上地方人民政府卫生行政部门或者铁路、交通、民用航空行政主管部门的卫生主管机构，根据各自的职责分工，责令限期改正，给予警告，可以并处1000元以下的罚款；拒绝接受查验和卫生处理的，给予警告，并处1000元以上5000元以下的罚款；情节严重，引起检疫传染病传播或者有传播严重危险，构成犯罪的，依法追究刑事责任。

第十四条 在非检疫传染病疫区的交通工具上发现检疫传染病病人、病原携带者、疑似检疫传染病病人时，交通工具负责人未依照本条例规定采取措施的，由县级以上地方人民政府卫生行政部门或者铁路、交通、民用航空行政主管部门的卫生主管机构，根据各自的职责，责令改正，给予警告，并处1000元以上5000元以下的罚款；情节严重，引起检疫传染病传播或者有传播严重危险，构成犯罪的，依法追究刑事责任。

第十五条 县级以上地方人民政府卫生行政部门或者铁路、交通、民用航空行政主管部门的卫生主管机构，对发现的检疫传染病病人、病原携带者、疑似检疫传染病病人和与其密切接触者，未依法实施临时隔离、医学检查和其他应急医学措施的，以及对被检疫传染病病原体污染或者可能被污染的物品、交通工具及其停靠场所未依法进行必要的控制和卫生处理的，由其上级行政主管部门责令限期改正，对直接负责的主管人员和其他直接责任人员依法给予行政处分；情节严重，引起检疫传染病传播或者有传播严重危险，构成犯罪的，依法追究刑事责任。

第十六条 本条例自1999年3月1日起施行。1985年9月19日国务院批准、1985年10月12日铁道部、卫生部公布的《铁路交通检疫管理办法》同时废止。

使用有毒物品作业场所劳动保护条例

（2002年4月30日国务院第57次常务会议通过 2002年5月12日中华人民共和国国务院令第352号公布）

第一章 总 则

第一条 为了保证作业场所安全使用有毒物品，预防、控制和消除职业中毒危害，保护劳动者的生命安全、身体健康及其相关权益，根据职业病防治法和其他有关法律、行政法规的规定，制定本条例。

第二条 作业场所使用有毒物品可能产生职业中毒危害的劳动保护，适用本条例。

第三条 按照有毒物品产生的职业中毒危害程度，有毒物品分为一般有毒物品和高毒物品。国家对作业场所使用高毒物品实行特殊管理。

一般有毒物品目录、高毒物品目录由国务院卫生行政部门会同有关部门依据国家标准制定、调整并公布。

第四条　从事使用有毒物品作业的用人单位(以下简称用人单位)应当使用符合国家标准的有毒物品,不得在作业场所使用国家明令禁止使用的有毒物品或者使用不符合国家标准的有毒物品。

用人单位应当尽可能使用无毒物品;需要使用有毒物品的,应当优先选择使用低毒物品。

第五条　用人单位应当依照本条例和其他有关法律、行政法规的规定,采取有效的防护措施,预防职业中毒事故的发生,依法参加工伤保险,保障劳动者的生命安全和身体健康。

第六条　国家鼓励研制、开发、推广、应用有利于预防、控制、消除职业中毒危害和保护劳动者健康的新技术、新工艺、新材料;限制使用或者淘汰有关职业中毒危害严重的技术、工艺、材料;加强对有关职业病的机理和发生规律的基础研究,提高有关职业病防治科学技术水平。

第七条　禁止使用童工。

用人单位不得安排未成年人和孕期、哺乳期的女职工从事使用有毒物品的作业。

第八条　工会组织应当督促并协助用人单位开展职业卫生宣传教育和培训,对用人单位的职业卫生工作提出意见和建议,与用人单位就劳动者反映的职业病防治问题进行协调并督促解决。

工会组织对用人单位违反法律、法规,侵犯劳动者合法权益的行为,有权要求纠正;产生严重职业中毒危害时,有权要求用人单位采取防护措施,或者向政府有关部门建议采取强制性措施;发生职业中毒事故时,有权参与事故调查处理;发现危及劳动者生命、健康的情形时,有权建议用人单位组织劳动者撤离危险现场,用人单位应当立即作出处理。

第九条　县级以上人民政府卫生行政部门及其他有关行政部门应当依据各自的职责,监督用人单位严格遵守本条例和其他有关法律、法规的规定,加强作业场所使用有毒物品的劳动保护,防止职业中毒事故发生,确保劳动者依法享有的权利。

第十条　各级人民政府应当加强对使用有毒物品作业场所职业卫生安全及相关劳动保护工作的领导,督促、支持卫生行政部门及其他有关行政部门依法履行监督检查职责,及时协调、解决有关重大问题;在发生职业中毒事故时,应当采取有效措施,控制事故危害的蔓延并消除事故危害,并妥善处理有关善后工作。

第二章　作业场所的预防措施

第十一条　用人单位的设立,应当符合有关法律、行政法规规定的设立条件,并依法办理有关手续,取得营业执照。

用人单位的使用有毒物品作业场所,除应当符合职业病防治法规定的职业卫生要求外,还必须符合下列要求:

(一)作业场所与生活场所分开,作业场所不得住人;

(二)有害作业与无害作业分开,高毒作业场所与其他作业场所隔离;

(三)设置有效的通风装置;可能突然泄漏大量有毒物品或者易造成急性中毒的作业

场所，设置自动报警装置和事故通风设施；

（四）高毒作业场所设置应急撤离通道和必要的泄险区。

用人单位及其作业场所符合前两款规定的，由卫生行政部门发给职业卫生安全许可证，方可从事使用有毒物品的作业。

第十二条 使用有毒物品作业场所应当设置黄色区域警示线、警示标识和中文警示说明。警示说明应当载明产生职业中毒危害的种类、后果、预防以及应急救治措施等内容。

高毒作业场所应当设置红色区域警示线、警示标识和中文警示说明，并设置通讯报警设备。

第十三条 新建、扩建、改建的建设项目和技术改造、技术引进项目（以下统称建设项目），可能产生职业中毒危害的，应当依照职业病防治法的规定进行职业中毒危害预评价，并经卫生行政部门审核同意；可能产生职业中毒危害的建设项目的职业中毒危害防护设施应当与主体工程同时设计，同时施工，同时投入生产和使用；建设项目竣工，应当进行职业中毒危害控制效果评价，并经卫生行政部门验收合格。

存在高毒作业的建设项目的职业中毒危害防护设施设计，应当经卫生行政部门进行卫生审查；经审查，符合国家职业卫生标准和卫生要求的，方可施工。

第十四条 用人单位应当按照国务院卫生行政部门的规定，向卫生行政部门及时、如实申报存在职业中毒危害项目。

从事使用高毒物品作业的用人单位，在申报使用高毒物品作业项目时，应当向卫生行政部门提交下列有关资料：

（一）职业中毒危害控制效果评价报告；

（二）职业卫生管理制度和操作规程等材料；

（三）职业中毒事故应急救援预案。

从事使用高毒物品作业的用人单位变更所使用的高毒物品品种的，应当依照前款规定向原受理申报的卫生行政部门重新申报。

第十五条 用人单位变更名称、法定代表人或者负责人的，应当向原受理申报的卫生行政部门备案。

第十六条 从事使用高毒物品作业的用人单位，应当配备应急救援人员和必要的应急救援器材、设备，制定事故应急救援预案，并根据实际情况变化对应急救援预案适时进行修订，定期组织演练。事故应急救援预案和演练记录应当报当地卫生行政部门、安全生产监督管理部门和公安部门备案。

第三章 劳动过程的防护

第十七条 用人单位应当依照职业病防治法的有关规定，采取有效的职业卫生防护管理措施，加强劳动过程中的防护与管理。

从事使用高毒物品作业的用人单位，应当配备专职的或者兼职的职业卫生医师和护士；不具备配备专职的或者兼职的职业卫生医师和护士条件的，应当与依法取得资质认证的职业卫生技术服务机构签订合同，由其提供职业卫生服务。

第十八条　用人单位应当与劳动者订立劳动合同，将工作过程中可能产生的职业中毒危害及其后果、职业中毒危害防护措施和待遇等如实告知劳动者，并在劳动合同中写明，不得隐瞒或者欺骗。

劳动者在已订立劳动合同期间因工作岗位或者工作内容变更，从事劳动合同中未告知的存在职业中毒危害的作业时，用人单位应当依照前款规定，如实告知劳动者，并协商变更原劳动合同有关条款。

用人单位违反前两款规定的，劳动者有权拒绝从事存在职业中毒危害的作业，用人单位不得因此单方面解除或者终止与劳动者所订立的劳动合同。

第十九条　用人单位有关管理人员应当熟悉有关职业病防治的法律、法规以及确保劳动者安全使用有毒物品作业的知识。

用人单位应当对劳动者进行上岗前的职业卫生培训和在岗期间的定期职业卫生培训，普及有关职业卫生知识，督促劳动者遵守有关法律、法规和操作规程，指导劳动者正确使用职业中毒危害防护设备和个人使用的职业中毒危害防护用品。

劳动者经培训考核合格，方可上岗作业。

第二十条　用人单位应当确保职业中毒危害防护设备、应急救援设施、通讯报警装置处于正常适用状态，不得擅自拆除或者停止运行。

用人单位应当对前款所列设施进行经常性的维护、检修，定期检测其性能和效果，确保其处于良好运行状态。

职业中毒危害防护设备、应急救援设施和通讯报警装置处于不正常状态时，用人单位应当立即停止使用有毒物品作业；恢复正常状态后，方可重新作业。

第二十一条　用人单位应当为从事使用有毒物品作业的劳动者提供符合国家职业卫生标准的防护用品，并确保劳动者正确使用。

第二十二条　有毒物品必须附具说明书，如实载明产品特性、主要成分、存在的职业中毒危害因素、可能产生的危害后果、安全使用注意事项、职业中毒危害防护以及应急救治措施等内容；没有说明书或者说明书不符合要求的，不得向用人单位销售。

用人单位有权向生产、经营有毒物品的单位索取说明书。

第二十三条　有毒物品的包装应当符合国家标准，并以易于劳动者理解的方式加贴或者拴挂有毒物品安全标签。有毒物品的包装必须有醒目的警示标识和中文警示说明。

经营、使用有毒物品的单位，不得经营、使用没有安全标签、警示标识和中文警示说明的有毒物品。

第二十四条　用人单位维护、检修存在高毒物品的生产装置，必须事先制订维护、检修方案，明确职业中毒危害防护措施，确保维护、检修人员的生命安全和身体健康。

维护、检修存在高毒物品的生产装置，必须严格按照维护、检修方案和操作规程进行。维护、检修现场应当有专人监护，并设置警示标志。

第二十五条　需要进入存在高毒物品的设备、容器或者狭窄封闭场所作业时，用人单位应当事先采取下列措施：

(一)保持作业场所良好的通风状态,确保作业场所职业中毒危害因素浓度符合国家职业卫生标准;

(二)为劳动者配备符合国家职业卫生标准的防护用品;

(三)设置现场监护人员和现场救援设备。

未采取前款规定措施或者采取的措施不符合要求的,用人单位不得安排劳动者进入存在高毒物品的设备、容器或者狭窄封闭场所作业。

第二十六条 用人单位应当按照国务院卫生行政部门的规定,定期对使用有毒物品作业场所职业中毒危害因素进行检测、评价。检测、评价结果存入用人单位职业卫生档案,定期向所在地卫生行政部门报告并向劳动者公布。

从事使用高毒物品作业的用人单位应当至少每一个月对高毒作业场所进行一次职业中毒危害因素检测;至少每半年进行一次职业中毒危害控制效果评价。

高毒作业场所职业中毒危害因素不符合国家职业卫生标准和卫生要求时,用人单位必须立即停止高毒作业,并采取相应的治理措施;经治理,职业中毒危害因素符合国家职业卫生标准和卫生要求的,方可重新作业。

第二十七条 从事使用高毒物品作业的用人单位应当设置淋浴间和更衣室,并设置清洗、存放或者处理从事使用高毒物品作业劳动者的工作服、工作鞋帽等物品的专用间。

劳动者结束作业时,其使用的工作服、工作鞋帽等物品必须存放在高毒作业区域内,不得穿戴到非高毒作业区域。

第二十八条 用人单位应当按照规定对从事使用高毒物品作业的劳动者进行岗位轮换。

用人单位应当为从事使用高毒物品作业的劳动者提供岗位津贴。

第二十九条 用人单位转产、停产、停业或者解散、破产的,应当采取有效措施,妥善处理留存或者残留有毒物品的设备、包装物和容器。

第三十条 用人单位应当对本单位执行本条例规定的情况进行经常性的监督检查;发现问题,应当及时依照本条例规定的要求进行处理。

第四章 职业健康监护

第三十一条 用人单位应当组织从事使用有毒物品作业的劳动者进行上岗前职业健康检查。

用人单位不得安排未经上岗前职业健康检查的劳动者从事使用有毒物品的作业,不得安排有职业禁忌的劳动者从事其所禁忌的作业。

第三十二条 用人单位应当对从事使用有毒物品作业的劳动者进行定期职业健康检查。

用人单位发现有职业禁忌或者有与所从事职业相关的健康损害的劳动者,应当将其及时调离原工作岗位,并妥善安置。

用人单位对需要复查和医学观察的劳动者,应当按照体检机构的要求安排其复查和医学观察。

第三十三条 用人单位应当对从事使用有毒物品作业的劳动者进行离岗时的职业健康检查;对离岗时未进行职业健康检查的劳动者,不得解除或者终止与其订立的劳动合同。

用人单位发生分立、合并、解散、破产等情形的,应当对从事使用有毒物品作业的劳动者进行健康检查,并按照国家有关规定妥善安置职业病病人。

第三十四条 用人单位对受到或者可能受到急性职业中毒危害的劳动者,应当及时组织进行健康检查和医学观察。

第三十五条 劳动者职业健康检查和医学观察的费用,由用人单位承担。

第三十六条 用人单位应当建立职业健康监护档案。

职业健康监护档案应当包括下列内容:

(一)劳动者的职业史和职业中毒危害接触史;

(二)相应作业场所职业中毒危害因素监测结果;

(三)职业健康检查结果及处理情况;

(四)职业病诊疗等劳动者健康资料。

第五章 劳动者的权利与义务

第三十七条 从事使用有毒物品作业的劳动者在存在威胁生命安全或者身体健康危险的情况下,有权通知用人单位并从使用有毒物品造成的危险现场撤离。

用人单位不得因劳动者依据前款规定行使权利,而取消或者减少劳动者在正常工作时享有的工资、福利待遇。

第三十八条 劳动者享有下列职业卫生保护权利:

(一)获得职业卫生教育、培训;

(二)获得职业健康检查、职业病诊疗、康复等职业病防治服务;

(三)了解工作场所产生或者可能产生的职业中毒危害因素、危害后果和应当采取的职业中毒危害防护措施;

(四)要求用人单位提供符合防治职业病要求的职业中毒危害防护设施和个人使用的职业中毒危害防护用品,改善工作条件;

(五)对违反职业病防治法律、法规,危及生命、健康的行为提出批评、检举和控告;

(六)拒绝违章指挥和强令进行没有职业中毒危害防护措施的作业;

(七)参与用人单位职业卫生工作的民主管理,对职业病防治工作提出意见和建议。

用人单位应当保障劳动者行使前款所列权利。禁止因劳动者依法行使正当权利而降低其工资、福利等待遇或者解除、终止与其订立的劳动合同。

第三十九条 劳动者有权在正式上岗前从用人单位获得下列资料:

(一)作业场所使用的有毒物品的特性、有害成分、预防措施、教育和培训资料;

(二)有毒物品的标签、标识及有关资料;

(三)有毒物品安全使用说明书;

(四)可能影响安全使用有毒物品的其他有关资料。

第四十条 劳动者有权查阅、复印其本人职业健康监护档案。

劳动者离开用人单位时，有权索取本人健康监护档案复印件；用人单位应当如实、无偿提供，并在所提供的复印件上签章。

第四十一条 用人单位按照国家规定参加工伤保险的，患职业病的劳动者有权按照国家有关工伤保险的规定，享受下列工伤保险待遇：

（一）医疗费：因患职业病进行诊疗所需费用，由工伤保险基金按照规定标准支付；

（二）住院伙食补助费：由用人单位按照当地因公出差伙食标准的一定比例支付；

（三）康复费：由工伤保险基金按照规定标准支付；

（四）残疾用具费：因残疾需要配置辅助器具的，所需费用由工伤保险基金按照普及型辅助器具标准支付；

（五）停工留薪期待遇：原工资、福利待遇不变，由用人单位支付；

（六）生活护理补助费：经评残并确认需要生活护理的，生活护理补助费由工伤保险基金按照规定标准支付；

（七）一次性伤残补助金：经鉴定为十级至一级伤残的，按照伤残等级享受相当于6个月至24个月的本人工资的一次性伤残补助金，由工伤保险基金支付；

（八）伤残津贴：经鉴定为四级至一级伤残的，按照规定享受相当于本人工资75%至90%的伤残津贴，由工伤保险基金支付；

（九）死亡补助金：因职业中毒死亡的，由工伤保险基金按照不低于48个月的统筹地区上年度职工月平均工资的标准一次支付；

（十）丧葬补助金：因职业中毒死亡的，由工伤保险基金按照6个月的统筹地区上年度职工月平均工资的标准一次支付；

（十一）供养亲属抚恤金：因职业中毒死亡的，对由死者生前提供主要生活来源的亲属由工伤保险基金支付抚恤金：对其配偶每月按照统筹地区上年度职工月平均工资的40%发给，对其生前供养的直系亲属每人每月按照统筹地区上年度职工月平均工资的30%发给；

（十二）国家规定的其他工伤保险待遇。

本条例施行后，国家对工伤保险待遇的项目和标准作出调整时，从其规定。

第四十二条 用人单位未参加工伤保险的，其劳动者从事有毒物品作业患职业病的，用人单位应当按照国家有关工伤保险规定的项目和标准，保证劳动者享受工伤待遇。

第四十三条 用人单位无营业执照以及被依法吊销营业执照，其劳动者从事使用有毒物品作业患职业病的，应当按照国家有关工伤保险规定的项目和标准，给予劳动者一次性赔偿。

第四十四条 用人单位分立、合并的，承继单位应当承担由原用人单位对患职业病的劳动者承担的补偿责任。

用人单位解散、破产的，应当依法从其清算财产中优先支付患职业病的劳动者的补偿费用。

第四十五条 劳动者除依法享有工伤保险外，依照有关民事法律的规定，尚有获得赔偿的权利的，有权向用人单位提出赔偿要求。

第四十六条 劳动者应当学习和掌握相关职业卫生知识,遵守有关劳动保护的法律、法规和操作规程,正确使用和维护职业中毒危害防护设施及其用品;发现职业中毒事故隐患时,应当及时报告。

作业场所出现使用有毒物品产生的危险时,劳动者应当采取必要措施,按照规定正确使用防护设施,将危险加以消除或者减少到最低限度。

第六章 监督管理

第四十七条 县级以上人民政府卫生行政部门应当依照本条例的规定和国家有关职业卫生要求,依据职责划分,对作业场所使用有毒物品作业及职业中毒危害检测、评价活动进行监督检查。

卫生行政部门实施监督检查,不得收取费用,不得接受用人单位的财物或者其他利益。

第四十八条 卫生行政部门应当建立、健全监督制度,核查反映用人单位有关劳动保护的材料,履行监督责任。

用人单位应当向卫生行政部门如实、具体提供反映有关劳动保护的材料;必要时,卫生行政部门可以查阅或者要求用人单位报送有关材料。

第四十九条 卫生行政部门应当监督用人单位严格执行有关职业卫生规范。

卫生行政部门应当依照本条例的规定对使用有毒物品作业场所的职业卫生防护设备、设施的防护性能进行定期检验和不定期的抽查;发现职业卫生防护设备、设施存在隐患时,应当责令用人单位立即消除隐患;消除隐患期间,应当责令其停止作业。

第五十条 卫生行政部门应当采取措施,鼓励对用人单位的违法行为进行举报、投诉、检举和控告。

卫生行政部门对举报、投诉、检举和控告应当及时核实,依法作出处理,并将处理结果予以公布。

卫生行政部门对举报人、投诉人、检举人和控告人负有保密的义务。

第五十一条 卫生行政部门执法人员依法执行职务时,应当出示执法证件。

卫生行政部门执法人员应当忠于职守,秉公执法;涉及用人单位秘密的,应当为其保密。

第五十二条 卫生行政部门依法实施罚款的行政处罚,应当依照有关法律、行政法规的规定,实施罚款决定与罚款收缴分离;收缴的罚款以及依法没收的经营所得,必须全部上缴国库。

第五十三条 卫生行政部门履行监督检查职责时,有权采取下列措施:

(一)进入用人单位和使用有毒物品作业场所现场,了解情况,调查取证,进行抽样检查、检测、检验,进行实地检查;

(二)查阅或者复制与违反本条例行为有关的资料,采集样品;

(三)责令违反本条例规定的单位和个人停止违法行为。

第五十四条 发生职业中毒事故或者有证据证明职业中毒危害状态可能导致事故发

生时，卫生行政部门有权采取下列临时控制措施：

（一）责令暂停导致职业中毒事故的作业；

（二）封存造成职业中毒事故或者可能导致事故发生的物品；

（三）组织控制职业中毒事故现场。

在职业中毒事故或者危害状态得到有效控制后，卫生行政部门应当及时解除控制措施。

第五十五条　卫生行政部门执法人员依法执行职务时，被检查单位应当接受检查并予以支持、配合，不得拒绝和阻碍。

第五十六条　卫生行政部门应当加强队伍建设，提高执法人员的政治、业务素质，依照本条例的规定，建立、健全内部监督制度，对执法人员执行法律、法规和遵守纪律的情况进行监督检查。

第七章　罚　　则

第五十七条　卫生行政部门的工作人员有下列行为之一，导致职业中毒事故发生的，依照刑法关于滥用职权罪、玩忽职守罪或者其他罪的规定，依法追究刑事责任；造成职业中毒危害但尚未导致职业中毒事故发生，不够刑事处罚的，根据不同情节，依法给予降级、撤职或者开除的行政处分：

（一）对不符合本条例规定条件的涉及使用有毒物品作业事项，予以批准的；

（二）发现用人单位擅自从事使用有毒物品作业，不予取缔的；

（三）对依法取得批准的用人单位不履行监督检查职责，发现其不再具备本条例规定的条件而不撤销原批准或者发现违反本条例的其他行为不予查处的；

（四）发现用人单位存在职业中毒危害，可能造成职业中毒事故，不及时依法采取控制措施的。

第五十八条　用人单位违反本条例的规定，有下列情形之一的，由卫生行政部门给予警告，责令限期改正，处10万元以上50万元以下的罚款；逾期不改正的，提请有关人民政府按照国务院规定的权限责令停建、予以关闭；造成严重职业中毒危害或者导致职业中毒事故发生的，对负有责任的主管人员和其他直接责任人员依照刑法关于重大劳动安全事故罪或者其他罪的规定，依法追究刑事责任：

（一）可能产生职业中毒危害的建设项目，未依照职业病防治法的规定进行职业中毒危害预评价，或者预评价未经卫生行政部门审核同意，擅自开工的；

（二）职业卫生防护设施未与主体工程同时设计，同时施工，同时投入生产和使用的；

（三）建设项目竣工，未进行职业中毒危害控制效果评价，或者未经卫生行政部门验收或者验收不合格，擅自投入使用的；

（四）存在高毒作业的建设项目的防护设施设计未经卫生行政部门审查同意，擅自施工的。

第五十九条　用人单位违反本条例的规定，有下列情形之一的，由卫生行政部门给予警告，责令限期改正，处5万元以上20万元以下的罚款；逾期不改正的，提请有关人民政府按照国务院规定的权限予以关闭；造成严重职业中毒危害或者导致职业中毒事故发生的，对负有责任的主管人员和其他直接责任人员依照刑法关于重大劳动安全事故罪或者其他罪的规定，依法追究刑事责任：

（一）使用有毒物品作业场所未按照规定设置警示标识和中文警示说明的；

（二）未对职业卫生防护设备、应急救援设施、通讯报警装置进行维护、检修和定期检测，导致上述设施处于不正常状态的；

（三）未依照本条例的规定进行职业中毒危害因素检测和职业中毒危害控制效果评价的；

（四）高毒作业场所未按照规定设置撤离通道和泄险区的；

（五）高毒作业场所未按照规定设置警示线的；

（六）未向从事使用有毒物品作业的劳动者提供符合国家职业卫生标准的防护用品，或者未保证劳动者正确使用的。

第六十条　用人单位违反本条例的规定，有下列情形之一的，由卫生行政部门给予警告，责令限期改正，处5万元以上30万元以下的罚款；逾期不改正的，提请有关人民政府按照国务院规定的权限予以关闭；造成严重职业中毒危害或者导致职业中毒事故发生的，对负有责任的主管人员和其他直接责任人员依照刑法关于重大责任事故罪、重大劳动安全事故罪或者其他罪的规定，依法追究刑事责任：

（一）使用有毒物品作业场所未设置有效通风装置的，或者可能突然泄漏大量有毒物品或者易造成急性中毒的作业场所未设置自动报警装置或者事故通风设施的；

（二）职业卫生防护设备、应急救援设施、通讯报警装置处于不正常状态而不停止作业，或者擅自拆除或者停止运行职业卫生防护设备、应急救援设施、通讯报警装置的。

第六十一条　从事使用高毒物品作业的用人单位违反本条例的规定，有下列行为之一的，由卫生行政部门给予警告，责令限期改正，处5万元以上20万元以下的罚款；逾期不改正的，提请有关人民政府按照国务院规定的权限予以关闭；造成严重职业中毒危害或者导致职业中毒事故发生的，对负有责任的主管人员和其他直接责任人员依照刑法关于重大责任事故罪或者其他罪的规定，依法追究刑事责任：

（一）作业场所职业中毒危害因素不符合国家职业卫生标准和卫生要求而不立即停止高毒作业并采取相应的治理措施的，或者职业中毒危害因素治理不符合国家职业卫生标准和卫生要求重新作业的；

（二）未依照本条例的规定维护、检修存在高毒物品的生产装置的；

（三）未采取本条例规定的措施，安排劳动者进入存在高毒物品的设备、容器或者狭窄封闭场所作业的。

第六十二条　在作业场所使用国家明令禁止使用的有毒物品或者使用不符合国家标准的有毒物品的，由卫生行政部门责令立即停止使用，处5万元以上30万元以下的罚款；情节严重的，责令停止使用有毒物品作业，或者提请有关人民政府按照国务院规定的权限予以关闭；造成严重职业中毒危害或者导致职业中毒事故发生的，对负有责任的主管人员和其他直接责任人员依照刑法关于危险物品肇事罪、重大责任事故罪或者其他罪的规定，依法追究刑事责任。

第六十三条 用人单位违反本条例的规定，有下列行为之一的，由卫生行政部门给予警告，责令限期改正；逾期不改正的，处5万元以上30万元以下的罚款；造成严重职业中毒危害或者导致职业中毒事故发生的，对负有责任的主管人员和其他直接责任人员依照刑法关于重大责任事故罪或者其他罪的规定，依法追究刑事责任：

（一）使用未经培训考核合格的劳动者从事高毒作业的；

（二）安排有职业禁忌的劳动者从事所禁忌的作业的；

（三）发现有职业禁忌或者有与所从事职业相关的健康损害的劳动者，未及时调离原工作岗位，并妥善安置的；

（四）安排未成年人或者孕期、哺乳期的女职工从事使用有毒物品作业的；

（五）使用童工的。

第六十四条 违反本条例的规定，未经许可，擅自从事使用有毒物品作业的，由工商行政管理部门、卫生行政部门依据各自职权予以取缔；造成职业中毒事故的，依照刑法关于危险物品肇事罪或者其他罪的规定，依法追究刑事责任；尚不够刑事处罚的，由卫生行政部门没收经营所得，并处经营所得3倍以上5倍以下的罚款；对劳动者造成人身伤害的，依法承担赔偿责任。

第六十五条 从事使用有毒物品作业的用人单位违反本条例的规定，在转产、停产、停业或者解散、破产时未采取有效措施，妥善处理留存或者残留高毒物品的设备、包装物和容器的，由卫生行政部门责令改正，处2万元以上10万元以下的罚款；触犯刑律的，对负有责任的主管人员和其他直接责任人员依照刑法关于重大环境污染事故罪、危险物品肇事罪或者其他罪的规定，依法追究刑事责任。

第六十六条 用人单位违反本条例的规定，有下列情形之一的，由卫生行政部门给予警告，责令限期改正，处5000元以上2万元以下的罚款；逾期不改正的，责令停止使用有毒物品作业，或者提请有关人民政府按照国务院规定的权限予以关闭；造成严重职业中毒危害或者导致职业中毒事故发生的，对负有责任的主管人员和其他直接责任人员依照刑法关于重大劳动安全事故罪、危险物品肇事罪或者其他罪的规定，依法追究刑事责任：

（一）使用有毒物品作业场所未与生活场所分开或者在作业场所住人的；

（二）未将有害作业与无害作业分开的；

（三）高毒作业场所未与其他作业场所有效隔离的；

（四）从事高毒作业未按照规定配备应急救援设施或者制定事故应急救援预案的。

第六十七条 用人单位违反本条例的规定，有下列情形之一的，由卫生行政部门给予警告，责令限期改正，处2万元以上5万元以下的罚款；逾期不改正的，提请有关人民政府按照国务院规定的权限予以关闭：

（一）未按照规定向卫生行政部门申报高毒作业项目的；

（二）变更使用高毒物品品种，未按照规定向原受理申报的卫生行政部门重新申报，或者申报不及时、有虚假的。

第六十八条 用人单位违反本条例的规定，有下列行为之一的，由卫生行政部门给予警告,责令限期改正,处2万元以上5万元以下的罚款;逾期不改正的,责令停止使用有毒物品作业,或者提请有关人民政府按照国务院规定的权限予以关闭:

(一)未组织从事使用有毒物品作业的劳动者进行上岗前职业健康检查,安排未经上岗前职业健康检查的劳动者从事使用有毒物品作业的;

(二)未组织从事使用有毒物品作业的劳动者进行定期职业健康检查的;

(三)未组织从事使用有毒物品作业的劳动者进行离岗职业健康检查的;

(四)对未进行离岗职业健康检查的劳动者,解除或者终止与其订立的劳动合同的;

(五)发生分立、合并、解散、破产情形,未对从事使用有毒物品作业的劳动者进行健康检查,并按照国家有关规定妥善安置职业病病人的;

(六)对受到或者可能受到急性职业中毒危害的劳动者,未及时组织进行健康检查和医学观察的;

(七)未建立职业健康监护档案的;

(八)劳动者离开用人单位时,用人单位未如实、无偿提供职业健康监护档案的;

(九)未依照职业病防治法和本条例的规定将工作过程中可能产生的职业中毒危害及其后果、有关职业卫生防护措施和待遇等如实告知劳动者并在劳动合同中写明的;

(十)劳动者在存在威胁生命、健康危险的情况下,从危险现场中撤离,而被取消或者减少应当享有的待遇的。

第六十九条　用人单位违反本条例的规定,有下列行为之一的,由卫生行政部门给予警告,责令限期改正,处5000元以上2万元以下的罚款;逾期不改正的,责令停止使用有毒物品作业,或者提请有关人民政府按照国务院规定的权限予以关闭:

(一)未按照规定配备或者聘请职业卫生医师和护士的;

(二)未为从事使用高毒物品作业的劳动者设置淋浴间、更衣室或者未设置清洗、存放和处理工作服、工作鞋帽等物品的专用间,或者不能正常使用的;

(三)未安排从事使用高毒物品作业一定年限的劳动者进行岗位轮换的。

第八章　附　　则

第七十条　涉及作业场所使用有毒物品可能产生职业中毒危害的劳动保护的有关事项,本条例未作规定的,依照职业病防治法和其他有关法律、行政法规的规定执行。

有毒物品的生产、经营、储存、运输、使用和废弃处置的安全管理,依照危险化学品安全管理条例执行。

第七十一条　本条例自公布之日起施行。

社会抚养费征收管理办法

(中华人民共和国国务院令第357号)

第一条　为了规范社会抚养费的征收管理,维护计划生育基本国策,保护公民的合法权益,实现人口与经济、社会、资源、环境的协调发展,根据《中华人民共和国人口与计划生育法》(以下简称人口与计划生育法),制定本办法。

第二条 公民享有依法生育的权利,同时应当依法履行计划生育的义务,其生育行为应当符合人口与计划生育法的规定。

地方各级人民政府和县级以上各级人民政府计划生育行政部门应当采取综合措施,做好计划生育宣传教育、避孕节育服务等经常性工作,使本行政区域内公民的生育行为符合人口与计划生育法的规定。

第三条 不符合人口与计划生育法第十八条的规定生育子女的公民,应当依照本办法的规定缴纳社会抚养费。

社会抚养费的征收标准,分别以当地城镇居民年人均可支配收入和农村居民年人均纯收入为计征的参考基本标准,结合当事人的实际收入水平和不符合法律、法规规定生育子女的情节,确定征收数额。社会抚养费的具体征收标准由省、自治区、直辖市规定。

任何单位和个人不得违反法律、法规的规定擅自增设与计划生育有关的收费项目,提高社会抚养费征收标准。

第四条 社会抚养费的征收,由县级人民政府计划生育行政部门作出书面征收决定;县级人民政府计划生育行政部门可以委托乡(镇)人民政府或者街道办事处作出书面征收决定。

第五条 不符合人口与计划生育法第十八条规定生育子女的流动人口的社会抚养费的征收,按照下列规定办理:

(一)当事人的生育行为发生在其现居住地的,由现居住地县级人民政府计划生育行政部门按照现居住地的征收标准作出征收决定;

(二)当事人的生育行为发生在其户籍所在地的,由户籍所在地县级人民政府计划生育行政部门按照户籍所在地的征收标准作出征收决定;

(三)当事人的生育行为发生时,其现居住地或者户籍所在地县级人民政府计划生育行政部门均未发现的,此后由首先发现其生育行为的县级人民政府计划生育行政部门按照当地的征收标准作出征收决定。

当事人在一地已经被征收社会抚养费的,在另一地不因同一事实再次被征收社会抚养费。

第六条 社会抚养费的征收决定,自送达当事人之日起生效。当事人应当自收到征收决定之日起30日内一次性缴纳社会抚养费。

当事人一次性缴纳社会抚养费确有实际困难的,应当自收到征收决定之日起30日内向作出征收决定的县级人民政府计划生育行政部门提出分期缴纳的书面申请,并提供有关证明材料。县级人民政府计划生育行政部门应当自收到当事人的申请之日起30日内作出批准或者不批准分期缴纳的决定,并书面通知当事人。

征收社会抚养费,应当向当事人出具由省、自治区、直辖市人民政府财政部门统一印制的社会抚养费收据。

第七条 社会抚养费的具体征收、缴纳方式,由省、自治区、直辖市根据当地实际情况规定。

第八条 当事人未在规定的期限内缴纳社会抚养费的，自欠缴之日起每月加收欠缴社会抚养费的千分之二的滞纳金；仍不缴纳的，由作出征收决定的计划生育行政部门依法申请人民法院强制执行。

第九条 当事人对征收决定不服的，可以依法申请行政复议或者提起行政诉讼。

行政复议或者行政诉讼期间，征收决定不停止执行；但是，行政复议法、行政诉讼法另有规定的除外。

第十条 社会抚养费及滞纳金应当全部上缴国库，按照国务院财政部门的规定纳入地方财政预算管理；任何单位和个人不得截留、挪用、贪污、私分。

计划生育工作必要的经费，由各级人民政府财政予以保障。

第十一条 县级以上人民政府计划生育、财政、计划（物价）、审计、监察等部门，应当加强对社会抚养费征收管理工作的监督、检查。

第十二条 当事人所在单位或者村民委员会、城市居民委员会，应当依法配合做好社会抚养费的征收工作。

第十三条 违反法律、法规的规定，擅自增设与计划生育有关的收费项目或者擅自提高社会抚养费征收标准的，依照《违反行政事业性收费和罚没收入收支两条线管理规定行政处分暂行规定》处理。

第十四条 截留、挪用、贪污、私分社会抚养费的，依照刑法关于贪污罪、挪用公款罪、私分国有资产罪的规定，依法追究刑事责任；尚不够刑事处罚的，对直接负责的主管人员和其他直接责任人员依法给予降级、撤职或者开除的行政处分。

第十五条 本办法自2002年9月1日起施行。

乡村医生从业管理条例

（2003年7月30日国务院第16次常务会议通过　2003年8月5日中华人民共和国国务院第386号公布）

第一章　总　　则

第一条 为了提高乡村医生的职业道德和业务素质，加强乡村医生从业管理，保护乡村医生的合法权益，保障村民获得初级卫生保健服务，根据《中华人民共和国执业医师法》（以下称执业医师法）的规定，制定本条例。

第二条 本条例适用于尚未取得执业医师资格或者执业助理医师资格，经注册在村医疗卫生机构从事预防、保健和一般医疗服务的乡村医生。

村医疗卫生机构中的执业医师或者执业助理医师，依照执业医师法的规定管理，不适用本条例。

第三条 国务院卫生行政主管部门负责全国乡村医生的管理工作。

县级以上地方人民政府卫生行政主管部门负责本行政区域内乡村医生的管理工作。

第四条 国家对在农村预防、保健、医疗服务和突发事件应急处理工作中做出突出成绩的乡村医生，给予奖励。

第五条 地方各级人民政府应当加强乡村医生的培训工作,采取多种形式对乡村医生进行培训。

第六条 具有学历教育资格的医学教育机构,应当按照国家有关规定开展适应农村需要的医学学历教育,定向为农村培养适用的卫生人员。

国家鼓励乡村医生学习中医药基本知识,运用中医药技能防治疾病。

第七条 国家鼓励乡村医生通过医学教育取得医学专业学历;鼓励符合条件的乡村医生申请参加国家医师资格考试。

第八条 国家鼓励取得执业医师资格或者执业助理医师资格的人员,开办村医疗卫生机构,或者在村医疗卫生机构向村民提供预防、保健和医疗服务。

第二章 执业注册

第九条 国家实行乡村医生执业注册制度。

县级人民政府卫生行政主管部门负责乡村医生执业注册工作。

第十条 本条例公布前的乡村医生,取得县级以上地方人民政府卫生行政主管部门颁发的乡村医生证书,并符合下列条件之一的,可以向县级人民政府卫生行政主管部门申请乡村医生执业注册,取得乡村医生执业证书后,继续在村医疗卫生机构执业:

(一)已经取得中等以上医学专业学历的;

(二)在村医疗卫生机构连续工作20年以上的;

(三)按照省、自治区、直辖市人民政府卫生行政主管部门制定的培训规划,接受培训取得合格证书的。

第十一条 对具有县级以上地方人民政府卫生行政主管部门颁发的乡村医生证书,但不符合本条例第十条规定条件的乡村医生,县级人民政府卫生行政主管部门应当进行有关预防、保健和一般医疗服务基本知识的培训,并根据省、自治区、直辖市人民政府卫生行政主管部门确定的考试内容、考试范围进行考试。

前款所指的乡村医生经培训并考试合格的,可以申请乡村医生执业注册;经培训但考试不合格的,县级人民政府卫生行政主管部门应当组织对其再次培训和考试。不参加再次培训或者再次考试仍不合格的,不得申请乡村医生执业注册。

本条所指的培训、考试,应当在本条例施行后6个月内完成。

第十二条 本条例公布之日起进入村医疗卫生机构从事预防、保健和医疗服务的人员,应当具备执业医师资格或者执业助理医师资格。

不具备前款规定条件的地区,根据实际需要,可以允许具有中等医学专业学历的人员,或者经培训达到中等医学专业水平的其他人员申请执业注册,进入村医疗卫生机构执业。具体办法由省、自治区、直辖市人民政府制定。

第十三条 符合本条例规定申请在村医疗卫生机构执业的人员,应当持村医疗卫生机构出具的拟聘用证明和相关学历证明、证书,向村医疗卫生机构所在地的县级人民政府卫生行政主管部门申请执业注册。

县级人民政府卫生行政主管部门应当自受理申请之日起15日内完成审核工作,对符合本条例规定条件的,准予执业注册,发给乡村医生执业证书;对不符合本条例规定条件的,不予注册,并书面说明理由。

第十四条 乡村医生有下列情形之一的,不予注册:

(一)不具有完全民事行为能力的;

(二)受刑事处罚,自刑罚执行完毕之日起至申请执业注册之日止不满2年的;

(三)受吊销乡村医生执业证书行政处罚,自处罚决定之日起至申请执业注册之日止不满2年的。

第十五条 乡村医生经注册取得执业证书后,方可在聘用其执业的村医疗卫生机构从事预防、保健和一般医疗服务。

未经注册取得乡村医生执业证书的,不得执业。

第十六条 乡村医生执业证书有效期为5年。

乡村医生执业证书有效期满需要继续执业的,应当在有效期满前3个月申请再注册。

县级人民政府卫生行政主管部门应当自受理申请之日起15日内进行审核,对符合省、自治区、直辖市人民政府卫生行政主管部门规定条件的,准予再注册,换发乡村医生执业证书;对不符合条件的,不予再注册,由发证部门收回原乡村医生执业证书。

第十七条 乡村医生应当在聘用其执业的村医疗卫生机构执业;变更执业的村医疗卫生机构的,应当依照本条例第十三条规定的程序办理变更注册手续。

第十八条 乡村医生有下列情形之一的,由原注册的卫生行政主管部门注销执业注册,收回乡村医生执业证书:

(一)死亡或者被宣告失踪的;

(二)受刑事处罚的;

(三)中止执业活动满2年的;

(四)考核不合格,逾期未提出再次考核申请或者经再次考核仍不合格的。

第十九条 县级人民政府卫生行政主管部门应当将准予执业注册、再注册和注销注册的人员名单向其执业的村医疗卫生机构所在地的村民公告,并由设区的市级人民政府卫生行政主管部门汇总,报省、自治区、直辖市人民政府卫生行政主管部门备案。

第二十条 县级人民政府卫生行政主管部门办理乡村医生执业注册、再注册、注销注册,应当依据法定权限、条件和程序,遵循便民原则,提高办事效率。

第二十一条 村民和乡村医生发现违法办理乡村医生执业注册、再注册、注销注册的,可以向有关人民政府卫生行政主管部门反映;有关人民政府卫生行政主管部门对反映的情况应当及时核实,调查处理,并将调查处理结果予以公布。

第二十二条 上级人民政府卫生行政主管部门应当加强对下级人民政府卫生行政主管部门办理乡村医生执业注册、再注册、注销注册的监督检查,及时纠正违法行为。

第三章 执业规则

第二十三条 乡村医生在执业活动中享有下列权利:

(一)进行一般医学处置,出具相应的医学证明;

（二）参与医学经验交流，参加专业学术团体；

（三）参加业务培训和教育；

（四）在执业活动中，人格尊严、人身安全不受侵犯；

（五）获取报酬；

（六）对当地的预防、保健、医疗工作和卫生行政主管部门的工作提出意见和建议。

第二十四条 乡村医生在执业活动中应当履行下列义务：

（一）遵守法律、法规、规章和诊疗护理技术规范、常规；

（二）树立敬业精神，遵守职业道德，履行乡村医生职责，为村民健康服务；

（三）关心、爱护、尊重患者，保护患者的隐私；

（四）努力钻研业务，更新知识，提高专业技术水平；

（五）向村民宣传卫生保健知识，对患者进行健康教育。

第二十五条 乡村医生应当协助有关部门做好初级卫生保健服务工作；按照规定及时报告传染病疫情和中毒事件，如实填写并上报有关卫生统计报表，妥善保管有关资料。

第二十六条 乡村医生在执业活动中，不得重复使用一次性医疗器械和卫生材料。对使用过的一次性医疗器械和卫生材料，应当按照规定处置。

第二十七条 乡村医生应当如实向患者或者其家属介绍病情，对超出一般医疗服务范围或者限于医疗条件和技术水平不能诊治的病人，应当及时转诊；情况紧急不能转诊的，应当先行抢救并及时向有抢救条件的医疗卫生机构求助。

第二十八条 乡村医生不得出具与执业范围无关或者与执业范围不相符的医学证明，不得进行实验性临床医疗活动。

第二十九条 省、自治区、直辖市人民政府卫生行政主管部门应当按照乡村医生一般医疗服务范围，制定乡村医生基本用药目录。乡村医生应当在乡村医生基本用药目录规定的范围内用药。

第三十条 县级人民政府对乡村医生开展国家规定的预防、保健等公共卫生服务，应当按照有关规定予以补助。

第四章 培训与考核

第三十一条 省、自治区、直辖市人民政府组织制定乡村医生培训规划，保证乡村医生至少每 2 年接受一次培训。县级人民政府根据培训规划制定本地区乡村医生培训计划。

对承担国家规定的预防、保健等公共卫生服务的乡村医生，其培训所需经费列入县级财政预算。对边远贫困地区，设区的市级以上地方人民政府应当给予适当经费支持。

国家鼓励社会组织和个人支持乡村医生培训工作。

第三十二条 县级人民政府卫生行政主管部门根据乡村医生培训计划，负责组织乡村医生的培训工作。

乡、镇人民政府以及村民委员会应当为乡村医生开展工作和学习提供条件，保证乡村医生接受培训和继续教育。

第三十三条　乡村医生应当按照培训规划的要求至少每2年接受一次培训，更新医学知识，提高业务水平。

第三十四条　县级人民政府卫生行政主管部门负责组织本地区乡村医生的考核工作；对乡村医生的考核，每2年组织一次。

对乡村医生的考核应当客观、公正，充分听取乡村医生执业的村医疗卫生机构、乡村医生本人、所在村村民委员会和村民的意见。

第三十五条　县级人民政府卫生行政主管部门负责检查乡村医生执业情况，收集村民对乡村医生业务水平、工作质量的评价和建议，接受村民对乡村医生的投诉，并进行汇总、分析。汇总、分析结果与乡村医生接受培训的情况作为对乡村医生进行考核的主要内容。

第三十六条　乡村医生经考核合格的，可以继续执业；经考核不合格的，在6个月之内可以申请进行再次考核。逾期未提出再次考核申请或者经再次考核仍不合格的乡村医生，原注册部门应当注销其执业注册，并收回乡村医生执业证书。

第三十七条　有关人民政府卫生行政主管部门对村民和乡村医生提出的意见、建议和投诉，应当及时调查处理，并将调查处理结果告知村民或者乡村医生。

第五章　法律责任

第三十八条　乡村医生在执业活动中，违反本条例规定，有下列行为之一的，由县级人民政府卫生行政主管部门责令限期改正，给予警告；逾期不改正的，责令暂停3个月以上6个月以下执业活动；情节严重的，由原发证部门暂扣乡村医生执业证书：

（一）执业活动超出规定的执业范围，或者未按照规定进行转诊的；

（二）违反规定使用乡村医生基本用药目录以外的处方药品的；

（三）违反规定出具医学证明，或者伪造卫生统计资料的；

（四）发现传染病疫情、中毒事件不按规定报告的。

第三十九条　乡村医生在执业活动中，违反规定进行实验性临床医疗活动，或者重复使用一次性医疗器械和卫生材料的，由县级人民政府卫生行政主管部门责令停止违法行为，给予警告，可以并处1000元以下的罚款；情节严重的，由原发证部门暂扣或者吊销乡村医生执业证书。

第四十条　乡村医生变更执业的村医疗卫生机构，未办理变更执业注册手续的，由县级人民政府卫生行政主管部门给予警告，责令限期办理变更注册手续。

第四十一条　以不正当手段取得乡村医生执业证书的，由发证部门收缴乡村医生执业证书；造成患者人身损害的，依法承担民事赔偿责任；构成犯罪的，依法追究刑事责任。

第四十二条　未经注册在村医疗卫生机构从事医疗活动的，由县级以上地方人民政府卫生行政主管部门予以取缔，没收其违法所得以及药品、医疗器械，违法所得5000元以上的，并处违法所得1倍以上3倍以下的罚款；没有违法所得或者违法所得不足5000元的，并处1000元以上3000元以下的罚款；造成患者人身损害的，依法承担民事赔偿责任；构成犯罪的，依法追究刑事责任。

第四十三条 县级人民政府卫生行政主管部门未按照乡村医生培训规划、计划组织乡村医生培训的，由本级人民政府或者上一级人民政府卫生行政主管部门责令改正；情节严重的，对直接负责的主管人员和其他直接责任人员依法给予行政处分。

第四十四条 县级人民政府卫生行政主管部门，对不符合本条例规定条件的人员发给乡村医生执业证书，或者对符合条件的人员不发给乡村医生执业证书的，由本级人民政府或者上一级人民政府卫生行政主管部门责令改正，收回或者补发乡村医生执业证书，并对直接负责的主管人员和其他直接责任人员依法给予行政处分。

第四十五条 县级人民政府卫生行政主管部门对乡村医生执业注册或者再注册申请，未在规定时间内完成审核工作的，或者未按照规定将准予执业注册、再注册和注销注册的人员名单向村民予以公告的，由本级人民政府或者上一级人民政府卫生行政主管部门责令限期改正；逾期不改正的，对直接负责的主管人员和其他直接责任人员依法给予行政处分。

第四十六条 卫生行政主管部门对村民和乡村医生反映的办理乡村医生执业注册、再注册、注销注册的违法活动未及时核实、调查处理或者未公布调查处理结果的，由本级人民政府或者上一级人民政府卫生行政主管部门责令限期改正；逾期不改正的，对直接负责的主管人员和其他直接责任人员依法给予行政处分。

第四十七条 寻衅滋事、阻碍乡村医生依法执业，侮辱、诽谤、威胁、殴打乡村医生，构成违反治安管理行为的，由公安机关依法予以处罚；构成犯罪的，依法追究刑事责任。

第六章 附 则

第四十八条 乡村医生执业证书格式由国务院卫生行政主管部门规定。

第四十九条 本条例自2004年1月1日起施行。

麻醉药品和精神药品管理条例

（2005年8月3日中华人民共和国国务院令第442号公布 根据2013年12月7日《国务院关于修改部分行政法规的决定》第一次修订 根据2016年2月6日《国务院关于修改部分行政法规的决定》第二次修订）

第一章 总 则

第一条 为加强麻醉药品和精神药品的管理，保证麻醉药品和精神药品的合法、安全、合理使用，防止流入非法渠道，根据药品管理法和其他有关法律的规定，制定本条例。

第二条 麻醉药品药用原植物的种植，麻醉药品和精神药品的实验研究、生产、经营、使用、储存、运输等活动以及监督管理，适用本条例。

麻醉药品和精神药品的进出口依照有关法律的规定办理。

第三条 本条例所称麻醉药品和精神药品，是指列入麻醉药品目录、精神药品目录（以下称目录）的药品和其他物质。精神药品分为第一类精神药品和第二类精神药品。

目录由国务院药品监督管理部门会同国务院公安部门、国务院卫生主管部门制定、调整并公布。

上市销售但尚未列入目录的药品和其他物质或者第二类精神药品发生滥用,已经造成或者可能造成严重社会危害的,国务院药品监督管理部门会同国务院公安部门、国务院卫生主管部门应当及时将该药品和该物质列入目录或者将该第二类精神药品调整为第一类精神药品。

第四条 国家对麻醉药品药用原植物以及麻醉药品和精神药品实行管制。除本条例另有规定的外,任何单位、个人不得进行麻醉药品药用原植物的种植以及麻醉药品和精神药品的实验研究、生产、经营、使用、储存、运输等活动。

第五条 国务院药品监督管理部门负责全国麻醉药品和精神药品的监督管理工作,并会同国务院农业主管部门对麻醉药品药用原植物实施监督管理。国务院公安部门负责对造成麻醉药品药用原植物、麻醉药品和精神药品流入非法渠道的行为进行查处。国务院其他有关主管部门在各自的职责范围内负责与麻醉药品和精神药品有关的管理工作。

省、自治区、直辖市人民政府药品监督管理部门负责本行政区域内麻醉药品和精神药品的监督管理工作。县级以上地方公安机关负责对本行政区域内造成麻醉药品和精神药品流入非法渠道的行为进行查处。县级以上地方人民政府其他有关主管部门在各自的职责范围内负责与麻醉药品和精神药品有关的管理工作。

第六条 麻醉药品和精神药品生产、经营企业和使用单位可以依法参加行业协会。行业协会应当加强行业自律管理。

第二章 种植、实验研究和生产

第七条 国家根据麻醉药品和精神药品的医疗、国家储备和企业生产所需原料的需要确定需求总量,对麻醉药品药用原植物的种植、麻醉药品和精神药品的生产实行总量控制。

国务院药品监督管理部门根据麻醉药品和精神药品的需求总量制定年度生产计划。

国务院药品监督管理部门和国务院农业主管部门根据麻醉药品年度生产计划,制定麻醉药品药用原植物年度种植计划。

第八条 麻醉药品药用原植物种植企业应当根据年度种植计划,种植麻醉药品药用原植物。

麻醉药品药用原植物种植企业应当向国务院药品监督管理部门和国务院农业主管部门定期报告种植情况。

第九条 麻醉药品药用原植物种植企业由国务院药品监督管理部门和国务院农业主管部门共同确定,其他单位和个人不得种植麻醉药品药用原植物。

第十条 开展麻醉药品和精神药品实验研究活动应当具备下列条件,并经国务院药品监督管理部门批准:

(一)以医疗、科学研究或者教学为目的;

(二)有保证实验所需麻醉药品和精神药品安全的措施和管理制度;

(三)单位及其工作人员2年内没有违反有关禁毒的法律、行政法规规定的行为。

第十一条　麻醉药品和精神药品的实验研究单位申请相关药品批准证明文件,应当依照药品管理法的规定办理;需要转让研究成果的,应当经国务院药品监督管理部门批准。

第十二条　药品研究单位在普通药品的实验研究过程中,产生本条例规定的管制品种的,应当立即停止实验研究活动,并向国务院药品监督管理部门报告。国务院药品监督管理部门应当根据情况,及时作出是否同意其继续实验研究的决定。

第十三条　麻醉药品和第一类精神药品的临床试验,不得以健康人为受试对象。

第十四条　国家对麻醉药品和精神药品实行定点生产制度。

国务院药品监督管理部门应当根据麻醉药品和精神药品的需求总量,确定麻醉药品和精神药品定点生产企业的数量和布局,并根据年度需求总量对数量和布局进行调整、公布。

第十五条　麻醉药品和精神药品的定点生产企业应当具备下列条件:

(一)有药品生产许可证;

(二)有麻醉药品和精神药品实验研究批准文件;

(三)有符合规定的麻醉药品和精神药品生产设施、储存条件和相应的安全管理设施;

(四)有通过网络实施企业安全生产管理和向药品监督管理部门报告生产信息的能力;

(五)有保证麻醉药品和精神药品安全生产的管理制度;

(六)有与麻醉药品和精神药品安全生产要求相适应的管理水平和经营规模;

(七)麻醉药品和精神药品生产管理、质量管理部门的人员应当熟悉麻醉药品和精神药品管理以及有关禁毒的法律、行政法规;

(八)没有生产、销售假药、劣药或者违反有关禁毒的法律、行政法规规定的行为;

(九)符合国务院药品监督管理部门公布的麻醉药品和精神药品定点生产企业数量和布局的要求。

第十六条　从事麻醉药品、精神药品生产的企业,应当经所在地省、自治区、直辖市人民政府药品监督管理部门批准。

第十七条　定点生产企业生产麻醉药品和精神药品,应当依照药品管理法的规定取得药品批准文号。

国务院药品监督管理部门应当组织医学、药学、社会学、伦理学和禁毒等方面的专家成立专家组,由专家组对申请首次上市的麻醉药品和精神药品的社会危害性和被滥用的可能性进行评价,并提出是否批准的建议。

未取得药品批准文号的,不得生产麻醉药品和精神药品。

第十八条　发生重大突发事件,定点生产企业无法正常生产或者不能保证供应麻醉药品和精神药品时,国务院药品监督管理部门可以决定其他药品生产企业生产麻醉药品和精神药品。

重大突发事件结束后,国务院药品监督管理部门应当及时决定前款规定的企业停止麻醉药品和精神药品的生产。

第十九条　定点生产企业应当严格按照麻醉药品和精神药品年度生产计划安排生

产,并依照规定向所在地省、自治区、直辖市人民政府药品监督管理部门报告生产情况。

第二十条 定点生产企业应当依照本条例的规定,将麻醉药品和精神药品销售给具有麻醉药品和精神药品经营资格的企业或者依照本条例规定批准的其他单位。

第二十一条 麻醉药品和精神药品的标签应当印有国务院药品监督管理部门规定的标志。

第三章 经营

第二十二条 国家对麻醉药品和精神药品实行定点经营制度。

国务院药品监督管理部门应当根据麻醉药品和第一类精神药品的需求总量,确定麻醉药品和第一类精神药品的定点批发企业布局,并应当根据年度需求总量对布局进行调整、公布。

药品经营企业不得经营麻醉药品原料药和第一类精神药品原料药。但是,供医疗、科学研究、教学使用的小包装的上述药品可以由国务院药品监督管理部门规定的药品批发企业经营。

第二十三条 麻醉药品和精神药品定点批发企业除应当具备药品管理法第十五条规定的药品经营企业的开办条件外,还应当具备下列条件:

(一)有符合本条例规定的麻醉药品和精神药品储存条件;

(二)有通过网络实施企业安全管理和向药品监督管理部门报告经营信息的能力;

(三)单位及其工作人员2年内没有违反有关禁毒的法律、行政法规规定的行为;

(四)符合国务院药品监督管理部门公布的定点批发企业布局。

麻醉药品和第一类精神药品的定点批发企业,还应当具有保证供应责任区域内医疗机构所需麻醉药品和第一类精神药品的能力,并具有保证麻醉药品和第一类精神药品安全经营的管理制度。

第二十四条 跨省、自治区、直辖市从事麻醉药品和第一类精神药品批发业务的企业(以下称全国性批发企业),应当经国务院药品监督管理部门批准;在本省、自治区、直辖市行政区域内从事麻醉药品和第一类精神药品批发业务的企业(以下称区域性批发企业),应当经所在地省、自治区、直辖市人民政府药品监督管理部门批准。

专门从事第二类精神药品批发业务的企业,应当经所在地省、自治区、直辖市人民政府药品监督管理部门批准。

全国性批发企业和区域性批发企业可以从事第二类精神药品批发业务。

第二十五条 全国性批发企业可以向区域性批发企业,或者经批准可以向取得麻醉药品和第一类精神药品使用资格的医疗机构以及依照本条例规定批准的其他单位销售麻醉药品和第一类精神药品。

全国性批发企业向取得麻醉药品和第一类精神药品使用资格的医疗机构销售麻醉药品和第一类精神药品,应当经医疗机构所在地省、自治区、直辖市人民政府药品监督管理部门批准。

国务院药品监督管理部门在批准全国性批发企业时,应当明确其所承担供药责任的区域。

第二十六条 区域性批发企业可以向本省、自治区、直辖市行政区域内取得麻醉药品和第一类精神药品使用资格的医疗机构销售麻醉药品和第一类精神药品；由于特殊地理位置的原因，需要就近向其他省、自治区、直辖市行政区域内取得麻醉药品和第一类精神药品使用资格的医疗机构销售的，应当经企业所在地省、自治区、直辖市人民政府药品监督管理部门批准。审批情况由负责审批的药品监督管理部门在批准后5日内通报医疗机构所在地省、自治区、直辖市人民政府药品监督管理部门。

省、自治区、直辖市人民政府药品监督管理部门在批准区域性批发企业时，应当明确其所承担供药责任的区域。

区域性批发企业之间因医疗急需、运输困难等特殊情况需要调剂麻醉药品和第一类精神药品的，应当在调剂后2日内将调剂情况分别报所在地省、自治区、直辖市人民政府药品监督管理部门备案。

第二十七条 全国性批发企业应当从定点生产企业购进麻醉药品和第一类精神药品。

区域性批发企业可以从全国性批发企业购进麻醉药品和第一类精神药品；经所在地省、自治区、直辖市人民政府药品监督管理部门批准，也可以从定点生产企业购进麻醉药品和第一类精神药品。

第二十八条 全国性批发企业和区域性批发企业向医疗机构销售麻醉药品和第一类精神药品，应当将药品送至医疗机构。医疗机构不得自行提货。

第二十九条 第二类精神药品定点批发企业可以向医疗机构、定点批发企业和符合本条例第三十一条规定的药品零售企业以及依照本条例规定批准的其他单位销售第二类精神药品。

第三十条 麻醉药品和第一类精神药品不得零售。

禁止使用现金进行麻醉药品和精神药品交易，但是个人合法购买麻醉药品和精神药品的除外。

第三十一条 经所在地设区的市级药品监督管理部门批准，实行统一进货、统一配送、统一管理的药品零售连锁企业可以从事第二类精神药品零售业务。

第三十二条 第二类精神药品零售企业应当凭执业医师出具的处方，按规定剂量销售第二类精神药品，并将处方保存2年备查；禁止超剂量或者无处方销售第二类精神药品；不得向未成年人销售第二类精神药品。

第三十三条 麻醉药品和精神药品实行政府定价，在制定出厂和批发价格的基础上，逐步实行全国统一零售价格。具体办法由国务院价格主管部门制定。

第四章 使　　用

第三十四条 药品生产企业需要以麻醉药品和第一类精神药品为原料生产普通药品的，应当向所在地省、自治区、直辖市人民政府药品监督管理部门报送年度需求计划，由省、自治区、直辖市人民政府药品监督管理部门汇总报国务院药品监督管理部门批准后，向定点生产企业购买。

药品生产企业需要以第二类精神药品为原料生产普通药品的,应当将年度需求计划报所在地省、自治区、直辖市人民政府药品监督管理部门,并向定点批发企业或者定点生产企业购买。

第三十五条 食品、食品添加剂、化妆品、油漆等非药品生产企业需要使用咖啡因作为原料的,应当经所在地省、自治区、直辖市人民政府药品监督管理部门批准,向定点批发企业或者定点生产企业购买。

科学研究、教学单位需要使用麻醉药品和精神药品开展实验、教学活动的,应当经所在地省、自治区、直辖市人民政府药品监督管理部门批准,向定点批发企业或者定点生产企业购买。

需要使用麻醉药品和精神药品的标准品、对照品的,应当经所在地省、自治区、直辖市人民政府药品监督管理部门批准,向国务院药品监督管理部门批准的单位购买。

第三十六条 医疗机构需要使用麻醉药品和第一类精神药品的,应当经所在地设区的市级人民政府卫生主管部门批准,取得麻醉药品、第一类精神药品购用印鉴卡(以下称印鉴卡)。医疗机构应当凭印鉴卡向本省、自治区、直辖市行政区域内的定点批发企业购买麻醉药品和第一类精神药品。

设区的市级人民政府卫生主管部门发给医疗机构印鉴卡时,应当将取得印鉴卡的医疗机构情况抄送所在地设区的市级药品监督管理部门,并报省、自治区、直辖市人民政府卫生主管部门备案。省、自治区、直辖市人民政府卫生主管部门应当将取得印鉴卡的医疗机构名单向本行政区域内的定点批发企业通报。

第三十七条 医疗机构取得印鉴卡应当具备下列条件:

(一)有专职的麻醉药品和第一类精神药品管理人员;

(二)有获得麻醉药品和第一类精神药品处方资格的执业医师;

(三)有保证麻醉药品和第一类精神药品安全储存的设施和管理制度。

第三十八条 医疗机构应当按照国务院卫生主管部门的规定,对本单位执业医师进行有关麻醉药品和精神药品使用知识的培训、考核,经考核合格的,授予麻醉药品和第一类精神药品处方资格。执业医师取得麻醉药品和第一类精神药品的处方资格后,方可在本医疗机构开具麻醉药品和第一类精神药品处方,但不得为自己开具该种处方。

医疗机构应当将具有麻醉药品和第一类精神药品处方资格的执业医师名单及其变更情况,定期报送所在地设区的市级人民政府卫生主管部门,并抄送同级药品监督管理部门。

医务人员应当根据国务院卫生主管部门制定的临床应用指导原则,使用麻醉药品和精神药品。

第三十九条 具有麻醉药品和第一类精神药品处方资格的执业医师,根据临床应用指导原则,对确需使用麻醉药品或者第一类精神药品的患者,应当满足其合理用药需求。在医疗机构就诊的癌症疼痛患者和其他危重患者得不到麻醉药品或者第一类精神药品时,患者或者其亲属可以向执业医师提出申请。具有麻醉药品和第一类精神药品处方资格的执业医师认为要求合理的,应当及时为患者提供所需麻醉药品或者第一类精神药品。

第四十条 执业医师应当使用专用处方开具麻醉药品和精神药品,单张处方的最大用量应当符合国务院卫生主管部门的规定。

对麻醉药品和第一类精神药品处方,处方的调配人、核对人应当仔细核对,签署姓名,并予以登记;对不符合本条例规定的,处方的调配人、核对人应当拒绝发药。

麻醉药品和精神药品专用处方的格式由国务院卫生主管部门规定。

第四十一条 医疗机构应当对麻醉药品和精神药品处方进行专册登记,加强管理。麻醉药品处方至少保存3年,精神药品处方至少保存2年。

第四十二条 医疗机构抢救病人急需麻醉药品和第一类精神药品而本医疗机构无法提供时,可以从其他医疗机构或者定点批发企业紧急借用;抢救工作结束后,应当及时将借用情况报所在地设区的市级药品监督管理部门和卫生主管部门备案。

第四十三条 对临床需要而市场无供应的麻醉药品和精神药品,持有医疗机构制剂许可证和印鉴卡的医疗机构需要配制制剂的,应当经所在地省、自治区、直辖市人民政府药品监督管理部门批准。医疗机构配制的麻醉药品和精神药品制剂只能在本医疗机构使用,不得对外销售。

第四十四条 因治疗疾病需要,个人凭医疗机构出具的医疗诊断书、本人身份证明,可以携带单张处方最大用量以内的麻醉药品和第一类精神药品;携带麻醉药品和第一类精神药品出入境的,由海关根据自用、合理的原则放行。

医务人员为了医疗需要携带少量麻醉药品和精神药品出入境的,应当持有省级以上人民政府药品监督管理部门发放的携带麻醉药品和精神药品证明。海关凭携带麻醉药品和精神药品证明放行。

第四十五条 医疗机构、戒毒机构以开展戒毒治疗为目的,可以使用美沙酮或者国家确定的其他用于戒毒治疗的麻醉药品和精神药品。具体管理办法由国务院药品监督管理部门、国务院公安部门和国务院卫生主管部门制定。

第五章 储 存

第四十六条 麻醉药品药用原植物种植企业、定点生产企业、全国性批发企业和区域性批发企业以及国家设立的麻醉药品储存单位,应当设置储存麻醉药品和第一类精神药品的专库。该专库应当符合下列要求:

(一)安装专用防盗门,实行双人双锁管理;

(二)具有相应的防火设施;

(三)具有监控设施和报警装置,报警装置应当与公安机关报警系统联网。

全国性批发企业经国务院药品监督管理部门批准设立的药品储存点应当符合前款的规定。

麻醉药品定点生产企业应当将麻醉药品原料药和制剂分别存放。

第四十七条 麻醉药品和第一类精神药品的使用单位应当设立专库或者专柜储存麻醉药品和第一类精神药品。专库应当设有防盗设施并安装报警装置;专柜应当使用保险柜。专库和专柜应当实行双人双锁管理。

第四十八条　麻醉药品药用原植物种植企业、定点生产企业、全国性批发企业和区域性批发企业、国家设立的麻醉药品储存单位以及麻醉药品和第一类精神药品的使用单位，应当配备专人负责管理工作，并建立储存麻醉药品和第一类精神药品的专用账册。药品入库双人验收，出库双人复核，做到账物相符。专用账册的保存期限应当自药品有效期期满之日起不少于5年。

第四十九条　第二类精神药品经营企业应当在药品库房中设立独立的专库或者专柜储存第二类精神药品，并建立专用账册，实行专人管理。专用账册的保存期限应当自药品有效期期满之日起不少于5年。

第六章　运　　输

第五十条　托运、承运和自行运输麻醉药品和精神药品的，应当采取安全保障措施，防止麻醉药品和精神药品在运输过程中被盗、被抢、丢失。

第五十一条　通过铁路运输麻醉药品和第一类精神药品的，应当使用集装箱或者铁路行李车运输，具体办法由国务院药品监督管理部门会同国务院铁路主管部门制定。

没有铁路需要通过公路或者水路运输麻醉药品和第一类精神药品的，应当由专人负责押运。

第五十二条　托运或者自行运输麻醉药品和第一类精神药品的单位，应当向所在地设区的市级药品监督管理部门申请领取运输证明。运输证明有效期为1年。

运输证明应当由专人保管，不得涂改、转让、转借。

第五十三条　托运人办理麻醉药品和第一类精神药品运输手续，应当将运输证明副本交付承运人。承运人应当查验、收存运输证明副本，并检查货物包装。没有运输证明或者货物包装不符合规定的，承运人不得承运。

承运人在运输过程中应当携带运输证明副本，以备查验。

第五十四条　邮寄麻醉药品和精神药品，寄件人应当提交所在地设区的市级药品监督管理部门出具的准予邮寄证明。邮政营业机构应当查验、收存准予邮寄证明；没有准予邮寄证明的，邮政营业机构不得收寄。

省、自治区、直辖市邮政主管部门指定符合安全保障条件的邮政营业机构负责收寄麻醉药品和精神药品。邮政营业机构收寄麻醉药品和精神药品，应当依法对收寄的麻醉药品和精神药品予以查验。

邮寄麻醉药品和精神药品的具体管理办法，由国务院药品监督管理部门会同国务院邮政主管部门制定。

第五十五条　定点生产企业、全国性批发企业和区域性批发企业之间运输麻醉药品、第一类精神药品，发货人在发货前应当向所在地省、自治区、直辖市人民政府药品监督管理部门报送本次运输的相关信息。属于跨省、自治区、直辖市运输的，收到信息的药品监督管理部门应当向收货人所在地的同级药品监督管理部门通报；属于在本省、自治区、直辖市行政区域内运输的，收到信息的药品监督管理部门应当向收货人所在地设区的市级药品监督管理部门通报。

第七章　审批程序和监督管理

第五十六条　申请人提出本条例规定的审批事项申请,应当提交能够证明其符合本条例规定条件的相关资料。审批部门应当自收到申请之日起40日内作出是否批准的决定;作出批准决定的,发给许可证明文件或者在相关许可证明文件上加注许可事项;作出不予批准决定的,应当书面说明理由。

确定定点生产企业和定点批发企业,审批部门应当在经审查符合条件的企业中,根据布局的要求,通过公平竞争的方式初步确定定点生产企业和定点批发企业,并予公布。其他符合条件的企业可以自公布之日起10日内向审批部门提出异议。审批部门应当自收到异议之日起20日内对异议进行审查,并作出是否调整的决定。

第五十七条　药品监督管理部门应当根据规定的职责权限,对麻醉药品药用原植物的种植以及麻醉药品和精神药品的实验研究、生产、经营、使用、储存、运输活动进行监督检查。

第五十八条　省级以上人民政府药品监督管理部门根据实际情况建立监控信息网络,对定点生产企业、定点批发企业和使用单位的麻醉药品和精神药品生产、进货、销售、库存、使用的数量以及流向实行实时监控,并与同级公安机关做到信息共享。

第五十九条　尚未连接监控信息网络的麻醉药品和精神药品定点生产企业、定点批发企业和使用单位,应当每月通过电子信息、传真、书面等方式,将本单位麻醉药品和精神药品生产、进货、销售、库存、使用的数量以及流向,报所在地设区的市级药品监督管理部门和公安机关;医疗机构还应当报所在地设区的市级人民政府卫生主管部门。

设区的市级药品监督管理部门应当每3个月向上一级药品监督管理部门报告本地区麻醉药品和精神药品的相关情况。

第六十条　对已经发生滥用,造成严重社会危害的麻醉药品和精神药品品种,国务院药品监督管理部门应当采取在一定期限内中止生产、经营、使用或者限定其使用范围和用途等措施。对不再作为药品使用的麻醉药品和精神药品,国务院药品监督管理部门应当撤销其药品批准文号和药品标准,并予以公布。

药品监督管理部门、卫生主管部门发现生产、经营企业和使用单位的麻醉药品和精神药品管理存在安全隐患时,应当责令其立即排除或者限期排除;对有证据证明可能流入非法渠道的,应当及时采取查封、扣押的行政强制措施,在7日内作出行政处理决定,并通报同级公安机关。

药品监督管理部门发现取得印鉴卡的医疗机构未依照规定购买麻醉药品和第一类精神药品时,应当及时通报同级卫生主管部门。接到通报的卫生主管部门应当立即调查处理。必要时,药品监督管理部门可以责令定点批发企业中止向该医疗机构销售麻醉药品和第一类精神药品。

第六十一条　麻醉药品和精神药品的生产、经营企业和使用单位对过期、损坏的麻醉药品和精神药品应当登记造册,并向所在地县级药品监督管理部门申请销毁。药品监督管理部门应当自接到申请之日起 5 日内到场监督销毁。医疗机构对存放在本单位的过期、损坏麻醉药品和精神药品,应当按照本条规定的程序向卫生主管部门提出申请,由卫生主管部门负责监督销毁。

对依法收缴的麻醉药品和精神药品,除经国务院药品监督管理部门或者国务院公安部门批准用于科学研究外,应当依照国家有关规定予以销毁。

第六十二条　县级以上人民政府卫生主管部门应当对执业医师开具麻醉药品和精神药品处方的情况进行监督检查。

第六十三条　药品监督管理部门、卫生主管部门和公安机关应当互相通报麻醉药品和精神药品生产、经营企业和使用单位的名单以及其他管理信息。

各级药品监督管理部门应当将在麻醉药品药用原植物的种植以及麻醉药品和精神药品的实验研究、生产、经营、使用、储存、运输等各环节的管理中的审批、撤销等事项通报同级公安机关。

麻醉药品和精神药品的经营企业、使用单位报送各级药品监督管理部门的备案事项,应当同时报送同级公安机关。

第六十四条　发生麻醉药品和精神药品被盗、被抢、丢失或者其他流入非法渠道的情形的,案发单位应当立即采取必要的控制措施,同时报告所在地县级公安机关和药品监督管理部门。医疗机构发生上述情形的,还应当报告其主管部门。

公安机关接到报告、举报,或者有证据证明麻醉药品和精神药品可能流入非法渠道时,应当及时开展调查,并可以对相关单位采取必要的控制措施。

药品监督管理部门、卫生主管部门以及其他有关部门应当配合公安机关开展工作。

第八章　法律责任

第六十五条　药品监督管理部门、卫生主管部门违反本条例的规定,有下列情形之一的,由其上级行政机关或者监察机关责令改正;情节严重的,对直接负责的主管人员和其他直接责任人员依法给予行政处分;构成犯罪的,依法追究刑事责任:

(一)对不符合条件的申请人准予行政许可或者超越法定职权作出准予行政许可决定的;

(二)未到场监督销毁过期、损坏的麻醉药品和精神药品的;

(三)未依法履行监督检查职责,应当发现而未发现违法行为、发现违法行为不及时查处,或者未依照本条例规定的程序实施监督检查的;

(四)违反本条例规定的其他失职、渎职行为。

第六十六条　麻醉药品药用原植物种植企业违反本条例的规定,有下列情形之一的,由药品监督管理部门责令限期改正,给予警告;逾期不改正的,处 5 万元以上 10 万元以下的罚款;情节严重的,取消其种植资格:

(一)未依照麻醉药品药用原植物年度种植计划进行种植的;

(二)未依照规定报告种植情况的;

(三)未依照规定储存麻醉药品的。

第六十七条 定点生产企业违反本条例的规定，有下列情形之一的，由药品监督管理部门责令限期改正，给予警告，并没收违法所得和违法销售的药品；逾期不改正的，责令停产，并处5万元以上10万元以下的罚款；情节严重的，取消其定点生产资格：

（一）未按照麻醉药品和精神药品年度生产计划安排生产的；

（二）未依照规定向药品监督管理部门报告生产情况的；

（三）未依照规定储存麻醉药品和精神药品，或者未依照规定建立、保存专用账册的；

（四）未依照规定销售麻醉药品和精神药品的；

（五）未依照规定销毁麻醉药品和精神药品的。

第六十八条 定点批发企业违反本条例的规定销售麻醉药品和精神药品，或者违反本条例的规定经营麻醉药品原料药和第一类精神药品原料药的，由药品监督管理部门责令限期改正，给予警告，并没收违法所得和违法销售的药品；逾期不改正的，责令停业，并处违法销售药品货值金额2倍以上5倍以下的罚款；情节严重的，取消其定点批发资格。

第六十九条 定点批发企业违反本条例的规定，有下列情形之一的，由药品监督管理部门责令限期改正，给予警告；逾期不改正的，责令停业，并处2万元以上5万元以下的罚款；情节严重的，取消其定点批发资格：

（一）未依照规定购进麻醉药品和第一类精神药品的；

（二）未保证供药责任区域内的麻醉药品和第一类精神药品的供应的；

（三）未对医疗机构履行送货义务的；

（四）未依照规定报告麻醉药品和精神药品的进货、销售、库存数量以及流向的；

（五）未依照规定储存麻醉药品和精神药品，或者未依照规定建立、保存专用账册的；

（六）未依照规定销毁麻醉药品和精神药品的；

（七）区域性批发企业之间违反本条例的规定调剂麻醉药品和第一类精神药品，或者因特殊情况调剂麻醉药品和第一类精神药品后未依照规定备案的。

第七十条 第二类精神药品零售企业违反本条例的规定储存、销售或者销毁第二类精神药品的，由药品监督管理部门责令限期改正，给予警告，并没收违法所得和违法销售的药品；逾期不改正的，责令停业，并处5000元以上2万元以下的罚款；情节严重的，取消其第二类精神药品零售资格。

第七十一条 本条例第三十四条、第三十五条规定的单位违反本条例的规定，购买麻醉药品和精神药品的，由药品监督管理部门没收违法购买的麻醉药品和精神药品，责令限期改正，给予警告；逾期不改正的，责令停产或者停止相关活动，并处2万元以上5万元以下的罚款。

第七十二条 取得印鉴卡的医疗机构违反本条例的规定，有下列情形之一的，由设区的市级人民政府卫生主管部门责令限期改正，给予警告；逾期不改正的，处5000元以上1万元以下的罚款；情节严重的，吊销其印鉴卡；对直接负责的主管人员和其他直接责任人员，依法给予降级、撤职、开除的处分：

（一）未依照规定购买、储存麻醉药品和第一类精神药品的；

（二）未依照规定保存麻醉药品和精神药品专用处方，或者未依照规定进行处方专册登记的；

（三）未依照规定报告麻醉药品和精神药品的进货、库存、使用数量的；

（四）紧急借用麻醉药品和第一类精神药品后未备案的；

（五）未依照规定销毁麻醉药品和精神药品的。

第七十三条　具有麻醉药品和第一类精神药品处方资格的执业医师，违反本条例的规定开具麻醉药品和第一类精神药品处方，或者未按照临床应用指导原则的要求使用麻醉药品和第一类精神药品的，由其所在医疗机构取消其麻醉药品和第一类精神药品处方资格；造成严重后果的，由原发证部门吊销其执业证书。执业医师未按照临床应用指导原则的要求使用第二类精神药品或者未使用专用处方开具第二类精神药品，造成严重后果的，由原发证部门吊销其执业证书。

未取得麻醉药品和第一类精神药品处方资格的执业医师擅自开具麻醉药品和第一类精神药品处方，由县级以上人民政府卫生主管部门给予警告，暂停其执业活动；造成严重后果的，吊销其执业证书；构成犯罪的，依法追究刑事责任。

处方的调配人、核对人违反本条例的规定未对麻醉药品和第一类精神药品处方进行核对，造成严重后果的，由原发证部门吊销其执业证书。

第七十四条　违反本条例的规定运输麻醉药品和精神药品的，由药品监督管理部门和运输管理部门依照各自职责，责令改正，给予警告，处2万元以上5万元以下的罚款。

收寄麻醉药品、精神药品的邮政营业机构未依照本条例的规定办理邮寄手续的，由邮政主管部门责令改正，给予警告；造成麻醉药品、精神药品邮件丢失的，依照邮政法律、行政法规的规定处理。

第七十五条　提供虚假材料、隐瞒有关情况，或者采取其他欺骗手段取得麻醉药品和精神药品的实验研究、生产、经营、使用资格的，由原审批部门撤销其已取得的资格，5年内不得提出有关麻醉药品和精神药品的申请；情节严重的，处1万元以上3万元以下的罚款，有药品生产许可证、药品经营许可证、医疗机构执业许可证的，依法吊销其许可证明文件。

第七十六条　药品研究单位在普通药品的实验研究和研制过程中，产生本条例规定管制的麻醉药品和精神药品，未依照本条例的规定报告的，由药品监督管理部门责令改正，给予警告，没收违法药品；拒不改正的，责令停止实验研究和研制活动。

第七十七条　药物临床试验机构以健康人为麻醉药品和第一类精神药品临床试验的受试对象的，由药品监督管理部门责令停止违法行为，给予警告；情节严重的，取消其药物临床试验机构的资格；构成犯罪的，依法追究刑事责任。对受试对象造成损害的，药物临床试验机构依法承担治疗和赔偿责任。

第七十八条　定点生产企业、定点批发企业和第二类精神药品零售企业生产、销售假劣麻醉药品和精神药品的，由药品监督管理部门取消其定点生产资格、定点批发资格或者第二类精神药品零售资格，并依照药品管理法的有关规定予以处罚。

第七十九条　定点生产企业、定点批发企业和其他单位使用现金进行麻醉药品和精神药品交易的，由药品监督管理部门责令改正，给予警告，没收违法交易的药品，并处5万元以上10万元以下的罚款。

第八十条 发生麻醉药品和精神药品被盗、被抢、丢失案件的单位,违反本条例的规定未采取必要的控制措施或者未依照本条例的规定报告的,由药品监督管理部门和卫生主管部门依照各自职责,责令改正,给予警告;情节严重的,处5000元以上1万元以下的罚款;有上级主管部门的,由其上级主管部门对直接负责的主管人员和其他直接责任人员,依法给予降级、撤职的处分。

第八十一条 依法取得麻醉药品药用原植物种植或者麻醉药品和精神药品实验研究、生产、经营、使用、运输等资格的单位,倒卖、转让、出租、出借、涂改其麻醉药品和精神药品许可证明文件的,由原审批部门吊销相应许可证明文件,没收违法所得;情节严重的,处违法所得2倍以上5倍以下的罚款;没有违法所得的,处2万元以上5万元以下的罚款;构成犯罪的,依法追究刑事责任。

第八十二条 违反本条例的规定,致使麻醉药品和精神药品流入非法渠道造成危害,构成犯罪的,依法追究刑事责任;尚不构成犯罪的,由县级以上公安机关处5万元以上10万元以下的罚款;有违法所得的,没收违法所得;情节严重的,处违法所得2倍以上5倍以下的罚款;由原发证部门吊销其药品生产、经营和使用许可证明文件。

药品监督管理部门、卫生主管部门在监督管理工作中发现前款规定情形的,应当立即通报所在地同级公安机关,并依照国家有关规定,将案件以及相关材料移送公安机关。

第八十三条 本章规定由药品监督管理部门作出的行政处罚,由县级以上药品监督管理部门按照国务院药品监督管理部门规定的职责分工决定。

第九章 附 则

第八十四条 本条例所称实验研究是指以医疗、科学研究或者教学为目的的临床前药物研究。

经批准可以开展与计划生育有关的临床医疗服务的计划生育技术服务机构需要使用麻醉药品和精神药品的,依照本条例有关医疗机构使用麻醉药品和精神药品的规定执行。

第八十五条 麻醉药品目录中的罂粟壳只能用于中药饮片和中成药的生产以及医疗配方使用。具体管理办法由国务院药品监督管理部门另行制定。

第八十六条 生产含麻醉药品的复方制剂,需要购进、储存、使用麻醉药品原料药的,应当遵守本条例有关麻醉药品管理的规定。

第八十七条 军队医疗机构麻醉药品和精神药品的供应、使用,由国务院药品监督管理部门会同中国人民解放军总后勤部依据本条例制定具体管理办法。

第八十八条 对动物用麻醉药品和精神药品的管理,由国务院兽医主管部门会同国务院药品监督管理部门依据本条例制定具体管理办法。

第八十九条 本条例自2005年11月1日起施行。1987年11月28日国务院发布的《麻醉药品管理办法》和1988年12月27日国务院发布的《精神药品管理办法》同时废止。

艾滋病防治条例

（2006年1月29日中华人民共和国国务院令第457号公布　根据2019年3月2日《国务院关于修改部分行政法规的决定》修订）

第一章　总　　则

第一条　为了预防、控制艾滋病的发生与流行，保障人体健康和公共卫生，根据传染病防治法，制定本条例。

第二条　艾滋病防治工作坚持预防为主、防治结合的方针，建立政府组织领导、部门各负其责、全社会共同参与的机制，加强宣传教育，采取行为干预和关怀救助等措施，实行综合防治。

第三条　任何单位和个人不得歧视艾滋病病毒感染者、艾滋病病人及其家属。艾滋病病毒感染者、艾滋病病人及其家属享有的婚姻、就业、就医、入学等合法权益受法律保护。

第四条　县级以上人民政府统一领导艾滋病防治工作，建立健全艾滋病防治工作协调机制和工作责任制，对有关部门承担的艾滋病防治工作进行考核、监督。

县级以上人民政府有关部门按照职责分工负责艾滋病防治及其监督管理工作。

第五条　国务院卫生主管部门会同国务院其他有关部门制定国家艾滋病防治规划；县级以上地方人民政府依照本条例规定和国家艾滋病防治规划，制定并组织实施本行政区域的艾滋病防治行动计划。

第六条　国家鼓励和支持工会、共产主义青年团、妇女联合会、红十字会等团体协助各级人民政府开展艾滋病防治工作。

居民委员会和村民委员会应当协助地方各级人民政府和政府有关部门开展有关艾滋病防治的法律、法规、政策和知识的宣传教育，发展有关艾滋病防治的公益事业，做好艾滋病防治工作。

第七条　各级人民政府和政府有关部门应当采取措施，鼓励和支持有关组织和个人依照本条例规定以及国家艾滋病防治规划和艾滋病防治行动计划的要求，参与艾滋病防治工作，对艾滋病防治工作提供捐赠，对有易感染艾滋病病毒危险行为的人群进行行为干预，对艾滋病病毒感染者、艾滋病病人及其家属提供关怀和救助。

第八条　国家鼓励和支持开展与艾滋病预防、诊断、治疗等有关的科学研究，提高艾滋病防治的科学技术水平；鼓励和支持开展传统医药以及传统医药与现代医药相结合防治艾滋病的临床治疗与研究。

国家鼓励和支持开展艾滋病防治工作的国际合作与交流。

第九条　县级以上人民政府和政府有关部门对在艾滋病防治工作中做出显著成绩和贡献的单位和个人，给予表彰和奖励。

对因参与艾滋病防治工作或者因执行公务感染艾滋病病毒，以及因此致病、丧失劳动能力或者死亡的人员，按照有关规定给予补助、抚恤。

第二章 宣传教育

第十条 地方各级人民政府和政府有关部门应当组织开展艾滋病防治以及关怀和不歧视艾滋病病毒感染者、艾滋病病人及其家属的宣传教育，提倡健康文明的生活方式，营造良好的艾滋病防治的社会环境。

第十一条 地方各级人民政府和政府有关部门应当在车站、码头、机场、公园等公共场所以及旅客列车和从事旅客运输的船舶等公共交通工具显著位置，设置固定的艾滋病防治广告牌或者张贴艾滋病防治公益广告，组织发放艾滋病防治宣传材料。

第十二条 县级以上人民政府卫生主管部门应当加强艾滋病防治的宣传教育工作，对有关部门、组织和个人开展艾滋病防治的宣传教育工作提供技术支持。

医疗卫生机构应当组织工作人员学习有关艾滋病防治的法律、法规、政策和知识；医务人员在开展艾滋病、性病等相关疾病咨询、诊断和治疗过程中，应当对就诊者进行艾滋病防治的宣传教育。

第十三条 县级以上人民政府教育主管部门应当指导、督促高等院校、中等职业学校和普通中学将艾滋病防治知识纳入有关课程，开展有关课外教育活动。

高等院校、中等职业学校和普通中学应当组织学生学习艾滋病防治知识。

第十四条 县级以上人民政府卫生主管部门应当利用计划生育宣传和技术服务网络，组织开展艾滋病防治的宣传教育。

计划生育技术服务机构向育龄人群提供计划生育技术服务和生殖健康服务时，应当开展艾滋病防治的宣传教育。

第十五条 县级以上人民政府有关部门和从事劳务中介服务的机构，应当对进城务工人员加强艾滋病防治的宣传教育。

第十六条 出入境检验检疫机构应当在出入境口岸加强艾滋病防治的宣传教育工作，对出入境人员有针对性地提供艾滋病防治咨询和指导。

第十七条 国家鼓励和支持妇女联合会、红十字会开展艾滋病防治的宣传教育，将艾滋病防治的宣传教育纳入妇女儿童工作内容，提高妇女预防艾滋病的意识和能力，组织红十字会会员和红十字会志愿者开展艾滋病防治的宣传教育。

第十八条 地方各级人民政府和政府有关部门应当采取措施，鼓励和支持有关组织和个人对有易感染艾滋病病毒危险行为的人群开展艾滋病防治的咨询、指导和宣传教育。

第十九条 广播、电视、报刊、互联网等新闻媒体应当开展艾滋病防治的公益宣传。

第二十条 机关、团体、企业事业单位、个体经济组织应当组织本单位从业人员学习有关艾滋病防治的法律、法规、政策和知识，支持本单位从业人员参与艾滋病防治的宣传教育活动。

第二十一条 县级以上地方人民政府应当在医疗卫生机构开通艾滋病防治咨询服务电话，向公众提供艾滋病防治咨询服务和指导。

第三章 预防与控制

第二十二条 国家建立健全艾滋病监测网络。

国务院卫生主管部门制定国家艾滋病监测规划和方案。省、自治区、直辖市人民政府卫生主管部门根据国家艾滋病监测规划和方案，制定本行政区域的艾滋病监测计划和工作方案，组织开展艾滋病监测和专题调查，掌握艾滋病疫情变化情况和流行趋势。

疾病预防控制机构负责对艾滋病发生、流行以及影响其发生、流行的因素开展监测活动。

出入境检验检疫机构负责对出入境人员进行艾滋病监测，并将监测结果及时向卫生主管部门报告。

第二十三条 国家实行艾滋病自愿咨询和自愿检测制度。

县级以上地方人民政府卫生主管部门指定的医疗卫生机构，应当按照国务院卫生主管部门会同国务院其他有关部门制定的艾滋病自愿咨询和检测办法，为自愿接受艾滋病咨询、检测的人员免费提供咨询和初筛检测。

第二十四条 国务院卫生主管部门会同国务院其他有关部门根据预防、控制艾滋病的需要，可以规定应当进行艾滋病检测的情形。

第二十五条 省级以上人民政府卫生主管部门根据医疗卫生机构布局和艾滋病流行情况，按照国家有关规定确定承担艾滋病检测工作的实验室。

国家出入境检验检疫机构按照国务院卫生主管部门规定的标准和规范，确定承担出入境人员艾滋病检测工作的实验室。

第二十六条 县级以上地方人民政府和政府有关部门应当依照本条例规定，根据本行政区域艾滋病的流行情况，制定措施，鼓励和支持居民委员会、村民委员会以及其他有关组织和个人推广预防艾滋病的行为干预措施，帮助有易感染艾滋病病毒危险行为的人群改变行为。

有关组织和个人对有易感染艾滋病病毒危险行为的人群实施行为干预措施，应当符合本条例的规定以及国家艾滋病防治规划和艾滋病防治行动计划的要求。

第二十七条 县级以上人民政府应当建立艾滋病防治工作与禁毒工作的协调机制，组织有关部门落实针对吸毒人群的艾滋病防治措施。

省、自治区、直辖市人民政府卫生、公安和药品监督管理部门应当互相配合，根据本行政区域艾滋病流行和吸毒者的情况，积极稳妥地开展对吸毒成瘾者的药物维持治疗工作，并有计划地实施其他干预措施。

第二十八条 县级以上人民政府卫生、市场监督管理、药品监督管理、广播电视等部门应当组织推广使用安全套，建立和完善安全套供应网络。

第二十九条 省、自治区、直辖市人民政府确定的公共场所的经营者应当在公共场所内放置安全套或者设置安全套发售设施。

第三十条 公共场所的服务人员应当依照《公共场所卫生管理条例》的规定，定期进行相关健康检查，取得健康合格证明；经营者应当查验其健康合格证明，不得允许未取得健康合格证明的人员从事服务工作。

第三十一条 公安、司法行政机关对被依法逮捕、拘留和在监狱中执行刑罚以及被依法收容教育、强制戒毒和劳动教养的艾滋病病毒感染者和艾滋病病人，应当采取相应的防治措施,防止艾滋病传播。

对公安、司法行政机关依照前款规定采取的防治措施,县级以上地方人民政府应当给予经费保障,疾病预防控制机构应当予以技术指导和配合。

第三十二条 对卫生技术人员和在执行公务中可能感染艾滋病病毒的人员,县级以上人民政府卫生主管部门和其他有关部门应当组织开展艾滋病防治知识和专业技能的培训,有关单位应当采取有效的卫生防护措施和医疗保健措施。

第三十三条 医疗卫生机构和出入境检验检疫机构应当按照国务院卫生主管部门的规定,遵守标准防护原则,严格执行操作规程和消毒管理制度,防止发生艾滋病医院感染和医源性感染。

第三十四条 疾病预防控制机构应当按照属地管理的原则,对艾滋病病毒感染者和艾滋病病人进行医学随访。

第三十五条 血站、单采血浆站应当对采集的人体血液、血浆进行艾滋病检测;不得向医疗机构和血液制品生产单位供应未经艾滋病检测或者艾滋病检测阳性的人体血液、血浆。

血液制品生产单位应当在原料血浆投料生产前对每一份血浆进行艾滋病检测;未经艾滋病检测或者艾滋病检测阳性的血浆,不得作为原料血浆投料生产。

医疗机构应当对因应急用血而临时采集的血液进行艾滋病检测,对临床用血艾滋病检测结果进行核查;对未经艾滋病检测、核查或者艾滋病检测阳性的血液,不得采集或者使用。

第三十六条 采集或者使用人体组织、器官、细胞、骨髓等的,应当进行艾滋病检测;未经艾滋病检测或者艾滋病检测阳性的,不得采集或者使用。但是,用于艾滋病防治科研、教学的除外。

第三十七条 进口人体血液制品,应当依照药品管理法的规定,经国务院药品监督管理部门批准,取得进口药品注册证书。

禁止进出口用于临床医疗的人体血液、血浆、组织、器官、细胞、骨髓等。但是,出于人道主义、救死扶伤目的,可以进出口临床急需、捐献配型的特殊血型血液、骨髓造血干细胞、外周血造血干细胞、脐带血造血干细胞,由中国红十字会总会办理出入境手续;具体办法由国务院卫生主管部门会同国家出入境检验检疫机构制定。

依照前款规定进出口的特殊血型血液、骨髓造血干细胞、外周血造血干细胞、脐带血造血干细胞,应当依照国境卫生检疫法律、行政法规的有关规定,接受出入境检验检疫机构的检疫。未经检疫或者检疫不合格的,不得进出口。

第三十八条 艾滋病病毒感染者和艾滋病病人应当履行下列义务:

(一)接受疾病预防控制机构或者出入境检验检疫机构的流行病学调查和指导;

(二)将感染或者发病的事实及时告知与其有性关系者;

(三)就医时,将感染或者发病的事实如实告知接诊医生;

(四)采取必要的防护措施,防止感染他人。

艾滋病病毒感染者和艾滋病病人不得以任何方式故意传播艾滋病。

第三十九条　疾病预防控制机构和出入境检验检疫机构进行艾滋病流行病学调查时，被调查单位和个人应当如实提供有关情况。

未经本人或者其监护人同意，任何单位或者个人不得公开艾滋病病毒感染者、艾滋病病人及其家属的姓名、住址、工作单位、肖像、病史资料以及其他可能推断出其具体身份的信息。

第四十条　县级以上人民政府卫生主管部门和出入境检验检疫机构可以封存有证据证明可能被艾滋病病毒污染的物品，并予以检验或者进行消毒。经检验，属于被艾滋病病毒污染的物品，应当进行卫生处理或者予以销毁；对未被艾滋病病毒污染的物品或者经消毒后可以使用的物品，应当及时解除封存。

第四章　治疗与救助

第四十一条　医疗机构应当为艾滋病病毒感染者和艾滋病病人提供艾滋病防治咨询、诊断和治疗服务。

医疗机构不得因就诊的病人是艾滋病病毒感染者或者艾滋病病人，推诿或者拒绝对其其他疾病进行治疗。

第四十二条　对确诊的艾滋病病毒感染者和艾滋病病人，医疗卫生机构的工作人员应当将其感染或者发病的事实告知本人；本人为无行为能力人或者限制行为能力人的，应当告知其监护人。

第四十三条　医疗卫生机构应当按照国务院卫生主管部门制定的预防艾滋病母婴传播技术指导方案的规定，对孕产妇提供艾滋病防治咨询和检测，对感染艾滋病病毒的孕产妇及其婴儿，提供预防艾滋病母婴传播的咨询、产前指导、阻断、治疗、产后访视、婴儿随访和检测等服务。

第四十四条　县级以上人民政府应当采取下列艾滋病防治关怀、救助措施：

（一）向农村艾滋病病人和城镇经济困难的艾滋病病人免费提供抗艾滋病病毒治疗药品；

（二）对农村和城镇经济困难的艾滋病病毒感染者、艾滋病病人适当减免抗机会性感染治疗药品的费用；

（三）向接受艾滋病咨询、检测的人员免费提供咨询和初筛检测；

（四）向感染艾滋病病毒的孕产妇免费提供预防艾滋病母婴传播的治疗和咨询。

第四十五条　生活困难的艾滋病病人遗留的孤儿和感染艾滋病病毒的未成年人接受义务教育的，应当免收杂费、书本费；接受学前教育和高中阶段教育的，应当减免学费等相关费用。

第四十六条　县级以上地方人民政府应当对生活困难并符合社会救助条件的艾滋病病毒感染者、艾滋病病人及其家属给予生活救助。

第四十七条　县级以上地方人民政府有关部门应当创造条件，扶持有劳动能力的艾滋病病毒感染者和艾滋病病人，从事力所能及的生产和工作。

第五章　保障措施

第四十八条　县级以上人民政府应当将艾滋病防治工作纳入国民经济和社会发展规

划，加强和完善艾滋病预防、检测、控制、治疗和救助服务网络的建设，建立健全艾滋病防治专业队伍。

各级人民政府应当根据艾滋病防治工作需要，将艾滋病防治经费列入本级财政预算。

第四十九条 县级以上地方人民政府按照本级政府的职责，负责艾滋病预防、控制、监督工作所需经费。

国务院卫生主管部门会同国务院其他有关部门，根据艾滋病流行趋势，确定全国与艾滋病防治相关的宣传、培训、监测、检测、流行病学调查、医疗救治、应急处置以及监督检查等项目。中央财政对在艾滋病流行严重地区和贫困地区实施的艾滋病防治重大项目给予补助。

省、自治区、直辖市人民政府根据本行政区域的艾滋病防治工作需要和艾滋病流行趋势，确定与艾滋病防治相关的项目，并保障项目的实施经费。

第五十条 县级以上人民政府应当根据艾滋病防治工作需要和艾滋病流行趋势，储备抗艾滋病病毒治疗药品、检测试剂和其他物资。

第五十一条 地方各级人民政府应当制定扶持措施，对有关组织和个人开展艾滋病防治活动提供必要的资金支持和便利条件。有关组织和个人参与艾滋病防治公益事业，依法享受税收优惠。

第六章 法律责任

第五十二条 地方各级人民政府未依照本条例规定履行组织、领导、保障艾滋病防治工作职责，或者未采取艾滋病防治和救助措施的，由上级人民政府责令改正，通报批评；造成艾滋病传播、流行或者其他严重后果的，对负有责任的主管人员依法给予行政处分；构成犯罪的，依法追究刑事责任。

第五十三条 县级以上人民政府卫生主管部门违反本条例规定，有下列情形之一的，由本级人民政府或者上级人民政府卫生主管部门责令改正，通报批评；造成艾滋病传播、流行或者其他严重后果的，对负有责任的主管人员和其他直接责任人员依法给予行政处分；构成犯罪的，依法追究刑事责任：

（一）未履行艾滋病防治宣传教育职责的；

（二）对有证据证明可能被艾滋病病毒污染的物品，未采取控制措施的；

（三）其他有关失职、渎职行为。

出入境检验检疫机构有前款规定情形的，由其上级主管部门依照本条规定予以处罚。

第五十四条 县级以上人民政府有关部门未依照本条例规定履行宣传教育、预防控制职责的，由本级人民政府或者上级人民政府有关部门责令改正，通报批评；造成艾滋病传播、流行或者其他严重后果的，对负有责任的主管人员和其他直接责任人员依法给予行政处分；构成犯罪的，依法追究刑事责任。

第五十五条 医疗卫生机构未依照本条例规定履行职责，有下列情形之一的，由县级以上人民政府卫生主管部门责令限期改正，通报批评，给予警告；造成艾滋病传播、流行或者其他严重后果的，对负有责任的主管人员和其他直接责任人员依法给予降级、撤职、开

除的处分,并可以依法吊销有关机构或者责任人员的执业许可证件;构成犯罪的,依法追究刑事责任:

(一)未履行艾滋病监测职责的;

(二)未按照规定免费提供咨询和初筛检测的;

(三)对临时应急采集的血液未进行艾滋病检测,对临床用血艾滋病检测结果未进行核查,或者将艾滋病检测阳性的血液用于临床的;

(四)未遵守标准防护原则,或者未执行操作规程和消毒管理制度,发生艾滋病医院感染或者医源性感染的;

(五)未采取有效的卫生防护措施和医疗保健措施的;

(六)推诿、拒绝治疗艾滋病病毒感染者或者艾滋病病人的其他疾病,或者对艾滋病病毒感染者、艾滋病病人未提供咨询、诊断和治疗服务的;

(七)未对艾滋病病毒感染者或者艾滋病病人进行医学随访的;

(八)未按照规定对感染艾滋病病毒的孕产妇及其婴儿提供预防艾滋病母婴传播技术指导的。

出入境检验检疫机构有前款第(一)项、第(四)项、第(五)项规定情形的,由其上级主管部门依照前款规定予以处罚。

第五十六条　医疗卫生机构违反本条例第三十九条第二款规定,公开艾滋病病毒感染者、艾滋病病人或者其家属的信息的,依照传染病防治法的规定予以处罚。

出入境检验检疫机构、计划生育技术服务机构或者其他单位、个人违反本条例第三十九条第二款规定,公开艾滋病病毒感染者、艾滋病病人或者其家属的信息的,由其上级主管部门责令改正,通报批评,给予警告,对负有责任的主管人员和其他直接责任人员依法给予处分;情节严重的,由原发证部门吊销有关机构或者责任人员的执业许可证件。

第五十七条　血站、单采血浆站违反本条例规定,有下列情形之一,构成犯罪的,依法追究刑事责任;尚不构成犯罪的,由县级以上人民政府卫生主管部门依照献血法和《血液制品管理条例》的规定予以处罚;造成艾滋病传播、流行或者其他严重后果的,对负有责任的主管人员和其他直接责任人员依法给予降级、撤职、开除的处分,并可以依法吊销血站、单采血浆站的执业许可证:

(一)对采集的人体血液、血浆未进行艾滋病检测,或者发现艾滋病检测阳性的人体血液、血浆仍然采集的;

(二)将未经艾滋病检测的人体血液、血浆,或者艾滋病检测阳性的人体血液、血浆供应给医疗机构和血液制品生产单位的。

第五十八条　违反本条例第三十六条规定采集或者使用人体组织、器官、细胞、骨髓等的,由县级人民政府卫生主管部门责令改正,通报批评,给予警告;情节严重的,责令停业整顿,有执业许可证件的,由原发证部门暂扣或者吊销其执业许可证件。

第五十九条　对不符合本条例第三十七条第二款规定进出口的人体血液、血浆、组织、器官、细胞、骨髓等,进出口口岸出入境检验检疫机构应当禁止出入境或者监督销毁。提供、使用未经出入境检验检疫机构检疫的进口人体血液、血浆、组织、器官、细胞、骨髓等的,由县级以上人民政府卫生主管部门没收违法物品以及违法所得,并处违法物品货值金额3倍以上5倍以下的罚款;对负有责任的主管人员和其他直接责任人员由其所在单位或者上级主管部门依法给予处分。

未经国务院药品监督管理部门批准,进口血液制品的,依照药品管理法的规定予以处罚。

第六十条 血站、单采血浆站、医疗卫生机构和血液制品生产单位违反法律、行政法规的规定,造成他人感染艾滋病病毒的,应当依法承担民事赔偿责任。

第六十一条 公共场所的经营者未查验服务人员的健康合格证明或者允许未取得健康合格证明的人员从事服务工作,省、自治区、直辖市人民政府确定的公共场所的经营者未在公共场所内放置安全套或者设置安全套发售设施的,由县级以上人民政府卫生主管部门责令限期改正,给予警告,可以并处500元以上5000元以下的罚款;逾期不改正的,责令停业整顿;情节严重的,由原发证部门依法吊销其执业许可证件。

第六十二条 艾滋病病毒感染者或者艾滋病病人故意传播艾滋病的,依法承担民事赔偿责任;构成犯罪的,依法追究刑事责任。

第七章 附 则

第六十三条 本条例下列用语的含义:

艾滋病,是指人类免疫缺陷病毒(艾滋病病毒)引起的获得性免疫缺陷综合征。

对吸毒成瘾者的药物维持治疗,是指在批准开办戒毒治疗业务的医疗卫生机构中,选用合适的药物,对吸毒成瘾者进行维持治疗,以减轻对毒品的依赖,减少注射吸毒引起艾滋病病毒的感染和扩散,减少毒品成瘾引起的疾病、死亡和引发的犯罪。

标准防护原则,是指医务人员将所有病人的血液、其他体液以及被血液、其他体液污染的物品均视为具有传染性的病原物质,医务人员在接触这些物质时,必须采取防护措施。

有易感染艾滋病病毒危险行为的人群,是指有卖淫、嫖娼、多性伴、男性同性性行为、注射吸毒等危险行为的人群。

艾滋病监测,是指连续、系统地收集各类人群中艾滋病(或者艾滋病病毒感染)及其相关因素的分布资料,对这些资料综合分析,为有关部门制定预防控制策略和措施提供及时可靠的信息和依据,并对预防控制措施进行效果评价。

艾滋病检测,是指采用实验室方法对人体血液、其他体液、组织器官、血液衍生物等进行艾滋病病毒、艾滋病病毒抗体及相关免疫指标检测,包括监测、检验检疫、自愿咨询检测、临床诊断、血液及血液制品筛查工作中的艾滋病检测。

行为干预措施,是指能够有效减少艾滋病传播的各种措施,包括:针对经注射吸毒传播艾滋病的美沙酮维持治疗等措施;针对经性传播艾滋病的安全套推广使用措施,以及规范、方便的性病诊疗措施;针对母婴传播艾滋病的抗病毒药物预防和人工代乳品喂养等措施;早期发现感染者和有助于危险行为改变的自愿咨询检测措施;健康教育措施;提高个人规范意识以及减少危险行为的针对性同伴教育措施。

第六十四条　本条例自2006年3月1日起施行。1987年12月26日经国务院批准，1988年1月14日由卫生部、外交部、公安部、原国家教育委员会、国家旅游局、原中国民用航空局、国家外国专家局发布的《艾滋病监测管理的若干规定》同时废止。

血吸虫病防治条例

（2006年4月1日中华人民共和国国务院令第463号公布　根据2019年3月2日《国务院关于修改部分行政法规的决定》修订）

第一章　总　　则

第一条　为了预防、控制和消灭血吸虫病，保障人体健康、动物健康和公共卫生，促进经济社会发展，根据传染病防治法、动物防疫法，制定本条例。

第二条　国家对血吸虫病防治实行预防为主的方针，坚持防治结合、分类管理、综合治理、联防联控，人与家畜同步防治，重点加强对传染源的管理。

第三条　国务院卫生主管部门会同国务院有关部门制定全国血吸虫病防治规划并组织实施。国务院卫生、农业、水利、林业主管部门依照本条例规定的职责和全国血吸虫病防治规划，制定血吸虫病防治专项工作计划并组织实施。

有血吸虫病防治任务的地区（以下称血吸虫病防治地区）县级以上地方人民政府卫生、农业或者兽医、水利、林业主管部门依照本条例规定的职责，负责本行政区域内的血吸虫病防治及其监督管理工作。

第四条　血吸虫病防治地区县级以上地方人民政府统一领导本行政区域内的血吸虫病防治工作；根据全国血吸虫病防治规划，制定本行政区域的血吸虫病防治计划并组织实施；建立健全血吸虫病防治工作协调机制和工作责任制，对有关部门承担的血吸虫病防治工作进行综合协调和考核、监督。

第五条　血吸虫病防治地区村民委员会、居民委员会应当协助地方各级人民政府及其有关部门开展血吸虫病防治的宣传教育，组织村民、居民参与血吸虫病防治工作。

第六条　国家鼓励血吸虫病防治地区的村民、居民积极参与血吸虫病防治的有关活动；鼓励共产主义青年团等社会组织动员青年团员等积极参与血吸虫病防治的有关活动。

血吸虫病防治地区地方各级人民政府及其有关部门应当完善有关制度，方便单位和个人参与血吸虫病防治的宣传教育、捐赠等活动。

第七条　国务院有关部门、血吸虫病防治地区县级以上地方人民政府及其有关部门对在血吸虫病防治工作中做出显著成绩的单位和个人，给予表彰或者奖励。

第二章　预　　防

第八条　血吸虫病防治地区根据血吸虫病预防控制标准，划分为重点防治地区和一般防治地区。具体办法由国务院卫生主管部门会同国务院农业主管部门制定。

第九条　血吸虫病防治地区县级以上地方人民政府及其有关部门应当组织各类新闻媒体开展公益性血吸虫病防治宣传教育。各类新闻媒体应当开展公益性血吸虫病防治宣传教育。

血吸虫病防治地区县级以上地方人民政府教育主管部门应当组织各级各类学校对学生开展血吸虫病防治知识教育。各级各类学校应当对学生开展血吸虫病防治知识教育。

血吸虫病防治地区的机关、团体、企业事业单位、个体经济组织应当组织本单位人员学习血吸虫病防治知识。

第十条 处于同一水系或者同一相对独立地理环境的血吸虫病防治地区各地方人民政府应当开展血吸虫病联防联控,组织有关部门和机构同步实施下列血吸虫病防治措施:

(一)在农业、兽医、水利、林业等工程项目中采取与血吸虫病防治有关的工程措施;

(二)进行人和家畜的血吸虫病筛查、治疗和管理;

(三)开展流行病学调查和疫情监测;

(四)调查钉螺分布,实施药物杀灭钉螺;

(五)防止未经无害化处理的粪便直接进入水体;

(六)其他防治措施。

第十一条 血吸虫病防治地区县级人民政府应当制定本行政区域的血吸虫病联防联控方案,组织乡(镇)人民政府同步实施。

血吸虫病防治地区两个以上的县、不设区的市、市辖区或者两个以上设区的市需要同步实施血吸虫病防治措施的,其共同的上一级人民政府应当制定血吸虫病联防联控方案,并组织实施。

血吸虫病防治地区两个以上的省、自治区、直辖市需要同步实施血吸虫病防治措施的,有关省、自治区、直辖市人民政府应当共同制定血吸虫病联防联控方案,报国务院卫生、农业主管部门备案,由省、自治区、直辖市人民政府组织实施。

第十二条 在血吸虫病防治地区实施农业、兽医、水利、林业等工程项目以及开展人、家畜血吸虫病防治工作,应当符合相关血吸虫病防治技术规范的要求。相关血吸虫病防治技术规范由国务院卫生、农业、水利、林业主管部门分别制定。

第十三条 血吸虫病重点防治地区县级以上地方人民政府应当在渔船集中停靠地设点发放抗血吸虫基本预防药物;按照无害化要求和血吸虫病防治技术规范修建公共厕所;推行在渔船和水上运输工具上安装和使用粪便收集容器,并采取措施,对所收集的粪便进行集中无害化处理。

第十四条 县级以上地方人民政府及其有关部门在血吸虫病重点防治地区,应当安排并组织实施农业机械化推广、农村改厕、沼气池建设以及人、家畜饮用水设施建设等项目。

国务院有关主管部门安排农业机械化推广、农村改厕、沼气池建设以及人、家畜饮用水设施建设等项目,应当优先安排血吸虫病重点防治地区的有关项目。

第十五条 血吸虫病防治地区县级以上地方人民政府卫生、农业主管部门组织实施农村改厕、沼气池建设项目,应当按照无害化要求和血吸虫病防治技术规范,保证厕所和沼气池具备杀灭粪便中血吸虫卵的功能。

血吸虫病防治地区的公共厕所应当具备杀灭粪便中血吸虫卵的功能。

第十六条 县级以上人民政府农业主管部门在血吸虫病重点防治地区应当适应血吸

虫病防治工作的需要，引导和扶持农业种植结构的调整，推行以机械化耕作代替牲畜耕作的措施。

县级以上人民政府农业或者兽医主管部门在血吸虫病重点防治地区应当引导和扶持养殖结构的调整，推行对牛、羊、猪等家畜的舍饲圈养，加强对圈养家畜粪便的无害化处理，开展对家畜的血吸虫病检查和对感染血吸虫的家畜的治疗、处理。

第十七条 禁止在血吸虫病防治地区施用未经无害化处理的粪便。

第十八条 县级以上人民政府水利主管部门在血吸虫病防治地区进行水利建设项目，应当同步建设血吸虫病防治设施；结合血吸虫病防治地区的江河、湖泊治理工程和人畜饮水、灌区改造等水利工程项目，改善水环境，防止钉螺孳生。

第十九条 县级以上人民政府林业主管部门在血吸虫病防治地区应当结合退耕还林、长江防护林建设、野生动物植物保护、湿地保护以及自然保护区建设等林业工程，开展血吸虫病综合防治。

县级以上人民政府交通主管部门在血吸虫病防治地区应当结合航道工程建设，开展血吸虫病综合防治。

第二十条 国务院卫生主管部门应当根据血吸虫病流行病学资料、钉螺分布以及孳生环境的特点、药物特性，制定药物杀灭钉螺工作规范。

血吸虫病防治地区县级人民政府及其卫生主管部门应当根据药物杀灭钉螺工作规范，组织实施本行政区域内的药物杀灭钉螺工作。

血吸虫病防治地区乡（镇）人民政府应当在实施药物杀灭钉螺 7 日前，公告施药的时间、地点、种类、方法、影响范围和注意事项。有关单位和个人应当予以配合。

杀灭钉螺严禁使用国家明令禁止使用的药物。

第二十一条 血吸虫病防治地区县级人民政府卫生主管部门会同同级人民政府农业或者兽医、水利、林业主管部门，根据血吸虫病监测等流行病学资料，划定、变更有钉螺地带，并报本级人民政府批准。县级人民政府应当及时公告有钉螺地带。

禁止在有钉螺地带放养牛、羊、猪等家畜，禁止引种在有钉螺地带培育的芦苇等植物和农作物的种子、种苗等繁殖材料。

乡（镇）人民政府应当在有钉螺地带设立警示标志，并在县级人民政府作出解除有钉螺地带决定后予以撤销。警示标志由乡（镇）人民政府负责保护，所在地村民委员会、居民委员会应当予以协助。任何单位或者个人不得损坏或者擅自移动警示标志。

在有钉螺地带完成杀灭钉螺后，由原批准机关决定并公告解除本条第二款规定的禁止行为。

第二十二条 医疗机构、疾病预防控制机构、动物防疫监督机构和植物检疫机构应当根据血吸虫病防治技术规范，在各自的职责范围内，开展血吸虫病的监测、筛查、预测、流行病学调查、疫情报告和处理工作，开展杀灭钉螺、血吸虫病防治技术指导以及其他防治工作。

血吸虫病防治地区的医疗机构、疾病预防控制机构、动物防疫监督机构和植物检疫机构应当定期对其工作人员进行血吸虫病防治知识、技能的培训和考核。

第二十三条 建设单位在血吸虫病防治地区兴建水利、交通、旅游、能源等大型建设项目,应当事先提请省级以上疾病预防控制机构对施工环境进行卫生调查,并根据疾病预防控制机构的意见,采取必要的血吸虫病预防、控制措施。施工期间,建设单位应当设专人负责工地上的血吸虫病防治工作;工程竣工后,应当告知当地县级疾病预防控制机构,由其对该地区的血吸虫病进行监测。

第三章 疫情控制

第二十四条 血吸虫病防治地区县级以上地方人民政府应当根据有关法律、行政法规和国家有关规定,结合本地实际,制定血吸虫病应急预案。

第二十五条 急性血吸虫病暴发、流行时,县级以上地方人民政府应当根据控制急性血吸虫病暴发、流行的需要,依照传染病防治法和其他有关法律的规定采取紧急措施,进行下列应急处理:

(一)组织医疗机构救治急性血吸虫病病人;

(二)组织疾病预防控制机构和动物防疫监督机构分别对接触疫水的人和家畜实施预防性服药;

(三)组织有关部门和单位杀灭钉螺和处理疫水;

(四)组织乡(镇)人民政府在有钉螺地带设置警示标志,禁止人和家畜接触疫水。

第二十六条 疾病预防控制机构发现急性血吸虫病疫情或者接到急性血吸虫病暴发、流行报告时,应当及时采取下列措施:

(一)进行现场流行病学调查;

(二)提出疫情控制方案,明确有钉螺地带范围、预防性服药的人和家畜范围,以及采取杀灭钉螺和处理疫水的措施;

(三)指导医疗机构和下级疾病预防控制机构处理疫情;

(四)卫生主管部门要求采取的其他措施。

第二十七条 有关单位对因生产、工作必须接触疫水的人员应当按照疾病预防控制机构的要求采取防护措施,并定期组织进行血吸虫病的专项体检。

血吸虫病防治地区地方各级人民政府及其有关部门对因防汛、抗洪抢险必须接触疫水的人员,应当按照疾病预防控制机构的要求采取防护措施。血吸虫病防治地区县级人民政府对参加防汛、抗洪抢险的人员,应当及时组织有关部门和机构进行血吸虫病的专项体检。

第二十八条 血吸虫病防治地区县级以上地方人民政府卫生、农业或者兽医主管部门应当根据血吸虫病防治技术规范,组织开展对本地村民、居民和流动人口血吸虫病以及家畜血吸虫病的筛查、治疗和预防性服药工作。

血吸虫病防治地区省、自治区、直辖市人民政府应当采取措施,组织对晚期血吸虫病病人的治疗。

第二十九条 血吸虫病防治地区的动物防疫监督机构、植物检疫机构应当加强对本行政区域内的家畜和植物的血吸虫病检疫工作。动物防疫监督机构对经检疫发现的患血吸虫病的家畜,应当实施药物治疗;植物检疫机构对发现的携带钉螺的植物,应当实施杀灭钉螺。

凡患血吸虫病的家畜、携带钉螺的植物,在血吸虫病防治地区未经检疫的家畜、植物,一律不得出售、外运。

第三十条 血吸虫病疫情的报告、通报和公布,依照传染病防治法和动物防疫法的有关规定执行。

第四章 保障措施

第三十一条 血吸虫病防治地区县级以上地方人民政府应当根据血吸虫病防治规划、计划,安排血吸虫病防治经费和基本建设投资,纳入同级财政预算。

省、自治区、直辖市人民政府和设区的市级人民政府根据血吸虫病防治工作需要,对经济困难的县级人民政府开展血吸虫病防治工作给予适当补助。

国家对经济困难地区的血吸虫病防治经费、血吸虫病重大疫情应急处理经费给予适当补助,对承担血吸虫病防治任务的机构的基本建设和跨地区的血吸虫病防治重大工程项目给予必要支持。

第三十二条 血吸虫病防治地区县级以上地方人民政府编制或者审批血吸虫病防治地区的农业、兽医、水利、林业等工程项目,应当将有关血吸虫病防治的工程措施纳入项目统筹安排。

第三十三条 国家对农民免费提供抗血吸虫基本预防药物,对经济困难农民的血吸虫病治疗费用予以减免。

因工作原因感染血吸虫病的,依照《工伤保险条例》的规定,享受工伤待遇。参加城镇职工基本医疗保险的血吸虫病病人,不属于工伤的,按照国家规定享受医疗保险待遇。对未参加工伤保险、医疗保险的人员因防汛、抗洪抢险患血吸虫病的,按照县级以上地方人民政府的规定解决所需的检查、治疗费用。

第三十四条 血吸虫病防治地区县级以上地方人民政府民政、医疗保障部门对符合救助条件的血吸虫病病人进行救助。

第三十五条 国家对家畜免费实施血吸虫病检查和治疗,免费提供抗血吸虫基本预防药物。

第三十六条 血吸虫病防治地区县级以上地方人民政府应当根据血吸虫病防治工作需要和血吸虫病流行趋势,储备血吸虫病防治药物、杀灭钉螺药物和有关防护用品。

第三十七条 血吸虫病防治地区县级以上地方人民政府应当加强血吸虫病防治网络建设,将承担血吸虫病防治任务的机构所需基本建设投资列入基本建设计划。

第三十八条 血吸虫病防治地区省、自治区、直辖市人民政府在制定和实施本行政区域的血吸虫病防治计划时,应当统筹协调血吸虫病防治项目和资金,确保实现血吸虫病防治项目的综合效益。

血吸虫病防治经费应当专款专用,严禁截留或者挪作他用。严禁倒买倒卖、挪用国家免费供应的防治血吸虫病药品和其他物品。有关单位使用血吸虫病防治经费应当依法接受审计机关的审计监督。

第五章 监督管理

第三十九条 县级以上人民政府卫生主管部门负责血吸虫病监测、预防、控制、治疗和疫情的管理工作,对杀灭钉螺药物的使用情况进行监督检查。

第四十条 县级以上人民政府农业或者兽医主管部门对下列事项进行监督检查:

(一)本条例第十六条规定的血吸虫病防治措施的实施情况;

(二)家畜血吸虫病监测、预防、控制、治疗和疫情管理工作情况;

(三)治疗家畜血吸虫病药物的管理、使用情况;

(四)农业工程项目中执行血吸虫病防治技术规范情况。

第四十一条 县级以上人民政府水利主管部门对本条例第十八条规定的血吸虫病防治措施的实施情况和水利工程项目中执行血吸虫病防治技术规范情况进行监督检查。

第四十二条 县级以上人民政府林业主管部门对血吸虫病防治地区的林业工程项目的实施情况和林业工程项目中执行血吸虫病防治技术规范情况进行监督检查。

第四十三条 县级以上人民政府卫生、农业或者兽医、水利、林业主管部门在监督检查过程中,发现违反或者不执行本条例规定的,应当责令有关单位和个人及时改正并依法予以处理;属于其他部门职责范围的,应当移送有监督管理职责的部门依法处理;涉及多个部门职责的,应当共同处理。

第四十四条 县级以上人民政府卫生、农业或者兽医、水利、林业主管部门在履行血吸虫病防治监督检查职责时,有权进入被检查单位和血吸虫病疫情发生现场调查取证,查阅、复制有关资料和采集样本。被检查单位应当予以配合,不得拒绝、阻挠。

第四十五条 血吸虫病防治地区县级以上动物防疫监督机构对在有钉螺地带放养的牛、羊、猪等家畜,有权予以暂扣并进行强制检疫。

第四十六条 上级主管部门发现下级主管部门未及时依照本条例的规定处理职责范围内的事项,应当责令纠正,或者直接处理下级主管部门未及时处理的事项。

第六章 法律责任

第四十七条 县级以上地方各级人民政府有下列情形之一的,由上级人民政府责令改正,通报批评;造成血吸虫病传播、流行或者其他严重后果的,对负有责任的主管人员,依法给予行政处分;负有责任的主管人员构成犯罪的,依法追究刑事责任:

(一)未依照本条例的规定开展血吸虫病联防联控的;

(二)急性血吸虫病暴发、流行时,未依照本条例的规定采取紧急措施、进行应急处理的;

(三)未履行血吸虫病防治组织、领导、保障职责的;

(四)未依照本条例的规定采取其他血吸虫病防治措施的。

乡(镇)人民政府未依照本条例的规定采取血吸虫病防治措施的,由上级人民政府责令改正,通报批评;造成血吸虫病传播、流行或者其他严重后果的,对负有责任的主管人员，依法给予行政处分；负有责任的主管人员构成犯罪的，依法追究刑事责任。

第四十八条　县级以上人民政府有关主管部门违反本条例规定，有下列情形之一的，由本级人民政府或者上级人民政府有关主管部门责令改正，通报批评；造成血吸虫病传播、流行或者其他严重后果的，对负有责任的主管人员和其他直接责任人员依法给予行政处分；负有责任的主管人员和其他直接责任人员构成犯罪的，依法追究刑事责任：

（一）在组织实施农村改厕、沼气池建设项目时，未按照无害化要求和血吸虫病防治技术规范，保证厕所或者沼气池具备杀灭粪便中血吸虫卵功能的；

（二）在血吸虫病重点防治地区未开展家畜血吸虫病检查，或者未对感染血吸虫的家畜进行治疗、处理的；

（三）在血吸虫病防治地区进行水利建设项目，未同步建设血吸虫病防治设施，或者未结合血吸虫病防治地区的江河、湖泊治理工程和人畜饮水、灌区改造等水利工程项目，改善水环境，导致钉螺孳生的；

（四）在血吸虫病防治地区未结合退耕还林、长江防护林建设、野生动物植物保护、湿地保护以及自然保护区建设等林业工程，开展血吸虫病综合防治的；

（五）未制定药物杀灭钉螺规范，或者未组织实施本行政区域内药物杀灭钉螺工作的；

（六）未组织开展血吸虫病筛查、治疗和预防性服药工作的；

（七）未依照本条例规定履行监督管理职责，或者发现违法行为不及时查处的；

（八）有违反本条例规定的其他失职、渎职行为的。

第四十九条　医疗机构、疾病预防控制机构、动物防疫监督机构或者植物检疫机构违反本条例规定，有下列情形之一的，由县级以上人民政府卫生主管部门、农业或者兽医主管部门依据各自职责责令限期改正，通报批评，给予警告；逾期不改正，造成血吸虫病传播、流行或者其他严重后果的，对负有责任的主管人员和其他直接责任人员依法给予降级、撤职、开除的处分，并可以依法吊销有关责任人员的执业证书；负有责任的主管人员和其他直接责任人员构成犯罪的，依法追究刑事责任：

（一）未依照本条例规定开展血吸虫病防治工作的；

（二）未定期对其工作人员进行血吸虫病防治知识、技能培训和考核的；

（三）发现急性血吸虫病疫情或者接到急性血吸虫病暴发、流行报告时，未及时采取措施的；

（四）未对本行政区域内出售、外运的家畜或者植物进行血吸虫病检疫的；

（五）未对经检疫发现的患血吸虫病的家畜实施药物治疗，或者未对发现的携带钉螺的植物实施杀灭钉螺的。

第五十条　建设单位在血吸虫病防治地区兴建水利、交通、旅游、能源等大型建设项目，未事先提请省级以上疾病预防控制机构进行卫生调查，或者未根据疾病预防控制机构的意见，采取必要的血吸虫病预防、控制措施的，由县级以上人民政府卫生主管部门责令限期改正，给予警告，处5000元以上3万元以下的罚款；逾期不改正的，处3万元以上10万元以下的罚款，并可以提请有关人民政府依据职责权限，责令停建、关闭；造成血吸虫病疫情扩散或者其他严重后果的，对负有责任的主管人员和其他直接责任人员依法给予处分。

第五十一条　单位和个人损坏或者擅自移动有钉螺地带警示标志的，由乡（镇）人民政府责令修复或者赔偿损失，给予警告；情节严重的，对单位处1000元以上3000元以下的罚款，对个人处50元以上200元以下的罚款。

第五十二条　违反本条例规定，有下列情形之一的，由县级以上人民政府卫生、农业或者兽医、水利、林业主管部门依据各自职责责令改正，给予警告，对单位处1000元以上1万元以下的罚款，对个人处50元以上500元以下的罚款，并没收用于违法活动的工具和物品；造成血吸虫病疫情扩散或者其他严重后果的，对负有责任的主管人员和其他直接责任人员依法给予处分：

（一）单位未依照本条例的规定对因生产、工作必须接触疫水的人员采取防护措施，或者未定期组织进行血吸虫病的专项体检的；

（二）对政府有关部门采取的预防、控制措施不予配合的；

（三）使用国家明令禁止使用的药物杀灭钉螺的；

（四）引种在有钉螺地带培育的芦苇等植物或者农作物的种子、种苗等繁殖材料的；

（五）在血吸虫病防治地区施用未经无害化处理粪便的。

第七章　附　　则

第五十三条　本条例下列用语的含义：

血吸虫病，是血吸虫寄生于人体或者哺乳动物体内，导致其发病的一种寄生虫病。

疫水，是指含有血吸虫尾蚴的水体。

第五十四条　本条例自2006年5月1日起施行。

人体器官移植条例

（2007年3月21日国务院第171次常务会议通过　2007年3月31日中华人民共和国国务院令第491号公布）

第一章　总　　则

第一条　为了规范人体器官移植，保证医疗质量，保障人体健康，维护公民的合法权益，制定本条例。

第二条　在中华人民共和国境内从事人体器官移植，适用本条例；从事人体细胞和角膜、骨髓等人体组织移植，不适用本条例。

本条例所称人体器官移植，是指摘取人体器官捐献人具有特定功能的心脏、肺脏、肝脏、肾脏或者胰腺等器官的全部或者部分，将其植入接受人身体以代替其病损器官的过程。

第三条　任何组织或者个人不得以任何形式买卖人体器官，不得从事与买卖人体器官有关的活动。

第四条　国务院卫生主管部门负责全国人体器官移植的监督管理工作。县级以上地方人民政府卫生主管部门负责本行政区域人体器官移植的监督管理工作。

各级红十字会依法参与人体器官捐献的宣传等工作。

第五条　任何组织或者个人对违反本条例规定的行为，有权向卫生主管部门和其他有关部门举报；对卫生主管部门和其他有关部门未依法履行监督管理职责的行为，有权向本级人民政府、上级人民政府有关部门举报。接到举报的人民政府、卫生主管部门和其他有关部门对举报应当及时核实、处理，并将处理结果向举报人通报。

第六条　国家通过建立人体器官移植工作体系，开展人体器官捐献的宣传、推动工作，确定人体器官移植预约者名单，组织协调人体器官的使用。

第二章　人体器官的捐献

第七条　人体器官捐献应当遵循自愿、无偿的原则。

公民享有捐献或者不捐献其人体器官的权利；任何组织或者个人不得强迫、欺骗或者利诱他人捐献人体器官。

第八条　捐献人体器官的公民应当具有完全民事行为能力。公民捐献其人体器官应当有书面形式的捐献意愿，对已经表示捐献其人体器官的意愿，有权予以撤销。

公民生前表示不同意捐献其人体器官的，任何组织或者个人不得捐献、摘取该公民的人体器官；公民生前未表示不同意捐献其人体器官的，该公民死亡后，其配偶、成年子女、父母可以以书面形式共同表示同意捐献该公民人体器官的意愿。

第九条　任何组织或者个人不得摘取未满18周岁公民的活体器官用于移植。

第十条　活体器官的接受人限于活体器官捐献人的配偶、直系血亲或者三代以内旁系血亲，或者有证据证明与活体器官捐献人存在因帮扶等形成亲情关系的人员。

第三章　人体器官的移植

第十一条　医疗机构从事人体器官移植，应当依照《医疗机构管理条例》的规定，向所在地省、自治区、直辖市人民政府卫生主管部门申请办理人体器官移植诊疗科目登记。

医疗机构从事人体器官移植，应当具备下列条件：

（一）有与从事人体器官移植相适应的执业医师和其他医务人员；

（二）有满足人体器官移植所需要的设备、设施；

（三）有由医学、法学、伦理学等方面专家组成的人体器官移植技术临床应用与伦理委员会，该委员会中从事人体器官移植的医学专家不超过委员人数的1/4；

（四）有完善的人体器官移植质量监控等管理制度。

第十二条　省、自治区、直辖市人民政府卫生主管部门进行人体器官移植诊疗科目登记，除依据本条例第十一条规定的条件外，还应当考虑本行政区域人体器官移植的医疗需求和合法的人体器官来源情况。

省、自治区、直辖市人民政府卫生主管部门应当及时公布已经办理人体器官移植诊疗科目登记的医疗机构名单。

第十三条　已经办理人体器官移植诊疗科目登记的医疗机构不再具备本条例第十一条规定条件的，应当停止从事人体器官移植，并向原登记部门报告。原登记部门应当自收到报告之日起2日内注销该医疗机构的人体器官移植诊疗科目登记,并予以公布。

第十四条 省级以上人民政府卫生主管部门应当定期组织专家根据人体器官移植手术成功率、植入的人体器官和术后患者的长期存活率,对医疗机构的人体器官移植临床应用能力进行评估,并及时公布评估结果;对评估不合格的,由原登记部门撤销人体器官移植诊疗科目登记。具体办法由国务院卫生主管部门制订。

第十五条 医疗机构及其医务人员从事人体器官移植,应当遵守伦理原则和人体器官移植技术管理规范。

第十六条 实施人体器官移植手术的医疗机构及其医务人员应当对人体器官捐献人进行医学检查,对接受人因人体器官移植感染疾病的风险进行评估,并采取措施,降低风险。

第十七条 在摘取活体器官前或者尸体器官捐献人死亡前,负责人体器官移植的执业医师应当向所在医疗机构的人体器官移植技术临床应用与伦理委员会提出摘取人体器官审查申请。

人体器官移植技术临床应用与伦理委员会不同意摘取人体器官的,医疗机构不得做出摘取人体器官的决定,医务人员不得摘取人体器官。

第十八条 人体器官移植技术临床应用与伦理委员会收到摘取人体器官审查申请后,应当对下列事项进行审查,并出具同意或者不同意的书面意见:

(一)人体器官捐献人的捐献意愿是否真实;

(二)有无买卖或者变相买卖人体器官的情形;

(三)人体器官的配型和接受人的适应症是否符合伦理原则和人体器官移植技术管理规范。

经2/3以上委员同意,人体器官移植技术临床应用与伦理委员会方可出具同意摘取人体器官的书面意见。

第十九条 从事人体器官移植的医疗机构及其医务人员摘取活体器官前,应当履行下列义务:

(一)向活体器官捐献人说明器官摘取手术的风险、术后注意事项、可能发生的并发症及其预防措施等,并与活体器官捐献人签署知情同意书;

(二)查验活体器官捐献人同意捐献其器官的书面意愿、活体器官捐献人与接受人存在本条例第十条规定关系的证明材料;

(三)确认除摘取器官产生的直接后果外不会损害活体器官捐献人其他正常的生理功能。

从事人体器官移植的医疗机构应当保存活体器官捐献人的医学资料,并进行随访。

第二十条 摘取尸体器官,应当在依法判定尸体器官捐献人死亡后进行。从事人体器官移植的医务人员不得参与捐献人的死亡判定。

从事人体器官移植的医疗机构及其医务人员应当尊重死者的尊严;对摘取器官完毕的尸体,应当进行符合伦理原则的医学处理,除用于移植的器官以外,应当恢复尸体原貌。

第二十一条 从事人体器官移植的医疗机构实施人体器官移植手术,除向接受人收

取下列费用外,不得收取或者变相收取所移植人体器官的费用:

(一)摘取和植入人体器官的手术费;

(二)保存和运送人体器官的费用;

(三)摘取、植入人体器官所发生的药费、检验费、医用耗材费。

前款规定费用的收取标准,依照有关法律、行政法规的规定确定并予以公布。

第二十二条　申请人体器官移植手术患者的排序,应当符合医疗需要,遵循公平、公正和公开的原则。具体办法由国务院卫生主管部门制订。

第二十三条　从事人体器官移植的医务人员应当对人体器官捐献人、接受人和申请人体器官移植手术的患者的个人资料保密。

第二十四条　从事人体器官移植的医疗机构应当定期将实施人体器官移植的情况向所在地省、自治区、直辖市人民政府卫生主管部门报告。具体办法由国务院卫生主管部门制订。

第四章　法律责任

第二十五条　违反本条例规定,有下列情形之一,构成犯罪的,依法追究刑事责任:

(一)未经公民本人同意摘取其活体器官的;

(二)公民生前表示不同意捐献其人体器官而摘取其尸体器官的;

(三)摘取未满18周岁公民的活体器官的。

第二十六条　违反本条例规定,买卖人体器官或者从事与买卖人体器官有关活动的,由设区的市级以上地方人民政府卫生主管部门依照职责分工没收违法所得,并处交易额8倍以上10倍以下的罚款;医疗机构参与上述活动的,还应当对负有责任的主管人员和其他直接责任人员依法给予处分,并由原登记部门撤销该医疗机构人体器官移植诊疗科目登记,该医疗机构3年内不得再申请人体器官移植诊疗科目登记;医务人员参与上述活动的,由原发证部门吊销其执业证书。

国家工作人员参与买卖人体器官或者从事与买卖人体器官有关活动的,由有关国家机关依据职权依法给予撤职、开除的处分。

第二十七条　医疗机构未办理人体器官移植诊疗科目登记,擅自从事人体器官移植的,依照《医疗机构管理条例》的规定予以处罚。

实施人体器官移植手术的医疗机构及其医务人员违反本条例规定,未对人体器官捐献人进行医学检查或者未采取措施,导致接受人因人体器官移植手术感染疾病的,依照《医疗事故处理条例》的规定予以处罚。

从事人体器官移植的医务人员违反本条例规定,泄露人体器官捐献人、接受人或者申请人体器官移植手术患者个人资料的,依照《执业医师法》或者国家有关护士管理的规定予以处罚。

违反本条例规定,给他人造成损害的,应当依法承担民事责任。

违反本条例第二十一条规定收取费用的,依照价格管理的法律、行政法规的规定予以处罚。

第二十八条　医务人员有下列情形之一的，依法给予处分；情节严重的，由县级以上地方人民政府卫生主管部门依照职责分工暂停其6个月以上1年以下执业活动；情节特别严重的，由原发证部门吊销其执业证书：

（一）未经人体器官移植技术临床应用与伦理委员会审查同意摘取人体器官的；

（二）摘取活体器官前未依照本条例第十九条的规定履行说明、查验、确认义务的；

（三）对摘取器官完毕的尸体未进行符合伦理原则的医学处理，恢复尸体原貌的。

第二十九条　医疗机构有下列情形之一的，对负有责任的主管人员和其他直接责任人员依法给予处分；情节严重的，由原登记部门撤销该医疗机构人体器官移植诊疗科目登记，该医疗机构3年内不得再申请人体器官移植诊疗科目登记：

（一）不再具备本条例第十一条规定条件，仍从事人体器官移植的；

（二）未经人体器官移植技术临床应用与伦理委员会审查同意，做出摘取人体器官的决定，或者胁迫医务人员违反本条例规定摘取人体器官的；

（三）有本条例第二十八条第（二）项、第（三）项列举的情形的。

医疗机构未定期将实施人体器官移植的情况向所在地省、自治区、直辖市人民政府卫生主管部门报告的，由所在地省、自治区、直辖市人民政府卫生主管部门责令限期改正；逾期不改正的，对负有责任的主管人员和其他直接责任人员依法给予处分。

第三十条　从事人体器官移植的医务人员参与尸体器官捐献人的死亡判定的，由县级以上地方人民政府卫生主管部门依照职责分工暂停其6个月以上1年以下执业活动；情节严重的，由原发证部门吊销其执业证书。

第三十一条　国家机关工作人员在人体器官移植监督管理工作中滥用职权、玩忽职守、徇私舞弊，构成犯罪的，依法追究刑事责任；尚不构成犯罪的，依法给予处分。

第五章　附　则

第三十二条　本条例自2007年5月1日起施行。

乳品质量安全监督管理条例

（2008年10月6日国务院第28次常务会议通过　2008年10月9日国务院令第536号公布）

第一章　总　则

第一条　为了加强乳品质量安全监督管理，保证乳品质量安全，保障公众身体健康和生命安全，促进奶业健康发展，制定本条例。

第二条　本条例所称乳品，是指生鲜乳和乳制品。

乳品质量安全监督管理适用本条例；法律对乳品质量安全监督管理另有规定的，从其规定。

第三条　奶畜养殖者、生鲜乳收购者、乳制品生产企业和销售者对其生产、收购、运输、销售的乳品质量安全负责，是乳品质量安全的第一责任者。

第四条　县级以上地方人民政府对本行政区域内的乳品质量安全监督管理负总责。

县级以上人民政府畜牧兽医主管部门负责奶畜饲养以及生鲜乳生产环节、收购环节的监督管理。县级以上质量监督检验检疫部门负责乳制品生产环节和乳品进出口环节的监督管理。县级以上工商行政管理部门负责乳制品销售环节的监督管理。县级以上食品药品监督部门负责乳制品餐饮服务环节的监督管理。县级以上人民政府卫生主管部门依照职权负责乳品质量安全监督管理的综合协调、组织查处食品安全重大事故。县级以上人民政府其他有关部门在各自职责范围内负责乳品质量安全监督管理的其他工作。

第五条　发生乳品质量安全事故,应当依照有关法律、行政法规的规定及时报告、处理;造成严重后果或者恶劣影响的,对有关人民政府、有关部门负有领导责任的负责人依法追究责任。

第六条　生鲜乳和乳制品应当符合乳品质量安全国家标准。乳品质量安全国家标准由国务院卫生主管部门组织制定,并根据风险监测和风险评估的结果及时组织修订。

乳品质量安全国家标准应当包括乳品中的致病性微生物、农药残留、兽药残留、重金属以及其他危害人体健康物质的限量规定,乳品生产经营过程的卫生要求,通用的乳品检验方法与规程,与乳品安全有关的质量要求,以及其他需要制定为乳品质量安全国家标准的内容。

制定婴幼儿奶粉的质量安全国家标准应当充分考虑婴幼儿身体特点和生长发育需要,保证婴幼儿生长发育所需的营养成分。

国务院卫生主管部门应当根据疾病信息和监督管理部门的监督管理信息等,对发现添加或者可能添加到乳品中的非食品用化学物质和其他可能危害人体健康的物质,立即组织进行风险评估,采取相应的监测、检测和监督措施。

第七条　禁止在生鲜乳生产、收购、贮存、运输、销售过程中添加任何物质。

禁止在乳制品生产过程中添加非食品用化学物质或者其他可能危害人体健康的物质。

第八条　国务院畜牧兽医主管部门会同国务院发展改革部门、工业和信息化部门、商务部门,制定全国奶业发展规划,加强奶源基地建设,完善服务体系,促进奶业健康发展。

县级以上地方人民政府应当根据全国奶业发展规划,合理确定本行政区域内奶畜养殖规模,科学安排生鲜乳的生产、收购布局。

第九条　有关行业协会应当加强行业自律,推动行业诚信建设,引导、规范奶畜养殖者、生鲜乳收购者、乳制品生产企业和销售者依法生产经营。

第二章　奶畜养殖

第十条　国家采取有效措施,鼓励、引导、扶持奶畜养殖者提高生鲜乳质量安全水平。省级以上人民政府应当在本级财政预算内安排支持奶业发展资金,并鼓励对奶畜养殖者、奶农专业生产合作社等给予信贷支持。

国家建立奶畜政策性保险制度,对参保奶畜养殖者给予保费补助。

第十一条　畜牧兽医技术推广机构应当向奶畜养殖者提供养殖技术培训、良种推广、疫病防治等服务。

国家鼓励乳制品生产企业和其他相关生产经营者为奶畜养殖者提供所需的服务。

第十二条　设立奶畜养殖场、养殖小区应当具备下列条件：

（一）符合所在地人民政府确定的本行政区域奶畜养殖规模；

（二）有与其养殖规模相适应的场所和配套设施；

（三）有为其服务的畜牧兽医技术人员；

（四）具备法律、行政法规和国务院畜牧兽医主管部门规定的防疫条件；

（五）有对奶畜粪便、废水和其他固体废物进行综合利用的沼气池等设施或者其他无害化处理设施；

（六）有生鲜乳生产、销售、运输管理制度；

（七）法律、行政法规规定的其他条件。

奶畜养殖场、养殖小区开办者应当将养殖场、养殖小区的名称、养殖地址、奶畜品种和养殖规模向养殖场、养殖小区所在地县级人民政府畜牧兽医主管部门备案。

第十三条　奶畜养殖场应当建立养殖档案，载明以下内容：

（一）奶畜的品种、数量、繁殖记录、标识情况、来源和进出场日期；

（二）饲料、饲料添加剂、兽药等投入品的来源、名称、使用对象、时间和用量；

（三）检疫、免疫、消毒情况；

（四）奶畜发病、死亡和无害化处理情况；

（五）生鲜乳生产、检测、销售情况；

（六）国务院畜牧兽医主管部门规定的其他内容。

奶畜养殖小区开办者应当逐步建立养殖档案。

第十四条　从事奶畜养殖，不得使用国家禁用的饲料、饲料添加剂、兽药以及其他对动物和人体具有直接或者潜在危害的物质。

禁止销售在规定用药期和休药期内的奶畜产的生鲜乳。

第十五条　奶畜养殖者应当确保奶畜符合国务院畜牧兽医主管部门规定的健康标准，并确保奶畜接受强制免疫。

动物疫病预防控制机构应当对奶畜的健康情况进行定期检测；经检测不符合健康标准的，应当立即隔离、治疗或者做无害化处理。

第十六条　奶畜养殖者应当做好奶畜和养殖场所的动物防疫工作，发现奶畜染疫或者疑似染疫的，应当立即报告，停止生鲜乳生产，并采取隔离等控制措施，防止疫病扩散。

奶畜养殖者对奶畜养殖过程中的排泄物、废弃物应当及时清运、处理。

第十七条　奶畜养殖者应当遵守国务院畜牧兽医主管部门制定的生鲜乳生产技术规程。直接从事挤奶工作的人员应当持有有效的健康证明。

奶畜养殖者对挤奶设施、生鲜乳贮存设施等应当及时清洗、消毒，避免对生鲜乳造成污染。

第十八条　生鲜乳应当冷藏。超过 2 小时未冷藏的生鲜乳，不得销售。

第三章　生鲜乳收购

第十九条　省、自治区、直辖市人民政府畜牧兽医主管部门应当根据当地奶源分布情况,按照方便奶畜养殖者、促进规模化养殖的原则,对生鲜乳收购站的建设进行科学规划和合理布局。必要时,可以实行生鲜乳集中定点收购。

国家鼓励乳制品生产企业按照规划布局,自行建设生鲜乳收购站或者收购原有生鲜乳收购站。

第二十条 生鲜乳收购站应当由取得工商登记的乳制品生产企业、奶畜养殖场、奶农专业生产合作社开办,并具备下列条件,取得所在地县级人民政府畜牧兽医主管部门颁发的生鲜乳收购许可证:

(一)符合生鲜乳收购站建设规划布局;

(二)有符合环保和卫生要求的收购场所;

(三)有与收奶量相适应的冷却、冷藏、保鲜设施和低温运输设备;

(四)有与检测项目相适应的化验、计量、检测仪器设备;

(五)有经培训合格并持有有效健康证明的从业人员;

(六)有卫生管理和质量安全保障制度。

生鲜乳收购许可证有效期 2 年;生鲜乳收购站不再办理工商登记。

禁止其他单位或者个人开办生鲜乳收购站。禁止其他单位或者个人收购生鲜乳。

国家对生鲜乳收购站给予扶持和补贴,提高其机械化挤奶和生鲜乳冷藏运输能力。

第二十一条 生鲜乳收购站应当及时对挤奶设施、生鲜乳贮存运输设施等进行清洗、消毒,避免对生鲜乳造成污染。

生鲜乳收购站应当按照乳品质量安全国家标准对收购的生鲜乳进行常规检测。检测费用不得向奶畜养殖者收取。

生鲜乳收购站应当保持生鲜乳的质量。

第二十二条 生鲜乳收购站应当建立生鲜乳收购、销售和检测记录。生鲜乳收购、销售和检测记录应当包括畜主姓名、单次收购量、生鲜乳检测结果、销售去向等内容,并保存 2 年。

第二十三条 县级以上地方人民政府价格主管部门应当加强对生鲜乳价格的监控和通报,及时发布市场供求信息和价格信息。必要时,县级以上地方人民政府建立由价格、畜牧兽医等部门以及行业协会、乳制品生产企业、生鲜乳收购者、奶畜养殖者代表组成的生鲜乳价格协调委员会,确定生鲜乳交易参考价格,供购销双方签订合同时参考。

生鲜乳购销双方应当签订书面合同。生鲜乳购销合同示范文本由国务院畜牧兽医主管部门会同国务院工商行政管理部门制定并公布。

第二十四条 禁止收购下列生鲜乳:

(一)经检测不符合健康标准或者未经检疫合格的奶畜产的;

(二)奶畜产犊 7 日内的初乳,但以初乳为原料从事乳制品生产的除外;

(三)在规定用药期和休药期内的奶畜产的;

(四)其他不符合乳品质量安全国家标准的。

对前款规定的生鲜乳,经检测无误后,应当予以销毁或者采取其他无害化处理措施。

第二十五条 贮存生鲜乳的容器,应当符合国家有关卫生标准,在挤奶后 2 小时内应当降温至0－4℃。

生鲜乳运输车辆应当取得所在地县级人民政府畜牧兽医主管部门核发的生鲜乳准运证明,并随车携带生鲜乳交接单。交接单应当载明生鲜乳收购站的名称、生鲜乳数量、交接时间,并由生鲜乳收购站经手人、押运员、司机、收奶员签字。

生鲜乳交接单一式两份,分别由生鲜乳收购站和乳品生产者保存,保存时间2年。准运证明和交接单式样由省、自治区、直辖市人民政府畜牧兽医主管部门制定。

第二十六条 县级以上人民政府应当加强生鲜乳质量安全监测体系建设,配备相应的人员和设备,确保监测能力与监测任务相适应。

第二十七条 县级以上人民政府畜牧兽医主管部门应当加强生鲜乳质量安全监测工作,制定并组织实施生鲜乳质量安全监测计划,对生鲜乳进行监督抽查,并按照法定权限及时公布监督抽查结果。

监测抽查不得向被抽查人收取任何费用,所需费用由同级财政列支。

第四章 乳制品生产

第二十八条 从事乳制品生产活动,应当具备下列条件,取得所在地质量监督部门颁发的食品生产许可证:

(一)符合国家奶业产业政策;

(二)厂房的选址和设计符合国家有关规定;

(三)有与所生产的乳制品品种和数量相适应的生产、包装和检测设备;

(四)有相应的专业技术人员和质量检验人员;

(五)有符合环保要求的废水、废气、垃圾等污染物的处理设施;

(六)有经培训合格并持有有效健康证明的从业人员;

(七)法律、行政法规规定的其他条件。

质量监督部门对乳制品生产企业颁发食品生产许可证,应当征求所在地工业行业管理部门的意见。

未取得食品生产许可证的任何单位和个人,不得从事乳制品生产。

第二十九条 乳制品生产企业应当建立质量管理制度,采取质量安全管理措施,对乳制品生产实施从原料进厂到成品出厂的全过程质量控制,保证产品质量安全。

第三十条 乳制品生产企业应当符合良好生产规范要求。国家鼓励乳制品生产企业实施危害分析与关键控制点体系,提高乳制品安全管理水平。生产婴幼儿奶粉的企业应当实施危害分析与关键控制点体系。

对通过良好生产规范、危害分析与关键控制点体系认证的乳制品生产企业,认证机构应当依法实施跟踪调查;对不再符合认证要求的企业,应当依法撤销认证,并及时向有关主管部门报告。

第三十一条 乳制品生产企业应当建立生鲜乳进货查验制度,逐批检测收购的生鲜乳,如实记录质量检测情况、供货者的名称以及联系方式、进货日期等内容,并查验运输车辆生鲜乳交接单。查验记录和生鲜乳交接单应当保存2年。乳制品生产企业不得向未取得生鲜乳收购许可证的单位和个人购进生鲜乳。

乳制品生产企业不得购进兽药等化学物质残留超标，或者含有重金属等有毒有害物质、致病性的寄生虫和微生物、生物毒素以及其他不符合乳品质量安全国家标准的生鲜乳。

第三十二条　生产乳制品使用的生鲜乳、辅料、添加剂等，应当符合法律、行政法规的规定和乳品质量安全国家标准。

生产的乳制品应当经过巴氏杀菌、高温杀菌、超高温杀菌或者其他有效方式杀菌。

生产发酵乳制品的菌种应当纯良、无害，定期鉴定，防止杂菌污染。

生产婴幼儿奶粉应当保证婴幼儿生长发育所需的营养成分，不得添加任何可能危害婴幼儿身体健康和生长发育的物质。

第三十三条　乳制品的包装应当有标签。标签应当如实标明产品名称、规格、净含量、生产日期，成分或者配料表，生产企业的名称、地址、联系方式，保质期，产品标准代号，贮存条件，所使用的食品添加剂的化学通用名称，食品生产许可证编号，法律、行政法规或者乳品质量安全国家标准规定必须标明的其他事项。

使用奶粉、黄油、乳清粉等原料加工的液态奶，应当在包装上注明；使用复原乳作为原料生产液态奶的，应当标明"复原乳"字样，并在产品配料中如实标明复原乳所含原料及比例。

婴幼儿奶粉标签还应当标明主要营养成分及其含量，详细说明使用方法和注意事项。

第三十四条　出厂的乳制品应当符合乳品质量安全国家标准。

乳制品生产企业应当对出厂的乳制品逐批检验，并保存检验报告，留取样品。检验内容应当包括乳制品的感官指标、理化指标、卫生指标和乳制品中使用的添加剂、稳定剂以及酸奶中使用的菌种等；婴幼儿奶粉在出厂前还应当检测营养成分。对检验合格的乳制品应当标识检验合格证号；检验不合格的不得出厂。检验报告应当保存2年。

第三十五条　乳制品生产企业应当如实记录销售的乳制品名称、数量、生产日期、生产批号、检验合格证号、购货者名称及其联系方式、销售日期等。

第三十六条　乳制品生产企业发现其生产的乳制品不符合乳品质量安全国家标准、存在危害人体健康和生命安全危险或者可能危害婴幼儿身体健康或者生长发育的，应当立即停止生产，报告有关主管部门，告知销售者、消费者，召回已经出厂、上市销售的乳制品，并记录召回情况。

乳制品生产企业对召回的乳制品应当采取销毁、无害化处理等措施，防止其再次流入市场。

第五章　乳制品销售

第三十七条　从事乳制品销售应当按照食品安全监督管理的有关规定，依法向工商行政管理部门申请领取有关证照。

第三十八条　乳制品销售者应当建立并执行进货查验制度，审验供货商的经营资格，验明乳制品合格证明和产品标识，并建立乳制品进货台账，如实记录乳制品的名称、规格、数量、供货商及其联系方式、进货时间等内容。从事乳制品批发业务的销售企业应当建立乳制品销售台账，如实记录批发的乳制品的品种、规格、数量、流向等内容。进货台账和销售台账保存期限不得少于2年。

第三十九条 乳制品销售者应当采取措施，保持所销售乳制品的质量。

销售需要低温保存的乳制品的，应当配备冷藏设备或者采取冷藏措施。

第四十条 禁止购进、销售无质量合格证明、无标签或者标签残缺不清的乳制品。

禁止购进、销售过期、变质或者不符合乳品质量安全国家标准的乳制品。

第四十一条 乳制品销售者不得伪造产地，不得伪造或者冒用他人的厂名、厂址，不得伪造或者冒用认证标志等质量标志。

第四十二条 对不符合乳品质量安全国家标准、存在危害人体健康和生命安全或者可能危害婴幼儿身体健康和生长发育的乳制品，销售者应当立即停止销售，追回已经售出的乳制品，并记录追回情况。

乳制品销售者自行发现其销售的乳制品有前款规定情况的，还应当立即报告所在地工商行政管理等有关部门，通知乳制品生产企业。

第四十三条 乳制品销售者应当向消费者提供购货凭证，履行不合格乳制品的更换、退货等义务。

乳制品销售者依照前款规定履行更换、退货等义务后，属于乳制品生产企业或者供货商的责任的，销售者可以向乳制品生产企业或者供货商追偿。

第四十四条 进口的乳品应当按照乳品质量安全国家标准进行检验；尚未制定乳品质量安全国家标准的，可以参照国家有关部门指定的国外有关标准进行检验。

第四十五条 出口乳品的生产者、销售者应当保证其出口乳品符合乳品质量安全国家标准的同时还符合进口国家（地区）的标准或者合同要求。

第六章 监督检查

第四十六条 县级以上人民政府畜牧兽医主管部门应当加强对奶畜饲养以及生鲜乳生产环节、收购环节的监督检查。县级以上质量监督检验检疫部门应当加强对乳制品生产环节和乳品进出口环节的监督检查。县级以上工商行政管理部门应当加强对乳制品销售环节的监督检查。县级以上食品药品监督部门应当加强对乳制品餐饮服务环节的监督管理。监督检查部门之间，监督检查部门与其他有关部门之间，应当及时通报乳品质量安全监督管理信息。

畜牧兽医、质量监督、工商行政管理等部门应当定期开展监督抽查，并记录监督抽查的情况和处理结果。需要对乳品进行抽样检查的，不得收取任何费用，所需费用由同级财政列支。

第四十七条 畜牧兽医、质量监督、工商行政管理等部门在依据各自职责进行监督检查时，行使下列职权：

（一）实施现场检查；

（二）向有关人员调查、了解有关情况；

（三）查阅、复制有关合同、票据、账簿、检验报告等资料；

（四）查封、扣押有证据证明不符合乳品质量安全国家标准的乳品以及违法使用的生鲜乳、辅料、添加剂；

（五）查封涉嫌违法从事乳品生产经营活动的场所，扣押用于违法生产经营的工具、设备；

（六）法律、行政法规规定的其他职权。

第四十八条 县级以上质量监督部门、工商行政管理部门在监督检查中，对不符合乳品质量安全国家标准、存在危害人体健康和生命安全危险或者可能危害婴幼儿身体健康和生长发育的乳制品，责令并监督生产企业召回、销售者停止销售。

第四十九条 县级以上人民政府价格主管部门应当加强对生鲜乳购销过程中压级压价、价格欺诈、价格串通等不正当价格行为的监督检查。

第五十条 畜牧兽医主管部门、质量监督部门、工商行政管理部门应当建立乳品生产经营者违法行为记录，及时提供给中国人民银行，由中国人民银行纳入企业信用信息基础数据库。

第五十一条 省级以上人民政府畜牧兽医主管部门、质量监督部门、工商行政管理部门依据各自职责，公布乳品质量安全监督管理信息。有关监督管理部门应当及时向同级卫生主管部门通报乳品质量安全事故信息；乳品质量安全重大事故信息由省级以上人民政府卫生主管部门公布。

第五十二条 有关监督管理部门发现奶畜养殖者、生鲜乳收购者、乳制品生产企业和销售者涉嫌犯罪的，应当及时移送公安机关立案侦查。

第五十三条 任何单位和个人有权向畜牧兽医、卫生、质量监督、工商行政管理、食品药品监督等部门举报乳品生产经营中的违法行为。畜牧兽医、卫生、质量监督、工商行政管理、食品药品监督等部门应当公布本单位的电子邮件地址和举报电话；对接到的举报，应当完整地记录、保存。

接到举报的部门对属于本部门职责范围内的事项，应当及时依法处理，对于实名举报，应当及时答复；对不属于本部门职责范围内的事项，应当及时移交有权处理的部门，有权处理的部门应当立即处理，不得推诿。

第七章 法律责任

第五十四条 生鲜乳收购者、乳制品生产企业在生鲜乳收购、乳制品生产过程中，加入非食品用化学物质或者其他可能危害人体健康的物质，依照刑法第一百四十四条的规定，构成犯罪的，依法追究刑事责任，并由发证机关吊销许可证照；尚不构成犯罪的，由畜牧兽医主管部门、质量监督部门依据各自职责没收违法所得和违法生产的乳品，以及相关的工具、设备等物品，并处违法乳品货值金额15倍以上30倍以下罚款，由发证机关吊销许可证照。

第五十五条 生产、销售不符合乳品质量安全国家标准的乳品，依照刑法第一百四十三条的规定，构成犯罪的，依法追究刑事责任，并由发证机关吊销许可证照；尚不构成犯罪的，由畜牧兽医主管部门、质量监督部门、工商行政管理部门依据各自职责没收违法所得、违法乳品和相关的工具、设备等物品，并处违法乳品货值金额10倍以上20倍以下罚款，由发证机关吊销许可证照。

第五十六条 乳制品生产企业违反本条例第三十六条的规定，对不符合乳品质量安全国家标准、存在危害人体健康和生命安全或者可能危害婴幼儿身体健康和生长发育的乳制品，不停止生产、不召回的，由质量监督部门责令停止生产、召回；拒不停止生产、拒不召回的，没收其违法所得、违法乳制品和相关的工具、设备等物品，并处违法乳制品货值金额15倍以上30倍以下罚款，由发证机关吊销许可证照。

第五十七条 乳制品销售者违反本条例第四十二条的规定，对不符合乳品质量安全国家标准、存在危害人体健康和生命安全或者可能危害婴幼儿身体健康和生长发育的乳制品，不停止销售、不追回的，由工商行政管理部门责令停止销售、追回；拒不停止销售、拒不追回的，没收其违法所得、违法乳制品和相关的工具、设备等物品，并处违法乳制品货值金额15倍以上30倍以下罚款，由发证机关吊销许可证照。

第五十八条 违反本条例规定，在婴幼儿奶粉生产过程中，加入非食品用化学物质或其他可能危害人体健康的物质的，或者生产、销售的婴幼儿奶粉营养成分不足、不符合乳品质量安全国家标准的，依照本条例规定，从重处罚。

第五十九条 奶畜养殖者、生鲜乳收购者、乳制品生产企业和销售者在发生乳品质量安全事故后未报告、处置的，由畜牧兽医、质量监督、工商行政管理、食品药品监督等部门依据各自职责，责令改正，给予警告；毁灭有关证据的，责令停产停业，并处10万元以上20万元以下罚款；造成严重后果的，由发证机关吊销许可证照；构成犯罪的，依法追究刑事责任。

第六十条 有下列情形之一的，由县级以上地方人民政府畜牧兽医主管部门没收违法所得、违法收购的生鲜乳和相关的设备、设施等物品，并处违法乳品货值金额5倍以上10倍以下罚款；有许可证照的，由发证机关吊销许可证照：

（一）未取得生鲜乳收购许可证收购生鲜乳的；

（二）生鲜乳收购站取得生鲜乳收购许可证后，不再符合许可条件继续从事生鲜乳收购的；

（三）生鲜乳收购站收购本条例第二十四条规定禁止收购的生鲜乳的。

第六十一条 乳制品生产企业和销售者未取得许可证，或者取得许可证后不按照法定条件、法定要求从事生产销售活动的，由县级以上地方质量监督部门、工商行政管理部门依照《国务院关于加强食品等产品安全监督管理的特别规定》等法律、行政法规的规定处罚。

第六十二条 畜牧兽医、卫生、质量监督、工商行政管理等部门，不履行本条例规定职责、造成后果的，或者滥用职权、有其他渎职行为的，由监察机关或者任免机关对其主要负责人、直接负责的主管人员和其他直接责任人员给予记大过或者降级的处分；造成严重后果的，给予撤职或者开除的处分；构成犯罪的，依法追究刑事责任。

第八章　附　则

第六十三条　草原牧区放牧饲养的奶畜所产的生鲜乳收购办法，由所在省、自治区、直辖市人民政府参照本条例另行制定。

第六十四条　本条例自公布之日起施行。

女职工劳动保护特别规定

（2012年4月18日国务院第200次常务会议通过　2012年4月28日中华人民共和国国务院令第619号公布）

第一条　为了减少和解决女职工在劳动中因生理特点造成的特殊困难，保护女职工健康，制定本规定。

第二条　中华人民共和国境内的国家机关、企业、事业单位、社会团体、个体经济组织以及其他社会组织等用人单位及其女职工，适用本规定。

第三条　用人单位应当加强女职工劳动保护，采取措施改善女职工劳动安全卫生条件，对女职工进行劳动安全卫生知识培训。

第四条　用人单位应当遵守女职工禁忌从事的劳动范围的规定。用人单位应当将本单位属于女职工禁忌从事的劳动范围的岗位书面告知女职工。

女职工禁忌从事的劳动范围由本规定附录列示。国务院安全生产监督管理部门会同国务院人力资源社会保障行政部门、国务院卫生行政部门根据经济社会发展情况，对女职工禁忌从事的劳动范围进行调整。

第五条　用人单位不得因女职工怀孕、生育、哺乳降低其工资、予以辞退、与其解除劳动或者聘用合同。

第六条　女职工在孕期不能适应原劳动的，用人单位应当根据医疗机构的证明，予以减轻劳动量或者安排其他能够适应的劳动。

对怀孕7个月以上的女职工，用人单位不得延长劳动时间或者安排夜班劳动，并应当在劳动时间内安排一定的休息时间。

怀孕女职工在劳动时间内进行产前检查，所需时间计入劳动时间。

第七条　女职工生育享受98天产假，其中产前可以休假15天；难产的，增加产假15天；生育多胞胎的，每多生育1个婴儿，增加产假15天。

女职工怀孕未满4个月流产的，享受15天产假；怀孕满4个月流产的，享受42天产假。

第八条　女职工产假期间的生育津贴，对已经参加生育保险的，按照用人单位上年度职工月平均工资的标准由生育保险基金支付；对未参加生育保险的，按照女职工产假前工资的标准由用人单位支付。

女职工生育或者流产的医疗费用，按照生育保险规定的项目和标准，对已经参加生育保险的，由生育保险基金支付；对未参加生育保险的，由用人单位支付。

第九条　对哺乳未满1周岁婴儿的女职工，用人单位不得延长劳动时间或者安排夜班劳动。

用人单位应当在每天的劳动时间内为哺乳期女职工安排1小时哺乳时间；女职工生育多胞胎的，每多哺乳1个婴儿每天增加1小时哺乳时间。

第十条　女职工比较多的用人单位应当根据女职工的需要，建立女职工卫生室、孕妇休息室、哺乳室等设施，妥善解决女职工在生理卫生、哺乳方面的困难。

第十一条　在劳动场所，用人单位应当预防和制止对女职工的性骚扰。

第十二条　县级以上人民政府人力资源社会保障行政部门、安全生产监督管理部门按照各自职责负责对用人单位遵守本规定的情况进行监督检查。

工会、妇女组织依法对用人单位遵守本规定的情况进行监督。

第十三条　用人单位违反本规定第六条第二款、第七条、第九条第一款规定的，由县级以上人民政府人力资源社会保障行政部门责令限期改正，按照受侵害女职工每人1000元以上5000元以下的标准计算，处以罚款。

用人单位违反本规定附录第一条、第二条规定的，由县级以上人民政府安全生产监督管理部门责令限期改正，按照受侵害女职工每人1000元以上5000元以下的标准计算，处以罚款。用人单位违反本规定附录第三条、第四条规定的，由县级以上人民政府安全生产监督管理部门责令限期治理，处5万元以上30万元以下的罚款；情节严重的，责令停止有关作业，或者提请有关人民政府按照国务院规定的权限责令关闭。

第十四条　用人单位违反本规定，侵害女职工合法权益的，女职工可以依法投诉、举报、申诉，依法向劳动人事争议调解仲裁机构申请调解仲裁，对仲裁裁决不服的，依法向人民法院提起诉讼。

第十五条　用人单位违反本规定，侵害女职工合法权益，造成女职工损害的，依法给予赔偿；用人单位及其直接负责的主管人员和其他直接责任人员构成犯罪的，依法追究刑事责任。

第十六条　本规定自公布之日起施行。1988年7月21日国务院发布的《女职工劳动保护规定》同时废止。

残疾预防和残疾人康复条例

（2017年2月7日中华人民共和国国务院令第675号公布　根据2018年9月18日《国务院关于修改部分行政法规的决定》修正）

第一章　总　　则

第一条　为了预防残疾的发生、减轻残疾程度，帮助残疾人恢复或者补偿功能，促进残疾人平等、充分地参与社会生活，发展残疾预防和残疾人康复事业，根据《中华人民共和国残疾人保障法》，制定本条例。

第二条　本条例所称残疾预防，是指针对各种致残因素，采取有效措施，避免个人心理、生理、人体结构上某种组织、功能的丧失或者异常，防止全部或者部分丧失正常参与社会活动的能力。

本条例所称残疾人康复，是指在残疾发生后综合运用医学、教育、职业、社会、心理和辅助器具等措施，帮助残疾人恢复或者补偿功能，减轻功能障碍，增强生活自理和社会参与能力。

第三条　残疾预防和残疾人康复工作应当坚持以人为本，从实际出发，实行预防为主、预防与康复相结合的方针。

国家采取措施为残疾人提供基本康复服务，支持和帮助其融入社会。禁止基于残疾的歧视。

第四条　县级以上人民政府领导残疾预防和残疾人康复工作，将残疾预防和残疾人康复工作纳入国民经济和社会发展规划，完善残疾预防和残疾人康复服务和保障体系，建立政府主导、部门协作、社会参与的工作机制，实行工作责任制，对有关部门承担的残疾预防和残疾人康复工作进行考核和监督。乡镇人民政府和街道办事处根据本地区的实际情况，组织开展残疾预防和残疾人康复工作。

县级以上人民政府负责残疾人工作的机构，负责残疾预防和残疾人康复工作的组织实施与监督。县级以上人民政府有关部门在各自的职责范围内做好残疾预防和残疾人康复有关工作。

第五条　中国残疾人联合会及其地方组织依照法律、法规、章程或者接受政府委托，开展残疾预防和残疾人康复工作。

工会、共产主义青年团、妇女联合会、红十字会等依法做好残疾预防和残疾人康复工作。

第六条　国家机关、社会组织、企业事业单位和城乡基层群众性自治组织应当做好所属范围内的残疾预防和残疾人康复工作。从事残疾预防和残疾人康复工作的人员应当依法履行职责。

第七条　社会各界应当关心、支持和参与残疾预防和残疾人康复事业。

新闻媒体应当积极开展残疾预防和残疾人康复的公益宣传。

国家鼓励和支持组织、个人提供残疾预防和残疾人康复服务，捐助残疾预防和残疾人康复事业，兴建相关公益设施。

第八条　国家鼓励开展残疾预防和残疾人康复的科学研究和应用，提高残疾预防和残疾人康复的科学技术水平。

国家鼓励开展残疾预防和残疾人康复领域的国际交流与合作。

第九条　对在残疾预防和残疾人康复工作中作出显著成绩的组织和个人，按照国家有关规定给予表彰、奖励。

第二章　残疾预防

第十条　残疾预防工作应当覆盖全人群和全生命周期，以社区和家庭为基础，坚持普遍预防和重点防控相结合。

第十一条　县级以上人民政府组织有关部门、残疾人联合会等开展下列残疾预防工作：

（一）实施残疾监测，定期调查残疾状况，分析致残原因，对遗传、疾病、药物、事故等主要致残因素实施动态监测；

（二）制定并实施残疾预防工作计划，针对主要致残因素实施重点预防，对致残风险较高的地区、人群、行业、单位实施优先干预；

（三）做好残疾预防宣传教育工作，普及残疾预防知识。

第十二条　卫生主管部门在开展孕前和孕产期保健、产前筛查、产前诊断以及新生儿疾病筛查，传染病、地方病、慢性病、精神疾病等防控，心理保健指导等工作时，应当做好残疾预防工作，针对遗传、疾病、药物等致残因素，采取相应措施消除或者降低致残风险，加强临床早期康复介入，减少残疾的发生。

公安、安全生产监督管理、食品安全监督管理、药品监督管理、生态环境、防灾减灾救灾等部门在开展交通安全、生产安全、食品安全、药品安全、生态环境保护、防灾减灾救灾等工作时，应当针对事故、环境污染、灾害等致残因素，采取相应措施，减少残疾的发生。

第十三条　国务院卫生、教育、民政等有关部门和中国残疾人联合会在履行职责时应当收集、汇总残疾人信息，实现信息共享。

第十四条　承担新生儿疾病和未成年人残疾筛查、诊断的医疗卫生机构应当按照规定将残疾和患有致残性疾病的未成年人信息，向所在地县级人民政府卫生主管部门报告。接到报告的卫生主管部门应当按照规定及时将相关信息与残疾人联合会共享，并共同组织开展早期干预。

第十五条　具有高度致残风险的用人单位应当对职工进行残疾预防相关知识培训，告知作业场所和工作岗位存在的致残风险，并采取防护措施，提供防护设施和防护用品。

第十六条　国家鼓励公民学习残疾预防知识和技能，提高自我防护意识和能力。

未成年人的监护人应当保证未成年人及时接受政府免费提供的疾病和残疾筛查，努力使有出生缺陷或者致残性疾病的未成年人及时接受治疗和康复服务。未成年人、老年人的监护人或者家庭成员应当增强残疾预防意识，采取有针对性的残疾预防措施。

第三章　康复服务

第十七条　县级以上人民政府应当组织卫生、教育、民政等部门和残疾人联合会整合从事残疾人康复服务的机构（以下称康复机构）、设施和人员等资源，合理布局，建立和完善以社区康复为基础、康复机构为骨干、残疾人家庭为依托的残疾人康复服务体系，以实用、易行、受益广的康复内容为重点，为残疾人提供综合性的康复服务。

县级以上人民政府应当优先开展残疾儿童康复工作，实行康复与教育相结合。

第十八条　县级以上人民政府根据本行政区域残疾人数量、分布状况、康复需求等情况，制定康复机构设置规划，举办公益性康复机构，将康复机构设置纳入基本公共服务体系规划。

县级以上人民政府支持社会力量投资康复机构建设，鼓励多种形式举办康复机构。

社会力量举办的康复机构和政府举办的康复机构在准入、执业、专业技术人员职称评定、非营利组织的财税扶持、政府购买服务等方面执行相同的政策。

第十九条　康复机构应当具有符合无障碍环境建设要求的服务场所以及与所提供康

复服务相适应的专业技术人员、设施设备等条件，建立完善的康复服务管理制度。

康复机构应当依照有关法律、法规和标准、规范的规定，为残疾人提供安全、有效的康复服务。鼓励康复机构为所在区域的社区、学校、家庭提供康复业务指导和技术支持。

康复机构的建设标准、服务规范、管理办法由国务院有关部门商中国残疾人联合会制定。

县级以上人民政府有关部门应当依据各自职责，加强对康复机构的监督管理。残疾人联合会应当及时汇总、发布康复机构信息，为残疾人接受康复服务提供便利，各有关部门应当予以支持。残疾人联合会接受政府委托对康复机构及其服务质量进行监督。

第二十条　各级人民政府应当将残疾人社区康复纳入社区公共服务体系。

县级以上人民政府有关部门、残疾人联合会应当利用社区资源，根据社区残疾人数量、类型和康复需求等设立康复场所，或者通过政府购买服务方式委托社会组织，组织开展康复指导、日常生活能力训练、康复护理、辅助器具配置、信息咨询、知识普及和转介等社区康复工作。

城乡基层群众性自治组织应当鼓励和支持残疾人及其家庭成员参加社区康复活动，融入社区生活。

第二十一条　提供残疾人康复服务，应当针对残疾人的健康、日常活动、社会参与等需求进行评估，依据评估结果制定个性化康复方案，并根据实施情况对康复方案进行调整优化。制定、实施康复方案，应当充分听取、尊重残疾人及其家属的意见，告知康复措施的详细信息。

提供残疾人康复服务，应当保护残疾人隐私，不得歧视、侮辱残疾人。

第二十二条　从事残疾人康复服务的人员应当具有人道主义精神，遵守职业道德，学习掌握必要的专业知识和技能并能够熟练运用；有关法律、行政法规规定需要取得相应资格的，还应当依法取得相应的资格。

第二十三条　康复机构应当对其工作人员开展在岗培训，组织学习康复专业知识和技能，提高业务水平和服务能力。

第二十四条　各级人民政府和县级以上人民政府有关部门、残疾人联合会以及康复机构等应当为残疾人及其家庭成员学习掌握康复知识和技能提供便利条件，引导残疾人主动参与康复活动，残疾人的家庭成员应当予以支持和帮助。

第四章　保障措施

第二十五条　各级人民政府应当按照社会保险的有关规定将残疾人纳入基本医疗保险范围，对纳入基本医疗保险支付范围的医疗康复费用予以支付；按照医疗救助的有关规定，对家庭经济困难的残疾人参加基本医疗保险给予补贴，并对经基本医疗保险、大病保险和其他补充医疗保险支付医疗费用后仍有困难的给予医疗救助。

第二十六条　国家建立残疾儿童康复救助制度，逐步实现0－6岁视力、听力、言语、肢体、智力等残疾儿童和孤独症儿童免费得到手术、辅助器具配置和康复训练等服务；完善重度残疾人护理补贴制度；通过实施重点康复项目为城乡贫困残疾人、重度残疾人提供基本康复服务,按照国家有关规定对基本型辅助器具配置给予补贴。具体办法由国务院有关部门商中国残疾人联合会根据经济社会发展水平和残疾人康复需求等情况制定。

国家多渠道筹集残疾人康复资金,鼓励、引导社会力量通过慈善捐赠等方式帮助残疾人接受康复服务。工伤保险基金、残疾人就业保障金等按照国家有关规定用于残疾人康复。

有条件的地区应当根据本地实际情况提高保障标准,扩大保障范围,实施高于国家规定水平的残疾人康复保障措施。

第二十七条　各级人民政府应当根据残疾预防和残疾人康复工作需要,将残疾预防和残疾人康复工作经费列入本级政府预算。

从事残疾预防和残疾人康复服务的机构依法享受有关税收优惠政策。县级以上人民政府有关部门对相关机构给予资金、设施设备、土地使用等方面的支持。

第二十八条　国家加强残疾预防和残疾人康复专业人才的培养;鼓励和支持高等学校、职业学校设置残疾预防和残疾人康复相关专业或者开设相关课程,培养专业技术人员。

县级以上人民政府卫生、教育等有关部门应当将残疾预防和残疾人康复知识、技能纳入卫生、教育等相关专业技术人员的继续教育。

第二十九条　国务院人力资源社会保障部门应当会同国务院有关部门和中国残疾人联合会,根据残疾预防和残疾人康复工作需要,完善残疾预防和残疾人康复专业技术人员职业能力水平评价体系。

第三十条　省级以上人民政府及其有关部门应当积极支持辅助器具的研发、推广和应用。

辅助器具研发、生产单位依法享受有关税收优惠政策。

第三十一条　各级人民政府和县级以上人民政府有关部门按照国家有关规定,保障残疾预防和残疾人康复工作人员的待遇。县级以上人民政府人力资源社会保障等部门应当在培训进修、表彰奖励等方面,对残疾预防和残疾人康复工作人员予以倾斜。

第五章　法律责任

第三十二条　地方各级人民政府和县级以上人民政府有关部门未依照本条例规定履行残疾预防和残疾人康复工作职责,或者滥用职权、玩忽职守、徇私舞弊的,依法对负有责任的领导人员和直接责任人员给予处分。

各级残疾人联合会有违反本条例规定的情形的,依法对负有责任的领导人员和直接责任人员给予处分。

第三十三条　医疗卫生机构、康复机构及其工作人员未依照本条例规定开展残疾预防和残疾人康复工作的,由有关主管部门按照各自职责分工责令改正,给予警告;情节严重的,责令暂停相关执业活动,依法对负有责任的领导人员和直接责任人员给予处分。

第三十四条　具有高度致残风险的用人单位未履行本条例第十五条规定的残疾预防义务,违反安全生产、职业病防治等法律、行政法规规定的,依照有关法律、行政法规的规定给予处罚;有关法律、行政法规没有规定的,由有关主管部门按照各自职责分工责令改正,给予警告;拒不改正的,责令停产停业整顿。用人单位还应当依法承担救治、保障等义务。

第三十五条　违反本条例规定，构成犯罪的，依法追究刑事责任；造成人身、财产损失的，依法承担赔偿责任。

第六章　附　　则

第三十六条　本条例自2017年7月1日起施行。

三、部门规章及行政规范性文件

（一）综合监督管理类

全国卫生统计工作管理办法

（中华人民共和国卫生部令第3号）

第一章　总　　则

第一条　为了加强全国卫生统计工作的组织和指导，保障卫生统计现代化建设的顺利进行，充分发挥卫生统计在多层次决策和管理中的信息、咨询与监督作用，更好地适应我国卫生改革与发展的需要，根据《中华人民共和国统计法》及其《实施细则》，特制定本办法。

第二条　卫生统计工作的基本任务是依照《统计法》和国家有关法律、政策，采集卫生资源投入、分配与利用，卫生服务质量和效益，居民健康水平等统计数据，提供统计资料和统计分析，实行统计咨询与统计监督。

第三条　各部门、各级各类卫生事业单位，从事医疗卫生服务的私人开业机构和个体开业人员，必须向当地卫生行政部门报送卫生统计数据。

第四条　各级卫生行政部门和卫生事业单位要把统计工作列入议事日程，加强领导，定期检查并监督统计工作法规、计划和统计报表制度的执行情况。各级卫生行政部门在开展统计工作中应与同级人民政府统计机构密切配合，并在统计业务上接受同级人民政府统计机构的指导。

第五条　各级卫生行政部门和卫生事业单位应按照《统计法》的有关规定，加强统计力量，充实统计人员，提高统计人员的素质。

第六条　各级卫生行政部门和事业单位必须将统计工作经费列入卫生经费计划，从经费上保证统计工作的顺利进行和统计事业的发展。

第七条　各级卫生行政部门和事业单位要加快推广和应用现代计算与信息传输技术，建立统计信息自动化系统，提高卫生统计服务质量和效率。

第八条　各级卫生行政部门和事业单位的统计机构和统计人员按照《统计法》行使统计调查、统计报告和统计监督的职权，执行本部门、本单位统计执法情况检查，不受任何侵犯。

第九条　为了完善统计法制建设，地方各级卫生行政部门和事业单位必须根据本《办法》，结合本地区、本部门和本单位的具体情况，制定统计工作制度。

第二章　卫生统计机构

第十条　卫生部设立统计机构，各司(局)根据本司(局)统计业务的需要配备统计人员。

第十一条　各省(区、市)卫生厅(局)设统计机构或综合统计工作所在处(室)配备专职统计人员，各处(室)配备兼职统计人员。省(区、市)辖市(区)、计划单列市卫生局配备专职统计人员；地(市、州、盟)、县卫生局根据统计工作任务的需要配备专职或兼职统计人员。

第十二条　卫生事业单位统计机构与统计人员

(一)县及县以上医院设立统计机构，充实专职统计人员。乡(镇)卫生院配备与本单位统计工作任务相适应的统计人员。

(二)省(区、市)卫生防疫、防治、妇幼保健等机构设立统计科(室)；地(市、州、盟)、县预防保健机构，门诊部、专科防治所(站)等其他机构根据本单位统计工作任务的需要配备统计人员。

第三章　卫生统计机构职责

第十三条　卫生部统计机构是卫生部统计行政工作的执行机构，直接负责综合统计任务，指导全国卫生统计工作，为制定全国卫生方针政策和卫生事业发展规划，实行宏观调控与科学管理服务。其主要职责是：

(一)在卫生部领导、国家统计局的业务指导下，草拟全国卫生统计工作方针政策和规划；

(二)依据《中华人民共和国统计法》和国家社会统计调查的原则，草拟全国卫生部门统计法规和卫生统计报表制度，组织并执行全国卫生部门统计法规执行情况检查；

(三)负责全国卫生综合统计年报、国家卫生服务调查，针对全国卫生改革与发展中出现的情况和问题开展有关专项调查，管理和协调本部各司(局)的业务统计工作；

(四)负责公布全国卫生事业发展情况统计公报，统一管理、提供全国卫生统计资料、审核和管理本部各司(局)制发的业务统计报表、调查方案，审核本部各司(局)发布的业务统计数据，归口管理全国卫生统计分类标准及其代码的制订工作；

(五)组织建立全国卫生统计信息自动化系统，并对此实行管理和技术指导；

(六)进行统计分析和统计科学研究，实行统计咨询与监督；

(七)组织并指导全国卫生统计人员和各级卫生统计机构计算机人员的业务学习和培训，配合有关部门按照国家有关规定进行本部门统计、计算机人员的技术职务评定工作；

(八)开展卫生统计信息的国际交流；

(九)协调中国卫生统计学会的业务工作。

第十四条　各省(区、市)卫生厅(局)统计机构或综合统计工作所在处(室)执行本厅(局)统计行政工作。其主要职责是：

(一)在卫生厅(局)领导下、卫生部统计机构和地方同级人民政府统计机构的业务指导下，按照全国卫生统计法规、规划和统计报表制度的指导原则以及有关规定，草拟本地区卫生统计工作制度、规划和统计报表制度，执行国家卫生统计调查任务，指导本地区卫

生统计工作,组织并执行本地区卫生部门统计法规执行情况检查;

(二)负责本地区卫生综合统计年报、卫生服务调查,针对本地区卫生改革与发展中出现的情况和问题开展有关专项调查,管理和协调本厅(局)其他处(室)的业务统计工作;

(三)负责公布本地区卫生事业发展情况统计公报,统一管理、提供本地区卫生统计资料,审核和管理本厅(局)其他处(室)的业务统计报表、调查方案,审核本厅(局)其他处(室)发布的业务统计数据;

(四)组织建立本地区卫生统计信息自动化系统,并对此实行管理和技术指导;

(五)进行统计分析和统计科学研究,实行统计咨询与监督;

(六)组织并指导本地区卫生统计人员和各级卫生统计机构计算机人员的业务学习和培训;配合本地区有关部门按照国家规定进行本部门统计、计算机人员的技术职务评定工作;

(七)开展卫生统计工作的对外交流;

(八)协调本地区卫生统计学会的业务工作。

第十五条 卫生事业单位统计机构执行本单位综合统计职能。其主要职责是:

(一)执行上级卫生行政部门制定的卫生统计规章和卫生统计报表制度;

(二)建立健全本单位统计工作制度;

(三)填报上级卫生行政部门颁发的统计调查表,收集、整理和统一提供本单位卫生统计资料,管理和协调本单位其他科(室)的统计工作;

(四)对本单位的计划执行、业务开展和管理工作等情况进行统计分析,实行统计资料和统计监督;

(五)管理本单位的统计调查表、各项基本统计资料和数据库。

第四章 卫生统计人员

第十六条 各级卫生事业单位应依照国家规定评定统计干部技术职称,逐步实行统计专业技术职称聘任制度。增加或补充专职卫生统计人员,原则上应从高等院校和中等专业学校毕业生中考核录用。对现有不完全具备统计专业知识的专职卫生统计人员,应由所在部门或单位进行培训,卫生事业单位统计人员并要参加当地人民政府统计机构组织的技术职称资料考试。

第十七条 卫生部、各省(区、市)卫生厅(局)举办在职卫生统计干部或师资培训班、讲习班,委托部分中等卫生学校开办卫生统计专业班,还可根据全国或本地区卫生统计工作发展的需要,委托有条件的高等医学院校开办卫生统计专业后期分化班,培养高级卫生统计专业人员。卫生事业单位应在卫生行政部门的安排下,组织本单位统计人员参加统计培训班、讲习班学习,提高他们的业务水平。

第十八条 各级卫生行政部门和事业单位要为统计人员提供必要的工作条件,帮助他们解决工作、学习和生活中的实际问题,以保证统计人员搞好本职工作。

第五章 卫生统计调查和统计报表制度

第十九条 卫生行政部门管辖范围内的全国卫生统计报表必须由卫生部统计机构审

核,经卫生部批准颁发,并报国家统计局备案。统计调查范围超出卫生行政部门管辖范围的全国卫生统计报表,须由卫生部统计机构审核,经卫生部报国家统计局批准后颁发。卫生行政部门管辖范围内的地方卫生统计报表,必须由地方卫生行政部门统计机构或综合统计工作所在机构审核,经地方卫生行政部门批准颁发,并报地方同级人民政府统计机构备案。统计调查范围超出卫生行政部门管辖范围的地方卫生统计报表,须由地方卫生行政部门统计机构或综合统计工作所在机构审核,经地方卫生行政部门报地方同级人民政府统计机构批准后颁发。

第二十条 由各级卫生行政部门制定,经同级人民政府统计机构备案或批准的卫生统计报表,必须在表的右上角标明表号、制表机关名称、备案或批准机关名称、备案或批准文号。卫生统计机构或统计人员必须严格按照统计调查程序、上报日期和有关规定执行统计调查任务,不得拒报、迟报,更不得虚报、瞒报、伪造或篡改。

第二十一条 卫生部制定的《全国卫生统计报表制度》是全国统一的卫生统计标准,其内容包括统计分类目录、指标涵义、计算方法、统计范围、机构代码等。地方各级卫生行政部门可在严格执行《全国卫生统计报表制度》的前提下,制定补充性的地方卫生统计报表制度。卫生统计报表制度未经制定机关同意,任何单位和个人不得修改。

第二十二条 卫生行政部门统计机构或综合统计工作所在机构与本部门其他机构的统计调查必须分工明确,相互协调,不得交叉重复。

第二十三条 卫生统计调查的方式除全面统计报表外,还应积极开展各种类型的专项调查。卫生行政部门管辖范围内的专项调查,须由卫生行政部门统计机构或综合统计工作所在机构审核。超出卫生行政部门管辖范围的专项调查,须由卫生行政部门统计机构或综合统计工作所在机构审核,经卫生行政部门报同级人民政府统计机构批准后实施。专项调查能够满足的不用全面统计调查,一次性调查能够满足的不用经常性调查,专项调查的内容原则上不能和全面统计报表的内容重复。

第二十四条 各级卫生行政部门和事业单位有权拒绝填报违反《统计法》与本《办法》所颁发的各种统计调查表。

第六章 卫生统计资料的管理和公布

第二十五条 卫生行政部门、卫生事业单位统计机构或综合统计工作所在机构分别统一管理本部门、本单位的卫生统计资料,统计数字不得数出多门,各行其事。同一卫生行政部门、卫生事业单位内的其他机构必须向本部门、本单位统计机构或综合统计工作所在机构提供各项业务统计数据。各级卫生部门统计机构或未设统计机构的卫生部门编辑和提供卫生统计资料,须由本机构领导或本部门的主管领导审批。代表国家、地区或单位的卫生综合统计数字,必须由各自主管的卫生行政部门、卫生事业单位统计机构或综合统计工作所在机构对外公布,并以此为准。卫生行政部门、卫生事业单位内其他机构公布业务统计数字,必须经本部门、本单位统计机构或综合统计工作所在机构审核。

第二十六条 各级卫生事业单位应建立健全原始记录、登记表、台帐和统计资料档案制度,确保统计数字数出有据,准确无误。

第二十七条　各级卫生行政部门和事业单位要建立统计资料审核、查询、订正制度。上报的统计调查表,由制表人签名或盖章,并经本单位领导审核、签名或盖章后,加盖本单位公章。单位领导和统计人员要对统计数字的准确性负责。

第二十八条　各级卫生行政部门和事业单位要搞好统计服务,充分利用可以公开的卫生统计资料为社会和公众服务。提供卫生统计数据,编辑、出版和发行卫生统计资料实行有偿和无偿服务相结合。

第七章　奖　惩

第二十九条　各级卫生行政部门和事业单位应对下列统计人员或集体给予奖励:

(一)在卫生统计工作中做出显著成绩的;

(二)坚持依法统计,抵制统计违法行为有突出表现的。

第三十条　凡有下列行为之一,应由卫生行政主管部门责令改正,予以通报批评;情节严重的,可对负有直接责任的主管人员或其他直接责任人员依法给予行政处分;

(一)虚报、瞒报、伪造、篡改卫生统计数字的;

(二)拒报或屡次迟报卫生统计数据的;

(三)侵犯卫生统计机构、卫生统计人员行使《统计法》与本《办法》职权的;

(四)对拒绝、抵制篡改统计资料或编造虚假数据行为的统计人员进行打击报复的。

第三十一条　对违反《统计法》构成犯罪的,由司法机关依法追究刑事责任。

第八章　附　则

第三十二条　本《办法》由卫生部负责解释。

第三十三条　本《办法》自发布之日起实施。1992 年 6 月 20 日卫生部发布的《全国卫生统计工作管理办法》同时废止。

国家健康医疗大数据标准、安全和服务管理办法(试行)

(国卫规划发〔2018〕23 号)

第一章　总　则

第一条　为加强健康医疗大数据服务管理,促进“互联网 + 医疗健康”发展,充分发挥健康医疗大数据作为国家重要基础性战略资源的作用,根据《中华人民共和国网络安全法》等法律法规和《国务院促进大数据发展行动纲要》《国务院办公厅关于促进和规范健康医疗大数据应用发展的指导意见》《国务院办公厅关于促进“互联网 + 医疗健康”发展的意见》等文件精神,就健康医疗大数据标准、安全和服务管理,制定本办法。

第二条　我国公民在中华人民共和国境内所产生的健康和医疗数据,国家在保障公民知情权、使用权和个人隐私的基础上,根据国家战略安全和人民群众生命安全需要,加以规范管理和开发利用。

第三条　坚持以人为本、创新驱动,规范有序、安全可控,开放融合、共建共享的原则,加强健康医疗大数据的标准管理、安全管理和服务管理，推动健康医疗大数据惠民应用，促进健康医疗大数据产业发展。

第四条 本办法所称健康医疗大数据，是指在人们疾病防治、健康管理等过程中产生的与健康医疗相关的数据。

第五条 本办法适用于县级以上卫生健康行政部门（含中医药主管部门，下同）、各级各类医疗卫生机构、相关单位及个人所涉及的健康医疗大数据的管理。

第六条 国家卫生健康委员会（含国家中医药管理局，下同）会同相关部门负责统筹规划、指导、评估、监督全国健康医疗大数据的标准管理、安全管理和服务管理工作。县级以上卫生健康行政部门会同相关部门负责本行政区域内健康医疗大数据管理工作，是本行政区域内健康医疗大数据安全和应用管理的监管单位。

各级各类医疗卫生机构和相关企事业单位是健康医疗大数据安全和应用管理的责任单位。

第二章 标准管理

第七条 健康医疗大数据标准管理工作遵循政策引领、强化监督、分类指导、分级管理的原则。

第八条 国家卫生健康委员会负责统筹规划、组织制定全国健康医疗大数据标准，监督指导评估标准的应用工作，在已有的基础性通用性大数据标准基础上组织制定健康医疗大数据标准体系规划，负责制定、组织实施年度健康医疗大数据标准工作计划。省级卫生健康行政部门（含省级中医药主管部门）负责监督指导评估本地区健康医疗大数据标准的应用工作，依据国家健康医疗大数据标准体系规划，结合本地实际，负责指导和监督健康医疗大数据标准体系在本省域内落地执行。

第九条 国家卫生健康委员会鼓励医疗卫生机构、科研教育单位、相关企业或行业协会、社会团体等参与健康医疗大数据标准制定工作。公民、法人或者其他组织可提出制修订健康医疗大数据标准的立项建议，并提交相应标准项目建议书。

第十条 国家卫生健康委员会负责统一组织实施，择优确定健康医疗大数据标准起草单位和负责人，提倡多方参与协作机制，由各相关单位组成协作组参与标准起草工作。

第十一条 健康医疗大数据标准起草、审查及发布的程序和要求，按照国家和行业有关规定执行。

第十二条 卫生健康行政部门应当对健康医疗大数据标准的实施加强引导和监督，充分发挥各级各类医疗卫生机构、相关企业等市场主体在标准应用实施中的积极性和主动性，建立激励和促进标准应用实施的长效管理机制。

第十三条 卫生健康行政部门应当建立相应的健康医疗大数据标准化产品生产和采购的激励约束机制，卫生健康行政部门要积极推进健康医疗大数据标准规范和测评工作，并将测评结果与医疗卫生机构评审评价挂钩。

第十四条 国家卫生健康委员会加强健康医疗大数据技术产品和服务模式的标准体系及制度建设，组织对健康医疗大数据标准应用效果评估工作，并根据评估情况，对相关标准进行组织修订或废止等。

第十五条 国家卫生健康委员会基于卫生标准管理平台,动态管理健康医疗大数据标准的开发与应用,对各级各类医疗卫生机构和企事业单位的标准应用情况进行动态监测。

第三章 安全管理

第十六条 健康医疗大数据安全管理是指在数据采集、存储、挖掘、应用、运营、传输等多个环节中的安全和管理,包括国家战略安全、群众生命安全、个人信息安全的权责管理工作。

第十七条 责任单位应当建立健全相关安全管理制度、操作规程和技术规范,落实"一把手"责任制,加强安全保障体系建设,强化统筹管理和协调监督,保障健康医疗大数据安全。

涉及国家秘密的健康医疗大数据的安全、管理和使用等,按照国家有关保密规定执行。责任单位应当建立健全涉及国家秘密的健康医疗大数据管理与使用制度,对制作、审核、登记、拷贝、传输、销毁等环节进行严格管理。

第十八条 责任单位应当采取数据分类、重要数据备份、加密认证等措施保障健康医疗大数据安全。责任单位应当建立可靠的数据容灾备份工作机制,定期进行备份和恢复检测,确保数据能够及时、完整、准确恢复,实现长期保存和历史数据的归档管理。

第十九条 责任单位应当按照国家网络安全等级保护制度要求,构建可信的网络安全环境,加强健康医疗大数据相关系统安全保障体系建设,提升关键信息基础设施和重要信息系统的安全防护能力,确保健康医疗大数据关键信息基础设施和核心系统安全可控。健康医疗大数据中心、相关信息系统等均应开展定级、备案、测评等工作。

第二十条 健康医疗大数据相关系统的产品和服务提供者应当遵守国家有关网络安全审查制度,不得中断或者变相中断合理的技术支持与服务,并应当为健康医疗大数据在不同系统间的交互、共享和运营提供安全与便利条件。

第二十一条 责任单位应当依法依规使用健康医疗大数据有关信息,提供安全的信息查询和复制渠道,确保公民隐私保护和数据安全。

第二十二条 责任单位应当按照《中华人民共和国网络安全法》的要求,严格规范不同等级用户的数据接入和使用权限,并确保数据在授权范围内使用。任何单位和个人不得擅自利用和发布未经授权或超出授权范围的健康医疗大数据,不得使用非法手段获取数据。

第二十三条 责任单位应当建立严格的电子实名认证和数据访问控制,规范数据接入、使用和销毁过程的痕迹管理,确保健康医疗大数据访问行为可管、可控及服务管理全程留痕,可查询、可追溯,对任何数据泄密泄露事故及风险可追溯到相关责任单位和责任人。

第二十四条 建立健全健康医疗大数据安全管理人才培养机制,确保相关从业人员具备健康医疗大数据安全管理所要求的知识和技能。

第二十五条 责任单位应当建立健康医疗大数据安全监测和预警系统,建立网络安全通报和应急处置联动机制,开展数据安全规范和技术规范的研究工作,不断丰富网络安全相关的标准规范体系,重点防范数据资源的集聚性风险和新技术应用的潜在性风险。发生网络安全重大事件,应当按照相关法律法规和有关要求进行报告并处置。

第四章 服务管理

第二十六条 国家卫生健康委员会负责制定健康医疗大数据应用领域相关规范、标准,建立健康医疗大数据应用诚信机制和退出机制,制定健康医疗大数据挖掘、应用的安全和管理规范。

第二十七条 责任单位实施健康医疗大数据管理和服务,应当按照法律法规和相关文件规定,遵循医学伦理原则,保护个人隐私。

第二十八条 责任单位应当根据本单位健康医疗大数据管理的需求,明确相应的管理部门和岗位,按照国家授权,实行"统一分级授权、分类应用管理、权责一致"的管理制度,并建设相应的健康医疗大数据信息系统作为技术和管理支撑。

第二十九条 责任单位采集健康医疗大数据,应当严格执行国家和行业相关标准和程序,符合业务应用技术标准和管理规范,做到标准统一、术语规范、内容准确,保证服务和管理对象在本单位信息系统中身份标识唯一、基本数据项一致,所采集的信息应当严格实行信息复核终审程序,做好数据质量管理。

第三十条 责任单位应当具备符合国家有关规定要求的数据存储、容灾备份和安全管理条件,加强对健康医疗大数据的存储管理。健康医疗大数据应当存储在境内安全可信的服务器上,因业务需要确需向境外提供的,应当按照相关法律法规及有关要求进行安全评估审核。

第三十一条 责任单位选择健康医疗大数据服务提供商时,应当确保其符合国家和行业规定及要求,具备履行相关法规制度、落实相关标准、确保数据安全的能力,建立数据安全管理、个人隐私保护、应急响应管理等方面管理制度。

第三十二条 责任单位委托有关机构存储、运营健康医疗大数据,委托单位与受托单位共同承担健康医疗大数据的管理和安全责任。受托单位应当严格按照相关法律法规和委托协议做好健康医疗大数据的存储、管理与运营工作。

第三十三条 责任单位应当结合服务和管理工作需要,及时更新、甄别、优化和维护健康医疗大数据,确保信息处于最新、连续、有效、优质和安全状态。

第三十四条 责任单位发生变更时,应当将所管理的健康医疗大数据完整、安全地移交给承接延续其职能的机构或本行政区域内的卫生健康行政部门,不得造成健康医疗大数据的损毁、丢失和泄露。

第三十五条 责任单位向社会公开健康医疗大数据时,应当遵循国家有关规定,不得泄露国家秘密、商业秘密和个人隐私,不得侵害国家利益、社会公共利益和公民、法人及其他组织的合法权益。

第三十六条 责任单位应当加强健康医疗大数据的使用和服务,创造条件规范使用健康医疗大数据,推动部分健康医疗大数据在线查询。

第三十七条 国家卫生健康委员会负责按照国家信息资源开放共享有关规定,建立健康医疗大数据开放共享的工作机制,加强健康医疗大数据的共享和交换,统筹建设健康医疗大数据上报系统平台、信息资源目录体系和共享交换体系。

第五章 管理监督

第三十八条 卫生健康行政部门应当加强监督管理,对本行政区域内各责任单位健康医疗大数据安全管理工作开展日常检查,指导监督本行政区域内各责任单位数据综合利用工作,提高数据服务质量和确保安全。各级各类医疗卫生机构应当接入相应区域全民健康信息平台,传输和备份医疗健康服务产生的数据,并向卫生健康行政部门开放监管端口。

第三十九条 卫生健康行政部门应当加强监测评估,定期开展健康医疗大数据平台和服务商的稳定和安全测评及健康医疗大数据应用的安全监测评估,建立网络安全防护、系统互联共享、公民隐私保护等软件评价和安全审查保密制度。

第四十条 卫生健康行政部门会同相关部门建立健康医疗大数据安全管理工作责任追究制度。对于违反本办法规定的单位和个人,由主管部门视情节轻重予以约谈、督导整改、诫勉、通报批评、处分或提出给予处分的建议;构成违法的,移送司法部门依法追究法律责任。

第六章 附 则

第四十一条 本办法自印发之日起施行。

国家卫生统计信息网络直报管理规定(试行)

(卫办发〔2007〕267号)

第一章 总 则

第一条 为加强全国卫生统计信息网络直报管理,提高统计数据质量,及时、准确地提供卫生资源与医疗服务信息,依据《中华人民共和国统计法》、《全国卫生统计工作管理办法》和《国家卫生统计调查制度》等相关法律法规,制定本规定。

第二条 本规定适用于卫生资源与医疗服务数据采集、报告、汇总和分析等管理工作。疾病控制和卫生监督等统计信息报告执行相关管理规定。

第三条 网络直报遵循依法上报、统一规范、分级负责、属地管理原则。

第四条 卫生部负责全国卫生统计信息网络直报管理工作,地方各级卫生行政部门负责辖区内卫生统计信息网络直报管理工作,各级各类医疗卫生机构负责本单位卫生统计网络直报工作。

第二章 职 责

第五条 卫生部负责制订国家卫生统计信息网络直报管理制度、技术规范及信息分类标准;组织编制直报系统软件,负责国家级直报平台及数据中心建设;组织全国网络直报工作实施，开展网络直报工作督导检查与考核评估。具体工作由卫生部统计信息中心承担。

省级卫生行政部门负责建立健全地方卫生统计信息网络直报管理制度，制订地方卫生统计调查制度；负责省级直报平台及数据中心建设，为系统正常运行提供保障条件；负责本地区卫生统计网络直报管理，包括用户管理、数据收集、质量监控、数据传输、系统安全等；组织开展本地区网络直报工作督导检查，开展统计分析并发布卫生信息。

市（地）、县级卫生行政部门负责本辖区卫生统计信息网络直报管理工作，包括用户管理、数据收集、数据催报及审核等工作；组织开展本辖区网络直报工作考核和评估，开展统计分析并发布卫生信息。

第六条　医疗卫生机构应建立健全本单位统计工作制度，规范原始记录和统计台帐；认真做好本单位卫生统计信息网络直报工作，包括数据录入、审核、分析及上报。

第三章　直报工作制度

第七条　除诊所、卫生所、医务室和村卫生室以外，所有医疗卫生机构和县（区、市）卫生局均为直报责任单位。

直报单位的统计人员（即填表人）为直报人员。

第八条　网络直报内容主要为《全国卫生资源与医疗服务调查制度》规定的 4 个调查表，即：卫生机构调查表（卫统 1－1 表至卫统 1－8 表、卫统 1－附表）、卫生人力基本信息调查表（卫统 2 表）、医用设备调查表（卫统 3 表）和医院出院病人调查表（卫统 4 表）。

网络直报内容还包括卫生部布置的其他调查任务，地方卫生行政部门根据工作需要增加的调查项目。

第九条　直报时限分为年报、季报和实时报告三类。不同的调查表执行不同的直报时限。

年报和季报：卫生机构调查表中的卫统 1－1 表和卫统 1－2 表为年报和季报；卫统 1－3 表至卫统 1－8 表和卫统 1－附表、医院出院病人调查表（卫统 4 表）为年报。年报要求次年 1 月 31 日前完成上报，季报要求季后 1 个月内完成上报。

实时报告：医疗卫生机构在人员调入或调出 1 个月内上报增减人员信息（卫统 2 表）；医疗卫生机构在购进、调出或报废设备 1 个月内上报增减设备信息（卫统 3 表）；县（区、市）卫生局在新设、注销、合并医疗卫生机构 10 日内上报机构变更信息（卫统 1 表中“基本情况”）。

第十条　医疗卫生机构直报人员登陆省级直报系统上报本单位数据。诊所、卫生所、医务室和村卫生室按属地管理原则向所辖县（区、市）卫生局报送卫统 1－3 表和卫统 1－4 表电子或纸质数据，由县（区、市）卫生局登陆省级直报系统代报数据。

省级卫生行政部门将本地区数据传报卫生部数据中心。

第十一条　网络直报方式可选择在线填报或离线录入、在线上传。

第十二条　部、省两级数据中心使用数据交换中间件实现数据交换与同步。省级数据中心于报告期截止第 6 日上传季报和年报数据，实时上传直报用户、卫生机构、人员及设备增减信息。

第四章　质量控制

第十三条　各级卫生部门要严格审核上报数据,保证数据质量。医疗卫生机构直报人员应对录入数据进行严格审核,及时发现并更正错项、漏项以及逻辑错误,确保录入数据的完整性和准确性,由单位负责人审核后上报。

县级卫生行政部门在报告期内及时上网审核辖区内医疗卫生机构上报的数据,注明"审核通过"或"审核未通过"。

市(地)、省级卫生行政部门在报告期内及时上网查看辖区内医疗卫生机构数据上报情况,批量审核辖区内所有医疗卫生机构数据。

第十四条　医疗卫生单位和各级卫生行政部门要及时订正错误数据。医疗卫生机构直报人员发现上报数据有错,须在数据上传3日内订正。

县、市(地)级卫生局在报告期内可订正辖区内未通过审核的医疗卫生机构数据,但须向有关单位或人员核实,也可通知医疗卫生机构5日内订正。

省级卫生行政部门于报告期截止后5个工作日内完成数据订正任务,修订数据须向有关单位或人员核实。

卫生部统计信息中心于报告期截止10个工作日内完成各地区上传数据的审核工作,退回错误数据。省级卫生行政部门3日内订正退回数据并将订正数据上传部级数据中心。

第十五条　报告期截止5日前,系统发出催报公告,公布尚未上报数据的医疗卫生机构名单。报告期截止后第1天,系统发出补报公告,公布漏报的医疗卫生机构名单,要求辖区县(区、市)卫生局在报告期截止后3日内完成补报任务。

第十六条　各级卫生行政部门要建立网络直报工作考核制度、直报情况通报制度,定期组织开展督导检查。任何单位和个人不得虚报、瞒报、漏报、拒报、迟报、伪造和篡改统计数据,发现问题予以通报并责令限期改正。

第五章　数据与系统管理

第十七条　各级卫生行政部门应建立健全统计信息数据库,加强统计分析与利用,为突发公共卫生事件应急指挥决策系统、医疗救治系统提供医疗救治机构、专家及医疗服务信息,为制订卫生政策、卫生规划和宏观管理提供信息咨询服务。

第十八条　各级卫生行政部门应将统计数据按照国家有关规定纳入档案管理。部、省级数据中心的数据要求长期保存并备份,县(区、市)卫生局对基层单位上报的电子或纸质数据保存3年。

第十九条　数据字典是《国家卫生统计调查制度》规定的统计分类标准,未经授权不得更改。省级直报平台可增加地方统计调查制度规定的统计分类标准,但不得与部级标准相冲突。

行政区划代码是系统组织结构和用户管理的依据,除省级系统管理员外,其他人员无权修改。为保证系统的稳定性,行政区划代码每年更新一次,即:用原代码完成上年度直报任务,下年度使用变动后的代码。

第二十条　省级卫生行政部门要制订用户管理制度,加强账户安全管理。直报系统用户(系统管理员和数据管理员)须报上级卫生行政部门备案,备案内容包括姓名、工作单位、职务及联系电话。各单位系统管理员和数据管理员要相对稳定,更换人员无须更换账号,但要更换密码。操作人员不得泄露或转让用户账号和密码,发现密码被盗用应立即更改密码并报告上级主管部门。

第六章　保障措施

第二十一条　各级卫生行政部门应加强对统计信息网络直报工作的领导、组织和管理,建立规范的直报工作运行机制和保障机制。

第二十二条　统计信息网络直报系统要求建立省级直报平台及数据中心。作为突发公共卫生事件应急指挥决策系统的重要组成部分,统计信息网络直报系统环境依托省级指挥决策系统并满足运行需要。

省级数据中心要求统一直报软件、统一信息分类标准、统一数据交换标准、统一直报流程和管理制度。网络直报软件和相关信息标准由卫生部编制。

第二十三条　各级卫生行政部门要保障统计直报人员与工作经费,加强人员培训。省级直报平台及数据中心应配备2－3名专业技术人员,市(地)、县级卫生行政部门配备1名直报工作管理人员。医疗卫生机构指定专人承担直报工作。

市(地)、县级卫生行政部门和医疗卫生机构要配备计算机等直报设备,具备上网条件。

各级卫生行政部门须将网络直报工作经费(系统运行、系统扩展及升级、人员培训、通讯等)纳入预算内卫生事业经费统筹安排,以保证网络直报系统正常运行。

第七章　附　　则

第二十四条　本规定由卫生部负责解释。

第二十五条　本规定自发布之日起施行。

公共场所卫生管理条例实施细则

(2011年3月10日卫生部令第80号公布　根据2016年1月19日国家卫生和计划生育委员会令第8号《国家卫生计生委关于修改〈外国医师来华短期行医暂行管理办法〉等8件部门规章的决定》第一次修正　根据2017年12月26日国家卫生和计划生育委员会令第18号《国家卫生计生委关于修改〈新食品原料安全性审查管理办法〉等7件部门规章的决定》第二次修正)

第一章　总　　则

第一条　根据《公共场所卫生管理条例》的规定,制定本细则。

第二条　公共场所经营者在经营活动中,应当遵守有关卫生法律、行政法规和部门规章以及相关的卫生标准、规范，开展公共场所卫生知识宣传，预防传染病和保障公众健康，为顾客提供良好的卫生环境。

第三条 国家卫生计生委主管全国公共场所卫生监督管理工作。

县级以上地方各级人民政府卫生计生行政部门负责本行政区域的公共场所卫生监督管理工作。

国境口岸及出入境交通工具的卫生监督管理工作由出入境检验检疫机构按照有关法律法规的规定执行。

铁路部门所属的卫生主管部门负责对管辖范围内的车站、等候室、铁路客车以及主要为本系统职工服务的公共场所的卫生监督管理工作。

第四条 县级以上地方各级人民政府卫生计生行政部门应当根据公共场所卫生监督管理需要，建立健全公共场所卫生监督队伍和公共场所卫生监测体系，制定公共场所卫生监督计划并组织实施。

第五条 鼓励和支持公共场所行业组织开展行业自律教育，引导公共场所经营者依法经营，推动行业诚信建设，宣传、普及公共场所卫生知识。

第六条 任何单位或者个人对违反本细则的行为，有权举报。接到举报的卫生计生行政部门应当及时调查处理，并按照规定予以答复。

第二章 卫生管理

第七条 公共场所的法定代表人或者负责人是其经营场所卫生安全的第一责任人。

公共场所经营者应当设立卫生管理部门或者配备专（兼）职卫生管理人员，具体负责本公共场所的卫生工作，建立健全卫生管理制度和卫生管理档案。

第八条 公共场所卫生管理档案应当主要包括下列内容：

（一）卫生管理部门、人员设置情况及卫生管理制度；

（二）空气、微小气候（湿度、温度、风速）、水质、采光、照明、噪声的检测情况；

（三）顾客用品用具的清洗、消毒、更换及检测情况；

（四）卫生设施的使用、维护、检查情况；

（五）集中空调通风系统的清洗、消毒情况；

（六）安排从业人员健康检查情况和培训考核情况；

（七）公共卫生用品进货索证管理情况；

（八）公共场所危害健康事故应急预案或者方案；

（九）省、自治区、直辖市卫生计生行政部门要求记录的其他情况。

公共场所卫生管理档案应当有专人管理，分类记录，至少保存两年。

第九条 公共场所经营者应当建立卫生培训制度，组织从业人员学习相关卫生法律知识和公共场所卫生知识，并进行考核。对考核不合格的，不得安排上岗。

第十条 公共场所经营者应当组织从业人员每年进行健康检查，从业人员在取得有效健康合格证明后方可上岗。

患有痢疾、伤寒、甲型病毒性肝炎、戊型病毒性肝炎等消化道传染病的人员，以及患有活动性肺结核、化脓性或者渗出性皮肤病等疾病的人员，治愈前不得从事直接为顾客服务的工作。

第十一条　公共场所经营者应当保持公共场所空气流通，室内空气质量应当符合国家卫生标准和要求。

公共场所采用集中空调通风系统的，应当符合公共场所集中空调通风系统相关卫生规范和规定的要求。

第十二条　公共场所经营者提供给顾客使用的生活饮用水应当符合国家生活饮用水卫生标准要求。游泳场（馆）和公共浴室水质应当符合国家卫生标准和要求。

第十三条　公共场所的采光照明、噪声应当符合国家卫生标准和要求。

公共场所应当尽量采用自然光。自然采光不足的，公共场所经营者应当配置与其经营场所规模相适应的照明设施。

公共场所经营者应当采取措施降低噪声。

第十四条　公共场所经营者提供给顾客使用的用品用具应当保证卫生安全，可以反复使用的用品用具应当一客一换，按照有关卫生标准和要求清洗、消毒、保洁。禁止重复使用一次性用品用具。

第十五条　公共场所经营者应当根据经营规模、项目设置清洗、消毒、保洁、盥洗等设施设备和公共卫生间。

公共场所经营者应当建立卫生设施设备维护制度，定期检查卫生设施设备，确保其正常运行，不得擅自拆除、改造或者挪作他用。公共场所设置的卫生间，应当有单独通风排气设施，保持清洁无异味。

第十六条　公共场所经营者应当配备安全、有效的预防控制蚊、蝇、蟑螂、鼠和其他病媒生物的设施设备及废弃物存放专用设施设备，并保证相关设施设备的正常使用，及时清运废弃物。

第十七条　公共场所的选址、设计、装修应当符合国家相关标准和规范的要求。

公共场所室内装饰装修期间不得营业。进行局部装饰装修的，经营者应当采取有效措施，保证营业的非装饰装修区域室内空气质量合格。

第十八条　室内公共场所禁止吸烟。公共场所经营者应当设置醒目的禁止吸烟警语和标志。

室外公共场所设置的吸烟区不得位于行人必经的通道上。

公共场所不得设置自动售烟机。

公共场所经营者应当开展吸烟危害健康的宣传，并配备专（兼）职人员对吸烟者进行劝阻。

第十九条　公共场所经营者应当按照卫生标准、规范的要求对公共场所的空气、微小气候、水质、采光、照明、噪声、顾客用品用具等进行卫生检测，检测每年不得少于一次；检测结果不符合卫生标准、规范要求的应当及时整改。

公共场所经营者不具备检测能力的，可以委托检测。

公共场所经营者应当在醒目位置如实公示检测结果，并对其卫生检测的真实性负责，依法依规承担相应后果。

第二十条 公共场所经营者应当制定公共场所危害健康事故应急预案或者方案，定期检查公共场所各项卫生制度、措施的落实情况，及时消除危害公众健康的隐患。

第二十一条 公共场所发生危害健康事故的，经营者应当立即处置，防止危害扩大，并及时向县级人民政府卫生计生行政部门报告。

任何单位或者个人对危害健康事故不得隐瞒、缓报、谎报或者授意他人隐瞒、缓报、谎报。

第三章 卫生监督

第二十二条 国家对除公园、体育场馆、公共交通工具外的公共场所实行卫生许可证管理。

公共场所经营者取得工商行政管理部门颁发的营业执照后，还应当按照规定向县级以上地方人民政府卫生计生行政部门申请卫生许可证，方可营业。

公共场所卫生监督的具体范围由省、自治区、直辖市人民政府卫生计生行政部门公布。

第二十三条 公共场所经营者申请卫生许可证的，应当提交下列资料：

（一）卫生许可证申请表；

（二）法定代表人或者负责人身份证明；

（三）公共场所地址方位示意图、平面图和卫生设施平面布局图；

（四）公共场所卫生检测或者评价报告；

（五）公共场所卫生管理制度；

（六）省、自治区、直辖市卫生计生行政部门要求提供的其他材料。

使用集中空调通风系统的，还应当提供集中空调通风系统卫生检测或者评价报告。

第二十四条 县级以上地方人民政府卫生计生行政部门应当自受理公共场所卫生许可申请之日起20日内，对申报资料进行审查，对现场进行审核，符合规定条件的，作出准予公共场所卫生许可的决定；对不符合规定条件的，作出不予行政许可的决定并书面说明理由。

第二十五条 公共场所卫生许可证应当载明编号、单位名称、法定代表人或者负责人、经营项目、经营场所地址、发证机关、发证时间、有效期限。

公共场所卫生许可证有效期为四年。

公共场所卫生许可证应当在经营场所醒目位置公示。

第二十六条 公共场所进行新建、改建、扩建的，应当符合有关卫生标准和要求，经营者应当按照有关规定办理预防性卫生审查手续。

预防性卫生审查程序和具体要求由省、自治区、直辖市人民政府卫生计生行政部门制定。

第二十七条 公共场所经营者变更单位名称、法定代表人或者负责人的，应当向原发证卫生计生行政部门办理变更手续。

公共场所经营者变更经营项目、经营场所地址的,应当向县级以上地方人民政府卫生计生行政部门重新申请卫生许可证。

公共场所经营者需要延续卫生许可证的,应当在卫生许可证有效期届满30日前,向原发证卫生计生行政部门提出申请。

第二十八条　县级以上人民政府卫生计生行政部门应当组织对公共场所的健康危害因素进行监测、分析,为制定法律法规、卫生标准和实施监督管理提供科学依据。

县级以上疾病预防控制机构应当承担卫生计生行政部门下达的公共场所健康危害因素监测任务。

第二十九条　县级以上地方人民政府卫生计生行政部门应当对公共场所卫生监督实施量化分级管理,促进公共场所自身卫生管理,增强卫生监督信息透明度。

第三十条　县级以上地方人民政府卫生计生行政部门应当根据卫生监督量化评价的结果确定公共场所的卫生信誉度等级和日常监督频次。

公共场所卫生信誉度等级应当在公共场所醒目位置公示。

第三十一条　县级以上地方人民政府卫生计生行政部门对公共场所进行监督检查,应当依据有关卫生标准和要求,采取现场卫生监测、采样、查阅和复制文件、询问等方法,有关单位和个人不得拒绝或者隐瞒。

第三十二条　县级以上人民政府卫生计生行政部门应当加强公共场所卫生监督抽检,并将抽检结果向社会公布。

第三十三条　县级以上地方人民政府卫生计生行政部门对发生危害健康事故的公共场所,可以依法采取封闭场所、封存相关物品等临时控制措施。

经检验,属于被污染的场所、物品,应当进行消毒或者销毁;对未被污染的场所、物品或者经消毒后可以使用的物品,应当解除控制措施。

第三十四条　开展公共场所卫生检验、检测、评价等业务的技术服务机构,应当具有相应专业技术能力,按照有关卫生标准、规范的要求开展工作,不得出具虚假检验、检测、评价等报告。

第四章　法律责任

第三十五条　对未依法取得公共场所卫生许可证擅自营业的,由县级以上地方人民政府卫生计生行政部门责令限期改正,给予警告,并处以五百元以上五千元以下罚款;有下列情形之一的,处以五千元以上三万元以下罚款:

(一)擅自营业曾受过卫生计生行政部门处罚的;

(二)擅自营业时间在三个月以上的;

(三)以涂改、转让、倒卖、伪造的卫生许可证擅自营业的。

对涂改、转让、倒卖有效卫生许可证的,由原发证的卫生计生行政部门予以注销。

第三十六条　公共场所经营者有下列情形之一的,由县级以上地方人民政府卫生计生行政部门责令限期改正,给予警告,并可处以二千元以下罚款;逾期不改正,造成公共场所卫生质量不符合卫生标准和要求的,处以二千元以上二万元以下罚款;情节严重的,可以依法责令停业整顿，直至吊销卫生许可证：

（一）未按照规定对公共场所的空气、微小气候、水质、采光、照明、噪声、顾客用品用具等进行卫生检测的；

（二）未按照规定对顾客用品用具进行清洗、消毒、保洁，或者重复使用一次性用品用具的。

第三十七条　公共场所经营者有下列情形之一的，由县级以上地方人民政府卫生计生行政部门责令限期改正；逾期不改的，给予警告，并处以一千元以上一万元以下罚款；对拒绝监督的，处以一万元以上三万元以下罚款；情节严重的，可以依法责令停业整顿，直至吊销卫生许可证：

（一）未按照规定建立卫生管理制度、设立卫生管理部门或者配备专（兼）职卫生管理人员，或者未建立卫生管理档案的；

（二）未按照规定组织从业人员进行相关卫生法律知识和公共场所卫生知识培训，或者安排未经相关卫生法律知识和公共场所卫生知识培训考核的从业人员上岗的；

（三）未按照规定设置与其经营规模、项目相适应的清洗、消毒、保洁、盥洗等设施设备和公共卫生间，或者擅自停止使用、拆除上述设施设备，或者挪作他用的；

（四）未按照规定配备预防控制鼠、蚊、蝇、蟑螂和其他病媒生物的设施设备以及废弃物存放专用设施设备，或者擅自停止使用、拆除预防控制鼠、蚊、蝇、蟑螂和其他病媒生物的设施设备以及废弃物存放专用设施设备的；

（五）未按照规定索取公共卫生用品检验合格证明和其他相关资料的；

（六）未按照规定对公共场所新建、改建、扩建项目办理预防性卫生审查手续的；

（七）公共场所集中空调通风系统未经卫生检测或者评价不合格而投入使用的；

（八）未按照规定公示公共场所卫生许可证、卫生检测结果和卫生信誉度等级的。

第三十八条　公共场所经营者安排未获得有效健康合格证明的从业人员从事直接为顾客服务工作的，由县级以上地方人民政府卫生计生行政部门责令限期改正，给予警告，并处以五百元以上五千元以下罚款；逾期不改正的，处以五千元以上一万五千元以下罚款。

第三十九条　公共场所经营者对发生的危害健康事故未立即采取处置措施，导致危害扩大，或者隐瞒、缓报、谎报的，由县级以上地方人民政府卫生计生行政部门处以五千元以上三万元以下罚款；情节严重的，可以依法责令停业整顿，直至吊销卫生许可证。构成犯罪的，依法追究刑事责任。

第四十条　公共场所经营者违反其他卫生法律、行政法规规定，应当给予行政处罚的，按照有关卫生法律、行政法规规定进行处罚。

第四十一条　县级以上人民政府卫生计生行政部门及其工作人员玩忽职守、滥用职权、收取贿赂的，由有关部门对单位负责人、直接负责的主管人员和其他责任人员依法给予行政处分。构成犯罪的，依法追究刑事责任。

第五章　附　　则

第四十二条　本细则下列用语的含义：

集中空调通风系统，指为使房间或者封闭空间空气温度、湿度、洁净度和气流速度等参数达到设定的要求，而对空气进行集中处理、输送、分配的所有设备、管道及附件、仪器仪表的总和。

公共场所危害健康事故，指公共场所内发生的传染病疫情或者因空气质量、水质不符合卫生标准、用品用具或者设施受到污染导致的危害公众健康事故。

第四十三条　本细则自2011年5月1日起实施。卫生部1991年3月11日发布的《公共场所卫生管理条例实施细则》同时废止。

生活饮用水卫生监督管理办法

（1996年7月9日原建设部、原卫生部令第53号公布　根据2010年2月12日《卫生部关于修改〈公共场所卫生管理条例实施细则〉等规范性文件部分内容的通知》第一次修改　根据2016年4月17日住房城乡建设部、国家卫生计生委令第31号《住房城乡建设部、国家卫生计生委关于修改〈生活饮用水卫生监督管理办法〉的决定》第二次修改）

第一章　总　　则

第一条　为保证生活饮用水（以下简称饮用水）卫生安全，保障人体健康，根据《中华人民共和国传染病防治法》及《城市供水条例》的有关规定，制定本办法。

第二条　本办法适用于集中式供水、二次供水单位（以下简称供水单位）和涉及饮用水卫生安全的产品的卫生监督管理。

凡在中华人民共和国领域内的任何单位和个人均应遵守本办法。

第三条　国务院卫生计生主管部门主管全国饮用水卫生监督工作。县级以上地方人民政府卫生计生主管部门主管本行政区域内饮用水卫生监督工作。

国务院住房城乡建设主管部门主管全国城市饮用水卫生管理工作。县级以上地方人民政府建设行政主管部门主管本行政区域内城镇饮用水卫生管理工作。

第四条　国家对供水单位和涉及饮用水卫生安全的产品实行卫生许可制度。

第五条　国家鼓励有益于饮用水卫生安全的新产品、新技术、新工艺的研制开发和推广应用。

第二章　卫生管理

第六条　供水单位供应的饮用水必须符合国家生活饮用水卫生标准。

第七条　集中式供水单位取得工商行政管理部门颁发的营业执照后，还应当取得县级以上地方人民政府卫生计生主管部门颁发的卫生许可证，方可供水。

第八条　供水单位新建、改建、扩建的饮用水供水工程项目，应当符合卫生要求，选址和设计审查、竣工验收必须有建设卫生计生主管部门参加。

新建、改建、扩建的城市公共饮用水供水工程项目由建设行政主管部门负责组织选址、设计审查和竣工验收，卫生计生主管部门参加。

第九条　供水单位应建立饮用水卫生管理规章制度，配备专职或兼职人员，负责饮用水卫生管理工作。

第十条 集中式供水单位必须有水质净化消毒设施及必要的水质检验仪器、设备和人员，对水质进行日常性检验，并向当地人民政府卫生计生主管部门和建设行政主管部门报送检测资料。

城市自来水供水企业和自建设施对外供水的企业，其生产管理制度的建立和执行、人员上岗的资格和水质日常检测工作由城市建设行政主管部门负责管理。

第十一条 直接从事供、管水的人员必须取得体检合格证后方可上岗工作，并每年进行一次健康检查。

凡患有痢疾、伤寒、甲型病毒性肝炎、戊型病毒性肝炎、活动性肺结核、化脓性或渗出性皮肤病及其他有碍饮用水卫生的疾病的和病原携带者，不得直接从事供、管水工作。

直接从事供、管水的人员，未经卫生知识培训不得上岗工作。

第十二条 生产涉及饮用水卫生安全的产品的单位和个人，必须按规定向政府卫生计生主管部门申请办理产品卫生许可批准文件，取得批准文件后，方可生产和销售。

任何单位和个人不得生产、销售、使用无批准文件的前款产品。

第十三条 饮用水水源地必须设置水源保护区。保护区内严禁修建任何可能危害水源水质卫生的设施及一切有碍水源水质卫生的行为。

第十四条 二次供水设施选址、设计、施工及所用材料，应保证不使饮用水水质受到污染，并有利于清洗和消毒。各类蓄水设施要加强卫生防护，定期清洗和消毒。具体管理办法由省、自治区、直辖市根据本地区情况另行规定。

第十五条 当饮用水被污染，可能危及人体健康时，有关单位或责任人应立即采取措施，消除污染，并向当地人民政府卫生计生主管部门和建设行政主管部门报告。

第三章 卫生监督

第十六条 县级以上人民政府卫生计生主管部门负责本行政区域内饮用水卫生监督监测工作。

供水单位的供水范围在本行政区域内的，由该行政区人民政府卫生计生主管部门负责其饮用水卫生监督监测工作；

供水单位的供水范围超出其所在行政区域的，由供水单位所在行政区域的上一级人民政府卫生计生主管部门负责其饮用水卫生监督监测工作；

供水单位的供水范围超出其所在省、自治区、直辖市的，由该供水单位所在省、自治区、直辖市人民政府卫生计生主管部门负责其饮用水卫生监督监测工作。

铁道、交通、民航行政主管部门设立的卫生监督机构，行使国务院卫生计生主管部门会同国务院有关部门规定的饮用水卫生监督职责。

第十七条 新建、改建、扩建集中式供水项目时，当地人民政府卫生计生主管部门应做好预防性卫生监督工作，并负责本行政区域内饮用水的水源水质监测和评价。

第十八条 医疗单位发现因饮用水污染出现的介水传染病或化学中毒病例时，应及时向当地人民政府卫生计生主管部门和卫生防疫机构报告。

第十九条　县级以上地方人民政府卫生计生主管部门负责本行政区域内饮用水污染事故对人体健康影响的调查。当发现饮用水污染危及人体健康,须停止使用时,对二次供水单位应责令其立即停止供水;对集中式供水单位应当会同城市建设行政主管部门报同级人民政府批准后停止供水。

第二十条　供水单位卫生许可证由县级以上人民政府卫生计生主管部门按照本办法第十六条规定的管理范围发放,有效期四年。有效期满前六个月重新提出申请换发新证。

第二十一条　涉及饮用水卫生安全的产品,应当按照有关规定进行卫生安全性评价,符合卫生标准和卫生规范要求。

利用新材料、新工艺和新化学物质生产的涉及饮用水卫生安全产品应当取得国务院卫生计生主管部门颁发的卫生许可批准文件;除利用新材料、新工艺和新化学物质外生产的其他涉及饮用水卫生安全产品应当取得省级人民政府卫生计生主管部门颁发的卫生许可批准文件。

涉及饮用水卫生安全产品的卫生许可批准文件的有效期为四年。

第二十二条　凡取得卫生许可证的单位或个人,以及取得卫生许可批准文件的饮用水卫生安全的产品,经日常监督检查,发现已不符合卫生许可证颁发条件或不符合卫生许可批准文件颁发要求的,原批准机关有权收回有关证件或批准文件。

第二十三条　县级以上人民政府卫生计生主管部门设饮用水卫生监督员,负责饮用水卫生监督工作。县级人民政府卫生计生主管部门可聘任饮用水卫生检查员,负责乡、镇饮用水卫生检查工作。

饮用水卫生监督员由县级以上人民政府卫生计生主管部门发给证书,饮用水卫生检查员由县级人民政府卫生计生主管部门发给证书。

铁道、交通、民航的饮用水卫生监督员,由其上级行政主管部门发给证书。

第二十四条　饮用水卫生监督员应秉公执法,忠于职守,不得利用职权谋取私利。

第四章　罚　　则

第二十五条　集中式供水单位安排未取得体检合格证的人员从事直接供、管水工作或安排患有有碍饮用水卫生疾病的或病原携带者从事直接供、管水工作的,县级以上地方人民政府卫生计生主管部门应当责令限期改进,并可对供水单位处以20元以上1000元以下的罚款。

第二十六条　违反本办法规定,有下列情形之一的,县级以上地方人民政府卫生计生主管部门应当责令限期改进,并可处以20元以上5000元以下的罚款:

(一)在饮用水水源保护区修建危害水源水质卫生的设施或进行有碍水源水质卫生的作业的;

(二)新建、改建、扩建的饮用水供水项目未经卫生计生主管部门参加选址、设计审查和竣工验收而擅自供水的;

(三)供水单位未取得卫生许可证 而擅自供水的;

(四)供水单位供应的饮用水不符合国家规定的生活饮用水卫生标准的。

第二十七条 违反本办法规定,生产或者销售无卫生许可批准文件的涉及饮用水卫生安全的产品的,县级以上地方人民政府卫生计生主管部门应当责令改进,并可处以违法所得3倍以下的罚款,但最高不超过30000元,或处以500元以上10000元以下的罚款。

第二十八条 城市自来水供水企业和自建设施对外供水的企业,有下列行为之一的,由建设行政主管部门责令限期改进,并可处以违法所得3倍以下的罚款,但最高不超过30000元,没有违法所得的可处以10000元以下罚款:

(一)新建、改建、扩建的饮用水供水工程项目未经建设行政主管部门设计审查和竣工验收而擅自建设并投入使用的;

(二)未按规定进行日常性水质检验工作的。

第五章 附 则

第二十九条 本办法下列用语的含义是:

集中式供水:由水源集中取水,经统一净化处理和消毒后,由输水管网送至用户的供水方式(包括公共供水和单位自建设施供水)。

二次供水:将来自集中式供水的管道水另行加压、贮存,再送至水站或用户的供水设施;包括客运船舶、火车客车等交通运输工具上的供水(有独自制水设施者除外)。

涉及饮用水卫生安全的产品:凡在饮用水生产和供水过程中与饮用水接触的连接止水材料、塑料及有机合成管材、管件、防护涂料、水处理剂、除垢剂、水质处理器及其他新材料和化学物质。

直接从事供、管水的人员:从事净水、取样、化验、二次供水卫生管理及水池、水箱清洗人员。

第三十条 本办法由国务院卫生计生主管部门、国务院住房城乡建设主管部门负责解释。

第三十一条 本办法自一九九七年一月一日起施行。

消毒管理办法

(2002年3月28日卫生部令第27号公布 根据2016年1月19日国家卫生和计划生育委员会令第8号《国家卫生计生委关于修改〈外国医师来华短期行医暂行管理办法〉等8件部门规章的决定》第一次修正 根据2017年12月26日国家卫生和计划生育委员会令第18号《国家卫生计生委关于修改〈新食品原料安全性审查管理办法〉等7件部门规章的决定》第二次修正)

第一章 总 则

第一条 为了加强消毒管理,预防和控制感染性疾病的传播,保障人体健康,根据《中华人民共和国传染病防治法》及其实施办法的有关规定,制定本办法。

第二条 本办法适用于医疗卫生机构、消毒服务机构以及从事消毒产品生产、经营活动的单位和个人。其他需要消毒的场所和物品管理也适用于本办法。

第三条　国家卫生计生委主管全国消毒监督管理工作。铁路、交通卫生主管机构依照本办法负责本系统的消毒监督管理工作。

第二章　消毒的卫生要求

第四条　医疗卫生机构应当建立消毒管理组织,制定消毒管理制度,执行国家有关规范、标准和规定,定期开展消毒与灭菌效果检测工作。

第五条　医疗卫生机构工作人员应当接受消毒技术培训、掌握消毒知识,并按规定严格执行消毒隔离制度。

第六条　医疗卫生机构使用的进入人体组织或无菌器官的医疗用品必须达到灭菌要求。各种注射、穿刺、采血器具应当一人一用一灭菌。凡接触皮肤、粘膜的器械和用品必须达到消毒要求。

医疗卫生机构使用的一次性使用医疗用品用后应当及时进行无害化处理。

第七条　医疗卫生机构购进消毒产品必须建立并执行进货检查验收制度。

第八条　医疗卫生机构的环境、物品应当符合国家有关规范、标准和规定。排放废弃的污水、污物应当按照国家有关规定进行无害化处理。运送传染病病人及其污染物品的车辆、工具必须随时进行消毒处理。

第九条　医疗卫生机构发生感染性疾病暴发、流行时,应当及时报告当地卫生计生行政部门,并采取有效消毒措施。

第十条　加工、出售、运输被传染病病原体污染或者来自疫区可能被传染病病原体污染的皮毛,应当进行消毒处理。

第十一条　托幼机构应当健全和执行消毒管理制度,对室内空气、餐(饮)具、毛巾、玩具和其他幼儿活动的场所及接触的物品定期进行消毒。

第十二条　出租衣物及洗涤衣物的单位和个人,应当对相关物品及场所进行消毒。

第十三条　从事致病微生物实验的单位应当执行有关的管理制度、操作规程,对实验的器材、污染物品等按规定进行消毒,防止实验室感染和致病微生物的扩散。

第十四条　殡仪馆、火葬场内与遗体接触的物品及运送遗体的车辆应当及时消毒。

第十五条　招用流动人员200人以上的用工单位,应当对流动人员集中生活起居的场所及使用的物品定期进行消毒。

第十六条　疫源地的消毒应当执行国家有关规范、标准和规定。

第十七条　公共场所、食品、生活饮用水、血液制品的消毒管理,按有关法律、法规的规定执行。

第三章　消毒产品的生产经营

第十八条　消毒产品应当符合国家有关规范、标准和规定。

第十九条　消毒产品的生产应当符合国家有关规范、标准和规定,对生产的消毒产品应当进行检验,不合格者不得出厂。

第二十条　消毒剂、消毒器械和卫生用品生产企业取得工商行政管理部门颁发的营业执照后,还应当取得所在地省级卫生计生行政部门发放的卫生许可证,方可从事消毒产品的生产。

第二十一条　省级卫生计生行政部门应当自受理消毒产品生产企业的申请之日起二十日内作出是否批准的决定。对符合《消毒产品生产企业卫生规范》要求的,发给卫生许可证;对不符合的,不予批准,并说明理由。

第二十二条　消毒产品生产企业卫生许可证编号格式为:(省、自治区、直辖市简称)卫消证字(发证年份)第XXXX号。

消毒产品生产企业卫生许可证的生产项目分为消毒剂类、消毒器械类、卫生用品类。

第二十三条　消毒产品生产企业卫生许可证有效期为四年。

消毒产品生产企业卫生许可证有效期满三十日前,生产企业应当向原发证机关申请延续。经审查符合要求的,予以延续,换发新证。新证延用原卫生许可证编号。

第二十四条　消毒产品生产企业迁移厂址或者另设分厂(车间),应当按本办法规定向生产场所所在地的省级卫生计生行政部门申请消毒产品生产企业卫生许可证。

产品包装上标注的厂址、卫生许可证号应当是实际生产地地址和其卫生许可证号。

第二十五条　取得卫生许可证的消毒产品生产企业变更企业名称、法定代表人或者生产类别的,应当向原发证机关提出申请,经审查同意,换发新证。新证延用原卫生许可证编号。

第二十六条　生产、进口利用新材料、新工艺技术和新杀菌原理生产消毒剂和消毒器械(以下简称新消毒产品)应当按照本办法规定取得国家卫生计生委颁发的卫生许可批件。

生产、进口新消毒产品外的消毒剂、消毒器械和卫生用品中的抗(抑)菌制剂,生产、进口企业应当按照有关规定进行卫生安全评价,符合卫生标准和卫生规范要求。产品上市时要将卫生安全评价报告向省级卫生计生行政部门备案,备案应当按照规定要求提供材料。

第二十七条　生产企业申请新消毒产品卫生许可批件、在华责任单位申请进口新消毒产品卫生许可批件的,应当按照国家卫生计生委新消毒产品卫生行政许可管理规定的要求,向国家卫生计生委提出申请。国家卫生计生委应当按照有关法律法规和相关规定,作出是否批准的决定。

国家卫生计生委对批准的新消毒产品,发给卫生许可批件,批准文号格式为:卫消新准字(年份)第XXXX号。不予批准的,应当说明理由。

第二十八条　新消毒产品卫生许可批件的有效期为四年。

第二十九条　国家卫生计生委定期公告取得卫生行政许可的新消毒产品批准内容。公告发布之日起,列入公告的同类产品不再按新消毒产品进行卫生行政许可。

第三十条　经营者采购消毒产品时,应当索取下列有效证件:

(一)生产企业卫生许可证复印件;

(二)产品卫生安全评价报告或者新消毒产品卫生许可批件复印件。

有效证件的复印件应当加盖原件持有者的印章。

第三十一条　消毒产品的命名、标签（含说明书）应当符合国家卫生计生委的有关规定。

消毒产品的标签（含说明书）和宣传内容必须真实，不得出现或暗示对疾病的治疗效果。

第三十二条　禁止生产经营下列消毒产品：

（一）无生产企业卫生许可证或新消毒产品卫生许可批准文件的；

（二）产品卫生安全评价不合格或产品卫生质量不符合要求的。

第四章　消毒服务机构

第三十三条　消毒服务机构应当符合以下要求：

（一）具备符合国家有关规范、标准和规定的消毒与灭菌设备；

（二）其消毒与灭菌工艺流程和工作环境必须符合卫生要求；

（三）具有能对消毒与灭菌效果进行检测的人员和条件，建立自检制度；

（四）用环氧乙烷和电离辐射的方法进行消毒与灭菌的，其安全与环境保护等方面的要求按国家有关规定执行；

第三十四条　消毒服务机构不得购置和使用不符合本办法规定的消毒产品。

第三十五条　消毒服务机构应当接受当地卫生计生行政部门的监督。

第五章　监　　督

第三十六条　县级以上卫生计生行政部门对消毒工作行使下列监督管理职权：

（一）对有关机构、场所和物品的消毒工作进行监督检查；

（二）对消毒产品生产企业执行《消毒产品生产企业卫生规范》情况进行监督检查；

（三）对消毒产品的卫生质量进行监督检查；

（四）对消毒服务机构的消毒服务质量进行监督检查；

（五）对违反本办法的行为采取行政控制措施；

（六）对违反本办法的行为给予行政处罚。

第三十七条　有下列情形之一的，国家卫生计生委可以对已获得卫生许可批件的新消毒产品进行重新审查：

（一）产品原料、杀菌原理和生产工艺受到质疑的；

（二）产品安全性、消毒效果受到质疑的。

第三十八条　新消毒产品卫生许可批件的持有者应当在接到国家卫生计生委重新审查通知之日起30日内，按照通知的有关要求提交材料。超过期限未提交有关材料的，视为放弃重新审查，国家卫生计生委可以注销产品卫生许可批件。

第三十九条　国家卫生计生委自收到重新审查所需的全部材料之日起30日内，应当作出重新审查决定。有下列情形之一的，注销产品卫生许可批件：

（一）产品原料、杀菌原理和生产工艺不符合利用新材料、新工艺技术和新杀菌原理生产消毒剂和消毒器械的判定依据的；

(二)产品安全性、消毒效果达不到要求的。

第四十条　消毒产品生产企业应当按照国家卫生标准和卫生规范要求对消毒产品理化指标、微生物指标、杀灭微生物指标、毒理学指标等进行检验,承担相应的法律责任。不具备检验能力的,可以委托检验。

消毒产品的检验活动应当符合国家有关规定,检验报告应当客观真实,符合有关法律、法规、标准、规范和规定,在全国范围内有效。

第六章　罚　　则

第四十一条　医疗卫生机构违反本办法第四、五、六、七、八、九条规定的,由县级以上地方卫生计生行政部门责令限期改正,可以处5000元以下罚款;造成感染性疾病暴发的,可以处5000元以上20000元以下罚款。

第四十二条　加工、出售、运输被传染病病原体污染或者来自疫区可能被传染病病原体污染的皮毛,未按国家有关规定进行消毒处理的,应当按照《传染病防治法实施办法》第六十八条的有关规定给予处罚。

第四十三条　消毒产品生产经营单位违反本办法第三十一条、第三十二条规定的,由县级以上地方卫生计生行政部门责令其限期改正,可以处5000元以下罚款;造成感染性疾病暴发的,可以处5000元以上20000元以下的罚款。

第四十四条　消毒服务机构违反本办法规定,有下列情形之一的,由县级以上卫生计生行政部门责令其限期改正,可以处5000元以下的罚款;造成感染性疾病发生的,可以处5000元以上20000元以下的罚款:

消毒后的物品未达到卫生标准和要求的。

第七章　附　　则

第四十五条　本办法下列用语的含义:

感染性疾病:由微生物引起的疾病。

消毒产品:包括消毒剂、消毒器械(含生物指示物、化学指示物和灭菌物品包装物)、卫生用品和一次性使用医疗用品。

消毒服务机构:指为社会提供可能被污染的物品及场所、卫生用品和一次性使用医疗用品等进行消毒与灭菌服务的单位。

医疗卫生机构:指医疗保健、疾病控制、采供血机构及与上述机构业务活动相同的单位。

第四十六条　本办法由国家卫生计生委负责解释。

第四十七条　本办法自2002年7月1日起施行。1992年8月31日卫生部发布的《消毒管理办法》同时废止。

卫生计生系统内部审计工作规定

（2017年10月16日国家卫生计生委委主任会议讨论通过　中华人民共和国国家卫生和计划生育委员会令第16号公布）

第一章　总　　则

第一条　为进一步加强卫生计生系统内部审计工作，建立健全内部审计工作制度，完善内部监督制约机制，提高卫生计生服务效率，促进事业健康发展，根据《中华人民共和国审计法》、《中华人民共和国审计法实施条例》、《党政主要领导干部和国有企业领导人员经济责任审计规定》、《中国内部审计准则》及有关法律法规，结合实际，制定本规定。

第二条　卫生计生系统内部审计是指卫生计生系统内部审计机构和审计人员对本系统、本单位实施的一种独立客观的监督、评价和咨询活动，通过运用系统、规范的方法，审查和评价业务活动、内部控制和风险管理的适当性和有效性，以促进单位完善治理，提升管理水平和服务能力。

第三条　本规定适用于各级卫生计生行政部门（以下简称各部门）及所属（管）卫生计生单位（以下简称各单位）。

第四条　内部审计工作在国家卫生计生委统一指导下，按照行政隶属关系和预算管理关系实行分级负责管理。各部门、各单位内部审计机构负责本单位及所属（管）单位的内部审计，并指导和监督本系统、本地区及所属（管）单位内部审计工作。

第五条　各部门、各单位主要负责人对本部门、本单位内部审计工作的有效实施负责。

第六条　内部审计工作坚持全面覆盖、应审尽审；实事求是、客观公正；凡审必严、防微杜渐；促进管理、推动改革的工作原则。

第七条　内部审计机构应当依法依规接受国家审计机关的业务指导和监督，并积极支持和配合国家审计机关工作。

第二章　职责与权限

第八条　各部门内部审计机构对本系统内部审计业务指导和监督的主要职责：

（一）制定规章制度；

（二）编制工作发展规划；

（三）建立健全机构设置，加强人员配备；

（四）落实工作职责；

（五）组织质量评估；

（六）开展培训交流；

（七）法律、法规规定的其他职责。

第九条　各部门、各单位内部审计机构主要职责：

（一）制定工作办法和流程；

（二）编制年度工作计划；

（三）重大政策执行、事业发展目标完成情况审计；

（四）预算执行和财务收支、工程建设、采购、国有资产管理及其他所有经济活动事项审计；

（五）领导干部经济责任审计；

（六）内部控制评价及风险管理审计；

（七）其他审计。

第十条 内部审计机构和审计人员主要权限：

（一）查阅经济活动相关资料及电子数据；

（二）参加或者列席与重要经济活动有关的会议；

（三）对有关业务活动进行现场观察、调查和记录；

（四）向有关单位和个人开展调查和询问；

（五）对可能转移、隐匿、篡改、毁弃的货币资金、会计凭证、会计账簿、财务会计报告及与经济活动有关的资料，经本单位主要负责人批准，予以暂时封存；

（六）对违法违规的行为及时予以揭示；

（七）提出问题整改要求和管理改进建议。

第十一条 各部门、各单位内部审计机构应当有计划地开展内部审计工作，实现审计全覆盖。

各部门、各单位对本级和所属重点单位要每年审计，其他审计对象 1 个周期内至少审计 1 次。审计周期由各部门、各单位结合工作规划、管理需要和审计力量合理确定。没有能力自行开展审计的单位应当委托具有相应资质的社会中介机构开展。

当年已经接受相同项目外部审计并且审计结果可以充分运用的单位，当年可以不再安排审计。

第十二条 内部审计机构和审计人员发现本单位未及时处理严重违法违规问题、本单位负责人存在严重违法违规问题的，应当及时向上级主管部门反映。

第三章 机构与人员

第十三条 各部门应当根据国家编制管理相关规定和部门管理需要，设置内部审计机构，配备专职内部审计人员。

第十四条 各单位符合下列条件之一的，应当根据国家编制管理相关规定，设置独立的内部审计机构，专职审计人员不少于 2 人：

（一）二级以上医院；

（二）年收入及资产总额均达到 3000 万元以上；

（三）所属及分支机构较多；

（四）经济活动复杂；

（五）管理工作需要。

第十五条 不设立独立内部审计机构的部门和单位，应当指定内设机构安排专职人员履行内部审计职责。

第十六条　鼓励探索实行总审计师和审计委派等制度，强化内部审计的独立性和权威性，提高监管质量和水平。

第十七条　内部审计机构负责人应当具备中级以上相关专业技术职称或者5年以上审计、会计工作经历，其任免应当征求上级主管部门意见。

第十八条　内部审计人员应当具备必需的专业胜任能力，并定期接受后续教育培训。

第四章　审计实施

第十九条　内部审计机构按照单位领导办公会或者党组（党委）会审批后的年度审计工作计划实施。临时增加的专项审计工作按照规定程序审批后实施。

第二十条　内部审计机构实施审计应当遵循内部审计准则及相关规定明确的程序，主要包括：制订工作方案、组建审计项目工作组、下达审计通知书、组织现场审计、制作工作底稿、沟通审计结果、出具审计报告、督促问题整改等。

第二十一条　内部审计机构开展领导干部经济责任审计及其他特定审计事项时，应当遵守国家规定的审计程序和要求。

第二十二条　内部审计机构根据审计业务的需要，除涉密项目外，可以向社会购买审计服务。应当按照法律法规履行程序，委托具有相应资质的社会中介机构开展内部审计工作，并监督检查审计业务质量。

第二十三条　内部审计机构应当采取督导检查、分级复核、质量评估等方式强化审计工作质量控制。

第二十四条　内部审计机构应当加强内部审计信息化建设，提高审计能力、质量和效率。

第二十五条　内部审计机构应当建立健全审计档案管理制度，并按照有关规定保管档案资料。

第二十六条　内部审计人员与被审计单位、被审计单位主要负责人或者审计事项存在利害关系的，应当回避。

第二十七条　内部审计人员办理审计事项，应当严格遵守审计职业道德和审计工作纪律，严格执行廉政纪律，做到独立、客观、公正、保密。不得歪曲事实、隐瞒问题，不得利用职权谋取私利。

第五章　审计整改

第二十八条　被审计单位是审计整改的主体。单位主要负责人作为第一责任人，应当组织单位领导班子集体研究部署审计整改工作，建立职责明确、分工合作的审计整改联席工作机制，明确整改任务与职责。业务直接主管领导负责主管范围内审计整改工作。

第二十九条　对内部审计提出的问题和建议，被审计单位应当立行立改、全面整改，落实自查自纠，完善内部管理。

第三十条　被审计单位应当在规定时间内逐项完成审计报告反映问题的整改落实，并按时报送审计整改报告。

第三十一条 内部审计机构应当对审计整改工作进展、长效机制建设等情况实施指导监督和跟踪检查。

第六章 审计结果运用

第三十二条 各部门、各单位要建立健全审计通报制度。审计结果及审计整改情况应当经主要负责人批准后在适当范围内通报。

第三十三条 各部门、各单位应当将审计结果及其整改落实情况作为开展以下工作的重要参考依据：

(一)党风廉政建设；

(二)被审计单位、领导班子和领导干部年度考核；

(三)被审计单位主要负责人的考核、任免、奖惩；

(四)审计事项相关责任人的个人年度考核；

(五)有关政策规章和制度机制的完善。

第三十四条 领导干部经济责任审计结果报告应当归入被审计领导干部本人档案。

第三十五条 各部门、各单位要建立健全责任追究制度，依法依规对相关责任人严肃问责，给予相应党纪、政纪处分。

第七章 奖励与处理

第三十六条 对审计工作成效显著的内部审计机构和履行职责、忠于职守、坚持原则、作出突出成绩的内部审计人员，所在单位和上级主管部门应当按照规定给予表彰或者奖励。

第三十七条 内部审计人员因履行职责遭受打击、报复、陷害的，有关部门应当及时给予保护，并依法依规对相关责任人员予以处理。

第三十八条 内部审计机构有下列情形之一，由上级部门或者单位责令改正，并依法依规对相关负责人和其他直接责任人员予以处理：

(一)隐瞒审计查出的问题或者提供虚假审计报告的；

(二)泄露国家秘密或者被审计对象商业秘密的；

(三)滥用职权、徇私舞弊、玩忽职守的；

(四)违反国家规定或者单位内部规定的其他情形。

第三十九条 被审计单位和相关人员有下列情形之一的，由上级部门或者单位责令改正，并依法依规对直接负责的主管人员和其他直接责任人员予以处理：

(一)拒绝接受或者不配合内部审计工作的；

(二)拒绝、拖延提供与内部审计事项有关资料的；

(三)提供资料不真实、不完整的；

(四)拒绝执行审计处理意见的。

第八章 附 则

第四十条 各部门、各单位可以根据本规定，结合本地区和本单位实际情况，制订具体规定或者实施办法，并报上级主管部门或者单位备案。

除本规定外的其他卫生计生单位可以根据实际情况参照本规定执行。

第四十一条 本规定自2018年1月1日起施行。2006年8月16日原卫生部公布的《卫生系统内部审计工作规定》同时废止。

卫生健康标准管理办法

（国卫法规发〔2019〕44号）

第一章 总 则

第一条 为加强国家卫生健康委卫生健康标准工作科学化、规范化管理，保证标准质量，促进标准实施，根据《中华人民共和国标准化法》，制定本办法。

第二条 本办法所称卫生健康标准，是指国家卫生健康委为实施国家卫生健康法律法规和政策，保护人体健康，在职责范围内对需要在全国统一规范的事项，按照标准化制度规定的程序及格式制定并编号的各类技术要求。

本办法不适用于食品安全标准、地方卫生健康标准、团体和企业卫生健康标准。

第三条 本办法所称卫生健康标准工作，包括编制中长期卫生健康标准规划和年度计划，卫生健康标准研究、制修订、解释、宣贯、实施、复审和评估等。

第四条 卫生健康标准按适用范围可分为国家标准（含国家职业卫生标准）和行业标准。对需要在全国卫生健康行业及其他有关行业统一的卫生健康技术要求，制定国家标准；对需要在全国卫生健康行业统一的卫生健康技术要求，制定行业标准。

第五条 卫生健康标准按实施性质分为强制性标准和推荐性标准。保障公众健康安全且法律、行政法规规定强制执行的标准为强制性标准，其他标准为推荐性标准。

第六条 国家卫生健康委依法负责职责范围内的卫生健康标准管理工作，实行归口管理、分工负责。

国家卫生健康委设立国家卫生健康标准委员会，负责全国卫生健康标准政策、规划、年度计划的制定等管理工作。国家卫生健康标准委员会下设卫生健康标准专业委员会（以下简称专业委员会）。

国家卫生健康标准委员会秘书处设在国家卫生健康委法规司，负责项目、人员、强制性标准实施评估等归口管理工作。相关业务司局负责相关专业领域卫生健康标准的制修订和实施工作。

中国疾病预防控制中心、国家卫生健康委统计信息中心、医疗管理服务指导中心作为标准协调管理机构，负责标准项目承担单位评审、标准协调性审查、跨专业标准基础研究、重要标准的宣传培训、推荐性标准的评估、专业委员会的考核评估等综合性标准管理工作。

各专业委员会依据《国家卫生健康标准委员会章程》确定的职责开展工作。

第七条 卫生健康标准制修订经费纳入财政预算，并按照国家有关财经法律法规和国家卫生健康委专项资金管理办法管理。

第八条　发布的卫生健康标准属于科技成果，并作为标准主要起草人专业技术资格评审依据。

第九条　鼓励公民、法人和其他组织参与卫生健康标准工作。

第二章　卫生健康标准规划和计划的制定

第十条　国家卫生健康委根据工作需要组织制定标准工作中长期规划和标准制修订年度计划（以下简称年度计划）。

第十一条　卫生健康标准工作规划和年度计划项目的确定应当符合以下要求：

（一）保障公众健康，促进国民经济与社会发展；

（二）符合国家有关法律法规、卫生健康政策和方针；

（三）满足卫生健康工作需要；

（四）具有充分的科学依据，切实可行。

第十二条　国家卫生健康委公开向社会征集标准制修订项目建议。任何公民、法人和其他组织均可以提出立项建议。

第十三条　各专业委员会根据标准工作规划、标准体系及本专业领域需求遴选年度项目建议。标准协调管理机构审核建议项目间的协调性。国家卫生健康委结合工作需求和遴选意见确定标准制修订项目。

第十四条　国家卫生健康委公开向社会征集标准制修订项目承担单位，由标准协调管理机构或委托相关机构通过评审择优选取。

第十五条　卫生健康标准年度制修订计划经国家卫生健康委审议后，由国家卫生健康委批准下达并公布，国家标准计划报国务院标准化行政主管部门。

第十六条　鼓励具备实施条件的科技成果转化为卫生健康标准。根据转化的内容和需求，按本办法规定的程序提出标准立项建议。

在科研项目立项阶段已经提出标准研制任务和要求，经国家卫生健康委同意的，可免于标准立项程序，完成标准起草和征求意见后，直接进入卫生健康标准审查程序。

第十七条　计划执行过程中遇有特殊情况，可以根据需要依程序进行调整。

第三章　卫生健康标准起草与征求意见

第十八条　提倡由不同单位组成协作组承担标准起草工作。鼓励科研院所、教育机构、行业学协会、社会团体参与标准的起草。多个单位参与标准起草时，主要负责单位为第一起草单位，主要负责人为第一起草人。

第十九条　第一起草单位应当在充分调查研究或实验证据基础上起草标准，形成标准征求意见稿。

第二十条　第一起草单位应当广泛征求标准使用单位、科研院所、行业学协会、专家等各相关方面的意见，并在卫生健康标准网上向社会公开征求意见。

第二十一条　第一起草单位应当对反馈意见进行归纳整理、分析研究，对所提意见不采纳时，应当说明理由。

第二十二条　第一起草单位应当在征求意见的基础上完成标准送审材料，在标准制修订计划规定的时限内提交相应专业委员会审查。

第四章　卫生健康标准审查、报批与发布

第二十三条　各专业委员会负责对标准材料的合法性、科学性、实用性、可行性进行审查，对涉及市场主体利益的强制性标准应当进行公平竞争审查。

审查通过的标准，报标准协调管理机构。

审查未通过的标准，专业委员会应当向标准第一起草单位反馈意见，说明未予通过的理由并提出相应修改要求。起草单位应当根据审查意见修改。

第二十四条　标准协调管理机构负责对标准材料的协调性、规范性、格式等进行审核，审核通过的标准报国家卫生健康委。

第二十五条　国家卫生健康委相关业务司局负责标准报批材料的业务审核，确保标准与相关政策协调，审核相关强制性标准的合法性、公平性。法规司负责标准报批程序的审核，复核相关强制性标准的合法性和公平性。需要对外通报的强制性标准按照程序进行通报。

重大卫生健康标准发布前应当由国家卫生健康委再次征求社会或相关方面意见。

第二十六条　卫生健康行业标准、国家职业卫生标准由国家卫生健康委以通告形式发布并主动公开。行业标准发布后，报国务院标准化行政主管部门备案。

国家职业卫生标准以外的其他国家标准报国务院标准化行政主管部门发布。

第二十七条　因卫生健康工作急需，或应对突发紧急事件需要制定标准的，由法规司和相关业务司局共同报委领导批准，采用快速程序制定。

第五章　卫生健康标准实施与评估

第二十八条　国家卫生健康委负责卫生健康标准的宣传贯彻与实施。各业务司局在各自职责范围内承担卫生健康标准的贯彻执行工作，将卫生健康标准作为指导、评审、监管等工作的重要技术依据。

国家卫生健康委建立卫生健康标准评估机制，重点组织对强制性标准的实施进行评估。

第二十九条　卫生健康标准实施后，相应的专业委员会应当根据科学技术发展和社会需要适时进行复审，复审周期一般不超过五年。

第三十条　任何公民、法人和其他组织均可以对标准存在的问题提出意见和建议。

第三十一条　各专业委员会负责对本专业标准相关的咨询提供答复，对较集中的问题进行归纳分析。

第三十二条　下列情况由国家卫生健康委对标准进行解释：

（一）咨询较集中的技术指标问题，需要统一说明的；

（二）标准制定后出现新的情况，需要明确适用标准的；

（三）其他需要作出解释的情况。

国家卫生健康委相关业务司局会同相关专业委员会提出标准解释草案,法规司进行程序审核后报委有关负责同志签发,以委发文形式发布,与标准具有同等效力。

第三十三条　国家卫生健康委根据卫生健康标准化需求开展标准化试点示范工作,传播标准化理念,推广标准化经验,推动卫生健康领域运用标准化方式组织生产、经营、管理和服务。

第六章　附　　则

第三十四条　标准协调管理机构、专业委员会秘书处、标准起草单位应当健全标准工作档案管理制度,妥善保管有关档案。

第三十五条　本办法自发布之日起施行。2014 年 7 月 11 日发布的《卫生标准管理办法》同时废止。

卫生行政许可管理办法

(2004 年 11 月 17 日卫生部令第 38 号公布　根据 2017 年 12 月 26 日《国家卫生计生委关于修改〈新食品原料安全性审查管理办法〉等 7 件部门规章的决定》修订)

第一章　总　　则

第一条　为规范卫生计生行政部门实施卫生行政许可,根据《中华人民共和国行政许可法》(以下简称《行政许可法》)和有关卫生法律法规的规定,制定本办法。

第二条　卫生行政许可是卫生计生行政部门根据公民、法人或者其他组织的申请,按照卫生法律、法规、规章和卫生标准、规范进行审查,准予其从事与卫生管理有关的特定活动的行为。

第三条　实施卫生行政许可,应当遵循公开、公平、公正、便民原则,提高办事效率,提供优质服务。

第四条　各级卫生计生行政部门实施的卫生行政许可应当有下列法定依据:

(一)法律、行政法规;

(二)国务院决定;

(三)地方性法规;

(四)省、自治区、直辖市人民政府规章。

各级卫生计生行政部门不得自行设定卫生行政许可项目,不得实施没有法定依据的卫生行政许可。

第五条　卫生计生行政部门实施卫生行政许可必须严格遵守法律、法规、规章规定的权限和程序。

法律、法规、规章规定由上级卫生行政机关实施的卫生行政许可,下级卫生行政机关不得实施;法律、法规、规章规定由下级卫生行政机关实施的卫生行政许可,上级卫生行政机关不得实施,但应当对下级卫生行政机关实施卫生行政许可的行为加强监督。

法律、法规、规章未明确规定实施卫生行政许可的卫生计生行政部门级别的,或者授权省级卫生计生行政部门对此作出规定的,省级卫生计生行政部门应当作出具体规定。

第六条 卫生计生行政部门实施的卫生行政许可需要内设的多个机构办理的,应当确定一个机构统一受理卫生行政许可申请和发放行政许可决定。

第七条 公民、法人或者其他组织对卫生计生行政部门实施卫生行政许可享有陈述权、申辩权和依法要求听证的权利;有权依法申请行政复议或者提起行政诉讼;其合法权益因卫生计生行政部门违法实施卫生行政许可受到损害的,有权依法要求赔偿。

第八条 任何单位和个人对违法实施卫生行政许可的行为有权进行举报,卫生计生行政部门应当及时核实、处理。

第二章 申请与受理

第九条 公民、法人或者其他组织申请卫生行政许可,应当按照法律、法规、规章规定的程序和要求向卫生计生行政部门提出申请。申请书格式文本由卫生计生行政部门提供。

申请人可以委托代理人提出卫生行政许可申请,代理人办理卫生行政许可申请时应当提供委托代理证明。

第十条 卫生计生行政部门应当公示下列与办理卫生行政许可事项相关的内容:

(一)卫生行政许可事项、依据、条件、程序、期限、数量;

(二)需要提交的全部材料目录;

(三)申请书示范文本;

(四)办理卫生行政许可的操作流程、通信地址、联系电话、监督电话。

有条件的卫生计生行政部门应当在相关网站上公布前款所列事项,方便申请人提出卫生行政许可,提高办事效率。

卫生计生行政部门应当根据申请人的要求,对公示内容予以说明、解释。

第十一条 申请人申请卫生行政许可,应当如实向卫生计生行政部门提交有关材料,并对其申请材料的真实性负责,承担相应的法律责任。卫生计生行政部门不得要求申请人提交与其申请的卫生行政许可事项无关的技术资料和其他材料。

第十二条 卫生计生行政部门接收卫生行政许可申请时,应当对申请事项是否需要许可、申请材料是否齐全等进行核对,并根据下列情况分别作出处理:

(一)申请事项依法不需要取得卫生行政许可的,应当即时告知申请人不受理;

(二)申请事项依法不属于卫生计生行政部门职权范围的,应当即时作出不予受理的决定,并告知申请人向有关行政机关申请;

(三)申请材料存在可以当场更正的错误,应当允许申请人当场更正,但申请材料中涉及技术性的实质内容除外。申请人应当对更正内容予以书面确认;

(四)申请材料不齐全或者不符合法定形式的,应当当场或者在5日内出具申请材料补正通知书,一次告知申请人需要补正的全部内容,逾期不告知的,自收到申请材料之日起即为受理;补正的申请材料仍然不符合有关要求的,卫生计生行政部门可以要求继续补正;

（五）申请材料齐全、符合法定形式，或者申请人按照要求提交全部补正申请材料的，卫生计生行政部门应当受理其卫生行政许可申请。

第十三条　卫生计生行政部门受理或者不予受理卫生行政许可申请的，应当出具加盖卫生计生行政部门专用印章和注明日期的文书。

第十四条　卫生行政许可申请受理后至卫生行政许可决定作出前，申请人书面要求撤回卫生行政许可申请的，可以撤回；撤回卫生行政许可申请的，卫生计生行政部门终止办理，并通知申请人。

第三章　审查与决定

第十五条　卫生计生行政部门受理申请后，应当及时对申请人提交的申请材料进行审查。

卫生计生行政部门根据法律、法规和规章的规定，确定审查申请材料的方式。

第十六条　卫生计生行政部门对申请材料审查后，应当在受理申请之日起20日内作出卫生行政许可决定；20日内不能作出卫生行政许可决定的，经本级卫生计生行政部门负责人批准，可以延长10日，并应当将延长期限的理由书面告知申请人。

法律、法规对卫生行政许可期限另有规定的，依照其规定。

第十七条　卫生计生行政部门依法需要对申请人进行现场审查的，应当及时指派两名以上工作人员进行现场审查，并根据现场审查结论在规定期限内作出卫生行政许可决定。

第十八条　卫生计生行政部门依法需要对申请行政许可事项进行检验、检测、检疫的，应当自受理申请之日起5日内指派两名以上工作人员按照技术标准、技术规范进行检验、检测、检疫，并书面告知检验、检测、检疫所需期限。需要延长检验、检测、检疫期限的，应当另行书面告知申请人。检验、检测、检疫所需时间不计算在卫生行政许可期限内。

第十九条　卫生计生行政部门依法需要根据鉴定、专家评审结论作出卫生行政许可决定的，应当书面告知申请人组织专家评审的所需期限。卫生计生行政部门根据专家评审结论作出是否批准的卫生行政许可决定。需要延长专家评审期限的，应当另行书面告知申请人。鉴定、专家评审所需时间不计算在卫生行政许可期限内。

第二十条　卫生计生行政部门依法需要根据考试、考核结果作出卫生行政许可决定的，申请人在考试、考核合格成绩确定后，根据其考试、考核结果向卫生计生行政部门提出申请，卫生计生行政部门应当在规定期限内作出卫生行政许可决定。

卫生计生行政部门根据考试成绩和其他法定条件作出卫生行政许可决定的，应当事先公布资格考试的报名条件、报考办法、考试科目以及考试大纲。但是，不得组织强制性的资格考试的考前培训，不得指定教材或者其他助考材料。

第二十一条　卫生计生行政部门依法需要根据检验、检测、检疫结果作出卫生行政许可决定的，检验、检测、检疫工作由依法认定的具有法定资格的技术服务机构承担。

申请人依法可自主选择具备法定资格的检验、检测、检疫机构，卫生计生行政部门不得为申请人指定检验、检测、检疫机构。

第二十二条　依法应当逐级审批的卫生行政许可，下级卫生计生行政部门应当在法定期限内按规定程序和要求出具初审意见，并将初步审查意见和全部申报材料报送上级卫生计生行政部门审批。法律、法规另有规定的，依照其规定。

符合法定要求的，上级卫生计生行政部门不得要求申请人重复提供申请材料。

第二十三条　卫生计生行政部门作出不予卫生行政许可的书面决定的，应当说明理由，告知申请人享有依法申请行政复议或者提起行政诉讼的权利，并加盖卫生计生行政部门印章。

第二十四条　申请人的申请符合法定条件、标准的，卫生计生行政部门应当依法作出准予卫生行政许可的书面决定。依法需要颁发卫生行政许可证件的，应当向申请人颁发加盖卫生计生行政部门印章的卫生行政许可证件。

卫生行政许可证件应当按照规定载明证件名称、发证机关名称、持证人名称、行政许可事项名称、有效期、编号等内容，并加盖卫生计生行政部门印章，标明发证日期。

第二十五条　卫生计生行政部门作出的卫生行政许可决定，除涉及国家秘密、商业秘密或者个人隐私的外，应当予以公开，公众有权查阅。

第二十六条　卫生计生行政部门应当建立健全卫生行政许可档案管理制度，妥善保存有关申报材料和技术评价资料。

第二十七条　申请人依法取得的卫生行政许可，其适用范围没有地域限制的，在全国范围内有效，各级卫生计生行政部门不得采取备案、登记、注册等方式重复或者变相重复实施卫生行政许可。

第二十八条　同一公民、法人或者其他组织在同一地点的生产经营场所需要多项卫生行政许可，属于同一卫生计生行政部门实施行政许可的，卫生计生行政部门可以只发放一个卫生行政许可证件，其多个许可项目应当分别予以注明。

第四章　听　　证

第二十九条　法律、法规、规章规定实施卫生行政许可应当听证的事项，或者卫生计生行政部门认为需要听证的涉及重大公共利益的卫生行政许可事项，卫生计生行政部门应当在作出卫生行政许可决定前向社会公告，并举行听证。听证公告应当明确听证事项、听证举行的时间、地点、参加人员要求及提出申请的时间和方式等。

第三十条　卫生行政许可直接涉及申请人与他人之间重大利益关系，卫生计生行政部门应当在作出卫生行政许可决定前发出卫生行政许可听证告知书，告知申请人、利害关系人有要求听证的权利。

第三十一条　申请人、利害关系人要求听证的，应当自收到卫生计生行政部门卫生行政许可听证告知书后五日内提交申请听证的书面材料。逾期不提交的，视为放弃听证的权利。

第三十二条　卫生计生行政部门应当在接到申请人、利害关系人申请听证的书面材料二十日内组织听证，并在举行听证的七日前，发出卫生行政许可听证通知书，将听证的事项、时间、地点通知申请人、利害关系人。

第三十三条 申请人、利害关系人在举行听证前,撤回听证申请的,应当准许,并予记录。

第三十四条 申请人、利害关系人可以亲自参加听证,也可以委托代理人参加听证,代理人应当提供委托代理证明。

第三十五条 根据规定需要听证的,由卫生计生行政部门具体实施行政许可的机构负责组织。听证由卫生计生行政部门的法制机构主持。

申请人、利害关系人不承担卫生计生行政部门组织听证的费用。

第三十六条 申请人、利害关系人认为听证主持人与卫生行政许可有直接利害关系的,有权申请回避。

第三十七条 有下列情形之一的,可以延期举行听证:

(一)申请人、利害关系人有正当理由未到场的;

(二)申请人、利害关系人提出回避申请理由成立,需要重新确定主持人的;

(三)其他需要延期的情形。

第三十八条 举行听证时,卫生行政许可审查人提出许可审查意见,申请人、利害关系人进行陈述、申辩和质证。

第三十九条 听证应当制作笔录,听证笔录应当载明下列事项:

(一)卫生行政许可事项;

(二)听证参加人姓名、年龄、身份;

(三)听证主持人、听证员、书记员姓名;

(四)举行听证的时间、地点、方式;

(五)卫生行政许可审查人提出的许可审查意见;

(六)申请人、利害关系人陈述、申辩和质证的内容。

听证主持人应当在听证后将听证笔录当场交申请人、利害关系人审核,并签名或盖章。申请人、利害关系人拒绝签名的,由听证主持人在听证笔录上说明情况。

第四十条 听证结束后,听证主持人应当依据听证情况,提出书面意见。

第四十一条 听证所需时间不计算在卫生行政许可期限内。

第五章 变更与延续

第四十二条 被许可人在卫生行政许可有效期满前要求变更卫生行政许可事项的,应当向作出卫生行政许可决定的卫生计生行政部门提出申请,并按照要求提供有关材料。

卫生计生行政部门对被许可人提出的变更申请,应当按照有关规定进行审查。对符合法定条件和要求的,卫生计生行政部门应当依法予以变更,并换发行政许可证件或者在原许可证件上予以注明;对不符合法定条件和要求的,卫生计生行政部门应当作出不予变更行政许可的书面决定,并说明理由。

第四十三条 按照法律、法规、规章规定不属于可以变更情形的,应当按照规定重新申请卫生行政许可。

第四十四条 被许可人依法需要延续卫生行政许可有效期的,应当在该卫生行政许可可有效期届满30日前向作出卫生行政许可决定的卫生计生行政部门提出申请，并按照要求提供有关材料。但法律、法规、规章另有规定的，依照其规定。

第四十五条　卫生计生行政部门接到延续申请后，应当按照本办法的有关规定作出受理或者不予受理的决定。受理延续申请的，应当在该卫生行政许可有效期届满前作出是否准予延续的决定；逾期未作决定的，视为准予延续。

卫生计生行政部门作出不受理延续申请或者不准予延续决定的，应当书面告知理由。

被许可人未按照规定申请延续和卫生计生行政部门不受理延续申请或者不准予延续的，卫生行政许可有效期届满后，原许可无效，由作出卫生行政许可决定的卫生计生行政部门注销并公布。

第四十六条　依法取得的卫生行政许可，除法律、法规规定依照法定条件和程序可以转让的外，不得转让。

第六章　监督检查

第四十七条　卫生计生行政部门应当建立健全行政许可管理制度，对卫生行政许可行为和被许可人从事卫生行政许可事项的活动实施全面监督。

第四十八条　上级卫生计生行政部门应当加强对下级卫生计生行政部门实施的卫生行政许可的监督检查，发现下级卫生计生行政部门实施卫生行政许可违反规定的，应当责令下级卫生计生行政部门纠正或者直接予以纠正。

第四十九条　卫生计生行政部门发现本机关工作人员违反规定实施卫生行政许可的，应当立即予以纠正。

卫生计生行政部门发现其他地方卫生计生行政部门违反规定实施卫生行政许可的，应当立即报告共同上级卫生计生行政部门。接到报告的卫生计生行政部门应当及时进行核实，对情况属实的，应当责令有关卫生计生行政部门立即纠正；必要时，上级卫生计生行政部门可以直接予以纠正。

第五十条　卫生计生行政部门应当加强对被许可人从事卫生行政许可事项活动情况的监督检查，并按照规定记录监督检查情况和处理结果，监督检查记录应当按照要求归档。

第五十一条　卫生计生行政部门依法对被许可人生产、经营、服务的场所和生产经营的产品以及使用的用品用具等进行实地检查、抽样检验、检测时，应当严格遵守卫生行政执法程序和有关规定。

第五十二条　卫生计生行政部门实施监督检查，不得妨碍被许可人正常生产经营和服务活动，不得索取或者收受被许可人的财物，不得谋取其它利益。

卫生计生行政部门对被许可人提供的有关技术资料和商业秘密负有保密责任。

第五十三条　对违法从事卫生行政许可事项活动的，卫生计生行政部门应当及时予以查处。对涉及本辖区外的违法行为，应当通报有关卫生计生行政部门进行协查；接到通报的卫生计生行政部门应当及时组织协查；必要时，可以报告上级卫生计生行政部门组织协查；对于重大案件，由国家卫生计生委组织协查。

卫生计生行政部门应当将查处的违法案件的违法事实、处理结果告知作出卫生行政许可决定的卫生计生行政部门。

第五十四条 卫生计生行政部门应当设立举报、投诉电话，任何单位和个人发现违法从事卫生行政许可事项的活动，有权向卫生计生行政部门举报，卫生计生行政部门应当及时核实、处理。

第五十五条 卫生计生行政部门在安排工作经费时，应当优先保证实施卫生行政许可所需经费。

卫生计生行政部门实施卫生行政许可时，除法律、行政法规规定外，不得收取任何费用。

第五十六条 被许可人取得卫生行政许可后，应当严格按照许可的条件和要求从事相应的活动。

卫生计生行政部门发现被许可人从事卫生行政许可事项的活动，不符合其申请许可时的条件和要求的，应当责令改正；逾期不改正的，应当依法收回或者吊销卫生行政许可。

第五十七条 有下列情况之一的，作出卫生行政许可决定的卫生计生行政部门或者上级卫生计生行政部门，可以撤销卫生行政许可：

（一）卫生计生行政部门工作人员滥用职权，玩忽职守，对不符合法定条件的申请人作出准予卫生行政许可决定的；

（二）超越法定职权作出准予卫生行政许可决定的；

（三）违反法定程序作出准予卫生行政许可决定的；

（四）对不具备申请资格或者不符合法定条件的申请人准予卫生行政许可的；

（五）依法可以撤销卫生行政许可决定的其它情形。

被许可人以欺骗、贿赂等不正当手段取得卫生行政许可的，应当予以撤销。

撤销卫生行政许可，可能对公共利益造成重大损失的，不予撤销。依照本条第一款的规定撤销卫生行政许可，被许可人的合法权益受到损害的，卫生计生行政部门应当依法予以赔偿。

第五十八条 有下列情形之一的，卫生计生行政部门应当依法办理有关卫生行政许可的注销手续：

（一）卫生行政许可复验期届满或者有效期届满未延续的；

（二）赋予公民特定资格的卫生行政许可，该公民死亡或者丧失行为能力的；

（三）法人或其它组织依法终止的；

（四）卫生行政许可被依法撤销、撤回、或者卫生行政许可证件被依法吊销的；

（五）因不可抗力导致卫生行政许可事项无法实施的；

（六）法律、法规规定的应当注销卫生行政许可的其它情形。

第五十九条 各级卫生计生行政部门应当定期对其负责实施的卫生行政许可工作进行评价，听取公民、法人或者其他组织对卫生行政许可工作的意见和建议，并研究制定改进工作的措施。

第七章　法律责任

第六十条 卫生计生行政部门及其工作人员违反本办法规定，有下列行为之一的，由上级卫生计生行政部门责令改正；拒不改正或者有其他情节严重的情形的，对直接负责的主管人员和其他直接责任人员依法给予行政处分：

（一）对符合法定条件的卫生行政许可申请不予受理的；

（二）不在卫生行政许可受理场所公示依法应当公示的材料的；

（三）在受理、审查、决定卫生行政许可过程中，未向申请人、利害关系人履行法定告知义务的；

（四）申请人提交的申请材料不齐全、不符合法定形式，能够一次告知而未一次告知申请人必须补正的全部内容的；

（五）未向申请人说明不予受理或者不予卫生行政许可的理由的；

（六）依法应当举行听证而不举行听证的。

第六十一条 卫生计生行政部门及其工作人员违反本办法规定，有下列行为之一的，由上级卫生计生行政部门责令改正，并对直接负责的主管人员和其他直接责任人员依法给予行政处分；涉嫌构成犯罪的，移交司法机关追究刑事责任：

（一）对不符合法定条件的申请人准予卫生行政许可或者超越法定职权作出准予卫生行政许可决定的；

（二）对符合法定条件的申请人不予卫生行政许可或者不在法定期限内作出准予卫生行政许可决定的；

（三）索取或者收受财物或者谋取其他利益的；

（四）法律、行政法规规定的其他违法情形。

第六十二条 卫生计生行政部门不依法履行监督职责或者监督不力，造成严重后果的，由其上级卫生计生行政部门责令改正，并对直接负责的主管人员和其他责任人员依法给予行政处分；涉嫌构成犯罪的，移交司法机关追究刑事责任。

第六十三条 申请人提供虚假材料或者隐瞒真实情况的，卫生计生行政部门不予受理或者不予许可，并给予警告，申请人在一年内不得再次申请该许可事项。

第六十四条 被许可人以欺骗、贿赂等不正当手段取得卫生行政许可的，卫生计生行政部门应当依法给予行政处罚，申请人在三年内不得再次申请该卫生行政许可；涉嫌构成犯罪的，移交司法机关追究刑事责任。

第六十五条 被许可人有下列行为之一的，卫生计生行政部门应当依法给予行政处罚；涉嫌构成犯罪的，移交司法机关追究刑事责任：

（一）涂改、倒卖、出租、出借或者以其他方式非法转让卫生行政许可证件的；

（二）超越卫生行政许可范围进行活动的；

（三）在卫生监督检查中提供虚假材料、隐瞒活动真实情况或者拒绝提供真实材料的；

（四）应依法申请变更的事项未经批准擅自变更的；

（五）法律、法规、规章规定的其他违法行为。

第六十六条 公民、法人或者其它组织未经卫生行政许可，擅自从事依法应当取得卫生行政许可的活动的，由卫生计生行政部门依法采取措施予以制止，并依法给予行政处罚；涉嫌构成犯罪的，移交司法机关追究刑事责任。

第八章 附 则

第六十七条 本办法规定的实施卫生行政许可的期限是指工作日,不包括法定节假日。

第六十八条 本办法规定的卫生行政许可文书样本供各地参照执行。除本办法规定的文书样本外,省级卫生计生行政部门可根据工作需要补充相应文书。

第六十九条 本办法自发布之日起施行。

卫生行政处罚程序

(中华人民共和国卫生部令第53号)

第一章 总 则

第一条 为保证卫生行政机关正确行使行政处罚职权,保护公民、法人和其他组织的合法权益,维护公共利益和社会秩序,根据《行政处罚法》和有关卫生法律、法规的规定,制定本程序。

第二条 本程序所指行政处罚,是指县级以上卫生行政机关依据卫生法律、法规、规章,对应受制裁的违法行为,作出的警告、罚款、没收违法所得、责令停产停业、吊销许可证以及卫生法律、行政法规规定的其他行政处罚。

第三条 县级以上卫生行政机关对违反卫生法律、法规、规章的单位或个人进行行政处罚,适用本程序。

卫生法律、法规授予卫生行政处罚职权的卫生机构行使卫生行政处罚权的,依照本程序执行。

第四条 卫生行政机关实施行政处罚必须事实清楚,证据确凿,适用法律、法规、规章正确,坚持先调查取证后裁决、合法、适当、公正、公开和处罚与教育相结合的原则。

第五条 卫生行政机关应当建立对卫生行政处罚的监督制度。上级卫生行政机关对下级卫生行政机关实施行政处罚进行监督,卫生行政机关内部法制机构对本机关实施行政处罚进行监督。

第二章 管 辖

第六条 县级以上卫生行政机关负责查处所辖区域内的违反卫生法律、法规、规章的案件。

省级卫生行政机关可依据卫生法律、法规、规章和本地区的实际,规定所辖区内管辖的具体分工。

卫生部负责查处重大、复杂的案件。

第七条 上级卫生行政机关可将自己管辖的案件移交下级卫生行政机关处理;也可根据下级卫生行政机关的请求处理下级卫生行政机关管辖的案件。

第八条 两个以上卫生行政机关,在管辖发生争议时,报请其共同的上级卫生行政机关指定管辖。

第九条 卫生行政机关发现查处的案件不属于自己管辖,应当及时书面移送给有管辖权的卫生行政机关。

受移送的卫生行政机关应当将案件查处结果函告移送的卫生行政机关。

受移送地的卫生行政机关如果认为移送不当,应当报请共同的上级卫生行政机关指定管辖,不得再自行移送。

第十条 上级卫生行政机关在接到有关解决管辖争议或者报请移送管辖的请示后,应当在十日内作出具体管辖决定。

第十一条 国境卫生检疫机关依据国境卫生检疫法律、法规实施的行政处罚,由违法行为发生地的国境卫生检疫机关管辖。

卫生部卫生检疫局负责查处重大、复杂的案件。

卫生部卫生检疫局下设的国境卫生检疫机关间对管辖发生争议时,报请卫生部卫生检疫局指定管辖。

第十二条 法律、法规规定的受卫生部委托的有关部门的卫生主管机构,或者由卫生部会同其规定监督职责的国务院有关部门的卫生主管机构,负责规定管辖范围内的案件。

第十三条 卫生行政机关与第十二条所指的有关部门的卫生主管机构对管辖发生争议的,报请省级卫生行政机关指定管辖。

第三章 受理与立案

第十四条 卫生行政机关对下列案件应当及时受理并做好记录:

(一)在卫生监督管理中发现的;

(二)卫生机构监测报告的;

(三)社会举报的;

(四)上级卫生行政机关交办、下级卫生行政机关报请的或者有关部门移送的。

第十五条 卫生行政机关受理的案件符合下列条件的,应当在七日内立案:

(一)有明确的违法行为人或者危害后果;

(二)有来源可靠的事实依据;

(三)属于卫生行政处罚的范围;

(四)属于本机关管辖。

卫生行政机关对决定立案的应当制作报告,由直接领导批准,并确定立案日期和两名以上卫生执法人员为承办人。

第十六条 承办人有下列情形之一的,应当自行回避:

(一)是本案当事人的近亲属;

(二)与本案有利害关系;

(三)与本案当事人有其它利害关系,可能影响案件公正处理的。

当事人有权申请承办人回避。

回避申请由受理的卫生行政机关负责人决定。

第四章 调查取证

第十七条 对于依法给予卫生行政处罚的违法行为,卫生行政机关应当调查取证,查明违法事实。案件的调查取证,必须有两名以上执法人员参加,并出示有关证件。

对涉及国家机密、商业秘密和个人隐私的,应当保守秘密。

第十八条 卫生执法人员应分别询问当事人或证人,并当场制作询问笔录。询问笔录经核对无误后,卫生执法人员和被询问人应当在笔录上签名。被询问人拒绝签名的,应当由两名卫生执法人员在笔录上签名并注明情况。

第十九条 卫生执法人员进行现场检查时,应制作现场检查笔录,笔录经核对无误后,卫生执法人员和被检查人应当在笔录上签名。被检查人拒绝签名的,应当由两名卫生执法人员在笔录上签名并注明情况。

第二十条 调查取证的证据应当是原件、原物,调查取证原件、原物确有困难的,可由提交证据的单位或个人在复制品、照片等物件上签章,并注明"与原件(物)相同"字样或文字说明。

第二十一条 书证、物证、视听材料、证人证言、当事人陈述、鉴定结论、勘验笔录、现场检查笔录等,经卫生执法人员审查或调查属实,为卫生行政处罚证据。

第二十二条 卫生行政机关在收集证据时,在证据可能灭失、或者以后难以取得的情况下,经卫生行政机关负责人批准,可以先行登记保存。执法人员应向当事人出具由行政机关负责人签发的保存证据通知书。

卫生行政机关应当在七日内作出处理决定。卫生法律、法规另有规定的除外。

第二十三条 卫生执法人员调查违法事实,需要采集鉴定检验样品的,应当填写采样记录。所采集的样品应标明编号并及时进行鉴定检验。

第二十四条 调查终结后,承办人应当写出调查报告。其内容应当包括案由、案情、违法事实、违反法律、法规或规章的具体款项等。

第五章 处罚决定

第一节 一般程序

第二十五条 承办人在调查终结后,应当对违法行为的事实、性质、情节以及社会危害程度进行合议并作好记录,合议应当根据认定的违法事实,依照有关卫生法律、法规和规章的规定分别提出下列处理意见:

(一)确有应当受行政处罚的违法行为的,依法提出卫生行政处罚的意见;

(二)违法行为轻微的,依法提出不予卫生行政处罚的意见;

(三)违法事实不能成立的,依法提出不予卫生行政处罚的意见;

(四)违法行为不属于本机关管辖的,应当移送有管辖权的机关处理;

(五)违法行为构成犯罪需要追究刑事责任的,应当移送司法机关。同时应当予以行政处罚的,还应当依法提出卫生行政处罚的意见。

除前款第一项、第五项所述情形之外,承办人应制作结案报告,并经本机关负责人批准后结案。

第二十六条 卫生行政机关在作出合议之后,应当及时告知当事人行政处罚认定的事实、理由和依据,以及当事人依法享有的权利。适用听证程序的按本程序第三十三条规定。

卫生行政机关必须充分听取当事人的陈述和申辩,并进行复核,当事人提出的事实、理由或者证据成立的,应当采纳。

卫生行政机关不得因当事人申辩而加重处罚。

第二十七条 对当事人违法事实已查清,依据卫生法律、法规、规章的规定应给予行政处罚的,承办人应起草行政处罚决定书文稿,报卫生行政机关负责人审批。

卫生行政机关负责人应根据情节轻重及具体情况作出行政处罚决定。对于重大、复杂的行政处罚案件,应当由卫生行政机关负责人集体讨论决定。

行政处罚决定作出后,卫生行政机关应当制作行政处罚决定书。

第二十八条 卫生行政机关适用一般程序实施行政处罚时,对已有证据证明的违法行为,应当在发现违法行为或调查违法事实时,书面责令当事人改正或限期改正违法行为。

第二十九条 卫生行政机关应当自立案之日起三个月内作出行政处罚决定。

因特殊原因,需要延长前款规定的时间的,应当报请上级卫生行政机关批准。省级卫生行政机关需要延长时间的,由省级卫生行政机关负责人集体讨论决定。

第二节 听证程序

第三十条 卫生行政机关在作出的责令停产停业、吊销许可证或者较大数额罚款等行政处罚决定前,应当告知当事人有要求举行听证的权利。当事人要求听证的,卫生行政机关应当组织听证。听证由卫生行政机关内部法制机构或主管法制工作的综合机构负责。

对较大数额罚款的听证范围依照省、自治区、直辖市人大常委会或人民政府的具体规定执行。

国境卫生检疫机关对二万元以上数额的罚款实行听证。

第三十一条 听证遵循公正、公开的原则。除涉及国家秘密、商业秘密或者个人隐私外,听证应当以公开的方式进行。

听证实行告知、回避制度,依法保障当事人的陈述权和申辩权。

第三十二条 听证由作出行政处罚的卫生行政机关组织。当事人不承担卫生行政机关听证的费用。

第三十三条 卫生行政机关对于适用听证程序的卫生行政处罚案件,应当在作出行政处罚决定前,向当事人送达听证告知书。

听证告知书应当载明下列主要事项:

(一)当事人的姓名或者名称;

(二)当事人的违法行为、行政处罚的理由、依据和拟作出的行政处罚决定;

（三）告知当事人有要求听证的权利；

（四）告知提出听证要求的期限和听证组织机关。

听证告知书必须盖有卫生行政机关的印章。

第三十四条　卫生行政机关决定予以听证的，听证主持人应当在当事人提出听证要求之日起二日内确定举行听证时间、地点和方式，并在举行听证的七日前，将听证通知书送达当事人。

听证通知书应载明下列事项并加盖卫生行政机关印章：

（一）当事人的姓名或者名称；

（二）举行听证的时间、地点和方式；

（三）听证人员的姓名；

（四）告知当事人有权申请回避；

（五）告知当事人准备证据、通知证人等事项。

第三十五条　当事人接到听证通知书后，应当按期出席听证会。因故不能如期参加听证的，应当事先告知主持听证的卫生行政机关，并且获得批准。无正当理由不按期参加听证的，视为放弃听证要求，卫生行政机关予以书面记载。在听证举行过程中当事人放弃申辩和退出听证的，卫生行政机关可以宣布听证终止，并记入听证笔录。

第三十六条　卫生行政机关的听证人员包括听证主持人、听证员和书记员。

听证主持人由行政机关负责人指定本机关内部的非本案调查人员担任，一般由本机关法制机构人员或者专职法制人员担任。

听证员由卫生行政机关指定一至二名本机关内部的非本案调查人员担任。协助听证主持人组织听证。

书记员由卫生行政机关内部的一名非本案调查人员担任，负责听证笔录的制作和其他事务。

第三十七条　当事人认为听证主持人、听证员和书记员与本案有利害关系的，有权申请回避。听证员和书记员的回避，由听证主持人决定；听证主持人的回避由听证机构行政负责人决定。

第三十八条　有下列情形之一的，可以延期举行听证：

（一）当事人有正当理由未到场的；

（二）当事人提出回避申请理由成立，需要重新确定主持人的；

（三）需要通知新的证人到场，或者有新的事实需要重新调查核实的；

（四）其他需要延期的情形。

第三十九条　举行听证时，案件调查人提出当事人违法事实、证据和适用听证程序的行政处罚建议，当事人进行陈述、申辩和质证。

案件调查人员对认定的事实负有举证责任，当事人对自己提出的主张负有举证责任。

第四十条　听证应当制作笔录，听证笔录应当载明下列事项：

（一）案由；

（二）听证参加人姓名或名称、地址；

(三)听证主持人、听证员、书记员姓名;

(四)举行听证的时间、地点、方式;

(五)案件调查人员提出的事实、证据和适用听证程序的行政处罚建议;

(六)当事人陈述、申辩和质证的内容;

(七)听证参加人签名或盖章。

听证主持人应当在听证后将听证笔录当场交当事人和案件调查人审核,并签名或盖章。当事人拒绝签名的,由听证主持人在听证笔录上说明情况。

第四十一条 听证结束后,听证主持人应当依据听证情况,提出书面意见。

第四十二条 卫生行政机关应当根据听证情况进行复核,违法事实清楚的,依法作出行政处罚决定;违法事实与原来认定有出入的,可以进行调查核实,在查清事实后,作出行政处罚决定。

第三节 简易程序

第四十三条 对于违法事实清楚、证据确凿并有下列情形之一的,卫生行政机关可当场作出卫生行政处罚决定:

(一)予以警告的行政处罚;

(二)对公民处以五十元以下罚款的行政处罚;

(三)对法人或者其他组织处以一千元以下罚款的行政处罚。

第四十四条 卫生行政执法人员当场作出行政处罚决定的,应当向当事人出示证件,填写预定格式、编有号码并加盖卫生行政机关印章的当场行政处罚决定书。

前款规定的行政处罚决定书应当载明当事人的违法行为、行政处罚依据(适用的 法律、法规、规章名称及条、款、项、目)、具体处罚决定、时间、地点、卫生行政机关名称,并由执法人员签名或盖章。

第四十五条 卫生行政机关适用简易程序作出卫生行政处罚决定的,应在处罚决定书中书面责令当事人改正或限期改正违法行为。

第四十六条 卫生行政执法人员当场作出的行政处罚决定,应当在七日内报所属卫生行政机关备案。

第四节 送 达

第四十七条 卫生行政处罚决定书应当在宣告后当场交付当事人并取得送达回执。当事人不在场的,卫生行政机关应当在七日内依照本节规定,将卫生行政处罚决定书送达当事人。

卫生行政处罚决定书由承办人送达被处罚的单位或个人签收,受送达人在送达回执上记明收到日期、签名或盖章。受送达人在送达回执上的签收日期为送达日期。

送达行政处罚决定书应直接送交受送达人。受送达人是公民的,本人不在时,交同住成年家属签收;受送达人是法人或者其他组织的,应由法定代表人、其他组织的主要负责人或者该法人、其他组织负责收件人员签收。

第四十八条 受送达人或者其同住成年家属拒收行政处罚决定书的,送达人应当邀请有关基层组织或者所在单位人员到场并说明情况,在行政处罚决定书送达回执上注明拒收事由和日期,由送达人、见证人签名(盖章),将行政处罚决定书留在被处罚单位或者个人处,即视为送达。

第四十九条 直接送达有困难的,可以委托就近的卫生行政机关代送或者用挂号邮寄送达,回执注明的收件日期即为送达日期。

第五十条 送达人下落不明,或者依据本程序的其他方式无法送达的,以公告方式送达。

自发出公告之日起,经过六十日,即视为送达。

第六章 执行与结案

第五十一条 卫生行政处罚决定作出后,当事人应当在处罚决定的期限内予以履行。

第五十二条 当事人对卫生行政处罚决定不服申请行政复议或者提起行政诉讼的,行政处罚不停止执行,但行政复议或行政诉讼期间裁定停止执行的除外。

第五十三条 作出罚款决定的卫生行政机关应当与收缴罚款的机关分离,除按规定当场收缴的罚款外,作出行政处罚决定的卫生行政机关及卫生执法人员不得自行收缴罚款。

第五十四条 依据本程序第四十三条当场作出卫生行政处罚决定,有下列情形之一的,卫生执法人员可以当场收缴罚款:

(一)依法给予二十元以下罚款的;

(二)不当场收缴事后难以执行的;

卫生行政机关及其卫生执法人员当场收缴罚款的,必须向当事人出具省、自治区、直辖市财政部门统一制发的罚款收据。

第五十五条 在边远、水上、交通不便地区,卫生行政机关及卫生执法人员依照本程序规定作出处罚决定后,当事人向指定的银行缴纳罚款确有困难的,经当事人提出,卫生行政机关及其卫生执法人员可以当场收缴罚款。

第五十六条 当事人在法定期限内不申请行政复议或者不提起行政诉讼又不履行的,卫生行政机关可以采取下列措施:

(一)到期不缴纳罚款的每日按罚款数额的百分之三加处罚款;

(二)申请人民法院强制执行。

第五十七条 卫生行政处罚决定履行或者执行后,承办人应当制作结案报告。并将有关案件材料进行整理装订,加盖案件承办人印章,归档保存。

第五十八条 卫生行政机关应当将适用听证程序的行政处罚案件在结案后一个月内报上一级卫生行政机关法制机构备案。

卫生部卫生检疫局适用听证程序的行政处罚案件,应当报卫生部法制机构备案。

第七章 附 则

第五十九条 本程序所称卫生执法人员是指依照卫生法律、法规、规章聘任的卫生监督员。

第六十条　卫生行政机关及其卫生执法人员违反本程序实施行政处罚，将依照《行政处罚法》的有关规定，追究法律责任。

第六十一条　卫生行政处罚文书规范由卫生部另行制定。

第六十二条　本程序由卫生部负责解释。

第六十三条　本程序自发布之日起实行。以前发布的有关规定与本程序不符的，以本程序为准。

卫生部关于卫生监督体系建设的若干规定

（2004年12月9日卫生部部务会议讨论通过　2005年1月5日中华人民共和国卫生部令第39号发布）

第一章　总　　则

第一条　为进一步转变政府职能，加强依法行政，强化政府卫生监管职能，建立健全卫生监督体系，根据《中共中央国务院关于卫生改革与发展的决定》和党的十六大精神，制定本规定。

第二条　卫生监督体系是公共卫生体系的重要组成部分，是执行国家卫生法律法规，维护公共卫生秩序和医疗服务秩序，保护人民群众健康，促进经济社会协调发展的重要保证。

第三条　卫生监督体系建设包括加强卫生监督机构和队伍的建设、明确卫生监督的任务和职责、健全卫生监督工作的运行机制和完善卫生监督工作的保障措施。

第四条　卫生监督体系建设应当适应社会主义市场经济体制和全面推进依法行政的要求，通过进一步转变职能，严格行政执法，不断提高卫生行政部门依法办事的能力和水平。

第五条　卫生监督体系建设应当按照精简、统一、效能的原则和政事分开、综合执法、依法行政的要求，深化卫生监督体制改革，合理设置机构，优化人员结构，解决职能交叉、权责脱节和执法力量薄弱等问题。

第六条　各级人民政府应当加强对卫生监督工作的统一领导，统筹规划，在整合现有卫生资源基础上，加大投入，建立职责明确、行为规范、执法有力、保障到位的卫生监督体系。

第七条　卫生部负责全国卫生监督体系建设的规划与指导，负责卫生部卫生监督机构的管理。

县级以上地方人民政府卫生行政部门负责辖区卫生监督机构的建设和管理。

第二章　机构设置与人员管理

第八条　卫生监督工作实行分级管理。中央、省、设区的市、县级人民政府卫生行政部门内设卫生监督机构并下设卫生监督执行机构（以下统称卫生监督机构），负责辖区内卫生监督工作。县级卫生监督机构可在乡镇派驻卫生监督人员。

第九条 各级卫生监督机构的人员编制,应当根据辖区人口、工作量、服务范围和经济水平等因素科学合理制定。

第十条 卫生监督人员应当具备以下条件:

(一)遵守法律和职业道德;

(二)具备卫生监督相关的专业和法律知识;

(三)经过卫生监督岗位培训,并考试合格;

(四)新录用人员应具有大专以上学历。

第十一条 卫生监督人员资格考试的具体规定由卫生部制定,省级卫生行政部门组织实施。

各级卫生监督机构应当根据监督任务聘任相应的专业人员,不断优化卫生监督队伍的专业结构。

第十二条 国家对卫生监督人员实行定期培训和考核制度。

各级卫生监督机构应当不断提高卫生监督人员的专业素质和政治思想素质。

第十三条 国家和省级卫生监督机构应当设置专门人员监督下级卫生监督工作,其主要任务是:

1、大案要案的督察督办;

2、各种专项整治、执法检查的督察督导;

3、监督检查卫生法律法规的贯彻执行情况;

4、检查下级卫生监督机构和人员的执法行为。

第十四条 卫生监督人员执行公务时应当按照国家规定统一着装。

第十五条 各级卫生监督机构应当根据工作需要配备相关专业技术人员和条件,承担卫生监督的现场检测、执法取证等工作。

第十六条 各级卫生监督机构应当建立执法责任制,认真履行工作职责,做到任务明确、责任到人、各司其职,保证卫生监督的公正和效率。

第十七条 各级卫生监督机构应当建立健全规章制度和工作程序,规范卫生监督行为;完善内部制约机制,建立关键岗位轮换制度和执法回避制度;公开办事程序和办事结果,接受社会监督;强化服务意识,保护和尊重管理相对人的合法权益。

第三章 职 责

第十八条 各级卫生行政部门按照法律法规的规定,履行卫生监督管理职责;制定相关政策;负责卫生监督工作的宏观管理、组织协调和信息发布。

第十九条 卫生监督的主要职责是:依法监督管理食品、化妆品、消毒产品、生活饮用水及涉及饮用水卫生安全产品;依法监督管理公共场所、职业、放射、学校卫生等工作;依法监督传染病防治工作;依法监督医疗机构和采供血机构及其执业人员的执业活动,整顿和规范医疗服务市场,打击非法行医和非法采供血行为;承担法律法规规定的其他职责。

各级卫生监督机构在同级卫生行政部门领导下承担卫生监督工作任务。

第二十条　卫生部卫生监督机构负责全国卫生监督工作,主要职责为:

(一)拟定全国卫生监督政策和工作规划,并制定相应的工作制度和规范;

(二)组织实施全国卫生监督工作,对地方卫生监督工作进行指导和监督检查;

(三)开展执法稽查,对地方卫生监督机构和人员的执法行为进行督察;

(四)组织协调、督察督办有关大案要案的查处;

(五)组织全国卫生监督抽检;

(六)依法承办职责范围内的卫生行政许可和资质认定;

(七)负责全国卫生监督信息的汇总分析;

(八)组织全国卫生监督人员培训;

(九)组织开展卫生法律法规宣传教育;

(十)承担卫生部指定或交办的卫生监督事项。

第二十一条　省级卫生监督机构负责辖区内卫生监督工作的组织协调和监督指导,主要职责为:

(一)拟定辖区内卫生监督工作规划和年度计划,并制定相应的工作制度和规范;

(二)组织实施辖区内的卫生监督工作,对下级的卫生监督工作进行指导和监督检查;

(三)依法承办职责范围内的卫生行政许可、资质认定和日常卫生监督;

(四)查处辖区内大案要案,参与重大活动的卫生保障;

(五)承担国家卫生监督抽检任务,组织实施辖区内的卫生监督抽检;

(六)开展执法稽查,对下级卫生监督机构和人员的执法行为进行督察;

(七)组织协调辖区内各级卫生监督机构的分级管理,落实执法责任制;

(八)负责辖区内卫生监督人员的资格审定工作,组织开展资格考试;

(九)组织辖区内卫生监督人员培训;

(十)负责辖区内卫生监督信息的汇总、核实、分析、上报,并按照规定进行发布;

(十一)组织开展卫生法律法规宣传教育;

(十二)协调和指导辖区内铁路、交通、民航部门的卫生监督工作;

(十三)承担上级机关指定或交办的卫生监督事项。

第二十二条　设区的市、县级卫生监督机构负责辖区内日常卫生监督工作,主要职责为:

(一)卫生行政许可

1、承办食品生产经营单位、餐饮业及集体食堂卫生条件的卫生行政许可;

2、承办公共场所卫生条件的卫生行政许可;

3、承办供水单位卫生条件的卫生行政许可;

4、卫生行政部门交办的其它行政许可事项。

(二)公共卫生监督

1、对食品生产经营单位、餐饮业及集体食堂的卫生条件、卫生防护设施、生产经营活动及直接从事食品生产经营活动人员的健康管理进行卫生监督检查,查处违法行为;

2、对化妆品、消毒产品、生活饮用水、涉及饮用水卫生安全产品及其他健康相关产品的卫生及其生产经营活动进行卫生监督检查，查处违法行为；

3、对公共场所的卫生条件及其从业人员的健康管理进行卫生监督检查，查处违法行为；

4、对用人单位开展职业健康监护情况进行卫生监督检查，查处违法行为；

5、对建设项目执行职业病危害评价制度情况进行卫生监督检查，查处违法行为。

（三）医疗卫生监督

1、对医疗机构的执业资格、执业范围及其医务人员的执业资格、执业注册进行监督检查，规范医疗服务行为，打击非法行医；

对医疗机构的传染病疫情报告、疫情控制措施、消毒隔离制度执行情况和医疗废物处置情况进行监督检查，查处违法行为；

2、对采供血机构的执业资格、执业范围及其从业人员的资格进行监督检查，打击非法采供血行为；

对采供血机构的采供血活动、传染病疫情报告和医疗废物处置情况进行监督检查，查处违法行为；

3、对疾病预防控制机构的传染病疫情报告、预防控制措施和菌（毒）种管理情况进行监督检查，查处违法行为。

（四）其他

1、负责派出机构的管理；设区的市级卫生监督机构负责对县级的卫生监督工作进行监督检查；

2、负责辖区内卫生监督信息的收集、核实和上报；

3、负责受理对违法行为的投诉、举报；

4、开展卫生法律法规宣传教育；

5、承担上级机关指定或交办的卫生监督事项。

第二十三条 上级卫生行政部门可以直接调查处理下级卫生行政部门管辖范围内有关案件，也可以把管辖范围内有关案件委托下级卫生行政部门调查处理。

第二十四条 下级卫生行政部门对管辖范围的案件，认为需要由上级卫生行政部门调查处理的，可以提请上级卫生行政部门处理。

第四章 保障措施

第二十五条 各级卫生监督机构履行卫生监督管理职责所需经费，包括人员经费、公务费、业务费和发展建设支出，按照财政部、国家计委、卫生部《关于卫生事业补助政策的意见》（财社[2000]17 号）规定，由同级政府预算根据需要合理安排，保证其履行职责的必要经费。

第二十六条 中央和省级财政对困难地区实施卫生监督机构基础设施建设等项目给予适当补助。

第二十七条 在建立和完善卫生监督体系的同时，卫生部配合有关部门按照公共财政的要求，进一步完善卫生监督机构财政补助有关政策和办法。

第五章　附　　则

第二十八条　各省、自治区、直辖市应当根据本规定，并结合当地实际情况制定具体实施方案。

第二十九条　卫生监督机构应当根据国家有关政府和事业单位改革的规定，继续深化改革。

第三十条　本规定自发布之日起施行。过去颁布的有关文件与本规定抵触的，以本规定为准。

卫生行政执法文书规范

（2012年9月6日卫生部令第87号公布　根据2017年12月26日国家卫生和计划生育委员会令第18号《国家卫生计生委关于修改〈新食品原料安全性审查管理办法〉等7件部门规章的决定》修正）

第一章　总　　则

第一条　为规范卫生行政执法行为，保障公民、法人和其他组织的合法权益，根据《中华人民共和国行政处罚法》、《中华人民共和国行政强制法》和有关法律法规，制定本规范。

第二条　本规范规定的文书适用于监督检查、监督抽检、行政强制、行政处罚等卫生行政执法活动。

第三条　规范确定的各类文书应当按照规定的要求使用。

除本规范规定的文书样式外，省级卫生行政机关可以根据工作需要增加相应文书，并报国家卫生计生委备案。

第四条　制作的文书应当完整、准确、规范，符合相应的要求。

文书中卫生行政机关的名称应当填写机关全称。

文书本身设定文号的，应当在文书标注的“文号”位置编写相应的文号，编号方法为：“地区简称＋卫＋执法类别＋执法性质＋〔年份〕＋序号”。文书本身设定编号的，应当在文书标注的“编号：”后印制编号，编号方法为：“年份＋序号”。

第二章　制作要求

第五条　现场使用的文书应当按照规定的格式印制后填写。两联以上的文书应当使用无碳复写纸印制。

应当用黑色或者蓝黑色的水笔或者签字笔填写，保证字迹清楚、文字规范、文面清洁。

因书写错误需要对文书进行修改的，应当用杠线划去修改处，在其上方或者接下处写上正确内容。对外使用的文书作出修改的，应当在改动处加盖校对章，或者由对方当事人签名或者盖章。

文书也可以按照规范的格式打印。执法过程中需要利用手持移动执法设备现场打印文书的，在文书格式和内容不变的情况下，文书规格大小可以适当调整。

第六条　预先设定的文书栏目,应当逐项填写。摘要填写的,应当简明、完整、准确。签名和注明日期必须清楚无误。

第七条　调查询问所作的记录应当具体详细,涉及案件关键事实和重要线索的,应当尽量记录原话。不得使用推测性词句,以免发生词句歧义。

对方位、状态及程度的描述记录,应当依次有序、准确清楚。

第八条　当场制作的现场笔录、询问笔录、陈述和申辩笔录、听证笔录等文书,应当在记录完成后注明"以下空白",当场交由有关当事人审阅或者向当事人宣读,并由当事人签字确认。当事人认为记录有遗漏或者有差错的,应当提出补充和修改,在改动处签字或者用指纹、印鉴覆盖。

当事人认为笔录所记录的内容真实无误的,应当在笔录上注明"以上笔录属实"并签名。当事人拒不签名的,应当注明情况。采取行政强制措施时,当事人不到场的,应当邀请见证人到场在现场笔录上签名或者盖章。

第九条　各类文书中有关共性栏目的填写方法:

文书本身设有"当事人"项目的,按照以下要求填写:是法人或者其他组织的,应当填写单位的全称、地址、联系电话,法定代表人(负责人)的姓名、性别、民族、职务等内容;是个人的,应当填写姓名、性别、身份证号、民族、住址、联系电话等内容。"案件来源"按照《卫生行政处罚程序》的规定要求填写。

文书首页不够记录时,可以续页记录,但首页及续页均应当有当事人签名并注明日期。

案由统一写法为当事人名称(姓名)+具体违法行为+案。如有多个违法行为,以主要的违法行为作为案由。文书本身设有"当事人"项目的,在填写案由时可以省略有关当事人的内容。

第十条　对外使用的文书本身设定签收栏的,在直接送达的情况下,应当由当事人直接签收。没有设定的,一般应当使用送达回执。

第十一条　产品样品采样记录,是采集用于鉴定检验的健康相关产品及其他产品的书面记录。

采样记录应当写明被采样人、采样地址、采样方法、采样时间、采样目的等内容。

样品基本情况应当写明样品名称、样品规格、样品数量、样品包装状况或者储存条件、样品的生产日期及批号、样品标注的生产或者进口代理单位、采集样品的具体地点。

第十二条　非产品样品采样记录,是从有关场所采集鉴定检验用样品的书面记录。

非产品样品采样记录应当写明被采样人、采样地点、采样方法、采样时间、采样目的、采样设备或者仪器名称、采集样品名称、编号及份数。

此外,还应当对被采集样品的物品或者场所的状况进行客观的描述。

第十三条　产品样品确认告知书,是实施卫生监督抽检的卫生行政机关为确认产品的真实生产或者进口代理单位,向标签标注的生产或者进口代理单位发出的文书。

告知书应当写明样品的基本情况,采样日期、被采样单位或者地址、样品标识的生产或者进口代理单位及地址、生产日期或者批号、标识、规格、样品名称等内容。还应当告知确认的方式、时间、地点、联系人、联系电话、联系地址和邮政编码等,并告知逾期未回复确认的,视为对样品真实性无异议。

第十四条 检验结果告知书,是卫生行政机关将抽检不合格样品的检验结果告知相应当事人的文书。

告知书应当写明被检验的产品或者其他物品的名称,检验结果不符合国家有关卫生标准规定的情况,并告知当事人依照规定是否有申请复核的权利及提出复核申请的期限等内容。

第十五条 卫生监督意见书,是卫生行政机关制作的对被监督单位或者个人具有指导性或者指令性作用的文书。

对存在违法事实,依法需要责令改正的,应当写明法律依据、改正期限及责令改正意见等内容。

第十六条 卫生行政执法事项审批表,是在作出证据先行登记保存、行政强制、行政处罚等行政决定前,由卫生行政机关负责人对拟作出的行政决定意见进行审查,并签署审批意见的文书。也适用于因情况紧急需要当场实施行政强制措施,事后补办批准手续的情形。

审批表应当写明当事人、案由、申请审批事项、承办人处理意见、审核意见及部门负责人审批意见等。

申请行政处罚审批时,申请审批事项中应当写明主要违法事实、证据、处罚理由及依据。申请证据先行登记保存、行政强制审批时,申请审批事项中应当写明原因及依据。

第十七条 卫生行政控制决定书,是卫生行政机关发现当事人生产经营的产品或者场所已经或者可能对人体健康产生危害,需要对物品或者场所采取控制措施时发出的文书。

决定书应当写明当事人全称、控制的原因、控制的法律依据和作出处理决定的期限,对控制的物品或者场所应当写明物品或者场所的名称、控制地点、控制方式等内容。

第十八条 解除卫生行政控制决定书,是卫生行政机关确认被控制的物品或者场所不能或者不可能对人体健康构成危害时,决定对被控制的物品或者场所解除控制时发出的文书。

决定书应当写明当事人全称及控制文书作出的时间及文号。

第十九条 查封、扣押决定书,是卫生行政机关为制止违法行为、防止证据毁损、避免危害发生、控制危险扩大,依法对涉案的场所、设施或者财物采取查封、扣押措施时发出的文书。

决定书中应当写明当事人的姓名或者名称、地址,查封、扣押的理由、依据和期限,查封、扣押场所、设施或者财物的名称、数量等,并告知当事人申请行政复议或者提起行政诉讼的途径和期限。

对物品需要进行检测、检验、检疫或者技术鉴定的,应当告知当事人所需的时间,同时告知查封、扣押的期间不包括检测、检验、检疫或者技术鉴定的期间。

第二十条 查封、扣押处理决定书,是卫生行政机关在规定的期限内对被采取查封、扣押行政强制措施的场所、设施或者财物作出处理决定时发出的文书。

处理决定书应当写明当事人的姓名或者名称,查封扣押决定书作出的时间、文号及具体处理意见。

第二十一条 查封、扣押延期通知书,是因案情复杂,需要延长查封、扣押期限时发出的文书。

延期通知书应当写明当事人的姓名或者名称,查封扣押的期限,并说明理由。

第二十二条 物品清单,是作出查封、扣押、没收物品等行政决定时,附于查封、扣押决定书,行政处罚决定书等文书后,用于登记相关物品所使用的文书。

物品清单应当注明被附文书的名称及文号,并写明物品名称、数量、生产或进口代理单位、生产日期及批号等内容,由当事人、案件承办人签名。

第二十三条 公告,是指卫生行政机关为制止违法行为或者防止危害后果扩大,对当事人的违法行为依法采取执法行为并需要公众知晓或者配合时使用的文书。

公告应当写明违法当事人的姓名或者名称、地点、违法事实、违反的法律条款、处理依据及时间。公告的纸张规格大小可以根据实际需要确定。

第二十四条 封条,是为调查取证、保存证据或者防止危害进一步扩大等,对特定生产经营场所、物品等采取临时停止使用,以及禁止销售、转移、损毁、隐匿物品等措施时使用的文书。

封条上应当注明日期和期限,并加盖公章。封条的规格可以根据实际需要确定。

第二十五条 案件受理记录,是对检查发现、群众检举或者控告,上级卫生行政机关交办、下级卫生行政机关报请、有关部门移送来的案件,按照规定的权限和程序办理案件受理手续,所作的文字记录。

案发单位或者个人的信息应当根据所获得的信息填写。

案情摘要应当写明主要违法事实,包括案发时间、案发地点、重要证据及造成的危害和影响等内容。

负责人意见,是负责人对案件的处理意见。

第二十六条 立案报告,是对受理的案件进行初步核实后,确认有违法事实,属于本机关管辖,并需给予行政处罚的,为了对案件展开调查,向主管卫生行政机关负责人或主管科(处、室)负责人提出的书面报告。

案情摘要应当按照性质和程度,由大到小、从重到轻加以排列,逐个罗列事实并加以简要说明。同时要指明当事人涉嫌违反的具体法律条款。

负责人审批意见,是负责人对查处案件的批示,如是否批准立案,对批准立案的应当确定承办人员。

第二十七条 案件移送书,是将不属于本单位或者本部门管辖的案件,移送有关单位或者部门处理的文书。

案件移送书应当写明移送案件的受理时间、案由、移送原因、移送的法律依据。

卫生行政机关应当将案件材料一并移送,并做好交接记录。

第二十八条 现场笔录,是在案件调查、现场监督检查或者采取行政强制措施过程中,对与案件有关的现场环境、场所、设施、物品、人员、生产经营过程等进行现场检查时作的记录。

检查时间指在现场检查的具体时间,起止时间应当写明:年、月、日、时、分至几时几分。

检查地点应当写明现场检查的具体方位和具体地点。

检查内容记录要将现场监督检查涉及案件事实的有关情况准确、客观地记录下来。

第二十九条　询问笔录,是为查明案件事实,收集证据,而向案件当事人、证人或者其他有关人员调查了解有关情况时作的记录。

被询问人的基本情况应当记录姓名、性别、年龄、住址(联系地址)、身份证号等。

询问时间应当写明起止时间。

询问地点应当写明具体地点。

询问内容应当记录被询问人提供的与案件有关的全部情况,包括案件发生的时间、地点、事实经过、因果关系、后果等。

第三十条　证据先行登记保存决定书,是要求当事人对需要保全的证据在登记造册后进行保管的文书。

决定书应当写明保存方式、保存期限、保存地点以及保存证据的有关内容。

第三十一条　证据先行登记保存处理决定书,是卫生行政机关在规定的期限内对被保存的证据作出处理决定的文书。

处理决定书应当写明当事人全称,保存决定书作出的时间、文号及具体处理决定。

第三十二条　案件调查终结报告,是案件调查终结后,承办人就案情事实、对所调查问题性质的认识、对当事人责任的分析、对当事人的处理意见等,以书面形式向领导或者有关部门所做的正式报告。

承办机构指负主要责任办理该案件的机构,如科(处、室)等。承办人,指负责办理该案件的卫生监督员。

案情及违法事实应当简明扼要,写明案件的经过和结果,违反的法律条款等。

相关证据应当列明已经查证属实的,与案件有关的所有证据。

争议要点,既应当写明当事人与承办人之间对案情事实的不同观点,也应当表明承办人之间对案件的不同意见。如无争议则写"无"。

处理建议,经过调查,据以立案的违法事实并不存在,应当写明建议终结调查并结案等内容。需要给予行政处罚的,应当写明拟实施行政处罚的种类、幅度及法律依据等。

负责人意见,应当写明是否同意调查终结的意见,对需要合议的案件应当提出进行合议的具体意见。

第三十三条　合议记录,是对拟适用听证程序的行政处罚或其他重大行政处罚案件在调查终结后,组织有关人员对案件进行综合分析、审议时记录的文字材料。

合议记录应当写明案由、合议主持人、参加合议人员、合议时间、合议地点等内容。

合议记录应当包括:违法事实、相关证据、处罚依据、合议建议。对不同的合议意见,应当如实记录。

合议结束后,所有参加合议人员都应当在每页合议记录上签名并注明日期。

第三十四条　行政处罚事先告知书,是在作出行政处罚决定前,告知当事人将要作出的行政处罚决定的事实、理由、依据以及当事人依法应当享有的权利的文书。

事先告知书应当写明当事人的违法行为、违反的法律条款、将要作出的行政处罚决定的法律依据、行政处罚的种类和幅度,告知当事人享有的陈述和申辩的权利,适用听证的还应当告知当事人享有要求举行听证的权利及法定期限,并注明联系人、联系电话、地址等。

在当事人表明放弃陈述和申辩权或者放弃听证权时,应当请当事人在"当事人意见记录"处写明"放弃陈述和申辩权"或者"放弃听证权"等内容。

第三十五条　陈述和申辩笔录,是对当事人及陈述申辩人陈述事实、理由和申辩内容的记录。

当事人委托陈述申辩人的,应当写明受委托的陈述申辩人的姓名、性别、职务、现在工作单位等。受委托的陈述申辩人应当出具当事人的委托书。

应当写明陈述和申辩的地点和时间。

应当尽可能记录陈述申辩人原话,不能记录原话的,记录应当真实反映陈述申辩人原意。

第三十六条　陈述和申辩复核意见书,是对当事人提出的事实、理由和证据进行复核的记录。

复核意见书应当写明陈述申辩人的姓名、陈述和申辩的理由和证据,以及复核人和承办机构的意见。当事人收到催告书后所进行的陈述和申辩的复核,应当在复核意见书中写明卫生行政机关的意见。

第三十七条　行政处罚听证通知书,是经有权要求举行听证的当事人提出,卫生行政机关决定举行听证时向当事人发出的书面通知。

通知书应当写明举行听证的时间、地点、听证方式、听证组成人员、申请回避的权利、听证机关的联系方式等。

第三十八条　听证笔录,是对听证过程和内容的记录。

当事人委托代理人的,应当写明代理人的姓名、性别、职务、现在工作单位等。委托代理人应当出具当事人的委托书。

笔录应当写明案件承办人、听证员、听证主持人、书记员、听证方式、听证地点、听证时间、案由等内容。

记录应当写明案件承办人提出的事实、证据和行政处罚建议,当事人陈述、申辩等内容。

所有参加听证的人员都应当在每页笔录上签名并注明日期。

第三十九条　听证意见书,是听证结束后,就听证情况及听证人员对该案件的意见,以书面形式向负责人或者有关部门所做的正式报告。

对当事人和案件承办人的陈述应当抓住要点,归纳概括。听证人员意见是评议后对案件认定的违法事实是否清楚,证据是否确凿和适用法律是否正确、处罚裁量是否合理等提出的意见。

负责人意见是负责人对听证人员意见的具体批示。这里的负责人,可以是卫生行政机关的负责人,也可以是经授权的有关主管科(处、室)负责人。

第四十条　行政处罚决定书,是对事实清楚、证据确凿的卫生违法案件,根据情节轻重依法作出行政处罚决定的文书。

被处罚人是单位的,填写单位全称,以及法定代表人(负责人)、卫生许可证件或者营业执照号码等内容;是个人的,填写姓名,并注明身份证号。同时,还应当写明被处罚人的地(住)址。

决定书应当写明查实的违法事实、相关证据、违反的法律条款、行政处罚依据、理由以及行政处罚决定的内容。决定书还应当将有关告知事项交代清楚,如罚款缴往单位和缴纳期限,复议和诉讼的途径、方法和期限等。

第四十一条　当场行政处罚决定书,是对案情简单、违法事实清楚、证据确凿的违法案件依法当场作出处罚决定的文书。

当场行政处罚决定书的填写与一般程序行政处罚决定书的要求基本相同。

第四十二条　送达回执,是将行政执法文书送交有关当事人后证明受送达人已收到的凭证。

送达回执用于直接送达、邮寄送达、留置送达等方式。

送达回执应当写明受送达人、送达机关、送达文件名称及文号、送达地点等内容。

在直接送达时当事人拒绝签收而采用留置送达方式的,应当在备注栏说明有关情况,并记录留置送达的过程。

第四十三条　催告书,是卫生行政机关作出申请强制执行决定前,事先催告当事人履行法定义务时发出的文书。

催告书应当写明履行法定义务的期限、方式,涉及金钱给付的,应当注明明确的金额和给付方式,并告知当事人依法享有陈述和申辩的权利。

第四十四条　强制执行申请书,是当事人在法定期限内不申请行政复议或者提起行政诉讼,又不履行行政决定的,经依法催告仍未履行,卫生行政机关申请人民法院强制执行时提交给人民法院的书面申请。

申请书中的“( )”内填写行政决定的名称、文号或者编号。申请书应当写明当事人基本情况及申请执行的内容,由卫生行政机关负责人签名,加盖卫生行政机关印章并注明日期。

第四十五条　结案报告,是对立案调查的案件,在行政处罚决定履行或者执行后,或者不作行政处罚的案件,报请负责人批准结案的文书。结案报告应当填写当事人、立案日期、案由等,给予行政处罚的应当写明行政处罚决定书文号、执行方式、执行日期、执行结果(如未执行或者未完全执行的需说明原因)等内容,不予行政处罚的应当写明理由。

第四十六条　续页,是接在各类卫生行政执法文书后面完成相关记录内容时所使用的文书。

使用续页应当写明所接执法文书的名称,有相关人员签字并注明页码、日期。

第四十七条　卫生行政执法建议书，是卫生行政机关为促进依法履职、规范执法，在日常监督检查和稽查过程中，结合执法办案，建议下级卫生行政机关及其卫生监督机构完善制度和工作机制，加强内部管理，改进工作、消除隐患，促进执法监管水平提高时发出的文书。

卫生行政执法建议书应当写明提出建议的起因，在日常监督检查和案件调查处理过程中发现的需要重视和解决的问题，对问题产生原因的分析，并依据法律法规及有关规定提出的具体建议、意见，以及其他需要说明的事项。

第三章　执法文书管理

第四十八条　各级卫生行政机关应当加强对卫生行政执法文书的管理，制定相应的管理制度，落实专人负责管理。

为提高工作效率，现场使用的执法文书可以提前加盖印章，并做好领用登记管理。

第四十九条　卫生行政执法案卷材料应当按照一案一卷形式进行装订，每卷顺序按照有关材料形成的时间先后顺序排列。

第四章　附　　则

第五十条　本规范由国家卫生计生委负责解释。

第五十一条　本规范自2012年12月1日起施行。2002年12月18日卫生部发布的《卫生行政执法文书规范》同时废止。实施卫生行政许可，按照《卫生行政许可管理办法》及卫生行政许可文书样本执行。

附件：

卫生行政执法文书目录

1. 产品样品采样记录
2. 非产品样品采样记录
3. 产品样品确认告知书
4. 检验结果告知书
5. 卫生监督意见书
6. 卫生行政执法事项审批表
7. 卫生行政控制决定书
8. 解除卫生行政控制决定书
9. 查封、扣押决定书
10. 查封、扣押处理决定书
11. 查封、扣押延期通知书
12. 物品清单

13. 公告
14. 封条
15. 案件受理记录
16. 立案报告
17. 案件移送书
18. 现场笔录
19. 询问笔录
20. 证据先行登记保存决定书
21. 证据先行登记保存处理决定书
22. 案件调查终结报告
23. 合议记录
24. 行政处罚事先告知书
25. 陈述和申辩笔录
26. 陈述和申辩复核意见书
27. 行政处罚听证通知书
28. 听证笔录
29. 听证意见书
30. 行政处罚决定书
31. 当场行政处罚决定书
32. 送达回执
33. 催告书
34. 强制执行申请书
35. 结案报告
36. 续页
37. 卫生行政执法建议书

卫生健康行政执法全过程记录工作规范

(国卫监督发〔2018〕54号)

第一章　总　　则

第一条　为规范卫生健康行政执法全过程记录工作,促进严格规范公正文明执法,提高执法效能,维护人民群众合法权益,结合卫生健康行政执法工作实际,制定本规范。

第二条　卫生健康行政执法全过程记录,是指卫生健康执法人员运用执法文书制作、音像记录、电子数据采集等方式,对执法行为进行记录和归档,实现全过程留痕和可回溯管理。

第三条　本规范适用于行政许可、行政处罚、行政强制、行政监督检查等执法事项,其他执法种类由省级卫生健康行政部门根据法律法规和国家卫生健康委有关规章、规范性文件要求，结合本地区工作实际另行规定。

第四条　卫生健康行政执法全过程记录应当遵循合法、客观、全面、有效的原则。

第五条　各级卫生健康监督机构及其执法人员应当以执法文书作为全过程记录的基本形式，严格规范执法文书制作，逐步实现执法数据电子化采集和音像记录等全面普及。

第六条　国家卫生健康委负责指导全国卫生健康行政执法全过程记录工作。

县级以上地方卫生健康行政部门负责组织本辖区卫生健康行政执法全过程记录工作，制订行政执法全过程记录工作规划，建立健全卫生健康行政执法全过程记录具体制度。

各级卫生健康监督机构应当落实行政执法全过程记录工作制度，指导执法人员规范开展执法全过程记录。

第七条　各级卫生健康行政部门应当加强行政执法信息化建设，按照相关规定配备手持执法终端、执法记录仪等现场执法记录设备和音像记录资料自动传输、存储、管理等设备，提高执法效率和规范化水平。

第二章　记录方式及要求

第八条　卫生健康行政执法全过程记录包括执法文书制作、音像记录和电子数据采集等形式。

执法文书制作指采用纸质（或电子）卫生行政执法文书及其他纸质（或电子）文件对执法过程进行的书面记录，包括手写文书、经电子签章的电子文书和信息系统打印文书。

音像记录指通过照相机、录音机、摄像机、执法记录仪、视频监控等记录设备，实时对行政执法活动进行记录的方式。

电子数据采集指通过行政执法信息平台，记录各类卫生行政处罚活动过程中产生的数据资料，包括信息填报和网上运行等产生的数据记录资料以及据此生成的汇总数据和统计表等相关数据文件。

第九条　执法文书是执法全过程记录的基本形式。各级卫生健康监督机构及其执法人员应当严格按照法律法规规章和卫生健康行政执法文书规范等有关要求制作执法文书。

第十条　音像记录是执法文书制作和电子数据采集的有效补充。各级卫生健康监督机构及其执法人员可以在执法文书、信息数据采集的基础上对现场执法、调查取证、证据保存、举行听证、强制措施、留置送达和公告送达等容易引发争议的行政执法过程进行音像记录；对直接涉及生命健康、重大财产权益的现场执法活动和执法场所，应当进行全过程音像记录。

第十一条　电子数据采集是卫生健康行政执法全过程记录的重要内容。各级卫生健康监督机构及其执法人员应当严格按照法律法规规章和卫生健康监督信息报告工作要求进行记录，数据填报内容应当与执法文书相一致。

第十二条　执法音像记录应当包括执法时间、执法人员、执法对象以及执法内容，重点摄录以下内容：

（一）执法现场或相关内外部环境；

（二）当事人、证人等相关人员的体貌特征和言行举止；

（三）相关书证、物证、电子数据等现场证据，以及其他可以证明执法行为的证据；

（四）执法人员现场张贴公告，开具、送达法律文书和对有关财物采取措施情况；

（五）其他应当记录的重要内容。

固定场所音像记录内容应当包括监控地点、起止时间及相关事情经过等内容。

音像记录反映的执法过程起止时间应当与相应文书记载的起止时间一致。

第十三条　卫生健康行政执法中遇有涉及国家秘密、工作秘密、商业秘密及个人隐私的应当按保密权限和规定执行；因天气等其他不可抗力因素不能使用的可以停止使用音像记录。

对上述情况，执法人员应当在执法结束后及时制作工作记录，写明无法使用的原因，报本机构主要负责人审核后，一并存档。

第三章　记录保管、归档及调取

第十四条　各级卫生健康监督机构应当指定专人负责卫生健康行政执法全过程记录资料的归档和管理。

第十五条　卫生健康执法人员应当在现场执法过程结束后2个工作日内，按要求将信息储存至执法信息系统或者专用存储器保存，不得由经办人员自行保存。如遇特殊情况不能移交的，需经机构主管领导批准延期移交。

第十六条　卫生健康行政执法事项办结后，应当依照有关要求，将行政执法过程中形成的记录资料整理成案卷后归档保存。

第十七条　各类执法文书、检测报告、相关工作记录等纸质记录资料保存期限参照文件材料归档范围和文书档案保管期限执行。

作为证据使用的音像记录资料保存期限应当与案卷保存期限相同；不作为证据使用的音像记录资料至少保存6个月。

第十八条　执法音像记录资料的使用应当综合考虑部门职责、岗位性质、工作职权等因素，严格限定使用权限。

音像记录需要作为证据使用的，应当由执法人员报经本机构负责人同意后，制作文字说明材料，注明制作人、提取人、提取时间等信息，将其复制后提供，并对调取情况记录在案。

第四章　工作考核及责任追究

第十九条　各级卫生健康行政部门应当定期对本级卫生健康监督机构执行全过程记录制度和设备设施管理情况进行检查，发现问题应当及时纠正。检查结果作为卫生健康监督机构及其执法人员重要考核依据。

第二十条　各级卫生健康监督机构应当将执法全过程记录制度的建立和实施情况纳入稽查，对执法全过程记录档案开展抽查工作，稽查结果应当纳入考核评议范围。

第二十一条　各级卫生健康监督机构及其执法人员在实施执法全过程记录中有下列情形之一的，由上级机关或有关部门责令限期整改；情节严重或造成严重后果的，对直接责任人及相关负责人依法给予处理。

(一)对应当记录的执法活动未予记录或丢失记录,影响案件事件处理或者造成其他不良影响的;

(二)剪接、删改、损毁现场执法音像记录资料的;

(三)擅自对外提供或者公开发布现场执法音像记录资料的。

第五章 附 则

第二十二条 各级卫生健康行政部门可以根据本规范,结合本地区实际制订实施细则,并报上一级卫生健康行政部门备案。

第二十三条 本规范自印发之日起施行。

医学科研诚信和相关行为规范

(国卫科教发〔2021〕7号)

第一章 总 则

第一条 为践行社会主义核心价值观,加强医学科研诚信建设,提高医学科研人员职业道德修养,预防科研不端行为,依据《中华人民共和国科学技术进步法》、《中华人民共和国著作权法》、《中华人民共和国人类遗传资源管理条例》、《涉及人的生物医学研究伦理审查办法》、《关于进一步加强科研诚信建设的若干意见》、《关于进一步弘扬科学家精神加强作风和学风建设的意见》、《科研诚信案件调查处理规则(试行)》等相关规定,制定本规范。

第二条 本规范所称的医学科研行为,是指开展医学科研工作的机构及其人员在基础医学、临床医学、预防医学与公共卫生学、药学、中医学与中药学等学科领域开展的涉及科研项目申请、预实验研究、研究实施、结果报告、项目检查、执行过程管理、成果总结发表、评估审议、验收等环节中的行为活动。

第三条 所有从事医学科研活动的人员(以下简称医学科研人员)应当自觉遵守本规范,大力弘扬科学家精神,追求真理、实事求是,遵循科研伦理准则和学术规范,尊重同行及其劳动,防止急功近利、浮躁浮夸,坚守诚信底线,自觉抵制科研不端行为。

第四条 所有开展医学科研工作的机构均应当遵守本规范,开展常态化科研诚信教育培训,加强制度建设,努力营造有利于培育科研诚信的机构环境。

第二章 医学科研人员诚信行为规范

第五条 医学科研人员在科研活动中要遵循科研伦理准则,主动申请伦理审查,接受伦理监督,切实保障受试者的合法权益。

第六条 医学科研人员在进行项目申请等科研与学术活动时,必须保证所提供的学历、工作经历、发表论文、出版专著、获奖证明、引用论文、专利证明等相关信息真实、准确。

第七条 医学科研人员在采集科研样本、数据和资料时要客观、全面、准确;要树立国家安全和保密意识,对涉及生物安全、国家秘密、工作秘密以及个人隐私的应当严格遵守相关法律法规规定。

第八条 医学科研人员在研究中,应当诚实记录研究过程和结果,如实、规范书写病历,包括不良反应和不良事件,依照相关规定及时报告严重的不良反应和不良事件信息。

第九条 医学科研人员在涉及传染病、新发传染病、不明原因疾病和已知病原改造等研究中,要树立公共卫生和实验室生物安全意识,在相应等级的生物安全实验室开展研究,病原采集、运输和处理等均应当自觉遵守相关法律法规要求,要按照法律法规规定报告传染病、新发或疑似新发的传染病例,留存相关凭证,接受相关部门的监督管理。

第十条 医学科研人员在研究结束后,对于人体或动物样本、毒害物质、数据或资料的储存、分享和销毁要遵循相应的生物安全和科研管理规定。

论文相关资料和数据应当确保齐全、完整、真实和准确,相关论文等科研成果发表后1个月内,要将所涉及的原始图片、实验记录、实验数据、生物信息、记录等原始数据资料交所在机构统一管理、留存备查。

第十一条 医学科研人员在动物实验中,应当自觉遵守《实验动物管理条例》,严格选用符合要求的合格动物进行实验,科学合理使用、保护和善待动物。

第十二条 医学科研人员在开展学术交流、审阅他人的学术论文或项目申报书时,应当尊重和保护他人知识产权,遵守科技保密规则。

第十三条 医学科研人员在引用他人已发表的研究观点、数据、图像、结果或其他研究资料时,要保证真实准确并诚实注明出处,引文注释和参考文献标注要符合学术规范。在使用他人尚未公开发表的设计思路、学术观点、实验数据、生物信息、图表、研究结果和结论时,应当获得其本人的书面知情同意,同时要公开致谢或说明。

第十四条 医学科研人员在发表论文或出版学术著作过程中,要遵守《发表学术论文"五不准"》和学术论文投稿、著作出版有关规定。论文、著作、专利等成果署名应当按照对科研成果的贡献大小据实署名和排序,无实质学术贡献者不得"挂名"。

第十五条 医学科研人员作为导师或科研项目负责人,要充分发挥言传身教作用,在指导学生或带领课题组成员开展科研活动时要高度负责,严格把关,加强对项目(课题)成员、学生的科研诚信管理。

导师、科研项目负责人须对使用自己邮箱投递的稿件、需要署名的科研成果进行审核,对科研成果署名、研究数据真实性、实验可重复性等负责,并不得侵占学生、团队成员的合法权益。

学生、团队成员在科研活动中发生不端行为的,同意参与署名的导师、科研项目负责人除承担相应的领导、指导责任外,还要与科研不端行为直接责任人承担同等责任。

第十六条 医学科研人员应当认真审核拟公开发表成果,避免出现错误和失误。对已发表研究成果中出现的错误和失误,应当以适当的方式公开承认并予以更正或撤回。

第十七条 医学科研人员在项目验收、成果登记及申报奖励时,须提供真实、完整的材料,包括发表论文、文献引用、第三方评价证明等。

第十八条 医学科研人员作为评审专家、咨询专家、评估人员、经费审计人员参加科技评审等活动时,要忠于职守,严格遵守科研诚信要求以及保密、回避规定和职业道德,按照有关规定、程序和办法,实事求是,独立、客观、公正开展工作,提供负责任、高质量的咨询评审意见,不得违规谋取私利,不参加自己不熟悉领域的咨询评审活动,不在情况不掌握、内容不了解的意见建议上署名签字。

第十九条　医学科研人员与他人进行科研合作时应当认真履行诚信义务和合同约定,发表论文、出版著作、申报专利和奖项等时应当根据合作各方的贡献合理署名。

第二十条　医学科研人员应当严格遵守科研经费管理规定,不得虚报、冒领、挪用科研资金。

第二十一条　医学科研人员在成果推广和科普宣传中应当秉持科学精神、坚守社会责任,避免不实表述和新闻炒作,不人为夸大研究基础和学术价值,不得向公众传播未经科学验证的现象和观点。

医学科研人员公布突破性科技成果和重大科研进展应当经所在机构同意,推广转化科技成果不得故意夸大技术价值和经济社会效益,不得隐瞒技术风险,要经得起同行评、用户用、市场认可。

医学科研人员发布与疫情相关的研究结果时,应当牢固树立公共卫生、科研诚信和伦理意识,严格遵守相关法律法规和有关疫情防控管理要求。

第二十二条　医学科研人员学术兼职要与本人研究专业相关,杜绝无实质性工作内容的兼职和挂名。

第三章　医学科研机构诚信规范

第二十三条　医学科研机构应当根据《科研诚信案件调查处理规则(试行)》制定完善本机构的科研诚信案件调查处理办法,明确调查程序、处理规则、处理措施等具体要求,并认真组织相关调查处理。对有关部门调查本机构科研不端行为应当积极配合、协助。

第二十四条　医学科研机构要主动对本机构科研不端行为进行调查处理,同时应当严格保护举报人个人信息。

调查应当包括行政调查和学术评议,保障相关责任主体申诉权等合法权利,调查结果和处理意见应当与涉事人员当面确认后予以公布。

第二十五条　医学科研机构要通过机构章程或学术委员会章程,对科研诚信工作任务、职责权限作出明确规定。学术委员会要认真履行科研诚信建设职责,切实发挥审议、评定、受理、调查、监督、咨询等作用。学术委员会要定期组织或委托学术组织、第三方机构对本机构医学科研人员的重要学术论文等科研成果进行核查。

第二十六条　医学科研机构要加强科研成果管理,建立学术论文发表诚信承诺制度、科研过程可追溯制度、科研成果检查和报告制度等成果管理制度。对学术论文等科研成果存在科研不端情形的,应当依法依规对相应责任人严肃处理并要求其采取撤回论文等措施,消除不良影响。

第二十七条　医学科研机构应当加强对科研论文和成果发表的署名管理,依法依规严肃追究无实质性贡献挂名的责任;要建立健全科研活动记录、科研档案保存等各项制度,明晰责任主体,完善内部监督约束机制;要妥善管理本机构医学科研相关原始数据、生物信息、图片、记录等,以备核查。

第二十八条　医学科研机构应当加强对本机构内医学科研人员发表论文的管理,不允许将论文发表数量、影响因子等与人员奖励奖金、临床工作考核等挂钩,对在学术期刊预警名单内期刊上发表论文的医学科研人员,要及时警示提醒;对学术期刊预警黑名单内期刊上发表的论文,在各类评审评价中不予认可,不得报销论文发表的相关费用。

第二十九条　医学科研机构应当将科研诚信教育纳入医学科研人员职业培训和教育体系,不断完善教育内容及手段,营造崇尚科研诚信的良好风气与文化。在入学入职、职称晋升、参与科技计划项目、国家重大项目、人才项目等重要节点开展科研诚信教育。对在科研诚信方面存在倾向性、苗头性问题的人员,所在机构应当及时开展科研诚信谈话提醒,加强教育。

第三十条　医学科研机构在组织申请科研项目和推荐申报科学技术成果奖励时,应当责成申报人奉守科研诚信,可以签署科研诚信承诺书并公示有关信息。

第三十一条　医学科研机构对查实的科研失信行为,应当将处理决定及时报送科研诚信主管部门,并作为其职务晋升、职称评定、成果奖励、评审表彰等方面的重要参考。

第三十二条　医学科研机构应当对涉及传染病、生物安全等领域的研究及论文、成果进行审查,评估其对社会及公共卫生安全的潜在影响,并承担相应责任。

第三十三条　医学科研机构负责人、学术带头人及科研管理人员等应当率先垂范,严格遵守有关科研诚信管理规定,不得利用职务之便侵占他人科研成果和谋取不当利益。

第四章　附　　则

第三十四条　本规范自发布之日起施行。

(二)医疗卫生监督管理类

1. 医疗机构

卫生部关于医疗机构审批管理的若干规定

(卫医发〔2008〕35号)

《医疗机构管理条例》(以下简称《条例》)实施以来,各级卫生行政部门以《条例》为依据,严格医疗机构等医疗服务要素的准入审批,切实加强对医疗机构执业活动的日常监管,医疗服务秩序逐步好转。为进一步规范和加强医疗机构审批(包括设置审批和执业登记)管理,特作如下规定:

一、严格医疗机构设置审批管理

(一)严格医疗机构设置审批。各级卫生行政部门要切实增强依法行政的意识,严格按照《条例》及《医疗机构管理条例实施细则》(以下简称《实施细则》)等规定审批医疗机构。要建立审批责任制,坚持谁审批,谁把关,谁负责;对医疗机构类别、规模等主要审批事项,要实行集体审议、集体决定。

(二)严格审核医疗机构设置申请材料。地方各级卫生行政部门必须严格按照《医疗机构设置规划》批准设置医疗机构;必须严格审核医疗机构设置申请书、申请人资质条件、可行性研究报告、设置协议书、选址报告、资信证明、建筑设计平面图等设置申请材料,以及医疗机构土地使用、规划建设等方面的证明材料,必要时可以组织专家进行论证。

没有对医疗机构设置进行规划的,卫生行政部门不得批准设置医疗机构。

(三)实行医疗机构设置批准公示制。卫生行政部门对受理的医疗机构设置申请要进行为期5个工作日的公示,公示内容包括拟设置医疗机构的类别、执业地址、诊疗科目、床位(牙椅、观察床),以及设置人和设置申请人名称、符合当地《医疗机构设置规划》情况等。公示期间接到举报或提出异议的,要及时组织查实,未查实前不得批准设置。

(四)加强医疗机构设置审批备案管理。地方各级卫生行政部门在核发《设置医疗机构批准书》时,应当向上一级卫生行政部门备案,并提交备案报告,详细报告审核结论、批准事项等情况。上级卫生行政部门要严格审核备案报告,必要时可以组织现场考核,对于不符合当地《医疗机构设置规划》或违规审批医疗机构的,要依法及时纠正或撤销下级卫生行政部门的设置审批。

二、规范医疗机构登记管理

(五)建立医疗机构执业登记现场审查制度。地方各级卫生行政部门受理医疗机构执业登记申请后,要按照规定对拟执业登记的医疗机构进行现场审查。要组织现场审核专家组(对专家进行必要的法律知识和业务能力培训)对拟执业登记的医疗机构科室设置、仪器设备、基本设施以及执业人员资质、基本知识和技能等进行现场抽查审核,形成书面意见。现场审查不合格的,不得核发《医疗机构执业许可证》。

(六)严格遵守医疗机构基本标准。要认真执行《医疗机构基本标准(试行)》(以下简称《基本标准》),严格审核医疗机构。以满足医疗工作需要,保证医疗质量和安全为原则,省级卫生行政部门可以根据本地区实际情况适当调整《基本标准》中有关指标,报卫生部核准备案后实施。地方卫生行政部门不得擅自批准设置卫生部未明确基本标准的专科医院或其他医疗机构。

(七)准确核定诊疗科目。要严格按照《医疗机构诊疗科目名录》等规定核定医疗机构诊疗科目,确保医疗机构执业范围和服务项目与医疗机构的类别、规模及所承担的功能和任务相适应。对在一级诊疗科目下设置二级学科(专业组),且具备相应设备设施、技术水平和业务能力条件的,应当核准登记二级诊疗科目;禁止只登记一级诊疗科目的医疗机构开展技术复杂、风险大、难度大、配套设备设施条件要求高的医疗服务项目。专科医院原则上只能核准与其所属专业相关的诊疗科目。

(八)严格医疗机构类别核定。要严格按照《实施细则》第三条规定核定医疗机构的类别。申请设置"其他诊疗机构"的,必须经省级卫生行政部门批准,报卫生部核准备案。未经卫生部备案同意,不得核定"其他诊疗机构"类别。

（九）进一步规范医疗机构命名。核定医疗机构名称必须符合《条例》、《实施细则》等有关规定，遵循名副其实，名称与类别、诊疗科目相适应等命名基本原则，做到医疗机构命名准确、规范、合理。要规范使用医疗机构通用名称，不得擅自增加、更改；要准确核定医疗机构识别名称，不得核定可能产生歧义或误导患者的医疗机构名称；不得核定利用谐音、形容词等模仿或暗示其他医疗机构的名称；难以判断识别名称或不能把握的，要请示上级卫生行政部门。含有"中心"、"总"字样的医疗机构名称必须同时含有行政区划名称或者地名；"人民医院"、"中心医院"、"临床检验中心"等名称由各级人民政府或卫生行政部门设置的医疗机构使用。

三、规范医疗机构审批程序

（十）明确医疗机构审批权限。省级卫生行政部门要依法明确规定地方各级卫生行政部门关于医疗机构设置、登记、命名等的审批权限，严禁越权审批。

（十一）统一审批部门。医疗机构的准入管理是医政部门的重要职责，各级卫生行政部门要加强医政部门的建设，充实人员，搞好培训，提高准入管理能力，切实做好各级各类医疗机构的设置、登记和校验工作。

（十二）明确审批程序。地方各级卫生行政部门要根据卫生部有关规定制订当地医疗机构审批程序，明确材料审查、备案、公示、现场考核和登记发证等各环节的法律依据、具体要求、时限和责任人等，规范各审批环节和审批步骤并严格执行。

（十三）规范审批文书。地方各级卫生行政部门应当按照卫生部有关规定，规范医疗机构审批文书；以书面形式作出批准或不批准的决定，加盖机关印章，并一律以实施机关（卫生厅、局）的名义签发或者对外发布。

（十四）公开办事流程。各级地方卫生行政部门应当将医疗机构审批的法律依据、条件、办事流程、期限以及需要提交的申请材料目录和材料示范文本等向社会公示，方便申请人依法办事，确保医疗机构审批公开、公正。

四、加强医疗机构档案和信息化管理

（十五）加强医疗机构档案管理。各级卫生行政部门要根据卫生部、国家档案局《关于印发卫生档案管理暂行规定的通知》（卫办发〔2008〕24 号）精神，建立医疗机构管理档案制度。要对本行政区域内每所医疗机构建立一套包括设置审批、执业登记、变更、校－验、处罚等内容的完整的医疗机构管理档案，做到一机构、一档案，并确定专人负责归档和管理工作。

（十六）推进医疗机构信息化管理。要认真按要求使用"医疗机构管理信息系统"，利用电子信息手段进一步加强医疗机构准入管理，实时掌握医疗机构管理动态信息。有条件的地区应逐步实行医疗机构网上审批、公示和上报备案工作，提高医疗机构审批和管理效率。

五、严肃查处违规审批医疗机构的行为

（十七）要建立健全和落实医疗机构行政审批责任制、监督稽查制和责任追究制度，层层分解责任，具体落实到每一个岗位，并将行政审批责任考核与岗位责任、公务员考核、奖惩、任免等结合起来，把考核结果作为评定领导干部政绩的重要内容和考核医疗机构审批人员的重要依据。严肃查处越权审批、不按程序审批、降低标准审批等违纪、违规行为，并依法严肃追究有关人员的责任。

卫生部关于医疗机构冠名红十字(会)的规定

(卫医发〔2007〕6号)

第一条　根据《中华人民共和国红十字会法》(以下简称《红十字会法》)、《医疗机构管理条例》等法律法规和有关规定,为维护红十字标志的严肃性,规范红十字(会)医疗机构的冠名和管理,特制定本规定。

第二条　医疗机构冠名“红十字(会)”应当符合医疗机构命名基本原则。以“红十字(会)”冠名的医疗机构,应当在地区名称等识别名称后、医疗机构通用名称前,增加“红十字(会)”字样。

第三条　医疗机构符合下述条件之一,并遵守《红十字会法》和红十字会章程,热爱红十字事业,履行红十字义务,遵守国家有关规定者,可以申请冠名“红十字(会)”:

(一)由红十字会创办(包括历史上创办)的医疗机构;

(二)由红十字会设置的医疗机构;

(三)国内、外红十字会提供资助援建的医疗机构;

(四)历史上与红十字会关系密切或对红十字事业做过特殊贡献的医疗机构等。

第四条　由红十字会创办和设置的医疗机构,冠以“红十字会”的医疗机构名称可以作为医疗机构的第一名称。其他医疗机构则可冠名“红十字”字样,但不能作为医疗机构第一名称。

第五条　医疗机构冠以红十字(会)名称应当按照以下程序申报、审批:

(一)符合申请条件的医疗机构,属红十字会系统的,直接向当地县(市)级以上红十字会提出冠名申请;属于卫生行政部门或卫生行政部门与红十字会合办的,在征得主管卫生行政部门同意后向县(市)以上红十字会提出申请。

(二)县(市)级以上红十字会在接到医疗机构的冠名申请后,对其申请资质进行审核,提出初审意见后报上级红十字会;上级红十字会作出审核决定后报中国红十字会总会备案。

(三)提出初审意见的红十字会应当依据上级红十字会的审核决定书面回复申请冠名的医疗机构。经红十字会同意冠名“红十字(会)”的医疗机构应当依法到卫生行政部门办理相关登记。

第六条　冠名红十字(会)医疗机构享有以下权利:

(一)参加国内、外红十字会组织的技术协作与交流学习,利用红十字会渠道开展单位间的国际交往、人才培养;

(二)接受红十字会提供的国内、外援助;

(三)对各级红十字会的工作提出批评和建议。

第七条　冠名红十字(会)医疗机构应当履行以下义务:

(一)积极参加当地红十字会组织的各项活动;

(二)在发生自然灾害或突发事件时,根据当地政府和红十字会的要求,组织应急救援队，开展积极、有效的人道主义援助、救护工作；

（三）积极宣传红十字运动基本知识、弘扬红十字精神，协助当地红十字会开展卫生救护培训、组织应急救援队和卫生咨询等工作。

第八条　冠名"红十字（会）"的医疗机构不符合有关规定或不履行有关义务的，当地县（市）级以上红十字会可提出取消冠名的意见，报原批准该医疗机构冠名的红十字（会）审核，待审核批复后报中国红十字总会备案，被红十字（会）取消冠名的医疗机构应当依法到卫生行政部门办理相关变更登记。

第九条　此规定自发布之日起施行。卫生部、中国红十字会总会《关于红十字医院、血站命名的暂行规定》（红卫字〔1992〕第081号）同时废止。

医疗机构管理条例实施细则

（1994年8月29日卫生部令第35号发布　2006年11月1日根据《卫生部关于修订〈医疗机构管理条例实施细则〉第三条有关内容的通知》第一次修正　2008年6月24日根据《卫生部办公厅关于修订〈医疗机构管理条例实施细则〉部分附表的通知》第二次修正　2017年2月21日根据国家卫生和计划生育委员会令第12号《国家卫生计生委关于修改〈医疗机构管理条例实施细则〉的决定》第三次修正　自2017年4月1日起施行）

第一章　总　　则

第一条　根据《医疗机构管理条例》（以下简称条例）制定本细则。

第二条　条例及本细则所称医疗机构，是指依据条例和本细则的规定，经登记取得《医疗机构执业许可证》的机构。

第三条　医疗机构的类别：

（一）综合医院、中医医院、中西医结合医院、民族医医院、专科医院、康复医院；

（二）妇幼保健院、妇幼保健计划生育服务中心；

（三）社区卫生服务中心、社区卫生服务站；

（四）中心卫生院、乡（镇）卫生院、街道卫生院；

（五）疗养院；

（六）综合门诊部、专科门诊部、中医门诊部、中西医结合门诊部、民族医门诊部；

（七）诊所、中医诊所、民族医诊所、卫生所、医务室、卫生保健所、卫生站；

（八）村卫生室（所）；

（九）急救中心、急救站；

（十）临床检验中心；

（十一）专科疾病防治院、专科疾病防治所、专科疾病防治站；

（十二）护理院、护理站；

（十三）医学检验实验室、病理诊断中心、医学影像诊断中心、血液透析中心、安宁疗护中心；

（十四）其他诊疗机构。

第四条　卫生防疫、国境卫生检疫、医学科研和教学等机构在本机构业务范围之外开展诊疗活动以及美容服务机构开展医疗美容业务的,必须依据条例及本细则,申请设置相应类别的医疗机构。

第五条　中国人民解放军和中国人民武装警察部队编制外的医疗机构,由地方卫生计生行政部门按照条例和本细则管理。

中国人民解放军后勤卫生主管部门负责向地方卫生计生行政部门提供军队编制外医疗机构的外称和地址。

第六条　医疗机构依法从事诊疗活动受法律保护。

第七条　卫生计生行政部门依法独立行使监督管理职权,不受任何单位和个人干涉。

第二章　设置审批

第八条　各省、自治区、直辖市应当按照当地《医疗机构设置规划》合理配置和合理利用医疗资源。

《医疗机构设置规划》由县级以上地方卫生计生行政部门依据《医疗机构设置规划指导原则》制定,经上一级卫生计生行政部门审核,报同级人民政府批准,在本行政区域内发布实施。

《医疗机构设置规划指导原则》另行制定。

第九条　县级以上地方卫生计生行政部门按照《医疗机构设置规划指导原则》规定的权限和程序组织实施本行政区域《医疗机构设置规划》,定期评价实施情况,并将评价结果按年度向上一级卫生计生行政部门和同级人民政府报告。

第十条　医疗机构不分类别、所有制形式、隶属关系、服务对象,其设置必须符合当地《医疗机构设置规划》。

第十一条　床位在一百张以上的综合医院、中医医院、中西医结合医院、民族医医院以及专科医院、疗养院、康复医院、妇幼保健院、急救中心、临床检验中心和专科疾病防治机构的设置审批权限的划分,由省、自治区、直辖市卫生计生行政部门规定;其他医疗机构的设置,由县级卫生计生行政部门负责审批。

医学检验实验室、病理诊断中心、医学影像诊断中心、血液透析中心、安宁疗护中心的设置审批权限另行规定。

第十二条　有下列情形之一的,不得申请设置医疗机构:

(一)不能独立承担民事责任的单位;

(二)正在服刑或者不具有完全民事行为能力的个人;

(三)发生二级以上医疗事故未满五年的医务人员;

(四)因违反有关法律、法规和规章,已被吊销执业证书的医务人员;

(五)被吊销《医疗机构执业许可证》的医疗机构法定代表人或者主要负责人;

(六)省、自治区、直辖市政府卫生计生行政部门规定的其他情形。

有前款第(二)、(三)、(四)、(五)项所列情形之一者,不得充任医疗机构的法定代表人或者主要负责人。

第十三条　在城市设置诊所的个人，必须同时具备下列条件：

（一）经医师执业技术考核合格，取得《医师执业证书》；

（二）取得《医师执业证书》或者医师职称后，从事五年以上同一专业的临床工作；

（三）省、自治区、直辖市卫生计生行政部门规定的其他条件。

医师执业技术标准另行制定。

在乡镇和村设置诊所的个人的条件，由省、自治区、直辖市卫生计生行政部门规定。

第十四条　地方各级人民政府设置医疗机构，由政府指定或者任命的拟设医疗机构的筹建负责人申请；法人或者其他组织设置医疗机构，由其代表人申请；个人设置医疗机构，由设置人申请；两人以上合伙设置医疗机构，由合伙人共同申请。

第十五条　条例第十条规定提交的设置可行性研究报告包括以下内容：

（一）申请单位名称、基本情况以及申请人姓名、年龄、专业履历、身份证号码；

（二）所在地区的人口、经济和社会发展等概况；

（三）所在地区人群健康状况和疾病流行以及有关疾病患病率；

（四）所在地区医疗资源分布情况以及医疗服务需求分析；

（五）拟设医疗机构的名称、选址、功能、任务、服务半径；

（六）拟设医疗机构的服务方式、时间、诊疗科目和床位编制；

（七）拟设医疗机构的组织结构、人员配备；

（八）拟设医疗机构的仪器、设备配备；

（九）拟设医疗机构与服务半径区域内其他医疗机构的关系和影响；

（十）拟设医疗机构的污水、污物、粪便处理方案；

（十一）拟设医疗机构的通讯、供电、上下水道、消防设施情况；

（十二）资金来源、投资方式、投资总额、注册资金（资本）；

（十三）拟设医疗机构的投资预算；

（十四）拟设医疗机构五年内的成本效益预测分析。

并附申请设置单位或者设置人的资信证明。

申请设置门诊部、诊所、卫生所、医务室、卫生保健所、卫生站、村卫生室（所）、护理站等医疗机构的，可以根据情况适当简化设置可行性研究报告内容。

第十六条　条例第十条规定提交的选址报告包括以下内容：

（一）选址的依据；

（二）选址所在地区的环境和公用设施情况；

（三）选址与周围托幼机构、中小学校、食品生产经营单位布局的关系；

（四）占地和建筑面积。

第十七条　由两个以上法人或者其他组织共同申请设置医疗机构以及由两人以上合伙申请设置医疗机构的，除提交可行性研究报告和选址报告外，还必须提交由各方共同签署的协议书。

第十八条　医疗机构建筑设计必须按照法律、法规和规章要求经相关审批机关审查同意后，方可施工。

第十九条 条例第十二条规定的设置申请的受理时间,自申请人提供条例和本细则规定的全部材料之日算起。

第二十条 县级以上地方卫生计生行政部门依据当地《医疗机构设置规划》及本细则审查和批准医疗机构的设置。

申请设置医疗机构有下列情形之一的,不予批准:

(一)不符合当地《医疗机构设置规划》;

(二)设置人不符合规定的条件;

(三)不能提供满足投资总额的资信证明;

(四)投资总额不能满足各项预算开支;

(五)医疗机构选址不合理;

(六)污水、污物、粪便处理方案不合理;

(七)省、自治区、直辖市卫生计生行政部门规定的其他情形。

第二十一条 卫生计生行政部门应当在核发《设置医疗机构批准书》的同时,向上一级卫生计生行政部门备案。

上级卫生计生行政部门有权在接到备案报告之日起三十日内纠正或者撤销下级卫生计生行政部门作出的不符合当地《医疗机构设置规划》的设置审批。

第二十二条 《设置医疗机构批准书》的有效期,由省、自治区、直辖市卫生计生行政部门规定。

第二十三条 变更《设置医疗机构批准书》中核准的医疗机构的类别、规模、选址和诊疗科目,必须按照条例和本细则的规定,重新申请办理设置审批手续。

第二十四条 法人和其他组织设置的为内部职工服务的门诊部、诊所、卫生所(室),由设置单位在该医疗机构执业登记前,向当地县级卫生计生行政部门备案,并提交下列材料:

(一)设置单位或者其主管部门设置医疗机构的决定;

(二)《设置医疗机构备案书》。

卫生计生行政部门应当在接到备案后十五日内给予《设置医疗机构备案回执》。

第三章 登记与校验

第二十五条 申请医疗机构执业登记必须填写《医疗机构申请执业登记注册书》,并向登记机关提交下列材料:

(一)《设置医疗机构批准书》或者《设置医疗机构备案回执》;

(二)医疗机构用房产权证明或者使用证明;

(三)医疗机构建筑设计平面图;

(四)验资证明、资产评估报告;

(五)医疗机构规章制度;

(六)医疗机构法定代表人或者主要负责人以及各科室负责人名录和有关资格证书、执业证书复印件;

（七）省、自治区、直辖市卫生计生行政部门规定提交的其他材料。

申请门诊部、诊所、卫生所、医务室、卫生保健所和卫生站登记的，还应当提交附设药房（柜）的药品种类清单、卫生技术人员名录及其有关资格证书、执业证书复印件以及省、自治区、直辖市卫生计生行政部门规定提交的其他材料。

第二十六条　登记机关在受理医疗机构执业登记申请后，应当按照条例第十六条规定的条件和条例第十九条规定的时限进行审查和实地考察、核实，并对有关执业人员进行消毒、隔离和无菌操作等基本知识和技能的现场抽查考核。经审核合格的，发给《医疗机构执业许可证》；审核不合格的，将审核结果和不予批准的理由以书面形式通知申请人。

《医疗机构执业许可证》及其副本由国家卫生计生委统一印制。

条例第十九条规定的执业登记申请的受理时间，自申请人提供条例和本细则规定的全部材料之日算起。

第二十七条　申请医疗机构执业登记有下列情形之一的，不予登记：

（一）不符合《设置医疗机构批准书》核准的事项；

（二）不符合《医疗机构基本标准》；

（三）投资不到位；

（四）医疗机构用房不能满足诊疗服务功能；

（五）通讯、供电、上下水道等公共设施不能满足医疗机构正常运转；

（六）医疗机构规章制度不符合要求；

（七）消毒、隔离和无菌操作等基本知识和技能的现场抽查考核不合格；

（八）省、自治区、直辖市卫生计生行政部门规定的其他情形。

第二十八条　医疗机构执业登记的事项：

（一）类别、名称、地址、法定代表人或者主要负责人；

（二）所有制形式；

（三）注册资金（资本）；

（四）服务方式；

（五）诊疗科目；

（六）房屋建筑面积、床位（牙椅）；

（七）服务对象；

（八）职工人数；

（九）执业许可证登记号（医疗机构代码）；

（十）省、自治区、直辖市卫生计生行政部门规定的其他登记事项。

门诊部、诊所、卫生所、医务室、卫生保健所、卫生站除登记前款所列事项外，还应当核准登记附设药房（柜）的药品种类。

《医疗机构诊疗科目名录》另行制定。

第二十九条　因分立或者合并而保留的医疗机构应当申请变更登记；因分立或者合并而新设置的医疗机构应当申请设置许可和执业登记；因合并而终止的医疗机构应当申请注销登记。

第三十条 医疗机构变更名称、地址、法定代表人或者主要负责人、所有制形式、服务对象、服务方式、注册资金(资本)、诊疗科目、床位(牙椅)的,必须向登记机关申请办理变更登记,并提交下列材料:

(一)医疗机构法定代表人或者主要负责人签署的《医疗机构申请变更登记注册书》;

(二)申请变更登记的原因和理由;

(三)登记机关规定提交的其他材料。

第三十一条 机关、企业和事业单位设置的为内部职工服务的医疗机构向社会开放,必须按照前条规定申请办理变更登记。

第三十二条 医疗机构在原登记机关管辖权限范围内变更登记事项的,由原登记机关办理变更登记;因变更登记超出原登记机关管辖权限的,由有管辖权的卫生计生行政部门办理变更登记。

医疗机构在原登记机关管辖区域内迁移,由原登记机关办理变更登记;向原登记机关管辖区域外迁移的,应当在取得迁移目的地的卫生计生行政部门发给的《设置医疗机构批准书》,并经原登记机关核准办理注销登记后,再向迁移目的地的卫生计生行政部门申请办理执业登记。

第三十三条 登记机关在受理变更登记申请后,依据条例和本细则的有关规定以及当地《医疗机构设置规划》进行审核,按照登记程序或者简化程序办理变更登记,并作出核准变更登记或者不予变更登记的决定。

第三十四条 医疗机构停业,必须经登记机关批准。除改建、扩建、迁建原因,医疗机构停业不得超过一年。

第三十五条 床位在一百张以上的综合医院、中医医院、中西医结合医院、民族医医院以及专科医院、疗养院、康复医院、妇幼保健院、急救中心、临床检验中心和专科疾病防治机构的校验期为三年;其他医疗机构的校验期为一年。

医疗机构应当于校验期满前三个月向登记机关申请办理校验手续。

办理校验应当交验《医疗机构执业许可证》,并提交下列文件:

(一)《医疗机构校验申请书》;

(二)《医疗机构执业许可证》副本;

(三)省、自治区、直辖市卫生计生行政部门规定提交的其他材料。

第三十六条 卫生计生行政部门应当在受理校验申请后的三十日内完成校验。

第三十七条 医疗机构有下列情形之一的,登记机关可以根据情况,给予一至六个月的暂缓校验期:

(一)不符合《医疗机构基本标准》;

(二)限期改正期间;

(三)省、自治区、直辖市卫生计生行政部门规定的其他情形。

不设床位的医疗机构在暂缓校验期内不得执业。

暂缓校验期满仍不能通过校验的,由登记机关注销其《医疗机构执业许可证》:

第三十八条 各级卫生计生行政部门应当采用电子证照等信息化手段对医疗机构实

行全程管理和动态监管。有关管理办法另行制定。

第三十九条 医疗机构开业、迁移、更名、改变诊疗科目以及停业、歇业和校验结果由登记机关予以公告。

第四章 名 称

第四十条 医疗机构的名称由识别名称和通用名称依次组成。

医疗机构的通用名称为:医院、中心卫生院、卫生院、疗养院、妇幼保健院、门诊部、诊所、卫生所、卫生站、卫生室、医务室、卫生保健所、急救中心、急救站、临床检验中心、防治院、防治所、防治站、护理院、护理站、中心以及国家卫生计生委规定或者认可的其他名称。

医疗机构可以下列名称作为识别名称:地名、单位名称、个人姓名、医学学科名称、医学专业和专科名称、诊疗科目名称和核准机关批准使用的名称。

第四十一条 医疗机构的命名必须符合以下原则:

(一)医疗机构的通用名称以前条第二款所列的名称为限;

(二)前条第三款所列的医疗机构的识别名称可以合并使用;

(三)名称必须名副其实;

(四)名称必须与医疗机构类别或者诊疗科目相适应;

(五)各级地方人民政府设置的医疗机构的识别名称中应当含有省、市、县、区、街道、乡、镇、村等行政区划名称,其他医疗机构的识别名称中不得含有行政区划名称;

(六)国家机关、企业和事业单位、社会团体或者个人设置的医疗机构的名称中应当含有设置单位名称或者个人的姓名。

第四十二条 医疗机构不得使用下列名称:

(一)有损于国家、社会或者公共利益的名称;

(二)侵犯他人利益的名称;

(三)以外文字母、汉语拼音组成的名称;

(四)以医疗仪器、药品、医用产品命名的名称;

(五)含有“疑难病”、“专治”、“专家”、“名医”或者同类含义文字的名称以及其他宣传或者暗示诊疗效果的名称;

(六)超出登记的诊疗科目范围的名称;

(七)省级以上卫生计生行政部门规定不得使用的名称。

第四十三条 以下医疗机构名称由国家卫生计生委核准;属于中医、中西医结合和民族医医疗机构的,由国家中医药管理局核准:

(一)含有外国国家(地区)名称及其简称、国际组织名称的;

(二)含有“中国”、“全国”、“中华”、“国家”等字样以及跨省地域名称的;

(三)各级地方人民政府设置的医疗机构的识别名称中不含有行政区划名称的。

第四十四条 以“中心”作为医疗机构通用名称的医疗机构名称,由省级以上卫生计生行政部门核准;在识别名称中含有“中心”字样的医疗机构名称的核准,由省、自治区、直辖市卫生计生行政部门规定。

含有“中心”字样的医疗机构名称必须同时含有行政区划名称或者地名。

第四十五条 除专科疾病防治机构以外，医疗机构不得以具体疾病名称作为识别名称，确有需要的由省、自治区、直辖市卫生计生行政部门核准。

第四十六条 医疗机构名称经核准登记，于领取《医疗机构执业许可证》后方可使用，在核准机关管辖范围内享有专用权。

第四十七条 医疗机构只准使用一个名称。确有需要，经核准机关核准可以使用两个或者两个以上名称，但必须确定一个第一名称。

第四十八条 卫生计生行政部门有权纠正已经核准登记的不适宜的医疗机构名称，上级卫生计生行政部门有权纠正下级卫生计生行政部门已经核准登记的不适宜的医疗机构名称。

第四十九条 两个以上申请人向同一核准机关申请相同的医疗机构名称，核准机关依照申请在先原则核定。属于同一天申请的，应当由申请人双方协商解决；协商不成的，由核准机关作出裁决。

两个以上医疗机构因已经核准登记的医疗机构名称相同发生争议时，核准机关依照登记在先原则处理。属于同一天登记的，应当由双方协商解决；协商不成的，由核准机关报上一级卫生计生行政部门作出裁决。

第五十条 医疗机构名称不得买卖、出借。

未经核准机关许可，医疗机构名称不得转让。

第五章 执 业

第五十一条 医疗机构的印章、银行帐户、牌匾以及医疗文件中使用的名称应当与核准登记的医疗机构名称相同；使用两个以上名称的，应当与第一名称相同。

第五十二条 医疗机构应当严格执行无菌消毒、隔离制度，采取科学有效的措施处理污水和废弃物，预防和减少医院感染。

第五十三条 医疗机构的门诊病历的保存期不得少于十五年；住院病历的保存期不得少于三十年。

第五十四条 标有医疗机构标识的票据和病历本册以及处方笺、各种检查的申请单、报告单、证明文书单、药品分装袋、制剂标签等不得买卖、出借和转让。

医疗机构不得冒用标有其他医疗机构标识的票据和病历本册以及处方笺、各种检查的申请单、报告单、证明文书单、药品分装袋、制剂标签等。

第五十五条 医疗机构应当按照卫生计生行政部门的有关规定、标准加强医疗质量管理，实施医疗质量保证方案，确保医疗安全和服务质量，不断提高服务水平。

第五十六条 医疗机构应当定期检查、考核各项规章制度和各级各类人员岗位责任制的执行和落实情况。

第五十七条 医疗机构应当经常对医务人员进行“基础理论、基本知识、基本技能”的训练与考核，把“严格要求、严密组织、严谨态度”落实到各项工作中。

第五十八条 医疗机构应当组织医务人员学习医德规范和有关教材，督促医务人员恪守职业道德。

第五十九条　医疗机构不得使用假劣药品、过期和失效药品以及违禁药品。

第六十条　医疗机构为死因不明者出具的《死亡医学证明书》,只作是否死亡的诊断,不作死亡原因的诊断。如有关方面要求进行死亡原因诊断的,医疗机构必须指派医生对尸体进行解剖和有关死因检查后方能作出死因诊断。

第六十一条　医疗机构在诊疗活动中,应当对患者实行保护性医疗措施,并取得患者家属和有关人员的配合。

第六十二条　医疗机构应当尊重患者对自己的病情、诊断、治疗的知情权利。在实施手术、特殊检查、特殊治疗时,应当向患者作必要的解释。因实施保护性医疗措施不宜向患者说明情况的,应当将有关情况通知患者家属。

第六十三条　门诊部、诊所、卫生所、医务室、卫生保健所和卫生站附设药房(柜)的药品种类由登记机关核定,具体办法由省、自治区、直辖市卫生计生行政部门规定。

第六十四条　为内部职工服务的医疗机构未经许可和变更登记不得向社会开放。

第六十五条　医疗机构被吊销或者注销执业许可证后,不得继续开展诊疗活动。

第六章　监督管理

第六十六条　各级卫生计生行政部门负责所辖区域内医疗机构的监督管理工作。

第六十七条　在监督管理工作中,要充分发挥医院管理学会和卫生工作者协会等学术性和行业性社会团体的作用。

第六十八条　县级以上卫生计生行政部门设立医疗机构监督管理办公室。

各级医疗机构监督管理办公室在同级卫生计生行政部门的领导下开展工作。

第六十九条　各级医疗机构监督管理办公室的职责:

(一)拟订医疗机构监督管理工作计划;

(二)办理医疗机构监督员的审查、发证、换证;

(三)负责医疗机构登记、校验和有关监督管理工作的统计,并向同级卫生计生行政部门报告;

(四)负责接待、办理群众对医疗机构的投诉;

(五)完成卫生计生行政部门交给的其他监督管理工作。

第七十条　县级以上卫生计生行政部门设医疗机构监督员,履行规定的监督管理职责。

医疗机构监督员由同级卫生计生行政部门聘任。

医疗机构监督员应当严格执行国家有关法律、法规和规章,其主要职责是:

(一)对医疗机构执行有关法律、法规、规章和标准的情况进行监督、检查、指导;

(二)对医疗机构执业活动进行监督、检查、指导;

(三)对医疗机构违反条例和本细则的案件进行调查、取证;

(四)对经查证属实的案件向卫生计生行政部门提出处理或者处罚意见;

(五)实施职权范围内的处罚;

(六)完成卫生计生行政部门交付的其他监督管理工作。

第七十一条 医疗机构监督员有权对医疗机构进行现场检查,无偿索取有关资料,医疗机构不得拒绝、隐匿或者隐瞒。

医疗机构监督员在履行职责时应当佩戴证章、出示证件。

医疗机构监督员证章、证件由国家卫生计生委监制。

第七十二条 各级卫生计生行政部门对医疗机构的执业活动检查、指导主要包括:

(一)执行国家有关法律、法规、规章和标准情况;

(二)执行医疗机构内部各项规章制度和各级各类人员岗位责任制情况;

(三)医德医风情况;

(四)服务质量和服务水平情况;

(五)执行医疗收费标准情况;

(六)组织管理情况;

(七)人员任用情况;

(八)省、自治区、直辖市卫生计生行政部门规定的其他检查、指导项目。

第七十三条 国家实行医疗机构评审制度,对医疗机构的基本标准、服务质量、技术水平、管理水平等进行综合评价。县级以上卫生计生行政部门负责医疗机构评审的组织和管理;各级医疗机构评审委员会负责医疗机构评审的具体实施。

第七十四条 县级以上中医(药)行政管理部门成立医疗机构评审委员会,负责中医、中西医结合和民族医医疗机构的评审。

第七十五条 医疗机构评审包括周期性评审、不定期重点检查。

医疗机构评审委员会在对医疗机构进行评审时,发现有违反条例和本细则的情节,应当及时报告卫生计生行政部门;医疗机构评审委员会委员为医疗机构监督员的,可以直接行使监督权。

第七十六条 《医疗机构监督管理行政处罚程序》另行制定。

第七章 处 罚

第七十七条 对未取得《医疗机构执业许可证》擅自执业的,责令其停止执业活动,没收非法所得和药品、器械,并处以三千元以下的罚款;有下列情形之一的,责令其停止执业活动,没收非法所得和药品、器械,处以三千元以上一万元以下的罚款:

(一)因擅自执业曾受过卫生计生行政部门处罚;

(二)擅自执业的人员为非卫生技术专业人员;

(三)擅自执业时间在三个月以上;

(四)给患者造成伤害;

(五)使用假药、劣药蒙骗患者;

(六)以行医为名骗取患者钱物;

(七)省、自治区、直辖市卫生计生行政部门规定的其它情形。

第七十八条 对不按期办理校验《医疗机构执业许可证》又不停止诊疗活动的,责令其限期补办校验手续;在限期内仍不办理校验的,吊销其《医疗机构执业许可证》。

第七十九条 转让、出借《医疗机构执业许可证》的,没收其非法所得,并处以三千元以下的罚款;有下列情形之一的,没收其非法所得,处以三千元以上五千元以下的罚款,并吊销《医疗机构执业许可证》:

(一)出卖《医疗机构执业许可证》;

(二)转让或者出借《医疗机构执业许可证》是以营利为目的;

(三)受让方或者承借方给患者造成伤害;

(四)转让、出借《医疗机构执业许可证》给非卫生技术专业人员;

(五)省、自治区、直辖市卫生计生行政部门规定的其它情形。

第八十条 除急诊和急救外,医疗机构诊疗活动超出登记的诊疗科目范围,情节轻微的,处以警告;有下列情形之一的,责令其限期改正,并可处以三千元以下罚款:

(一)超出登记的诊疗科目范围的诊疗活动累计收入在三千元以下;

(二)给患者造成伤害。

有下列情形之一的,处以三千元罚款,并吊销《医疗机构执业许可证》:

(一)超出登记的诊疗科目范围的诊疗活动累计收入在三千元以上;

(二)给患者造成伤害;

(三)省、自治区、直辖市卫生计生行政部门规定的其它情形。

第八十一条 任用非卫生技术人员从事医疗卫生技术工作的,责令其立即改正,并可处以三千元以下的罚款;有下列情形之一的,处以三千元以上五千元以下罚款,并可以吊销其《医疗机构执业许可证》:

(一)任用两名以上非卫生技术人员从事诊疗活动;

(二)任用的非卫生技术人员给患者造成伤害。

医疗机构使用卫生技术人员从事本专业以外的诊疗活动的,按使用非卫生技术人员处理。

第八十二条 出具虚假证明文件,情节轻微的,给予警告,并可处以五百元以下的罚款;有下列情形之一的,处以五百元以上一千元以下的罚款:

(一)出具虚假证明文件造成延误诊治的;

(二)出具虚假证明文件给患者精神造成伤害的;

(三)造成其它危害后果的。

对直接责任人员由所在单位或者上级机关给予行政处分。

第八十三条 医疗机构有下列情形之一的,登记机关可以责令其限期改正:

(一)发生重大医疗事故;

(二)连续发生同类医疗事故,不采取有效防范措施;

(三)连续发生原因不明的同类患者死亡事件,同时存在管理不善因素;

(四)管理混乱,有严重事故隐患,可能直接影响医疗安全;

(五)省、自治区、直辖市卫生计生行政部门规定的其他情形。

第八十四条 当事人对行政处罚决定不服的,可以在接到《行政处罚决定通知书》之日起十五日内向作出行政处罚决定的上一级卫生计生行政部门申请复议。上级卫生计生行政部门应当在接到申请书之日起三十日内作出书面答复。

当事人对行政处罚决定不服的,也可以在接到《行政处罚决定通知书》之日起十五日内直接向人民法院提起行政诉讼。

逾期不申请复议、不起诉又不履行行政处罚决定的,由作出行政处罚决定的卫生计生行政部门填写《行政处罚强制执行申请书》,向人民法院申请强制执行。

第八章　附　　则

第八十五条　医疗机构申请办理设置审批、执业登记、校验、评审时,应当交纳费用,医疗机构执业应当交纳管理费,具体办法由省级以上卫生计生行政部门会同物价管理部门规定。

第八十六条　各省、自治区、直辖市根据条例和本细则并结合当地的实际情况,制定实施办法。实施办法中的有关中医、中西结合、民族医医疗机构的条款,由省、自治区、直辖市中医(药)行政部门拟订。

第八十七条　条例及本细则实施前已经批准执业的医疗机构的审核登记办法,由省、自治区、直辖市卫生计生行政部门根据当地的实际情况规定。

第八十八条　条例及本细则中下列用语的含义:

诊疗活动:是指通过各种检查,使用药物、器械及手术等方法,对疾病作出判断和消除疾病、缓解病情、减轻痛苦、改善功能、延长生命、帮助患者恢复健康的活动。

医疗美容:是指使用药物以及手术、物理和其他损伤性或者侵入性手段进行的美容。

特殊检查、特殊治疗:是指具有下列情形之一的诊断、治疗活动:

(一)有一定危险性,可能产生不良后果的检查和治疗;

(二)由于患者体质特殊或者病情危笃,可能对患者产生不良后果和危险的检查和治疗;

(三)临床试验性检查和治疗;

(四)收费可能对患者造成较大经济负担的检查和治疗。

卫生技术人员:是指按照国家有关法律、法规和规章的规定取得卫生技术人员资格或者职称的人员。

技术规范:是指由国家卫生计生委、国家中医药管理局制定或者认可的与诊疗活动有关的技术标准、操作规程等规范性文件。

军队的医疗机构:是指中国人民解放军和中国人民武装警察部队编制内的医疗机构。

第八十九条　各级中医(药)行政管理部门依据条例和本细则以及当地医疗机构管理条例实施办法,对管辖范围内各类中医、中西医结合和民族医医疗机构行使设置审批、登记和监督管理权。

第九十条　本细则的解释权在国家卫生计生委。

第九十一条　本细则自 1994 年 9 月 1 日起施行。

医疗机构评审办法

（卫医发〔1995〕第 30 号）

第一章　总　　则

第一条　为加强对医疗机构的监督管理，建立和实行医疗机构评审制度，确保医疗机构的服务质量，提高其服务水平，健全和巩固三级医疗预防保健网，合理利用卫生资源，充分发挥医疗体系的整体功能，根据《医疗机构管理条例》，制定本办法。

第二条　医疗机构评审是由有关专家组成的医疗机构评审委员会，依照本办法和《医疗机构评审标准》及《医疗机构基本标准》，对医疗机构的执业活动、服务质量和管理水平等进行综合评价的专业技术性活动。

第三条　各级各类医疗机构均应按本办法参加评审。

第四条　医疗机构评审的原则是精简高效、公正准确。

第五条　县级以上卫生行政部门负责医疗机构评审工作的组织与领导；医疗机构评审委员会负责医疗机构评审的具体实施，并向被评审的医疗机构提出改进工作的指导意见。

第六条　省级以上卫生行政部门可根据各评审周期当时的医疗工作重点、医疗机构管理中的实际情况和卫生政策导向，调整各类评审指标的权重。

第七条　医疗机构评审包括周期性评审和不定期重点检查。

第八条　各级卫生行政部门根据《医疗机构设置规划指导原则》、各地《医疗机构设置规划》和各类医疗机构的功能、任务、规模，对不同级别的医疗机构实行标准化、规范化的分级管理。

第九条　实行医疗机构评审后，医疗机构收费标准应按级别和等次有所区别。各地可根据国家价格改革的统一部署，结合本地实际情况，将医疗技术收费拉开档次。

第二章　评审权限的划分

第十条　三级特等医院、急救中心和省级以上临床检验中心的评审由卫生部组织与领导，同级医疗机构评审委员会负责具体实施。

第十一条　三级医院、二、三级妇幼保健院、疗养院、省级专科疾病防治机构、市（地级）临床检验中心的评审由省级卫生行政部门组织与领导，同级医疗机构评审委员会负责具体实施。

二级医院和康复医院评审的组织、领导与实施由省级卫生行政部门规定。

第十二条　一级妇幼保健院、市辖区的妇幼保健所、设区的市级专科疾病防治机构、急救站、护理院的评审由设区的市级卫生行政部门组织与领导，同级医疗机构评审委员会负责具体实施。

第十三条　一级医院、卫生院、县级专科疾病防治机构、门诊部、诊所、村卫生室（所）、卫生所（室）、医务室、卫生保健所、护理站、卫生站等的评审由县级卫生行政部门组织与领导，同级医疗机构评审委员会负责具体实施。

第十四条　卫生行政部门认为必要时，可请下级、上级或辖区外的医疗机构评审委员会实施对辖区内特定医疗机构的评审工作。

第十五条　上级卫生行政部门应对下级卫生行政部门的评审工作进行监督、检查和指导。

第三章　评审周期与计划

第十六条　医院、妇幼保健院、疗养院、卫生院、急救医疗机构、临床检验中心、专科疾病防治机构、护理院及床位数在20张以上的其他医疗机构的评审周期为三年；

其他医疗机构的评审周期为二年。

第十七条　为了保证医疗机构评审工作秩序，医疗机构评审委员会应当按年度制订评审计划，报同级卫生行政部门批准后实施。

评审计划主要包括：

（一）参加评审的医疗机构名册；

（二）对名册内各医疗机构评审时间的初步安排；

（三）名册内各医疗机构提交评审申请的时间和受理期限；

（四）年度评审重点和组织实施方案；

（五）卫生行政部门规定的其他内容。

第十八条　医疗机构评审委员会应当根据评审计划，按照省级以上卫生行政部门规定的期限，将提交《医疗机构评审申请书》时间和预计的评审时间通知被评审的医疗机构。

第十九条　医疗机构接到前条　规定的通知后，可以在规定时限内向相应的评审委员会提出提前或者推迟评审的书面申请，评审委员会在接到申请后，应在规定的时限内提出处理意见，报同级卫生行政部门作出决定，并书面通知申请人。

前款具体时限由省级以上卫生行政部门规定。

第二十条　医疗机构评审委员会应在评审计划规定的时间内完成评审工作。

第四章　评审的实施

第二十一条　医疗机构应当在规定的期限内，向相应的医疗机构评审委员会办公室提交《医疗机构评审申请书》，并报其主管卫生行政部门备案。

第二十二条　医疗机构评审委员会应在受理申请后，按照省级以上卫生行政部门规定的期限，向申请人发放《受理通知书》，受理从收到完整的申报材料之日算起。

第二十三条　《受理通知书》中应明确规定评审时间和日程安排。

第二十四条　医疗机构评审委员会应指定下设的相应专业委员会（组）在规定的时间内完成评审。

第二十五条　评审委员与被评审医疗机构有利害关系，可能影响评审公正性的，应当回避。医疗机构也有权要求其回避。评审委员的回避由评审委员会决定。

第二十六条　周期性评审以《医疗机构基本标准》和《医疗机构评审标准》为依据，实施对申报材料的审核和对医疗机构的现场检查考核。

现场检查考核采取听取汇报、与管理人员讨论、现场考察、病案与文件检查、理论与技术操作考核、接待病人及群众来访、技术项目评估等方式。

评审所涉及的有关文件、文书、材料应当真实,严禁弄虚做假。如在评审过程中有弄虚做假行为的应取消本次评审资格。

在评审中发现医德医风、医疗质量和医疗安全等方面存在重大缺陷,应对评审结论实行单项否决。

第二十七条 专业委员会(组)可下设若干检查组,每项指标的评分由相应检查组成员商定,并报专业委员会(组)审定。

第二十八条 专业委员会(组)应在现场评审结束后,按照省级以上卫生行政部门规定的期限,向医疗机构评审委员会办公室提交评审工作报告。

评审工作报告内容应包括:

(一)评审工作概况;

(二)《医疗机构基本标准》的符合情况;

(三)《医疗机构评审标准》各项指标的得分;

(四)被评审机构的总分;

(五)被评审机构存在的主要问题及改进意见;

(六)应当说明的其他问题;

(七)省级卫生行政部门规定的其他内容;

(八)专业委员会(组)主任签字。

第二十九条 各专业委员会提交的评审工作报告由医疗机构评审委员会讨论并签署意见,呈报相应的卫生行政部门审批。

评审委员会认为必要时,可要求专业委员会(组)对某些项目进行重新审议或评审。

具体程序由省级以上卫生行政部门规定。

第三十条 评审工作有关的各种原始材料由评审委员会存档,保存期至少四年。

第三十一条 卫生行政部门在收到评审委员会评审工作报告后,应当在省级以上卫生行政部门规定的时间内作出评审结论,并书面通知评审委员会、有关的卫生行政部门和被评审的医疗机构,同时报送上级卫生行政部门备案。

医疗机构评审委员会接到卫生行政部门的书面通知后,应报送上级医疗机构评审委员会备案。

第三十二条 被评审的医疗机构对评审结论有异议的,可在接到评审结论后一个月内,向上一级卫生行政部门提出复核评审的书面申请,并提交有关材料和充分的理由。

受理复核评审的卫生行政部门可以委托适当的医疗机构评审委员会实施。复核评审结论由受理的卫生行政部门作出,复核评审结论为最终结论。

第三十三条 卫生行政部门应对在评审中不符合《医疗机构基本标准》以及根据《医疗机构评审标准》评审不合格的医疗机构提出限期整改意见,并在改正期限后进行重新评审。

第三十四条　上级卫生行政部门应对下级卫生行政部门的评审结论进行抽查复审。如发现原结论与实际情况不符,上级卫生行政部门有权变更下级卫生行政部门的评审结论。

第三十五条　省级评审委员会根据三级甲等医院的申请,负责向卫生部评审委员会推荐具有国家先进水平的三级甲等医院参加三级特等医院的评审,并同时抄报省级卫生行政部门。

省级评审委员会对急救中心、省级临检中心的评审申请书进行初步审核,认为合格后,向部评审委员会申报评审,并同时抄报省级卫生行政部门。

第五章　评审结论

第三十六条　医疗机构评审的基本结论是"合格"与"不合格"。

第三十七条　为使同级医疗机构在管理水平、服务质量、技术能力等方面展开有管理的竞争,对部分类别的医疗机构可实行分等评定。

第三十八条　医院、妇幼保健院、急救中心(站)等医疗机构的每个级别内和康复医院、疗养院及职业病防治院(所)可分别设立"甲等"、"乙等"、"丙等",达到"合格"即为"丙等"。

三级医院增设"特等"。

市辖区的妇幼保健所和村卫生室只设"甲等"。

床位在20张以上的乡卫生院可以参加一级医院的分等评定,其名称和功能不变。

第三十九条　通过评审的医疗机构,由卫生行政部门发给卫生部统一格式的评审合格证书或分等证书,评审不合格的由卫生行政部门书面通知被评审机构。评审结论由卫生行政部门定期向社会公布。

第四十条　评审证书的有效期与医疗机构的评审周期相同。评审证书有效期满后,医疗机构不得继续使用原评审证书。医疗机构的等级标识必须与评审证书相符。

第四十一条　发证机关及相应医疗机构评审委员会应当对医疗机构进行不定期重点检查,不定期重点检查的分值应占下次周期性评审总分的15%。

不定期重点检查的具体办法由省级以上卫生行政部门规定。

第四十二条　在评审证书有效期间,如发现医疗机构在医德医风、医疗质量和医疗安全等方面存在重大缺陷或经查实确在接受评审过程中弄虚做假,发证机关有权撤销原评审结论,并收回原证书和标识。

第四十三条　未经被评审医疗机构的书面同意,评审委员会及其成员不得公布评审中获得的原始标准。有关评审的汇总性资料不受此规定限制。

第四十四条　申请评审的医疗机构应向评审委员会缴纳评审费。评审费只能用于开展医疗机构评审活动的正常支出。评审委员会对医疗机构的不定期重点检查不另行收费。

评审费标准由省级以上卫生行政部门规定。

第六章　附　　则

第四十五条　各省、自治区、直辖市卫生行政部门会同中医(药)行政管理部门根据本办法制定评审实施细则。

第四十六条　本办法的解释权在卫生部。

第四十七条　本办法自发布之日起施行，1989年卫生部发布的《医院分级管理办法(试行草案)》与本办法不符的，以本办法为准。

医疗机构临床用血管理办法

(2012年3月19日卫生部部务会议审议通过　2012年6月7日卫生部令第85号公布)

第一章　总　　则

第一条　为加强医疗机构临床用血管理，推进临床科学合理用血，保护血液资源，保障临床用血安全和医疗质量，根据《中华人民共和国献血法》，制定本办法。

第二条　卫生部负责全国医疗机构临床用血的监督管理。县级以上地方人民政府卫生行政部门负责本行政区域医疗机构临床用血的监督管理。

第三条　医疗机构应当加强临床用血管理，将其作为医疗质量管理的重要内容，完善组织建设，建立健全岗位责任制，制定并落实相关规章制度和技术操作规程。

第四条　本办法适用于各级各类医疗机构的临床用血管理工作。

第二章　组织与职责

第五条　卫生部成立临床用血专家委员会，其主要职责是：

(一)协助制订国家临床用血相关制度、技术规范和标准；

(二)协助指导全国临床用血管理和质量评价工作，促进提高临床合理用血水平；

(三)协助临床用血重大安全事件的调查分析，提出处理意见；

(四)承担卫生部交办的有关临床用血管理的其他任务。

卫生部建立协调机制，做好临床用血管理工作，提高临床合理用血水平，保证输血治疗质量。

第六条　各省、自治区、直辖市人民政府卫生行政部门成立省级临床用血质量控制中心，负责辖区内医疗机构临床用血管理的指导、评价和培训等工作。

第七条　医疗机构应当加强组织管理，明确岗位职责，健全管理制度。

医疗机构法定代表人为临床用血管理第一责任人。

第八条　二级以上医院和妇幼保健院应当设立临床用血管理委员会，负责本机构临床合理用血管理工作。主任委员由院长或者分管医疗的副院长担任，成员由医务部门、输血科、麻醉科、开展输血治疗的主要临床科室、护理部门、手术室等部门负责人组成。医务、输血部门共同负责临床合理用血日常管理工作。

其他医疗机构应当设立临床用血管理工作组，并指定专(兼)职人员负责日常管理工作。

第九条　临床用血管理委员会或者临床用血管理工作组应当履行以下职责：

(一)认真贯彻临床用血管理相关法律、法规、规章、技术规范和标准，制订本机构临床用血管理的规章制度并监督实施；

（二）评估确定临床用血的重点科室、关键环节和流程；

（三）定期监测、分析和评估临床用血情况，开展临床用血质量评价工作，提高临床合理用血水平；

（四）分析临床用血不良事件，提出处理和改进措施；

（五）指导并推动开展自体输血等血液保护及输血新技术；

（六）承担医疗机构交办的有关临床用血的其他任务。

第十条 医疗机构应当根据有关规定和临床用血需求设置输血科或者血库，并根据自身功能、任务、规模，配备与输血工作相适应的专业技术人员、设施、设备。

不具备条件设置输血科或者血库的医疗机构，应当安排专（兼）职人员负责临床用血工作。

第十一条 输血科及血库的主要职责是：

（一）建立临床用血质量管理体系，推动临床合理用血；

（二）负责制订临床用血储备计划，根据血站供血的预警信息和医院的血液库存情况协调临床用血；

（三）负责血液预订、入库、储存、发放工作；

（四）负责输血相关免疫血液学检测；

（五）参与推动自体输血等血液保护及输血新技术；

（六）参与特殊输血治疗病例的会诊，为临床合理用血提供咨询；

（七）参与临床用血不良事件的调查；

（八）根据临床治疗需要，参与开展血液治疗相关技术；

（九）承担医疗机构交办的有关临床用血的其他任务。

第三章 临床用血管理

第十二条 医疗机构应当加强临床用血管理，建立并完善管理制度和工作规范，并保证落实。

第十三条 医疗机构应当使用卫生行政部门指定血站提供的血液。

医疗机构科研用血由所在地省级卫生行政部门负责核准。

医疗机构应当配合血站建立血液库存动态预警机制，保障临床用血需求和正常医疗秩序。

第十四条 医疗机构应当科学制订临床用血计划，建立临床合理用血的评价制度，提高临床合理用血水平。

第十五条 医疗机构应当对血液预订、接收、入库、储存、出库及库存预警等进行管理，保证血液储存、运送符合国家有关标准和要求。

第十六条 医疗机构接收血站发送的血液后，应当对血袋标签进行核对。符合国家有关标准和要求的血液入库，做好登记；并按不同品种、血型和采血日期（或有效期），分别有序存放于专用储藏设施内。

血袋标签核对的主要内容是：

（一）血站的名称；

（二）献血编号或者条形码、血型；

（三）血液品种；

（四）采血日期及时间或者制备日期及时间；

（五）有效期及时间；

（六）储存条件。

禁止将血袋标签不合格的血液入库。

第十七条　医疗机构应当在血液发放和输血时进行核对，并指定医务人员负责血液的收领、发放工作。

第十八条　医疗机构的储血设施应当保证运行有效，全血、红细胞的储藏温度应当控制在 2－6℃，血小板的储藏温度应当控制在 20－24℃。储血保管人员应当做好血液储藏温度的 24 小时监测记录。储血环境应当符合卫生标准和要求。

第十九条　医务人员应当认真执行临床输血技术规范，严格掌握临床输血适应证，根据患者病情和实验室检测指标，对输血指证进行综合评估，制订输血治疗方案。

第二十条　医疗机构应当建立临床用血申请管理制度。

同一患者一天申请备血量少于 800 毫升的，由具有中级以上专业技术职务任职资格的医师提出申请，上级医师核准签发后，方可备血。

同一患者一天申请备血量在 800 毫升至 1600 毫升的，由具有中级以上专业技术职务任职资格的医师提出申请，经上级医师审核，科室主任核准签发后，方可备血。

同一患者一天申请备血量达到或超过 1600 毫升的，由具有中级以上专业技术职务任职资格的医师提出申请，科室主任核准签发后，报医务部门批准，方可备血。

以上第二款、第三款和第四款规定不适用于急救用血。

第二十一条　在输血治疗前，医师应当向患者或者其近亲属说明输血目的、方式和风险，并签署临床输血治疗知情同意书。

因抢救生命垂危的患者需要紧急输血，且不能取得患者或者其近亲属意见的，经医疗机构负责人或者授权的负责人批准后，可以立即实施输血治疗。

第二十二条　医疗机构应当积极推行节约用血的新型医疗技术。

三级医院、有条件的二级医院和妇幼保健院应当开展自体输血技术，建立并完善管理制度和技术规范，提高合理用血水平，保证医疗质量和安全。

医疗机构应当动员符合条件的患者接受自体输血技术，提高输血治疗效果和安全性。

第二十三条　医疗机构应当积极推行成分输血，保证医疗质量和安全。

第二十四条　医疗机构应当加强无偿献血知识的宣传教育工作，规范开展互助献血工作。

血站负责互助献血血液的采集、检测及用血者血液调配等工作。

第二十五条　医疗机构应当根据国家有关法律法规和规范建立临床用血不良事件监测报告制度。临床发现输血不良反应后，应当积极救治患者，及时向有关部门报告，并做好观察和记录。

第二十六条　各省、自治区、直辖市人民政府卫生行政部门应当制订临床用血保障措施和应急预案，保证自然灾害、突发事件等大量伤员和特殊病例、稀缺血型等应急用血的供应和安全。

因应急用血或者避免血液浪费，在保证血液安全的前提下，经省、自治区、直辖市人民政府卫生行政部门核准，医疗机构之间可以调剂血液。具体方案由省级卫生行政部门制订。

第二十七条　省、自治区、直辖市人民政府卫生行政部门应当加强边远地区医疗机构临床用血保障工作，科学规划和建设中心血库与储血点。

医疗机构应当制订应急用血工作预案。为保证应急用血，医疗机构可以临时采集血液，但必须同时符合以下条件：

（一）危及患者生命，急需输血；

（二）所在地血站无法及时提供血液，且无法及时从其他医疗机构调剂血液，而其他医疗措施不能替代输血治疗；

（三）具备开展交叉配血及乙型肝炎病毒表面抗原、丙型肝炎病毒抗体、艾滋病病毒抗体和梅毒螺旋体抗体的检测能力；

（四）遵守采供血相关操作规程和技术标准。

医疗机构应当在临时采集血液后10日内将情况报告县级以上人民政府卫生行政部门。

第二十八条　医疗机构应当建立临床用血医学文书管理制度，确保临床用血信息客观真实、完整、可追溯。医师应当将患者输血适应证的评估、输血过程和输血后疗效评价情况记入病历；临床输血治疗知情同意书、输血记录单等随病历保存。

第二十九条　医疗机构应当建立培训制度，加强对医务人员临床用血和无偿献血知识的培训，将临床用血相关知识培训纳入继续教育内容。新上岗医务人员应当接受岗前临床用血相关知识培训及考核。

第三十条　医疗机构应当建立科室和医师临床用血评价及公示制度。将临床用血情况纳入科室和医务人员工作考核指标体系。

禁止将用血量和经济收入作为输血科或者血库工作的考核指标。

第四章　监督管理

第三十一条　县级以上地方人民政府卫生行政部门应当加强对本行政区域内医疗机构临床用血情况的督导检查。

第三十二条　县级以上地方人民政府卫生行政部门应当建立医疗机构临床用血评价制度，定期对医疗机构临床用血工作进行评价。

第三十三条　县级以上地方人民政府卫生行政部门应当建立临床合理用血情况排名、公布制度。对本行政区域内医疗机构临床用血量和不合理使用等情况进行排名，将排名情况向本行政区域内的医疗机构公布，并报上级卫生行政部门。

第三十四条 县级以上地方人民政府卫生行政部门应当将医疗机构临床用血情况纳入医疗机构考核指标体系;将临床用血情况作为医疗机构评审、评价重要指标。

第五章 法律责任

第三十五条 医疗机构有下列情形之一的,由县级以上人民政府卫生行政部门责令限期改正;逾期不改的,进行通报批评,并予以警告;情节严重或者造成严重后果的,可处3万元以下的罚款,对负有责任的主管人员和其他直接责任人员依法给予处分:

(一)未设立临床用血管理委员会或者工作组的;

(二)未拟定临床用血计划或者一年内未对计划实施情况进行评估和考核的;

(三)未建立血液发放和输血核对制度的;

(四)未建立临床用血申请管理制度的;

(五)未建立医务人员临床用血和无偿献血知识培训制度的;

(六)未建立科室和医师临床用血评价及公示制度的;

(七)将经济收入作为对输血科或者血库工作的考核指标的;

(八)违反本办法的其他行为。

第三十六条 医疗机构使用未经卫生行政部门指定的血站供应的血液的,由县级以上地方人民政府卫生行政部门给予警告,并处3万元以下罚款;情节严重或者造成严重后果的,对负有责任的主管人员和其他直接责任人员依法给予处分。

第三十七条 医疗机构违反本办法关于应急用血采血规定的,由县级以上人民政府卫生行政部门责令限期改正,给予警告;情节严重或者造成严重后果的,处3万元以下罚款,对负有责任的主管人员和其他直接责任人员依法给予处分。

第三十八条 医疗机构及其医务人员违反本法规定,将不符合国家规定标准的血液用于患者的,由县级以上地方人民政府卫生行政部门责令改正;给患者健康造成损害的,应当依据国家有关法律法规进行处理,并对负有责任的主管人员和其他直接责任人员依法给予处分。

第三十九条 县级以上地方卫生行政部门未按照本办法规定履行监管职责,造成严重后果的,对直接负责的主管人员和其他直接责任人员依法给予记大过、降级、撤职、开除等行政处分。

第四十条 医疗机构及其医务人员违反临床用血管理规定,构成犯罪的,依法追究刑事责任。

第六章 附 则

第四十一条 本办法自2012年8月1日起施行。卫生部于1999年1月5日公布的《医疗机构临床用血管理办法(试行)》同时废止。

医疗机构校验管理办法(试行)

(卫医政发〔2009〕57号)

第一章　总　　则

第一条　为加强医疗机构监督管理,规范医疗机构执业行为,保障医疗服务质量和医疗安全,依据《中华人民共和国执业医师法》、《医疗机构管理条例》、《医疗事故处理条例》、《医疗机构管理条例实施细则》等有关法律、法规和规章,制定本办法。

第二条　本办法所称校验是指卫生行政部门依法对医疗机构的基本条件和执业状况进行检查、评估、审核,并依法作出相应结论的过程。

第三条　取得《医疗机构执业许可证》的机构,其校验适用本办法。

第四条　卫生部主管全国医疗机构校验管理工作。

县级以上地方人民政府卫生行政部门(以下简称"登记机关")负责其核发《医疗机构执业许可证》的医疗机构校验工作。

第五条　地方卫生行政部门建立医疗机构不良执业行为记分制度,对医疗机构的不良执业行为进行记录和评分,记录和评分结果作为医疗机构校验的依据。

医疗机构不良执业行为记分以一年为一个周期。

医疗机构不良执业行为记分的具体办法和记分标准由省、自治区、直辖市人民政府卫生行政部门制定。

第二章　校验申请和受理

第六条　达到校验期的医疗机构应当申请校验。医疗机构的校验期为:

(一)床位在100张以上的综合医院、中医医院、中西医结合医院、民族医医院以及专科医院、疗养院、康复医院、妇幼保健院、急救中心、临床检验中心和专科疾病防治机构校验期为3年;

(二)其他医疗机构校验期为1年;

(三)中外合资合作医疗机构校验期为1年;

(四)暂缓校验后再次校验合格医疗机构的校验期为1年。

第七条　医疗机构应当于校验期满前3个月向登记机关申请校验,并提交下列材料(以下称校验申请材料):

(一)《医疗机构校验申请书》;

(二)《医疗机构执业许可证》及其副本;

(三)各年度工作总结;

(四)诊疗科目、床位(牙椅)等执业登记项目以及卫生技术人员、业务科室和大型医用设备变更情况;

(五)校验期内接受卫生行政部门检查、指导结果及整改情况;

(六)校验期内发生的医疗民事赔偿(补偿)情况(包括医疗事故)以及卫生技术人员

违法违规执业及其处理情况；

（七）特殊医疗技术项目开展情况；

（八）省、自治区、直辖市人民政府卫生行政部门规定提交的其他材料。

第八条　登记机关对医疗机构提交的校验申请材料进行审核后，应当根据下列情况作出是否受理的处理意见：

（一）校验申请材料不齐全或者不符合规定内容及形式的，应当当场或者在5日内书面告知医疗机构在规定期限内需要补正的相关材料及内容；医疗机构逾期不补正或者补正不完全的，视为不按规定申请校验；

（二）申请材料齐全且符合规定要求的，或者医疗机构按照登记机关初审后书面告知的要求提交全部补正材料及内容的，应当在5日内予以受理。

第九条　登记机关在受理校验申请后，应当及时向医疗机构发出《医疗机构申请校验受理通知》，受理时间从作出受理决定之日算起。

第十条　医疗机构不按规定申请校验的，登记机关应当责令其在20日内补办申请校验手续；在限期内仍不申请补办校验手续的，登记机关注销其《医疗机构执业许可证》。

第十一条　卫生行政部门对医疗机构日常监督管理记录和医疗机构不良执业行为记分档案是登记机关实施校验的重要依据。

登记机关应当加强对医疗机构的日常监督管理，建立健全医疗机构登记注册档案、日常监督管理和不良执业行为记分档案，并及时将监督管理情况和校验结果予以公示。

第三章　校验审查和结论

第十二条　医疗机构校验审查包括书面审查和现场审查两部分。

第十三条　书面审查的内容和项目包括：

（一）校验申请材料；

（二）日常监督管理和不良执业行为记分情况；

（三）省、自治区、直辖市人民政府卫生行政部门规定的其他校验内容和项目。

第十四条　现场审查的主要内容包括：

（一）医疗机构基本标准符合情况；

（二）与医药卫生相关法律、法规、规章执行情况；

（三）医疗质量和医疗安全保障措施的落实情况；

（四）省、自治区、直辖市人民政府卫生行政部门规定的其他内容。

现场审查的办法和标准由省、自治区、直辖市人民政府卫生行政部门制定。

第十五条　现场审查由登记机关组织有关专家或者委托有关机构进行。

有下列情形之一的，必须进行现场审查：

（一）2个校验期内未曾进行现场审查的；

（二）医疗机构在执业登记后首次校验的；

（三）暂缓校验后再次校验的；

（四）省、自治区、直辖市人民政府卫生行政部门规定的其他情形。

第十六条　登记机关应当在受理校验申请之日起30日内完成校验审查,做出校验结论,办理相应的校验执业登记手续。

第十七条　校验结论包括“校验合格”和“暂缓校验”,暂缓校验应当确定暂缓校验期。

第十八条　登记机关作出“校验合格”结论时,应当在医疗机构执业许可证副本上加盖校验合格章。

第十九条　医疗机构有下列情形之一的,登记机关应当作出“暂缓校验”结论,下达整改通知书,并根据情况,给予1-6个月的暂缓校验期:

(一)校验审查所涉及的有关文件、病案和材料存在隐瞒、弄虚作假情况;

(二)不符合医疗机构基本标准;

(三)限期整改期间;

(四)停业整顿期间;

(五)省、自治区、直辖市人民政府卫生行政部门规定的其他情形。

医疗机构在暂缓校验期内应当对存在的问题进行整改。

第二十条　医疗机构应当于暂缓校验期满后5日内向卫生行政部门提出再次校验申请,由卫生行政部门再次进行校验。再次校验合格的,允许继续执业;再次校验不合格的,由登记机关注销其《医疗机构执业许可证》。

医疗机构暂缓校验期满后规定时间内未提出再次校验申请的,由卫生行政部门注销其《医疗机构执业许可证》。

第二十一条　对经校验认定不具备相应医疗服务能力的医疗机构诊疗科目,登记机关予以注销。

第二十二条　登记机关在作出暂缓校验结论前,应当告知医疗机构有要求举行听证的权利;医疗机构在被告知听证权利之日起5日内提出听证申请的,登记机关应当在20日内组织听证。

登记机关应当结合听证情况,作出有关校验的决定。

登记机关在作出暂缓校验结论时,应当说明理由,并告知医疗机构享有依法申请行政复议或者提起行政诉讼的权利。

第二十三条　卫生行政部门应当将医疗机构校验结论通过媒体网络等方式在管辖区域内予以公示。

第四章　监督管理

第二十四条　暂缓校验期内,医疗机构不得发布医疗服务信息和广告;未设床位的医疗机构不得执业;除急救外,设床位的医疗机构不得开展门诊业务、收治新病人。

医疗机构应当向登记机关提交法定代表人或主要负责人签署的书面检查。

第二十五条　暂缓校验期内,暂缓校验的医疗机构有下列情形之一的,登记机关可按照《医疗机构管理条例实施细则》的有关规定,注销其《医疗机构执业许可证》:

(一)违反规定擅自开展诊疗活动;

（二）发布医疗服务信息和广告；

（三）省、自治区、直辖市人民政府卫生行政部门规定的其他情形。

第二十六条　医疗机构自注销之日起停止开展医疗活动，设床位的医疗机构应妥善做好已有病人的转、出院工作。

第二十七条　医疗机构暂缓校验或者被注销《医疗机构执业许可证》的，登记机关应当依法给予或者建议其上级主管部门给予医疗机构的法定代表人或主要负责人一定的行政处分。

第二十八条　上级卫生行政部门负责对下级卫生行政部门的校验工作进行监督指导。发现校验结论与实际情况不符，上级卫生行政部门有权变更下级卫生行政部门的校验结论。

第二十九条　卫生行政部门及其工作人员违反规定，干预正常校验工作的，上级卫生行政部门或者工作人员所在的卫生行政部门应当及时纠正；后果严重的，应当给予有关负责人和直接责任人员行政处分。

第五章　附　　则

第三十条　本办法所称医疗机构不良执业行为是指医疗机构在医疗执业活动中违反有关法律、法规、规章和诊疗护理规范、常规以及其他规范性文件的行为。

第三十一条　本办法自公布之日起施行。

医疗机构投诉管理办法

（2019年2月2日国家卫生健康委委主任会议讨论通过　中华人民共和国卫生健康委员会令第3号公布）

第一章　总　　则

第一条　为加强医疗机构投诉管理，规范投诉处理程序，改善医疗服务，保障医疗安全和医患双方合法权益，维护正常医疗秩序，根据《医疗纠纷预防和处理条例》、《医疗机构管理条例》等法律法规的规定，制定本办法。

第二条　本办法所称投诉管理，是指患者就医疗服务行为、医疗管理、医疗质量安全等方面存在的问题向医疗机构反映情况，提出意见、建议或者投诉请求，医疗机构进行调查、处理和结果反馈的活动。

第三条　本办法适用于各级各类医疗机构的投诉管理。

第四条　国家卫生健康委负责全国医疗机构投诉管理工作的监督指导。

县级以上地方卫生健康主管部门负责本行政区域内医疗机构投诉管理工作的监督指导。

第五条　医疗机构投诉的接待、处理工作应当贯彻“以患者为中心”的理念，遵循合法、公正、及时、便民的原则。

第六条　医疗机构应当按照规定做好信息公开工作，主动接受社会监督。

第七条　医疗机构应当提高管理水平，加强医疗风险管理，优化服务流程，改善就诊环境，提高医疗服务质量，防范安全隐患，减少医疗纠纷及投诉。

第八条　医疗机构应当制订重大医疗纠纷事件应急处置预案，组织开展相关的宣传、培训和演练，确保依法、及时、有效化解矛盾纠纷。

第九条　医疗机构应当将投诉管理纳入患者安全管理体系，定期汇总、分析投诉信息，梳理医疗管理、医疗质量安全的薄弱环节，落实整改措施，持续改进医疗质量安全。

第十条　医疗机构应当做好医疗机构投诉管理与医疗纠纷人民调解、行政调解、诉讼等的衔接。

第二章　组织和人员

第十一条　医疗机构主要负责人是医疗机构投诉管理的第一责任人。

二级以上医疗机构应当设置医患关系办公室或者指定部门（以下统称投诉管理部门）统一承担投诉管理工作。其他医疗机构应当配备专（兼）职人员，有条件的也可以设置投诉管理部门。

第十二条　二级以上医疗机构应当指定一名医疗机构负责人分管投诉工作，指导、管理医疗机构投诉管理部门的有关工作。

投诉管理部门履行以下职责：

（一）组织、协调、指导本医疗机构的投诉处理工作；

（二）统一受理投诉，调查、核实投诉事项，提出处理意见，及时答复患者；

（三）建立和完善投诉的接待和处置程序；

（四）参与医疗机构医疗质量安全管理；

（五）开展医患沟通及投诉处理培训，开展医疗风险防范教育；

（六）定期汇总、分析投诉信息，提出加强与改进工作的意见或者建议，并加强督促落实。

仅配备投诉专（兼）职人员的医疗机构，投诉专（兼）职人员应当至少承担前款第二项职责。

第十三条　医疗机构投诉管理人员应当具备以下条件：

（一）具备良好的职业道德和工作责任心；

（二）具备一定的医学、管理学、法学、心理学、伦理学、社会工作等学科知识，熟悉医疗和投诉管理相关法律法规，以及医疗机构规章制度；

（三）社会适应能力较强，具有良好的社会人际交往能力，具备良好的沟通能力和应变能力。

第十四条　二级以上医疗机构应当建立医疗机构、投诉管理部门、科室三级投诉管理机制，医疗机构各部门、各科室应当指定至少 1 名负责人配合做好投诉管理工作。

医疗机构各部门、各科室应当定期对投诉涉及的风险进行评估，对投诉隐患进行摸排，对高发隐患提出针对性的防范措施，加强与患者沟通，及时做好矛盾纠纷排查化解工作。

医疗机构应当鼓励工作人员主动收集患者对医疗服务、医疗质量安全等方面的意见和建议，通过规定途径向投诉管理部门或者有关职能部门反映。

第十五条 二级以上医疗机构应当健全投诉管理部门与临床、护理、医技和后勤、保卫等部门的联动机制，提高医疗质量，保障医疗安全，维护正常医疗秩序。

第十六条 医疗机构应当逐步建立健全相关机制，鼓励和吸纳社会工作者、志愿者等熟悉医学、法律专业知识的人员或者第三方组织参与医疗机构投诉接待与处理工作。

第三章 医患沟通

第十七条 医疗机构应当提高医务人员职业道德水平，增强服务意识和法律意识，注重人文关怀，加强医患沟通，努力构建和谐医患关系。

第十八条 医务人员应当恪守职业道德，以患者为中心，热情、耐心、细致地做好本职工作，把对患者的尊重、理解和关怀体现在医疗服务全过程。

第十九条 医疗机构应当建立健全医患沟通机制，完善医患沟通内容，加强对医务人员医患沟通技巧的培训，提高医患沟通能力。

医务人员对患者在诊疗过程中提出的咨询、意见和建议，应当耐心解释、说明，并按照规定进行处理；对患者就诊疗行为提出的疑问，应当及时予以核实、自查，并与患者沟通，如实说明情况。

第二十条 医务人员应当尊重患者依法享有的隐私权、知情权、选择权等权利，根据患者病情、预后不同以及患者实际需求，突出重点，采取适当方式进行沟通。

医患沟通中有关诊疗情况的重要内容应当及时、完整、准确记入病历，并由患者签字确认。

第二十一条 医疗机构可以结合实际情况，制定医疗风险告知和术前谈话制度，规范具体流程，以患者易懂的方式和语言充分告知患者，并取得其书面同意。

第四章 投诉接待与处理

第二十二条 医疗机构应当建立畅通、便捷的投诉渠道，在医疗机构显著位置公布投诉处理程序、地点、接待时间和联系方式。

鼓励医疗机构加强舆情监测，及时掌握患者在其他渠道的诉求。

第二十三条 医疗机构应当设置专门的投诉接待场所，接待场所应当提供有关法律、法规、投诉程序等资料，便于患者查询。

医疗机构应当采取措施，保障投诉管理工作人员的合法权益与人身安全。

第二十四条 医疗机构投诉实行“首诉负责制”，患者向有关部门、科室投诉的，接待投诉的部门、科室工作人员应当热情接待，对于能够当场协调处理的，应当尽量当场协调解决；对于无法当场协调处理的，接待的部门或者科室应当主动将患者引导到投诉管理部门（含投诉管理专（兼）职人员，下同），不得推诿、搪塞。

第二十五条 投诉接待人员应当认真听取患者意见，耐心细致地做好解释工作，避免矛盾激化；应当核实相关信息，如实记录患者反映的情况，及时留存书面投诉材料。

第二十六条 患者应当依法文明表达意见和要求，向医疗机构投诉管理部门提供真实、准确的投诉相关资料，配合医疗机构投诉管理部门的调查和询问，不得扰乱正常医疗秩序，不得有违法犯罪行为。

单次投诉人员数量原则上不超过5人。超过5人的,应当推选代表集中反映诉求。

第二十七条 投诉接待人员在接待场所发现患者有自杀、自残和其他过激行为,或者侮辱、殴打、威胁投诉接待人员的行为,应当及时采取控制和防范措施,同时向公安机关报警,并向当地卫生健康主管部门报告;对接待过程中发现的可能激化矛盾,引起治安案件、刑事案件的投诉,应当及时向当地公安机关报告,依法处理。

第二十八条 医疗机构投诉管理部门接到投诉或者卫生健康主管部门交办的投诉后,应当及时向当事部门、科室和相关人员了解、核实情况,在查清事实、分清责任的基础上提出处理意见,并反馈患者。

投诉涉及的部门、科室和相关人员应当积极配合投诉管理部门开展投诉事项调查、核实、处理工作。

第二十九条 对反复接到相同或者相似问题的投诉,医疗机构投诉管理部门应当汇总并报告医疗机构负责人,医疗机构对有关投诉可视情况予以合并调查,对发现的引发投诉的环节或者多次引发投诉的医务人员应当根据调查结果,及时予以相应处理。

第三十条 医疗机构投诉管理部门应当及时处理投诉,能够当场核查处理的,应当及时查明情况;确有差错的,立即纠正,并当场向患者告知处理意见。

涉及医疗质量安全、可能危及患者健康的,应当立即采取积极措施,避免或者减轻对患者身体健康的损害,防止损害扩大。

情况较复杂,需调查、核实的,一般应当于接到投诉之日起5个工作日内向患者反馈相关处理情况或者处理意见。

涉及多个科室,需组织、协调相关部门共同研究的,应当于接到投诉之日起10个工作日内向患者反馈处理情况或者处理意见。

第三十一条 对投诉已经处理完毕,患者对医疗机构的处理意见有争议并能够提供新情况和证据材料的,按照投诉流程重新予以处理。

第三十二条 投诉内容涉及医疗纠纷的,医疗机构应当告知患者按照医疗纠纷处理的相关法律法规的规定,积极协商;不能协商解决的,引导患者通过调解、诉讼等途径解决,并做好解释疏导工作。

第三十三条 投诉涉及医疗机构工作人员违法违纪问题的,投诉管理部门应当及时移交相关职能部门依法依规处理。

第三十四条 属于下列情形之一的投诉,投诉管理部门不予处理,但应当向患者说明情况,告知相关处理规定:

(一)患者已就投诉事项向人民法院起诉的或者向第三方申请调解的;

(二)患者已就投诉事项向卫生健康主管部门或者信访部门反映并作出处理的;

(三)没有明确的投诉对象和具体事实的;

(四)投诉内容已经涉及治安案件、刑事案件的;

(五)其他不属于投诉管理部门职权范围的投诉。

第三十五条 发生重大医疗纠纷的,医疗机构应当按照规定向所在地县级以上地方卫生健康主管部门报告。卫生健康主管部门接到报告后,应当及时了解掌握情况,引导医患双方通过合法途径解决纠纷。

第三十六条 医疗机构应当保护与投诉相关的患者和医务人员隐私,妥善应对舆情,严禁发布违背或者夸大事实、渲染投诉处理过程的信息。

第三十七条 医疗机构应当建立健全投诉档案,立卷归档,留档备查。

医疗机构投诉档案应当包括以下内容:

(一)患者基本信息;

(二)投诉事项及相关证明材料;

(三)调查、处理及反馈情况;

(四)其他与投诉事项有关的材料。

第三十八条 医疗机构工作人员有权对医疗机构管理、服务等各项工作提出意见、建议,医疗机构及投诉管理等有关部门应当予以重视,并及时处理、反馈。

临床一线工作人员,对于发现的药品、医疗器械、水、电、气等医疗质量安全保障方面的问题,应当向投诉管理部门或者有关职能部门反映,投诉管理等有关部门应当及时处理、反馈。

第五章 监督管理

第三十九条 县级以上地方卫生健康主管部门应当加强对本行政区域内医疗机构投诉管理工作的监督检查,加强日常管理和考评。

第四十条 县级以上地方卫生健康主管部门应当收集、分析并反馈本行政区域医疗机构投诉及医疗纠纷相关信息,指导医疗机构改进工作,提高医疗服务质量。

第四十一条 对在医疗机构投诉管理中表现优秀、有效预防重大群体性事件或者其他严重后果发生的医疗机构及有关人员,卫生健康主管部门应当予以表扬。

对行政区域内未按照规定开展投诉管理工作的医疗机构,卫生健康主管部门应当通报批评,并对医疗机构主要负责人进行约谈。

第四十二条 医疗机构应当规范投诉管理工作,定期统计投诉情况,统计结果应当与年终考核、医师定期考核、医德考评、评优评先等相结合。

第六章 法律责任

第四十三条 医疗机构未建立投诉接待制度、未设置统一投诉管理部门或者配备专(兼)职人员,或者未按规定向卫生健康主管部门报告重大医疗纠纷的,由县级以上地方卫生健康主管部门按照《医疗纠纷预防和处理条例》第四十七条的规定进行处理。

第四十四条 医疗机构违反本办法规定,有下列情形之一的,由县级以上地方卫生健康主管部门责令限期整改;逾期不改的,给予警告,并处以一万元以下罚款;造成严重后果的,处以一万元以上三万元以下罚款,并对医疗机构主要负责人、直接负责的主管人员和其他直接责任人员依法给予处分:

(一)未制订重大医疗纠纷事件应急处置预案的;

(二)投诉管理混乱的;

（三）未按规定建立健全医患沟通机制的；

（四）未按规定及时处理投诉并反馈患者的；

（五）对接待过程中发现的可能激化矛盾，引起治安案件、刑事案件的投诉，未及时向当地公安机关报告的；

（六）发布违背或者夸大事实、渲染事件处理过程的信息的。

第四十五条 医务人员泄露投诉相关患者隐私，造成严重后果的，由县级以上地方卫生健康主管部门按照《执业医师法》、《护士条例》等法律法规的有关规定处理。

第四十六条 县级以上地方卫生健康主管部门在医疗机构投诉管理工作中，未按规定履行职责，造成严重后果的，依法对直接负责的主管人员和其他直接责任人员给予处分；构成犯罪的，依法追究刑事责任。

第七章 附 则

第四十七条 本办法所称患者，包括患者及其近亲属、委托代理人、法定代理人、陪同患者就医人员等有关人员。

第四十八条 省级卫生健康主管部门可以根据本办法，结合本地具体情况制订实施细则。

第四十九条 中医医疗机构的投诉管理工作由中医药主管部门负责。

第五十条 本办法自2019年4月10日起施行。

医疗机构药事管理规定

（卫医政发〔2011〕11号）

第一章 总 则

第一条 为加强医疗机构药事管理，促进药物合理应用，保障公众身体健康，根据《中华人民共和国药品管理法》、《医疗机构管理条例》和《麻醉药品和精神药品管理条例》等有关法律、法规，制定本规定。

第二条 本规定所称医疗机构药事管理，是指医疗机构以病人为中心，以临床药学为基础，对临床用药全过程进行有效的组织实施与管理，促进临床科学、合理用药的药学技术服务和相关的药品管理工作。

第三条 卫生部、国家中医药管理局负责全国医疗机构药事管理工作的监督管理。

县级以上地方卫生行政部门、中医药行政部门负责本行政区域内医疗机构药事管理工作的监督管理。

军队卫生行政部门负责军队医疗机构药事管理工作的监督管理。

第四条 医疗机构药事管理和药学工作是医疗工作的重要组成部分。医疗机构应当根据本规定设置药事管理组织和药学部门。

第五条 依法取得相应资格的药学专业技术人员方可从事药学专业技术工作。

第六条 医疗机构不得将药品购销、使用情况作为医务人员或者部门、科室经济分配的依据。医疗机构及医务人员不得在药品购销、使用中牟取不正当经济利益。

第二章　组织机构

第七条　二级以上医院应当设立药事管理与药物治疗学委员会；其他医疗机构应当成立药事管理与药物治疗学组。

二级以上医院药事管理与药物治疗学委员会委员由具有高级技术职务任职资格的药学、临床医学、护理和医院感染管理、医疗行政管理等人员组成。

成立医疗机构药事管理与药物治疗学组的医疗机构由药学、医务、护理、医院感染、临床科室等部门负责人和具有药师、医师以上专业技术职务任职资格人员组成。

医疗机构负责人任药事管理与药物治疗学委员会（组）主任委员，药学和医务部门负责人任药事管理与药物治疗学委员会（组）副主任委员。

第八条　药事管理与药物治疗学委员会（组）应当建立健全相应工作制度，日常工作由药学部门负责。

第九条　药事管理与药物治疗学委员会（组）的职责：

（一）贯彻执行医疗卫生及药事管理等有关法律、法规、规章。审核制定本机构药事管理和药学工作规章制度，并监督实施；

（二）制定本机构药品处方集和基本用药供应目录；

（三）推动药物治疗相关临床诊疗指南和药物临床应用指导原则的制定与实施，监测、评估本机构药物使用情况，提出干预和改进措施，指导临床合理用药；

（四）分析、评估用药风险和药品不良反应、药品损害事件，并提供咨询与指导；

（五）建立药品遴选制度，审核本机构临床科室申请的新购入药品、调整药品品种或者供应企业和申报医院制剂等事宜；

（六）监督、指导麻醉药品、精神药品、医疗用毒性药品及放射性药品的临床使用与规范化管理；

（七）对医务人员进行有关药事管理法律法规、规章制度和合理用药知识教育培训；向公众宣传安全用药知识。

第十条　医疗机构医务部门应当指定专人，负责与医疗机构药物治疗相关的行政事务管理工作。

第十一条　医疗机构应当根据本机构功能、任务、规模设置相应的药学部门，配备和提供与药学部门工作任务相适应的专业技术人员、设备和设施。

三级医院设置药学部，并可根据实际情况设置二级科室；二级医院设置药剂科；其他医疗机构设置药房。

第十二条　药学部门具体负责药品管理、药学专业技术服务和药事管理工作，开展以病人为中心，以合理用药为核心的临床药学工作，组织药师参与临床药物治疗，提供药学专业技术服务。

第十三条　药学部门应当建立健全相应的工作制度、操作规程和工作记录，并组织实施。

第十四条　二级以上医院药学部门负责人应当具有高等学校药学专业或者临床药学

专业本科以上学历,及本专业高级技术职务任职资格;除诊所、卫生所、医务室、卫生保健所、卫生站以外的其他医疗机构药学部门负责人应当具有高等学校药学专业专科以上或者中等学校药学专业毕业学历,及药师以上专业技术职务任职资格。

第三章 药物临床应用管理

第十五条 药物临床应用管理是对医疗机构临床诊断、预防和治疗疾病用药全过程实施监督管理。医疗机构应当遵循安全、有效、经济的合理用药原则,尊重患者对药品使用的知情权和隐私权。

第十六条 医疗机构应当依据国家基本药物制度,抗菌药物临床应用指导原则和中成药临床应用指导原则,制定本机构基本药物临床应用管理办法,建立并落实抗菌药物临床应用分级管理制度。

第十七条 医疗机构应当建立由医师、临床药师和护士组成的临床治疗团队,开展临床合理用药工作。

第十八条 医疗机构应当遵循有关药物临床应用指导原则、临床路径、临床诊疗指南和药品说明书等合理使用药物;对医师处方、用药医嘱的适宜性进行审核。

第十九条 医疗机构应当配备临床药师。临床药师应当全职参与临床药物治疗工作,对患者进行用药教育,指导患者安全用药。

第二十条 医疗机构应当建立临床用药监测、评价和超常预警制度,对药物临床使用安全性、有效性和经济性进行监测、分析、评估,实施处方和用药医嘱点评与干预。

第二十一条 医疗机构应当建立药品不良反应、用药错误和药品损害事件监测报告制度。医疗机构临床科室发现药品不良反应、用药错误和药品损害事件后,应当积极救治患者,立即向药学部门报告,并做好观察与记录。医疗机构应当按照国家有关规定向相关部门报告药品不良反应,用药错误和药品损害事件应当立即向所在地县级卫生行政部门报告。

第二十二条 医疗机构应当结合临床和药物治疗,开展临床药学和药学研究工作,并提供必要的工作条件,制订相应管理制度,加强领导与管理。

第四章 药剂管理

第二十三条 医疗机构应当根据《国家基本药物目录》、《处方管理办法》、《国家处方集》、《药品采购供应质量管理规范》等制订本机构《药品处方集》和《基本用药供应目录》,编制药品采购计划,按规定购入药品。

第二十四条 医疗机构应当制订本机构药品采购工作流程;建立健全药品成本核算和账务管理制度;严格执行药品购入检查、验收制度;不得购入和使用不符合规定的药品。

第二十五条 医疗机构临床使用的药品应当由药学部门统一采购供应。经药事管理与药物治疗学委员会(组)审核同意,核医学科可以购用、调剂本专业所需的放射性药品。其他科室或者部门不得从事药品的采购、调剂活动,不得在临床使用非药学部门采购供应的药品。

第二十六条 医疗机构应当制订和执行药品保管制度,定期对库存药品进行养护与质量检查。药品库的仓储条件和管理应当符合药品采购供应质量管理规范的有关规定。

第二十七条　化学药品、生物制品、中成药和中药饮片应当分别储存,分类定位存放。易燃、易爆、强腐蚀性等危险性药品应当另设仓库单独储存,并设置必要的安全设施,制订相关的工作制度和应急预案。

麻醉药品、精神药品、医疗用毒性药品、放射性药品等特殊管理的药品,应当按照有关法律、法规、规章的相关规定进行管理和监督使用。

第二十八条　药学专业技术人员应当严格按照《药品管理法》、《处方管理办法》、药品调剂质量管理规范等法律、法规、规章制度和技术操作规程,认真审核处方或者用药医嘱,经适宜性审核后调剂配发药品。发出药品时应当告知患者用法用量和注意事项,指导患者合理用药。

为保障患者用药安全,除药品质量原因外,药品一经发出,不得退换。

第二十九条　医疗机构门急诊药品调剂室应当实行大窗口或者柜台式发药。住院(病房)药品调剂室对注射剂按日剂量配发,对口服制剂药品实行单剂量调剂配发。

肠外营养液、危害药品静脉用药应当实行集中调配供应。

第三十条　医疗机构根据临床需要建立静脉用药调配中心(室),实行集中调配供应。静脉用药调配中心(室)应当符合静脉用药集中调配质量管理规范,由所在地设区的市级以上卫生行政部门组织技术审核、验收,合格后方可集中调配静脉用药。在静脉用药调配中心(室)以外调配静脉用药,参照静脉用药集中调配质量管理规范执行。

医疗机构建立的静脉用药调配中心(室)应当报省级卫生行政部门备案。

第三十一条　医疗机构制剂管理按照《药品管理法》及其实施条例等有关法律、行政法规规定执行。

第五章　药学专业技术人员配置与管理

第三十二条　医疗机构药学专业技术人员按照有关规定取得相应的药学专业技术职务任职资格。

医疗机构直接接触药品的药学人员,应当每年进行健康检查。患有传染病或者其他可能污染药品的疾病的,不得从事直接接触药品的工作。

第三十三条　医疗机构药学专业技术人员不得少于本机构卫生专业技术人员的8%。建立静脉用药调配中心(室)的,医疗机构应当根据实际需要另行增加药学专业技术人员数量。

第三十四条　医疗机构应当根据本机构性质、任务、规模配备适当数量临床药师,三级医院临床药师不少于5名,二级医院临床药师不少于3名。

临床药师应当具有高等学校临床药学专业或者药学专业本科毕业以上学历,并应当经过规范化培训。

第三十五条　医疗机构应当加强对药学专业技术人员的培养、考核和管理,制订培训计划,组织药学专业技术人员参加毕业后规范化培训和继续医学教育,将完成培训及取得继续医学教育学分情况,作为药学专业技术人员考核、晋升专业技术职务任职资格和专业岗位聘任的条件之一。

第三十六条　医疗机构药师工作职责：

（一）负责药品采购供应、处方或者用药医嘱审核、药品调剂、静脉用药集中调配和医院制剂配制，指导病房（区）护士请领、使用与管理药品；

（二）参与临床药物治疗，进行个体化药物治疗方案的设计与实施，开展药学查房，为患者提供药学专业技术服务；

（三）参加查房、会诊、病例讨论和疑难、危重患者的医疗救治，协同医师做好药物使用遴选，对临床药物治疗提出意见或调整建议，与医师共同对药物治疗负责；

（四）开展抗菌药物临床应用监测，实施处方点评与超常预警，促进药物合理使用；

（五）开展药品质量监测，药品严重不良反应和药品损害的收集、整理、报告等工作；

（六）掌握与临床用药相关的药物信息，提供用药信息与药学咨询服务，向公众宣传合理用药知识；

（七）结合临床药物治疗实践，进行药学临床应用研究；开展药物利用评价和药物临床应用研究；参与新药临床试验和新药上市后安全性与有效性监测；

（八）其他与医院药学相关的专业技术工作。

第六章　监督管理

第三十七条　县级以上地方卫生、中医药行政部门应当加强对医疗机构药事管理工作的监督与管理。

第三十八条　医疗机构不得使用非药学专业技术人员从事药学专业技术工作或者聘其为药学部门主任。

第三十九条　医疗机构出现下列情形之一的，由县级以上地方卫生、中医药行政部门责令改正、通报批评、给予警告；对于直接负责的主管人员和其他直接责任人员，依法给予降级、撤职、开除等处分：

（一）未建立药事管理组织机构，药事管理工作和药学专业技术工作混乱，造成医疗安全隐患和严重不良后果的；

（二）未按照本规定配备药学专业技术人员、建立临床药师制，不合理用药问题严重，并造成不良影响的；

（三）未执行有关的药品质量管理规范和规章制度，导致药品质量问题或用药错误，造成医疗安全隐患和严重不良后果的；

（四）非药学部门从事药品购用、调剂或制剂活动的；

（五）将药品购销、使用情况作为个人或者部门、科室经济分配的依据，或者在药品购销、使用中牟取不正当利益的；

（六）违反本规定的其他规定并造成严重后果的。

第四十条　医疗机构违反药品管理有关法律、法规、规章的，依据其情节由县级以上地方卫生行政部门依法予以处理。

第四十一条　县级以上地方卫生、中医药行政部门应当定期对医疗机构药事管理工作进行监督检查。

第四十二条 卫生、中医药行政部门的工作人员依法对医疗机构药事管理工作进行监督检查时,应当出示证件。被检查的医疗机构应当予以配合,如实反映情况,提供必要的资料,不得拒绝、阻碍、隐瞒。

第七章 附 则

第四十三条 本规定中下列用语的含义:

临床药学:是指药学与临床相结合,直接面向患者,以病人为中心,研究与实践临床药物治疗,提高药物治疗水平的综合性应用学科。

临床药师:是指以系统药学专业知识为基础,并具有一定医学和相关专业基础知识与技能,直接参与临床用药,促进药物合理应用和保护患者用药安全的药学专业技术人员。

危害药品:是指能产生职业暴露危险或者危害的药品,即具有遗传毒性、致癌性、致畸性,或者对生育有损害作用以及在低剂量下可产生严重的器官或其他方面毒性的药品,包括肿瘤化疗药物和细胞毒药物。

药品损害:是指由于药品质量不符合国家药品标准造成的对患者的损害。

用药错误:是指合格药品在临床使用全过程中出现的、任何可以防范的用药不当。

第四十四条 医疗机构中药饮片的管理,按照《医院中药饮片管理规范》执行。

第四十五条 诊所、卫生所、医务室、卫生保健所和卫生站可不设药事管理组织机构和药学部门,由机构负责人指定医务人员负责药事工作。

中医诊所、民族医诊所可不设药事管理组织机构和药学部门,由中医药和民族医药专业技术人员负责药事工作。

第四十六条 本规定自2011年3月1日起施行。《医疗机构药事管理暂行规定》(卫医发〔2002〕24号)同时废止。

医疗机构病历管理规定(2013年版)

(国卫医发〔2013〕31号)

第一章 总 则

第一条 为加强医疗机构病历管理,保障医疗质量与安全,维护医患双方的合法权益,制定本规定。

第二条 病历是指医务人员在医疗活动过程中形成的文字、符号、图表、影像、切片等资料的总和,包括门(急)诊病历和住院病历。病历归档以后形成病案。

第三条 本规定适用于各级各类医疗机构对病历的管理。

第四条 按照病历记录形式不同,可区分为纸质病历和电子病历。电子病历与纸质病历具有同等效力。

第五条 医疗机构应当建立健全病历管理制度,设置病案管理部门或者配备专(兼)职人员,负责病历和病案管理工作。

医疗机构应当建立病历质量定期检查、评估与反馈制度。医疗机构医务部门负责病历的质量管理。

第六条　医疗机构及其医务人员应当严格保护患者隐私,禁止以非医疗、教学、研究目的泄露患者的病历资料。

第二章　病历的建立

第七条　医疗机构应当建立门(急)诊病历和住院病历编号制度,为同一患者建立唯一的标识号码。已建立电子病历的医疗机构,应当将病历标识号码与患者身份证明编号相关联,使用标识号码和身份证明编号均能对病历进行检索。

门(急)诊病历和住院病历应当标注页码或者电子页码。

第八条　医务人员应当按照《病历书写基本规范》、《中医病历书写基本规范》、《电子病历基本规范(试行)》和《中医电子病历基本规范(试行)》要求书写病历。

第九条　住院病历应当按照以下顺序排序:体温单、医嘱单、入院记录、病程记录、术前讨论记录、手术同意书、麻醉同意书、麻醉术前访视记录、手术安全核查记录、手术清点记录、麻醉记录、手术记录、麻醉术后访视记录、术后病程记录、病重(病危)患者护理记录、出院记录、死亡记录、输血治疗知情同意书、特殊检查(特殊治疗)同意书、会诊记录、病危(重)通知书、病理资料、辅助检查报告单、医学影像检查资料。

病案应当按照以下顺序装订保存:住院病案首页、入院记录、病程记录、术前讨论记录、手术同意书、麻醉同意书、麻醉术前访视记录、手术安全核查记录、手术清点记录、麻醉记录、手术记录、麻醉术后访视记录、术后病程记录、出院记录、死亡记录、死亡病例讨论记录、输血治疗知情同意书、特殊检查(特殊治疗)同意书、会诊记录、病危(重)通知书、病理资料、辅助检查报告单、医学影像检查资料、体温单、医嘱单、病重(病危)患者护理记录。

第三章　病历的保管

第十条　门(急)诊病历原则上由患者负责保管。医疗机构建有门(急)诊病历档案室或者已建立门(急)诊电子病历的,经患者或者其法定代理人同意,其门(急)诊病历可以由医疗机构负责保管。

住院病历由医疗机构负责保管。

第十一条　门(急)诊病历由患者保管的,医疗机构应当将检查检验结果及时交由患者保管。

第十二条　门(急)诊病历由医疗机构保管的,医疗机构应当在收到检查检验结果后24 小时内,将检查检验结果归入或者录入门(急)诊病历,并在每次诊疗活动结束后首个工作日内将门(急)诊病历归档。

第十三条　患者住院期间,住院病历由所在病区统一保管。因医疗活动或者工作需要,须将住院病历带离病区时,应当由病区指定的专门人员负责携带和保管。

医疗机构应当在收到住院患者检查检验结果和相关资料后 24 小时内归入或者录入住院病历。

患者出院后,住院病历由病案管理部门或者专(兼)职人员统一保存、管理。

第十四条　医疗机构应当严格病历管理，任何人不得随意涂改病历，严禁伪造、隐匿、销毁、抢夺、窃取病历。

第四章　病历的借阅与复制

第十五条　除为患者提供诊疗服务的医务人员，以及经卫生计生行政部门、中医药管理部门或者医疗机构授权的负责病案管理、医疗管理的部门或者人员外，其他任何机构和个人不得擅自查阅患者病历。

第十六条　其他医疗机构及医务人员因科研、教学需要查阅、借阅病历的，应当向患者就诊医疗机构提出申请，经同意并办理相应手续后方可查阅、借阅。查阅后应当立即归还，借阅病历应当在3个工作日内归还。查阅的病历资料不得带离患者就诊医疗机构。

第十七条　医疗机构应当受理下列人员和机构复制或者查阅病历资料的申请，并依规定提供病历复制或者查阅服务：

（一）患者本人或者其委托代理人；

（二）死亡患者法定继承人或者其代理人。

第十八条　医疗机构应当指定部门或者专（兼）职人员负责受理复制病历资料的申请。受理申请时，应当要求申请人提供有关证明材料，并对申请材料的形式进行审核。

（一）申请人为患者本人的，应当提供其有效身份证明；

（二）申请人为患者代理人的，应当提供患者及其代理人的有效身份证明，以及代理人与患者代理关系的法定证明材料和授权委托书；

（三）申请人为死亡患者法定继承人的，应当提供患者死亡证明、死亡患者法定继承人的有效身份证明，死亡患者与法定继承人关系的法定证明材料；

（四）申请人为死亡患者法定继承人代理人的，应当提供患者死亡证明、死亡患者法定继承人及其代理人的有效身份证明，死亡患者与法定继承人关系的法定证明材料，代理人与法定继承人代理关系的法定证明材料及授权委托书。

第十九条　医疗机构可以为申请人复制门（急）诊病历和住院病历中的体温单、医嘱单、住院志（入院记录）、手术同意书、麻醉同意书、麻醉记录、手术记录、病重（病危）患者护理记录、出院记录、输血治疗知情同意书、特殊检查（特殊治疗）同意书、病理报告、检验报告等辅助检查报告单、医学影像检查资料等病历资料。

第二十条　公安、司法、人力资源社会保障、保险以及负责医疗事故技术鉴定的部门，因办理案件、依法实施专业技术鉴定、医疗保险审核或仲裁、商业保险审核等需要，提出审核、查阅或者复制病历资料要求的，经办人员提供以下证明材料后，医疗机构可以根据需要提供患者部分或全部病历：

（一）该行政机关、司法机关、保险或者负责医疗事故技术鉴定部门出具的调取病历的法定证明；

（二）经办人本人有效身份证明；

（三）经办人本人有效工作证明（需与该行政机关、司法机关、保险或者负责医疗事故技术鉴定部门一致）。

保险机构因商业保险审核等需要,提出审核、查阅或者复制病历资料要求的,还应当提供保险合同复印件、患者本人或者其代理人同意的法定证明材料;患者死亡的,应当提供保险合同复印件、死亡患者法定继承人或者其代理人同意的法定证明材料。合同或者法律另有规定的除外。

第二十一条　按照《病历书写基本规范》和《中医病历书写基本规范》要求,病历尚未完成,申请人要求复制病历时,可以对已完成病历先行复制,在医务人员按照规定完成病历后,再对新完成部分进行复制。

第二十二条　医疗机构受理复制病历资料申请后,由指定部门或者专(兼)职人员通知病案管理部门或专(兼)职人员,在规定时间内将需要复制的病历资料送至指定地点,并在申请人在场的情况下复制;复制的病历资料经申请人和医疗机构双方确认无误后,加盖医疗机构证明印记。

第二十三条　医疗机构复制病历资料,可以按照规定收取工本费。

第五章　病历的封存与启封

第二十四条　依法需要封存病历时,应当在医疗机构或者其委托代理人、患者或者其代理人在场的情况下,对病历共同进行确认,签封病历复制件。

医疗机构申请封存病历时,医疗机构应当告知患者或者其代理人共同实施病历封存;但患者或者其代理人拒绝或者放弃实施病历封存的,医疗机构可以在公证机构公证的情况下,对病历进行确认,由公证机构签封病历复制件。

第二十五条　医疗机构负责封存病历复制件的保管。

第二十六条　封存后病历的原件可以继续记录和使用。

按照《病历书写基本规范》和《中医病历书写基本规范》要求,病历尚未完成,需要封存病历时,可以对已完成病历先行封存,当医师按照规定完成病历后,再对新完成部分进行封存。

第二十七条　开启封存病历应当在签封各方在场的情况下实施。

第六章　病历的保存

第二十八条　医疗机构可以采用符合档案管理要求的缩微技术等对纸质病历进行处理后保存。

第二十九条　门(急)诊病历由医疗机构保管的,保存时间自患者最后一次就诊之日起不少于15年;住院病历保存时间自患者最后一次住院出院之日起不少于30年。

第三十条　医疗机构变更名称时,所保管的病历应当由变更后医疗机构继续保管。

医疗机构撤销后,所保管的病历可以由省级卫生计生行政部门、中医药管理部门或者省级卫生计生行政部门、中医药管理部门指定的机构按照规定妥善保管。

第七章　附　　则

第三十一条　本规定由国家卫生计生委负责解释。

第三十二条　本规定自2014年1月1日起施行。原卫生部和国家中医药管理局于2002年公布的《医疗机构病历管理规定》(卫医发〔2002〕193号)同时废止。

医疗机构处方审核规范

(国卫办医发〔2018〕14号)

第一章　总　　则

第一条　为规范医疗机构处方审核工作,促进合理用药,保障患者用药安全,根据《中华人民共和国药品管理法》《医疗机构药事管理规定》《处方管理办法》《医院处方点评管理规范(试行)》等有关法律法规、规章制度,制定本规范。

第二条　处方审核是指药学专业技术人员运用专业知识与实践技能,根据相关法律法规、规章制度与技术规范等,对医师在诊疗活动中为患者开具的处方,进行合法性、规范性和适宜性审核,并作出是否同意调配发药决定的药学技术服务。

审核的处方包括纸质处方、电子处方和医疗机构病区用药医嘱单。

第三条　二级以上医院、妇幼保健院和专科疾病防治机构应当按照本规范执行,其他医疗机构参照执行。

第二章　基本要求

第四条　所有处方均应当经审核通过后方可进入划价收费和调配环节,未经审核通过的处方不得收费和调配。

第五条　从事处方审核的药学专业技术人员(以下简称药师)应当满足以下条件:

(一)取得药师及以上药学专业技术职务任职资格。

(二)具有3年及以上门急诊或病区处方调剂工作经验,接受过处方审核相应岗位的专业知识培训并考核合格。

第六条　药师是处方审核工作的第一责任人。药师应当对处方各项内容进行逐一审核。医疗机构可以通过相关信息系统辅助药师开展处方审核。对信息系统筛选出的不合理处方及信息系统不能审核的部分,应当由药师进行人工审核。

第七条　经药师审核后,认为存在用药不适宜时,应当告知处方医师,建议其修改或者重新开具处方;药师发现不合理用药,处方医师不同意修改时,药师应当作好记录并纳入处方点评;药师发现严重不合理用药或者用药错误时,应当拒绝调配,及时告知处方医师并记录,按照有关规定报告。

第八条　医疗机构应当积极推进处方审核信息化,通过信息系统为处方审核提供必要的信息,如电子处方,以及医学相关检查、检验学资料、现病史、既往史、用药史、过敏史等电子病历信息。信息系统内置审方规则应当由医疗机构制定或经医疗机构审核确认,并有明确的临床用药依据来源。

第九条　医疗机构应当制定信息系统相关的安全保密制度,防止药品、患者用药等信息泄露,做好相应的信息系统故障应急预案。

第三章 审核依据和流程

第十条 处方审核常用临床用药依据:国家药品管理相关法律法规和规范性文件,临床诊疗规范、指南,临床路径,药品说明书,国家处方集等。

第十一条 医疗机构可以结合实际,由药事管理与药物治疗学委员会充分考虑患者用药安全性、有效性、经济性、依从性等综合因素,参考专业学(协)会及临床专家认可的临床规范、指南等,制订适合本机构的临床用药规范、指南,为处方审核提供依据。

第十二条 处方审核流程:

(一)药师接收待审核处方,对处方进行合法性、规范性、适宜性审核。

(二)若经审核判定为合理处方,药师在纸质处方上手写签名(或加盖专用印章)、在电子处方上进行电子签名,处方经药师签名后进入收费和调配环节。

(三)若经审核判定为不合理处方,由药师负责联系处方医师,请其确认或重新开具处方,并再次进入处方审核流程。

第四章 审核内容

第十三条 合法性审核。

(一)处方开具人是否根据《执业医师法》取得医师资格,并执业注册。

(二)处方开具时,处方医师是否根据《处方管理办法》在执业地点取得处方权。

(三)麻醉药品、第一类精神药品、医疗用毒性药品、放射性药品、抗菌药物等药品处方,是否由具有相应处方权的医师开具。

第十四条 规范性审核。

(一)处方是否符合规定的标准和格式,处方医师签名或加盖的专用签章有无备案,电子处方是否有处方医师的电子签名。

(二)处方前记、正文和后记是否符合《处方管理办法》等有关规定,文字是否正确、清晰、完整。

(三)条目是否规范。

1. 年龄应当为实足年龄,新生儿、婴幼儿应当写日、月龄,必要时要注明体重;

2. 中药饮片、中药注射剂要单独开具处方;

3. 开具西药、中成药处方,每一种药品应当另起一行,每张处方不得超过5种药品;

4. 药品名称应当使用经药品监督管理部门批准并公布的药品通用名称、新活性化合物的专利药品名称和复方制剂药品名称,或使用由原卫生部公布的药品习惯名称;医院制剂应当使用药品监督管理部门正式批准的名称;

5. 药品剂量、规格、用法、用量准确清楚,符合《处方管理办法》规定,不得使用“遵医嘱”“自用”等含糊不清字句;

6. 普通药品处方量及处方效期符合《处方管理办法》的规定,抗菌药物、麻醉药品、精神药品、医疗用毒性药品、放射药品、易制毒化学品等的使用符合相关管理规定;

7. 中药饮片、中成药的处方书写应当符合《中药处方格式及书写规范》。

第十五条 适宜性审核。

(一)西药及中成药处方,应当审核以下项目:

1. 处方用药与诊断是否相符;

2. 规定必须做皮试的药品,是否注明过敏试验及结果的判定;

3. 处方剂量、用法是否正确,单次处方总量是否符合规定;

4. 选用剂型与给药途径是否适宜;

5. 是否有重复给药和相互作用情况,包括西药、中成药、中成药与西药、中成药与中药饮片之间是否存在重复给药和有临床意义的相互作用;

6. 是否存在配伍禁忌;

7. 是否有用药禁忌:儿童、老年人、孕妇及哺乳期妇女、脏器功能不全患者用药是否有禁忌使用的药物,患者用药是否有食物及药物过敏史禁忌证、诊断禁忌证、疾病史禁忌证与性别禁忌证;

8. 溶媒的选择、用法用量是否适宜,静脉输注的药品给药速度是否适宜;

9. 是否存在其他用药不适宜情况。

(二)中药饮片处方,应当审核以下项目:

1. 中药饮片处方用药与中医诊断(病名和证型)是否相符;

2. 饮片的名称、炮制品选用是否正确,煎法、用法、脚注等是否完整、准确;

3. 毒麻贵细饮片是否按规定开方;

4. 特殊人群如儿童、老年人、孕妇及哺乳期妇女、脏器功能不全患者用药是否有禁忌使用的药物;

5. 是否存在其他用药不适宜情况。

第五章 审核质量管理

第十六条 处方审核质量管理以自我监测评价为主,以行政部门干预评价为辅。

医疗机构应当在医院药事管理与药物治疗学委员会(组)和医疗质量管理委员会领导下设立处方审核质量管理小组或指定专(兼)职人员,定期对机构内处方审核质量开展监测与评价,包括对信息系统审核的处方进行抽查,发现问题及时改进。

县级以上卫生健康行政部门(含中医药主管部门)可以组织或委托第三方对其核发《医疗机构执业许可证》的医疗机构处方审核质量进行检查评价。

第十七条 开展处方审核应当满足以下必备条件:

(一)配备适宜的处方审核人员;

(二)处方审核人员符合本规范第五条要求;

(三)具备处方审核场所;

(四)配备相应的处方审核工具,鼓励医疗机构建立处方审核信息系统;

(五)制订本机构的处方审核规范与制度。

第十八条 建立并实施处方审核全过程质量管理机制。

(一)审核过程追溯机制:医疗机构应当保证处方审核的全过程可以追溯,特别是针对关键流程的处理应当保存相应的记录。

(二)审核反馈机制:建立不合理处方的反馈机制,并有相应的记录。

(三)审核质量改进机制:针对处方审核,建立质量改进机制,并有相应的措施与记录。

第十九条 建立处方审核质量监测指标体系,对处方审核的数量、质量、效率和效果等进行评价。至少包括处方审核率、处方干预率、处方合理率等。

第六章 培 训

第二十条 医疗机构应当组织对从事处方审核的药师进行定期培训和考核。培训内容应当包括:

(一)相关法律、法规、政策,职业道德,工作制度和岗位职责,本岗位的特殊要求及操作规程等;

(二)药学基本理论、基本知识和基本技能;从事中药处方审核的药师,还应当培训中医药基本理论、基本知识和基本技能;

(三)其他培训,如参与临床药物治疗、查房、会诊、疑难危重病例、死亡病例讨论以及临床疾病诊疗知识培训,参加院内、外举办的相关会议、学术论坛及培训班等。

第二十一条 负责处方审核的药师应当接受继续教育,不断更新、补充、拓展知识和能力,提高处方审核水平。

第七章 附 则

第二十二条 不合理处方包括不规范处方、用药不适宜处方及超常处方。

第二十三条 本规范自印发之日起施行。

医疗卫生机构开展临床研究项目管理办法

(国卫医发〔2014〕80号)

第一章 总 则

第一条 为加强医疗卫生机构临床研究管理,规范临床研究行为,促进临床研究健康发展,根据《科学技术进步法》、《执业医师法》、《药品管理法》、《医疗机构管理条例》、《医疗器械监督管理条例》、《加强医疗卫生行风建设“九不准”》等,制定本办法。

第二条 本办法所称临床研究是指在医疗卫生机构内开展的所有涉及人的药品(含试验药物,下同)和医疗器械(含体外诊断试剂,下同)医学研究及新技术的临床应用观察等。

第三条 医疗卫生机构开展临床研究应当取得法律法规规定的资质,药物和医疗器械临床试验机构应当按相应要求获得资格认定,并具备相应的能力。

第四条 医疗卫生机构应当按照相关法律、法规、部门规章、临床试验管理有关规范性文件及本办法的要求,加强对临床研究的管理。

第二章 组织管理

第五条 开展临床研究的医疗卫生机构应当成立临床研究管理委员会和伦理委员会,设立或者指定专门部门(以下称临床研究管理部门)负责临床研究管理。

第六条 临床研究管理委员会由医疗卫生机构相关负责人、相关职能部门负责人和临床研究专家代表组成,负责医疗机构临床研究的决策、审核、管理和监督。

临床研究管理部门在临床研究管理委员会指导下,负责临床研究的立项审查、实施控制、档案管理等具体管理工作。

第七条 伦理委员会按照相关规定承担所在医疗卫生机构开展临床研究的伦理审查,确保临床研究符合伦理规范。

第八条 药物临床试验研究负责人应当具备法律法规规定的资质。其他临床研究负责人应当为相关专业科室负责人或具有副高级以上职称的卫生专业技术人员。

第三章 立项管理

第九条 临床研究实行医疗卫生机构立项审核制度,经医疗卫生机构批准立项的临床研究方可在该机构内实施。

第十条 临床研究应当由在医疗卫生机构依法执业的医务人员提出立项申请,并向所在医疗卫生机构提交以下申请材料:

(一)立项申请书;

(二)申请者资质证明材料;

(三)项目负责人及主要参与者的科研工作简历;

(四)研究工作基础,包括科学文献总结、实验室工作、动物实验结果和临床前工作总结等;

(五)研究方案;

(六)质量管理方案;

(七)项目风险的预评估及风险处置预案;

(八)知情同意书(样式);

(九)知识产权归属协议;

(十)项目经费来源证明;

(十一)相关法律法规规定应当具备的资质证明;

(十二)医疗卫生机构规定应当提交的其他材料。

第十一条 医疗卫生机构应当组织伦理委员会遵循伦理审查原则,对临床研究项目进行伦理审查,并形成书面审查记录和审查意见。

参与多中心临床研究的医疗卫生机构不具备成立伦理委员会条件的,可以由发起多中心临床研究的医疗卫生机构伦理委员会出具书面审查意见。

第十二条 临床研究项目经伦理审查通过后,由医疗卫生机构临床研究管理部门提交临床研究管理委员会审核。有以下情形之一的,不得予以立项审核:

（一）违反法律、法规、规章的相关规定；

（二）违背伦理原则或科研诚信原则；

（三）研究前期准备不足，临床研究时机尚不成熟；

（四）相关药品、医疗器械可能存在质量缺陷；

（五）临床研究的安全风险超出可控范围；

（六）研究负责人与研究结果有直接利益关系；

（七）可能存在商业贿赂或其他不当利益关系；

（八）可能侵犯他人知识产权；

（九）依据法律法规和国家有关规定应当禁止研究的其它情形。

第十三条 临床研究项目经医疗卫生机构审核立项的，医疗卫生机构应当与临床研究项目负责人签订临床研究项目任务书。

第十四条 医疗卫生机构受其他机构委托、资助开展临床研究或者参与多中心临床研究的，应当与委托、资助机构或多中心临床研究发起机构签订临床研究协议，明确双方权利、义务及责任分担等，项目资金应当纳入项目负责人所在医疗卫生机构统一管理。

第十五条 医疗机构批准临床研究项目立项后，应当在30日内向核发其医疗机构执业许可证的卫生计生行政部门（含中医药管理部门，下同）进行临床研究项目备案。

第四章 财务管理

第十六条 医疗卫生机构应当建立临床研究经费管理制度，对批准立项的临床研究经费进行统一管理，经费的收取、使用和分配应当遵循财务管理制度，实行单独建账、单独核算、专款专用。

医疗卫生机构内设科室和个人不得私自收受临床研究项目经费及相关设备。

第十七条 临床研究项目的委托方、资助方已经支付临床研究中受试者用药、检查、手术等相关费用的，医疗卫生机构不得向受试者重复收取费用。

第十八条 临床研究项目负责人应当严格按照本机构的规定和临床研究项目经费预算，合理使用研究经费，不得擅自挪作他用。

第五章 实施管理

第十九条 医疗卫生机构应当按照相关法律法规并遵循相关国际规范，制订临床研究项目管理制度和操作规程，加强临床研究项目管理。

第二十条 医疗卫生机构临床研究管理委员会及临床研究管理部门应当对临床研究项目实施全过程监管，定期组织进行伦理、安全性、财务合规性和效果评价，确保临床研究项目的顺利进行。

第二十一条 临床研究项目应当严格按照任务书开展，项目实施过程中应当遵守国家有关知识产权创造、运用、保护管理的法律法规及保密、安全的相关规定。

第二十二条 临床研究项目实施过程中需要对研究方案进行调整的，应当经医疗卫生机构临床研究管理委员会批准，涉及伦理问题的应当重新进行伦理审查。

第二十三条　医疗卫生机构应当加强临床研究项目的安全性评价,制定并落实不良事件记录、报告和处理相关的规章制度和规范标准,根据不良事件的性质和严重程度及时做出继续、暂停或者终止已经批准的临床研究的决定。

第二十四条　临床研究过程中出现如下情形之一的,医疗卫生机构应当暂停或者终止研究项目,并及时报告当地卫生计生行政部门:

(一)存在违反法律法规、规章的行为;

(二)存在违背伦理原则或科研诚信原则的行为;

(三)研究过程中发现相关药品、医疗器械可能存在严重质量缺陷;

(四)发现临床研究存在严重安全风险或者发生严重不良事件;

(五)存在商业贿赂或其他不当利益关系;

(六)违规使用研究经费的行为;

(七)其他应当禁止研究的情形。

第二十五条　医疗卫生机构临床研究管理部门应当加强临床研究项目档案管理,如实记录并妥善保管相关文书档案。

第六章　监督管理

第二十六条　各级卫生计生行政部门应当加强对辖区内医疗卫生机构开展临床研究项目的监督管理。发现医疗卫生机构违反本办法规定的,应当责令其立即停止该研究,并按照相关法律法规给予行政处罚及处分。

第二十七条　未经医疗卫生机构批准,卫生专业技术人员擅自开展临床研究、调整已批准研究方案或者收受临床研究项目经费的,医疗卫生机构应当按照相关规定予以相应处理;医疗卫生机构未履行监督管理职责的,应当依法承担相应的行政责任;构成犯罪的,移交司法机关依法处理。

第七章　附　　则

第二十八条　本办法自发布之日起实施。本办法实施前已经开展尚未完成的临床研究,医疗卫生机构应当自本办法实施之日起3个月内完成立项登记等手续。

医疗卫生机构医疗废物管理办法

(中华人民共和国卫生部令第36号)

第一章　总　　则

第一条　为规范医疗卫生机构对医疗废物的管理,有效预防和控制医疗废物对人体健康和环境产生危害,根据《医疗废物管理条例》,制定本办法。

第二条　各级各类医疗卫生机构应当按照《医疗废物管理条例》和本办法的规定对医疗废物进行管理。

第三条　卫生部对全国医疗卫生机构的医疗废物管理工作实施监督。

县级以上地方人民政府卫生行政部门对本行政区域医疗卫生机构的医疗废物管理工作实施监督。

第二章 医疗卫生机构对医疗废物的管理职责

第四条 医疗卫生机构应当建立、健全医疗废物管理责任制,其法定代表人或者主要负责人为第一责任人,切实履行职责,确保医疗废物的安全管理。

第五条 医疗卫生机构应当依据国家有关法律、行政法规、部门规章和规范性文件的规定,制定并落实医疗废物管理的规章制度、工作流程和要求、有关人员的工作职责及发生医疗卫生机构内医疗废物流失、泄漏、扩散和意外事故的应急方案。内容包括:

(一)医疗卫生机构内医疗废物各产生地点对医疗废物分类收集方法和工作要求;

(二)医疗卫生机构内医疗废物的产生地点、暂时贮存地点的工作制度及从产生地点运送至暂时贮存地点的工作要求;

(三)医疗废物在医疗卫生机构内部运送及将医疗废物交由医疗废物处置单位的有关交接、登记的规定;

(四)医疗废物管理过程中的特殊操作程序及发生医疗废物流失、泄漏、扩散和意外事故的紧急处理措施;

(五)医疗废物分类收集、运送、暂时贮存过程中有关工作人员的职业卫生安全防护。

第六条 医疗卫生机构应当设置负责医疗废物管理的监控部门或者专(兼)职人员,履行以下职责:

(一)负责指导、检查医疗废物分类收集、运送、暂时贮存及机构内处置过程中各项工作的落实情况;

(二)负责指导、检查医疗废物分类收集、运送、暂时贮存及机构内处置过程中的职业卫生安全防护工作;

(三)负责组织医疗废物流失、泄漏、扩散和意外事故发生时的紧急处理工作;

(四)负责组织有关医疗废物管理的培训工作;

(五)负责有关医疗废物登记和档案资料的管理;

(六)负责及时分析和处理医疗废物管理中的其它问题。

第七条 医疗卫生机构发生医疗废物流失、泄漏、扩散时,应当在48小时内向所在地的县级人民政府卫生行政主管部门、环境保护行政主管部门报告,调查处理工作结束后,医疗卫生机构应当将调查处理结果向所在地的县级人民政府卫生行政主管部门、环境保护行政主管部门报告。

县级人民政府卫生行政主管部门每月逐级上报至当地省级人民政府卫生行政主管部门。

省级人民政府卫生行政主管部门每半年汇总后报卫生部。

第八条 医疗卫生机构发生因医疗废物管理不当导致1人以上死亡或者3人以上健康损害,需要对致病人员提供医疗救护和现场救援的重大事故时,应当在24小时内向所在地的县级人民政府卫生行政主管部门、环境保护行政主管部门报告,并根据《医疗废物管理条例》的规定,采取相应紧急处理措施。

县级人民政府卫生行政主管部门接到报告后,应当在 12 小时内逐级向省级人民政府卫生行政主管部门。

省级人民政府卫生行政主管部门接到报告后,应当在 12 小时内向卫生部报告。

发生医疗废物导致传染病传播或者有证据证明传染病传播的事故有可能发生时,应当按照《传染病防治法》及有关规定报告,并采取相应措施。

第九条 医疗卫生机构应当根据医疗废物分类收集、运送、暂时贮存及机构内处置过程中所需要的专业技术、职业卫生安全防护和紧急处理知识等,制定相关工作人员的培训计划并组织实施。

第三章 分类收集、运送与暂时贮存

第十条 医疗卫生机构应当根据《医疗废物分类目录》,对医疗废物实施分类管理。

第十一条 医疗卫生机构应当按照以下要求,及时分类收集医疗废物:

(一)根据医疗废物的类别,将医疗废物分置于符合《医疗废物专用包装物、容器的标准和警示标识的规定》的包装物或者容器内;

(二)在盛装医疗废物前,应当对医疗废物包装物或者容器进行认真检查,确保无破损、渗漏和其它缺陷;

(三)感染性废物、病理性废物、损伤性废物、药物性废物及化学性废物不能混合收集。少量的药物性废物可以混入感染性废物,但应当在标签上注明;

(四)废弃的麻醉、精神、放射性、毒性等药品及其相关的废物的管理,依照有关法律、行政法规和国家有关规定、标准执行;

(五)化学性废物中批量的废化学试剂、废消毒剂应当交由专门机构处置;

(六)批量的含有汞的体温计、血压计等医疗器具报废时,应当交由专门机构处置;

(七)医疗废物中病原体的培养基、标本和菌种、毒种保存液等高危险废物,应当首先在产生地点进行压力蒸汽灭菌或者化学消毒处理,然后按感染性废物收集处理;

(八)隔离的传染病病人或者疑似传染病病人产生的具有传染性的排泄物,应当按照国家规定严格消毒,达到国家规定的排放标准后方可排入污水处理系统;

(九)隔离的传染病病人或者疑似传染病病人产生的医疗废物应当使用双层包装物,并及时密封;

(十)放入包装物或者容器内的感染性废物、病理性废物、损伤性废物不得取出。

第十二条 医疗卫生机构内医疗废物产生地点应当有医疗废物分类收集方法的示意图或者文字说明。

第十三条 盛装的医疗废物达到包装物或者容器的 3/4 时,应当使用有效的封口方式,使包装物或者容器的封口紧实、严密。

第十四条 包装物或者容器的外表面被感染性废物污染时,应当对被污染处进行消毒处理或者增加一层包装。

第十五条 盛装医疗废物的每个包装物、容器外表面应当有警示标识,在每个包装物、容器上应当系中文标签,中文标签的内容应当包括:医疗废物产生单位、产生日期、类别及需要的特别说明等。

第十六条 运送人员每天从医疗废物产生地点将分类包装的医疗废物按照规定的时间和路线运送至内部指定的暂时贮存地点。

第十七条 运送人员在运送医疗废物前,应当检查包装物或者容器的标识、标签及封口是否符合要求,不得将不符合要求的医疗废物运送至暂时贮存地点。

第十八条 运送人员在运送医疗废物时,应当防止造成包装物或容器破损和医疗废物的流失、泄漏和扩散,并防止医疗废物直接接触身体。

第十九条 运送医疗废物应当使用防渗漏、防遗撒、无锐利边角、易于装卸和清洁的专用运送工具。

每天运送工作结束后,应当对运送工具及时进行清洁和消毒。

第二十条 医疗卫生机构应当建立医疗废物暂时贮存设施、设备,不得露天存放医疗废物;医疗废物暂时贮存的时间不得超过2天。

第二十一条 医疗卫生机构建立的医疗废物暂时贮存设施、设备应当达到以下要求:

(一)远离医疗区、食品加工区、人员活动区和生活垃圾存放场所,方便医疗废物运送人员及运送工具、车辆的出入;

(二)有严密的封闭措施,设专(兼)职人员管理,防止非工作人员接触医疗废物;

(三)有防鼠、防蚊蝇、防蟑螂的安全措施;

(四)防止渗漏和雨水冲刷;

(五)易于清洁和消毒;

(六)避免阳光直射;

(七)设有明显的医疗废物警示标识和“禁止吸烟、饮食”的警示标识。

第二十二条 暂时贮存病理性废物,应当具备低温贮存或者防腐条件。

第二十三条 医疗卫生机构应当将医疗废物交由取得县级以上人民政府环境保护行政主管部门许可的医疗废物集中处置单位处置,依照危险废物转移联单制度填写和保存转移联单。

第二十四条 医疗卫生机构应当对医疗废物进行登记,登记内容应当包括医疗废物的来源、种类、重量或者数量、交接时间、最终去向以及经办人签名等项目。登记资料至少保存3年。

第二十五条 医疗废物转交出去后,应当对暂时贮存地点、设施及时进行清洁和消毒处理。

第二十六条 禁止医疗卫生机构及其工作人员转让、买卖医疗废物。

禁止在非收集、非暂时贮存地点倾倒、堆放医疗废物,禁止将医疗废物混入其它废物和生活垃圾。

第二十七条 不具备集中处置医疗废物条件的农村地区,医疗卫生机构应当按照当地卫生行政主管部门和环境保护主管部门的要求,自行就地处置其产生的医疗废物。自行处置医疗废物的,应当符合以下基本要求:

（一）使用后的一次性医疗器具和容易致人损伤的医疗废物应当消毒并作毁形处理；

（二）能够焚烧的，应当及时焚烧；

（三）不能焚烧的，应当消毒后集中填埋。

第二十八条　医疗卫生机构发生医疗废物流失、泄漏、扩散和意外事故时，应当按照以下要求及时采取紧急处理措施：

（一）确定流失、泄漏、扩散的医疗废物的类别、数量、发生时间、影响范围及严重程度；

（二）组织有关人员尽快按照应急方案，对发生医疗废物泄漏、扩散的现场进行处理；

（三）对被医疗废物污染的区域进行处理时，应当尽可能减少对病人、医务人员、其它现场人员及环境的影响；

（四）采取适当的安全处置措施，对泄漏物及受污染的区域、物品进行消毒或者其他无害化处置，必要时封锁污染区域，以防扩大污染；

（五）对感染性废物污染区域进行消毒时，消毒工作从污染最轻区域向污染最严重区域进行，对可能被污染的所有使用过的工具也应当进行消毒；

（六）工作人员应当做好卫生安全防护后进行工作。

处理工作结束后，医疗卫生机构应当对事件的起因进行调查，并采取有效的防范措施预防类似事件的发生。

第四章　人员培训和职业安全防护

第二十九条　医疗卫生机构应当对本机构工作人员进行培训，提高全体工作人员对医疗废物管理工作的认识。对从事医疗废物分类收集、运送、暂时贮存、处置等工作的人员和管理人员，进行相关法律和专业技术、安全防护以及紧急处理等知识的培训。

第三十条　医疗废物相关工作人员和管理人员应当达到以下要求：

（一）掌握国家相关法律、法规、规章和有关规范性文件的规定，熟悉本机构制定的医疗废物管理的规章制度、工作流程和各项工作要求；

（二）掌握医疗废物分类收集、运送、暂时贮存的正确方法和操作程序；

（三）掌握医疗废物分类中的安全知识、专业技术、职业卫生安全防护等知识；

（四）掌握在医疗废物分类收集、运送、暂时贮存及处置过程中预防被医疗废物刺伤、擦伤等伤害的措施及发生后的处理措施；

（五）掌握发生医疗废物流失、泄漏、扩散和意外事故情况时的紧急处理措施。

第三十一条　医疗卫生机构应当根据接触医疗废物种类及风险大小的不同，采取适宜、有效的职业卫生防护措施，为机构内从事医疗废物分类收集、运送、暂时贮存和处置等工作的人员和管理人员配备必要的防护用品，定期进行健康检查，必要时，对有关人员进行免疫接种，防止其受到健康损害。

第三十二条　医疗卫生机构的工作人员在工作中发生被医疗废物刺伤、擦伤等伤害时，应当采取相应的处理措施，并及时报告机构内的相关部门。

第五章　监督管理

第三十三条　县级以上地方人民政府卫生行政主管部门应当依照《医疗废物管理条

例》和本办法的规定,对所辖区域的医疗卫生机构进行定期监督检查和不定期抽查。

第三十四条　对医疗卫生机构监督检查和抽查的主要内容是:

(一)医疗废物管理的规章制度及落实情况;

(二)医疗废物分类收集、运送、暂时贮存及机构内处置的工作状况;

(三)有关医疗废物管理的登记资料和记录;

(四)医疗废物管理工作中,相关人员的安全防护工作;

(五)发生医疗废物流失、泄漏、扩散和意外事故的上报及调查处理情况;

(六)进行现场卫生学监测。

第三十五条　卫生行政主管部门在监督检查或者抽查中发现医疗卫生机构存在隐患时,应当责令立即消除隐患。

第三十六条　县级以上卫生行政主管部门应当对医疗卫生机构发生违反《医疗废物管理条例》和本办法规定的行为依法进行查处。

第三十七条　发生因医疗废物管理不当导致发生传染病传播事故,或者有证据证明传染病传播的事故有可能发生时,卫生行政主管部门应当按照《医疗废物管理条例》第四十条的规定及时采取相应措施。

第三十八条　医疗卫生机构对卫生行政主管部门的检查、监测、调查取证等工作,应当予以配合,不得拒绝和阻碍,不得提供虚假材料。

第六章　罚　　则

第三十九条　医疗卫生机构违反《医疗废物管理条例》及本办法规定,有下列情形之一的,由县级以上地方人民政府卫生行政主管部门责令限期改正、给予警告;逾期不改正的,处以 2000 元以上 5000 以下的罚款:

(一)未建立、健全医疗废物管理制度,或者未设置监控部门或者专(兼)职人员的;

(二)未对有关人员进行相关法律和专业技术、安全防护以及紧急处理等知识的培训的;

(三)未对医疗废物进行登记或者未保存登记资料的;

(四)未对机构内从事医疗废物分类收集、运送、暂时贮存、处置等工作的人员和管理人员采取职业卫生防护措施的;

(五)未对使用后的医疗废物运送工具及时进行清洁和消毒的;

(六)自行建有医疗废物处置设施的医疗卫生机构,未定期对医疗废物处置设施的卫生学效果进行检测、评价,或者未将检测、评价效果存档、报告的。

第四十条　医疗卫生机构违反《医疗废物管理条例》及本办法规定,有下列情形之一的,由县级以上地方人民政府卫生行政主管部门责令限期改正、给予警告,可以并处 5000 元以下的罚款;逾期不改正的,处 5000 元以上 3 万元以下的罚款:

(一)医疗废物暂时贮存地点、设施或者设备不符合卫生要求的;

(二)未将医疗废物按类别分置于专用包装物或者容器的;

(三)使用的医疗废物运送工具不符合要求的。

第四十一条　医疗卫生机构违反《医疗废物管理条例》及本办法规定，有下列情形之一的，由县级以上地方人民政府卫生行政主管部门责令限期改正，给予警告，并处5000元以上1万以下的罚款；逾期不改正的，处1万元以上3万元以下的罚款；造成传染病传播的，由原发证部门暂扣或者吊销医疗卫生机构执业许可证件；构成犯罪的，依法追究刑事责任：

（一）在医疗卫生机构内丢弃医疗废物和在非贮存地点倾倒、堆放医疗废物或者将医疗废物混入其他废物和生活垃圾的；

（二）将医疗废物交给未取得经营许可证的单位或者个人的；

（三）未按照条例及本办法的规定对污水、传染病病人和疑似传染病病人的排泄物进行严格消毒，或者未达到国家规定的排放标准，排入污水处理系统的；

（四）对收治的传染病病人或者疑似传染病病人产生的生活垃圾，未按照医疗废物进行管理和处置的。

第四十二条　医疗卫生机构转让、买卖医疗废物的，依照《医疗废物管理条例》第五十三条处罚。

第四十三条　医疗卫生机构发生医疗废物流失、泄漏、扩散时，未采取紧急处理措施，或者未及时向卫生行政主管部门报告的，由县级以上地方人民政府卫生行政主管部门责令改正，给予警告，并处1万元以上3万元以下的罚款；造成传染病传播的，由原发证部门暂扣或者吊销医疗卫生机构执业许可证件；构成犯罪的，依法追究刑事责任。

第四十四条　医疗卫生机构无正当理由，阻碍卫生行政主管部门执法人员执行职务，拒绝执法人员进入现场，或者不配合执法部门的检查、监测、调查取证的，由县级以上地方人民政府卫生行政主管部门责令改正，给予警告；拒不改正的，由原发证部门暂扣或者吊销医疗卫生机构执业许可证件；触犯《中华人民共和国治安管理处罚条例》，构成违反治安管理行为的，由公安机关依法予以处罚；构成犯罪的，依法追究刑事责任。

第四十五条　不具备集中处置医疗废物条件的农村，医疗卫生机构未按照《医疗废物管理条例》和本办法的要求处置医疗废物的，由县级以上地方人民政府卫生行政主管部门责令限期改正，给予警告；逾期不改的，处1000元以上5000元以下的罚款；造成传染病传播的，由原发证部门暂扣或者吊销医疗卫生机构执业许可证件；构成犯罪的，依法追究刑事责任。

第四十六条　医疗卫生机构违反《医疗废物管理条例》及本办法规定，导致传染病传播，给他人造成损害的，依法承担民事赔偿责任。

第七章　附　　则

第四十七条　本办法所称医疗卫生机构指依照《医疗机构管理条例》的规定取得《医疗机构执业许可证》的机构及疾病预防控制机构、采供血机构。

第四十八条　本办法自公布之日起施行。

医疗机构传染病预检分诊管理办法

（2004 年 12 月 16 日卫生部部务会议讨论通过　2005 年 2 月 28 日中华人民共和国卫生部令第 41 号发布）

第一条　为规范医疗机构传染病预检、分诊工作，有效控制传染病疫情，防止医疗机构内交叉感染，保障人民群众身体健康和生命安全，根据《中华人民共和国传染病防治法》第五十二条的规定，制定本办法。

第二条　医疗机构应当建立传染病预检、分诊制度。

二级以上综合医院应当设立感染性疾病科，具体负责本医疗机构传染病的分诊工作，并对本医疗机构的传染病预检、分诊工作进行组织管理。

没有设立感染性疾病科的医疗机构应当设立传染病分诊点。

感染性疾病科和分诊点应当标识明确，相对独立，通风良好，流程合理，具有消毒隔离条件和必要的防护用品。

第三条　医疗机构各科室的医师在接诊过程中，应当注意询问病人有关的流行病学史、职业史，结合病人的主诉、病史、症状和体征等对来诊的病人进行传染病的预检。

经预检为传染病病人或者疑似传染病病人的，应当将病人分诊至感染性疾病科或者分诊点就诊，同时对接诊处采取必要的消毒措施。

第四条　医疗机构应当根据传染病的流行季节、周期和流行趋势做好特定传染病的预检、分诊工作。

医疗机构应当在接到卫生部和省、自治区、直辖市人民政府发布特定传染病预警信息后，或者按照当地卫生行政部门的要求，加强特定传染病的预检、分诊工作。必要时，设立相对独立的针对特定传染病的预检处，引导就诊病人首先到预检处检诊，初步排除特定传染病后，再到相应的普通科室就诊。

第五条　对呼吸道等特殊传染病病人或者疑似病人，医疗机构应当依法采取隔离或者控制传播措施，并按照规定对病人的陪同人员和其他密切接触人员采取医学观察和其他必要的预防措施。

第六条　医疗机构不具备传染病救治能力时，应当及时将病人转诊到具备救治能力的医疗机构诊疗，并将病历资料复印件转至相应的医疗机构。

第七条　转诊传染病病人或疑似传染病病人时，应当按照当地卫生行政部门的规定使用专用车辆。

第八条　感染性疾病科和分诊点应当采取标准防护措施，按照规范严格消毒，并按照《医疗废物管理条例》的规定处理医疗废物。

第九条　医疗机构应当定期对医务人员进行传染病防治知识的培训，培训应当包括传染病防治的法律、法规以及传染病流行动态、诊断、治疗、预防、职业暴露的预防和处理等内容。

从事传染病预检、分诊的医务人员应当严格遵守卫生管理法律、法规和有关规定，认真执行临床技术操作规范、常规以及有关工作制度。

第十条　各级卫生行政部门应当加强对医疗机构预检分诊工作的监督管理，对违反《中华人民共和国传染病防治法》等有关法律、法规和本办法的，应当依法查处。

第十一条　本办法自发布之日起施行。

处方管理办法

（2006年11月27日卫生部部务会议讨论通过　2007年2月14日中华人民共和国卫生部令第53号发布）

第一章　总　　则

第一条　为规范处方管理，提高处方质量，促进合理用药，保障医疗安全，根据《执业医师法》、《药品管理法》、《医疗机构管理条例》、《麻醉药品和精神药品管理条例》等有关法律、法规，制定本办法。

第二条　本办法所称处方，是指由注册的执业医师和执业助理医师（以下简称医师）在诊疗活动中为患者开具的、由取得药学专业技术职务任职资格的药学专业技术人员（以下简称药师）审核、调配、核对，并作为患者用药凭证的医疗文书。处方包括医疗机构病区用药医嘱单。

本办法适用于与处方开具、调剂、保管相关的医疗机构及其人员。

第三条　卫生部负责全国处方开具、调剂、保管相关工作的监督管理。

县级以上地方卫生行政部门负责本行政区域内处方开具、调剂、保管相关工作的监督管理。

第四条　医师开具处方和药师调剂处方应当遵循安全、有效、经济的原则。

处方药应当凭医师处方销售、调剂和使用。

第二章　处方管理的一般规定

第五条　处方标准（附件1）由卫生部统一规定，处方格式由省、自治区、直辖市卫生行政部门（以下简称省级卫生行政部门）统一制定，处方由医疗机构按照规定的标准和格式印制。

第六条　处方书写应当符合下列规则：

（一）患者一般情况、临床诊断填写清晰、完整，并与病历记载相一致。

（二）每张处方限于一名患者的用药。

（三）字迹清楚，不得涂改；如需修改，应当在修改处签名并注明修改日期。

（四）药品名称应当使用规范的中文名称书写，没有中文名称的可以使用规范的英文名称书写；医疗机构或者医师、药师不得自行编制药品缩写名称或者使用代号；书写药品名称、剂量、规格、用法、用量要准确规范，药品用法可用规范的中文、英文、拉丁文或者缩写体书写，但不得使用“遵医嘱”、“自用”等含糊不清字句。

（五）患者年龄应当填写实足年龄，新生儿、婴幼儿写日、月龄，必要时要注明体重。

（六）西药和中成药可以分别开具处方，也可以开具一张处方，中药饮片应当单独开具处方。

（七）开具西药、中成药处方，每一种药品应当另起一行，每张处方不得超过5种药品。

（八）中药饮片处方的书写，一般应当按照“君、臣、佐、使”的顺序排列；调剂、煎煮的特殊要求注明在药品右上方，并加括号，如布包、先煎、后下等；对饮片的产地、炮制有特殊要求的，应当在药品名称之前写明。

（九）药品用法用量应当按照药品说明书规定的常规用法用量使用，特殊情况需要超剂量使用时，应当注明原因并再次签名。

（十）除特殊情况外，应当注明临床诊断。

（十一）开具处方后的空白处划一斜线以示处方完毕。

（十二）处方医师的签名式样和专用签章应当与院内药学部门留样备查的式样相一致，不得任意改动，否则应当重新登记留样备案。

第七条　药品剂量与数量用阿拉伯数字书写。剂量应当使用法定剂量单位：重量以克（g）、毫克（mg）、微克（μg）、纳克（ng）为单位；容量以升（L）、毫升（ml）为单位；国际单位（IU）、单位（U）；中药饮片以克（g）为单位。

片剂、丸剂、胶囊剂、颗粒剂分别以片、丸、粒、袋为单位；溶液剂以支、瓶为单位；软膏及乳膏剂以支、盒为单位；注射剂以支、瓶为单位，应当注明含量；中药饮片以剂为单位。

第三章　处方权的获得

第八条　经注册的执业医师在执业地点取得相应的处方权。

经注册的执业助理医师在医疗机构开具的处方，应当经所在执业地点执业医师签名或加盖专用签章后方有效。

第九条　经注册的执业助理医师在乡、民族乡、镇、村的医疗机构独立从事一般的执业活动，可以在注册的执业地点取得相应的处方权。

第十条　医师应当在注册的医疗机构签名留样或者专用签章备案后，方可开具处方。

第十一条　医疗机构应当按照有关规定，对本机构执业医师和药师进行麻醉药品和精神药品使用知识和规范化管理的培训。执业医师经考核合格后取得麻醉药品和第一类精神药品的处方权，药师经考核合格后取得麻醉药品和第一类精神药品调剂资格。

医师取得麻醉药品和第一类精神药品处方权后，方可在本机构开具麻醉药品和第一类精神药品处方，但不得为自己开具该类药品处方。药师取得麻醉药品和第一类精神药品调剂资格后，方可在本机构调剂麻醉药品和第一类精神药品。

第十二条　试用期人员开具处方，应当经所在医疗机构有处方权的执业医师审核、并签名或加盖专用签章后方有效。

第十三条　进修医师由接收进修的医疗机构对其胜任本专业工作的实际情况进行认定后授予相应的处方权。

第四章　处方的开具

第十四条　医师应当根据医疗、预防、保健需要，按照诊疗规范、药品说明书中的药品适应证、药理作用、用法、用量、禁忌、不良反应和注意事项等开具处方。

开具医疗用毒性药品、放射性药品的处方应当严格遵守有关法律、法规和规章的规定。

第十五条　医疗机构应当根据本机构性质、功能、任务，制定药品处方集。

第十六条　医疗机构应当按照经药品监督管理部门批准并公布的药品通用名称购进药品。同一通用名称药品的品种，注射剂型和口服剂型各不得超过 2 种，处方组成类同的复方制剂 1～2 种。因特殊诊疗需要使用其他剂型和剂量规格药品的情况除外。

第十七条　医师开具处方应当使用经药品监督管理部门批准并公布的药品通用名称、新活性化合物的专利药品名称和复方制剂药品名称。

医师开具院内制剂处方时应当使用经省级卫生行政部门审核、药品监督管理部门批准的名称。

医师可以使用由卫生部公布的药品习惯名称开具处方。

第十八条　处方开具当日有效。特殊情况下需延长有效期的，由开具处方的医师注明有效期限，但有效期最长不得超过 3 天。

第十九条　处方一般不得超过 7 日用量；急诊处方一般不得超过 3 日用量；对于某些慢性病、老年病或特殊情况，处方用量可适当延长，但医师应当注明理由。

医疗用毒性药品、放射性药品的处方用量应当严格按照国家有关规定执行。

第二十条　医师应当按照卫生部制定的麻醉药品和精神药品临床应用指导原则，开具麻醉药品、第一类精神药品处方。

第二十一条　门（急）诊癌症疼痛患者和中、重度慢性疼痛患者需长期使用麻醉药品和第一类精神药品的，首诊医师应当亲自诊查患者，建立相应的病历，要求其签署《知情同意书》。

病历中应当留存下列材料复印件：

（一）二级以上医院开具的诊断证明；

（二）患者户籍簿、身份证或者其他相关有效身份证明文件；

（三）为患者代办人员身份证明文件。

第二十二条　除需长期使用麻醉药品和第一类精神药品的门（急）诊癌症疼痛患者和中、重度慢性疼痛患者外，麻醉药品注射剂仅限于医疗机构内使用。

第二十三条　为门（急）诊患者开具的麻醉药品注射剂，每张处方为一次常用量；控缓释制剂，每张处方不得超过 7 日常用量；其他剂型，每张处方不得超过 3 日常用量。

第一类精神药品注射剂，每张处方为一次常用量；控缓释制剂，每张处方不得超过 7 日常用量；其他剂型，每张处方不得超过 3 日常用量。哌醋甲酯用于治疗儿童多动症时，每张处方不得超过 15 日常用量。

第二类精神药品一般每张处方不得超过 7 日常用量；对于慢性病或某些特殊情况的患者，处方用量可以适当延长，医师应当注明理由。

第二十四条　为门（急）诊癌症疼痛患者和中、重度慢性疼痛患者开具的麻醉药品、第一类精神药品注射剂，每张处方不得超过 3 日常用量；控缓释制剂，每张处方不得超过 15

日常用量;其他剂型,每张处方不得超过7日常用量。

第二十五条　为住院患者开具的麻醉药品和第一类精神药品处方应当逐日开具,每张处方为1日常用量。

第二十六条　对于需要特别加强管制的麻醉药品,盐酸二氢埃托啡处方为一次常用量,仅限于二级以上医院内使用;盐酸哌替啶处方为一次常用量,仅限于医疗机构内使用。

第二十七条　医疗机构应当要求长期使用麻醉药品和第一类精神药品的门(急)诊癌症患者和中、重度慢性疼痛患者,每3个月复诊或者随诊一次。

第二十八条　医师利用计算机开具、传递普通处方时,应当同时打印出纸质处方,其格式与手写处方一致;打印的纸质处方经签名或者加盖签章后有效。药师核发药品时,应当核对打印的纸质处方,无误后发给药品,并将打印的纸质处方与计算机传递处方同时收存备查。

第五章　处方的调剂

第二十九条　取得药学专业技术职务任职资格的人员方可从事处方调剂工作。

第三十条　药师在执业的医疗机构取得处方调剂资格。药师签名或者专用签章式样应当在本机构留样备查。

第三十一条　具有药师以上专业技术职务任职资格的人员负责处方审核、评估、核对、发药以及安全用药指导;药士从事处方调配工作。

第三十二条　药师应当凭医师处方调剂处方药品,非经医师处方不得调剂。

第三十三条　药师应当按照操作规程调剂处方药品:认真审核处方,准确调配药品,正确书写药袋或粘贴标签,注明患者姓名和药品名称、用法、用量,包装;向患者交付药品时,按照药品说明书或者处方用法,进行用药交待与指导,包括每种药品的用法、用量、注意事项等。

第三十四条　药师应当认真逐项检查处方前记、正文和后记书写是否清晰、完整,并确认处方的合法性。

第三十五条　药师应当对处方用药适宜性进行审核,审核内容包括:

(一)规定必须做皮试的药品,处方医师是否注明过敏试验及结果的判定;

(二)处方用药与临床诊断的相符性;

(三)剂量、用法的正确性;

(四)选用剂型与给药途径的合理性;

(五)是否有重复给药现象;

(六)是否有潜在临床意义的药物相互作用和配伍禁忌;

(七)其它用药不适宜情况。

第三十六条　药师经处方审核后,认为存在用药不适宜时,应当告知处方医师,请其确认或者重新开具处方。

药师发现严重不合理用药或者用药错误,应当拒绝调剂,及时告知处方医师,并应当记录,按照有关规定报告。

第三十七条　药师调剂处方时必须做到“四查十对”：查处方，对科别、姓名、年龄；查药品，对药名、剂型、规格、数量；查配伍禁忌，对药品性状、用法用量；查用药合理性，对临床诊断。

第三十八条　药师在完成处方调剂后，应当在处方上签名或者加盖专用签章。

第三十九条　药师应当对麻醉药品和第一类精神药品处方，按年月日逐日编制顺序号。

第四十条　药师对于不规范处方或者不能判定其合法性的处方，不得调剂。

第四十一条　医疗机构应当将本机构基本用药供应目录内同类药品相关信息告知患者。

第四十二条　除麻醉药品、精神药品、医疗用毒性药品和儿科处方外，医疗机构不得限制门诊就诊人员持处方到药品零售企业购药。

第六章　监督管理

第四十三条　医疗机构应当加强对本机构处方开具、调剂和保管的管理。

第四十四条　医疗机构应当建立处方点评制度，填写处方评价表（附件 2），对处方实施动态监测及超常预警，登记并通报不合理处方，对不合理用药及时予以干预。

第四十五条　医疗机构应当对出现超常处方 3 次以上且无正当理由的医师提出警告，限制其处方权；限制处方权后，仍连续 2 次以上出现超常处方且无正当理由的，取消其处方权。

第四十六条　医师出现下列情形之一的，处方权由其所在医疗机构予以取消：

（一）被责令暂停执业；

（二）考核不合格离岗培训期间；

（三）被注销、吊销执业证书；

（四）不按照规定开具处方，造成严重后果的；

（五）不按照规定使用药品，造成严重后果的；

（六）因开具处方牟取私利。

第四十七条　未取得处方权的人员及被取消处方权的医师不得开具处方。未取得麻醉药品和第一类精神药品处方资格的医师不得开具麻醉药品和第一类精神药品处方。

第四十八条　除治疗需要外，医师不得开具麻醉药品、精神药品、医疗用毒性药品和放射性药品处方。

第四十九条　未取得药学专业技术职务任职资格的人员不得从事处方调剂工作。

第五十条　处方由调剂处方药品的医疗机构妥善保存。普通处方、急诊处方、儿科处方保存期限为 1 年，医疗用毒性药品、第二类精神药品处方保存期限为 2 年，麻醉药品和第一类精神药品处方保存期限为 3 年。

处方保存期满后，经医疗机构主要负责人批准、登记备案，方可销毁。

第五十一条　医疗机构应当根据麻醉药品和精神药品处方开具情况，按照麻醉药品和精神药品品种、规格对其消耗量进行专册登记，登记内容包括发药日期、患者姓名、用药数量。专册保存期限为3年。

第五十二条 县级以上地方卫生行政部门应当定期对本行政区域内医疗机构处方管理情况进行监督检查。

县级以上卫生行政部门在对医疗机构实施监督管理过程中,发现医师出现本办法第四十六条规定情形的,应当责令医疗机构取消医师处方权。

第五十三条 卫生行政部门的工作人员依法对医疗机构处方管理情况进行监督检查时,应当出示证件;被检查的医疗机构应当予以配合,如实反映情况,提供必要的资料,不得拒绝、阻碍、隐瞒。

第七章 法律责任

第五十四条 医疗机构有下列情形之一的,由县级以上卫生行政部门按照《医疗机构管理条例》第四十八条的规定,责令限期改正,并可处以5000元以下的罚款;情节严重的,吊销其《医疗机构执业许可证》:

(一)使用未取得处方权的人员、被取消处方权的医师开具处方的;

(二)使用未取得麻醉药品和第一类精神药品处方资格的医师开具麻醉药品和第一类精神药品处方的;

(三)使用未取得药学专业技术职务任职资格的人员从事处方调剂工作的。

第五十五条 医疗机构未按照规定保管麻醉药品和精神药品处方,或者未依照规定进行专册登记的,按照《麻醉药品和精神药品管理条例》第七十二条的规定,由设区的市级卫生行政部门责令限期改正,给予警告;逾期不改正的,处5000元以上1万元以下的罚款;情节严重的,吊销其印鉴卡;对直接负责的主管人员和其他直接责任人员,依法给予降级、撤职、开除的处分。

第五十六条 医师和药师出现下列情形之一的,由县级以上卫生行政部门按照《麻醉药品和精神药品管理条例》第七十三条的规定予以处罚:

(一)未取得麻醉药品和第一类精神药品处方资格的医师擅自开具麻醉药品和第一类精神药品处方的;

(二)具有麻醉药品和第一类精神药品处方医师未按照规定开具麻醉药品和第一类精神药品处方,或者未按照卫生部制定的麻醉药品和精神药品临床应用指导原则使用麻醉药品和第一类精神药品的;

(三)药师未按照规定调剂麻醉药品、精神药品处方的。

第五十七条 医师出现下列情形之一的,按照《执业医师法》第三十七条的规定,由县级以上卫生行政部门给予警告或者责令暂停六个月以上一年以下执业活动;情节严重的,吊销其执业证书:

(一)未取得处方权或者被取消处方权后开具药品处方的;

(二)未按照本办法规定开具药品处方的;

(三)违反本办法其他规定的。

第五十八条 药师未按照规定调剂处方药品,情节严重的,由县级以上卫生行政部门责令改正、通报批评,给予警告;并由所在医疗机构或者其上级单位给予纪律处分。

第五十九条 县级以上地方卫生行政部门未按照本办法规定履行监管职责的,由上级卫生行政部门责令改正。

第八章 附 则

第六十条 乡村医生按照《乡村医生从业管理条例》的规定,在省级卫生行政部门制定的乡村医生基本用药目录范围内开具药品处方。

第六十一条 本办法所称药学专业技术人员,是指按照卫生部《卫生技术人员职务试行条例》规定,取得药学专业技术职务任职资格人员,包括主任药师、副主任药师、主管药师、药师、药士。

第六十二条 本办法所称医疗机构,是指按照《医疗机构管理条例》批准登记的从事疾病诊断、治疗活动的医院、社区卫生服务中心(站)、妇幼保健院、卫生院、疗养院、门诊部、诊所、卫生室(所)、急救中心(站)、专科疾病防治院(所、站)以及护理院(站)等医疗机构。

第六十三条 本办法自2007年5月1日起施行。《处方管理办法(试行)》(卫医发〔2004〕269号)和《麻醉药品、精神药品处方管理规定》(卫医法〔2005〕436号)同时废止。

血站管理办法

(2005年11月17日卫生部令第44号公布 根据2009年3月27日《卫生部关于对〈血站管理办法〉第三十一条进行修订的通知》(卫医政发〔2009〕28号)第一次修订 根据2016年1月19日《国家卫生计生委关于修改〈外国医师来华短期行医暂行管理办法〉等8件部门规章的决定》第二次修订 根据2017年12月26日《国家卫生计生委关于修改〈新食品原料安全性审查管理办法〉等7件部门规章的决定》第三次修订)

第一章 总 则

第一条 为了确保血液安全,规范血站执业行为,促进血站的建设与发展,根据《献血法》制定本办法。

第二条 本办法所称血站是指不以营利为目的,采集、提供临床用血的公益性卫生机构。

第三条 血站分为一般血站和特殊血站。

一般血站包括血液中心、中心血站和中心血库。

特殊血站包括脐带血造血干细胞库和国家卫生计生委根据医学发展需要批准、设置的其他类型血库。

第四条 血液中心、中心血站和中心血库由地方人民政府设立。

血站的建设和发展纳入当地国民经济和社会发展计划。

第五条 国家卫生计生委根据全国医疗资源配置、临床用血需求,制定全国采供血机构设置规划指导原则,并负责全国血站建设规划的指导。

省、自治区、直辖市人民政府卫生计生行政部门应当根据前款规定，结合本行政区域人口、医疗资源、临床用血需求等实际情况和当地区域卫生发展规划，制定本行政区域血站设置规划，报同级人民政府批准，并报国家卫生计生委备案。

第六条　国家卫生计生委主管全国血站的监督管理工作。

县级以上地方人民政府卫生计生行政部门负责本行政区域内血站的监督管理工作。

第七条　鼓励和支持开展血液应用研究和技术创新工作，以及与临床输血有关的科学技术的国际交流与合作。

第二章　一般血站管理

第一节　设置、职责与执业登记

第八条　血液中心应当设置在直辖市、省会市、自治区首府市。其主要职责是：

（一）按照省级人民政府卫生计生行政部门的要求，在规定范围内开展无偿献血者的招募、血液的采集与制备、临床用血供应以及医疗用血的业务指导等工作；

（二）承担所在省、自治区、直辖市血站的质量控制与评价；

（三）承担所在省、自治区、直辖市血站的业务培训与技术指导；

（四）承担所在省、自治区、直辖市血液的集中化检测任务；

（五）开展血液相关的科研工作；

（六）承担卫生计生行政部门交办的任务。

血液中心应当具有较高综合质量评价的技术能力。

第九条　中心血站应当设置在设区的市。其主要职责是：

（一）按照省级人民政府卫生计生行政部门的要求，在规定范围内开展无偿献血者的招募、血液的采集与制备、临床用血供应以及医疗用血的业务指导等工作；

（二）承担供血区域范围内血液储存的质量控制；

（三）对所在行政区域内的中心血库进行质量控制；

（四）承担卫生计生行政部门交办的任务。

直辖市、省会市、自治区首府市已经设置血液中心的，不再设置中心血站；尚未设置血液中心的，可以在已经设置的中心血站基础上加强能力建设，履行血液中心的职责。

第十条　中心血库应当设置在中心血站服务覆盖不到的县级综合医院内。其主要职责是，按照省级人民政府卫生计生行政部门的要求，在规定范围内开展无偿献血者的招募、血液的采集与制备、临床用血供应以及医疗用血业务指导等工作。

第十一条　省、自治区、直辖市人民政府卫生计生行政部门依据采供血机构设置规划批准设置血站，并报国家卫生计生委备案。

省、自治区、直辖市人民政府卫生计生行政部门负责明确辖区内各级卫生计生行政部门监管责任和血站的职责；根据实际供血距离与能力等情况，负责划定血站采供血服务区域，采供血服务区域可以不受行政区域的限制。

同一行政区域内不得重复设置血液中心、中心血站。

血站与单采血浆站不得在同一县级行政区域内设置。

第十二条 省、自治区、直辖市人民政府卫生计生行政部门应当统一规划、设置集中化检测实验室，并逐步实施。

第十三条 血站开展采供血活动，应当向所在省、自治区、直辖市人民政府卫生计生行政部门申请办理执业登记，

取得《血站执业许可证》。没有取得《血站执业许可证》的，不得开展采供血活动。

《血站执业许可证》有效期为三年。

第十四条 血站申请办理执业登记必须填写《血站执业登记申请书》。

省级人民政府卫生计生行政部门在受理血站执业登记申请后，应当组织有关专家或者委托技术部门，根据《血站质量管理规范》和《血站实验室质量管理规范》，对申请单位进行技术审查，并提交技术审查报告。

省级人民政府卫生计生行政部门应当在接到专家或者技术部门的技术审查报告后二十日内对申请事项进行审核。审核合格的，予以执业登记，发给国家卫生计生委统一样式的《血站执业许可证》及其副本。

第十五条 有下列情形之一的，不予执业登记：

（一）《血站质量管理规范》技术审查不合格的；

（二）《血站实验室质量管理规范》技术审查不合格的；

（三）血液质量检测结果不合格的。

执业登记机关对审核不合格、不予执业登记的，将结果和理由以书面形式通知申请人。

第十六条 《血站执业许可证》有效期满前三个月，血站应当办理再次执业登记，并提交《血站再次执业登记申请书》及《血站执业许可证》。

省级人民政府卫生计生行政部门应当根据血站业务开展和监督检查情况进行审核，审核合格的，予以继续执业。未通过审核的，责令其限期整改；经整改仍审核不合格的，注销其《血站执业许可证》。

未办理再次执业登记手续或者被注销《血站执业许可证》的血站，不得继续执业。

第十七条 血站因采供血需要，在规定的服务区域内设置分支机构，应当报所在省、自治区、直辖市人民政府卫生计生行政部门批准；设置固定采血点（室）或者流动采血车的，应当报省、自治区、直辖市人民政府卫生计生行政部门备案。

为保证辖区内临床用血需要，血站可以设置储血点储存血液。储血点应当具备必要的储存条件，并由省级卫生计生行政部门批准。

第十八条 根据规划予以撤销的血站，应当在撤销后十五日内向执业登记机关申请办理注销执业登记。逾期不办理的，由执业登记机关依程序予以注销，并收回《血站执业许可证》及其副本和全套印章。

第二节 执 业

第十九条 血站执业，应当遵守有关法律、行政法规、规章和技术规范。

第二十条　血站应当根据医疗机构临床用血需求，制定血液采集、制备、供应计划，保障临床用血安全、及时、有效。

第二十一条　血站应当开展无偿献血宣传。

血站开展献血者招募，应当为献血者提供安全、卫生、便利的条件和良好的服务。

第二十二条　血站应当按照国家有关规定对献血者进行健康检查和血液采集。

血站采血前应当对献血者身份进行核对并进行登记。

严禁采集冒名顶替者的血液。严禁超量、频繁采集血液。

血站不得采集血液制品生产用原料血浆。

第二十三条　献血者应当按照要求出示真实的身份证明。

任何单位和个人不得组织冒名顶替者献血。

第二十四条　血站采集血液应当遵循自愿和知情同意的原则，并对献血者履行规定的告知义务。

血站应当建立献血者信息保密制度，为献血者保密。

第二十五条　血站应当建立对有易感染经血液传播疾病危险行为的献血者献血后的报告工作程序、献血屏蔽和淘汰制度。

第二十六条　血站开展采供血业务应当实行全面质量管理，严格遵守《中国输血技术操作规程》、《血站质量管理规范》和《血站实验室质量规范》等技术规范和标准。

血站应当建立人员岗位责任制度和采供血管理相关工作制度，并定期检查、考核各项规章制度和各级各类人员岗位责任制的执行和落实情况。

第二十七条　血站应当对血站工作人员进行岗位培训与考核。血站工作人员应当符合岗位执业资格的规定，并经岗位培训与考核合格后方可上岗。

血站工作人员每人每年应当接受不少于75学时的岗位继续教育。

省级人民政府卫生计生行政部门应当制定血站工作人员培训标准或指南，并对血站开展的岗位培训、考核工作进行指导和监督。

第二十八条　血站各业务岗位工作记录应当内容真实、项目完整、格式规范、字迹清楚、记录及时，有操作者签名。

记录内容需要更改时，应当保持原记录内容清晰可辨，注明更改内容、原因和日期，并在更改处签名。

献血、检测和供血的原始记录应当至少保存十年，法律、行政法规和国家卫生计生委另有规定的，依照有关规定执行。

第二十九条　血站应当保证所采集的血液由具有血液检测实验室资格的实验室进行检测。

对检测不合格或者报废的血液，血站应当严格按照有关规定处理。

第三十条　血站应当制定实验室室内质控与室间质评制度，确保试剂、卫生器材、仪器、设备在使用过程中能达到预期效果。

血站的实验室应当配备必要的生物安全设备和设施，并对工作人员进行生物安全知识培训。

第三十一条　血液标本的保存期为全血或成分血使用后二年。

第三十二条　血站应当加强消毒、隔离工作管理,预防和控制感染性疾病的传播。

血站产生的医疗废物应当按《医疗废物管理条例》规定处理,做好记录与签字,避免交叉感染。

第三十三条　血站及其执行职务的人员发现法定传染病疫情时,应当按照《传染病防治法》和国家卫生计生委的规定向有关部门报告。

第三十四条　血液的包装、储存、运输应当符合《血站质量管理规范》的要求。血液包装袋上应当标明:

(一)血站的名称及其许可证号;

(二)献血编号或者条形码;

(三)血型;

(四)血液品种;

(五)采血日期及时间或者制备日期及时间;

(六)有效日期及时间;

(七)储存条件。

第三十五条　血站应当保证发出的血液质量符合国家有关标准,其品种、规格、数量、活性、血型无差错;未经检测或者检测不合格的血液,不得向医疗机构提供。

第三十六条　血站应当建立质量投诉、不良反应监测和血液收回制度。

第三十七条　血站应当加强对其所设储血点的质量监督,确保储存条件,保证血液储存质量;按照临床需要进行血液储存和调换。

第三十八条　血站使用的药品、体外诊断试剂、一次性卫生器材应当符合国家有关规定。

第三十九条　血站应当按照有关规定,认真填写采供血机构统计报表,及时准确上报。

第四十条　血站 应当制定紧急灾害应急预案,并从血源、管理制度、技术能力和设备条件等方面保证预案的实施。在紧急灾害发生时服从县级以上人民政府卫生计生行政部门的调遣。

第四十一条　因临床、科研或者特殊需要,需要从外省、自治区、直辖市调配血液的,由省级人民政府卫生计生行政部门组织实施。

禁止临床医疗用途的人体血液、血浆进出口。

第四十二条　无偿献血的血液必须用于临床,不得买卖。

血站剩余成分血浆由省、自治区、直辖市人民政府卫生计生行政部门协调血液制品生产单位解决。

第四十三条　血站必须严格执行国家有关报废血处理和有易感染经血液传播疾病危险行为的献血者献血后保密性弃血处理的规定。

第四十四条　血站剩余成分血浆以及因科研或者特殊需要用血而进行的调配所得的收入,全部用于无偿献血者用血返还费用,血站不得挪作他用。

第三章 特殊血站管理

第四十五条 国家卫生计生委根据全国人口分布、卫生资源、临床造血干细胞移植需要等实际情况,统一制定我国脐带血造血干细胞库等特殊血站的设置规划和原则。

国家不批准设置以营利为目的的脐带血造血干细胞库等特殊血站。

第四十六条 申请设置脐带血造血干细胞库等特殊血站的,应当按照国家卫生计生委规定的条件向所在地省级人民政府卫生计生行政部门申请。省级人民政府卫生计生行政部门组织初审后报国家卫生计生委。

国家卫生计生委对脐带血造血干细胞库等特殊血站设置审批按照申请的先后次序进行。

第四十七条 脐带血造血干细胞库等特殊血站执业,应当向所在地省级人民政府卫生计生行政部门申请办理执业登记。

省级卫生计生行政部门应当组织有关专家和技术部门,按照本办法和国家卫生计生委制定的脐带血造血干细胞库等特殊血站的基本标准、技术规范,对申请单位进行技术审查及执业验收。审查合格的,发给《血站执业许可证》,并注明开展的业务。《血站执业许可证》有效期为三年。

未取得《血站执业许可证》的,不得开展采供脐带血造血干细胞等业务。

第四十八条 脐带血造血干细胞库等特殊血站在《血站执业许可证》有效期满后继续执业的,应当在《血站执业许可证》有效期满前三个月向原执业登记的省级人民政府卫生计生行政部门申请办理再次执业登记手续。

第四十九条 脐带血造血干细胞库等特殊血站执业除应当遵守本办法第二章第二节一般血站的执业要求外,还应当遵守以下规定:

(一)按照国家卫生计生委规定的脐带血造血干细胞库等特殊血站的基本标准、技术规范等执业;

(二)脐带血等特殊血液成分的采集必须符合医学伦理的有关要求,并遵循自愿和知情同意的原则。脐带血造血干细胞库必须与捐献者签署经执业登记机关审核的知情同意书;

(三)脐带血造血干细胞库等特殊血站只能向有造血干细胞移植经验和基础,并装备有造血干细胞移植所需的无菌病房和其它必须设施的医疗机构提供脐带血造血干细胞;

(四)脐带血等特殊血液成分必须用于临床。

第四章 监督管理

第五十条 县级以上人民政府卫生计生行政部门对采供血活动履行下列职责:

(一)制定临床用血储存、配送管理办法,并监督实施;

(二)对下级卫生计生行政部门履行本办法规定的血站管理职责进行监督检查;

(三)对辖区内血站执业活动进行日常监督检查,组织开展对采供血质量的不定期抽检;

（四）对辖区内临床供血活动进行监督检查；

（五）对违反本办法的行为依法进行查处。

第五十一条　各级人民政府卫生计生行政部门应当对无偿献血者的招募、采血、供血活动予以支持、指导。

第五十二条　省级人民政府卫生计生行政部门应当对本辖区内的血站执行有关规定情况和无偿献血比例、采供血服务质量、业务指导、人员培训、综合质量评价技术能力等情况进行评价及监督检查，按照国家卫生计生委的有关规定将结果上报，同时向社会公布。

第五十三条　国家卫生计生委定期对血液中心执行有关规定情况和无偿献血比例、采供血服务质量、业务指导、人员培训、综合质量评价技术能力等情况以及脐带血造血干细胞库等特殊血站的质量管理状况进行评价及监督检查，并将结果向社会公布。

第五十四条　卫生计生行政部门在进行监督检查时，有权索取有关资料，血站不得隐瞒、阻碍或者拒绝。

卫生计生行政部门对血站提供的资料负有保密的义务，法律、行政法规或者部门规章另有规定的除外。

第五十五条　卫生计生行政部门和工作人员在履行职责时，不得有以下行为：

（一）对不符合法定条件的，批准其设置、执业登记或者变更登记，或者超越职权批准血站设置、执业登记或者变更登记；

（二）对符合法定条件和血站设置规划的，不予批准其设置、执业登记或者变更登记；或者不在法定期限内批准其设置、执业登记或者变更登记；

（三）对血站不履行监督管理职责；

（四）其他违反本办法的行为。

第五十六条　各级人民政府卫生计生行政部门应当建立血站监督管理的举报、投诉机制。

卫生计生行政部门对举报人和投诉人负有保密的义务。

第五十七条　国家实行血液质量监测、检定制度，对血站质量管理、血站实验室质量管理实行技术评审制度，具体办法由国家卫生计生委另行制定。

第五十八条　血站有下列情形之一的，由省级人民政府卫生计生行政部门注销其《血站执业许可证》：

（一）《血站执业许可证》有效期届满未办理再次执业登记的；

（二）取得《血站执业许可证》后一年内未开展采供血工作的。

第五章　法律责任

第五十九条　有下列行为之一的，属于非法采集血液，由县级以上地方人民政府卫生计生行政部门按照《献血法》第十八条的有关规定予以处罚；构成犯罪的，依法追究刑事责任：

（一）未经批准，擅自设置血站，开展采供血活动的；

（二）已被注消的血站，仍开展采供血活动的；

（三）已取得设置批准但尚未取得《血站执业许可证》即开展采供血活动，或者《血站执业许可证》有效期满未再次登记仍开展采供血活动的；

（四）租用、借用、出租、出借、变造、伪造《血站执业许可证》开展采供血活动的。

第六十条 血站出售无偿献血血液的，由县级以上地方人民政府卫生计生行政部门按照《献血法》第十八条的有关规定，予以处罚；构成犯罪的，依法追究刑事责任。

第六十一条 血站有下列行为之一的，由县级以上地方人民政府卫生计生行政部门予以警告、责令改正；逾期不改正，或者造成经血液传播疾病发生，或者其他严重后果的，对负有责任的主管人员和其他直接负责人员，依法给予行政处分；构成犯罪的，依法追究刑事责任：

（一）超出执业登记的项目、内容、范围开展业务活动的；

（二）工作人员未取得相关岗位执业资格或者未经执业注册而从事采供血工作的；

（三）血液检测实验室未取得相应资格即进行检测的；

（四）擅自采集原料血浆、买卖血液的；

（五）采集血液前，未按照国家颁布的献血者健康检查要求对献血者进行健康检查、检测的；

（六）采集冒名顶替者、健康检查不合格者血液以及超量、频繁采集血液的；

（七）违反输血技术操作规程、有关质量规范和标准的；

（八）采血前未向献血者、特殊血液成分捐赠者履行规定的告知义务的；

（九）擅自涂改、毁损或者不按规定保存工作记录的；

（十）使用的药品、体外诊断试剂、一次性卫生器材不符合国家有关规定的；

（十一）重复使用一次性卫生器材的；

（十二）对检测不合格或者报废的血液，未按有关规定处理的；

（十三）擅自与外省、自治区、直辖市调配血液的；

（十四）未按规定保存血液标本的；

（十五）脐带血造血干细胞库等特殊血站违反有关技术规范的。

血站造成经血液传播疾病发生或者其他严重后果的，卫生计生行政部门在行政处罚的同时，可以注销其《血站执业许可证》。

第六十二条 临床用血的包装、储存、运输，不符合国家规定的卫生标准和要求的，由县级以上地方人民政府卫生计生行政部门责令改正，给予警告。

第六十三条 血站违反规定，向医疗机构提供不符合国家规定标准的血液的，由县级以上人民政府卫生计生行政部门责令改正；情节严重，造成经血液途径传播的疾病传播或者有传播严重危险的，限期整顿，对直接负责的主管人员和其他责任人员，依法给予行政处分；构成犯罪的，依法追究刑事责任。

第六十四条 卫生计生行政部门及其工作人员违反本办法有关规定，有下列情形之一的，依据《献血法》、《行政许可法》的有关规定，由上级行政机关或者监察机关责令改正；情节严重的，对直接负责的主管人员和其他直接责任人员依法给予行政处分；构成犯罪的，依法追究刑事责任：

（一）未按规定的程序审查而使不符合条件的申请者得到许可的；

(二)对不符合条件的申请者准予许可或者超越法定职权作出准予许可决定的；

(三)在许可审批过程中弄虚作假的；

(四)对符合条件的设置及执业登记申请不予受理的；

(五)对符合条件的申请不在法定期限内作出许可决定的；

(六)不依法履行监督职责,或者监督不力造成严重后果的；

(七)其他在执行本办法过程中,存在滥用职权,玩忽职守,徇私舞弊,索贿受贿等行为的。

第六章　附　　则

第六十五条　本办法下列用语的含义：

血液,是指全血、血液成分和特殊血液成分。

脐带血,是指与孕妇和新生儿血容量和血循环无关的,由新生儿脐带扎断后的远端所采集的胎盘血。

脐带血造血干细胞库,是指以人体造血干细胞移植为目的,具有采集、处理、保存和提供造血干细胞的能力,并具有相当研究实力的特殊血站。

第六十六条　本办法实施前已经设立的血站应当在本办法实施后九个月内,依照本办法规定进行调整。

省级人民政府卫生计生行政部门应当按照血液中心标准对现有血液中心进行审核,未达到血液中心标准的,应当责令限期整改。整改仍不合格的,卫生计生行政部门应当取消血液中心设置。对符合中心血站执业标准的,按照中心血站标准审核设置与执业登记。

第六十七条　本办法自2006年3月1日起施行。1998年9月21日颁布的《血站管理办法》(暂行)同时废止。

单采血浆站管理办法

(2008年1月4日中华人民共和国卫生部令第58号发布　根据2015年5月27日中华人民共和国国家卫生和计划生育委员会令第6号《国家卫生计生委关于修订〈单采血浆站管理办法〉的决定》第一次修正　根据2016年1月19日中华人民共和国国家卫生和计划生育委员会令第8号《国家卫生计生委关于修改〈外国医师来华短期行医暂行管理办法〉等8件部门规章的决定》第二次修正)

第一章　总　　则

第一条　为加强单采血浆站的监督管理,预防和控制经血液途径传播的疾病,保障供血浆者健康,保证原料血浆质量,根据《血液制品管理条例》,制定本办法。

第二条　本办法所称单采血浆站是指根据地区血源资源,按照有关标准和要求并经严格审批设立,采集供应血液制品生产用原料血浆的单位。

单采血浆站由血液制品生产单位设置,具有独立的法人资格。其他任何单位和个人不得从事单采血浆活动。

第三条 本办法所称供血浆者是指提供血液制品生产用原料血浆的人员。

划定采浆区域内具有当地户籍的18岁到55岁健康公民可以申请登记为供血浆者。

第四条 国家卫生计生委根据全国生产用原料血浆的需求、经济发展状况、疾病流行情况等，制定全国采供血机构设置规划指导原则。

省、自治区、直辖市人民政府卫生计生行政部门根据国家卫生计生委《采供血机构设置规划指导原则》，结合本行政区域疾病流行、供血浆能力等实际情况和当地区域卫生发展规划，制定本地区的单采血浆站设置规划，并组织实施。单采血浆站设置规划应当报国家卫生计生委备案。

第五条 国家卫生计生委负责全国单采血浆站的监督管理工作。

县级以上地方人民政府卫生计生行政部门负责本行政区域内单采血浆站的监督管理工作。

第二章 设置审批

第六条 血液制品生产单位设置单采血浆站应当符合当地单采血浆站设置规划，并经省、自治区、直辖市人民政府卫生计生行政部门批准。

第七条 单采血浆站应当设置在县（旗）及县级市，不得与一般血站设置在同一县级行政区域内。

有地方病或者经血传播的传染病流行、高发的地区不得规划设置单采血浆站。

上一年度和本年度自愿无偿献血未能满足临床用血的市级行政区域内不得新建单采血浆站。

第八条 省、自治区、直辖市人民政府卫生计生行政部门根据实际情况，划定单采血浆站的采浆区域。采浆区域的选择应当保证供血浆者的数量，能满足原料血浆年采集量不少于30吨。新建单采血浆站在3年内达到年采集量不少于30吨。

第九条 设置单采血浆站必须具备下列条件：

（一）符合采供血机构设置规划、单采血浆站设置规划以及《单采血浆站基本标准》要求的条件；

（二）具有与所采集原料血浆相适应的卫生专业技术人员；

（三）具有与所采集原料血浆相适应的场所及卫生环境；

（四）具有识别供血浆者的身份识别系统；

（五）具有与所采集原料血浆相适应的单采血浆机械及其他设施；

（六）具有对所采集原料血浆进行质量检验的技术人员以及必要的仪器设备；

（七）符合国家生物安全管理相关规定。

第十条 申请设置单采血浆站的血液制品生产单位，应当向单采血浆站设置地的县级人民政府卫生计生行政部门提交《设置单采血浆站申请书》，并提交下列材料：

（一）申请设置单采血浆站的血液制品生产单位的有关情况以及法人登记证书；

（二）拟设单采血浆站的可行性研究报告。内容包括：

1. 拟设单采血浆站基本情况，包括名称、地址、规模、任务、功能、组织结构等；

2. 拟设单采血浆站血浆采集区域及区域内疾病流行状况、适龄健康供血浆人口情况、机构运行及环境保护措施的预测分析；

3. 拟设单采血浆站的选址和建筑设计平面图；

4. 申请开展的业务项目、技术设备条件资料；

5. 污水、污物以及医疗废物处理方案；

（三）单采血浆站用房的房屋产权证明或者使用权证明；

（四）拟设单采血浆站的法定代表人及其主要负责人的身份证明文件和专业履历；

（五）单采血浆站从业人员名单及资格证书；

（六）单采血浆站的各项规章制度。

第十一条 有下列情形之一的，不得申请设置新的单采血浆站：

（一）拟设置的单采血浆站不符合采供血机构设置规划或者当地单采血浆站设置规划要求的；

（二）省级卫生计生行政部门未同意划定采浆区域的；

（三）血液制品生产单位被吊销药品生产质量管理规范（GMP）证书未满5年的；

（四）血液制品生产单位发生过非法采集血浆或者擅自调用血浆行为的；

（五）血液制品生产单位注册的血液制品少于6个品种的，承担国家计划免疫任务的血液制品生产单位少于5个品种的。

第十二条 下列人员不得作为新建单采血浆站的法定代表人或者主要负责人：

（一）正在服刑或者不具有完全民事行为能力的人；

（二）发生血液安全事故未满5年的责任人；

（三）被吊销《单采血浆许可证》或者《血站执业许可证》未满10年的单采血浆站或者血站的法定代表人、主要负责人及责任人；

（四）被吊销药品生产质量管理规范（GMP）证书未满5年的血液制品生产单位法定代表人或者主要负责人；

（五）被卫生计生行政部门责令限期改正3个月以上或者给予罚款5－10万元处罚未满3年的单采血浆站的法定代表人、主要负责人及责任人。

第十三条 县级人民政府卫生计生行政部门在收到全部申请材料后进行初审，经设区的市、自治州人民政府卫生计生行政部门审查同意后，报省级人民政府卫生计生行政部门审批。

第十四条 省级人民政府卫生计生行政部门在收到单采血浆站申请材料后，可以组织有关专家或者委托技术机构，根据《单采血浆站质量管理规范》进行技术审查。

经审查符合条件的，由省级人民政府卫生计生行政部门核发《单采血浆许可证》，并在设置审批后10日内报国家卫生计生委备案；经审查不符合条件的，应当将不予批准的理由书面通知申请人。

第十五条 申请设置单采血浆站不符合本办法第九条、第十一条、第十二条规定的不予批准。

第十六条 《单采血浆许可证》有效期为2年。

《单采血浆许可证》的主要内容为：

（一）设置单采血浆站的血液制品生产单位名称；

（二）单采血浆站的名称、地址、法定代表人或者主要负责人；

（三）业务项目及采浆区域（范围）；

（四）发证机关、发证日期、许可证号和有效期。

第十七条 《单采血浆许可证》有效期满前3个月，单采血浆站应当向原发证部门申请延续，并提交下列材料：

（一）《单采血浆许可证》的复印件；

（二）执业期间运行情况的报告，包括原料血浆采集的数量、定期自检报告等；

（三）卫生计生行政部门监督检查的意见及整改情况等；

（四）技术机构根据《单采血浆站质量管理规范》出具的技术审查报告。

第十八条 省级人民政府卫生计生行政部门根据单采血浆站上一执业周期业务开展情况、技术审查和监督检查等情况进行审核，审核合格的，予以延续。经审核不合格的，责令其限期整改；经整改仍不合格的，注销其《单采血浆许可证》。

未办理延续申请或者被注销《单采血浆许可证》的单采血浆站，不得继续执业。

第十九条 单采血浆站变更名称、地址、法定代表人、业务项目等内容的，应当向原发证部门办理变更登记手续。

设置单采血浆站的血液制品生产单位发生变更的，该单采血浆站应当重新办理《单采血浆许可证》，原《单采血浆许可证》注销。

第二十条 县级以上地方各级人民政府卫生计生行政部门审核批准设置单采血浆站的程序和期限，按照《行政许可法》、《卫生行政许可管理办法》等有关规定执行。

第三章 执 业

第二十一条 单采血浆站执业，应当遵守有关法律、法规、规章和技术规范。

单采血浆站的法定代表人或者主要负责人应当对采集的原料血浆质量安全负责。

第二十二条 单采血浆站应当在规定的采浆区域内组织、动员供血浆者，并对供血浆者进行相应的健康教育，为供血浆者提供安全、卫生、便利的条件和良好的服务。

第二十三条 单采血浆站应当按照《中华人民共和国药典》血液制品原料血浆规程对申请供血浆者进行健康状况征询、健康检查和血样化验，并按照国家卫生计生委发布的供血浆者须知对供血浆者履行告知义务。

对健康检查合格的申请供血浆者，核对身份证后，填写供血浆者名册，报所在地县级人民政府卫生计生行政部门。省级人民政府卫生计生行政部门应当在本省和相邻省内进行供血浆者信息检索，确认未在其他单采血浆站登记，将有关信息进行反馈，由县级人民政府卫生计生行政部门发给《供血浆证》。

《供血浆证》内容至少应当包括：姓名、性别、血型、民族、身份证号码、2年内免冠证件照、家庭住址、建卡日期和编号。

第二十四条 有下列情况之一的，不予发给《供血浆证》：

(一)健康检查、化验不合格的;

(二)曾伪造身份证明,持有2个以上《供血浆证》的;

(三)已在其他单采血浆站登记为供血浆者的;

(四)当地户籍部门未能核实其身份信息的。

第二十五条 单采血浆站应当建立供血浆者管理档案,记录供血浆者供血浆情况、健康检查情况。建立供血浆者永久淘汰、暂时拒绝及不予发放《供血浆证》者档案名册。同时采用计算机管理档案并建立供血浆者身份识别系统。

第二十六条 单采血浆站在采集血浆中发现《供血浆证》内容变更的,或者供血浆者健康检查不合格的,应当收缴《供血浆证》并及时告知当地县级人民政府卫生计生行政部门。

第二十七条 单采血浆站应当根据登记的供血浆者供血浆实际情况和血液制品生产单位原料血浆需求情况,制定采浆工作计划,合理安排供血浆者供血浆。

第二十八条 单采血浆站采集原料血浆应当遵循自愿和知情同意的原则。

对需要进行特殊免疫的供血浆者,应当告知特殊免疫的意义、作用、方法、步骤和不良反应,征得供血浆者本人书面同意后,方可按照国家规定的免疫程序进行免疫。免疫情况和不良反应处理应当详细记录。

第二十九条 单采血浆站在每次采集血浆前,必须将供血浆者持有的身份证或者其他有效身份证明、《供血浆证》与计算机档案管理内容进行核实,确认无误的,方可按照规定程序进行健康检查和血样化验;对检查、化验合格的,按照有关技术操作标准和程序采集血浆,并详细记录。

第三十条 单采血浆站必须使用单采血浆机械采集血浆,严禁手工采集血浆。

每次采集供血浆者的血浆量不得超过580毫升(含抗凝剂溶液,以容积比换算质量比不超过600克)。严禁超量采集血浆。

两次供血浆时间间隔不得少于14天。严禁频繁采集血浆。

严禁采集非划定采浆区域内供血浆者的血浆。严禁采集冒名顶替者及无《供血浆证》者的血浆。

严禁采集血液或者将所采集的原料血浆用于临床。

第三十一条 单采血浆站应当建立对有易感染经血液传播疾病危险行为的供血浆者供血浆后的报告工作程序、供血浆者屏蔽和淘汰制度。

第三十二条 单采血浆站应当对血浆采集工作实行全面质量管理,严格遵守《中华人民共和国药典》血液制品原料血浆规程、《单采血浆站质量管理规范》等技术规范和标准。

第三十三条 单采血浆站应当建立人员岗位责任制和采供血浆管理相关工作制度,并定期检查、考核各项规章制度和各级各类人员岗位责任制的执行和落实情况。

第三十四条 单采血浆站应当对关键岗位工作人员进行岗位培训与考核。单采血浆站关键岗位工作人员应当符合岗位执业资格的规定,并经岗位培训与考核合格后方可上岗。

单采血浆站工作人员每人每年应当接受不少于75学时的岗位继续教育。

省级人民政府卫生计生行政部门应当制定单采血浆站工作人员培训标准或指南,并对单采血浆站开展的岗位培训、考核工作进行指导和监督。

第三十五条 单采血浆站各业务岗位工作记录应当内容真实、项目完整、格式规范、字迹清楚、记录及时,有操作者和复核者签名。

记录内容需要更改时,应当保持原记录内容清晰可辨,注明更改内容和日期,并在更改处签名。

血浆采集、检测和供浆的原始记录应当至少保存10年,法律、法规和国家卫生计生委另有规定的,依照有关规定执行。

第三十六条 单采血浆站应当保证所采集的血浆均进行严格的检测。

第三十七条 血浆采集后必须单人份冰冻保存,严禁混浆。

第三十八条 单采血浆站应当制定实验室室内质控与室间质评制度,并定期参加省级以上室间质量考评,确保试剂、卫生器材、仪器、设备在使用过程中能达到预期效果。

单采血浆站的实验室应当配备必要的生物安全设备和设施,工作人员应当接受生物安全知识培训。

第三十九条 单采血浆站所采集的每袋血浆必须留存血浆标本,保存期应不少于血液制品生产投料后2年。

第四十条 单采血浆站应当加强消毒、隔离工作管理,预防和控制感染性疾病的传播。

单采血浆站产生的医疗废物应当按照《医疗废物管理条例》规定处理,做好记录与签字,避免交叉感染。

第四十一条 单采血浆站及其执行职务的人员发现法定传染病疫情时,应当按照《传染病防治法》和国家卫生计生委的规定向有关部门报告。

第四十二条 原料血浆的采集、包装、储存、运输应当符合《单采血浆站质量管理规范》的要求。

原料血浆包装袋标签上必须标明:

(一)单采血浆站的名称;

(二)供血浆者姓名、编号或者条形码;

(三)血浆重量、血浆类型、采集日期、血浆编号、有效期;

(四)储存条件。

原料血浆储存、运输装箱时,每箱内均应有装箱单,并附有化验合格单以及血浆复检标本。

第四十三条 单采血浆站只能向设置其的血液制品生产单位供应原料血浆。

单采血浆站应当保证发出的原料血浆质量符合国家有关标准,其品种、规格、数量无差错,血浆的生物活性保存完好。

第四十四条 单采血浆站使用的药品、体外诊断试剂、一次性卫生器材应当符合国家有关规定。

第四十五条 单采血浆站必须使用计算机系统管理供血浆者信息、采供血浆和相关工作过程。建立血浆标识的管理程序,确保所有血浆可以追溯到相应的供血浆者和供血浆过程,确保所使用的物料批号以及所有制备、检验、运输记录完整。血浆标识应当采用条形码技术。同一血浆条形码至少50年不重复。

第四十六条 单采血浆站应当每半年向所在地县级人民政府卫生计生行政部门报告有关原料血浆采集情况。

第四十七条 单采血浆站应当制定紧急灾害应急预案,并从血源、管理制度、技术能力和设备条件等方面保证预案的实施。在紧急灾害发生时服从县级以上人民政府卫生计生行政部门的调遣。

第四十八条 单采血浆站必须严格执行国家有关报废血处理和有易感染经血液传播疾病危险行为的供血浆者供血浆后保密性弃血处理的规定。

第四十九条 单采血浆站的工作人员必须每年进行一次体格检查,建立职工健康档案。患有传染病、严重皮肤感染和体表伤口未愈者,不得从事采集血浆、检验、消毒、供应等岗位工作。

第五十条 单采血浆站每年应当委托技术机构按照《单采血浆站质量管理规范》要求进行不少于一次的技术审查。

第五十一条 技术机构提供的单采血浆站技术评价、检测结果应当客观、真实。

第四章 监督管理

第五十二条 县级以上地方人民政府卫生计生行政部门负责本行政区域内单采血浆站监督管理工作,制定年度监督检查计划,检查内容包括:

(一)执行法律、法规、规章、技术标准和规范情况;

(二)单采血浆站各项规章制度和工作人员岗位责任制落实情况;

(三)供血浆者管理,检验,原料血浆的采集、保存、供应等;

(四)单采血浆站定期自检和重大事故报告情况。

县级人民政府卫生计生行政部门依照本办法的规定负责本行政区域内单采血浆站的日常监督管理工作。

设区的市级人民政府卫生计生行政部门至少每半年对本行政区域内单采血浆站进行一次检查和不定期抽查。

省级人民政府卫生计生行政部门至少每年组织一次对本行政区域内单采血浆站的监督检查和不定期抽查。

上级卫生计生行政部门应当定期或者不定期监督检查辖区内原料血浆管理工作,并及时向下级卫生计生行政部门通报监督检查情况。

第五十三条 负责单采血浆站审批和监督的卫生计生行政部门要建立信息沟通制度,将审批、监督检查情况等信息相互通告,保证工作的有效衔接。

省级人民政府卫生计生行政部门要在单采血浆站建立公示制度,对单采血浆站的基本情况、执业情况、卫生计生行政部门监督检查情况以及投诉、举报电话进行公示。

第五十四条 省级以上人民政府卫生计生行政部门应当指定有关血液检定机构,对单采血浆站采集的血浆质量进行监测,监测结果报同级人民政府卫生计生行政部门。

第五十五条 为单采血浆站出具技术审查报告的技术机构,应当符合条件并由省级以上人民政府卫生计生行政部门指定。

第五十六条　卫生计生行政部门在进行监督检查时,有权索取有关资料,单采血浆站不得隐瞒、阻碍或者拒绝。

卫生计生行政部门对单采血浆站提供的资料负有保密的义务,法律、行政法规或者部门规章另有规定的除外。

第五十七条　各级人民政府卫生计生行政部门应当建立单采血浆站监督管理的举报、投诉机制。

卫生计生行政部门对举报人和投诉人负有保密的义务。

第五十八条　县级以上地方人民政府卫生计生行政部门应当按有关规定定期将原料血浆的采集情况逐级上报。

省、自治区、直辖市人民政府卫生计生行政部门应当每年向国家卫生计生委汇总报告本行政区域内原料血浆的采集情况。

第五十九条　省级人民政府卫生计生行政部门应当建立供血浆者信息管理系统,并向有关部门提供检索查询信息。

第六十条　上一级人民政府卫生计生行政部门有权纠正或者撤销下一级人民政府卫生计生行政部门作出的不符合规定的行政行为。

第五章　罚　则

第六十一条　单采血浆站有下列行为之一的,由县级以上地方人民政府卫生计生行政部门依据《血液制品管理条例》第三十四条的有关规定予以处罚:

(一)未取得《单采血浆许可证》开展采供血浆活动的;

(二)《单采血浆许可证》已被注销或者吊销仍开展采供血浆活动的;

(三)租用、借用、出租、出借、变造、伪造《单采血浆许可证》开展采供血浆活动的。

第六十二条　单采血浆站违反本办法有关规定,有下列行为之一的,由县级以上地方人民政府卫生计生行政部门予以警告,并处3万元以下的罚款:

(一)隐瞒、阻碍、拒绝卫生计生行政部门监督检查或者不如实提供有关资料的;

(二)对供血浆者未履行事先告知义务,未经供血浆者同意开展特殊免疫的;

(三)未按照规定建立供血浆者档案管理及屏蔽、淘汰制度的;

(四)未按照规定制订各项工作制度或者不落实的;

(五)工作人员未取得相关岗位执业资格或者未经执业注册从事采供血浆工作的;

(六)不按照规定记录或者保存工作记录的;

(七)未按照规定保存血浆标本的。

第六十三条　单采血浆站有下列情形之一的,按照《血液制品管理条例》第三十五条规定予以处罚:

(一)采集血浆前,未按照有关健康检查要求对供血浆者进行健康检查、血液化验的;

(二)采集非划定区域内的供血浆者或者其他人员血浆的;或者不对供血浆者进行身份识别,采集冒名顶替者、健康检查不合格者或者无《供血浆证》者的血浆的;

(三)超量、频繁采集血浆的;

（四）向医疗机构直接供应原料血浆或者擅自采集血液的；

（五）未使用单采血浆机械进行血浆采集的；

（六）未使用有产品批准文号并经国家药品生物制品检定机构逐批检定合格的体外诊断试剂以及合格的一次性采血浆器材的；

（七）未按照国家规定的卫生标准和要求包装、储存、运输原料血浆的；

（八）未按照规定对污染的注射器、采血浆器材、不合格或者报废血浆进行处理，擅自倾倒，污染环境，造成社会危害的；

（九）重复使用一次性采血浆器材的；

（十）向设置单采血浆站的血液制品生产单位以外的其他单位供应原料血浆的。

有下列情形之一的，按照情节严重予以处罚，并吊销《单采血浆许可证》：

（一）对国家规定检测项目检测结果呈阳性的血浆不清除并不及时上报的；

（二）12 个月内 2 次发生《血液制品管理条例》第三十五条所列违法行为的；

（三）同时有《血液制品管理条例》第三十五条 3 项以上违法行为的；

（四）卫生计生行政部门责令限期改正而拒不改正的；

（五）造成经血液途径传播的疾病传播或者造成其他严重伤害后果的。

第六十四条　单采血浆站已知其采集的血浆检测结果呈阳性，仍向血液制品生产单位供应的，按照《血液制品管理条例》第三十六条规定予以处罚。

第六十五条　涂改、伪造、转让《供血浆证》的，按照《血液制品管理条例》第三十七条规定予以处罚。

第六十六条　违反《血液制品管理条例》和本办法规定，擅自出口原料血浆的，按照《血液制品管理条例》第四十二条规定予以处罚。

第六十七条　承担单采血浆站技术评价、检测的技术机构出具虚假证明文件的，由卫生计生行政部门责令改正，给予警告，并可处 2 万元以下的罚款；对直接负责的主管人员和其他直接责任人员，依法给予处分；情节严重，构成犯罪的，依法追究刑事责任。

第六章　附　　则

第六十八条　本办法自 2008 年 3 月 1 日起实行。

医院感染管理办法

（2006 年 6 月 15 日卫生部部务会议讨论通过　2006 年 7 月 6 日中华人民共和国卫生部令第 48 号发布）

第一章　总　　则

第一条　为加强医院感染管理，有效预防和控制医院感染，提高医疗质量，保证医疗安全，根据《传染病防治法》、《医疗机构管理条例》和《突发公共卫生事件应急条例》等法律、行政法规的规定，制定本办法。

第二条　医院感染管理是各级卫生行政部门、医疗机构及医务人员针对诊疗活动中存在的医院感染、医源性感染及相关的危险因素进行的预防、诊断和控制活动。

第三条 各级各类医疗机构应当严格按照本办法的规定实施医院感染管理工作。

医务人员的职业卫生防护，按照《职业病防治法》及其配套规章和标准的有关规定执行。

第四条 卫生部负责全国医院感染管理的监督管理工作。

县级以上地方人民政府卫生行政部门负责本行政区域内医院感染管理的监督管理工作。

第二章 组织管理

第五条 各级各类医疗机构应当建立医院感染管理责任制，制定并落实医院感染管理的规章制度和工作规范，严格执行有关技术操作规范和工作标准，有效预防和控制医院感染，防止传染病病原体、耐药菌、条件致病菌及其他病原微生物的传播。

第六条 住院床位总数在100张以上的医院应当设立医院感染管理委员会和独立的医院感染管理部门。

住院床位总数在100张以下的医院应当指定分管医院感染管理工作的部门。

其他医疗机构应当有医院感染管理专(兼)职人员。

第七条 医院感染管理委员会由医院感染管理部门、医务部门、护理部门、临床科室、消毒供应室、手术室、临床检验部门、药事管理部门、设备管理部门、后勤管理部门及其他有关部门的主要负责人组成，主任委员由医院院长或者主管医疗工作的副院长担任。

医院感染管理委员会的职责是：

(一)认真贯彻医院感染管理方面的法律法规及技术规范、标准，制定本医院预防和控制医院感染的规章制度、医院感染诊断标准并监督实施；

(二)根据预防医院感染和卫生学要求，对本医院的建筑设计、重点科室建设的基本标准、基本设施和工作流程进行审查并提出意见；

(三)研究并确定本医院的医院感染管理工作计划，并对计划的实施进行考核和评价；

(四)研究并确定本医院的医院感染重点部门、重点环节、重点流程、危险因素以及采取的干预措施，明确各有关部门、人员在预防和控制医院感染工作中的责任；

(五)研究并制定本医院发生医院感染暴发及出现不明原因传染性疾病或者特殊病原体感染病例等事件时的控制预案；

(六)建立会议制度，定期研究、协调和解决有关医院感染管理方面的问题；

(七)根据本医院病原体特点和耐药现状，配合药事管理委员会提出合理使用抗菌药物的指导意见；

(八)其他有关医院感染管理的重要事宜。

第八条 医院感染管理部门、分管部门及医院感染管理专(兼)职人员具体负责医院感染预防与控制方面的管理和业务工作。主要职责是：

(一)对有关预防和控制医院感染管理规章制度的落实情况进行检查和指导；

(二)对医院感染及其相关危险因素进行监测、分析和反馈，针对问题提出控制措施并指导实施；

（三）对医院感染发生状况进行调查、统计分析，并向医院感染管理委员会或者医疗机构负责人报告；

（四）对医院的清洁、消毒灭菌与隔离、无菌操作技术、医疗废物管理等工作提供指导；

（五）对传染病的医院感染控制工作提供指导；

（六）对医务人员有关预防医院感染的职业卫生安全防护工作提供指导；

（七）对医院感染暴发事件进行报告和调查分析，提出控制措施并协调、组织有关部门进行处理；

（八）对医务人员进行预防和控制医院感染的培训工作；

（九）参与抗菌药物临床应用的管理工作；

（十）对消毒药械和一次性使用医疗器械、器具的相关证明进行审核；

（十一）组织开展医院感染预防与控制方面的科研工作；

（十二）完成医院感染管理委员会或者医疗机构负责人交办的其他工作。

第九条 卫生部成立医院感染预防与控制专家组，成员由医院感染管理、疾病控制、传染病学、临床检验、流行病学、消毒学、临床药学、护理学等专业的专家组成。主要职责是：

（一）研究起草有关医院感染预防与控制、医院感染诊断的技术性标准和规范；

（二）对全国医院感染预防与控制工作进行业务指导；

（三）对全国医院感染发生状况及危险因素进行调查、分析；

（四）对全国重大医院感染事件进行调查和业务指导；

（五）完成卫生部交办的其他工作。

第十条 省级人民政府卫生行政部门成立医院感染预防与控制专家组，负责指导本地区医院感染预防与控制的技术性工作。

第三章 预防与控制

第十一条 医疗机构应当按照有关医院感染管理的规章制度和技术规范，加强医院感染的预防与控制工作。

第十二条 医疗机构应当按照《消毒管理办法》，严格执行医疗器械、器具的消毒工作技术规范，并达到以下要求：

（一）进入人体组织、无菌器官的医疗器械、器具和物品必须达到灭菌水平；

（二）接触皮肤、粘膜的医疗器械、器具和物品必须达到消毒水平；

（三）各种用于注射、穿刺、采血等有创操作的医疗器具必须一用一灭菌。

医疗机构使用的消毒药械、一次性医疗器械和器具应当符合国家有关规定。一次性使用的医疗器械、器具不得重复使用。

第十三条 医疗机构应当制定具体措施，保证医务人员的手卫生、诊疗环境条件、无菌操作技术和职业卫生防护工作符合规定要求，对医院感染的危险因素进行控制。

第十四条 医疗机构应当严格执行隔离技术规范，根据病原体传播途径，采取相应的隔离措施。

第十五条 医疗机构应当制定医务人员职业卫生防护工作的具体措施，提供必要的防护物品,保障医务人员的职业健康。

第十六条　医疗机构应当严格按照《抗菌药物临床应用指导原则》,加强抗菌药物临床使用和耐药菌监测管理。

第十七条　医疗机构应当按照医院感染诊断标准及时诊断医院感染病例,建立有效的医院感染监测制度,分析医院感染的危险因素,并针对导致医院感染的危险因素,实施预防与控制措施。

医疗机构应当及时发现医院感染病例和医院感染的暴发,分析感染源、感染途径,采取有效的处理和控制措施,积极救治患者。

第十八条　医疗机构经调查证实发生以下情形时,应当于12小时内向所在地的县级地方人民政府卫生行政部门报告,并同时向所在地疾病预防控制机构报告。所在地的县级地方人民政府卫生行政部门确认后,应当于24小时内逐级上报至省级人民政府卫生行政部门。省级人民政府卫生行政部门审核后,应当在24小时内上报至卫生部:

(一)5例以上医院感染暴发;

(二)由于医院感染暴发直接导致患者死亡;

(三)由于医院感染暴发导致3人以上人身损害后果。

第十九条　医疗机构发生以下情形时,应当按照《国家突发公共卫生事件相关信息报告管理工作规范(试行)》的要求进行报告:

(一)10例以上的医院感染暴发事件;

(二)发生特殊病原体或者新发病原体的医院感染;

(三)可能造成重大公共影响或者严重后果的医院感染。

第二十条　医疗机构发生的医院感染属于法定传染病的,应当按照《中华人民共和国传染病防治法》和《国家突发公共卫生事件应急预案》的规定进行报告和处理。

第二十一条　医疗机构发生医院感染暴发时,所在地的疾病预防控制机构应当及时进行流行病学调查,查找感染源、感染途径、感染因素,采取控制措施,防止感染源的传播和感染范围的扩大。

第二十二条　卫生行政部门接到报告,应当根据情况指导医疗机构进行医院感染的调查和控制工作,并可以组织提供相应的技术支持。

第四章　人员培训

第二十三条　各级卫生行政部门和医疗机构应当重视医院感染管理的学科建设,建立专业人才培养制度,充分发挥医院感染专业技术人员在预防和控制医院感染工作中的作用。

第二十四条　省级人民政府卫生行政部门应当建立医院感染专业人员岗位规范化培训和考核制度,加强继续教育,提高医院感染专业人员的业务技术水平。

第二十五条　医疗机构应当制定对本机构工作人员的培训计划,对全体工作人员进行医院感染相关法律法规、医院感染管理相关工作规范和标准、专业技术知识的培训。

第二十六条　医院感染专业人员应当具备医院感染预防与控制工作的专业知识,并能够承担医院感染管理和业务技术工作。

第二十七条 医务人员应当掌握与本职工作相关的医院感染预防与控制方面的知识,落实医院感染管理规章制度、工作规范和要求。工勤人员应当掌握有关预防和控制医院感染的基础卫生学和消毒隔离知识,并在工作中正确运用。

第五章 监督管理

第二十八条 县级以上地方人民政府卫生行政部门应当按照有关法律法规和本办法的规定,对所辖区域的医疗机构进行监督检查。

第二十九条 对医疗机构监督检查的主要内容是:

(一)医院感染管理的规章制度及落实情况;

(二)针对医院感染危险因素的各项工作和控制措施;

(三)消毒灭菌与隔离、医疗废物管理及医务人员职业卫生防护工作状况;

(四)医院感染病例和医院感染暴发的监测工作情况;

(五)现场检查。

第三十条 卫生行政部门在检查中发现医疗机构存在医院感染隐患时,应当责令限期整改或者暂时关闭相关科室或者暂停相关诊疗科目。

第三十一条 医疗机构对卫生行政部门的检查、调查取证等工作,应当予以配合,不得拒绝和阻碍,不得提供虚假材料。

第六章 罚 则

第三十二条 县级以上地方人民政府卫生行政部门未按照本办法的规定履行监督管理和对医院感染暴发事件的报告、调查处理职责,造成严重后果的,对卫生行政主管部门主要负责人、直接责任人和相关责任人予以降级或者撤职的行政处分。

第三十三条 医疗机构违反本办法,有下列行为之一的,由县级以上地方人民政府卫生行政部门责令改正,逾期不改的,给予警告并通报批评;情节严重的,对主要负责人和直接责任人给予降级或者撤职的行政处分:

(一)未建立或者未落实医院感染管理的规章制度、工作规范;

(二)未设立医院感染管理部门、分管部门以及指定专(兼)职人员负责医院感染预防与控制工作;

(三)违反对医疗器械、器具的消毒工作技术规范;

(四)违反无菌操作技术规范和隔离技术规范;

(五)未对消毒药械和一次性医疗器械、器具的相关证明进行审核;

(六)未对医务人员职业暴露提供职业卫生防护。

第三十四条 医疗机构违反本办法规定,未采取预防和控制措施或者发生医院感染未及时采取控制措施,造成医院感染暴发、传染病传播或者其他严重后果的,对负有责任的主管人员和直接责任人员给予降级、撤职、开除的行政处分;情节严重的,依照《传染病防治法》第六十九条规定,可以依法吊销有关责任人员的执业证书;构成犯罪的,依法追究刑事责任。

第三十五条　医疗机构发生医院感染暴发事件未按本办法规定报告的,由县级以上地方人民政府卫生行政部门通报批评;造成严重后果的,对负有责任的主管人员和其他直接责任人员给予降级、撤职、开除的处分。

第七章　附　　则

第三十六条　本办法中下列用语的含义:

(一)医院感染:指住院病人在医院内获得的感染,包括在住院期间发生的感染和在医院内获得出院后发生的感染,但不包括入院前已开始或者入院时已处于潜伏期的感染。医院工作人员在医院内获得的感染也属医院感染。

(二)医源性感染:指在医学服务中,因病原体传播引起的感染。

(三)医院感染暴发:是指在医疗机构或其科室的患者中,短时间内发生 3 例以上同种同源感染病例的现象。

(四)消毒:指用化学、物理、生物的方法杀灭或者消除环境中的病原微生物。

(五)灭菌:杀灭或者消除传播媒介上的一切微生物,包括致病微生物和非致病微生物,也包括细菌芽胞和真菌孢子。

第三十七条　中国人民解放军医疗机构的医院感染管理工作,由中国人民解放军卫生部门归口管理。

第三十八条　采供血机构与疾病预防控制机构的医源性感染预防与控制管理参照本办法。

第三十九条　本办法自 2006 年 9 月 1 日起施行,原 2000 年 11 月 30 日颁布的《医院感染管理规范(试行)》同时废止。

病历书写基本规范

(卫医政发[2010]11 号)

第一章　基本要求

第一条　病历是指医务人员在医疗活动过程中形成的文字、符号、图表、影像、切片等资料的总和,包括门(急)诊病历和住院病历。

第二条　病历书写是指医务人员通过问诊、查体、辅助检查、诊断、治疗、护理等医疗活动获得有关资料,并进行归纳、分析、整理形成医疗活动记录的行为。

第三条　病历书写应当客观、真实、准确、及时、完整、规范。

第四条　病历书写应当使用蓝黑墨水、碳素墨水,需复写的病历资料可以使用蓝或黑色油水的圆珠笔。计算机打印的病历应当符合病历保存的要求。

第五条　病历书写应当使用中文,通用的外文缩写和无正式中文译名的症状、体征、疾病名称等可以使用外文。

第六条　病历书写应规范使用医学术语,文字工整,字迹清晰,表述准确,语句通顺,标点正确。

第七条 病历书写过程中出现错字时，应当用双线划在错字上，保留原记录清楚、可辨，并注明修改时间，修改人签名。不得采用刮、粘、涂等方法掩盖或去除原来的字迹。

上级医务人员有审查修改下级医务人员书写的病历的责任。

第八条 病历应当按照规定的内容书写，并由相应医务人员签名。

实习医务人员、试用期医务人员书写的病历，应当经过本医疗机构注册的医务人员审阅、修改并签名。

进修医务人员由医疗机构根据其胜任本专业工作实际情况认定后书写病历。

第九条 病历书写一律使用阿拉伯数字书写日期和时间，采用24小时制记录。

第十条 对需取得患者书面同意方可进行的医疗活动，应当由患者本人签署知情同意书。患者不具备完全民事行为能力时，应当由其法定代理人签字；患者因病无法签字时，应当由其授权的人员签字；为抢救患者，在法定代理人或被授权人无法及时签字的情况下，可由医疗机构负责人或者授权的负责人签字。

因实施保护性医疗措施不宜向患者说明情况的，应当将有关情况告知患者近亲属，由患者近亲属签署知情同意书，并及时记录。患者无近亲属的或者患者近亲属无法签署同意书的，由患者的法定代理人或者关系人签署同意书。

第二章 门(急)诊病历书写内容及要求

第十一条 门(急)诊病历内容包括门(急)诊病历首页(门(急)诊手册封面)、病历记录、化验单(检验报告)、医学影像检查资料等。

第十二条 门(急)诊病历首页内容应当包括患者姓名、性别、出生年月日、民族、婚姻状况、职业、工作单位、住址、药物过敏史等项目。

门诊手册封面内容应当包括患者姓名、性别、年龄、工作单位或住址、药物过敏史等项目。

第十三条 门(急)诊病历记录分为初诊病历记录和复诊病历记录。

初诊病历记录书写内容应当包括就诊时间、科别、主诉、现病史、既往史，阳性体征、必要的阴性体征和辅助检查结果，诊断及治疗意见和医师签名等。

复诊病历记录书写内容应当包括就诊时间、科别、主诉、病史、必要的体格检查和辅助检查结果、诊断、治疗处理意见和医师签名等。

急诊病历书写就诊时间应当具体到分钟。

第十四条 门(急)诊病历记录应当由接诊医师在患者就诊时及时完成。

第十五条 急诊留观记录是急诊患者因病情需要留院观察期间的记录，重点记录观察期间病情变化和诊疗措施，记录简明扼要，并注明患者去向。抢救危重患者时，应当书写抢救记录。门(急)诊抢救记录书写内容及要求按照住院病历抢救记录书写内容及要求执行。

第三章 住院病历书写内容及要求

第十六条 住院病历内容包括住院病案首页、入院记录、病程记录、手术同意书、麻醉同意书、输血治疗知情同意书、特殊检查(特殊治疗)同意书、病危(重)通知书、医嘱单、辅助检查报告单、体温单、医学影像检查资料、病理资料等。

第十七条　入院记录是指患者入院后，由经治医师通过问诊、查体、辅助检查获得有关资料，并对这些资料归纳分析书写而成的记录。可分为入院记录、再次或多次入院记录、24 小时内入出院记录、24 小时内入院死亡记录。

入院记录、再次或多次入院记录应当于患者入院后 24 小时内完成；24 小时内入出院记录应当于患者出院后 24 小时内完成，24 小时内入院死亡记录应当于患者死亡后 24 小时内完成。

第十八条　入院记录的要求及内容。

（一）患者一般情况包括姓名、性别、年龄、民族、婚姻状况、出生地、职业、入院时间、记录时间、病史陈述者。

（二）主诉是指促使患者就诊的主要症状（或体征）及持续时间。

（三）现病史是指患者本次疾病的发生、演变、诊疗等方面的详细情况，应当按时间顺序书写。内容包括发病情况、主要症状特点及其发展变化情况、伴随症状、发病后诊疗经过及结果、睡眠和饮食等一般情况的变化，以及与鉴别诊断有关的阳性或阴性资料等。

1. 发病情况：记录发病的时间、地点、起病缓急、前驱症状、可能的原因或诱因。

2. 主要症状特点及其发展变化情况：按发生的先后顺序描述主要症状的部位、性质、持续时间、程度、缓解或加剧因素，以及演变发展情况。

3. 伴随症状：记录伴随症状，描述伴随症状与主要症状之间的相互关系。

4. 发病以来诊治经过及结果：记录患者发病后到入院前，在院内、外接受检查与治疗的详细经过及效果。对患者提供的药名、诊断和手术名称需加引号（“”）以示区别。

5. 发病以来一般情况：简要记录患者发病后的精神状态、睡眠、食欲、大小便、体重等情况。

与本次疾病虽无紧密关系、但仍需治疗的其他疾病情况，可在现病史后另起一段予以记录。

（四）既往史是指患者过去的健康和疾病情况。内容包括既往一般健康状况、疾病史、传染病史、预防接种史、手术外伤史、输血史、食物或药物过敏史等。

（五）个人史，婚育史、月经史，家族史。

1. 个人史：记录出生地及长期居留地，生活习惯及有无烟、酒、药物等嗜好，职业与工作条件及有无工业毒物、粉尘、放射性物质接触史，有无冶游史。

2. 婚育史、月经史：婚姻状况、结婚年龄、配偶健康状况、有无子女等。女性患者记录初潮年龄、行经期天数 、间隔天数、末次月经时间（或闭经年龄），月经量、痛经及生育等情况。

3. 家族史：父母、兄弟、姐妹健康状况，有无与患者类似疾病，有无家族遗传倾向的疾病。

（六）体格检查应当按照系统循序进行书写。内容包括体温、脉搏、呼吸、血压，一般情况，皮肤、粘膜，全身浅表淋巴结，头部及其器官，颈部，胸部（胸廓、肺部、心脏、血管），腹部（肝、脾等），直肠肛门，外生殖器，脊柱，四肢，神经系统等。

（七）专科情况应当根据专科需要记录专科特殊情况。

（八）辅助检查指入院前所作的与本次疾病相关的主要检查及其结果。应分类按检查时间顺序记录检查结果，如系在其他医疗机构所作检查，应当写明该机构名称及检查号。

（九）初步诊断是指经治医师根据患者入院时情况，综合分析所作出的诊断。如初步诊断为多项时，应当主次分明。对待查病例应列出可能性较大的诊断。

（十）书写入院记录的医师签名。

第十九条　再次或多次入院记录，是指患者因同一种疾病再次或多次住入同一医疗机构时书写的记录。要求及内容基本同入院记录。主诉是记录患者本次入院的主要症状（或体征）及持续时间；现病史中要求首先对本次住院前历次有关住院诊疗经过进行小结，然后再书写本次入院的现病史。

第二十条　患者入院不足24小时出院的，可以书写24小时内入出院记录。内容包括患者姓名、性别、年龄、职业、入院时间、出院时间、主诉、入院情况、入院诊断、诊疗经过、出院情况、出院诊断、出院医嘱，医师签名等。

第二十一条　患者入院不足24小时死亡的，可以书写24小时内入院死亡记录。内容包括患者姓名、性别、年龄、职业、入院时间、死亡时间、主诉、入院情况、入院诊断、诊疗经过（抢救经过）、死亡原因、死亡诊断，医师签名等。

第二十二条　病程记录是指继入院记录之后，对患者病情和诊疗过程所进行的连续性记录。内容包括患者的病情变化情况、重要的辅助检查结果及临床意义、上级医师查房意见、会诊意见、医师分析讨论意见、所采取的诊疗措施及效果、医嘱更改及理由、向患者及其近亲属告知的重要事项等。

病程记录的要求及内容：

（一）首次病程记录是指患者入院后由经治医师或值班医师书写的第一次病程记录，应当在患者入院8小时内完成。首次病程记录的内容包括病例特点、拟诊讨论（诊断依据及鉴别诊断）、诊疗计划等。

1. 病例特点：应当在对病史、体格检查和辅助检查进行全面分析、归纳和整理后写出本病例特征，包括阳性发现和具有鉴别诊断意义的阴性症状和体征等。

2. 拟诊讨论（诊断依据及鉴别诊断）：根据病例特点，提出初步诊断和诊断依据；对诊断不明的写出鉴别诊断并进行分析；并对下一步诊治措施进行分析。

3. 诊疗计划：提出具体的检查及治疗措施安排。

（二）日常病程记录是指对患者住院期间诊疗过程的经常性、连续性记录。由经治医师书写，也可以由实习医务人员或试用期医务人员书写，但应有经治医师签名。书写日常病程记录时，首先标明记录时间，另起一行记录具体内容。对病危患者应当根据病情变化随时书写病程记录，每天至少1次，记录时间应当具体到分钟。对病重患者，至少2天记录一次病程记录。对病情稳定的患者，至少3天记录一次病程记录。

（三）上级医师查房记录是指上级医师查房时对患者病情、诊断、鉴别诊断、当前治疗措施疗效的分析及下一步诊疗意见等的记录。

主治医师首次查房记录应当于患者入院48小时内完成。内容包括查房医师的姓名、专业技术职务、补充的病史和体征、诊断依据与鉴别诊断的分析及诊疗计划等。

主治医师日常查房记录间隔时间视病情和诊疗情况确定，内容包括查房医师的姓名、专业技术职务、对病情的分析和诊疗意见等。

科主任或具有副主任医师以上专业技术职务任职资格医师查房的记录，内容包括查房医师的姓名、专业技术职务、对病情的分析和诊疗意见等。

（四）疑难病例讨论记录是指由科主任或具有副主任医师以上专业技术任职资格的医师主持、召集有关医务人员对确诊困难或疗效不确切病例讨论的记录。内容包括讨论日期、主持人、参加人员姓名及专业技术职务、具体讨论意见及主持人小结意见等。

（五）交（接）班记录是指患者经治医师发生变更之际，交班医师和接班医师分别对患者病情及诊疗情况进行简要总结的记录。交班记录应当在交班前由交班医师书写完成；接班记录应当由接班医师于接班后24小时内完成。交（接）班记录的内容包括入院日期、交班或接班日期、患者姓名、性别、年龄、主诉、入院情况、入院诊断、诊疗经过、目前情况、目前诊断、交班注意事项或接班诊疗计划、医师签名等。

（六）转科记录是指患者住院期间需要转科时，经转入科室医师会诊并同意接收后，由转出科室和转入科室医师分别书写的记录。包括转出记录和转入记录。转出记录由转出科室医师在患者转出科室前书写完成（紧急情况除外）；转入记录由转入科室医师于患者转入后24小时内完成。转科记录内容包括入院日期、转出或转入日期，转出、转入科室，患者姓名、性别、年龄、主诉、入院情况、入院诊断、诊疗经过、目前情况、目前诊断、转科目的及注意事项或转入诊疗计划、医师签名等。

（七）阶段小结是指患者住院时间较长，由经治医师每月所作病情及诊疗情况总结。阶段小结的内容包括入院日期、小结日期，患者姓名、性别、年龄、主诉、入院情况、入院诊断、诊疗经过、目前情况、目前诊断、诊疗计划、医师签名等。

交（接）班记录、转科记录可代替阶段小结。

（八）抢救记录是指患者病情危重，采取抢救措施时作的记录。因抢救急危患者，未能及时书写病历的，有关医务人员应当在抢救结束后6小时内据实补记，并加以注明。内容包括病情变化情况、抢救时间及措施、参加抢救的医务人员姓名及专业技术职称等。记录抢救时间应当具体到分钟。

（九）有创诊疗操作记录是指在临床诊疗活动过程中进行的各种诊断、治疗性操作（如胸腔穿刺、腹腔穿刺等）的记录。应当在操作完成后即刻书写。内容包括操作名称、操作时间、操作步骤、结果及患者一般情况，记录过程是否顺利、有无不良反应，术后注意事项及是否向患者说明，操作医师签名。

（十）会诊记录（含会诊意见）是指患者在住院期间需要其他科室或者其他医疗机构协助诊疗时，分别由申请医师和会诊医师书写的记录。会诊记录应另页书写。内容包括申请会诊记录和会诊意见记录。申请会诊记录应当简要载明患者病情及诊疗情况、申请会诊的理由和目的，申请会诊医师签名等。常规会诊意见记录应当由会诊医师在会诊申请发出后48小时内完成，急会诊时会诊医师应当在会诊申请发出后10分钟内到场，并在会诊结束后即刻完成会诊记录。会诊记录内容包括会诊意见、会诊医师所在的科别或者医疗机构名称、会诊时间及会诊医师签名等。申请会诊医师应在病程记录中记录会诊意见执行情况。

（十一）术前小结是指在患者手术前，由经治医师对患者病情所作的总结。内容包括简要病情、术前诊断、手术指征、拟施手术名称和方式、拟施麻醉方式、注意事项，并记录手术者术前查看患者相关情况等。

（十二）术前讨论记录是指因患者病情较重或手术难度较大，手术前在上级医师主持下，对拟实施手术方式和术中可能出现的问题及应对措施所作的讨论。讨论内容包括术前准备情况、手术指征、手术方案、可能出现的意外及防范措施、参加讨论者的姓名及专业技术职务、具体讨论意见及主持人小结意见、讨论日期、记录者的签名等。

（十三）麻醉术前访视记录是指在麻醉实施前，由麻醉医师对患者拟施麻醉进行风险评估的记录。麻醉术前访视可另立单页，也可在病程中记录。内容包括姓名、性别、年龄、科别、病案号，患者一般情况、简要病史、与麻醉相关的辅助检查结果、拟行手术方式、拟行麻醉方式、麻醉适应证及麻醉中需注意的问题、术前麻醉医嘱、麻醉医师签字并填写日期。

（十四）麻醉记录是指麻醉医师在麻醉实施中书写的麻醉经过及处理措施的记录。麻醉记录应当另页书写，内容包括患者一般情况、术前特殊情况、麻醉前用药、术前诊断、术中诊断、手术方式及日期、麻醉方式、麻醉诱导及各项操作开始及结束时间、麻醉期间用药名称、方式及剂量、麻醉期间特殊或突发情况及处理、手术起止时间、麻醉医师签名等。

（十五）手术记录是指手术者书写的反映手术一般情况、手术经过、术中发现及处理等情况的特殊记录，应当在术后24小时内完成。特殊情况下由第一助手书写时，应有手术者签名。手术记录应当另页书写，内容包括一般项目（患者姓名、性别、科别、病房、床位号、住院病历号或病案号）、手术日期、术前诊断、术中诊断、手术名称、手术者及助手姓名、麻醉方法、手术经过、术中出现的情况及处理等。

（十六）手术安全核查记录是指由手术医师、麻醉医师和巡回护士三方，在麻醉实施前、手术开始前和病人离室前，共同对病人身份、手术部位、手术方式、麻醉及手术风险、手术使用物品清点等内容进行核对的记录，输血的病人还应对血型、用血量进行核对。应有手术医师、麻醉医师和巡回护士三方核对、确认并签字。

（十七）手术清点记录是指巡回护士对手术患者术中所用血液、器械、敷料等的记录，应当在手术结束后即时完成。手术清点记录应当另页书写，内容包括患者姓名、住院病历号（或病案号）、手术日期、手术名称、术中所用各种器械和敷料数量的清点核对、巡回护士和手术器械护士签名等。

（十八）术后首次病程记录是指参加手术的医师在患者术后即时完成的病程记录。内容包括手术时间、术中诊断、麻醉方式、手术方式、手术简要经过、术后处理措施、术后应当特别注意观察的事项等。

（十九）麻醉术后访视记录是指麻醉实施后，由麻醉医师对术后患者麻醉恢复情况进行访视的记录。麻醉术后访视可另立单页，也可在病程中记录。内容包括姓名、性别、年龄、科别、病案号，患者一般情况、麻醉恢复情况、清醒时间、术后医嘱、是否拔除气管插管等，如有特殊情况应详细记录，麻醉医师签字并填写日期。

（二十）出院记录是指经治医师对患者此次住院期间诊疗情况的总结，应当在患者出院后24小时内完成。内容主要包括入院日期、出院日期、入院情况、入院诊断、诊疗经过、出院诊断、出院情况、出院医嘱、医师签名等。

（二十一）死亡记录是指经治医师对死亡患者住院期间诊疗和抢救经过的记录，应当在患者死亡后24小时内完成。内容包括入院日期、死亡时间、入院情况、入院诊断、诊疗经过（重点记录病情演变、抢救经过）、死亡原因、死亡诊断等。记录死亡时间应当具体到分钟。

（二十二）死亡病例讨论记录是指在患者死亡一周内，由科主任或具有副主任医师以上专业技术职务任职资格的医师主持，对死亡病例进行讨论、分析的记录。内容包括讨论日期、主持人及参加人员姓名、专业技术职务、具体讨论意见及主持人小结意见、记录者的签名等。

（二十三）病重（病危）患者护理记录是指护士根据医嘱和病情对病重（病危）患者住院期间护理过程的客观记录。病重（病危）患者护理记录应当根据相应专科的护理特点书写。内容包括患者姓名、科别、住院病历号（或病案号）、床位号、页码、记录日期和时间、出入液量、体温、脉搏、呼吸、血压等病情观察、护理措施和效果、护士签名等。记录时间应当具体到分钟。

第二十三条　手术同意书是指手术前，经治医师向患者告知拟施手术的相关情况，并由患者签署是否同意手术的医学文书。内容包括术前诊断、手术名称、术中或术后可能出现的并发症、手术风险、患者签署意见并签名、经治医师和术者签名等。

第二十四条　麻醉同意书是指麻醉前，麻醉医师向患者告知拟施麻醉的相关情况，并由患者签署是否同意麻醉意见的医学文书。内容包括患者姓名、性别、年龄、病案号、科别、术前诊断、拟行手术方式、拟行麻醉方式，患者基础疾病及可能对麻醉产生影响的特殊情况，麻醉中拟行的有创操作和监测，麻醉风险、可能发生的并发症及意外情况，患者签署意见并签名、麻醉医师签名并填写日期。

第二十五条　输血治疗知情同意书是指输血前，经治医师向患者告知输血的相关情况，并由患者签署是否同意输血的医学文书。输血治疗知情同意书内容包括患者姓名、性别、年龄、科别、病案号、诊断、输血指征、拟输血成份、输血前有关检查结果、输血风险及可能产生的不良后果、患者签署意见并签名、医师签名并填写日期。

第二十六条　特殊检查、特殊治疗同意书是指在实施特殊检查、特殊治疗前，经治医师向患者告知特殊检查、特殊治疗的相关情况，并由患者签署是否同意检查、治疗的医学文书。内容包括特殊检查、特殊治疗项目名称、目的、可能出现的并发症及风险、患者签名、医师签名等。

第二十七条　病危（重）通知书是指因患者病情危、重时，由经治医师或值班医师向患者家属告知病情，并由患方签名的医疗文书。内容包括患者姓名、性别、年龄、科别，目前诊断及病情危重情况，患方签名、医师签名并填写日期。一式两份，一份交患方保存，另一份归病历中保存。

第二十八条　医嘱是指医师在医疗活动中下达的医学指令。医嘱单分为长期医嘱单和临时医嘱单。

长期医嘱单内容包括患者姓名、科别、住院病历号(或病案号)、页码、起始日期和时间、长期医嘱内容、停止日期和时间、医师签名、执行时间、执行护士签名。临时医嘱单内容包括医嘱时间、临时医嘱内容、医师签名、执行时间、执行护士签名等。

医嘱内容及起始、停止时间应当由医师书写。医嘱内容应当准确、清楚,每项医嘱应当只包含一个内容,并注明下达时间,应当具体到分钟。医嘱不得涂改。需要取消时,应当使用红色墨水标注"取消"字样并签名。

一般情况下,医师不得下达口头医嘱。因抢救急危患者需要下达口头医嘱时,护士应当复诵一遍。抢救结束后,医师应当即刻据实补记医嘱。

第二十九条　辅助检查报告单是指患者住院期间所做各项检验、检查结果的记录。内容包括患者姓名、性别、年龄、住院病历号(或病案号)、检查项目、检查结果、报告日期、报告人员签名或者印章等。

第三十条　体温单为表格式,以护士填写为主。内容包括患者姓名、科室、床号、入院日期、住院病历号(或病案号)、日期、手术后天数、体温、脉博、呼吸、血压、大便次数、出入液量、体重、住院周数等。

第四章　打印病历内容及要求

第三十一条　打印病历是指应用字处理软件编辑生成并打印的病历(如 Word 文档、WPS 文档等)。打印病历应当按照本规定的内容录入并及时打印,由相应医务人员手写签名。

第三十二条　医疗机构打印病历应当统一纸张、字体、字号及排版格式。打印字迹应清楚易认,符合病历保存期限和复印的要求。

第三十三条　打印病历编辑过程中应当按照权限要求进行修改,已完成录入打印并签名的病历不得修改。

第五章　其　　他

第三十四条　住院病案首页按照《卫生部关于修订下发住院病案首页的通知》(卫医发〔2001〕286 号)的规定书写。

第三十五条　特殊检查、特殊治疗按照《医疗机构管理条例实施细则》(1994 年卫生部令第 35 号)有关规定执行。

第三十六条　中医病历书写基本规范由国家中医药管理局另行制定。

第三十七条　电子病历基本规范由卫生部另行制定。

第三十八条　本规范自 2010 年 3 月 1 日起施行。我部于 2002 年颁布的《病历书写基本规范(试行)》(卫医发〔2002〕190 号)同时废止。

电子病历应用管理规范(试行)

(国卫办医发〔2017〕8号)

第一章　总　则

第一条　为规范医疗机构电子病历(含中医电子病历,下同)应用管理,满足临床工作需要,保障医疗质量和医疗安全,保证医患双方合法权益,根据《中华人民共和国执业医师法》、《中华人民共和国电子签名法》、《医疗机构管理条例》等法律法规,制定本规范。

第二条　实施电子病历的医疗机构,其电子病历的建立、记录、修改、使用、保存和管理等适用本规范。

第三条　电子病历是指医务人员在医疗活动过程中,使用信息系统生成的文字、符号、图表、图形、数字、影像等数字化信息,并能实现存储、管理、传输和重现的医疗记录,是病历的一种记录形式,包括门(急)诊病历和住院病历。

第四条　电子病历系统是指医疗机构内部支持电子病历信息的采集、存储、访问和在线帮助,并围绕提高医疗质量、保障医疗安全、提高医疗效率而提供信息处理和智能化服务功能的计算机信息系统。

第五条　国家卫生计生委和国家中医药管理局负责指导全国电子病历应用管理工作。地方各级卫生计生行政部门(含中医药管理部门)负责本行政区域内的电子病历应用监督管理工作。

第二章　电子病历的基本要求

第六条　医疗机构应用电子病历应当具备以下条件:

(一)具有专门的技术支持部门和人员,负责电子病历相关信息系统建设、运行和维护等工作;具有专门的管理部门和人员,负责电子病历的业务监管等工作;

(二)建立、健全电子病历使用的相关制度和规程;

(三)具备电子病历的安全管理体系和安全保障机制;

(四)具备对电子病历创建、修改、归档等操作的追溯能力;

(五)其他有关法律、法规、规范性文件及省级卫生计生行政部门规定的条件。

第七条　《医疗机构病历管理规定(2013年版)》、《病历书写基本规范》、《中医病历书写基本规范》适用于电子病历管理。

第八条　电子病历使用的术语、编码、模板和数据应当符合相关行业标准和规范的要求,在保障信息安全的前提下,促进电子病历信息有效共享。

第九条　电子病历系统应当为操作人员提供专有的身份标识和识别手段,并设置相应权限。操作人员对本人身份标识的使用负责。

第十条　有条件的医疗机构电子病历系统可以使用电子签名进行身份认证,可靠的电子签名与手写签名或盖章具有同等的法律效力。

第十一条　电子病历系统应当采用权威可靠时间源。

第三章　电子病历的书写与存储

第十二条　医疗机构使用电子病历系统进行病历书写，应当遵循客观、真实、准确、及时、完整、规范的原则。

门（急）诊病历书写内容包括门（急）诊病历首页、病历记录、化验报告、医学影像检查资料等。

住院病历书写内容包括住院病案首页、入院记录、病程记录、手术同意书、麻醉同意书、输血治疗知情同意书、特殊检查（特殊治疗）同意书、病危（重）通知单、医嘱单、辅助检查报告单、体温单、医学影像检查报告、病理报告单等。

第十三条　医疗机构应当为患者电子病历赋予唯一患者身份标识，以确保患者基本信息及其医疗记录的真实性、一致性、连续性、完整性。

第十四条　电子病历系统应当对操作人员进行身份识别，并保存历次操作印痕，标记操作时间和操作人员信息，并保证历次操作印痕、标记操作时间和操作人员信息可查询、可追溯。

第十五条　医务人员采用身份标识登录电子病历系统完成书写、审阅、修改等操作并予以确认后，系统应当显示医务人员姓名及完成时间。

第十六条　电子病历系统应当设置医务人员书写、审阅、修改的权限和时限。实习医务人员、试用期医务人员记录的病历，应当由具有本医疗机构执业资格的上级医务人员审阅、修改并予确认。上级医务人员审阅、修改、确认电子病历内容时，电子病历系统应当进行身份识别、保存历次操作痕迹、标记准确的操作时间和操作人信息。

第十七条　电子病历应当设置归档状态，医疗机构应当按照病历管理相关规定，在患者门（急）诊就诊结束或出院后，适时将电子病历转为归档状态。电子病历归档后原则上不得修改，特殊情况下确需修改的，经医疗机构医务部门批准后进行修改并保留修改痕迹。

第十八条　医疗机构因存档等需要可以将电子病历打印后与非电子化的资料合并形成病案保存。具备条件的医疗机构可以对知情同意书、植入材料条形码等非电子化的资料进行数字化采集后纳入电子病历系统管理，原件另行妥善保存。

第十九条　门（急）诊电子病历由医疗机构保管的，保存时间自患者最后一次就诊之日起不少于15年；住院电子病历保存时间自患者最后一次出院之日起不少于30年。

第四章　电子病历的使用

第二十条　电子病历系统应当设置病历查阅权限，并保证医务人员查阅病历的需要，能够及时提供并完整呈现该患者的电子病历资料。呈现的电子病历应当显示患者个人信息、诊疗记录、记录时间及记录人员、上级审核人员的姓名等。

第二十一条　医疗机构应当为申请人提供电子病历的复制服务。医疗机构可以提供电子版或打印版病历。复制的电子病历文档应当可供独立读取，打印的电子病历纸质版应当加盖医疗机构病历管理专用章。

第二十二条　有条件的医疗机构可以为患者提供医学影像检查图像、手术录像、介入操作录像等电子资料复制服务。

第五章　电子病历的封存

第二十三条　依法需要封存电子病历时，应当在医疗机构或者其委托代理人、患者或者其代理人双方共同在场的情况下，对电子病历共同进行确认，并进行复制后封存。封存的电子病历复制件可以是电子版；也可以对打印的纸质版进行复印，并加盖病案管理章后进行封存。

第二十四条　封存的电子病历复制件应当满足以下技术条件及要求：

（一）储存于独立可靠的存储介质，并由医患双方或双方代理人共同签封；

（二）可在原系统内读取，但不可修改；

（三）操作痕迹、操作时间、操作人员信息可查询、可追溯；

（四）其他有关法律、法规、规范性文件和省级卫生计生行政部门规定的条件及要求。

第二十五条　封存后电子病历的原件可以继续使用。电子病历尚未完成，需要封存时，可以对已完成的电子病历先行封存，当医务人员按照规定完成后，再对新完成部分进行封存。

第六章　附　　则

第二十六条　本规范所称的电子签名，是指《电子签名法》第二条规定的数据电文中以电子形式所含、所附用于识别签名人身份并表明签名人认可其中内容的数据。“可靠的电子签名”是指符合《电子签名法》第十三条有关条件的电子签名。

第二十七条　本规范所称电子病历操作人员包括使用电子病历系统的医务人员，维护、管理电子病历信息系统的技术人员和实施电子病历质量监管的行政管理人员。

第二十八条　本规范所称电子病历书写是指医务人员使用电子病历系统，对通过问诊、查体、辅助检查、诊断、治疗、护理等医疗活动获得的有关资料进行归纳、分析、整理形成医疗活动记录的行为。

第二十九条　省级卫生计生行政部门可根据本规范制定实施细则。

第三十条　《电子病历基本规范（试行）》（卫医政发〔2010〕24 号）、《中医电子病历基本规范（试行）》（国中医药发〔2010〕18 号）同时废止。

第三十一条　本规范自 2017 年 4 月 1 日起施行。

中外合资、合作医疗机构管理暂行办法

（中华人民共和国卫生部　中华人民共和国对外贸易经济合作部令第 11 号）

第一章　总　　则

第一条　为进一步适应改革开放的需要，加强对中外合资、合作医疗机构的管理，促进我国医疗卫生事业的健康发展，根据《中华人民共和国中外合资经营企业法》、《中华人民共和国中外合作经营企业法》、《医疗机构管理条例》等国家有关法律、法规，制定本办法。

第二条 本办法所称中外合资、合作医疗机构是指外国医疗机构、公司、企业和其他经济组织(以下称合资、合作外方),按照平等互利的原则,经中国政府主管部门批准,在中国境内(香港、澳门及台湾地区除外,下同)与中国的医疗机构、公司、企业和其他经济组织(以下称合资、合作中方)以合资或者合作形式设立的医疗机构。

第三条 申请在中国境内设立中外合资、合作医疗机构,适用本办法。

第四条 中外合资、合作医疗机构必须遵守国家有关法律、法规和规章。中外合资、合作医疗机构在正当经营活动及合资、合作双方的合法权益受中国法律保证。

第五条 卫生部和对外贸易经济合作部(以下称外经贸部)在各自的职责范围内负责全国中外合资、合作医疗机构管理工作。

县级以上地方人民政府卫生行政部门(含中医/药主管部门)和外经贸行政部门在各自职责范围内负责本行政区域内中外合资、合作医疗机构的日常监督管理工作。

第二章 设置条件

第六条 中外合资、合作医疗机构的设置与发展必须符合当地区域卫生规划和医疗机构设置规划,并执行卫生部制定的《医疗机构基本标准》。

第七条 申请设立中外合资、合作医疗机构的中外双方应是能够独立承担民事责任的法人。合资、合作的中外双方应当具有直接或间接从事医疗卫生投资与管理的经验,并符合下列要求之一:

(一)能够提供国际先进的医疗机构管理经验、管理模式和服务模式;

(二)能够提供具有国际领先水平的医学技术和设备;

(三)可以补充或改善当地在医疗服务能力、医疗技术、资金和医疗设施等方面的不足。

第八条 设立的中外合资、合作医疗机构应当符合以下条件:

(一)必须是独立的法人;

(二)投资总额不得低于 2000 万元人民币;

(三)合资、合作中方在中外合资、合作医疗机构中所占的股权比例或权益不得低于 30%;

(四)合资、合作期限不超过 20 年;

(五)省级以上卫生行政部门规定的其它条件。

第九条 合资、合作中方以国有资产参与投资(包括作价出资或作为合作条件),应当经相应主管部门批准,并按国有资产评估管理有关规定,由国有资产管理部门确认的评估机构对拟投入国有资产进行评估。经省级以上国有资产管理部门确认的评估结果,可以作为拟投入的国有资产的作价依据。

第三章 设置审批与登记

第十条 设置中外合资、合作医疗机构,应先向所在地设区的市级卫生行政部门提出申请,并提交以下材料:

(一)设置医疗机构申请书;

（二）合资、合作双方法人代表签署的项目建议书及中外合资、合作医疗机构设置可行性研究报告；

（三）合资、合作双方各自的注册登记证明（复印件）、法定代表人身份证明（复印件）和银行资信证明；

（四）国有资产管理部门对拟投入国有资产的评估报告确认文件。

设区的市级卫生行政部门对申请人提交的材料进行初审，并根据区域卫生规划和医疗机构设置规划提出初审意见，并与申请材料、当地区域卫生规划和医疗机构设置规划一起报所在地省级卫生行政部门审核。

第十一条　省级卫生行政部门对申请材料及设区的市级卫生行政部门初审意见进行审核后报卫生部审批。

报请审批，需由省级卫生行政部门向卫生部提交以下材料：

（一）申请人设置申请材料；

（二）设置地设区的市级人民政府批准发布实施的《医疗机构设置规划》及设置地设区的市级和省级卫生行政部门关于拟设置中外合资、合作医疗机构是否符合当地区域卫生规划和医疗机构设置规划的审核意见；

（三）省级卫生行政管理部门关于设置该中外合资、合作医疗机构的审核意见，其中包括对拟设置中外合资、合作医疗机构的名称、选址、规模（床位、牙椅）、诊疗科目和经营期限等的意见；

（四）法律、法规和卫生部规定的其它材料。

卫生部应当自受理之日起 45 个工作日内，作出批准或者不批准的书面决定。

第十二条　申请设置中外合资、合作中医医疗机构（含中外合资、合作中西医结合医疗机构和中外合资、合作民族医疗机构）的，按本办法第十条和第十一条要求，经所在地设区的市级卫生行政部门初审和所在地的省级卫生行政部门审核，报国家中医药管理局审核后转报卫生部审批。

第十三条　申请人在获得卫生部设置许可后，按照有关法律、法规向外经贸部提出申请，并提交以下材料：

（一）设置申请申报材料及批准文件；

（二）由中外合资、合作各方的法定代表人或其授权的代表签署的中外合资、合作医疗机构的合同、章程；

（三）拟设立中外合资、合作医疗机构董事会成员名单及合资、合作各方董事委派书；

（四）工商行政管理部门出具的机构名称预先核准通知书；

（五）法律、法规和外经贸部规定的其它材料。

外经贸部应当自受理申请之日起 45 个工作日内，作出批准或者不批准的局面决定；予以批准的，发给《外商投资企业批准证书》。

获得批准设立的中外合资、合作医疗机构，应自收到外经贸部颁发的《外商投资企业批准证书》之日起一个月内，凭此证书到国家工商行政管理部门办理注册登记手续。

第十四条　申请在我国中西部地区或老、少、边、穷地区设置中外合资、合作医疗机构或申请设置的中外合资、合作医疗机构所提供的医疗服务范围和内容属于国家鼓励的服务领域,可适当放宽第七条、第八条规定的条件。

第十五条 获准设立的中外合资、合作医疗机构,应当按《医疗机构管理条例》和《医疗机构管理条例实施细则》关于医疗机构执业登记所规定的程序和要求,向所在地省级卫生行政部门规定的卫生行政部门申请执业登记,领取《医疗机构执业许可证》。

省级卫生行政部门根据中外合资、合作医疗机构的类别和规模,确定省级卫生行政部门或设区的市级卫生行政部门受理中外合资、合作医疗机构执业登记申请。

第十六条 中外合资、合作医疗机构命名应当遵循卫生部发布的《医疗机构管理条例实施细则》规定。中外合资、合作医疗机构的名称由所在地地名、识别名和通用名依次组成。

第十七条 中外合资、合作医疗机构不得设置分支机构。

第四章 变更、延期和终止

第十八条 已设立的中外合资、合作医疗机构变更机构规模(床位、牙椅)、诊疗科目、合资、合作期限等,应按本办法第三章规定的审批程序,经原审批机关审批后,到原登记机关办理相应的变更登记手续。

中外合资、合作医疗机构涉及合同、章程有关条款的变更,由所在地外经贸部门转报外经贸部批准。

第十九条 中外合资、合作医疗机构合资、合作期20年届满,因特殊情况确需延长合资、合作期限的,合资、合作双方可以申请延长合资、合作期限,并应当在合资、使用期限届满的90天前申请延期。延期申请经省级卫生行政部门和外经贸行政部门审核同意后,报请卫生部和外经贸部审批。审批机关自接到申请之日起45个工作日内,作出批准或者不予批准的书面决定。

第二十条 经批准设置的中外合资、合作医疗机构,应当在审批机关规定的期限内办理完有关登记注册手续;逾期未能完成的,经审批机关核准后,撤销该合资、使用项目。

第五章 执　　业

第二十一条 中外合资、合作医疗机构作为独立法人实体,自负盈亏,独立核算,独立承担民事责任。

第二十二条 中外合资、合作医疗机构应当执行《医疗机构管理条例》和《医疗机构管理条例实施细则》关于医疗机构执业的规定。

第二十三条 中外合资、合作医疗机构必须执行医疗技术准入规范和临床诊疗技术规范,遵守新技术、新设备及大型医用设备临床应用的有关规定。

第二十四条 中外合资、合作医疗机构发生医疗事故,依照国家有关法律、法规处理。

第二十五条 中外合资、合作医疗机构聘请外籍医师、护士,按照《中华人民共和国执业医师法》和《中华人民共和国护士管理办法》等有关规定办理。

第二十六条 发生重大灾害、事故、疾病流行或者其他意外情况时,中外合资、合作医疗机构及其卫生技术人员要服从卫生行政部门的调遣。

第二十七条　中外合资、合作医疗机构发布本机构医疗广告，按照《中华人民共和国广告法》、《医疗广告管理办法》办理。

第二十八条　中外合资、合作医疗机构的医疗收费价格按照国家有关规定执行。

第二十九条　中外合资、合作医疗机构的税收政策按照国家有关规定执行。

第六章　监　　督

第三十条　县以上地方各级卫生行政部门负责本行政区域内中外合资、合作医疗机构的日常监督管理工作。

中外合资、合作医疗机构的《医疗机构执业许可证》每年校验一次，《医疗机构执业许可证》的校验由医疗机构执业登记机关办理。

第三十一条　中外合资、合作医疗机构应当按照国家对外商投资企业的有关规定，接受国家有关部门的监督。

第三十二条　中外合资、合作医疗机构违反国家有关法律、法规和规章，由有关主管部门依法查处。对于违反本办法的中外合资、合作医疗机构，县级以上卫生行政部门和外经贸部门可依据相关法律、法规和规章予以处罚。

第三十三条　地方卫生行政部门和地方外经贸行政部门违反本办法规定，擅自批准中外合资、合作医疗机构的设置和变更的，依法追究有关负责人的责任。

中外各方未经卫生部和外经贸部批准，成立中外合资、合作医疗机构并开展医疗活动或以合同方式经营诊疗项目的，视同非法行医，按《医疗机构管理条例》和《医疗机构管理条例实施细则》及有关规定进行处罚。

第七章　附　　则

第三十四条　香港特别行政区、澳门特别行政区、台湾地区的投资者在大陆投资举办合资、合作医疗机构的，参照本办法执行。

第三十五条　申请在中国境内设立外商独资医疗机构的，不予以批准。

第三十六条　各省、自治区、直辖市卫生、外经贸行政部门可依据本办法，结合本地实际制订具体规定。

第三十七条　本办法由卫生部和外经贸部负责解释。

第三十八条　本规定自2000年7月1日起实施。

一九八九年二月十日颁布的卫医字〔89〕第3号文和一九九七年四月三十日颁布的〔1997〕外经贸发第292号文同时废止。

《中外合资、合作医疗机构管理暂行办法》的补充规定

（2007年12月30日卫生部、商务部令第57号发布）

为促进香港、澳门与内地建立更紧密的经贸关系，根据国务院批准的《〈内地与香港关于建立更紧密经贸关系的安排〉补充协议四》及《〈内地与澳门关于建立更紧密经贸关系

的安排〉补充协议四》，现对《中外合资、合作医疗机构管理暂行办法》（卫生部、外经贸部令第11号）中有关香港和澳门服务提供者在内地设立合资、合作医疗机构投资总额作如下补充规定：

一、香港、澳门服务提供者在内地设立的合资、合作医疗机构，其投资总额不得低于1000万元人民币。

二、本规定中香港、澳门服务提供者应分别符合《内地与香港关于建立更紧密经贸关系的安排》及《内地与澳门关于建立更紧密经贸关系的安排》中关于“服务提供者”定义及相关规定的要求。

三、香港、澳门服务提供者在内地设立合资、合作医疗机构的其他规定，仍参照《中外合资、合作医疗机构管理暂行办法》执行。

四、本规定自2008年1月1日起施行。

《中外合资、合作医疗机构管理暂行办法》的补充规定二

（2008年12月7日卫生部、商务部令第61号发布）

为促进香港、澳门与内地建立更紧密经贸关系，鼓励香港、澳门服务提供者在内地设立商业企业，根据国务院批准的《〈内地与香港关于建立更紧密经贸关系的安排〉补充协议五》及《〈内地与澳门关于建立更紧密经贸关系的安排〉补充协议五》，现就《中外合资、合作医疗机构管理暂行办法》（卫生部、商务部令11号）中有关香港和澳门服务提供者投资在广东省境内设立门诊部问题做出如下补充规定：

一、香港、澳门服务提供者在广东省可以独资形式设立门诊部，门诊部投资总额不作限制。

二、对香港、澳门服务提供者在广东省与内地合资、合作设立的门诊部投资总额不作限制，双方投资比例不作限制。

三、香港、澳门服务提供者申请在广东省以独资或合资、合作形式设立门诊部的，由广东省卫生行政部门负责设置审批和执业登记。

四、申请人在获得广东省卫生部门设置许可后，向广东省商务主管部门提出申请，由广东省商务主管部门审批。

五、本规定自2009年1月1日起施行。

关于优化医疗机构和医护人员准入服务的通知

（国卫办医发〔2018〕29号）

各省、自治区、直辖市及新疆生产建设兵团卫生健康委（卫生计生委）、中医药局：

为贯彻落实《国务院关于在全国推开“证照分离”改革的通知》（国发〔2018〕35号）要求，进一步优化医疗机构和医护人员准入服务，现将有关重点事项通知如下：

一、推广网上办理

持续深化电子化注册管理改革,协同推动部门间的信息共享应用。依托电子化注册系统,实行医疗机构执业登记、医师执业注册、护士执业注册等事项网上办理,并提供进度查询、业务咨询等服务。鼓励有条件的地方探索实施医疗机构设置审批网上办理。梳理完善网上政务服务事项清单,向社会公开相关政策法规、审批条件、办理时限、流程环节、样式表格、监督方式等,为行政管理相对人提供清晰指引。

二、压缩审批时限

进一步理顺卫生健康行政部门(含中医药主管部门,下同)内部工作流程,实行"一个窗口受理、一次性告知、一站式审批",最大限度压缩审批时限,避免"多头跑、来回跑"等问题。自2018年11月10日起,营利性医疗机构设置审批(含港澳台资,不含外商独资)时限由30日压缩至20日。医疗机构执业登记时限由45日压缩至30日。医师执业注册和护士执业注册时限由20日压缩至12日。

三、精简审批材料

全面清理各类审批材料和证明事项,凡缺乏法律法规依据的一律取消。申请医疗机构执业登记,不再提交验资证明。加快不同业务信息系统间的融合对接,推广通过在线获取的方式核验营利性医疗机构的营业执照、设置医疗机构批准书或者备案回执、医疗机构各科室负责人(学科带头人)有关资格证书、执业证书等材料,避免重复提供纸质材料。

四、优化审批条件

在县级及县级以下医疗机构执业的临床医师,从事基层医疗卫生服务工作,确因工作需要,经县级卫生健康行政部门考核批准,报设区的市级卫生健康行政部门备案,可申请同一类别至多3个专业作为执业范围进行注册。严格落实医疗机构基本标准,优化医疗机构诊疗科目登记,完善二级及以下医疗机构设置审批与执业登记"两证合一",逐步实现营利性医疗机构床位数由投资主体自主决定。

五、加强事中事后监管

严格执行医疗机构、医护人员的准入和退出管理机制。强化医疗机构综合监管制度建设,深化拓展"双随机、一公开"的监管模式,依法依规建立医疗机构和医护人员不良执业行为记分制度、黑名单制度,加大对违法违规行为查处和公开力度。完善医疗质量管理与控制体系建设,加强对医疗机构合理检查、合理用药、合理治疗方面的监测指导。稳步推进电子证照管理改革试点,加强对医疗机构和医护人员执业活动的管理,推动建立全范围覆盖、全过程监督的信息化管理模式。

各级卫生健康行政部门要高度重视"证照分离"改革,根据本通知要求,细化具体工作举措,组织做好政策解读和宣传,加强队伍建设和业务培训,进一步优化和规范服务行为,切实提高服务效率和质量。

国家卫生健康委办公厅

国家中医药局办公室

2018年11月9日

关于进一步改革完善医疗机构、医师审批工作的通知

（国卫医发〔2018〕19号）

各省、自治区、直辖市卫生计生委、中医药管理局，新疆生产建设兵团卫生计生委：

为深入贯彻落实党的十九大精神和国务院廉政工作会议关于深化“放管服”改革的重要部署，在医疗领域持续优化审批流程、提高审批效率，更好地发挥卫生健康行业主管部门作用，根据《中共中央办公厅 国务院办公厅印发〈关于深入推进审批服务便民化的指导意见〉的通知》，现就进一步改革完善医疗机构、医师审批工作通知如下：

一、全面推进电子化注册管理改革

地方各级卫生健康行政部门（含中医药主管部门，下同）要把推进医疗机构、医师、护士电子化注册管理改革作为深化医疗领域“放管服”改革的重要抓手，加快建立审批信息共享机制，进一步简化审批流程，缩短审批时限，提高审批效率。2018年6月底前，全国全面实施电子化注册管理。各省级卫生健康行政部门根据电子化注册管理情况，按照国家卫生健康委员会制定的制作样式和技术要求，组织印制和发放医疗机构执业许可证及副本。

二、优化医疗机构诊疗科目登记

在保障医疗质量安全的前提下，医疗机构可以委托独立设置的医学检验实验室、病理诊断中心、医学影像诊断中心、医疗消毒供应中心或者有条件的其他医疗机构提供医学检验、病理诊断、医学影像、医疗消毒供应等服务。卫生健康行政部门可以将该委托协议作为医疗机构相关诊疗科目的登记依据，并在诊疗科目后备注“协议”。城市医疗集团和县域医共体的牵头医院应当符合相应医疗机构基本标准，具备医学检验、病理诊断、医学影像、消毒供应等服务能力。

三、规范营利性医疗机构命名

营利性医疗机构的名称应当符合企业、个体工商户名称登记和医疗机构命名的有关规定。卫生健康行政部门应当加强与市场监管部门的沟通衔接，根据工作需要及时向市场监管部门提供有关营利性医疗机构的名称信息。卫生健康行政部门应当根据营利性医疗机构的申请，出具其医疗机构名称信息的证明材料，为营利性医疗机构正常执业运营提供便利。

四、简化医疗机构审批申请材料

地方各级卫生健康行政部门应当全面组织清理医疗机构审批申请材料，凡缺乏法律法规依据的，一律取消；可以通过与其他部门信息共享获取相关信息的，不得要求申请人提供证明材料。申请医疗机构执业登记的，不再提供验资证明，申请人应当对注册资金的真实性负责。

五、二级及以下医疗机构设置审批与执业登记“两证合一”

除三级医院、三级妇幼保健院、急救中心、急救站、临床检验中心、中外合资合作医疗机构、港澳台独资医疗机构外，举办其他医疗机构的，卫生健康行政部门不再核发《设置医疗机构批准书》，仅在执业登记时发放《医疗机构执业许可证》。在申请执业登记前，举办人应当对设置医疗机构的可行性和对周边的影响进行深入研究，合理设计医疗机构的选

址布局、功能定位、服务方式、诊疗科目、人员配备、床位数量、设备设施等事项。在申请执业登记时,申请人应当提交《医疗机构管理条例实施细则》第二十五条第一款第二项至第七项规定的材料(不含验资证明)。卫生健康行政部门受理医疗机构执业登记申请后,应当对申请登记的医疗机构基本情况进行公示,并按照《医疗机构管理条例实施细则》第二十六条进行审核;审核合格的,发给《医疗机构执业许可证》;审核不合格的,将审核结果和不予批准的理由以书面形式通知申请人。

六、合并妇产科医师执业证书和母婴保健技术考核合格证书

根据《母婴保健法》及其实施办法等相关规定,妇产科医师通过母婴保健技术培训并考核合格后,在医师执业证书上加注母婴保健技术服务的相关内容,不再单独发放母婴保健技术考核合格证书。

地方各级卫生健康行政部门要高度重视医疗机构、医师的审批工作,按照本通知要求,结合实际细化出台配套实施细则,做好政策宣传解读,及时更新完善相关事项的服务指南和办理流程,力争让相关机构和人员办事只进一扇门、最多跑一次。

国家卫生健康委员会
国家中医药管理局
2018 年 6 月 15 日

关于优化社会办医疗机构跨部门审批工作的通知

(发改社会〔2018〕1147 号)

各省、自治区、直辖市发展改革委、民政厅(局)、自然资源主管部门、生态环境主管部门、住房城乡建设主管部门、卫生健康主管部门、消防主管部门、工商(市场监管)主管部门、中医药主管部门,新疆生产建设兵团发展改革委、公安局、民政局、国土资源局、建设局(环保局)、卫生局、工商局:

为进一步落实“放管服”改革要求,支持社会办医发展,加快形成多元办医格局,现就优化社会办医疗机构跨部门审批工作通知如下。

一、总体要求和指导原则

优化社会办医疗机构跨部门审批工作的总体要求是:全面贯彻党的十九大和十九届二中、三中全会精神,以习近平新时代中国特色社会主义思想为指导,坚持以人民为中心,坚持问题导向,以改革为动力,创新工作思路,发挥部门合力,降低社会力量举办医疗机构的制度性成本,营造公平规范的发展环境,进一步调动社会力量办医积极性。

指导原则是:

——流程规范透明。与医疗机构准入管理改革相协调,明确社会办医疗机构准入跨部门审批流程和事项清单,优化审批工作程序。

——审批依法合规。严格遵循法律法规,坚持运用法治思维和法治方式规范社会办医疗机构审批工作,营造良好准入环境。

——工作衔接顺畅。强化跨部门审批工作衔接，促进各项政策相互衔接、落地管用，切实解决重点难点问题，提高审批效率。

——服务便捷高效。加强审批信息公开，提高服务意识，建立评估机制，让社会办医的办事更方便、创业更顺畅。

二、制定社会办医疗机构准入跨部门审批流程和事项清单

省级发展改革部门会同卫生健康、中医药、工商（市场监管）、民政、生态环境、消防等主管部门制定本省（区、市）社会办医疗机构（仅指内资，下同）准入跨部门审批流程和事项清单，督促和指导地方依据审批流程和事项清单，进一步规范审批工作程序，压减审批工作日。省级社会办医疗机构准入跨部门审批流程和事项清单内容包括：审批事项、流程关系及审批事项的受理部门、法律法规依据、受理条件、审查要求、办理时限、需要提交的材料目录和申请书示范文本等。

制定审批流程和事项清单基于但不限于以下基本流程框架。

（一）营利性医疗机构准入跨部门审批基本流程框架。

第一步，工商（市场监管）主管部门对医疗机构进行工商登记。

第二步，卫生健康、中医药主管部门根据行业准入管理相关规定，对医疗机构进行设置审批（备案管理）。按规定实行设置审批与执业登记“两证合一”的医疗机构，卫生健康、中医药主管部门在执业登记前提供准入政策咨询。

第三步，卫生健康、中医药主管部门对医疗机构进行执业登记。消防主管部门对医疗机构进行消防设计审核（备案）、验收（备案抽查），生态环境主管部门对医疗机构进行环境影响评价审批（备案管理），与医疗机构执业登记并联开展。

（二）非营利性医疗机构准入跨部门审批基本流程框架。

第一步，卫生健康、中医药主管部门根据行业准入管理相关规定，对医疗机构进行设置审批（备案管理）。按规定实行设置审批与执业登记“两证合一”的医疗机构，卫生健康、中医药主管部门在执业登记前提供准入政策咨询。

第二步，卫生健康、中医药主管部门对医疗机构进行执业登记。消防主管部门对医疗机构进行消防设计审核（备案）、验收（备案抽查），生态环境主管部门对医疗机构进行环境影响评价审批（备案管理），与医疗机构执业登记并联开展。

第三步，民政部门对医疗机构进行社会服务机构登记。

三、进一步简化优化项目建设相关审批条件

（一）做好社会办医疗机构投资项目核准（备案）。

地方投资主管部门要认真落实国务院发布的《政府核准的投资项目目录（2016 年本）》和《企业投资项目核准和备案管理办法》（国家发展和改革委员会令第 2 号），规范开展社会办医疗机构投资项目核准（备案），凡是缺乏法律法规依据的前置条件和申请材料一律取消。

（二）取消部分医疗机构设置审批作为前置条件。

对卫生健康、中医药主管部门规定实行设置审批、执业登记“两证合一”的社会办医疗机构，其他部门履行审批手续时均不以取得卫生健康、中医药主管部门的设置批准文件作为前置条件。

（三）推进医疗机构项目环境影响评价分类管理。

根据建设项目对环境的影响程度，对可能造成环境影响的医疗机构项目实行环境影响报告书或者环境影响报告表审批管理。对环境影响很小、不需要进行环境影响评价的医疗机构项目实行环境影响登记表备案管理。

（四）简化部分医疗机构设施消防设计审核和验收。

建筑面积在300平方米以下或投资30万元（或省级住房城乡建设主管部门确定的可以不申请办理施工许可证的限额）以下的医疗机构设施，不需要办理消防设计、竣工验收备案手续。

（五）实行医疗机构工程建设项目区域评估。

凡是符合已经批复的控制性详细规划的区域，各地可不再对区域内100张床位或地方自行确定床位数以下的具体医疗机构工程建设项目进行交通影响、水影响、地震安全性等方面的评估审查。

四、加强跨部门审批过程的工作衔接

各部门要加强工作配合，提高信息共享水平，做好相关联的审批事项之间的工作衔接，避免审批互为前置、反复跑腿的现象，降低社会办医的审批成本和政策风险。地方能够自行协调解决政策操作障碍的，要不等不靠、尽早解决。

对有关选址、划拨用地等审批过程，落实以下要求：

（一）选址。

卫生健康、中医药主管部门要与自然资源、生态环境、消防等主管部门加强配合，做好选址相关政策信息公开和咨询服务，指导社会办医疗机构依据政策规定，对设置医疗机构的可行性和对周边的影响进行深入研究，合理设计医疗机构的选址布局。已经设立综合行政审批部门的地方，有关部门可依托综合行政审批部门就医疗机构选址合规性提供“一站式”咨询服务，有关部门要对依法受限用于举办特定医疗机构、开展特定医疗服务的地点和场所尽早作风险提示，咨询意见作为医疗机构选择经营场所的参考，不作为最终审批结论。鼓励地方在公开医疗机构设置规划的基础上，探索制定多部门“负面清单”形式的医疗机构选址规定，便于医疗机构举办者掌握政策。

城市、县人民政府自然资源主管部门依据法律法规和经批准的城乡规划，制定暂不改作医疗服务相关规划用途的现有房屋设施用于举办医疗机构的要求细则，并明确办事流程。

（二）划拨用地。

社会力量申请划拨国有建设用地用于建设非营利性医疗机构的，因尚不能完成医疗机构执业登记、社会服务机构登记，自然资源、卫生健康、民政、中医药主管部门要积极协调落实划拨用地相关政策。民政部门对除经营场所外的相关资质作初步审查后，可向自然资源主管部门提供有条件的初审意见。自然资源主管部门可将民政部门的意见作为参考依据，按法定程序受理划拨用地申请。

上述有条件初审意见作申请划拨用地的参考依据使用，不作为最终审批结论。社会办非营利性医疗机构须具备全部规定条件后再依法完成社会服务机构登记，由此延长的审批时间不纳入审批时限考核。

五、提高审批服务水平

（一）公开审批流程和事项清单。

地方卫生健康、中医药主管部门要在办事服务窗口及政务网站公开社会办医疗机构跨部门审批流程和事项清单，并负责汇总和公开国家、本地区对社会办医的规划预留空间、发展支持政策、审批改革措施、卫生领域相关法律法规和政策规定等信息，提供社会办医综合指南服务。其他部门要公开本部门负责审批的事项清单。工商（市场监管）主管部门要向社会公开关于社会办营利性医疗机构工商登记的法律、行政法规，依法办理登记，并通过国家企业信用信息公示系统向社会公示社会办营利性医疗机构登记信息，提供开放查询。

（二）加强综合审批服务。

已经设立综合行政审批部门的地方，可充分发挥综合行政审批部门窗口作用和综合协调功能，"一站式"提供社会办医疗机构审批、办事、征求意见、政策咨询等服务，缩短办事时间，提高办事效率。有条件的地方可探索引入第三方监督，由综合行政审批部门代表政府对各部门办理情况进行留痕管理、监督分析、主动监管，对办事群众进行回访，督促部门主动接受监督，主动改进工作。

（三）推广"最多跑一次"改革。

参与社会办医疗机构审批和办事服务的部门要认真梳理业务流程和常见问题，畅通咨询渠道，积极向社会解答本部门的审批和办事规定。努力做到群众和企业向政府咨询一件事情，能够一次性全部告知；群众和企业到政府办理一件事情，在申请材料齐全、符合法定受理条件时，从受理申请到形成办理结果全过程只需一次上门或零上门。

（四）探索实施信用承诺制度。

参与社会办医疗机构审批和办事服务的部门可结合实际制定标准化的信用承诺书格式文本，组织引导社会办医疗机构就申报材料真实性完整性、依法依规诚信经营等内容，向社会做出公开承诺。信用承诺书及其执行情况纳入社会办医疗机构信用记录，在"信用中国"网站公示，并作为事中事后监管的重要参考。

（五）持续优化审批工作。

卫生健康、中医药主管部门要会同有关部门将持续优化社会办医疗机构跨部门审批作为落实"放管服"改革的重要任务，按年度对本地区社会办医疗机构审批工作情况进行评估，畅通社会监督渠道，听取社会办医疗机构举办者等各方的意见建议，及时发现审批工作中的新情况、新问题，对存在的问题立行立改。

六、认真组织实施

各地区、各有关部门要充分认识优化社会办医疗机构跨部门审批工作的重要意义。省级发展改革部门要会同省级卫生健康、中医药主管部门，组织研究制定优化社会办医疗机构跨部门审批工作的省级落实办法。省级落实办法公布时间原则上不晚于本通知印发后的9个月内，并于公布1个月内报备国家发展改革委、卫生健康委、中医药局。国家各有关部门要及时调整相关的部门规章和政策规定，细化操作规定，指导本系统单位改进审批工作，同步完善事中事后监管措施。

地方发展改革、卫生健康、中医药主管部门要组织加强对社会办医疗机构审批工作的研究，尊重和发扬基层首创精神，不断总结和推广行之有效的改革经验，着力解决好审批政策落实不到位、规定相互制约、流程互为前置等突出难点问题，及时解答和回应公众关切，在全社会营造理解和支持社会办医的良好氛围。各有关部门要各负其责、协同配合，保障工作顺利推进。国家发展改革委、卫生健康委、中医药局将适时组织对地方落实情况的督查，对支持社会办医和优化审批工作积极主动、成效明显的地区给予宣传和激励。

国家发展改革委　民政部　自然资源部
生态环境部　住房城乡建设部　卫生健康委
应急部　市场监管总局　中医药局
2018年8月2日

国家卫生计生委、国家中医药管理局关于印发中医诊所基本标准和中医（综合）诊所基本标准的通知

（国卫医发〔2017〕55号）

各省、自治区、直辖市卫生计生委、中医药管理局，新疆生产建设兵团卫生局：

为促进中医诊所建设和发展，组织实施好中医诊所备案工作，国家卫生计生委和国家中医药管理局组织制定了《中医诊所基本标准》和《中医（综合）诊所基本标准》。现印发给你们，请遵照执行，并将有关事宜通知如下：

一、《中医诊所基本标准》适用于备案管理的中医诊所，是举办备案中医诊所应当具备的条件之一；《中医（综合）诊所基本标准》适用于提供中西两法服务和不符合《中医诊所备案管理暂行办法》规定的服务范围或者存在不可控的医疗安全风险的中医（综合）诊所，是中医（综合）诊所执业必须达到的最低标准，是卫生计生行政部门和中医药主管部门核发《医疗机构执业许可证》和校验的依据。

二、原卫生部印发的《中医诊所基本标准》以及原卫生部和国家中医药管理局联合印发的《中医坐堂医诊所基本标准（试行）》同时废止。

三、原卫生部印发的《民族医诊所基本标准》同时废止。民族医诊所的管理参照《中医诊所基本标准》和《中医（综合）诊所基本标准》执行。

国家卫生计生委
国家中医药管理局
2017年12月1日

互联网医院管理办法(试行)

(国卫医发〔2018〕25号)

第一章　总　　则

第一条　为落实《国务院办公厅关于促进"互联网+医疗健康"发展的意见》,推动互联网医院持续健康发展,规范互联网医院管理,提高医疗服务效率,保证医疗质量和医疗安全,根据《执业医师法》、《医疗机构管理条例》等法律法规,制定本办法。

第二条　本办法所称互联网医院包括作为实体医疗机构第二名称的互联网医院,以及依托实体医疗机构独立设置的互联网医院(互联网医院基本标准见附录)。

第三条　国家按照《医疗机构管理条例》、《医疗机构管理条例实施细则》对互联网医院实行准入管理。

第四条　国务院卫生健康行政部门和中医药主管部门负责全国互联网医院的监督管理。地方各级卫生健康行政部门(含中医药主管部门,下同)负责辖区内互联网医院的监督管理。

第二章　互联网医院准入

第五条　实体医疗机构自行或者与第三方机构合作搭建信息平台,使用在本机构和其他医疗机构注册的医师开展互联网诊疗活动的,应当申请将互联网医院作为第二名称。

实体医疗机构仅使用在本机构注册的医师开展互联网诊疗活动的,可以申请将互联网医院作为第二名称。

第六条　实施互联网医院准入前,省级卫生健康行政部门应当建立省级互联网医疗服务监管平台,与互联网医院信息平台对接,实现实时监管。

第七条　申请设置互联网医院,应当向其依托的实体医疗机构执业登记机关提出设置申请,并提交以下材料:

(一)设置申请书;

(二)设置可行性研究报告,可根据情况适当简化报告内容;

(三)所依托实体医疗机构的地址;

(四)申请设置方与实体医疗机构共同签署的合作建立互联网医院的协议书。

第八条　新申请设置的实体医疗机构拟将互联网医院作为第二名称的,应当在设置申请书中注明,并在设置可行性研究报告中写明建立互联网医院的有关情况。如果与第三方机构合作建立互联网医院信息平台,应当提交合作协议。

第九条　卫生健康行政部门受理设置申请后,依据《医疗机构管理条例》、《医疗机构管理条例实施细则》的有关规定进行审核,在规定时间内作出同意或者不同意的书面答复。批准设置并同意其将互联网医院作为第二名称的,在《设置医疗机构批准书》中注明;批准第三方机构申请设置互联网医院的,发给《设置医疗机构批准书》。医疗机构按照有关法律法规和规章申请执业登记。

第十条　已经取得《医疗机构执业许可证》的实体医疗机构拟建立互联网医院,将互联网医院作为第二名称的,应当向其《医疗机构执业许可证》发证机关提出增加互联网医院作为第二名称的申请,并提交下列材料:

(一)医疗机构法定代表人或主要负责人签署同意的申请书,提出申请增加互联网医院作为第二名称的原因和理由;

(二)与省级互联网医疗服务监管平台对接情况;

(三)如果与第三方机构合作建立互联网医院,应当提交合作协议;

(四)登记机关规定提交的其他材料。

第十一条　执业登记机关按照有关法律法规和规章对互联网医院登记申请材料进行审核。审核合格的,予以登记。审核不合格的,将审核结果以书面形式通知申请人。

第十二条　互联网医院的命名应当符合有关规定,并满足以下要求:

(一)实体医疗机构独立申请互联网医院作为第二名称,应当包括"本机构名称+互联网医院";

(二)实体医疗机构与第三方机构合作申请互联网医院作为第二名称,应当包括"本机构名称+合作方识别名称+互联网医院";

(三)独立设置的互联网医院,名称应当包括"申请设置方识别名称+互联网医院"。

第十三条　合作建立的互联网医院,合作方发生变更或出现其他合作协议失效的情况时,需要重新申请设置互联网医院。

第三章　执业规则

第十四条　互联网医院执行由国家或行业学协会制定的诊疗技术规范和操作规程。

第十五条　互联网医院信息系统按照国家有关法律法规和规定,实施第三级信息安全等级保护。

第十六条　在互联网医院提供医疗服务的医师、护士应当能够在国家医师、护士电子注册系统中进行查询。互联网医院应当对医务人员进行电子实名认证。鼓励有条件的互联网医院通过人脸识别等人体特征识别技术加强医务人员管理。

第十七条　第三方机构依托实体医疗机构共同建立互联网医院的,应当为实体医疗机构提供医师、药师等专业人员服务和信息技术支持服务,通过协议、合同等方式明确各方在医疗服务、信息安全、隐私保护等方面的责权利。

第十八条　互联网医院必须对患者进行风险提示,获得患者的知情同意。

第十九条　患者在实体医疗机构就诊,由接诊的医师通过互联网医院邀请其他医师进行会诊时,会诊医师可以出具诊断意见并开具处方;患者未在实体医疗机构就诊,医师只能通过互联网医院为部分常见病、慢性病患者提供复诊服务。互联网医院可以提供家庭医生签约服务。

当患者病情出现变化或存在其他不适宜在线诊疗服务的,医师应当引导患者到实体医疗机构就诊。

第二十条　互联网医院应当严格遵守《处方管理办法》等处方管理规定。在线开具处方前，医师应当掌握患者病历资料，确定患者在实体医疗机构明确诊断为某种或某几种常见病、慢性病后，可以针对相同诊断的疾病在线开具处方。

所有在线诊断、处方必须有医师电子签名。处方经药师审核合格后方可生效，医疗机构、药品经营企业可委托符合条件的第三方机构配送。不得在互联网上开具麻醉药品、精神类药品处方以及其他用药风险较高、有其他特殊管理规定的药品处方。为低龄儿童(6岁以下)开具互联网儿童用药处方时，应当确定患儿有监护人和相关专业医师陪伴。

第二十一条　互联网医院开展互联网诊疗活动应当按照《医疗机构病历管理规定》和《电子病历基本规范(试行)》等相关文件要求，为患者建立电子病历，并按照规定进行管理。患者可以在线查询检查检验结果和资料、诊断治疗方案、处方和医嘱等病历资料。

第二十二条　互联网医院发生的医疗服务不良事件和药品不良事件按照国家有关规定上报。

第二十三条　互联网医院应当严格执行信息安全和医疗数据保密的有关法律法规，妥善保管患者信息，不得非法买卖、泄露患者信息。发生患者信息和医疗数据泄露时，医疗机构应当及时向主管的卫生健康行政部门报告，并立即采取有效应对措施。

第二十四条　实体医疗机构或者与实体医疗机构共同申请互联网医院的第三方，应当为医师购买医疗责任保险。

第二十五条　互联网医院提供医疗服务应当符合分级诊疗相关规定，与依托的实体医疗机构功能定位相适应。

第二十六条　鼓励城市三级医院通过互联网医院与偏远地区医疗机构、基层医疗卫生机构、全科医生与专科医生的数据资源共享和业务协同，促进优质医疗资源下沉。

第四章　监督管理

第二十七条　互联网医院应当严格按照国家法律法规加强内部各项管理。

第二十八条　互联网医院应当建立互联网医疗服务不良事件防范和处置流程，落实个人隐私信息保护措施，加强互联网医院信息平台内容审核管理，保证互联网医疗服务安全、有效、有序开展。

第二十九条　互联网医院提供诊疗服务的医师，应当依法取得相应执业资质，在依托的实体医疗机构或其他医疗机构注册，具有3年以上独立临床工作经验。互联网医院提供服务的医师，应当确保完成主要执业机构规定的诊疗工作。

第三十条　省级卫生健康行政部门与互联网医院登记机关，通过省级互联网医疗服务监管平台，对互联网医院共同实施监管，重点监管互联网医院的人员、处方、诊疗行为、患者隐私保护和信息安全等内容。将互联网医院纳入当地医疗质量控制体系，相关服务纳入行政部门对实体医疗机构的绩效考核和医疗机构评审，开展线上线下一体化监管，确保医疗质量和医疗安全。

第三十一条　县级及以上地方卫生健康行政部门应当向社会公布互联网医院名单及监督电话或者其他监督方式，及时受理和处置违法违规互联网医疗服务的举报。发现不符合本办法规定的，应当及时告知相关主管部门。

第三十二条　取得《医疗机构执业许可证》的互联网医院,独立作为法律责任主体;实体医疗机构以互联网医院作为第二名称时,实体医疗机构为法律责任主体。互联网医院合作各方按照合作协议书承担相应法律责任。

患者与互联网医院发生医疗纠纷时,应当向互联网医院登记机关提出处理申请,按照有关法律、法规和规定追偿法律责任。

第三十三条　医疗机构和医务人员在开展互联网医疗服务过程中,有违反《执业医师法》、《医疗机构管理条例》、《医疗事故处理条例》和《护士条例》等法律、法规行为的,按照有关法律、法规规定处理。

第三十四条　下级卫生健康行政部门未按照《医疗机构管理条例》和本办法规定管理互联网医院的,上级卫生健康行政部门应当及时予以纠正。

第五章　附　则

第三十五条　本办法施行前已经批准设置或备案的互联网医院,自本办法施行之日起30日内,按照本办法要求重新提出设置和执业登记申请。

第三十六条　本办法自发布之日起施行。

互联网诊疗管理办法(试行)

(国卫医发〔2018〕25号)

第一章　总　则

第一条　为落实《国务院办公厅关于促进"互联网+医疗健康"发展的意见》,规范互联网诊疗活动,推动互联网医疗服务健康快速发展,保障医疗质量和医疗安全,根据《执业医师法》、《医疗机构管理条例》等法律法规,制定本办法。

第二条　本办法所称互联网诊疗是指医疗机构利用在本机构注册的医师,通过互联网等信息技术开展部分常见病、慢性病复诊和"互联网+"家庭医生签约服务。

第三条　国家对互联网诊疗活动实行准入管理。

第四条　国务院卫生健康行政部门和中医药主管部门负责全国互联网诊疗活动的监督管理。地方各级卫生健康行政部门(含中医药主管部门,下同)负责辖区内互联网诊疗活动的监督管理。

第二章　互联网诊疗活动准入

第五条　互联网诊疗活动应当由取得《医疗机构执业许可证》的医疗机构提供。

第六条　新申请设置的医疗机构拟开展互联网诊疗活动,应当在设置申请书注明,并在设置可行性研究报告中写明开展互联网诊疗活动的有关情况。如果与第三方机构合作建立互联网诊疗服务信息系统,应当提交合作协议。

第七条　卫生健康行政部门受理申请后,依据《医疗机构管理条例》、《医疗机构管理条例实施细则》的有关规定进行审核,在规定时间内作出同意或者不同意的书面答复。批准设置并同意其开展互联网诊疗的，在《设置医疗机构批准书》中注明同意其开展互联网诊疗活动。医疗机构按照有关法律法规和规章申请执业登记。

第八条　已经取得《医疗机构执业许可证》的医疗机构拟开展互联网诊疗活动，应当向其《医疗机构执业许可证》发证机关提出开展互联网诊疗活动的执业登记申请，并提交下列材料：

（一）医疗机构法定代表人或主要负责人签署同意的申请书，提出申请开展互联网诊疗活动的原因和理由；

（二）如果与第三方机构合作建立互联网诊疗服务信息系统，应当提交合作协议；

（三）登记机关规定提交的其他材料。

第九条　执业登记机关按照有关法律法规和规章对医疗机构登记申请材料进行审核。审核合格的，予以登记，在《医疗机构执业许可证》副本服务方式中增加"互联网诊疗"。审核不合格的，将审核结果以书面形式通知申请人。

第十条　医疗机构与第三方机构的合作协议应当明确各方在医疗服务、信息安全、隐私保护等方面的责权利。

第十一条　医疗机构开展互联网诊疗活动应当与其诊疗科目相一致。未经卫生健康行政部门核准的诊疗科目，医疗机构不得开展相应的互联网诊疗活动。

第三章　执业规则

第十二条　医疗机构开展互联网诊疗活动应当符合医疗管理要求，建立医疗质量和医疗安全规章制度。

第十三条　医疗机构开展互联网诊疗活动，应当具备满足互联网技术要求的设备设施、信息系统、技术人员以及信息安全系统，并实施第三级信息安全等级保护。

第十四条　开展互联网诊疗活动的医师、护士应当能够在国家医师、护士电子注册系统中查询。医疗机构应当对开展互联网诊疗活动的医务人员进行电子实名认证，鼓励有条件的医疗机构通过人脸识别等人体特征识别技术加强医务人员管理。

第十五条　基层医疗卫生机构实施"互联网＋"家庭医生签约服务，在协议中告知患者服务内容、流程、双方责任和权利以及可能出现的风险等，签订知情同意书。

第十六条　医疗机构在线开展部分常见病、慢性病复诊时，医师应当掌握患者病历资料，确定患者在实体医疗机构明确诊断为某种或某几种常见病、慢性病后，可以针对相同诊断进行复诊。当患者出现病情变化需要医务人员亲自诊查时，医疗机构及其医务人员应当立即终止互联网诊疗活动，引导患者到实体医疗机构就诊。

不得对首诊患者开展互联网诊疗活动。

第十七条　医疗机构开展互联网诊疗活动应当按照《医疗机构病历管理规定》和《电子病历基本规范（试行）》等相关文件要求，为患者建立电子病历，并按照规定进行管理。

第十八条　医疗机构开展互联网诊疗活动应当严格遵守《处方管理办法》等处方管理规定。医师掌握患者病历资料后，可以为部分常见病、慢性病患者在线开具处方。在线开具的处方必须有医师电子签名，经药师审核后，医疗机构、药品经营企业可委托符合条件的第三方机构配送。

第十九条　医疗机构开展互联网诊疗活动时,不得开具麻醉药品、精神药品等特殊管理药品的处方。为低龄儿童(6 岁以下)开具互联网儿童用药处方时,应当确认患儿有监护人和相关专业医师陪伴。

第二十条　医疗机构应当严格执行信息安全和医疗数据保密的有关法律法规,妥善保管患者信息,不得非法买卖、泄露患者信息。发生患者信息和医疗数据泄露后,医疗机构应当及时向主管的卫生健康行政部门报告,并立即采取有效应对措施。

第二十一条　医疗机构开展互联网诊疗活动应当符合分级诊疗相关规定,与其功能定位相适应。

第二十二条　鼓励医联体内利用互联网技术,加快实现医疗资源上下贯通,提高基层医疗服务能力和效率,推动构建有序的分级诊疗格局。鼓励三级医院在医联体内通过互联网诊疗信息系统向下转诊患者。

第二十三条　三级医院应当优先发展与二级医院、基层医疗卫生机构之间的互联网医疗服务,为基层医疗卫生机构开展的互联网诊疗活动提供技术支持。

第四章　监督管理

第二十四条　医疗机构应当加强互联网诊疗活动管理,建立完善相关管理制度、服务流程,保证互联网诊疗活动全程留痕、可追溯,并向监管部门开放数据接口。

第二十五条　医师开展互联网诊疗活动应当依法取得相应执业资质,具有 3 年以上独立临床工作经验,并经其执业注册的医疗机构同意。

第二十六条　医疗机构开展互联网诊疗活动按照属地化管理的原则,由县级及以上地方卫生健康行政部门进行监督管理。

第二十七条　县级及以上地方卫生健康行政部门应当向社会公布允许开展互联网诊疗活动的医疗机构名单,公布监督电话或者其他监督方式,及时受理和处置违法违规互联网诊疗服务举报。发现不符合本办法规定的,应当及时告知有关主管部门。

第二十八条　下级卫生健康行政部门未按照《医疗机构管理条例》和本办法规定管理互联网诊疗活动的,上级卫生健康行政部门应当及时予以纠正。

第二十九条　县级及以上地方卫生健康行政部门应当充分发挥社会组织作用,加强互联网诊疗活动的行业监督和自律。

第五章　附　　则

第三十条　本办法施行前已经开展互联网诊疗活动的医疗机构,自本办法施行之日起 30 日内,按照本办法要求重新提出执业登记申请。

第三十一条　远程医疗服务按照《远程医疗服务管理规范(试行)》等相关文件管理。互联网医院按照《互联网医院管理办法(试行)》管理。

第三十二条　本办法自发布之日起施行。

城市社区卫生服务机构管理办法(试行)

(卫妇社发〔2006〕239号)

第一章　总　　则

第一条　为贯彻落实《国务院关于发展城市社区卫生服务的指导意见》(国发〔2006〕10号),加强对城市社区卫生服务机构设置与运行的管理,保障居民公平享有安全、有效、便捷、经济的社区卫生服务,根据《中华人民共和国执业医师法》、《中华人民共和国传染病防治法》、《中华人民共和国母婴保健法》、《医疗机构管理条例》等相关法律法规制定本办法。

第二条　本办法所称社区卫生服务机构是指在城市范围内设置的、经区(市、县)级政府卫生行政部门登记注册并取得《医疗机构执业许可证》的社区卫生服务中心和社区卫生服务站。

第三条　社区卫生服务机构以社区、家庭和居民为服务对象,以妇女、儿童、老年人、慢性病人、残疾人、贫困居民等为服务重点,开展健康教育、预防、保健、康复、计划生育技术服务和一般常见病、多发病的诊疗服务,具有社会公益性质,属于非营利性医疗机构。

第四条　卫生部负责全国社区卫生服务机构的监督管理。区(市、县)级以上地方政府卫生行政部门负责本行政区域内社区卫生服务机构的监督管理。

第二章　服务功能与执业范围

第五条　社区卫生服务机构服务对象为辖区内的常住居民、暂住居民及其他有关人员。

第六条　社区卫生服务机构提供以下公共卫生服务:

(一)卫生信息管理。根据国家规定收集、报告辖区有关卫生信息,开展社区卫生诊断,建立和管理居民健康档案,向辖区街道办事处及有关单位和部门提出改进社区公共卫生状况的建议。

(二)健康教育。普及卫生保健常识,实施重点人群及重点场所健康教育,帮助居民逐步形成利于维护和增进健康的行为方式。

(三)传染病、地方病、寄生虫病预防控制。负责疫情报告和监测,协助开展结核病、性病、艾滋病、其他常见传染病以及地方病、寄生虫病的预防控制,实施预防接种,配合开展爱国卫生工作。

(四)慢性病预防控制。开展高危人群和重点慢性病筛查,实施高危人群和重点慢性病病例管理。

(五)精神卫生服务。实施精神病社区管理,为社区居民提供心理健康指导。

(六)妇女保健。提供婚前保健、孕前保健、孕产期保健、更年期保健,开展妇女常见病预防和筛查。

(七)儿童保健。开展新生儿保健、婴幼儿及学龄前儿童保健,协助对辖区内托幼机构进行卫生保健指导。

(八)老年保健。指导老年人进行疾病预防和自我保健,进行家庭访视,提供针对性的健康指导。

(九)残疾康复指导和康复训练。

(十)计划生育技术咨询指导,发放避孕药具。

(十一)协助处置辖区内的突发公共卫生事件。

(十二)政府卫生行政部门规定的其他公共卫生服务。

第七条　社区卫生服务机构提供以下基本医疗服务:

(一)一般常见病、多发病诊疗、护理和诊断明确的慢性病治疗。

(二)社区现场应急救护。

(三)家庭出诊、家庭护理、家庭病床等家庭医疗服务。

(四)转诊服务。

(五)康复医疗服务。

(六)政府卫生行政部门批准的其他适宜医疗服务。

第八条　社区卫生服务机构应根据中医药的特色和优势,提供与上述公共卫生和基本医疗服务内容相关的中医药服务。

第三章　机构设置与执业登记

第九条　社区卫生服务中心原则上按街道办事处范围设置,以政府举办为主。在人口较多、服务半径较大、社区卫生服务中心难以覆盖的社区,可适当设置社区卫生服务站或增设社区卫生服务中心。人口规模大于10万人的街道办事处,应增设社区卫生服务中心。人口规模小于3万人的街道办事处,其社区卫生服务机构的设置由区(市、县)政府卫生行政部门确定。

第十条　设区的市政府卫生行政部门负责制订本行政区域社区卫生服务机构设置规划,并纳入当地区域卫生规划、医疗机构设置规划。社区卫生服务机构设置规划须经同级政府批准,报当地省级政府卫生行政部门备案。

第十一条　规划设置社区卫生服务机构,应立足于调整卫生资源配置,加强社区卫生服务机构建设,完善社区卫生服务机构布局。政府举办的一级医院和街道卫生院应转型为社区卫生服务机构;政府举办的部分二级医院和有条件的国有企事业单位所属基层医疗机构通过结构和功能改造,可转型为社区卫生服务机构。

第十二条　新设置社区卫生服务机构可由政府设立,也可按照平等、竞争、择优的原则,通过公开招标等方式确定社区卫生服务机构举办者,鼓励社会力量参与。

第十三条　设置审批社区卫生服务机构,应征询所在街道办事处及社区居民委员会的意见。

第十四条　设置社区卫生服务机构,须按照社区卫生服务机构设置规划,由区(市、县)级政府卫生行政部门根据《医疗机构管理条例》、《医疗机构管理条例实施细则》、《社区卫生服务中心基本标准》、《社区卫生服务站基本标准》进行设置审批和执业登记,同时报上一级政府卫生行政部门备案。《社区卫生服务中心基本标准》、《社区卫生服务站基本标准》由卫生部另行制定。

第十五条　社区卫生服务中心登记的诊疗科目应为预防保健科、全科医疗科、中医科(含民族医学)、康复医学科、医学检验科、医学影像科,有条件的可登记口腔医学科、临终关怀科,原则上不登记其他诊疗科目,确需登记的,须经区(市、县)级政府卫生行政部门审核批准,同时报上一级政府卫生行政部门备案。社区卫生服务站登记的诊疗科目应为预防保健科、全科医疗科,有条件的可登记中医科(含民族医学),不登记其他诊疗科目。

第十六条　社区卫生服务中心原则上不设住院病床,现有住院病床应转为以护理康复为主要功能的病床,或予以撤消。社区卫生服务站不设住院病床。

第十七条　社区卫生服务中心为独立法人机构,实行独立核算,社区卫生服务中心对其下设的社区卫生服务站实行一体化管理。其他社区卫生服务站接受社区卫生服务中心的业务管理。

第十八条　社区卫生服务中心、社区卫生服务站是专有名称,未经政府卫生行政部门批准,任何机构不得以社区卫生服务中心、社区卫生服务站命名。社区卫生服务机构须以社区卫生服务中心或社区卫生服务站进行执业登记,原则上不得使用两个或两个以上名称。

社区卫生服务中心的命名原则是:所在区名(可选)+所在街道办事处名+识别名(可选)+社区卫生服务中心;社区卫生服务站的命名原则是:所在街道办事处名(可选)+所在社区名+社区卫生服务站。

第十九条　社区卫生服务机构使用统一的专用标识,专用标识由卫生部制定。

第四章　人员配备与管理

第二十条　社区卫生服务机构应根据服务功能、服务人口、居民的服务需要,按照精干、效能的原则设置卫生专业技术岗位,配备适宜学历与职称层次的从事全科医学、公共卫生、中医(含中西医结合、民族医)等专业的执业医师和护士,药剂、检验等其他有关卫生技术人员根据需要合理配置。

第二十一条　社区卫生服务机构的专业技术人员须具有法定执业资格。

第二十二条　临床类别、中医类别执业医师注册相应类别的全科医学专业为执业范围,可从事社区预防保健以及一般常见病、多发病的临床诊疗,不得从事专科手术、助产、介入治疗等风险较高、不适宜在社区卫生服务机构开展的专科诊疗,不得跨类别从事口腔科诊疗。

第二十三条　临床类别、中医类别执业医师在社区卫生服务机构从事全科医学工作,申请注册全科医学专业为执业范围,须符合以下条件之一:

(一)取得相应类别的全科医学专业中、高级技术职务任职资格。

(二)经省级卫生、中医药行政部门认可的相应类别全科医师岗位培训并考核合格。

(三)参加省级卫生、中医药行政部门认可的相应类别全科医师规范化培训。

取得初级资格的临床类别、中医类别执业医师须在有关上级医师指导下从事全科医学工作。

第二十四条　根据社区卫生服务的需要,二级以上医疗机构有关专业的医护人员(含符合条件的退休医护人员),依据政府卫生行政部门有关规定,经社区卫生服务机构注册的区(市、县)级政府卫生行政部门备案,可到社区卫生服务机构从事相应专业的临床诊疗服务。

第二十五条　社区卫生技术人员需依照国家规定接受毕业后教育、岗位培训和继续教育等职业培训。社区卫生服务机构要建立健全培训制度,在区(市、县)及设区的市政府卫生行政部门支持和组织下,安排卫生技术人员定期到大中型医院、预防保健机构进修学习和培训,参加学术活动。各地政府卫生行政部门和社区卫生服务机构要积极创造条件,使高等医学院校到社区卫生服务机构从事全科医学工作的有关医学专业毕业生,逐步经过规范化培训。

第二十六条　政府举办的社区卫生服务机构要实行定编定岗、公开招聘,签订聘用合同,建立岗位管理、绩效考核、解聘辞聘等项制度。非政府举办的社区卫生服务机构,实行自主用人制度。

第二十七条　社区卫生服务工作人员要树立良好的职业道德,恪尽职守,遵纪守法,不断提高业务技术水平,维护居民健康。

第五章　执业规则与业务管理

第二十八条　社区卫生服务机构执业,须严格遵守国家有关法律、法规、规章和技术规范,加强对医务人员的教育,实施全面质量管理,预防服务差错和事故,确保服务安全。

第二十九条　社区卫生服务机构须建立健全以下规章制度。

(一)人员职业道德规范与行为准则。

(二)人员岗位责任制度。

(三)人员聘用、培训、管理、考核与奖惩制度。

(四)技术服务规范与工作制度。

(五)服务差错及事故防范制度。

(六)服务质量管理制度。

(七)财务、药品、固定资产、档案、信息管理制度。

(八)医疗废物管理制度。

(九)社区协作与民主监督制度。

(十)其他有关制度。

第三十条　社区卫生服务机构须根据政府卫生行政部门规定,履行提供社区公共卫生服务和基本医疗服务的职能。

第三十一条　社区卫生服务机构应妥善保管居民健康档案,保护居民个人隐私。社区卫生服务机构在关闭、停业、变更机构类别等情况下,须将居民健康档案交由当地区(市、县)级政府卫生行政部门妥善处理。

第三十二条　社区卫生服务机构应严格掌握家庭诊疗、护理和家庭病床服务的适应症,切实规范家庭医疗服务行为。

第三十三条　区(市、县)及设区的市政府卫生行政部门要建立信息平台,为社区卫生服务机构提供本地有关大中型医疗机构专科设置、联系方式等转诊信息,支持社区卫生服务机构与大中型医疗机构建立转诊协作关系。社区卫生服务机构对限于设备或者技术条件难以安全、有效诊治的患者应及时转诊到相应医疗机构诊治。对医院转诊病人,社区卫生服务机构应根据医院建议与病人要求,提供必要的随访、病例管理、康复等服务。

第三十四条　社区卫生服务机构提供中医药(含民族医药)服务,应配备相应的设备、设施、药品,遵守相应的中医诊疗原则、医疗技术标准和技术操作规范。

第三十五条　社区卫生服务机构应在显著位置公示医疗服务、药品和主要医用耗材的价格,严格执行相关价格政策,规范价格行为。

第三十六条　社区卫生服务机构应配备与其服务功能和执业范围相适应的基本药品。社区卫生服务机构使用药品,须严格执行药品管理法律、法规的规定,从具有合法经营资质的单位购入。严禁使用过期、失效及违禁的药品。

第六章　行业监管

第三十七条　区(市、县)级政府卫生行政部门负责对社区卫生服务机构实施日常监督与管理,建立健全监督考核制度,实行信息公示和奖惩制度。

第三十八条　疾病预防控制中心、妇幼保健院(所、站)、专科防治院(所)等预防保健机构在职能范围内,对社区卫生服务机构所承担的公共卫生服务工作进行业务评价与指导。

第三十九条　政府卫生行政部门应建立社会民主监督制度,定期收集社区居民的意见和建议,将接受服务居民的满意度作为考核社区卫生服务机构和从业人员业绩的重要标准。

第四十条　政府卫生行政部门建立社区卫生服务机构评审制度,发挥行业组织作用,加强社区卫生服务机构的服务质量建设。

第七章　附　　则

第四十一条　各省、自治区、直辖市政府卫生和中医药行政部门应当根据本办法,制定具体实施细则。

第四十二条　本办法由卫生部、国家中医药管理局负责解释。

第四十三条　本办法自2006年8月1日起施行。

乡镇卫生院管理办法(试行)

(卫农卫发〔2011〕61号)

第一章　总　　则

第一条　为贯彻落实深化医药卫生体制改革精神,坚持乡镇卫生院的公益性质,明确乡镇卫生院功能和服务范围,规范乡镇卫生院管理,更好地为农村居民健康服务,根据《中华人民共和国执业医师法》、《医疗机构管理条例》、《护士条例》等有关法律法规和《中共中央 国务院关于深化医药卫生体制改革的意见》(中发〔2009〕6号)、《国务院办公厅关于建立健全基层医疗卫生机构补偿机制的意见》(国办发〔2010〕62号)等有关文件,制定本办法。

第二条　本办法适用于在乡镇设置、经县级人民政府卫生行政部门登记注册、依法取得《医疗机构执业许可证》的卫生院。

第三条　乡镇卫生院是农村三级医疗卫生服务体系的枢纽,是公益性、综合性的基层医疗卫生机构。政府在每个乡镇办好一所卫生院。

第四条　卫生部负责全国乡镇卫生院的监督管理工作,县级以上地方人民政府卫生行政部门负责本行政区域内乡镇卫生院的监督管理工作。

第二章　设置规划

第五条　县级人民政府卫生行政部门根据本行政区域卫生发展规划、医疗机构设置规划和乡镇建设发展总体规划,统筹考虑本行政区域内农村居民的卫生服务需求、地理交通条件以及行政区划等因素,编制乡镇卫生院设置规划,经上一级地方人民政府卫生行政部门审核,报同级人民政府批准后在本行政区域内发布实施。

在制订和调整乡镇卫生院设置规划时,应当为非公立医疗机构留有合理空间。

第六条　县级人民政府卫生行政部门依据《医疗机构管理条例》等有关规定,负责办理乡镇卫生院的设置审批、登记、注册、校验、变更以及注销等事项。县级人民政府卫生行政部门应当于每年2月底前,将上一年度乡镇卫生院名册逐级上报至卫生部。乡镇卫生院《医疗机构执业许可证》不得伪造、涂改、出卖、转让、出借。

第七条　乡镇卫生院的命名原则是:县(市、区)名+乡镇名+(中心)卫生院(分院)。乡镇卫生院的印章、票据、病历本册、处方等医疗文书使用的名称必须与批准的名称一致。乡镇卫生院不得使用或加挂其他类别医疗机构的名称。

第八条　乡镇卫生院标识采用全国统一式样,具体式样由卫生部另行发布。

第三章　基本功能

第九条　乡镇卫生院以维护当地居民健康为中心,综合提供公共卫生和基本医疗等服务,并承担县级人民政府卫生行政部门委托的卫生管理职能。

中心卫生院是辐射一定区域范围的医疗卫生服务中心,并承担对周边区域内一般卫生院的技术指导工作。

第十条　开展与其功能相适应的基本医疗卫生服务,使用适宜技术、适宜设备和基本药物。大力推广包括民族医药在内的中医药服务。

第十一条　承担当地居民健康档案、健康教育、计划免疫、传染病防治、儿童保健、孕产妇保健、老年人保健、慢性病管理、重性精神疾病患者管理等国家基本公共卫生服务项目。协助实施疾病防控、农村妇女住院分娩等重大公共卫生项目、卫生应急等任务。

第十二条　承担常见病、多发病的门诊和住院诊治,开展院内外急救、康复和计划生育技术服务等，提供转诊服务。

第十三条　受县级人民政府卫生行政部门委托，承担辖区内公共卫生管理职能，负责对村卫生室的业务管理和技术指导。有条件地区可推行乡村卫生服务一体化管理。

第四章　行政管理

第十四条　按照精简高效的原则设置临床和公共卫生等部门。临床部门重点可设全科医学科、内(儿)科、外科、妇产科、中医科、急诊科和医技科。公共卫生部门可内设预防、保健等科室。规模较小的卫生院也可按照业务相近、便于管理的原则设立综合性科室。具体设置由县级人民政府卫生行政部门根据批准的执业范围确定。

第十五条　按照公开、公平、竞争、择优的原则选聘乡镇卫生院院长。实行院长任期目标责任制管理。

第十六条　乡镇卫生院实行以聘用制度和岗位管理制度为重点的人事管理制度，公开招聘、竞聘上岗、按岗聘用、合同管理。新进人员实行公开招聘制度，并与乡镇卫生院签订聘用合同。优先聘用全科医生到乡镇卫生院服务。

第十七条　实行院务公开、民主管理。定期召开院周会、例会和职工大会，听取职工意见与建议。维护职工合法权益。

第十八条　加强医德医风建设，完善社会监督，严格遵守《医务人员医德规范及实施办法》。

第十九条　医务人员着装规范，主动、热情、周到、文明服务。服务标识规范、醒目，就医环境美化、绿化、整洁、温馨。

第五章　业务管理

第二十条　转变服务模式，以健康管理为中心，开展主动服务和上门服务，逐步组建全科医生团队，向当地居民提供连续性服务。

第二十一条　按照国家有关法律、行政法规和技术规范，建立健全并落实各项业务管理制度。

第二十二条　严格按照核准登记的诊疗科目开展诊疗活动。加强医疗质量控制和安全管理。规范医疗文书书写。

第二十三条　统筹协调辖区内公共卫生管理工作。规范公共卫生服务。及时、有效处置突发公共卫生事件。

第二十四条　实施国家基本药物制度。乡镇卫生院全部配备和使用国家基本药物并实行零差率销售。禁止从非法渠道购进药物。强化用药知识培训，保证临床用药合理、安全、有效、价廉。

第二十五条　落实医院感染预防与控制管理措施。加强消毒供应室、手术室、治疗室、产房、发热门诊、医院感染等医疗安全重点部门管理，依据《医疗废物管理条例》等进行医疗废物处理和污水、污物无害化处理。

第二十六条　卫生技术人员应当依法取得执业资格。包括全科医学在内的医疗、护理、公共卫生等卫生专业技术人员必须经卫生行政部门登记注册并在规定的范围内执业。临床医师的执业范围可注册同一类别3个专业,不得从事执业登记许可范围以外的诊疗活动。

第二十七条 建立健全在职卫生技术人员继续教育制度。在职卫生技术人员应当定期参加培训。新聘用的高校医学毕业生应当按照国家规定参加全科医生规范化培训。

第六章 财务管理

第二十八条 乡镇卫生院实行"统一领导、集中管理"的财务管理体制,财务活动在乡镇卫生院负责人的领导下,由财务部门统一管理。积极探索对乡镇卫生院实行财务集中管理体制。

第二十九条 年度收支预算由乡镇卫生院根据相关规定编制草案经县级人民政府卫生行政部门审核汇总后报财政部门核定。乡镇卫生院按照年初核定的预算,依法组织收入,严格控制乡镇卫生院支出。

第三十条 严格执行国家财务、会计和审计监督等相关法律法规制度。严禁设立账外账、"小金库",以及出租、承包内部科室。

第三十一条 严格执行药品和医疗服务价格政策,向社会公示医疗服务收费标准和药品价格。

第三十二条 严格执行医疗保障制度相关政策。落实公示和告知制度。完善内部监督制约机制,杜绝骗取、套取医保资金行为。

第三十三条 建立健全物资采购、验收、入库、发放、报废制度;完善设备保管、使用、保养、维护制度。

第三十四条 乡镇卫生院不得举债建设,不得发生融资租赁行为。

第七章 绩效管理

第三十五条 县级人民政府卫生行政部门负责组织乡镇卫生院绩效考核工作。绩效考核主要包括县级人民政府卫生行政部门对乡镇卫生院的考核和乡镇卫生院对职工的考核。

第三十六条 县级人民政府卫生行政部门对乡镇卫生院实行包括行风建设、业务工作、内部管理和社会效益等为主要考核内容的综合目标管理。根据管理绩效、基本医疗和公共卫生服务的数量和质量、服务对象满意度、居民健康状况改善等指标对乡镇卫生院进行综合量化考核,并将考核结果与政府经费补助以及乡镇卫生院院长的年度考核和任免挂钩。

第三十七条 乡镇卫生院建立以岗位责任和绩效为基础、以服务数量和质量以及服务对象满意度为核心的工作人员考核和激励制度。根据专业技术、管理、工勤技能等岗位的不同特点,按照不同岗位所承担的职责、任务及创造的社会效益等情况对职工进行绩效考核,并将考核结果作为发放绩效工资、调整岗位、解聘续聘等的依据。在绩效工资分配中,坚持多劳多得、优绩优酬,重点向全科医生等关键岗位、业务骨干和作出突出贡献的工作人员倾斜,适当拉开收入差距。

第八章 附 则

第三十八条 对工作成绩突出的乡镇卫生院及其工作人员,根据国家有关规定给予表彰奖励。

第三十九条　对违反本办法的,依据相关法律法规和规章制度,予以严肃处理。

第四十条　各省级人民政府卫生行政部门应当根据本办法,制订实施细则。

第四十一条　本办法由卫生部会同国家发展和改革委员会、财政部、人力资源和社会保障部、农业部负责解释。

第四十二条　本办法自印发之日起施行。1978 年 12 月 1 日发布的《全国农村人民公社卫生院暂行条例(草案)》同时废止。

村卫生室管理办法(试行)

(国卫基层发〔2014〕33 号)

第一章　总　　则

第一条　为加强村卫生室管理,明确村卫生室功能定位和服务范围,保障农村居民获得公共卫生和基本医疗服务,根据《执业医师法》、《医疗机构管理条例》、《乡村医生从业管理条例》、《中医药条例》等有关法律法规,制定本办法。

第二条　本办法适用于经县级卫生计生行政部门设置审批和执业登记,依法取得《医疗机构执业许可证》,并在行政村设置的卫生室(所、站)。

第三条　本办法所指村卫生室人员,包括在村卫生室执业的执业医师、执业助理医师(含乡镇执业助理医师)、乡村医生和护士等人员。

第四条　村卫生室是农村公共服务体系的重要组成部分,是农村医疗卫生服务体系的基础。各地要采取公建民营、政府补助等方式,支持村卫生室房屋建设、设备购置和正常运转。

第五条　国家卫生计生委会同国家发展改革委、财政部指导各地制订村卫生室的设置规划,并负责全国村卫生室的监督管理等工作。

省、市级卫生计生行政部门会同同级发展改革、财政等部门制订本行政区域内村卫生室的设置规划,并负责本行政区域内村卫生室的监督管理等工作。

县级卫生计生行政部门合理规划村卫生室设置,负责本行政区域内村卫生室的设置审批、执业登记、监督管理等工作。

第六条　稳妥推进乡村卫生服务一体化管理,县级以上地方卫生计生行政部门在机构设置规划与建设、人员准入与执业管理、业务、药械和绩效考核等方面加强对村卫生室的规范管理。

第二章　功能任务

第七条　村卫生室承担与其功能相适应的公共卫生服务、基本医疗服务和上级卫生计生行政部门交办的其他工作。

第八条　村卫生室承担行政村的健康教育、预防保健等公共卫生服务,主要包括:

(一)承担、参与或协助开展基本公共卫生服务;

(二)参与或协助专业公共卫生机构落实重大公共卫生服务;

(三)县级以上卫生计生行政部门布置的其他公共卫生任务。

第九条　村卫生室提供的基本医疗服务主要包括:

(一)疾病的初步诊查和常见病、多发病的基本诊疗以及康复指导、护理服务;

(二)危急重症病人的初步现场急救和转诊服务;

(三)传染病和疑似传染病人的转诊;

(四)县级以上卫生计生行政部门规定的其他基本医疗服务。

除为挽救患者生命而实施的急救性外科止血、小伤口处置外,村卫生室原则上不得提供以下服务:

(一)手术、住院和分娩服务;

(二)与其功能不相适应的医疗服务;

(三)县级以上地方卫生计生行政部门明确规定不得从事的其他医疗服务。

第十条　村卫生室承担卫生计生行政部门交办的卫生计生政策和知识宣传,信息收集上报,协助开展新型农村合作医疗政策宣传和筹资等工作。

第十一条　村卫生室应当提供与其功能相适应的中医药(民族医药)服务及计生药具药品服务。

第三章　机构设置与审批

第十二条　村卫生室设置应当遵循以下基本原则:

(一)符合当地区域卫生规划、医疗机构设置规划和新农村建设规划;

(二)统筹考虑当地经济社会发展水平、农村居民卫生服务需求、服务人口、地理交通条件等因素,方便群众就医;

(三)综合利用农村卫生资源,优化卫生资源配置;

(四)符合《医疗机构管理条例》及实施细则的有关规定,达到《医疗机构基本标准》要求。

第十三条　原则上一个行政村设置一所村卫生室,人口较多或者居住分散的行政村可酌情增设;人口较少或面积较小的行政村,可与相邻行政村联合设置村卫生室。乡镇卫生院所在地的行政村原则上可不设村卫生室。

第十四条　县级卫生计生行政部门依据国家有关法律法规办理村卫生室的设置审批和执业登记等有关事项。

第十五条　村卫生室登记的诊疗科目为预防保健科、全科医疗科和中医科(民族医学科)。村卫生室原则上不得登记其他诊疗科目。

第十六条　村卫生室的命名原则是:乡镇名+行政村名+卫生室(所、站)。如一个行政村设立多个村卫生室,可在村卫生室前增加识别名。村卫生室不得使用或加挂其他类别医疗机构的名称。

第十七条　村卫生室房屋建设规模不低于60平方米,服务人口多的应当适当调增建筑面积。村卫生室至少设有诊室、治疗室、公共卫生室和药房。经县级卫生计生行政部门核准,开展静脉给药服务项目的增设观察室,根据需要设立值班室,鼓励有条件的设立康复室。

村卫生室不得设置手术室、制剂室、产房和住院病床。

第十八条　村卫生室设备配置要按照满足农村居民基本医疗卫生服务需求的原则,根据省级以上卫生计生行政部门有关规定予以配备。

第十九条　村卫生室应当按照医疗机构校验管理的相关规定定期向登记机关申请校验。

第四章　人员配备与管理

第二十条　根据辖区服务人口、农村居民医疗卫生服务现状和预期需求以及地理条件等因素,原则上按照每千服务人口不低于1名的比例配备村卫生室人员。具体标准由省级卫生计生行政部门制订。

第二十一条　在村卫生室从事预防、保健和医疗服务的人员应当依法取得相应的执业资格。

第二十二条　政府举办的村卫生室要按照公开、公平、择优的原则,聘用职业道德好和业务能力强的人员到村卫生室执业。鼓励有条件的地方由乡镇卫生院派驻医师到村卫生室执业。

第二十三条　建立村卫生室人员培训制度。省级卫生计生行政部门组织制订村卫生室人员培训规划。县级卫生计生行政部门采取临床进修、集中培训、远程教育、对口帮扶等多种方式,保证村卫生室人员每年至少接受两次免费岗位技能培训,累计培训时间不低于两周,培训内容应当与村卫生室日常工作相适应。

第二十四条　鼓励在岗村卫生室人员接受医学学历继续教育,促进乡村医生向执业(助理)医师转化。有条件的地方要制订优惠政策,吸引执业(助理)医师和取得相应执业资格的医学类专业毕业生到村卫生室工作,并对其进行业务培训。

第二十五条　探索乡村医生后备人才培养模式。地方卫生计生、教育行政部门要结合实际,从本地选拔综合素质好、具有培养潜质的青年后备人员到医学院校定向培养,也可选拔、招聘符合条件的医学类专业毕业生直接接受毕业后培训,取得相应执业资格后到村卫生室执业。

第二十六条　村卫生室人员要加强医德医风建设,严格遵守医务人员医德规范和医疗机构从业人员行为规范。

第二十七条　村卫生室要有明显禁烟标识,室内禁止吸烟。服务标识规范、醒目,就医环境美化、绿化、整洁、温馨。村卫生室人员着装规范,主动、热情、周到、文明服务。

第二十八条　县级卫生计生行政部门组织或委托乡镇卫生院对村卫生室实行定期绩效考核。考核结果作为相应的财政补助资金发放、人员奖惩和村卫生室人员执业再注册的依据。

第二十九条　结合养老保险制度的建立健全和村卫生室人员考核工作的开展,地方卫生计生行政部门逐步建立村卫生室人员的到龄退出和考核不合格退出机制。

第五章　业务管理

第三十条　村卫生室及其医务人员应当严格遵守国家有关法律、法规、规章,严格执行诊疗规范、操作规程等技术规范,加强医疗质量与安全管理。

第三十一条　县级卫生计生行政部门建立健全村卫生室的医疗质量管理、医疗安全、人员岗位责任、定期在岗培训、门诊登记、法定传染病疫情报告、食源性疾病或疑似病例信息报告、医疗废物管理、医源性感染管理、免疫规划工作管理、严重精神障碍患者服务管理、妇幼保健工作管理以及财务、药品、档案、信息管理等有关规章制度。

第三十二条　村卫生室在许可的执业范围内,使用适宜技术、适宜设备和按规定配备使用的基本药物为农村居民提供基本医疗卫生服务,不得超范围执业。鼓励村卫生室人员学习中医药知识,运用中医药技术和方法防治疾病。

第三十三条　纳入基本药物制度实施范围内的村卫生室按照规定配备和使用基本药物,实施基本药物集中采购和零差率销售。村卫生室建立真实完整的药品购销、验收记录。

第三十四条　村卫生室必须同时具备以下条件,并经县级卫生计生行政部门核准后方可提供静脉给药服务:

(一)具备独立的静脉给药观察室及观察床;

(二)配备常用的抢救药品、设备及供氧设施;

(三)具备静脉药品配置的条件;

(四)开展静脉给药服务的村卫生室人员应当具备预防和处理输液反应的救护措施和急救能力;

(五)开展抗菌药物静脉给药业务的,应当符合抗菌药物临床应用相关规定。

第三十五条　按照预防接种工作规范和国家有关规定,由县级卫生计生行政部门指定为预防接种单位的村卫生室必须具备以下条件:

(一)村卫生室人员经过县级卫生计生行政部门组织的预防接种专业培训并考核合格;

(二)具有符合疫苗储存、运输管理规范的冷藏设施、设备和冷藏保管制度;

(三)自觉接受所在地县级疾病预防控制机构的技术指导,所在地乡镇卫生院的督导、人员培训和对冷链设备使用管理的指导。

第三十六条　建立健全例会制度,乡镇卫生院每月至少组织辖区内村卫生室人员召开一次例会,包括以下内容:

(一)村卫生室人员汇报本村卫生室上月基本医疗和公共卫生工作情况,报送相关信息报表,提出工作中遇到的问题和合理化建议;

(二)乡镇卫生院汇总各村卫生室工作情况,对村卫生室人员反映的问题予以协调解决,必要时向县级卫生计生行政部门报告;

(三)乡镇卫生院对村卫生室人员开展业务和卫生政策等方面的培训;

(四)乡镇卫生院传达有关卫生政策,并部署当月工作。

第三十七条　村卫生室医疗废物、污水处理设施应当符合《医疗废物管理条例》等有关规定。

第三十八条　加强村卫生室信息化建设，支持村卫生室以信息化技术管理农村居民健康档案、接受远程医学教育、开展远程医疗咨询、进行医院感染暴发信息报告、开展新型农村合作医疗医药费用即时结报、实行乡镇卫生院和村卫生室统一的电子票据和处方笺等工作。

第三十九条　村卫生室与村计生专干、乡镇卫生院、乡镇计生办之间要及时通报人口出生、妊娠、避孕等个案信息。

第六章　财务管理

第四十条　在乡镇卫生院指导下，村卫生室应当做好医疗业务收支记录以及资产登记等工作。

第四十一条　在不增加农村居民个人负担的基础上，省级卫生计生行政部门要会同财政、物价等部门，合理制订村卫生室的一般诊疗费标准以及新型农村合作医疗支付标准和管理办法。

第四十二条　村卫生室要主动公开医疗服务和药品收费项目及价格，并将药品品种和购销价格在村卫生室醒目位置进行公示，做到收费有单据、账目有记录、支出有凭证。

第七章　保障措施

第四十三条　不得挤占、截留或挪用村卫生室补偿经费和建设资金，确保专款专用。严禁任何部门以任何名义向村卫生室收取、摊派国家规定之外的费用。

第四十四条　建立健全村卫生室补偿机制和绩效考核制度，保证村卫生室人员的合理待遇：

（一）县级卫生计生行政部门要明确应当由村卫生室提供的基本公共卫生服务具体内容，并合理核定其任务量，考核后按其实际工作量，通过政府购买服务的方式将相应的基本公共卫生服务经费拨付给村卫生室；

（二）将符合条件的村卫生室纳入新型农村合作医疗定点医疗机构管理，并将村卫生室收取的一般诊疗费和使用的基本药物纳入新型农村合作医疗支付范围；

（三）村卫生室实行基本药物制度后，各地要采取专项补助的方式对村卫生室人员给予定额补偿，补助水平与对当地村干部的补助水平相衔接，具体补偿政策由各省（区、市）结合实际制订；

（四）鼓励各地提高对服务年限长和在偏远、条件艰苦地区执业的村卫生室人员的补助水平。

上述经费应当在每年年初预拨一定比例，绩效考核合格后结算。

第四十五条　各地应当在房屋建设、设备购置、配套设施等方面对村卫生室建设给予支持。由政府或集体建设的村卫生室，建设用地应当由当地政府无偿划拨，村卫生室建成后由村委会或政府举办的乡镇卫生院管理。

第四十六条 支持村卫生室人员按规定参加城乡居民社会养老保险,按规定领取养老金。鼓励有条件的地方采取多种方式适当提高村卫生室人员养老待遇。

第四十七条 各地要将完善村卫生室基础设施建设、公共卫生服务经费和村卫生室人员实施国家基本药物制度补助等方面所需资金纳入财政年度预算,并确保及时足额拨付到位。

第八章 附 则

第四十八条 村卫生室及其医务人员在执业活动中作出突出贡献的,县级及以上卫生计生行政部门应当给予奖励。

第四十九条 村卫生室及其医务人员违反国家法律法规及本办法的,卫生计生行政部门应当依据有关法律法规予以处理。

第五十条 各省、自治区、直辖市卫生计生行政部门根据本办法,制订实施细则。

第五十一条 本办法由国家卫生计生委会同国家发展改革委、教育部、财政部、国家中医药局负责解释。

第五十二条 本办法自印发之日起施行。

2. 医务人员

医师资格考试暂行办法

(中华人民共和国卫生部令第4号)

第一章 总 则

第一条 根据《中华人民共和国执业医师法》(以下简称《执业医师法》)第八条的规定,制定本办法。

第二条 医师资格考试是评价申请医师资格者是否具备执业所必须的专业知识与技能的考试。

第三条 医师资格考试分为执业医师资格考试和执业助理医师资格考试。考试类别分为临床、中医(包括中医、民族医、中西医结合)、口腔、公共卫生四类。考试方式分为实践技能考试和医学综合笔试。

医师资格考试方式的具体内容和方案由卫生部医师资格考试委员会制定。

第四条 医师资格考试实行国家统一考试,每年举行一次。考试时间由卫生部医师资格考试委员会确定,提前3个月向社会公告。

第二章 组织管理

第五条 卫生部医师资格考试委员会,负责全国医师资格考试工作。委员会下设办公室和专门委员会。

各省、自治区、直辖市卫生行政部门牵头成立医师资格考试领导小组，负责本辖区的医师资格考试工作。领导小组组长由省级卫生行政部门的主要领导兼任。

第六条　医师资格考试考务管理实行国家医学考试中心、考区、考点三级分别责任制。

第七条　国家医学考试中心在卫生部和卫生部医师资格考试委员会领导下，具体负责医师资格考试的技术性工作，其职责是：

（一）组织拟定考试大纲和命题组卷的有关具体工作；

（二）组织制订考务管理规定；

（三）承担考生报名信息处理、制卷、发送试卷、回收答题卡等考务工作；

（四）组织评定考试成绩，提供考生成绩单；

（五）提交考试结果统计分析报告；

（六）向卫生部和卫生部医师资格考试委员会报告考试工作；

（七）指导考区办公室和考点办公室的业务工作；

（八）承担命题专家的培训工作；

（九）其他。

第八条　各省、自治区、直辖市为考区，考区主任由省级卫生行政部门主管领导兼任。考区的基本情况和人员组成报卫生部医师资格考试委员会备案。

考区设办公室，其职责是：

（一）制定本地区医师考试考务管理具体措施；

（二）负责本地区的医师资格考试考务管理；

（三）指导各考点办公室的工作；

（四）接收或转发报名信息、试卷、答题卡、成绩单等考试资料；向国家医学考试中心寄送报名信息、答题卡等考试资料；

（五）复核考生报名资格；

（六）处理、上报考试期间本考区发生的重大问题；

（七）其他。

第九条　考区根据考生情况设置考点，报卫生部医师资格考试委员会备案。考点应设在地或设区的市。考点设主考一人，由地或设区的市级卫生行政部门主管领导兼作。

考点设置应符合考点设置标准。

考点设办公室，其职责是：

（一）负责本地区医师资格考试考务工作；

（二）受理考生报名，核实考生提供的报名材料，审核考生报名资格；

（三）指导考生填写报名信息表，按统一要求处理考生信息；

（四）收取考试费；

（五）核发《准考证》；

（六）安排考场，组织培训监考人员；

（七）负责接收本考点的试卷、答题卡，负责考试前的机要存放；

（八）组织实施考试；

（九）考试结束后清点试卷、答题卡，寄送答题卡并销毁试卷；

（十）分发成绩单并受理成绩查询；

（十一）处理、上报考虑期间本考点发生的问题；

（十二）其他。

第十条 各级考试管理部门和机构要有计划地逐级培训考务工作人员。

第三章 报考程序

第十一条 凡符合《执业医师法》第九条所列条件的，可以申请参加执业医师资格考试。

在1998年6月26日前获得医士专业职务任职资格，后又取得执业助理医师资格的，医士从业时间和取得执业助理医师执业证书后执业时间累计满五年的，可以申请参加执业医师资格考试。

高等学校医学专业本科以上学历是指国务院教育行政部门认可的各类高等学校医学专业本科以上的学历。

第十二条 凡符合《执业医师法》第十条所列条件的，可以申请参加执业助理医师资格考试。

高等学校医学专科学历是指省级以上教育行政部门认可的各类高等学校医学专业专科学历；中等专业学校医学专业学历是指经省级以上教育行政部门认可的各类中等专业学校医学专业中专学历。

第十三条 申请参加医师资格考试的人员，应当在公告规定期限内，到户籍所在地的考点办公室报名，并提交下列材料：

（一）二寸免冠正面半身照片两张；

（二）本人身份证明；

（三）毕业证书复印件；

（四）试用机构出具的证明期满一年并考核合格的证明；

（五）执业助理医师申报执业医师资格考试的，还应当提交《医师资格证书》复印件、《医师执业证书》复印件、执业时间和考核合格证明；

（六）报考所需的其他材料。

试用机构与户籍所在地跨省分离的，由试用机构推荐，可在试用机构所在地报名参加考试。

第十四条 经审查，符合报考条件，由考点发放《准考证》。

第十五条 考生报名后不参加考试的，取消本次考试资格。

第四章 实践技能考试

第十六条 在卫生部医师资格考试委员会的领导下，国家医学考试中心和国家中医药管理局中医师资格认证中心依据实践技能考试大纲，统一命制实践技能考试试题，向考区提供试卷、计算机化考试软件、考生评分册等考试材料。省级医师资格考试领导小组负责组织实施实践技能考试。

第十七条　已经取得执业助理医师执业证书，报考执业医师资格的，应报名参加相应类别执业医师资格考试的实践技能考试。

第十八条　经省级医师资格考试领导小组批准的，符合《医疗机构基本标准》二级以上医院（中医、民族医、中西医结合医院除外）、妇幼保健院，急救中心标准的机构，承担对本机构聘用的申请报考临床类别人员的实践技能考试。

除前款规定的人员外，其他人员应根据考点办公室的统一安排，到省级医师资格考试领导小组指定的地或设区的市级以上医疗、预防、保健机构或组织参加实践技能考试。该机构或组织应当在考生医学综合笔试考点所在地。

第十九条　承担实践技能考试的考官应具备下列条件：

（一）取得主治医师以上专业技术职务任职资格满三年；

（二）具有一年以上培训医师或指导医学专业学生实习的工作经历；

（三）经省级医师资格考试领导小组进行考试相关业务知识的培训，考试成绩合格，并由省级医师资格考试领导小组颁发实践技能考试考官聘任证书。

实践技能考试考官的聘用任期为二年。

第二十条　承担实践技能考试的机构或组织内设若干考试小组。每个考试小组由三人以上单数考官组成。其中一名为主考官。主考官应具有副主任医师以上专业技术职务任职资格，并经承担实践技能考试机构或组织的主要负责人推荐，报考点办公室审核，由考点主考批准。

第二十一条　考官有下列情形之一的，必须自行回避；应试者也有权以口头或者书面方式申请回避：

（一）是应试者的近亲属；

（二）与应试者有利害关系；

（三）与应试者有其他关系，可能影响考试公正的。

前款规定适用于组织考试的工作人员。

第二十二条　实践技能考试机构或组织应对应试者所提交的试用期一年的实践材料进行认真审核。

第二十三条　考试小组进行评议时，如果意见分歧，应当少数服从多数，并由主考官签署考试结果。但是少数人的意见应当写入笔录。评议笔录由考试小组的全体考官签名。

第二十四条　省级医师资格考试领导小组要加强对承担实践技能考试工作的机构或组织的检查、指导、监督和评价。

第二十五条　本办法第十八条第一款规定的机构，应当将考生考试结果及有关资料报考点办公室审核。考点办公室应在医学综合笔试考试日期15日前将考生实践技能考试结果通知考生，并对考试合格的，发给由主考签发的实践技能考试合格证明。

本办法第十八条第二款规定的机构或组织应于考试结束后将考生考试结果及有关资料报考点办公室审核，由考点办公室将考试结果通知考生，对考试合格的，发给由主考签发的实践技能考试合格证明。具体上报和通知考生时间由省级卫生行政部门规定。

实践技能考试合格者方可参加医学综合笔试。

第五章 医学综合笔试

第二十六条 实践技能考试合格的考生应持实践技能考试合格证明参加医学综合笔试。

第二十七条 医师资格考试试卷(包括备用卷)和标准答案,启用前应当严格保密;使用后的试卷应予销毁。

第二十八条 国家医学考试中心向考区提供医学综合笔试试卷和答题卡、各考区成绩册、考生成绩单及考试统计分析结果。考点在考区的领导监督下组织实施考试。

第二十九条 考试中心、考区、考点工作人员及命题人员,如有直系亲属参加当年医师资格考试的,应实行回避。

第三十条 医师资格考试结束后,考区应当立即将考试情况报告卫生部医师资格考试委员会。

第三十一条 医师资格考试的合格线由卫生部医师资格考试委员会确定,并向社会公告。

第三十二条 考生成绩单由考点发给考生。考生成绩在未正式公布前,应当严格保密。

第三十三条 考试成绩合格的,授予执业医师资格或执业助理医师资格,由省级卫生行政部门颁发卫生部统一印制的《医师资格证书》。

《医师资格证书》是执业医师资格或执业助理医师资格的证明文件。

第六章 处 罚

第三十四条 违反本办法,考生有下列情形之一的,县级以上卫生行政部门视情节,给予警告、通报批评、终止考试、取消单元考试资格、取消当年考试资格和考试成绩并取消自下一年度起两年内参加医师资格考试资格的处罚或行政处分;构成犯罪的,依法追究刑事责任:

(一)违反考场纪律、影响考场秩序;

(二)传抄、夹带、偷换试卷;

(三)假报姓名、年龄、学历、工龄、民族、身份证明、学籍等;

(四)伪造有关资料,弄虚作假;

(五)其他严重舞弊行为。

考生由他人代考,取消当年考试资格和考试成绩并取消自下一年度起两年内参加医师资格考试的资格。代他人参加医师资格考试的经执业注册的医师,应认定为医师定期考核不合格,按《执业医师法》第三十一条处理;代他人参加医师资格考试的其他人员,移交相关部门处理。

对以各种欺骗手段取得《医师资格证书》者,应收回其《医师资格证书》,自下一年度起两年内不予受理其报名参加医师资格考试的申请。

第三十五条　考试工作人员违反本办法,有下列情形之一的,由县级以上卫生行政部门给予警告或取消考试工作人员资格,考试工作人员所在单位可以给予记过、记大过、降级、降职、撤职、开除等处分;构成犯罪的,依法追究刑事责任;

(一)监考中不履行职责;

(二)在阅卷评分中错评、漏评、差错较多,经指出仍不改正的;

(三)泄漏阅卷评分工作情况;

(四)利用工作之便,为考生舞弊提供条件或者谋取私利;

(五)其他严重违纪行为。

第三十六条　考点有下列情况之一,造成较大影响的,取消考点资格,并追究考点负责人的责任:

(一)考点考务工作管理混乱,出现严重差错的;

(二)所属考场秩序混乱、出现大面积舞弊、抄袭现象的;

(三)发生试卷泄密、损毁、丢失的;

(四)其他影响考试的行为。

考场、考点发生考试纪律混乱、有组织的舞弊,相应范围内考试无效。

第三十七条　卫生行政部门工作人员违反本办法有关规定,在考试中弄虚作假、玩忽职守、滥用职权、徇私舞弊,尚不构成犯罪的,依法给予行政处分;构成犯罪的,依法追究刑事责任。

第三十八条　为申请参加实践技能考试的考生出具伪证的,依法追究直接责任者的法律责任。执业医师出具伪证的,注销注册,吊销其《医师执业证书》。对出具伪证的机构主要负责人视情节予以降职、撤职等处分;构成犯罪的,依法追究刑事责任。

省级医师资格考试领导小组对违反有关规定的承担实践技能考试机构或组织责令限期整改;情节严重的,取消承担实践技能考试机构或组织的资格,五年内不得再次申请承担实践技能考试指定机构或组织。

第七章　附　　则

第三十九条　省级卫生行政部门可根据本办法制定具体规定,并报卫生部备案。

第四十条　国家和省级中医药主管部门分别在卫生部医师资格考试委员会和省级医师资格考试领导小组统一安排下,参与组织中医(包括中医、民族医、中西医结合)医师资格考试中的有关技术性工作、考生资格审核、实践技能考试等。

第四十一条　本办法所称医疗机构是指符合《医疗机构管理条例》第二条和《医疗机构管理条例实施细则》第二条和第三条规定的机构;社区卫生服务机构和采供血机构适用《医疗机构管理条例实施细则》第三条第十二项的规定;预防机构是指《传染病防治法实施办法》第七十三条规定的机构。

第四十二条　计划生育技术服务机构中的人员适用本办法的规定。

第四十三条　本办法由卫生部解释。

第四十四条　本办法自颁布之日起施行。

医师资格考试报名资格规定(2014 年版)

(国卫医发〔2014〕11 号)

为做好医师资格考试报名工作,依据《中华人民共和国执业医师法》(以下简称《执业医师法》)及有关规定,现对医师资格考试考生报名资格规定如下:

第一条　符合《执业医师法》、《医师资格考试暂行办法》(原卫生部令第 4 号)和《传统医学师承和确有专长人员医师资格考核考试办法》(原卫生部令第 52 号)有关规定。

第二条　试用机构是指符合《执业医师法》、《医疗机构管理条例》和《医疗机构管理条例实施细则》所规定的医疗、预防、保健机构。

第三条　试用期考核证明

(一)报名时考生应当提交与报考类别相一致的试用期满 1 年并考核合格的证明。

应届毕业生报名时应当提交试用机构出具的试用证明,并于当年 8 月 31 日前提交试用期满 1 年并考核合格的证明。

考生报考时应当在与报考类别相一致的医疗、预防、保健机构试用时间或累计(含多个机构)试用时间满 1 年。

(二)现役军人必须持所在军队医疗、预防、保健机构出具的试用期考核合格证明,方可报考。

(三)试用期考核合格证明当年有效。

第四条　报名有效身份证件

(一)中国大陆公民报考医师资格人员的有效身份证件为第二代居民身份证、临时身份证、军官证、警官证、文职干部证、士兵证、军队学员证;台港澳地区居民报考医师资格人员的有效身份证件为台港澳居民往来大陆通行证。

(二)外籍人员的有效身份证件为护照。

第五条　报考类别

(一)执业助理医师达到报考执业医师规定的,可以报考执业医师资格,报考类别应当与执业助理医师资格类别一致。

(二)报考相应类别的医师资格,应当具备与其相一致的医学学历。

具有临床医学专业本科学历,并在公共卫生岗位试用的,可以以该学历报考公共卫生类别医师资格。中医、中西医结合和民族医医学专业毕业的报考人员,按照取得学历的医学专业报考中医类别相应的医师资格。

(三)符合报考执业医师资格条件的人员可以报考同类别的执业助理医师资格。

(四)在乡级以上计划生育技术服务机构中工作,符合《执业医师法》第九条、第十条规定条件的,可以报考相应类别医师资格。

第六条　学历审核

学历的有效证明是指国家承认的毕业证书。基础医学类、法医学类、护理(学)类、医学技术类、药学类、中药学类等医学相关专业,其学历不作为报考医师资格的学历依据。

（一）研究生学历

1. 临床医学（含中医、中西医结合）、口腔医学、公共卫生专业学位研究生，在符合条件的医疗、预防、保健机构进行临床实践或公共卫生实践，至当次医学综合笔试时累计实践时间满1年的，以符合条件的本科学历和专业，于在学期间报考相应类别医师资格。

临床医学、口腔医学、中医学、中医学（中西医结合方向）、眼视光医学、预防医学长学制学生在学期间已完成1年临床或公共卫生毕业实习和1年以上临床或公共卫生实践的，以本科学历报考相应类别医师资格。

2. 临床医学（含中医、中西医结合）、口腔医学、公共卫生专业学位研究生学历，作为报考相应类别医师资格的学历依据。

在研究生毕业当年以研究生学历报考者，须在当年8月31日前提交研究生毕业证书，并提供学位证书等材料证明是专业学位研究生学历，方可参加医学综合笔试。

3. 2014年12月31日以前入学的临床医学、口腔医学、中医学、中西医结合、民族医学、公共卫生与预防医学专业的学术学位（原“科学学位”）研究生，具有相当于大学本科1年的临床或公共卫生毕业实习和1年以上的临床或公共卫生实践的，该研究生学历和学科作为报考相应类别医师资格的依据。在研究生毕业当年报考者，须在当年8月31日前提交研究生毕业证书，方可参加医学综合笔试。

2015年1月1日以后入学的学术学位研究生，其研究生学历不作为报考各类别医师资格的学历依据。

4. 临床医学（护理学）学术学位研究生学历，或临床医学（护理领域）专业学位研究生学历，不作为报考各类别医师资格的学历依据。

（二）本科学历

1. 五年及以上学制临床医学、麻醉学、精神医学、医学影像学、放射医学、眼视光医学（“眼视光学”仅限温州医科大学2012年12月31日以前入学）、医学检验（仅限2012年12月31日以前入学）、妇幼保健医学（仅限2014年12月31日以前入学）专业本科学历，作为报考临床类别执业医师资格考试的学历依据。

2. 五年制的口腔医学专业本科学历，作为报考口腔类别执业医师资格考试的学历依据。

3. 五年制预防医学、妇幼保健医学专业本科学历，作为报考公共卫生类别执业医师资格考试的学历依据。

4. 五年及以上学制中医学、针灸推拿学、中西医临床医学、藏医学、蒙医学、维医学、傣医学、壮医学、哈萨克医学专业本科学历，作为报考中医类别相应执业医师资格考试的学历依据。

5. 2009年12月31日以前入学、符合本款规定的医学专业本科学历加注医学专业方向的，应以学历专业报考；2010年1月1日以后入学的，医学专业本科学历加注医学专业方向的，该学历不作为报考医师资格的学历依据，经国家教育行政部门批准的除外。

6. 专升本医学本科毕业生，2015年9月1日以后升入本科的，其专业必须与专科专业相同或相近，其本科学历方可作为报考医师资格的学历依据。

(三)高职(专科)学历

1.2005 年 1 月 1 日以后入学的经教育部同意设置的临床医学类专业(含临床医学、口腔医学、中医学、中医骨伤、针灸推拿、蒙医学、藏医学、维医学等)毕业生,其专科学历作为报考医师资格的学历依据。

2004 年 12 月 31 日以前入学的经省级教育、卫生行政部门(中医药管理部门)批准设置的医学类专业(参照同期本科专业名称)毕业生,其专科学历作为报考医师资格的学历依据。

2. 经省级以上教育、卫生行政部门同意举办的初中起点 5 年制医学专业 2013 年 12 月 31 日以前入学的毕业生,其专科学历作为报考医师资格的学历依据。取得资格后限定在乡村两级医疗机构执业满 5 年后,方可申请将执业地点变更至县级医疗机构。2014 年 1 月 1 日以后入学的初中起点 5 年制医学专业毕业生,其专科学历不能作为报考医师资格的学历依据。

3.2008 年 12 月 31 日以前入学的中西医结合专业(含教育部、原卫生部批准试办的初中起点 5 年制专科层次中西医临床医学专业)毕业生,其专科学历作为报考医师资格的学历依据。

2009 年 1 月 1 日以后入学的中西医结合专业毕业生(含初中起点 5 年制专科层次中西医临床医学专业),其专科学历不作为报考医师资格的学历依据。

4.2009 年 12 月 31 日前入学的,符合本款规定的医学专业专科学历加注医学专业方向的,应以学历专业报考;2010 年 1 月 1 日以后入学的,医学专业专科学历加注医学专业方向的,该学历不作为报考医师资格的学历依据,经国家教育行政部门批准的除外。

(四)中职(中专)学历

1.2010 年 9 月 1 日以后入学经省级教育行政部门、卫生计生行政部门(中医药管理部门)同意设置并报教育部备案的农村医学专业毕业生,其中职(中专)学历作为报考临床类别执业助理医师资格的学历依据。农村医学专业毕业生考取执业助理医师资格后,限定到村卫生室执业,确有需要的可到乡镇卫生院执业。

2.2000 年 9 月 25 日至 2010 年 12 月 31 日期间入学的中等职业学校(中等专业学校)卫生保健专业毕业生,其中职(中专)学历作为报考临床类别执业助理医师资格的学历依据。卫生保健专业毕业生取得资格后,限定到村卫生室执业,确有需要的可到乡镇卫生院执业。

2011 年 1 月 1 日以后入学的中等职业学校毕业生,除农村医学专业外,其他专业的中职(中专)学历不作为报考临床类别执业助理医师资格的学历依据。

3.2001 年 8 月 31 日以前入学的中等职业学校(中等专业学校)社区医学、预防医学、妇幼卫生、医学影像诊断、口腔医学专业毕业生,其中职(中专)学历作为报考相应类别执业助理医师资格的学历依据。

2001 年 9 月 1 日以后入学的上述专业毕业生,其中职(中专)学历不作为报考医师资格的学历依据。

4.2006 年 12 月 31 日以前入学的中等职业学校中西医结合专业毕业生,其中职(中专)学历作为报考中医类别中西医结合医师资格的学历依据。

2007 年 1 月 1 日以后入学的中西医结合专业毕业生,其中职(中专)学历不作为报考医师资格的学历依据。

5. 2006 年 12 月 31 日以前入学的中等职业学校(中等专业学校)中医、民族医类专业毕业生,其中职(中专)学历作为报考中医类别相应医师资格的学历依据。

2007 年 1 月 1 日以后入学经教育部、国家中医药管理局备案的中等职业学校(中等专业学校)中医、民族医类专业毕业生,其中职(中专)学历作为报考中医类别相应医师资格的学历依据。2011 年 1 月 1 日以后入学的中等中医类专业毕业生,取得资格后限定到基层医疗机构执业。

6. 卫生职业高中学历不作为报考医师资格的学历依据。

7. 1999 年 1 月 1 日以后入学的卫生职工中等专业学校学历不作为报考医师资格的学历依据。

(五)成人教育学历

1. 2002 年 10 月 31 日以前入学的成人高等教育、自学考试、各类高等学校远程教育的医学类专业毕业生,该学历作为报考相应类别的医师资格的学历依据。

2002 年 11 月 1 日以后入学的上述毕业生,如其入学前已通过医师资格考试取得执业助理医师资格,且所学专业与取得医师资格类别一致的,可以以成人教育学历报考执业医师资格。除上述情形外,2002 年 11 月 1 日以后入学的成人高等教育、自学考试、各类高等学校远程教育的医学类专业毕业生,其成人高等教育学历不作为报考医师资格的学历依据。

2. 2001 年 8 月 31 日以前入学的成人中专医学类专业毕业生,其成人中专学历作为报考医师资格的学历依据。

2001 年 9 月 1 日以后入学的成人中专医学类专业毕业生,其成人中专学历不作为报考医师资格的学历依据。

(六)西医学习中医人员

已获得临床执业医师或执业助理医师资格的人员,取得省级以上教育行政部门认可的中医专业学历或者脱产两年以上系统学习中医药专业知识并获得省级中医药管理部门认可,或者参加省级中医药行政部门批准举办的西医学习中医培训班,并完成了规定课程学习,取得相应证书的,或者按照《传统医学师承和确有专长人员医师资格考核考试办法》有关规定跟师学习满 3 年并取得《传统医学师承出师证书》的,可以申请参加相同级别的中西医结合执业医师或执业助理医师资格考试。

(七)传统医学师承和确有专长人员

1. 传统医学师承和确有专长人员申请参加医师资格考试应符合《传统医学师承和确有专长人员医师资格考核考试办法》第二十七条、二十八条有关规定。

2. 传统医学师承和确有专长人员取得执业助理医师执业证书后,取得国务院教育行政部门认可的成人高等教育中医类医学专业专科以上学历,其执业时间和取得成人高等教育学历时间符合规定的,可以报考具有规定学历的中医类别相应的执业医师资格。

（八）其他

取得国外医学学历学位的中国大陆居民，其学历学位证书须经教育部留学服务中心认证，同时符合《执业医师法》及其有关文件规定的，可以按照本规定报考。

第七条 台湾、香港、澳门永久性居民以及外籍人员报考的，按照有关文件规定执行。

第八条 盲人医疗按摩人员按照《盲人医疗按摩管理办法》（卫医政发〔2009〕37号）规定，参加盲人医疗按摩人员考试。

第九条 本规定自公布之日起施行。《医师资格考试报名资格规定（2006版）》和《关于修订〈医师资格考试报名资格规定（2006版）〉有关条款的通知》（卫办医发〔2008〕64号）同时废止。

医师资格考试违纪违规处理规定

（2014年7月7日国家卫生计生委委主任会议讨论通过 2014年8月10日国家卫生和计划生育委员会令第4号公布）

第一章 总 则

第一条 为加强医师资格考试工作的管理，规范医师资格考试违纪违规行为的认定与处理，保障考试公平、公正，维护考生和考试工作人员的合法权益，根据《中华人民共和国执业医师法》（以下简称《执业医师法》）及相关法律法规，制定本规定。

第二条 本规定适用于在医师资格考试中对考生、命审题人员、考试工作人员、其他相关人员及考点违纪违规行为的认定和处理。

第三条 对考试违纪违规行为的认定与处理，应当做到事实清楚、证据确凿、程序规范、适用规定准确。

第四条 国家卫生计生委负责全国医师资格考试违纪违规行为认定和处理的监督管理。

设区的市级以上地方卫生计生行政部门负责本辖区医师资格考试违纪违规行为的认定、处理和监督管理。

国家医学考试中心在国家卫生计生委的领导下，负责全国医师资格考试结果的分析和管理，违纪违规行为认定、处理的指导和信息管理，并向国家卫生计生委报告全国医师资格考试违纪违规处理工作的相关情况。

国家中医药管理局中医师资格认证中心（以下简称中医师资格认证中心）根据职责分工负责相关工作。

考区、考点的考试机构在同级卫生计生行政部门领导下，分别负责本辖区考试违纪违规行为认定、处理等相关工作的具体实施。

第二章 考生及相关人员违纪违规行为的认定与处理

第五条 考生有下列行为之一的，当年该单元或者考站考试成绩无效：

（一）考试开始信号发出后，在规定之外位置就座并参加考试的；

（二）进入考室时，经提醒仍未按要求将规定物品放在指定位置的；

（三）考试开始信号发出前答题或者考试结束信号发出后继续答题，经提醒仍不改正的；

（四）未按要求使用考试规定用笔或者纸答题，经提醒仍不改正的；

（五）未按要求在试卷、答卷（含答题卡，下同）上正确书写本人信息、填涂答题信息或者标记其他信息，经提醒仍不改正的；

（六）考试开始30分钟内，经提醒仍不在答卷上填写本人信息的；

（七）在考试过程中，旁窥、交头接耳、互打暗号或者手势，经提醒仍不改正的；

（八）未经考试工作人员同意，在考试过程中擅自离开座位或者考室的；

（九）拒绝、妨碍考试工作人员履行管理职责的；

（十）在考室或者考场禁止的范围内，喧哗、吸烟或者实施其他影响考试秩序的行为，经劝阻仍不改正的；

（十一）同一考室、同一考题两份以上主观题答案文字表述、主要错点高度一致的；

（十二）省级以上卫生计生行政部门规定的其他一般违纪违规行为。

第六条 考生有下列行为之一的，当年考试成绩无效：

（一）考试开始信号发出后，被查出携带记载医学内容的材料的；

（二）抄袭或者协助他人抄袭试题答案或者考试内容相关资料的；

（三）将试卷、答卷或者涉及试题的作答信息材料带出考室的；

（四）故意损毁试卷、答卷或者考试设备、材料的；

（五）省级以上卫生计生行政部门规定的其他较为严重的违纪违规行为。

第七条 考生有下列行为之一的，当年考试成绩无效，在2年内不得报考医师资格：

（一）考试开始信号发出后，被查出携带电子作弊工具的；

（二）抢夺、窃取他人试卷、答卷或者强迫他人为自己抄袭提供方便的；

（三）在考场警戒线范围内交接或者交换试卷、答卷等考试相关材料的；

（四）拒不服从考试工作人员管理，故意扰乱考场、评卷场所等考试工作秩序的；

（五）与考试工作人员串通作弊的；

（六）威胁、侮辱、殴打考试工作人员的；

（七）利用伪造证件、证明及其他虚假材料报名的；

（八）填写他人考试识别信息或者试卷标识信息的；

（九）省级以上卫生计生行政部门规定的其他严重违纪违规行为。

第八条 考生有下列行为之一的，认定为参与有组织作弊，当年考试成绩无效，终身不得报考医师资格：

（一）由他人代替参加考试的；

（二）在考场警戒线范围内对外进行通讯、传递、发送或者接收试卷内容或者答案的；

（三）散布谣言，扰乱考试环境，造成严重不良社会影响的；

（四）考前非法获取、持有、使用、传播试题或者答案的；

（五）省级以上卫生计生行政部门规定的其他有组织作弊行为。

第九条 考试结束后发现并认定考生有违纪违规行为的,依照本规定进行处理。

第十条 考生通过违纪违规行为获得考试成绩并取得医师资格证书、医师执业证书的,由发放证书的卫生计生行政部门依据有关法律法规进行处理,撤销并收回医师资格证书、医师执业证书,并进行通报。

在校医学生、在职教师参与有组织作弊,由卫生计生行政部门将有关情况通报其所在学校,由其所在学校根据有关规定进行处理。在校医学生参与有组织作弊情节严重的,终身不得报考医师资格。

医师参与有组织作弊,已经取得医师资格但尚未注册的,卫生计生行政部门将不予注册;已经注册取得医师执业证书的,由注册的卫生计生行政部门依法注销其执业注册,收回医师执业证书,并不再予以注册。有其他违纪违规行为的,卫生计生行政部门应当依法进行处理。卫生计生行政部门对医师的处理情况应当及时通报其所在单位。

除考生外的其他人员参与有组织作弊的,卫生计生行政部门应当向有关部门或者单位通报,并建议给予其相应处分。

第三章 命审题人员和考试工作人员违纪违规行为的认定与处理

第十一条 命审题人员应当具有良好的政治素质和品行,具有胜任命审题及涉密岗位所要求的工作能力。

命审题人员应当履行以下保密义务:

(一)遵守国家保密法律法规及其他相关规定,不得以任何方式泄露属国家秘密的医师资格考试试卷、试题内容;

(二)凡有直系亲属、利害关系人参加当年考试的,应当主动回避,不得参加当年命审题和组卷工作;

(三)应当接受保密教育和培训,签订《保密责任承诺书》;

(四)不得参与和考试有关的应试培训工作。

第十二条 命审题人员有下列行为之一的,国家医学考试中心或者中医师资格认证中心应当停止其参加命审题工作,视情节轻重作出或者建议其所在单位给予相应处分,并调离命审题工作岗位:

(一)非法获取、持有国家秘密载体的;

(二)买卖、转送或者私自销毁国家秘密载体的;

(三)通过普通邮政、快递等无保密措施的渠道传递国家秘密载体的;

(四)邮寄、托运国家秘密载体出境,或者未经有关主管部门批准,携带、传递国家秘密载体出境的;

(五)非法复制、记录、存储国家秘密的;

(六)在私人交往和通信中泄露国家秘密的;

(七)在互联网及其他公共信息网络或者未采取保密措施的有线和无线通信中传递国家秘密的;

(八)将涉密计算机、涉密存储设备接入互联网及其他公共信息网络的;

（九）在涉密信息系统与互联网及其他公共信息网络之间进行信息交换的；

（十）使用非涉密计算机、非涉密存储设备存储、处理国家秘密信息的；

（十一）擅自卸载、修改涉密信息系统的安全技术程序、管理程序的；

（十二）将未经安全技术处理的退出使用的涉密计算机、涉密存储设备赠送、出售、丢弃或者改作其他用途的；

（十三）参与和医师资格考试有关的培训工作的；

（十四）未经国家医学考试中心或者中医师资格认证中心批准，在聘用期内参与编写、出版医师资格考试辅导用书和相关资料的。

第十三条 考试工作人员应当认真履行工作职责。在考试考务管理工作中，有下列行为之一的，考试机构应当停止其参加考试工作，视情节轻重作出或者建议其所在单位给予相应的处分，并调离考试工作单位或者岗位：

（一）为考生或者考试工作人员提供虚假证明、证件，或者违规修改考生档案（含电子档案）的；

（二）擅自变更考试时间、地点或者考试安排的；

（三）因工作失误，导致辖区内部分考生未能如期参加考试，并造成恶劣社会影响的；

（四）通过提示或者暗示帮助考生答题的；

（五）擅自将试题、答卷以及与考试内容相关的材料带出考室或者传递给他人的；

（六）偷换、涂改考生答卷、考试成绩或者考场原始记录材料的；

（七）未按照规定保管、使用、销毁考试材料的；

（八）未认真履行职责，造成所负责标准考室的雷同率达到60%的；

（九）评阅卷人员造成卷面成绩明显错误，成绩错误试卷数量占其评卷总量1%以上的；

（十）与考生或者其他人员串通，在考试期间帮助考生实施违纪违规行为的；

（十一）具有应当回避考试工作的情形但隐瞒不报的；

（十二）利用考试工作便利，进行索贿、受贿或者牟取不正当利益的；

（十三）诬陷、打击报复考生或者其他考试工作人员的；

（十四）省级以上卫生计生行政部门规定的其他违反考务管理的行为。

第十四条 考点的考试工作人员严重不负责任，造成考试组织管理混乱、违纪违规现象突出的，由卫生计生行政部门进行通报批评，并给予警告。

考点违纪违规现象严重，影响恶劣的，由省级卫生计生行政部门取消该考点承办考试的资格，责令整改，在2年内不得承办考试工作，并追究相关管理人员的责任。

第十五条 除考试工作人员外，其他有关人员有干扰考试行为的，卫生计生行政部门或者考试机构应当建议有关单位给予相应行政处分。

第四章 违纪违规行为的认定与处理程序

第十六条 考试工作人员对考试过程中发现的违纪违规行为应当及时予以纠正，并采取必要措施收集、保全违纪违规证据。

对考试过程中发现的违纪违规行为，应当由2名以上考试工作人员共同填写全国统一样式的《医师资格考试违纪违规行为记录单》。记录单内容包括：违纪违规事实、情节及现场处理情况。记录单填写完成并经考试工作人员签字后，应当及时报考点主考签字认定。考试工作人员应当如实将记录内容和拟处理意见告知被处理人。

对事实清楚、证据确凿的违纪违规行为，卫生计生行政部门应当及时作出处理决定，出具全国统一样式的《医师资格考试违纪违规行为处理决定书》，并按要求及时送达被处理人或者其所在单位。

第十七条 考点考试机构负责汇总考点各考场违纪违规情况，并及时报送考点所在地设区的市级卫生计生行政部门。

第十八条 违纪违规考生的处理决定由设区的市级卫生计生行政部门作出。除当年单元或者考站考试成绩无效、当年考试成绩无效的处理决定外，设区的市级卫生计生行政部门作出其他处理决定后，应当自处理决定作出之日起15日内报省级卫生计生行政部门备案。对发现的不当处理决定，省级卫生计生行政部门应当自收到备案材料之日起30日内进行调查、纠正，也可以要求设区的市级卫生计生行政部门重新调查处理。

第十九条 设区的市级以上地方卫生计生行政部门应当加强对考点、考场的监督管理，有第十三条、第十四条所列情形且情节严重的，可以直接介入调查和处理，并将有关情况及时上报国家卫生计生委，同时抄送国家医学考试中心或者中医师资格认证中心。

第二十条 命审题人员、考试工作人员在试题命制、考场、考点及评卷过程中有违反本规定行为的，国家医学考试中心或者中医师资格认证中心负责人、考点主考、评卷负责人应当暂停其工作，并依照本规定报卫生计生行政部门处理。

第二十一条 卫生计生行政部门作出处理决定时，应当将拟作出的处理决定及时告知被处理人。

被处理人对卫生计生行政部门认定的违纪违规事实或者拟作出的处理决定存在异议的，有权进行陈述和申辩。

被处理人对处理决定不服的，可以依法申请行政复议或者提起行政诉讼。

第二十二条 考区考试机构应当在省级卫生计生行政部门指导下建立国家医师资格考试考生诚信档案，记录、保留并向国家医学考试中心提供在医师资格考试中违纪违规考生的相关信息。

考区考试机构应当汇总本辖区考试违纪违规行为的认定和处理情况，分别报送至省级卫生计生行政部门和国家医学考试中心，由国家医学考试中心纳入考生个人信息库进行管理。

第五章 附　　则

第二十三条 考生、命审题人员、考试工作人员和其他相关人员违反本规定构成犯罪的，依法追究刑事责任。

第二十四条 本规定中下列用语的含义：

当年考试，是指考生当年从报名参加医师资格考试至考试所有测试内容完成的全过程。

考站或者考试单元，是指进行实践技能考试或者医学综合笔试时，将考试分成的不同阶段。实践技能考试中称为考站，医学综合笔试中称为考试单元。

考生，是指根据《执业医师法》和国家卫生计生委制定的考试办法，报名参加医师资格考试的人员。

命审题人员，是指参与医师资格考试命题、审题、组卷的专家和工作人员。

考试工作人员，是指参与医师资格考试考务管理、评阅卷和考试服务工作的人员。

考试机构，是指各级卫生计生行政部门指定的负责医师资格考试考务工作的单位。

考区和考点，是指为进行医师资格考试考务管理划定的考试管理区域。考区指省、自治区、直辖市所辖区域；考点指地或者设区市所辖区域。

考场，是指医师资格考试实施的具体场所，一般指学校、医院等。

考室，是指考场内实施医师资格考试的独立区域，如教室、诊室等。

第二十五条　本规定自 2014 年 9 月 10 日起施行。

医师执业注册管理办法

（2017 年 2 月 3 日国家卫生计生委委主任会议讨论通过　2017 年 2 月 28 日国家卫生和计划生育委员会令第 13 号公布）

第一章　总　　则

第一条　为了规范医师执业活动，加强医师队伍管理，根据《中华人民共和国执业医师法》，制定本办法。

第二条　医师执业应当经注册取得《医师执业证书》。

未经注册取得《医师执业证书》者，不得从事医疗、预防、保健活动。

第三条　国家卫生计生委负责全国医师执业注册监督管理工作。

县级以上地方卫生计生行政部门是医师执业注册的主管部门，负责本行政区域内的医师执业注册监督管理工作。

第四条　国家建立医师管理信息系统，实行医师电子注册管理。

第二章　注册条件和内容

第五条　凡取得医师资格的，均可申请医师执业注册。

第六条　有下列情形之一的，不予注册：

（一）不具有完全民事行为能力的；

（二）因受刑事处罚，自刑罚执行完毕之日起至申请注册之日止不满二年的；

（三）受吊销《医师执业证书》行政处罚，自处罚决定之日起至申请注册之日止不满二年的；

（四）甲类、乙类传染病传染期、精神疾病发病期以及身体残疾等健康状况不适宜或者不能胜任医疗、预防、保健业务工作的；

（五）重新申请注册，经考核不合格的；

（六）在医师资格考试中参与有组织作弊的；

（七）被查实曾使用伪造医师资格或者冒名使用他人医师资格进行注册的；

（八）国家卫生计生委规定不宜从事医疗、预防、保健业务的其他情形的。

第七条 医师执业注册内容包括：执业地点、执业类别、执业范围。

执业地点是指执业医师执业的医疗、预防、保健机构所在地的省级行政区划和执业助理医师执业的医疗、预防、保健机构所在地的县级行政区划。

执业类别是指临床、中医（包括中医、民族医和中西医结合）、口腔、公共卫生。

执业范围是指医师在医疗、预防、保健活动中从事的与其执业能力相适应的专业。

第八条 医师取得《医师执业证书》后，应当按照注册的执业地点、执业类别、执业范围，从事相应的医疗、预防、保健活动。

第三章 注册程序

第九条 拟在医疗、保健机构中执业的人员，应当向批准该机构执业的卫生计生行政部门申请注册；拟在预防机构中执业的人员，应当向该机构的同级卫生计生行政部门申请注册。

第十条 在同一执业地点多个机构执业的医师，应当确定一个机构作为其主要执业机构，并向批准该机构执业的卫生计生行政部门申请注册；对于拟执业的其他机构，应当向批准该机构执业的卫生计生行政部门分别申请备案，注明所在执业机构的名称。

医师只有一个执业机构的，视为其主要执业机构。

第十一条 医师的主要执业机构以及批准该机构执业的卫生计生行政部门应当在医师管理信息系统及时更新医师定期考核结果。

第十二条 申请医师执业注册，应当提交下列材料：

（一）医师执业注册申请审核表；

（二）近6个月2寸白底免冠正面半身照片；

（三）医疗、预防、保健机构的聘用证明；

（四）省级以上卫生计生行政部门规定的其他材料。

获得医师资格后二年内未注册者、中止医师执业活动二年以上或者本办法第六条规定不予注册的情形消失的医师申请注册时，还应当提交在省级以上卫生计生行政部门指定的机构接受连续6个月以上的培训，并经考核合格的证明。

第十三条 注册主管部门应当自收到注册申请之日起20个工作日内，对申请人提交的申请材料进行审核。审核合格的，予以注册并发放《医师执业证书》。

第十四条 对不符合注册条件不予注册的，注册主管部门应当自收到注册申请之日起20个工作日内书面通知聘用单位和申请人，并说明理由。申请人如有异议的，可以依法申请行政复议或者向人民法院提起行政诉讼。

第十五条 执业助理医师取得执业医师资格后，继续在医疗、预防、保健机构中执业的，应当按本办法规定，申请执业医师注册。

第十六条　《医师执业证书》应当由本人妥善保管，不得出借、出租、抵押、转让、涂改和毁损。如发生损坏或者遗失的，当事人应当及时向原发证部门申请补发。

第十七条　医师跨执业地点增加执业机构，应当向批准该机构执业的卫生计生行政部门申请增加注册。

执业助理医师只能注册一个执业地点。

第四章　注册变更

第十八条　医师注册后有下列情形之一的，医师个人或者其所在的医疗、预防、保健机构，应当自知道或者应当知道之日起30日内报告注册主管部门，办理注销注册：

（一）死亡或者被宣告失踪的；

（二）受刑事处罚的；

（三）受吊销《医师执业证书》行政处罚的；

（四）医师定期考核不合格，并经培训后再次考核仍不合格的；

（五）连续两个考核周期未参加医师定期考核的；

（六）中止医师执业活动满二年的；

（七）身体健康状况不适宜继续执业的；

（八）出借、出租、抵押、转让、涂改《医师执业证书》的；

（九）在医师资格考试中参与有组织作弊的；

（十）本人主动申请的；

（十一）国家卫生计生委规定不宜从事医疗、预防、保健业务的其他情形的。

第十九条　医师注册后有下列情况之一的，其所在的医疗、预防、保健机构应当自办理相关手续之日起30日内报注册主管部门，办理备案：

（一）调离、退休、退职；

（二）被辞退、开除；

（三）省级以上卫生计生行政部门规定的其他情形。

上述备案满2年且未继续执业的予以注销。

第二十条　医师变更执业地点、执业类别、执业范围等注册事项的，应当通过国家医师管理信息系统提交医师变更执业注册申请及省级以上卫生计生行政部门规定的其他材料。

医师因参加培训需要注册或者变更注册的，应当按照本办法规定办理相关手续。

医师变更主要执业机构的，应当按本办法第十二条的规定重新办理注册。

医师承担经主要执业机构批准的卫生支援、会诊、进修、学术交流、政府交办事项等任务和参加卫生计生行政部门批准的义诊，以及在签订帮扶或者托管协议医疗机构内执业等，不需办理执业地点变更和执业机构备案手续。

第二十一条　注册主管部门应当自收到变更注册申请之日起20个工作日内办理变更注册手续。对因不符合变更注册条件不予变更的，应当自收到变更注册申请之日起20个工作日内书面通知申请人，并说明理由。

第二十二条 国家实行医师注册内容公开制度和查询制度。

地方各级卫生计生行政部门应当按照规定提供医师注册信息查询服务,并对注销注册的人员名单予以公告。

第二十三条 医疗、预防、保健机构未按照本办法第十八条规定履行报告职责,导致严重后果的,由县级以上卫生计生行政部门依据《执业医师法》第四十一条规定进行处理。

医疗、预防、保健机构未按照本办法第十九条规定履行报告职责,导致严重后果的,由县级以上地方卫生计生行政部门对该机构给予警告,并对其主要负责人、相关责任人依法给予处分。

第五章 附 则

第二十四条 中医(包括中医、民族医、中西医结合)医师执业注册管理由中医(药)主管部门负责。

第二十五条 港澳台人员申请在内地(大陆)注册执业的,按照国家有关规定办理。

外籍人员申请在中国境内注册执业的,按照国家有关规定办理。

第二十六条 本办法自2017年4月1日起施行。1999年7月16日原卫生部公布的《医师执业注册暂行办法》同时废止。

医师定期考核管理办法

(卫医发〔2007〕66号)

第一章 总 则

第一条 为了加强医师执业管理,提高医师素质,保证医疗质量和医疗安全,根据《中华人民共和国执业医师法》及相关规定,制定本办法。

第二条 本办法所称医师定期考核是指受县级以上地方人民政府卫生行政部门委托的机构或组织按照医师执业标准对医师的业务水平、工作成绩和职业道德进行的考核。

第三条 依法取得医师资格,经注册在医疗、预防、保健机构中执业的医师,其定期考核适用本办法。

第四条 定期考核应当坚持客观、科学、公平、公正、公开原则。

第五条 医师定期考核分为执业医师考核和执业助理医师考核。考核类别分为临床、中医(包括中医、民族医、中西医结合)、口腔和公共卫生。

医师定期考核每两年为一个周期。

第六条 卫生部主管全国医师定期考核管理工作。

县级以上地方人民政府卫生行政部门主管其负责注册的医师定期考核管理工作。

第二章 考核机构

第七条 县级以上地方人民政府卫生行政部门可以委托符合下列条件之一的医疗、预防、保健机构或者医疗卫生行业、学术组织(以下统称考核机构)承担医师定期考核工作：

（一）设有100张以上床位的医疗机构；

（二）医师人数在50人以上的预防、保健机构；

（三）具有健全组织机构的医疗卫生行业、学术组织。

县级以上地方人民政府卫生行政部门应当公布受委托的考核机构名单，并逐级上报至卫生部备案。

第八条 考核机构负责医师定期考核的组织、实施和考核结果评定，并向委托其承担考核任务的卫生行政部门报告考核工作情况及医师考核结果。

第九条 考核机构应当成立专门的考核委员会，负责拟定医师考核工作制度，对医师定期考核工作进行检查、指导，保证考核工作规范进行。考核委员会应当由具有中级以上专业技术职务的医学专业技术人员和有关医疗卫生管理人员组成。

第十条 卫生行政部门应当对委托的考核机构的医师定期考核工作进行监督，并可以对考核机构的考核结果进行抽查核实。

第三章 考核方式及管理

第十一条 医师定期考核包括业务水平测评、工作成绩和职业道德评定。

业务水平测评由考核机构负责；工作成绩、职业道德评定由医师所在医疗、预防、保健机构负责，考核机构复核。

第十二条 考核机构应当于定期考核日前60日通知需要接受定期考核的医师。

考核机构可以委托医疗、预防、保健机构通知本机构的医师。

第十三条 各级各类医疗、预防、保健机构应当按要求对执业注册地点在本机构的医师进行工作成绩、职业道德评定，在《医师定期考核表》上签署评定意见，并于业务水平测评日前30日将评定意见报考核机构。

医疗、预防、保健机构对本机构医师进行工作成绩、职业道德评定应当与医师年度考核情况相衔接。

医疗、预防、保健机构应当按规定建立健全医德考评制度，作为对本机构医师进行职业道德评定的依据。

第十四条 考核机构应当先对报送的评定意见进行复核，然后根据本办法的规定对参加定期考核的医师进行业务水平测评，并在《医师定期考核表》上签署意见。业务水平测评可以采用以下一种或几种形式：

（一）个人述职；

（二）有关法律、法规、专业知识的考核或考试以及技术操作的考核或考试；

（三）对其本人书写的医学文书的检查；

（四）患者评价和同行评议；

（五）省级卫生行政部门规定的其他形式。

第十五条 考核机构综合医疗、预防、保健机构的评定意见及业务水平测评结果对医师做出考核结论，在《医师定期考核表》上签署意见，并于定期考核工作结束后30日内将医师考核结果报委托其考核的卫生行政部门备案,同时书面通知被考核医师及其所在机构。

第十六条 医师认为考核机构的考核人员与其有利害关系,可能影响考核客观公正的,可以在考核前向考核机构申请回避。理由正当的,考核机构应当予以同意。

考核机构的考核人员与接受考核的医师有利害关系的,应当主动回避。

第十七条 卫生行政部门应当向考核机构提供参加考核医师考核周期内的行政处罚情况。

第十八条 在考核周期内,拟变更执业地点的或者有执业医师法第三十七条所列情形之一但未被吊销执业证书的医师,应当提前进行考核。

需提前进行考核的医师,由其执业注册所在机构向考核机构报告。

第四章 执业记录与考核程序

第十九条 国家实行医师行为记录制度。医师行为记录分为良好行为记录和不良行为记录。

良好行为记录应当包括医师在执业过程中受到的奖励、表彰、完成政府指令性任务、取得的技术成果等;不良行为记录应当包括因违反医疗卫生管理法规和诊疗规范常规受到的行政处罚、处分,以及发生的医疗事故等。

医师行为记录作为医师考核的依据之一。

第二十条 医师定期考核程序分为一般程序与简宜程序。一般程序为按照本办法第三章规定进行的考核。简宜程序为本人书写述职报告,执业注册所在机构签署意见,报考核机构审核。

第二十一条 符合下列条件的医师定期考核执行简宜程序:

(一)具有 5 年以上执业经历,考核周期内有良好行为记录的;

(二)具有 12 年以上执业经历,在考核周期内无不良行为记录的;

(三)省级以上卫生行政部门规定的其他情形。

其他医师定期考核按照一般程序进行。

第五章 考核结果

第二十二条 考核结果分为合格和不合格。工作成绩、职业道德和业务水平中任何一项不能通过评定或测评的,即为不合格。

第二十三条 医师在考核周期内按规定通过住院医师规范化培训或通过晋升上一级专业技术职务考试,可视为业务水平测评合格,考核时仅考核工作成绩和职业道德。

第二十四条 被考核医师对考核结果有异议的,可以在收到考核结果之日起 30 日内,向考核机构提出复核申请。考核机构应当在接到复核申请之日起 30 日内对医师考核结果进行复核,并将复核意见书面通知医师本人。

第二十五条 卫生行政部门应当将考核结果记入《医师执业证书》的“执业记录”栏,并录入医师执业注册信息库。

第二十六条　对考核不合格的医师，卫生行政部门可以责令其暂停执业活动3个月至6个月，并接受培训和继续医学教育；暂停执业活动期满，由考核机构再次进行考核。对考核合格者，允许其继续执业，但该医师在本考核周期内不得评优和晋升；对考核不合格的，由卫生行政部门注销注册，收回医师执业证书。

第二十七条　医师在考核周期内有下列情形之一的，考核机构应当认定为考核不合格：

（一）在发生的医疗事故中负有完全或主要责任的；

（二）未经所在机构或者卫生行政部门批准，擅自在注册地点以外的医疗、预防、保健机构进行执业活动的；

（三）跨执业类别进行执业活动的；

（四）代他人参加医师资格考试的；

（五）在医疗卫生服务活动中索要患者及其亲友财物或者牟取其他不正当利益的；

（六）索要或者收受医疗器械、药品、试剂等生产、销售企业或其工作人员给予的回扣、提成或者谋取其他不正当利益的；

（七）通过介绍病人到其他单位检查、治疗或者购买药品、医疗器械等收取回扣或者提成的；

（八）出具虚假医学证明文件，参与虚假医疗广告宣传和药品医疗器械促销的；

（九）未按照规定执行医院感染控制任务，未有效实施消毒或者无害化处置，造成疾病传播、流行的；

（十）故意泄漏传染病人、病原携带者、疑似传染病病人、密切接触者涉及个人隐私的有关信息、资料的；

（十一）疾病预防控制机构的医师未依法履行传染病监测、报告、调查、处理职责，造成严重后果的；

（十二）考核周期内，有一次以上医德考评结果为医德较差的；

（十三）无正当理由不参加考核，或者扰乱考核秩序的；

（十四）违反《执业医师法》有关规定，被行政处罚的。

第六章　监督管理

第二十八条　医疗、预防、保健机构不按照本办法对执业注册地点在本机构的医师进行工作成绩、职业道德评定或者弄虚作假，以及不配合医师定期考核的，卫生行政部门应当责令改正，经责令仍不改正的，对该机构及其主要责任人和有关责任人予以通报批评。

第二十九条　考核机构有下列情形之一的，卫生行政部门应当责令改正；情节严重的，取消其两个考核周期以上的考核机构资格。

（一）不履行考核职责或者未按规定履行职责的；

（二）在考核工作中有弄虚作假、徇私舞弊行为的；

（三）在考核过程中显失公平的；

（四）考核人员索要或者收受被考核医师及其所在机构财物的；

（五）拒绝接受卫生行政部门监督或者抽查核实的；

（六）省级以上卫生行政部门规定的其他情形。

第三十条　考核机构工作人员违反有关规定，弄虚作假、玩忽职守、滥用职权、徇私舞弊，按《执业医师法》第四十二条处理。

第三十一条　医师以贿赂或欺骗手段取得考核结果的，应当取消其考核结果，并判定为该考核周期考核不合格。

第七章　附　　则

第三十二条　中医、民族医、中西医结合医疗机构中医师的考核工作由核准该医疗机构执业的卫生或中医药行政部门委托符合条件的考核机构按照本办法组织实施。

第三十三条　本办法所称业务水平包括医师掌握医疗卫生管理相关法律、法规、部门规章和应用本专业的基本理论、基础知识、基本技能解决实际问题的能力以及学习和掌握新理论、新知识、新技术和新方法的能力。

本办法所称工作成绩包括医师执业过程中，遵守有关规定和要求，一定阶段完成工作的数量、质量和政府指令性工作的情况。

本办法所称职业道德包括医师执业中坚持救死扶伤，以病人为中心，以及医德医风、医患关系、团结协作、依法执业状况等。

第三十四条　对从事母婴保健工作医师的考核还应包括《中华人民共和国母婴保健法》及其实施办法规定的考核内容。

第三十五条　省、自治区、直辖市卫生行政部门可以根据本办法制定实施细则。

第三十六条　本办法由卫生部负责解释。

第三十七条　本办法自2007年5月1日起施行。

医师外出会诊管理暂行规定

（2004年12月16日卫生部部务会议讨论通过　2005年4月30日中华人民共和国卫生部令第42号发布）

第一条　为规范医疗机构之间医师会诊行为，促进医学交流与发展，提高医疗水平，保证医疗质量和医疗安全，方便群众就医，保护患者、医师、医疗机构的合法权益，根据《执业医师法》、《医疗机构管理条例》的规定，制定本规定。

第二条　本规定所称医师外出会诊是指医师经所在医疗机构批准，为其他医疗机构特定的患者开展执业范围内的诊疗活动。

医师未经所在医疗机构批准，不得擅自外出会诊。

第三条　各级卫生行政部门应当加强对医师外出会诊的监督管理。

第四条　医疗机构在诊疗过程中，根据患者的病情需要或者患者要求等原因，需要邀请其他医疗机构的医师会诊时，经治科室应当向患者说明会诊、费用等情况，征得患者同意后,报本单位医务管理部门批准;当患者不具备完全民事行为能力时,应征得其近亲属或者监护人同意。

第五条　邀请会诊的医疗机构(以下称邀请医疗机构)拟邀请其他医疗机构(以下称会诊医疗机构)的医师会诊,需向会诊医疗机构发出书面会诊邀请函。内容应当包括拟会诊患者病历摘要、拟邀请医师或者邀请医师的专业及技术职务任职资格、会诊的目的、理由、时间和费用等情况,并加盖邀请医疗机构公章。

用电话或者电子邮件等方式提出会诊邀请的,应当及时补办书面手续。

第六条　有下列情形之一的,医疗机构不得提出会诊邀请:

(一)会诊邀请超出本单位诊疗科目或者本单位不具备相应资质的;

(二)本单位的技术力量、设备、设施不能为会诊提供必要的医疗安全保障的;

(三)会诊邀请超出被邀请医师执业范围的;

(四)省级卫生行政部门规定的其他情形。

第七条　会诊医疗机构接到会诊邀请后,在不影响本单位正常业务工作和医疗安全的前提下,医务管理部门应当及时安排医师外出会诊。会诊影响本单位正常业务工作但存在特殊需要的情况下,应当经会诊医疗机构负责人批准。

第八条　有下列情形之一的,医疗机构不得派出医师外出会诊:

(一)会诊邀请超出本单位诊疗科目或者本单位不具备相应资质的;

(二)会诊邀请超出被邀请医师执业范围的;

(三)邀请医疗机构不具备相应医疗救治条件的;

(四)省级卫生行政部门规定的其他情形。

第九条　会诊医疗机构不能派出会诊医师时,应当及时告知邀请医疗机构。

第十条　医师接受会诊任务后,应当详细了解患者的病情,亲自诊查患者,完成相应的会诊工作,并按照规定书写医疗文书。

第十一条　医师在会诊过程中应当严格执行有关的卫生管理法律、法规、规章和诊疗规范、常规。

第十二条　医师在会诊过程中发现难以胜任会诊工作,应当及时、如实告知邀请医疗机构,并终止会诊。

医师在会诊过程中发现邀请医疗机构的技术力量、设备、设施条件不适宜收治该患者,或者难以保障会诊质量和安全的,应当建议将该患者转往其他具备收治条件的医疗机构诊治。

第十三条　会诊结束后,邀请医疗机构应当将会诊情况通报会诊医疗机构。医师应当在返回本单位2个工作日内将外出会诊的有关情况报告所在科室负责人和医务管理部门。

第十四条　医师在外出会诊过程中发生的医疗事故争议,由邀请医疗机构按照《医疗事故处理条例》的规定进行处理。必要时,会诊医疗机构应当协助处理。

第十五条　会诊中涉及的会诊费用按照邀请医疗机构所在地的规定执行。差旅费按照实际发生额结算,不得重复收费。属医疗机构根据诊疗需要邀请的,差旅费由医疗机构承担;属患者主动要求邀请的,差旅费由患者承担,收费方应向患者提供正式收费票据。会诊中涉及的治疗、手术等收费标准可在当地规定的基础上酌情加收,加收幅度由省级价格主管部门会同同级卫生行政部门确定。

邀请医疗机构支付会诊费用应当统一支付给会诊医疗机构,不得支付给会诊医师本人。会诊医疗机构由于会诊产生的收入,应纳入单位财务部门统一核算。

第十六条　会诊医疗机构应当按照有关规定给付会诊医师合理报酬。医师在国家法定节假日完成会诊任务的,会诊医疗机构应当按照国家有关规定提高会诊医师的报酬标准。

第十七条　医师在外出会诊时不得违反规定接受邀请医疗机构报酬,不得收受或者索要患者及其家属的钱物,不得牟取其他不正当利益。

第十八条　医疗机构应当加强对本单位医师外出会诊的管理,建立医师外出会诊管理档案,并将医师外出会诊情况与其年度考核相结合。

第十九条　医疗机构违反本规定第六条、第八条、第十五条的,由县级以上卫生行政部门责令改正,给予警告;诊疗活动超出登记范围的,按照《医疗机构管理条例》第四十七条处理。

第二十条　医师违反第二条、第七条规定擅自外出会诊或者在会诊中违反第十七条规定的,由所在医疗机构记入医师考核档案;经教育仍不改正的,依法给予行政处分或者纪律处分。

医师外出会诊违反《执业医师法》有关规定的,按照《执业医师法》第三十七条处理。

第二十一条　医疗机构疏于对本单位医师外出会诊管理的,县级以上卫生行政部门应当对医疗机构及其主要负责人和负有责任的主管人员进行通报批评。

第二十二条　医师受卫生行政部门调遣到其他医疗机构开展诊疗活动的,不适用本规定。

第二十三条　本规定自2005年7月1日起施行。

人体器官移植医师培训与认定管理办法(试行)

(国卫医发〔2016〕49号)

第一章　总　　则

第一条　为加强人体器官移植医师队伍建设,规范人体器官移植医师培训和管理工作,持续改进和提高人体器官移植技术水平和医疗质量,保障医疗安全,依据《执业医师法》、《人体器官移植条例》和《国务院关于取消和调整一批行政审批项目等事项的决定》(国发〔2014〕27号)等,制定本办法。

第二条　本办法所称人体器官移植医师,是指在人体器官移植医师培训基地(以下简称培训基地)完成培训,经培训基地或省级卫生计生行政部门委托的第三方考核合格后,获得省级卫生计生行政部门认定、取得相应人体器官移植医师执业资格并注册,能够独立开展相应人体器官移植手术的执业医师。

第三条 国家卫生计生委负责统筹协调全国人体器官移植医师培训和认定工作,指导监督省级卫生计生行政部门工作。委托有条件的行业组织、单位开展以下工作:

(一)根据实际需求制订培训规划;

(二)组织编写人体器官移植医师培训大纲和教材;

(三)指导培训基地建设和管理;

(四)制订考核标准和要求。

第四条 省级卫生计生行政部门负责辖区内人体器官移植医师的执业资格认定,监督和指导辖区内培训基地的培训和考核工作。

第二章 人体器官移植医师培训

第五条 医师申请人体器官移植医师执业资格,应当参加培训。

第六条 培训基地负责对申请人体器官移植执业资格的医师进行培训。培训内容包括人体器官捐献与移植有关法律法规及规范要求、伦理道德教育、人体器官移植技术理论知识及临床实践技能等。

第七条 省级卫生计生行政部门应当依据《人体器官移植医师培训基地基本要求》指定培训基地,报国家卫生计生委备案并向社会公开。

第八条 培训基地实行动态管理,周期为 4 年。省级卫生计生行政部门应当在周期结束前 6 个月对培训基地工作情况进行整体评价,确定继续承担培训基地工作的单位。

第九条 培训基地内承担人体器官移植技术培训工作的医师(以下简称培训导师)由各培训基地根据本办法规定的条件择优推荐,经省级卫生计生行政部门组织专家评估后确定。

第十条 培训基地应当建立健全规章制度及流程,明确岗位职责和管理要求,加强对培训导师的管理。严格按照国家统一的培训大纲和教材制定培训方案与计划,建立参加培训医师(以下简称参培医师)培训档案,做好参培医师的理论知识及临床实践技能培训,确保培训质量和效果。

第十一条 培训导师应当认真履行职责,严格按照培训方案和计划开展培训,保证培训工作所需时间和培训效果。

第十二条 培训导师聘期为 4 年。培训基地培训导师数量不应少于 5 人,每位培训导师每期指导参培医师不得超过 2 人。

第十三条 培训基地应当于培训工作开始前 2 个月,向行业内公布培训计划、培训名额、报名方式等有关信息。

第十四条 申请参加培训的医师,应当同时具备以下条件:

(一)持有《医师执业证书》,执业类别为临床,执业范围为外科或儿科(小儿外科方向),执业地点为三级医院;

(二)近 3 年未发生二级以上负完全责任或主要责任的医疗事故,无违反医疗卫生相关法律、法规、规章、伦理原则和人体器官移植技术管理规范的行为;

(三)取得主治医师专业技术职务任职资格,有 5 年以上人体器官移植临床工作经验或 8 年以上相关外科或小儿外科临床工作经验。

第十五条　参培医师报名不受地域限制。参培医师向培训基地提出报名申请时应当提交申请材料,培训基地应当对申请材料进行审核,根据培训计划按照公开公平、择优录取、双向选择的原则决定是否接受参培医师。

第十六条　培训基地应当于招收工作结束之日起15个工作日内,向所在地省级卫生计生行政部门报送接受的参培医师信息,省级卫生计生行政部门应当及时向国家卫生计生委备案。

第十七条　人体器官移植医师培训周期为1年。在规定时间内未按要求完成培训的参培医师,培训时间可顺延,总培训时间不得超过2年。

第十八条　参培医师应当按照人体器官移植医师培训大纲和教材的要求,完成以下学习任务:

(一)完成人体器官移植相关基础课程,包括人体器官移植相关法律法规、伦理、解剖、免疫、生理、病理、药理、人体器官移植外科技术以及人体器官移植合并症和术后并发症的诊断和处理等;

(二)参加肝脏、肾脏、心脏、肺脏、胰腺、小肠移植培训的医师应当在培训导师指导下参与完成的相应移植手术数量分别不少于10例、15例、5例、5例、1例、1例,参与管理的病例数量不少于15例、20例、8例、8例、2例、2例;

(三)参培医师应当在培训导师指导下至少参与完成5例公民逝世后捐献器官的获取。

第十九条　参培医师完成培训后应当接受考核。考核应当由培训基地或省级卫生计生行政部门委托的第三方组织实施。具体由各省级卫生计生行政部门确定。

第二十条　参培医师考核包括过程考核和结业考核。

(一)过程考核是结业考核的必备条件,是培训基地对参训医师培训过程的动态综合评价,内容包括医德医风、出勤情况、日常临床实践能力、培训指标完成情况和参加业务学习情况等。

(二)结业考核包括理论考核和临床实践能力考核。理论考核采取闭卷考核。临床实践能力考核应当由3位以上培训导师共同进行现场审核评分,其中至少1人为其他培训基地培训导师。参训医师的导师须回避。

第三章　人体器官移植医师资格认定

第二十一条　同时符合以下条件的,由省级卫生计生行政部门认定人体器官移植医师执业资格:

(一)持有《医师执业证书》,执业类别为临床,执业范围为外科或儿科(小儿外科方向),执业地点为三级医院;

(二)近3年未发生二级以上负完全责任或主要责任的医疗事故,无违反医疗卫生相关法律、法规、规章、伦理原则和人体器官移植技术管理规范的行为;

(三)取得主治医师专业技术职务任职资格,有5年以上人体器官移植临床工作经验或8年以上相关外科或小儿外科临床工作经验;

(四)经培训基地培训并考核合格。

第二十二条 省级卫生计生行政部门应当对人体器官移植医师执业资格认定的申请进行审核。申请材料齐全的,应当受理,并自受理之日起20个工作日内作出决定。不能作出决定的,经省级卫生计生行政部门负责人批准,可以延长10个工作日,并将延长期限的理由告知申请人。

第二十三条 经认定取得相关专业人体器官移植医师执业资格的,由省级卫生计生行政部门在《医师执业证书》中注明。

第二十四条 本办法公布前已经从事人体器官移植工作,且同时符合以下条件的执业医师,可以直接向所在地省级卫生计生行政部门提出认定申请。其认定期限见本办法第二十二条。符合条件的,省级卫生计生行政部门应当予以认定,并在《医师执业证书》中注明。

(一)执业地点为具有相应人体器官移植诊疗科目的医院,具有副主任医师及以上专业技术职务任职资格;

(二)近8年连续从事人体器官移植相关专业临床工作;

(三)近5年累计以手术医师实施移植手术达到规定数量且移植器官生存率符合国家有关技术管理规范。

1. 申请肝脏移植医师执业资格认定的,近5年累计以手术医师实施肝脏移植手术应当不少于30例;

2. 申请肾脏移植医师执业资格认定的,近5年累计以手术医师实施肾脏移植手术应当不少于50例;

3. 申请心脏、肺脏移植医师执业资格认定的,近5年累计以手术医师实施心脏、肺脏移植手术应当各不少于5例;

4. 申请小肠、胰腺移植医师执业资格认定的,近5年累计以手术医师实施小肠、胰腺移植手术应当各不少于2例。

第二十五条 有下列情形之一的,不予认定人体器官移植医师执业资格:

(一)不具备完全民事行为能力;

(二)受吊销《医师执业证书》行政处罚,申请之日尚未重新注册的;

(三)受暂停医师执业活动行政处罚,申请之日在暂停医师执业活动期内的;

(四)不符合培训条件,通过不正当手段获得培训资格的;

(五)除第二十四条规定情形外,未经培训基地培训或考核不合格的。

第二十六条 对于人体器官移植医师执业资格不予认定决定不服的,可以依法提起行政复议或者行政诉讼。

第四章 监督管理

第二十七条 培训基地有下列情形之一的,由省级卫生计生行政部门取消指定,该培训基地不再承担培训工作:

(一)不符合《人体器官移植医师培训基地基本要求》,通过不正当手段获得培训基地资格;

(二)发生违反《人体器官移植条例》等法律、法规及国家有关规定;

(三)未能按照本办法要求有效开展培训工作。

第二十八条　培训导师聘期内有下列情形之一的,取消培训导师资格:

(一)发生二级以上医疗事故(负完全责任或主要责任)的;

(二)未能履行培训导师职责的;

(三)受刑事处罚的;

(四)受暂停医师执业活动或吊销《医师执业证书》行政处罚的;

(五)其他违法违规的情况。

第二十九条　人体器官移植医师取得执业资格后有下列情形之一的,依据《行政许可法》第六十九条、第七十条等规定,由所在地省级卫生计生行政部门撤销或者注销:

(一)连续3年未开展人体器官移植临床工作的;

(二)《医师执业证书》被吊销、撤销或注销的;

(三)医师定期考核不合格的;

(四)医师死亡或者丧失行为能力的;

(五)法律、法规规定的应当注销行政许可的其他情形。

第三十条　人体器官移植医师执业资格被注销,申请重新认定的,应当重新参加培训和考核。

第五章　附　　则

第三十一条　军队医师(包括军人、文职人员、以及在军队医院执业的地方聘用医师)申请人体器官移植医师执业资格认定,参照上述规定由中央军委后勤保障部卫生局制定具体办法。

国家卫生计生委与中央军委后勤保障部卫生局定期互相通报军地医院培训基地有关招生、培训及人体器官移植医师认定等信息。

第三十二条　各省级卫生计生行政部门可以根据本办法制定具体实施办法。

第三十三条　本办法自发布之日起施行。

附件2

人体器官移植医师培训基地基本要求(试行)

一、基本条件

(一)三级医院,具备开展相应人体器官移植项目的诊疗科目登记。

(二)近5年未发生违反人体器官移植有关法律、法规及规定的行为。

二、具备与开展人体器官移植技术培训工作相适应的场地、设备和设施等条件

(一)移植病区。肝脏和肾脏移植需设置相对独立的病区,普通区和隔离区设置符合要求;各病区核定床位30张以上。心脏移植和肺脏移植需各设置5张专用床位,胰腺移植与小肠移植需各设置2张专用床位。移植病区设备配置齐全,每床单元设置符合要求。

移植病区应当建立健全并认真落实各项规章制度、人员岗位职责、医疗护理技术操作规程和相关技术规范等。

（二）重症医学科（ICU 或 TICU）。设置符合原卫生部《重症医学科建设与管理指南（试行）》要求，建筑布局、功能流向合理；设置监护病床为移植病床的 15% －20%，基本设备设施配备符合要求。

（三）手术部。设置符合原卫生部《手术部（室）管理规范（试行）》和《医院洁净手术部建筑技术规范（GB50333－2013）》等要求，建筑布局、功能流向合理；净化手术间使用面积不少于 80^2；麻醉恢复室等设置符合要求。

（四）临床实验室。开展生化、血液、免疫、药物浓度、病原体、组织配型和移植病理检查。

（五）血液净化室。血液透析机 30 台以上，连续性肾脏替代治疗机（CRRT 机）5 台以上；具备完成常规透析、床边透析、血浆置换、单纯超滤等技术能力。

（六）脑死亡判定条件。具备独立开展死亡判定相适应的场地、设备和设施等条件。其中，脑死亡判定技术能力应当达到《脑死亡判定标准与技术规范（成人、儿童质控版）》的相关要求。

（七）人体器官获取组织。独立成立或与其他医疗机构联合成立人体器官获取组织（OPO），具备开展人体器官获取、保存维护与运输全流程教学相适应的人员、设备和设施等条件。包括：

1. 场地：业务工作区域布局符合工作流程和技术规范要求；器官捐献者维护单元不少于 4 个，具备重症监护的仪器和设备；固定的 OPO 办公室；器官捐献者家属接待室及休息场所；器官获取培训教学场地。

2. 设备与设施：呼吸机、心电监护仪等重症监护必须设备；便携式脑电图、体感诱发电位等神经电生理检查设备；便携式床旁彩超、体外膜肺氧合机（ECMO）、人工肝或器官体外灌注保存修复设施设备；器官获取器械、器官保存箱、灌注液、保存液、纤维支气管镜、药品、耗材等；专用车辆，包括人体器官移植协调员专用通勤车、器官捐献者转运车（配备呼吸机、ECMO 等）、器官获取手术专用车、器官运输专用车；信息化设备，包括信息报送和传输功能的计算机等设备；器官获取培训教学设施，如模拟人等。

（八）具备进行动物器官移植的实验条件。

三、具备开展人体器官移植技术培训工作相适应的专业技术人员

（一）人体器官移植培训导师。至少有 5 名培训导师，其中至少 2 名为主任医师。培训导师应当同时具备以下条件：

1. 连续从事人体器官移植临床工作 10 年以上，具有副主任医师以上专业技术职务任职资格。

2. 近 3 年累计主持实施肾脏移植手术大于 100 例，或肝脏移植手术大于 30 例，或心脏移植手术大于 10 例，或肺脏移植手术大于 5 例，或胰腺、小肠移植手术大于 2 例；未发生二级以上与人体器官移植技术相关的医疗事故（负主要责任或完全责任）；近 3 年内未发生违反器官移植相关法律法规的行为；无利用医疗卫生服务谋求不正当利益的违法违纪行为。

(二)脑死亡判定技术人员。取得国家卫生计生委脑损伤质控评价中心培训合格证书的脑死亡临床评估医师不少于4人;脑电图评估、诱发电位评估和经颅多普勒超声评估医师或卫生技术人员各不少于1名。

(三)OPO人员。专职从事人体器官获取的医护工作人员不少于5人;经过专门培训并考核合格,具有资质的人体器官捐献专业协调员不少于4人;重症监护、抢救技术的中、高级专业技术任职资格的医师不少于3人;取得重症监护专业岗位培训证书的执业护士不少于3人;专职从事人体器官获取、分配与共享数据上报专业人员不少于1人。

(四)其他人员。呼吸内镜、麻醉、护理、医学影像、检验、病理等专业技术人员具备较高服务能力和水平。

四、具备较强的人体器官捐献与获取工作能力

(一)申请肾脏、肝脏移植医师培训基地的,所在OPO近3年完成公民逝世后器官捐献(DCD)案例数量排名均在全国前20位以内;器官获取率(捐献器官数量/捐献人数)高于全国平均水平(2.66)。

(二)申请心脏、肺脏移植医师培训基地的,所在OPO近3年累计完成DCD案例数量不少于10例;器官获取率(捐献器官数量/捐献人数)高于全国平均水平(2.66)。

(三)申请胰腺、小肠移植医师培训基地的,所在OPO近3年累计完成DCD案例数量不少于10例;器官获取率(捐献器官数量/捐献人数)高于全国平均水平(2.66)。

五、具备较强的人体器官移植技术临床应用能力

(一)申请肾脏移植医师培训基地的,近3年累计实施肾脏移植手术不少于300例,其中,实施DCD来源肾脏移植手术不少于150例。移植肾脏1年存活率不低于90%,3年存活率不低于75%,5年存活率不低于65%。

(二)申请肝脏移植医师培训基地的,近3年累计实施肝脏移植手术不少于150例,其中,实施DCD来源肝脏移植手术不少于75例。良性终末期肝病移植肝脏1年存活率不低于85%,3年存活率不低于75%,5年存活率不低于65%;肝脏恶性肿瘤移植肝脏1年存活率不低于75%,3年存活率不低于55%。

(三)申请心脏移植医师培训基地的,近3年累计实施心脏移植手术不少于45例,其中,实施DCD来源心脏移植手术不少于25例。移植心脏1年存活率不低于85%,3年存活率不低于75%,5年存活率不低于70%。

(四)申请肺脏移植医师培训基地的,近3年累计实施肺脏移植手术不少于30例,其中,实施DCD来源肺脏移植手术大于15例。移植肺脏1年存活率不低于65%,3年存活率不低于55%,5年存活率不低于45%。

(五)申请胰腺移植医师培训基地的,近3年累计实施胰腺移植手术不少于5例。

(六)申请小肠移植医师培训基地的,近3年累计实施小肠移植手术不少于3例。

六、具备较好的移植数据报送质量

相关专业人体器官移植数据报送质量位居全国前20名。

七、具备较强的科研能力

(一)近3年在国内核心期刊或科学引文索引(SCI)期刊发表有关人体器官移植技术

的学术论文不少于15篇。

（二）承担人体器官移植相关的国家级基金项目，举办过全国性人体器官移植技术专业学术会议或承担国家级继续医学教育项目。

中医医术确有专长人员医师资格考核注册管理暂行办法

（2017年7月31日国家卫生计生委委主任会议讨论通过　2017年11月10日卫生和计划生育委员会令第15号公布）

第一章　总　　则

第一条　为做好中医医术确有专长人员医师资格考核注册管理工作，根据《中华人民共和国中医药法》有关规定，制定本办法。

第二条　以师承方式学习中医或者经多年实践，医术确有专长的人员参加医师资格考核和执业注册，适用本办法。

第三条　国家中医药管理局负责全国中医医术确有专长人员医师资格考核及执业工作的管理。

省级中医药主管部门组织本省、自治区、直辖市中医医术确有专长人员医师资格考核；负责本行政区域内取得医师资格的中医医术确有专长人员执业管理。

省级中医药主管部门应当根据本办法制定本省、自治区、直辖市中医医术确有专长人员医师资格考核注册管理实施细则。

设区的市和县级中医药主管部门负责本行政区域内中医医术确有专长人员医师资格考核组织申报、初审及复审工作，负责本行政区域内取得医师资格的中医医术确有专长人员执业日常管理。

第二章　考核申请

第四条　以师承方式学习中医或者经多年实践，医术确有专长的人员，可以申请参加中医医术确有专长人员医师资格考核。

第五条　以师承方式学习中医的，申请参加医师资格考核应当同时具备下列条件：

（一）连续跟师学习中医满五年，对某些病证的诊疗，方法独特、技术安全、疗效明显，经指导老师评议合格；

（二）由至少两名中医类别执业医师推荐，推荐医师不包括其指导老师。

第六条　经多年中医医术实践的，申请参加医师资格考核应当同时具备下列条件：

（一）具有医术渊源，在中医医师指导下从事中医医术实践活动满五年或者《中华人民共和国中医药法》施行前已经从事中医医术实践活动满五年的；

（二）对某些病证的诊疗，方法独特、技术安全、疗效明显，并得到患者的认可；

（三）由至少两名中医类别执业医师推荐。

第七条　推荐医师应当为被推荐者长期临床实践所在省、自治区、直辖市相关专业中医类别执业医师。

第八条　以师承方式学习中医的,其指导老师应当具有中医类别执业医师资格,从事中医临床工作十五年以上或者具有中医类副主任医师以上专业技术职务任职资格。指导老师同时带徒不超过四名。

第九条　符合本办法第五条或者第六条规定的人员,可以向其长期临床实践所在地县级中医药主管部门提出考核申请。

第十条　申请参加中医医术确有专长人员医师资格考核的,应当提交以下材料:

(一)国家中医药管理局统一式样的《中医医术确有专长人员医师资格考核申请表》;

(二)本人有效身份证明;

(三)中医医术专长综述,包括医术的基本内容及特点描述、适应症或者适用范围、安全性及有效性的说明等,以及能够证明医术专长确有疗效的相关资料;

(四)至少两名中医类别执业医师的推荐材料;

(五)以师承方式学习中医的,还应当提供跟师学习合同,学习笔记、临床实践记录等连续跟师学习中医满五年的证明材料,以及指导老师出具的跟师学习情况书面评价意见、出师结论;经多年中医医术实践的,还应当提供医术渊源的相关证明材料,以及长期临床实践所在地县级以上中医药主管部门或者所在居委会、村委会出具的从事中医医术实践活动满五年证明,或者至少十名患者的推荐证明。

第十一条　县级中医药主管部门和设区的市级中医药主管部门分别对申请者提交的材料进行初审和复审,复审合格后报省级中医药主管部门。省级中医药主管部门对报送材料进行审核确认,对符合考核条件的人员、指导老师和推荐医师信息应当予以公示。申请者在临床实践中存在医疗纠纷且造成严重后果的,取消其报名资格。

第三章　考核发证

第十二条　中医医术确有专长人员医师资格考核实行专家评议方式,通过现场陈述问答、回顾性中医医术实践资料评议、中医药技术方法操作等形式对实践技能和效果进行科学量化考核。专家人数应当为不少于五人的奇数。

第十三条　考核专家应当对参加考核者使用中医药技术方法的安全性进行风险评估,并针对风险点考核其安全风险意识、相关知识及防范措施。根据参加考核者使用的中医药技术方法分为内服方药和外治技术两类进行考核。

第十四条　内服方药类考核内容包括:医术渊源或者传承脉络、医术内容及特点;与擅长治疗的病证范围相关的中医基础知识、中医诊断技能、中医治疗方法、中药基本知识和用药安全等。

考核程序分为医术专长陈述、现场问答、诊法技能操作和现场辨识相关中药等。

考核专家应当围绕参加考核者使用的中药种类、药性、药量、配伍等进行安全性评估,根据风险点考核相关用药禁忌、中药毒性知识等。

第十五条　外治技术类考核内容包括:医术渊源或者传承脉络、外治技术内容及特点;与其使用的外治技术相关的中医基础知识、擅长治疗的病证诊断要点、外治技术操作要点、技术应用规范及安全风险防控方法或者措施等。

考核程序分为医术专长陈述、现场问答、外治技术操作等。

考核专家应当围绕参加考核者使用外治技术的操作部位、操作难度、创伤程度、感染风险等进行安全性评估，根据风险点考核其操作安全风险认知和有效防范方法等；外敷药物中含毒性中药的，还应当考核相关的中药毒性知识。

第十六条　治疗方法以内服方药为主、配合使用外治技术，或者以外治技术为主、配合使用中药的，应当增加相关考核内容。

第十七条　考核专家根据参加考核者的现场陈述，结合回顾性中医医术实践资料等，围绕相关病证的疗效评价关键要素进行分析评估并提问，对其医术专长的效果进行现场评定。必要时可采用实地调查核验等方式评定效果。

第十八条　经综合评议后，考核专家对参加考核者作出考核结论，并对其在执业活动中能够使用的中医药技术方法和具体治疗病证的范围进行认定。

第十九条　考核合格者，由省级中医药主管部门颁发《中医(专长)医师资格证书》。

第二十条　县级以上地方中医药主管部门应当加强对考核合格人员有关卫生和中医药法律法规基本知识、基本急救技能、临床转诊能力、中医医疗技术相关性感染防控指南、传染病防治基本知识及报告制度、中医病历书写等知识的培训，提高其执业技能，保障医疗安全。

第四章　考核组织

第二十一条　省级中医药主管部门应当加强考核工作的组织领导，完善考核制度，强化考核工作人员和专家培训，严格考核管理，确保考核公平、公正、安全、有序进行。

第二十二条　省级中医药主管部门每年定期组织中医医术确有专长人员医师资格考核，考核时间应当提前三个月向社会公告。

第二十三条　省级中医药主管部门应当建立中医医术确有专长人员医师资格考核专家库。考核专家应当同时符合下列条件：

(一)中医类别执业医师；

(二)具有丰富的临床经验和技术专长，具备副主任医师以上专业技术职务任职资格或者从事中医临床工作十五年以上具有师承或者医术确有专长渊源背景人员；

(三)遵纪守法，恪守职业道德，公平公正，原则性强，工作认真负责。

第二十四条　根据参加考核人员申报的医术专长，由省级中医药主管部门在中医医术确有专长人员医师资格考核专家库内抽取考核专家。考核专家是参加考核人员的近亲属或者与其有利害关系的，应当予以回避。

第五章　执业注册

第二十五条　中医(专长)医师实行医师区域注册管理。取得《中医(专长)医师资格证书》者，应当向其拟执业机构所在地县级以上地方中医药主管部门提出注册申请，经注册后取得《中医(专长)医师执业证书》。

第二十六条　中医(专长)医师按照考核内容进行执业注册，执业范围包括其能够使用的中医药技术方法和具体治疗病证的范围。

第二十七条 中医(专长)医师在其考核所在省级行政区域内执业。中医(专长)医师跨省执业的,须经拟执业所在地省级中医药主管部门同意并注册。

第二十八条 取得《中医(专长)医师执业证书》者,即可在注册的执业范围内,以个人开业的方式或者在医疗机构内从事中医医疗活动。

第六章 监督管理

第二十九条 县级中医药主管部门负责对本行政区域内中医(专长)医师执业行为的监督检查,重点对其执业范围、诊疗行为以及广告宣传等进行监督检查。

第三十条 中医(专长)医师应当参加定期考核,每两年为一个周期。定期考核有关要求由省级中医药主管部门确定。

第三十一条 县级以上地方中医药主管部门应当加强对中医(专长)医师的培训,为中医(专长)医师接受继续教育提供条件。

第三十二条 中医(专长)医师通过学历教育取得省级以上教育行政部门认可的中医专业学历的,或者执业时间满五年、期间无不良执业记录的,可以申请参加中医类别执业医师资格考试。

第三十三条 国家建立中医(专长)医师管理信息系统,及时更新中医(专长)医师注册信息,实行注册内容公开制度,并提供中医(专长)医师注册信息查询服务。

第七章 法律责任

第三十四条 参加中医医术确有专长人员资格考核的人员和考核工作人员,违反本办法有关规定,在考核过程中发生违纪违规行为的,按照国家医师资格考试违纪违规处理有关规定处罚;通过违纪违规行为取得《中医(专长)医师资格证书》、《中医(专长)医师执业证书》的人员,由发证部门撤销并收回《中医(专长)医师资格证书》、《中医(专长)医师执业证书》,并进行通报。

第三十五条 中医医术确有专长人员医师资格考核专家违反本办法有关规定,在考核工作中未依法履行工作职责的,省级中医药主管部门应当停止其参与考核工作;情节严重的,应当进行通报批评,并建议其所在单位依法给予相应的处分;存在其他违纪违规行为的,按照国家医师资格考试违纪违规处理有关规定处罚;构成犯罪的,依法追究刑事责任。

第三十六条 推荐中医医术确有专长人员的中医医师、以师承方式学习中医的医术确有专长人员的指导老师,违反本办法有关规定,在推荐中弄虚作假、徇私舞弊的,由县级以上中医药主管部门依法责令暂停六个月以上一年以下执业活动;情节严重的,吊销其医师执业证书;构成犯罪的,依法追究刑事责任。

第三十七条 中医(专长)医师在执业中超出注册的执业范围从事医疗活动的,由县级以上中医药主管部门责令暂停六个月以上一年以下执业活动,并处一万元以上三万元以下罚款;情节严重的,吊销其执业证书。造成患者人身、财产损害的,依法承担民事责任;构成犯罪的,依法追究刑事责任。

第八章　附　　则

第三十八条　本办法实施前已经取得《乡村医生执业证书》的中医药一技之长人员可以申请参加中医医术确有专长人员医师资格考核，也可继续以乡村医生身份执业，纳入乡村医生管理。自本办法施行之日起，不再开展中医药一技之长人员纳入乡村医生管理工作。

本办法实施前已经按照《传统医学师承和确有专长人员医师资格考核考试办法》规定取得《传统医学师承出师证》的，可以按照本办法规定，在继续跟师学习满两年后申请参加中医医术确有专长人员医师资格考核。

本办法实施前已经按照《传统医学师承和确有专长人员医师资格考核考试办法》规定取得《传统医学医术确有专长证书》的，可以按照本办法规定申请参加中医医术确有专长人员医师资格考核。

第三十九条　港澳台人员在内地以师承方式学习中医的，可在指导老师所在省、自治区、直辖市申请参加中医医术确有专长医师资格考核。

第四十条　《中医（专长）医师资格证书》和《中医（专长）医师执业证书》由国家中医药管理局统一印制。

第四十一条　本办法自2017年12月20日起施行。

传统医学师承和确有专长人员医师资格考核考试办法

（2006年11月27日卫生部部务会议讨论通过　2006年12月21日卫生部令第52号发布）

第一章　总　　则

第一条　为规范传统医学师承和确有专长人员医师资格考核考试，根据《中华人民共和国执业医师法》第十一条的规定和医师资格考试的有关规定，制定本办法。

第二条　以师承方式学习传统医学或者经多年传统医学临床实践医术确有专长、不具备医学专业学历的人员，参加医师资格考试，适用本办法。

第三条　考核是对传统医学师承和确有专长人员申请参加医师资格考试的资格评价和认定，分为传统医学师承出师考核（以下简称出师考核）和传统医学医术确有专长考核（以下简称确有专长考核）。

第四条　国家中医药管理局负责全国传统医学师承人员和确有专长人员医师资格考核考试的监督管理工作。

第五条　本办法所称“传统医学”是指中医学和少数民族医学。

第二章　出师考核

第六条　出师考核由省级中医药管理部门具体组织实施。

第七条　师承人员应当具有高中以上文化程度或者具有同等学力，并连续跟师学习满3年。

第八条　师承人员的指导老师应当同时具备下列条件：

(一)具有中医类别中医或者民族医专业执业医师资格；

(二)从事中医或者民族医临床工作15年以上，或者具有中医或者民族医副主任医师以上专业技术职务任职资格；

(三)有丰富的临床经验和独特的技术专长；

(四)遵纪守法，恪守职业道德，信誉良好；

(五)在医疗机构中坚持临床实践，能够完成教学任务。

第九条　师承人员应当与指导老师签订由国家中医药管理局统一式样的师承关系合同。

师承关系合同应当经县级以上公证机构公证，跟师学习时间自公证之日起计算。

第十条　指导老师同时带教师承人员不得超过两名。

第十一条　师承人员跟师学习的形式、内容，由省级中医药管理部门制定。

第十二条　出师考核内容应当包括职业道德和业务水平，重点是传统医学专业基础知识与基本技能，学术经验、技术专长继承情况；方式包括综合笔试和临床实践技能考核。

具体考核内容、标准及办法由国家中医药管理局制定。

第十三条　申请参加出师考核的师承人员，填写由国家中医药管理局统一式样的《传统医学师承出师考核申请表》，并经核准其指导老师执业的卫生行政部门、中医药管理部门审核同意后，向省级中医药管理部门提出申请。

第十四条　申请出师考核的应当提交下列材料：

(一)传统医学师承出师考核申请表；

(二)本人身份证明；

(三)二寸免冠正面半身照片2张；

(四)学历或学历证明；

(五)指导老师医师资格证书、医师执业证书、专业技术职务任职资格证书，或者核准其执业的卫生行政部门、中医药管理部门出具的从事中医、民族医临床工作15年以上证明；

(六)经公证的师承关系合同；

(七)省级以上中医药管理部门要求提供的其它材料。

第十五条　省级中医药管理部门对申请出师考核者提交的材料进行审查，符合考核条件的，发放准考证；不符合考核条件的，在受理申请后15个工作日内向申请出师考核者说明理由。

第十六条　出师考核每年进行一次，具体时间由省级中医药管理部门确定，考核工作开始前3个月在辖区内进行公告。

第十七条　出师考核合格者由省级中医药管理部门颁发由国家中医药管理局统一式样的《传统医学师承出师证书》。

第三章　确有专长考核

第十八条　确有专长考核由设区的市级卫生行政部门、中医药管理部门组织实施。

第十九条 申请确有专长考核的,应当同时具备以下条件:

(一)依法从事传统医学临床实践5年以上;

(二)掌握独具特色、安全有效的传统医学诊疗技术。

第二十条 确有专长考核内容应当包括职业道德和业务水平,重点是传统医学专业基础知识及掌握的独特诊疗技术和临床基本操作;方式包括综合笔试和临床实际本领考核。

具体考核内容、标准及办法由国家中医药管理局制定。

第二十一条 申请确有专长考核的人员,填写由国家中医药管理局统一式样的《传统医学医术确有专长考核申请表》,并经所在地县级卫生行政部门审核同意后,向设区的市级卫生行政部门、中医药管理部门提出申请。

第二十二条 申请确有专长考核的应当提交下列材料:

(一)传统医学医术确有专长考核申请表;

(二)本人身份证明;

(三)二寸免冠正面半身照片2张;

(四)申请人所在地县级卫生行政部门出具的证明其从事传统医学临床实践年限的材料;

(五)两名以上执业医师出具的证明其掌握独具特色、安全有效的传统医学诊疗技术的材料;

(六)设区的市级以上卫生行政部门、中医药管理部门要求提供的其它材料。

第二十三条 确有专长考核每年进行一次,具体时间由设区的市级卫生行政部门、中医药管理部门确定,考核工作开始前3个月在辖区内进行公告。

第二十四条 考核合格者由负责组织考核的卫生行政部门、中医药管理部门发给由国家中医药管理局统一式样的《传统医学医术确有专长证书》,并报省级中医药管理部门备案。

第四章 医师资格考试

第二十五条 师承和确有专长人员医师资格考试是评价申请医师资格者是否具备执业所需的专业知识与技能的考试,是国家医师资格考试的组成部分。

第二十六条 师承和确有专长人员医师资格考试方式分为实践技能考试和医学综合笔试,实践技能考试合格的方可参加医学综合笔试。

考试的具体内容和方案由卫生部医师资格考试委员会制定。

第二十七条 师承和确有专长人员取得《传统医学师承出师证书》或《传统医学医术确有专长证书》后,在执业医师指导下,在授予《传统医学师承出师证书》或《传统医学医术确有专长证书》的省(自治区、直辖市)内的医疗机构中试用期满1年并考核合格,可以申请参加执业助理医师资格考试。

第二十八条 师承和确有专长人员取得执业助理医师执业证书后,在医疗机构中从事传统医学医疗工作满5年,可以申请参加执业医师资格考试。

第二十九条 师承和确有专长人员申请参加医师资格考试应当到规定的考点办公室

报名,并提交下列材料:

(一)二寸免冠正面半身照片2张;

(二)本人身份证明;

(三)《传统医学师承出师证书》或《传统医学医术确有专长证书》;

(四)试用机构出具的试用期考核合格证明;

(五)执业助理医师申报执业医师资格考试的,还需同时提交执业助理医师资格证书和医师执业证书复印件;

(六)报考所需的其它材料。

其他报考程序按医师资格考试的有关规定执行。

第三十条　师承和确有专长人员医师资格考试的组织管理与实施,按照医师资格考试有关规定执行。

第三十一条　师承和确有专长人员医师资格考试合格线由卫生部医师资格考试委员会确定。

考试成绩合格的,获得卫生部统一印制的《医师资格证书》。

第五章　处　　罚

第三十二条　申请出师考核和确有专长考核人员在申请或者参加考核中,有下列情形的,取消当年参加考核的资格,构成犯罪的,依法追究刑事责任:

(一)假报姓名、年龄、学历、工龄、民族、户籍、学籍和伪造证件、证明、档案以取得申请考核资格的;

(二)在考核中扰乱考核秩序的;

(三)向考核人员行贿的;

(四)威胁或公然侮辱、诽谤考核人员的;

(五)有其它严重舞弊行为的。

第三十三条　卫生行政部门、中医药管理部门工作人员违反本办法有关规定,出具假证明,提供假档案,在考核中弄虚作假、玩忽职守、滥用职权、徇私舞弊,尚不构成犯罪的,依法给予行政处分;构成犯罪的,依法追究刑事责任。

第三十四条　在医师资格考试过程中发生违规、违纪行为的,根据医师资格考试违规处理有关规定进行处罚。

第六章　附　　则

第三十五条　本办法所指传统医学临床实践是指取得有效行医资格人员从事的传统医学医疗活动,或者未取得有效行医资格人员但在中医、民族医执业医师指导下从事的传统医学医疗实习活动。

第三十六条　本办法由国家中医药管理局负责解释。

第三十七条　本办法自2007年2月1日起施行。1999年7月23日发布的《传统医学师承和确有专长人员医师资格考核考试暂行办法》同时废止。

护士执业注册管理办法

（2008 年 5 月 6 日卫生部令第 59 号公布　根据 2021 年 1 月 8 日《国家卫生健康委关于修改和废止〈母婴保健专项技术服务许可及人员资格管理办法〉等 3 件部门规章的决定》修订）

第一条　为了规范护士执业注册管理，根据《护士条例》，制定本办法。

第二条　护士经执业注册取得《护士执业证书》后，方可按照注册的执业地点从事护理工作。

未经执业注册取得《护士执业证书》者，不得从事诊疗技术规范规定的护理活动。

第三条　国家卫生健康委负责全国护士执业注册监督管理工作。

县级以上地方卫生健康主管部门是护士执业注册的主管部门，负责本行政区域的护士执业注册监督管理工作。

第四条　省、自治区、直辖市卫生健康主管部门结合本行政区域的实际情况，制定护士执业注册工作的具体实施办法，并报国家卫生健康委备案。

第五条　国家建立护士管理信息系统，实行护士电子化注册管理。

第六条　申请护士执业注册，应当具备下列条件：

（一）具有完全民事行为能力；

（二）在中等职业学校、高等学校完成教育部和国家卫生健康委规定的普通全日制 3 年以上的护理、助产专业课程学习，包括在教学、综合医院完成 8 个月以上护理临床实习，并取得相应学历证书；

（三）通过国家卫生健康委组织的护士执业资格考试；

（四）符合本办法第七条规定的健康标准。

第七条　申请护士执业注册，应当符合下列健康标准：

（一）无精神病史；

（二）无色盲、色弱、双耳听力障碍；

（三）无影响履行护理职责的疾病、残疾或者功能障碍。

第八条　申请护士执业注册，应当向批准设立拟执业医疗机构或者为该医疗机构备案的卫生健康主管部门提出申请。

第九条　申请护士执业注册，应当提交下列材料：

（一）护士执业注册申请审核表；

（二）申请人身份证明；

（三）申请人学历证书及专业学习中的临床实习证明；

（四）医疗卫生机构拟聘用的相关材料。

第十条　卫生健康主管部门应当自受理申请之日起 20 个工作日内，对申请人提交的材料进行审核、注册，发给国家卫生健康委统一印制的《护士执业证书》；对不符合规定条件的，不予注册，并书面说明理由。

《护士执业证书》上应当注明护士的姓名、性别、出生日期等个人信息及证书编号、注册日期和执业地点。

第十一条 护士执业注册申请,应当自通过护士执业资格考试之日起 3 年内提出;逾期提出申请的,除本办法第九条规定的材料外,还应当提交在省、自治区、直辖市卫生健康主管部门规定的教学、综合医院接受 3 个月临床护理培训并考核合格的证明。

第十二条 护士执业注册有效期为 5 年。护士执业注册有效期届满需要继续执业的,应当在有效期届满前 30 日,向批准设立执业医疗机构或者为该医疗机构备案的卫生健康主管部门申请延续注册。

第十三条 护士申请延续注册,应当提交护士执业注册申请审核表和申请人的《护士执业证书》。

第十四条 注册部门自受理延续注册申请之日起 20 个工作日内进行审核。审核合格的,予以延续注册;审核不合格的,不予延续注册,并书面说明理由。

第十五条 有下列情形之一的,不予延续注册:

(一)不符合本办法第七条规定的健康标准的;

(二)被处暂停执业活动处罚期限未满的。

第十六条 医疗卫生机构可以为本机构聘用的护士集体办理护士执业注册和延续注册。

第十七条 有下列情形之一的,拟在医疗卫生机构执业时,应当重新申请注册:

(一)注册有效期届满未延续注册的;

(二)受吊销《护士执业证书》处罚,自吊销之日起满 2 年的。

重新申请注册的,按照本办法第九条的规定提交材料;中断护理执业活动超过 3 年的,还应当提交在省、自治区、直辖市卫生健康主管部门规定的教学、综合医院接受 3 个月临床护理培训并考核合格的证明。

第十八条 护士在其执业注册有效期内变更执业地点等注册项目,应当办理变更注册。

护士承担经注册执业机构批准的卫生支援、进修、学术交流、政府交办事项等任务和参加卫生健康主管部门批准的义诊,在签订帮扶或者托管协议的医疗卫生机构内执业,以及从事执业机构派出的上门护理服务等,不需办理执业地点变更等手续。

第十九条 护士在其执业注册有效期内变更执业地点等注册项目的,应当向批准设立执业医疗机构或者为该医疗机构备案的卫生健康主管部门报告,并提交护士执业注册申请审核表和申请人的《护士执业证书》。

注册部门应当自受理之日起 7 个工作日内为其办理变更手续。

护士跨省、自治区、直辖市变更执业地点的,收到报告的注册部门还应当向其原执业地注册部门通报。

县级以上地方卫生健康主管部门应当通过护士管理信息系统,为护士变更注册提供便利。

第二十条 护士执业注册后有下列情形之一的,原注册部门办理注销执业注册:

（一）注册有效期届满未延续注册；

（二）受吊销《护士执业证书》处罚；

（三）护士死亡或者丧失民事行为能力。

第二十一条　卫生健康主管部门实施护士执业注册，有下列情形之一的，由其上级卫生健康主管部门或者监察机关责令改正，对直接负责的主管人员或者其他直接责任人员依法给予行政处分：

（一）对不符合护士执业注册条件者准予护士执业注册的；

（二）对符合护士执业注册条件者不予护士执业注册的。

第二十二条　护士执业注册申请人隐瞒有关情况或者提供虚假材料申请护士执业注册的，卫生健康主管部门不予受理或者不予护士执业注册，并给予警告；已经注册的，应当撤销注册。

第二十三条　在内地完成护理、助产专业学习的香港、澳门特别行政区及台湾地区人员，符合本办法第六条、第七条、第九条规定的，可以申请护士执业注册。

第二十四条　计划生育技术服务机构护士的执业注册管理适用本办法的规定。

第二十五条　本办法下列用语的含义：

教学医院，是指与中等职业学校、高等学校有承担护理临床实习任务的合同关系，并能够按照护理临床实习教学计划完成教学任务的医院。

综合医院，是指依照《医疗机构管理条例》、《医疗机构基本标准》的规定，符合综合医院基本标准的医院。

第二十六条　本办法自2008年5月12日起施行。

护士执业资格考试办法

（中华人民共和国卫生部、中华人民共和国人力资源和社会保障部令第74号）

第一条　为规范全国护士执业资格考试工作，加强护理专业队伍建设，根据《护士条例》第七条规定，制定本办法。

第二条　卫生部负责组织实施护士执业资格考试。国家护士执业资格考试是评价申请护士执业资格者是否具备执业所必须的护理专业知识与工作能力的考试。

考试成绩合格者，可申请护士执业注册。

具有护理、助产专业中专和大专学历的人员，参加护士执业资格考试并成绩合格，可取得护理初级（士）专业技术资格证书；护理初级（师）专业技术资格按照有关规定通过参加全国卫生专业技术资格考试取得。

具有护理、助产专业本科以上学历的人员，参加护士执业资格考试并成绩合格，可以取得护理初级（士）专业技术资格证书；在达到《卫生技术人员职务试行条例》规定的护师专业技术职务任职资格年限后，可直接聘任护师专业技术职务。

第三条　护士执业资格考试实行国家统一考试制度。统一考试大纲，统一命题，统一合格标准。

护士执业资格考试原则上每年举行一次,具体考试日期在举行考试3个月前向社会公布。

第四条 护士执业资格考试包括专业实务和实践能力两个科目。一次考试通过两个科目为考试成绩合格。

为加强对考生实践能力的考核,原则上采用“人机对话”考试方式进行。

第五条 护士执业资格考试遵循公平、公开、公正的原则。

第六条 卫生部和人力资源社会保障部成立全国护士执业资格考试委员会。主要职责是:

(一)对涉及护士执业资格考试的重大事项进行协调、决策;

(二)审定护士执业资格考试大纲、考试内容和方案;

(三)确定并公布护士执业资格考试成绩合格线;

(四)指导全国护士执业资格考试工作。

全国护士执业资格考试委员会下设办公室,办公室设在卫生部,负责具体工作。

第七条 护士执业资格考试考务管理实行承办考试机构、考区、考点三级责任制。

第八条 承办考试机构具体组织实施护士执业资格考试考务工作。主要职责是:

(一)组织制定护士执业资格考试考务管理规定,负责全国护士执业资格考试考务管理;

(二)组织专家拟定护士执业资格考试大纲和命题审卷的有关规定并承担具体工作;

(三)负责护士执业资格考试考生信息处理;

(四)组织评定考试成绩,提供考生成绩单和护士执业资格考试成绩合格证明;

(五)负责考试结果的统计分析和考试工作总结,并向护士执业资格考试委员会提交工作报告;

(六)负责建立护士执业资格考试命题专家库和考试题库;

(七)指导考区有关考试的业务工作。

第九条 各省、自治区、直辖市及新疆生产建设兵团设立考区。省、自治区、直辖市人民政府卫生行政部门及新疆生产建设兵团卫生局负责本辖区的考试工作。其主要职责是:

(一)负责本考区护士执业资格考试的考务管理;

(二)制定本考区护士执业资格考试考务管理具体措施;

(三)负责审定考生报名资格;

(四)负责指导考区内各考点的业务工作;

(五)负责处理、上报考试期间本考区发生的重大问题。

省、自治区、直辖市人民政府卫生行政部门及新疆生产建设兵团卫生局可根据实际情况,会同人力资源社会保障部门成立护士执业资格考试领导小组。

第十条 考区根据考生情况设置考点,报全国护士执业资格考试委员会备案。考点设在设区的市。考点的主要职责是:

(一)负责本考点护士执业资格考试的考务工作;

（二）执行本考点护士执业资格考试考务管理具体措施；

（三）受理考生报名，核实报名材料，初审考生报名资格；

（四）负责为不能自行上网打印准考证的考生打印准考证；

（五）处理、上报本考点考试期间发生的问题；

（六）发给考生成绩单和护士执业资格考试成绩合格证明。

第十一条　各级考试管理机构要有计划地培训考务工作人员和监考人员，提高考试管理水平。

第十二条　在中等职业学校、高等学校完成国务院教育主管部门和国务院卫生主管部门规定的普通全日制3年以上的护理、助产专业课程学习，包括在教学、综合医院完成8个月以上护理临床实习，并取得相应学历证书的，可以申请参加护士执业资格考试。

第十三条　申请参加护士执业资格考试的人员，应当在公告规定的期限内报名，并提交以下材料：

（一）护士执业资格考试报名申请表；

（二）本人身份证明；

（三）近6个月二寸免冠正面半身照片3张；

（四）本人毕业证书；

（五）报考所需的其他材料。

申请人为在校应届毕业生的，应当持有所在学校出具的应届毕业生毕业证明，到学校所在地的考点报名。学校可以为本校应届毕业生办理集体报名手续。

申请人为非应届毕业生的，可以选择到人事档案所在地报名。

第十四条　申请参加护士执业资格考试者，应当按国家价格主管部门确定的收费标准缴纳考试费。

第十五条　护士执业资格考试成绩于考试结束后45个工作日内公布。考生成绩单由报名考点发给考生。

第十六条　考试成绩合格者，取得考试成绩合格证明，作为申请护士执业注册的有效证明。

第十七条　考试考务管理工作要严格执行有关规章和纪律，切实做好试卷命制、印刷、发送和保管过程中的保密工作，严防泄密。

第十八条　护士执业资格考试实行回避制度。考试工作人员有下列情形之一的，应当回避：

（一）是考生近亲属的；

（二）与考生有其他利害关系，可能影响考试公正的。

第十九条　对违反考试纪律和有关规定的，按照《专业技术人员资格考试违纪违规行为处理规定》处理。

第二十条　军队有关部门负责军队人员参加全国护士执业资格考试的报名、成绩发布等工作。

第二十一条　香港特别行政区、澳门特别行政区和台湾地区居民符合本办法规定和

《内地与香港关于建立更紧密经贸关系的安排》、《内地与澳门关于建立更紧密经贸关系的安排》或者内地有关主管部门规定的，可以申请参加护士执业资格考试。

第二十二条　本办法自2010年7月1日起施行。

乡村医生考核办法

（卫农卫发〔2008〕43号）

第一章　总　　则

第一条　为加强乡村医生从业管理，规范乡村医生考核，提高乡村医生队伍素质，更好地为广大农民健康服务，根据《乡村医生从业管理条例》，制定本办法。

第二条　本办法所称乡村医生考核，是指县级卫生行政部门按照《乡村医生从业管理条例》有关规定，对乡村医生从业情况定期进行的考核。

第三条　本办法适用于依法取得乡村医生执业证书，在村医疗卫生机构执业的乡村医生。

第四条　考核应当坚持科学、公平、公正、公开原则。

第五条　对乡村医生的考核，每2年组织一次。

第六条　卫生部负责全国乡村医生考核工作。

省级和设区的市级卫生行政部门负责本行政区域内乡村医生考核的监督管理工作。

县级卫生行政部门负责本行政区域内乡村医生考核的组织工作。

第二章　考核机构

第七条　县级卫生行政部门应当成立乡村医生考核委员会，负责乡村医生考核的具体实施工作。

第八条　考核委员会由县级卫生行政部门和县、乡医疗卫生机构的卫生管理及卫生技术人员组成。考核委员会可在乡镇卫生院设立考核小组，具体负责本辖区内乡村医生的考核工作。

第九条　考核委员会应当制定考核工作制度和考核工作方案，保证考核工作规范进行。

第三章　考核内容

第十条　乡村医生考核包括业务考评和职业道德评定两方面内容。

第十一条　业务考评主要包括：

（一）工作任务完成情况；

（二）业务水平；

（三）学习培训情况；

（四）省级卫生行政部门规定的其他内容。

第十二条　职业道德评定主要包括医德医风情况。考核委员会在评定过程中要充分听取所在村村民委员会、乡村医生和村民的意见。

第四章　考核方式和程序

第十三条　考核方式主要包括：

（一）个人述职；

（二）日常工作和年度考核；

（三）业务水平测试；

（四）职业道德评议。

第十四条　考核按照以下程序进行：

（一）考核委员会应当于考核前30日通知需要接受考核的乡村医生；

（二）考核委员会按照上述第十三条规定的考核方式对乡村医生进行考核；

（三）考核委员会综合评定考核结果；

（四）考核委员会向乡村医生送达书面考核结果；

（五）乡村医生对考核结果签署意见；

（六）考核委员会向县级卫生行政部门报告考核结果。

乡村医生因特殊情况需要暂缓考核的，向考核委员会提出申请。经考核委员会批准同意后，予以暂缓考核。

第十五条　乡村医生认为考核人员与其有利害关系，可能影响考核客观公正的，可以在考核前向考核委员会申请回避。理由正当的，考核委员会应当予以准许。考核人员与接受考核的乡村医生有利害关系的，应当回避。

第五章　考核结果及应用

第十六条　考核结果分为合格和不合格。县级卫生行政部门应当将考核结果记入《乡村医生执业证书》中的"考核记录"栏。

第十七条　乡村医生对考核结果有异议的，可以在收到考核评定结果之日起15日内，向考核委员会提出复核申请。考核委员会应当在接到复核申请之日起15日内对乡村医生考核结果进行复核，并将复核意见书面通知乡村医生本人。复核意见为最终考核结果。乡村医生逾期未提出异议的，视为接受考核结果。

第十八条　乡村医生经考核合格的，可以继续执业；经考核不合格的，在6个月之内可以申请进行再次考核。逾期未提出再次考核申请或者经再次考核仍不合格的乡村医生，原注册部门应当注销其执业注册，并收回乡村医生执业证书。

第十九条　乡村医生在考核工作中有下列情形之一的，考核结果为不合格：

（一）以不正当手段通过考核的；

（二）无正当理由不参加考核的；

（三）省级卫生行政部门规定的其他情形。

第六章　监督管理

第二十条　县级卫生行政部门应当将乡村医生考核结果在乡村医生所在乡镇范围内

予以公布

第二十一条 设区的市级卫生行政部门对辖区内乡村医生考核情况进行汇总，报省级卫生行政部门备案。

第二十二条 省级和设区的市级卫生行政部门对本办法的实施情况进行监督检查，对未按照本办法开展乡村医生考核工作的，应当责成县级卫生行政部门改正。

第七章 附 则

第二十三条 《乡村医生考核表》、《乡村医生考核复核表》由卫生部制定统一样式。

第二十四条 省级卫生行政部门根据本办法制定实施细则。

3. 医疗质量与安全

医疗质量管理办法

（2016年7月26日国家卫生计生委委主任会议讨论通过 2016年9月25日国家卫生和计划生育委员会令第10号公布）

第一章 总 则

第一条 为加强医疗质量管理，规范医疗服务行为，保障医疗安全，根据有关法律法规，制定本办法。

第二条 本办法适用于各级卫生计生行政部门以及各级各类医疗机构医疗质量管理工作。

第三条 国家卫生计生委负责全国医疗机构医疗质量管理工作。

县级以上地方卫生计生行政部门负责本行政区域内医疗机构医疗质量管理工作。

国家中医药管理局和军队卫生主管部门分别在职责范围内负责中医和军队医疗机构医疗质量管理工作。

第四条 医疗质量管理是医疗管理的核心，各级各类医疗机构是医疗质量管理的第一责任主体，应当全面加强医疗质量管理，持续改进医疗质量，保障医疗安全。

第五条 医疗质量管理应当充分发挥卫生行业组织的作用，各级卫生计生行政部门应当为卫生行业组织参与医疗质量管理创造条件。

第二章 组织机构和职责

第六条 国家卫生计生委负责组织或者委托专业机构、行业组织（以下称专业机构）制订医疗质量管理相关制度、规范、标准和指南，指导地方各级卫生计生行政部门和医疗机构开展医疗质量管理与控制工作。省级卫生计生行政部门可以根据本地区实际，制订行政区域医疗质量管理相关制度、规范和具体实施方案。

县级以上地方卫生计生行政部门在职责范围内负责监督、指导医疗机构落实医疗质量管理有关规章制度。

第七条 国家卫生计生委建立国家医疗质量管理与控制体系，完善医疗质量控制与持续改进的制度和工作机制。

各级卫生计生行政部门组建或者指定各级、各专业医疗质量控制组织（以下称质控组织）落实医疗质量管理与控制的有关工作要求。

第八条 国家级各专业质控组织在国家卫生计生委指导下，负责制订全国统一的质控指标、标准和质量管理要求，收集、分析医疗质量数据，定期发布质控信息。

省级和有条件的地市级卫生计生行政部门组建相应级别、专业的质控组织，开展医疗质量管理与控制工作。

第九条 医疗机构医疗质量管理实行院、科两级责任制。

医疗机构主要负责人是本机构医疗质量管理的第一责任人；临床科室以及药学、护理、医技等部门（以下称业务科室）主要负责人是本科室医疗质量管理的第一责任人。

第十条 医疗机构应当成立医疗质量管理专门部门，负责本机构的医疗质量管理工作。

二级以上的医院、妇幼保健院以及专科疾病防治机构（以下称二级以上医院）应当设立医疗质量管理委员会。医疗质量管理委员会主任由医疗机构主要负责人担任，委员由医疗管理、质量控制、护理、医院感染管理、医学工程、信息、后勤等相关职能部门负责人以及相关临床、药学、医技等科室负责人组成，指定或者成立专门部门具体负责日常管理工作。其他医疗机构应当设立医疗质量管理工作小组或者指定专（兼）职人员，负责医疗质量具体管理工作。

第十一条 医疗机构医疗质量管理委员会的主要职责是：

（一）按照国家医疗质量管理的有关要求，制订本机构医疗质量管理制度并组织实施；

（二）组织开展本机构医疗质量监测、预警、分析、考核、评估以及反馈工作，定期发布本机构质量管理信息；

（三）制订本机构医疗质量持续改进计划、实施方案并组织实施；

（四）制订本机构临床新技术引进和医疗技术临床应用管理相关工作制度并组织实施；

（五）建立本机构医务人员医疗质量管理相关法律、法规、规章制度、技术规范的培训制度，制订培训计划并监督实施；

（六）落实省级以上卫生计生行政部门规定的其他内容。

第十二条 二级以上医院各业务科室应当成立本科室医疗质量管理工作小组，组长由科室主要负责人担任，指定专人负责日常具体工作。医疗质量管理工作小组主要职责是：

（一）贯彻执行医疗质量管理相关的法律、法规、规章、规范性文件和本科室医疗质量管理制度；

（二）制订本科室年度质量控制实施方案，组织开展科室医疗质量管理与控制工作；

（三）制订本科室医疗质量持续改进计划和具体落实措施；

（四）定期对科室医疗质量进行分析和评估，对医疗质量薄弱环节提出整改措施并组织实施；

（五）对本科室医务人员进行医疗质量管理相关法律、法规、规章制度、技术规范、标准、诊疗常规及指南的培训和宣传教育；

（六）按照有关要求报送本科室医疗质量管理相关信息。

第十三条 各级卫生计生行政部门和医疗机构应当建立健全医疗质量管理人员的培养和考核制度，充分发挥专业人员在医疗质量管理工作中的作用。

第三章 医疗质量保障

第十四条 医疗机构应当加强医务人员职业道德教育，发扬救死扶伤的人道主义精神，坚持“以患者为中心”，尊重患者权利，履行防病治病、救死扶伤、保护人民健康的神圣职责。

第十五条 医务人员应当恪守职业道德，认真遵守医疗质量管理相关法律法规、规范、标准和本机构医疗质量管理制度的规定，规范临床诊疗行为，保障医疗质量和医疗安全。

第十六条 医疗机构应当按照核准登记的诊疗科目执业。卫生技术人员开展诊疗活动应当依法取得执业资质，医疗机构人力资源配备应当满足临床工作需要。

医疗机构应当按照有关法律法规、规范、标准要求，使用经批准的药品、医疗器械、耗材开展诊疗活动。

医疗机构开展医疗技术应当与其功能任务和技术能力相适应，按照国家关于医疗技术和手术管理有关规定，加强医疗技术临床应用管理。

第十七条 医疗机构及其医务人员应当遵循临床诊疗指南、临床技术操作规范、行业标准和临床路径等有关要求开展诊疗工作，严格遵守医疗质量安全核心制度，做到合理检查、合理用药、合理治疗。

第十八条 医疗机构应当加强药学部门建设和药事质量管理，提升临床药学服务能力，推行临床药师制，发挥药师在处方审核、处方点评、药学监护等合理用药管理方面的作用。临床诊断、预防和治疗疾病用药应当遵循安全、有效、经济的合理用药原则，尊重患者对药品使用的知情权。

第十九条 医疗机构应当加强护理质量管理，完善并实施护理相关工作制度、技术规范和护理指南；加强护理队伍建设，创新管理方法，持续改善护理质量。

第二十条 医疗机构应当加强医技科室的质量管理，建立覆盖检查、检验全过程的质量管理制度，加强室内质量控制，配合做好室间质量评价工作，促进临床检查检验结果互认。

第二十一条 医疗机构应当完善门急诊管理制度，规范门急诊质量管理，加强门急诊专业人员和技术力量配备，优化门急诊服务流程，保证门急诊医疗质量和医疗安全，并把门急诊工作质量作为考核科室和医务人员的重要内容。

第二十二条 医疗机构应当加强医院感染管理，严格执行消毒隔离、手卫生、抗菌药物合理使用和医院感染监测等规定，建立医院感染的风险监测、预警以及多部门协同干预机制，开展医院感染防控知识的培训和教育，严格执行医院感染暴发报告制度。

第二十三条　医疗机构应当加强病历质量管理，建立并实施病历质量管理制度，保障病历书写客观、真实、准确、及时、完整、规范。

第二十四条　医疗机构及其医务人员开展诊疗活动，应当遵循患者知情同意原则，尊重患者的自主选择权和隐私权，并对患者的隐私保密。

第二十五条　医疗机构开展中医医疗服务，应当符合国家关于中医诊疗、技术、药事等管理的有关规定，加强中医医疗质量管理。

第四章　医疗质量持续改进

第二十六条　医疗机构应当建立本机构全员参与、覆盖临床诊疗服务全过程的医疗质量管理与控制工作制度。医疗机构应当严格按照卫生计生行政部门和质控组织关于医疗质量管理控制工作的有关要求，积极配合质控组织开展工作，促进医疗质量持续改进。

医疗机构应当按照有关要求，向卫生计生行政部门或者质控组织及时、准确地报送本机构医疗质量安全相关数据信息。

医疗机构应当熟练运用医疗质量管理工具开展医疗质量管理与自我评价，根据卫生计生行政部门或者质控组织发布的质控指标和标准完善本机构医疗质量管理相关指标体系，及时收集相关信息，形成本机构医疗质量基础数据。

第二十七条　医疗机构应当加强临床专科服务能力建设，重视专科协同发展，制订专科建设发展规划并组织实施，推行"以患者为中心、以疾病为链条"的多学科诊疗模式。加强继续医学教育，重视人才培养、临床技术创新性研究和成果转化，提高专科临床服务能力与水平。

第二十八条　医疗机构应当加强单病种质量管理与控制工作，建立本机构单病种管理的指标体系，制订单病种医疗质量参考标准，促进医疗质量精细化管理。

第二十九条　医疗机构应当制订满意度监测指标并不断完善，定期开展患者和员工满意度监测，努力改善患者就医体验和员工执业感受。

第三十条　医疗机构应当开展全过程成本精确管理，加强成本核算、过程控制、细节管理和量化分析，不断优化投入产出比，努力提高医疗资源利用效率。

第三十一条　医疗机构应当对各科室医疗质量管理情况进行现场检查和抽查，建立本机构医疗质量内部公示制度，对各科室医疗质量关键指标的完成情况予以内部公示。

医疗机构应当定期对医疗卫生技术人员开展医疗卫生管理法律法规、医院管理制度、医疗质量管理与控制方法、专业技术规范等相关内容的培训和考核。

医疗机构应当将科室医疗质量管理情况作为科室负责人综合目标考核以及聘任、晋升、评先评优的重要指标。

医疗机构应当将科室和医务人员医疗质量管理情况作为医师定期考核、晋升以及科室和医务人员绩效考核的重要依据。

第三十二条　医疗机构应当强化基于电子病历的医院信息平台建设，提高医院信息化工作的规范化水平，使信息化工作满足医疗质量管理与控制需要，充分利用信息化手段开展医疗质量管理与控制。建立完善医疗机构信息管理制度，保障信息安全。

第三十三条 医疗机构应当对本机构医疗质量管理要求执行情况进行评估,对收集的医疗质量信息进行及时分析和反馈,对医疗质量问题和医疗安全风险进行预警,对存在的问题及时采取有效干预措施,并评估干预效果,促进医疗质量的持续改进。

第五章 医疗安全风险防范

第三十四条 国家建立医疗质量(安全)不良事件报告制度,鼓励医疗机构和医务人员主动上报临床诊疗过程中的不良事件,促进信息共享和持续改进。

医疗机构应当建立医疗质量(安全)不良事件信息采集、记录和报告相关制度,并作为医疗机构持续改进医疗质量的重要基础工作。

第三十五条 医疗机构应当建立药品不良反应、药品损害事件和医疗器械不良事件监测报告制度,并按照国家有关规定向相关部门报告。

第三十六条 医疗机构应当提高医疗安全意识,建立医疗安全与风险管理体系,完善医疗安全管理相关工作制度、应急预案和工作流程,加强医疗质量重点部门和关键环节的安全与风险管理,落实患者安全目标。医疗机构应当提高风险防范意识,建立完善相关制度,利用医疗责任保险、医疗意外保险等风险分担形式,保障医患双方合法权益。制订防范、处理医疗纠纷的预案,预防、减少医疗纠纷的发生。完善投诉管理,及时化解和妥善处理医疗纠纷。

第六章 监督管理

第三十七条 县级以上地方卫生计生行政部门负责对本行政区域医疗机构医疗质量管理情况的监督检查。医疗机构应当予以配合,不得拒绝、阻碍或者隐瞒有关情况。

第三十八条 县级以上地方卫生计生行政部门应当建立医疗机构医疗质量管理评估制度,可以根据当地实际情况,组织或者委托专业机构,利用信息化手段开展第三方评估工作,定期在行业内发布评估结果。

县级以上地方卫生计生行政部门和各级质控组织应当重点加强对县级医院、基层医疗机构和民营医疗机构的医疗质量管理和监督。

第三十九条 国家卫生计生委依托国家级人口健康信息平台建立全国医疗质量管理与控制信息系统,对全国医疗质量管理的主要指标信息进行收集、分析和反馈。

省级卫生计生行政部门应当依托区域人口健康信息平台,建立本行政区域的医疗质量管理与控制信息系统,对本行政区域医疗机构医疗质量管理相关信息进行收集、分析和反馈,对医疗机构医疗质量进行评价,并实现与全国医疗质量管理与控制信息系统互连互通。

第四十条 各级卫生计生行政部门应当建立医疗机构医疗质量管理激励机制,采取适当形式对医疗质量管理先进的医疗机构和管理人员予以表扬和鼓励,积极推广先进经验和做法。

第四十一条 县级以上地方卫生计生行政部门应当建立医疗机构医疗质量管理情况约谈制度。对发生重大或者特大医疗质量安全事件、存在严重医疗质量安全隐患,或者未按要求整改的各级各类医疗机构负责人进行约谈;对造成严重后果的,予以通报,依法处理,同时报上级卫生计生行政部门备案。

第四十二条　各级卫生计生行政部门应当将医疗机构医疗质量管理情况和监督检查结果纳入医疗机构及其主要负责人考核的关键指标,并与医疗机构校验、医院评审、评价以及个人业绩考核相结合。考核不合格的,视情况对医疗机构及其主要负责人进行处理。

第七章　法律责任

第四十三条　医疗机构开展诊疗活动超出登记范围、使用非卫生技术人员从事诊疗工作、违规开展禁止或者限制临床应用的医疗技术、使用不合格或者未经批准的药品、医疗器械、耗材等开展诊疗活动的,由县级以上地方卫生计生行政部门依据国家有关法律法规进行处理。

第四十四条　医疗机构有下列情形之一的,由县级以上卫生计生行政部门责令限期改正;逾期不改的,给予警告,并处三万元以下罚款;对公立医疗机构负有责任的主管人员和其他直接责任人员,依法给予处分:

(一)未建立医疗质量管理部门或者未指定专(兼)职人员负责医疗质量管理工作的;

(二)未建立医疗质量管理相关规章制度的;

(三)医疗质量管理制度不落实或者落实不到位,导致医疗质量管理混乱的;

(四)发生重大医疗质量安全事件隐匿不报的;

(五)未按照规定报送医疗质量安全相关信息的;

(六)其他违反本办法规定的行为。

第四十五条　医疗机构执业的医师、护士在执业活动中,有下列行为之一的,由县级以上地方卫生计生行政部门依据《执业医师法》、《护士条例》等有关法律法规的规定进行处理;构成犯罪的,依法追究刑事责任:

(一)违反卫生法律、法规、规章制度或者技术操作规范,造成严重后果的;

(二)由于不负责任延误急危患者抢救和诊治,造成严重后果的;

(三)未经亲自诊查,出具检查结果和相关医学文书的;

(四)泄露患者隐私,造成严重后果的;

(五)开展医疗活动未遵守知情同意原则的;

(六)违规开展禁止或者限制临床应用的医疗技术、不合格或者未经批准的药品、医疗器械、耗材等开展诊疗活动的;

(七)其他违反本办法规定的行为。

其他卫生技术人员违反本办法规定的,根据有关法律、法规的规定予以处理。

第四十六条　县级以上地方卫生计生行政部门未按照本办法规定履行监管职责,造成严重后果的,对直接负责的主管人员和其他直接责任人员依法给予行政处分。

第八章　附　　则

第四十七条　本办法下列用语的含义:

(一)医疗质量:指在现有医疗技术水平及能力、条件下,医疗机构及其医务人员在临床诊断及治疗过程中,按照职业道德及诊疗规范要求,给予患者医疗照顾的程度。

(二)医疗质量管理:指按照医疗质量形成的规律和有关法律、法规要求,运用现代科学管理方法,对医疗服务要素、过程和结果进行管理与控制,以实现医疗质量系统改进、持续改进的过程。

(三)医疗质量安全核心制度:指医疗机构及其医务人员在诊疗活动中应当严格遵守的相关制度,主要包括:首诊负责制度、三级查房制度、会诊制度、分级护理制度、值班和交接班制度、疑难病例讨论制度、急危重患者抢救制度、术前讨论制度、死亡病例讨论制度、查对制度、手术安全核查制度、手术分级管理制度、新技术和新项目准入制度、危急值报告制度、病历管理制度、抗菌药物分级管理制度、临床用血审核制度、信息安全管理制度等。

(四)医疗质量管理工具:指为实现医疗质量管理目标和持续改进所采用的措施、方法和手段,如全面质量管理(TQC)、质量环(PDCA 循环)、品管圈(QCC)、疾病诊断相关组(DRGs)绩效评价、单病种管理、临床路径管理等。

第四十八条 本办法自 2016 年 11 月 1 日起施行。

医疗质量安全告诫谈话制度暂行办法

(卫医管发〔2011〕3 号)

第一条 为加强医疗质量安全管理,有效防范和规范处理医疗质量安全事件,根据《医疗机构管理条例》、《医疗事故处理条例》等制定本办法。

第二条 医疗质量安全告诫谈话(以下简称告诫谈话)的对象是发生重大、特大医疗质量安全事件或者存在严重医疗质量安全隐患的各级各类医疗机构的负责人(以下简称谈话对象)。

第三条 告诫谈话由负责该医疗机构登记、校验的县级以上地方卫生行政部门组织实施。

卫生部可根据需要,对发生重大影响的医疗质量安全事件的医疗机构负责人进行告诫谈话。

第四条 告诫谈话应当一事一告诫。

告诫谈话以个别进行为主,对普遍性问题也可采取会议告诫谈话或集体告诫谈话。

第五条 出现下列情形之一的,卫生行政部门应当在 30 个工作日内组织告诫谈话:

(一)医疗机构发生重大、特大医疗质量安全事件的;

(二)发现医疗机构存在严重医疗质量安全隐患的。

第六条 组织告诫谈话应当经卫生行政部门主要负责人批准。

第七条 谈话对象接到告诫谈话通知后,应当按照规定和要求接受告诫谈话,不得借故拖延;接受告诫谈话时,应当如实陈述事件经过及调查处理情况,不得捏造或隐瞒事实真相。

第八条 卫生行政部门应当按照以下要求开展告诫谈话工作:

(一)组织相关专家进行必要的调查核实及讨论分析,对医疗质量安全事件进行归因

分析,提出医疗质量安全管理改进建议,做好告诫谈话计划安排;

(二)提前5个工作日将告诫谈话时间、地点及拟告诫谈话的主要内容通知谈话对象,并要求谈话对象准备书面说明材料;

(三)卫生行政部门告诫谈话人员(以下简称谈话人)不得少于2人,其中1人为卫生行政部门主要负责人或分管负责人;

(四)参与告诫谈话的工作人员应当认真填写《医疗质量安全告诫谈话登记表》(附件),做好谈话记录,并由谈话对象签字。谈话资料应存档保管。

第九条 告诫谈话按照以下程序进行:

(一)介绍参加告诫谈话的工作人员;

(二)向谈话对象说明谈话原因,指出相关医疗机构存在的主要问题及其严重性和危害性;

(三)听取谈话对象对有关问题的解释说明、已经采取的整改措施及其效果;

(四)对进一步加强医疗质量安全管理提出具体要求,明确整改期限。整改期限一般不超过3个月;

(五)现场填写《医疗质量安全告诫谈话登记表》并签字。

第十条 告诫谈话结束后,谈话对象应当立即组织落实整改意见,并在整改期限届满后5个工作日内向负责谈话的卫生行政部门提交书面整改报告,卫生行政部门应当对整改措施的落实情况及其效果进行监督检查。

第十一条 县级以上卫生行政部门应当在本辖区卫生系统内通报告诫谈话的对象和主要内容,并在告诫谈话结束后10个工作日内报上一级卫生行政部门。

省级卫生行政部门每半年应当将辖区内告诫谈话工作开展情况上报卫生部。

第十二条 谈话对象无故不参加告诫谈话的,卫生行政部门应当予以通报批评,且3年内不得受理其医疗机构等级评审和各项评优申请。

第十三条 医疗机构经告诫谈话后未及时进行整改或整改措施不到位的,负责告诫谈话的卫生行政部门应当予以批评教育并督促改正。

第十四条 负责告诫谈话的卫生行政部门未按照本办法及时进行的,上级卫生行政部门应当责令其限期改正;造成严重后果的,应当依法追究相关人员的责任。

第十五条 本办法自发布之日起实行。

医疗质量安全事件报告暂行规定

(卫医管发〔2011〕4号)

第一章 总 则

第一条 为建立健全医疗质量安全事件报告制度,提高医疗质量安全事件信息报告的质量和效率,指导医疗机构妥善处置医疗质量安全事件,推动持续医疗质量改进,切实保障医疗安全,根据《中华人民共和国执业医师法》、《医疗机构管理条例》和《医疗事故处理条例》等法律、法规,制定本规定。

第二条 医疗质量安全事件是指医疗机构及其医务人员在医疗活动中，由于诊疗过错、医药产品缺陷等原因，造成患者死亡、残疾、器官组织损伤导致功能障碍等明显人身损害的事件。

第三条 卫生部负责全国医疗质量安全事件信息报告管理工作。

县级以上地方卫生行政部门（含中医药管理部门）负责本辖区内医疗质量安全事件信息报告管理工作。

第四条 各级各类医疗机构应当按照本规定报告医疗质量安全事件信息，不得瞒报、漏报、谎报、缓报。

第二章　报告要求

第五条 医疗质量安全事件实行网络在线直报。

卫生部建立全国统一的医疗质量安全事件信息报告系统（以下简称信息系统），信息系统为各级卫生行政部门分别设立相应权限的数据库。

第六条 根据对患者人身造成的损害程度及损害人数，医疗质量安全事件分为三级：

一般医疗质量安全事件：造成2人以下轻度残疾、器官组织损伤导致一般功能障碍或其他人身损害后果。

重大医疗质量安全事件：

（一）造成2人以下死亡或中度以上残疾、器官组织损伤导致严重功能障碍；

（二）造成3人以上中度以下残疾、器官组织损伤或其他人身损害后果。

特大医疗质量安全事件：造成3人以上死亡或重度残疾。

第七条 医疗机构应当设立或指定部门负责医疗质量安全事件信息报告工作，为医疗质量安全事件信息报告工作提供必要的物质条件支持，并配备专职或兼职工作人员。

第八条 医疗机构应当向核发其《医疗机构执业许可证》的卫生行政部门（以下简称有关卫生行政部门）网络直报医疗质量安全事件或者疑似医疗质量安全事件。

尚不具备网络直报条件的医疗机构应当通过电话、传真等形式，向有关卫生行政部门报告医疗质量安全事件。

医疗质量安全事件的报告时限如下：

一般医疗质量安全事件：医疗机构应当自事件发现之日起15日内，上报有关信息。

重大医疗质量安全事件：医疗机构应当自事件发现之时起12小时内，上报有关信息。

特大医疗质量安全事件：医疗机构应当自事件发现之时起2小时内，上报有关信息。

第九条 医疗质量安全事件实行逢疑必报的原则，医疗机构通过以下途径获知可能为医疗质量安全事件时，应当按照本规定报告：

（一）日常管理中发现医疗质量安全事件的；

（二）患者以医疗损害为由直接向法院起诉的；

（三）患者申请医疗事故技术鉴定或者其他法定鉴定的；

（四）患者以医疗损害为由申请人民调解或其他第三方调解的；

（五）患者投诉医疗损害或其他提示存在医疗质量安全事件的情况。

第十条　医疗机构报告医疗质量安全事件或疑似的医疗质量安全事件后，有关卫生行政部门应当及时进行核对，核对时限要求如下：

一般医疗质量安全事件：有关卫生行政部门应当在5个工作日内进行核对。

重大医疗质量安全事件：有关卫生行政部门应当在12小时内进行核对。

特大医疗质量安全事件：有关卫生行政部门应当在2小时内进行核对。

重大、特大医疗质量安全事件应当分别逐级上报至省级卫生行政部门和卫生部数据库。

第十一条　有关卫生行政部门收到医疗质量安全事件或者疑似医疗质量安全事件的报告并核对后，应当及时进行网络在线直报。

医疗机构和有关卫生行政部门完成初次报告、核对后，应当根据事件处置和发展情况，及时补充、修正相关内容。

第十二条　信息系统通过语音电话、短信、电子邮件等方式对有关卫生行政部门进行提示。收到提示后，有关卫生行政部门应当及时登录系统查看相关信息。

第十三条　各省级卫生行政部门应当在每季度第一周将上一季度本辖区内各级卫生行政部门数据库中的信息进行汇总，并上报至卫生部数据库。

第三章　事件调查处理

第十四条　发生医疗质量安全事件或者疑似医疗质量安全事件的医疗机构应当积极采取措施，避免、减少医疗质量安全事件可能引起的不良后果，同时做好事件调查处理工作，认真查找事件的性质、原因，制定并落实有针对性的改进措施。

第十五条　有关卫生行政部门应当对医疗机构的医疗质量安全事件或者疑似医疗质量安全事件调查处理工作进行指导，必要时可组织专家开展事件的调查处理，并按照规定及时向上级卫生行政部门报告调查处理结果。

第十六条　对于涉及医疗事故争议的医疗质量安全事件，应当按照《医疗事故处理条例》的相关规定处理。

第四章　监督管理

第十七条　各级卫生行政部门应当建立医疗质量安全事件信息管理制度，健全医疗质量安全事件处置预案，督促辖区内医疗机构及时、完整、准确报告医疗质量安全事件信息，及时掌握并妥善处理医疗质量安全事件。

第十八条　各级卫生行政部门应当定期统计分析医疗质量安全事件信息，及时向下级卫生行政部门和医疗机构反馈，加强医疗质量安全管理指导工作。

第十九条　各级卫生行政部门应当将医疗质量安全事件信息报告情况作为重要指标纳入医疗机构等级评审和医院评优的指标体系。

第二十条　二级以上医院应当健全医疗质量管理委员会组织，建立医疗质量安全事件审评制度，针对医疗质量安全事件查找本单位在医疗质量安全管理上存在的漏洞和薄弱环节，切实加以改进，并按照规定报告改进情况。

第二十一条 对于健全医疗质量安全事件报告制度，准确上报医疗质量安全事件信息，调查处理及时，整改有力，医疗质量安全水平有显著提高的医疗机构，各级卫生行政部门可予表扬和奖励。

对瞒报、漏报、谎报、缓报医疗质量安全事件信息或对医疗质量安全事件处置不力，造成严重后果的医疗机构，各级卫生行政部门应当依法处理相关责任人，并予以通报。

第二十二条 卫生行政部门的工作人员违反本规定，利用职务便利收受他人财物或者其他利益，滥用职权，玩忽职守，未及时、认真核对医疗机构上报信息的，或者发现违法行为不予查处，造成严重后果的，依法给予行政处分；构成犯罪的，依法追究刑事责任。

第五章 附 则

第二十三条 本规定所称医疗质量安全事件不包括药品不良反应及预防接种异常反应事件。有关药品不良反应及预防接种异常反应事件报告，按照相关规定执行。

第二十四条 本规定所称卫生行政部门对医疗质量安全事件信息的核对，是指卫生行政部门对医疗质量安全事件信息及时性、完整性的核对，不涉及事件性质、原因、责任等。

第二十五条 本规定由卫生部负责解释。

第二十六条 本规定自2011年4月1日起施行。《重大医疗过失行为和医疗事故报告制度的规定》（卫医发〔2002〕206号）同时废止。

医疗广告管理办法

（国家工商行政管理总局、卫生部令第26号）

第一条 为加强医疗广告管理，保障人民身体健康，根据《广告法》、《医疗机构管理条例》、《中医药条例》等法律法规的规定，制定本办法。

第二条 本办法所称医疗广告，是指利用各种媒介或者形式直接或间接介绍医疗机构或医疗服务的广告。

第三条 医疗机构发布医疗广告，应当在发布前申请医疗广告审查。未取得《医疗广告审查证明》，不得发布医疗广告。

第四条 工商行政管理机关负责医疗广告的监督管理。

卫生行政部门、中医药管理部门负责医疗广告的审查，并对医疗机构进行监督管理。

第五条 非医疗机构不得发布医疗广告，医疗机构不得以内部科室名义发布医疗广告。

第六条 医疗广告内容仅限于以下项目：

（一）医疗机构第一名称；

（二）医疗机构地址；

（三）所有制形式；

（四）医疗机构类别；

（五）诊疗科目；

（六）床位数；

（七）接诊时间；

（八）联系电话。

（一）至（六）项发布的内容必须与卫生行政部门、中医药管理部门核发的《医疗机构执业许可证》或其副本载明的内容一致。

第七条 医疗广告的表现形式不得含有以下情形：

（一）涉及医疗技术、诊疗方法、疾病名称、药物的；

（二）保证治愈或者隐含保证治愈的；

（三）宣传治愈率、有效率等诊疗效果的；

（四）淫秽、迷信、荒诞的；

（五）贬低他人的；

（六）利用患者、卫生技术人员、医学教育科研机构及人员以及其他社会社团、组织的名义、形象作证明的；

（七）使用解放军和武警部队名义的；

（八）法律、行政法规规定禁止的其他情形。

第八条 医疗机构发布医疗广告，应当向其所在地省级卫生行政部门申请，并提交以下材料：

（一）《医疗广告审查申请表》；

（二）《医疗机构执业许可证》副本原件和复印件，复印件应当加盖核发其《医疗机构执业许可证》的卫生行政部门公章；

（三）医疗广告成品样件。电视、广播广告可以先提交镜头脚本和广播文稿。

中医、中西医结合、民族医医疗机构发布医疗广告，应当向其所在地省级中医药管理部门申请。

第九条 省级卫生行政部门、中医药管理部门应当自受理之日起20日内对医疗广告成品样件内容进行审查。卫生行政部门、中医药管理部门需要请有关专家进行审查的，可延长10日。

对审查合格的医疗广告，省级卫生行政部门、中医药管理部门发给《医疗广告审查证明》，并将通过审查的医疗广告样件和核发的《医疗广告审查证明》予以公示；对审查不合格的医疗广告，应当书面通知医疗机构并告知理由。

第十条 省级卫生行政部门、中医药管理部门应对已审查的医疗广告成品样件和审查意见予以备案保存，保存时间自《医疗广告审查证明》生效之日起至少两年。

第十一条 《医疗广告审查申请表》、《医疗广告审查证明》的格式由卫生部、国家中医药管理局规定。

第十二条 省级卫生行政部门、中医药管理部门应在核发《医疗广告审查证明》之日起五个工作日内，将《医疗广告审查证明》抄送本地同级工商行政管理机关。

第十三条 《医疗广告审查证明》的有效期为一年。到期后仍需继续发布医疗广告的,应重新提出审查申请。

第十四条 发布医疗广告应当标注医疗机构第一名称和《医疗广告审查证明》文号。

第十五条 医疗机构发布户外医疗广告,应在取得《医疗广告审查证明》后,按照《户外广告登记管理规定》办理登记。

医疗机构在其法定控制地带标示仅含有医疗机构名称的户外广告,无需申请医疗广告审查和户外广告登记。

第十六条 禁止利用新闻形式、医疗资讯服务类专题节(栏)目发布或变相发布医疗广告。

有关医疗机构的人物专访、专题报道等宣传内容,可以出现医疗机构名称,但不得出现有关医疗机构的地址、联系方式等医疗广告内容;不得在同一媒介的同一时间段或者版面发布该医疗机构的广告。

第十七条 医疗机构应当按照《医疗广告审查证明》核准的广告成品样件内容与媒体类别发布医疗广告。

医疗广告内容需要改动或者医疗机构的执业情况发生变化,与经审查的医疗广告成品样件内容不符的,医疗机构应当重新提出审查申请。

第十八条 广告经营者、广告发布者发布医疗广告,应当由其广告审查员查验《医疗广告审查证明》,核实广告内容。

第十九条 有下列情况之一的,省级卫生行政部门、中医药管理部门应当收回《医疗广告审查证明》,并告知有关医疗机构:

(一)医疗机构受到停业整顿、吊销《医疗机构执业许可证》的;

(二)医疗机构停业、歇业或被注销的;

(三)其他应当收回《医疗广告审查证明》的情形。

第二十条 医疗机构违反本办法规定发布医疗广告,县级以上地方卫生行政部门、中医药管理部门应责令其限期改正,给予警告;情节严重的,核发《医疗机构执业许可证》的卫生行政部门、中医药管理部门可以责令其停业整顿、吊销有关诊疗科目,直至吊销《医疗机构执业许可证》。

未取得《医疗机构执业许可证》发布医疗广告的,按非法行医处罚。

第二十一条 医疗机构篡改《医疗广告审查证明》内容发布医疗广告的,省级卫生行政部门、中医药管理部门应当撤销《医疗广告审查证明》,并在一年内不受理该医疗机构的广告审查申请。

省级卫生行政部门、中医药管理部门撤销《医疗广告审查证明》后,应当自作出行政处理决定之日起5个工作日内通知同级工商行政管理机关,工商行政管理机关应当依法予以查处。

第二十二条 工商行政管理机关对违反本办法规定的广告主、广告经营者、广告发布者依据《广告法》、《反不正当竞争法》予以处罚,对情节严重,造成严重后果的,可以并处一至六个月暂停发布医疗广告、直至取消广告经营者、广告发布者的医疗广告经营和发布资格的处罚。法律法规没有规定的,工商行政管理机关应当对负有责任的广告主、广告经营者、广告发布者给予警告或者处以一万元以上三万元以下的罚款;医疗广告内容涉嫌虚假的,工商行政管理机关可根据需要会同卫生行政部门、中医药管理部门作出认定。

第二十三条　本办法自2007年1月1日起施行。

医疗气功管理暂行规定

(2000年6月15日第4次部务会讨论通过　2000年7月10日卫生部令第12号发布)

第一章　总　　则

第一条　为加强医疗气功管理,保护人民健康,根据《中华人民共和国执业医师法》(以下简称《执业医师法》)和《医疗机构管理条例》,制定本规定。

第二条　运用气功方法治疗疾病构成医疗行为的各类机构和人员,适用本规定。

第三条　国家中医药管理局负责全国医疗气功的监督管理。

县级以上地方人民政府中医药行政管理机构负责本辖区内医疗气功的监督管理。

第四条　"医疗气功"列入医疗机构诊疗科目的"中医科——其他"类中。

第二章　机构与人员

第五条　开展医疗气功活动必须在医疗机构内进行。

除本规定发布前,已经县级以上人民政府卫生行政部门或中医药行政管理机构批准开展医疗气功活动的医疗机构,可以按本规定重新申请审批开展医疗气功活动以外,今后新开展医疗气功活动的暂限于县级以上中医医院、中西医结合医院、民族医医院、康复医院、疗养院和综合医院的中医科。

第六条　医疗机构申请开展医疗气功活动,应当向其登记执业的卫生行政部门或者中医药行政管理机构提出申请。经初审同意后,报设区的市级以上地方人民政府中医药行政管理机构审批。对审批合格的,签发同意意见;审核不合格的,书面通知申请单位。

第七条　医疗机构申请开展医疗气功活动应当提交下列材料:

(一)开展医疗气功活动申请书;

(二)《医疗机构执业许可证》原件及复印件;

(三)开展医疗气功活动的场所、设备等基本情况;

(四)从事医疗气功活动的人员情况;

(五)省级以上人民政府中医药行政管理机构规定的其他材料。

第八条　医疗机构凭设区的市级以上地方人民政府中医药行政管理机构签发的同意意见,向其登记执业的卫生行政部门或者中医药行政机构申请办理诊疗科目登记或者变更登记手续。

未经设区的市级以上地方人民政府中医药行政管理机构审批同意,以及未向卫生行政部门或者中医药行政管理机构申请办理诊疗科目登记或者变更登记手续的,不得开展医疗气功活动。

第九条　从事医疗气功活动的人员,应当具备下列条件:

（一）具有中医执业医师或中医执业助理医师资格；

（二）取得《医师执业证书》；

（三）经医疗气功知识与技能考试取得《医疗气功技能合格证书》。

第十条 医疗气功知识与技能考试由国家中医药管理局统一组织，省级人民政府中医药行政管理机构负责具体实施。具体考试办法由国家中医药管理局另行制定。

第十一条 取得中医执业医师资格或中医执业助理医师资格，具有医疗气功专业知识与技能者，均可申请参加医疗气功知识与技能考试。

第十二条 经医疗气功知识与技能考试成绩合格的，取得国家中医药管理局统一印制的《医疗气功技能合格证书》。

《医疗气功技能合格证书》由省级人民政府中医药行政管理机构负责颁发。

第三章 监督管理

第十三条 县级以上人民政府中医药行政管理机构应当按照本规定和有关法律法规，加强对医疗气功活动的日常监督检查。

医疗机构和医疗人员开展医疗气功活动，必须严格遵守《执业医师法》、《医疗机构管理条例》和本规定的各项规定。

第十四条 县级以上地方人民政府卫生行政部门或者中医药行政管理机构进行医疗机构校验时，应当将医疗气功执业情况列入校验内容，并应当及时将校验结果报其上一级人民政府中医药行政管理机构备案。

对医疗气功人员执业情况的考核，由医师执业注册主管部门在开展医疗执业考核时一并进行。

第十五条 经批准开展医疗气功活动的医疗机构不得使用非医疗气功人员开展医疗气功活动。

第十六条 医疗气功人员应当按照其医师执业注册的执业地点开展医疗气功活动。

第十七条 取得中医执业医师资格的医疗气功人员可独立开展医疗气功活动；取得中医执业助理医师资格的医疗气功人员必须在中医执业指导下开展医疗气功活动。

第十八条 医疗气功人员开展医疗气功活动，应当严格执行有关操作技术规范，选择合理的医疗气功方法。

在临床进行实验性医疗气功活动的，应当经所在医疗机构批准，向患者本人或其家属说明并征得患者本人或者其家属同意。

第十九条 医疗机构和医疗气功人员，不得借医疗气功之名，损害公民身心健康、宣扬迷信、骗人敛财。

第二十条 医疗机构和医疗气功人员，不得使用、制作、经营或者散发宣称具有医疗气功效力的物品。

第二十一条 组织开展下列活动之一的，应当经省级以上人民政府中医药行政管理机构审核批准：

（一）大型医疗气功讲座；

（二）大型现场性医疗气功活动；

（三）国家中医药管理局规定必须严格管理的其它医疗气功活动。

第四章 罚 则

第二十二条 违反本规定，非医疗机构或非医师开展医疗气功活动的，按照《医疗机构管理条例》第四十四条和《执业医师法》第三十九条的规定进行处罚；构成犯罪的，依法追究刑事责任。

第二十三条 违反本规定，医疗机构未经批准擅自开展医疗气功活动的，按照《医疗机构管理条例》第四十七条的规定进行处罚。

第二十四条 违反本规定，使用非医疗气功人员开展医疗气功活动的，按照《医疗机构管理条例实施细则》第八十一条的规定进行处罚。

第二十五条 违反本规定，医疗气功人员在医疗气功活动中违反医疗常规或医疗气功基本操作规范，造成严重后果的，按照《执业医师法》第三十七条的规定进行处罚；构成犯罪的，依法追究刑事责任。

第二十六条 违反本规定，有下列情形之一的，由县级以上人民政府中医药行政管理机构责令其停止活动，给予警告，并可以处以一万元以下罚款；情节严重的，处以一万元以上三万元以下罚款；构成犯罪的，依法追究刑事责任。

（一）医疗气功人员在注册的执业地点以外开展医疗气功活动的；

（二）借医疗气功之名损害公民身心健康、宣扬迷信、骗人敛财的；

（三）非医疗气功人员开展医疗气功活动的；

（四）制造、使用、经营、散发宣称具有医疗气功效力物品的；

（五）未经批准擅自组织开展大型医疗气功讲座、大型现场性医疗气功活动，或未经批准擅自开展国家中医药局规定必须严格管理的其它医疗气功活动的。

第二十七条 违反本规定，以不正当手段取得《医疗气功技能合格证书》的，由发给证书的中医药行政管理机构予以收回；对负有直接责任的主管人员和其他直接责任人员，依法给予行政处分。

第五章 附 则

第二十八条 本规定发布前已经县级以上人民政府卫生行政部门或者中医药行政管理机构批准开展医疗气功活动的机构和人员，应当按照本规定重新申请、审批，并于2000年12月31日以前完成。

本规定发布前已经登记执业的医疗气功专门医疗机构，可以在转型为其它医疗机构的基础上，按本规定重新申请登记医疗气功诊疗科目；也可以根据《医疗气功专门医疗机构基本标准》，按照本规定重新申请登记医疗气功专门医疗机构。《医疗气功专门医疗机构基本标准》另行制定。

除上款规定情形外，今后不再审批新的医疗气功专门医疗机构。

本规定发布前已经取得副主任中医师以上专业技术职务，并经县级以上人民政府卫生行政部门或者中医药行政管理机构批准开展医疗气功活动的人员,可由本人向批准其开展医疗气功活动的卫生行政部门或者中医药行政管理机构提出申请,经省级人民政府中医药行政管理机构审核确认后,可以不参加医疗气功知识与技能考试,直接取得《医疗气功技能合格证书》。

第二十九条 暂不接受境外人员的医疗气功知识与技能考试申请。

第三十条 本规定由国家中医药管理局负责解释。

第三十一条 本规定自发布之日起施行。1989年国家中医药管理局发布的《关于加强气功医疗管理的若干规定》同时废止。

医疗美容服务管理办法

(2002年1月22日卫生部令第19号公布 根据2016年1月19日中华人民共和国国家卫生和计划生育委员会令第8号《国家卫生计生委关于修改〈外国医师来华短期行医暂行管理办法〉等8件部门规章的决定》修订)

第一章 总 则

第一条 为规范医疗美容服务,促进医疗美容事业的健康发展,维护就医者的合法权益,依据《执业医师法》、《医疗机构管理条例》和《护士管理办法》,制定本办法。

第二条 本办法所称医疗美容,是指运用手术、药物、医疗器械以及其他具有创伤性或者侵入性的医学技术方法对人的容貌和人体各部位形态进行的修复与再塑。

本办法所称美容医疗机构,是指以开展医疗美容诊疗业务为主的医疗机构。

本办法所称主诊医师是指具备本办法第十一条规定条件,负责实施医疗美容项目的执业医师。

医疗美容科为一级诊疗科目,美容外科、美容牙科、美容皮肤科和美容中医科为二级诊疗科目。

医疗美容项目由卫生部委托中华医学会制定并发布。

第三条 凡开展医疗美容服务的机构和个人必须遵守本办法。

第四条 卫生部(含国家中医药管理局)主管全国医疗美容服务管理工作。县级以上地方人民政府卫生行政部门(含中医药行政管理部门,下同)负责本行政区域内医疗美容服务监督管理工作。

第二章 机构设置、登记

第五条 申请举办美容医疗机构或医疗机构设置医疗美容科室必须同时具备下列条件:

(一)具有承担民事责任的能力;

(二)有明确的医疗美容诊疗服务范围;

(三)符合《医疗机构基本标准(试行)》;

(四)省级以上人民政府卫生行政部门规定的其他条件。

第六条 申请举办美容医疗机构的单位或者个人,应按照本办法以及《医疗机构管理条例》和《医疗机构管理条例实施细则》的有关规定办理设置审批和登记注册手续。

卫生行政部门自收到合格申办材料之日起30日内作出批准或不予批准的决定,并书面答复申办者。

第七条 卫生行政部门应在核发美容医疗机构《设置医疗机构批准书》和《医疗机构执业许可证》的同时,向上一级卫生行政部门备案。

上级卫生行政部门对下级卫生行政部门违规作出的审批决定应自发现之日起30日内予以纠正或撤销。

第八条 美容医疗机构必须经卫生行政部门登记注册并获得《医疗机构执业许可证》后方可开展执业活动。

第九条 医疗机构增设医疗美容科目的,必须具备本办法规定的条件,按照《医疗机构管理条例》及其实施细则规定的程序,向登记注册机关申请变更登记。

第十条 美容医疗机构和医疗美容科室开展医疗美容项目应当由登记机关指定的专业学会核准,并向登记机关备案。

第三章 执业人员资格

第十一条 负责实施医疗美容项目的主诊医师必须同时具备下列条件:

(一)具有执业医师资格,经执业医师注册机关注册;

(二)具有从事相关临床学科工作经历。其中,负责实施美容外科项目的应具有6年以上从事美容外科或整形外科等相关专业临床工作经历;负责实施美容牙科项目的应具有5年以上从事美容牙科或口腔科专业临床工作经历;负责实施美容中医科和美容皮肤科项目的应分别具有3年以上从事中医专业和皮肤病专业临床工作经历;

(三)经过医疗美容专业培训或进修并合格,或已从事医疗美容临床工作1年以上;

(四)省级人民政府卫生行政部门规定的其他条件。

第十二条 不具备本办法第十一条规定的主诊医师条件的执业医师,可在主诊医师的指导下从事医疗美容临床技术服务工作。

第十三条 从事医疗美容护理工作的人员,应同时具备下列条件:

(一)具有护士资格,并经护士注册机关注册;

(二)具有二年以上护理工作经历;

(三)经过医疗美容护理专业培训或进修并合格,或已从事医疗美容临床护理工作6个月以上。

第十四条 未经卫生行政部门核定并办理执业注册手续的人员不得从事医疗美容诊疗服务。

第四章 执业规则

第十五条 实施医疗美容项目必须在相应的美容医疗机构或开设医疗美容科室的医疗机构中进行。

第十六条 美容医疗机构和医疗美容科室应根据自身条件和能力在卫生行政部门核定的诊疗科目范围内开展医疗服务,未经批准不得擅自扩大诊疗范围。

美容医疗机构及开设医疗美容科室的医疗机构不得开展未向登记机关备案的医疗美容项目。

第十七条 美容医疗机构执业人员要严格执行有关法律、法规和规章,遵守医疗美容技术操作规程。

美容医疗机构使用的医用材料须经有关部门批准。

第十八条 医疗美容服务实行主诊医师负责制。医疗美容项目必须由主诊医师负责或在其指导下实施。

第十九条 执业医师对就医者实施治疗前,必须向就医者本人或亲属书面告知治疗的适应症、禁忌症、医疗风险和注意事项等,并取得就医者本人或监护人的签字同意。未经监护人同意,不得为无行为能力或者限制行为能力人实施医疗美容项目。

第二十条 美容医疗机构和医疗美容科室的从业人员要尊重就医者的隐私权,未经就医者本人或监护人同意,不得向第三方披露就医者病情及病历资料。

第二十一条 美容医疗机构和医疗美容科室发生重大医疗过失,要按规定及时报告当地人民政府卫生行政部门。

第二十二条 美容医疗机构和医疗美容科室应加强医疗质量管理,不断提高服务水平。

第五章 监督管理

第二十三条 任何单位和个人,未取得《医疗机构执业许可证》并经登记机关核准开展医疗美容诊疗科目,不得开展医疗美容服务。

第二十四条 各级地方人民政府卫生行政部门要加强对医疗美容项目备案的审核。发现美容医疗机构及开设医疗美容科的医疗机构不具备开展某医疗美容项目的条件和能力,应及时通知该机构停止开展该医疗美容项目。

第二十五条 各相关专业学会和行业协会要积极协助卫生行政部门规范医疗美容服务行为,加强行业自律工作。

第二十六条 美容医疗机构和医疗美容科室发生医疗纠纷或医疗事故,按照国家有关规定处理。

第二十七条 发布医疗美容广告必须按照国家有关广告管理的法律、法规的规定办理。

第二十八条 对违反本办法规定的,依据《执业医师法》、《医疗机构管理条例》和《护士管理办法》有关规定予以处罚。

第六章 附　　则

第二十九条 外科、口腔科、眼科、皮肤科、中医科等相关临床学科在疾病治疗过程中涉及的相关医疗美容活动不受本办法调整。

第三十条　县级以上人民政府卫生行政部门应在本办法施行后一年内，按本办法规定对已开办的美容医疗机构和开设医疗美容科室的医疗机构进行审核并重新核发《医疗机构执业许可证》。

第三十一条　本办法自2002年5月1日起施行。

医疗事故分级标准（试行）

（2002年7月19日卫生部部务会讨论通过　2002年7月31日中华人民共和国卫生部令第32号发布）

为了科学划分医疗事故等级，正确处理医疗事故争议，保护患者和医疗机构及其医务人员的合法权益，根据《医疗事故处理条例》，制定本标准。

专家鉴定组在进行医疗事故技术鉴定、卫生行政部门在判定重大医疗过失行为是否为医疗事故或医疗事故争议双方当事人在协商解决医疗事故争议时，应当按照本标准确定的基本原则和实际情况具体判定医疗事故的等级。

本标准例举的情形是医疗事故中常见的造成患者人身损害的后果。

本标准中医疗事故一级乙等至三级戊等对应伤残等级一至十级。

一、一级医疗事故

系指造成患者死亡、重度残疾。

（一）一级甲等医疗事故：死亡。

（二）一级乙等医疗事故：重要器官缺失或功能完全丧失，其他器官不能代偿，存在特殊医疗依赖，生活完全不能自理。例如造成患者下列情形之一的：

1、植物人状态；

2、极重度智能障碍；

3、临床判定不能恢复的昏迷；

4、临床判定自主呼吸功能完全丧失，不能恢复，靠呼吸机维持；

5、四肢瘫，肌力0级，临床判定不能恢复。

二、二级医疗事故

系指造成患者中度残疾、器官组织损伤导致严重功能障碍。

（一）二级甲等医疗事故：器官缺失或功能完全丧失，其他器官不能代偿，可能存在特殊医疗依赖，或生活大部分不能自　理。例如造成患者下列情形之一的：

1、双眼球摘除或双眼经客观检查证实无光感；

2、小肠缺失90%以上，功能完全丧失；

3、双侧有功能肾脏缺失或孤立有功能肾缺失，用透析替代治疗；

4、四肢肌力Ⅱ级（二级）以下（含Ⅱ级），临床判定不能恢复；

5、上肢一侧腕上缺失或一侧手功能完全丧失，不能装配假肢，伴下肢双膝以上缺失。

（二）二级乙等医疗事故：存在器官缺失、严重缺损、严重畸形情形之一，有严重功能障碍，可能存在特殊医疗依赖，或生活大部分不能自理。例如造成患者下列情形之一的：

1、重度智能障碍;

2、单眼球摘除或经客观检查证实无光感,另眼球结构损伤,闪光视觉诱发电位(VEP)P100 波潜时延长 >160ms(毫秒),矫正视力 <0.02,视野半径 <5°;

3、双侧上颌骨或双侧下颌骨完全缺失;

4、一侧上颌骨及对侧下颌骨完全缺失,并伴有颜面软组织缺损大于 $30cm^2$;

5、一侧全肺缺失并需胸改术;

6、肺功能持续重度损害;

7、持续性心功能不全,心功能四级;

8、持续性心功能不全,心功能三级伴有不能控制的严重心律失常;

9、食管闭锁,摄食依赖造瘘;

10、肝缺损 3/4,并有肝功能重度损害;

11、胆道损伤致肝功能重度损害;

12、全胰缺失;

13、小肠缺损大于 3/4,普通膳食不能维持营养;

14、肾功能部分损害不全失代偿;

15、两侧睾丸、副睾丸缺损;

16、阴茎缺损或性功能严重障碍;

17、双侧卵巢缺失;

18、未育妇女子宫全部缺失或大部分缺损;

19、四肢瘫,肌力Ⅲ级(三级)或截瘫、偏瘫,肌力Ⅲ级以下,临床判定不能恢复;

20、双上肢腕关节以上缺失、双侧前臂缺失或双手功能完全丧失,不能装配假肢;

21、肩、肘、髋、膝关节中有四个以上(含四个)关节功能完全丧失;

22、重型再生障碍性贫血(Ⅰ型)。

(三)二级丙等医疗事故:存在器官缺失、严重缺损、明显畸形情形之一,有严重功能障碍,可能存在特殊医疗依赖,或生活部分不能自理。例如造成患者下列情形之一的:

1、面部重度毁容;

2、单眼球摘除或客观检查无光感,另眼球结构损伤,闪光视觉诱发电位(VEP)>155ms(毫秒),矫正视力 <0.05,视野半径 <10°;

3、一侧上颌骨或下颌骨完全缺失,伴颜面部软组织缺损大于 $30cm^2$;

4、同侧上下颌骨完全性缺失;

5、双侧甲状腺或孤立甲状腺全缺失;

6、双侧甲状旁腺全缺失;

7、持续性心功能不全,心功能三级;

8、持续性心功能不全,心功能二级伴有不能控制的严重心律失常;

9、全胃缺失;

10、肝缺损 2/3,并肝功能重度损害;

11、一侧有功能肾缺失或肾功能完全丧失,对侧肾功能不全代偿;

12、永久性输尿管腹壁造瘘；

13、膀胱全缺失；

14、两侧输精管缺损不能修复；

15、双上肢肌力Ⅳ级(四级)，双下肢肌力0级，临床判定不能恢复；

16、单肢两个大关节(肩、肘、腕、髋、膝、踝)功能完全丧失，不能行关节置换；

17、一侧上肢肘上缺失或肘、腕、手功能完全丧失，不能手术重建功能或装配假肢；

18、一手缺失或功能完全丧失，另一手功能丧失50%以上，不能手术重建功能或装配假肢；

19、一手腕上缺失，另一手拇指缺失，不能手术重建功能或装配假肢；

20、双手拇、食指均缺失或功能完全丧失无法矫正；

21、双侧膝关节或者髋关节功能完全丧失，不能行关节置换；

22、一下肢膝上缺失，无法装配假肢；

23、重型再生障碍性贫血(Ⅱ型)。

(四)二级丁等医疗事故：存在器官缺失、大部分缺损、畸形情形之一，有严重功能障碍，可能存在一般医疗依赖，生活能自理。例如造成患者下列情形之一的：

1、中度智能障碍；

2、难治性癫痫；

3、完全性失语，伴有神经系统客观检查阳性所见；

4、双侧重度周围性面瘫；

5、面部中度毁容或全身瘢痕面积大于70%；

6、双眼球结构损伤，较好眼闪光视觉诱发电位(VEP)>155ms(毫秒)，矫正视力<0.05，视野半径<10°；

7、双耳经客观检查证实听力在原有基础上损失大于91dBHL(分贝)；

8、舌缺损大于全舌2/3；

9、一侧上颌骨缺损1/2，颜面部软组织缺损大于20cm²；

10、下颌骨缺损长6cm以上的区段，口腔、颜面软组织缺损大于20cm²；

11、甲状旁腺功能重度损害；

12、食管狭窄只能进流食；

13、吞咽功能严重损伤，依赖鼻饲管进食；

14、肝缺损2/3，功能中度损害；

15、肝缺损1/2伴有胆道损伤致严重肝功能损害；

16、胰缺损，胰岛素依赖；

17、小肠缺损2/3，包括回盲部缺损；

18、全结肠、直肠、肛门缺失，回肠造瘘；

19、肾上腺功能明显减退；

20、大、小便失禁，临床判定不能恢复；

21、女性双侧乳腺缺失；

22、单肢肌力Ⅱ级(二级),临床判定不能恢复;

23、双前臂缺失;

24、双下肢瘫;

25、一手缺失或功能完全丧失,另一手功能正常,不能手术重建功能或装配假肢;

26、双拇指完全缺失或无功能;

27、双膝以下缺失或无功能,不能手术重建功能或装配假肢;

28、一侧下肢膝上缺失,不能手术重建功能或装配假肢;

29、一侧膝以下缺失,另一侧前足缺失,不能手术重建功能或装配假肢;

30、双足全肌瘫,肌力Ⅱ级(二级),临床判定不能恢复

三、三级医疗事故

系指造成患者轻度残疾、器官组织损伤导致一般功能障碍。

(一)三级甲等医疗事故:存在器官缺失、大部分缺损、畸形情形之一,有较重功能障碍,可能存在一般医疗依赖,生活能自理。例如造成患者下列情形之一的:

1、不完全失语并伴有失用、失写、失读、失认之一者,同时有神经系统客观检查阳性所见;

2、不能修补的脑脊液瘘;

3、尿崩,有严重离子紊乱,需要长期依赖药物治疗;

4、面部轻度毁容;

5、面颊部洞穿性缺损大于 $20cm^2$;

6、单侧眼球摘除或客观检查无光感,另眼球结构损伤,闪光视觉诱发电位(VEP)>150ms(毫秒),矫正视力0.05—0.1,视野半径<15°;

7、双耳经客观检查证实听力在原有基础上损失大于81dbHL(分贝);

8、鼻缺损1/3以上;

9、上唇或下唇缺损大于1/2;

10、一侧上颌骨缺损1/4或下颌骨缺损长4cm以上区段,伴口腔、颜面软组织缺损大于 $10cm^2$;

11、肺功能中度持续损伤;

12、胃缺损3/4;

13、肝缺损1/2伴较重功能障碍;

14、慢性中毒性肝病伴较重功能障碍;

15、脾缺失;

16、胰缺损2/3造成内、外分泌腺功能障碍;

17、小肠缺损2/3,保留回盲部;

18、尿道狭窄,需定期行尿道扩张术;

19、直肠、肛门、结肠部分缺损,结肠造瘘;

20、肛门损伤致排便障碍;

21、一侧肾缺失或输尿管狭窄,肾功能不全代偿;

22、不能修复的尿道瘘；

23、膀胱大部分缺损；

24、双侧输卵管缺失；

25、阴道闭锁丧失性功能；

26、不能修复的 III 度（三度）会阴裂伤；

27、四肢瘫，肌力Ⅳ级（四级），临床判定不能恢复；

28、单肢瘫，肌力Ⅲ级（三级），临床判定不能恢复；

29、肩、肘、腕关节之一功能完全丧失；

30、利手全肌瘫，肌力Ⅲ级（三级），临床判定不能恢复；

31、一手拇指缺失，另一手拇指功能丧失 50% 以上；

32、一手拇指缺失或无功能，另一手除拇指外三指缺失或无功能，不能手术重建功能；

33、双下肢肌力 III 级（三级）以下，临床判定不能恢复。大、小便失禁；

34、下肢双膝以上缺失伴一侧腕上缺失或手功能部分丧失，能装配假肢；

35、一髋或一膝关节功能完全丧失，不能手术重建功能；

36、双足全肌瘫，肌力Ⅲ级（三级），临床判定不能恢复；

37、双前足缺失；

38、慢性再生障碍性贫血。

（二）三级乙等医疗事故：器官大部分缺损或畸形，有中度功能障碍，可能存在一般医疗依赖，生活能自理。例如造成患者下列情形之一的：

1、轻度智能减退；

2、癫痫中度；

3、不完全性失语，伴有神经系统客观检查阳性所见；

4、头皮、眉毛完全缺损；

5、一侧完全性面瘫，对侧不完全性面瘫；

6、面部重度异常色素沉着或全身瘢痕面积达 60%—69%；

7、面部软组织缺损大于 20 cm^2；

8、双眼球结构损伤，较好眼闪光视觉诱发电位（VEP）> 150ms（毫秒），矫正视力 0.05—0.1，视野半径 < 15°；

9、双耳经客观检查证实听力损失大于 71dBHL（分贝）；

10、双侧前庭功能丧失，睁眼行走困难，不能并足站立；

11、甲状腺功能严重损害，依赖药物治疗；

12、不能控制的严重器质性心律失常；

13、胃缺损 2/3 伴轻度功能障碍；

14、肝缺损 1/3 伴轻度功能障碍；

15、胆道损伤伴轻度肝功能障碍；

16、胰缺损 1/2；

17、小肠缺损 1/2（包括回盲部）；

18、腹壁缺损大于腹壁 1/4;

19、肾上腺皮质功能轻度减退;

20、双侧睾丸萎缩,血清睾丸酮水平低于正常范围;

21、非利手全肌瘫,肌力Ⅳ级(四级),临床判定不能恢复,不能手术重建功能;

22、一拇指完全缺失;

23、双下肢肌力Ⅳ级(四级),临床判定不能恢复。大、小便失禁;

24、一髋或一膝关节功能不全;

25、一侧踝以下缺失或一侧踝关节畸形,功能完全丧失,不能手术重建功能;

26、双足部分肌瘫,肌力Ⅳ级(四级),临床判定不能恢复,不能手术重建功能;

27、单足全肌瘫,肌力Ⅳ级,临床判定不能恢复,不能手术重建功能。

(三)三级丙等医疗事故:器官大部分缺损或畸形,有轻度功能障碍,可能存在一般医疗依赖,生活能自理。例如造成患者下列情形之一的:

1、不完全性失用、失写、失读、失认之一者,伴有神经系统客观检查阳性所见;

2、全身瘢痕面积 50—59%;

3、双侧中度周围性面瘫,临床判定不能恢复;

4、双眼球结构损伤,较好眼闪光视觉诱发电位(VEP) > 140ms(毫秒),矫正视力 0.01—0.3,视野半径 < 20°;

5、双耳经客观检查证实听力损失大于 56dbHL(分贝);

6、喉保护功能丧失,饮食时呛咳并易发生误吸,临床判定不能恢复;

7、颈颏粘连,影响部分活动;

8、肺叶缺失伴轻度功能障碍;

9、持续性心功能不全,心功能二级;

10、胃缺损 1/2 伴轻度功能障碍;

11、肝缺损 1/4 伴轻度功能障碍;

12、慢性轻度中毒性肝病伴轻度功能障碍;

13、胆道损伤,需行胆肠吻合术;

14、胰缺损 1/3 伴轻度功能障碍;

15、小肠缺损 1/2 伴轻度功能障碍;

16、结肠大部分缺损;

17、永久性膀胱造瘘;

18、未育妇女单侧乳腺缺失。

19、未育妇女单侧卵巢缺失;

20、育龄已育妇女双侧输卵管缺失;

21、育龄已育妇女子宫缺失或部分缺损;

22、阴道狭窄不能通过二横指;

23、颈部或腰部活动度丧失 50% 以上;

24、腕、肘、肩、踝、膝、髋关节之一丧失功能 50% 以上;

25、截瘫或偏瘫，肌力Ⅳ级（四级），临床判定不能恢复；

26、单肢两个大关节（肩、肘、腕、髋、膝、踝）功能部分丧失，能行关节置换；

27、一侧肘上缺失或肘、腕、手功能部分丧失，可以手术重建功能或装配假肢；

28、一手缺失或功能部分丧失，另一手功能丧失50%以上，可以手术重建功能或装配假肢；

29、一手腕上缺失，另一手拇指缺失，可以手术重建功能或装配假肢；

30、利手全肌瘫，肌力Ⅳ级（四级），临床判定不能恢复；

31、单手部分肌瘫，肌力Ⅲ级（三级），临床判定不能恢复；

32、除拇指外3指缺失或功能完全丧失；

33、双下肢长度相差4 cm以上；

34、双侧膝关节或者髋关节功能部分丧失，可以行关节置换；

35、单侧下肢膝上缺失，可以装配假肢；

36、双足部分肌瘫，肌力Ⅲ级（三级），临床判定不能恢复；

37、单足全肌瘫，肌力Ⅲ级（三级），临床判定不能恢复。

（四）三级丁等医疗事故：器官部分缺损或畸形，有轻度功能障碍，无医疗依赖，生活能自理。例如造成患者下列情形之一的：

1、边缘智能；

2、发声及言语困难；

3、双眼结构损伤，较好眼闪光视觉诱发电位（VEP）>130ms（毫秒），矫正视力0.3—0.5，视野半径<30°；

4、双耳经客观检查证实听力损失大于41dbHL（分贝）或单耳大于91dbHL（分贝）；

5、耳郭缺损2/3以上；

6、器械或异物误入呼吸道需行肺段切除术；

7、甲状旁腺功能轻度损害；

8、肺段缺损，轻度持续肺功能障碍；

9、腹壁缺损小于1/4；

10、一侧肾上腺缺失伴轻度功能障碍；

11、一侧睾丸、附睾缺失伴轻度功能障碍；

12、一侧输精管缺损，不能修复；

13、一侧卵巢缺失，一侧输卵管缺失；

14、一手缺失或功能完全丧失，另一手功能正常，可以手术重建功能及装配假肢；

15、双大腿肌力近V级（五级），双小腿肌力III级（三级）以下，临床判定不能恢复。大、小便轻度失禁；

16、双膝以下缺失或无功能，可以手术重建功能或装配假肢；

17、单侧下肢膝上缺失，可以手术重建功能或装配假肢；

18、一侧膝以下缺失，另一侧前足缺失，可以手术重建功能或装配假肢。

（五）三级戊等医疗事故：器官部分缺损或畸形，有轻微功能障碍，无医疗依赖，生活能

自理。例如造成患者下列情形之一的:

1、脑叶缺失后轻度智力障碍;

2、发声或言语不畅;

3、双眼结构损伤,较好眼闪光视觉诱发电位(VEP)>120ms(毫秒),矫正视力<0.6,视野半径<50°;

4、泪器损伤,手术无法改进溢泪;

5、双耳经客观检查证实听力在原有基础上损失大于31dbHL(分贝)或一耳听力在原有基础上损失大于71dbHL(分贝);

6、耳郭缺损大于1/3而小于2/3;

7、甲状腺功能低下;

8、支气管损伤需行手术治疗;

9、器械或异物误入消化道,需开腹取出;

10、一拇指指关节功能不全;

11、双小腿肌力Ⅳ级(四级),临床判定不能恢复。大、小便轻度失禁;

12、手术后当时引起脊柱侧弯30度以上;

13、手术后当时引起脊柱后凸成角(胸段大于60度,胸腰段大于30度,腰段大于20度以上);

14、原有脊柱、躯干或肢体畸形又严重加重;

15、损伤重要脏器,修补后功能有轻微障碍。

四、四级医疗事故

系指造成患者明显人身损害的其他后果的医疗事故。例如造成患者下列情形之一的:

1、双侧轻度不完全性面瘫,无功能障碍;

2、面部轻度色素沉着或脱失;

3、一侧眼睑有明显缺损或外翻;

4、拔除健康恒牙;

5、器械或异物误入呼吸道或消化道,需全麻后内窥镜下取出;

6、口周及颜面软组织轻度损伤;

7、非解剖变异等因素,拔除上颌后牙时牙根或异物进入上颌窦需手术取出;

8、组织、器官轻度损伤,行修补术后无功能障碍;

9、一拇指末节1/2缺损;

10、一手除拇指、食指外,有两指近侧指间关节无功能;

11、一足拇趾末节缺失;

12、软组织内异物滞留;

13、体腔遗留异物已包裹,无需手术取出,无功能障碍;

14、局部注射造成组织坏死,成人大于体表面积2%,儿童大于体表面积5%;

15、剖宫产术引起胎儿损伤;

16、产后胎盘残留引起大出血,无其他并发症。

医疗事故技术鉴定暂行办法

(2002年7月19日卫生部部务会讨论通过　卫生部令第30号发布)

第一章　总　　则

第一条　为规范医疗事故技术鉴定工作,确保医疗事故技术鉴定工作有序进行,依据《医疗事故处理条例》的有关规定制定本办法。

第二条　医疗事故技术鉴定工作应当按照程序进行,坚持实事求是的科学态度,做到事实清楚、定性准确、责任明确。

第三条　医疗事故技术鉴定分为首次鉴定和再次鉴定。

设区的市级和省、自治区、直辖市直接管辖的县(市)级地方医学会负责组织专家鉴定组进行首次医疗事故技术鉴定工作。

省、自治区、直辖市地方医学会负责组织医疗事故争议的再次鉴定工作。

负责组织医疗事故技术鉴定工作的医学会(以下简称医学会)可以设立医疗事故技术鉴定工作办公室,具体负责有关医疗事故技术鉴定的组织和日常工作。

第四条　医学会组织专家鉴定组,依照医疗卫生管理法律、行政法规、部门规章和诊疗护理技术操作规范、常规,运用医学科学原理和专业知识,独立进行医疗事故技术鉴定。

第二章　专家库的建立

第五条　医学会应当建立专家库。专家库应当依据学科专业组名录设置学科专业组。

医学会可以根据本地区医疗工作和医疗事故技术鉴定实际,对本专家库学科专业组设立予以适当增减和调整。

第六条　具备下列条件的医疗卫生专业技术人员可以成为专家库候选人:

(一)有良好的业务素质和执业品德;

(二)受聘于医疗卫生机构或者医学教学、科研机构并担任相应专业高级技术职务3年以上;

(三)健康状况能够胜任医疗事故技术鉴定工作。

符合前款(一)、(三)项规定条件并具备高级技术职务任职资格的法医可以受聘进入专家库。

负责首次医疗事故技术鉴定工作的医学会原则上聘请本行政区域内的专家建立专家库;当本行政区域内的专家不能满足建立专家库需要时,可以聘请本省、自治区、直辖市范围内的专家进入本专家库。

负责再次医疗事故技术鉴定工作的医学会原则上聘请本省、自治区、直辖市范围内的专家建立专家库;当本省、自治区、直辖市范围内的专家不能满足建立专家库需要时,可以聘请其他省、自治区、直辖市的专家进入本专家库。

第七条　医疗卫生机构或医学教学、科研机构、同级的医药卫生专业学会应当按照医学会要求,推荐专家库成员候选人;符合条件的个人经所在单位同意后也可以直接向组建专家库的医学会申请。

医学会对专家库成员候选人进行审核。审核合格的,予以聘任,并发给中华医学会统一格式的聘书。

符合条件的医疗卫生专业技术人员和法医,有义务受聘进入专家库。

第八条 专家库成员聘用期为4年。在聘用期间出现下列情形之一的,应当由专家库成员所在单位及时报告医学会,医学会应根据实际情况及时进行调整:

(一)因健康原因不能胜任医疗事故技术鉴定的;

(二)变更受聘单位或被解聘的;

(三)不具备完全民事行为能力的;

(四)受刑事处罚的;

(五)省级以上卫生行政部门规定的其他情形。

聘用期满需继续聘用的,由医学会重新审核、聘用。

第三章 鉴定的提起

第九条 双方当事人协商解决医疗事故争议,需进行医疗事故技术鉴定的,应共同书面委托医疗机构所在地负责首次医疗事故技术鉴定工作的医学会进行医疗事故技术鉴定。

第十条 县级以上地方人民政府卫生行政部门接到医疗机构关于重大医疗过失行为的报告或者医疗事故争议当事人要求处理医疗事故争议的申请后,对需要进行医疗事故技术鉴定的,应当书面移交负责首次医疗事故技术鉴定工作的医学会组织鉴定。

第十一条 协商解决医疗事故争议涉及多个医疗机构的,应当由涉及的所有医疗机构与患者共同委托其中任何一所医疗机构所在地负责组织首次医疗事故技术鉴定工作的医学会进行医疗事故技术鉴定。

医疗事故争议涉及多个医疗机构,当事人申请卫生行政部门处理的,只可以向其中一所医疗机构所在地卫生行政部门提出处理申请。

第四章 鉴定的受理

第十二条 医学会应当自受理医疗事故技术鉴定之日起5日内,通知医疗事故争议双方当事人按照《医疗事故处理条例》第二十八条规定提交医疗事故技术鉴定所需的材料。

当事人应当自收到医学会的通知之日起10日内提交有关医疗事故技术鉴定的材料、书面陈述及答辩。

对不符合受理条件的,医学会不予受理。不予受理的,医学会应说明理由。

第十三条 有下列情形之一的,医学会不予受理医疗事故技术鉴定:

(一)当事人一方直接向医学会提出鉴定申请的;

(二)医疗事故争议涉及多个医疗机构,其中一所医疗机构所在地的医学会已经受

理的;

(三)医疗事故争议已经人民法院调解达成协议或判决的;

(四)当事人已向人民法院提起民事诉讼的(司法机关委托的除外);

(五)非法行医造成患者身体健康损害的;

(六)卫生部规定的其他情形。

第十四条 委托医学会进行医疗事故技术鉴定,应当按规定缴纳鉴定费。

第十五条 双方当事人共同委托医疗事故技术鉴定的,由双方当事人协商预先缴纳鉴定费。

卫生行政部门移交进行医疗事故技术鉴定的,由提出医疗事故争议处理的当事人预先缴纳鉴定费。经鉴定属于医疗事故的,鉴定费由医疗机构支付;经鉴定不属于医疗事故的,鉴定费由提出医疗事故争议处理申请的当事人支付。

县级以上地方人民政府卫生行政部门接到医疗机构关于重大医疗过失行为的报告后,对需要移交医学会进行医疗事故技术鉴定的,鉴定费由医疗机构支付。

第十六条 有下列情形之一的,医学会中止组织医疗事故技术鉴定:

(一)当事人未按规定提交有关医疗事故技术鉴定材料的;

(二)提供的材料不真实的;

(三)拒绝缴纳鉴定费的;

(四)卫生部规定的其他情形。

第五章 专家鉴定组的组成

第十七条 医学会应当根据医疗事故争议所涉及的学科专业,确定专家鉴定组的构成和人数。

专家鉴定组组成人数应为3人以上单数。

医疗事故争议涉及多学科专业的,其中主要学科专业的专家不得少于专家鉴定组成员的二分之一。

第十八条 医学会应当提前通知双方当事人,在指定时间、指定地点,从专家库相关学科专业组中随机抽取专家鉴定组成员。

第十九条 医学会主持双方当事人抽取专家鉴定组成员前,应当将专家库相关学科专业组中专家姓名、专业、技术职务、工作单位告知双方当事人。

第二十条 当事人要求专家库成员回避的,应当说明理由。符合下列情形之一的,医学会应当将回避的专家名单撤出,并经当事人签字确认后记录在案:

(一)医疗事故争议当事人或者当事人的近亲属的;

(二)与医疗事故争议有利害关系的;

(三)与医疗事故争议当事人有其他关系,可能影响公正鉴定的。

第二十一条 医学会对当事人准备抽取的专家进行随机编号,并主持双方当事人随机抽取相同数量的专家编号,最后一个专家由医学会随机抽取。

双方当事人还应当按照上款规定的方法各自随机抽取一个专家作为候补。

涉及死因、伤残等级鉴定的，应当按照前款规定由双方当事人各自随机抽取一名法医参加鉴定组。

第二十二条　随机抽取结束后，医学会当场向双方当事人公布所抽取的专家鉴定组成员和候补成员的编号并记录在案。

第二十三条　现有专家库成员不能满足鉴定工作需要时，医学会应当向双方当事人说明，并经双方当事人同意，可以从本省、自治区、直辖市其他医学会专家库中抽取相关学科专业组的专家参加专家鉴定组；本省、自治区、直辖市医学会专家库成员不能满足鉴定工作需要时，可以从其他省、自治区、直辖市医学会专家库中抽取相关学科专业组的专家参加专家鉴定组。

第二十四条　从其他医学会建立的专家库中抽取的专家无法到场参加医疗事故技术鉴定，可以以函件的方式提出鉴定意见。

第二十五条　专家鉴定组成员确定后，在双方当事人共同在场的情况下，由医学会对封存的病历资料启封。

第二十六条　专家鉴定组应当认真审查双方当事人提交的材料，妥善保管鉴定材料，保护患者的隐私，保守有关秘密。

第六章　医疗事故技术鉴定

第二十七条　医学会应当自接到双方当事人提交的有关医疗事故技术鉴定的材料、书面陈述及答辩之日起45日内组织鉴定并出具医疗事故技术鉴定书。

第二十八条　医学会可以向双方当事人和其他相关组织、个人进行调查取证，进行调查取证时不得少于2人。调查取证结束后，调查人员和调查对象应当在有关文书上签字。如调查对象拒绝签字的，应当记录在案。

第二十九条　医学会应当在医疗事故技术鉴定7日前，将鉴定的时间、地点、要求等书面通知双方当事人。双方当事人应当按照通知的时间、地点、要求参加鉴定。

参加医疗事故技术鉴定的双方当事人每一方人数不超过3人。

任何一方当事人无故缺席、自行退席或拒绝参加鉴定的，不影响鉴定的进行。

第三十条　医学会应当在医疗事故技术鉴定7日前书面通知专家鉴定组成员。专家鉴定组成员接到医学会通知后认为自己应当回避的，应当于接到通知时及时提出书面回避申请，并说明理由；因其他原因无法参加医疗事故技术鉴定的，应当于接到通知时及时书面告知医学会。

第三十一条　专家鉴定组成员因回避或因其他原因无法参加医疗事故技术鉴定时，医学会应当通知相关学科专业组候补成员参加医疗事故技术鉴定。

专家鉴定组成员因不可抗力因素未能及时告知医学会不能参加鉴定或虽告知但医学会无法按规定组成专家鉴定组的，医疗事故技术鉴定可以延期进行。

第三十二条　专家鉴定组组长由专家鉴定组成员推选产生，也可以由医疗事故争议所涉及的主要学科专家中具有最高专业技术职务任职资格的专家担任。

第三十三条　鉴定由专家鉴定组组长主持，并按照以下程序进行：

（一）双方当事人在规定的时间内分别陈述意见和理由。陈述顺序先患方，后医疗机构；

（二）专家鉴定组成员根据需要可以提问，当事人应当如实回答。必要时，可以对患者进行现场医学检查；

（三）双方当事人退场；

（四）专家鉴定组对双方当事人提供的书面材料、陈述及答辩等进行讨论；

（五）经合议，根据半数以上专家鉴定组成员的一致意见形成鉴定结论。专家鉴定组成员在鉴定结论上签名。专家鉴定组成员对鉴定结论的不同意见，应当予以注明。

第三十四条　医疗事故技术鉴定书应当根据鉴定结论作出，其文稿由专家鉴定组组长签发。

医疗事故技术鉴定书盖医学会医疗事故技术鉴定专用印章。

医学会应当及时将医疗事故技术鉴定书送达移交鉴定的卫生行政部门，经卫生行政部门审核，对符合规定作出的医疗事故技术鉴定结论，应当及时送达双方当事人；由双方当事人共同委托的，直接送达双方当事人。

第三十五条　医疗事故技术鉴定书应当包括下列主要内容：

（一）双方当事人的基本情况及要求；

（二）当事人提交的材料和医学会的调查材料；

（三）对鉴定过程的说明；

（四）医疗行为是否违反医疗卫生管理法律、行政法规、部门规章和诊疗护理规范、常规；

（五）医疗过失行为与人身损害后果之间是否存在因果关系；

（六）医疗过失行为在医疗事故损害后果中的责任程度；

（七）医疗事故等级；

（八）对医疗事故患者的医疗护理医学建议。

经鉴定为医疗事故的，鉴定结论应当包括上款（四）至（八）项内容；经鉴定不属于医疗事故的，应当在鉴定结论中说明理由。

医疗事故技术鉴定书格式由中华医学会统一制定。

第三十六条　专家鉴定组应当综合分析医疗过失行为在导致医疗事故损害后果中的作用、患者原有疾病状况等因素，判定医疗过失行为的责任程度。医疗事故中医疗过失行为责任程度分为：

（一）完全责任，指医疗事故损害后果完全由医疗过失行为造成。

（二）主要责任，指医疗事故损害后果主要由医疗过失行为造成，其他因素起次要作用。

（三）次要责任，指医疗事故损害后果主要由其他因素造成，医疗过失行为起次要作用。

（四）轻微责任，指医疗事故损害后果绝大部分由其他因素造成，医疗过失行为起轻微作用。

第三十七条　医学会参加医疗事故技术鉴定会的工作人员，应如实记录鉴定会过程和专家的意见。

第三十八条　因当事人拒绝配合，无法进行医疗事故技术鉴定的，应当终止本次鉴定，由医学会告知移交鉴定的卫生行政部门或共同委托鉴定的双方当事人，说明不能鉴定的原因。

第三十九条　医学会对经卫生行政部门审核认为参加鉴定的人员资格和专业类别或者鉴定程序不符合规定，需要重新鉴定的，应当重新组织鉴定。重新鉴定时不得收取鉴定费。

如参加鉴定的人员资格和专业类别不符合规定的，应当重新抽取专家，组成专家鉴定组进行重新鉴定。

如鉴定的程序不符合规定而参加鉴定的人员资格和专业类别符合规定的，可以由原专家鉴定组进行重新鉴定。

第四十条　任何一方当事人对首次医疗事故技术鉴定结论不服的，可以自收到首次医疗事故技术鉴定书之日起15日内，向原受理医疗事故争议处理申请的卫生行政部门提出再次鉴定的申请，或由双方当事人共同委托省、自治区、直辖市医学会组织再次鉴定。

第四十一条　县级以上地方人民政府卫生行政部门对发生医疗事故的医疗机构和医务人员进行行政处理时，应当以最后的医疗事故技术鉴定结论作为处理依据。

第四十二条　当事人对鉴定结论无异议，负责组织医疗事故技术鉴定的医学会应当及时将收到的鉴定材料中的病历资料原件等退还当事人，并保留有关复印件。

当事人提出再次鉴定申请的，负责组织首次医疗事故技术鉴定的医学会应当及时将收到的鉴定材料移送负责组织再次医疗事故技术鉴定的医学会。

第四十三条　医学会应当将专家鉴定组成员签名的鉴定结论、由专家鉴定组组长签发的医疗事故技术鉴定书文稿和复印或者复制的有关病历资料等存档，保存期限不得少于20年。

第四十四条　在受理医患双方共同委托医疗事故技术鉴定后至专家鉴定组作出鉴定结论前，双方当事人或者一方当事人提出停止鉴定的，医疗事故技术鉴定终止。

第四十五条　医学会应当于每年3月31日前将上一年度医疗事故技术鉴定情况报同级卫生行政部门。

第七章　附　　则

第四十六条　必要时，对疑难、复杂并在全国有重大影响的医疗事故争议，省级卫生行政部门可以商请中华医学会组织医疗事故技术鉴定。

第四十七条　本办法由卫生部负责解释。

第四十八条　本办法自2002年9月1日起施行。

灾害事故医疗救援工作管理办法

（1995年4月27日卫生部令第39号发布）

第一章　总　　则

第一条　为提高对灾害事故的应急反应能力和医疗救援水平，避免和减少人员伤亡，保障公民身体健康和生命安全，特制定本办法。

第二条　本办法所称医疗救援，系指因灾害事故发生人群伤亡时的抢救治疗工作。

第三条　对灾害事故的医疗救援工作实行规范管理，做到常备不懈，及时有效。

第四条　县级以上政府卫生行政部门主管灾害事故医疗救援工作。

第二章　组　　织

第五条　卫生部成立“卫生部灾害事故医疗救援领导小组”，由卫生部部长任组长，主管副部长、医政司司长任副组长，办公厅、疾病控制司、计财司、药政局、爱委会、监督司、外事司等有关领导为成员。

第六条　各省、自治区、直辖市政府卫生行政部门成立与“卫生部灾害事故医疗救援工作领导小组”相应的组织。

灾害事故多发地区的县级以上政府卫生行政部门，根据需要也可以设立相应的领导协调组织。

第七条　各级灾害事故医疗救援领导小组要及时了解掌握全国或当地灾害事故的特征、规律、医疗救护资源、地理交通状况等信息，组织、协调、部署与灾害事故医疗救护有关的工作。

第八条　要组织好灾害事故的现场医疗救护。在灾害事故发生后，到达事故现场的当地最高卫生行政主管部门领导即为灾害事故现场医疗救援总指挥，负责现场医疗救援工作。

第九条　县级以上地方政府卫生行政部门要加强对急救中心、急救站、医院急诊科（室）为主体的急救医疗服务网络建设，提高其急救反应能力。

第十条　各级政府卫生行政部门要制定医疗救援预案；要建立数支救灾医疗队，并配备一定数量的急救医疗药械（见附件），由医疗队所在单位保管，定期更换。

第三章　灾情报告

第十一条　灾害事故发生地的医疗卫生单位或医疗卫生人员应当及时将灾情报告其所在地的县级以上政府卫生行政部门。

凡事故发生地丧失报告能力的，由相邻地区政府卫生行政部门、医疗卫生单位或医疗卫生人员履行报告程序。

第十二条　卫生行政部门接到灾情报告或救援指令后，应当立即通知有关单位，组织现场抢救，并及时报告当地人民政府和上一级政府卫生行政部门。

第十三条 医疗救援情况按以下规定报告：

（一）伤亡20人以下的，6小时内报市级卫生行政部门；

（二）伤亡20—50人的，12小时内报省级卫生部行政部门；

（三）伤亡50人以上的，24小时内报国务院卫生行政部门；

（四）地震、水灾、风灾、火灾和其它重大灾害事故，虽一时不明伤亡情况的，应尽快逐级上报至国务院卫生行政部门。

第十四条 报告内容：

（一）灾害发生的时间、地点、伤亡人数及种类；

（二）伤员主要的伤情、采取的措施及投入的医疗资源；

（三）急需解决的卫生问题；

（四）卫生系统受损情况。

第十五条 疫情的报告和公布根据《中华人民共和国传染病防治法》的规定实施。

第四章 现场医疗救护

第十六条 灾害事故发生后，凡就近的医护人员都要主动及时到达现场，并组织起来参加医疗救护。

第十七条 参加医疗救援工作的单位和个人，到达现场后应当立即向灾害事故医疗救援现场指挥部报到，并接受其统一指挥和调遣。

第十八条 灾害事故医疗救援现场指挥部的任务为：

（一）视伤亡情况设置伤病员分检处；

（二）对现场伤亡情况和事态发展作出快速、准确评估；

（三）指挥、调遣现场及辖区内各医疗救护力量；

（四）向当地灾害事故医疗救援领导小组汇报有关情况并接受指令。

第十九条 在现场医疗救护中，依据受害者的伤病情况，按轻、中、重、死亡分类，分别以“红、黄、蓝、黑”的伤病卡作出标志（伤病卡以5×3cm的不干胶材料做成），置于伤病员的左胸部或其它明显部位，便于医疗救护人员辨认并采取相应的急救措施。

第二十条 现场医疗救护过程中，要本着先救命后治伤、先治重伤后治轻伤的原则，要将经治的伤员的血型、伤情、急救处置、注意事项等逐一填写伤员情况单（见附件2），并置于伤员衣袋内。

第二十一条 根据现场伤员情况设手术、急救处置室（部）。

第五章 伤病员后送

第二十二条 凡伤员需要后送，由当地灾害事故医疗救援领导小组视实际需要决定设伤员后送指挥部，负责伤员后送的指挥协调工作。

第二十三条 伤病员经现场检伤分类、处置后要根据病情向就近的省、市级医院或专科医院分流，原则如下：

（一）当地医疗机构有能力收治全部伤员的，由急救中心（站）或后送指挥部指定有关单位后送到就近的医院；

（二）伤员现场经治的医疗文书要一式二份，及时向现场指挥部报告汇总，并向接纳后送伤员的医疗机构提交；

（三）后送途中需要监护的伤员，由灾害事故现场医疗救护指挥部派医护人员护送；

（四）灾害事故发生后医疗机构不得以任何理由拒诊、推诿后送的伤员。

第六章　部门协调

第二十四条　各级卫生行政部门负责制定灾害事故医疗救援工作计划；负责组织派遣医疗队，救治伤病员；负责灾害事故医疗救援工作的对外宣传口径；承接上级灾害事故医疗救援领导小组分配的任务。

第二十五条　灾害事故医疗救援领导小组视情况提请地方政府协调铁路、邮电、交通、民航、航运、军队、武警、国家医药管理局等有关部门协助解决医疗救援有关的交通，伤病员的转送、药械调拨等工作。

第二十六条　各级红十字会、爱国卫生运动委员会办公室要协同卫生行政部门，参与灾害事故的医疗救援工作。

第七章　培训

第二十七条　各级卫生行政部门要制订和落实灾害事故医疗救护人员的培训计划。重点掌握检伤分类、徒手复苏、骨折固定、止血、气管插管、气管切开、清创、缝合、饮用水消毒等基本技能，并定期举行模拟演习，达到实战要求。

第二十八条　要利用报刊、广播、影视、培训班等多种形式，向公众普及灾害事故医疗救护、自救和互救的知识及基本技术。

第八章　附　　则

第二十九条　本办法由卫生部负责解释。

第三十条　本办法自发布之日起实施。

医疗废物管理行政处罚办法(试行)

(2004 年 5 月 27 日卫生部、国家环境保护总局令第 21 号公布　2010 年 12 月 22 日环境保护部令第 16 号《关于废止、修改部分环境部门规章和规范性文件的决定》修改)

第一条　根据《中华人民共和国传染病防治法》、《中华人民共和国固体废物污染环境防治法》和《医疗废物管理条例》(以下简称《条例》),县级以上人民政府卫生行政主管部门和环境保护行政主管部门按照各自职责,对违反医疗废物管理规定的行为实施的行政处罚,适用本办法。

第二条　医疗卫生机构有《条例》第四十五条规定的下列情形之一的,由县级以上地方人民政府卫生行政主管部门责令限期改正,给予警告;逾期不改正的,处 2000 元以上 5000 元以下的罚款:

(一)未建立、健全医疗废物管理制度,或者未设置监控部门或者专(兼)职人员的;

(二)未对有关人员进行相关法律和专业技术、安全防护以及紧急处理等知识培训的;

(三)未对医疗废物进行登记或者未保存登记资料的;

(四)对使用后的医疗废物运送工具或者运送车辆未在指定地点及时进行消毒和清洁的;

(五)依照《条例》自行建有医疗废物处置设施的医疗卫生机构未定期对医疗废物处置设施的污染防治和卫生学效果进行检测、评价,或者未将检测、评价效果存档、报告的。

第三条　医疗废物集中处置单位有《条例》第四十五条规定的下列情形之一的,由县级以上地方人民政府环境保护行政主管部门责令限期改正,给予警告;逾期不改正的,处 2000 元以上 5000 元以下的罚款:

(一)未建立、健全医疗废物管理制度,或者未设置监控部门或者专(兼)职人员的;

(二)未对有关人员进行相关法律和专业技术、安全防护以及紧急处理等知识培训的;

(三)未对医疗废物进行登记或者未保存登记资料的;

(四)对使用后的医疗废物运送车辆未在指定地点及时进行消毒和清洁的;

(五)未及时收集、运送医疗废物的;

(六)未定期对医疗废物处置设施的污染防治和卫生学效果进行检测、评价,或者未将检测、评价效果存档、报告的。

第四条　医疗卫生机构、医疗废物集中处置单位有《条例》第四十五条规定的情形,未对从事医疗废物收集、运送、贮存、处置等工作的人员和管理人员采取职业卫生防护措施的,由县级以上地方人民政府卫生行政主管部门责令限期改正,给予警告;逾期不改正的,处 2000 元以上 5000 元以下的罚款。

第五条　医疗卫生机构有《条例》第四十六条规定的下列情形之一的,由县级以上地方人民政府卫生行政主管部门责令限期改正，给予警告，可以并处5000元以下的罚款，逾期不改正的，处5000元以上3万元以下的罚款：

（一）贮存设施或者设备不符合环境保护、卫生要求的；

（二）未将医疗废物按照类别分置于专用包装物或者容器的；

（三）未使用符合标准的运送工具运送医疗废物的。

第六条　医疗废物集中处置单位有《条例》第四十六条规定的下列情形之一的，由县级以上地方人民政府环境保护行政主管部门责令限期改正，给予警告，可以并处5000元以下的罚款，逾期不改正的，处5000元以上3万元以下的罚款：

（一）贮存设施或者设备不符合环境保护、卫生要求的；

（二）未将医疗废物按照类别分置于专用包装物或者容器的；

（三）未使用符合标准的专用车辆运送医疗废物的；

（四）未安装污染物排放在线监控装置或者监控装置未经常处于正常运行状态的。

第七条　医疗卫生机构有《条例》第四十七条规定的下列情形之一的，由县级以上地方人民政府卫生行政主管部门责令限期改正，给予警告，并处5000元以上1万元以下的罚款；逾期不改正的，处1万元以上3万元以下的罚款：

（一）在医疗卫生机构内运送过程中丢弃医疗废物，在非贮存地点倾倒、堆放医疗废物或者将医疗废物混入其他废物和生活垃圾的；

（二）医疗卫生机构在医疗卫生机构外运送过程中丢弃医疗废物，在非贮存地点倾倒、堆放医疗废物或者将医疗废物混入其他废物和生活垃圾的，由县级以上地方人民政府环境保护行政主管部门依照《中华人民共和国固体废物污染环境防治法》第七十五条规定责令停止违法行为，限期改正，处一万元以上十万元以下的罚款；

（三）对收治的传染病病人或者疑似传染病病人产生的生活垃圾，未按照医疗废物进行管理和处置的。

医疗卫生机构在医疗卫生机构外运送过程中丢弃医疗废物，在非贮存地点倾倒、堆放医疗废物或者将医疗废物混入其他废物和生活垃圾的，由县级以上地方人民政府环境保护行政主管部门责令限期改正，给予警告，并处5000元以上1万元以下的罚款；逾期不改正的，处1万元以上3万元以下的罚款。

第八条　医疗废物集中处置单位有《条例》第四十七条规定的情形，在运送过程中丢弃医疗废物，在非贮存地点倾倒、堆放医疗废物或者将医疗废物混入其他废物和生活垃圾的，由县级以上地方人民政府环境保护行政主管部门依照《中华人民共和国固体废物污染环境防治法》第七十五条规定责令停止违法行为，限期改正，处一万元以上十万元以下的罚款。

第九条　医疗废物集中处置单位和依照《条例》自行建有医疗废物处置设施的医疗卫生机构，有《条例》第四十七条规定的情形，对医疗废物的处置不符合国家规定的环境保护、卫生标准、规范的，由县级以上地方人民政府环境保护行政主管部门责令限期改正，给予警告，并处5000元以上1万元以下的罚款；逾期不改正的，处1万元以上3万元以下的罚款。

第十条 医疗卫生机构、医疗废物集中处置单位有《条例》第四十七条规定的下列情形之一的,由县级以上人民政府环境保护行政主管部门依照《中华人民共和国固体废物污染环境防治法》第七十五条规定责令停止违法行为,限期改正,处二万元以上二十万元以下的罚款:

(一)未执行危险废物转移联单管理制度的;

(二)将医疗废物交给或委托给未取得经营许可证的单位或者个人收集、运送、贮存、处置的。

第十一条 有《条例》第四十九条规定的情形,医疗卫生机构发生医疗废物流失、泄露、扩散时,未采取紧急处理措施,或者未及时向卫生行政主管部门报告的,由县级以上地方人民政府卫生行政主管部门责令改正,给予警告,并处1万元以上3万元以下的罚款。

医疗废物集中处置单位发生医疗废物流失、泄露、扩散时,未采取紧急处理措施,或者未及时向环境保护行政主管部门报告的,由县级以上地方人民政府环境保护行政主管部门责令改正,给予警告,并处1万元以上3万元以下的罚款。

第十二条 有《条例》第五十条规定的情形,医疗卫生机构、医疗废物集中处置单位阻碍卫生行政主管部门执法人员执行职务,拒绝执法人员进入现场,或者不配合执法部门的检查、监测、调查取证的,由县级以上地方人民政府卫生行政主管部门责令改正,给予警告;拒不改正的,由原发证的卫生行政主管部门暂扣或者吊销医疗卫生机构的执业许可证件。

医疗卫生机构、医疗废物集中处置单位阻碍环境保护行政主管部门执法人员执行职务,拒绝执法人员进入现场,或者不配合执法部门的检查、监测、调查取证的,由县级以上地方人民政府环境保护行政主管部门依照《中华人民共和国固体废物污染环境防治法》第七十条规定责令限期改正;拒不改正或者在检查时弄虚作假的,处二千元以上二万元以下的罚款。

第十三条 有《条例》第五十一条规定的情形,不具备集中处置医疗废物条件的农村,医疗卫生机构未按照卫生行政主管部门有关疾病防治的要求处置医疗废物的,由县级人民政府卫生行政主管部门责令限期改正,给予警告;逾期不改正的,处1000元以上5000元以下的罚款;未按照环境保护行政主管部门有关环境污染防治的要求处置医疗废物的,由县级人民政府环境保护行政主管部门责令限期改正,给予警告;逾期不改正的,处1000元以上5000元以下的罚款。

第十四条 有《条例》第五十二条规定的情形,未取得经营许可证从事医疗废物的收集、运送、贮存、处置等活动的,由县级以上地方人民政府环境保护行政主管部门依照《中华人民共和国固体废物污染环境防治法》第七十七条规定责令停止违法行为,没收违法所得,可以并处违法所得三倍以下的罚款。

第十五条 有《条例》第四十七条、第四十八条、第四十九条、第五十一条规定的情形,医疗卫生机构造成传染病传播的,由县级以上地方人民政府卫生行政主管部门依法处罚,并由原发证的卫生行政主管部门暂扣或者吊销执业许可证件;造成环境污染事故的,由县级以上地方人民政府环境保护行政主管部门依照《中华人民共和国固体废物污染环境防治法》有关规定予以处罚,并由原发证的卫生行政主管部门暂扣或者吊销执业许可证件。

医疗废物集中处置单位造成传染病传播的,由县级以上地方人民政府卫生行政主管部门依法处罚,并由原发证的环境保护行政主管部门暂扣或者吊销经营许可证件;造成环境污染事故的,由县级以上地方人民政府环境保护行政主管部门依照《中华人民共和国固体废物污染环境防治法》有关规定予以处罚,并由原发证的环境保护行政主管部门暂扣或者吊销经营许可证件。

第十六条 有《条例》第五十三条规定的情形,转让、买卖医疗废物,邮寄或者通过铁路、航空运输医疗废物,或者违反《条例》规定通过水路运输医疗废物的,由县级以上地方人民政府环境保护行政主管部门责令转让、买卖双方、邮寄人、托运人立即停止违法行为,给予警告,没收违法所得;违法所得 5000 元以上的,并处违法所得 2 倍以上 5 倍以下的罚款;没有违法所得或者违法所得不足 5000 元的,并处 5000 元以上 2 万元以下的罚款。

承运人明知托运人违反《条例》的规定运输医疗废物,仍予以运输的,按照前款的规定予以处罚;承运人将医疗废物与旅客在同一工具上载运的,由县级以上人民政府环境保护行政主管部门依照《中华人民共和国固体废物污染环境防治法》第七十五条规定责令停止违法行为,限期改正,处一万元以上十万元以下的罚款。

第十七条 本办法自 2004 年 6 月 1 日起施行。

医学教育临床实践管理暂行规定

(卫科教发〔2008〕45 号)

第一条 为规范医学教育临床实践活动的管理,保护患者、教师和学生的合法权益,保证医学教育教学质量,依据《中华人民共和国执业医师法》、《中华人民共和国高等教育法》制定本规定。

第二条 本规定适用于经教育行政主管部门批准设置的各级各类院校的医学生和《执业医师法》规定的试用期医学毕业生(以下简称试用期医学毕业生)的医学教育临床实践活动。

第三条 本规定所称医学教育临床实践包括医学生的临床见习、临床实习、毕业实习等临床教学实践活动和试用期医学毕业生的临床实践活动。

医学生是指具有注册学籍的在校医学类专业学生。医学生的临床教学实践活动在临床教学基地进行,在临床带教教师指导下参与临床诊疗活动,实现学习目的。

试用期医学毕业生是指被相关医疗机构录用并尚未取得执业医师资格的医学毕业生。试用期医学毕业生的临床实践活动在相关医疗机构进行,在指导医师指导下从事临床诊疗活动,在实践中提高临床服务能力。

第四条 临床教学基地是指院校的附属医院以及与举办医学教育的院校建立教学合

作关系、承担教学任务的医疗机构，包括教学医院、实习医院和社区卫生服务机构等。

临床教学基地的设置必须符合教育、卫生行政部门的有关规定，必须有足够数量的具有执业医师资格的临床带教教师。

第五条 临床教学基地负责组织医学生的临床教学实践活动，为实施临床教学实践活动和完成教学任务提供必要的条件，维护临床教学实践过程中相关参与者的合法权益。

第六条 相关医疗机构是指承担试用期医学毕业生临床实践任务的医疗机构。相关医疗机构负责安排试用期医学毕业生的临床实践活动，确定执业医师作为指导医师，对试用期医学毕业生进行指导。

第七条 临床教学基地及相关医疗机构应采取有效措施保护医学教育临床教学实践活动中患者的知情同意权、隐私权和其他相关权益。

临床教学基地和相关医疗机构有责任保证医学教育临床实践过程中患者的医疗安全及医疗质量，并通过多种形式告知相关患者以配合临床实践活动。

第八条 临床教学基地和相关医疗机构应加强对医学生和试用期医学毕业生的医德医风及职业素质教育。

第九条 临床带教教师是指经临床教学基地和相关院校核准，承担临床教学和人才培养任务的执业医师。指导医师是指经相关医疗机构核准，承担试用期医学毕业生指导任务的执业医师。

第十条 临床带教教师和指导医师负责指导医学生和试用期医学毕业生的医学教育临床实践活动，确定从事医学教育临床实践活动的具体内容，审签医学生和试用期医学毕业生书写的医疗文件。

第十一条 临床带教教师和指导医师应牢固确立教学意识，增强医患沟通观念，积极说服相关患者配合医学教育临床实践活动；在安排和指导临床实践活动之前，应尽到告知义务并得到相关患者的同意。在教学实践中要保证患者的医疗安全和合法权益。

第十二条 医学生在临床带教教师的监督、指导下，可以接触观察患者、询问患者病史、检查患者体征、查阅患者有关资料、参与分析讨论患者病情、书写病历及住院患者病程记录、填写各类检查和处置单、医嘱和处方，对患者实施有关诊疗操作、参加有关的手术。

第十三条 试用期医学毕业生在指导医师的监督、指导下，可以为患者提供相应的临床诊疗服务。

第十四条 医学生和试用期医学毕业生参与医学教育临床诊疗活动必须由临床带教教师或指导医师监督、指导，不得独自为患者提供临床诊疗服务。临床实践过程中产生的有关诊疗的文字材料必须经临床带教教师或指导医师审核签名后才能作为正式医疗文件。

第十五条 医学生和试用期医学毕业生在医学教育临床实践活动中应当尊重患者的知情同意权和隐私权，不得损害患者的合法权益。

第十六条 在医学教育临床实践过程中发生的医疗事故或医疗纠纷，经鉴定，属于医方原因造成的，由临床教学基地和相关医疗机构承担责任。

因临床带教教师和指导医师指导不当而导致的医疗事故或医疗纠纷,临床带教教师或指导医师承担相应责任。

第十七条 医学生和试用期医学毕业生在临床带教教师和指导医师指导下参与医学教育临床实践活动,不承担医疗事故或医疗纠纷责任。

医学生和试用期医学毕业生未经临床带教教师或指导医师同意,擅自开展临床诊疗活动的,承担相应的责任。

第十八条 护理、药学及其他医学相关类专业的医学教育临床实践活动参照本规定执行。

第十九条 本规定自2009年1月1日起实行。

医疗技术临床应用管理办法

(中华人民共和国国家卫生健康委员会令第1号)

第一章 总 则

第一条 为加强医疗技术临床应用管理,促进医学科学发展和医疗技术进步,保障医疗质量和患者安全,维护人民群众健康权益,根据有关法律法规,制定本办法。

第二条 本办法所称医疗技术,是指医疗机构及其医务人员以诊断和治疗疾病为目的,对疾病作出判断和消除疾病、缓解病情、减轻痛苦、改善功能、延长生命、帮助患者恢复健康而采取的医学专业手段和措施。

本办法所称医疗技术临床应用,是指将经过临床研究论证且安全性、有效性确切的医疗技术应用于临床,用以诊断或者治疗疾病的过程。

第三条 医疗机构和医务人员开展医疗技术临床应用应当遵守本办法。

第四条 医疗技术临床应用应当遵循科学、安全、规范、有效、经济、符合伦理的原则。

安全性、有效性不确切的医疗技术,医疗机构不得开展临床应用。

第五条 国家建立医疗技术临床应用负面清单管理制度,对禁止临床应用的医疗技术实施负面清单管理,对部分需要严格监管的医疗技术进行重点管理。其他临床应用的医疗技术由决定使用该类技术的医疗机构自我管理。

第六条 医疗机构对本机构医疗技术临床应用和管理承担主体责任。医疗机构开展医疗技术服务应当与其技术能力相适应。

医疗机构主要负责人是本机构医疗技术临床应用管理的第一责任人。

第七条 国家卫生健康委负责全国医疗技术临床应用管理工作。

县级以上地方卫生行政部门负责本行政区域内医疗技术临床应用监督管理工作。

第八条 鼓励卫生行业组织参与医疗技术临床应用质量控制、规范化培训和技术评估工作,各级卫生行政部门应当为卫生行业组织参与医疗技术临床应用管理创造条件。

第二章 医疗技术负面清单管理

第九条 医疗技术具有下列情形之一的,禁止应用于临床(以下简称禁止类技术):

（一）临床应用安全性、有效性不确切；

（二）存在重大伦理问题；

（三）该技术已经被临床淘汰；

（四）未经临床研究论证的医疗新技术。

禁止类技术目录由国家卫生健康委制定发布或者委托专业组织制定发布，并根据情况适时予以调整。

第十条 禁止类技术目录以外并具有下列情形之一的，作为需要重点加强管理的医疗技术（以下简称限制类技术），由省级以上卫生行政部门严格管理：

（一）技术难度大、风险高，对医疗机构的服务能力、人员水平有较高专业要求，需要设置限定条件的；

（二）需要消耗稀缺资源的；

（三）涉及重大伦理风险的；

（四）存在不合理临床应用，需要重点管理的。

国家限制类技术目录及其临床应用管理规范由国家卫生健康委制定发布或者委托专业组织制定发布，并根据临床应用实际情况予以调整。

省级卫生行政部门可以结合本行政区域实际情况，在国家限制类技术目录基础上增补省级限制类技术相关项目，制定发布相关技术临床应用管理规范，并报国家卫生健康委备案。

第十一条 对限制类技术实施备案管理。医疗机构拟开展限制类技术临床应用的，应当按照相关医疗技术临床应用管理规范进行自我评估，符合条件的可以开展临床应用，并于开展首例临床应用之日起15个工作日内，向核发其《医疗机构执业许可证》的卫生行政部门备案。备案材料应当包括以下内容：

（一）开展临床应用的限制类技术名称和所具备的条件及有关评估材料；

（二）本机构医疗技术临床应用管理专门组织和伦理委员会论证材料；

（三）技术负责人（限于在本机构注册的执业医师）资质证明材料。

备案部门应当自收到完整备案材料之日起15个工作日内完成备案，在该医疗机构的《医疗机构执业许可证》副本备注栏予以注明，并逐级上报至省级卫生行政部门。

第十二条 未纳入禁止类技术和限制类技术目录的医疗技术，医疗机构可以根据自身功能、任务、技术能力等自行决定开展临床应用，并应当对开展的医疗技术临床应用实施严格管理。

第十三条 医疗机构拟开展存在重大伦理风险的医疗技术，应当提请本机构伦理委员会审议，必要时可以咨询省级和国家医学伦理专家委员会。未经本机构伦理委员会审查通过的医疗技术，特别是限制类医疗技术，不得应用于临床。

第三章 管理与控制

第十四条 国家建立医疗技术临床应用质量管理与控制制度，充分发挥各级、各专业医疗质量控制组织的作用，以“限制类技术”为主加强医疗技术临床应用质量控制，对医疗技术临床应用情况进行日常监测与定期评估，及时向医疗机构反馈质控和评估结果，持续改进医疗技术临床应用质量。

第十五条　二级以上的医院、妇幼保健院及专科疾病防治机构医疗质量管理委员会应当下设医疗技术临床应用管理的专门组织，由医务、质量管理、药学、护理、院感、设备等部门负责人和具有高级技术职务任职资格的临床、管理、伦理等相关专业人员组成。该专门组织的负责人由医疗机构主要负责人担任，由医务部门负责日常管理工作，主要职责是：

（一）根据医疗技术临床应用管理相关的法律、法规、规章，制定本机构医疗技术临床应用管理制度并组织实施；

（二）审定本机构医疗技术临床应用管理目录和手术分级管理目录并及时调整；

（三）对首次应用于本机构的医疗技术组织论证，对本机构已经临床应用的医疗技术定期开展评估；

（四）定期检查本机构医疗技术临床应用管理各项制度执行情况，并提出改进措施和要求；

（五）省级以上卫生行政部门规定的其他职责。

其他医疗机构应当设立医疗技术临床应用管理工作小组，并指定专（兼）职人员负责本机构医疗技术临床应用管理工作。

第十六条　医疗机构应当建立本机构医疗技术临床应用管理制度，包括目录管理、手术分级、医师授权、质量控制、档案管理、动态评估等制度，保障医疗技术临床应用质量和安全。

第十七条　医疗机构开展医疗技术临床应用应当具有符合要求的诊疗科目、专业技术人员、相应的设备、设施和质量控制体系，并遵守相关技术临床应用管理规范。

第十八条　医疗机构应当制定本机构医疗技术临床应用管理目录并及时调整，对目录内的手术进行分级管理。

手术管理按照国家关于手术分级管理的有关规定执行。

第十九条　医疗机构应当依法准予医务人员实施与其专业能力相适应的医疗技术，并为医务人员建立医疗技术临床应用管理档案，纳入个人专业技术档案管理。

第二十条　医疗机构应当建立医师手术授权与动态管理制度，根据医师的专业能力和培训情况，授予或者取消相应的手术级别和具体手术权限。

第二十一条　医疗机构应当建立医疗技术临床应用论证制度。对已证明安全有效，但属本机构首次应用的医疗技术，应当组织开展本机构技术能力和安全保障能力论证，通过论证的方可开展医疗技术临床应用。

第二十二条　医疗机构应当建立医疗技术临床应用评估制度，对限制类技术的质量安全和技术保证能力进行重点评估，并根据评估结果及时调整本机构医疗技术临床应用管理目录和有关管理要求。对存在严重质量安全问题或者不再符合有关技术管理要求的，要立即停止该项技术的临床应用。

医疗机构应当根据评估结果，及时调整本机构医师相关技术临床应用权限。

第二十三条 医疗机构应当为医务人员参加医疗技术临床应用规范化培训创造条件,加强医疗技术临床应用管理人才队伍的建设和培养。

医疗机构应当加强首次在本医疗机构临床应用的医疗技术的规范化培训工作。

第二十四条 医疗机构开展的限制类技术目录、手术分级管理目录和限制类技术临床应用情况应当纳入本机构院务公开范围,主动向社会公开,接受社会监督。

第二十五条 医疗机构在医疗技术临床应用过程中出现下列情形之一的,应当立即停止该项医疗技术的临床应用:

(一)该医疗技术被国家卫生健康委列为"禁止类技术";

(二)从事该医疗技术的主要专业技术人员或者关键设备、设施及其他辅助条件发生变化,不能满足相关技术临床应用管理规范要求,或者影响临床应用效果;

(三)该医疗技术在本机构应用过程中出现重大医疗质量、医疗安全或者伦理问题,或者发生与技术相关的严重不良后果;

(四)发现该项医疗技术临床应用效果不确切,或者存在重大质量、安全或者伦理缺陷。

医疗机构出现第一款第二项、第三项情形,属于限制类技术的,应当立即将有关情况向核发其《医疗机构执业许可证》的卫生行政部门报告。卫生行政部门应当及时取消该医疗机构相应医疗技术临床应用备案,在该机构《医疗机构执业许可证》副本备注栏予以注明,并逐级向省级卫生行政部门报告。

医疗机构出现第一款第四项情形的,应当立即将有关情况向核发其《医疗机构执业许可证》的卫生行政部门和省级卫生行政部门报告。省级卫生行政部门应当立即组织对该项医疗技术临床应用情况进行核查,确属医疗技术本身存在问题的,可以暂停该项医疗技术在本地区的临床应用,并向国家卫生健康委报告。国家卫生健康委收到报告后,组织专家进行评估,决定需要采取的进一步管理措施。

第四章 培训与考核

第二十六条 国家建立医疗技术临床应用规范化培训制度。拟开展限制类技术的医师应当按照相关技术临床应用管理规范要求接受规范化培训。

国家卫生健康委统一组织制定国家限制类技术的培训标准和考核要求,并向社会公布。

第二十七条 省级增补的限制类技术以及省级卫生行政部门认为其他需要重点加强培训的医疗技术,由省级卫生行政部门统一组织制订培训标准,对培训基地管理和参加培训医师(以下简称参培医师)的培训和考核提出统一要求,并向社会公布。

第二十八条 对限制类技术临床应用规范化培训基地实施备案管理。医疗机构拟承担限制类技术临床应用规范化培训工作的,应当达到国家和省级卫生行政部门规定的条件,制定培训方案并向社会公开。

第二十九条 医疗机构拟承担限制类技术临床应用规范化培训工作的,应当于首次发布招生公告之日起3个工作日内,向省级卫生行政部门备案。备案材料应当包括:

(一)开展相关限制类技术临床应用的备案证明材料;

(二)开展相关限制类技术培训工作所具备的软、硬件条件的自我评估材料;

(三)近3年开展相关限制类技术临床应用的医疗质量和医疗安全情况;

(四)培训方案、培训师资、课程设置、考核方案等材料。

第三十条　省级卫生行政部门应当及时向社会公布经备案拟承担限制性技术临床应用规范化培训工作的医疗机构名单。

省级卫生行政部门应当加强对限制类技术临床应用规范化培训基地的考核和评估,对不符合培训基地条件或者未按照要求开展培训、考核的,应当责令其停止培训工作,并向社会公布。

第三十一条　培训基地应当建立健全规章制度及流程,明确岗位职责和管理要求,加强对培训导师的管理。严格按照统一的培训大纲和教材制定培训方案与计划,建立医师培训档案,确保培训质量和效果。

第三十二条　申请参加培训的医师应当符合相关医疗技术临床应用管理规范要求。培训基地应当按照公开公平、择优录取、双向选择的原则决定是否接收参培医师。

第三十三条　参培医师完成培训后应当接受考核。考核包括过程考核和结业考核。

考核应当由所在培训基地或者省级卫生行政部门委托的第三方组织实施。

第三十四条　对国家和省级卫生行政部门作出统一培训要求以外的医疗技术,医疗机构应当自行进行规范化培训。

第五章　监督管理

第三十五条　县级以上地方卫生行政部门应当加强对本行政区域内医疗机构医疗技术临床应用的监督管理。

第三十六条　国家卫生健康委负责建立全国医疗技术临床应用信息化管理平台,对国家限制类技术临床应用相关信息进行收集、分析和反馈。

省级卫生行政部门负责建立省级医疗技术临床应用信息化管理平台,对本行政区域内国家和省级限制类技术临床应用情况实施监督管理。

省级医疗技术临床应用信息化管理平台应当与全国医疗技术临床应用信息化管理平台实现互联互通,信息共享。

第三十七条　医疗机构应当按照要求,及时、准确、完整地向全国和省级医疗技术临床应用信息化管理平台逐例报送限制类技术开展情况数据信息。

各级、各专业医疗质量控制组织应当充分利用医疗技术临床应用信息化管理平台,加大数据信息分析和反馈力度,指导医疗机构提高医疗技术临床应用质量安全。

第三十八条　国家建立医疗技术临床应用评估制度。对医疗技术的安全性、有效性、经济适宜性及伦理问题等进行评估,作为调整国家医疗技术临床应用管理政策的决策依据之一。

第三十九条　国家建立医疗机构医疗技术临床应用情况信誉评分制度,与医疗机构、医务人员信用记录挂钩,纳入卫生健康行业社会信用体系管理,接入国家信用信息共享平台，并将信誉评分结果应用于医院评审、评优、临床重点专科评估等工作。

第四十条　县级以上地方卫生行政部门应当将本行政区域内经备案开展限制类技术临床应用的医疗机构名单及相关信息及时向社会公布，接受社会监督。

第六章　法律责任

第四十一条　医疗机构违反本办法规定，有下列情形之一的，由县级以上地方卫生行政部门责令限期改正；逾期不改的，暂停或者停止相关医疗技术临床应用，给予警告，并处以三千元以下罚款；造成严重后果的，处以三千元以上三万元以下罚款，并对医疗机构主要负责人、负有责任的主管人员和其他直接责任人员依法给予处分：

（一）未建立医疗技术临床应用管理专门组织或者未指定专（兼）职人员负责具体管理工作的；

（二）未建立医疗技术临床应用管理相关规章制度的；

（三）医疗技术临床应用管理混乱，存在医疗质量和医疗安全隐患的；

（四）未按照要求向卫生行政部门进行医疗技术临床应用备案的；

（五）未按照要求报告或者报告不实信息的；

（六）未按照要求向国家和省级医疗技术临床应用信息化管理平台报送相关信息的；

（七）未将相关信息纳入院务公开范围向社会公开的；

（八）未按要求保障医务人员接受医疗技术临床应用规范化培训权益的。

第四十二条　承担限制类技术临床应用规范化培训的医疗机构，有下列情形之一的，由省级卫生行政部门责令其停止医疗技术临床应用规范化培训，并向社会公布；造成严重后果的，对医疗机构主要负责人、负有责任的主管人员和其他直接责任人员依法给予处分：

（一）未按照要求向省级卫生行政部门备案的；

（二）提供不实备案材料或者弄虚作假的；

（三）未按照要求开展培训、考核的；

（四）管理混乱导致培训造成严重不良后果，并产生重大社会影响的。

第四十三条　医疗机构有下列情形之一的，由县级以上地方卫生行政部门依据《医疗机构管理条例》第四十七条的规定进行处理；情节严重的，还应当对医疗机构主要负责人和其他直接责任人员依法给予处分：

（一）开展相关医疗技术与登记的诊疗科目不相符的；

（二）开展禁止类技术临床应用的；

（三）不符合医疗技术临床应用管理规范要求擅自开展相关医疗技术的。

第四十四条　医疗机构管理混乱导致医疗技术临床应用造成严重不良后果，并产生重大社会影响的，由县级以上地方卫生行政部门责令限期整改，并给予警告；逾期不改的，给予三万元以下罚款，并对医疗机构主要负责人、负有责任的主管人员和其他直接责任人员依法给予处分。

第四十五条　医务人员有下列情形之一的，由县级以上地方卫生行政部门按照《执业医师法》《护士条例》《乡村医生从业管理条例》等法律法规的有关规定进行处理；构成犯罪的，依法追究刑事责任：

（一）违反医疗技术管理相关规章制度或者医疗技术临床应用管理规范的；

（二）开展禁止类技术临床应用的；

（三）在医疗技术临床应用过程中，未按照要求履行知情同意程序的；

（四）泄露患者隐私，造成严重后果的。

第四十六条　县级以上地方卫生行政部门未按照本办法规定履行监管职责，造成严重后果的，对直接负责的主管人员和其他直接责任人员依法给予记大过、降级、撤职、开除等行政处分。

第七章　附　　则

第四十七条　人体器官移植技术、人类辅助生殖技术、细胞治疗技术的监督管理不适用本办法。

第四十八条　省级卫生行政部门可以根据本办法，结合地方实际制定具体实施办法。

第四十九条　本办法公布前，已经开展相关限制类技术临床应用的医疗机构，应当自本办法公布之日起按照本办法及相关医疗技术临床应用管理规范进行自我评估。符合临床应用条件的，应当自本办法施行之日起 3 个月内按照要求向核发其《医疗机构执业许可证》的卫生行政部门备案；不符合要求或者不按照规定备案的，不得再开展该项医疗技术临床应用。

第五十条　中医医疗机构的医疗技术临床应用管理由中医药主管部门负责。

第五十一条　本办法自 2018 年 11 月 1 日起施行。

干细胞临床研究管理办法（试行）

（国卫科教发〔2015〕48 号）

第一章　总　　则

第一条　为规范和促进干细胞临床研究，依照《中华人民共和国药品管理法》、《医疗机构管理条例》等法律法规，制定本办法。

第二条　本办法适用于在医疗机构开展的干细胞临床研究。

干细胞临床研究指应用人自体或异体来源的干细胞经体外操作后输入（或植入）人体，用于疾病预防或治疗的临床研究。体外操作包括干细胞在体外的分离、纯化、培养、扩增、诱导分化、冻存及复苏等。

第三条　干细胞临床研究必须遵循科学、规范、公开、符合伦理、充分保护受试者权益的原则。

第四条　开展干细胞临床研究的医疗机构（以下简称机构）是干细胞制剂和临床研究质量管理的责任主体。机构应当对干细胞临床研究项目进行立项审查、登记备案和过程监管，并对干细胞制剂制备和临床研究全过程进行质量管理和风险管控。

第五条　国家卫生计生委与国家食品药品监管总局负责干细胞临床研究政策制定和宏观管理,组织制定和发布干细胞临床研究相关规定、技术指南和规范,协调督导、检查机构干细胞制剂和临床研究管理体制机制建设和风险管控措施,促进干细胞临床研究健康、有序发展;共同组建干细胞临床研究专家委员会和伦理专家委员会,为干细胞临床研究规范管理提供技术支撑和伦理指导。

省级卫生计生行政部门与省级食品药品监管部门负责行政区域内干细胞临床研究的日常监督管理,对机构干细胞制剂和临床研究质量以及风险管控情况进行检查,发现问题和存在风险时及时督促机构采取有效处理措施;根据工作需要共同组建干细胞临床研究专家委员会和伦理专家委员会。

第六条　机构不得向受试者收取干细胞临床研究相关费用,不得发布或变相发布干细胞临床研究广告。

第二章　机构的条件与职责

第七条　干细胞临床研究机构应当具备以下条件:

(一)三级甲等医院,具有与所开展干细胞临床研究相应的诊疗科目。

(二)依法获得相关专业的药物临床试验机构资格。

(三)具有较强的医疗、教学和科研综合能力,承担干细胞研究领域重大研究项目,且具有来源合法,相对稳定、充分的项目研究经费支持。

(四)具备完整的干细胞质量控制条件、全面的干细胞临床研究质量管理体系和独立的干细胞临床研究质量保证部门;建立干细胞制剂质量受权人制度;具有完整的干细胞制剂制备和临床研究全过程质量管理及风险控制程序和相关文件(含质量管理手册、临床研究工作程序、标准操作规范和试验记录等);具有干细胞临床研究审计体系,包括具备资质的内审人员和内审、外审制度。

(五)干细胞临床研究项目负责人和制剂质量受权人应当由机构主要负责人正式授权,具有正高级专业技术职称,具有良好的科研信誉。主要研究人员经过药物临床试验质量管理规范(GCP)培训,并获得相应资质。机构应当配置充足的具备资质的人力资源进行相应的干细胞临床研究,制定并实施干细胞临床研究人员培训计划,并对培训效果进行监测。

(六)具有与所开展干细胞临床研究相适应的、由高水平专家组成的学术委员会和伦理委员会。

(七)具有防范干细胞临床研究风险的管理机制和处理不良反应、不良事件的措施。

第八条　机构学术委员会应当由与开展干细胞临床研究相适应的、具有较高学术水平的机构内外知名专家组成,专业领域应当涵盖临床相关学科、干细胞基础和临床研究、干细胞制备技术、干细胞质量控制、生物医学统计、流行病学等。

机构伦理委员会应当由了解干细胞研究的医学、伦理学、法学、管理学、社会学等专业人员及至少一位非专业的社会人士组成,人员不少于7位,负责对干细胞临床研究项目进行独立伦理审查,确保干细胞临床研究符合伦理规范。

第九条　机构应当建立干细胞临床研究项目立项前学术、伦理审查制度，接受国家和省级干细胞临床研究专家委员会和伦理专家委员会的监督，促进学术、伦理审查的公开、公平、公正。

第十条　机构主要负责人应当对机构干细胞临床研究工作全面负责，建立健全机构对干细胞制剂和临床研究质量管理体制机制；保障干细胞临床研究的人力、物力条件，完善机构内各项规章制度，及时处理临床研究过程中的突发事件。

第十一条　干细胞临床研究项目负责人应当全面负责该项研究工作的运行管理；制定研究方案，并严格执行审查立项后的研究方案，分析撰写研究报告；掌握并执行标准操作规程；详细进行研究记录；及时处理研究中出现的问题，确保各环节符合要求。

第十二条　干细胞制剂质量受权人应当具备医学相关专业背景，具有至少三年从事干细胞制剂（或相关产品）制备和质量管理的实践经验，从事过相关产品过程控制和质量检验工作。质量受权人负责审核干细胞制备批记录，确保每批临床研究用干细胞制剂的生产、检验等均符合相关要求。

第十三条　机构应当建立健全受试者权益保障机制，有效管控风险。研究方案中应当包含有关风险预判和管控措施，机构学术、伦理委员会对研究风险程度进行评估。对风险较高的项目，应当采取有效措施进行重点监管，并通过购买第三方保险，对于发生与研究相关的损害或死亡的受试者承担治疗费用及相应的经济补偿。

第十四条　机构应当根据信息公开原则，按照医学研究登记备案信息系统要求，公开干细胞临床研究机构和项目有关信息，并负责审核登记内容的真实性。

第十五条　开展干细胞临床研究项目前，机构应当将备案材料（见附件1）由省级卫生计生行政部门会同食品药品监管部门审核后向国家卫生计生委与国家食品药品监管总局备案。

干细胞临床研究项目应当在已备案的机构实施。

第三章　研究的立项与备案

第十六条　干细胞临床研究必须具备充分的科学依据，且预防或治疗疾病的效果优于现有的手段；或用于尚无有效干预措施的疾病，用于威胁生命和严重影响生存质量的疾病，以及重大医疗卫生需求。

第十七条　干细胞临床研究应当符合《药物临床试验质量管理规范》的要求。干细胞制剂符合《干细胞制剂质量控制及临床前研究指导原则（试行）》的要求。

干细胞制剂的制备应当符合《药品生产质量管理规范》（GMP）的基本原则和相关要求，配备具有适当资质的人员、适用的设施设备和完整的质量管理文件，原辅材料、制备过程和质量控制应符合相关要求，最大限度地降低制备过程中的污染、交叉污染，确保持续稳定地制备符合预定用途和质量要求的干细胞制剂。

第十八条　按照机构内干细胞临床研究立项审查程序和相关工作制度，项目负责人须提交有关干细胞临床研究项目备案材料（见附件2），以及干细胞临床研究项目伦理审查申请表（见附件3）。

第十九条　机构学术委员会应当对申报的干细胞临床研究项目备案材料进行科学性审查。审查重点包括:

(一)开展干细胞临床研究的必要性;

(二)研究方案的科学性;

(三)研究方案的可行性;

(四)主要研究人员资质和干细胞临床研究培训情况;

(五)研究过程中可能存在的风险和防控措施;

(六)干细胞制剂制备过程的质控措施。

第二十条　机构伦理委员会应当按照涉及人的生物医学研究伦理审查办法相关要求,对干细胞临床研究项目进行独立伦理审查。

第二十一条　审查时,机构学术委员会和伦理委员会成员应当签署保密协议及无利益冲突声明,须有三分之二以上法定出席成员同意方为有效。根据评审结果,机构学术委员会出具学术审查意见,机构伦理委员会出具伦理审查批件(见附件4)。

第二十二条　机构学术委员会和伦理委员会审查通过的干细胞临床研究项目,由机构主要负责人审核立项。

第二十三条　干细胞临床研究项目立项后须在我国医学研究登记备案信息系统如实登记相关信息。

第二十四条　机构将以下材料由省级卫生计生行政部门会同食品药品监管部门审核后向国家卫生计生委与国家食品药品监管总局备案:

(一)机构申请备案材料诚信承诺书;

(二)项目立项备案材料(见附件2);

(三)机构学术委员会审查意见;

(四)机构伦理委员会审查批件;

(五)所需要的其他材料。

第四章　临床研究过程

第二十五条　机构应当监督研究人员严格按照已经审查、备案的研究方案开展研究。

第二十六条　干细胞临床研究人员必须用通俗、清晰、准确的语言告知供者和受试者所参与的干细胞临床研究的目的、意义和内容,预期受益和潜在的风险,并在自愿原则下签署知情同意书,以确保干细胞临床研究符合伦理原则和法律规定。

第二十七条　在临床研究过程中,所有关于干细胞提供者和受试者的入选和检查,以及临床研究各个环节须由操作者及时记录。所有资料的原始记录须做到准确、清晰并有电子备份,保存至临床研究结束后30年。

第二十八条　干细胞的来源和获取过程应当符合伦理。对于制备过程中不合格及临床试验剩余的干细胞制剂或捐赠物如供者的胚胎、生殖细胞、骨髓、血液等,必须进行合法、妥善并符合伦理的处理。

第二十九条　对干细胞制剂应当从其获得、体外操作、回输或植入受试者体内,到剩余制剂处置等环节进行追踪记录。干细胞制剂的追踪资料从最后处理之日起必须保存至少30年。

第三十条　干细胞临床研究结束后,应当对受试者进行长期随访监测,评价干细胞临床研究的长期安全性和有效性。对随访中发现的问题,应当报告机构学术、伦理委员会,及时组织进行评估鉴定,给予受试者相应的医学处理,并将评估鉴定及处理情况及时报告省级卫生计生行政部门和食品药品监管部门。

第三十一条　在项目执行过程中任何人如发现受试者发生严重不良反应或不良事件、权益受到损害或其他违背伦理的情况,应当及时向机构学术、伦理委员会报告。机构应当根据学术、伦理委员会意见制订项目整改措施并认真解决存在的问题。

第三十二条　在干细胞临床研究过程中,研究人员应当按年度在我国医学研究登记备案信息系统记录研究项目进展信息。

机构自行提前终止临床研究项目,应当向备案部门说明原因和采取的善后措施。

第五章　研究报告制度

第三十三条　机构应当及时将临床研究中出现的严重不良反应、差错或事故及处理措施、整改情况等报告国家和省级卫生计生行政部门和食品药品监管部门。

第三十四条　严重不良事件报告:

(一)如果受试者在干细胞临床研究过程中出现了严重不良事件,如传染性疾病、造成人体功能或器官永久性损伤、威胁生命、死亡,或必须接受医疗抢救的情况,研究人员应当立刻停止临床研究,于24小时之内报告机构学术、伦理委员会,并由机构报告国家和省级卫生计生行政部门和食品药品监管部门。

(二)发生严重不良事件后,研究人员应当及时、妥善对受试者进行相应处理,在处理结束后15日内将后续工作报告机构学术、伦理委员会,由机构报告国家和省级卫生计生行政部门和食品药品监管部门,以说明事件发生的原因和采取的措施。

(三)在调查事故原因时,应当重点从以下几方面进行考察:干细胞制剂的制备和质量控制,干细胞提供者的筛查记录、测试结果,以及任何违背操作规范的事件等。

第三十五条　差错报告:

(一)如果在操作过程中出现了违背操作规程的事件,事件可能与疾病传播或潜在性的传播有关,或可能导致干细胞制剂的污染时,研究人员必须在事件发生后立即报告机构学术、伦理委员会,并由机构报告国家和省级卫生计生行政部门和食品药品监管部门。

(二)报告内容必须包括:对本事件的描述,与本事件相关的信息和干细胞制剂的制备流程,已经采取和将要采取的针对本事件的处理措施。

第三十六条　研究进度报告:

(一)凡经备案的干细胞临床研究项目,应当按年度向机构学术、伦理委员会提交进展报告,经机构审核后报国家和省级卫生计生行政部门和食品药品监管部门。

(二)报告内容应当包括阶段工作小结、已经完成的病例数、正在进行的病例数和不良反应或不良事件发生情况等。

第三十七条　研究结果报告:

(一)各阶段干细胞临床研究结束后,研究人员须将研究结果进行统计分析、归纳总结、书写研究报告,经机构学术、伦理委员会审查,机构主要负责人审核后报告国家和省级卫生计生行政部门和食品药品监管部门。

(二)研究结果报告应当包括以下内容:

1. 研究题目;

2. 研究人员名单;

3. 研究报告摘要;

4. 研究方法与步骤;

5. 研究结果;

6. 病例统计报告;

7. 失败病例的讨论;

8. 研究结论;

9. 下一步工作计划。

第六章　专家委员会职责

第三十八条　国家干细胞临床研究专家委员会职责:按照我国卫生事业发展要求,对国内外干细胞研究及成果转化情况进行调查研究,提出干细胞临床研究的重点领域及监管的政策建议;根据我国医疗机构干细胞临床研究基础,制订相关技术指南、标准、以及干细胞临床研究质量控制规范等;在摸底调研基础上有针对性地进行机构评估、现场核查,对已备案的干细胞临床研究机构和项目进行检查。

国家干细胞临床研究伦理专家委员会职责:主要针对干细胞临床研究中伦理问题进行研究,提出政策法规和制度建设的意见;根据监管工作需要对已备案的干细胞临床研究项目进行审评和检查,对机构伦理委员会审查工作进行检查,提出改进意见;接受省级伦理专家委员会和机构伦理委员会的咨询并进行工作指导;组织伦理培训等。

第三十九条　省级干细胞临床研究专家委员会职责:按照省级卫生计生行政部门和食品药品监管部门对干细胞临床研究日常监管需要,及时了解本地区干细胞临床研究发展状况和存在问题,提出政策建议,提供技术支撑;根据监管工作需要对机构已备案的干细胞临床研究项目进行审查和检查。

省级干细胞临床研究伦理专家委员会职责:主要针对行政区域内干细胞临床研究中的伦理问题进行研究;推动行政区域内干细胞临床研究伦理审查规范化;并根据监管工作需要对行政区域内机构伦理委员会工作进行检查,提出改进意见;接受行政区域内机构伦理委员会的咨询并提供工作指导;对从事干细胞临床研究伦理审查工作的人员进行培训。

第四十条　国家和省级干细胞临床研究专家委员会和伦理专家委员会应当对机构学术、伦理审查情况进行监督检查。

学术方面的检查主要包括以下内容：

(一)机构的执业许可、概况、相应专业科室的药物临床试验机构资格及卫生技术人员和相关技术能力与设施情况。

(二)机构学术委员会组成、标准操作规范。

(三)承担国家级干细胞相关研究情况。

(四)对以下内容的审查情况：

1. 干细胞临床研究负责人、主要临床研究人员的情况,参加干细胞临床试验技术和相关法规培训的情况等；

2. 研究方案的科学性、可行性；

3. 防范干细胞临床研究风险的管理机制和处理不良反应事件的措施；

4. 干细胞临床研究管理制度和标准操作规程的制定；

5. 按照《干细胞制剂质量控制及临床前研究指导原则(试行)》的要求对干细胞制剂的质量管理、评价标准和相应的设备设施管理情况。

(五)学术审查程序是否合理。

(六)有无利益冲突。

(七)其他有关事宜。

伦理方面的检查主要包括以下内容：

(一)机构伦理委员会组成、标准操作规范；

(二)研究项目伦理审查过程和记录,包括风险/受益评估及对策等；

(三)对知情同意书的讨论和批准的样本；

(四)伦理审查程序的合理性；

(五)有无利益冲突；

(六)其他有关事宜。

第四十一条　省级干细胞临床研究专家委员会和伦理专家委员会应当对行政区域内机构开展的干细胞临床研究项目建立从立项审查、备案到过程管理、报告审议等全过程督导、检查制度。

第四十二条　省级干细胞临床研究专家委员会和伦理专家委员会应当对机构提交的严重不良事件报告、差错或事故报告和处理措施等及时分析,提供咨询意见,对机构整改情况进行审评;重大问题的整改情况可提请国家干细胞临床研究专家委员会和伦理专家委员会进行审评。

第四十三条　国家和省级干细胞临床研究专家委员会和伦理专家委员会应当对已备案的干细胞临床研究项目进行定期评估、专项评估等,并对国家和省级卫生计生行政部门和食品药品监管部门所开展的专项检查、随机抽查、有因检查等提供技术支撑。

第七章　监督管理

第四十四条　省级卫生计生行政部门和食品药品监管部门应当对医疗机构所开展的干细胞临床研究项目进行定期监督检查、随机抽查、有因检查等,对监督检查中发现的问题及时提出处理意见。

第四十五条　省级卫生计生行政部门会同食品药品监管部门应当于每年3月31日前向国家卫生计生委和国家食品药品监管总局报送年度干细胞临床研究监督管理工作报告。

第四十六条　国家或省级干细胞临床研究专家委员会对已备案的机构和项目进行现场核查和评估,并将评估结果公示。

第四十七条　国家卫生计生委和国家食品药品监管总局根据需要,对已备案的干细胞临床研究机构和项目进行抽查、专项检查或有因检查,必要时对机构的干细胞制剂进行抽样检定。

第四十八条　机构对检查中发现的问题须进行认真整改,并形成整改报告于检查后3个月内报送检查部门。

第四十九条　机构中干细胞临床研究有以下情形之一的,省级卫生计生行政部门和食品药品监管部门将责令其暂停干细胞临床研究项目、限期整改,并依法给予相应处理。

(一)机构干细胞临床研究质量管理体系不符合要求;

(二)项目负责人和质量受权人不能有效履行其职责;

(三)未履行网络登记备案或纸质材料备案;

(四)不及时报告发生的严重不良反应或不良事件、差错或事故等;

(五)擅自更改临床研究方案;

(六)不及时报送研究进展及结果;

(七)对随访中发现的问题未及时组织评估、鉴定,并给予相应的医学处理;

(八)其他违反相关规定的行为。

第五十条　机构管理工作中发生下列行为之一的,国家卫生计生委和国家食品药品监管总局将责令其停止干细胞临床研究工作,给予通报批评,进行科研不端行为记录,情节严重者按照有关法律法规要求,依法处理。

(一)整改不合格;

(二)违反科研诚信和伦理原则;

(三)损害供者或受试者权益;

(四)向受试者收取研究相关费用;

(五)非法进行干细胞治疗的广告宣传等商业运作;

(六)其他严重违反相关规定的行为。

第五十一条　按照本办法完成的干细胞临床研究,不得直接进入临床应用。

第五十二条　未经干细胞临床研究备案擅自开展干细胞临床研究,以及违反规定直接进入临床应用的机构和人员,按《中华人民共和国药品管理法》和《医疗机构管理条例》等法律法规处理。

第八章　附　　则

第五十三条　本办法不适用于已有规定的、未经体外处理的造血干细胞移植,以及按药品申报的干细胞临床试验。依据本办法开展干细胞临床研究后,如申请药品注册临床试验,可将已获得的临床研究结果作为技术性申报资料提交并用于药品评价。

第五十四条 本办法由国家卫生计生委和国家食品药品监管总局负责解释。

第五十五条 本办法自发布之日起施行。同时,干细胞治疗相关技术不再按照第三类医疗技术管理

远程医疗服务管理规范(试行)

(国卫医发〔2018〕25号)

为贯彻落实《国务院办公厅关于促进"互联网+医疗健康"发展的意见》(国办发〔2018〕26号),进一步推动远程医疗服务持续健康发展,优化医疗资源配置,促进优质医疗资源下沉,推进区域医疗资源整合共享,提高医疗服务能力和水平,制定本规范。

一、管理范围

本规范所称远程医疗服务包括以下情形:

(一)某医疗机构(以下简称邀请方)直接向其他医疗机构(以下简称受邀方)发出邀请,受邀方运用通讯、计算机及网络技术等信息化技术,为邀请方患者诊疗提供技术支持的医疗活动,双方通过协议明确责权利。

(二)邀请方或第三方机构搭建远程医疗服务平台,受邀方以机构身份在该平台注册,邀请方通过该平台发布需求,由平台匹配受邀方或其他医疗机构主动对需求做出应答,运用通讯、计算机及网络技术等信息化技术,为邀请方患者诊疗提供技术支持的医疗活动。邀请方、平台建设运营方、受邀方通过协议明确责权利。

邀请方通过信息平台直接邀请医务人员提供在线医疗服务的,必须申请设置互联网医院,按照《互联网医院管理办法(试行)》管理。

二、开展远程医疗服务的基本条件

(一)医疗机构基本条件。

1. 有卫生健康行政部门(含中医药主管部门,下同)批准、与所开展远程医疗服务相应的诊疗科目。

2. 有在本机构注册、符合远程医疗服务要求的专业技术人员。

3. 有完善的远程医疗服务管理制度、医疗质量与医疗安全、信息化技术保障措施。

(二)人员基本条件。

邀请方与受邀方应当根据患者病情安排相应医务人员参与远程医疗服务。邀请方至少有1名执业医师(可多点执业)陪同,若邀请方为基层医疗卫生机构,可以由执业助理医师或乡村医生陪同;受邀方至少有1名具有相应诊疗服务能力、独立开展临床工作3年以上的执业医师(可多点执业)为患者提供远程医疗服务。根据患者病情,可提供远程多学科联合诊疗服务。

有专职人员负责仪器、设备、设施、信息系统的定期检测、登记、维护、改造、升级,符合远程医疗相关卫生信息标准和信息安全的规定,保障远程医疗服务信息系统(硬件和软

件)处于正常运行状态,满足医疗机构开展远程医疗服务的需要。

(三)设备设施基本条件。

1. 远程医疗信息系统应当满足图像、声音、文字以及诊疗所需其他医疗信息的安全、实时传输,图像清晰,数据准确,符合《远程医疗信息系统建设技术指南》,满足临床诊疗要求。

2. 重要设备和网络应当有不间断电源。

3. 远程医疗服务网络应当至少有 2 家网络供应商提供的网络,保障远程医疗服务信息传输通畅。有条件的可以建设远程医疗专网。

三、远程医疗服务流程及有关要求

(一)签订合作协议。医疗机构间直接或通过第三方平台开展远程医疗服务的,要签订远程医疗合作协议,约定合作目的、合作条件、合作内容、远程医疗流程、各方责任权利义务、医疗损害风险和责任分担等事项。合作协议可以以电子文件形式签订。

(二)知情同意。邀请方应当根据患者的病情和意愿组织远程医疗服务,并向患者说明远程医疗服务内容、费用等情况,征得患者书面同意,签署远程医疗服务知情同意书。不宜向患者说明病情的,应当征得其监护人或者近亲属书面同意。

(三)远程会诊。医疗机构之间通过远程进行会诊,受邀方提供诊断治疗意见,邀请方明确诊断治疗方案。

1. 发出邀请。邀请方需要与受邀方通过远程医疗服务开展个案病例讨论的,需向受邀方直接或通过第三方平台提出邀请,邀请至少应当包括邀请事由、目的、时间安排、患者相关病历摘要及拟邀请医师的专业和技术职务任职资格等。医疗联合体内可以协商建立稳定的远程心电诊断、远程影像诊断、远程病理诊断等机制,加强上级医院对基层医疗机构的技术支持。

2. 接受邀请。受邀方接到邀请方或第三方平台发出的远程医疗服务邀请后,要及时作出是否接受邀请的决定。接受邀请的,须告知邀请方,并做好相关准备工作;不接受邀请的,及时告知邀请方并说明理由。第三方平台参与匹配的,还要同时将是否接受邀请告知第三方平台运营方。

3. 实施服务。受邀方应当认真负责地安排具备相应资质和技术能力的医务人员,按照相关法律、法规和诊疗规范的要求,提供远程医疗服务,及时将诊疗意见告知邀请方,并出具由相关医师签名的诊疗意见报告。邀请方根据患者临床资料,参考受邀方的诊疗意见,决定诊断与治疗方案。

(四)远程诊断。邀请方和受邀方建立对口支援或者形成医疗联合体等合作关系,由邀请方实施医学影像、病理、心电、超声等辅助检查,由受邀的上级医疗机构进行诊断,具体流程由邀请方和受邀方通过协议明确。

(五)妥善保存资料。邀请方和受邀方要按照病历书写及保管有关规定共同完成病历资料,原件由邀请方和受邀方分别归档保存。远程医疗服务相关文书可通过传真、扫描文件及电子签名的电子文件等方式发送。医务人员为患者提供咨询服务后,应当记录咨询信息。

四、管理要求

（一）机构管理。开展远程医疗服务的医疗机构应当按照以下要求开展工作：

1. 制定并落实管理规章制度，执行国家发布或者认可的技术规范和操作规程，建立应急预案，保障医疗质量与安全。

2. 设置专门的医疗质量安全管理部门或配备专职人员，负责远程医疗服务质量管理与控制工作，履行以下职责：

① 对规章制度、技术规范、操作规程的落实情况进行检查；

② 对医疗质量、器械和设备管理等方面进行检查；

③ 对重点环节和影响医疗质量与安全的高危因素进行监测、分析和反馈，提出预防与控制措施；

④ 对病历书写、资料保存进行指导和检查等。

3. 医疗质量安全管理人员应当具备相关专业知识和工作经验。

4. 参与远程医疗运行各方应当加强信息安全和患者隐私保护，防止违法传输、修改，防止数据丢失，建立数据安全管理规程，确保网络安全、操作安全、数据安全、隐私安全。

5. 与第三方机构合作发展远程医疗服务的，要通过协议明确各方权利、义务和法律责任，落实财务管理各项制度。

（二）人员管理。

1. 医疗机构应当制定并落实远程医疗服务相关医务人员的培训计划，使其具备与本职工作相关的专业知识。建立对技术人员的专业知识更新、专业技能维持与培养等管理的相关制度和记录。落实相关管理制度和工作规范。

2. 医务人员对患者进行远程医疗服务时应当遵守医疗护理常规和诊疗规范。

（三）质量管理。开展远程医疗服务的医疗机构应当按照以下要求开展医疗质量管理工作：

1. 按照国家发布或认可的诊疗技术规范和操作规程有关要求，建立并实施医疗质量管理体系，遵守相关技术规范和标准，实行患者实名制管理，持续改进医疗质量。

2. 积极参与省级以上远程医疗服务质控中心组织的医疗质量管理与控制相关工作，接受卫生健康行政部门和质控中心的业务指导与监管。

3. 医疗质量安全管理人员督促落实各项规章制度和日常管理工作，并对本机构远程医疗服务行为进行定期巡视。

4. 信息技术专业人员做好远程医疗设备的日常维护，保证其正常运转。

5. 受邀方参与远程医疗服务的医务人员应当具有应急处理能力。

6. 提供医学检查检验等服务的远程医疗服务中心，应当配备具有相应资质的卫生专业技术人员，按照相应的规范开展工作。

7. 建立良好的医患沟通机制，保障患者知情同意权，维护患者合法权益。

8. 严格按照有关规定与要求，规范使用和管理医疗设备、医疗耗材、消毒药械和医疗用品等。

五、加强监管

(一)地方各级卫生健康行政部门应当加强对辖区内医疗机构提供远程医疗服务的监督管理,将远程医疗服务纳入当地医疗质量控制体系,确保远程医疗服务质量和安全。

(二)在远程医疗服务过程中发生医疗争议时,患者向邀请方所在地卫生健康行政部门提出处理申请。远程会诊由邀请方承担相应法律责任,远程诊断由邀请方和受邀方共同承担相应法律责任。

(三)医疗机构与第三方机构合作开展远程医疗服务发生争议时,由邀请方、受邀方、第三方机构按照相关法律、法规和各方达成的协议进行处理,并承担相应的责任。

(四)医疗机构和医务人员在开展远程医疗服务过程中,有违反《执业医师法》、《医疗机构管理条例》、《医疗事故处理条例》和《护士条例》等法律、法规行为的,由卫生健康行政部门按照有关法律、法规规定处理。

人体捐献器官获取与分配管理规定

(国卫医发〔2019〕2 号)

第一章　总　　则

第一条　为积极推进人体器官捐献与移植工作,进一步规范人体器官获取,完善人体器官获取与分配体系,推动人体器官捐献与移植事业健康、可持续发展,依据《人体器官移植条例》等法规政策,结合工作实际,制定本规定。

第二条　本规定适用于公民逝世后捐献器官(以下简称捐献器官,包括器官段)的获取与分配。

第三条　本规定中人体器官获取组织(以下简称 OPO)是指依托符合条件的医疗机构,由外科医师、神经内外科医师、重症医学科医师及护士、人体器官捐献协调员等组成的从事公民逝世后人体器官获取、修复、维护、保存和转运的医学专门组织或机构。

第四条　国家卫生健康委负责全国人体捐献器官获取与分配的监督管理工作。

县级以上卫生健康行政部门负责辖区内人体捐献器官获取与分配的监督管理工作。

第五条　医疗机构应当加强对所设 OPO 的日常管理,保障其规范运行。

第二章　捐献器官的获取

第六条　OPO 获取捐献器官,应当在捐献者死亡后按照人体器官获取标准流程和技术规范实施。获取捐献器官种类和数量,应当与人体器官捐献知情同意书一致。

第七条　OPO 应当履行以下职责:

(一)对其服务范围内的潜在捐献者进行相关医学评估。

(二)获取器官前核查人体器官捐献知情同意书等合法性文件。

(三)维护捐献器官功能。捐献者死亡后,依据捐献者生前意愿或其配偶、成年子女、父母共同书面意愿获取相应捐献器官。

(四)将潜在捐献者、捐献者及其捐献器官的临床数据和合法性文件上传至中国人体器官分配与共享计算机系统（以下简称器官分配系统，网址：www. cot. org. cn）。

（五）使用器官分配系统启动捐献器官的自动分配。

（六）获取、保存、运送捐献器官，并按照器官分配系统的分配结果与获得该器官的人体器官移植等待者（以下简称等待者）所在的具备人体器官移植资质的医院（以下简称移植医院）进行捐献器官的交接确认。

（七）对捐献者遗体进行符合伦理原则的医学处理，并参与缅怀和慰问工作。

（八）保护捐献者、接受者和等待者的个人隐私，并保障其合法权益。

（九）组织开展其服务范围内医疗机构相关医务人员的专业培训，培训内容涉及潜在捐献者的甄别、抢救、器官功能维护等。开展学术交流和科学研究。

（十）配合本省份各级红十字会人体器官捐献管理机构做好人体器官捐献的宣传动员、协调见证、缅怀纪念等工作。

第八条　OPO 应当组建具备专门技术和能力要求的人体捐献器官获取团队，制定潜在捐献者识别与筛选医学标准，建立标准的人体捐献器官获取技术规范，配备专业人员和设备，以确保获取器官的质量。

第九条　医疗机构成立 OPO，应当符合省级卫生健康行政部门规划，并符合 OPO 基本条件和管理要求。

第十条　OPO 应当独立于人体器官移植科室。

第十一条　省级卫生健康行政部门应当根据覆盖全省、满足需要、唯一、就近的原则做好辖区内 OPO 设置规划，合理划分 OPO 服务区域，不得重叠。

第十二条　省级卫生健康行政部门应当根据 OPO 设置规划，在满足需要的前提下减少 OPO 设置数量，逐渐成立全省统一的 OPO。

第十三条　省级卫生健康行政部门应当将 OPO 名单及其服务区域及时报国家卫生健康委备案。变更 OPO 名单或服务区域，应当在变更后 5 个工作日内报国家卫生健康委备案。

第十四条　OPO 应当在省级卫生健康行政部门划定的服务区域内实施捐献器官的获取，严禁跨范围转运潜在捐献者、获取器官。

第十五条　OPO 进行潜在捐献者评估时，应当在器官分配系统中登记潜在捐献者信息及相关评估情况，保障潜在捐献者可溯源。

第十六条　OPO 应当建立捐献者病历并存档备查。捐献者病历至少包括：捐献者个人基本信息、捐献者评估记录、人体器官捐献知情同意书、死亡判定记录、OPO 所在医疗机构人体器官移植技术临床应用与伦理委员会审批材料、人体器官获取同意书、器官获取记录、获取器官质量评估记录、器官接收确认书等。转院的患者需提供首诊医院的出院记录。

第十七条　OPO 应当在红十字会人体器官捐献协调员现场见证下获取捐献器官，不得在医疗机构以外实施捐献器官获取手术。捐献者所在医疗机构应当积极协助和配合 OPO，为实施捐献器官获取手术提供手术室、器械药品、人员等保障。

第十八条　各级各类医疗机构及其医务人员应当积极支持人体器官捐献与移植工

作,并参加相关培训。发现潜在捐献者时,应当主动向划定的 OPO 以及省级红十字会报告,禁止向其他机构、组织和个人转介潜在捐献者。

第十九条 省级卫生健康行政部门应当在 OPO 的配合下,依照《人体器官移植条例》的有关规定,积极与当地医疗服务价格管理部门沟通,核算人体器官捐献、获取、保存、分配、检验、运输、信息系统维护等成本,确定其收费标准。

第二十条 人体器官获取经费收支应当纳入 OPO 所在医疗机构统一管理。医疗机构应当根据人体器官获取工作特点,建立健全人体器官获取财务管理制度,规范人体器官获取有关经费收支管理。

第二十一条 OPO 所在医疗机构应当向其服务区域内的捐献者所在医疗机构支付维护、获取捐献器官所消耗的医疗与人力等成本。移植医院接受捐献器官,应当向 OPO 所在医疗机构支付人体器官获取的相关费用。

第三章 人体捐献器官获取质量管理与控制

第二十二条 国家卫生健康委建立人体捐献器官获取质量管理与控制体系,发布人体捐献器官获取质量管理与控制标准,收集、分析全国人体捐献器官获取相关质量数据,开展 OPO 绩效评估、质量管理与控制等工作。

第二十三条 省级卫生健康行政部门应当收集、分析辖区内人体捐献器官获取相关质量数据,开展辖区内 OPO 绩效评估、质量管理与控制等工作。

第二十四条 OPO 组织或其所在医疗机构应当按照要求建立本单位人体器官获取质量管理与控制体系,对 OPO 工作过程进行全流程质量控制,包括建立标准流程、制定本单位人体器官获取技术要求,以及记录分析评估相关数据等。

第四章 捐献器官的分配

第二十五条 捐献器官的分配应当符合医疗需要,遵循公平、公正和公开的原则。

第二十六条 捐献器官必须通过器官分配系统进行分配,保证捐献器官可溯源。任何机构、组织和个人不得在器官分配系统外擅自分配捐献器官,不得干扰、阻碍器官分配。

第二十七条 移植医院应当将本院等待者的相关信息全部录入器官分配系统,建立等待名单并按照要求及时更新。

第二十八条 捐献器官按照人体器官分配与共享基本原则和核心政策的规定,逐级进行分配和共享。有条件的省份可以向国家卫生健康委提出实施辖区内统一等待名单的捐献器官分配。

第二十九条 OPO 应当按照要求填写捐献者及捐献器官有关信息,禁止伪造篡改捐献者数据。

第三十条 OPO 获取捐献器官后,经评估不可用于移植的,应当在分配系统中登记弃用器官病理检查报告结果,说明弃用原因及弃用后处理情况。

第三十一条 OPO 应当及时启动器官分配系统自动分配捐献器官。器官分配系统按照人体器官分配与共享基本原则和核心政策生成匹配名单,并向移植医院发送分配通知后,OPO 应当及时联系移植医院,确认其接收分配通知。

第三十二条 移植医院接到器官分配通知后,应当在 30 分钟内登陆器官分配系统查看捐献者和捐献器官的相关医学信息,并依据医学判断和等待者意愿在 60 分钟内作出接受或拒绝人体器官分配的决定并回复。拒绝接受人体器官分配的,应当在器官分配系统中说明理由。

第三十三条 OPO 应当按照器官分配结果将捐献器官转运至接受者所在移植医院,转运过程中应当携带器官接收确认书。到达移植医院后应当与移植医院确认并交接捐献器官的来源、类型、数量及接受者身份。

第三十四条 移植器官交接后,特殊原因致接受者无法进行移植手术的,移植医院应当立即通知 OPO,由 OPO 使用分配系统进行再分配。

第三十五条 移植医院应当严格执行分配结果,并在人体器官移植手术完成后,立即将接受者信息从等待者名单中移除。

第三十六条 为避免器官浪费,对于符合以下情形的捐献器官开辟特殊通道。OPO 可通过器官分配系统按照人体器官分配与共享基本原则和核心政策选择适宜的器官接受者,并按程序在器官分配系统中按照特殊情况进行登记。省级卫生健康行政部门应当加强对特殊通道的监督管理。

(一)因不可抗力导致捐献器官无法转运至分配目的地的;

(二)捐献器官已转运至分配目的地,但接受者无法进行移植手术,再分配转运耗时将超过器官保存时限的;

(三)器官分配耗时已接近器官保存时限的。

第三十七条 国家卫生健康委定期组织专家或委托专业机构对人体器官分配与共享基本原则和核心政策进行评估,必要时根据工作需要修订。

第五章 监督管理

第三十八条 省级卫生健康行政部门应当及时公布辖区内已经办理人体器官移植诊疗科目登记的医疗机构名单、OPO 名单及其相应的服务范围。

第三十九条 省级卫生健康行政部门应当按年度对全省各 OPO 工作进行评估,形成省级人体器官获取质量管理与控制报告。省级卫生健康行政部门应当根据 OPO 评估及质控结果对辖区内 OPO 服务区域进行动态调整。

第四十条 省级卫生健康行政部门应当加强器官分配管理,指导辖区内移植医院规范使用器官分配系统分配捐献器官,做好移植医院人体器官移植临床应用能力评估,将移植医院器官分配系统规范使用情况作为其人体器官移植临床应用能力评估的重要内容。

第四十一条 移植医院分配系统规范使用评估主要包括以下内容:

(一)等待者录入分配系统情况;

(二)接到器官分配通知后应答情况;

(三)有无伪造等待者医学数据的情形;

(四)器官分配结果执行情况;

（五）特殊通道使用是否规范；

（六）移植后将接受者信息从等待者名单中移除情况。

移植医院分配系统规范使用评估不合格的，应当进行整改，整改期间暂停器官分配。

第四十二条　医疗机构违反本规定的，视情节轻重，依照《刑法》《人体器官移植条例》《医疗机构管理条例》等法律法规，由县级以上卫生健康行政部门给予警告、整改、暂停直至撤销人体器官移植诊疗科目登记的处罚。

医务人员违反本规定的，视情节轻重，依照《刑法》《执业医师法》《人体器官移植条例》等法律法规，由县级以上卫生健康行政部门依法给予处分、暂停执业活动、直至吊销医师执业证书的处罚。涉嫌犯罪的，移交司法机关追究刑事责任。

第六章　附　　则

第四十三条　本规定自2019年3月1日起施行，《人体捐献器官获取与分配管理规定（试行）》（国卫医发〔2013〕11号）同时废止。

4. 药品医疗器械

国家基本药物目录管理办法

（国卫药政发〔2015〕52号）

根据《中共中央 国务院关于深化医药卫生体制改革的意见》精神，为巩固完善基本药物制度，建立健全国家基本药物目录遴选调整管理机制，制定本办法。

第一条　基本药物是适应基本医疗卫生需求，剂型适宜，价格合理，能够保障供应，公众可公平获得的药品。政府举办的基层医疗卫生机构全部配备和使用基本药物，其他各类医疗机构也都必须按规定使用基本药物。

第二条　国家基本药物目录中的药品包括化学药品、生物制品、中成药和中药饮片。化学药品和生物制品主要依据临床药理学分类，中成药主要依据功能分类。

第三条　国家基本药物工作委员会负责协调解决制定和实施国家基本药物制度过程中各个环节的相关政策问题，确定国家基本药物制度框架，确定国家基本药物目录遴选和调整的原则、范围、程序和工作方案，审核国家基本药物目录，各有关部门在职责范围内做好国家基本药物遴选调整工作。委员会由国家卫生计生委、国家发展改革委、工业和信息化部、财政部、人力资源社会保障部、商务部、国家食品药品监管总局、国家中医药局、总后勤部卫生部组成。办公室设在国家卫生计生委，承担国家基本药物工作委员会的日常工作。

第四条　国家基本药物遴选应当按照防治必需、安全有效、价格合理、使用方便、中西药并重、基本保障、临床首选和基层能够配备的原则，结合我国用药特点，参照国际经验，合理确定品种（剂型）和数量。

国家基本药物目录的制定应当与基本公共卫生服务体系、基本医疗服务体系、基本医疗保障体系相衔接。

第五条　国家基本药物目录中的化学药品、生物制品、中成药，应当是《中华人民共和国药典》收载的，国家食品药品监管部门、原卫生部公布药品标准的品种。除急救、抢救用药外，独家生产品种纳入国家基本药物目录应当经过单独论证。

化学药品和生物制品名称采用中文通用名称和英文国际非专利药名中表达的化学成分的部分，剂型单列；中成药采用药品通用名称。

第六条　下列药品不纳入国家基本药物目录遴选范围：

（一）含有国家濒危野生动植物药材的；

（二）主要用于滋补保健作用，易滥用的；

（三）非临床治疗首选的；

（四）因严重不良反应，国家食品药品监管部门明确规定暂停生产、销售或使用的；

（五）违背国家法律、法规，或不符合伦理要求的；

（六）国家基本药物工作委员会规定的其他情况。

第七条　按照国家基本药物工作委员会确定的原则，国家卫生计生委负责组织建立国家基本药物专家库，报国家基本药物工作委员会审核。专家库主要由医学、药学、药物经济学、药品监管、药品生产供应管理、医疗保险管理、卫生管理和价格管理等方面专家组成，负责国家基本药物的咨询和评审工作。

第八条　国家卫生计生委会同有关部门起草国家基本药物目录遴选工作方案和具体的遴选原则，经国家基本药物工作委员会审核后组织实施。制定国家基本药物目录的程序：

（一）从国家基本药物专家库中，随机抽取专家成立目录咨询专家组和目录评审专家组，咨询专家不参加目录评审工作，评审专家不参加目录制订的咨询工作；

（二）咨询专家组根据循证医学、药物经济学对纳入遴选范围的药品进行技术评价，提出遴选意见，形成备选目录；

（三）评审专家组对备选目录进行审核投票，形成目录初稿；

（四）将目录初稿征求有关部门意见，修改完善后形成送审稿；

（五）送审稿经国家基本药物工作委员会审核后，授权国家卫生和计划生育委员会发布。

第九条　国家基本药物目录在保持数量相对稳定的基础上，实行动态管理，原则上3年调整一次。必要时，经国家基本药物工作委员会审核同意，可适时组织调整。调整的品种和数量应当根据以下因素确定：

（一）我国基本医疗卫生需求和基本医疗保障水平变化；

（二）我国疾病谱变化；

（三）药品不良反应监测评价；

（四）国家基本药物应用情况监测和评估；

（五）已上市药品循证医学、药物经济学评价；

(六)国家基本药物工作委员会规定的其他情况。

第十条　属于下列情形之一的品种,应当从国家基本药物目录中调出:

(一)药品标准被取消的;

(二)国家食品药品监管部门撤销其药品批准证明文件的;

(三)发生严重不良反应,经评估不宜再作为国家基本药物使用的;

(四)根据药物经济学评价,可被风险效益比或成本效益比更优的品种所替代的;

(五)国家基本药物工作委员会认为应当调出的其他情形。

第十一条　国家基本药物目录的调整应当遵循本办法第四条、第五条、第六条、第九条的规定,并按照本办法第八条规定的程序进行。属于第十条规定情形的品种,经国家基本药物工作委员会审核,调出目录。

第十二条　国家基本药物目录遴选调整应当坚持科学、公正、公开、透明。建立健全循证医学、药物经济学评价标准和工作机制,科学合理地制定目录。广泛听取社会各界的意见和建议,接受社会监督。

第十三条　中药饮片的基本药物管理暂按国务院有关部门关于中药饮片定价、采购、配送、使用和基本医疗保险给付等政策规定执行。

第十四条　鼓励科研机构、医药企业、社会团体等开展国家基本药物循证医学、药物经济学评价工作。

第十五条　本办法由国家卫生计生委负责解释。

第十六条　本办法自发布之日起施行。

国家短缺药品清单管理办法(试行)

(国卫办药政发〔2020〕5号)

第一条　为加强国家短缺药品供应保障,建立健全短缺药品清单管理制度,依据《中华人民共和国药品管理法》规定,按照《国务院办公厅关于进一步做好短缺药品保供稳价工作的意见》(国办发〔2019〕47号)要求,制定本办法。

第二条　本办法所称短缺药品,是指经我国药品监督管理部门批准上市,临床必需且不可替代或者不可完全替代,在一定时间或一定区域内供应不足或不稳定的药品。

为加强药品短缺风险预警,国家对临床必需易短缺药品进行重点监测。临床必需易短缺药品是指经我国药品监督管理部门批准上市,临床必需且不可替代或者不可完全替代,供应来源少,存在供给短缺风险的药品,重点关注基本药物和急(抢)救、重大疾病、公共卫生及特殊人群等用药。

国家组织制定国家短缺药品清单和临床必需易短缺药品重点监测清单。

第三条　本办法适用于国家短缺药品清单和临床必需易短缺药品重点监测清单的制定、发布、调整。

第四条　国家卫生健康委会同国家短缺药品供应保障工作会商联动机制(以下简称国家联动机制)成员单位制定国家短缺药品清单和临床必需易短缺药品重点监测清单,并动态调整。

第五条　制定、调整国家短缺药品清单和临床必需易短缺药品重点监测清单应当以保障临床需求为导向，坚持科学严谨、分级应对、上下联动的原则。

第六条　国家卫生健康委明确承担短缺药品监测工作的部门，综合分析短缺药品多源信息采集平台监测信息和部门共享信息，原则上以同期纳入3个及以上省级短缺药品清单，省级联动机制通过直接挂网、自主备案和药品储备等方式在一定时间内仍无法有效解决短缺问题的药品，形成国家短缺药品基础清单。

国家卫生健康委承担短缺药品监测工作的部门根据以下信息综合分析，形成国家临床必需易短缺药品重点监测基础清单：

（一）纳入省级临床必需易短缺药品重点监测清单的药品；

（二）省级报告的短缺药品信息；

（三）国家短缺药品多源信息采集平台监测信息；

（四）部门共享信息；

（五）生产企业数量少、临床需求量小且不确定的基本药物、急（抢）救、重大疾病、公共卫生、特殊人群等用药信息。

第七条　国家卫生健康委负责成立国家短缺药品清单管理专家库，由临床医学、药学、公共卫生、中医药、药物经济学、法学等方面专家组成，负责对国家短缺药品基础清单和临床必需易短缺药品重点监测基础清单中药品的临床必需性、可替代性等进行论证，分别形成推荐清单。

第八条　国家卫生健康委会同有关部门按职责组织复核国家短缺药品推荐清单中药品的库存、采购、配送等情况及短缺原因，必要时开展联合调查，根据调查复核结果，提出国家短缺药品清单送请国家联动机制成员单位审核。

国家卫生健康委提出国家临床必需易短缺药品重点监测清单送请国家联动机制成员单位审核，必要时可会同有关部门调查复核。

上述调查复核工作可委托省级联动机制牵头单位协调组织开展，充分发挥医药行业学（协）会作用。

第九条　国家短缺药品清单和临床必需易短缺药品重点监测清单经国家联动机制成员单位审核后，由国家联动机制牵头单位（国家卫生健康委）发布。

第十条　属于下列情形之一的品种，应当从国家短缺药品清单中调出：

（一）市场供应充足、能够形成有效竞争、基本满足临床需求的；

（二）可被风险效益比或成本效益比更优的新品种所替代的。

第十一条　对于国家和省级短缺药品清单中的品种，允许企业在省级药品集中采购平台上自主报价、直接挂网，医疗机构自主采购。对于临床必需易短缺药品重点监测清单和短缺药品清单中的药品，省级药品集中采购平台上无企业挂网或没有列入本省份集中采购目录的，医疗机构可提出采购需求，线下搜寻药品生产企业，并与药品供应企业直接议价，按照公平原则协商确定采购价格，在省级药品集中采购平台自主备案，做到公开透明。

国家将加强短缺药品清单和临床必需易短缺药品重点监测清单中药品的价格异常情况监测预警,强化价格常态化监管,加大对原料药垄断等违法行为的执法力度,分类妥善处理药品价格过快上涨问题。

第十二条 军队、省级短缺药品清单和临床必需易短缺药品重点监测清单管理参照本办法制定。

第十三条 本办法由国家联动机制牵头单位(国家卫生健康委)负责解释。

第十四条 本办法自发布之日起施行。

药品召回管理办法

(2007 年 12 月 6 日国家食品监督管理局局务会审议通过 2007 年 12 月 10 日国家食品药品监督管理局令第 29 号公布)

第一章 总 则

第一条 为加强药品安全监管,保障公众用药安全,根据《中华人民共和国药品管理法》、《中华人民共和国药品管理法实施条例》、《国务院关于加强食品等产品安全监督管理的特别规定》,制定本办法。

第二条 在中华人民共和国境内销售的药品的召回及其监督管理,适用本办法。

第三条 本办法所称药品召回,是指药品生产企业(包括进口药品的境外制药厂商,下同)按照规定的程序收回已上市销售的存在安全隐患的药品。

第四条 本办法所称安全隐患,是指由于研发、生产等原因可能使药品具有的危及人体健康和生命安全的不合理危险。

第五条 药品生产企业应当按照本办法的规定建立和完善药品召回制度,收集药品安全的相关信息,对可能具有安全隐患的药品进行调查、评估,召回存在安全隐患的药品。

药品经营企业、使用单位应当协助药品生产企业履行召回义务,按照召回计划的要求及时传达、反馈药品召回信息,控制和收回存在安全隐患的药品。

第六条 药品经营企业、使用单位发现其经营、使用的药品存在安全隐患的,应当立即停止销售或者使用该药品,通知药品生产企业或者供货商,并向药品监督管理部门报告。

第七条 药品生产企业、经营企业和使用单位应当建立和保存完整的购销记录,保证销售药品的可溯源性。

第八条 召回药品的生产企业所在地省、自治区、直辖市药品监督管理部门负责药品召回的监督管理工作,其他省、自治区、直辖市药品监督管理部门应当配合、协助做好药品召回的有关工作。

国家食品药品监督管理局监督全国药品召回的管理工作。

第九条 国家食品药品监督管理局和省、自治区、直辖市药品监督管理部门应当建立药品召回信息公开制度,采用有效途径向社会公布存在安全隐患的药品信息和药品召回的情况。

第二章　药品安全隐患的调查与评估

第十条　药品生产企业应当建立健全药品质量保证体系和药品不良反应监测系统，收集、记录药品的质量问题与药品不良反应信息，并按规定及时向药品监督管理部门报告。

第十一条　药品生产企业应当对药品可能存在的安全隐患进行调查。

药品监督管理部门对药品可能存在的安全隐患开展调查时，药品生产企业应当予以协助。

药品经营企业、使用单位应当配合药品生产企业或者药品监督管理部门开展有关药品安全隐患的调查，提供有关资料。

第十二条　药品安全隐患调查的内容应当根据实际情况确定，可以包括：

（一）已发生药品不良事件的种类、范围及原因；

（二）药品使用是否符合药品说明书、标签规定的适应症、用法用量的要求；

（三）药品质量是否符合国家标准，药品生产过程是否符合 GMP 等规定，药品生产与批准的工艺是否一致；

（四）药品储存、运输是否符合要求；

（五）药品主要使用人群的构成及比例；

（六）可能存在安全隐患的药品批次、数量及流通区域和范围；

（七）其他可能影响药品安全的因素。

第十三条　药品安全隐患评估的主要内容包括：

（一）该药品引发危害的可能性，以及是否已经对人体健康造成了危害；

（二）对主要使用人群的危害影响；

（三）对特殊人群，尤其是高危人群的危害影响，如老年、儿童、孕妇、肝肾功能不全者、外科病人等；

（四）危害的严重与紧急程度；

（五）危害导致的后果。

第十四条　根据药品安全隐患的严重程度，药品召回分为：

（一）一级召回：使用该药品可能引起严重健康危害的；

（二）二级召回：使用该药品可能引起暂时的或者可逆的健康危害的；

（三）三级召回：使用该药品一般不会引起健康危害，但由于其他原因需要收回的。

药品生产企业应当根据召回分级与药品销售和使用情况，科学设计药品召回计划并组织实施。

第三章　主动召回

第十五条　药品生产企业应当对收集的信息进行分析，对可能存在安全隐患的药品按照本办法第十二条、第十三条的要求进行调查评估，发现药品存在安全隐患的，应当决定召回。

进口药品的境外制药厂商在境外实施药品召回的，应当及时报告国家食品药品监督管理局;在境内进行召回的,由进口单位按照本办法的规定负责具体实施。

第十六条　药品生产企业在作出药品召回决定后,应当制定召回计划并组织实施,一级召回在24小时内,二级召回在48小时内,三级召回在72小时内,通知到有关药品经营企业、使用单位停止销售和使用,同时向所在地省、自治区、直辖市药品监督管理部门报告。

第十七条　药品生产企业在启动药品召回后,一级召回在1日内,二级召回在3日内,三级召回在7日内,应当将调查评估报告和召回计划提交给所在地省、自治区、直辖市药品监督管理部门备案。省、自治区、直辖市药品监督管理部门应当将收到一级药品召回的调查评估报告和召回计划报告国家食品药品监督管理局。

第十八条　调查评估报告应当包括以下内容:

(一)召回药品的具体情况,包括名称、批次等基本信息;

(二)实施召回的原因;

(三)调查评估结果;

(四)召回分级。

召回计划应当包括以下内容:

(一)药品生产销售情况及拟召回的数量;

(二)召回措施的具体内容,包括实施的组织、范围和时限等;

(三)召回信息的公布途径与范围;

(四)召回的预期效果;

(五)药品召回后的处理措施;

(六)联系人的姓名及联系方式。

第十九条　省、自治区、直辖市药品监督管理部门可以根据实际情况组织专家对药品生产企业提交的召回计划进行评估,认为药品生产企业所采取的措施不能有效消除安全隐患的,可以要求药品生产企业采取扩大召回范围、缩短召回时间等更为有效的措施。

第二十条　药品生产企业对上报的召回计划进行变更的,应当及时报药品监督管理部门备案。

第二十一条　药品生产企业在实施召回的过程中,一级召回每日,二级召回每3日,三级召回每7日,向所在地省、自治区、直辖市药品监督管理部门报告药品召回进展情况。

第二十二条　药品生产企业对召回药品的处理应当有详细的记录,并向药品生产企业所在地省、自治区、直辖市药品监督管理部门报告。必须销毁的药品,应当在药品监督管理部门监督下销毁。

第二十三条　药品生产企业在召回完成后,应当对召回效果进行评价,向所在地省、自治区、直辖市药品监督管理部门提交药品召回总结报告。

第二十四条　省、自治区、直辖市药品监督管理部门应当自收到总结报告之日起10日内对报告进行审查,并对召回效果进行评价,必要时组织专家进行审查和评价。审查和评价结论应当以书面形式通知药品生产企业。

经过审查和评价,认为召回不彻底或者需要采取更为有效的措施的,药品监督管理部门应当要求药品生产企业重新召回或者扩大召回范围。

第四章 责令召回

第二十五条 药品监督管理部门经过调查评估,认为存在本办法第四条所称的安全隐患,药品生产企业应当召回药品而未主动召回的,应当责令药品生产企业召回药品。

必要时,药品监督管理部门可以要求药品生产企业、经营企业和使用单位立即停止销售和使用该药品。

第二十六条 药品监督管理部门作出责令召回决定,应当将责令召回通知书送达药品生产企业,通知书包括以下内容:

(一)召回药品的具体情况,包括名称、批次等基本信息;

(二)实施召回的原因;

(三)调查评估结果;

(四)召回要求,包括范围和时限等。

第二十七条 药品生产企业在收到责令召回通知书后,应当按照本办法第十六条、第十七条的规定通知药品经营企业和使用单位,制定、提交召回计划,并组织实施。

第二十八条 药品生产企业应当按照本办法第二十条、第二十一条、第二十二条、第二十三条的规定向药品监督管理部门报告药品召回的相关情况,进行召回药品的后续处理。

药品监督管理部门应当按照本办法第二十四条的规定对药品生产企业提交的药品召回总结报告进行审查,并对召回效果进行评价。经过审查和评价,认为召回不彻底或者需要采取更为有效的措施的,药品监督管理部门可以要求药品生产企业重新召回或者扩大召回范围。

第五章 法律责任

第二十九条 药品监督管理部门确认药品生产企业因违反法律、法规、规章规定造成上市药品存在安全隐患,依法应当给予行政处罚,但该企业已经采取召回措施主动消除或者减轻危害后果的,依照《行政处罚法》的规定从轻或者减轻处罚;违法行为轻微并及时纠正,没有造成危害后果的,不予处罚。

药品生产企业召回药品的,不免除其依法应当承担的其他法律责任。

第三十条 药品生产企业违反本办法规定,发现药品存在安全隐患而不主动召回药品的,责令召回药品,并处应召回药品货值金额3倍的罚款;造成严重后果的,由原发证部门撤销药品批准证明文件,直至吊销《药品生产许可证》。

第三十一条 药品生产企业违反本办法第二十五条规定,拒绝召回药品的,处应召回药品货值金额3倍的罚款;造成严重后果的,由原发证部门撤销药品批准证明文件,直至吊销《药品生产许可证》。

第三十二条 药品生产企业违反本办法第十六条规定,未在规定时间内通知药品经营企业、使用单位停止销售和使用需召回药品的,予以警告,责令限期改正,并处3万元以下罚款。

第三十三条 药品生产企业违反本办法第十九条、第二十四条第二款、第二十八条第二款规定，未按照药品监督管理部门要求采取改正措施或者召回药品的，予以警告，责令限期改正，并处3万元以下罚款。

第三十四条 药品生产企业违反本办法第二十二条规定的，予以警告，责令限期改正，并处3万元以下罚款。

第三十五条 药品生产企业有下列情形之一的，予以警告，责令限期改正；逾期未改正的，处2万元以下罚款：

（一）未按本办法规定建立药品召回制度、药品质量保证体系与药品不良反应监测系统的；

（二）拒绝协助药品监督管理部门开展调查的；

（三）未按照本办法规定提交药品召回的调查评估报告和召回计划、药品召回进展情况和总结报告的；

（四）变更召回计划，未报药品监督管理部门备案的。

第三十六条 药品经营企业、使用单位违反本办法第六条规定的，责令停止销售和使用，并处1000元以上5万元以下罚款；造成严重后果的，由原发证部门吊销《药品经营许可证》或者其他许可证。

第三十七条 药品经营企业、使用单位拒绝配合药品生产企业或者药品监督管理部门开展有关药品安全隐患调查、拒绝协助药品生产企业召回药品的，予以警告，责令改正，可以并处2万元以下罚款。

第三十八条 药品监督管理部门及其工作人员不履行职责或者滥用职权的，按照有关法律、法规规定予以处理。

第六章 附 则

第三十九条 本办法由国家食品药品监督管理局负责解释。

第四十条 本办法自公布之日起施行。

药品不良反应报告和监测管理办法

（2010年12月13日卫生部部务会议审议通过 2011年5月4日卫生部令第81号发布）

第一章 总 则

第一条 为加强药品的上市后监管，规范药品不良反应报告和监测，及时、有效控制药品风险，保障公众用药安全，依据《中华人民共和国药品管理法》等有关法律法规，制定本办法。

第二条 在中华人民共和国境内开展药品不良反应报告、监测以及监督管理，适用本办法。

第三条 国家实行药品不良反应报告制度。药品生产企业（包括进口药品的境外制药厂商）、药品经营企业、医疗机构应当按照规定报告所发现的药品不良反应。

第四条　国家食品药品监督管理局主管全国药品不良反应报告和监测工作,地方各级药品监督管理部门主管本行政区域内的药品不良反应报告和监测工作。各级卫生行政部门负责本行政区域内医疗机构与实施药品不良反应报告制度有关的管理工作。

地方各级药品监督管理部门应当建立健全药品不良反应监测机构,负责本行政区域内药品不良反应报告和监测的技术工作。

第五条　国家鼓励公民、法人和其他组织报告药品不良反应。

第二章　职　　责

第六条　国家食品药品监督管理局负责全国药品不良反应报告和监测的管理工作,并履行以下主要职责:

(一)与卫生部共同制定药品不良反应报告和监测的管理规定和政策,并监督实施;

(二)与卫生部联合组织开展全国范围内影响较大并造成严重后果的药品群体不良事件的调查和处理,并发布相关信息;

(三)对已确认发生严重药品不良反应或者药品群体不良事件的药品依法采取紧急控制措施,作出行政处理决定,并向社会公布;

(四)通报全国药品不良反应报告和监测情况;

(五)组织检查药品生产、经营企业的药品不良反应报告和监测工作的开展情况,并与卫生部联合组织检查医疗机构的药品不良反应报告和监测工作的开展情况。

第七条　省、自治区、直辖市药品监督管理部门负责本行政区域内药品不良反应报告和监测的管理工作,并履行以下主要职责:

(一)根据本办法与同级卫生行政部门共同制定本行政区域内药品不良反应报告和监测的管理规定,并监督实施;

(二)与同级卫生行政部门联合组织开展本行政区域内发生的影响较大的药品群体不良事件的调查和处理,并发布相关信息;

(三)对已确认发生严重药品不良反应或者药品群体不良事件的药品依法采取紧急控制措施,作出行政处理决定,并向社会公布;

(四)通报本行政区域内药品不良反应报告和监测情况;

(五)组织检查本行政区域内药品生产、经营企业的药品不良反应报告和监测工作的开展情况,并与同级卫生行政部门联合组织检查本行政区域内医疗机构的药品不良反应报告和监测工作的开展情况;

(六)组织开展本行政区域内药品不良反应报告和监测的宣传、培训工作。

第八条　设区的市级、县级药品监督管理部门负责本行政区域内药品不良反应报告和监测的管理工作;与同级卫生行政部门联合组织开展本行政区域内发生的药品群体不良事件的调查,并采取必要控制措施;组织开展本行政区域内药品不良反应报告和监测的宣传、培训工作。

第九条　县级以上卫生行政部门应当加强对医疗机构临床用药的监督管理,在职责范围内依法对已确认的严重药品不良反应或者药品群体不良事件采取相关的紧急控制措施。

第十条　国家药品不良反应监测中心负责全国药品不良反应报告和监测的技术工作，并履行以下主要职责：

（一）承担国家药品不良反应报告和监测资料的收集、评价、反馈和上报，以及全国药品不良反应监测信息网络的建设和维护；

（二）制定药品不良反应报告和监测的技术标准和规范，对地方各级药品不良反应监测机构进行技术指导；

（三）组织开展严重药品不良反应的调查和评价，协助有关部门开展药品群体不良事件的调查；

（四）发布药品不良反应警示信息；

（五）承担药品不良反应报告和监测的宣传、培训、研究和国际交流工作。

第十一条　省级药品不良反应监测机构负责本行政区域内的药品不良反应报告和监测的技术工作，并履行以下主要职责：

（一）承担本行政区域内药品不良反应报告和监测资料的收集、评价、反馈和上报，以及药品不良反应监测信息网络的维护和管理；

（二）对设区的市级、县级药品不良反应监测机构进行技术指导；

（三）组织开展本行政区域内严重药品不良反应的调查和评价，协助有关部门开展药品群体不良事件的调查；

（四）组织开展本行政区域内药品不良反应报告和监测的宣传、培训工作。

第十二条　设区的市级、县级药品不良反应监测机构负责本行政区域内药品不良反应报告和监测资料的收集、核实、评价、反馈和上报；开展本行政区域内严重药品不良反应的调查和评价；协助有关部门开展药品群体不良事件的调查；承担药品不良反应报告和监测的宣传、培训等工作。

第十三条　药品生产、经营企业和医疗机构应当建立药品不良反应报告和监测管理制度。药品生产企业应当设立专门机构并配备专职人员，药品经营企业和医疗机构应当设立或者指定机构并配备专（兼）职人员，承担本单位的药品不良反应报告和监测工作。

第十四条　从事药品不良反应报告和监测的工作人员应当具有医学、药学、流行病学或者统计学等相关专业知识，具备科学分析评价药品不良反应的能力。

第三章　报告与处置

第一节　基本要求

第十五条　药品生产、经营企业和医疗机构获知或者发现可能与用药有关的不良反应，应当通过国家药品不良反应监测信息网络报告；不具备在线报告条件的，应当通过纸质报表报所在地药品不良反应监测机构，由所在地药品不良反应监测机构代为在线报告。

报告内容应当真实、完整、准确。

第十六条　各级药品不良反应监测机构应当对本行政区域内的药品不良反应报告和监测资料进行评价和管理。

第十七条　药品生产、经营企业和医疗机构应当配合药品监督管理部门、卫生行政部门和药品不良反应监测机构对药品不良反应或者群体不良事件的调查，并提供调查所需的资料。

第十八条　药品生产、经营企业和医疗机构应当建立并保存药品不良反应报告和监测档案。

第二节　个例药品不良反应

第十九条　药品生产、经营企业和医疗机构应当主动收集药品不良反应，获知或者发现药品不良反应后应当详细记录、分析和处理，填写《药品不良反应/事件报告表》（见附表1）并报告。

第二十条　新药监测期内的国产药品应当报告该药品的所有不良反应；其他国产药品，报告新的和严重的不良反应。

进口药品自首次获准进口之日起5年内，报告该进口药品的所有不良反应；满5年的，报告新的和严重的不良反应。

第二十一条　药品生产、经营企业和医疗机构发现或者获知新的、严重的药品不良反应应当在15日内报告，其中死亡病例须立即报告；其他药品不良反应应当在30日内报告。有随访信息的，应当及时报告。

第二十二条　药品生产企业应当对获知的死亡病例进行调查，详细了解死亡病例的基本信息、药品使用情况、不良反应发生及诊治情况等，并在15日内完成调查报告，报药品生产企业所在地的省级药品不良反应监测机构。

第二十三条　个人发现新的或者严重的药品不良反应，可以向经治医师报告，也可以向药品生产、经营企业或者当地的药品不良反应监测机构报告，必要时提供相关的病历资料。

第二十四条　设区的市级、县级药品不良反应监测机构应当对收到的药品不良反应报告的真实性、完整性和准确性进行审核。严重药品不良反应报告的审核和评价应当自收到报告之日起3个工作日内完成，其他报告的审核和评价应当在15个工作日内完成。

设区的市级、县级药品不良反应监测机构应当对死亡病例进行调查，详细了解死亡病例的基本信息、药品使用情况、不良反应发生及诊治情况等，自收到报告之日起15个工作日内完成调查报告，报同级药品监督管理部门和卫生行政部门，以及上一级药品不良反应监测机构。

第二十五条　省级药品不良反应监测机构应当在收到下一级药品不良反应监测机构提交的严重药品不良反应评价意见之日起7个工作日内完成评价工作。

对死亡病例，事件发生地和药品生产企业所在地的省级药品不良反应监测机构均应当及时根据调查报告进行分析、评价，必要时进行现场调查，并将评价结果报省级药品监督管理部门和卫生行政部门，以及国家药品不良反应监测中心。

第二十六条　国家药品不良反应监测中心应当及时对死亡病例进行分析、评价，并将评价结果报国家食品药品监督管理局和卫生部。

第三节 药品群体不良事件

第二十七条 药品生产、经营企业和医疗机构获知或者发现药品群体不良事件后，应当立即通过电话或者传真等方式报所在地的县级药品监督管理部门、卫生行政部门和药品不良反应监测机构，必要时可以越级报告；同时填写《药品群体不良事件基本信息表》(见附表2)，对每一病例还应当及时填写《药品不良反应/事件报告表》，通过国家药品不良反应监测信息网络报告。

第二十八条 设区的市级、县级药品监督管理部门获知药品群体不良事件后，应当立即与同级卫生行政部门联合组织开展现场调查，并及时将调查结果逐级报至省级药品监督管理部门和卫生行政部门。

省级药品监督管理部门与同级卫生行政部门联合对设区的市级、县级的调查进行督促、指导，对药品群体不良事件进行分析、评价，对本行政区域内发生的影响较大的药品群体不良事件，还应当组织现场调查，评价和调查结果应当及时报国家食品药品监督管理局和卫生部。

对全国范围内影响较大并造成严重后果的药品群体不良事件，国家食品药品监督管理局应当与卫生部联合开展相关调查工作。

第二十九条 药品生产企业获知药品群体不良事件后应当立即开展调查，详细了解药品群体不良事件的发生、药品使用、患者诊治以及药品生产、储存、流通、既往类似不良事件等情况，在7日内完成调查报告，报所在地省级药品监督管理部门和药品不良反应监测机构；同时迅速开展自查，分析事件发生的原因，必要时应当暂停生产、销售、使用和召回相关药品，并报所在地省级药品监督管理部门。

第三十条 药品经营企业发现药品群体不良事件应当立即告知药品生产企业，同时迅速开展自查，必要时应当暂停药品的销售，并协助药品生产企业采取相关控制措施。

第三十一条 医疗机构发现药品群体不良事件后应当积极救治患者，迅速开展临床调查，分析事件发生的原因，必要时可采取暂停药品的使用等紧急措施。

第三十二条 药品监督管理部门可以采取暂停生产、销售、使用或者召回药品等控制措施。卫生行政部门应当采取措施积极组织救治患者。

第四节 境外发生的严重药品不良反应

第三十三条 进口药品和国产药品在境外发生的严重药品不良反应(包括自发报告系统收集的、上市后临床研究发现的、文献报道的)，药品生产企业应当填写《境外发生的药品不良反应/事件报告表》(见附表3)，自获知之日起30日内报送国家药品不良反应监测中心。国家药品不良反应监测中心要求提供原始报表及相关信息的，药品生产企业应当在5日内提交。

第三十四条 国家药品不良反应监测中心应当对收到的药品不良反应报告进行分析、评价，每半年向国家食品药品监督管理局和卫生部报告，发现提示药品可能存在安全隐患的信息应当及时报告。

第三十五条 进口药品和国产药品在境外因药品不良反应被暂停销售、使用或者撤市的,药品生产企业应当在获知后24小时内书面报国家食品药品监督管理局和国家药品不良反应监测中心。

第五节 定期安全性更新报告

第三十六条 药品生产企业应当对本企业生产药品的不良反应报告和监测资料进行定期汇总分析,汇总国内外安全性信息,进行风险和效益评估,撰写定期安全性更新报告。定期安全性更新报告的撰写规范由国家药品不良反应监测中心负责制定。

第三十七条 设立新药监测期的国产药品,应当自取得批准证明文件之日起每满1年提交一次定期安全性更新报告,直至首次再注册,之后每5年报告一次;其他国产药品,每5年报告一次。

首次进口的药品,自取得进口药品批准证明文件之日起每满一年提交一次定期安全性更新报告,直至首次再注册,之后每5年报告一次。

定期安全性更新报告的汇总时间以取得药品批准证明文件的日期为起点计,上报日期应当在汇总数据截止日期后60日内。

第三十八条 国产药品的定期安全性更新报告向药品生产企业所在地省级药品不良反应监测机构提交。进口药品(包括进口分包装药品)的定期安全性更新报告向国家药品不良反应监测中心提交。

第三十九条 省级药品不良反应监测机构应当对收到的定期安全性更新报告进行汇总、分析和评价,于每年4月1日前将上一年度定期安全性更新报告统计情况和分析评价结果报省级药品监督管理部门和国家药品不良反应监测中心。

第四十条 国家药品不良反应监测中心应当对收到的定期安全性更新报告进行汇总、分析和评价,于每年7月1日前将上一年度国产药品和进口药品的定期安全性更新报告统计情况和分析评价结果报国家食品药品监督管理局和卫生部。

第四章 药品重点监测

第四十一条 药品生产企业应当经常考察本企业生产药品的安全性,对新药监测期内的药品和首次进口5年内的药品,应当开展重点监测,并按要求对监测数据进行汇总、分析、评价和报告;对本企业生产的其他药品,应当根据安全性情况主动开展重点监测。

第四十二条 省级以上药品监督管理部门根据药品临床使用和不良反应监测情况,可以要求药品生产企业对特定药品进行重点监测;必要时,也可以直接组织药品不良反应监测机构、医疗机构和科研单位开展药品重点监测。

第四十三条 省级以上药品不良反应监测机构负责对药品生产企业开展的重点监测进行监督、检查,并对监测报告进行技术评价。

第四十四条 省级以上药品监督管理部门可以联合同级卫生行政部门指定医疗机构作为监测点,承担药品重点监测工作。

第五章 评价与控制

第四十五条 药品生产企业应当对收集到的药品不良反应报告和监测资料进行分析、评价，并主动开展药品安全性研究。

药品生产企业对已确认发生严重不良反应的药品，应当通过各种有效途径将药品不良反应、合理用药信息及时告知医务人员、患者和公众；采取修改标签和说明书，暂停生产、销售、使用和召回等措施，减少和防止药品不良反应的重复发生。对不良反应大的药品，应当主动申请注销其批准证明文件。

药品生产企业应当将药品安全性信息及采取的措施报所在地省级药品监督管理部门和国家食品药品监督管理局。

第四十六条 药品经营企业和医疗机构应当对收集到的药品不良反应报告和监测资料进行分析和评价，并采取有效措施减少和防止药品不良反应的重复发生。

第四十七条 省级药品不良反应监测机构应当每季度对收到的药品不良反应报告进行综合分析，提取需要关注的安全性信息，并进行评价，提出风险管理建议，及时报省级药品监督管理部门、卫生行政部门和国家药品不良反应监测中心。

省级药品监督管理部门根据分析评价结果，可以采取暂停生产、销售、使用和召回药品等措施，并监督检查，同时将采取的措施通报同级卫生行政部门。

第四十八条 国家药品不良反应监测中心应当每季度对收到的严重药品不良反应报告进行综合分析，提取需要关注的安全性信息，并进行评价，提出风险管理建议，及时报国家食品药品监督管理局和卫生部。

第四十九条 国家食品药品监督管理局根据药品分析评价结果，可以要求企业开展药品安全性、有效性相关研究。必要时，应当采取责令修改药品说明书，暂停生产、销售、使用和召回药品等措施，对不良反应大的药品，应当撤销药品批准证明文件，并将有关措施及时通报卫生部。

第五十条 省级以上药品不良反应监测机构根据分析评价工作需要，可以要求药品生产、经营企业和医疗机构提供相关资料，相关单位应当积极配合。

第六章 信息管理

第五十一条 各级药品不良反应监测机构应当对收到的药品不良反应报告和监测资料进行统计和分析，并以适当形式反馈。

第五十二条 国家药品不良反应监测中心应当根据对药品不良反应报告和监测资料的综合分析和评价结果，及时发布药品不良反应警示信息。

第五十三条 省级以上药品监督管理部门应当定期发布药品不良反应报告和监测情况。

第五十四条 下列信息由国家食品药品监督管理局和卫生部统一发布：

（一）影响较大并造成严重后果的药品群体不良事件；

（二）其他重要的药品不良反应信息和认为需要统一发布的信息。

前款规定统一发布的信息，国家食品药品监督管理局和卫生部也可以授权省级药品监督管理部门和卫生行政部门发布。

第五十五条　在药品不良反应报告和监测过程中获取的商业秘密、个人隐私、患者和报告者信息应当予以保密。

第五十六条　鼓励医疗机构、药品生产企业、药品经营企业之间共享药品不良反应信息。

第五十七条　药品不良反应报告的内容和统计资料是加强药品监督管理、指导合理用药的依据。

第七章　法律责任

第五十八条　药品生产企业有下列情形之一的，由所在地药品监督管理部门给予警告，责令限期改正，可以并处五千元以上三万元以下的罚款：

（一）未按照规定建立药品不良反应报告和监测管理制度，或者无专门机构、专职人员负责本单位药品不良反应报告和监测工作的；

（二）未建立和保存药品不良反应监测档案的；

（三）未按照要求开展药品不良反应或者群体不良事件报告、调查、评价和处理的；

（四）未按照要求提交定期安全性更新报告的；

（五）未按照要求开展重点监测的；

（六）不配合严重药品不良反应或者群体不良事件相关调查工作的；

（七）其他违反本办法规定的。

药品生产企业有前款规定第（四）项、第（五）项情形之一的，按照《药品注册管理办法》的规定对相应药品不予再注册。

第五十九条　药品经营企业有下列情形之一的，由所在地药品监督管理部门给予警告，责令限期改正；逾期不改的，处三万元以下的罚款：

（一）无专职或者兼职人员负责本单位药品不良反应监测工作的；

（二）未按照要求开展药品不良反应或者群体不良事件报告、调查、评价和处理的；

（三）不配合严重药品不良反应或者群体不良事件相关调查工作的。

第六十条　医疗机构有下列情形之一的，由所在地卫生行政部门给予警告，责令限期改正；逾期不改的，处三万元以下的罚款。情节严重并造成严重后果的，由所在地卫生行政部门对相关责任人给予行政处分：

（一）无专职或者兼职人员负责本单位药品不良反应监测工作的；

（二）未按照要求开展药品不良反应或者群体不良事件报告、调查、评价和处理的；

（三）不配合严重药品不良反应和群体不良事件相关调查工作的。

药品监督管理部门发现医疗机构有前款规定行为之一的，应当移交同级卫生行政部门处理。

卫生行政部门对医疗机构作出行政处罚决定的，应当及时通报同级药品监督管理部门。

第六十一条　各级药品监督管理部门、卫生行政部门和药品不良反应监测机构及其有关工作人员在药品不良反应报告和监测管理工作中违反本办法，造成严重后果的，依照有关规定给予行政处分。

第六十二条　药品生产、经营企业和医疗机构违反相关规定，给药品使用者造成损害的，依法承担赔偿责任。

第八章　附　则

第六十三条　本办法下列用语的含义：

（一）药品不良反应，是指合格药品在正常用法用量下出现的与用药目的无关的有害反应。

（二）药品不良反应报告和监测，是指药品不良反应的发现、报告、评价和控制的过程。

（三）严重药品不良反应，是指因使用药品引起以下损害情形之一的反应：

1. 导致死亡；
2. 危及生命；
3. 致癌、致畸、致出生缺陷；
4. 导致显著的或者永久的人体伤残或者器官功能的损伤；
5. 导致住院或者住院时间延长；
6. 导致其他重要医学事件，如不进行治疗可能出现上述所列情况的。

（四）新的药品不良反应，是指药品说明书中未载明的不良反应。说明书中已有描述，但不良反应发生的性质、程度、后果或者频率与说明书描述不一致或者更严重的，按照新的药品不良反应处理。

（五）药品群体不良事件，是指同一药品在使用过程中，在相对集中的时间、区域内，对一定数量人群的身体健康或者生命安全造成损害或者威胁，需要予以紧急处置的事件。

同一药品：指同一生产企业生产的同一药品名称、同一剂型、同一规格的药品。

（六）药品重点监测，是指为进一步了解药品的临床使用和不良反应发生情况，研究不良反应的发生特征、严重程度、发生率等，开展的药品安全性监测活动。

第六十四条　进口药品的境外制药厂商可以委托其驻中国境内的办事机构或者中国境内代理机构，按照本办法对药品生产企业的规定，履行药品不良反应报告和监测义务。

第六十五条　卫生部和国家食品药品监督管理局对疫苗不良反应报告和监测另有规定的，从其规定。

第六十六条　医疗机构制剂的不良反应报告和监测管理办法由各省、自治区、直辖市药品监督管理部门会同同级卫生行政部门制定。

第六十七条　本办法自2011年7月1日起施行。国家食品药品监督管理局和卫生部于2004年3月4日公布的《药品不良反应报告和监测管理办法》（国家食品药品监督管理局令第7号）同时废止。

抗菌药物临床应用管理办法

(2012 年 2 月 13 日卫生部部务会审议通过 2012 年 4 月 24 日卫生部令第 84 号发布)

第一章 总 则

第一条 为加强医疗机构抗菌药物临床应用管理,规范抗菌药物临床应用行为,提高抗菌药物临床应用水平,促进临床合理应用抗菌药物,控制细菌耐药,保障医疗质量和医疗安全,根据相关卫生法律法规,制定本办法。

第二条 本办法所称抗菌药物是指治疗细菌、支原体、衣原体、立克次体、螺旋体、真菌等病原微生物所致感染性疾病病原的药物,不包括治疗结核病、寄生虫病和各种病毒所致感染性疾病的药物以及具有抗菌作用的中药制剂。

第三条 卫生部负责全国医疗机构抗菌药物临床应用的监督管理。

县级以上地方卫生行政部门负责本行政区域内医疗机构抗菌药物临床应用的监督管理。

第四条 本办法适用于各级各类医疗机构抗菌药物临床应用管理工作。

第五条 抗菌药物临床应用应当遵循安全、有效、经济的原则。

第六条 抗菌药物临床应用实行分级管理。根据安全性、疗效、细菌耐药性、价格等因素,将抗菌药物分为三级:非限制使用级、限制使用级与特殊使用级。具体划分标准如下:

(一)非限制使用级抗菌药物是指经长期临床应用证明安全、有效,对细菌耐药性影响较小,价格相对较低的抗菌药物;

(二)限制使用级抗菌药物是指经长期临床应用证明安全、有效,对细菌耐药性影响较大,或者价格相对较高的抗菌药物;

(三)特殊使用级抗菌药物是指具有以下情形之一的抗菌药物:

1. 具有明显或者严重不良反应,不宜随意使用的抗菌药物;

2. 需要严格控制使用,避免细菌过快产生耐药的抗菌药物;

3. 疗效、安全性方面的临床资料较少的抗菌药物;

4. 价格昂贵的抗菌药物。

抗菌药物分级管理目录由各省级卫生行政部门制定,报卫生部备案。

第二章 组织机构和职责

第七条 医疗机构主要负责人是本机构抗菌药物临床应用管理的第一责任人。

第八条 医疗机构应当建立本机构抗菌药物管理工作制度。

第九条 医疗机构应当设立抗菌药物管理工作机构或者配备专(兼)职人员负责本机构的抗菌药物管理工作。

二级以上的医院、妇幼保健院及专科疾病防治机构(以下简称二级以上医院)应当在药事管理与药物治疗学委员会下设立抗菌药物管理工作组。抗菌药物管理工作组由医务、药学、感染性疾病、临床微生物、护理、医院感染管理等部门负责人和具有相关专业高级技术职务任职资格的人员组成,医务、药学等部门共同负责日常管理工作。

其他医疗机构设立抗菌药物管理工作小组或者指定专(兼)职人员,负责具体管理工作。

第十条　医疗机构抗菌药物管理工作机构或者专(兼)职人员的主要职责是:

(一)贯彻执行抗菌药物管理相关的法律、法规、规章,制定本机构抗菌药物管理制度并组织实施;

(二)审议本机构抗菌药物供应目录,制定抗菌药物临床应用相关技术性文件,并组织实施;

(三)对本机构抗菌药物临床应用与细菌耐药情况进行监测,定期分析、评估、上报监测数据并发布相关信息,提出干预和改进措施;

(四)对医务人员进行抗菌药物管理相关法律、法规、规章制度和技术规范培训,组织对患者合理使用抗菌药物的宣传教育。

第十一条　二级以上医院应当设置感染性疾病科,配备感染性疾病专业医师。

感染性疾病科和感染性疾病专业医师负责对本机构各临床科室抗菌药物临床应用进行技术指导,参与抗菌药物临床应用管理工作。

第十二条　二级以上医院应当配备抗菌药物等相关专业的临床药师。

临床药师负责对本机构抗菌药物临床应用提供技术支持,指导患者合理使用抗菌药物,参与抗菌药物临床应用管理工作。

第十三条　二级以上医院应当根据实际需要,建立符合实验室生物安全要求的临床微生物室。

临床微生物室开展微生物培养、分离、鉴定和药物敏感试验等工作,提供病原学诊断和细菌耐药技术支持,参与抗菌药物临床应用管理工作。

第十四条　卫生行政部门和医疗机构加强涉及抗菌药物临床应用管理的相关学科建设,建立专业人才培养和考核制度,充分发挥相关专业技术人员在抗菌药物临床应用管理工作中的作用。

第三章　抗菌药物临床应用管理

第十五条　医疗机构应当严格执行《处方管理办法》、《医疗机构药事管理规定》、《抗菌药物临床应用指导原则》、《国家处方集》等相关规定及技术规范,加强对抗菌药物遴选、采购、处方、调剂、临床应用和药物评价的管理。

第十六条　医疗机构应当按照省级卫生行政部门制定的抗菌药物分级管理目录,制定本机构抗菌药物供应目录,并向核发其《医疗机构执业许可证》的卫生行政部门备案。医疗机构抗菌药物供应目录包括采购抗菌药物的品种、品规。未经备案的抗菌药物品种、品规,医疗机构不得采购。

第十七条　医疗机构应当严格控制本机构抗菌药物供应目录的品种数量。同一通用名称抗菌药物品种,注射剂型和口服剂型各不得超过2种。具有相似或者相同药理学特征的抗菌药物不得重复列入供应目录。

第十八条 医疗机构确因临床工作需要,抗菌药物品种和品规数量超过规定的,应当向核发其《医疗机构执业许可证》的卫生行政部门详细说明原因和理由;说明不充分或者理由不成立的,卫生行政部门不得接受其抗菌药物品种和品规数量的备案。

第十九条 医疗机构应当定期调整抗菌药物供应目录品种结构,并于每次调整后15个工作日内向核发其《医疗机构执业许可证》的卫生行政部门备案。调整周期原则上为2年,最短不得少于1年。

第二十条 医疗机构应当按照国家药品监督管理部门批准并公布的药品通用名称购进抗菌药物,优先选用《国家基本药物目录》、《国家处方集》和《国家基本医疗保险、工伤保险和生育保险药品目录》收录的抗菌药物品种。

基层医疗卫生机构只能选用基本药物(包括各省区市增补品种)中的抗菌药物品种。

第二十一条 医疗机构抗菌药物应当由药学部门统一采购供应,其他科室或者部门不得从事抗菌药物的采购、调剂活动。临床上不得使用非药学部门采购供应的抗菌药物。

第二十二条 因特殊治疗需要,医疗机构需使用本机构抗菌药物供应目录以外抗菌药物的,可以启动临时采购程序。临时采购应当由临床科室提出申请,说明申请购入抗菌药物名称、剂型、规格、数量、使用对象和使用理由,经本机构抗菌药物管理工作组审核同意后,由药学部门临时一次性购入使用。

医疗机构应当严格控制临时采购抗菌药物品种和数量,同一通用名抗菌药物品种启动临时采购程序原则上每年不得超过5例次。如果超过5例次,应当讨论是否列入本机构抗菌药物供应目录。调整后的抗菌药物供应目录总品种数不得增加。

医疗机构应当每半年将抗菌药物临时采购情况向核发其《医疗机构执业许可证》的卫生行政部门备案。

第二十三条 医疗机构应当建立抗菌药物遴选和定期评估制度。

医疗机构遴选和新引进抗菌药物品种,应当由临床科室提交申请报告,经药学部门提出意见后,由抗菌药物管理工作组审议。

抗菌药物管理工作组三分之二以上成员审议同意,并经药事管理与药物治疗学委员会三分之二以上委员审核同意后方可列入采购供应目录。

抗菌药物品种或者品规存在安全隐患、疗效不确定、耐药率高、性价比差或者违规使用等情况的,临床科室、药学部门、抗菌药物管理工作组可以提出清退或者更换意见。清退意见经抗菌药物管理工作组二分之一以上成员同意后执行,并报药事管理与药物治疗学委员会备案;更换意见经药事管理与药物治疗学委员会讨论通过后执行。

清退或者更换的抗菌药物品种或者品规原则上12个月内不得重新进入本机构抗菌药物供应目录。

第二十四条 具有高级专业技术职务任职资格的医师,可授予特殊使用级抗菌药物处方权;具有中级以上专业技术职务任职资格的医师,可授予限制使用级抗菌药物处方权;具有初级专业技术职务任职资格的医师,在乡、民族乡、镇、村的医疗机构独立从事一般执业活动的执业助理医师以及乡村医生,可授予非限制使用级抗菌药物处方权。药师经培训并考核合格后,方可获得抗菌药物调剂资格。

二级以上医院应当定期对医师和药师进行抗菌药物临床应用知识和规范化管理的培训。医师经本机构培训并考核合格后,方可获得相应的处方权。

其他医疗机构依法享有处方权的医师、乡村医生和从事处方调剂工作的药师,由县级以上地方卫生行政部门组织相关培训、考核。经考核合格的,授予相应的抗菌药物处方权或者抗菌药物调剂资格。

第二十五条　抗菌药物临床应用知识和规范化管理培训和考核内容应当包括:

(一)《药品管理法》、《执业医师法》、《抗菌药物临床应用管理办法》、《处方管理办法》、《医疗机构药事管理规定》、《抗菌药物临床应用指导原则》、《国家基本药物处方集》、《国家处方集》和《医院处方点评管理规范(试行)》等相关法律、法规、规章和规范性文件;

(二)抗菌药物临床应用及管理制度;

(三)常用抗菌药物的药理学特点与注意事项;

(四)常见细菌的耐药趋势与控制方法;

(五)抗菌药物不良反应的防治。

第二十六条　医疗机构和医务人员应当严格掌握使用抗菌药物预防感染的指证。预防感染、治疗轻度或者局部感染应当首选非限制使用级抗菌药物;严重感染、免疫功能低下合并感染或者病原菌只对限制使用级抗菌药物敏感时,方可选用限制使用级抗菌药物。

第二十七条　严格控制特殊使用级抗菌药物使用。特殊使用级抗菌药物不得在门诊使用。

临床应用特殊使用级抗菌药物应当严格掌握用药指证,经抗菌药物管理工作组指定的专业技术人员会诊同意后,由具有相应处方权医师开具处方。

特殊使用级抗菌药物会诊人员由具有抗菌药物临床应用经验的感染性疾病科、呼吸科、重症医学科、微生物检验科、药学部门等具有高级专业技术职务任职资格的医师、药师或具有高级专业技术职务任职资格的抗菌药物专业临床药师担任。

第二十八条　因抢救生命垂危的患者等紧急情况,医师可以越级使用抗菌药物。越级使用抗菌药物应当详细记录用药指证,并应当于 24 小时内补办越级使用抗菌药物的必要手续。

第二十九条　医疗机构应当制定并严格控制门诊患者静脉输注使用抗菌药物比例。

村卫生室、诊所和社区卫生服务站使用抗菌药物开展静脉输注活动,应当经县级卫生行政部门核准。

第三十条　医疗机构应当开展抗菌药物临床应用监测工作,分析本机构及临床各专业科室抗菌药物使用情况,评估抗菌药物使用适宜性;对抗菌药物使用趋势进行分析,对抗菌药物不合理使用情况应当及时采取有效干预措施。

第三十一条　医疗机构应当根据临床微生物标本检测结果合理选用抗菌药物。临床微生物标本检测结果未出具前,医疗机构可以根据当地和本机构细菌耐药监测情况经验选用抗菌药物,临床微生物标本检测结果出具后根据检测结果进行相应调整。

第三十二条　医疗机构应当开展细菌耐药监测工作,建立细菌耐药预警机制,并采取下列相应措施:

(一)主要目标细菌耐药率超过30%的抗菌药物,应当及时将预警信息通报本机构医务人员;

(二)主要目标细菌耐药率超过40%的抗菌药物,应当慎重经验用药;

(三)主要目标细菌耐药率超过50%的抗菌药物,应当参照药敏试验结果选用;

(四)主要目标细菌耐药率超过75%的抗菌药物,应当暂停针对此目标细菌的临床应用,根据追踪细菌耐药监测结果,再决定是否恢复临床应用。

第三十三条　医疗机构应当建立本机构抗菌药物临床应用情况排名、内部公示和报告制度。

医疗机构应当对临床科室和医务人员抗菌药物使用量、使用率和使用强度等情况进行排名并予以内部公示;对排名后位或者发现严重问题的医师进行批评教育,情况严重的予以通报。

医疗机构应当按照要求对临床科室和医务人员抗菌药物临床应用情况进行汇总,并向核发其《医疗机构执业许可证》的卫生行政部门报告。非限制使用级抗菌药物临床应用情况,每年报告一次;限制使用级和特殊使用级抗菌药物临床应用情况,每半年报告一次。

第三十四条　医疗机构应当充分利用信息化手段促进抗菌药物合理应用。

第三十五条　医疗机构应当对以下抗菌药物临床应用异常情况开展调查,并根据不同情况作出处理:

(一)使用量异常增长的抗菌药物;

(二)半年内使用量始终居于前列的抗菌药物;

(三)经常超适应证、超剂量使用的抗菌药物;

(四)企业违规销售的抗菌药物;

(五)频繁发生严重不良事件的抗菌药物。

第三十六条　医疗机构应当加强对抗菌药物生产、经营企业在本机构销售行为的管理,对存在不正当销售行为的企业,应当及时采取暂停进药、清退等措施。

第四章　监督管理

第三十七条　县级以上卫生行政部门应当加强对本行政区域内医疗机构抗菌药物临床应用情况的监督检查。

第三十八条　卫生行政部门工作人员依法对医疗机构抗菌药物临床应用情况进行监督检查时,应当出示证件,被检查医疗机构应当予以配合,提供必要的资料,不得拒绝、阻碍和隐瞒。

第三十九条　县级以上地方卫生行政部门应当建立医疗机构抗菌药物临床应用管理评估制度。

第四十条　县级以上地方卫生行政部门应当建立抗菌药物临床应用情况排名、公布和诫勉谈话制度。对本行政区域内医疗机构抗菌药物使用量、使用率和使用强度等情况进行排名,将排名情况向本行政区域内医疗机构公布,并报上级卫生行政部门备案;对发生重大、特大医疗质量安全事件或者存在严重医疗质量安全隐患的各级各类医疗机构的负责人进行诫勉谈话,情况严重的予以通报。

第四十一条　县级卫生行政部门负责对辖区内乡镇卫生院、社区卫生服务中心(站)抗菌药物使用量、使用率等情况进行排名并予以公示。

受县级卫生行政部门委托,乡镇卫生院负责对辖区内村卫生室抗菌药物使用量、使用率等情况进行排名并予以公示,并向县级卫生行政部门报告。

第四十二条　卫生部建立全国抗菌药物临床应用监测网和全国细菌耐药监测网,对全国抗菌药物临床应用和细菌耐药情况进行监测;根据监测情况定期公布抗菌药物临床应用控制指标,开展抗菌药物临床应用质量管理与控制工作。

省级卫生行政部门应当建立本行政区域的抗菌药物临床应用监测网和细菌耐药监测网,对医疗机构抗菌药物临床应用和细菌耐药情况进行监测,开展抗菌药物临床应用质量管理与控制工作。

抗菌药物临床应用和细菌耐药监测技术方案由卫生部另行制定。

第四十三条　卫生行政部门应当将医疗机构抗菌药物临床应用情况纳入医疗机构考核指标体系;将抗菌药物临床应用情况作为医疗机构定级、评审、评价重要指标,考核不合格的,视情况对医疗机构作出降级、降等、评价不合格处理。

第四十四条　医疗机构抗菌药物管理机构应当定期组织相关专业技术人员对抗菌药物处方、医嘱实施点评,并将点评结果作为医师定期考核、临床科室和医务人员绩效考核依据。

第四十五条　医疗机构应当对出现抗菌药物超常处方 3 次以上且无正当理由的医师提出警告,限制其特殊使用级和限制使用级抗菌药物处方权。

第四十六条　医师出现下列情形之一的,医疗机构应当取消其处方权:

(一)抗菌药物考核不合格的;

(二)限制处方权后,仍出现超常处方且无正当理由的;

(三)未按照规定开具抗菌药物处方,造成严重后果的;

(四)未按照规定使用抗菌药物,造成严重后果的;

(五)开具抗菌药物处方牟取不正当利益的。

第四十七条　药师未按照规定审核抗菌药物处方与用药医嘱,造成严重后果的,或者发现处方不适宜、超常处方等情况未进行干预且无正当理由的,医疗机构应当取消其药物调剂资格。

第四十八条　医师处方权和药师药物调剂资格取消后,在六个月内不得恢复其处方权和药物调剂资格。

第五章　法律责任

第四十九条　医疗机构有下列情形之一的,由县级以上卫生行政部门责令限期改正;逾期不改的,进行通报批评,并给予警告;造成严重后果的,对负有责任的主管人员和其他直接责任人员,给予处分:

(一)未建立抗菌药物管理组织机构或者未指定专(兼)职技术人员负责具体管理工作的;

(二)未建立抗菌药物管理规章制度的;

(三)抗菌药物临床应用管理混乱的;

(四)未按照本办法规定执行抗菌药物分级管理、医师抗菌药物处方权限管理、药师抗菌药物调剂资格管理或者未配备相关专业技术人员的;

(五)其他违反本办法规定行为的。

第五十条　医疗机构有下列情形之一的,由县级以上卫生行政部门责令限期改正,给予警告,并可根据情节轻重处以三万元以下罚款;对负有责任的主管人员和其他直接责任人员,可根据情节给予处分:

(一)使用未取得抗菌药物处方权的医师或者使用被取消抗菌药物处方权的医师开具抗菌药物处方的;

(二)未对抗菌药物处方、医嘱实施适宜性审核,情节严重的;

(三)非药学部门从事抗菌药物购销、调剂活动的;

(四)将抗菌药物购销、临床应用情况与个人或者科室经济利益挂钩的;

(五)在抗菌药物购销、临床应用中牟取不正当利益的。

第五十一条　医疗机构的负责人、药品采购人员、医师等有关人员索取、收受药品生产企业、药品经营企业或者其代理人给予的财物或者通过开具抗菌药物牟取不正当利益的,由县级以上地方卫生行政部门依据国家有关法律法规进行处理。

第五十二条　医师有下列情形之一的,由县级以上卫生行政部门按照《执业医师法》第三十七条的有关规定,给予警告或者责令暂停六个月以上一年以下执业活动;情节严重的,吊销其执业证书;构成犯罪的,依法追究刑事责任:

(一)未按照本办法规定开具抗菌药物处方,造成严重后果的;

(二)使用未经国家药品监督管理部门批准的抗菌药物的;

(三)使用本机构抗菌药物供应目录以外的品种、品规,造成严重后果的;

(四)违反本办法其他规定,造成严重后果的。

乡村医生有前款规定情形之一的,由县级卫生行政部门按照《乡村医师从业管理条例》第三十八条有关规定处理。

第五十三条　药师有下列情形之一的,由县级以上卫生行政部门责令限期改正,给予警告;构成犯罪的,依法追究刑事责任:

(一)未按照规定审核、调剂抗菌药物处方,情节严重的;

(二)未按照规定私自增加抗菌药物品种或者品规的;

(三)违反本办法其他规定的。

第五十四条　未经县级卫生行政部门核准,村卫生室、诊所、社区卫生服务站擅自使用抗菌药物开展静脉输注活动的,由县级以上地方卫生行政部门责令限期改正,给予警告;逾期不改的,可根据情节轻重处以一万元以下罚款。

第五十五条　县级以上地方卫生行政部门未按照本办法规定履行监管职责,造成严重后果的,对直接负责的主管人员和其他直接责任人员依法给予记大过、降级、撤职、开除等行政处分。

第五十六条　医疗机构及其医务人员违反《药品管理法》的,依照《药品管理法》的有关规定处理。

第六章　附　　则

第五十七条　国家中医药管理部门在职责范围内负责中医医疗机构抗菌药物临床应用的监督管理。

第五十八条　各省级卫生行政部门应当于本办法发布之日起 3 个月内,制定本行政区域抗菌药物分级管理目录。

第五十九条　本办法自 2012 年 8 月 1 日起施行。

医疗机构制剂配制监督管理办法(试行)

(2005 年 3 月 22 日国家食品药品监督管理局局务会通过　2005 年 4 月 14 日国家食品药品监督管理局令第 18 号公布)

第一章　总　　则

第一条　为加强医疗机构制剂配制的监督管理,根据《中华人民共和国药品管理法》(以下简称《药品管理法》)、《中华人民共和国药品管理法实施条例》(以下简称《药品管理法实施条例》)的规定,制定本办法。

第二条　医疗机构制剂的配制及其监督管理适用本办法。

第三条　医疗机构制剂配制监督管理是指(食品)药品监督管理部门依法对医疗机构制剂配制条件和配制过程等进行审查、许可、检查的监督管理活动。

第四条　国家食品药品监督管理局负责全国医疗机构制剂配制的监督管理工作。

省、自治区、直辖市(食品)药品监督管理部门负责本辖区医疗机构制剂配制的监督管理工作。

第五条　医疗机构配制制剂应当遵守《医疗机构制剂配制质量管理规范》。

第二章　医疗机构设立制剂室的许可

第六条　医疗机构配制制剂,必须具有能够保证制剂质量的人员、设施、检验仪器、卫生条件和管理制度。

第七条　医疗机构设立制剂室,应当向所在地省、自治区、直辖市(食品)药品监督管理部门提交以下材料:

(一)《医疗机构制剂许可证申请表》(见附件 1);

(二)实施《医疗机构制剂配制质量管理规范》自查报告;

(三)医疗机构的基本情况及《医疗机构执业许可证》副本复印件;

(四)所在地省、自治区、直辖市卫生行政部门的审核同意意见;

(五)拟办制剂室的基本情况,包括制剂室的投资规模、占地面积、周围环境、基础设施等条件说明,并提供医疗机构总平面布局图、制剂室总平面布局图(标明空气洁净度等级)；

制剂室负责人、药检室负责人、制剂质量管理组织负责人简历(包括姓名、年龄、性别、学历、所学专业、职务、职称、原从事药学工作年限等)及专业技术人员占制剂室工作人员的比例；

制剂室负责人、药检室负责人、制剂质量管理组织负责人应当为本单位在职专业人员，且制剂室负责人和药检室负责人不得互相兼任；

(六)拟配制剂型、配制能力、品种、规格；

(七)配制剂型的工艺流程图、质量标准(或草案)；

(八)主要配制设备、检测仪器目录；

(九)制剂配制管理、质量管理文件目录。

第八条　申请人应当对其申请材料的真实性负责。

第九条　省、自治区、直辖市(食品)药品监督管理部门收到申请后，应当根据下列情况分别作出处理：

(一)申请事项依法不属于本部门职权范围的，应当即时作出不予受理的决定，并告知申请人向有关行政机关申请；

(二)申请材料存在可以当场更正的错误的，应当允许申请人当场更正；

(三)申请材料不齐全或者不符合形式审查要求的，应当当场或者在5个工作日内发给申请人《补正材料通知书》，一次性告知申请人需要补正的全部内容，逾期不告知的，自收到申请材料之日起即为受理；

(四)申请材料齐全、符合形式审查要求，或者申请人按照要求提交全部补正材料的，予以受理。

省、自治区、直辖市(食品)药品监督管理部门受理或者不受理《医疗机构制剂许可证》申请的，应当出具加盖本部门受理专用印章并注明日期的《受理通知书》或者《不予受理通知书》。

第十条　省、自治区、直辖市(食品)药品监督管理部门应当自收到申请之日起30个工作日内，按照国家食品药品监督管理局制定的《医疗机构制剂许可证验收标准》组织验收。验收合格的，予以批准，并自批准决定作出之日起10个工作日内向申请人核发《医疗机构制剂许可证》；验收不合格的，作出不予批准的决定，书面通知申请人并说明理由，同时告知申请人享有依法申请行政复议或者提起行政诉讼的权利。

省、自治区、直辖市(食品)药品监督管理部门验收合格后，应当自颁发《医疗机构制剂许可证》之日起20个工作日内，将有关情况报国家食品药品监督管理局备案。

第十一条　省、自治区、直辖市(食品)药品监督管理部门应当在办公场所公示申请《医疗机构制剂许可证》所需的事项、依据、条件、期限、需要提交的全部材料的目录和申请书示范文本等。

省、自治区、直辖市(食品)药品监督管理部门颁发《医疗机构制剂许可证》的有关决定，应当予以公开，公众有权查阅。

第十二条　省、自治区、直辖市(食品)药品监督管理部门在对医疗机构制剂室开办申请进行审查时,应当公示审批过程和审批结果。申请人和利害关系人可以对直接关系其重大利益的事项提交书面意见进行陈述和申辩。

第十三条　医疗机构设立制剂室的申请,直接涉及申请人与他人之间重大利益关系的,省、自治区、直辖市(食品)药品监督管理部门应当告知申请人、利害关系人享有申请听证的权利。

在核发《医疗机构制剂许可证》的过程中,省、自治区、直辖市(食品)药品监督管理部门认为涉及公共利益的重大许可事项,应当向社会公告,并举行听证。

第十四条　医疗机构不得与其他单位共用配制场所、配制设备及检验设施等。

第三章　《医疗机构制剂许可证》的管理

第十五条　《医疗机构制剂许可证》分正本和副本。正、副本具有同等法律效力,有效期为5年。

《医疗机构制剂许可证》格式由国家食品药品监督管理局统一规定。

第十六条　《医疗机构制剂许可证》是医疗机构配制制剂的法定凭证,应当载明证号、医疗机构名称、医疗机构类别、法定代表人、制剂室负责人、配制范围、注册地址、配制地址、发证机关、发证日期、有效期限等项目。其中由(食品)药品监督管理部门核准的许可事项为:制剂室负责人、配制地址、配制范围、有效期限。证号和配制范围按国家食品药品监督管理局规定的编号方法和制剂类别填写(见附件2、3)。

第十七条　《医疗机构制剂许可证》变更分为许可事项变更和登记事项变更。

许可事项变更是指制剂室负责人、配制地址、配制范围的变更。

登记事项变更是指医疗机构名称、医疗机构类别、法定代表人、注册地址等事项的变更。

第十八条　医疗机构变更《医疗机构制剂许可证》许可事项的,在许可事项发生变更前30日,向原审核、批准机关申请变更登记。原发证机关应当自收到变更申请之日起15个工作日内作出准予变更或者不予变更的决定。

医疗机构增加配制范围或者改变配制地址的,应当按本办法第七条的规定提交材料,经省、自治区、直辖市(食品)药品监督管理部门验收合格后,依照前款办理《医疗机构制剂许可证》变更登记。

第十九条　医疗机构变更登记事项的,应当在有关部门核准变更后30日内,向原发证机关申请《医疗机构制剂许可证》变更登记,原发证机关应当在收到变更申请之日起15个工作日内办理变更手续。

第二十条　《医疗机构制剂许可证》变更后,原发证机关应当在《医疗机构制剂许可证》副本上记录变更的内容和时间,并按变更后的内容重新核发《医疗机构制剂许可证》正本,收回原《医疗机构制剂许可证》正本。

第二十一条　《医疗机构制剂许可证》有效期届满需要继续配制制剂的,医疗机构应当在有效期届满前6个月,向原发证机关申请换发《医疗机构制剂许可证》。

原发证机关结合医疗机构遵守法律法规、《医疗机构制剂配制质量管理规范》和质量体系运行情况，按照本办法关于设立医疗机构制剂室的条件和程序进行审查，在《医疗机构制剂许可证》有效期届满前作出是否准予换证的决定。符合规定准予换证的，收回原证，换发新证；不符合规定的，作出不予换证的书面决定，并说明理由，同时告知申请人享有依法申请行政复议或者提起行政诉讼的权利；逾期未作出决定的，视为同意换证，并办理相应手续。

第二十二条　医疗机构终止配制制剂或者关闭的，由原发证机关缴销《医疗机构制剂许可证》，同时报国家食品药品监督管理局备案。

第二十三条　遗失《医疗机构制剂许可证》的，持证单位应当在原发证机关指定的媒体上登载遗失声明并同时向原发证机关申请补发。遗失声明登载满1个月后原发证机关在10个工作日内补发《医疗机构制剂许可证》。

第二十四条　医疗机构制剂室的药检室负责人及质量管理组织负责人发生变更的，应当在变更之日起30日内将变更人员简历及学历证明等有关情况报所在地省、自治区、直辖市（食品）药品监督管理部门备案。

第二十五条　医疗机构制剂室的关键配制设施等条件发生变化的，应当自发生变化之日起30日内报所在地省、自治区、直辖市（食品）药品监督管理部门备案，省、自治区、直辖市（食品）药品监督管理部门根据需要进行检查。

第二十六条　省、自治区、直辖市（食品）药品监督管理部门应当将上年度《医疗机构制剂许可证》核发、变更、换发、缴销、补办等办理情况，在每年3月底前汇总报国家食品药品监督管理局。

第二十七条　任何单位和个人不得伪造、变造、买卖、出租、出借《医疗机构制剂许可证》。

第四章　"医院"类别医疗机构中药制剂委托配制的管理

第二十八条　经省、自治区、直辖市（食品）药品监督管理部门批准，具有《医疗机构制剂许可证》且取得制剂批准文号，并属于"医院"类别的医疗机构的中药制剂，可以委托本省、自治区、直辖市内取得《医疗机构制剂许可证》的医疗机构或者取得《药品生产质量管理规范》认证证书的药品生产企业配制制剂。委托配制的制剂剂型应当与受托方持有的《医疗机构制剂许可证》或者《药品生产质量管理规范》认证证书所载明的范围一致。

未取得《医疗机构制剂许可证》的"医院"类别的医疗机构，在申请中药制剂批准文号时申请委托配制的，应当按照《医疗机构制剂注册管理办法》的相关规定办理。

第二十九条　委托方按照本办法第三十三条的规定向所在地省、自治区、直辖市（食品）药品监督管理部门提交中药制剂委托配制的申请材料；省、自治区、直辖市（食品）药品监督管理部门参照本办法第九条的规定进行受理。

第三十条　省、自治区、直辖市（食品）药品监督管理部门应当自申请受理之日起20个工作日内，按照本章规定的条件对申请进行审查，并作出决定。

经审查符合规定的，予以批准，并自书面批准决定作出之日起10个工作日内向委托方发放《医疗机构中药制剂委托配制批件》；不符合规定的，书面通知委托方并说明理由，同时告知其享有依法申请行政复议或者提起行政诉讼的权利。

第三十一条　《医疗机构中药制剂委托配制批件》有效期不得超过该制剂批准证明文件载明的有效期限。在《医疗机构中药制剂委托配制批件》有效期内,委托方不得再行委托其他单位配制该制剂。

第三十二条　《医疗机构中药制剂委托配制批件》有效期届满,需要继续委托配制的,委托方应当在有效期届满30日前办理委托配制的续展手续。

委托配制合同终止的,《医疗机构中药制剂委托配制批件》自动废止。

第三十三条　申请制剂委托配制应当提供以下资料:

(一)《医疗机构中药制剂委托配制申请表》(见附件4);

(二)委托方的《医疗机构制剂许可证》、制剂批准证明文件复印件;

(三)受托方的《药品生产许可证》、《药品生产质量管理规范》认证证书或者《医疗机构制剂许可证》复印件;

(四)委托配制的制剂质量标准、配制工艺;

(五)委托配制的制剂原最小包装、标签和使用说明书实样;

(六)委托配制的制剂拟采用的包装、标签和说明书式样及色标;

(七)委托配制合同;

(八)受托方所在地设区的市级(食品)药品监督管理机构组织对受托方技术人员,厂房(制剂室)、设施、设备等生产条件和能力,以及质检机构、检测设备等质量保证体系考核的意见。

委托配制申请续展应当提供以下资料:

(一)委托方的《医疗机构制剂许可证》、制剂批准证明文件复印件;

(二)受托方的《药品生产许可证》、《药品生产质量管理规范》认证证书或者《医疗机构制剂许可证》复印件;

(三)前次批准的《医疗机构中药制剂委托配制批件》;

(四)前次委托配制期间,配制及制剂质量情况的总结;

(五)与前次《医疗机构中药制剂委托配制批件》发生变化的证明文件。

第三十四条　委托配制制剂的质量标准应当执行原批准的质量标准,其处方、工艺、包装规格、标签及使用说明书等应当与原批准的内容相同。在委托配制的制剂包装、标签和说明书上,应当标明委托单位和受托单位名称、受托单位生产地址。

委托单位取得《医疗机构中药制剂委托配制批件》后,应当向所在地的设区的市级以上药品检验所报送委托配制的前三批制剂,经检验合格后方可投入使用。

第三十五条　委托方对委托配制制剂的质量负责;受托方应当具备与配制该制剂相适应的配制与质量保证条件,按《药品生产质量管理规范》或者《医疗机构制剂配制质量管理规范》进行配制,向委托方出具批检验报告书,并按规定保存所有受托配制的文件和记录。

第三十六条　省、自治区、直辖市(食品)药品监督管理部门对制剂委托配制申请进行审查时,应当参照执行本办法第十一条至第十三条的有关规定。

第三十七条 省、自治区、直辖市(食品)药品监督管理部门应当将制剂委托配制的批准情况报国家食品药品监督管理局。

第五章 监督检查

第三十八条 本办法规定的监督检查的主要内容是医疗机构执行《医疗机构制剂配制质量管理规范》的情况、《医疗机构制剂许可证》换发的现场检查以及日常的监督检查。

第三十九条 省、自治区、直辖市(食品)药品监督管理部门负责本辖区内医疗机构制剂配制的监督检查工作,应当建立实施监督检查的运行机制和管理制度,确定设区的市级(食品)药品监督管理机构和县级(食品)药品监督管理机构的监督检查职责。

国家食品药品监督管理局可以根据需要组织对医疗机构制剂配制进行监督检查,同时对省、自治区、直辖市(食品)药品监督管理部门的监督检查工作情况进行监督和抽查。

第四十条 各级(食品)药品监督管理部门组织监督检查时,应当制订检查方案,明确检查标准,如实记录现场检查情况,提出整改内容及整改期限,检查结果以书面形式告知被检查单位,并实施追踪检查。

第四十一条 监督检查时,医疗机构应当提供有关情况和材料:

(一)实施《医疗机构制剂配制质量管理规范》自查情况;

(二)《医疗机构执业许可证》、《医疗机构制剂许可证》;

(三)药检室和制剂质量管理组织负责人以及主要配制条件、配制设备的变更情况;

(四)制剂室接受监督检查及整改落实情况;

(五)不合格制剂被质量公报通告后的整改情况;

(六)需要审查的其他材料。

第四十二条 监督检查完成后,(食品)药品监督管理部门在《医疗机构制剂许可证》副本上载明检查情况,并记载以下内容:

(一)检查结论;

(二)配制的制剂是否发生重大质量事故,是否有不合格制剂受到药品质量公报通告;

(三)制剂室是否有违法配制行为及查处情况;

(四)制剂室当年是否无配制制剂行为。

第四十三条 医疗机构制剂配制发生重大质量事故,必须立即报所在地省、自治区、直辖市(食品)药品监督管理部门和有关部门,省、自治区、直辖市(食品)药品监督管理局部门应当在24小时内报国家食品药品监督管理局。

第四十四条 (食品)药品监督管理部门实施监督检查,不得妨碍医疗机构的正常配制活动,不得索取或者收受医疗机构的财物,不得谋取其他利益。

第四十五条 任何单位和个人发现医疗机构进行违法配制的活动,有权向(食品)药品监督管理部门举报,接受举报的(食品)药品监督管理部门应当及时核实、处理。

第四十六条 有《中华人民共和国行政许可法》(以下简称《行政许可法》)第七十条情形之一的,原发证机关应当依法注销《医疗机构制剂许可证》。

省、自治区、直辖市(食品)药品监督管理部门注销《医疗机构制剂许可证》的,应当自注销之日起5个工作日内通知有关部门,并报国家食品药品监督管理局备案。

第六章　法律责任

第四十七条　有《行政许可法》第六十九条规定情形的,国家食品药品监督管理局或者省、自治区、直辖市(食品)药品监督管理部门根据利害关系人的请求或者依据职权,可以撤销《医疗机构制剂许可证》。

第四十八条　申请人隐瞒有关情况或者提供虚假材料申请《医疗机构制剂许可证》的,省、自治区、直辖市(食品)药品监督管理部门不予受理或者不予批准,并给予警告,申请人在1年内不得再申请。

申请人提供虚假材料取得《医疗机构制剂许可证》的,省、自治区、直辖市(食品)药品监督管理部门应当吊销其《医疗机构制剂许可证》,并处1万元以上3万元以下的罚款,申请人在5年内不得再申请。

第四十九条　未取得《医疗机构制剂许可证》配制制剂的,按《药品管理法》第七十三条的规定给予处罚。

第五十条　(食品)药品监督管理部门对不符合法定条件的单位发给《医疗机构制剂许可证》的,按《药品管理法》第九十四条规定给予处罚。

第五十一条　未经批准擅自委托或者接受委托配制制剂的,对委托方和受托方均依照《药品管理法》第七十四条的规定给予处罚。

第五十二条　医疗机构违反本办法第十九条、第二十四条规定的,由所在地省、自治区、直辖市(食品)药品监督管理部门责令改正。

医疗机构违反本办法第二十五条规定的,由所在地省、自治区、直辖市(食品)药品监督管理部门给予警告,责令限期改正;逾期不改正的,可以处5000元以上1万元以下的罚款。

第五十三条　在实施本办法规定的行政许可中违反相关法律、法规的,按有关法律、法规处理。

第七章　附　　则

第五十四条　本办法由国家食品药品监督管理局负责解释。

第五十五条　本办法自2005年6月1日起施行。

医疗机构制剂配制质量管理规范(试行)

(2000年12月5日国家药品监督管理局局务会议通过　2001年3月13日国家药品监督管理局令第27号发布)

第一章　总　　则

第一条　根据《中华人民共和国药品管理法》的规定,参照《药品生产质量管理规范》的基本原则,制定本规范。

第二条 医疗机构制剂是指医疗机构根据本单位临床需要而常规配制、自用的固定处方制剂。

第三条 医疗机构配制制剂应取得省、自治区、直辖市药品监督管理局颁发的《医疗机构制剂许可证》。

第四条 国家药品监督管理局和省、自治区、直辖市药品监督管理局负责对医疗机构制剂进行质量监督，并发布质量公告。

第五条 本规范是医疗机构制剂配制和质量管理的基本准则，适用于制剂配制的全过程。

第二章 机构与人员

第六条 医疗机构制剂配制应在药剂部门设制剂室、药检室和质量管理组织。机构与岗位人员的职责应明确，并配备具有相应素质及相应数量的专业技术人员。

第七条 医疗机构负责人对本《规范》的实施及制剂质量负责。

第八条 制剂室和药检室的负责人应具有大专以上药学或相关专业学历，具有相应管理的实践经验，有对工作中出现的问题作出正确判断和处理的能力。

制剂室和药检室的负责人不得互相兼任。

第九条 从事制剂配制操作及药检人员，应经专业技术培训，具有基础理论知识和实际操作技能。

凡有特殊要求的制剂配制操作和药检人员还应经相应的专业技术培训。

第十条 凡从事制剂配制工作的所有人员均应熟悉本规范，并应通过本规范的培训与考核。

第三章 房屋与设施

第十一条 为保证制剂质量，制剂室要远离各种污染源。周围的地面、路面、植被等不应对制剂配制过程造成污染。

第十二条 制剂室应有防止污染、昆虫和其它动物进入的有效设施。

第十三条 制剂室的房屋和面积必须与所配制的制剂剂型和规模相适应。应设工作人员更衣室。

第十四条 各工作间应按制剂工序和空气洁净度级别要求合理布局。一般区和洁净区分开；配制、分装与贴签、包装分开；内服制剂与外用制剂分开；无菌制剂与其它制剂分开。

第十五条 各种制剂应根据剂型的需要，工序合理衔接，设置不同的操作间，按工序划分操作岗位。

第十六条 制剂室应具有与所配制剂相适应的物料、成品等库房，并有通风、防潮等设施。

第十七条 中药材的前处理、提取、浓缩等必须与其后续工序严格分开，并应有有效的除尘、排风设施。

第十八条　制剂室在设计和施工时,应考虑使用时便于进行清洁工作。洁净室的内表面应平整光滑,无裂缝、接口严密,无颗粒物脱落并能耐受清洗和消毒。墙壁与地面等交界处宜成弧形或采取其它措施,以减少积尘和便于清洁。

第十九条　洁净室内各种管道、灯具、风口以及其它公用设施在设计和安装时应避免出现不易清洁的部位。

第二十条　根据制剂工艺要求,划分空气洁净度级别(见附件表Ⅰ、表Ⅱ)。洁净室(区)内空气的微生物数和尘粒数应符合规定,应定期检测并记录。

第二十一条　洁净室(区)应有足够照度,主要工作间的照度宜为300勒克斯。

第二十二条　洁净室的窗户、技术夹层及进入室内的管道、风口、灯具与墙壁或顶棚的连接部位均应密封。

第二十三条　洁净室(区)应维持一定的正压,并送入一定比例的新风。

第二十四条　洁净室(区)内安装的水池、地漏的位置应适宜,不得对制剂造成污染。100级洁净区内不得设地漏。

第二十五条　实验动物房应远离制剂室。

第四章　设　　备

第二十六条　设备的选型、安装应符合制剂配制要求,易于清洗、消毒或灭菌,便于操作、维修和保养,并能防止差错和减少污染。

第二十七条　纯化水、注射用水的制备、储存和分配应能防止微生物的滋生和污染。储罐和输送管道所用材料应无毒、耐腐蚀,管道的设计和安装应避免死角、盲管。

第二十八条　与药品直接接触的设备表面应光洁、平整、易清洗或消毒、耐腐蚀;不与药品发生化学变化和吸附药品。设备所用的润滑剂、冷却剂等不得对药品和容器造成污染。

第二十九条　制剂配制和检验应有与所配制制剂品种相适应的设备、设施与仪器。

第三十条　用于制剂配制和检验的仪器、仪表、量具、衡器等其适用范围和精密度应符合制剂配制和检验的要求,应定期校验,并有合格标志。校验记录应至少保存一年。

第三十一条　建立设备管理的各项规章制度,制定标准操作规程。设备应由专人管理,定期维修、保养,并作好记录。

第五章　物　　料

第三十二条　制剂配制所用物料的购入、储存、发放与使用等应制定管理制度。

第三十三条　制剂配制所用的物料应符合药用要求,不得对制剂质量产生不良影响。

第三十四条　制剂配制所用的中药材应按质量标准购入,合理储存与保管。

第三十五条　各种物料要严格管理。合格物料、待验物料及不合格物料应分别存放,并有易于识别的明显标志。不合格的物料,应及时处理。

第三十六条　各种物料应按其性能与用途合理存放。对温度、湿度等有特殊要求的物料,应按规定条件储存。挥发性物料的存放,应注意避免污染其它物料。各种物料不得露天存放。

第三十七条 物料应按规定的使用期限储存,储存期内如有特殊情况应及时检验。

第三十八条 制剂的标签、使用说明书必须与药品监督管理部门批准的内容、式样、文字相一致,不得随意更改;应专柜存放,专人保管,不得流失。

第六章 卫　生

第三十九条 制剂室应有防止污染的卫生措施和卫生管理制度,并由专人负责。

第四十条 配制间不得存放与配制无关的物品。配制中的废弃物应及时处理。

第四十一条 更衣室、浴室及厕所的设置不得对洁净室(区)产生不良影响。

第四十二条 配制间和制剂设备、容器等应有清洁规程,内容包括:清洁方法、程序、间隔时间、使用清洁剂或消毒剂、清洁工具的清洁方法和存放地点等。

第四十三条 洁净室(区)应定期消毒。使用的消毒剂不得对设备、物料和成品产生污染。消毒剂品种应定期更换,防止产生耐药菌株。

第四十四条 工作服的选材、式样及穿戴方式应与配制操作和洁净度级别要求相适应。

洁净室工作服的质地应光滑、不产生静电、不脱落纤维和颗粒性物质。无菌工作服必须包盖全部头发、胡须及脚部,并能阻留人体脱落物并不得混穿。

不同洁净度级别房间使用的工作服应分别定期清洗、整理,必要时应消毒或灭菌。洗涤时不应带入附加的颗粒物质。

第四十五条 洁净室(区)仅限于在该室的配制人员和经批准的人员进入。

第四十六条 进入洁净室(区)的人员不得化妆和佩带饰物,不得裸手直接接触药品。

第四十七条 配制人员应有健康档案,并每年至少体检一次。传染病、皮肤病患者和体表有伤口者不得从事制剂配制工作。

第七章 文　件

第四十八条 制剂室应有下列文件:

(一)《医疗机构制剂许可证》及申报文件、验收、整改记录;

(二)制剂品种申报及批准文件;

(三)制剂室年检、抽验及监督检查文件及记录。

第四十九条 医疗机构制剂室应有配制管理、质量管理的各项制度和记录。

(一)制剂室操作间、设施和设备的使用、维护、保养等制度和记录;

(二)物料的验收、配制操作、检验、发放、成品分发和使用部门及患者的反馈、投诉等制度和记录;

(三)配制返工、不合格品管理、物料退库、报损、特殊情况处理等制度和记录;

(四)留样观察制度和记录;

(五)制剂室内外环境、设备、人员等卫生管理制度和记录;

(六)本规范和专业技术培训的制度和记录。

第五十条 制剂配制管理文件主要有:

(一)配制规程和标准操作规程

配制规程包括:制剂名称、剂型、处方、配制工艺的操作要求,原料、中间产品、成品的质量标准和技术参数及储存注意事项,成品容器、包装材料的要求等。

标准操作规程:配制过程中涉及的单元操作(如加热、搅拌、振摇、混合等)具体规定和应达到的要求。

(二)配制记录

配制记录(制剂单)应包括:编号、制剂名称、配制日期、制剂批号、有关设备名称与操作记录、原料用量、成品和半成品数量、配制过程的控制记录及特殊情况处理记录和各工序的操作者、复核者、清场者的签名等。

第五十一条　配制制剂的质量管理文件主要有:

(一)物料、半成品、成品的质量标准和检验操作规程;

(二)制剂质量稳定性考察记录;

(三)检验记录。

第五十二条　制剂配制管理文件和质量管理文件的要求:

(一)制订文件应符合《药品管理法》和相关法律、法规、规章的要求;

(二)应建立文件的管理制度。使用的文件应为批准的现行文本,已撤销和过时的文件除留档备查外,不得在工作现场出现;

(三)文件的制订、审查和批准的责任应明确,并有责任人签名;

(四)有关配制记录和质量检验记录应完整归档,至少保存2年备查。

第八章　配制管理

第五十三条　配制规程和标准操作规程不得任意修改。如需修改时必须按制定时的程序办理修订、审批手续。

第五十四条　在同一配制周期中制备出来的一定数量常规配制的制剂为一批,一批制剂在规定限度内具有同一性质和质量。每批制剂均应编制制剂批号。

第五十五条　每批制剂均应按投入和产出的物料平衡进行检查,如有显著差异,必须查明原因,在得出合理解释,确认无潜在质量事故后,方可按正常程序处理。

第五十六条　为防止制剂被污染和混淆,配制操作应采取下述措施:

(一)每次配制后应清场,并填写清场记录。每次配制前应确认无上次遗留物;

(二)不同制剂(包括同一制剂的不同规格)的配制操作不得在同一操作间同时进行;如确实无法避免时,必须在不同的操作台配制,并应采取防止污染和混淆的措施;

(三)在配制过程中应防止称量、过筛、粉碎等可能造成粉末飞散而引起的交叉污染;

(四)在配制过程中使用的容器须有标明物料名称、批号、状态及数量等的标志。

第五十七条　根据制剂配制规程选用工艺用水。工艺用水应符合质量标准并定期检验。根据验证结果,规定检验周期。

第五十八条　每批制剂均应有一份能反映配制各个环节的完整记录。操作人员应及时填写记录,填写字迹清晰、内容真实、数据完整,并由操作人、复核人及清场人签字。记录应保持整洁,不得撕毁和任意涂改。需要更改时,更改人应在更改处签字,并需使被更改部分可以辨认。

第五十九条 新制剂的配制工艺及主要设备应按验证方案进行验证。当影响制剂质量的主要因素,如配制工艺或质量控制方法、主要原辅料、主要配制设备等发生改变时,以及配制一定周期后,应进行再验证。所有验证记录应归档保存。

第九章 质量管理与自检

第六十条 质量管理组织负责制剂配制全过程的质量管理。其主要职责:

(一)制定质量管理组织任务、职责;

(二)决定物料和中间品能否使用;

(三)研究处理制剂重大质量问题;

(四)制剂经检验合格后,由质量管理组织负责人审查配制全过程记录并决定是否发放使用;

(五)审核不合格品的处理程序及监督实施。

第六十一条 药检室负责制剂配制全过程的检验。其主要职责:

(一)制定和修订物料、中间品和成品的内控标准和检验操作规程,制定取样和留样制度;

(二)制定检验用设备、仪器、试剂、试液、标准品(或参考品)、滴定液与培养基及实验动物等管理办法;

(三)对物料、中间品和成品进行取样、检验、留样,并出具检验报告;

(四)监测洁净室(区)的微生物数和尘粒数;

(五)评价原料、中间品及成品的质量稳定性,为确定物料储存期和制剂有效期提供数据;

(六)制定药检室人员的职责。

第六十二条 医疗机构制剂质量管理组织应定期组织自检。自检应按预定的程序,按规定内容进行检查,以证实与本规范的一致性。

自检应有记录并写出自检报告,包括评价及改进措施等。

第十章 使用管理

第六十三条 医疗机构制剂应按药品监督管理部门制定的原则并结合剂型特点、原料药的稳定性和制剂稳定性试验结果规定使用期限。

第六十四条 制剂配发必须有完整的记录或凭据。内容包括:领用部门、制剂名称、批号、规格、数量等。制剂在使用过程中出现质量问题时,制剂质量管理组织应及时进行处理,出现质量问题的制剂应立即收回,并填写收回记录。收回记录应包括:制剂名称、批号、规格、数量、收回部门、收回原因、处理意见及日期等。

第六十五条 制剂使用过程中发现的不良反应,应按《药品不良反应监测管理办法》的规定予以记录,填表上报。保留病历和有关检验、检查报告单等原始记录至少一年备查。

第十一章　附　　则

第六十六条　本规范所使用的术语：

标准操作规程：经批准用以指示操作的通用性文件或管理办法。

配制规程：为各个制剂制定，为配制该制剂的标准操作，包括投料、配制工艺、成品包装等内容。

物料：原料、辅料、包装材料等。

验证：证明任何程序、配制过程、设备、物料、活动或系统确实能达到预期结果的有文件证明的一系列行动。

洁净室(区)：需要对尘粒及微生物数量进行控制的房间(区域)。其建筑结构、装备及其使用均具有减少该区域内污染源的介入、产生和滞留的功能。

一般区：是指洁净区之外，未规定有空气洁净度级别要求的区域，应符合卫生要求。

工艺用水：制剂配制工艺中使用的水，包括：饮用水、纯化水、注射用水。

纯化水：为蒸馏法、离子交换法、反渗透法或其它适宜的方法制得供药用的水，不含任何附加剂。

质量管理组织：是指医疗机构为加强制剂质量管理而由药剂部门及制剂室、药检室负责人组成的小组。

第六十七条　本规范由国家药品监督管理局负责解释。

第六十八条　本规范自发布之日起施行。

医疗机构制剂注册管理办法(试行)

(2005 年 3 月 22 日国家食品药品监督管理局局务会审议通过　2005 年 6 月 22 日国家食品药品监督管理局令第 20 号公布)

第一章　总　　则

第一条　为加强医疗机构制剂的管理，规范医疗机构制剂的申报与审批，根据《中华人民共和国药品管理法》(以下简称《药品管理法》)及《中华人民共和国药品管理法实施条例》(以下简称《药品管理法实施条例》)，制定本办法。

第二条　在中华人民共和国境内申请医疗机构制剂的配制、调剂使用，以及进行相关的审批、检验和监督管理，适用本办法。

第三条　医疗机构制剂，是指医疗机构根据本单位临床需要经批准而配制、自用的固定处方制剂。

医疗机构配制的制剂，应当是市场上没有供应的品种。

第四条　国家食品药品监督管理局负责全国医疗机构制剂的监督管理工作。

省、自治区、直辖市(食品)药品监督管理部门负责本辖区医疗机构制剂的审批和监督管理工作。

第五条　医疗机构制剂的申请人，应当是持有《医疗机构执业许可证》并取得《医疗机构制剂许可证》的医疗机构。

未取得《医疗机构制剂许可证》或者《医疗机构制剂许可证》无相应制剂剂型的“医院”类别的医疗机构可以申请医疗机构中药制剂，但是必须同时提出委托配制制剂的申请。接受委托配制的单位应当是取得《医疗机构制剂许可证》的医疗机构或者取得《药品生产质量管理规范》认证证书的药品生产企业。委托配制的制剂剂型应当与受托方持有的《医疗机构制剂许可证》或者《药品生产质量管理规范》认证证书所载明的范围一致。

第六条　医疗机构制剂只能在本医疗机构内凭执业医师或者执业助理医师的处方使用，并与《医疗机构执业许可证》所载明的诊疗范围一致。

第二章　申报与审批

第七条　申请医疗机构制剂，应当进行相应的临床前研究，包括处方筛选、配制工艺、质量指标、药理、毒理学研究等。

第八条　申请医疗机构制剂注册所报送的资料应当真实、完整、规范。

第九条　申请制剂所用的化学原料药及实施批准文号管理的中药材、中药饮片必须具有药品批准文号，并符合法定的药品标准。

第十条　申请人应当对其申请注册的制剂或者使用的处方、工艺、用途等，提供申请人或者他人在中国的专利及其权属状态说明；他人在中国存在专利的，申请人应当提交对他人的专利不构成侵权的声明。

第十一条　医疗机构制剂的名称，应当按照国家食品药品监督管理局颁布的药品命名原则命名，不得使用商品名称。

第十二条　医疗机构配制制剂使用的辅料和直接接触制剂的包装材料、容器等，应当符合国家食品药品监督管理局有关辅料、直接接触药品的包装材料和容器的管理规定。

第十三条　医疗机构制剂的说明书和包装标签由省、自治区、直辖市（食品）药品监督管理部门根据申请人申报的资料，在批准制剂申请时一并予以核准。

医疗机构制剂的说明书和包装标签应当按照国家食品药品监督管理局有关药品说明书和包装标签的管理规定印制，其文字、图案不得超出核准的内容，并需标注“本制剂仅限本医疗机构使用”字样。

第十四条　有下列情形之一的，不得作为医疗机构制剂申报：

（一）市场上已有供应的品种；

（二）含有未经国家食品药品监督管理局批准的活性成份的品种；

（三）除变态反应原外的生物制品；

（四）中药注射剂；

（五）中药、化学药组成的复方制剂；

（六）麻醉药品、精神药品、医疗用毒性药品、放射性药品；

（七）其他不符合国家有关规定的制剂。

第十五条　申请配制医疗机构制剂，申请人应当填写《医疗机构制剂注册申请表》，向所在地省、自治区、直辖市（食品）药品监督管理部门或者其委托的设区的市级（食品）药品监督管理机构提出申请,报送有关资料和制剂实样。

第十六条　收到申请的省、自治区、直辖市(食品)药品监督管理部门或者其委托的设区的市级(食品)药品监督管理机构对申报资料进行形式审查,符合要求的予以受理;不符合要求的,应当自收到申请材料之日起5日内书面通知申请人并说明理由,逾期未通知的自收到材料之日起即为受理。

第十七条　省、自治区、直辖市(食品)药品监督管理部门或者其委托的设区的市级(食品)药品监督管理机构应当在申请受理后10日内组织现场考察,抽取连续3批检验用样品,通知指定的药品检验所进行样品检验和质量标准技术复核。受委托的设区的市级(食品)药品监督管理机构应当在完成上述工作后将审查意见、考察报告及申报资料报送省、自治区、直辖市(食品)药品监督管理部门,并通知申请人。

第十八条　接到检验通知的药品检验所应当在40日内完成样品检验和质量标准技术复核,出具检验报告书及标准复核意见,报送省、自治区、直辖市(食品)药品监督管理部门并抄送通知其检验的(食品)药品监督管理机构和申请人。

第十九条　省、自治区、直辖市(食品)药品监督管理部门应当在收到全部资料后40日内组织完成技术审评,符合规定的,发给《医疗机构制剂临床研究批件》。

申请配制的化学制剂已有同品种获得制剂批准文号的,可以免于进行临床研究。

第二十条　临床研究用的制剂,应当按照《医疗机构制剂配制质量管理规范》或者《药品生产质量管理规范》的要求配制,配制的制剂应当符合经省、自治区、直辖市(食品)药品监督管理部门审定的质量标准。

第二十一条　医疗机构制剂的临床研究,应当在获得《医疗机构制剂临床研究批件》后,取得受试者知情同意书以及伦理委员会的同意,按照《药物临床试验质量管理规范》的要求实施。

第二十二条　医疗机构制剂的临床研究,应当在本医疗机构按照临床研究方案进行,受试例数不得少于60例。

第二十三条　完成临床研究后,申请人向所在地省、自治区、直辖市(食品)药品监督管理部门或者其委托的设区的市级(食品)药品监督管理机构报送临床研究总结资料。

第二十四条　省、自治区、直辖市(食品)药品监督管理部门收到全部申报资料后40日内组织完成技术审评,做出是否准予许可的决定。符合规定的,应当自做出准予许可决定之日起10日内向申请人核发《医疗机构制剂注册批件》及制剂批准文号,同时报国家食品药品监督管理局备案;不符合规定的,应当书面通知申请人并说明理由,同时告知申请人享有依法申请行政复议或者提起行政诉讼的权利。

第二十五条　医疗机构制剂批准文号的格式为:

X药制字H(Z)+4位年号+4位流水号。

X-省、自治区、直辖市简称,H-化学制剂,Z-中药制剂。

第三章　调剂使用

第二十六条　医疗机构制剂一般不得调剂使用。发生灾情、疫情、突发事件或者临床急需而市场没有供应时，需要调剂使用的，属省级辖区内医疗机构制剂调剂的，必须经所在地省、自治区、直辖市（食品）药品监督管理部门批准；属国家食品药品监督管理局规定的特殊制剂以及省、自治区、直辖市之间医疗机构制剂调剂的，必须经国家食品药品监督管理局批准。

第二十七条　省级辖区内申请医疗机构制剂调剂使用的，应当由使用单位向所在地省、自治区、直辖市（食品）药品监督管理部门提出申请，说明使用理由、期限、数量和范围，并报送有关资料。

省、自治区、直辖市之间医疗机构制剂的调剂使用以及国家食品药品监督管理局规定的特殊制剂的调剂使用，应当由取得制剂批准文号的医疗机构向所在地省、自治区、直辖市（食品）药品监督管理部门提出申请，说明使用理由、期限、数量和范围，经所在地省、自治区、直辖市（食品）药品监督管理部门审查同意后，由使用单位将审查意见和相关资料一并报送使用单位所在地省、自治区、直辖市（食品）药品监督管理部门审核同意后，报国家食品药品监督管理局审批。

第二十八条　取得制剂批准文号的医疗机构应当对调剂使用的医疗机构制剂的质量负责。接受调剂的医疗机构应当严格按照制剂的说明书使用制剂，并对超范围使用或者使用不当造成的不良后果承担责任。

第二十九条　医疗机构制剂的调剂使用，不得超出规定的期限、数量和范围。

第四章　补充申请与再注册

第三十条　医疗机构配制制剂，应当严格执行经批准的质量标准，并不得擅自变更工艺、处方、配制地点和委托配制单位。需要变更的，申请人应当提出补充申请，报送相关资料，经批准后方可执行。

第三十一条　医疗机构制剂批准文号的有效期为3年。有效期届满需要继续配制的，申请人应当在有效期届满前3个月按照原申请配制程序提出再注册申请，报送有关资料。

第三十二条　省、自治区、直辖市（食品）药品监督管理部门应当在受理再注册申请后30日内，作出是否批准再注册的决定。准予再注册的，应当自决定做出之日起10日内通知申请人，予以换发《医疗机构制剂注册批件》，并报国家食品药品监督管理局备案。

决定不予再注册的，应当书面通知申请人并说明理由，同时告知申请人享有依法申请行政复议或者提起行政诉讼的权利。

第三十三条　有下列情形之一的，省、自治区、直辖市（食品）药品监督管理部门不予批准再注册，并注销制剂批准文号：

（一）市场上已有供应的品种；

（二）按照本办法应予撤销批准文号的；

（三）未在规定时间内提出再注册申请的；

（四）其他不符合规定的。

第三十四条　已被注销批准文号的医疗机构制剂，不得配制和使用；已经配制的，由当地（食品）药品监督管理部门监督销毁或者处理。

第五章　监督管理

第三十五条　配制和使用制剂的医疗机构应当注意观察制剂不良反应,并按照国家食品药品监督管理局的有关规定报告和处理。

第三十六条　省、自治区、直辖市(食品)药品监督管理部门对质量不稳定、疗效不确切、不良反应大或者其他原因危害人体健康的医疗机构制剂,应当责令医疗机构停止配制,并撤销其批准文号。

已被撤销批准文号的医疗机构制剂,不得配制和使用;已经配制的,由当地(食品)药品监督管理部门监督销毁或者处理。

第三十七条　医疗机构制剂的抽查检验,按照国家食品药品监督管理局药品抽查检验的有关规定执行。

第三十八条　医疗机构不再具有配制制剂的资格或者条件时,其取得的相应制剂批准文号自行废止,并由省、自治区、直辖市(食品)药品监督管理部门予以注销,但允许委托配制的中药制剂批准文号除外。允许委托配制的中药制剂如需继续配制,可参照本办法第三十条变更委托配制单位的规定提出委托配制的补充申请。

第三十九条　未经批准,医疗机构擅自使用其他医疗机构配制的制剂的,依照《药品管理法》第八十条的规定给予处罚。

第四十条　医疗机构配制制剂,违反《药品管理法》第四十八条、第四十九条规定的,分别依照《药品管理法》第七十四条、第七十五条的规定给予处罚。

未按省、自治区、直辖市(食品)药品监督管理部门批准的标准配制制剂的,属于《药品管理法》第四十九条第三款第六项其他不符合药品标准规定的情形,依照《药品管理法》第七十五条的规定给予处罚。

第四十一条　提供虚假的证明文件、申报资料、样品或者采取其他欺骗手段申请批准证明文件的,省、自治区、直辖市(食品)药品监督管理部门对该申请不予受理,对申请人给予警告,一年内不受理其申请;已取得批准证明文件的,撤销其批准证明文件,五年内不受理其申请,并处一万元以上三万元以下罚款。

第四十二条　医疗机构配制的制剂不得在市场上销售或者变相销售,不得发布医疗机构制剂广告。

医疗机构将其配制的制剂在市场上销售或者变相销售的,依照《药品管理法》第八十四条的规定给予处罚。

第四十三条　省、自治区、直辖市(食品)药品监督管理部门违反本办法的行政行为,国家食品药品监督管理局应当责令其限期改正;逾期不改正的,由国家食品药品监督管理局予以改变或者撤销。

第六章　附　　则

第四十四条　本办法规定的行政机关实施行政许可的期限以工作日计算,不含法定节假日。

第四十五条　本办法中“固定处方制剂”，是指制剂处方固定不变，配制工艺成熟，并且可在临床上长期使用于某一病症的制剂。

第四十六条　省、自治区、直辖市（食品）药品监督管理部门可以根据本办法，结合本地实际制定实施细则。

第四十七条　本办法自2005年8月1日起施行。

医疗机构医用耗材管理办法（试行）

（国卫医发〔2019〕43号）

第一章　总　　则

第一条　为加强医疗机构医用耗材管理，促进医用耗材合理使用，保障公众身体健康，根据《执业医师法》《医疗机构管理条例》《医疗器械监督管理条例》等有关法律法规规定，制定本办法。

第二条　本办法所称医用耗材，是指经药品监督管理部门批准的使用次数有限的消耗性医疗器械，包括一次性及可重复使用医用耗材。

本办法所称医用耗材管理，是指医疗机构以病人为中心，以医学科学为基础，对医用耗材的采购、储存、使用、追溯、监测、评价、监督等全过程进行有效组织实施与管理，以促进临床科学、合理使用医用耗材的专业技术服务和相关的医用耗材管理工作，是医疗管理工作的重要组成部分。

第三条　国家卫生健康委、国家中医药局负责全国医疗机构医用耗材管理工作的监督管理。

县级以上地方卫生健康行政部门、中医药主管部门负责本行政区域内医疗机构医用耗材管理工作的监督管理。

第四条　本办法适用于二级以上医院医用耗材管理，其他医疗机构可参照执行。其中，非公立医疗机构的医用耗材遴选、采购工作可参照本办法进行。

第五条　医疗机构应当指定具体部门作为医用耗材管理部门，负责医用耗材的遴选、采购、验收、存储、发放等日常管理工作；指定医务管理部门，负责医用耗材的临床使用、监测、评价等专业技术服务日常管理工作。

第六条　医疗机构从事医用耗材管理相关工作的人员，应当具备与管理工作相适应的专业学历、技术职称或者经过相关技术培训。

医疗机构直接接触医用耗材的人员，应当每年进行健康检查。传染病病人、病原携带者和疑似传染病病人，在治愈前或者在排除传染病嫌疑前，不得从事直接接触医用耗材的工作。

第二章　机构管理

第七条　二级以上医院应当设立医用耗材管理委员会；其他医疗机构应当成立医用耗材管理组织。村卫生室（所、站）、门诊部、诊所、医务室等其他医疗机构可不设医用耗材管理组织,由机构负责人指定人员负责医用耗材管理工作。

医用耗材管理委员会由具有高级技术职务任职资格的相关临床科室、药学、医学工程、护理、医技科室人员以及医院感染管理、医用耗材管理、医务管理、财务管理、医保管理、信息管理、纪检监察、审计等部门负责人组成。

医疗机构负责人任医用耗材管理委员会主任委员,医用耗材管理部门和医务管理部门负责人任医用耗材管理委员会副主任委员。

第八条　医用耗材管理委员会的日常工作由指定的医用耗材管理部门和医务管理部门分工负责。

第九条　医用耗材管理委员会的主要职责:

(一)贯彻执行医疗卫生及医用耗材管理等有关法律、法规、规章,审核制定本机构医用耗材管理工作规章制度,并监督实施;

(二)建立医用耗材遴选制度,审核本机构科室或部门提出的新购入医用耗材、调整医用耗材品种或者供应企业等申请,制订本机构的医用耗材供应目录(以下简称供应目录);

(三)推动医用耗材临床应用指导原则的制订与实施,监测、评估本机构医用耗材使用情况,提出干预和改进措施,指导临床合理使用医用耗材;

(四)分析、评估医用耗材使用的不良反应、医用耗材质量安全事件,并提供咨询与指导;

(五)监督、指导医用耗材的临床使用与规范化管理;

(六)负责对医用耗材的临床使用进行监测,对重点医用耗材进行监控;

(七)对医务人员进行有关医用耗材管理法律法规、规章制度和合理使用医用耗材知识教育培训,向患者宣传合理使用医用耗材知识;

(八)与医用耗材管理相关的其他重要事项。

第十条　医疗机构应当为医用耗材管理部门、医务管理部门配备和提供必要的场所、设备设施和人员。

第十一条　医疗机构应当建立健全医用耗材管理相应的工作制度、操作规程和工作记录,并组织实施。

第三章　遴选与采购

第十二条　医疗机构应当遴选建立本机构的医用耗材供应目录,并进行动态管理。

医用耗材管理部门按照合法、安全、有效、适宜、经济的原则,遴选出本机构需要的医用耗材及其生产、经营企业名单,报医用耗材管理委员会批准,形成供应目录。

供应目录应当定期调整,调整周期由医用耗材管理委员会规定。

纳入供应目录的医用耗材应当根据国家药监局印发的《医疗器械分类目录》明确管理级别,为Ⅰ级、Ⅱ级和Ⅲ级。

第十三条　医疗机构应当从已纳入国家或省市医用耗材集中采购目录中遴选本机构供应目录。确需从集中采购目录之外进行遴选的,应当按照有关规定执行。

第十四条　医疗机构应当加强供应目录涉及供应企业数量管理,统一限定纳入供应目录的相同或相似功能医用耗材供应企业数量。

第十五条　医用耗材的采购相关事务由医用耗材管理部门实行统一管理。其他科室或者部门不得从事医用耗材的采购活动,不得使用非医用耗材管理部门采购供应的医用耗材。

第十六条　医用耗材使用科室或部门应当根据实际需求向医用耗材管理部门提出采购申请。

第十七条　医用耗材管理部门应当根据医用耗材使用科室或部门提出的采购申请,按照相关法律、行政法规和国务院有关规定,采用适当的采购方式,确定需要采购的产品、供应商及采购数量、采购价格等,并签订书面采购协议。

第十八条　医用耗材采购工作应当在有关部门有效监督下进行,由至少2名工作人员实施。

第十九条　医疗机构应当加强临时性医用耗材采购管理。医用耗材使用科室或部门临时性采购供应目录之外的医用耗材,需经主任委员、副主任委员同意后方可实施。对一年内重复多次临时采购的医用耗材,应当按照程序及时纳入供应目录管理。对于实施集中招标采购的地方,需要按有关程序报上级主管部门同意后实施临时性采购。

第二十条　遇有重大急救任务、突发公共卫生事件等紧急情况,以及需要紧急救治但缺乏必要医用耗材时,医疗机构可以不受供应目录及临时采购的限制。

第二十一条　医疗机构应当加强医疗设备配套使用医用耗材的管理。医疗机构采购医疗设备时,应当充分考虑配套使用医用耗材的成本,并将其作为采购医疗设备的重要参考因素。

第二十二条　鼓励医联体内医疗机构或者非医联体内医疗机构联合进行医用耗材遴选和采购。

第四章　验收、储存

第二十三条　医用耗材管理部门负责医用耗材的验收、储存及发放工作。

第二十四条　医疗机构应当建立医用耗材验收制度,由验收人员验收合格后方可入库。

验收人员应当熟练掌握医用耗材验收有关要求,严格进行验收操作,并真实、完整、准确地进行验收记录。

验收人员应当重点对医用耗材是否符合遴选规定、质量情况、效期情况等进行查验,不符合遴选规定以及无质量合格证明、过期、失效或者淘汰的医用耗材不得验收入库。

第二十五条　使用后的医用耗材进货查验记录应当保存至使用终止后2年。未使用的医用耗材进货查验记录应当保存至规定使用期限结束后2年。植入性医用耗材进货查验记录应当永久保存。购入Ⅲ级医用耗材的原始资料应当妥善保存,确保信息可追溯。

第二十六条　医疗机构应当设置相对独立的医用耗材储存库房,配备相应的设备设施,制订相应管理制度,定期对库存医用耗材进行养护与质量检查,确保医用耗材安全有效储存。

对库存医用耗材的定期养护与质量检查情况应当作好记录。

第二十七条　医用耗材需冷链管理的,应当严格落实冷链管理要求,并确定专人负责验收、储存和发放工作,确保各环节温度可追溯。

第二十八条　医疗机构应当建立医用耗材定期盘点制度。由医用耗材管理部门指定专人,定期对库存医用耗材进行盘点,做到账物相符、账账相符。

第五章　申领、发放与临床使用

第二十九条　医用耗材使用科室或部门根据需要,向医用耗材管理部门提出领用申请。医用耗材管理部门按照规定进行审核和发放。

申领人应当对出库医用耗材有关信息进行复核,并与发放人共同确认。

第三十条　医疗机构应当建立医用耗材出库管理制度。医用耗材出库时,发放人员应当对出库的医用耗材进行核对,确保发放准确,产品合格、安全和有效。出库时,应当按照剩余效期由短至长顺序发放。

第三十一条　出库后的医用耗材管理由使用科室或部门负责。使用科室或部门应当指定人员负责医用耗材管理,保证领取的医用耗材品种品规和数量既满足工作需要,又不形成积压,确保医用耗材在科室或部门的安全和质量。

第三十二条　医用耗材临床应用管理是对医疗机构临床诊断、预防和治疗疾病使用医用耗材全过程实施的监督管理。医疗机构应当遵循安全、有效、经济的合理使用医用耗材的原则。

第三十三条　医务管理部门负责医用耗材临床使用管理工作,应当通过加强医疗管理,落实国家医疗管理制度、诊疗指南、技术操作规范,遵照医用耗材使用说明书、技术操作规程等,促进临床合理使用医用耗材。

第三十四条　医疗机构应当对医用耗材临床使用实施分级分类管理。

在诊疗活动中:Ⅰ级医用耗材,应当由卫生技术人员使用;Ⅱ级医用耗材,应当由有资格的卫生技术人员经过相关培训后使用,尚未取得资格的,应当在有资格的卫生技术人员指导下使用;Ⅲ级医用耗材,应当按照医疗技术管理有关规定,由具有有关技术操作资格的卫生技术人员使用。

植入类医用耗材,应当由具有有关医疗技术操作资格的卫生技术人员使用,并将拟使用的医用耗材情况纳入术前讨论,包括拟使用医用耗材的必要性、可行性和经济性等;非植入类医用耗材的使用,应当符合医疗技术管理等有关医疗管理规定。

第三十五条　医疗机构使用安全风险程度较高的医用耗材时,应当与患者进行充分沟通,告知可能存在的风险。使用Ⅲ级或植入类医用耗材时,应当签署知情同意书。

第三十六条　医疗机构应当加强对医用耗材使用人员培训,提高其医用耗材使用能力和水平。在新医用耗材临床使用前,应当对相关人员进行培训。

第三十七条　医疗机构应当加强对医用耗材临床应用前试用的管理。医用耗材在遴选和采购前如需试用,应当由使用科室或部门组织对试用的必要性、可行性以及安全保障措施进行论证，并向医务管理部门提出申请或备案。

第三十八条　医疗机构应当在医用耗材临床使用过程中严格落实医院感染管理有关规定。一次性使用的医用耗材不得重复使用；重复使用的医用耗材，应当严格按照要求清洗、消毒或者灭菌，并进行效果监测。

第三十九条　医疗机构应当建立医用耗材临床应用登记制度，使医用耗材信息、患者信息以及诊疗相关信息相互关联，保证使用的医用耗材向前可溯源、向后可追踪。

第四十条　医疗机构应当加强对使用后医用耗材的处置管理。医用耗材使用后属于医疗废物的，应当严格按照医疗废物管理有关规定处理。

第四十一条　医疗机构应当加强医疗质量控制，对医用耗材尤其是重点监控医用耗材的临床使用情况设立质控点，纳入医疗质量控制体系。

第四十二条　医疗机构应当结合单病种管理、临床路径管理、支付管理、绩效管理等工作，持续提高医用耗材合理使用水平，保证医疗质量和医疗安全。

第六章　监测与评价

第四十三条　医务管理部门负责本单位医用耗材监测与评价工作。

第四十四条　医疗机构应当建立医用耗材临床应用质量安全事件报告、不良反应监测、重点监控、超常预警和评价制度，对医用耗材临床使用安全性、有效性和经济性进行监测、监控、分析、评价，对医用耗材应用行为进行点评与干预。

第四十五条　医疗机构发生医用耗材相关质量安全事件，应当按照规定向卫生健康、药品监管行政部门报告相关信息，并采取措施做好暂停使用、配合召回、后续调查以及对患者的医疗救治等工作。

第四十六条　医疗机构通过监测发现医用耗材不良事件或者可疑不良事件，应当按照有关规定报告。

第四十七条　县级以上卫生健康行政部门、中医药主管部门以及医疗机构应当对临床应用技术要求较高、风险较大、价格较昂贵的医用耗材进行重点监控。

第四十八条　医疗机构应当建立医用耗材超常使用预警机制，对超出常规使用的医用耗材，要及时进行预警，通知相关部门和人员。

第四十九条　医疗机构应当对医用耗材的临床使用进行评价。根据相关法律法规、技术规范等，建立评价体系，对医用耗材临床使用的安全性、有效性、经济性等进行综合评价，发现存在的或潜在的问题，制定并实施干预和改进措施，促进医用耗材合理使用。

第五十条　医疗机构应当加强医用耗材临床使用评价结果的应用。评价结果应当作为医疗机构动态调整供应目录的依据，对存在不合理使用的品种可以采取停用、重新招标等干预措施；同时将评价结果作为科室和医务人员相应临床技术操作资格或权限调整、绩效考核、评优评先等的重要依据，纳入对公立医疗卫生机构的绩效考核。

第五十一条　医疗机构应当定期将质量安全事件报告、不良反应监测、重点监控、超常预警和评价结果进行内部公示，指导使用科室和部门采取措施，持续改进医用耗材临床使用水平。

第七章　信息化建设

第五十二条　医疗机构应当逐步建立医用耗材信息化管理制度和系统。

第五十三条　医疗机构耗材管理信息系统应当与医疗机构其他相关信息系统整合,做到信息互联互通。

第五十四条　医疗机构耗材管理信息系统应当覆盖医用耗材遴选、采购、验收、入库、储存、盘点、申领、出库、临床使用、质量安全事件报告、不良反应监测、重点监控、超常预警、点评等各环节,实现每一件医用耗材的全生命周期可溯源。

第五十五条　医用耗材管理部门应当在医用耗材验收入库时,将有关信息录入信息系统。信息内容至少包括医用耗材的级别、风险类别、注册证类别、医用耗材类别、用途、功能、材质、规格、型号、销售厂商、价格、生产批号、生产日期、消毒灭菌日期等。

第八章　监督管理

第五十六条　医疗机构医用耗材管理应当严格落实医疗卫生领域行风管理有关规定,做到廉洁购用。不得将医用耗材购用情况作为科室、人员经济分配的依据,不得在医用耗材购用工作中牟取不正当经济利益。

对违反行风规定的医疗机构和相关人员,卫生健康行政部门、中医药主管部门应当根据情节轻重,给予相应处罚和处理。

第五十七条　医疗机构应当落实院务公开有关规定,将主要医用耗材纳入主动公开范围,公开品牌品规、供应企业以及价格等有关信息。

第五十八条　医疗机构应当广泛开展行风评议活动,加大对医用耗材管理过程中存在的违反“九不准”规定等行为的查处力度,对问题严重的医疗机构依法追究相关领导责任。

第五十九条　医疗机构应当按照国家有关规定收取医用耗材使用相关费用,不得违规收取国家规定医用耗材收费项目之外的费用。

第六十条　医疗机构和相关人员不得接受与采购医用耗材挂钩的资助,不准违规私自使用未经正规采购程序采购的医用耗材。

第六十一条　医疗机构应当加强本单位信息系统中医用耗材相关统计功能管理,严格统计权限和审批程序。严禁开展商业目的的医用耗材相关信息统计,或为医用耗材营销人员统计提供便利。

第六十二条　医疗机构应当加强对本机构医用耗材的管理工作,定期检查相关制度的落实情况。

第六十三条　县级以上卫生健康行政部门、中医药主管部门应当加强对医疗机构医用耗材管理工作的监督与管理,定期进行监督检查。

第六十四条　卫生健康行政部门、中医药主管部门的工作人员依法对医疗机构医用耗材管理工作进行监督检查时,应当出示证件。被检查的医疗机构应当予以配合,如实反映情况,提供必要的资料,不得拒绝、阻碍、隐瞒。

第六十五条 医疗机构出现下列情形之一的，根据其具体情形及造成后果由县级以上地方卫生健康行政部门、中医药主管部门及相关业务主管部门依法依规予以处理：

（一）违反医疗器械管理有关法律、法规、行政规章制度、诊疗指南和技术操作规范的；

（二）未建立医用耗材管理组织机构，医用耗材管理混乱，造成医疗安全隐患和严重不良后果的；

（三）医用耗材使用不合理、不规范问题严重，造成医疗安全隐患和严重不良后果的；

（四）非医用耗材管理部门擅自从事医用耗材采购、存储管理等工作的；

（五）将医用耗材购销、使用情况作为个人或者部门、科室经济分配依据，或在医用耗材购销、使用中牟取不正当利益的；

（六）违反本办法的其他规定并造成严重后果的。

第九章　附　　则

第六十六条 本规定自 2019 年 9 月 1 日起施行。

第六十七条 军队医疗机构耗材管理工作依照军队卫生主管部门规定执行。

第六十八条 医用耗材临床试验按照相关规定执行。

医疗器械临床使用安全管理规范（试行）

（卫医管发〔2010〕4 号）

第一章　总　　则

第一条 为加强医疗器械临床使用安全管理工作，降低医疗器械临床使用风险，提高医疗质量，保障医患双方合法权益，根据《执业医师法》、《医疗机构管理条例》、《护士条例》、《医疗事故处理条例》、《医疗器械监督管理条例》、《医院感染管理办法》、《消毒管理办法》等规定制定本规范。

第二条 医疗器械临床使用安全管理，是指医疗机构医疗服务中涉及的医疗器械产品安全、人员、制度、技术规范、设施、环境等的安全管理。

第三条 卫生部主管全国医疗器械临床使用安全监管工作，组织制定医疗器械临床使用安全管理规范，根据医疗器械分类与风险分级原则建立医疗器械临床使用的安全控制及监测评价体系，组织开展医疗器械临床使用的监测和评价工作。

第四条 县级以上地方卫生行政部门负责根据卫生部有关管理规范和监测评价体系的要求，组织开展本行政区域内医疗器械临床使用安全监管工作。

第五条 医疗机构应当依据本规范制定医疗器械临床使用安全管理制度，建立健全本机构医疗器械临床使用安全管理体系。

二级以上医院应当设立由院领导负责的医疗器械临床使用安全管理委员会，委员会由医疗行政管理、临床医学及护理、医院感染管理、医疗器械保障管理等相关人员组成，指导医疗器械临床安全管理和监测工作。

第二章　临床准入与评价管理

第六条　医疗器械临床准入与评价管理是指医疗机构为确保进入临床使用的医疗器械合法、安全、有效,而采取的管理和技术措施。

第七条　医疗机构应当建立医疗器械采购论证、技术评估和采购管理制度,确保采购的医疗器械符合临床需求。

第八条　医疗机构应当建立医疗器械供方资质审核及评价制度,按照相关法律、法规的规定审验生产企业和经营企业的《医疗器械生产企业许可证》、《医疗器械注册证》、《医疗器械经营企业许可证》及产品合格证明等资质。

纳入大型医用设备管理品目的大型医用设备,应当有卫生行政部门颁发的配置许可证。

第九条　医疗机构应当有专门部门负责医疗器械采购,医疗器械采购应当遵循国家相关管理规定执行,确保医疗器械采购规范、入口统一、渠道合法、手续齐全。医疗机构应当按照院务公开等有关规定,将医疗器械采购情况及时做好对内公开。

第十条　医疗器械的安装,应当由生产厂家或者其授权的具备相关服务资质的单位或者由医疗机构医疗器械保障部门实施。

特种设备的安装、存储和转运应当按照相关规定执行,医疗机构应当保存相关记录。

第十一条　医疗机构应当建立医疗器械验收制度,验收合格后方可应用于临床。医疗器械验收应当由医疗机构医疗器械保障部门或者其委托的具备相应资质的第三方机构组织实施并与相关的临床科室共同评估临床验收试用的结果。

第十二条　医疗机构应当按照国家分类编码的要求,对医疗器械进行唯一性标识,并妥善保存高风险医疗器械购入时的包装标识、标签、说明书、合格证明等原始资料,以确保这些信息具有可追溯性。

第十三条　医疗机构应当对医疗器械采购、评价、验收等过程中形成的报告、合同、评价记录等文件进行建档和妥善保存,保存期限为医疗器械使用寿命周期结束后5年以上。

第十四条　医疗机构不得使用无注册证、无合格证明、过期、失效或者按照国家规定在技术上淘汰的医疗器械。医疗器械新产品的临床试验或者试用按照相关规定执行。

第三章　临床使用管理

第十五条　在医疗机构从事医疗器械相关工作的技术人员,应当具备相应的专业学历、技术职称或者经过相关技术培训,并获得国家认可的执业技术水平资格。

第十六条　医疗机构应当对医疗器械临床使用技术人员和从事医疗器械保障的医学工程技术人员建立培训、考核制度。组织开展新产品、新技术应用前规范化培训,开展医疗器械临床使用过程中的质量控制、操作规程等相关培训,建立培训档案,定期检查评价。

第十七条　医疗机构临床使用医疗器械应当严格遵照产品使用说明书、技术操作规范和规程,对产品禁忌症及注意事项应当严格遵守,需向患者说明的事项应当如实告知,不得进行虚假宣传,误导患者。

第十八条　发生医疗器械临床使用安全事件或者医疗器械出现故障，医疗机构应当立即停止使用，并通知医疗器械保障部门按规定进行检修；经检修达不到临床使用安全标准的医疗器械，不得再用于临床。

第十九条　医疗机构应当建立医疗器械临床使用安全事件的日常管理制度、监测制度和应急预案，并主动或者定期向县级以上卫生行政部门、药品监督管理部门上报医疗器械临床使用安全事件监测信息。

第二十条　医疗机构应当严格执行《医院感染管理办法》等有关规定，对消毒器械和一次性使用医疗器械相关证明进行审核。一次性使用的医疗器械按相关法律规定不得重复使用，按规定可以重复使用的医疗器械，应当严格按照要求清洗、消毒或者灭菌，并进行效果监测。

医护人员在使用各类医用耗材时，应当认真核对其规格、型号、消毒或者有效日期等，并进行登记。对使用后的医用耗材等，属医疗废物的，应当按照《医疗废物管理条例》等有关规定处理。

第二十一条　临床使用的大型医用设备、植入与介入类医疗器械名称、关键性技术参数及唯一性标识信息应当记录到病历中。

第二十二条　医疗机构应当定期对本机构医疗器械使用安全情况进行考核和评估，形成记录并存档。

第四章　临床保障管理

第二十三条　医疗机构应当制定医疗器械安装、验收（包括商务、技术、临床）使用中的管理制度与技术规范。

第二十四条　医疗机构应当对在用设备类医疗器械的预防性维护、检测与校准、临床应用效果等信息进行分析与风险评估，以保证在用设备类医疗器械处于完好与待用状态、保障所获临床信息的质量。

预防性维护方案的内容与程序、技术与方法、时间间隔与频率，应按照相关规范和医疗机构实际情况制订。

第二十五条　医疗机构应当在大型医用设备使用科室的明显位置，公示有关医用设备的主要信息，包括医疗器械名称、注册证号、规格、生产厂商、启用日期和设备管理人员等内容。

第二十六条　医疗机构应当遵照医疗器械技术指南和有关国家标准与规程，定期对医疗器械使用环境进行测试、评估和维护。

第二十七条　医疗机构应当设置与医疗器械种类、数量相适应，适宜医疗器械分类保管的贮存场所。有特殊要求的医疗器械，应当配备相应的设施，保证使用环境条件。

第二十八条　对于生命支持设备和重要的相关设备，医疗机构应当制订应急备用方案。

第二十九条　医疗器械保障技术服务全过程及其结果均应当真实记录并存入医疗器械信息档案。

第五章 监 督

第三十条 县级以上地方卫生行政部门负责医疗器械临床使用安全监督管理。

医疗机构应当加强对本机构医疗器械管理工作,定期检查相关制度的落实情况。

第三十一条 县级以上地方卫生行政部门应当对医疗机构的医疗器械信息档案,包括器械唯一性标识、使用记录和保障记录等,进行定期检查。

第三十二条 医疗机构在医疗器械临床使用安全管理过程中,违反相关法律、法规及本规范要求的,县级以上地方卫生行政部门可依据有关法律、法规,采取警告、责令改正、停止使用有关医疗器械等措施予以处理。

卫生行政部门在调查取证中可采取查阅、复制有关资料等措施,医疗机构应予以积极配合。

第六章 附 则

第三十三条 本规范所包括的医疗器械是指依照相关法律法规依法取得市场准入,与医疗机构中医疗活动相关的仪器、设备、器具、材料等物品。

第三十四条 医疗器械临床使用安全事件是指,获准上市的质量合格的医疗器械在医疗机构的使用中,由于人为、医疗器械性能不达标或者设计不足等因素造成的可能导致人体伤害的各种有害事件。

第三十五条 高风险医疗器械是指植入人体,用于支持、维持生命,或者对人体具有潜在危险的医疗器械产品。

第三十六条 本规范自发布之日起生效。

医疗器械不良事件监测和再评价管理办法

(国家市场监督管理总局令第1号)

第一章 总 则

第一条 为加强医疗器械不良事件监测和再评价,及时、有效控制医疗器械上市后风险,保障人体健康和生命安全,根据《医疗器械监督管理条》,制定本办法。

第二条 在中华人民共和国境内开展医疗器械不良事件监测、再评价及其监督管理,适用本办法。

第三条 医疗器械上市许可持有人(以下简称持有人),应当具有保证医疗器械安全有效的质量管理能力和相应责任能力,建立医疗器械不良事件监测体系,向医疗器械不良事件监测技术机构(以下简称监测机构)直接报告医疗器械不良事件。由持有人授权销售的经营企业、医疗器械使用单位应当向持有人和监测机构报告医疗器械不良事件。

持有人应当对发现的不良事件进行评价,根据评价结果完善产品质量,并向监测机构报告评价结果和完善质量的措施;需要原注册机关审批的,应当按规定提交申请。

境外持有人指定的代理人应当承担境内销售的进口医疗器械的不良事件监测工作,

配合境外持有人履行再评价义务。

第四条　本办法下列用语的含义：

（一）医疗器械上市许可持有人，是指医疗器械注册证书和医疗器械备案凭证的持有人，即医疗器械注册人和备案人。

（二）医疗器械不良事件，是指已上市的医疗器械，在正常使用情况下发生的，导致或者可能导致人体伤害的各种有害事件。

（三）严重伤害，是指有下列情况之一者：

1. 危及生命；

2. 导致机体功能的永久性伤害或者机体结构的永久性损伤；

3. 必须采取医疗措施才能避免上述永久性伤害或者损伤。

（四）群体医疗器械不良事件，是指同一医疗器械在使用过程中，在相对集中的时间、区域内发生，对一定数量人群的身体健康或者生命安全造成损害或者威胁的事件。

（五）医疗器械不良事件监测，是指对医疗器械不良事件的收集、报告、调查、分析、评价和控制的过程。

（六）医疗器械重点监测，是指为研究某一品种或者产品上市后风险情况、特征、严重程度、发生率等，主动开展的阶段性监测活动。

（七）医疗器械再评价，是指对已注册或者备案、上市销售的医疗器械的安全性、有效性进行重新评价，并采取相应措施的过程。

第五条　国家药品监督管理局建立国家医疗器械不良事件监测信息系统，加强医疗器械不良事件监测信息网络和数据库建设。

国家药品监督管理局指定的监测机构（以下简称国家监测机构）负责对收集到的医疗器械不良事件信息进行统一管理，并向相关监测机构、持有人、经营企业或者使用单位反馈医疗器械不良事件监测相关信息。

与产品使用风险相关的监测信息应当向卫生行政部门通报。

第六条　省、自治区、直辖市药品监督管理部门应当建立医疗器械不良事件监测体系，完善相关制度，配备相应监测机构和人员，开展医疗器械不良事件监测工作。

第七条　任何单位和个人发现医疗器械不良事件，有权向负责药品监督管理的部门（以下简称药品监督管理部门）或者监测机构报告。

第二章　职责与义务

第八条　国家药品监督管理局负责全国医疗器械不良事件监测和再评价的监督管理工作，会同国务院卫生行政部门组织开展全国范围内影响较大并造成严重伤害或者死亡以及其他严重后果的群体医疗器械不良事件的调查和处理，依法采取紧急控制措施。

第九条　省、自治区、直辖市药品监督管理部门负责本行政区域内医疗器械不良事件监测和再评价的监督管理工作，会同同级卫生行政部门和相关部门组织开展本行政区域内发生的群体医疗器械不良事件的调查和处理，依法采取紧急控制措施。

设区的市级和县级药品监督管理部门负责本行政区域内医疗器械不良事件监测相关

工作。

第十条　上级药品监督管理部门指导和监督下级药品监督管理部门开展医疗器械不良事件监测和再评价的监督管理工作。

第十一条　国务院卫生行政部门和地方各级卫生行政部门负责医疗器械使用单位中与医疗器械不良事件监测相关的监督管理工作,督促医疗器械使用单位开展医疗器械不良事件监测相关工作并组织检查,加强医疗器械不良事件监测工作的考核,在职责范围内依法对医疗器械不良事件采取相关控制措施。

上级卫生行政部门指导和监督下级卫生行政部门开展医疗器械不良事件监测相关的监督管理工作。

第十二条　国家监测机构负责接收持有人、经营企业及使用单位等报告的医疗器械不良事件信息,承担全国医疗器械不良事件监测和再评价的相关技术工作;负责全国医疗器械不良事件监测信息网络及数据库的建设、维护和信息管理,组织制定技术规范和指导原则,组织开展国家药品监督管理局批准注册的医疗器械不良事件相关信息的调查、评价和反馈,对市级以上地方药品监督管理部门批准注册或者备案的医疗器械不良事件信息进行汇总、分析和指导,开展全国范围内影响较大并造成严重伤害或者死亡以及其他严重后果的群体医疗器械不良事件的调查和评价。

第十三条　省、自治区、直辖市药品监督管理部门指定的监测机构(以下简称省级监测机构)组织开展本行政区域内医疗器械不良事件监测和再评价相关技术工作;承担本行政区域内注册或者备案的医疗器械不良事件的调查、评价和反馈,对本行政区域内发生的群体医疗器械不良事件进行调查和评价。

设区的市级和县级监测机构协助开展本行政区域内医疗器械不良事件监测相关技术工作。

第十四条　持有人应当对其上市的医疗器械进行持续研究,评估风险情况,承担医疗器械不良事件监测的责任,根据分析评价结果采取有效控制措施,并履行下列主要义务:

(一)建立包括医疗器械不良事件监测和再评价工作制度的医疗器械质量管理体系;

(二)配备与其产品相适应的机构和人员从事医疗器械不良事件监测相关工作;

(三)主动收集并按照本办法规定的时限要求及时向监测机构如实报告医疗器械不良事件;

(四)对发生的医疗器械不良事件及时开展调查、分析、评价,采取措施控制风险,及时发布风险信息;

(五)对上市医疗器械安全性进行持续研究,按要求撰写定期风险评价报告;

(六)主动开展医疗器械再评价;

(七)配合药品监督管理部门和监测机构组织开展的不良事件调查。

第十五条　境外持有人除应当履行本办法第十四条规定的义务外,还应当与其指定的代理人之间建立信息传递机制,及时互通医疗器械不良事件监测和再评价相关信息。

第十六条　医疗器械经营企业、使用单位应当履行下列主要义务:

(一)建立本单位医疗器械不良事件监测工作制度,医疗机构还应当将医疗器械不良事件监测纳入医疗机构质量安全管理重点工作；

（二）配备与其经营或者使用规模相适应的机构或者人员从事医疗器械不良事件监测相关工作；

（三）收集医疗器械不良事件，及时向持有人报告，并按照要求向监测机构报告；

（四）配合持有人对医疗器械不良事件的调查、评价和医疗器械再评价工作；

（五）配合药品监督管理部门和监测机构组织开展的不良事件调查。

第三章　报告与评价

第一节　基本要求

第十七条　报告医疗器械不良事件应当遵循可疑即报的原则，即怀疑某事件为医疗器械不良事件时，均可以作为医疗器械不良事件进行报告。

报告内容应当真实、完整、准确。

第十八条　导致或者可能导致严重伤害或者死亡的可疑医疗器械不良事件应当报告；创新医疗器械在首个注册周期内，应当报告该产品的所有医疗器械不良事件。

第十九条　持有人、经营企业和二级以上医疗机构应当注册为国家医疗器械不良事件监测信息系统用户，主动维护其用户信息，报告医疗器械不良事件。持有人应当持续跟踪和处理监测信息；产品注册信息发生变化的，应当在系统中立即更新。

鼓励其他使用单位注册为国家医疗器械不良事件监测信息系统用户，报告不良事件相关信息。

第二十条　持有人应当公布电话、通讯地址、邮箱、传真等联系方式，指定联系人，主动收集来自医疗器械经营企业、使用单位、使用者等的不良事件信息；对发现或者获知的可疑医疗器械不良事件，持有人应当直接通过国家医疗器械不良事件监测信息系统进行医疗器械不良事件报告与评价，并上报群体医疗器械不良事件调查报告以及定期风险评价报告等。

医疗器械经营企业、使用单位发现或者获知可疑医疗器械不良事件的，应当及时告知持有人，并通过国家医疗器械不良事件监测信息系统报告。暂不具备在线报告条件的，应当通过纸质报表向所在地县级以上监测机构报告，由监测机构代为在线报告。

各级监测机构应当公布电话、通讯地址等联系方式。

第二十一条　持有人应当对收集和获知的医疗器械不良事件监测信息进行分析、评价，主动开展医疗器械安全性研究。对附条件批准的医疗器械，持有人还应当按照风险管控计划开展相关工作。

第二十二条　持有人、经营企业、使用单位应当建立并保存医疗器械不良事件监测记录。记录应当保存至医疗器械有效期后2年；无有效期的，保存期限不得少于5年。植入性医疗器械的监测记录应当永久保存，医疗机构应当按照病例相关规定保存。

第二十三条　省级监测机构应当对本行政区域内注册或者备案的医疗器械的不良事件报告进行综合分析，对发现的风险提出监管措施建议，于每季度结束后30日内报所在地省、自治区、直辖市药品监督管理部门和国家监测机构。

国家监测机构应当对国家药品监督管理局批准注册或者备案的医疗器械的不良事件报告和各省、自治区、直辖市药品监督管理部门的季度报告进行综合分析，必要时向国家药品监督管理局提出监管措施建议。

第二十四条　省级监测机构应当按年度对本行政区域内注册或者备案的医疗器械的不良事件监测情况进行汇总分析，形成年度汇总报告，于每年 3 月 15 日前报所在地省、自治区、直辖市药品监督管理部门和国家监测机构。

国家监测机构应当对全国医疗器械不良事件年度监测情况进行汇总分析，形成年度报告，于每年 3 月底前报国家药品监督管理局。

省级以上药品监督管理部门应当将年度报告情况通报同级卫生行政部门。

第二节　个例医疗器械不良事件

第二十五条　持有人发现或者获知可疑医疗器械不良事件的，应当立即调查原因，导致死亡的应当在 7 日内报告；导致严重伤害、可能导致严重伤害或者死亡的应当在 20 日内报告。

医疗器械经营企业、使用单位发现或者获知可疑医疗器械不良事件的，应当及时告知持有人。其中，导致死亡的还应当在 7 日内，导致严重伤害、可能导致严重伤害或者死亡的在 20 日内，通过国家医疗器械不良事件监测信息系统报告。

第二十六条　除持有人、经营企业、使用单位以外的其他单位和个人发现导致或者可能导致严重伤害或者死亡的医疗器械不良事件的，可以向监测机构报告，也可以向持有人、经营企业或者经治的医疗机构报告，必要时提供相关的病历资料。

第二十七条　进口医疗器械的境外持有人和在境外销售国产医疗器械的持有人，应当主动收集其产品在境外发生的医疗器械不良事件。其中，导致或者可能导致严重伤害或者死亡的，境外持有人指定的代理人和国产医疗器械持有人应当自发现或者获知之日起 30 日内报告。

第二十八条　设区的市级监测机构应当自收到医疗器械不良事件报告之日起 10 日内，对报告的真实性、完整性和准确性进行审核，并实时反馈相关持有人。

第二十九条　持有人在报告医疗器械不良事件后或者通过国家医疗器械不良事件监测信息系统获知相关医疗器械不良事件后，应当按要求开展后续调查、分析和评价，导致死亡的事件应当在 30 日内，导致严重伤害、可能导致严重伤害或者死亡的事件应当在 45 日内向持有人所在地省级监测机构报告评价结果。对于事件情况和评价结果有新的发现或者认知的，应当补充报告。

第三十条　持有人所在地省级监测机构应当在收到持有人评价结果 10 日内完成对评价结果的审核，必要时可以委托或者会同不良事件发生地省级监测机构对导致或者可能导致严重伤害或者死亡的不良事件开展现场调查。其中，对于国家药品监督管理局批准注册的医疗器械，国家监测机构还应当对省级监测机构作出的评价审核结果进行复核，必要时可以组织对导致死亡的不良事件开展调查。

审核和复核结果应当反馈持有人。对持有人的评价结果存在异议的，可以要求持有人重新开展评价。

第三节　群体医疗器械不良事件

第三十一条　持有人、经营企业、使用单位发现或者获知群体医疗器械不良事件后，应当在12小时内通过电话或者传真等方式报告不良事件发生地省、自治区、直辖市药品监督管理部门和卫生行政部门，必要时可以越级报告，同时通过国家医疗器械不良事件监测信息系统报告群体医疗器械不良事件基本信息，对每一事件还应当在24小时内按个例事件报告。

不良事件发生地省、自治区、直辖市药品监督管理部门应当及时向持有人所在地省、自治区、直辖市药品监督管理部门通报相关信息。

第三十二条　持有人发现或者获知其产品的群体医疗器械不良事件后，应当立即暂停生产、销售，通知使用单位停止使用相关医疗器械，同时开展调查及生产质量管理体系自查，并于7日内向所在地及不良事件发生地省、自治区、直辖市药品监督管理部门和监测机构报告。

调查应当包括产品质量状况、伤害与产品的关联性、使用环节操作和流通过程的合规性等。自查应当包括采购、生产管理、质量控制、同型号同批次产品追踪等。

持有人应当分析事件发生的原因，及时发布风险信息，将自查情况和所采取的控制措施报所在地及不良事件发生地省、自治区、直辖市药品监督管理部门，必要时应当召回相关医疗器械。

第三十三条　医疗器械经营企业、使用单位发现或者获知群体医疗器械不良事件的，应当在12小时内告知持有人，同时迅速开展自查，并配合持有人开展调查。自查应当包括产品贮存、流通过程追溯，同型号同批次产品追踪等；使用单位自查还应当包括使用过程是否符合操作规范和产品说明书要求等。必要时，医疗器械经营企业、使用单位应当暂停医疗器械的销售、使用，并协助相关单位采取相关控制措施。

第三十四条　省、自治区、直辖市药品监督管理部门在获知本行政区域内发生的群体医疗器械不良事件后，应当会同同级卫生行政部门及时开展现场调查，相关省、自治区、直辖市药品监督管理部门应当配合。调查、评价和处理结果应当及时报国家药品监督管理局和国务院卫生行政部门，抄送持有人所在地省、自治区、直辖市药品监督管理部门。

第三十五条　对全国范围内影响较大并造成严重伤害或者死亡以及其他严重后果的群体医疗器械不良事件，国家药品监督管理局应当会同国务院卫生行政部门组织调查和处理。国家监测机构负责现场调查，相关省、自治区、直辖市药品监督管理部门、卫生行政部门应当配合。

调查内容应当包括医疗器械不良事件发生情况、医疗器械使用情况、患者诊治情况、既往类似不良事件、产品生产过程、产品贮存流通情况以及同型号同批次产品追踪等。

第三十六条　国家监测机构和相关省、自治区、直辖市药品监督管理部门、卫生行政部门应当在调查结束后5日内，根据调查情况对产品风险进行技术评价并提出控制措施建议,形成调查报告报国家药品监督管理局和国务院卫生行政部门。

第三十七条 持有人所在地省、自治区、直辖市药品监督管理部门可以对群体不良事件涉及的持有人开展现场检查。必要时,国家药品监督管理局可以对群体不良事件涉及的境外持有人开展现场检查。

现场检查应当包括生产质量管理体系运行情况、产品质量状况、生产过程、同型号同批次产品追踪等。

第四节 定期风险评价报告

第三十八条 持有人应当对上市医疗器械安全性进行持续研究,对产品的不良事件报告、监测资料和国内外风险信息进行汇总、分析,评价该产品的风险与受益,记录采取的风险控制措施,撰写上市后定期风险评价报告。

第三十九条 持有人应当自产品首次批准注册或者备案之日起,每满一年后的60日内完成上年度产品上市后定期风险评价报告。其中,经国家药品监督管理局注册的,应当提交至国家监测机构;经省、自治区、直辖市药品监督管理部门注册的,应当提交至所在地省级监测机构。第一类医疗器械的定期风险评价报告由持有人留存备查。

获得延续注册的医疗器械,应当在下一次延续注册申请时完成本注册周期的定期风险评价报告,并由持有人留存备查。

第四十条 省级以上监测机构应当组织对收到的医疗器械产品上市后定期风险评价报告进行审核。必要时,应当将审核意见反馈持有人。

第四十一条 省级监测机构应当对收到的上市后定期风险评价报告进行综合分析,于每年5月1日前将上一年度上市后定期风险评价报告统计情况和分析评价结果报国家监测机构和所在地省、自治区、直辖市药品监督管理部门。

国家监测机构应当对收到的上市后定期风险评价报告和省级监测机构提交的报告统计情况及分析评价结果进行综合分析,于每年7月1日前将上一年度上市后定期风险评价报告统计情况和分析评价结果报国家药品监督管理局。

第四章 重点监测

第四十二条 省级以上药品监督管理部门可以组织开展医疗器械重点监测,强化医疗器械产品上市后风险研究。

第四十三条 国家药品监督管理局会同国务院卫生行政部门确定医疗器械重点监测品种,组织制定重点监测工作方案,并监督实施。

国家医疗器械重点监测品种应当根据医疗器械注册、不良事件监测、监督检查、检验等情况,结合产品风险程度和使用情况确定。

国家监测机构组织实施医疗器械重点监测工作,并完成相关技术报告。药品监督管理部门可根据监测中发现的风险采取必要的管理措施。

第四十四条 省、自治区、直辖市药品监督管理部门可以根据本行政区域内医疗器械监管工作需要,参照本办法第四十三条规定,对本行政区内注册的第二类和备案的第一类医疗器械开展省级医疗器械重点监测工作。

第四十五条 医疗器械重点监测品种涉及的持有人应当按照医疗器械重点监测工作方案的要求开展工作，主动收集其产品的不良事件报告等相关风险信息，撰写风险评价报告，并按要求报送至重点监测工作组织部门。

第四十六条 省级以上药品监督管理部门可以指定具备一定条件的单位作为监测哨点，主动收集重点监测数据。监测哨点应当提供医疗器械重点监测品种的使用情况，主动收集、报告不良事件监测信息，组织或者推荐相关专家开展或者配合监测机构开展与风险评价相关的科学研究工作。

第四十七条 创新医疗器械持有人应当加强对创新医疗器械的主动监测，制定产品监测计划，主动收集相关不良事件报告和产品投诉信息，并开展调查、分析、评价。

创新医疗器械持有人应当在首个注册周期内，每半年向国家监测机构提交产品不良事件监测分析评价汇总报告。国家监测机构发现医疗器械可能存在严重缺陷的信息，应当及时报国家药品监督管理局。

第五章 风险控制

第四十八条 持有人通过医疗器械不良事件监测，发现存在可能危及人体健康和生命安全的不合理风险的医疗器械，应当根据情况采取以下风险控制措施，并报告所在地省、自治区、直辖市药品监督管理部门：

（一）停止生产、销售相关产品；

（二）通知医疗器械经营企业、使用单位暂停销售和使用；

（三）实施产品召回；

（四）发布风险信息；

（五）对生产质量管理体系进行自查，并对相关问题进行整改；

（六）修改说明书、标签、操作手册等；

（七）改进生产工艺、设计、产品技术要求等；

（八）开展医疗器械再评价；

（九）按规定进行变更注册或者备案；

（十）其他需要采取的风险控制措施。

与用械安全相关的风险及处置情况，持有人应当及时向社会公布。

第四十九条 药品监督管理部门认为持有人采取的控制措施不足以有效防范风险的，可以采取发布警示信息、暂停生产销售和使用、责令召回、要求其修改说明书和标签、组织开展再评价等措施，并组织对持有人开展监督检查。

第五十条 对发生群体医疗器械不良事件的医疗器械，省级以上药品监督管理部门可以根据风险情况，采取暂停生产、销售、使用等控制措施，组织对持有人开展监督检查，并及时向社会发布警示和处置信息。在技术评价结论得出后，省级以上药品监督管理部门应当根据相关法规要求，采取进一步监管措施，并加强对同类医疗器械的不良事件监测。

同级卫生行政部门应当在本行政区域内暂停医疗机构使用相关医疗器械,采取措施积极组织救治患者。相关持有人应当予以配合。

第五十一条 省级以上监测机构在医疗器械不良事件报告评价和审核、不良事件报告季度和年度汇总分析、群体不良事件评价、重点监测、定期风险评价报告等过程中,发现医疗器械存在不合理风险的,应当提出风险管理意见,及时反馈持有人并报告相应的药品监督管理部门。省级监测机构还应当向国家监测机构报告。

持有人应当根据收到的风险管理意见制定并实施相应的风险控制措施。

第五十二条 各级药品监督管理部门和卫生行政部门必要时可以将医疗器械不良事件所涉及的产品委托具有相应资质的医疗器械检验机构进行检验。医疗器械检验机构应当及时开展相关检验,并出具检验报告。

第五十三条 进口医疗器械在境外发生医疗器械不良事件,或者国产医疗器械在境外发生医疗器械不良事件,被采取控制措施的,境外持有人指定的代理人或者国产医疗器械持有人应当在获知后24小时内,将境外医疗器械不良事件情况、控制措施情况和在境内拟采取的控制措施报国家药品监督管理局和国家监测机构,抄送所在地省、自治区、直辖市药品监督管理部门,及时报告后续处置情况。

第五十四条 可疑医疗器械不良事件由医疗器械产品质量原因造成的,由药品监督管理部门按照医疗器械相关法规予以处置;由医疗器械使用行为造成的,由卫生行政部门予以处置。

第六章 再评价

第五十五条 有下列情形之一的,持有人应当主动开展再评价,并依据再评价结论,采取相应措施:

(一)根据科学研究的发展,对医疗器械的安全、有效有认识上改变的;

(二)医疗器械不良事件监测、评估结果表明医疗器械可能存在缺陷的;

(三)国家药品监督管理局规定应当开展再评价的其他情形。

第五十六条 持有人开展医疗器械再评价,应当根据产品上市后获知和掌握的产品安全有效信息、临床数据和使用经验等,对原医疗器械注册资料中的综述资料、研究资料、临床评价资料、产品风险分析资料、产品技术要求、说明书、标签等技术数据和内容进行重新评价。

第五十七条 再评价报告应当包括产品风险受益评估、社会经济效益评估、技术进展评估、拟采取的措施建议等。

第五十八条 持有人主动开展医疗器械再评价的,应当制定再评价工作方案。通过再评价确定需要采取控制措施的,应当在再评价结论形成后15日内,提交再评价报告。其中,国家药品监督管理局批准注册或者备案的医疗器械,持有人应当向国家监测机构提交;其他医疗器械的持有人应当向所在地省级监测机构提交。

持有人未按规定履行医疗器械再评价义务的,省级以上药品监督管理部门应当责令持有人开展再评价。必要时,省级以上药品监督管理部门可以直接组织开展再评价。

第五十九条 省级以上药品监督管理部门责令开展再评价的，持有人应当在再评价实施前和再评价结束后30日内向相应药品监督管理部门及监测机构提交再评价方案和再评价报告。

再评价实施期限超过1年的，持有人应当每年报告年度进展情况。

第六十条 监测机构对收到的持有人再评价报告进行审核，并将审核意见报相应的药品监督管理部门。

药品监督管理部门对持有人开展的再评价结论有异议的，持有人应当按照药品监督管理部门的要求重新确认再评价结果或者重新开展再评价。

第六十一条 药品监督管理部门组织开展医疗器械再评价的，由指定的监测机构制定再评价方案，经组织开展再评价的药品监督管理部门批准后组织实施，形成再评价报告后向相应药品监督管理部门报告。

第六十二条 再评价结果表明已注册或者备案的医疗器械存在危及人身安全的缺陷，且无法通过技术改进、修改说明书和标签等措施消除或者控制风险，或者风险获益比不可接受的，持有人应当主动申请注销医疗器械注册证或者取消产品备案；持有人未申请注销医疗器械注册证或者取消备案的，由原发证部门注销医疗器械注册证或者取消备案。药品监督管理部门应当将注销医疗器械注册证或者取消备案的相关信息及时向社会公布。

国家药品监督管理局根据再评价结论，可以对医疗器械品种作出淘汰的决定。被淘汰的产品，其医疗器械注册证或者产品备案由原发证部门予以注销或者取消。

被注销医疗器械注册证或者被取消备案的医疗器械不得生产、进口、经营和使用。

第七章 监督管理

第六十三条 药品监督管理部门应当依据职责对持有人和经营企业开展医疗器械不良事件监测和再评价工作情况进行监督检查，会同同级卫生行政部门对医疗器械使用单位开展医疗器械不良事件监测情况进行监督检查。

第六十四条 省、自治区、直辖市药品监督管理部门应当制定本行政区域的医疗器械不良事件监测监督检查计划，确定检查重点，并监督实施。

第六十五条 省、自治区、直辖市药品监督管理部门应当加强对本行政区域内从事医疗器械不良事件监测和再评价工作人员的培训和考核。

第六十六条 药品监督管理部门应当按照法规、规章、规范的要求，对持有人不良事件监测制度建设和工作开展情况实施监督检查。必要时，可以对受持有人委托开展相关工作的企业开展延伸检查。

第六十七条 有下列情形之一的，药品监督管理部门应当对持有人开展重点检查：

（一）未主动收集并按照时限要求报告医疗器械不良事件的；

（二）持有人上报导致或可能导致严重伤害或者死亡不良事件的报告数量与医疗机构的报告数量差距较大，提示其主体责任未落实到位的；

（三）瞒报、漏报、虚假报告的；

（四）不配合药品监督管理部门开展的医疗器械不良事件相关调查和采取的控制措施的；

（五）未按照要求通过不良事件监测收集产品安全性信息，或者未按照要求开展上市后研究、再评价，无法保证产品安全有效的。

第六十八条 持有人未按照要求建立不良事件监测制度、开展不良事件监测和再评价相关工作、未按照本办法第四十八条规定及时采取有效风险控制措施、不配合药品监督管理部门开展的医疗器械不良事件相关调查和采取的控制措施的，药品监督管理部门可以要求其停产整改，必要时采取停止产品销售的控制措施。

需要恢复生产、销售的，持有人应当向作出处理决定的药品监督管理部门提出申请，药品监督管理部门现场检查通过后，作出恢复生产、销售的决定。

持有人提出恢复生产、销售申请前，可以聘请具备相应资质的独立第三方专业机构进行检查确认。

第六十九条 省级以上药品监督管理部门统一发布下列医疗器械不良事件监测信息：

（一）群体医疗器械不良事件相关信息；

（二）医疗器械不良事件监测警示信息；

（三）需要定期发布的医疗器械不良事件监测信息；

（四）认为需要统一发布的其他医疗器械不良事件监测信息。

第八章 法律责任

第七十条 持有人有下列情形之一的，依照《医疗器械监督管理条例》第六十八条的规定，由县级以上药品监督管理部门责令改正，给予警告；拒不改正的，处5000元以上2万元以下罚款；情节严重的，责令停产停业，直至由发证部门吊销相关证明文件：

（一）未主动收集并按照时限要求报告医疗器械不良事件的；

（二）瞒报、漏报、虚假报告的；

（三）未按照时限要求报告评价结果或者提交群体医疗器械不良事件调查报告的；

（四）不配合药品监督管理部门和监测机构开展的医疗器械不良事件相关调查和采取的控制措施的。

第七十一条 医疗器械经营企业、使用单位有下列情形之一的，依照《医疗器械监督管理条例》第六十八条的规定，由县级以上药品监督管理部门和卫生行政部门依据各自职责责令改正，给予警告；拒不改正的，处5000元以上2万元以下罚款；情节严重的，责令停产停业，直至由发证部门吊销相关证明文件：

（一）未主动收集并按照时限要求报告医疗器械不良事件的；

（二）瞒报、漏报、虚假报告的；

（三）不配合药品监督管理部门和监测机构开展的医疗器械不良事件相关调查和采取的控制措施的。

第七十二条 持有人未按照要求开展再评价、隐匿再评价结果、应当提出注销申请而未提出的,由省级以上药品监督管理部门责令改正,给予警告,可以并处1万元以上3万元以下罚款。

第七十三条 持有人有下列情形之一的,由县级以上药品监督管理部门责令改正,给予警告;拒不改正的,处5000元以上2万元以下罚款:

(一)未按照规定建立医疗器械不良事件监测和再评价工作制度的;

(二)未按照要求配备与其产品相适应的机构和人员从事医疗器械不良事件监测相关工作的;

(三)未保存不良事件监测记录或者保存年限不足的;

(四)应当注册而未注册为医疗器械不良事件监测信息系统用户的;

(五)未主动维护用户信息,或者未持续跟踪和处理监测信息的;

(六)未根据不良事件情况采取相应控制措施并向社会公布的;

(七)未按照要求撰写、提交或者留存上市后定期风险评价报告的;

(八)未按照要求报告境外医疗器械不良事件和境外控制措施的;

(九)未按照要求提交创新医疗器械产品分析评价汇总报告的;

(十)未公布联系方式、主动收集不良事件信息的;

(十一)未按照要求开展医疗器械重点监测的;

(十二)其他违反本办法规定的。

第七十四条 医疗器械经营企业、使用单位有下列情形之一的,由县级以上药品监督管理部门和卫生行政部门依据各自职责责令改正,给予警告;拒不改正的,处5000元以上2万元以下罚款:

(一)未按照要求建立医疗器械不良事件监测工作制度的;

(二)未按照要求配备与其经营或者使用规模相适应的机构或者人员从事医疗器械不良事件监测相关工作的;

(三)未保存不良事件监测记录或者保存年限不足的;

(四)应当注册而未注册为国家医疗器械不良事件监测信息系统用户的;

(五)未及时向持有人报告所收集或者获知的医疗器械不良事件的;

(六)未配合持有人对医疗器械不良事件调查和评价的;

(七)其他违反本办法规定的。

药品监督管理部门发现使用单位有前款规定行为的,应当移交同级卫生行政部门处理。

卫生行政部门对使用单位作出行政处罚决定的,应当及时通报同级药品监督管理部门。

第七十五条 持有人、经营企业、使用单位按照本办法要求报告、调查、评价、处置医疗器械不良事件,主动消除或者减轻危害后果的,对其相关违法行为,依照《中华人民共和国行政处罚法》的规定从轻或者减轻处罚。违法行为轻微并及时纠正,没有造成危害后果的,不予处罚,但不免除其依法应当承担的其他法律责任。

第七十六条 各级药品监督管理部门、卫生行政部门、监测机构及其工作人员,不按规定履行职责的，依照《医疗器械监督管理条例》第七十二条和第七十四条的规定予以处理。

第七十七条 持有人、经营企业、使用单位违反相关规定，给医疗器械使用者造成损害的，依法承担赔偿责任。

第九章 附 则

第七十八条 医疗器械不良事件报告的内容、风险分析评价报告和统计资料等是加强医疗器械监督管理、指导合理用械的依据，不作为医疗纠纷、医疗诉讼和处理医疗器械质量事故的依据。

对于属于医疗事故或者医疗器械质量问题的，应当按照相关法规的要求另行处理。

第七十九条 本办法由国家药品监督管理局会同国务院卫生行政部门负责解释。

第八十条 本办法自2019年1月1日起施行。

（三）老妇幼卫生保健类

计划生育统计工作管理办法

（国家计划生育委员会令第2号）

第一章 总 则

第一条 为了加强计划生育统计工作，使计划生育统计工作规范化、制度化、科学化，保障计划生育统计资料的准确性和及时性，根据《中华人民共和国统计法》（以下简称《统计法》）的有关规定，结合计划生育统计工作的实际，制定本办法。

第二条 国家计划生育委员会和地方各级计划生育行政部门（以下简称计划生育部门）、直属单位及其工作人员，计划生育统计工作所涉及的单位和个人，适用本办法。

第三条 本办法所称计划生育统计工作，是指有关计划生育统计制度的制定和执行，统计制度执行情况的检查与监督，统计调查的组织和实施，统计资料的收集、管理和使用，统计人员的培训等工作。

第四条 计划生育统计工作的基本任务是：

（一）贯彻执行《统计法》，制定并实施各项计划生育统计工作管理办法；

（二）实行计划生育工作的定期统计报表制度，组织和管理计划生育专门统计调查；

（三）制定并实施计划生育统计方案，制定计划生育统计标准，建立、健全计划生育统计指标体系；

（四）收集、整理、保管和提供计划生育统计资料，建立并完善以计算机技术为基础的信息收集、处理、传输系统和数据库系统；

（五）分析、研究人口与计划生育统计资料；

（六）检查计划生育统计制度执行情况和统计数据质量，考核评估人口计划执行结果和计划生育工作目标管理责任制落实情况；

（七）审批本系统其它业务部门和直属单位涉及计划生育的统计报表和统计调查。指导本系统其它业务部门和直属单位涉及计划生育的统计活动。

第五条 计划生育统计工作实行统一管理、分级负责的管理体制。国家计划生育委员会负责对全国计划生育统计工作实行统一管理、业务指导和组织协调，国家计划生育委员会的统计部门承担具体工作。地方各级计划生育部门负责对本行政区域内的计划生育统计工作实行统一管理、业务指导和组织协调，地方各级计划生育统计部门承担具体工作。

第六条 建立、健全基本的统计工作制度，包括：统计帐卡和报表制度、统计调查制度、统计例会制度、统计人员培训制度、统计检查、奖惩和举报制度、统计资料管理和公布制度、村级统计资料公开制度等。

第七条 各级计划生育部门应当把统计工作的发展纳入计划生育事业发展规划，为统计工作顺利开展提供必要的经费等保障条件。

第八条 各级计划生育统计部门和统计人员，在计划生育统计工作中依法独立行使统计调查权、统计报告权和统计监督权。

第九条 各级计划生育部门及其工作人员必须依照有关统计法律、法规的规定，提供计划生育统计资料，不得虚报、瞒报、拒报、迟报或伪造、篡改统计资料。

第二章 统计部门和统计人员

第十条 县以上各级计划生育部门应当设立专门的统计部门，并指定统计负责人。乡、镇、街道（以下简称乡）计划生育办公室设置统计人员，乡计划生育办公室应当委托村、居民委员会（以下简称村）指派专人负责计划生育统计工作。

第十一条 各级计划生育统计人员应当具备一定的统计业务知识。村级计划生育统计人员应当具有初中以上文化程度，乡级应当具有中专以上文化程度，县级以上的应当具有大专以上文化程度。

各级计划生育统计部门应当有计划地对统计人员（含计算机人员）进行培训。

省以下各级计划生育统计部门新上岗的统计人员必须得到省级计生委颁发的上岗证后方可上岗。

第十二条 县以上各级计划生育部门应当依照国家有关规定，配合、协调有关部门为计划生育统计专业人员评定专业技术职称。

第十三条 各级计划生育部门的统计人员应当保持相对稳定。对不称职、不合格的统计人员应当及时进行调整。

第三章 统计帐卡和统计报表

第十四条 统计帐卡和统计报表是计划生育统计数据的主要来源。帐卡和报表及其项目的设置应当严格控制，删繁就简，以实用为原则。

乡、村两级应当建立、健全计划生育统计帐卡，帐卡内容应当每月变更。村级实行月报告单制度，每月通过报告单将变更信息上报到乡。乡级为计划生育情况报表起报单位，实行月、季、半年、全年报表制度,逐级上报。

第十五条　各级计划生育部门实行统计例会制度。乡级每月应召开一次统计例会。

第十六条　统计报表包括由计划生育统计部门负责的计划生育情况报表和本系统其它业务部门和直属单位负责的事业统计报表。

计划生育情况报表的主要内容包括:育龄妇女的婚姻、生育、避孕节育等情况;

事业统计报表的主要内容包括:宣传教育、政策法规、技术服务、避孕药具供应、信访、人事、财务、协会等情况。

第十七条　县以上各级计划生育统计部门可根据上一级主管部门的要求和工作需要,经同级统计局审核,设置本行政区域内的计划生育统计报表,或者转发上一级主管部门的统计报表。自行设计的报表项目不得少于上一级主管部门统计报表的项目,其指标涵义、计算方法、分类目录、统计期限、上报时间等不得与上一级主管部门的有关规定相抵触。

第十八条　上报计划生育情况报表需经本单位统计负责人审核、签字并加盖公章。上报半年和全年统计报表的同时应当报送书面统计分析报告。

第十九条　计划生育系统的其它业务部门和直属单位设置的事业统计报表及专门统计调查表须经同级计划生育统计部门审核、批准、备案、授颁统一表号后方可制发。

第二十条　各种事业统计报表的汇总、分析、上报,由相应的业务主管部门负责。上报的报表和分析报告,须抄送同级计划生育统计部门。

第二十一条　按规定程序批准的计划生育统计报表和调查表必须在表的右上角标明表号、制表机关、批准机关和批准文号。对未经批准或备案的计划生育统计调查表,各级计划生育部门有权废止,有关的统计调查对象有权拒绝填报。

第四章　专门统计调查和统计检查

第二十二条　县以上各级计划生育部门根据工作需要可以组织专门统计调查。

第二十三条　县以上各级计划生育部门实行统计检查制度,对本级和下级的统计制度执行情况和统计数据质量进行检查。

国家定期对各省的统计质量进行检查,并将检查结果向全国通报。省、地、县各级计划生育部门组织的统计质量检查,要从严掌握,其结果应向本级管辖的各单位通报,同时向上级计划生育统计部门报告。乡计划生育办公室对村级统计帐卡应经常进行抽查。

第二十四条　计划生育系统的各单位与社会其它部门、机构合作进行有关计划生育的统计调查,必须经同级计划生育统计部门审批;与国外、境外的机构和个人合作进行有关计划生育的统计调查,不得涉及国家有关保密内容,并须报国家计划生育委员会统计部门审批。

第二十五条　计划生育系统以外的单位和个人进行涉及计划生育情况和计划生育工作的调查,必须经调查工作所涉及的行政区域的县以上计划生育统计部门审批,涉外调查须报国家计划生育委员会统计部门审批。

第二十六条　各类计划生育统计调查方案要明确调查目的,规定调查方法、统计范围、分类目录、指标解释、计算方法。调查对象和调查内容属于计划生育部门管辖范围内的，调查方案和调查表由计划生育部门分管统计的负责人批准制发，并报同级统计局备案；调查对象和调查内容超出计划生育部门管辖范围的，调查方案和调查表经计划生育统计部门审核后须报同级统计局审批。

第五章　统计资料的管理和公布

第二十七条　各级计划生育部门按照统一、规范的原则，妥善保管本行政区域内的计划生育统计资料。地方各级计划生育部门上报的统计资料本级必须备案、存档。

第二十八条　计划生育统计人员调动工作或者离职，必须与接管人员办清统计资料的交接手续。一般统计人员办理交接手续，由计划生育统计部门负责人、统计主管人员监交。计划生育统计部门负责人、统计主管人员办理交接手续，由单位领导人监交。

第二十九条　属于国家秘密资料和国家计划生育委员会确定的秘密资料，不得泄露。属于调查对象的私人、家庭单项调查资料，非经本人同意，不得泄露。

第三十条　各级计划生育部门按照国家有关规定，定期公布本行政区域内主要计划生育统计数据。重要数据的公布要与同级统计局协商。

国家计划生育委员会负责审定、公布和出版全国计划生育统计资料。省以下各级计划生育部门负责审定、公布、出版本行政区域内的计划生育统计资料。

宣传、新闻和出版单位发布尚未公布的计划生育统计资料，属于全国性的，须经国家计划生育委员会核准；属于省以下的，须经同级计划生育统计部门核准。所有发表的计划生育统计资料必须注明来源。

第三十一条　各级计划生育部门向计划生育系统以外的部门、机构和个人提供本级所辖范围的计划生育统计资料，须经本级计划生育统计部门审批；向国外、境外的机构和个人提供计划生育统计资料，须经省以上计划生育统计部门审批。

第三十二条　各级计划生育统计部门应当做好统计信息咨询工作，充分利用可以公开的统计信息为社会服务。

第三十三条　本办法第二十四条、第二十五条所述的调查，在公布调查结果前，组织调查的单位或者个人应当向批准其调查的计划生育部门通报拟公布的调查结果，涉及重要数据须经批准方可公布。

第六章　统计工作现代化

第三十四条　各级计划生育部门应当采用现代计算机技术装备统计部门，建立、健全以育龄妇女信息管理、常驻人口信息管理、流动人口信息管理和实现办公自动化等为主要内容的计划生育管理信息系统，实现统计工作管理手段和方式的现代化。

第三十五条　各级计划生育统计部门应当根据工作需要，配备一定数量的计算机专业人员。各级计划生育部门要加强计算机人员的业务培训。

第三十六条　各级计划生育部门要根据国家计划生育委员会的统一要求，有计划、有步骤地进行计算机的应用与推广，逐步建立和完善全国计算机信息管理网络。各地必须按照国家有关保密规定使用计算机网络传输信息。

第三十七条 各级计划生育统计部门要配备必要的计算机硬件、软件,并投入一定的经费,保证管理信息系统建立和运行的需要。

第七章 奖励与处罚

第三十八条 各级计划生育部门定期对所辖范围的统计部门和统计人员进行考核、评比。对于在执行统计法律、法规,改革计划生育统计制度,完善统计手段,完成统计调查任务,开展统计科学研究,以及在统计工作中抵制弄虚作假、纠正重大统计错误等方面作出突出贡献的,应当按照有关规定给予表彰或奖励。

第三十九条 违反本办法规定,有下列行为之一的,由县以上计划生育部门对有关单位和责任人给予通报批评,由本级计划生育部门依法给予行政处分或者建议有关部门依法给予行政处分:

(一)自行修改统计资料、编造虚假数据,或者强令、授意统计部门、统计人员篡改统计资料或者编造虚假数据的;

(二)拒报、瞒报计划生育统计资料的;

(三)未经批准,擅自发布尚未公布的计划生育统计资料的;

(四)擅自下发统计报表,或者实施统计调查,窃取国家秘密、损害社会、公众利益或者进行欺诈活动的;

(五)泄露国家秘密的计划生育统计资料,造成国家损失或社会不良影响的;

(六)在统计调查中泄露私人、家庭的单项调查资料,造成不良后果的;

(七)对拒绝、抵制篡改统计资料或编造虚假数据行为的统计人员进行打击报复的;

(八)妨碍计划生育统计机构、统计人员执行公务的。

有上述各项所列行为之一的,情节严重构成犯罪的,由司法机关依法追究刑事责任。

第八章 附 则

第四十条 本办法中的"以上"、"以下"均包括本数(本级)在内。

第四十一条 本办法由国家计划生育委员会负责解释。

第四十二条 本办法自1999年7月1日起施行。1990年国家计划生育委员会、国家统计局颁布的《计划生育统计工作实施办法》同时废止。

计划生育系统统计调查管理办法

(2000年10月24日国家计划生育委员会委务会通过 2000年11月2日中华人民共和国国家计划生育委员会第3号公布)

第一章 总 则

第一条 为加强计划生育系统统计调查的管理和监督,规范统计调查行为,实现统计调查的制度化、规范化、科学化,根据《中华人民共和国统计法》和《中华人民共和国统计法实施细则》,制定本办法。

第二条 计划生育系统的统计调查(以下简称统计调查),是指为收集计划生育工作情况及其事业发展情况制发的各类定期、不定期报表和组织的各种专门调查,包括运用计算机网络等技术开展的调查。

县及县以上计划生育系统各工作机构、直属挂靠单位(以下简称系统内各单位)单独、联合或与其它单位联合组织的统计调查,适用本办法。

第三条 系统内各单位根据工作需要可以组织统计调查。

县及县以上计划生育行政部门负责批准所辖行政区域的计划生育统计调查。各级计划生育统计工作机构负责归口管理统计调查,承担审核工作。

第二章 组织统计调查的原则

第四条 设计统计调查前,必须进行可行性分析。涉及重大问题的统计调查,应当进行充分的论证。

第五条 统计调查的内容和范围必须与组织统计调查的部门的职能相一致。

第六条 拟调查资料能从已批准实施的或其他部门已进行的各类统计调查中收集到的,不得重复调查;典型调查、重点调查或抽样调查可以满足需要的,不得进行全面调查;一次性调查可以满足需要的,不得搞定期调查。新制定的统计调查不得与已制发的统计调查重复、交叉、矛盾。

第三章 统计调查方案的设计

第七条 统计调查方案包括以下内容:

(一)调查名称、调查机关、调查目的、调查范围、调查对象、调查方式、调查时间、调查的主要内容、资料上报时间和份数、调查结果的公布时间和公布方式等。

(二)统计调查所需填报的各类报表、调查问卷和各项指标的解释、逻辑关系、计算方法及相关的技术问题。

(三)统计调查需要的人员和经费预算及其来源。

(四)抽样调查的抽样方案。

第八条 报表、调查问卷的中间上方列调查标题;右上角列审批标志,从上至下依次列出"表(编)号"、"编制机关"、"批准(备案)机关"、"批准文号"和"有效期限"。报表的左上方列"填报单位",下方从左至右依次列出"填表日期"、"单位负责人"和"填表人"。涉及国家秘密事项的报表、调查问卷,在标题之前标明相应的密级。

第九条 报表、调查问卷的名称与主要内容要一致,各项指标之间的逻辑关系应当明确,各项指标要有相应的计量单位。

第十条 每张报表的指标项目数一般不超过 20 项,且横向排列。

第十一条 各类报表、调查问卷指标的计量单位和编码,应当按照国家标准或部颁标准确定。没有颁布标准的,由组织实施统计调查的单位自行制定,但不得与国家标准和部颁标准的原则相矛盾。

第十二条　各级计生统计工作机构应建立“计划生育系统统计调查项目库”，公布已批准的统计调查，供各单位在设计统计调查方案前查询。

第十三条　各级计生统计工作机构应当为制定统计调查的系统内各单位提供统计调查方案设计的咨询和指导。

第十四条　设计新的统计调查方案，必须事先试点并征求有关地方、部门的意见。

第四章　统计调查的审批程序

第十五条　各级计生统计工作机构负责审核各种统计调查。

第十六条　系统内各单位送审统计调查时，应当以单位名义向同级计生统计工作机构报送审核函，同时提交本办法第七条规定的统计调查方案及有关文件。

第十七条　同级计生统计工作机构在接到送审的统计调查方案后，应在15个工作日内对送审的统计调查方案提出拟予批准或暂缓批准、不予批准的意见及理由。

经审核拟予批准的统计调查方案由计生统计工作机构报同级计划生育行政部门行政首长批准后，复函给提出统计调查的单位。

暂缓批准或不予批准的统计调查方案，由计生统计工作机构将审核意见及理由复函给提出统计调查的单位。

第十八条　暂缓批准的统计调查方案，由提出统计调查的单位根据计生统计工作机构提出的意见修改、调整后，依照本办法第十六条、第十七条重新审批。

第十九条　系统内各单位与国外机构合作组织的统计调查，参照本办法第十六条、第十七条，由国家计生委统计工作机构与外事及保密工作机构会签，审批时间适当延长。

第二十条　统计调查对象超出计划生育系统管辖的，经同级计划生育行政部门批准后，由同级计生统计工作机构报送同级政府综合统计机构审批。

第二十一条　予以批准的统计调查，由同级计生统计工作机构编制表号，以同级计划生育行政部门的名义下发，送同级计生统计工作机构和同级政府综合统计机构备案。

第二十二条　已经批准的统计调查，实施单位在实施过程中不得自行变动其中的内容。确需变动的应说明理由，并重新办理审批和备案手续。

第二十三条　定期报表的有效期限以复函所确定的有效期为限，最长不超过3年。

一次性报表或专门调查的有效期以复函所确定的有效期为限。

第二十四条　已经批准的统计调查到期后，原统计调查方案需继续使用的，组织统计调查的单位应向同级计生统计工作机构报送继续使用意见的函，由同级计生统计工作机构复函批准后实施。原统计调查方案需要修改后实施的，参照本办法第十六条、第十七条办理续批手续。

未办理续批手续的，不得继续组织实施。

第二十五条　未经审批、暂缓批准、不予批准的统计调查，不得组织实施。

第五章　统计调查结果的上报与公布

第二十六条　系统内各单位对上报的统计调查数据，必须认真核实，确保质量。填表人要签名，单位负责人要审核签字，并加盖公章。凡列有密级的报表，上报时须符合保密的有关规定。

第二十七条　系统内各单位的统计调查数据和汇总分析报告，应当抄送同级计生统计工作机构备案。

第二十八条　计生统计工作机构负责公布计划生育系统的统计调查数据。计生统计工作机构应与同级政府综合统计机构就总人口数等重要数据公布的范围、方式协商一致后公布。

系统内各单位与国外机构合作组织的统计调查数据，由组织调查的单位报送国家计生委统计工作机构审核，报分管统计工作的领导批准后公布。

第二十九条　公布统计调查数据必须严格执行《中华人民共和国保守国家秘密法》和《计划生育工作中国家秘密及其密级具体范围的规定》。

第六章　监督与处罚

第三十条　各级计划生育统计和行政监察工作机构负责对计生统计调查工作进行执法监督检查，对违反有关统计法律、法规、规章的统计调查行为予以纠正或处理。

第三十一条　县及县以上计划生育统计和行政监察工作机构应当建立统计调查监督举报制度，在职权范围内负责对违反本办法规定的统计调查进行核实，及时予以纠正或处理。

第三十二条　被调查人或被调查单位对违反本办法规定的统计调查，有权拒绝填报，并应向当地或上级计生统计工作机构举报。

第三十三条　各级计划生育财务工作机构对违反本办法规定的统计调查不予列支经费。

第三十四条　违反本办法规定，有下列行为之一的，由县及县以上计划生育行政部门责令改正，给予通报批评；情节较重的，可以对负有直接责任的主管人员和其他直接责任人员依法给予行政处分或建议有关部门依法给予行政处分；构成犯罪的，依法追究刑事责任。

（一）在统计调查中窃取国家秘密、损害社会、公众利益或者进行欺诈活动的；

（二）擅自组织实施统计调查的；

（三）擅自改变已批准的调查内容进行调查的；

（四）给未获批准的统计调查提供经费支持，造成不良后果的；

（五）滥批统计调查，造成统计调查秩序混乱的；

（六）在统计调查中泄露私人、家庭的单项调查资料，造成不良后果的；

（七）擅自公布统计报表数据或专项统计调查结果，造成不良后果的；

（八）为国外的机构、组织、人员非法提供统计调查结果的；

（九）其他违反国家法律、法规和本办法规定组织实施统计调查的。

第七章　附　　则

第三十五条　系统内各单位与香港特别行政区、澳门特别行政区、台湾省的机构合作组织统计调查、公布调查结果的,参照本办法第十六条、第十七条、第十九条、第二十八条,由国家计生委审批。

第三十六条 本办法自2001年1月1日起施行。原《国家计划生育委员会计划生育统计调查工作管理办法》废止。

第三十七条 本办法实施中的具体应用问题由国家计划生育委员会计划财务司负责解释。

计划生育技术服务管理条例实施细则

(中华人民共和国国家计划生育委员会令第6号)

第一章 总 则

第一条 根据《计划生育技术服务管理条例》(以下简称条例),制订本细则。

第二条 中华人民共和国境内从事计划生育技术服务活动的各级各类机构及其人员应当遵守条例和本细则。

第三条 计划生育技术服务实行国家指导与个人自愿相结合的原则。

公民实行计划生育时,有权了解自身的健康检查结果和常用避孕节育方法的作用机理、适应证、禁忌证、优缺点、使用方法、注意事项、可能出现的副作用及其处理方法,在计划生育技术服务人员指导下,负责任地选择适合于自己的避孕节育方法。

从事计划生育技术服务的机构和人员,在提供避孕节育技术服务时应充分考虑服务对象的健康状况、劳动强度及其所处的生理时期,指导公民选择适宜的避孕节育方法,并为其提供安全、有效、规范的技术服务。对于已生育子女的夫妻,提倡选择以长效为主的避孕方法。

第四条 国家保障公民获得适宜的计划生育技术服务的权利,向农村实行计划生育的育龄夫妻免费提供避孕、节育技术服务。

免费提供的技术服务项目包括发放避孕药具;孕情、环情检查;放置、取出宫内节育器及技术常规所规定的各项医学检查;人工终止妊娠术及技术常规所规定的各项医学检查;输卵管结扎术、输精管结扎术及技术常规所规定的各项医学检查;计划生育手术并发症诊治。

第五条 向农村实行计划生育的育龄夫妻免费提供避孕、节育技术服务所需经费,由各级财政设立专项经费予以保障,具体结算标准和结算形式由各省、自治区、直辖市人民政府制定。

国家向城市实行计划生育的育龄夫妻免费发放避孕药具。城市实行计划生育的育龄夫妻接受避孕、节育技术服务的,其费用解决途径为:参加生育保险、医疗保险和其它相关社会保险的,由社会保险基金统筹支付;未参加上述保险的公民,由所在单位或地方财政负担。具体办法由县级以上地方人民政府制定。对西部困难地区免费提供避孕节育技术服务所需经费,由中央财政给予适当补助。

第六条 国家计划生育委员会负责管理全国计划生育技术服务工作,履行下列职责:

（一）制定与条例配套的规章和制度；

（二）围绕生育、节育、不育制定生殖保健服务的规划与规范，编制并颁布计划生育技术服务项目、药具目录；

（三）制定全国计划生育技术服务工作发展规划，指导各地计划生育技术服务网络的规划、建设、管理和监督；

（四）组织制定并实施与计划生育技术服务工作相关的科学研究总体规划，组织计划生育新技术推广和避孕药具上市后的监测工作；

（五）对计划生育技术服务进行管理和监督；

（六）管理与计划生育技术服务相关的其他工作。

第七条 各地计划生育技术服务网络的规划，应当由县级以上地方人民政府计划生育行政部门在当地人民政府的统一领导下，遵循布局合理、规模适当、广为覆盖的原则提出，并报请同级人民政府将其纳入国民经济、社会发展和区域卫生规划。

第八条 从事计划生育技术服务的机构应当坚持"面向基层，深入乡村，服务上门，方便群众"的工作方针。各级各类从事计划生育技术服务的机构要合理分工，密切协作，优势互补，围绕生育、节育、不育共同做好避孕节育和其他生殖保健服务工作。

第九条 国家计划生育委员会制定并组织实施计划生育科学研究、技术发展、新技术引入和推广的总体规划。省、自治区、直辖市人民政府计划生育行政部门负责组织实施推进与计划生育优质服务相关的科学研究、技术发展、新技术引入和推广项目。

国内外企业、基金会、国际组织和社会团体，可以根据条例和本细则的规定申请承担或参与推进计划生育技术服务相关的科学研究、技术发展和新技术的引入和推广。

第二章 技术服务

第十条 计划生育技术服务是指使用手术、药物、工具、仪器、信息及其他技术手段，有目的地向育龄公民提供生育调节及其他有关的生殖保健服务的活动，包括计划生育技术指导、咨询以及与计划生育有关的临床医疗服务。

第十一条 计划生育技术指导、咨询包括下列内容：

（一）避孕节育与降低出生缺陷发生风险及其他生殖健康的科普宣传、指导和咨询；

（二）提供避孕药具，对服务对象进行相关的指导、咨询、随访；

（三）对施行避孕、节育手术和输卵（精）管复通手术的，在手术前、后提供相关的指导、咨询和随访。

第十二条 与计划生育有关的临床医疗服务包括下列内容：

（一）避孕和节育的医学检查，主要指按照避孕、节育技术常规，为了排除禁忌证、掌握适应证而进行的术前健康检查以及术后康复和保证避孕安全、有效所需要的检查；

（二）各种计划生育手术并发症和计划生育药具不良反应的诊断、鉴定和治疗；

（三）施行各种避孕、节育手术和输卵（精）管复通术等恢复生育力的手术以及与施行手术相关的临床医学诊断和治疗；

（四）根据国家计划生育委员会和卫生部共同制定的有关规定，开展围绕生育、节育、不育的其他生殖保健服务；

(五)病残儿医学鉴定中必要的检查、观察、诊断、治疗活动。

第十三条 因生育病残儿要求再生育而申请医学鉴定的，依照《病残儿医学鉴定管理办法》执行。

病残儿医学鉴定诊断及其父母再生育指导，依照《病残儿医学鉴定诊断暂行标准及再生育指导原则》执行。

第十四条 计划生育手术并发症的诊断、鉴定和管理，依照《计划生育手术并发症鉴定管理办法》执行。

计划生育技术服务中发生的医疗事故，按照国家有关规定处理。

第十五条 在城乡基层开展涉及人群的计划生育科学技术研究项目和国际合作项目，应按规定由项目承担单位提出书面申请和工作方案，经实施地省、自治区、直辖市人民政府计划生育行政部门初审同意，报国家计划生育委员会审查批准后实施。实施中接受项目实施地县级以上地方人民政府计划生育行政部门的监督。

第十六条 发布涉及计划生育技术的广告，须经省、自治区、直辖市人民政府计划生育行政部门审查同意后，再报同级广告主管部门批准。

第十七条 各级计划生育技术服务机构和从事计划生育技术服务的医疗、保健机构，在施行避孕、节育手术、特殊检查或者特殊治疗时，应向实行计划生育的服务对象做必要的解释，征得服务对象的同意。特殊检查、特殊治疗是指具有下列情形之一的诊断、治疗活动：

(一)有一定危险性，可能产生不良后果的检查和治疗；

(二)由于服务对象体质特殊或者病情危重，可能对其产生不良后果和危险的检查和治疗；

(三)临床试验性检查和治疗；

(四)需收费并可能对服务对象造成较大经济负担的检查和治疗。

第十八条 从事计划生育技术服务的机构及其计划生育技术服务人员，不得进行非医学需要的胎儿性别鉴定或者选择性别的人工终止妊娠。

因生育病残儿经鉴定获准再生育者，怀疑胎儿可能为伴性遗传病需进行性别鉴定的，由省级病残儿医学鉴定组确定，到指定的机构按照有关规定进行鉴定；鉴定确诊后，要求人工终止妊娠的，应出具省级病残儿医学鉴定组的鉴定意见和处理意见。

第三章 服务机构

第十九条 从事计划生育技术服务的机构包括计划生育技术服务机构和从事计划生育技术服务的医疗、保健机构。

计划生育技术服务机构是指依照条例规定取得执业许可、隶属同级计划生育行政部门、具有医疗保健性质、从事计划生育技术服务的非营利的公益性全额拨款事业单位。各级计划生育技术服务机构的事业经费由各级财政予以保障。

从事计划生育技术服务的医疗、保健机构是指已持有《医疗机构执业许可证》，又依照条例规定设有计划生育技术服务科(室)，并取得计划生育技术服务项目执业许可的医疗、保健单位。

第二十条 设置乡级以上从事计划生育技术服务的机构必须符合国家计划生育委员会制定的机构设置标准。

村级和城市社区计划生育技术服务机构的设置标准和审批程序由省、自治区、直辖市人民政府计划生育行政部门提出方案,报同级人民政府批准,并报国家计划生育委员会备案。

第二十一条 依照分级管辖原则办理计划生育技术服务机构的设置审批、执业许可审批和校验。

省、自治区、直辖市人民政府计划生育行政部门负责设区的市级以上计划生育技术服务机构的设置审批、执业许可审批和校验;

设区的市级地方人民政府计划生育行政部门负责县、乡级计划生育技术服务机构的设置审批、执业许可审批和校验;

批准执业的,发给《计划生育技术服务机构执业许可证》,并在《计划生育技术服务机构执业许可证》上载明获准开展的计划生育技术服务项目。

第二十二条 乡级计划生育技术服务机构除可以开展条例第七条规定的计划生育技术指导、咨询外,可根据《从事计划生育技术服务的机构设置标准》和《计划生育技术服务项目评审基本标准》,申请开展避孕和节育的医学检查、放置和取出宫内节育器、绝育术、人工流产术以及与避孕、节育有关的临床技术服务;经设区的市级地方人民政府计划生育行政部门逐项审查、批准,方可开展相应的服务项目。未经批准,不得擅自增加技术服务项目。

第二十三条 医疗、保健机构开展计划生育技术服务,应当依照国家计划生育委员会制定的设置标准,内设计划生育科(室),由县级以上地方人民政府卫生行政部门审查批准,在其执业许可证上载明获准开展的服务项目。

第二十四条 乡、镇既有卫生院,又有计划生育技术服务站的,各自在批准的范围内开展计划生育技术服务工作;乡、镇已有卫生院而没有计划生育技术服务机构的,不再新设立计划生育技术服务机构,但是,乡、镇卫生院内必须设立计划生育技术服务科(室),专门从事计划生育技术服务工作,并接受上级卫生行政部门和计划生育行政部门的业务指导和监督管理;乡、镇卫生院内虽设有计划生育技术服务科(室),但无人从事计划生育技术服务,或不能满足计划生育工作需要的,由所在乡、镇人民政府、县级地方人民政府卫生行政部门和计划生育行政部门妥善解决;乡、镇既没有卫生院,又没有计划生育技术服务机构的,必须设立计划生育技术服务机构。

第二十五条 计划生育技术服务机构开展条例规定的与计划生育有关的临床医疗服务项目之外的其他诊疗业务,应当依照《医疗机构管理条例》的规定,依法向卫生行政部门申办《医疗机构执业许可证》,并接受卫生行政部门的监督管理。

第二十六条 计划生育技术服务机构从事产前诊断的,应当经省、自治区、直辖市人民政府计划生育行政部门同意后,报同级卫生行政部门审查批准。受理部门应在规定的时限内作出决定,书面通知申报单位,并向同级计划生育行政部门通报。作出许可决定的，在规定的时限内，将批准的单位同时上报卫生部和国家计划生育委员会备案。

从事计划生育技术服务的机构使用辅助生育技术治疗不育症的，应根据卫生部会同国家计划生育委员会制定的使用辅助生育技术治疗不育症的管理办法申办服务项目申请。

获准开展使用辅助生育技术治疗不育症服务项目的机构和技术人员，应当按照使用辅助生育技术治疗不育症的技术规范开展服务。

第二十七条　计划生育技术服务机构设置、执业许可和校验依照《计划生育技术服务机构执业管理办法》执行。

申报新设置从事计划生育技术服务的医疗、保健机构，应当向县级以上卫生行政部门申请，参照医疗机构管理条例规定的程序，取得设置批准书和执业许可证明文件。执业许可证上应注明获准开展的技术服务项目。

第二十八条　从事计划生育技术服务的机构需要变更名称、场所、法定代表人、主要技术负责人的，应到原发证部门登记变更。因歇业、转业而停止从事计划生育技术服务的，必须向原发证部门办理注销登记，收回相应的许可证明，或在《医疗机构执业许可证》上注销相应的计划生育技术服务项目。原发证部门在收到变更、注销申请之日后30个工作日之内作出决定并函告申请者。

从事计划生育技术服务的机构，其执业许可证明文件遗失的，应当自发现执业许可证明文件遗失之日起30个工作日内，在所在地县级的报纸上刊登遗失证明后，向原发证机关申请补发，未申请补办的，视为无证。

第二十九条　从事计划生育技术服务的机构应将执业许可证明、服务项目和收费标准悬挂于明显处所。

从事计划生育技术服务的机构，应当自觉遵守有关法律、法规，严格执行国家制定的医疗技术常规、计划生育技术服务规范及其他有关的制度。

第三十条　计划生育技术服务专家委员会由计划生育行政部门商同级卫生行政部门后提名，报同级人民政府审查批准后设立。计划生育技术服务专家委员会由从事计划生育技术服务和相关医学专家及计划生育、卫生管理专家组成，其主要职责是：

（一）参与从事计划生育技术服务的机构的评审；

（二）参与组织计划生育技术服务人员的考试、考核；

（三）指导病残儿医学鉴定、计划生育手术并发症及其他与计划生育有关的技术鉴定；

（四）协助当地计划生育行政部门组织与计划生育技术服务有关的科研项目，指导当地计划生育新技术推广应用和对计划生育技术服务的指导和培训；

（五）参与计划生育技术服务工作的考核和评估；

（六）开展计划生育技术服务的调研，对计划生育技术服务的管理和发展提出意见和建议；

（七）承担计划生育行政部门委托的其他工作任务。

第四章　技术人员

第三十一条　计划生育技术服务人员是指依照条例和本细则的规定，取得《计划生育技术服务人员合格证》(以下简称《合格证》)并在从事计划生育技术服务的机构中从事计划生育技术指导、咨询以及与计划生育有关的临床医疗服务的人员。

第三十二条　计划生育技术服务人员中依据条例的规定从事与计划生育有关的临床服务人员,应当依照《执业医师法》及国家有关乡村医生、护士等卫生技术人员管理的规定,向所在地县级以上地方人民政府卫生行政部门申请注册。

暂未达到执业医师、执业助理医师、乡村医生、护士注册条件,但从事计划生育技术服务工作3年以上且未发生过医疗事故,并已取得国家计划生育委员会岗位培训合格证书,经县级以上地方人民政府计划生育行政部门推荐,由设区的市级地方人民政府计划生育行政部门商同级卫生行政部门同意,从2001年10月1日起缓期2至3年认定执业资格。具体办法由省、自治区、直辖市人民政府计划生育行政部门制定。

第三十三条　计划生育技术服务人员实行持证上岗的制度。从事计划生育技术服务的各类技术人员,应当经过相应的业务培训,熟悉相关的专业基础理论知识和实际操作技能,了解国家和地方的计划生育政策,掌握计划生育技术标准、服务规范,取得《合格证》,按《合格证》载明的服务项目提供服务。

在计划生育技术服务机构或从事计划生育技术服务的医疗、保健机构中从事计划生育技术服务的人员的《合格证》的审批、校验及其管理分别由设区的市级以上地方人民政府计划生育行政部门、县级以上地方人民政府卫生行政部门负责。

第三十四条　拟从事咨询指导、药具发放、手术、临床检验等各类计划生育技术服务的人员,均应申请办理《合格证》。

申请办理《合格证》应提交以下文件:

(一)申请人填写的计划生育技术服务人员合格证申请表。申请表应清楚注明技术服务项目的类别,由申请人所在单位审查、签署意见并加盖公章;

(二)设区的市级以上地方人民政府计划生育行政部门组织的人口政策与计划生产技术基础知识考试和县级以上地方人民政府计划生育行政部门组织的操作技能考核合格的证明文件;

(三)学历、专业技术职称证明文件;

(四)设区的市级以上地方人民政府计划生育行政部门或县级以上地方人民政府卫生行政部门要求提交的其他材料。

第三十五条　条例实施前已取得计划生育手术施术资格并继续在从事计划生育技术服务的机构内从事计划生育技术服务活动的,应换发《合格证》。换发《合格证》应提交以下文件:

(一)原由县级以上地方人民政府计划生育行政部门或卫生行政部门核发的施术合格证;

(二)申请人填写的计划生育技术服务人员合格证申请表,单位审查、签署意见并加盖公章;

(三)近3年内无医疗事故,无违背计划生育技术规范和职业道德行为的证明文件;

(四)设区的市级以上地方人民政府计划生育行政部门或县级以上地方人民政府卫生

行政部门要求提交的其他材料。

第三十六条　《合格证》的申请办理、申请换发和审批,均应注明技术服务项目,获准从事手术服务项目的,应注明手术术种。

已取得《合格证》,要求增加技术服务项目或手术术种的,须向原发证部门申请。

第三十七条　《合格证》的有效期为3年。有效期届满前3个月,持证人应持《合格证》、单位审查意见、近3年内无重大医疗事故、无违背计划生育技术规范和职业道德行为的证明文件,到原发证机关进行校验。逾期未校验的《合格证》自行作废。

受理申请办理、换发、校验的部门应在收到申请之日起30个工作日内作出决定,并通知申请者。

第三十八条　县级以上地方人民政府计划生育行政部门或卫生行政部门,应制订规划、组织实施本部门计划生育技术服务人员的业务培训和继续医学教育,不断提高计划生育技术服务人员的业务能力和技术水平。

在计划生育技术服务机构中接受的与执业有关的培训和继续教育的记录,可作为医师执业考核和专业技术职称评定的依据。

第五章　监督管理

第三十九条　国家计划生育委员会负责全国计划生育技术服务的监督管理工作,履行下列监督管理职责:

(一)对条例和本细则及其他配套文件的执行情况进行检查、监督和指导;

(二)对计划生育技术服务统计工作监督、检查并负责组织全国计划生育技术服务统计数据汇总、分析和结果的发布;

(三)负责全国计划生育技术服务事故、并发症、不良反应的汇总、分析和信息发布,指导不良事件的调查、处理;

(四)对全国计划生育技术服务工作的其他事项进行监督管理。

第四十条　县级以上地方人民政府计划生育行政部门负责本行政区域内计划生育技术服务监督管理工作,履行下列监督管理职责:

(一)负责提出对本行政区域内计划生育技术服务网络的规划,报同级人民政府批准后,负责其建设和管理的具体工作;

(二)负责对本行政区域内计划生育技术服务机构和人员执业许可、登记和许可证明文件的校验;

(三)对本行政区域内从事计划生育技术服务的机构和人员执行条例和本细则的情况进行检查和监督;

(四)负责本行政区域内计划生育技术服务统计工作;

(五)对本行政区域内计划生育技术服务中出现的事故、并发症、不良反应进行调查处理;

(六)负责病残儿医学鉴定和计划生育手术并发症的管理工作;

(七)对在本行政区域内开展的涉及人群的计划生育科学技术项目和国际合作项目进

行监督管理；

（八）对违反条例及本细则的行为，依法给予行政处罚；

（九）负责本行政区域内计划生育技术服务监督管理的其他事项。

第四十一条 县级以上地方人民政府计划生育行政部门应配备科技管理人员和执法监督人员，由具有相关专业学历并经计划生育技术执法和管理培训合格的人员担任，依法履行计划生育技术服务的管理和执法监督职责。

第四十二条 计划生育技术服务执法监督人员在履行职务时，应当出示证件。计划生育技术服务执法监督人员可以向从事计划生育技术服务的机构了解情况，索取必要的资料，向相关人员进行调查、取证，对计划生育技术服务工作进行检查、监督，从事计划生育技术服务的机构和相关人员不得拒绝和隐瞒。计划生育技术服务执法监督人员对从事计划生育技术服务的机构和相关人员提供的资料负有保密的义务。

第四十三条 县级以上地方人民政府计划生育行政部门应建立计划生育技术服务监督员制度，聘请计划生育技术专家、科技管理专家和药品检测专家对本级从事计划生育技术服务的机构和人员执行条例和本细则的情况进行检查并及时向计划生育行政部门报告。

第四十四条 县级以上地方人民政府计划生育行政部门每年至少组织一次计划生育技术服务工作检查，检查的主要内容包括：各级从事计划生育技术服务的机构执行条例和本细则的情况，执行计划生育技术标准、服务规范的情况，技术服务质量以及计划生育技术、药具的应用情况。

第四十五条 县级以上地方人民政府计划生育行政部门依法受理辖区内机构、个人对销售计划生育药具、相关产品的质量、事故、不良反应以及辖区内从事计划生育技术服务的机构提供的计划生育技术服务的质量、事故的举报和投诉，并对举报和投诉进行登记，会同有关部门及时作出处理。

第四十六条 从事计划生育技术服务的机构必须按照国家计划生育委员会制定的计划生育技术服务统计制度，以及技术服务事故、计划生育手术并发症、计划生育药具不良反应报告制度，如实向所在地县级以上地方人民政府计划生育行政部门和卫生行政部门报告计划生育技术服务的统计数据、事故、并发症和药具不良反应。

县级以上地方人民政府卫生行政部门每年的 11 月 1 日前，将从事计划生育技术服务的医疗、保健机构所做的计划生育技术服务工作的统计数字通报同级计划生育行政部门。

第四十七条 国家计划生育委员会会同卫生部每年对计划生育技术服务事故、手术并发症和药具不良反应的数据进行汇总、分析和通报，并将药具不良反应数据汇总和分析结果通报国家药品监督管理局。

各省、自治区、直辖市人民政府计划生育行政部门应会同同级卫生行政部门对本区域内计划生育技术服务工作中发生的事故、手术并发症和药具不良反应数据进行汇总、分析，并及时上报国家计划生育委员会和卫生部。

第六章 罚　　则

第四十八条 未取得执业许可，擅自从事计划生育技术服务的，按照条例第三十一条的规定处罚。

计划生育技术服务机构违反本细则规定，使用没有依法取得《合格证》的人员从事计划生育技术服务的，由县级以上地方人民政府计划生育行政部门责令改正，没收违法所得；违法所得1000元以上的，并处违法所得1倍以上3倍以下的罚款；没有违法所得或者违法所得不足1000元的，并处1000元以上3000元以下的罚款。

第四十九条　从事计划生育技术服务的机构和人员，违反条例的规定，未经批准擅自从事产前诊断和使用辅助生育技术治疗不育症的，由县级以上地方人民政府卫生行政部门会同同级计划生育行政部门，依据条例第三十二条的规定，对违规的机构和人员进行处罚。

第五十条　对买卖、出借、出租或者涂改、伪造计划生育技术服务执业许可证明文件的，由原发证部门依照条例第三十四条的规定进行处罚。

买卖、出借、出租或涂改、伪造计划生育技术服务人员合格证明文件的，由原发证部门责令改正，没收违法所得；违法所得1000元以上的，并处违法所得2倍以上5倍以下的罚款；没有违法所得或者违法所得不足1000元的，并处1000元以上3000元以下罚款；情节严重的，并由原发证部门吊销相关的执业资格。

第五十一条　向农村实行计划生育的育龄夫妻提供避孕、节育技术服务时，在规定的免费项目范围内收取费用的，由县级以上地方人民政府计划生育行政部门按照条例第三十五条的规定进行处罚。

第五十二条　从事计划生育技术服务的人员违反条例和本细则规定，擅自增加计划生育技术服务项目或在执业的机构外从事计划生育技术服务的，由原发证部门责令改正，给予警告，没收违法所得；违法所得1000元以上的，并处违法所得2倍以上5倍以下的罚款；没有违法所得或者违法所得不足1000元的，并处1000元以上3000元以下罚款；情节严重的，并由原发证部门吊销相关的执业资格。

第五十三条　计划生育技术服务机构和从事计划生育技术服务的医疗、保健机构在开展计划生育技术服务时，出具虚假证明文件、做假手术的，由原发证部门依照条例第三十九条的规定进行处罚。

从事计划生育技术服务的人员有以上行为的，由原发证部门责令改正，给予警告，没收违法所得；违法所得1000元以上的，并处违法所得2倍以上5倍以下的罚款；没有违法所得或者违法所得不足1000元的，并处1000元以上3000元以下罚款；情节严重的，并由原发证部门吊销相关的执业资格。

第五十四条　当事人对行政处罚决定不服的，可以依法申请行政复议或者提起行政诉讼。逾期不申请行政复议、不提起行政诉讼又不履行行政处罚决定的，作出该行政处罚决定的机关可以向人民法院申请强制执行。

第七章　附　　则

第五十五条　条例及本细则所涉及的《计划生育技术服务机构执业许可证》由国家计划生育委员会统一印制；《计划生育技术服务人员合格证》由国家计划生育委员会制定统

一格式，各省、自治区、直辖市人民政府计划生育行政部门印制。

第五十六条　本细则自发布之日起施行。

健康体检管理暂行规定

（卫医政发〔2009〕77号）

第一章　总　　则

第一条　为加强健康体检管理，保障健康体检规范有序进行，根据《中华人民共和国执业医师法》、《医疗机构管理条例》、《护士条例》等法律法规制定本规定。

第二条　本规定所称健康体检是指通过医学手段和方法对受检者进行身体检查，了解受检者健康状况、早期发现疾病线索和健康隐患的诊疗行为。

第三条　卫生部负责全国健康体检的监督管理。县级以上地方人民政府卫生行政部门负责本行政区域内健康体检的监督管理。

第二章　执业条件和许可

第四条　具备下列条件的医疗机构，可以申请开展健康体检。

（一）具有相对独立的健康体检场所及候检场所，建筑总面积不少于400平方米，每个独立的检查室使用面积不少于6平方米；

（二）登记的诊疗科目至少包括内科、外科、妇产科、眼科、耳鼻咽喉科、口腔科、医学影像科和医学检验科；

（三）至少具有2名具有内科或外科副高以上专业技术职务任职资格的执业医师，每个临床检查科室至少具有1名中级以上专业技术职务任职资格的执业医师；

（四）至少具有10名注册护士；

（五）具有满足健康体检需要的其他卫生技术人员；

（六）具有符合开展健康体检要求的仪器设备。

第五条　医疗机构向核发其《医疗机构执业许可证》的卫生行政部门（以下简称登记机关）申请开展健康体检。

第六条　登记机关应当按照第四条规定的条件对申请开展健康体检的医疗机构进行审核和评估，具备条件的允许其开展健康体检，并在《医疗机构执业许可证》副本备注栏中予以登记。

第三章　执业规则

第七条　医疗机构根据卫生部制定的《健康体检基本项目目录》制定本单位的《健康体检项目目录》（以下简称《目录》），并按照《目录》开展健康体检。

医疗机构的《目录》应当向登记机关备案；不设床位和床位在99张以下的医疗机构还应向登记机关的上一级卫生行政部门备案。

第八条　医疗机构应用医疗技术进行健康体检，应当遵守医疗技术临床应用管理有关规定，应用的医疗技术应当与其医疗服务能力相适应。

医疗机构不得使用尚无明确临床诊疗指南和技术操作规程的医疗技术用于健康体检。

第九条 医疗机构开展健康体检应当严格遵守有关规定和规范，采取有效措施保证健康体检的质量。

第十条 医疗机构应当采取有效措施保证受检者在健康体检中的医疗安全。

第十一条 医疗机构开展健康体检应当按照有关规定履行对受检者相应的告知义务。

第十二条 医疗机构应当按照《医疗机构临床实验室管理办法》有关规定开展临床实验室检测，严格执行有关操作规程出具检验报告。

第十三条 各健康体检项目结果应当由负责检查的相应专业执业医师记录并签名。

第十四条 医疗机构应当对完成健康体检的受检者出具健康体检报告。健康体检报告应当包括受检者一般信息、体格检查记录、实验室和医学影像检查报告、阳性体征和异常情况的记录、健康状况描述和有关建议等。

第十五条 健康体检报告应当符合病历书写基本规范。

第十六条 医疗机构应当指定医师审核签署健康体检报告。负责签署健康体检报告的医师应当具有内科或外科副主任医师以上专业技术职务任职资格，经设区的市级以上人民政府卫生行政部门培训并考核合格。

第十七条 医疗机构开展健康体检必须接受设区的市级以上人民政府卫生行政部门组织的质量控制管理。

第十八条 医疗机构应当制定合理的健康体检流程，严格执行有关规定规范，做好医院感染防控和生物安全管理。

第十九条 医疗机构开展健康体检不得以赢利为目的对受检者进行重复检查，不得诱导需求。

第二十条 医疗机构不得以健康体检为名出售药品、保健品、医疗保健器械等。

第二十一条 医疗机构应当加强健康体检中的信息管理，确保信息的真实、准确和完整。未经受检者同意，不得擅自散布、泄露受检者的个人信息。

第二十二条 受检者健康体检信息管理参照门诊病历管理有关规定执行。

第四章 外出健康体检

第二十三条 外出健康体检是指医疗机构在执业地址以外开展的健康体检。

除本规定的外出健康体检，医疗机构不得在执业地址外开展健康体检。

第二十四条 医疗机构可以在登记机关管辖区域范围内开展外出健康体检。

第二十五条 医疗机构开展外出健康体检前，应当与邀请单位签订健康体检协议书，确定体检时间、地点、受检人数、体检的项目和流程、派出医务人员和设备的基本情况等，并明确协议双方法律责任。

第二十六条 医疗机构应当于外出健康体检前至少 20 个工作日向登记机关进行备

案,并提交以下备案材料:

(一)外出健康体检情况说明,包括邀请单位的基本情况、受检者数量、地址和基本情况、体检现场基本情况等;

(二)双方签订的健康体检协议书;

(三)体检现场标本采集、运送等符合有关条件和要求的书面说明;

(四)现场清洁、消毒和检后医疗废物处理方案;

(五)医疗机构执业许可证副本复印件。

第二十七条　外出健康体检的场地应当符合本办法第四条第一项要求。进行血液和体液标本采集的房间应当达到《医院消毒卫生标准》中规定的Ⅲ类环境,光线充足,保证安静。

第二十八条　医疗机构应当按照《目录》开展外出健康体检。外出健康体检进行医学影像学检查和实验室检测必须保证检查质量并满足放射防护和生物安全的管理要求。

第五章　监督管理

第二十九条　无《医疗机构执业许可证》开展健康体检的,按照《医疗机构管理条例》第四十四条处理。

医疗机构未经许可开展健康体检的,按照《医疗机构管理条例》第四十七条处理。

第三十条　未经备案开展外出健康体检的,视为未变更注册开展诊疗活动,按照《医疗机构管理条例》和《执业医师法》有关条款处理。

第三十一条　健康体检超出备案的《健康体检项目目录》的,按照《医疗机构管理条例》第四十七条处理。

第三十二条　医疗机构出具虚假或者伪造健康体检结果的,按照《医疗机构管理条例》第四十九条处理。

第三十三条　开展健康体检引发医疗事故争议的按照《医疗事故处理条例》处理。

第六章　附　　则

第三十四条　本规定所称健康体检不包括职业健康检查、从业人员健康体检、入学、入伍、结婚登记等国家规定的专项体检、基本公共卫生服务项目提供的健康体检和使用新型农村合作医疗基金为参加新型农村合作医疗农民开展的健康体检以及专项疾病的筛查和普查等。

第三十五条　已开展健康体检服务的医疗机构,应当在 2009 年 11 月 30 日前完成健康体检服务登记。

第三十六条　本办法自 2009 年 9 月 1 日起施行。

妇幼保健机构管理办法

（卫妇社发〔2006〕489号）

第一章 总 则

第一条 为加强妇幼保健机构的规范化管理，保障妇女儿童健康，提高出生人口素质，依据《母婴保健法》、《母婴保健法实施办法》、《医疗机构管理条例》等制定本办法。

第二条 各级妇幼保健机构是由政府举办，不以营利为目的，具有公共卫生性质的公益性事业单位，是为妇女儿童提供公共卫生和基本医疗服务的专业机构。

第三条 妇幼保健机构要遵循“以保健为中心，以保障生殖健康为目的，保健与临床相结合，面向群体、面向基层和预防为主”的妇幼卫生工作方针，坚持正确的发展方向。

第四条 卫生部负责全国妇幼保健机构的监督管理。县级以上地方人民政府卫生行政部门负责本行政区域内妇幼保健机构的规划和监督管理。

第二章 功能与职责

第五条 妇幼保健机构应坚持以群体保健工作为基础，面向基层、预防为主，为妇女儿童提供健康教育、预防保健等公共卫生服务。在切实履行公共卫生职责的同时，开展与妇女儿童健康密切相关的基本医疗服务。

第六条 妇幼保健机构提供以下公共卫生服务：

（一）完成各级政府和卫生行政部门下达的指令性任务。

（二）掌握本辖区妇女儿童健康状况及影响因素，协助卫生行政部门制定本辖区妇幼卫生工作的相关政策、技术规范及各项规章制度。

（三）受卫生行政部门委托对本辖区各级各类医疗保健机构开展的妇幼卫生服务进行检查、考核与评价。

（四）负责指导和开展本辖区的妇幼保健健康教育与健康促进工作；组织实施本辖区母婴保健技术培训，对基层医疗保健机构开展业务指导，并提供技术支持。

（五）负责本辖区孕产妇死亡、婴儿及5岁以下儿童死亡、出生缺陷监测、妇幼卫生服务及技术管理等信息的收集、统计、分析、质量控制和汇总上报。

（六）开展妇女保健服务，包括青春期保健、婚前和孕前保健、孕产期保健、更年期保健、老年期保健。重点加强心理卫生咨询、营养指导、计划生育技术服务、生殖道感染/性传播疾病等妇女常见病防治。

（七）开展儿童保健服务，包括胎儿期、新生儿期、婴幼儿期、学龄前期及学龄期保健，受卫生行政部门委托对托幼园所卫生保健进行管理和业务指导。重点加强儿童早期综合发展、营养与喂养指导、生长发育监测、心理行为咨询、儿童疾病综合管理等儿童保健服务。

（八）开展妇幼卫生、生殖健康的应用性科学研究并组织推广适宜技术。

第七条 妇幼保健机构提供以下基本医疗服务，包括妇女儿童常见疾病诊治、计划生育技术服务、产前筛查、新生儿疾病筛查、助产技术服务等，根据需要和条件，开展产前诊断、产科并发症处理、新生儿危重症抢救和治疗等。

第三章　机构设置

第八条　妇幼保健机构由政府设置,分省、市(地)、县三级。上级妇幼保健机构应承担对下级机构的技术指导、培训和检查等职责,协助下级机构开展技术服务。设区的市(地)级和县(区)级妇幼保健机构的变动应征求省级卫生行政部门的意见。不得以租赁、买卖等形式改变妇幼保健机构所有权性质,保持妇幼保健机构的稳定。

第九条　妇幼保健机构应根据所承担的任务和职责设置内部科室。保健科室包括妇女保健科、儿童保健科、生殖健康科、健康教育科、信息管理科等。临床科室包括妇科、产科、儿科、新生儿科、计划生育科等,以及医学检验科、医学影像科等医技科室。各地可根据实际工作需要增加或细化科室设置,原则上应与其所承担的公共卫生职责和基本医疗服务相适应。

第十条　妇幼保健院(所、站)是各级妇幼保健机构的专有名称,原则上不能同时使用两个或两个以上名称,社会力量举办的医疗机构不得使用该名称。

第十一条　各级妇幼保健机构应具备与其职责任务相适应的基础设施、基本设备和服务能力。

第十二条　各级妇幼保健机构应根据《母婴保健法》、《母婴保健法实施办法》、《医疗机构管理条例》等相关法律法规进行设置审批和执业登记。从事婚前保健、产前诊断和遗传病诊断、助产技术、终止妊娠和结扎手术的妇幼保健机构要依法取得《母婴保健技术服务执业许可证》。

第四章　人员配备与管理

第十三条　妇幼保健机构人员编制按《各级妇幼保健机构编制标准》落实。一般按人口的1:10,000配备,地广人稀、交通不便的地区和大城市按人口的1:5,000配备;人口稠密的地区按1:15,000配备。保健人员配备要求:省(自治区、直辖市)级121－160人,市(地)级61－90人,县(区)级41－70人。临床人员按设立床位数,以1:1.7安排编制。卫生技术人员占总人数的75%－80%。

第十四条　妇幼保健机构的专业技术人员须掌握母婴保健法律法规,具有法定执业资格。从事婚前保健、产前诊断和遗传病诊断、助产技术、终止妊娠和结扎手术服务的人员必须取得相应的《母婴保健技术考核合格证书》。

第十五条　妇幼保健机构要建立健全培训制度,应采取多种方式进行岗位培训和继续医学教育,对专业技术人员参加学历教育、进修学习、短期培训班、学术活动等给予支持。要积极创造条件,吸引高素质人才。

第十六条　妇幼保健机构应按照工作需要和精简效能的原则,建立专业人员聘用制度,引入竞争机制,严格岗位管理,实行绩效考核。

第五章　制度建设

第十七条　各级妇幼保健机构应建立健全以下规章制度:

（一）公共卫生服务管理制度，包括基层业务指导、人员培训、工作例会、妇幼卫生信息管理、孕产妇死亡评审、婴儿及5岁以下儿童死亡评审、妇幼保健工作质量定期检查、托幼机构卫生保健管理和健康教育等制度。

（二）基本医疗管理制度按照临床医疗质量管理制度执行。

各级妇幼保健机构应根据工作开展情况不断健全、完善、细化其他规章制度。

第十八条 各级妇幼保健机构必须严格执行国家价格政策，向社会公开收费项目和标准。

第六章 保障措施

第十九条 各级人民政府按照《母婴保健法》中设立母婴保健专项资金和发展妇幼卫生事业的要求，落实妇幼卫生工作经费，逐年增加对妇幼卫生事业的投入，对各级妇幼保健机构基础设施建设给予支持。

第二十条 各级妇幼保健机构向社会提供公共卫生服务所需的人员经费、公务费、培训费、健康教育费、业务费按照财政部、国家发展改革委、卫生部《关于卫生事业补助政策的意见》（财社〔2000〕17号）的规定，由同级财政预算，按标准定额落实。根据实际工作需要，合理安排业务经费，保证各项工作的正常运行。

第二十一条 为了保持妇幼保健队伍的稳定，对从事群体妇幼保健的工作人员根据工作任务与绩效考核结果给予补助。可实行岗位津贴制度，岗位津贴标准应高于本机构卫生专业技术人员的岗位津贴平均水平。对长期在妇幼保健机构从事群体保健工作的专业技术人员的职称晋升，坚持以业绩为主的原则，给予适当政策倾斜。

第二十二条 根据财政部、国家发展改革委、卫生部《关于农村卫生事业补助政策的若干意见》（财社〔2003〕14号）的规定，各级人民政府对农村卫生财政补助范围包括：疾病控制、妇幼保健、卫生监督和健康教育等公共卫生工作，必要的医疗服务，卫生事业发展建设。农村公共卫生经费主要实行项目管理。县级卫生部门按照国家确定的农村公共卫生服务基本项目及要求，合理确定项目实施所需的人员经费和业务经费。人员经费按照工作量核定，业务经费按照开展项目工作必需的材料、仪器、药品、交通、水电消耗等成本因素核定。目前不具备项目管理条件的地区和不适合按项目管理的工作，可以按照定员定额和项目管理相结合的方法核定公共卫生经费。

第二十三条 各级人民政府建立健全妇幼卫生的专项救助制度，加大对贫困孕产妇和儿童的医疗救助力度，实现救助与医疗保险及新型农村合作医疗相衔接。

第七章 监督管理

第二十四条 加强妇幼保健机构的规范化建设，严格遵守国家有关法律、法规、规章、诊疗常规和技术规范。加强对医务人员的教育和监管，实施全面质量管理。

第二十五条 各级卫生行政部门负责对同级妇幼保健机构实施监督与管理，建立健全妇幼保健机构评估和监督考核制度，定期进行监督评估和信息公示。

第二十六条 应建立社会民主监督制度，定期收集社会各界的意见和建议，并将服务对象的满意度作为考核妇幼保健机构和从业人员业绩的评定标准之一。

第二十七条 各级妇幼保健机构应接受卫生行政部门的监督管理与评估,同时应接受上级妇幼保健机构的业务指导与评价。

第八章 附 则

第二十八条 各省、自治区、直辖市根据本办法,结合本地实际,制定具体实施细则。

第二十九条 本办法由卫生部负责解释。

第三十条 本办法自发布之日起施行。

产前诊断技术管理办法

(2002年9月24日卫生部部务会讨论通过 2002年12月13日中华人民共和国卫生部令第33号发布 根据2019年2月28日中华人民共和国国家卫生健康委员会令第2号《国家卫生健康委关于修改〈职业健康检查管理办法〉等4件部门规章的决定》修改)

第一章 总 则

第一条 为保障母婴健康,提高出生人口素质,保证产前诊断技术的安全、有效,规范产前诊断技术的监督管理,依据《中华人民共和国母婴保健法》以及《中华人民共和国母婴保健法实施办法》,制定本管理办法。

第二条 本管理办法中所称的产前诊断,是指对胎儿进行先天性缺陷和遗传性疾病的诊断,包括相应筛查。

产前诊断技术项目包括遗传咨询、医学影像、生化免疫、细胞遗传和分子遗传等。

第三条 本管理办法适用于各类开展产前诊断技术的医疗保健机构。

第四条 产前诊断技术的应用应当以医疗为目的,符合国家有关法律规定和伦理原则,由经资格认定的医务人员在经许可的医疗保健机构中进行。

医疗保健机构和医务人员不得实施任何非医疗目的的产前诊断技术。

第五条 国家卫生健康委负责全国产前诊断技术应用的监督管理工作。

第二章 管理与审批

第六条 国家卫生健康委根据医疗需求、技术发展状况、组织与管理的需要等实际情况,制定产前诊断技术应用规划。

第七条 产前诊断技术应用实行分级管理。

国家卫生健康委制定开展产前诊断技术医疗保健机构的基本条件和人员条件;颁布有关产前诊断的技术规范;指定国家级开展产前诊断技术的医疗保健机构;对全国产前诊断技术应用进行质量管理和信息管理;对全国产前诊断专业技术人员的培训进行规划。

省、自治区、直辖市人民政府卫生健康主管部门(以下简称省级卫生健康主管部门)根据当地实际,因地制宜地规划、审批或组建本行政区域内开展产前诊断技术的医疗保健机构;对从事产前诊断技术的专业人员进行系统培训和资格认定;对产前诊断技术应用进行质量管理和信息管理。

县级以上人民政府卫生健康主管部门负责本行政区域内产前诊断技术应用的日常监督管理。

第八条　从事产前诊断的卫生专业技术人员应符合以下所有条件：

（一）从事临床工作的，应取得执业医师资格；

（二）从事医技和辅助工作的，应取得相应卫生专业技术职称；

（三）符合《从事产前诊断卫生专业技术人员的基本条件》；

（四）经省级卫生健康主管部门考核合格，取得从事产前诊断的《母婴保健技术考核合格证书》或者《医师执业证书》中加注母婴保健技术（产前诊断类）考核合格的。

第九条　申请开展产前诊断技术的医疗保健机构应符合下列所有条件：

（一）设有妇产科诊疗科目；

（二）具有与所开展技术相适应的卫生专业技术人员；

（三）具有与所开展技术相适应的技术条件和设备；

（四）设有医学伦理委员会；

（五）符合《开展产前诊断技术医疗保健机构的基本条件》及相关技术规范。

第十条　申请开展产前诊断技术的医疗保健机构应当向所在地省级卫生健康主管部门提交下列文件：

（一）医疗机构执业许可证副本；

（二）开展产前诊断技术的母婴保健技术服务执业许可申请文件；

（三）可行性报告；

（四）拟开展产前诊断技术的人员配备、设备和技术条件情况；

（五）开展产前诊断技术的规章制度；

（六）省级以上卫生健康主管部门规定提交的其他材料。

申请开展产前诊断技术的医疗保健机构，必须明确提出拟开展的产前诊断具体技术项目。

第十一条　申请开展产前诊断技术的医疗保健机构，由所属省、自治区、直辖市人民政府卫生健康主管部门审查批准。省、自治区、直辖市人民政府卫生健康主管部门收到本办法第十条规定的材料后，组织有关专家进行论证，并在收到专家论证报告后30个工作日内进行审核。经审核同意的，发给开展产前诊断技术的母婴保健技术服务执业许可证，注明开展产前诊断以及具体技术服务项目；经审核不同意的，书面通知申请单位。

第十二条　国家卫生健康委根据全国产前诊断技术发展需要，在经审批合格的开展产前诊断技术服务的医疗保健机构中，指定国家级开展产前诊断技术的医疗保健机构。

第十三条　开展产前诊断技术的《母婴保健技术服务执业许可证》每三年校验一次，校验由原审批机关办理。经校验合格的，可继续开展产前诊断技术；经校验不合格的，撤销其许可证书。

第十四条　省、自治区、直辖市人民政府卫生健康主管部门指定的医疗保健机构，协助卫生健康主管部门负责对本行政区域内产前诊断的组织管理工作。

第十五条 从事产前诊断的人员不得在未许可开展产前诊断技术的医疗保健机构中从事相关工作。

第三章 实 施

第十六条 对一般孕妇实施产前筛查以及应用产前诊断技术坚持知情选择。开展产前筛查的医疗保健机构要与经许可开展产前诊断技术的医疗保健机构建立工作联系,保证筛查病例能落实后续诊断。

第十七条 孕妇有下列情形之一的,经治医师应当建议其进行产前诊断:

(一)羊水过多或者过少的;

(二)胎儿发育异常或者胎儿有可疑畸形的;

(三)孕早期时接触过可能导致胎儿先天缺陷的物质的;

(四)有遗传病家族史或者曾经分娩过先天性严重缺陷婴儿的;

(五)年龄超过35周岁的。

第十八条 既往生育过严重遗传性疾病或者严重缺陷患儿的,再次妊娠前,夫妻双方应当到医疗保健机构进行遗传咨询。医务人员应当对当事人介绍有关知识,给予咨询和指导。

经治医师根据咨询的结果,对当事人提出医学建议。

第十九条 确定产前诊断重点疾病,应当符合下列条件:

(一)疾病发生率较高;

(二)疾病危害严重,社会、家庭和个人疾病负担大;

(三)疾病缺乏有效的临床治疗方法;

(四)诊断技术成熟、可靠、安全和有效。

第二十条 开展产前检查、助产技术的医疗保健机构在为孕妇进行早孕检查或产前检查时,遇到本办法第十七条所列情形的孕妇,应当进行有关知识的普及,提供咨询服务,并以书面形式如实告知孕妇或其家属,建议孕妇进行产前诊断。

第二十一条 孕妇自行提出进行产前诊断的,经治医师可根据其情况提供医学咨询,由孕妇决定是否实施产前诊断技术。

第二十二条 开展产前诊断技术的医疗保健机构出具的产前诊断报告,应当由2名以上经资格认定的执业医师签发。

第二十三条 对于产前诊断技术及诊断结果,经治医师应本着科学、负责的态度,向孕妇或家属告知技术的安全性、有效性和风险性,使孕妇或家属理解技术可能存在的风险和结果的不确定性。

第二十四条 在发现胎儿异常的情况下,经治医师必须将继续妊娠和终止妊娠可能出现的结果以及进一步处理意见,以书面形式明确告知孕妇,由孕妇夫妻双方自行选择处理方案,并签署知情同意书。若孕妇缺乏认知能力,由其近亲属代为选择。涉及伦理问题的,应当交医学伦理委员会讨论。

第二十五条 开展产前诊断技术的医疗保健机构对经产前诊断后终止妊娠娩出的胎

儿，在征得其家属同意后，进行尸体病理学解剖及相关的遗传学检查。

第二十六条　当事人对产前诊断结果有异议的，可以依据《中华人民共和国母婴保健法实施办法》第五章的有关规定，申请技术鉴定。

第二十七条　开展产前诊断技术的医疗保健机构不得擅自进行胎儿的性别鉴定。对怀疑胎儿可能为伴性遗传病，需要进行性别鉴定的，由省、自治区、直辖市人民政府卫生健康主管部门指定的医疗保健机构按照有关规定进行鉴定。

第二十八条　开展产前诊断技术的医疗保健机构应当建立健全技术档案管理和追踪观察制度。

第四章　处　　罚

第二十九条　违反本办法规定，未经批准擅自开展产前诊断技术的非医疗保健机构，按照《医疗机构管理条例》有关规定进行处罚。

第三十条　对违反本办法，医疗保健机构未取得产前诊断执业许可或超越许可范围，擅自从事产前诊断的，按照《中华人民共和国母婴保健法实施办法》有关规定处罚，由卫生健康主管部门给予警告，责令停止违法行为，没收违法所得；违法所得 5000 元以上的，并处违法所得 3 倍以上 5 倍以下的罚款；违法所得不足 5000 元的，并处 5000 元以上 2 万元以下的罚款。情节严重的，依据《医疗机构管理条例》依法吊销医疗机构执业许可证。

第三十一条　对未取得《母婴保健技术考核合格证书》或者《医师执业证书》中未加注母婴保健技术（产前诊断类）考核合格的个人，擅自从事产前诊断或者超范围的执业，由县级以上人民政府卫生健康主管部门给予警告或者责令暂停六个月以上一年以下执业活动；情节严重的，按照《中华人民共和国执业医师法》吊销其医师执业证书。构成犯罪的，依法追究刑事责任。

第三十二条　违反本办法第二十七条规定，按照《中华人民共和国母婴保健法实施办法》第四十二条规定处罚。

第五章　附　　则

第三十三条　各省、自治区、直辖市人民政府卫生健康主管部门可以根据本办法和本地实际情况制定实施细则。

第三十四条　本办法自 2003 年 5 月 1 日起施行。

新生儿疾病筛查管理办法

（2008 年 12 月 1 日卫生部部务会讨论通过　2009 年 2 月 16 日卫生部令第 64 号发布）

第一条　为规范新生儿疾病筛查的管理，保证新生儿疾病筛查工作质量，依据《中华人民共和国母婴保健法》和《中华人民共和国母婴保健法实施办法》，制定本办法。

第二条　本办法所称新生儿疾病筛查是指在新生儿期对严重危害新生儿健康的先天性、遗传性疾病施行专项检查，提供早期诊断和治疗的母婴保健技术。

第三条 本办法规定的全国新生儿疾病筛查病种包括先天性甲状腺功能减低症、苯丙酮尿症等新生儿遗传代谢病和听力障碍。

卫生部根据需要对全国新生儿疾病筛查病种进行调整。

省、自治区、直辖市人民政府卫生行政部门可以根据本行政区域的医疗资源、群众需求、疾病发生率等实际情况，增加本行政区域内新生儿疾病筛查病种，并报卫生部备案。

第四条 新生儿遗传代谢病筛查程序包括血片采集、送检、实验室检测、阳性病例确诊和治疗。

新生儿听力筛查程序包括初筛、复筛、阳性病例确诊和治疗。

第五条 新生儿疾病筛查是提高出生人口素质，减少出生缺陷的预防措施之一。各级各类医疗机构和医务人员应当在工作中开展新生儿疾病筛查的宣传教育工作。

第六条 卫生部负责全国新生儿疾病筛查的监督管理工作，根据医疗需求、技术发展状况、组织与管理的需要等实际情况制定全国新生儿疾病筛查工作规划和技术规范。

省、自治区、直辖市人民政府卫生行政部门负责本行政区域新生儿疾病筛查的监督管理工作，建立新生儿疾病筛查管理网络，组织医疗机构开展新生儿疾病筛查工作。

第七条 省、自治区、直辖市人民政府卫生行政部门应当根据本行政区域的实际情况，制定本地区新生儿遗传代谢病筛查中心和新生儿听力筛查中心（以下简称新生儿疾病筛查中心）设置规划，指定具备能力的医疗机构为本行政区域新生儿疾病筛查中心。

新生儿疾病筛查中心应当开展以下工作：

（一）开展新生儿遗传代谢疾病筛查的实验室检测、阳性病例确诊和治疗或者听力筛查阳性病例确诊、治疗；

（二）掌握本地区新生儿疾病筛查、诊断、治疗、转诊情况；

（三）负责本地区新生儿疾病筛查人员培训、技术指导、质量管理和相关的健康宣传教育；

（四）承担本地区新生儿疾病筛查有关信息的收集、统计、分析、上报和反馈工作。

开展新生儿疾病筛查的医疗机构应当及时提供病例信息，协助新生儿疾病筛查中心做好前款工作。

第八条 诊疗科目中设有产科或者儿科的医疗机构，应当按照《新生儿疾病筛查技术规范》的要求，开展新生儿遗传代谢病血片采集及送检、新生儿听力初筛及复筛工作。

不具备开展新生儿疾病筛查血片采集、新生儿听力初筛和复筛服务条件的医疗机构，应当告知新生儿监护人到有条件的医疗机构进行新生儿疾病筛查血片采集及听力筛查。

第九条 新生儿遗传代谢病筛查实验室设在新生儿疾病筛查中心，并应当具备下列条件：

（一）具有与所开展工作相适应的卫生专业技术人员，具有与所开展工作相适应的技术和设备；

（二）符合《医疗机构临床实验室管理办法》的规定；

（三）符合《新生儿疾病筛查技术规范》的要求。

第十条 新生儿遗传代谢病筛查中心发现新生儿遗传代谢病阳性病例时，应当及时通知新生儿监护人进行确诊。

开展新生儿听力初筛、复筛的医疗机构发现新生儿疑似听力障碍的，应当及时通知新生儿监护人到新生儿听力筛查中心进行听力确诊。

第十一条　新生儿疾病筛查遵循自愿和知情选择的原则。医疗机构在实施新生儿疾病筛查前，应当将新生儿疾病筛查的项目、条件、方式、灵敏度和费用等情况如实告知新生儿的监护人，并取得签字同意。

第十二条　从事新生儿疾病筛查的医疗机构和人员，应当严格执行新生儿疾病筛查技术规范，保证筛查质量。

医疗机构发现新生儿患有遗传代谢病和听力障碍的，应当及时告知其监护人，并提出治疗和随诊建议。

第十三条　省、自治区、直辖市人民政府卫生行政部门根据本行政区域的具体情况，协调有关部门，采取措施，为患有遗传代谢病和听力障碍的新生儿提供治疗方面的便利条件。

有条件的医疗机构应当开展新生儿遗传代谢病的治疗工作。

第十四条　卫生部组织专家定期对新生儿疾病筛查中心进行抽查评估。经评估不合格的，省级人民政府卫生行政部门应当及时撤销其资格。

新生儿遗传代谢病筛查实验室应当接受卫生部临床检验中心的质量监测和检查。

第十五条　县级以上地方人民政府卫生行政部门应当对本行政区域内开展新生儿疾病筛查工作的医疗机构进行监督检查。

第十六条　医疗机构未经省、自治区、直辖市人民政府卫生行政部门指定擅自开展新生儿遗传代谢病筛查实验室检测的，按照《医疗机构管理条例》第四十七条的规定予以处罚。

第十七条　开展新生儿疾病筛查的医疗机构违反本办法规定，有下列行为之一的，由县级以上地方人民政府卫生行政部门责令改正，通报批评，给予警告：

（一）违反《新生儿疾病筛查技术规范》的；

（二）未履行告知程序擅自进行新生儿疾病筛查的；

（三）未按规定进行实验室质量监测、检查的；

（四）违反本办法其他规定的。

第十八条　省、自治区、直辖市人民政府卫生行政部门可以依据本办法和当地实际制定实施细则。

第十九条　本办法公布后6个月内，省、自治区、直辖市人民政府卫生行政部门应当组织专家对开展新生儿疾病筛查的医疗机构进行评估考核，指定新生儿疾病筛查中心。

第二十条　本办法自2009年6月1日起施行。

病残儿医学鉴定管理办法

（中华人民共和国国家计划生育委员会令第7号）

第一章　总　　则

第一条　为加强病残儿医学鉴定管理工作，落实计划生育政策，提高出生人口素质，根据《计划生育技术服务管理条例》及国家其他有关法律、法规，制定本办法。

第二条　凡居住在中华人民共和国境内的中华人民共和国公民，其生育的子女因各种原因致病、致残，要求再生育而申请病残儿医学鉴定的，均适用本办法。

第三条　本办法中的病残儿是指因先天（包括遗传性和非遗传性疾病）或后天患病、意外伤害而致残，目前无法治疗或经系统治疗仍不能成长为正常劳动力的。

第四条　病残儿医学鉴定是指病残儿医学鉴定的专门组织，运用现代医学知识、技术和手段，对被鉴定者作出是否为病残及其程度的鉴定结论，并根据《病残儿医学鉴定诊断标准及其父母再生育的指导原则》提出相应的指导意见。

第五条　国家计划生育委员会负责全国病残儿医学鉴定管理工作。省、设区的市级计划生育行政部门负责辖区内病残儿医学鉴定的组织实施、管理和监督工作。

第二章　鉴定组织

第六条　省级和设区的市级计划生育行政部门建立病残儿医学鉴定专家库。专家库成员由计划生育行政部门聘请认真负责、秉公办事、技术水平高、临床经验丰富、热心计划生育事业，具有副高级以上医学专业技术职称的相关专业人员组成。每次鉴定前根据申请鉴定的数量和病种的分类，从专家库中抽取专家设若干鉴定组，每个鉴定组由5名以上专家组成。每个鉴定组设组长1名，副组长1－2名。

第七条　鉴定组在计划生育行政部门领导下，履行以下职责：

（一）审查申报病残儿医学鉴定的材料是否完备、真实可靠，提出需要补充的有关材料；

（二）进行病残儿医学鉴定，现场实施体格检查并确定相关的辅助检查项目，提出疾病诊断（包括病名、病因、遗传方式）、病残程度、再生育子女出生缺陷再发风险分析，并根据指导原则，提出是否可以再生育及产前诊断的建议；

（三）对暂时难以明确诊断和需要治疗观察的病例，提出处理意见和再次鉴定的时间；

（四）为被鉴定者的父母、亲属做好医学咨询服务；

（五）总结病残儿医学鉴定工作情况，提出改进鉴定工作的建议；

（六）对本级计划生育行政部门委托的本次病残儿医学鉴定负责。

病残儿医学鉴定专家在鉴定期间履行职责。非鉴定期间，任何机构和个人的意见不作为病残儿医学鉴定的依据。

第八条　鉴定组确定的有关辅助检查项目，应在计划生育行政部门指定的计划生育技术服务机构或医疗机构进行。

第九条 鉴定工作由组长或副组长主持。鉴定诊断、鉴定结论必须由鉴定组集体讨论作出。不同意见应当如实记录。参加鉴定的成员应当在鉴定结论上署名,并加盖鉴定专用章。

第三章 鉴定申请与审批

第十条 凡认为其子女有明显伤残或患有严重疾病,符合法律、法规规定条件,要求安排再生育的,均可申请病残儿医学鉴定。

第十一条 申请病残儿医学鉴定原则上应向女方单位或女方户籍所在地的村(居)委会提出书面申请,并提交户口簿、有关病史资料及县级以上地方人民政府计划生育行政部门规定的其它资料。

第十二条 单位或村(居)委会对申请病残儿医学鉴定者的情况进行初步审核,出具书面意见,加盖公章,在接到申请材料之日起20个工作日内报女方户籍所在地的乡(镇、街道)计划生育管理部门。

第十三条 乡(镇、街道)计划生育管理部门应对申请病残儿医学鉴定者的情况进行再次核实并进行必要的社会和家系调查后,在病残儿医学鉴定申请表上签署意见,加盖公章,并在接到申报材料之日起20个工作日内报县级计划生育行政部门。

第十四条 县级计划生育行政部门负责审查申请鉴定的材料是否完备和真实可靠,并签署意见,加盖公章,于鉴定日前30个工作日将所有材料上报设区的市级计划生育行政部门。

第十五条 设区的市级计划生育行政部门根据情况半年或一年组织一次鉴定。

第十六条 受当地医疗技术条件限制不能作出鉴定结论的,由设区的市级鉴定组提出进行省级病残儿医学鉴定的书面意见,经同级计划生育行政部门核准后,申请省级鉴定。

第十七条 当事人对设区的市级鉴定组所作的鉴定结论有异议的,在接到鉴定结论通知书之日起1个月内,可向设区的市级计划生育行政部门申请省级鉴定。

设区的市级计划生育行政部门应在收到当事人提交的省级鉴定申请后30个工作日内将有关材料上报省级计划生育行政部门。

第十八条 省级计划生育行政部门根据情况定期对申请再鉴定者组织鉴定。

省级鉴定为终局鉴定。

第十九条 省级或设区的市级计划生育行政部门将鉴定结果以书面形式于30个工作日内逐级通知县级计划生育行政部门及申请鉴定者。

第四章 管理监督与法律责任

第二十条 负责病残儿医学鉴定的各级计划生育行政部门建立健全档案管理制度。病残儿医学鉴定资料由作出鉴定结论的同级计划生育行政部门长期保存。县级以上计划生育行政部门应对再生育子女健康状况进行随访登记。

第二十一条 病残儿医学鉴定的费用(包括鉴定费和辅助检查费)由申请者自理,收费标准由各省、自治区、直辖市物价部门核定。

第二十二条　鉴定组织依法独立开展工作，任何组织和个人不得干涉鉴定工作。

病残儿医学鉴定涉及的家系调查、社会调查和医学鉴定均实行回避制度。

第二十三条　在病残儿医学鉴定过程中有下列行为之一者，由其所在单位给予行政处分，依据有关法规给予经济处罚，情节严重构成犯罪的，由司法机关追究刑事责任：

（一）为当事人提供伪证或出具假医学诊断证明的；

（二）收受贿赂或向当事人索取财物的；

（三）鉴定人员弄虚作假、循私舞弊、提供不实材料，导致不正确鉴定结论的；

（四）未经正常医学鉴定程序随意作出维持或变更原鉴定结论的；

（五）有其他严重妨碍鉴定工作行为的。

第五章　附　　则

第二十四条　省级计划生育行政部门可根据本地实际情况制定实施本办法的补充规定。病残儿医学鉴定申请表、鉴定结论通知书由省级计划生育行政部门自行制定，报国家计划生育委员会备案。

第二十五条　本办法由国家计划生育委员会负责解释。

第二十六条　本办法自发布之日起施行。国家计划生育委员会于1990年9月30日发布的《独生子女病残儿医学鉴定诊断暂行管理办法》同时废止。

托儿所幼儿园卫生保健管理办法

（卫生部、教育部令第76号）

第一条　为提高托儿所、幼儿园卫生保健工作水平，预防和减少疾病发生，保障儿童身心健康，制定本办法。

第二条　本办法适用于招收0～6岁儿童的各级各类托儿所、幼儿园（以下简称托幼机构）。

第三条　托幼机构应当贯彻保教结合、预防为主的方针，认真做好卫生保健工作。

第四条　县级以上各级人民政府卫生行政部门应当将托幼机构的卫生保健工作作为公共卫生服务的重要内容，加强监督和指导。

县级以上各级人民政府教育行政部门协助卫生行政部门检查指导托幼机构的卫生保健工作。

第五条　县级以上妇幼保健机构负责对辖区内托幼机构卫生保健工作进行业务指导。业务指导的内容包括：膳食营养、体格锻炼、健康检查、卫生消毒、疾病预防等。

疾病预防控制机构应当定期为托幼机构提供疾病预防控制咨询服务和指导。

卫生监督执法机构应当依法对托幼机构的饮用水卫生、传染病预防和控制等工作进行监督检查。

第六条　托幼机构设有食堂提供餐饮服务的，应当按照《食品安全法》、《食品安全法实施条例》以及有关规章的要求，认真落实各项食品安全要求。

食品药品监督管理部门等负责餐饮服务监督管理的部门应当依法加强对托幼机构食品安全的指导与监督检查。

第七条 托幼机构的建筑、设施、设备、环境及提供的食品、饮用水等应当符合国家有关卫生标准、规范的要求。

第八条 新设立的托幼机构，招生前应当取得县级以上地方人民政府卫生行政部门指定的医疗卫生机构出具的符合《托儿所幼儿园卫生保健工作规范》的卫生评价报告。

各级教育行政部门应当将卫生保健工作质量纳入托幼机构的分级定类管理。

第九条 托幼机构的法定代表人或者负责人是本机构卫生保健工作的第一责任人。

第十条 托幼机构应当根据规模、接收儿童数量等设立相应的卫生室或者保健室，具体负责卫生保健工作。

卫生室应当符合医疗机构基本标准，取得卫生行政部门颁发的《医疗机构执业许可证》。

保健室不得开展诊疗活动，其配置应当符合保健室设置基本要求。

第十一条 托幼机构应当聘用符合国家规定的卫生保健人员。卫生保健人员包括医师、护士和保健员。

在卫生室工作的医师应当取得卫生行政部门颁发的《医师执业证书》，护士应当取得《护士执业证书》。

在保健室工作的保健员应当具有高中以上学历，经过卫生保健专业知识培训，具有托幼机构卫生保健基础知识，掌握卫生消毒、传染病管理和营养膳食管理等技能。

第十二条 托幼机构聘用卫生保健人员应当按照收托150名儿童至少设1名专职卫生保健人员的比例配备卫生保健人员。收托150名以下儿童的，应当配备专职或者兼职卫生保健人员。

第十三条 托幼机构卫生保健人员应当定期接受当地妇幼保健机构组织的卫生保健专业知识培训。

托幼机构卫生保健人员应当对机构内的工作人员进行卫生知识宣传教育、疾病预防、卫生消毒、膳食营养、食品卫生、饮用水卫生等方面的具体指导。

第十四条 托幼机构工作人员上岗前必须经县级以上人民政府卫生行政部门指定的医疗卫生机构进行健康检查，取得《托幼机构工作人员健康合格证》后方可上岗。

托幼机构应当组织在岗工作人员每年进行1次健康检查；在岗人员患有传染性疾病的，应当立即离岗治疗，治愈后方可上岗工作。

精神病患者、有精神病史者不得在托幼机构工作。

第十五条 托幼机构应当严格按照《托儿所幼儿园卫生保健工作规范》开展卫生保健工作。

托幼机构卫生保健工作包括以下内容：

（一）根据儿童不同年龄特点，建立科学、合理的一日生活制度，培养儿童良好的卫生习惯；

（二）为儿童提供合理的营养膳食，科学制订食谱，保证膳食平衡；

（三）制订与儿童生理特点相适应的体格锻炼计划，根据儿童年龄特点开展游戏及体育活动，并保证儿童户外活动时间，增进儿童身心健康；

（四）建立健康检查制度，开展儿童定期健康检查工作，建立健康档案。坚持晨检及全日健康观察，做好常见病的预防，发现问题及时处理；

（五）严格执行卫生消毒制度，做好室内外环境及个人卫生。加强饮食卫生管理，保证食品安全；

（六）协助落实国家免疫规划，在儿童入托时应当查验其预防接种证，未按规定接种的儿童要告知其监护人，督促监护人带儿童到当地规定的接种单位补种；

（七）加强日常保育护理工作，对体弱儿进行专案管理。配合妇幼保健机构定期开展儿童眼、耳、口腔保健，开展儿童心理卫生保健；

（八）建立卫生安全管理制度，落实各项卫生安全防护工作，预防伤害事故的发生；

（九）制订健康教育计划，对儿童及其家长开展多种形式的健康教育活动；

（十）做好各项卫生保健工作信息的收集、汇总和报告工作。

第十六条 托幼机构应当在疾病预防控制机构指导下，做好传染病预防和控制管理工作。

托幼机构发现传染病患儿应当及时按照法律、法规和卫生部的规定进行报告，在疾病预防控制机构的指导下，对环境进行严格消毒处理。

在传染病流行期间，托幼机构应当加强预防控制措施。

第十七条 疾病预防控制机构应当收集、分析、调查、核实托幼机构的传染病疫情，发现问题及时通报托幼机构，并向卫生行政部门和教育行政部门报告。

第十八条 儿童入托幼机构前应当经医疗卫生机构进行健康检查，合格后方可进入托幼机构。

托幼机构发现在园（所）的儿童患疑似传染病时应当及时通知其监护人离园（所）诊治。患传染病的患儿治愈后，凭医疗卫生机构出具的健康证明方可入园（所）。

儿童离开托幼机构3个月以上应当进行健康检查后方可再次入托幼机构。

医疗卫生机构应当按照规定的体检项目开展健康检查，不得违反规定擅自改变。

第十九条 托幼机构有下列情形之一的，由卫生行政部门责令限期改正，通报批评；逾期不改的，给予警告；情节严重的，由教育行政部门依法给予行政处罚：

（一）未按要求设立保健室、卫生室或者配备卫生保健人员的；

（二）聘用未进行健康检查或者健康检查不合格的工作人员的；

（三）未定期组织工作人员健康检查的；

（四）招收未经健康检查或健康检查不合格的儿童入托幼机构的；

（五）未严格按照《托儿所幼儿园卫生保健工作规范》开展卫生保健工作的。

卫生行政部门应当及时将处理结果通报教育行政部门，教育行政部门将其作为托幼机构分级定类管理和质量评估的依据。

第二十条 托幼机构未取得《医疗机构执业许可证》擅自设立卫生室，进行诊疗活动的，按照《医疗机构管理条例》的有关规定进行处罚。

第二十一条 托幼机构未按照规定履行卫生保健工作职责，造成传染病流行、食物中毒等突发公共卫生事件的，卫生行政部门、教育行政部门依据相关法律法规给予处罚。

县级以上医疗卫生机构未按照本办法规定履行职责，导致托幼机构发生突发公共卫生事件的，卫生行政部门依据相关法律法规给予处罚。

第二十二条　小学附设学前班、单独设立的学前班参照本办法执行。

第二十三条　各省、自治区、直辖市可以结合当地实际，根据本办法制定实施细则。

第二十四条　对认真执行本办法，在托幼机构卫生保健工作中做出显著成绩的单位和个人，由各级人民政府卫生行政部门和教育行政部门给予表彰和奖励。

第二十五条　《托儿所幼儿园卫生保健工作规范》由卫生部负责制定。

第二十六条　本办法自2010年11月1日起施行。1994年12月1日由卫生部、原国家教委联合发布的《托儿所、幼儿园卫生保健管理办法》同时废止。

母婴保健专项技术服务许可及人员资格管理办法

（1995年8月7日卫妇发〔1995〕第7号公布　根据2019年2月28日《国家卫生健康委关于修改〈职业健康检查管理办法〉等4件部门规章的决定》第一次修订　根据2021年1月8日《国家卫生健康委关于修改和废止〈母婴保健专项技术服务许可及人员资格管理办法〉等3件部门规章的决定》第二次修订）

第一条　根据《中华人民共和国母婴保健法》第三十二条、第三十三条和《中华人民共和国母婴保健法实施办法》第三十五条的规定制定本办法。

第二条　凡开展《中华人民共和国母婴保健法》及其实施办法规定的婚前医学检查、遗传病诊断、产前诊断、施行助产技术、结扎手术和终止妊娠手术技术服务的医疗保健机构，必须符合本办法规定的条件，经卫生健康主管部门审查批准，取得《母婴保健技术服务执业许可证》。

第三条　施行助产技术、结扎手术、终止妊娠手术的机构和人员的审批，由县级卫生健康主管部门负责；开展婚前医学检查的机构和人员的审批，由设区的市级卫生健康主管部门负责；开展遗传病诊断、产前诊断的机构和人员的审批，由省级卫生健康主管部门负责。

第四条　申请开展婚前医学检查、遗传病诊断、产前诊断以及施行助产技术、结扎手术、终止妊娠手术的医疗保健机构，必须同时具备下列条件：

（一）符合当地医疗保健机构设置规划；

（二）取得《医疗机构执业许可证》；

（三）符合母婴保健专项技术服务基本标准；

（四）法律法规规章规定的其他条件。

第五条　申请婚前医学检查、遗传病诊断、产前诊断以及施行助产技术、结扎手术、终止妊娠手术许可的医疗保健机构，必须向审批机关提交《母婴保健技术服务执业许可申请登记书》并交验下列材料：

（一）《医疗机构执业许可证》及其副本；

（二）有关医师的《母婴保健技术考核合格证书》或者加注母婴保健技术考核合格及技术类别的《医师执业证书》；

（三）可行性报告；

（四）与拟开展母婴保健专项技术相应的技术、设备条件及人员配备情况；

（五）开展母婴保健专项技术的规章制度；

（六）法律法规规章规定的其他材料。

第六条 审批机关受理申请后，应当在45日内，按照本办法规定的条件及母婴保健专项技术服务基本标准进行审查和核实。经审核合格的，发给《母婴保健技术服务执业许可证》；审核不合格的，将审核结果和理由以书面形式通知申请人。

第七条 《母婴保健技术服务执业许可证》每3年校验1次，校验由原登记机关办理。

第八条 申请变更《母婴保健技术服务执业许可证》的许可项目的，应当依照本办法规定的程序重新报批。

第九条 医疗保健机构应当把《母婴保健技术服务执业许可证》悬挂在明显处所。

第十条 凡从事《中华人民共和国母婴保健法》及其实施办法规定的婚前医学检查、遗传病诊断、产前诊断以及施行助产技术、结扎手术、终止妊娠手术技术服务的人员，必须符合母婴保健专项技术服务基本标准的有关规定，经考核合格，取得《母婴保健技术考核合格证书》或者在《医师执业证书》上加注母婴保健技术考核合格及技术类别。

第十一条 从事遗传病诊断、产前诊断技术服务人员的资格考核，由省级卫生健康主管部门负责；从事婚前医学检查技术服务人员的资格考核，由设区的市级卫生健康主管部门负责；从事助产技术、结扎手术和终止妊娠手术技术服务人员的资格考核，由县级卫生健康主管部门负责。

母婴保健技术人员资格考核内容由国家卫生健康委规定。

第十二条 母婴保健技术人员资格考核办法由各省、自治区、直辖市卫生健康主管部门规定。

第十三条 经考核合格，具备母婴保健技术服务相应资格的卫生技术人员，不得私自或者在未取得《母婴保健技术服务执业许可证》的机构中开展母婴保健专项技术服务。

第十四条 《母婴保健技术服务执业许可证》和《母婴保健技术考核合格证书》应当妥善保管，不得出借或者涂改，禁止伪造、变造、盗用以及买卖。

第十五条 《母婴保健技术服务执业许可证》和《母婴保健技术考核合格证书》遗失后，应当及时报告原发证机关，并申请办理补发证书的手续。

第十六条 本办法实施前已经开展婚前医学检查、遗传病诊断、产前诊断以及施行结扎手术和终止妊娠手术的医疗保健机构，应当在本办法施行后的6个月内，按照本办法的规定补办审批手续。

第十七条 《母婴保健技术服务执业许可证》和《母婴保健技术考核合格证书》由国家卫生健康委统一印制。

第十八条 本办法由国家卫生健康委负责解释。

第十九条 本办法自发布之日起施行。

人类辅助生殖技术管理办法

（卫生部令第14号）

第一章 总 则

第一条 为保证人类辅助生殖技术安全、有效和健康发展，规范人类辅助生殖技术的应用和管理，保障人民健康，制定本办法。

第二条 本办法适用于开展人类辅助生殖技术的各类医疗机构。

第三条 人类辅助生殖技术的应用应当在医疗机构中进行，以医疗为目的，并符合国家计划生育政策、伦理原则和有关法律规定。

禁止以任何形式买卖配子、合子、胚胎。医疗机构和医务人员不得实施任何形式的代孕技术。

第四条 卫生部主管全国人类辅助生殖技术应用的监督管理工作。县级以上地方人民政府卫生行政部门负责本行政区域内人类辅助生殖技术的日常监督管理。

第二章 审 批

第五条 卫生部根据区域卫生规划、医疗需求和技术条件等实际情况，制订人类辅助生殖技术应用规划。

第六条 申请开展人类辅助生殖技术的医疗机构应当符合下列条件：

（一）具有与开展技术相适应的卫生专业技术人员和其他专业技术人员；

（二）具有与开展技术相适应的技术和设备；

（三）设有医学伦理委员会；

（四）符合卫生部制定的《人类辅助生殖技术规范》的要求。

第七条 申请开展人类辅助生殖技术的医疗机构应当向所在地省、自治区、直辖市人民政府卫生行政部门提交下列文件：

（一）可行性报告；

（二）医疗机构基本情况（包括床位数、科室设置情况、人员情况、设备和技术条件情况等）；

（三）拟开展的人类辅助生殖技术的业务项目和技术条件、设备条件、技术人员配备情况；

（四）开展人类辅助生殖技术的规章制度；

（五）省级以上卫生行政部门规定提交的其他材料。

第八条 申请开展丈夫精液人工授精技术的医疗机构，由省、自治区、直辖市人民政府卫生行政部门审查批准。省、自治区、直辖市人民政府卫生行政部门收到前条规定的材料后，可以组织有关专家进行论证，并在收到专家论证报告后30个工作日内进行审核，审核同意的，发给批准证书；审核不同意的，书面通知申请单位。

对申请开展供精人工授精和体外受精－胚胎移植技术及其衍生技术的医疗机构，由省、自治区、直辖市人民政府卫生行政部门提出初审意见，卫生部审批。

第九条　卫生部收到省、自治区、直辖市人民政府卫生行政部门的初审意见和材料后，聘请有关专家进行论证，并在收到专家论证报告后45个工作日内进行审核，审核同意的，发给批准证书；审核不同意的，书面通知申请单位。

第十条　批准开展人类辅助生殖技术的医疗机构应当按照《医疗机构管理条例》的有关规定，持省、自治区、直辖市人民政府卫生行政部门或者卫生部的批准证书到核发其医疗机构执业许可证的卫生行政部门办理变更登记手续。

第十一条　人类辅助生殖技术批准证书每2年校验一次，校验由原审批机关办理。校验合格的，可以继续开展人类辅助生殖技术；校验不合格的，收回其批准证书。

第三章　实　　施

第十二条　人类辅助生殖技术必须在经过批准并进行登记的医疗机构中实施。未经卫生行政部门批准，任何单位和个人不得实施人类辅助生殖技术。

第十三条　实施人类辅助生殖技术应当符合卫生部制定的《人类辅助生殖技术规范》的规定。

第十四条　实施人类辅助生殖技术应当遵循知情同意原则，并签署知情同意书。涉及伦理问题的，应当提交医学伦理委员会讨论。

第十五条　实施供精人工授精和体外受精－胚胎移植技术及其各种衍生技术的医疗机构应当与卫生部批准的人类精子库签订供精协议。严禁私自采精。

医疗机构在实施人类辅助生殖技术时应当索取精子检验合格证明。

第十六条　实施人类辅助生殖技术的医疗机构应当为当事人保密，不得泄漏有关信息。

第十七条　实施人类辅助生殖技术的医疗机构不得进行性别选择。法律法规另有规定的除外。

第十八条　实施人类辅助生殖技术的医疗机构应当建立健全技术档案管理制度。

供精人工授精医疗行为方面的医疗技术档案和法律文书应当永久保存。

第十九条　实施人类辅助生殖技术的医疗机构应当对实施人类辅助生殖技术的人员进行医学业务和伦理学知识的培训。

第二十条　卫生部指定卫生技术评估机构对开展人类辅助生殖技术的医疗机构进行技术质量监测和定期评估。技术评估的主要内容为人类辅助生殖技术的安全性、有效性、经济性和社会影响。监测结果和技术评估报告报医疗机构所在地的省、自治区、直辖市人民政府卫生行政部门和卫生部备案。

第四章　处　　罚

第二十一条　违反本办法规定，未经批准擅自开展人类辅助生殖技术的非医疗机构，按照《医疗机构管理条例》第四十四条规定处罚；对有上述违法行为的医疗机构，按照《医疗机构管理条例》第四十七条和《医疗机构管理条例实施细则》第十条的规定处罚。

第二十二条 开展人类辅助生殖技术的医疗机构违反本办法，有下列行为之一的，由省、自治区、直辖市人民政府卫生行政部门给予警告、3万元以下罚款，并

给予有关责任人行政处分；构成犯罪的，依法追究刑事责任：

（一）买卖配子、合子、胚胎的；

（二）实施代孕技术的；

（三）使用不具有《人类精子库批准证书》机构提供的精子的；

（四）擅自进行性别选择的；

（五）实施人类辅助生殖技术档案不健全的；

（六）经指定技术评估机构检查技术质量不合格的；

（七）其他违反本办法规定的行为。

第五章 附 则

第二十三条 本办法颁布前已经开展人类辅助生殖技术的医疗机构，在本办法颁布后3个月内向所在地省、自治区、直辖市人民政府卫生行政部门提出申请，省、自治区、直辖市人民政府卫生行政部门和卫生部按照本办法审查，审查同意的，发给批准证书；审查不同意的，不得再开展人类辅助生殖技术服务。

第二十四条 本办法所称人类辅助生殖技术是指运用医学技术和方法对配子、合子、胚胎进行人工操作，以达到受孕目的的技术，分为人工授精和体外受精－胚胎移植技术及其各种衍生技术。

人工授精是指用人工方式将精液注入女性体内以取代性交途径使其妊娠的一种方法。根据精液来源不同，分为丈夫精液人工授精和供精人工授精。

体外受精－胚胎移植技术及其各种衍生技术是指从女性体内取出卵子，在器皿内培养后，加入经技术处理的精子，待卵子受精后，继续培养，到形成早早期胚胎时，再转移到子宫内着床，发育成胎儿直至分娩的技术。

第二十五条 本办法自2001年8月1日起实施。

人类精子库管理办法

（卫生部令第15号）

第一章 总 则

第一条 为了规范人类精子库管理，保证人类辅助生殖技术安全、有效应用和健康发展，保障人民健康，制定本办法。

第二条 本办法所称人类精子库是指以治疗不育症以及预防遗传病等为目的，利用超低温冷冻技术，采集、检测、保存和提供精子的机构。

人类精子库必须设置在医疗机构内。

第三条 精子的采集和提供应当遵守当事人自愿和符合社会伦理原则。

任何单位和个人不得以营利为目的进行精子的采集与提供活动。

第四条 卫生部主管全国人类精子库的监督管理工作。县级以上地方人民政府卫生行政部门负责本行政区域内人类精子库的日常监督管理。

第二章 审 批

第五条 卫生部根据我国卫生资源、对供精的需求、精子的来源、技术条件等实际情况,制订人类精子库设置规划。

第六条 设置人类精子库应当经卫生部批准。

第七条 申请设置人类精子库的医疗机构应当符合下列条件:

(一)具有医疗机构执业许可证;

(二)设有医学伦理委员会;

(三)具有与采集、检测、保存和提供精子相适应的卫生专业技术人员;

(四)具有与采集、检测、保存和提供精子相适应的技术和仪器设备;

(五)具有对供精者进行筛查的技术能力;

(六)应当符合卫生部制定的《人类精子库基本标准》。

第八条 申请设置人类精子库的医疗机构应当向所在地省、自治区、直辖市人民政府卫生行政部门提交下列资料:

(一)设置人类精子库可行性报告;

(二)医疗机构基本情况;

(三)拟设置人类精子库的建筑设计平面图;

(四)拟设置人类精子库将开展的技术业务范围、技术设备条件、技术人员配备情况和组织结构;

(五)人类精子库的规章制度、技术操作手册等;

(六)省级以上卫生行政部门规定的其他材料。

第九条 省、自治区、直辖市人民政府卫生行政部门收到前条规定的材料后,提出初步意见,报卫生部审批。

第十条 卫生部收到省、自治区、直辖市人民政府卫生行政部门的初步意见和材料后,聘请有关专家进行论证,并在收到专家论证报告后45个工作日内进行审核,审核同意的,发给人类精子库批准证书;审核不同意的,书面通知申请单位。

第十一条 批准设置人类精子库的医疗机构应当按照《医疗机构管理条例》的有关规定,持卫生部的批准证书到核发其医疗机构执业许可证的卫生行政部门办理变更登记手续。

第十二条 人类精子库批准证书每2年校验1次,校验合格的,可以继续开展人类精子库工作;校验不合格的,收回人类精子库批准证书。

第三章 精子采集与提供

第十三条 精子的采集与提供应当在经过批准的人类精子库中进行。未经批准,任何单位和个人不得从事精子的采集与提供活动。

第十四条　精子的采集与提供应当严格遵守卫生部制定的《人类精子库技术规范》和各项技术操作规程。

第十五条　供精者应当是年龄在22~45周岁之间的健康男性。

第十六条　人类精子库应当对供精者进行健康检查和严格筛选,不得采集有下列情况之一的人员的精液:

(一)有遗传病家族史或者患遗传性疾病;

(二)精神病患者;

(三)传染病患者或者病源携带者;

(四)长期接触放射线和有害物质者;

(五)精液检查不合格者;

(六)其他严重器质性疾病患者。

第十七条　人类精子库工作人员应当向供精者说明精子的用途、保存方式以及可能带来的社会伦理等问题。人类精子库应当和供精者签署知情同意书。

第十八条　供精者只能在一个人类精子库中供精。

第十九条　精子库采集精子后,应当进行检验和筛查。精子冷冻6个月后,经过复检合格,方可向经卫生行政部门批准开展人类辅助生殖技术的医疗机构提供,并向医疗机构提交检验结果。未经检验或检验不合格的,不得向医疗机构提供。

严禁精子库向医疗机构提供新鲜精子。

严禁精子库向未经批准开展人类辅助生殖技术的医疗机构提供精子。

第二十条　一个供精者的精子最多只能提供给5名妇女受孕。

第二十一条　人类精子库应当建立供精者档案,对供精者的详细资料和精子使用情况进行计算机管理并永久保存。

人类精子库应当为供精者和受精者保密,未经供精者和受精者同意不得泄漏有关信息。

第二十二条　卫生部指定卫生技术评估机构,对人类精子库进行技术质量监测和定期检查。监测结果和检查报告报人类精子库所在地的省、自治区、直辖市人民政府卫生行政部门和卫生部备案。

第四章　处　　罚

第二十三条　违反本办法规定,未经批准擅自设置人类精子库,采集、提供精子的非医疗机构,按照《医疗机构管理条例》第四十四条规定处罚;对有上述违法行为的医疗机构,按照《医疗机构管理条例》第四十七条和《医疗机构管理条例实施细则》第八十条的规定处罚。

第二十四条　设置人类精子库的医疗机构违反本办法,有下列行为之一的,省、自治区、直辖市人民政府卫生行政部门给予警告、1万元以下罚款,并给予有关责任人员行政处分;构成犯罪的,依法追究刑事责任:

(一)采集精液前,未按规定对供精者进行健康检查的;

（二）向医疗机构提供未经检验的精子的；

（三）向不具有人类辅助生殖技术批准证书的机构提供精子的；

（四）擅自进行性别选择的；

（五）经评估机构检查质量不合格的；

（六）其他违反本办法规定的行为。

第五章　附　　则

第二十五条　本办法颁布前已经设置人类精子库的医疗机构，在本办法颁布后3个月内向所在地省、自治区、直辖市人民政府卫生行政部门提出申请，省、自治区、直辖市人民政府卫生行政部门和卫生部按照本办法审查，审查同意的，发给人类精子库批准证书；审查不同意的，不得再设置人类精子库。

第二十六条　本办法自2001年8月1日起实施。

禁止非医学需要的胎儿性别鉴定和选择性别人工终止妊娠的规定

（中华人民共和国国家卫生和计划生育委员会、中华人民共和国国家工商行政管理总局、中华人民共和国国家食品药品监督管理总局令第9号）

第一条　为了贯彻计划生育基本国策，促进出生人口性别结构平衡，促进人口均衡发展，根据《中华人民共和国人口与计划生育法》、《中华人民共和国母婴保健法》等法律法规，制定本规定。

第二条　非医学需要的胎儿性别鉴定和选择性别人工终止妊娠，是指除经医学诊断胎儿可能为伴性遗传病等需要进行胎儿性别鉴定和选择性别人工终止妊娠以外，所进行的胎儿性别鉴定和选择性别人工终止妊娠。

第三条　禁止任何单位或者个人实施非医学需要的胎儿性别鉴定和选择性别人工终止妊娠。

禁止任何单位或者个人介绍、组织孕妇实施非医学需要的胎儿性别鉴定和选择性别人工终止妊娠。

第四条　各级卫生计生行政部门和食品药品监管部门应当建立查处非医学需要的胎儿性别鉴定和选择性别人工终止妊娠违法行为的协作机制和联动执法机制，共同实施监督管理。

卫生计生行政部门和食品药品监管部门应当按照各自职责，制定胎儿性别鉴定、人工终止妊娠以及相关药品和医疗器械等管理制度。

第五条　县级以上卫生计生行政部门履行以下职责：

（一）监管并组织、协调非医学需要的胎儿性别鉴定和选择性别人工终止妊娠的查处工作；

（二）负责医疗卫生机构及其从业人员的执业准入和相关医疗器械使用监管，以及相关法律法规、执业规范的宣传培训等工作；

（三）负责人口信息管理系统的使用管理，指导医疗卫生机构及时准确地采集新生儿出生、死亡等相关信息；

（四）法律、法规、规章规定的涉及非医学需要的胎儿性别鉴定和选择性别人工终止妊娠的其他事项。

第六条　县级以上工商行政管理部门（包括履行工商行政管理职责的市场监督管理部门，下同）对含有胎儿性别鉴定和人工终止妊娠内容的广告实施监管，并依法查处违法行为。

第七条　食品药品监管部门依法对与胎儿性别鉴定和人工终止妊娠相关的药品和超声诊断仪、染色体检测专用设备等医疗器械的生产、销售和使用环节的产品质量实施监管，并依法查处相关违法行为。

第八条　禁止非医学需要的胎儿性别鉴定和选择性别人工终止妊娠的工作应当纳入计划生育目标管理责任制。

第九条　符合法定生育条件，除下列情形外，不得实施选择性别人工终止妊娠：

（一）胎儿患严重遗传性疾病的；

（二）胎儿有严重缺陷的；

（三）因患严重疾病，继续妊娠可能危及孕妇生命安全或者严重危害孕妇健康的；

（四）法律法规规定的或医学上认为确有必要终止妊娠的其他情形。

第十条　医学需要的胎儿性别鉴定，由省、自治区、直辖市卫生计生行政部门批准设立的医疗卫生机构按照国家有关规定实施。

实施医学需要的胎儿性别鉴定，应当由医疗卫生机构组织三名以上具有临床经验和医学遗传学知识，并具有副主任医师以上的专业技术职称的专家集体审核。经诊断，确需人工终止妊娠的，应当出具医学诊断报告，并由医疗卫生机构通报当地县级卫生计生行政部门。

第十一条　医疗卫生机构应当在工作场所设置禁止非医学需要的胎儿性别鉴定和选择性别人工终止妊娠的醒目标志；医务人员应当严格遵守有关法律法规和超声诊断、染色体检测、人工终止妊娠手术管理等相关制度。

第十二条　实施人工终止妊娠手术的机构应当在手术前登记、查验受术者身份证明信息，并及时将手术实施情况通报当地县级卫生计生行政部门。

第十三条　医疗卫生机构发生新生儿死亡的，应当及时出具死亡证明，并向当地县级卫生计生行政部门报告。

新生儿在医疗卫生机构以外地点死亡的，监护人应当及时向当地乡（镇）人民政府、街道办事处卫生计生工作机构报告；乡（镇）人民政府、街道办事处卫生计生工作机构应当予以核查，并向乡镇卫生院或社区卫生服务中心通报有关信息。

第十四条　终止妊娠药品目录由国务院食品药品监管部门会同国务院卫生计生行政部门制定发布。

药品生产、批发企业仅能将终止妊娠药品销售给药品批发企业或者获准施行终止妊娠手术的医疗卫生机构。药品生产、批发企业销售终止妊娠药品时，应当按照药品追溯有关规定,严格查验购货方资质,并做好销售记录。禁止药品零售企业销售终止妊娠药品。

终止妊娠的药品,仅限于在获准施行终止妊娠手术的医疗卫生机构的医师指导和监护下使用。

经批准实施人工终止妊娠手术的医疗卫生机构应当建立真实、完整的终止妊娠药品购进记录,并为终止妊娠药品使用者建立完整档案。

第十五条 医疗器械销售企业销售超声诊断仪、染色体检测专用设备等医疗器械,应当核查购买者的资质,验证机构资质并留存复印件,建立真实、完整的购销记录;不得将超声诊断仪、染色体检测专用设备等医疗器械销售给不具有相应资质的机构和个人。

第十六条 医疗卫生、教学科研机构购置可用于鉴定胎儿性别的超声诊断仪、染色体检测专用设备等医疗器械时,应当提供机构资质原件和复印件,交销售企业核查、登记,并建立进货查验记录制度。

第十七条 违法发布非医学需要的胎儿性别鉴定或者非医学需要的选择性别人工终止妊娠广告的,由工商行政管理部门依据《中华人民共和国广告法》等相关法律法规进行处罚。

对广告中涉及的非医学需要的胎儿性别鉴定或非医学需要的选择性别人工终止妊娠等专业技术内容,工商行政管理部门可根据需要提请同级卫生计生行政部门予以认定。

第十八条 违反规定利用相关技术为他人实施非医学需要的胎儿性别鉴定或者选择性别人工终止妊娠的,由县级以上卫生计生行政部门依据《中华人民共和国人口与计划生育法》等有关法律法规进行处理;对医疗卫生机构的主要负责人、直接负责的主管人员和直接责任人员,依法给予处分。

第十九条 对未取得母婴保健技术许可的医疗卫生机构或者人员擅自从事终止妊娠手术的、从事母婴保健技术服务的人员出具虚假的医学需要的人工终止妊娠相关医学诊断意见书或者证明的,由县级以上卫生计生行政部门依据《中华人民共和国母婴保健法》及其实施办法的有关规定进行处理;对医疗卫生机构的主要负责人、直接负责的主管人员和直接责任人员,依法给予处分。

第二十条 经批准实施人工终止妊娠手术的机构未建立真实完整的终止妊娠药品购进记录,或者未按照规定为终止妊娠药品使用者建立完整用药档案的,由县级以上卫生计生行政部门责令改正;拒不改正的,给予警告,并可处1万元以上3万元以下罚款;对医疗卫生机构的主要负责人、直接负责的主管人员和直接责任人员,依法进行处理。

第二十一条 药品生产企业、批发企业将终止妊娠药品销售给未经批准实施人工终止妊娠的医疗卫生机构和个人,或者销售终止妊娠药品未查验购药者的资格证明、未按照规定作销售记录的,以及药品零售企业销售终止妊娠药品的,由县级以上食品药品监管部门按照《中华人民共和国药品管理法》的有关规定进行处理。

第二十二条 医疗器械生产经营企业将超声诊断仪、染色体检测专用设备等医疗器械销售给无购买资质的机构或者个人的,由县级以上食品药品监管部门责令改正,处1万元以上3万元以下罚款。

第二十三条 介绍、组织孕妇实施非医学需要的胎儿性别鉴定或者选择性别人工终止妊娠的,由县级以上卫生计生行政部门责令改正,给予警告;情节严重的,没收违法所得,并处5000元以上3万元以下罚款。

第二十四条 鼓励任何单位和个人举报违反本规定的行为。举报内容经查证属实的,应当依据有关规定给予举报人相应的奖励。

第二十五条 本规定自2016年5月1日起施行。2002年11月29日原国家计生委、原卫生部、原国家药品监管局公布的《关于禁止非医学需要的胎儿性别鉴定和选择性别的人工终止妊娠的规定》同时废止。

养老机构医务室基本标准(试行)

(国卫办医发〔2014〕57号)

养老机构医务室是设置在养老机构内,为养老机构患者提供老年保健,一般常见病、多发病诊疗、护理,诊断明确的慢性病治疗,急诊救护等服务的医疗机构。

一、人员

(一)至少有1名取得执业医师资格,经注册后在医疗、保健机构中执业满5年,身体健康的临床类别执业医师或中医类别执业医师。执业医师人数≥2人的,至少应含有1名中医类别执业医师。

(二)至少有1名注册护士。养老机构床位达到100张以上时,每增加100张床位,至少增加1名注册护士。护理员按需配备。

(三)其他药学、医技人员按需配备。

二、房屋

(一)整体设计应满足无障碍设计要求。

(二)建筑面积不少于40平方米。

(三)至少设有诊室、治疗室、处置室。

(四)每室独立且符合卫生学布局及流程。其中,治疗室、处置室的使用面积均不少于10平方米;如设观察室,其使用面积不少于15平方米;如设康复室,应增加相应建筑面积(增加的建筑面积不少于50平方米)。

(五)应当设医疗废物存放点,与治疗区域隔开。

三、设备

(一)基本设备。

诊桌、诊椅、诊床、诊察凳、方盘、纱布罐、听诊器、血压计、体温表、注射器、身高体重计、视力卡、视力灯箱、压舌板、药品柜、紫外线消毒灯、高压灭菌设备、处置台、器械柜、便携式心电图机、血糖测定仪、雾化吸入器、出诊箱、轮椅、输液椅、候诊椅、医用冰箱、污物桶。

设置康复室的,至少配备与康复需求相适应的运动治疗、物理治疗和作业治疗设备。

开展中医药服务的,还应当配备脉枕、针灸器具、火罐、电针仪、艾灸仪等等。

(二)急救设备。

心电监护仪、心脏氧源(氧气瓶/制氧机)、供氧设备、吸痰器、开口器、牙垫、口腔通气道、简易呼吸器。

(三)健康教育及其他设备。

健康教育宣传栏、健康教育影像设备、能连接互联网的计算机及打印设备、电话等通讯设备,健康档案管理等有关设备。

(四)有与工作需要相应的其他设备。

四、具有与功能任务相适应的转诊制度、药品登记分发制度、健康教育制度等各项规章制度,以及急救流程、技术操作规范,制定人员岗位职责。

养老机构护理站基本标准(试行)

(国卫办医发〔2014〕57号)

养老机构护理站是设置在养老机构内,为养老机构患者提供常见病多发病护理、慢性病护理、康复指导、心理护理、根据医嘱进行处置、消毒隔离指导、健康教育等服务的医疗机构。

一、人员

(一)至少有2名具有护士以上职称的注册护士,其中有1名具有主管护师以上职称。养老机构床位达到100张以上时,每增加100张床位,至少增加1名注册护士。

(二)至少有1名康复治疗人员。

(三)按工作需求配备护理员,注册护士与护理员之比为1∶2.5。

二、房屋

(一)整体设计应当满足无障碍设计要求。

(二)建筑面积不少于30平方米。

(三)至少设有治疗室、处置室。每室独立且符合卫生学布局及流程。

(四)应当设医疗废物存放点,与治疗区域隔开。

三、设备

(一)诊桌、诊椅、诊察凳、方盘、纱布罐、听诊器、火罐、刮痧板、血压计、体温表、身高体重计、血糖测定仪、体外除颤设备、治疗车、药品柜、紫外线消毒灯、高压灭菌设备、处置台、轮椅、输液椅、医用冰箱、污物桶。

(二)有必要的健康教育、办公和通讯联络设备,有诊疗护理记录及文件保存条件。

(三)有与工作需要相应的其他设备。

四、具有与功能任务相适应的转诊制度、药品登记分发制度、健康教育制度等各项规章制度,以及急救流程、技术操作规范,制定人员岗位职责。

关于做好医养结合机构审批登记工作的通知

（国卫办老龄发〔2019〕17号）

各省、自治区、直辖市及新疆生产建设兵团卫生健康委、民政厅（局）、市场监督管理局、中医药局：

为贯彻落实新修订的《中华人民共和国老年人权益保障法》，深化医疗和养老服务“放管服”改革，优化医养结合机构审批流程和环境，进一步促进医养结合发展，现就做好医养结合机构审批登记工作通知如下：

一、做好医养结合机构审批登记政策宣讲及指导工作

医养结合机构是指同时具备医疗卫生资质和养老服务能力的医疗卫生机构或养老机构。各地卫生健康行政部门（含中医药主管部门，下同）和民政部门应当及时将医疗机构审批备案、养老机构登记的相关法律法规和政策措施通过政务网站、办事服务窗口、新闻媒体等向社会公布。各地卫生健康、民政部门应当根据医养结合机构申办人的需要和条件，在审批备案事项及流程、受理条件、材料清单、办理时限等方面，为其提供准确、详细的政策解释和业务指导。

二、支持养老机构设立医疗机构

养老机构申请内部设置诊所、卫生所（室）、医务室、护理站的，根据原国家卫生计生委办公厅《关于养老机构内部设置医疗机构取消行政审批实行备案管理的通知》（国卫办医发〔2017〕38号）要求，取消行政审批，实行备案管理。申办人应当向所在地的县级卫生健康行政部门备案。

养老机构申请举办二级及以下医疗机构（不含急救中心、急救站、临床检验中心、中外合资合作医疗机构、港澳台独资医疗机构），依据国家卫生健康委、国家中医药局《关于进一步改革完善医疗机构、医师审批工作的通知》（国卫医发〔2018〕19号）规定，设置审批与执业登记“两证合一”，卫生健康行政部门不再核发《设置医疗机构批准书》，在受理医疗机构执业登记申请后，经公示、审核合格后发放《医疗机构执业许可证》。

养老机构申请设立三级医疗机构的，应当向所在省级或地市级卫生健康行政部门提交申请，卫生健康行政部门依法核发《设置医疗机构批准书》。申办人收到《设置医疗机构批准书》后，申请医疗机构执业登记并提交相关材料。卫生健康行政部门审核合格后，发放《医疗机构执业许可证》。

养老机构设置医疗机构，属于社会办医范畴的，可按规定享受相关扶持政策，卫生健康及相关部门应当及时足额拨付补助，兑现有关政策。按照有关法律法规，营利性医疗机构应当到市场监管部门进行登记注册，社会力量举办非营利性医疗机构应当到民政部门进行社会服务机构登记。

三、支持医疗机构设立养老机构

各级民政部门不再实施养老机构设立许可。具备法人资格的医疗机构申请设立养老机构的，不需另行设立新的法人，不需另行法人登记。

社会力量举办的非营利性医疗机构申请设立养老机构的，应当依法向县级以上民政部门备案，应当依法向其登记的县级以上民政部门办理章程核准、修改业务范围，并根据修改后的章程在登记证书的业务范围内增加“养老服务”等职能表述。

社会力量举办的营利性医疗机构申请内部设置养老机构的，应当依法向县级以上民政部门备案，应当依法向其登记的县级以上市场监管部门申请变更登记，在经营范围内增加“养老服务”等表述。

公立医疗机构申请设立养老机构的，应当依法向县级以上民政部门备案，应当依法向各级编办提出主要职责调整和变更登记申请，在事业单位主要职责及法人证书“宗旨和业务范围”中增加“养老服务、培训”等职能。

医疗机构设立养老机构符合条件的，享受养老机构相关建设补贴、运营补贴和其他养老服务扶持政策措施，民政及相关部门应当及时足额拨付补助，兑现有关政策。

四、支持新建医养结合机构

对于申办人提出申请新举办医养结合机构的，即同时提出申请举办医疗机构和养老机构，需根据医疗卫生机构和养老机构的类型、性质、规模向卫生健康、民政或市场监督管理部门提交申请。涉及同层级相关行政部门的，当地政务服务机构应当实行“一个窗口”办理，实现“前台综合受理、后台分类审批、综合窗口出件”。未设立政务服务机构的，由当地卫生健康行政部门会同有关部门建立联合办理工作机制和操作流程，优化医养结合机构市场准入环境。各省（区、市）卫生健康行政部门应当商有关部门制订统一的筹建指导书，为医养结合机构申办人提供咨询和指导，方便申办人到相关部门办理行政许可或登记备案手续。各相关部门要加强工作配合，提高信息共享水平，让申办人只进一扇门，最多跑一次。

五、加强事中事后监管

各级卫生健康、民政和市场监管部门要按照国务院“放管服”改革要求，加强沟通协调，密切协作配合，形成工作合力。卫生健康、民政部门要分别负责对医养结合机构中医疗机构和养老机构的指导、监督和管理，养老机构设立许可取消及内设医疗机构实行备案制后，要加强事中事后监管。卫生健康行政部门要将医养结合机构的医疗卫生服务作为医政管理工作的重要内容之一，加强指导、监管和考核，民政部门要创新养老机构管理方式，建立养老机构综合监管制度，共同推动提升医养结合机构的服务能力和水平。

国家卫生健康委办公厅　民政部办公厅
市场监管总局办公厅　国家中医药局办公室
2019年5月27日

托育机构设置标准(试行)

(国卫人口发〔2019〕58号)

第一章　总　　则

第一条　为建立专业化、规范化的托育机构,根据《中华人民共和国未成年人保护法》等法律法规以及《国务院办公厅关于促进3岁以下婴幼儿照护服务发展的指导意见》,制定本标准。

第二条　坚持政策引导、普惠优先、安全健康、科学规范、属地管理、分类指导的原则,充分调动社会力量积极性,大力发展托育服务。

第三条　本标准适用于经有关部门登记、卫生健康部门备案,为3岁以下婴幼儿提供全日托、半日托、计时托、临时托等托育服务的机构。

第二章　设置要求

第四条　托育机构设置应当综合考虑城乡区域发展特点,根据经济社会发展水平、工作基础和群众需求,科学规划,合理布局。

第五条　新建居住区应当规划建设与常住人口规模相适应的托育机构。老城区和已建成居住区应当采取多种方式完善托育机构,满足居民需求。

第六条　城镇托育机构建设要充分考虑进城务工人员随迁婴幼儿的照护服务需求。

第七条　在农村社区综合服务设施建设中,应当统筹考虑托育机构建设。

第八条　支持用人单位以单独或联合其他单位共同举办的方式,在工作场所为职工提供福利性托育服务,有条件的可向附近居民开放。

第九条　鼓励通过市场化方式,采取公办民营、民办公助等多种形式,在就业人群密集的产业聚集区域和用人单位建设完善托育机构。

第十条　发挥城乡社区公共服务设施的婴幼儿照护服务功能,加强社区托育机构与社区服务中心(站)及社区卫生、文化、体育等设施的功能衔接。

第三章　场地设施

第十一条　托育机构应当有自有场地或租赁期不少于3年的场地。

第十二条　托育机构的场地应当选择自然条件良好、交通便利、符合卫生和环保要求的建设用地,远离对婴幼儿成长有危害的建筑、设施及污染源,满足抗震、防火、疏散等要求。

第十三条　托育机构的建筑应当符合有关工程建设国家标准、行业标准,设置符合标准要求的生活用房,根据需要设置服务管理用房和供应用房。

第十四条　托育机构的房屋装修、设施设备、装饰材料等,应当符合国家相关安全质量标准和环保标准,并定期进行检查维护。

第十五条　托育机构应当配备符合婴幼儿月龄特点的家具、用具、玩具、图书和游戏材料等,并符合国家相关安全质量标准和环保标准。

第十六条 托育机构应当设有室外活动场地,配备适宜的游戏设施,且有相应的安全防护设施。

在保障安全的前提下,可利用附近的公共场地和设施。

第十七条 托育机构应当设置符合标准要求的安全防护设施设备。

第四章 人员规模

第十八条 托育机构应当根据场地条件,合理确定收托婴幼儿规模,并配置综合管理、保育照护、卫生保健、安全保卫等工作人员。

托育机构负责人负责全面工作,应当具有大专以上学历、有从事儿童保育教育、卫生健康等相关管理工作3年以上的经历,且经托育机构负责人岗位培训合格。

保育人员主要负责婴幼儿日常生活照料,安排游戏活动,促进婴幼儿身心健康,养成良好行为习惯。保育人员应当具有婴幼儿照护经验或相关专业背景,受过婴幼儿保育相关培训和心理健康知识培训。

保健人员应当经过妇幼保健机构组织的卫生保健专业知识培训合格。

保安人员应当取得公安机关颁发的《保安员证》,并由获得公安机关《保安服务许可证》的保安公司派驻。

第十九条 托育机构一般设置乳儿班(6-12个月,10人以下)、托小班(12-24个月,15人以下)、托大班(24-36个月,20人以下)三种班型。

18个月以上的婴幼儿可混合编班,每个班不超过18人。

每个班的生活单元应当独立使用。

第二十条 合理配备保育人员,与婴幼儿的比例应当不低于以下标准:乳儿班1:3,托小班1:5,托大班1:7。

第二十一条 按照有关托儿所卫生保健规定配备保健人员、炊事人员。

第二十二条 独立设置的托育机构应当至少有1名保安人员在岗。

第五章 附 则

第二十三条 各省、自治区、直辖市卫生健康行政部门可根据本标准制订具体实施办法。

第二十四条 本标准自发布之日起施行。

附件2

托育机构管理规范(试行)

(国卫人口发〔2019〕58号)

第一章 总 则

第一条 为加强托育机构管理,根据《中华人民共和国未成年人保护法》等法律法规以及《国务院办公厅关于促进3岁以下婴幼儿照护服务发展的指导意见》,制定本规范。

第二条　坚持儿童优先的原则,尊重婴幼儿成长特点和规律,最大限度地保护婴幼儿,确保婴幼儿的安全和健康。

第三条　本规范适用于经有关部门登记、卫生健康部门备案,为3岁以下婴幼儿提供全日托、半日托、计时托、临时托等托育服务的机构。

第二章　备案管理

第四条　托育机构登记后,应当向机构所在地的县级以上卫生健康部门备案,提交评价为"合格"的《托幼机构卫生评价报告》、消防安全检查合格证明、场地证明、工作人员资格证明等材料,填写备案书(见附件1)和承诺书(见附件2)。提供餐饮服务的,应当提交《食品经营许可证》。

第五条　卫生健康部门应当对申请备案的托育机构提供备案回执(见附件3)和托育机构基本条件告知书(见附件4)。

第六条　托育机构变更备案事项的,应当向原备案部门办理变更备案。

第七条　托育机构终止服务的,应当妥善安置收托的婴幼儿和工作人员,并办理备案注销手续。

第八条　卫生健康部门应当将托育服务有关政策规定、托育机构备案要求、托育机构有关信息在官方网站公开,接受社会查询和监督。

第三章　收托管理

第九条　婴幼儿父母或监护人(以下统称婴幼儿监护人)应当主动向托育机构提出入托申请,并提交真实的婴幼儿及其监护人的身份证明材料。

第十条　托育机构应当与婴幼儿监护人签订托育服务协议,明确双方的责任、权利义务、服务项目、收费标准以及争议纠纷处理办法等内容。

第十一条　婴幼儿进入托育机构前,应当完成适龄的预防接种,经医疗卫生机构健康检查合格后方可入托;离开机构3个月以上的,返回时应当重新进行健康检查。

第十二条　托育机构应当建立收托婴幼儿信息管理制度,及时采集、更新,定期向备案部门报送。

第十三条　托育机构应当建立与家长联系的制度,定期召开家长会议,接待来访和咨询,帮助家长了解保育照护内容和方法。

托育机构应当成立家长委员会,事关婴幼儿的重要事项,应当听取家长委员会的意见和建议。

托育机构应当建立家长开放日制度。

第十四条　托育机构应当加强与社区的联系与合作,面向社区宣传科学育儿知识,开展多种形式的服务活动,促进婴幼儿早期发展。

第十五条　托育机构应当建立信息公示制度,定期公示收费项目和标准、保育照护、膳食营养、卫生保健、安全保卫等情况,接受监督。

第四章　保育管理

第十六条　托育机构应当科学合理安排婴幼儿的生活，做好饮食、饮水、喂奶、如厕、盥洗、清洁、睡眠、穿脱衣服、游戏活动等服务。

第十七条　托育机构应当顺应喂养，科学制定食谱，保证婴幼儿膳食平衡。有特殊喂养需求的，婴幼儿监护人应当提供书面说明。

第十八条　托育机构应当保证婴幼儿每日户外活动不少于2小时，寒冷、炎热季节或特殊天气情况下可酌情调整。

第十九条　托育机构应当以游戏为主要活动形式，促进婴幼儿在身体发育、动作、语言、认知、情感与社会性等方面的全面发展。

第二十条　游戏活动应当重视婴幼儿的情感变化，注重与婴幼儿面对面、一对一的交流互动，动静交替，合理搭配多种游戏类型。

第二十一条　托育机构应当提供适宜刺激，丰富婴幼儿的直接经验，支持婴幼儿主动探索、操作体验、互动交流和表达表现，发挥婴幼儿的自主性，保护婴幼儿的好奇心。

第二十二条　托育机构应当建立照护服务日常记录和反馈制度，定期与婴幼儿监护人沟通婴幼儿发展情况。

第五章　健康管理

第二十三条　托育机构应当按照有关托儿所卫生保健规定，完善相关制度，切实做好婴幼儿和工作人员的健康管理，做好室内外环境卫生。

第二十四条　托育机构应当坚持晨午检和全日健康观察，发现婴幼儿身体、精神、行为异常时，应当及时通知婴幼儿监护人。

第二十五条　托育机构发现婴幼儿遭受或疑似遭受家庭暴力的，应当依法及时向公安机关报案。

第二十六条　婴幼儿患病期间应当在医院接受治疗或在家护理。

第二十七条　托育机构应当建立卫生消毒和病儿隔离制度、传染病预防和管理制度，做好疾病预防控制和婴幼儿健康管理工作。

第二十八条　托育机构工作人员上岗前，应当经医疗卫生机构进行健康检查，合格后方可上岗。

托育机构应当组织在岗工作人员每年进行1次健康检查。在岗工作人员患有传染性疾病的，应当立即离岗治疗；治愈后，须持病历和医疗卫生机构出具的健康合格证明，方可返岗工作。

第六章　安全管理

第二十九条　托育机构应当落实安全管理主体责任，建立健全安全防护措施和检查制度，配备必要的安保人员和物防、技防设施。

第三十条　托育机构应当建立完善的婴幼儿接送制度，婴幼儿应当由婴幼儿监护人或其委托的成年人接送。

第三十一条　托育机构应当制订重大自然灾害、传染病、食物中毒、踩踏、火灾、暴力等突发事件的应急预案,定期对工作人员进行安全教育和突发事件应急处理能力培训。

托育机构应当明确专兼职消防安全管理人员及管理职责,加强消防设施维护管理,确保用火用电用气安全。

托育机构工作人员应当掌握急救的基本技能和防范、避险、逃生、自救的基本方法,在紧急情况下必须优先保障婴幼儿的安全。

第三十二条　托育机构应当建立照护服务、安全保卫等监控体系。监控报警系统确保 24 小时设防,婴幼儿生活和活动区域应当全覆盖。

监控录像资料保存期不少于 90 日。

第七章　人员管理

第三十三条　托育机构工作人员应当具有完全民事行为能力和良好的职业道德,热爱婴幼儿,身心健康,无虐待儿童记录,无犯罪记录,并符合国家和地方相关规定要求的资格条件。

第三十四条　托育机构应当建立工作人员岗前培训和定期培训制度,通过集中培训、在线学习等方式,不断提高工作人员的专业能力、职业道德和心理健康水平。

第三十五条　托育机构应当加强工作人员法治教育,增强法治意识。对虐童等行为实行零容忍,一经发现,严格按照有关法律法规和规定,追究有关负责人和责任人的责任。

第三十六条　托育机构应当依法与工作人员签订劳动合同,保障工作人员的合法权益。

第八章　监督管理

第三十七条　托育机构应当加强党组织建设,积极支持工会、共青团、妇联等组织开展活动。

托育机构应当建立工会组织或职工代表大会制度,依法加强民主管理和监督。

第三十八条　托育机构应当制订年度工作计划,每年年底向卫生健康部门报告工作,必要时随时报告。

第三十九条　各级妇幼保健、疾病预防控制、卫生监督等机构应当按照职责加强对托育机构卫生保健工作的业务指导、咨询服务和监督执法。

第四十条　建立托育机构信息公示制度和质量评估制度,实施动态管理,加强社会监督。

第九章　附　　则

第四十一条　各省、自治区、直辖市卫生健康行政部门可根据本规范制订具体实施办法。

第四十二条　本规范自发布之日起施行。

（四）食品与生物安全类

食品安全国家标准管理办法

（2010年9月20日卫生部部务会议审议通过　2010年10月20日卫生部令第77号发布）

第一章　总　　则

第一条　为规范食品安全国家标准制（修）订工作，根据《中华人民共和国食品安全法》及其实施条例，制定本办法。

第二条　制定食品安全国家标准应当以保障公众健康为宗旨，以食品安全风险评估结果为依据，做到科学合理、公开透明、安全可靠。

第三条　卫生部负责食品安全国家标准制（修）订工作。

卫生部组织成立食品安全国家标准审评委员会（以下简称审评委员会），负责审查食品安全国家标准草案，对食品安全国家标准工作提供咨询意见。审评委员会设专业分委员会和秘书处。

第四条　食品安全国家标准制（修）订工作包括规划、计划、立项、起草、审查、批准、发布以及修改与复审等。

第五条　鼓励公民、法人和其他组织参与食品安全国家标准制（修）订工作，提出意见和建议。

第二章　规划、计划和立项

第六条　卫生部会同国务院农业行政、质量监督、工商行政管理和国家食品药品监督管理以及国务院商务、工业和信息化等部门制定食品安全国家标准规划及其实施计划。

第七条　食品安全国家标准规划及其实施计划应当明确食品安全国家标准的近期发展目标、实施方案和保障措施等。

第八条　卫生部根据食品安全国家标准规划及其实施计划和食品安全工作需要制定食品安全国家标准制（修）订计划。

第九条　各有关部门认为本部门负责监管的领域需要制定食品安全国家标准的，应当在每年编制食品安全国家标准制（修）订计划前，向卫生部提出立项建议。立项建议应当包括要解决的重要问题、立项的背景和理由、现有食品安全风险监测和评估依据、标准候选起草单位，并将立项建议按照优先顺序进行排序。

任何公民、法人和其他组织都可以提出食品安全国家标准立项建议。

第十条　建议立项的食品安全国家标准，应当符合《食品安全法》第二十条规定。

第十一条　审评委员会根据食品安全标准工作需求，对食品安全国家标准立项建议进行研究，向卫生部提出制定食品安全国家标准制（修）订计划的咨询意见。

第十二条　卫生部在公布食品安全国家标准规划、实施计划及制（修）订计划前，应当向社会公开征求意见。

第十三条　食品安全国家标准制(修)订计划在执行过程中可以根据实际需要进行调整。

根据食品安全风险评估结果和食品安全监管中发现的重大问题,可以紧急增补食品安全国家标准制(修)订项目。

第三章　起　　草

第十四条　卫生部采取招标、委托等形式,择优选择具备相应技术能力的单位承担食品安全国家标准起草工作。

第十五条　提倡由研究机构、教育机构、学术团体、行业协会等单位组成标准起草协作组共同起草标准。

第十六条　承担标准起草工作的单位应当与卫生部食品安全主管司局签订食品安全国家标准制(修)订项目委托协议书。

第十七条　起草食品安全国家标准,应当以食品安全风险评估结果和食用农产品质量安全风险评估结果为主要依据,充分考虑我国社会经济发展水平和客观实际的需要,参照相关的国际标准和国际食品安全风险评估结果。

第十八条　标准起草单位和起草负责人在起草过程中,应当深入调查研究,保证标准起草工作的科学性、真实性。标准起草完成后,应当书面征求标准使用单位、科研院校、行业和企业、消费者、专家、监管部门等各方面意见。征求意见时,应当提供标准编制说明。

第十九条　起草单位应当在委托协议书规定的时限内完成起草和征求意见工作,并将送审材料及时报送审评委员会秘书处(以下简称秘书处)。

第四章　审　　查

第二十条　食品安全国家标准草案按照以下程序审查:

(一)秘书处初步审查;

(二)审评委员会专业分委员会会议审查;

(三)审评委员会主任会议审议。

第二十一条　秘书处对食品安全国家标准草案进行初步审查的内容,应当包括完整性、规范性、与委托协议书的一致性。

第二十二条　经秘书处初步审查通过的标准,在卫生部网站上公开征求意见。公开征求意见的期限一般为两个月。

第二十三条　秘书处将收集到的反馈意见送交起草单位,起草单位应当对反馈意见进行研究,并对标准送审稿进行完善,对不予采纳的意见应当说明理由。

第二十四条　专业分委员会负责对标准科学性、实用性审查。审查标准时,须有三分之二以上(含三分之二)委员出席。审查采取协商一致的方式。在无法协商一致的情况下,应当在充分讨论的基础上进行表决。参会委员四分之三以上(含四分之三)同意的,标准通过审查。

专业分委员会应当编写会议纪要，记录讨论过程、重大分歧意见及处理情况。

未通过审查的标准，专业分委员会应当向标准起草单位出具书面文件，说明未予通过的理由并提出修改意见。标准起草单位修改后，再次送审。

审查原则通过但需要修改的标准，由秘书处根据审查意见进行修改；专业分委员会可以根据具体情况决定对修改后的标准再次进行会审或者函审。

第二十五条　专业分委员会审查通过的标准，由专业分委员会主任委员签署审查意见后，提交审评委员会主任会议审议。

第二十六条　审评委员会主任会议审议通过的标准草案，应当经审评委员会技术总师签署审议意见。

审议未通过的标准，审评委员会应当出具书面意见，说明未予通过的理由。

审议决定修改后再审的，秘书处应当根据审评委员会提出的修改意见组织标准起草单位进行修改后，再次送审。

第二十七条　标准审议通过后，标准起草单位应当在秘书处规定的时间内提交报批需要的全部材料。

第二十八条　秘书处对报批材料进行复核后，报送卫生部卫生监督中心。

第二十九条　卫生部卫生监督中心应当按照专业分委员会审查意见和审评委员会主任会议审议意见，对标准报批材料的内容和格式进行审核，提出审核意见并反馈秘书处。

审核通过的标准由卫生部卫生监督中心报送卫生部。

第三十条　遇有特殊情况，卫生部可调整食品安全国家标准草案公开征求意见的期限，并可直接由专业分委员会会议、审评委员会主任会议共同审查。

第三十一条　食品安全国家标准草案按照规定履行向世界贸易组织（WTO）的通报程序。

第五章　批准和发布

第三十二条　审查通过的标准，以卫生部公告的形式发布。

第三十三条　食品安全国家标准自发布之日起20个工作日内在卫生部网站上公布，供公众免费查阅。

第三十四条　卫生部负责食品安全国家标准的解释工作。食品安全国家标准的解释以卫生部发文形式公布，与食品安全国家标准具有同等效力。

第六章　修改和复审

第三十五条　食品安全国家标准公布后，个别内容需作调整时，以卫生部公告的形式发布食品安全国家标准修改单。

第三十六条　食品安全国家标准实施后，审评委员会应当适时进行复审，提出继续有效、修订或者废止的建议。对需要修订的食品安全国家标准，应当及时纳入食品安全国家标准修订立项计划。

第三十七条　卫生部应当组织审评委员会、省级卫生行政部门和相关单位对标准的实施情况进行跟踪评价。

任何公民、法人和其他组织均可以对标准实施过程中存在的问题提出意见和建议。

第七章　附　　则

第三十八条　食品安全国家标准制(修)订经费纳入财政预算安排,并按照国家有关财经制度和专项资金管理办法管理。

第三十九条　发布的食品安全国家标准属于科技成果,并作为标准主要起草人专业技术资格评审的依据。

第四十条　食品中农药、兽药残留标准制(修)订工作应当根据卫生部、农业部有关规定执行。

食品安全国家标准的编号工作应当根据卫生部和国家标准委的协商意见及有关规定执行。

第四十一条　食品安全地方标准制(修)订可参照本办法执行。

第四十二条　本办法自2010年12月1日起施行。

食品添加剂新品种管理办法

(2010年3月30日卫生部令第73号发布　根据2017年12月26日国家卫生和计划生育委员会令第18号《国家卫生计生委关于修改〈新食品原料安全性审查管理办法〉等7件部门规章的决定》修正)

第一条　为加强食品添加剂新品种管理,根据《食品安全法》和《食品安全法实施条例》有关规定,制定本办法。

第二条　食品添加剂新品种是指:

(一)未列入食品安全国家标准的食品添加剂品种;

(二)未列入国家卫生计生委公告允许使用的食品添加剂品种;

(三)扩大使用范围或者用量的食品添加剂品种。

第三条　食品添加剂应当在技术上确有必要且经过风险评估证明安全可靠。

第四条　使用食品添加剂应当符合下列要求:

(一)不应当掩盖食品腐败变质;

(二)不应当掩盖食品本身或者加工过程中的质量缺陷;

(三)不以掺杂、掺假、伪造为目的而使用食品添加剂;

(四)不应当降低食品本身的营养价值;

(五)在达到预期的效果下尽可能降低在食品中的用量;

(六)食品工业用加工助剂应当在制成最后成品之前去除,有规定允许残留量的除外。

第五条　国家卫生计生委负责食品添加剂新品种的审查许可工作,组织制定食品添加剂新品种技术评价和审查规范。

国家卫生计生委食品添加剂新品种技术审评机构（以下简称审评机构）负责食品添加剂新品种技术审查，提出综合审查结论及建议。

第六条　申请食品添加剂新品种生产、经营、使用或者进口的单位或者个人（以下简称申请人），应当提出食品添加剂新品种许可申请，并提交以下材料：

（一）添加剂的通用名称、功能分类，用量和使用范围；

（二）证明技术上确有必要和使用效果的资料或者文件；

（三）食品添加剂的质量规格要求、生产工艺和检验方法，食品中该添加剂的检验方法或者相关情况说明；

（四）安全性评估材料，包括生产原料或者来源、化学结构和物理特性、生产工艺、毒理学安全性评价资料或者检验报告、质量规格检验报告；

（五）标签、说明书和食品添加剂产品样品；

（六）其他国家（地区）、国际组织允许生产和使用等有助于安全性评估的资料。

申请食品添加剂品种扩大使用范围或者用量的，可以免于提交前款第四项材料，但是技术评审中要求补充提供的除外。

第七条　申请首次进口食品添加剂新品种的，除提交第六条规定的材料外，还应当提交以下材料：

（一）出口国（地区）相关部门或者机构出具的允许该添加剂在本国（地区）生产或者销售的证明材料；

（二）生产企业所在国（地区）有关机构或者组织出具的对生产企业审查或者认证的证明材料。

第八条　申请人应当如实提交有关材料，反映真实情况，并对申请材料内容的真实性负责，承担法律后果。

第九条　申请人应当在其提交的本办法第六条第一款第一项、第二项、第三项材料中注明不涉及商业秘密，可以向社会公开的内容。

食品添加剂新品种技术上确有必要和使用效果等情况，应当向社会公开征求意见，同时征求质量监督、工商行政管理、食品药品监督管理、工业和信息化、商务等有关部门和相关行业组织的意见。

对有重大意见分歧，或者涉及重大利益关系的，可以举行听证会听取意见。

反映的有关意见作为技术评审的参考依据。

第十条　国家卫生计生委应当在受理后60日内组织医学、农业、食品、营养、工艺等方面的专家对食品添加剂新品种技术上确有必要性和安全性评估资料进行技术审查，并作出技术评审结论。对技术评审中需要补充有关资料的，应当及时通知申请人，申请人应当按照要求及时补充有关材料。

必要时，可以组织专家对食品添加剂新品种研制及生产现场进行核实、评价。

第十一条　食品添加剂新品种行政许可的具体程序按照《行政许可法》和《卫生行政许可管理办法》等有关规定执行。

第十二条　审评机构提出的综合审查结论，应当包括安全性、技术必要性审查结果和社会稳定风险评估结果。

第十三条　根据技术评审结论,国家卫生计生委决定对在技术上确有必要性和符合食品安全要求的食品添加剂新品种准予许可并列入允许使用的食品添加剂名单予以公布。

对缺乏技术上必要性和不符合食品安全要求的,不予许可并书面说明理由。

对发现可能添加到食品中的非食用化学物质或者其他危害人体健康的物质,按照《食品安全法实施条例》第四十九条执行。

第十四条　国家卫生计生委根据技术上必要性和食品安全风险评估结果,将公告允许使用的食品添加剂的品种、使用范围、用量按照食品安全国家标准的程序,制定、公布为食品安全国家标准。

第十五条　有下列情形之一的,国家卫生计生委应当及时组织对食品添加剂进行重新评估:

(一)科学研究结果或者有证据表明食品添加剂安全性可能存在问题的;

(二)不再具备技术上必要性的。

对重新审查认为不符合食品安全要求的,国家卫生计生委可以公告撤销已批准的食品添加剂品种或者修订其使用范围和用量。

第十六条　申请人隐瞒有关情况或者提供虚假材料申请食品添加剂新品种许可的,国家卫生计生委不予受理或者不予行政许可,并给予警告,且申请人在一年内不得再次申请食品添加剂新品种许可。

以欺骗、贿赂等不正当手段通过食品添加剂新品种审查并取得许可的,国家卫生计生委应当撤销许可,且申请人在三年内不得再次申请食品添加剂新品种许可。

第十七条　本办法自公布之日起施行。卫生部2002年3月28日发布的《食品添加剂卫生管理办法》同时废止。

食品安全风险评估管理规定(试行)

(卫监督发〔2010〕8号)

第一条　为规范食品安全风险评估工作,根据《中华人民共和国食品安全法》和《中华人民共和国食品安全法实施条例》的有关规定,制定本规定。

第二条　本规定适用于国务院卫生行政部门依照食品安全法有关规定组织的食品安全风险评估工作。

第三条　卫生部负责组织食品安全风险评估工作,成立国家食品安全风险评估专家委员会,并及时将食品安全风险评估结果通报国务院有关部门。

国务院有关部门按照有关法律法规和本规定的要求提出食品安全风险评估的建议,并提供有关信息和资料。

地方人民政府有关部门应当按照风险所在的环节协助国务院有关部门收集食品安全风险评估有关的信息和资料。

第四条　国家食品安全风险评估专家委员会依据国家食品安全风险评估专家委员会

章程组建。

卫生部确定的食品安全风险评估技术机构负责承担食品安全风险评估相关科学数据、技术信息、检验结果的收集、处理、分析等任务。食品安全风险评估技术机构开展与风险评估相关工作接受国家食品安全风险评估专家委员会的委托和指导。

第五条 食品安全风险评估以食品安全风险监测和监督管理信息、科学数据以及其他有关信息为基础,遵循科学、透明和个案处理的原则进行。

第六条 国家食品安全风险评估专家委员会依据本规定及国家食品安全风险评估专家委员会章程独立进行风险评估,保证风险评估结果的科学、客观和公正。

任何部门不得干预国家食品安全风险评估专家委员会和食品安全风险评估技术机构承担的风险评估相关工作。

第七条 有下列情形之一的,由卫生部审核同意后向国家食品安全风险评估专家委员会下达食品安全风险评估任务:

(一)为制订或修订食品安全国家标准提供科学依据需要进行风险评估的;

(二)通过食品安全风险监测或者接到举报发现食品可能存在安全隐患的,在组织进行检验后认为需要进行食品安全风险评估的;

(三)国务院有关部门按照《中华人民共和国食品安全法实施条例》第十二条要求提出食品安全风险评估的建议,并按规定提出《风险评估项目建议书》(见附表1);

(四)卫生部根据法律法规的规定认为需要进行风险评估的其他情形。

第八条 国务院有关部门提交《风险评估项目建议书》时,应当向卫生部提供下列信息和资料:

(一)风险的来源和性质;

(二)相关检验数据和结论;

(三)风险涉及范围;

(四)其他有关信息和资料。

卫生部根据食品安全风险评估的需要组织收集有关信息和资料,国务院有关部门和县级以上地方农业行政、质量监督、工商行政管理、食品药品监督管理等有关部门应当协助收集前款规定的食品安全风险评估信息和资料。

第九条 对于下列情形之一的,卫生部可以做出不予评估的决定:

(一)通过现有的监督管理措施可以解决的;

(二)通过检验和产品安全性评估可以得出结论的;

(三)国际政府组织有明确资料对风险进行了科学描述且适于我国膳食暴露模式的。

对做出不予评估决定和因缺乏数据信息难以做出评估结论的,卫生部应当向有关方面说明原因和依据;如果国际组织已有评估结论的,应一并通报相关部门。

第十条 卫生部根据本规定第七条的规定和国家食品安全风险评估专家委员会的建议,确定国家食品安全风险评估计划和优先评估项目。

第十一条 卫生部以《风险评估任务书》(见附表2)的形式向国家食品安全风险评估专家委员会下达风险评估任务。《风险评估任务书》应当包括风险评估的目的、需要解决的问题和结果产出形式等内容。

第十二条　国家食品安全风险评估专家委员会应当根据评估任务提出风险评估实施方案,报卫生部备案。

对于需要进一步补充信息的,可向卫生部提出数据和信息采集方案的建议。

第十三条　国家食品安全风险评估专家委员会按照风险评估实施方案,遵循危害识别、危害特征描述、暴露评估和风险特征描述的结构化程序开展风险评估。

第十四条　受委托的有关技术机构应当在国家食品安全风险评估专家委员会要求的时限内提交风险评估相关科学数据、技术信息、检验结果的收集、处理和分析的结果。

第十五条　国家食品安全风险评估专家委员会进行风险评估,对风险评估的结果和报告负责,并及时将结果、报告上报卫生部。

第十六条　发生下列情形之一的,卫生部可以要求国家食品安全风险评估专家委员会立即研究分析,对需要开展风险评估的事项,国家食品安全风险评估专家委员会应当立即成立临时工作组,制订应急评估方案。

(一)处理重大食品安全事故需要的;

(二)公众高度关注的食品安全问题需要尽快解答的;

(三)国务院有关部门监督管理工作需要并提出应急评估建议的;

(四)处理与食品安全相关的国际贸易争端需要的。

第十七条　需要开展应急评估时,国家食品安全风险评估专家委员会按照应急评估方案进行风险评估,及时向卫生部提交风险评估结果报告。

第十八条　卫生部应当依法向社会公布食品安全风险评估结果。

风险评估结果由国家食品安全风险评估专家委员会负责解释。

第十九条　本规定用语定义如下:

危害:指食品中所含有的对健康有潜在不良影响的生物、化学、物理因素或食品存在状况。

危害识别:根据流行病学、动物试验、体外试验、结构-活性关系等科学数据和文献信息确定人体暴露于某种危害后是否会对健康造成不良影响、造成不良影响的可能性,以及可能处于风险之中的人群和范围。

危害特征描述:对与危害相关的不良健康作用进行定性或定量描述。可以利用动物试验、临床研究以及流行病学研究确定危害与各种不良健康作用之间的剂量-反应关系、作用机制等。如果可能,对于毒性作用有阈值的危害应建立人体安全摄入量水平。

暴露评估:描述危害进入人体的途径,估算不同人群摄入危害的水平。根据危害在膳食中的水平和人群膳食消费量,初步估算危害的膳食总摄入量,同时考虑其他非膳食进入人体的途径,估算人体总摄入量并与安全摄入量进行比较。

风险特征描述:在危害识别、危害特征描述和暴露评估的基础上,综合分析危害对人群健康产生不良作用的风险及其程度,同时应当描述和解释风险评估过程中的不确定性。

第二十条　食品安全风险评估技术机构的认定和资格管理规定由卫生部另行制订。

第二十一条　本办法由卫生部负责解释,自发布之日起实施。

食品安全风险监测管理规定(试行)

(卫监督发〔2010〕17号)

第一章　总　　则

第一条　为有效实施食品安全风险监测制度,规范国家食品安全风险监测工作,根据《中华人民共和国食品安全法》、《中华人民共和国食品安全法实施条例》,制定本规定。

第二条　食品安全风险监测,是通过系统和持续地收集食源性疾病、食品污染以及食品中有害因素的监测数据及相关信息,并进行综合分析和及时通报的活动。

第三条　卫生部会同国务院质量监督、工商行政管理和国家食品药品监督管理以及国务院工业和信息化等部门本着及时性、代表性、客观性和准确性的原则制定、实施国家食品安全风险监测计划。

第四条　卫生部会同国务院有关部门在综合利用现有监测机构能力的基础上,根据国家食品安全风险监测工作的需要,制定和实施加强国家食品安全风险监测能力的建设规划,建立覆盖全国各省、自治区、直辖市的国家食品安全风险监测网络。

省、自治区、直辖市卫生行政部门会同省级有关部门,根据国家和本地区食品安全风险监测工作的需要,制定和实施本地区食品安全风险监测能力建设规划,建立覆盖各市(地)、县(区),并逐步延伸到农村的食品安全风险监测体系。

第二章　监测计划的制定

第五条　国家食品安全风险监测计划应根据食品安全风险评估、食品安全标准制定与修订和食品安全监督管理等工作的需要制定。

国务院有关部门根据食品安全监督管理等工作的需要,提出列入国家食品安全风险监测计划的建议。建议的内容应包括食源性疾病、食品污染和食品中有害因素的名称、相关食品类别及检测方法、经费预算等。

第六条　国家食品安全风险评估专家委员会负责根据食品安全风险评估工作的需要,提出制定国家食品安全风险监测计划的建议,于每年6月底前报送卫生部。

卫生部会同国务院有关部门于每年9月底以前制定并印发下年度国家食品安全风险监测计划。

在制定国家食品安全风险监测计划时,应征求行业协会、国家食品安全标准审评委员会以及农产品质量安全评估专家委员会的意见。

第七条　国家食品安全风险监测应遵循优先选择原则,兼顾常规监测范围和年度重点,将以下情况作为优先监测的内容:

(一)健康危害较大、风险程度较高以及污染水平呈上升趋势的;

(二)易于对婴幼儿、孕产妇、老年人、病人造成健康影响的;

(三)流通范围广、消费量大的;

(四)以往在国内导致食品安全事故或者受到消费者关注的;

(五)已在国外导致健康危害并有证据表明可能在国内存在的。

食品安全风险监测应包括食品、食品添加剂和食品相关产品。

第八条　制定国家食品安全风险监测计划的同时应制定国家食品安全风险监测计划实施指南,供相关技术机构参照执行。

第九条　国家食品安全风险监测计划应规定监测的内容、任务分工、工作要求、组织保障措施和考核等内容。

第十条　国家食品安全风险监测计划应规定统一的检测方法。

食品安全风险监测采用的评判依据应经卫生部会同国务院有关部门确认。

第十一条　卫生部根据医疗机构报告的有关疾病信息和国务院有关部门通报的食品安全风险信息,会同国务院有关部门对国家食品安全风险监测计划进行调整。

第三章　监测计划的实施

第十二条　承担国家食品安全风险监测工作的技术机构应由卫生部会同国务院质量监督、工商行政管理和国家食品药品监督管理等部门确定。

承担食品安全风险监测工作的技术机构应具备食品检验机构资质认定条件和按照规范进行检验的能力,原则上应当按照国家有关认证认可的规定取得资质认定(非常规的风险监测项目除外)。

第十三条　承担国家食品安全风险监测工作的技术机构应根据有关法律法规的规定和国家食品安全风险监测计划实施指南的要求,完成监测计划规定的监测任务,按时向卫生部等下达监测任务的部门报送监测数据和分析结果,保证监测数据真实、准确、客观。

第十四条　卫生部指定的专门机构负责对承担国家食品安全风险监测工作的技术机构获得的数据进行收集和汇总分析,向卫生部提交数据汇总分析报告。卫生部应及时将食品安全风险监测数据和分析结果通报国务院农业行政、质量监督、工商行政管理和国家食品药品监督管理以及国务院商务、工业和信息化等部门。

第十五条　卫生部会同国务院质量监督、工商行政管理、国家食品药品监督管理及国务院工业和信息化等部门制定国家食品安全风险监测质量控制方案并组织实施。

第十六条　省、自治区、直辖市卫生行政部门组织同级质量监督、工商行政管理、食品药品监督管理、工业和信息化等部门,根据国家食品安全风险监测计划,结合本地区人口特征、主要生产和消费食物种类、预期的保护水平以及经费支持能力等,制定和实施本行政区域的食品安全风险监测方案。

省、自治区、直辖市卫生行政部门应将食品安全风险监测方案、方案调整情况报卫生部备案,并向卫生部报送监测数据和分析结果。

国务院卫生行政部门应当将备案情况、风险监测数据分析结果通报国务院农业行政、质量监督、工商行政管理和国家食品药品监督管理以及国务院商务、工业和信息化等部门。

第四章　附　　则

第十七条　本规定相关术语定义如下:

食源性疾病监测：指通过医疗机构、疾病控制机构对食源性疾病及其致病因素的报告、调查和检测等收集的人群食源性疾病发病信息。

食品污染：指根据国际食品安全管理的一般规则，在食品生产、加工或流通等过程中因非故意原因进入食品的外来污染物，一般包括金属污染物、农药残留、兽药残留、超范围或超剂量使用的食品添加剂、真菌毒素以及致病微生物、寄生虫等。

食品中有害因素：指在食品生产、流通、餐饮服务等环节，除了食品污染以外的其他可能途径进入食品的有害因素，包括自然存在的有害物、违法添加的非食用物质以及被作为食品添加剂使用的对人体健康有害的物质。

第十八条 本规定自发布之日起实施。

新食品原料安全性审查管理办法

（2013年5月31日国家卫生和计划生育委员会令第1号公布 根据2017年12月26日国家卫生和计划生育委员会令第18号《国家卫生计生委关于修改〈新食品原料安全性审查管理办法〉等7件部门规章的决定》修正）

第一条 为规范新食品原料安全性评估材料审查工作，根据《中华人民共和国食品安全法》及其实施条例的有关规定，制定本办法。

第二条 新食品原料是指在我国无传统食用习惯的以下物品：

（一）动物、植物和微生物；

（二）从动物、植物和微生物中分离的成分；

（三）原有结构发生改变的食品成分；

（四）其他新研制的食品原料。

第三条 新食品原料应当具有食品原料的特性，符合应当有的营养要求，且无毒、无害，对人体健康不造成任何急性、亚急性、慢性或者其他潜在性危害。

第四条 新食品原料应当经过国家卫生计生委安全性审查后，方可用于食品生产经营。

第五条 国家卫生计生委负责新食品原料安全性评估材料的审查和许可工作。

国家卫生计生委新食品原料技术审评机构（以下简称审评机构）负责新食品原料安全性技术审查，提出综合审查结论及建议。

第六条 拟从事新食品原料生产、使用或者进口的单位或者个人（以下简称申请人），应当提出申请并提交以下材料：

（一）申请表；

（二）新食品原料研制报告；

（三）安全性评估报告；

（四）生产工艺；

（五）执行的相关标准（包括安全要求、质量规格、检验方法等）；

（六）标签及说明书；

（七）国内外研究利用情况和相关安全性评估资料；

（八）有助于评审的其他资料。

另附未启封的产品样品1件或者原料30克。

第七条 申请进口新食品原料的，除提交第六条规定的材料外，还应当提交以下材料：

（一）出口国（地区）相关部门或者机构出具的允许该产品在本国（地区）生产或者销售的证明材料；

（二）生产企业所在国（地区）有关机构或者组织出具的对生产企业审查或者认证的证明材料。

第八条 申请人应当如实提交有关材料，反映真实情况，对申请材料内容的真实性负责，并承担法律责任。

第九条 申请人在提交本办法第六条第一款第二项至第六项材料时，应当注明其中不涉及商业秘密，可以向社会公开的内容。

第十条 国家卫生计生委受理新食品原料申请后，向社会公开征求意见。

第十一条 国家卫生计生委自受理新食品原料申请之日起60日内，应当组织专家对新食品原料安全性评估材料进行审查，作出审查结论。

第十二条 审查过程中需要补充资料的，应当及时书面告知申请人，申请人应当按照要求及时补充有关资料。

根据审查工作需要，可以要求申请人现场解答有关技术问题，申请人应当予以配合。

第十三条 审查过程中需要对生产工艺进行现场核查的，可以组织专家对新食品原料研制及生产现场进行核查，并出具现场核查意见，专家对出具的现场核查意见承担责任。省级卫生监督机构应当予以配合。

参加现场核查的专家不参与该产品安全性评估材料的审查表决。

第十四条 新食品原料安全性评估材料审查和许可的具体程序按照《行政许可法》、《卫生行政许可管理办法》等有关法律法规规定执行。

第十五条 审评机构提出的综合审查结论，应当包括安全性审查结果和社会稳定风险评估结果。

第十六条 国家卫生计生委根据新食品原料的安全性审查结论，对符合食品安全要求的，准予许可并予以公告；对不符合食品安全要求的，不予许可并书面说明理由。

对与食品或者已公告的新食品原料具有实质等同性的，应当作出终止审查的决定，并书面告知申请人。

第十七条 根据新食品原料的不同特点，公告可以包括以下内容：

（一）名称；

（二）来源；

（三）生产工艺；

（四）主要成分；

（五）质量规格要求；

（六）标签标识要求；

（七）其他需要公告的内容。

第十八条 有下列情形之一的，国家卫生计生委应当及时组织对已公布的新食品原料进行重新审查：

（一）随着科学技术的发展，对新食品原料的安全性产生质疑的；

（二）有证据表明新食品原料的安全性可能存在问题的；

（三）其他需要重新审查的情形。

对重新审查不符合食品安全要求的新食品原料，国家卫生计生委可以撤销许可。

第十九条 新食品原料生产单位应当按照新食品原料公告要求进行生产，保证新食品原料的食用安全。

第二十条 食品中含有新食品原料的，其产品标签标识应当符合国家法律、法规、食品安全标准和国家卫生计生委公告要求。

第二十一条 违反本办法规定，生产或者使用未经安全性评估的新食品原料的，按照《食品安全法》的有关规定处理。

第二十二条 申请人隐瞒有关情况或者提供虚假材料申请新食品原料许可的，国家卫生计生委不予受理或者不予许可，并给予警告，且申请人在一年内不得再次申请该新食品原料许可。

以欺骗、贿赂等不正当手段通过新食品原料安全性审查并取得许可的，国家卫生计生委应当撤销许可，且申请人在三年内不得再次申请新食品原料许可。

第二十三条 本办法下列用语的含义：

实质等同，是指如某个新申报的食品原料与食品或者已公布的新食品原料在种属、来源、生物学特征、主要成分、食用部位、使用量、使用范围和应用人群等方面相同，所采用工艺和质量要求基本一致，可以视为它们是同等安全的，具有实质等同性。

传统食用习惯，是指某种食品在省辖区域内有30年以上作为定型或者非定型包装食品生产经营的历史，并且未载入《中华人民共和国药典》。

第二十四条 本办法所称的新食品原料不包括转基因食品、保健食品、食品添加剂新品种。转基因食品、保健食品、食品添加剂新品种的管理依照国家有关法律法规执行。

第二十五条 本办法自2013年10月1日起施行。原卫生部2007年12月1日公布的《新资源食品管理办法》同时废止。

有碍食品安全的疾病目录

（国卫食品发〔2016〕31号）

根据《中华人民共和国食品安全法》、《中华人民共和国传染病防治法》规定，为规范接触直接入口食品工作的从业人员的健康管理，制定本目录。

一、疾病目录

（一）霍乱

（二）细菌性和阿米巴性痢疾

（三）伤寒和副伤寒

（四）病毒性肝炎（甲型、戊型）

（五）活动性肺结核

（六）化脓性或者渗出性皮肤病

二、我委适时根据食品安全需要、相关疾病预防控制情况等因素对本目录进行调整。

附1

有碍食品安全的疾病目录起草说明

一、起草过程

接触直接入口食品的从业人员如果罹患某些疾病，可能对食品造成污染，导致疾病传播，影响食品安全。2015 修订的《食品安全法》规定患有国务院卫生行政部门规定的有碍食品安全疾病的人员，不得从事接触直接入口食品的工作。为落实《食品安全法》、《传染病防治法》，国家卫生计生委牵头组织制定《有碍食品安全的疾病目录》（以下简称《目录》）。

2015 年 6 月 8 日，我委食品司委托食品评估中心组织召开了第一次《目录》编制研讨会，中国疾控中心以及 13 家省级疾控中心的行政管理、食品安全技术、实验室检验、传染病防控、病毒病防控、寄生虫病防控、临床医学相关专家参会。会议对《目录》编制思路进行了讨论，并确定了《目录》基本内容。

2015 年 6 月 12 – 13 日、7 月 9 日，我委食品司会同食品评估中心组织召开两次研讨会，对存有争议的疾病进行讨论及修改完善，统一认识，明确《目录》的使用范围。

2015 年 8 月，我委食品司就《目录》征求了委法制司、应急办、疾控局、医政医管局，中国疾控中心、监督中心等的意见。10 月，征求了各省、自治区、直辖市卫生计生委，新疆生产建设兵团卫生局，教育部、工业和信息化部、农业部、商务部、质检总局、食品药品监管总局的意见，根据相关意见修改完善《目录》。

2016 年 1 月 20 日，我委食品司组织专题座谈会，邀请相关行业协会、企业代表以及食品安全、传染病防控、医疗专家等相关人员参会，对《目录》的科学性、可操作性等进行讨论，深入听取意见。会后，食品司会同食品评估中心，吸收采纳有关意见后形成了《目录》。

二、主要内容

《目录》旨在为监管部门和食品生产经营者对从业人员进行健康管理提供依据，包含两部分内容：一是有碍食品安全的疾病。这些疾病可通过患病者污染食品，并能通过食物传播，患病者不宜从事接触直接入口食品的工作。二是我委将根据食品安全需要、相关疾病预防控制情况等，对本目录进行调整。

三、重点说明的几个问题

（一）关于疾病名称的进一步细化。《目录》中的细菌性和阿米巴性痢疾、伤寒和副伤寒、病毒性肝炎(甲型、戊型)、活动性肺结核、化脓性或者渗出性皮肤病5种疾病从《食品卫生法》(1995年)和《食品安全法》(2009年)的相关规定中沿袭而来,并作了进一步细化。与2009版《食品安全法》及《食品安全法实施条例》相比,本《目录》从既保障食品安全又最大程度保护从业人员合法权益的角度考虑,将痢疾进一步细化为细菌性和阿米巴性痢疾,并在伤寒的基础上,增加了副伤寒。

(二)关于将霍乱纳入《目录》。鉴于霍乱属于《传染病法》规定的甲类传染病,且近年来由食物传播的霍乱病例时有发生,此次《目录》制定过程中,增加纳入了霍乱。

(三)关于在食品生产经营从业人员日常管理中如何使用《目录》。从业人员发现可能患有《目录》中规定的疾病时,应当立即到医疗机构就诊,如确诊患有《目录》中规定的疾病,按照食品安全监管部门的相关规定处理。

营养改善工作管理办法

(卫疾控发〔2010〕73号)

第一章 总 则

第一条 为促进营养改善工作,提高居民营养质量与健康水平,制定本办法。

第二条 本办法所称营养改善工作,是指为改善居民营养状况而开展的预防和控制营养缺乏、营养过剩和营养相关疾病等工作。

第三条 营养改善工作应当以平衡膳食、合理营养、适量运动为中心,贯彻科学宣传、专业指导、个人自愿、社会参与的原则。

第四条 县级以上人民政府卫生行政部门应当把营养改善工作纳入公共卫生范围,采取综合措施,普及营养知识,倡导营养理念,改善营养状况。

第五条 卫生部根据公共卫生问题、人群营养状况和经济社会发展水平,制订全国营养改善工作计划、营养标准和指南,并定期发布我国居民营养状况报告。

第六条 县级以上人民政府卫生行政部门应当根据全国营养改善工作计划,结合本行政区域的实际情况,制订相关营养改善工作方案并组织实施。

第七条 中国疾病预防控制中心营养与食品安全所负责全国营养改善工作的技术指导。

地方各级疾病预防控制机构应当设立负责营养工作的科室,合理配置营养专业技术人员,负责本行政区域营养改善工作的技术指导。

医院应当加强临床营养工作,有条件的应当建立临床营养科室。

第二章 营养监测

第八条 国家建立营养监测制度,对居民膳食状况、营养改善效果以及营养相关疾病进行监测。

卫生部制订、实施国家营养监测计划。省、自治区、直辖市人民政府卫生行政部门根据国家营养监测计划,结合本行政区域的具体情况,组织制订、实施营养监测方案。

第九条 营养监测应当包括下列内容：

（一）不同人群的食物摄入、膳食结构变化状况；

（二）宏量营养素、微量营养素的营养状况；

（三）蛋白质－能量营养不良、贫血、钙缺乏、维生素A缺乏等状况；

（四）超重、肥胖及营养相关疾病状况；

（五）其他需要监测的内容。

第十条 县级以上疾病预防控制机构应当按照营养监测计划、方案，开展营养监测工作，收集、分析和报告营养监测信息，开展相关的流行病学调查、现场采样、实验室检测和评价。

第十一条 国家、省级疾病预防控制机构负责指导、培训疾病预防控制机构及其工作人员开展营养监测工作。

第十二条 妇幼保健机构、社区卫生服务机构、乡镇卫生院以及其他医疗卫生机构应当按照营养监测计划、方案，参与营养监测工作，提供相应技术支持。

第十三条 疾病预防控制机构和医疗机构对发现的人群营养问题，应当及时向当地人民政府卫生行政部门报告。

第十四条 卫生行政部门应当组织医学、食品、营养等方面的专家对存在的人群营养问题进行分析、评价、研究，根据具体情况向公众提出相应的意见和建议。

对需要政府采取措施进行干预的营养问题，卫生行政部门应当及时向本级人民政府报告。

第三章 营养教育

第十五条 卫生行政部门应当经常组织开展多种形式的营养宣传教育，推广《中国居民膳食指南》，帮助居民形成符合营养要求的饮食习惯以及健康的生活方式，提高改善膳食营养的能力。

疾病预防控制机构、医疗机构、大专院校、科研院所、营养学会等单位从事营养工作的专业部门及人员应当提供科学实用、通俗易懂的营养与健康知识。

第十六条 各级疾病预防控制机构应当协助学校、企业、事业单位和机关开展营养宣传教育。

第十七条 医疗机构应当结合诊疗工作开展营养知识宣传和咨询活动，解答患者的问题。

第十八条 妇幼保健机构、妇产医院、儿童医院应当对孕产妇、儿童患者开展有针对性的营养知识宣传教育。

第十九条 鼓励新闻、出版、文化、广播、电影、电视等媒体开展营养宣传教育。

营养宣传教育应当科学、准确，并接受营养专业部门的指导。

严禁用虚假和不实的营养信息误导和欺骗公众。

第二十条 餐饮服务单位、集体供餐单位应当结合经营业务，对从事餐饮工作的人员加强岗位营养业务培训，并定期进行检查、考核。

第四章 营养指导

第二十一条 各级疾病预防控制机构应当根据营养监测发现的主要营养问题，确定营养指导工作重点，报同级卫生行政部门同意后实施。

第二十二条 营养指导工作应当面向公众，以预防营养相关疾病为目标，重点是营养缺乏与营养过剩的人群。

第二十三条 营养指导工作应当包括下列内容：

（一）有关营养知识的咨询；

（二）营养状况的评价；

（三）膳食搭配和摄入量的建议；

（四）强化食品和营养素补充剂选择的建议；

（五）食物营养标签的使用；

（六）社会及媒体的营养与健康课堂；

（七）其他营养指导服务。

第二十四条 疾病预防控制机构可以开展营养改善示范单位试点工作。

开展营养改善示范单位试点工作，应当有总体规划安排、具体目标要求、相应的措施和经费保证。

第二十五条 营养改善示范单位试点工作，可以是综合营养改善，也可以是单项营养改善。

第五章 营养干预

第二十六条 县级以上人民政府卫生行政部门应当根据营养监测发现的问题，制订营养干预计划，报同级人民政府批准后实施。

营养干预应当从实际出发，结合经费、当地资源、食品供应等条件，因地制宜，循序渐进。

第二十七条 疾病预防控制机构应当加强对中小学校学生食堂和学生营养配餐单位的指导。

中小学校学生食堂和学生营养配餐单位应当合理搭配膳食，引导学生养成正确的饮食习惯，改善中小学生生长发育和营养状况。鼓励医疗机构、大专院校、科研院所、营养学会等单位协助或参与学校营养促进工作。

第二十八条 医疗机构应当加强临床营养工作，改善患者饮食和营养，发挥营养干预对促进患者辅助治疗和康复的作用。

第二十九条 卫生行政部门应当将营养干预纳入地震、水灾、旱灾等自然灾害和突发公共卫生事件的应急预案，对营养食物的供给和储备提供专业技术指导，预防与减少急性营养不良的发生。

第三十条 对灾区居民进行营养干预应当优先照顾儿童、孕产妇、老年人等。

结合临床需要，对救治的伤病员进行营养干预。

第三十一条 鼓励社会力量资助贫困地区中小学校改善学生营养状况。

第六章　奖　　励

第三十二条　县级以上人民政府卫生行政部门应当对营养改善工作作出突出贡献的单位和个人,给予表彰和奖励。

第三十三条　中国营养学会在协助卫生行政部门开展营养改善工作时,可以对营养改善工作先进单位授予奖牌或者证书。

第七章　附　　则

第三十四条　本办法中下列用语的含义:

营养缺乏:亦称"营养不足",是指机体从食物中获得的能量、营养素不能满足身体需要,从而影响生长、发育或生理功能的现象。营养缺乏可以通过膳食调查、体格测量及相关的生理、生化指标的检测来发现。

营养过剩:亦称"营养过度"。指机体从食物中获得的能量、营养素超过了身体需要,导致超重、肥胖等现象。营养过剩可以通过膳食调查、体格测量及相关的生理、生化指标的检测来发现。

宏量营养素:膳食供给最多的三种产生能量的必需营养素,即蛋白质、脂肪和碳水化合物。人体每日需要量为数十克至数百克。

微量营养素:除了宏量营养素之外的其他必需营养素,包括矿物质和维生素两大类。人体每日对这些营养素的需要量较少,一般以毫克或微克计。

蛋白质-能量营养不良:由于摄入的蛋白质和能量不能满足身体需要而出现的营养缺乏病,多见于灾荒年代或食物短缺地区,儿童受累尤为严重。主要表现为生长迟滞,体重不足,严重消瘦或水肿。

超重和肥胖:体重超过了"健康体重"标准为超重;严重的超重,达到了肥胖的标准,为肥胖。成年人一般用体质指数(BMI)作为判断标准,$BMI \geq 24\ kg/^2$为超重;$BMI \geq 28\ kg/^2$为肥胖。超重和肥胖都是不健康的表现。

第三十五条　省、自治区、直辖市人民政府卫生行政部门可以根据本办法制定实施细则。

第三十六条　本办法自2010年9月1日起施行。

传染性非典型肺炎防治管理办法

(卫生部令第35号)

第一章　总　　则

第一条　为了有效预防和控制传染性非典型肺炎(严重急性呼吸综合征)的发生与流行,保障公众的身体健康和生命安全,根据《中华人民共和国传染病防治法》(以下简称传染病防治法)和《突发公共卫生事件应急条例》(以下简称条例),制定本办法。

第二条　传染性非典型肺炎列入传染病防治法法定传染病管理。传染性非典型肺炎的预防、疫情报告、控制和救治工作按照传染病防治法、条例和本办法的规定执行。

第三条　传染性非典型肺炎防治工作坚持预防为主，防治结合，分级负责，依靠科学，依法管理的原则。

第四条　卫生部对全国传染性非典型肺炎的疾病防治工作实施统一监督管理。

县级以上地方卫生行政部门对本行政区域传染性非典型肺炎的疾病防治工作实施监督管理。

各级疾病预防控制机构按照专业分工，承担责任范围内的传染性非典型肺炎监测管理工作；各级各类医疗机构承担责任范围内的传染性非典型肺炎防治管理任务。

第五条　大力开展爱国卫生运动，加强传染性非典型肺炎健康教育和法制宣传，清洁环境，提高群众防治意识，发动社会力量群防群控，切断传播途径。

第六条　按照国家规定，对参加传染性非典型肺炎防治工作的医疗卫生人员，给予适当补助和保健津贴；对参加防治工作作出贡献的人员，给予表彰和奖励；对参与防治工作发生疾病、残疾、死亡的人员，给予相应的补助和抚恤。

第七条　卫生部及省、自治区、直辖市卫生行政部门应当及时组织开展地区之间、医疗机构之间和疾病预防控制机构之间防治经验的交流；积极开展传染性非典型肺炎防治的科学技术研究工作；鼓励、支持开展传染性非典型肺炎防治的科学研究和技术的国际交流与合作。

第八条　任何单位和个人，必须接受疾病预防控制机构、医疗机构、卫生监督机构有关传染性非典型肺炎的查询、检验、调查取证、监督检查以及预防控制措施，并有权检举、控告违反本办法的行为。

第二章　疫情报告、通报和公布

第九条　任何单位和个人发现传染性非典型肺炎病人或者疑似传染性非典型肺炎病人（以下简称病人或者疑似病人）时，都应当及时向当地疾病预防控制机构报告。

医疗机构及其医务人员、疾病预防控制机构的工作人员发现病人或者疑似病人，必须立即向当地疾病预防控制机构报告。疾病预防控制机构发现疫情或者接到疫情报告，应当立即报告上级疾病预防控制机构和当地卫生行政部门。

卫生行政部门接到报告后应当立即报告本级人民政府，同时报告上级卫生行政部门和国务院卫生行政部门。

第十条　任何单位和个人对传染性非典型肺炎疫情，不得隐瞒、缓报、谎报或者授意他人隐瞒、缓报、谎报。

第十一条　卫生部根据传染性非典型肺炎疫情情况，及时向国务院有关部门和各省、自治区、直辖市卫生行政部门以及军队卫生主管部门通报。

传染性非典型肺炎疫情发生地的省、自治区、直辖市卫生行政部门，应当及时向毗邻省、自治区、直辖市卫生行政部门通报。

接到通报的省、自治区、直辖市卫生行政部门，必要时，应当及时通知本行政区域内的医疗卫生机构，做好预防控制工作。

第十二条 卫生部及时、如实向社会公布疫情;省、自治区、直辖市卫生行政部门及时、如实公布本行政区域的疫情。

第十三条 县级以上卫生行政部门应当加强农村疫情监测和疫情报告体系建设,建立健全县、乡、村三级疫情信息网络。

第三章 预防与控制

第十四条 各级疾病预防控制机构履行下列职责:

(一)对传染性非典型肺炎疫情进行监测与预警;

(二)对疫情报告进行汇总、分析、评估;

(三)对病人或者疑似病人及其密切接触者进行流行病学调查;

(四)对病人或者疑似病人的密切接触者采取必要的医学观察措施;

(五)对医疗机构的消毒、隔离工作进行技术指导;

(六)对疫点进行隔离控制和消毒;

(七)对医疗机构外死亡的病人或者疑似病人的尸体进行消毒处理;

(八)对疾病预防控制人员进行专门的业务培训;

(九)对公众开展健康教育和医学咨询服务;

(十)依据有关规定实施其他疾病预防控制措施。

必要时,向集中收治病人或者疑似病人的医疗机构派驻人员,协助医疗机构开展预防控制工作。

第十五条 疾病预防控制机构、医疗机构、从事传染性非典型肺炎科学研究机构,必须严格执行有关管理制度、操作规程,防止医源性感染、医院内感染、实验室感染和致病性微生物的扩散。

对从事传染性非典型肺炎预防控制、医疗救治、科学研究的人员,所在单位应当根据有关规定,采取有 效的防护措施和医疗保健措施。

第十六条 有关单位和个人必须按照疾病预防控制机构的要求,对被传染性非典型肺炎病原体污染的污水、污物、粪便进行严密消毒后处理。

第十七条 医疗机构、疾病预防控制机构发现传染性非典型肺炎病人或者疑似病人时,应当及时采取控制措施。

第十八条 传染性非典型肺炎暴发、流行时,县级以上地方卫生行政部门应当及时报请当地政府根据传染病防治法第二十五条的规定采取相应措施。

第十九条 疾病预防控制机构发现传染性非典型肺炎疫情或者接到疫情报告时,应当立即采取以下控制措施:

(一)及时到达现场,调查登记病人或者疑似病人的密切接触者;

(二)对密切接触者按照有关规定进行流行病学调查,并根据情况采取集中隔离或者分散隔离的方法进行医学观察;

(三)对医疗机构外被病人或者疑似病人污染的场所、物品进行卫生处理。

第二十条 病人或者疑似病人以及密切接触者及其他有关单位和人员,应当配合疾病预防控制机构和医疗机构采取预防控制措施。拒绝配合的,请公安机关按照条例第四十四条的规定予以协助。

第二十一条 传染性非典型肺炎病人死亡后,尸体处理按照传染病防治法第二十八条的有关规定和卫生部、民政部《关于做好传染性非典型肺炎患者遗体处理和丧葬活动的紧急通知》的规定,立即消毒、就地火化。

医疗机构、疾病预防控制机构必要时可以对尸体进行解剖查验。

第二十二条 交通工具上发现病人或者疑似病人的,以及国境口岸和入出境人员、交通工具、货物、集装箱、行李、邮包等需要采取传染性非典型肺炎应急控制措施的,按照条例第三十八条的规定执行。

第四章 医疗救治

第二十三条 县级以上地方卫生行政部门应当指定专门的医疗机构负责收治病人或者疑似病人;指定专门机构和车辆负责转运工作,并建立安全的转诊制度。

收治病人或者疑似病人的医疗机构应当符合卫生行政部门规定的隔离、消毒条件,配备必要的救治设备;对病人和疑似病人应当分开隔离治疗;采取有效措施,避免交叉感染。

卫生行政部门对定点医疗机构的建设应当给予必要的支持。

第二十四条 县级以上地方卫生行政部门应当指定医疗机构设立发热门诊和隔离观察室,负责收治可疑发热病人,实行首诊负责制。发现病人或者疑似病人时,应当采取应急控制措施,并及时报告当地疾病预防控制机构。

乡(镇)卫生院应当根据县级以上卫生行政部门的要求设立发热病人隔离观察室,发现可疑发热病人时,及时通知县级医疗机构派专门技术人员诊断或者转诊。

县级以上地方卫生行政部门应当加强县级医院、乡(镇)卫生院传染病医疗救治设施的改造和建设。

第二十五条 各级各类医疗机构应当设立预防保健组织或者人员,承担本单位和责任地段的传染病预防、控制和疫情管理工作。

第二十六条 医疗机构履行下列职责:

(一)及时、如实报告疫情;

(二)承担责任范围内的传染性非典型肺炎的预防、诊断、治疗任务,改善服务质量,提高治疗水平;

(三)对医疗机构内病人或者疑似病人污染的场所、物品、排泄物进行严格的卫生处理;

(四)负责对医疗机构内死亡的病人或者疑似病人的尸体进行消毒处理;

(五)对医护人员进行专门的业务培训;

(六)宣传疾病防治科学知识;

(七)依据有关规定开展其他防治工作。

第二十七条 医疗机构应当执行卫生部关于医院感染管理规范、医院消毒卫生标准等有关规定,采取严格的防护措施,使用有效防护用品,防止医务人员感染。

医务人员应当增强传染病防治的法律意识，接受专门的业务培训，遵守操作常规，按照有关规定做好个人防护。

第二十八条 对流动人口中的病人、疑似病人应当按照就地隔离、就地观察、就地治疗的原则，及时送当地指定的专门收治病人和疑似病人的医疗机构治疗。

第二十九条 医疗机构收治病人或者疑似病人，实行先收治、后结算的办法，任何医疗机构不得以费用为由拒收病人。对农民（含进城务工农民）和城镇困难群众中的传染性非典型肺炎病人实行免费医疗，所发生救治费用由政府负担，具体办法按国家有关部门规定执行。

第三十条 医疗机构购进医疗防护用品、药品和医用器械，必须按照卫生行政部门规定的渠道和办法进行，确保质量和安全。

第五章 监督管理

第三十一条 卫生部对全国传染性非典型肺炎防治工作进行督察、指导。

省、自治区、直辖市卫生行政部门对本行政区域的传染性非典型肺炎防治工作进行督察、指导。

第三十二条 各级卫生监督机构在卫生行政部门的领导下，对下列事项进行监督检查：

（一）医疗机构和疾病预防控制机构的疫情报告；

（二）医疗机构、留验站（所）的隔离、消毒、防护和医疗废弃物处理；

（三）公共场所的消毒；

（四）密切接触者的医学观察、疫点的环境消毒；

（五）生产、经营和使用单位的消毒产品、防护用品的质量；

（六）依法开展其他监督检查工作。

第三十三条 卫生部和省、自治区、直辖市卫生行政部门建立领导、协调机构，组建预防控制专家组和医疗救治专家组，组织和协调技术攻关。

卫生部组织制定传染性非典型肺炎防治的指导原则和技术规范。

第三十四条 设区的市级以上地方卫生行政部门应当组织疾病预防控制人员和医疗救治队伍，加强对农村及传染性非典型肺炎疫情严重地区的疫情控制、业务培训和技术指导，提高农村地区控制疫情的能力和诊断、治疗水平。

第三十五条 卫生部根据需要在全国范围内统筹协调卫生资源，调集医疗卫生人员参加防治工作；县级以上地方卫生行政部门在本行政区域内指定医疗机构承担医疗救治任务，组织医疗卫生人员参加防治工作。

疾病预防控制机构和医疗机构及其人员必须服从卫生行政部门的调遣。

第六章 罚 则

第三十六条 县级以上地方卫生行政部门有下列行为之一的，由上级卫生行政部门责令改正，通报批评，给予警告，对其主要负责人由有关部门依法给予降级或者撤职的行政处分；造成传染性非典型肺炎传播、流行或者对社会公众健康造成其他严重危害后果的，依法给予开除的行政处分；构成犯罪的，依法追究刑事责任：

（一）未按照规定履行报告职责，隐瞒、缓报、谎报或授意他人隐瞒、缓报、谎报疫情的；

（二）在防治工作中玩忽职守，失职、渎职的；

（三）对上级卫生行政部门的督察、指导不予配合，或者采取其他方式阻碍、干涉的。

第三十七条 疾病预防控制机构和医疗机构及其人员有下列行为之一的，由县级以上卫生行政部门责令改正，通报批评，给予警告；情节严重的，依法吊销医疗机构执业许可证，并由有关部门对主要负责人给予降级或者撤职的行政处分；对有关医疗卫生人员，由其所在单位或者上级机关给予纪律处分，并由县级以上卫生行政部门依法吊销执业证书；造成传染性非典型肺炎传播、流行或者对社会公众健康造成其他严重危害后果，构成犯罪的，依法追究刑事责任：

（一）未依法履行疫情报告职责，隐瞒、缓报或者谎报的；

（二）拒绝服从卫生行政部门调遣的；

（三）未按照规定及时采取预防控制措施的；

（四）拒绝接诊病人或者疑似病人的；

（五）未按照规定履行监测职责的。

第三十八条 有关单位和人员有下列行为之一的，由县级以上卫生行政部门责令改正，可以处五千元以下罚款，情节较严重的，可以处五千元以上两万元以下的罚款；对主管人员和直接责任人员，由所在单位或有关部门给予行政处分；构成犯罪的，依法追究刑事责任：

（一）对传染性非典型肺炎病原体污染的污水、污物、粪便不按规定进行消毒处理的；

（二）造成传染性非典型肺炎的医源性感染、医院内感染、实验室感染或者致病性微生物扩散的；

（三）生产、经营、使用消毒产品、隔离防护用品等不符合规定与标准，可能造成传染病的传播、扩散或者造成传染病的传播、扩散的；

（四）拒绝、阻碍或者不配合现场调查、资料收集、采样检验以及监督检查的；

（五）拒绝执行疾病预防控制机构提出的预防、控制措施的；

（六）病人或者疑似病人故意传播传染性非典型肺炎，造成他人感染的。

第七章　附　　则

第三十九条 中国人民解放军、武装警察部队医疗卫生机构参与传染性非典型肺炎防治工作的，参照本办法的规定执行。

第四十条 本办法自发布之日起施行。

性病防治管理办法(2012)

(2012年6月29日卫生部部务会审议通过　2012年11月23日卫生部令第89号公布)

第一章　总　　则

第一条　为预防、控制性病的传播流行,保护人体健康,根据《中华人民共和国传染病防治法》(以下简称《传染病防治法》)和《艾滋病防治条例》有关规定,制定本办法。

第二条　性病是以性接触为主要传播途径的疾病。本办法所称性病包括以下几类:

(一)《传染病防治法》规定的乙类传染病中的梅毒和淋病;

(二)生殖道沙眼衣原体感染、尖锐湿疣、生殖器疱疹;

(三)卫生部根据疾病危害程度、流行情况等因素,确定需要管理的其他性病。

艾滋病防治管理工作依照《艾滋病防治条例》的有关规定执行。

第三条　性病防治坚持预防为主、防治结合的方针,遵循依法防治、科学管理、分级负责、专业指导、部门合作、社会参与的原则。

第四条　性病防治工作与艾滋病防治工作相结合,将性病防治工作纳入各级艾滋病防治工作协调机制,整合防治资源,实行性病艾滋病综合防治。

第五条　卫生部负责全国性病防治工作。根据需要制定国家性病防治规划;确定需要管理的性病目录,决定并公布需要列入乙类、丙类传染病管理的性病病种。

县级以上地方卫生行政部门负责本行政区域内性病防治工作,依照本办法和国家性病防治规划,结合当地性病流行情况和防治需求,制定并组织实施本行政区域性病防治计划。

卫生行政部门应当在同级人民政府的领导下,建立和完善性病防治管理和服务体系,将性病防治工作逐步纳入基本公共卫生服务内容;加强性病防治队伍建设,负责安排性病防治所需经费,组织开展性病防治工作。

第六条　卫生行政部门应当鼓励和支持社会组织参与性病防治工作,开展宣传教育、行为干预、心理支持和社会关怀等活动。

鼓励和支持医疗卫生、科研等相关机构开展性病防治工作研究和学术交流,参加性病防治公益活动。

第七条　医学院校、医务人员培训机构和医学考试机构,应当将性病防治政策和知识等纳入医学院校教育、住院医师培训、继续教育等各类培训以及医学考试的内容。

第八条　任何单位和个人不得歧视性病患者及其家属。性病患者就医、入学、就业、婚育等合法权益受法律保护。

第二章　机构和人员

第九条　卫生行政部门应当根据当地性病防治工作需求,指定承担性病防治任务的疾病预防控制机构,合理规划开展性病诊疗业务的医疗机构。

第十条　中国疾病预防控制中心在性病防治中的职责是:

（一）协助卫生部制定全国性病防治规划；

（二）指导全国性病防治工作，开展性病监测、疫情分析及管理、培训督导、防治效果评估等工作；

（三）组织制定和完善性病实验室检测等技术规范，开展性病实验室质量管理，定期开展性病诊断试剂临床应用质量评价。

第十一条 省级、设区的市和县级疾病预防控制机构在性病防治中的职责是：

（一）组织有关机构和专家，协助同级卫生行政部门制定本行政区域性病防治计划，开展性病的监测、流行病学调查、疫情分析及管理、培训督导等工作；

（二）组织并指导下级疾病预防控制机构和社会组织开展性病防治宣传教育、有易感染性病危险行为的人群干预工作；

（三）组织开展本行政区域性病实验室质量管理。

第十二条 医疗机构应当积极提供性病诊疗服务，方便患者就医。

医疗机构开展性病诊疗业务应当取得与性传播疾病诊疗相关的诊疗科目，确定相应科室，并应当具备以下条件：

（一）具有相应的诊疗场所，包括诊室、治疗室和检验科等；

（二）具备性病诊断治疗、消毒灭菌所必需的设备、设施及药品等；

（三）具有依法取得执业资格，并经性病诊疗培训考核合格的人员。

第十三条 开展性病诊疗业务的医疗机构职责是：

（一）根据性病诊断标准和技术规范对性病患者或者疑似病人进行诊断治疗，并按照规定报告疫情；

（二）开展性病防治知识宣传、健康教育、咨询和必要的干预；

（三）协助卫生行政部门开展性病诊疗业务培训；

（四）开展实验室检测质量控制；

（五）协助疾病预防控制机构开展性病疫情漏报调查和流行病学调查等工作。

第十四条 省级卫生行政部门应当定期组织从事性病诊断治疗和预防控制工作的专业人员进行岗位培训，并进行考核。

卫生行政部门和行业学会开展对皮肤科、妇产科、泌尿外科等相关学科医师的培训，应当包括性病防治知识和专业技术培训内容。

第十五条 医疗机构人员开展性病诊疗业务，应当依法取得执业资格，并应当定期接受性病防治知识和专业技术岗位培训。

疾病预防控制机构的人员开展性病预防控制工作，应当定期接受性病防治知识和专业技术岗位培训。

第十六条 县级以上地方卫生行政部门应当及时公布取得与性传播疾病诊疗相关科目的医疗机构信息。

开展性病诊疗业务的医疗机构发布有关医疗广告应当依法进行。

第三章 预防和控制

第十七条 疾病预防控制机构和开展性病诊疗业务的医疗机构应当根据当地性病流

行特点,确定性病宣传和健康教育内容,对大众开展性病防治知识的宣传。

第十八条　各级疾病预防控制机构应当通过多种形式在有易感染性病危险行为的人群集中的场所宣传性病防治知识,倡导安全性行为,鼓励有易感染性病危险行为的人群定期到具备性病诊疗资质的医疗机构进行性病检查。

第十九条　开展性病诊疗业务的医疗机构应当为性病就诊者提供性病和生殖健康教育医学教育网整理、咨询检测以及其他疾病的转诊服务。

第二十条　基层医疗卫生机构和开展性病防治工作的社会组织,应当在当地卫生行政部门的统一规划和疾病预防控制机构的指导下,对有易感染性病危险行为的人群开展性病、生殖健康知识宣传和行为干预,提供咨询等服务。

第二十一条　艾滋病自愿咨询检测机构和社区药物维持治疗门诊应当将梅毒免费咨询检测纳入日常服务内容;对咨询检测中发现的梅毒阳性患者,应当告知其到开展性病诊疗业务的医疗机构就诊。

第二十二条　开展妇幼保健和助产服务的医疗机构应当对孕产妇进行梅毒筛查检测、咨询、必要的诊疗或者转诊服务,预防先天梅毒的发生。

第二十三条　性病患者应当采取必要的防护措施,防止感染他人,不得以任何方式故意传播性病。

第二十四条　性病流行严重的地区,卫生行政部门可以根据当地情况,对特定人群采取普查普治的防治措施。

第四章　诊断和治疗

第二十五条　开展性病诊疗业务的医疗机构,应当实行首诊医师负责制,建立门诊日志,对就诊者逐例登记,对有可能感染性病或者具有性病可疑症状、体征的就诊者应当及时进行相关性病检查,不得以任何理由推诿。当性病患者存在严重危及健康和生命的伴随疾病,可以转诊至伴随疾病的专科诊治,并给予性病诊治支持。

不具备开展性病诊疗条件的医疗机构或者科室,在诊治、体检、筛查活动中发现疑似或者确诊的性病患者时,应当及时转诊至具备性病诊疗条件的医疗机构或者科室处置。当患者存在严重危及健康和生命的伴随疾病,可以安排在伴随疾病的专科继续诊治,开展性病诊疗业务的医疗机构或者科室应当给予性病诊治支持。

第二十六条　医疗机构及其医务人员对就诊者进行性病相关检查时,应当遵循知情同意的原则。

第二十七条　开展性病诊疗业务的医疗机构,应当按照安全、有效、经济、方便的原则提供性病治疗服务,优先使用基本药物。

开展性病诊疗业务的医疗机构,应当公示诊疗、检验及药品、医疗器械等服务价格,按照有关规定收费。

性病治疗基本用药纳入基本药物目录并逐步提高报销比例,性病基本诊疗服务费用纳入报销范围。

第二十八条　开展性病诊疗业务的医务人员,应当严格按照卫生部发布的性病诊断标准及相关规范的要求，采集完整病史，进行体格检查、临床检验和诊断治疗。

第二十九条 开展性病诊疗业务的医务人员，应当规范书写病历，准确填报传染病报告卡报告疫情，对性病患者进行复查，提供健康教育与咨询等预防服务，并予以记录。

第三十条 开展性病诊疗业务的医务人员，应当告知性病患者及早通知与其有性关系者及时就医。

第三十一条 开展性病诊疗业务并提供孕产期保健和助产服务的医疗机构，应当按照国家推荐方案及时为感染梅毒的孕产妇提供治疗，并为其婴幼儿提供必要的预防性治疗、随访、梅毒相关检测服务等。对确诊的先天梅毒的患儿根据国家推荐治疗方案给予治疗或者转诊。

第三十二条 开展性病诊疗业务的医疗机构进行性病临床检验，应当制定检验标准操作和质量控制程序医|学教育网整理，按照技术规范进行检验和结果报告，参加性病实验室间质量评价，加强实验室生物安全管理。

第三十三条 医疗机构应当采取措施预防性病的医源性感染，加强医务人员的职业安全防护。

第五章 监测和报告

第三十四条 中国疾病预防控制中心制定全国性病监测方案。省级疾病预防控制机构根据全国性病监测方案和本地性病疫情，制定本行政区域的性病监测实施方案；组织开展性病监测和专题调查，了解不同人群性病发病特点和流行趋势。

第三十五条 开展性病诊疗业务的医疗机构是性病疫情责任报告单位，开展性病诊疗的医务人员是性病疫情责任报告人。

性病疫情责任报告单位应当建立健全性病疫情登记和报告制度；性病疫情责任报告人发现应当报告的性病病例时，应当按照要求及时报告疫情。

第三十六条 开展性病诊疗业务的医疗机构应当结合流行病学史、临床表现和实验室检验结果等做出诊断，按照规定进行疫情报告，不得隐瞒、谎报、缓报疫情。

艾滋病自愿咨询检测机构和社区药物维持治疗门诊应当按照要求收集和上报相关信息。

医疗卫生机构不得泄露性病患者涉及个人隐私的有关信息、资料。

第三十七条 各级卫生行政部门负责本行政区域内性病疫情报告网络建设，为网络的正常运行提供必要的保障条件。

第三十八条 疾病预防控制机构负责本行政区域内性病疫情信息报告的业务管理和技术指导工作医|学教育网整理，对性病疫情信息进行收集、核实、分析、报告和反馈，预测疫情趋势，对疫情信息报告质量进行检查。

第六章 监督管理

第三十九条 卫生部负责对全国性病防治工作进行监督管理，组织开展性病防治工作绩效考核和效果评估。

第四十条 县级以上地方卫生行政部门负责对本行政区域内性病防治工作进行监督管理，定期开展性病防治工作绩效考核与督导检查。督导检查内容包括：

（一）疾病预防控制机构性病防治工作职责落实情况；

（二）开展性病诊疗业务的医疗机构工作职责落实情况；

（三）不具备开展性病诊疗资质的医疗机构发现疑似性病患者的转诊情况；

（四）疾病预防控制机构与开展性病诊疗业务的医疗机构性病防治培训情况。

第四十一条 卫生行政部门对开展性病诊疗服务的医疗机构进行校验和评审时，应当将性病诊治情况列入校验和评审内容。

第四十二条 卫生行政部门应当受理个人或者组织对违反本办法行为的举报，并依法进行处理。

第四十三条 卫生行政部门工作人员依法进行监督检查时，应当出示证件；被检查单位应当予以配合，如实反映情况，提供必要的资料，不得拒绝、阻碍或者隐瞒。

第四十四条 疾病预防控制机构和开展性病诊疗业务的医疗机构应当加强本机构性病防治工作管理，对违反本办法规定的本机构工作人员，应当根据情节轻重，给予批评教育或者相应的纪律处分。

第七章　法律责任

第四十五条 县级以上卫生行政部门对督导检查中发现的或者接到举报查实的违反本办法的行为，应当依法及时予以纠正和处理；对工作不力、管理不规范的医疗卫生机构及其工作人员，应当予以通报批评；对负有责任的主管人员和其他直接责任人员，可以根据情节依法给予处分。

第四十六条 县级以上卫生行政部门违反本办法规定，造成性病疫情传播扩散的，按照《传染病防治法》的有关规定进行处理；构成犯罪的，依法追究刑事责任。

第四十七条 未取得《医疗机构执业许可证》擅自开展性病诊疗活动的，按照《医疗机构管理条例》的有关规定进行处理。

第四十八条 医疗机构违反本办法规定，超出诊疗科目登记范围开展性病诊疗活动的，按照《医疗机构管理条例》及其实施细则的有关规定进行处理。

医疗机构违反本办法规定，未按照有关规定报告疫情或者隐瞒、谎报、缓报传染病疫情或者泄露性病患者涉及个人隐私的有关信息、资料，按照《传染病防治法》有关规定进行处理。

第四十九条 医疗机构提供性病诊疗服务时违反诊疗规范的，由县级以上卫生行政部门责令限期改正，给予警告；逾期不改的，可以根据情节轻重处以三万元以下罚款。

第五十条 医师在性病诊疗活动中违反本办法规定，有下列情形之一的，由县级以上卫生行政部门按照《执业医师法》第三十七条的有关规定进行处理：

（一）违反性病诊疗规范，造成严重后果的；

（二）泄露患者隐私，造成严重后果的；

（三）未按照规定报告性病疫情，造成严重后果的；

（四）违反本办法其他规定，造成严重后果的。

第五十一条　护士在性病诊疗活动中违反本办法规定泄露患者隐私或者发现医嘱违反法律、法规、规章、诊疗技术规范未按照规定提出或者报告的，按照《护士条例》第三十一条的有关规定进行处理。

第五十二条　医疗机构违反有关规定发布涉及性病诊断治疗内容的医疗广告，由县级以上卫生行政部门按照国家有关法律法规的规定进行处理。

第五十三条　性病患者违反规定，导致性病传播扩散，给他人人身、财产造成损害的，应当依法承担民事赔偿责任；构成犯罪的，依法追究刑事责任。

第八章　附　　则

第五十四条　省、自治区、直辖市卫生行政部门可以结合本地实际情况，根据本办法的规定制定实施细则。

第五十五条　医疗机构实验室的性病检测质量控制工作按照医疗机构临床实验室有关规定进行统一管理和质控。

第五十六条　本办法下列用语的含义：

承担性病防治任务的疾病预防控制机构，指按照卫生行政部门要求，承担性病防治工作职责的各级疾病预防控制中心或者皮肤病性病防治院、所、站。

有易感染性病危险行为的人群，指有婚外性行为、多性伴、同性性行为等行为的人群。

第五十七条　本办法自2013年1月1日起施行。1991年8月12日卫生部公布的《性病防治管理办法》同时废止。

结核病防治管理办法

（2013年1月9日卫生部部务会审议通过　2013年2月20日卫生部令第92号公布）

第一章　总　　则

第一条　为进一步做好结核病防治工作，有效预防、控制结核病的传播和流行，保障人体健康和公共卫生安全，根据《中华人民共和国传染病防治法》及有关法律法规，制定本办法。

第二条　坚持预防为主、防治结合的方针，建立政府组织领导、部门各负其责、全社会共同参与的结核病防治机制。加强宣传教育，实行以及时发现患者、规范治疗管理和关怀救助为重点的防治策略。

第三条　卫生部负责全国结核病防治及其监督管理工作，县级以上地方卫生行政部门负责本辖区内的结核病防治及其监督管理工作。

卫生行政部门应当积极协调有关部门加强结核病防治能力建设，逐步构建结核病定点医疗机构、基层医疗卫生机构、疾病预防控制机构分工明确、协调配合的防治服务体系。

第四条　各级各类医疗卫生机构应当按照有关法律法规和卫生行政部门的规定，在职责范围内做好结核病防治的疫情监测和报告、诊断治疗、感染控制、转诊服务、患者管理、宣传教育等工作。

第二章 机构与职责

第五条 卫生部组织制定全国结核病防治规划、技术规范和标准;统筹医疗卫生资源,建设和管理全国结核病防治服务体系;对全国结核病防治工作进行监督检查及评价。

第六条 县级以上地方卫生行政部门负责拟订本辖区内结核病防治规划并组织实施;组织协调辖区内结核病防治服务体系的建设和管理,指定结核病定点医疗机构;统筹规划辖区内结核病防治资源,对结核病防治服务体系给予必要的政策和经费支持;组织开展结核病防治工作的监督、检查和绩效评估。

第七条 疾病预防控制机构在结核病防治工作中履行以下职责:

(一)协助卫生行政部门开展规划管理及评估工作;

(二)收集、分析信息,监测肺结核疫情;及时准确报告、通报疫情及相关信息;开展流行病学调查、疫情处置等工作;

(三)组织落实肺结核患者治疗期间的规范管理;

(四)组织开展肺结核或者疑似肺结核患者及密切接触者的追踪工作;

(五)组织开展结核病高发和重点行业人群的防治工作;

(六)开展结核病实验室检测,对辖区内的结核病实验室进行质量控制;

(七)组织开展结核病防治培训,提供防治技术指导;

(八)组织开展结核病防治健康教育工作;

(九)开展结核病防治应用性研究。

第八条 结核病定点医疗机构在结核病防治工作中履行以下职责:

(一)负责肺结核患者诊断治疗,落实治疗期间的随访检查;

(二)负责肺结核患者报告、登记和相关信息的录入工作;

(三)对传染性肺结核患者的密切接触者进行检查;

(四)对患者及其家属进行健康教育。

第九条 非结核病定点医疗机构在结核病防治工作中履行以下职责:

(一)指定内设职能科室和人员负责结核病疫情的报告;

(二)负责结核病患者和疑似患者的转诊工作;

(三)开展结核病防治培训工作;

(四)开展结核病防治健康教育工作。

第十条 基层医疗卫生机构在结核病防治工作中履行以下职责:

(一)负责肺结核患者居家治疗期间的督导管理;

(二)负责转诊、追踪肺结核或者疑似肺结核患者及有可疑症状的密切接触者;

(三)对辖区内居民开展结核病防治知识宣传。

第三章 预　　防

第十一条 各级各类医疗卫生机构应当开展结核病防治的宣传教育,对就诊的肺结核患者及家属进行健康教育,宣传结核病防治政策和知识。

基层医疗卫生机构定期对辖区内居民进行健康教育和宣传。

疾病预防控制机构对易患结核病重点人群和重点场所进行有针对性的健康教育和宣传工作。

第十二条 根据国家免疫规划对适龄儿童开展卡介苗预防接种工作。

承担预防接种工作的医疗卫生机构应当按照《疫苗流通和预防接种管理条例》和预防接种工作规范的要求,规范提供预防接种服务。

第十三条 医疗卫生机构在组织开展健康体检和预防性健康检查时,应当重点做好以下人群的肺结核筛查工作:

(一)从事结核病防治的医疗卫生人员;

(二)食品、药品、化妆品从业人员;

(三)《公共场所卫生管理条例》中规定的从业人员;

(四)各级各类学校、托幼机构的教职员工及学校入学新生;

(五)接触粉尘或者有害气体的人员;

(六)乳牛饲养业从业人员;

(七)其他易使肺结核扩散的人员。

第十四条 医疗卫生机构要制订结核病感染预防与控制计划,健全规章制度和工作规范,开展结核病感染预防与控制相关工作,落实各项结核病感染防控措施,防止医源性感染和传播。

结核病定点医疗机构应当重点采取以下感染预防与控制措施:

(一)结核病门诊、病房设置应当符合国家有关规定;

(二)严格执行环境卫生及消毒隔离制度,注意环境通风;

(三)对于被结核分枝杆菌污染的痰液等排泄物和污物、污水以及医疗废物,应当按照医疗废物管理的相关规定进行分类收集、暂存及处置;

(四)为肺结核可疑症状者或者肺结核患者采取必要的防护措施,避免交叉感染发生。

第十五条 医务人员在工作中严格遵守个人防护的基本原则,接触传染性肺结核患者或者疑似肺结核患者时,应当采取必要的防护措施。

第十六条 疾病预防控制机构、医疗机构、科研等单位的结核病实验室和实验活动,应当符合病原微生物生物安全管理各项规定。

医疗机构实验室的结核病检测工作,按照卫生部医疗机构临床实验室管理的规定进行统一管理和质量控制。

第十七条 肺结核疫情构成突发公共卫生事件的,应当按照有关预案采取以下控制措施:

(一)依法做好疫情信息报告和风险评估;

(二)开展疫情流行病学调查和现场处置;

(三)将发现的肺结核患者纳入规范化治疗管理;

(四)对传染性肺结核患者的密切接触者进行医学观察,必要时在征得本人同意后对其实施预防性化疗；

（五）开展疫情风险沟通和健康教育工作，及时向社会公布疫情处置情况。

第四章 肺结核患者发现、报告与登记

第十八条 各级各类医疗机构应当对肺结核可疑症状者及时进行检查，对发现的确诊和疑似肺结核患者应当按照有关规定进行疫情报告，并将其转诊到患者居住地或者就诊医疗机构所在地的结核病定点医疗机构。

第十九条 卫生行政部门指定的医疗卫生机构应当按照有关工作规范，对艾滋病病毒感染者和艾滋病患者进行结核病筛查和确诊。

第二十条 基层医疗卫生机构协助县级疾病预防控制机构，对已进行疫情报告但未到结核病定点医疗机构就诊的肺结核患者和疑似肺结核患者进行追踪，督促其到结核病定点医疗机构进行诊断。

第二十一条 结核病定点医疗机构应当对肺结核患者进行诊断，并对其中的传染性肺结核患者的密切接触者进行结核病筛查。

承担耐多药肺结核防治任务的结核病定点医疗机构应当对耐多药肺结核可疑者进行痰分枝杆菌培养检查和抗结核药物敏感性试验。

第二十二条 结核病定点医疗机构对肺结核患者进行管理登记。登记内容包括患者诊断、治疗及管理等相关信息。结核病定点医疗机构应当根据患者治疗管理等情况，及时更新患者管理登记内容。

第二十三条 结核病疫情的报告、通报和公布，依照《传染病防治法》的有关规定执行。

第五章 肺结核患者治疗与管理

第二十四条 对发现的肺结核患者进行规范化治疗和督导管理。

第二十五条 结核病定点医疗机构应当为肺结核患者制定合理的治疗方案，提供规范化的治疗服务。

设区的市级以上结核病定点医疗机构严格按照实验室检测结果，为耐多药肺结核患者制定治疗方案，并规范提供治疗。

第二十六条 各级各类医疗机构对危、急、重症肺结核患者负有救治的责任，应当及时对患者进行医学处置，不得以任何理由推诿，不得因就诊的患者是结核病病人拒绝对其其他疾病进行治疗。

第二十七条 疾病预防控制机构应当及时掌握肺结核患者的相关信息，督促辖区内医疗卫生机构落实肺结核患者的治疗和管理工作。

第二十八条 基层医疗卫生机构应当对居家治疗的肺结核患者进行定期访视、督导服药等管理。

第二十九条 卫生行政部门指定的医疗机构应当按照有关工作规范对结核菌/艾滋病病毒双重感染患者进行抗结核和抗艾滋病病毒治疗、随访复查和管理。

第三十条 医疗卫生机构对流动人口肺结核患者实行属地化管理,提供与当地居民同等的服务。

转出地和转入地结核病定点医疗机构应当及时交换流动人口肺结核患者的信息,确保落实患者的治疗和管理措施。

第六章 监督管理

第三十一条 县级以上地方卫生行政部门对结核病防治工作行使下列监管职责:

(一)对结核病的预防、患者发现、治疗管理、疫情报告及监测等管理措施落实情况进行监管;

(二)对违反本办法的行为责令被检查单位或者个人限期进行改进,依法查处;

(三)负责预防与控制结核病的其他监管事项。

第三十二条 县级以上地方卫生行政部门要重点加强对相关单位以下结核病防治工作的监管:

(一)结核病定点医疗机构的诊断、治疗、管理和信息录入等工作;

(二)疾病预防控制机构的结核病疫情监测与处置、流行病学调查、高发和重点行业人群防治、实验室检测和质量控制、实验室生物安全、督导、培训和健康促进等工作;

(三)基层医疗卫生机构的转诊、追踪、患者督导管理和健康教育等工作;

(四)非结核病定点医疗机构的结核病疫情报告、转诊、培训、健康教育等工作。

第三十三条 卫生行政部门依照本办法实施监管职责时,根据结核病防治工作的需要,可向有关单位和个人了解情况,索取必要的资料,对有关场所进行检查。在执行公务中应当保护患者的隐私,不得泄漏患者个人信息及相关资料等。被检查单位和个人应当予以配合,如实提供有关情况,不得拒绝、阻挠。

第七章 法律责任

第三十四条 县级以上地方卫生行政部门有下列情形之一的,由上级卫生行政部门责令改正,通报批评;造成肺结核传播、流行或者其他严重后果的,对负有责任的主管人员和其他直接责任人员,依法给予行政处分;构成犯罪的,依法追究刑事责任:

(一)未履行肺结核疫情报告职责,或者瞒报、谎报、缓报肺结核疫情的;

(二)未及时采取预防、控制措施导致发生或者可能发生肺结核传播的;

(三)未履行监管职责,或者发现违法行为不及时查处的。

第三十五条 疾病预防控制机构违反本办法规定,有下列情形之一的,由县级以上卫生行政部门责令限期改正,通报批评,给予警告;对负有责任的主管人员和其他直接责任人员,依法给予处分;构成犯罪的,依法追究刑事责任:

(一)未依法履行肺结核疫情监测、报告职责,或者隐瞒、谎报、缓报肺结核疫情的;

(二)发现肺结核疫情时,未依据职责及时采取措施的;

(三)故意泄露涉及肺结核患者、疑似肺结核患者、密切接触者个人隐私的有关信息、资料的;

（四）未履行对辖区实验室质量控制、培训等防治职责的。

第三十六条 医疗机构违反本办法规定，有下列情形之一的，由县级以上卫生行政部门责令改正，通报批评，给予警告；造成肺结核传播、流行或者其他严重后果的，对负有责任的主管人员和其他直接责任人员，依法给予处分；构成犯罪的，依法追究刑事责任：

（一）未按照规定报告肺结核疫情，或者隐瞒、谎报、缓报肺结核疫情的；

（二）非结核病定点医疗机构发现确诊或者疑似肺结核患者，未按照规定进行转诊的；

（三）结核病定点医疗机构未按照规定对肺结核患者或者疑似肺结核患者诊断治疗的，或者拒绝接诊的；

（四）未按照有关规定严格执行隔离消毒制度，对结核菌污染的痰液、污物和污水未进行卫生处理的；

（五）故意泄露涉及肺结核患者、疑似肺结核患者、密切接触者个人隐私的有关信息和资料的。

第三十七条 基层医疗卫生机构违反本办法规定，有下列情形之一的，由县级卫生行政部门责令改正，给予警告：

（一）未履行对辖区内肺结核患者居家治疗期间的督导管理职责的；

（二）未按照规定转诊、追踪肺结核患者或者疑似肺结核患者及有可疑症状的密切接触者。

第三十八条 其他单位和个人违反本办法规定，导致肺结核传播或者流行，给他人人身、财产造成损害的，应当依法承担民事责任；构成犯罪的，依法追究刑事责任。

第八章 附 则

第三十九条 本办法下列用语含义：

肺结核可疑症状者：咳嗽、咯痰2周以上以及咯血或者血痰是肺结核的主要症状，具有以上任何一项症状者为肺结核可疑症状者。

疑似肺结核患者：凡符合下列条件之一者为疑似病例。(1)有肺结核可疑症状的5岁以下儿童，同时伴有与传染性肺结核患者密切接触史或者结核菌素试验强阳性；(2)仅胸部影像学检查显示与活动性肺结核相符的病变。

传染性肺结核：指痰涂片检测阳性的肺结核。

密切接触者：指与传染性肺结核患者直接接触的人员，包括患者的家庭成员、同事和同学等。

耐多药肺结核：肺结核患者感染的结核分枝杆菌体外被证实至少同时对异烟肼和利福平耐药。

结核菌/艾滋病病毒双重感染：指艾滋病病毒感染者或者艾滋病患者发生活动性肺结核，或者结核病患者感染艾滋病病毒。

转诊：指各级医疗卫生机构将发现的疑似或确诊的肺结核患者转至结核病定点医疗机构。

追踪：指基层医疗卫生机构在疾病预防控制机构的指导下，对未到结核病定点医疗机构就诊的肺结核患者和有可疑症状的密切接触者进行追访，使其到结核病定点医疗机构就诊。

基层医疗卫生机构：指乡镇卫生院、村卫生室和城市社区卫生服务机构。

第四十条　本办法由卫生部负责解释。

第四十一条　本办法自2013年3月24日起施行。1991年9月12日卫生部公布的《结核病防治管理办法》同时废止。

监管场所艾滋病防治管理办法

（司发通〔2015〕49号）

第一章　总　　则

第一条　为加强监管场所艾滋病防治工作，遏制艾滋病的传播，保护被监管人员和监管场所工作人员的身体健康，维护监管场所安全，根据《中华人民共和国传染病防治法》、《中华人民共和国监狱法》、《中华人民共和国禁毒法》、《艾滋病防治条例》、《中华人民共和国看守所条例》、《戒毒条例》、《拘留所条例》及有关法律法规，制定本办法。

第二条　本办法所称的监管场所是指监狱（包括未成年犯管教所）、看守所、强制隔离戒毒所、收容教育所、拘留所以及强制医疗机构。

本办法所称的被监管人员是指上述监管场所的罪犯、犯罪嫌疑人、被告人、强制隔离戒毒人员、被收容教养人员、被收容教育人员、被拘留人员和被强制医疗人员。

第三条　最高人民检察院、公安部、司法部、国家卫生和计划生育委员会按照职责分工，指导和监督监管场所的艾滋病防治工作。地方各级检察机关、公安机关、司法行政机关和卫生计生行政部门建立健全监管场所艾滋病防治工作协调机制和工作责任制，对监管场所艾滋病防治进行有效管理。

检察机关依法对监狱、看守所艾滋病防治、管理的执法活动实行监督。

公安机关、司法行政机关分别负责所属监管场所内的艾滋病防治具体实施工作，包括组织开展艾滋病防治知识宣传教育、培训、机构建设、职业暴露防护；对被监管人员开展艾滋病病毒抗体筛查检测、检测结果告知、咨询和健康指导；对艾滋病病毒感染者和病人进行治疗、管理；协助地方医疗卫生机构对艾滋病病毒感染者和病人进行流行病学调查和随访；对重返社会的艾滋病病毒感染者和病人提供出监所转介服务。

卫生计生行政部门负责协调疾病预防控制和医疗机构提供艾滋病病毒抗体筛查检测、结果告知等工作的技术培训和指导，提供艾滋病病毒抗体确证检测、艾滋病病毒感染者和病人的CD4＋T淋巴细胞检测、病毒载量检测支持，对不具备条件开展艾滋病病毒抗体筛查检测的单位提供免费的筛查检测；协助监管场所开展艾滋病检测实验室质量控制，处理职业暴露；按规定免费提供艾滋病抗病毒治疗和中医药治疗药品，为监管场所的抗病毒治疗和中医药工作提供技术支持；对监管场所艾滋病病毒感染者和病人开展流行病学调查和随访；向监管场所及时提供有关艾滋病防治信息；为监管场所开展艾滋病防治宣传教育、培训提供支持。

第四条　对在监管场所艾滋病防治工作中做出突出成绩和贡献的单位和个人,按照国家有关规定给予表彰。对因执行公务或开展艾滋病防治工作感染艾滋病病毒,以及因此致病、丧失劳动能力或者死亡的工作人员,按照有关规定给予补助、抚恤。

第二章　宣传教育和培训

第五条　监管场所应当坚持预防为主的方针,在监管场所内组织开展艾滋病防治的宣传教育,提倡健康文明的生活方式,营造良好的艾滋病防治氛围。

第六条　监管场所应当将艾滋病防治宣传教育纳入被监管人员入出监所教育、常规教育的教学计划。被监管人员接受艾滋病防治相关内容的授课时间在入监所教育中不少于5课时,在出监所教育中不少于3课时,在常规教育中不少于10课时。被监管人员在所时间短、无法满足上述课时的,可结合实际适当安排。

第七条　监管场所对被监管人员开展艾滋病防治宣传教育的内容应当包括艾滋病基本知识、危害、流行特点、防治措施以及相关的法律、法规、政策及防治信息等。

第八条　监管场所应当在监所宿舍区、医疗机构、教室、公告栏等显著位置张贴艾滋病防治宣传材料。

监管场所应当向被监管人员发放艾滋病防治宣传读物。

第九条　监管场所应当利用电视、广播、报纸、板报等载体,采用讲座、演讲、知识竞赛、文艺演出、同伴教育、生活技能培训等多种形式,广泛开展艾滋病防治宣传。

第十条　监管场所应当在“12.1”世界艾滋病日、“6.26”国际禁毒日前后开展艾滋病防治主题宣传教育活动。

第十一条　监管场所在开展艾滋病及相关疾病的检测、咨询、诊断和治疗过程中,应当对被监管人员进行相关艾滋病防治宣传教育。

第十二条　监管场所应当组织本单位工作人员学习艾滋病防治的法律、法规、政策和知识,定期开展培训,提高工作人员艾滋病防治意识,增强艾滋病防治能力。

第三章　检测、咨询

第十三条　监管场所应当建立健全艾滋病监测机制,制定艾滋病监测计划和工作方案,加强监管场所艾滋病监测,及时掌握监管场所艾滋病防治情况。

第十四条　监管场所应当建立健全艾滋病初筛检测机制,对监管期限在三个月以上的被监管人员全员进行艾滋病病毒抗体检测。

对在被监管前,有过卖淫嫖娼、吸毒等行为的被监管人员全部进行艾滋病病毒抗体检测。

被监管人员有下列情形之一的,可以根据需要重新进行艾滋病病毒抗体检测:

(一)撤销假释收监执行的;

(二)暂予监外执行情形消失收监执行的;

(三)所外就医情形消失收回所内执行的;

(四)外出探视回监所的;

（五）其他需要进行检测的情形。

第十五条　监管场所可以根据艾滋病防治工作需要，按照有关规定设置艾滋病检测实验室，经当地卫生计生行政部门验收合格后，开展检测工作。

第十六条　监管场所对被监管人员进行艾滋病病毒抗体初筛检测，应当在其入监所三个月以内完成。

第十七条　监管场所不具备艾滋病病毒抗体初筛检测条件的，被监管人员的艾滋病病毒抗体初筛检测由地方疾病预防控制机构承担，监管场所给予配合。

第十八条　监管场所对艾滋病病毒抗体初筛检测呈阳性的样本，应当按照有关规定及时送当地艾滋病确证实验室进行确证。艾滋病确证实验室应当在收到样本后10个工作日以内将确证结果书面反馈给监管场所。

监管场所应当指定专人负责检测样本及结果的报送、获取、核对、登记和管理。

第十九条　监管场所应当将艾滋病疫情按照规定的程序和时限向地方疾病预防控制机构报告。

监管场所与地方疾病预防控制机构应当建立定期艾滋病预防、检测、治疗信息通报机制。

第二十条　监管场所医务人员或管理人员应当在获知艾滋病确证阳性检测结果之日起30日内，将艾滋病确证阳性检测结果告知被监管人员。被监管人员为无行为能力或限制行为能力的，应当告知其配偶、直系亲属或近亲属。

在向被监管人员告知确证阳性检测结果时，应当提供艾滋病咨询服务和心理疏导，告知艾滋病病毒感染者和病人的权利义务及注意事项。

除按照本条第一款的规定告知外，监管场所应当对艾滋病检测阳性结果保密。

第二十一条　被监管人员在监所间调动、移送时，原监管场所应当将被监管人员的艾滋病检测情况及相关资料移交给接收的监管场所。

第四章　管　　理

第二十二条　监管场所应当根据艾滋病防治工作需要，确定专门监所或在监所内划定专门区域，对艾滋病病毒感染者和病人进行管理、治疗。

第二十三条　监管场所应当依法对艾滋病病毒感染者和病人进行管理，保障其合法权益。对以感染艾滋病病毒为由，抗拒管理、散布不正当言论或威胁管理人员和其他被监管人员的，应当按照有关规定予以惩戒。构成犯罪的，依法追究刑事责任。

第二十四条　监管场所应当根据艾滋病病毒感染者和病人的特点，采取有针对性的管理教育措施。

第二十五条　监管场所应当加强安全防范，防止被监管人员在监所内发生吸毒等易感染艾滋病危险行为，避免艾滋病在监所内传播。

第二十六条　监管场所应当加强对被监管人员的日常生活管理，规范被监管人员日常行为，做到一人一套生活用品，杜绝共用剃须刀、牙刷等生活用具。

第二十七条　对获准假释、暂予监外执行、探视、所外就医、请假出所的艾滋病病毒感染者和病人，监管场所、居住地社区矫正机构和相关部门应当依法加强管理。

第二十八条 艾滋病病毒感染者和病人在监管场所内死亡的，监管场所应当按有关规定通知检察机关和有关疾病预防控制机构和医疗机构。有关疾病预防控制机构和医疗机构应当对尸体处理进行技术指导。

第五章 治 疗

第二十九条 监管场所医疗机构或承担监管场所医疗职责的医疗机构应当对监所内艾滋病病毒感染者和病人提供艾滋病防治咨询，并做好诊断和治疗工作。

第三十条 监管场所应当加强对监所内艾滋病病毒感染者和病人的日常观察，对病情变化的人员及时安排就医。

第三十一条 监管场所应当对监所内艾滋病病毒感染者和病人定期开展健康检查，并建立健康档案，及时掌握艾滋病病情变化。

第三十二条 监管场所应当定期组织对艾滋病病毒感染者和病人开展 CD4 + T 淋巴细胞检测、病毒载量检测。地方疾病预防控制机构应当提供支持。

第三十三条 对监所内符合抗病毒治疗条件的艾滋病病毒感染者和病人，监管场所医疗机构或承担监管场所医疗职责的医疗机构应当在本人知情同意的基础上，与其签订治疗协议，开展抗病毒治疗。鼓励在监管场所开展中医药治疗。

拒绝接受抗病毒治疗或在治疗过程中自愿中断治疗的艾滋病病毒感染者和病人，应当在知情同意书上签字确认。拒绝签字确认或因其他原因无法签字确认的，监管场所医疗机构或承担监管场所医疗职责的医疗机构应当做好记录和证据保存。

第三十四条 监管场所应当对监所内艾滋病病毒感染者和病人进行心理咨询和心理矫治，促进其心理健康。

第三十五条 对病情严重，达到保(所)外就医或变更强制隔离戒毒为社区戒毒条件的艾滋病病人，应当依法办理保(所)外就医或变更强制隔离戒毒为社区戒毒。

对病情严重，但不具备保(所)外就医或强制隔离戒毒变更为社区戒毒条件的艾滋病病人，监管场所可将其送到当地卫生计生行政部门指定的医疗机构进行治疗，监管场所负责安全监管。

第三十六条 对解除监管出所的艾滋病病毒感染者和病人，监管场所应当及时做好转介工作，将有关信息报送监管场所所在地疾病预防控制机构和被监管人员户籍地或居住地疾病预防控制机构。对正在接受抗病毒治疗的病人，由地方艾滋病抗病毒治疗定点医疗机构继续安排抗病毒治疗。

第三十七条 监管场所、被解除监管人员户籍地或居住地的公安机关、司法行政机关、卫生计生行政部门、检察机关等部门建立协作工作机制，对解除监管措施时，无家可归、无亲属接纳或亲属无法联系的艾滋病病毒感染者和病人进行有效管理和治疗。

第三十八条 对吸毒的艾滋病病毒感染者和病人，监管场所应当进行必要的戒毒治疗，并开展戒毒药物维持治疗有关政策的宣传教育。对在解除监管时申请参加戒毒药物维持治疗的，监管场所应当做好转介工作。

第三十九条　地方疾病预防控制机构应当及时对监管场所的艾滋病病毒感染者和病人进行流行病学调查和随访，监管场所应当给予配合。

第四十条　监管场所、地方疾病预防控制机构应当建立艾滋病职业暴露处置和管理的工作机制，对监管场所发生的艾滋病职业暴露给予及时处置。

第六章　保障措施

第四十一条　监管场所艾滋病防治工作纳入国家和地方艾滋病防治规划。艾滋病防治经费纳入地方财政预算，中央财政通过转移支付给予适当补助。

第四十二条　监管场所按照艾滋病防治工作的需要合理配备管理人员和医务人员。对从事监管场所艾滋病防治工作的管理人员、医务人员，监管场所应当按照国家规定，采取有效的卫生防护措施和医疗保健措施，并给予适当的津贴。

第四十三条　监管场所应当按有关规定配备艾滋病防治工作需要的相关设施和设备，为医务人员、管理人员和监督人员配备必要的防护用品和设备。

第七章　附　　则

第四十四条　政府开办的戒毒康复场所的艾滋病防治工作参照本办法执行。

第四十五条　本办法所称“以上”、“以内”含本数。

第四十六条　本办法自印发之日起实施。

职业暴露感染艾滋病病毒处理程序规定

（国卫办疾控发〔2015〕38号）

第一章　总　　则

第一条　为规范职业暴露感染艾滋病病毒处理程序，为艾滋病职业暴露感染提供诊断依据，制定本规定。

第二条　本规定适用于医疗卫生人员及人民警察等因职业活动发生以下导致感染或可能感染艾滋病病毒的情况：

（一）被含有艾滋病病毒血液、体液污染的医疗器械及其他器具刺伤皮肤的；

（二）被艾滋病病毒感染者或病人的血液、体液污染了皮肤或者黏膜的；

（三）被携带艾滋病病毒的生物样本、废弃物污染了皮肤或者黏膜的；

（四）其他因职业活动发生或可能感染艾滋病的。

第三条　职业暴露感染艾滋病病毒处理程序包括处置和调查工作，工作应当遵循科学、严谨、公正、及时的原则。

第二章　职责分工

第四条　地方各级卫生计生行政部门应当根据职业暴露处置工作需要，指定辖区内具备条件的医疗卫生机构作为艾滋病病毒职业暴露处置机构，并向社会公布名单和相关服务信息。

处置机构承担职业暴露的现场处置、处置指导、暴露后感染危险性评估咨询、预防性治疗、实验室检测、收集、保存接触暴露源的相关信息、信息登记报告以及随访检测等工作。

第五条 省级卫生计生行政部门指定1－2所本省(自治区、直辖市)的医疗卫生机构作为职业暴露感染艾滋病病毒的调查机构,并向社会公布名单。

调查机构承担职业暴露随访期内艾滋病病毒抗体发生阳转者的材料审核、调查工作。

第六条 同一家医疗卫生机构原则上不得同时为处置机构和调查机构。

第七条 中国疾病预防控制中心负责组织专家对全国艾滋病病毒职业暴露感染处置及调查工作进行技术指导。省级疾病预防控制中心负责组织专家对本省艾滋病病毒职业暴露感染处置及调查工作进行技术指导。

第三章 处 置

第八条 医疗卫生人员及人民警察等在职业活动中发生艾滋病病毒职业暴露后,应当及时就近到医疗机构进行局部紧急处理,并在1小时内报告用人单位。用人单位应当在暴露发生后2小时内向辖区内的处置机构报告,并提供相关材料,配合处置工作。

第九条 艾滋病病毒职业暴露防护及暴露后的局部紧急处理、感染危险性评估要按照《医务人员艾滋病病毒职业暴露防护工作指导原则(试行)》(卫医发〔2004〕108号)有关规定执行。预防性治疗要按照国家免费艾滋病抗病毒药物治疗的有关规定执行。

第十条 处置机构在接到用人单位报告后,应当立即组织人员开展感染危险性评估、咨询、预防性治疗和实验室检测工作,收集、保存接触暴露源的相关信息,填写"艾滋病病毒职业暴露个案登记表"和"艾滋病病毒职业暴露事件汇总表",并将"艾滋病病毒职业暴露事件汇总表"上传至艾滋病综合防治信息系统。

处置机构应当按照要求在随访期内开展随访检测,及时更新相关信息。

处置机构对暴露情况进行感染危险性评估时,应当首先了解暴露源是否携带艾滋病病毒。对于不清楚感染状况的暴露源,应当在暴露当日采集其样本进行检测。

第十一条 对存在艾滋病病毒职业暴露感染风险的暴露者,处置机构应当在发生暴露24小时内采集其血样,按照《全国艾滋病检测技术规范》的要求检测艾滋病病毒抗体,若抗体初筛检测阴性,需要在随访期内进行动态抗体检测;若抗体初筛检测阳性,进行抗体确证检测,若抗体确证为阳性,视为暴露前感染,将感染者转介到相关医疗卫生机构按规定进行随访干预和抗病毒治疗。

第十二条 处置机构应当妥善保存暴露源样品、暴露者的暴露当日血液样品和随访期内阳转血液样品,必要时应当送调查机构保存备查。样品现场采集时应当至少有2名见证人,每份血液样品含全血1支、血浆2支(每支1毫升以上)。暴露源为病毒培养物标本的,每份标本应当有2支(每支1毫升以上)。样品送检单信息应当与"艾滋病病毒职业暴露个案登记表"相关联。

第四章 调 查

第十三条 在随访期内,暴露者艾滋病病毒抗体发生阳转的,处置机构应当及时报告

调查机构,并会同用人单位提交以下材料:

(一)暴露者完整的"艾滋病病毒职业暴露个案登记表";(处置机构提供)

(二)暴露者接触过暴露源的相关信息;(处置机构提供)

(三)暴露者与用人单位存在劳动或人事关系等相关证明材料,并写明工种、工作岗位;(用人单位提供)

(四)暴露源携带艾滋病病毒的证明材料;(处置机构提供)

(五)暴露者在随访期内的艾滋病病毒抗体检测报告;(处置机构提供)

第十四条　调查机构组织临床、检验、流行病学等相关领域专家对收到的材料进行审核,必要时可以到处置机构进行核实。

第十五条　对于暴露源阳性,有"艾滋病病毒职业暴露个案登记表",在暴露 24 小时内检测艾滋病病毒抗体为阴性,随访期内艾滋病病毒抗体阳转的暴露者,为艾滋病病毒职业暴露感染。

对于暴露者在暴露前、后 6 个月内发生过易感染艾滋病病毒的行为,或者有线索显示暴露者感染的病毒不是来自本次职业暴露的,应当根据需要进行分子流行病学检测,并根据检测结果判定暴露感染者感染的病毒是否来自本次职业暴露。

第十六条　调查机构出具的调查结论应当书面告知当事人和用人单位,并作为职业病诊断的重要依据。

第十七条　参与职业暴露处置调查的人员应当依法保护暴露者的个人隐私。

第五章　附　　则

第十八条　本办法所称随访期是指发生职业暴露之后 6 个月。处置机构应当分别在暴露 24 小时内及之后的第 4、8、12 周和第 6 个月抽血复查。对于暴露者存在基础疾患或免疫功能低下,产生抗体延迟等特殊情况的,随访期可延长至 1 年。

第十九条　本办法所称暴露源为艾滋病病毒阳性者的血液、体液,被含有艾滋病病毒阳性者血液、体液污染的医疗器械、医疗垃圾及其他器具,以及含艾滋病病毒的生物样本或废弃物等。

第二十条　本办法自发布之日起施行。

突发公共卫生事件与传染病疫情监测信息报告管理办法

(2003 年 11 月 7 日卫生部令第 37 号发布　根据 2006 年 8 月 22 日卫疾控发〔2006〕332 号《卫生部关于修改〈突发公共卫生事件与传染病疫情监测信息报告管理办法〉的通知》修改)

第一章　总　　则

第一条　为加强突发公共卫生事件与传染病疫情监测信息报告管理工作,提供及时、科学的防治决策信息,有效预防、及时控制和消除突发公共卫生事件和传染病的危害,保障公众身体健康与生命安全,根据《中华人民共和国传染病防治法》(以下简称传染病防治法)和《突发公共卫生事件应急条例》(以下简称应急条例)等法律法规的规定,制定本办法。

第二条　本办法适用于传染病防治法、应急条例和国家有关法律法规中规定的突发公共卫生事件与传染病疫情监测信息报告管理工作。

第三条　突发公共卫生事件与传染病疫情监测信息报告,坚持依法管理,分级负责,快速准确,安全高效的原则。

第四条　国务院卫生行政部门对全国突发公共卫生事件与传染病疫情监测信息报告实施统一监督管理。

县级以上地方卫生行政部门对本行政区域突发公共卫生事件与传染病疫情监测信息报告实施监督管理。

第五条　国务院卫生行政部门及省、自治区、直辖市卫生行政部门鼓励、支持开展突发公共卫生事件与传染病疫情监测信息报告管理的科学技术研究和国际交流合作。

第六条　县级以上各级人民政府及其卫生行政部门,应当对在突发公共卫生事件与传染病疫情监测信息报告管理工作中做出贡献的人员,给予表彰和奖励。

第七条　任何单位和个人必须按照规定及时如实报告突发公共卫生事件与传染病疫情信息,不得瞒报、缓报、谎报或者授意他人瞒报、缓报、谎报。

第二章　组织管理

第八条　各级疾病预防控制机构按照专业分工,承担责任范围内突发公共卫生事件和传染病疫情监测、信息报告与管理工作,具体职责为:

(一)按照属地化管理原则,当地疾病预防控制机构负责,对行政辖区内的突发公共卫生事件和传染病疫情进行监测、信息报告与管理;负责收集、核实辖区内突发公共卫生事件、疫情信息和其他信息资料;设置专门的举报、咨询热线电话,接受突发公共卫生事件和疫情的报告、咨询和监督;设置专门工作人员搜集各种来源的突发公共卫生事件和疫情信息。

(二)建立流行病学调查队伍和实验室,负责开展现场流行病学调查与处理,搜索密切接触者、追踪传染源,必要时进行隔离观察;进行疫点消毒及其技术指导;标本的实验室检测检验及报告。

(三)负责公共卫生信息网络维护和管理,疫情资料的报告、分析、利用与反馈;建立监测信息数据库,开展技术指导。

(四)对重点涉外机构或单位发生的疫情,由省级以上疾病预防控制机构进行报告管理和检查指导。

(五)负责人员培训与指导,对下级疾病预防控制机构工作人员进行业务培训;对辖区内医院和下级疾病预防控制机构疫情报告和信息网络管理工作进行技术指导。

第九条　国家建立公共卫生信息监测体系,构建覆盖国家、省、市(地)、县(区)疾病预防控制机构、医疗卫生机构和卫生行政部门的信息网络系统,并向乡(镇)、村和城市社区延伸。

国家建立公共卫生信息管理平台、基础卫生资源数据库和管理应用软件，适应突发公共卫生事件、法定传染病、公共卫生和专病监测的信息采集、汇总、分析、报告等工作的需要。

第十条　各级各类医疗机构承担责任范围内突发公共卫生事件和传染病疫情监测信息报告任务，具体职责为：

（一）建立突发公共卫生事件和传染病疫情信息监测报告制度，包括报告卡和总登记簿、疫情收报、核对、自查、奖惩。

（二）执行首诊负责制，严格门诊工作日志制度以及突发公共卫生事件和疫情报告制度，负责突发公共卫生事件和疫情监测信息报告工作。

（三）建立或指定专门的部门和人员，配备必要的设备，保证突发公共卫生事件和疫情监测信息的网络直接报告。

门诊部、诊所、卫生所（室）等应按照规定时限，以最快通讯方式向发病地疾病预防控制机构进行报告，并同时报出传染病报告卡。

报告卡片邮寄信封应当印有明显的“突发公共卫生事件或疫情”标志及写明 XX 疾病预防控制机构收的字样。

（四）对医生和实习生进行有关突发公共卫生事件和传染病疫情监测信息报告工作的培训。

（五）配合疾病预防控制机构开展流行病学调查和标本采样。

第十一条　流动人员中发生的突发公共卫生事件和传染病病人、病原携带者和疑似传染病病人的报告、处理、疫情登记、统计，由诊治地负责。

第十二条　铁路、交通、民航、厂（场）矿所属的医疗卫生机构发现突发公共卫生事件和传染病疫情，应按属地管理原则向所在地县级疾病预防控制机构报告。

第十三条　军队内的突发公共卫生事件和军人中的传染病疫情监测信息，由中国人民解放军卫生主管部门根据有关规定向国务院卫生行政部门直接报告。

军队所属医疗卫生机构发现地方就诊的传染病病人、病原携带者、疑似传染病病人时，应按属地管理原则向所在地疾病预防控制机构报告。

第十四条　医疗卫生人员未经当事人同意，不得将传染病病人及其家属的姓名、住址和个人病史以任何形式向社会公开。

第十五条　各级政府卫生行政部门对辖区内各级医疗卫生机构负责的突发公共卫生事件和传染病疫情监测信息报告情况，定期进行监督、检查和指导。

第三章　报　　告

第十六条　各级各类医疗机构、疾病预防控制机构、采供血机构均为责任报告单位；其执行职务的人员和乡村医生、个体开业医生均为责任疫情报告人，必须按照传染病防治法的规定进行疫情报告，履行法律规定的义务。

第十七条　责任报告人在首次诊断传染病病人后，应立即填写传染病报告卡。

传染病报告卡由录卡单位保留三年。

第十八条　责任报告单位和责任疫情报告人发现甲类传染病和乙类传染病中的肺炭

疽、传染性非典型肺炎、脊髓灰质炎、人感染高致病性禽流感病人或疑似病人时,或发现其他传染病和不明原因疾病暴发时,应于2小时内将传染病报告卡通过网络报告;未实行网络直报的责任报告单位应于2小时内以最快的通讯方式(电话、传真)向当地县级疾病预防控制机构报告,并于2小时内寄送出传染病报告卡。

对其他乙、丙类传染病病人、疑似病人和规定报告的传染病病原携带者在诊断后,实行网络直报的责任报告单位应于24小时内进行网络报告;未实行网络直报的责任报告单位应于24小时内寄送出传染病报告卡。

县级疾病预防控制机构收到无网络直报条件责任报告单位报送的传染病报告卡后,应于2小时内通过网络进行直报。

第十九条 获得突发公共卫生事件相关信息的责任报告单位和责任报告人,应当在2小时内以电话或传真等方式向属地卫生行政部门指定的专业机构报告,具备网络直报条件的要同时进行网络直报,直报的信息由指定的专业机构审核后进入国家数据库。不具备网络直报条件的责任报告单位和责任报告人,应采用最快的通讯方式将《突发公共卫生事件相关信息报告卡》报送属地卫生行政部门指定的专业机构,接到《突发公共卫生事件相关信息报告卡》的专业机构,应对信息进行审核,确定真实性,2小时内进行网络直报,同时以电话或传真等方式报告同级卫生行政部门。

接到突发公共卫生事件相关信息报告的卫生行政部门应当尽快组织有关专家进行现场调查,如确认为实际发生突发公共卫生事件,应根据不同的级别,及时组织采取相应的措施,并在2小时内向本级人民政府报告,同时向上一级人民政府卫生行政部门报告。如尚未达到突发公共卫生事件标准的,由专业防治机构密切跟踪事态发展,随时报告事态变化情况。

第二十条 突发公共卫生事件及传染病信息报告的其它事项按照《突发公共卫生事件相关信息报告管理工作规范(试行)》及《传染病信息报告管理规范》有关规定执行。

第四章 调 查

第二十一条 接到突发公共卫生事件报告的地方卫生行政部门,应当立即组织力量对报告事项调查核实、判定性质,采取必要的控制措施,并及时报告调查情况。

不同类别的突发公共卫生事件的调查应当按照《全国突发公共卫生事件应急预案》规定要求执行。

第二十二条 突发公共卫生事件与传染病疫情现场调查应包括以下工作内容:

(一)流行病学个案调查、密切接触者追踪调查和传染病发病原因、发病情况、疾病流行的可能因素等调查;

(二)相关标本或样品的采样、技术分析、检验;

(三)突发公共卫生事件的确证;

(四)卫生监测,包括生活资源受污染范围和严重程度,必要时应在突发事件发生地及相邻省市同时进行。

第二十三条 各级卫生行政部门应当组织疾病预防控制机构等有关领域的专业人

员，建立流行病学调查队伍，负责突发公共卫生事件与传染病疫情的流行病学调查工作。

第二十四条　疾病预防控制机构发现传染病疫情或接到传染病疫情报告时，应当及时采取下列措施：

（一）对传染病疫情进行流行病学调查，根据调查情况提出划定疫点、疫区的建议，对被污染的场所进行卫生处理，对密切接触者，在指定场所进行医学观察和采取其他必要的预防措施，并向卫生行政部门提出疫情控制方案；

（二）传染病暴发、流行时，对疫点、疫区进行卫生处理，向卫生行政部门提出疫情控制方案，并按照卫生行政部门的要求采取措施；

（三）指导下级疾病预防控制机构实施传染病预防、控制措施，组织、指导有关单位对传染病疫情的处理。

第二十五条　各级疾病预防控制机构负责管理国家突发公共卫生事件与传染病疫情监测报告信息系统，各级责任报告单位使用统一的信息系统进行报告。

第二十六条　各级各类医疗机构应积极配合疾病预防控制机构专业人员进行突发公共卫生事件和传染病疫情调查、采样与处理。

第五章　信息管理与通报

第二十七条　各级各类医疗机构所设与诊治传染病有关的科室应当建立门诊日志、住院登记簿和传染病疫情登记簿。

第二十八条　各级各类医疗机构指定的部门和人员，负责本单位突发公共卫生事件和传染病疫情报告卡的收发和核对，设立传染病报告登记簿，统一填报有关报表。

第二十九条　县级疾病预防控制机构负责本辖区内突发公共卫生事件和传染病疫情报告卡、报表的收发、核对、疫情的报告和管理工作。

各级疾病预防控制机构应当按照国家公共卫生监测体系网络系统平台的要求，充分利用报告的信息资料，建立突发公共卫生事件和传染病疫情定期分析通报制度，常规监测时每月不少于三次疫情分析与通报，紧急情况下需每日进行疫情分析与通报。

第三十条　国境口岸所在地卫生行政部门指定的疾病预防控制机构和港口、机场、铁路等疾病预防控制机构及国境卫生检疫机构，发现国境卫生检疫法规定的检疫传染病时，应当互相通报疫情。

第三十一条　发现人畜共患传染病时，当地疾病预防控制机构和农、林部门应当互相通报疫情。

第三十二条　国务院卫生行政部门应当及时通报和公布突发公共卫生事件和传染病疫情，省（自治区、直辖市）人民政府卫生行政部门根据国务院卫生行政部门的授权，及时通报和公布本行政区域的突发公共卫生事件和传染病疫情。

突发公共卫生事件和传染病疫情发布内容包括：

（一）突发公共卫生事件和传染病疫情性质、原因；

（二）突发公共卫生事件和传染病疫情发生地及范围；

（三）突发公共卫生事件和传染病疫情的发病、伤亡及涉及的人员范围；

（四）突发公共卫生事件和传染病疫情处理措施和控制情况；

（五）突发公共卫生事件和传染病疫情发生地的解除。

与港澳台地区及有关国家和世界卫生组织之间的交流与通报办法另行制订。

第六章　监督管理

第三十三条　国务院卫生行政部门对全国突发公共卫生事件与传染病疫情监测信息报告管理工作进行监督、指导。

县级以上地方人民政府卫生行政部门对本行政区域的突发公共卫生事件与传染病疫情监测信息报告管理工作进行监督、指导。

第三十四条　各级卫生监督机构在卫生行政部门的领导下，具体负责本行政区内的突发公共卫生事件与传染病疫情监测信息报告管理工作的监督检查。

第三十五条　各级疾病预防控制机构在卫生行政部门的领导下，具体负责对本行政区域内的突发公共卫生事件与传染病疫情监测信息报告管理工作的技术指导。

第三十六条　各级各类医疗卫生机构在卫生行政部门的领导下，积极开展突发公共卫生事件与传染病疫情监测信息报告管理工作。

第三十七条　任何单位和个人发现责任报告单位或责任疫情报告人有瞒报、缓报、谎报突发公共卫生事件和传染病疫情情况时，应向当地卫生行政部门报告。

第七章　罚　　则

第三十八条　医疗机构有下列行为之一的，由县级以上地方卫生行政部门责令改正、通报批评、给予警告；情节严重的，会同有关部门对主要负责人、负有责任的主管人员和其他责任人员依法给予降级、撤职的行政处分；造成传染病传播、流行或者对社会公众健康造成其它严重危害后果，构成犯罪的，依据刑法追究刑事责任：

（一）未建立传染病疫情报告制度的；

（二）未指定相关部门和人员负责传染病疫情报告管理工作的；

（三）瞒报、缓报、谎报发现的传染病病人、病原携带者、疑似病人的。

第三十九条　疾病预防控制机构有下列行为之一的，由县级以上地方卫生行政部门责令改正、通报批评、给予警告；对主要负责人、负有责任的主管人员和其他责任人员依法给予降级、撤职的行政处分；造成传染病传播、流行或者对社会公众健康造成其它严重危害后果，构成犯罪的，依法追究刑事责任：

（一）瞒报、缓报、谎报发现的传染病病人、病原携带者、疑似病人的；

（二）未按规定建立专门的流行病学调查队伍，进行传染病疫情的流行病学调查工作；

（三）在接到传染病疫情报告后，未按规定派人进行现场调查的；

（四）未按规定上报疫情或报告突发公共卫生事件的。

第四十条　执行职务的医疗卫生人员瞒报、缓报、谎报传染病疫情的，由县级以上卫生行政部门给予警告，情节严重的，责令暂停六个月以上一年以下执业活动，或者吊销其执业证书。

责任报告单位和事件发生单位瞒报、缓报、谎报或授意他人不报告突发性公共卫生事件或传染病疫情的，对其主要领导、主管人员和直接责任人由其单位或上级主管机关给予行政处分，造成疫情播散或事态恶化等严重后果的，由司法机关追究其刑事责任。

第四十一条 个体或私营医疗保健机构瞒报、缓报、谎报传染病疫情或突发性公共卫生事件的，由县级以上卫生行政部门责令限期改正，可以处100元以上500元以下罚款；对造成突发性公共卫生事件和传染病传播流行的，责令停业整改，并可以处200元以上2000元以下罚款，触犯刑律的，对其经营者、主管人员和直接责任人移交司法机关追究刑事责任。

第四十二条 县级以上卫生行政部门未按照规定履行突发公共卫生事件和传染病疫情报告职责，瞒报、缓报、谎报或者授意他人瞒报、缓报、谎报的，对主要负责人依法给予降级或者撤职的行政处分；造成传染病传播、流行或者对社会公众造成其他严重危害后果的，给予开除处分；构成犯罪的，依法追究刑事责任。

第八章 附　　则

第四十三条 中国人民解放军、武装警察部队医疗卫生机构突发公共卫生事件与传染病疫情监测信息报告管理工作，参照本办法的规定和军队的相关规定执行。

第四十四条 本办法自发布之日起实施。

传染病病人或疑似传染病病人尸体解剖查验规定

（2004年12月16日卫生部部务会议讨论通过　2005年4月30日卫生部令第43号发布）

第一条 为了及时查明传染病病因，提高传染病诊疗水平，有效控制传染病流行，防止疫情扩散，根据《中华人民共和国传染病防治法》第四十六条（以下简称《传染病防治法》），制定本规定。

第二条 本规定适用于病因不明的传染病病人或者疑似传染病病人尸体的解剖查验工作。

第三条 传染病病人或者疑似传染病病人尸体解剖查验工作应当在卫生行政部门指定的具有传染病病人尸体解剖查验资质的机构（以下简称查验机构）内进行。

设区的市级以上卫生行政部门应当根据本辖区传染病防治工作实际需要，指定具有独立病理解剖能力的医疗机构或者具有病理教研室或者法医教研室的普通高等学校作为查验机构。

从事甲类传染病和采取甲类传染病预防、控制措施的其他传染病病人或者疑似传染病病人尸体解剖查验的机构，由省级以上卫生行政部门指定。

第四条 查验机构应当具备下列条件：

（一）有独立的解剖室及相应的辅助用房，人流、物流、空气流合理，采光良好，其中解剖室面积不少于15平方米；

（二）具有尸检台、切片机、脱水机、吸引器、显微镜、照相设备、计量设备、消毒隔离设备、个人防护设备、病理组织取材工作台、储存和运送标本的必要设备、尸体保存设施以及符合环保要求的污水、污物处理设施；

（三）至少有二名具有副高级以上病理专业技术职务任职资格的医师，其中有一名具有正高级病理专业技术职务任职资格的医师作为主检人员；

（四）具有健全的规章制度和规范的技术操作规程，并定期对工作人员进行培训和考核；

（五）具有尸体解剖查验和职业暴露的应急预案。

从事甲类传染病和采取甲类传染病预防、控制措施的其他传染病或者疑似传染病病人尸体解剖查验机构的解剖室应当同时具备对外排空气进行过滤消毒的条件。

第五条　医疗机构为了查找传染病病因，对在医疗机构死亡的传染病人或疑似传染病病人，经所在地设区的市级卫生行政部门批准，进行尸体解剖查验，并告知死者家属，做好记录。

第六条　疾病预防控制机构接到有关部门通知，对在医疗机构外死亡、具有传染病特征的病人尸体应当采取消毒隔离措施；需要查找传染病病因的，经所在地设区的市级卫生行政部门批准，进行尸体解剖查验，并告知死者家属，做好记录。

第七条　解剖查验应当遵循就近原则，按照当地卫生行政部门规定使用专用车辆运送至查验机构。

第八条　除解剖查验工作需要外，任何单位和个人不得对需要解剖查验的尸体进行搬运、清洗、更衣、掩埋、火化等处理。

第九条　医疗机构应当向查验机构提供临床资料复印件，并与查验机构办理交接手续。

第十条　查验机构应当指定一名主检人员。查验人员在尸体解剖查验前，应当认真查阅有关临床资料。

第十一条　解剖查验工作应当严格遵守有关技术操作规范和常规，并符合传染病预防控制的规定。

对解剖查验中的标本采集、保藏、携带和运输应当执行《病原微生物实验室生物安全管理条例》等规定。

解剖查验过程中采集的标本，应当在符合生物安全要求的实验室进行检验。

第十二条　在解剖查验过程中，对所产生的医疗废物应当按照《医疗废物管理条例》等有关规定进行处理。

第十三条　从事尸体解剖查验工作的病理专业技术人员在解剖查验全过程中应当实施标准防护措施，严格遵守有关技术操作规程，采取有效措施防止交叉感染、环境污染造成疫病播散。查验机构要做好有关技术人员的健康监护工作。

第十四条　查验机构应当尽快出具初步查验报告，并及时反馈相应的医疗机构、疾病预防控制机构或者卫生行政部门。

医疗机构根据初步查验报告、病理报告和病原学检验报告，综合临床表现，尽快明确诊断，并按规定报告。

第十五条　尸体解剖查验工作结束后,病理专业技术人员应当对尸体进行缝合、清理。查验机构应当在所在地疾病预防控制机构的指导下或者按其提出的卫生要求对尸体、解剖现场及周围环境进行严格消毒处理。

解剖查验后的尸体经卫生处理后,按照规定火化或者深埋。

第十六条　停放传染病或疑似传染病病人尸体的场所、专用运输工具以及使用过的单体冰柜均应当按照规定严格消毒。

第十七条　有关单位和个人违反本规定,有下列情形之一的,由卫生行政部门依据《传染病防治法》、《执业医师法》、《医疗机构管理条例》等有关法律法规进行相应处理,并对负有责任的主管人员和其他直接责任人员给予行政处分;造成严重后果构成犯罪的,依法追究刑事责任。

(一)医疗机构未经批准,擅自对病因不明并具有传染病特征的病人尸体进行解剖查验的;

(二)查验机构及其工作人员在解剖查验过程中,未按规定采取有效的消毒、防护、隔离等措施的;

(三)查验机构及其工作人员出具虚假查验报告的;

(四)查验机构未按规定履行查验职责的;

(五)法律、行政法规规定的其他违法情形。

第十八条　按照《传染病防治法》的规定,为查找传染病病因,对传染病病人尸体或者疑似传染病病人尸体进行解剖查验,卫生行政部门应当保障工作实施经费,对工作人员采取有效的卫生防护措施和医疗保健措施。

第十九条　本规定自2005年9月1日起施行。

可感染人类的高致病性病原微生物菌(毒)种或样本运输管理规定

(2005年11月24日卫生部部务会议讨论通过　2005年12月28日卫生部令第45号发布)

第一条　为加强可感染人类的高致病性病原微生物菌(毒)种或样本运输的管理,保障人体健康和公共卫生,依据《中华人民共和国传染病防治法》、《病原微生物实验室生物安全管理条例》等法律、行政法规的规定,制定本规定。

第二条　本规定所称可感染人类的高致病性病原微生物菌(毒)种或样本是指在《人间传染的病原微生物名录》中规定的第一类、第二类病原微生物菌(毒)种或样本。

第三条　本规定适用于可感染人类的高致病性病原微生物菌(毒)种或样本的运输管理工作。

《人间传染的病原微生物名录》中第三类病原微生物运输包装分类为A类的病原微生物菌(毒)种或样本,以及疑似高致病性病原微生物菌(毒)种或样本,按照本规定进行运输管理。

第四条 运输第三条规定的菌(毒)种或样本(以下统称高致病性病原微生物菌(毒)种或样本),应当经省级以上卫生行政部门批准。未经批准,不得运输。

第五条 从事疾病预防控制、医疗、教学、科研、菌(毒)种保藏以及生物制品生产的单位,因工作需要,可以申请运输高致病性病原微生物菌(毒)种或样本。

第六条 申请运输高致病性病原微生物菌(毒)种或样本的单位(以下简称申请单位),在运输前应当向省级卫生行政部门提出申请,并提交以下申请材料(原件一份,复印件三份):

(一)可感染人类的高致病性病原微生物菌(毒)种或样本运输申请表;

(二)法人资格证明材料(复印件);

(三)接收高致病性病原微生物菌(毒)种或样本的单位(以下简称接收单位)同意接收的证明文件;

(四)本规定第七条第(二)、(三)项所要求的证明文件(复印件);

(五)容器或包装材料的批准文号、合格证书(复印件)或者高致病性病原微生物菌(毒)种或样本运输容器或包装材料承诺书;

(六)其它有关资料。

第七条 接收单位应当符合以下条件:

(一)具有法人资格;

(二)具备从事高致病性病原微生物实验活动资格的实验室;

(三)取得有关政府主管部门核发的从事高致病性病原微生物实验活动、菌(毒)种或样本保藏、生物制品生产等的批准文件。

第八条 在固定的申请单位和接收单位之间多次运输相同品种高致病性病原微生物菌(毒)种或样本的,可以申请多次运输。多次运输的有效期为6个月;期满后需要继续运输的,应当重新提出申请。

第九条 申请在省、自治区、直辖市行政区域内运输高致病性病原微生物菌(毒)种或样本的,由省、自治区、直辖市卫生行政部门审批。

省级卫生行政部门应当对申请单位提交的申请材料及时审查,对申请材料不齐全或者不符合法定形式的,应当即时出具申请材料补正通知书;对申请材料齐全或者符合法定形式的,应当即时受理,并在5个工作日内做出是否批准的决定;符合法定条件的,颁发《可感染人类的高致病性病原微生物菌(毒)种或样本准运证书》;不符合法定条件的,应当出具不予批准的决定并说明理由。

第十条 申请跨省、自治区、直辖市运输高致病性病原微生物菌(毒)种或样本的,应当将申请材料提交运输出发地省级卫生行政部门进行初审;对符合要求的,省级卫生行政部门应当在3个工作日内出具初审意见,并将初审意见和申报材料上报卫生部审批。

卫生部应当自收到申报材料后3个工作日内做出是否批准的决定。符合法定条件的,颁发《可感染人类的高致病性病原微生物菌(毒)种或样本准运证书》;不符合法定条件的,应当出具不予批准的决定并说明理由。

第十一条　对于为控制传染病暴发、流行或者突发公共卫生事件应急处理的高致病性病原微生物菌（毒）种或样本的运输申请，省级卫生行政部门与卫生部之间可以通过传真的方式进行上报和审批；需要提交有关材料原件的，应当于事后尽快补齐。

根据疾病控制工作的需要，应当向中国疾病预防控制中心运送高致病性病原微生物菌（毒）种或样本的，向中国疾病预防控制中心直接提出申请，由中国疾病预防控制中心审批；符合法定条件的，颁发《可感染人类的高致病性病原微生物菌（毒）种或样本准运证书》；不符合法定条件的，应当出具不予批准的决定并说明理由。中国疾病预防控制中心应当将审批情况于3日内报卫生部备案。

第十二条　运输高致病性病原微生物菌（毒）种或样本的容器或包装材料应当达到国际民航组织《危险物品航空安全运输技术细则》（Doc9284包装说明PI602）规定的A类包装标准，符合防水、防破损、防外泄、耐高温、耐高压的要求，并应当印有卫生部规定的生物危险标签、标识、运输登记表、警告用语和提示用语。

第十三条　运输高致病性病原微生物菌（毒）种或样本，应当有专人护送，护送人员不得少于两人。申请单位应当对护送人员进行相关的生物安全知识培训，并在护送过程中采取相应的防护措施。

第十四条　申请单位应当凭省级以上卫生行政部门或中国疾病预防控制中心核发的《可感染人类的高致病性病原微生物菌（毒）种或样本准运证书》到民航等相关部门办理手续。

通过民航运输的，托运人应当按照《中国民用航空危险品运输管理规定》（CCAR276）和国际民航组织文件《危险物品航空安全运输技术细则》（Doc9284）的要求，正确进行分类、包装、加标记、贴标签并提交正确填写的危险品航空运输文件，交由民用航空主管部门批准的航空承运人和机场实施运输。如需由未经批准的航空承运人和机场实施运输的，应当经民用航空主管部门批准。

第十五条　高致病性病原微生物菌（毒）种或样本在运输之前的包装以及送达后包装的开启，应当在符合生物安全规定的场所中进行。

申请单位在运输前应当仔细检查容器和包装是否符合安全要求，所有容器和包装的标签以及标本登记表是否完整无误，容器放置方向是否正确。

第十六条　在运输结束后，申请单位应当将运输情况向原批准部门书面报告。

第十七条　对于违反本规定的行为，依照《病原微生物实验室生物安全管理条例》第六十二条、六十七条的有关规定予以处罚。

第十八条　高致病性病原微生物菌（毒）种或样本的出入境，按照卫生部和国家质检总局《关于加强医用特殊物品出入境管理卫生检疫的通知》进行管理。

第十九条　本规定自2006年2月1日起施行。

人间传染的高致病性病原微生物实验室和实验活动生物安全审批管理办法

（2006年8月15日卫生部令第50号公布　根据2016年1月19日中华人民共和国国家卫生和计划生育委员会令第8号《国家卫生计生委关于修改〈外国医师来华短期行医暂行管理办法〉等8件部门规章的决定》修正）

第一章　总　　则

第一条　为加强实验室生物安全管理，规范高致病性病原微生物实验活动，依据《病原微生物实验室生物安全管理条例》，制定本办法。

第二条　本办法适用于三级、四级生物安全实验室从事与人体健康有关的高致病性病原微生物实验活动资格的审批，及其从事高致病性病原微生物或者疑似高致病性病原微生物实验活动的审批。

第三条　本办法所称高致病性病原微生物是指国家卫生计生委颁布的《人间传染的病原微生物名录》（以下简称《名录》）中公布的第一类、第二类病原微生物和按照第一类、第二类管理的病原微生物，以及其他未列入《名录》的与人体健康有关的高致病性病原微生物或者疑似高致病性病原微生物。

第四条　国家卫生计生委负责三级、四级生物安全实验室从事高致病性病原微生物实验活动资格的审批工作。

国家卫生计生委和省级卫生计生行政部门负责高致病性病原微生物或者疑似高致病性病原微生物实验活动的审批工作。

县级以上地方卫生计生行政部门负责本行政区域内高致病性病原微生物实验室及其实验活动的生物安全监督管理工作。

第二章　高致病性病原微生物实验室资格的审批

第五条　三级、四级生物安全实验室从事高致病性病原微生物实验活动，必须取得国家卫生计生委颁发的《高致病性病原微生物实验室资格证书》。

第六条　三级、四级生物安全实验室申请《高致病性病原微生物实验室资格证书》，应当具备以下条件：

（一）根据实验室所属法人机构的职能，合法从事与病原微生物菌（毒）种、样本有关的研究、教学、检测、诊断、保藏及生物制品生产等活动，并符合有关主管部门的相关规定；

（二）实验室的生物安全防护水平与所从事的病原微生物实验活动相适应，符合《名录》对生物安全防护水平的要求；

（三）工程质量依法验收合格；通过实验室国家认可，取得相应级别的生物安全实验室认可证书；

（四）实验室应当具备与所从事的实验活动相适应的实验设施、设备及防护措施；

（五）从事实验室活动的人员应当参加生物安全培训并取得上岗资格；

（六）应当明确实验室的职能、工作范围、工作内容和所从事的病原微生物种类；对所从事的病原微生物应当进行危害性评估，制订生物安全防护方案、实验方法及相应标准操作程序（SOP）、意外事故应急预案及感染监测方案等；

（七）应当建立持续有效的实验室生物安全管理体系及完善的管理制度。

第七条　申请《高致病性病原微生物实验室资格证书》，应当向省级卫生计生行政部门提交以下资料：

（一）高致病性病原微生物实验室资格申请表；

（二）实验室所属法人机构的法人资格证书；

（三）实验室认可证书；

（四）工程质量依法验收合格的相关证明材料；

（五）实验室人员名单，实验室人员取得的生物安全岗位培训证书及所在单位颁发的上岗证书；

（六）实验室职能报告（包括工作范围、工作内容等），拟从事实验活动的高致病性病原微生物名单及危害性评估报告、实验内容及相应标准操作程序（SOP）、生物安全防护方案、意外事故应急预案、暴露及暴露后监测和处理方案等；

（七）实验室的生物安全管理文件、实验室安全手册和其他相关文件；

（八）实验设施、设备清单；

（九）个体防护设备、用品清单；

（十）国家卫生计生委规定的其他相关资料。

第八条　高致病性病原微生物实验室资格审批程序：

（一）省级卫生计生行政部门应当对申请单位提交的申请材料及时审查，对申请材料不齐全或者不符合法定形式的，应当在5日内出具申请材料补正通知书；申请材料齐全或者符合法定形式的，应当在15个工作日内提出初审意见；并将初审意见和有关资料报国家卫生计生委；

（二）国家卫生计生委对申报资料进行审查后，应当组织专家进行生物安全评估和技术论证，并组织专家到现场进行评估和论证；专家评估和论证所需时限应当书面告知申请人；

（三）国家卫生计生委应当自收到专家评估论证意见之日起20个工作日内做出是否批准的决定。对于批准的，由国家卫生计生委颁发《高致病性病原微生物实验室资格证书》，并附批准该实验室从事的病原微生物名单和项目范围；对不予批准的，由国家卫生计生委书面通知申请者并说明理由。

第九条　取得《高致病性病原微生物实验室资格证书》的三级、四级生物安全实验室软件、硬件系统发生较大变化时，应当按照程序报国家卫生计生委进行评价和审批。

第十条　《高致病性病原微生物实验室资格证书》有效期5年。实验室需要继续从事高致病性病原微生物实验活动的，应当在有效期届满前6个月按照本办法的规定重新申请《高致病性病原微生物实验室资格证书》。

第三章　高致病性病原微生物实验活动的审批

第十一条　取得《高致病性病原微生物实验活动资格证书》的三级、四级生物安全实验室，需要从事某种高致病性病原微生物或者疑似高致病性病原微生物实验活动的，应当报省级以上卫生计生行政部门批准。

第十二条　实验室申请从事《名录》规定在四级生物安全实验室进行的实验活动或者申请从事该实验室病原微生物名单和项目范围外的实验活动的，由国家卫生计生委审批；申请从事该实验室病原微生物名单和项目范围内且在三级生物安全实验室进行的实验活动，由省级卫生计生行政部门审批，并报国家卫生计生委备案。

第十三条　为了预防、控制传染病，需要对我国尚未发现或者已经宣布消灭的病原微生物从事相关实验活动的，应当经国家卫生计生委批准，并在国家卫生计生委指定的实验室中进行。

拟从事未列入《名录》的高致病性病原微生物或者疑似高致病性病原微生物实验活动的实验室应当先进行危害性评估，提出实验室生物安全防护级别，并按照程序报国家卫生计生委审批。

第十四条　取得高致病性病原微生物实验室资格的三级、四级生物安全实验室，申请开展某种高致病性病原微生物或者疑似高致病性病原微生物实验活动，应当具备以下条件：

（一）实验活动是以依法从事检测检验、诊断、科学研究、教学、菌（毒）种保藏、生物制品生产等为目的；

（二）实验室的生物安全防护级别应当与其拟从事的实验活动相适应；

（三）实验室应当具备与所从事的实验活动相适应的人员、设备等；

（四）实验室应当根据《名录》，对拟从事实验活动的高致病性病原微生物或者疑似高致病性病原微生物的危害性进行评估，并制定切实可行的生物安全防护措施、意外事故应急预案及标准操作程序。

第十五条　国家对从事特定的高致病性病原微生物或者疑似高致病性病原微生物实验活动的单位有明确规定的，由国家指定的实验室开展有关实验活动。

第十六条　申请开展高致病性病原微生物或者疑似高致病性病原微生物实验活动，应当向省级卫生计生行政部门提交以下资料：

（一）高致病性病原微生物实验活动申请表（一式二份）；

（二）《高致病性病原微生物实验室资格证书》；

（三）实验室所属法人机构生物安全委员会审查意见；

（四）实验活动的主要内容和技术方法报告；

（五）实验室人员名单，实验室人员取得的生物安全岗位培训证书及所在单位颁发的上岗证书；

（六）省级以上卫生计生行政部门规定的其他有关资料。

第十七条　高致病性病原微生物实验活动审批程序：

（一）按照本办法第十二条、第十三条的规定，需要由国家卫生计生委批准的，省级卫生计生行政部门应当在受理申请材料之日起5个工作日内进行初审，提出初审意见；并将初审意见和有关资料报国家卫生计生委；

（二）国家卫生计生委对申报材料进行审查，并组织专家委员会对申报材料进行评估和论证，提出评估论证意见；专家评估和论证所需时限应当书面告知申请人；

（三）国家卫生计生委自收到专家评估论证意见之日起10个工作日内，做出是否批准的决定。对于批准实验活动的，由国家卫生计生委颁发《高致病性病原微生物实验活动批准证书》。对不予批准的，由国家卫生计生委书面通知申请者并说明理由。对于批准的实验活动，国家卫生计生委应当告知实验室所在地省级卫生计生行政部门进行监督检查；

（四）按照本办法第十二条的规定，需要由省级卫生计生行政部门批准的，其申报和审批程序由省级卫生计生行政部门参照本办法的有关要求制定。需要向国家卫生计生委备案的实验活动，应当在批准之日起10个工作日内报国家卫生计生委备案；

（五）在突发公共卫生事件应急状态下，省级以上卫生计生行政部门可以根据疾病预防控制和医疗救治工作的紧急需要，简化审批程序，临时指定合格的实验室开展相应的实验活动。

省级以上卫生计生行政部门应当为申请人通过电报、电传、传真、电子数据交换和电子邮件等方式提出申请提供方便。

第十八条　实验室申报或者接受与高致病性病原微生物有关的科研项目，应当符合科研需要和生物安全要求，具有相应的生物安全防护水平。按照本办法第十二条和第十三条规定，科研项目涉及到应由国家卫生计生委审批的实验活动的，承担单位应当将立项结果报国家卫生计生委；科研项目涉及到应由省级卫生计生行政部门审批的实验活动的，承担单位应当将立项结果报省级卫生计生行政部门。

科研项目立项后所从事的实验活动，应当按照本办法第十四条、第十五条、第十六条的规定报批。

第十九条　出入境检验检疫机构、医疗卫生机构等在实验室开展检测、诊断工作时，发现高致病性病原微生物或者疑似高致病性病原微生物，需要进一步从事相关实验活动的，应当依照本办法的规定报批或者转运至具备资格的实验室开展实验活动。

第二十条　出入境检验检疫机构为了检疫工作的紧急需要，申请在实验室对高致病性病原微生物或者疑似高致病性病原微生物开展进一步实验活动的，应当获得所在地省级出入境检验检疫主管部门的同意，并按照本办法第十四条、第十五条、第十六条的规定向所在地省级卫生计生行政部门提出申请。省级卫生计生行政部门应当自收到申请之时起2小时内做出是否批准的决定。省级卫生计生行政部门在做出批准决定的同时，应当通知实验室所在地卫生计生行政部门进行生物安全监督。在规定的时间内未做出决定的，出入境检验检疫机构实验室可以从事相应的实验活动。

第二十一条　需要在动物体上从事高致病性病原微生物相关实验活动的，应当在符合动物实验室生物安全国家标准的生物安全三级以上实验室进行，并按照本办法的规定报批。

第四章　监督管理

第二十二条　实验室的设立单位及其主管部门应当按照《病原微生物实验室生物安全管理条例》的有关规定，加强对高致病性病原微生物实验室的生物安全防护和实验活动的管理。

第二十三条　高致病性病原微生物实验室应当在明显位置标示生物危险标识和生物安全实验室级别标志。

高致病性病原微生物实验室应当制定科学、严格的管理制度并认真贯彻执行。

第二十四条　高致病性病原微生物实验室应当每年定期对工作人员进行培训，并对实验室工作人员进行健康监测。

第二十五条　高致病性病原微生物实验室应当建立完备的实验记录和档案，做好实验室感染控制工作，制定实验室感染应急处置预案。

第二十六条　高致病性病原微生物实验室从事的高致病性病原微生物实验活动结束后，应当及时将病原微生物菌（毒）种和样本就地销毁或者送交保藏机构保管，并及时将实验活动结果以及工作情况向原批准部门报告。

第二十七条　高致病性病原微生物实验室使用新技术、新方法从事高致病性病原微生物相关实验活动的，应当符合防止高致病性病原微生物扩散、保证生物安全和操作者人身安全的要求。

高致病性病原微生物实验室所属法人机构生物安全委员会应对其进行评价，并报国家病原微生物实验室生物安全专家委员会论证；经论证可行的，方可使用。

第二十八条　各级卫生计生行政部门应当按照《病原微生物实验室生物安全管理条例》的规定，对高致病性病原微生物实验室及其实验活动进行监督检查。

第二十九条　对于违反本办法规定的行为，依照《病原微生物实验室生物安全管理条例》第五十六条、第五十七条、第五十八条、第五十九条、第六十条、第六十三条的有关规定予以处罚。

第五章　附　　则

第三十条　省级卫生计生行政部门可根据《病原微生物实验室生物安全管理条例》、《实验室生物安全通用要求》及本办法的有关规定，制定对二级生物安全实验室及其实验活动监督管理的规定。

第三十一条　本办法有关附件由国家卫生计生委统一印制。

第三十二条　本办法自发布之日起施行。

人间传染的病原微生物菌(毒)种保藏机构管理办法

(2009 年 5 月 26 日卫生部部务会议讨论通过　2009 年 7 月 16 日卫生部令第 68 号公布)

第一章　总　　则

第一条　为加强人间传染的病原微生物菌(毒)种(以下称菌(毒)种)保藏机构的管理,保护和合理利用我国菌(毒)种或样本资源,防止菌(毒)种或样本在保藏和使用过程中发生实验室感染或者引起传染病传播,依据《中华人民共和国传染病防治法》、《病原微生物实验室生物安全管理条例》(以下称《条例》)的规定制定本办法。

第二条　卫生部主管全国人间传染的菌(毒)种保藏机构(以下称保藏机构)的监督管理工作。

县级以上人民政府卫生行政部门负责本行政区域内保藏机构的监督管理工作。

第三条　本办法所称的菌(毒)种是指可培养的,人间传染的真菌、放线菌、细菌、立克次体、螺旋体、支原体、衣原体、病毒等具有保存价值的,经过保藏机构鉴定、分类并给予固定编号的微生物。

本办法所称的病原微生物样本(以下称样本)是指含有病原微生物的、具有保存价值的人和动物体液、组织、排泄物等物质,以及食物和环境样本等。

可导致人类传染病的寄生虫不同感染时期的虫体、虫卵或样本按照本办法进行管理。

编码产物或其衍生物对人体有直接或潜在危害的基因(或其片段)参照本办法进行管理。

菌(毒)种的分类按照《人间传染的病原微生物名录》(以下简称《名录》)的规定执行。

菌(毒)种或样本的保藏是指保藏机构依法以适当的方式收集、检定、编目、储存菌(毒)种或样本,维持其活性和生物学特性,并向合法从事病原微生物相关实验活动的单位提供菌(毒)种或样本的活动。

保藏机构是指由卫生部指定的,按照规定接收、检定、集中储存与管理菌(毒)种或样本,并能向合法从事病原微生物实验活动的单位提供菌(毒)种或样本的非营利性机构。

第四条　保藏机构以外的机构和个人不得擅自保藏菌(毒)种或样本。

必要时,卫生部可以根据疾病控制和科研、教学、生产的需要,指定特定机构从事保藏活动。

第五条　国家病原微生物实验室生物安全专家委员会卫生专业委员会负责保藏机构的生物安全评估和技术咨询、论证等工作。

第六条　菌(毒)种或样本有关保密资料、信息的管理和使用必须严格遵守国家保密工作的有关法律、法规和规定。信息及数据的相关主管部门负责确定菌(毒)种或样本有关资料和信息的密级、保密范围、保密期限、管理责任和解密。各保藏机构应当根据菌(毒)种信息及数据所定密级和保密范围制定相应的保密制度,履行保密责任。

未经批准,任何组织和个人不得以任何形式泄漏涉密菌(毒)种或样本有关的资料和信息,不得使用个人计算机、移动储存介质储存涉密菌(毒)种或样本有关的资料和信息。

第二章 保藏机构的职责

第七条 保藏机构分为菌(毒)种保藏中心和保藏专业实验室。菌(毒)种保藏中心分为国家级和省级两级。

保藏机构的设立及其保藏范围应当根据国家在传染病预防控制、医疗、检验检疫、科研、教学、生产等方面工作的需要,兼顾各地实际情况,统一规划、整体布局。

国家级菌(毒)种保藏中心和保藏专业实验室根据工作需要设立。省级菌(毒)种保藏中心根据工作需要设立,原则上各省、自治区、直辖市只设立一个。

第八条 国家级菌(毒)种保藏中心的职责为:

(一)负责菌(毒)种或样本的收集、选择、鉴定、复核、保藏、供应和依法进行对外交流;

(二)出具国家标准菌(毒)株证明;

(三)从国际菌(毒)种保藏机构引进标准或参考菌(毒)种,供应国内相关单位使用;

(四)开展菌(毒)种或样本分类、保藏新方法、新技术的研究和应用;

(五)负责收集和提供菌(毒)种或样本的信息,编制菌(毒)种或样本目录和数据库;

(六)组织全国学术交流和培训;

(七)对保藏专业实验室和省级菌(毒)种保藏中心进行业务指导。

第九条 省级菌(毒)种保藏中心的职责:

(一)负责本行政区域内菌(毒)种或样本的收集、选择、鉴定、分类、保藏、供应和依法进行对外交流;

(二)向国家级保藏机构提供国家级保藏机构所需的菌(毒)种或样本;

(三)从国家或者国际菌(毒)种保藏机构引进标准或参考菌(毒)种,供应辖区内相关单位使用;

(四)开展菌(毒)种或样本分类、保藏新方法、新技术的研究和应用;

(五)负责收集和提供本省(自治区、直辖市)菌(毒)种或样本的各种信息,编制地方菌(毒)种或样本目录和数据库。

第十条 保藏专业实验室的职责:

(一)负责专业菌(毒)种或样本的收集、选择、鉴定、复核、保藏、供应和依法进行对外交流;

(二)开展菌(毒)种或样本分类、保藏新方法、新技术的研究和应用;

(三)负责提供专业菌(毒)种或样本的各种信息,建立菌(毒)种或样本数据库;

(四)向国家级和所属行政区域内省级保藏中心提供菌(毒)种代表株。

第十一条 下列菌(毒)种或样本必须由国家级保藏中心或专业实验室进行保藏:

(一)我国境内未曾发现的高致病性病原微生物菌(毒)种或样本和已经消灭的病原微生物菌(毒)种或样本;

(二)《名录》规定的第一类病原微生物菌(毒)种或样本;

(三)卫生部规定的其他菌(毒)种或样本。

第三章 保藏机构的指定

第十二条 保藏机构及其保藏范围由卫生部组织专家评估论证后指定，并由卫生部颁发《人间传染的病原微生物菌（毒）种保藏机构证书》。

第十三条 申请保藏机构应当具备以下条件：

（一）符合国家关于保藏机构设立的整体布局（规划）和实际需要；

（二）依法从事涉及菌（毒）种或样本实验活动，并符合有关主管部门的相关规定；

（三）符合卫生部公布的《人间传染的病原微生物菌（毒）种保藏机构设置技术规范》的要求，具备与所从事的保藏工作相适应的保藏条件；

（四）生物安全防护水平与所保藏的病原微生物相适应，符合《名录》对生物安全防护水平的要求。高致病性菌（毒）种保藏机构还必须具备获得依法开展实验活动资格的相应级别的高等级生物安全实验室；

（五）工作人员具备与拟从事保藏活动相适应的能力；

（六）明确保藏机构的职能、工作范围、工作内容和所保藏的病原微生物种类。在对所保藏的病原微生物进行风险评估的基础上，制订可靠、完善的生物安全防护方案、相应标准操作程序、意外事故应急预案及感染监测方案等；

（七）建立持续有效的保藏机构实验室生物安全管理体系及完善的管理制度；

（八）具备开展保藏活动所需的经费支持。

第十四条 拟申请保藏机构的法人单位应当向所在地省、自治区、直辖市人民政府卫生行政部门提交下列资料：

（一）《人间传染的病原微生物菌（毒）种保藏机构申请表》；

（二）保藏机构所属法人机构的法人资格证书（复印件）；

（三）保藏机构生物安全实验室的相关批准或者证明文件（复印件）；

（四）保藏工作的内容、范围，拟保藏菌（毒）种及样本的清单；

（五）保藏机构的组织结构、管理职责、硬件条件、基本建设条件等文件，并提供设施、设备、用品清单；

（六）生物安全管理文件、生物安全手册、风险评估报告、相应标准操作程序、生物安全防护方案、意外事故和安全保卫应急预案、暴露及暴露后监测和处理方案等；

（七）保藏机构人员名单、生物安全培训证明及所在单位颁发的上岗证书；

（八）卫生部规定的其他相关资料。

省、自治区、直辖市人民政府卫生行政部门收到材料后，在 15 个工作日内进行审核，审核同意的报卫生部。卫生部在收到省、自治区、直辖市人民政府卫生行政部门报告后 60 个工作日内组织专家进行评估和论证，对于符合本办法第十三条所列条件的，颁发《人间传染的病原微生物菌（毒）种保藏机构证书》。

第十五条 取得《人间传染的病原微生物菌（毒）种保藏机构证书》的保藏机构发生以下变化时，应当及时向省、自治区、直辖市人民政府卫生行政部门报告，省、自治区、直辖市人民政府卫生行政部门经核查后报卫生部：

(一)实验室生物安全级别发生变化;

(二)实验室增加高致病性菌(毒)种或样本保藏内容;

(三)保藏场所和空间发生变化;

(四)实验室存在严重安全隐患、发生生物安全事故;

(五)管理体系文件换版或者进行较大修订;

(六)保藏机构应报告的其他重大事项。

第十六条 《人间传染的病原微生物菌(毒)种保藏机构证书》有效期5年。保藏机构需要继续从事保藏工作的,应当在有效期届满前6个月按照本办法的规定重新申请《人间传染的病原微生物菌(毒)种保藏机构证书》。

第四章 保藏活动

第十七条 各实验室应当将在研究、教学、检测、诊断、生产等实验活动中获得的有保存价值的各类菌(毒)株或样本送交保藏机构进行鉴定和保藏。保藏机构对送交的菌(毒)株或样本,应当予以登记,并出具接收证明。

国家级保藏中心、专业实验室和省级保藏中心应当定期向卫生部指定的机构申报保藏入库菌(毒)种目录。

国家级保藏中心可根据需要选择收藏省级保藏中心保藏的有价值的菌(毒)种。

第十八条 保藏机构有权向有关单位收集和索取所需要保藏的菌(毒)种,相关单位应当无偿提供。

第十九条 保藏机构对专用和专利菌(毒)种要承担相应的保密责任,依法保护知识产权和物权。

样本等不可再生资源所有权属于提交保藏的单位,其他单位需要使用,必须征得所有权单位的书面同意。根据工作需要,卫生部和省、自治区、直辖市人民政府卫生行政部门依据各自权限可以调配使用。

第二十条 申请使用菌(毒)种或样本的实验室,应当向保藏机构提供从事病原微生物相关实验活动的批准或证明文件。保藏机构应当核查登记后无偿提供菌(毒)种或样本。

非保藏机构实验室在从事病原微生物相关实验活动结束后,应当在6个月内将菌(毒)种或样本就地销毁或者送交保藏机构保藏。

医疗卫生、出入境检验检疫、教学和科研机构按规定从事临床诊疗、疾病控制、检疫检验、教学和科研等工作,在确保安全的基础上,可以保管其工作中经常使用的菌(毒)种或样本,其保管的菌(毒)种或样本名单应当报当地卫生行政部门备案。但涉及高致病性病原微生物及行政部门有特殊管理规定的菌(毒)种除外。

第二十一条 实验室从事实验活动,使用涉及本办法第十一条规定的菌(毒)种或样本,应当经卫生部批准;使用其他高致病性菌(毒)种或样本,应当经省级人民政府卫生行政部门批准;使用第三、四类菌(毒)种或样本,应当经实验室所在法人机构批准。

第二十二条 保藏机构储存、提供菌(毒)种和样本,不得收取任何费用。

第二十三条　保藏机构保藏的菌(毒)种或样本符合下列条件之一的可以销毁：

(一)国家规定必须销毁的；

(二)有证据表明保藏物已丧失生物活性或被污染已不适于继续使用的；

(三)保藏机构认为无继续保存价值且经送保藏单位同意的。

销毁的菌(毒)种或样本属于本办法第十一条规定的应当经卫生部批准；销毁其他高致病性菌(毒)种或样本，应当经省级人民政府卫生行政部门批准；销毁第三、四类菌(毒)种或样本的，应当经保藏机构负责人批准。

第二十四条　销毁高致病性病原微生物菌(毒)种或样本必须采用安全可靠的方法，并应当对所用方法进行可靠性验证。

销毁应当在与拟销毁菌(毒)种相适应的生物安全防护水平的实验室内进行，由两人共同操作，并应当对销毁过程进行严格监督。

销毁后应当作为医疗废物送交具有资质的医疗废物集中处置单位处置。

销毁的全过程应当有详细记录，相关记录保存不得少于20年。

第二十五条　保藏机构应当制定严格的安全保管制度，做好菌(毒)种或样本的出入库、储存和销毁等原始记录，建立档案制度，并指定专人负责。所有档案保存不得少于20年。

保藏机构对保藏的菌(毒)种或样本应当设专库储存。建立严格的菌(毒)种库人员管理制度，保(监)管人应当为本单位正式员工并不少于2人。

保藏环境和设施应当符合有关规范，具有防盗设施并向公安机关备案。保藏机构应当制定应急处置预案，并具备相关的应急设施设备，对储存库应当实行24小时监控。

第二十六条　对从事菌(毒)种或样本实验活动的专业人员，保藏机构应当按照国家规定采取有效的安全防护和医疗保障措施。

第二十七条　菌(毒)种或样本的国际交流应当符合本办法第十九条的规定，并参照《中华人民共和国生物两用品及相关设备和技术出口管制条例》、《出口管制清单》、《卫生部和国家质检总局关于加强医用特殊物品出入境管理卫生检疫的通知》等规定办理出入境手续。

第五章　监督管理与处罚

第二十八条　卫生部主管保藏机构生物安全监督工作。地方人民政府卫生行政部门应当按照属地化管理的原则对所辖区域内的保藏机构依法进行监督管理。保藏机构的设立单位及上级主管部门应当加强对保藏机构的建设及监督管理，建立明确的责任制和责任追究制度，确保实验室生物安全。

第二十九条　保藏机构应当加强自身管理工作，完善并执行下列要求：

(一)主管领导负责菌(毒)种或样本保藏工作；

(二)建立菌(毒)种或样本安全保管、使用和销毁制度，标准操作程序和监督保障体系；

(三)建立菌(毒)种或样本的出入库记录、相关生物学和鉴定、复核等信息档案；

（四）必须保持与其所保藏菌（毒）种或样本危害程度相适应的生物安全防护和储存条件的工作状态；

（五）工作人员必须经过生物安全和专业知识培训，考核合格后上岗；

（六）建立相关人员健康监测制度，制定保藏机构相关人员感染应急处置预案，并向实验活动批准机构备案。

第三十条　保藏机构每年年底应向卫生部报送所保藏的高致病性菌（毒）种或样本的种类、数量、使用、发放及变化等情况。

第三十一条　保藏机构在保藏过程中发生菌（毒）种或样本被盗、被抢、丢失、泄露以及实验室感染时，应当按照《条例》第十七条、第四十二条、第四十三条、第四十四条、第四十五条、第四十六条、第四十七条、第四十八条规定及时报告和处理，做好感染控制工作。

第三十二条　保藏机构未依照规定储存实验室送交的菌（毒）种和样本，或者未依照规定提供菌（毒）种和样本的，按照《条例》第六十八条规定，由卫生部责令限期改正，收回违法提供的菌（毒）种和样本，并给予警告；造成传染病传播、流行或者其他严重后果的，由其所在单位或者其上级主管部门对主要负责人、直接负责的主管人员和其他直接责任人员，依法予以处理；构成犯罪的，依法追究刑事责任。

第六章　附　则

第三十三条　军队菌（毒）种保藏机构的管理由中国人民解放军主管部门负责。

第三十四条　本办法施行前设立的菌（毒）种保藏机构，应当自本办法施行之日起2年内，依照本办法申请《人间传染的病原微生物菌（毒）种保藏机构证书》。

第三十五条　本办法自2009年10月1日起施行。

病原微生物实验室生物安全管理条例

（2004年11月12日中华人民共和国国务院令第424号公布　根据2016年2月6日《国务院关于修改部分行政法规的决定》修订　根据2018年3月19日《国务院关于修改和废止部分行政法规的决定》修正）

第一章　总　则

第一条　为了加强病原微生物实验室（以下称实验室）生物安全管理，保护实验室工作人员和公众的健康，制定本条例。

第二条　对中华人民共和国境内的实验室及其从事实验活动的生物安全管理，适用本条例。

本条例所称病原微生物，是指能够使人或者动物致病的微生物。

本条例所称实验活动，是指实验室从事与病原微生物菌（毒）种、样本有关的研究、教学、检测、诊断等活动。

第三条　国务院卫生主管部门主管与人体健康有关的实验室及其实验活动的生物安全监督工作。

国务院兽医主管部门主管与动物有关的实验室及其实验活动的生物安全监督工作。

国务院其他有关部门在各自职责范围内负责实验室及其实验活动的生物安全管理工作。

县级以上地方人民政府及其有关部门在各自职责范围内负责实验室及其实验活动的生物安全管理工作。

第四条 国家对病原微生物实行分类管理,对实验室实行分级管理。

第五条 国家实行统一的实验室生物安全标准。实验室应当符合国家标准和要求。

第六条 实验室的设立单位及其主管部门负责实验室日常活动的管理,承担建立健全安全管理制度,检查、维护实验设施、设备,控制实验室感染的职责。

第二章 病原微生物的分类和管理

第七条 国家根据病原微生物的传染性、感染后对个体或者群体的危害程度,将病原微生物分为四类:

第一类病原微生物,是指能够引起人类或者动物非常严重疾病的微生物,以及我国尚未发现或者已经宣布消灭的微生物。

第二类病原微生物,是指能够引起人类或者动物严重疾病,比较容易直接或者间接在人与人、动物与人、动物与动物间传播的微生物。

第三类病原微生物,是指能够引起人类或者动物疾病,但一般情况下对人、动物或者环境不构成严重危害,传播风险有限,实验室感染后很少引起严重疾病,并且具备有效治疗和预防措施的微生物。

第四类病原微生物,是指在通常情况下不会引起人类或者动物疾病的微生物。

第一类、第二类病原微生物统称为高致病性病原微生物。

第八条 人间传染的病原微生物名录由国务院卫生主管部门商国务院有关部门后制定、调整并予以公布;动物间传染的病原微生物名录由国务院兽医主管部门商国务院有关部门后制定、调整并予以公布。

第九条 采集病原微生物样本应当具备下列条件:

(一)具有与采集病原微生物样本所需要的生物安全防护水平相适应的设备;

(二)具有掌握相关专业知识和操作技能的工作人员;

(三)具有有效的防止病原微生物扩散和感染的措施;

(四)具有保证病原微生物样本质量的技术方法和手段。

采集高致病性病原微生物样本的工作人员在采集过程中应当防止病原微生物扩散和感染,并对样本的来源、采集过程和方法等作详细记录。

第十条 运输高致病性病原微生物菌(毒)种或者样本,应当通过陆路运输;没有陆路通道,必须经水路运输的,可以通过水路运输;紧急情况下或者需要将高致病性病原微生物菌(毒)种或者样本运往国外的,可以通过民用航空运输。

第十一条 运输高致病性病原微生物菌(毒)种或者样本,应当具备下列条件:

(一)运输目的、高致病性病原微生物的用途和接收单位符合国务院卫生主管部门或者兽医主管部门的规定；

（二）高致病性病原微生物菌（毒）种或者样本的容器应当密封，容器或者包装材料还应当符合防水、防破损、防外泄、耐高（低）温、耐高压的要求；

（三）容器或者包装材料上应当印有国务院卫生主管部门或者兽医主管部门规定的生物危险标识、警告用语和提示用语。

运输高致病性病原微生物菌（毒）种或者样本，应当经省级以上人民政府卫生主管部门或者兽医主管部门批准。在省、自治区、直辖市行政区域内运输的，由省、自治区、直辖市人民政府卫生主管部门或者兽医主管部门批准；需要跨省、自治区、直辖市运输或者运往国外的，由出发地的省、自治区、直辖市人民政府卫生主管部门或者兽医主管部门进行初审后，分别报国务院卫生主管部门或者兽医主管部门批准。

出入境检验检疫机构在检验检疫过程中需要运输病原微生物样本的，由国务院出入境检验检疫部门批准，并同时向国务院卫生主管部门或者兽医主管部门通报。

通过民用航空运输高致病性病原微生物菌（毒）种或者样本的，除依照本条第二款、第三款规定取得批准外，还应当经国务院民用航空主管部门批准。

有关主管部门应当对申请人提交的关于运输高致病性病原微生物菌（毒）种或者样本的申请材料进行审查，对符合本条第一款规定条件的，应当即时批准。

第十二条 运输高致病性病原微生物菌（毒）种或者样本，应当由不少于2人的专人护送，并采取相应的防护措施。

有关单位或者个人不得通过公共电（汽）车和城市铁路运输病原微生物菌（毒）种或者样本。

第十三条 需要通过铁路、公路、民用航空等公共交通工具运输高致病性病原微生物菌（毒）种或者样本的，承运单位应当凭本条例第十一条规定的批准文件予以运输。

承运单位应当与护送人共同采取措施，确保所运输的高致病性病原微生物菌（毒）种或者样本的安全，严防发生被盗、被抢、丢失、泄漏事件。

第十四条 国务院卫生主管部门或者兽医主管部门指定的菌（毒）种保藏中心或者专业实验室（以下称保藏机构），承担集中储存病原微生物菌（毒）种和样本的任务。

保藏机构应当依照国务院卫生主管部门或者兽医主管部门的规定，储存实验室送交的病原微生物菌（毒）种和样本，并向实验室提供病原微生物菌（毒）种和样本。

保藏机构应当制定严格的安全保管制度，作好病原微生物菌（毒）种和样本进出和储存的记录，建立档案制度，并指定专人负责。对高致病性病原微生物菌（毒）种和样本应当设专库或者专柜单独储存。

保藏机构储存、提供病原微生物菌（毒）种和样本，不得收取任何费用，其经费由同级财政在单位预算中予以保障。

保藏机构的管理办法由国务院卫生主管部门会同国务院兽医主管部门制定。

第十五条 保藏机构应当凭实验室依照本条例的规定取得的从事高致病性病原微生物相关实验活动的批准文件，向实验室提供高致病性病原微生物菌（毒）种和样本，并予以登记。

第十六条　实验室在相关实验活动结束后，应当依照国务院卫生主管部门或者兽医主管部门的规定，及时将病原微生物菌（毒）种和样本就地销毁或者送交保藏机构保管。

保藏机构接受实验室送交的病原微生物菌（毒）种和样本，应当予以登记，并开具接收证明。

第十七条　高致病性病原微生物菌（毒）种或者样本在运输、储存中被盗、被抢、丢失、泄漏的，承运单位、护送人、保藏机构应当采取必要的控制措施，并在2小时内分别向承运单位的主管部门、护送人所在单位和保藏机构的主管部门报告，同时向所在地的县级人民政府卫生主管部门或者兽医主管部门报告，发生被盗、被抢、丢失的，还应当向公安机关报告；接到报告的卫生主管部门或者兽医主管部门应当在2小时内向本级人民政府报告，并同时向上级人民政府卫生主管部门或者兽医主管部门和国务院卫生主管部门或者兽医主管部门报告。

县级人民政府应当在接到报告后2小时内向设区的市级人民政府或者上一级人民政府报告；设区的市级人民政府应当在接到报告后2小时内向省、自治区、直辖市人民政府报告。省、自治区、直辖市人民政府应当在接到报告后1小时内，向国务院卫生主管部门或者兽医主管部门报告。

任何单位和个人发现高致病性病原微生物菌（毒）种或者样本的容器或者包装材料，应当及时向附近的卫生主管部门或者兽医主管部门报告；接到报告的卫生主管部门或者兽医主管部门应当及时组织调查核实，并依法采取必要的控制措施。

第三章　实验室的设立与管理

第十八条　国家根据实验室对病原微生物的生物安全防护水平，并依照实验室生物安全国家标准的规定，将实验室分为一级、二级、三级、四级。

第十九条　新建、改建、扩建三级、四级实验室或者生产、进口移动式三级、四级实验室应当遵守下列规定：

（一）符合国家生物安全实验室体系规划并依法履行有关审批手续；

（二）经国务院科技主管部门审查同意；

（三）符合国家生物安全实验室建筑技术规范；

（四）依照《中华人民共和国环境影响评价法》的规定进行环境影响评价并经环境保护主管部门审查批准；

（五）生物安全防护级别与其拟从事的实验活动相适应。

前款规定所称国家生物安全实验室体系规划，由国务院投资主管部门会同国务院有关部门制定。制定国家生物安全实验室体系规划应当遵循总量控制、合理布局、资源共享的原则，并应当召开听证会或者论证会，听取公共卫生、环境保护、投资管理和实验室管理等方面专家的意见。

第二十条　三级、四级实验室应当通过实验室国家认可。

国务院认证认可监督管理部门确定的认可机构应当依照实验室生物安全国家标准以及本条例的有关规定，对三级、四级实验室进行认可；实验室通过认可的，颁发相应级别的生物安全实验室证书。证书有效期为 5 年。

第二十一条 一级、二级实验室不得从事高致病性病原微生物实验活动。三级、四级实验室从事高致病性病原微生物实验活动,应当具备下列条件:

(一)实验目的和拟从事的实验活动符合国务院卫生主管部门或者兽医主管部门的规定;

(二)通过实验室国家认可;

(三)具有与拟从事的实验活动相适应的工作人员;

(四)工程质量经建筑主管部门依法检测验收合格。

第二十二条 三级、四级实验室,需要从事某种高致病性病原微生物或者疑似高致病性病原微生物实验活动的,应当依照国务院卫生主管部门或者兽医主管部门的规定报省级以上人民政府卫生主管部门或者兽医主管部门批准。实验活动结果以及工作情况应当向原批准部门报告。

实验室申报或者接受与高致病性病原微生物有关的科研项目,应当符合科研需要和生物安全要求,具有相应的生物安全防护水平。与动物间传染的高致病性病原微生物有关的科研项目,应当经国务院兽医主管部门同意;与人体健康有关的高致病性病原微生物科研项目,实验室应当将立项结果告知省级以上人民政府卫生主管部门。

第二十三条 出入境检验检疫机构、医疗卫生机构、动物防疫机构在实验室开展检测、诊断工作时,发现高致病性病原微生物或者疑似高致病性病原微生物,需要进一步从事这类高致病性病原微生物相关实验活动的,应当依照本条例的规定经批准同意,并在具备相应条件的实验室中进行。

专门从事检测、诊断的实验室应当严格依照国务院卫生主管部门或者兽医主管部门的规定,建立健全规章制度,保证实验室生物安全。

第二十四条 省级以上人民政府卫生主管部门或者兽医主管部门应当自收到需要从事高致病性病原微生物相关实验活动的申请之日起 15 日内作出是否批准的决定。

对出入境检验检疫机构为了检验检疫工作的紧急需要,申请在实验室对高致病性病原微生物或者疑似高致病性病原微生物开展进一步实验活动的,省级以上人民政府卫生主管部门或者兽医主管部门应当自收到申请之时起 2 小时内作出是否批准的决定;2 小时内未作出决定的,实验室可以从事相应的实验活动。

省级以上人民政府卫生主管部门或者兽医主管部门应当为申请人通过电报、电传、传真、电子数据交换和电子邮件等方式提出申请提供方便。

第二十五条 新建、改建或者扩建一级、二级实验室,应当向设区的市级人民政府卫生主管部门或者兽医主管部门备案。设区的市级人民政府卫生主管部门或者兽医主管部门应当每年将备案情况汇总后报省、自治区、直辖市人民政府卫生主管部门或者兽医主管部门。

第二十六条 国务院卫生主管部门和兽医主管部门应当定期汇总并互相通报实验室数量和实验室设立、分布情况,以及三级、四级实验室从事高致病性病原微生物实验活动的情况。

第二十七条 已经建成并通过实验室国家认可的三级、四级实验室应当向所在地的县级人民政府环境保护主管部门备案。环境保护主管部门依照法律、行政法规的规定对实验室排放的废水、废气和其他废物处置情况进行监督检查。

第二十八条 对我国尚未发现或者已经宣布消灭的病原微生物，任何单位和个人未经批准不得从事相关实验活动。

为了预防、控制传染病，需要从事前款所指病原微生物相关实验活动的，应当经国务院卫生主管部门或者兽医主管部门批准，并在批准部门指定的专业实验室中进行。

第二十九条 实验室使用新技术、新方法从事高致病性病原微生物相关实验活动的，应当符合防止高致病性病原微生物扩散、保证生物安全和操作者人身安全的要求，并经国家病原微生物实验室生物安全专家委员会论证；经论证可行的，方可使用。

第三十条 需要在动物体上从事高致病性病原微生物相关实验活动的，应当在符合动物实验室生物安全国家标准的三级以上实验室进行。

第三十一条 实验室的设立单位负责实验室的生物安全管理。

实验室的设立单位应当依照本条例的规定制定科学、严格的管理制度，并定期对有关生物安全规定的落实情况进行检查，定期对实验室设施、设备、材料等进行检查、维护和更新，以确保其符合国家标准。

实验室的设立单位及其主管部门应当加强对实验室日常活动的管理。

第三十二条 实验室负责人为实验室生物安全的第一责任人。

实验室从事实验活动应当严格遵守有关国家标准和实验室技术规范、操作规程。实验室负责人应当指定专人监督检查实验室技术规范和操作规程的落实情况。

第三十三条 从事高致病性病原微生物相关实验活动的实验室的设立单位，应当建立健全安全保卫制度，采取安全保卫措施，严防高致病性病原微生物被盗、被抢、丢失、泄漏，保障实验室及其病原微生物的安全。实验室发生高致病性病原微生物被盗、被抢、丢失、泄漏的，实验室的设立单位应当依照本条例第十七条的规定进行报告。

从事高致病性病原微生物相关实验活动的实验室应当向当地公安机关备案，并接受公安机关有关实验室安全保卫工作的监督指导。

第三十四条 实验室或者实验室的设立单位应当每年定期对工作人员进行培训，保证其掌握实验室技术规范、操作规程、生物安全防护知识和实际操作技能，并进行考核。工作人员经考核合格的，方可上岗。

从事高致病性病原微生物相关实验活动的实验室，应当每半年将培训、考核其工作人员的情况和实验室运行情况向省、自治区、直辖市人民政府卫生主管部门或者兽医主管部门报告。

第三十五条 从事高致病性病原微生物相关实验活动应当有 2 名以上的工作人员共同进行。

进入从事高致病性病原微生物相关实验活动的实验室的工作人员或者其他有关人员，应当经实验室负责人批准。实验室应当为其提供符合防护要求的防护用品并采取其他职业防护措施。从事高致病性病原微生物相关实验活动的实验室，还应当对实验室工作人员进行健康监测，每年组织对其进行体检，并建立健康档案；必要时，应当对实验室工作人员进行预防接种。

第三十六条　在同一个实验室的同一个独立安全区域内，只能同时从事一种高致病性病原微生物的相关实验活动。

第三十七条　实验室应当建立实验档案，记录实验室使用情况和安全监督情况。实验室从事高致病性病原微生物相关实验活动的实验档案保存期，不得少于20年。

第三十八条　实验室应当依照环境保护的有关法律、行政法规和国务院有关部门的规定，对废水、废气以及其他废物进行处置，并制定相应的环境保护措施，防止环境污染。

第三十九条　三级、四级实验室应当在明显位置标示国务院卫生主管部门和兽医主管部门规定的生物危险标识和生物安全实验室级别标志。

第四十条　从事高致病性病原微生物相关实验活动的实验室应当制定实验室感染应急处置预案，并向该实验室所在地的省、自治区、直辖市人民政府卫生主管部门或者兽医主管部门备案。

第四十一条　国务院卫生主管部门和兽医主管部门会同国务院有关部门组织病原学、免疫学、检验医学、流行病学、预防兽医学、环境保护和实验室管理等方面的专家，组成国家病原微生物实验室生物安全专家委员会。该委员会承担从事高致病性病原微生物相关实验活动的实验室的设立与运行的生物安全评估和技术咨询、论证工作。

省、自治区、直辖市人民政府卫生主管部门和兽医主管部门会同同级人民政府有关部门组织病原学、免疫学、检验医学、流行病学、预防兽医学、环境保护和实验室管理等方面的专家，组成本地区病原微生物实验室生物安全专家委员会。该委员会承担本地区实验室设立和运行的技术咨询工作。

第四章　实验室感染控制

第四十二条　实验室的设立单位应当指定专门的机构或者人员承担实验室感染控制工作，定期检查实验室的生物安全防护、病原微生物菌（毒）种和样本保存与使用、安全操作、实验室排放的废水和废气以及其他废物处置等规章制度的实施情况。

负责实验室感染控制工作的机构或者人员应当具有与该实验室中的病原微生物有关的传染病防治知识，并定期调查、了解实验室工作人员的健康状况。

第四十三条　实验室工作人员出现与本实验室从事的高致病性病原微生物相关实验活动有关的感染临床症状或者体征时，实验室负责人应当向负责实验室感染控制工作的机构或者人员报告，同时派专人陪同及时就诊；实验室工作人员应当将近期所接触的病原微生物的种类和危险程度如实告知诊治医疗机构。接诊的医疗机构应当及时救治；不具备相应救治条件的，应当依照规定将感染的实验室工作人员转诊至具备相应传染病救治条件的医疗机构；具备相应传染病救治条件的医疗机构应当接诊治疗，不得拒绝救治。

第四十四条　实验室发生高致病性病原微生物泄漏时，实验室工作人员应当立即采取控制措施，防止高致病性病原微生物扩散，并同时向负责实验室感染控制工作的机构或者人员报告。

第四十五条 负责实验室感染控制工作的机构或者人员接到本条例第四十三条、第四十四条规定的报告后，应当立即启动实验室感染应急处置预案，并组织人员对该实验室生物安全状况等情况进行调查；确认发生实验室感染或者高致病性病原微生物泄漏的，应当依照本条例第十七条的规定进行报告，并同时采取控制措施，对有关人员进行医学观察或者隔离治疗，封闭实验室，防止扩散。

第四十六条 卫生主管部门或者兽医主管部门接到关于实验室发生工作人员感染事故或者病原微生物泄漏事件的报告，或者发现实验室从事病原微生物相关实验活动造成实验室感染事故的，应当立即组织疾病预防控制机构、动物防疫监督机构和医疗机构以及其他有关机构依法采取下列预防、控制措施：

（一）封闭被病原微生物污染的实验室或者可能造成病原微生物扩散的场所；

（二）开展流行病学调查；

（三）对病人进行隔离治疗，对相关人员进行医学检查；

（四）对密切接触者进行医学观察；

（五）进行现场消毒；

（六）对染疫或者疑似染疫的动物采取隔离、扑杀等措施；

（七）其他需要采取的预防、控制措施。

第四十七条 医疗机构或者兽医医疗机构及其执行职务的医务人员发现由于实验室感染而引起的与高致病性病原微生物相关的传染病病人、疑似传染病病人或者患有疫病、疑似患有疫病的动物，诊治的医疗机构或者兽医医疗机构应当在2小时内报告所在地的县级人民政府卫生主管部门或者兽医主管部门；接到报告的卫生主管部门或者兽医主管部门应当在2小时内通报实验室所在地的县级人民政府卫生主管部门或者兽医主管部门。接到通报的卫生主管部门或者兽医主管部门应当依照本条例第四十六条的规定采取预防、控制措施。

第四十八条 发生病原微生物扩散，有可能造成传染病暴发、流行时，县级以上人民政府卫生主管部门或者兽医主管部门应当依照有关法律、行政法规的规定以及实验室感染应急处置预案进行处理。

第五章 监督管理

第四十九条 县级以上地方人民政府卫生主管部门、兽医主管部门依照各自分工，履行下列职责：

（一）对病原微生物菌（毒）种、样本的采集、运输、储存进行监督检查；

（二）对从事高致病性病原微生物相关实验活动的实验室是否符合本条例规定的条件进行监督检查；

（三）对实验室或者实验室的设立单位培训、考核其工作人员以及上岗人员的情况进行监督检查；

（四）对实验室是否按照有关国家标准、技术规范和操作规程从事病原微生物相关实验活动进行监督检查。

县级以上地方人民政府卫生主管部门、兽医主管部门，应当主要通过检查反映实验室执行国家有关法律、行政法规以及国家标准和要求的记录、档案、报告，切实履行监督管理职责。

第五十条 县级以上人民政府卫生主管部门、兽医主管部门、环境保护主管部门在履行监督检查职责时，有权进入被检查单位和病原微生物泄漏或者扩散现场调查取证、采集样品，查阅复制有关资料。需要进入从事高致病性病原微生物相关实验活动的实验室调查取证、采集样品的，应当指定或者委托专业机构实施。被检查单位应当予以配合，不得拒绝、阻挠。

第五十一条 国务院认证认可监督管理部门依照《中华人民共和国认证认可条例》的规定对实验室认可活动进行监督检查。

第五十二条 卫生主管部门、兽医主管部门、环境保护主管部门应当依据法定的职权和程序履行职责，做到公正、公平、公开、文明、高效。

第五十三条 卫生主管部门、兽医主管部门、环境保护主管部门的执法人员执行职务时，应当有2名以上执法人员参加，出示执法证件，并依照规定填写执法文书。

现场检查笔录、采样记录等文书经核对无误后，应当由执法人员和被检查人、被采样人签名。被检查人、被采样人拒绝签名的，执法人员应当在自己签名后注明情况。

第五十四条 卫生主管部门、兽医主管部门、环境保护主管部门及其执法人员执行职务，应当自觉接受社会和公民的监督。公民、法人和其他组织有权向上级人民政府及其卫生主管部门、兽医主管部门、环境保护主管部门举报地方人民政府及其有关主管部门不依照规定履行职责的情况。接到举报的有关人民政府或者其卫生主管部门、兽医主管部门、环境保护主管部门，应当及时调查处理。

第五十五条 上级人民政府卫生主管部门、兽医主管部门、环境保护主管部门发现属于下级人民政府卫生主管部门、兽医主管部门、环境保护主管部门职责范围内需要处理的事项的，应当及时告知该部门处理；下级人民政府卫生主管部门、兽医主管部门、环境保护主管部门不及时处理或者不积极履行本部门职责的，上级人民政府卫生主管部门、兽医主管部门、环境保护主管部门应当责令其限期改正；逾期不改正的，上级人民政府卫生主管部门、兽医主管部门、环境保护主管部门有权直接予以处理。

第六章　法律责任

第五十六条 三级、四级实验室未经批准从事某种高致病性病原微生物或者疑似高致病性病原微生物实验活动的，由县级以上地方人民政府卫生主管部门、兽医主管部门依照各自职责，责令停止有关活动，监督其将用于实验活动的病原微生物销毁或者送交保藏机构，并给予警告；造成传染病传播、流行或者其他严重后果的，由实验室的设立单位对主要负责人、直接负责的主管人员和其他直接责任人员，依法给予撤职、开除的处分；构成犯罪的，依法追究刑事责任。

第五十七条 卫生主管部门或者兽医主管部门违反本条例的规定，准予不符合本条例规定条件的实验室从事高致病性病原微生物相关实验活动的，由作出批准决定的卫生主管部门或者兽医主管部门撤销原批准决定，责令有关实验室立即停止有关活动，并监督其将用于实验活动的病原微生物销毁或者送交保藏机构，对直接负责的主管人员和其他直接责任人员依法给予行政处分；构成犯罪的，依法追究刑事责任。

因违法作出批准决定给当事人的合法权益造成损害的，作出批准决定的卫生主管部门或者兽医主管部门应当依法承担赔偿责任。

第五十八条 卫生主管部门或者兽医主管部门对出入境检验检疫机构为了检验检疫工作的紧急需要，申请在实验室对高致病性病原微生物或者疑似高致病性病原微生物开展进一步检测活动，不在法定期限内作出是否批准决定的，由其上级行政机关或者监察机关责令改正，给予警告；造成传染病传播、流行或者其他严重后果的，对直接负责的主管人员和其他直接责任人员依法给予撤职、开除的行政处分；构成犯罪的，依法追究刑事责任。

第五十九条 违反本条例规定，在不符合相应生物安全要求的实验室从事病原微生物相关实验活动的，由县级以上地方人民政府卫生主管部门、兽医主管部门依照各自职责，责令停止有关活动，监督其将用于实验活动的病原微生物销毁或者送交保藏机构，并给予警告；造成传染病传播、流行或者其他严重后果的，由实验室的设立单位对主要负责人、直接负责的主管人员和其他直接责任人员，依法给予撤职、开除的处分；构成犯罪的，依法追究刑事责任。

第六十条 实验室有下列行为之一的，由县级以上地方人民政府卫生主管部门、兽医主管部门依照各自职责，责令限期改正，给予警告；逾期不改正的，由实验室的设立单位对主要负责人、直接负责的主管人员和其他直接责任人员，依法给予撤职、开除的处分；有许可证件的，并由原发证部门吊销有关许可证件：

（一）未依照规定在明显位置标示国务院卫生主管部门和兽医主管部门规定的生物危险标识和生物安全实验室级别标志的；

（二）未向原批准部门报告实验活动结果以及工作情况的；

（三）未依照规定采集病原微生物样本，或者对所采集样本的来源、采集过程和方法等未作详细记录的；

（四）新建、改建或者扩建一级、二级实验室未向设区的市级人民政府卫生主管部门或者兽医主管部门备案的；

（五）未依照规定定期对工作人员进行培训，或者工作人员考核不合格允许其上岗，或者批准未采取防护措施的人员进入实验室的；

（六）实验室工作人员未遵守实验室生物安全技术规范和操作规程的；

（七）未依照规定建立或者保存实验档案的；

（八）未依照规定制定实验室感染应急处置预案并备案的。

第六十一条 经依法批准从事高致病性病原微生物相关实验活动的实验室的设立单位未建立健全安全保卫制度，或者未采取安全保卫措施的，由县级以上地方人民政府卫生主管部门、兽医主管部门依照各自职责，责令限期改正；逾期不改正，导致高致病性病原微生物菌（毒）种、样本被盗、被抢或者造成其他严重后果的，责令停止该项实验活动，该实验室2年内不得申请从事高致病性病原微生物实验活动；造成传染病传播、流行的，该实验室设立单位的主管部门还应当对该实验室的设立单位的直接负责的主管人员和其他直接责任人员,依法给予降级、撤职、开除的处分;构成犯罪的,依法追究刑事责任。

第六十二条 未经批准运输高致病性病原微生物菌(毒)种或者样本,或者承运单位经批准运输高致病性病原微生物菌(毒)种或者样本未履行保护义务,导致高致病性病原微生物菌(毒)种或者样本被盗、被抢、丢失、泄漏的,由县级以上地方人民政府卫生主管部门、兽医主管部门依照各自职责,责令采取措施,消除隐患,给予警告;造成传染病传播、流行或者其他严重后果的,由托运单位和承运单位的主管部门对主要负责人、直接负责的主管人员和其他直接责任人员,依法给予撤职、开除的处分;构成犯罪的,依法追究刑事责任。

第六十三条 有下列行为之一的,由实验室所在地的设区的市级以上地方人民政府卫生主管部门、兽医主管部门依照各自职责,责令有关单位立即停止违法活动,监督其将病原微生物销毁或者送交保藏机构;造成传染病传播、流行或者其他严重后果的,由其所在单位或者其上级主管部门对主要负责人、直接负责的主管人员和其他直接责任人员,依法给予撤职、开除的处分;有许可证件的,并由原发证部门吊销有关许可证件;构成犯罪的,依法追究刑事责任:

(一)实验室在相关实验活动结束后,未依照规定及时将病原微生物菌(毒)种和样本就地销毁或者送交保藏机构保管的;

(二)实验室使用新技术、新方法从事高致病性病原微生物相关实验活动未经国家病原微生物实验室生物安全专家委员会论证的;

(三)未经批准擅自从事在我国尚未发现或者已经宣布消灭的病原微生物相关实验活动的;

(四)在未经指定的专业实验室从事在我国尚未发现或者已经宣布消灭的病原微生物相关实验活动的;

(五)在同一个实验室的同一个独立安全区域内同时从事两种或者两种以上高致病性病原微生物的相关实验活动的。

第六十四条 认可机构对不符合实验室生物安全国家标准以及本条例规定条件的实验室予以认可,或者对符合实验室生物安全国家标准以及本条例规定条件的实验室不予认可的,由国务院认证认可监督管理部门责令限期改正,给予警告;造成传染病传播、流行或者其他严重后果的,由国务院认证认可监督管理部门撤销其认可资格,有上级主管部门的,由其上级主管部门对主要负责人、直接负责的主管人员和其他直接责任人员依法给予撤职、开除的处分;构成犯罪的,依法追究刑事责任。

第六十五条 实验室工作人员出现该实验室从事的病原微生物相关实验活动有关的感染临床症状或者体征,以及实验室发生高致病性病原微生物泄漏时,实验室负责人、实验室工作人员、负责实验室感染控制的专门机构或者人员未依照规定报告,或者未依照规定采取控制措施的,由县级以上地方人民政府卫生主管部门、兽医主管部门依照各自职责,责令限期改正,给予警告;造成传染病传播、流行或者其他严重后果的,由其设立单位对实验室主要负责人、直接负责的主管人员和其他直接责任人员,依法给予撤职、开除的处分;有许可证件的,并由原发证部门吊销有关许可证件;构成犯罪的,依法追究刑事责任。

第六十六条　拒绝接受卫生主管部门、兽医主管部门依法开展有关高致病性病原微生物扩散的调查取证、采集样品等活动或者依照本条例规定采取有关预防、控制措施的,由县级以上人民政府卫生主管部门、兽医主管部门依照各自职责,责令改正,给予警告;造成传染病传播、流行以及其他严重后果的,由实验室的设立单位对实验室主要负责人、直接负责的主管人员和其他直接责任人员,依法给予降级、撤职、开除的处分;有许可证件的,并由原发证部门吊销有关许可证件;构成犯罪的,依法追究刑事责任。

第六十七条　发生病原微生物被盗、被抢、丢失、泄漏,承运单位、护送人、保藏机构和实验室的设立单位未依照本条例的规定报告的,由所在地的县级人民政府卫生主管部门或者兽医主管部门给予警告;造成传染病传播、流行或者其他严重后果的,由实验室的设立单位或者承运单位、保藏机构的上级主管部门对主要负责人、直接负责的主管人员和其他直接责任人员,依法给予撤职、开除的处分;构成犯罪的,依法追究刑事责任。

第六十八条　保藏机构未依照规定储存实验室送交的菌(毒)种和样本,或者未依照规定提供菌(毒)种和样本的,由其指定部门责令限期改正,收回违法提供的菌(毒)种和样本,并给予警告;造成传染病传播、流行或者其他严重后果的,由其所在单位或者其上级主管部门对主要负责人、直接负责的主管人员和其他直接责任人员,依法给予撤职、开除的处分;构成犯罪的,依法追究刑事责任。

第六十九条　县级以上人民政府有关主管部门,未依照本条例的规定履行实验室及其实验活动监督检查职责的,由有关人民政府在各自职责范围内责令改正,通报批评;造成传染病传播、流行或者其他严重后果的,对直接负责的主管人员,依法给予行政处分;构成犯罪的,依法追究刑事责任。

第七章　附　　则

第七十条　军队实验室由中国人民解放军卫生主管部门参照本条例负责监督管理。

第七十一条　本条例施行前设立的实验室,应当自本条例施行之日起6个月内,依照本条例的规定,办理有关手续。

第七十二条　本条例自公布之日起施行。

(五)职业健康保障类

国家职业卫生标准管理办法

(2002年3月15日卫生部部务会讨论通过　2002年3月28日中华人民共和国卫生部令第20号发布)

第一条　为加强国家职业卫生标准的管理,根据《中华人民共和国职业病防治法》(以下简称《职业病防治法》),制定本办法。

第二条 对下列需要在全国范围内统一的技术要求，须制定国家职业卫生标准：

（一）职业卫生专业基础标准；

（二）工作场所作业条件卫生标准；

（三）工业毒物、生产性粉尘、物理因素职业接触限值；

（四）职业病诊断标准；

（五）职业照射放射防护标准；

（六）职业防护用品卫生标准；

（七）职业危害防护导则；

（八）劳动生理卫生、工效学标准；

（九）职业性危害因素检测、检验方法。

第三条 本办法适用于国家职业卫生标准的立项、起草、审查、公布、复审和解释。

第四条 卫生部主管国家职业卫生标准工作；卫生部委托办事机构，承担国家职业卫生标准的日常管理工作；由卫生部聘请有关技术专家组成全国卫生标准技术委员会，负责国家职业卫生标准的技术审查工作。

第五条 国家职业卫生标准制定的原则：

（一）符合国家有关法律、法规和方针、政策，满足职业卫生管理工作的需要；

（二）体现科学性和先进性，注重可操作性；

（三）在充分考虑我国国情的基础上，积极采用国际通用标准；

（四）逐步实现体系化，保持标准的完整性和有机联系。

第六条 国家职业卫生标准分为强制性标准和推荐性标准。强制性标准分为全文强制和条文强制两种形式。

强制性标准包括：

（一）工作场所作业条件的卫生标准；

（二）工业毒物、生产性粉尘、物理因素职业接触限值；

（三）职业病诊断标准；

（四）职业照射放射防护标准；

（五）职业防护用品卫生标准；

其他标准为推荐性标准。

第七条 任何单位和个人可向卫生部标准办事机构提出制定国家职业卫生标准立项的建议。建议内容包括：标准名称、制定标准的目的、主要技术内容和国内外主要情况说明等。

第八条 制定标准的立项建议经过卫生部标准办事机构审核，并拟定年度计划草案上报卫生部，由卫生部批准后下达执行。

年度标准计划包括标准的名称、研制单位、完成时间等。

第九条 卫生部委托卫生部标准办事机构对年度标准制定计划的执行情况进行监督检查。

承担年度标准制定计划项目的研制单位应按计划组织实施，并按时完成标准编制工作。

第十条　年度标准计划在执行过程中有下列情况之一的，可以进行调整。

（一）职业卫生管理工作急需的项目可以增补；对拟增加的标准项目应当进行补充论证；

（二）特殊情况下，可以对项目的内容进行调整；

（三）不宜制定标准的项目，可以撤销。计划的调整应经卫生部批准。

第十一条　确定标准的研制单位，应坚持公开、公正、择优原则，鼓励用人单位、行业协会或社会团体参与标准的研制工作。

承担研制标准的单位应当熟悉国内外有关标准现状并有较强的技术水平、条件。

第十二条　研制国家职业卫生标准，应当深入调查研究，总结实践经验，广泛听取有关部门、组织和用人单位的意见。涉及国务院其他部门的职责或与国务院其他部门关系紧密的，研制单位应当充分听取国务院其他部门的意见。研制单位与其他部门有不同意见时，应当充分协商；经过充分协商不能取得一致意见的，研制单位应当在上报标准送审稿时说明情况和理由。

第十三条　研制单位应当将标准送审稿及其说明、对标准送审稿主要问题的不同意见和其他有关材料按规定报送审查。

第十四条　全国卫生标准技术委员会按照《全国卫生标准技术委员会章程》及有关规定，对国家职业卫生标准进行技术审查。

第十五条　对全国卫生标准技术委员会审查通过的标准，由卫生部批准，并以卫生部通告的形式公布。在批准前，根据需要，卫生部可征求有关部门和单位的意见。

国家职业卫生标准的代号由大写汉语拼音字母构成。强制性标准的代号为“GBZ”，推荐性标准的代号为“GBZ/T”。

国家职业卫生标准的编号由国家职业卫生标准的代号、发布的顺序号和发布的年号构成。示例：GBZXXXX－XXXX、GBZ/TXXXX－XXXX。

第十六条　国家职业卫生标准实施后，卫生部应根据情况的变化对标准适时进行复审。复审的结论分为确认、修订、废止。复审的周期一般不超过五年。

第十七条　国家职业卫生标准由卫生部负责解释。国家职业卫生标准的解释同标准具有同等效力。

第十八条　卫生部标准办事机构应调查了解国家职业卫生标准的实施情况，收集和研究国内外有关标准、技术信息资料和实践经验，对标准的实施情况进行评估和分析，开展国家职业卫生标准的交流、宣传、培训、技术指导和技术咨询活动。

第十九条　国家鼓励任何单位和个人参与国家职业卫生标准研制。对水平高、效果好的标准进行奖励。

第二十条　国家职业卫生标准的出版、印刷由卫生部委托指定出版机构负责。

第二十一条　本办法自 2002 年 5 月 1 日起施行。

职业病危害项目申报办法

（国家安全生产监督管理总局令第48号）

第一条　为了规范职业病危害项目的申报工作，加强对用人单位职业卫生工作的监督管理，根据《中华人民共和国职业病防治法》，制定本办法。

第二条　用人单位（煤矿除外）工作场所存在职业病目录所列职业病的危害因素的，应当及时、如实向所在地安全生产监督管理部门申报危害项目，并接受安全生产监督管理部门的监督管理。

煤矿职业病危害项目申报办法另行规定。

第三条　本办法所称职业病危害项目，是指存在职业病危害因素的项目。

职业病危害因素按照《职业病危害因素分类目录》确定。

第四条　职业病危害项目申报工作实行属地分级管理的原则。

中央企业、省属企业及其所属用人单位的职业病危害项目，向其所在地设区的市级人民政府安全生产监督管理部门申报。

前款规定以外的其他用人单位的职业病危害项目，向其所在地县级人民政府安全生产监督管理部门申报。

第五条　用人单位申报职业病危害项目时，应当提交《职业病危害项目申报表》和下列文件、资料：

（一）用人单位的基本情况；

（二）工作场所职业病危害因素种类、分布情况以及接触人数；

（三）法律、法规和规章规定的其他文件、资料。

第六条　职业病危害项目申报同时采取电子数据和纸质文本两种方式。

用人单位应当首先通过“职业病危害项目申报系统”进行电子数据申报，同时将《职业病危害项目申报表》加盖公章并由本单位主要负责人签字后，按照本办法第四条和第五条的规定，连同有关文件、资料一并上报所在地设区的市级、县级安全生产监督管理部门。

受理申报的安全生产监督管理部门应当自收到申报文件、资料之日起5个工作日内，出具《职业病危害项目申报回执》。

第七条　职业病危害项目申报不得收取任何费用。

第八条　用人单位有下列情形之一的，应当按照本条规定向原申报机关申报变更职业病危害项目内容：

（一）进行新建、改建、扩建、技术改造或者技术引进建设项目的，自建设项目竣工验收之日起30日内进行申报；

（二）因技术、工艺、设备或者材料等发生变化导致原申报的职业病危害因素及其相关内容发生重大变化的，自发生变化之日起15日内进行申报；

（三）用人单位工作场所、名称、法定代表人或者主要负责人发生变化的，自发生变化之日起15日内进行申报；

（四）经过职业病危害因素检测、评价，发现原申报内容发生变化的，自收到有关检测、评价结果之日起15日内进行申报。

第九条 用人单位终止生产经营活动的，应当自生产经营活动终止之日起15日内向原申报机关报告并办理注销手续。

第十条 受理申报的安全生产监督管理部门应当建立职业病危害项目管理档案。职业病危害项目管理档案应当包括辖区内存在职业病危害因素的用人单位数量、职业病危害因素种类、行业及地区分布、接触人数等内容。

第十一条 安全生产监督管理部门应当依法对用人单位职业病危害项目申报情况进行抽查，并对职业病危害项目实施监督检查。

第十二条 安全生产监督管理部门及其工作人员应当保守用人单位商业秘密和技术秘密。违反有关保密义务的，应当承担相应的法律责任。

第十三条 安全生产监督管理部门应当建立健全举报制度，依法受理和查处有关用人单位违反本办法行为的举报。

任何单位和个人均有权向安全生产监督管理部门举报用人单位违反本办法的行为。

第十四条 用人单位未按照本办法规定及时、如实地申报职业病危害项目的，责令限期改正，给予警告，可以并处5万元以上10万元以下的罚款。

第十五条 用人单位有关事项发生重大变化，未按照本办法的规定申报变更职业病危害项目内容的，责令限期改正，可以并处5千元以上3万元以下的罚款。

第十六条 《职业病危害项目申报表》、《职业病危害项目申报回执》的式样由国家安全生产监督管理总局规定。

第十七条 本办法自2012年6月1日起施行。国家安全生产监督管理总局2009年9月8日公布的《作业场所职业危害申报管理办法》同时废止。

职业卫生技术服务机构管理办法

（2020年12月4日第2次委务会议审议通过 2020年12月31日中华人民共和国国家卫生健康委员会令第4号公布）

第一章 总 则

第一条 为了加强对职业卫生技术服务机构的监督管理，规范职业卫生技术服务行为，根据《中华人民共和国职业病防治法》，制定本办法。

第二条 在中华人民共和国境内申请职业卫生技术服务机构资质，从事职业卫生检测、评价技术服务以及卫生健康主管部门实施职业卫生技术服务机构资质认可与监督管理，适用本办法。

第三条 本办法所称职业卫生技术服务机构，是指为用人单位提供职业病危害因素检测、职业病危害现状评价、职业病防护设备设施与防护用品的效果评价等技术服务的机构。

第四条 国家对职业卫生技术服务机构实行资质认可制度。职业卫生技术服务机构应当依照本办法取得职业卫生技术服务机构资质；未取得职业卫生技术服务机构资质的，不得从事职业卫生检测、评价技术服务。

第五条 职业卫生技术服务机构的资质等级分为甲级和乙级两个等级。

甲级资质由国家卫生健康委认可及颁发证书。

乙级资质由省、自治区、直辖市卫生健康主管部门认可及颁发证书。

国家卫生健康委和省、自治区、直辖市卫生健康主管部门统称资质认可机关。

第六条 取得甲级资质的职业卫生技术服务机构，可以根据认可的业务范围在全国从事职业卫生技术服务活动。

取得乙级资质的职业卫生技术服务机构，可以根据认可的业务范围在其所在的省、自治区、直辖市从事职业卫生技术服务活动。

下列用人单位的职业卫生技术服务，必须由取得甲级资质的职业卫生技术服务机构承担：

（一）核设施的用人单位；

（二）生产经营的装置（设施）跨省、自治区、直辖市的用人单位。

第七条 国家卫生健康委负责指导全国职业卫生技术服务机构的监督管理工作。

县级以上地方卫生健康主管部门负责本行政区域内职业卫生技术服务机构的监督管理工作。

第八条 国家鼓励职业卫生技术服务行业加强自律，规范执业行为，维护行业秩序。

第二章 资质认可

第九条 申请职业卫生技术服务机构资质的申请人，应当具备下列条件：

（一）能够独立承担民事责任；

（二）有固定工作场所，实验室、档案室等场所的面积与所申请资质、业务范围相适应；

（三）具有符合要求的实验室，具备与所申请资质、业务范围相适应的仪器设备；

（四）有健全的内部管理制度和质量保证体系；

（五）具有满足学历、专业、技术职称等要求的专业技术人员。申请甲级资质的，专业技术人员不少于三十名；申请乙级资质的，专业技术人员不少于十五名；

（六）有专职技术负责人和质量控制负责人。申请甲级资质的，专职技术负责人具有高级专业技术职称和五年以上职业卫生相关工作经验；申请乙级资质的，专职技术负责人具有高级专业技术职称和三年以上职业卫生相关工作经验，或者中级专业技术职称和八年以上职业卫生相关工作经验。质量控制负责人具有高级专业技术职称和三年以上相关工作经验，或者中级专业技术职称和五年以上相关工作经验；

（七）具有与所申请资质、业务范围相适应的检测、评价能力。申请甲级资质的，机构主要负责人和关键岗位负责人应当具有从事职业卫生技术服务工作五年以上工作经历；

（八）截至申请之日五年内无严重违法失信记录；

（九）正常运行并可以供公众查询信息的网站；

（十）法律、行政法规规定的其他条件。

第十条　申请人应当组织专业技术人员接受专业培训，确保专业技术人员熟悉职业病防治法律、法规和标准规范，并具备与其从事的职业卫生技术服务相适应的专业能力。

对专业技术人员的培训，申请人可以自行开展或者委托有条件的培训机构开展。专业技术人员的培训计划、培训记录（包括书面及影像资料）等应当归档备查。

第十一条　申请人应当提交下列材料：

（一）法定代表人或者主要负责人签署的申请表；

（二）法定代表人或者主要负责人签署的知悉承担职业卫生技术服务的法律责任、义务、权利和风险的承诺书；

（三）营业执照或者其他法人资格证明；

（四）工作场所产权证明或者租赁合同；

（五）专业技术人员、专职技术负责人、质量控制负责人的名单及其技术职称证书、劳动关系证明；

（六）仪器设备清单、工作场所布局与面积示意图；

（七）在申请职业卫生技术服务业务范围内，能够证明具有相应业务能力的其他材料。

申请人对申请材料的真实性负责。

第十二条　申请职业卫生技术服务机构资质，按照下列程序办理：

（一）申请人按照本办法第五条的规定向相应资质认可机关提出申请，并提交本办法第十一条第一款规定的材料；

（二）资质认可机关应当自收到申请材料之日起五个工作日内作出是否受理的决定。对材料齐全，符合规定形式的，应当予以受理，并出具书面受理文书；对材料不齐全或者不符合规定形式的，应当当场或者在五个工作日内一次性告知申请人需要补正的全部内容；决定不予受理的，应当向申请人书面说明理由；

（三）资质认可机关应当自受理资质申请之日起二十个工作日内，依据职业卫生技术服务机构资质认可技术评审准则，组织对申请人进行技术评审，并根据技术评审结论作出资质认可决定。决定认可的，应当自作出决定之日起十个工作日内向申请人颁发资质证书；决定不予认可的，应当向申请人书面说明理由。二十个工作日内不能作出认可决定的，经资质认可机关负责人批准，可以延长十个工作日，并应当将延长期限的理由告知申请人。

第十三条　国家卫生健康委制定职业卫生技术服务机构资质认可有关文书样式和内容、职业卫生技术服务机构资质认可技术评审准则以及资质证书的样式，并向社会公布。

第十四条　资质认可机关应当建立技术评审专家库（以下简称专家库）及其管理制度。

技术评审专家应当熟悉职业病防治法律、法规和标准规范，具有相关专业高级技术职称，连续五年以上职业卫生工作经验，良好的职业道德。

技术评审专家应当依据技术评审准则开展工作，出具评审意见，并对评审意见负责。

技术评审专家不得从事与本人有利害关系的技术评审活动。

第十五条 国家卫生健康委制定并公开职业卫生技术服务机构专业技术人员考核评估大纲,建立题库。

第十六条 资质认可机关应当从专家库中随机抽取相关专业的三至七名专家(应为单数)组成专家组,对申请人进行技术评审。

技术评审包括申请材料的技术审查和现场技术考核。申请材料的技术审查结论分为"通过"、"不通过"。技术审查结论为"通过"的,继续开展现场技术考核;技术审查结论为"不通过"的,不开展现场技术考核。

现场技术考核应当包括下列内容:

(一)核查现场有关设备、设施、仪器、仪表等;

(二)依据考核评估大纲和题库,考核评估专职技术负责人、质量控制负责人及有关专业技术人员专业知识和实际操作能力;

(三)抽查原始工作记录、影像资料、报告、总结、档案等资料;

(四)进行必要的盲样检测。

现场技术考核的时间一般不超过十个工作日。现场技术考核结论分为"通过"、"不通过"。

第十七条 职业卫生技术服务机构资质证书有效期为五年。资质证书有效期届满需要延续的,职业卫生技术服务机构应当在有效期届满三个月前向原资质认可机关提出申请。经审核合格的,予以批准延续;不合格的,不予批准延续,并向申请人书面说明理由。

第十八条 职业卫生技术服务机构取得资质一年以上,需要增加业务范围的,应当向原资质认可机关提出申请。资质认可机关应当按照本办法的规定进行认可。

第十九条 职业卫生技术服务机构变更名称、法定代表人或者主要负责人、注册地址、实验室地址的,应当向原资质认可机关申请办理变更手续。

职业卫生技术服务机构分立、合并的,应当申请办理资质认可变更手续或者重新申请职业卫生技术服务机构资质认可。

第二十条 职业卫生技术服务机构资质证书遗失的,应当自证书遗失之日起三十日内向原资质认可机关书面申请补发。

第二十一条 职业卫生技术服务机构不得涂改、倒卖、出租、出借职业卫生技术服务机构资质证书,或者以其他形式非法转让职业卫生技术服务机构资质证书。

第二十二条 资质认可机关对取得资质的职业卫生技术服务机构应当及时向社会公布,接受社会监督。

第三章 技术服务

第二十三条 职业卫生技术服务机构应当建立、健全职业卫生技术服务责任制。主要负责人对本机构的职业卫生技术服务工作全面负责。专职技术负责人和质量控制负责人应当按照法律、法规和标准规范的规定,加强职业卫生技术服务的全过程管理。报告审核人、授权签字人、技术服务项目负责人及参与人员按照职责分工参与技术服务,在技术报告及原始记录上签字,并承担相应责任。未达到技术评审考核评估要求的专业技术人员，职业卫生技术服务机构不得安排其参与职业卫生技术服务。

职业卫生技术服务机构应当组织专业技术人员每年接受不少于八学时的继续教育培训。

第二十四条　职业卫生技术服务机构应当按照法律法规和《工作场所空气中有害物质监测的采样规范》（GBZ159）、《电离辐射防护与辐射源安全基本标准》（GB18871）、《工业企业设计卫生标准》（GBZ1）、《工作场所有害因素职业接触限值》（GBZ2.1、GBZ2.2）等标准规范的要求，开展现场调查、职业病危害因素识别、现场采样、现场检测、样品管理、实验室分析、数据处理及应用、危害程度评价、防护措施及其效果评价、技术报告编制等职业卫生技术服务活动，如实记录技术服务原始信息，确保相关数据信息可溯源，科学、客观、真实地反映技术服务事项，并对出具的职业卫生技术报告承担法律责任。

第二十五条　职业卫生技术服务机构应当依法独立开展职业卫生技术服务活动。因检测项目限制或者样品保存时限有特殊要求而无法自行检测的，可以委托具备相应检测能力的职业卫生技术服务机构进行样品测定。样品现场采集和检测结果分析及应用等工作不得委托其他机构实施。

第二十六条　职业卫生技术服务机构应当公开办事制度和程序，方便服务对象，并采取措施保证服务质量。

第二十七条　职业卫生技术服务机构应当在认可的范围内开展技术服务工作，并接受技术服务所在地卫生健康主管部门的监督管理，按照规定及时报送职业卫生技术服务内容、时间、参与人员等相关信息。

职业卫生技术服务信息报送管理规定由国家卫生健康委统一制定，并向社会公布。

第二十八条　职业卫生技术服务机构开展技术服务时，应当以书面形式与用人单位明确技术服务内容、范围以及双方的责任。

用人单位提出的技术服务内容、范围及要求违反法律、法规和标准规范规定的，职业卫生技术服务机构应当予以拒绝。

第二十九条　职业卫生技术服务机构及其工作人员在从事职业卫生技术服务活动中，不得有下列行为：

（一）超出资质认可范围从事技术服务活动；

（二）出具虚假或者失实的职业卫生技术报告；

（三）转包职业卫生技术服务项目；

（四）擅自更改、简化职业卫生技术服务程序和相关内容；

（五）法律、法规规定的其他违法行为。

第三十条　职业卫生技术服务机构不得使用非本机构专业技术人员从事职业卫生技术服务活动。

职业卫生技术服务机构专业技术人员不得有下列行为：

（一）在职业卫生技术报告或者有关原始记录上代替他人签字；

（二）未参与相应职业卫生技术服务事项而在技术报告或者有关原始记录上签字；

（三）其他违反法律、法规和标准规范的行为。

第三十一条 职业卫生技术服务机构应当建立职业卫生技术服务档案，并长期妥善保管。职业卫生技术服务档案包括职业卫生技术服务过程控制记录、现场勘查记录、相关原始记录、影像资料、技术报告及相关证明材料。

职业卫生技术服务机构应当为专业技术人员提供必要的个体防护用品。

职业卫生技术服务机构应当自出具职业卫生技术报告之日起二十个工作日内，在本单位网站上公开技术报告相关信息（涉及国家秘密、商业秘密、技术秘密及个人隐私的信息和法律、法规规定可不予公开的除外），公开的时间不少于五年。公开的信息应包括以下内容：

（一）用人单位名称、地址及联系人；

（二）技术服务项目组人员名单；

（三）现场调查、现场采样、现场检测的专业技术人员名单、时间，用人单位陪同人；

（四）证明现场调查、现场采样、现场检测的图像影像。

第四章 监督管理

第三十二条 资质认可机关应当对其认可的职业卫生技术服务机构在资质认可有效期内至少进行一次评估检查，重点检查资质条件保持和符合情况。

评估检查可以通过能力验证、现场核查等方式开展。

第三十三条 县级以上地方卫生健康主管部门应当按照有关“双随机、一公开”的规定，加强对本行政区域内从业的职业卫生技术服务机构事中事后监管。

第三十四条 县级以上地方卫生健康主管部门对职业卫生技术服务机构的监督检查，主要包括下列内容：

（一）是否以书面形式与用人单位明确技术服务内容、范围以及双方的责任；

（二）是否按照标准规范要求开展现场调查、职业病危害因素识别、现场采样、现场检测、样品管理、实验室分析、数据处理及应用、危害程度评价、防护措施及其效果评价、技术报告编制等职业卫生技术服务活动；

（三）技术服务内部审核、原始信息记录等是否规范；

（四）职业卫生技术服务档案是否完整；

（五）技术服务过程是否存在弄虚作假等违法违规情况；

（六）是否按照规定向技术服务所在地卫生健康主管部门报送职业卫生技术服务相关信息；

（七）是否按照规定在网上公开职业卫生技术报告相关信息；

（八）依法应当监督检查的其他内容。

县级以上地方卫生健康主管部门在对用人单位职业病防治工作进行监督检查过程中，应当加强对有关职业卫生技术服务机构提供的职业卫生技术服务进行延伸检查。

第三十五条 县级以上卫生健康主管部门应当建立职业卫生技术服务机构信息管理系统，建立职业卫生技术服务机构及其从业人员信用档案，记录违法失信行为并依法向社会公开，依据职业卫生技术服务机构信用状况，实行分类监管。

第三十六条 职业卫生技术服务机构有下列情形之一的，资质认可机关应当注销其资质：

（一）资质认可有效期届满未延续的；

（二）依法终止的；

（三）资质认可依法被撤销、撤回，或者资质证书依法被吊销的；

（四）法律、法规规定的应当注销资质认可的其他情形。

第三十七条 卫生健康主管部门及其工作人员不得有下列行为：

（一）要求用人单位接受指定的职业卫生技术服务机构进行职业卫生技术服务；

（二）变相设立法律、法规规定以外的行政许可；

（三）限制本行政区域外职业卫生技术服务机构到本地区开展职业卫生技术服务；

（四）干预职业卫生技术服务机构开展正常活动；

（五）向职业卫生技术服务机构收取或者变相收取费用；

（六）向职业卫生技术服务机构摊派财物、推销产品；

（七）在职业卫生技术服务机构报销任何费用；

（八）对不具备资质条件的申请人予以资质认可。

第三十八条 任何单位或者个人发现职业卫生技术服务机构及其从业人员、卫生健康主管部门及其工作人员、技术评审专家违反有关职业病防治的法律、法规和本办法规定的行为，有权向县级以上卫生健康主管部门或者其他有关部门举报。

卫生健康主管部门应当为举报人保密，并依法进行核查和处理。

第五章 法律责任

第三十九条 县级以上卫生健康主管部门工作人员不履行本办法规定的职责，徇私舞弊、滥用职权、弄虚作假、玩忽职守，依法给予相应处分。

技术评审专家在职业卫生技术服务机构技术评审工作中徇私舞弊、弄虚作假、玩忽职守的，撤销其技术评审专家资格，终身不得再进入专家库。

第四十条 申请人隐瞒有关情况或者提供虚假材料申请职业卫生技术服务机构资质认可的，资质认可机关不予受理或者不予认可，并给予警告；申请人自资质认可机关作出不予受理或者不予认可决定之日起一年内不得再次申请职业卫生技术服务机构资质。

职业卫生技术服务机构以欺骗、贿赂等不正当手段取得职业卫生技术服务机构资质认可的，资质认可机关应当撤销其资质认可，并给予警告；申请人自资质认可机关撤销其资质认可之日起三年内不得再次申请职业卫生技术服务机构资质。

第四十一条 未取得职业卫生技术服务资质认可擅自从事职业卫生检测、评价技术服务的，由县级以上地方卫生健康主管部门责令立即停止违法行为，没收违法所得；违法所得五千元以上的，并处违法所得二倍以上十倍以下的罚款；没有违法所得或者违法所得不足五千元的，并处五千元以上五万元以下的罚款；情节严重的，对直接负责的主管人员和其他直接责任人员，依法给予降级、撤职或者开除的处分。

第四十二条 职业卫生技术服务机构有下列行为之一的，由县级以上地方卫生健康主管部门责令立即停止违法行为，给予警告，没收违法所得；违法所得五千元以上的，并处违法所得二倍以上五倍以下的罚款；没有违法所得或者违法所得不足五千元的，并处五千元以上二万元以下的罚款；情节严重的，由原资质认可机关取消其资质认可；对直接负责的主管人员和其他责任人员，依法给予降级、撤职或者开除的处分；构成犯罪的，依法追究刑事责任：

（一）超出资质认可范围从事职业卫生技术服务的；

（二）未按照《职业病防治法》的规定履行法定职责的；

（三）出具虚假证明文件的。

第四十三条 职业卫生技术服务机构有下列行为之一的，由县级以上地方卫生健康主管部门责令改正，给予警告，并处一万元以上三万元以下罚款；构成犯罪的，依法追究刑事责任：

（一）涂改、倒卖、出租、出借职业卫生技术服务机构资质证书，或者以其他形式非法转让职业卫生技术服务机构资质证书的；

（二）未按规定向技术服务所在地卫生健康主管部门报送职业卫生技术服务相关信息的；

（三）未按规定在网上公开职业卫生技术报告相关信息的；

（四）其他违反本办法规定的行为。

第四十四条 职业卫生技术服务机构有下列情形之一的，由县级以上地方卫生健康主管部门责令改正，给予警告，可以并处三万元以下罚款：

（一）未按标准规范开展职业卫生技术服务，或者擅自更改、简化服务程序和相关内容；

（二）未按规定实施委托检测的；

（三）转包职业卫生技术服务项目的；

（四）未按规定以书面形式与用人单位明确技术服务内容、范围以及双方责任的；

（五）使用非本机构专业技术人员从事职业卫生技术服务活动的；

（六）安排未达到技术评审考核评估要求的专业技术人员参与职业卫生技术服务的。

第四十五条 职业卫生技术服务机构专业技术人员有下列情形之一的，由县级以上地方卫生健康主管部门责令改正，给予警告，并处一万元以下罚款：

（一）在职业卫生技术报告或者有关原始记录上代替他人签字的；

（二）未参与相应职业卫生技术服务事项而在技术报告或者有关原始记录上签字的；

（三）其他违反本办法规定的行为。

第四十六条 已经取得资质认可的职业卫生技术服务机构，不再符合规定的资质条件的，由原资质认可机关责令其改正，通报批评；情节严重的，依法撤销其资质认可。

第四十七条 本办法所规定的行政处罚，除规定由原资质认可机关实施的以外，由技术服务所在地的县级以上地方卫生健康主管部门决定。

第六章 附 则

第四十八条 本办法下列用语的含义：

专业技术人员,是指在职业卫生技术服务机构或者拟申请职业卫生技术服务机构资质的单位中专职从事职业卫生技术服务工作的人员。

核设施,是指核动力厂(核电厂、核热电厂、核供汽供热厂等)和其他反应堆(研究堆、实验堆、临界装置等);核燃料生产、加工、贮存和后处理设施;放射性废物的处理和处置设施等。

第四十九条 个人剂量监测、放射防护器材和含放射性产品检测、医疗机构放射性危害评价等技术服务机构的管理另行规定。

第五十条 本办法施行前已经取得职业卫生技术服务机构资质的,资质继续有效,其中资质在2021年1月31日之前到期的,有效期延至2021年4月30日。

甲级、乙级资质有效期满后,需要继续从事职业卫生技术服务的,按照本办法的规定申请资质认可延续;丙级资质有效期满后,需要继续从事职业卫生技术服务的,按照规定换领乙级资质证书。

第五十一条 本办法自2021年2月1日起施行。原国家安全生产监督管理总局2012年4月27日公布、2015年5月29日修改的《职业卫生技术服务机构监督管理暂行办法》同时废止。

职业病诊断与鉴定管理办法(2021年)

(2020年12月4日第2次委务会议审议通过 2021年1月4日中华人民共和国国家卫生健康委员会令第6号公布)

第一章 总 则

第一条 为了规范职业病诊断与鉴定工作,加强职业病诊断与鉴定管理,根据《中华人民共和国职业病防治法》(以下简称《职业病防治法》),制定本办法。

第二条 职业病诊断与鉴定工作应当按照《职业病防治法》、本办法的有关规定及《职业病分类和目录》、国家职业病诊断标准进行,遵循科学、公正、及时、便捷的原则。

第三条 国家卫生健康委负责全国范围内职业病诊断与鉴定的监督管理工作,县级以上地方卫生健康主管部门依据职责负责本行政区域内职业病诊断与鉴定的监督管理工作。

省、自治区、直辖市卫生健康主管部门(以下简称省级卫生健康主管部门)应当结合本行政区域职业病防治工作实际和医疗卫生服务体系规划,充分利用现有医疗卫生资源,实现职业病诊断机构区域覆盖。

第四条 各地要加强职业病诊断机构能力建设,提供必要的保障条件,配备相关的人员、设备和工作经费,以满足职业病诊断工作的需要。

第五条 各地要加强职业病诊断与鉴定信息化建设,建立健全劳动者接触职业病危害、开展职业健康检查、进行职业病诊断与鉴定等全过程的信息化系统,不断提高职业病诊断与鉴定信息报告的准确性、及时性和有效性。

第六条 用人单位应当依法履行职业病诊断、鉴定的相关义务:

(一)及时安排职业病病人、疑似职业病病人进行诊治;

(二)如实提供职业病诊断、鉴定所需的资料;

(三)承担职业病诊断、鉴定的费用和疑似职业病病人在诊断、医学观察期间的费用;

(四)报告职业病和疑似职业病;

(五)《职业病防治法》规定的其他相关义务。

第二章　诊断机构

第七条　医疗卫生机构开展职业病诊断工作,应当在开展之日起十五个工作日内向省级卫生健康主管部门备案。

省级卫生健康主管部门应当自收到完整备案材料之日起十五个工作日内向社会公布备案的医疗卫生机构名单、地址、诊断项目(即《职业病分类和目录》中的职业病类别和病种)等相关信息。

第八条　医疗卫生机构开展职业病诊断工作应当具备下列条件:

(一)持有《医疗机构执业许可证》;

(二)具有相应的诊疗科目及与备案开展的诊断项目相适应的职业病诊断医师及相关医疗卫生技术人员;

(三)具有与备案开展的诊断项目相适应的场所和仪器、设备;

(四)具有健全的职业病诊断质量管理制度。

第九条　医疗卫生机构进行职业病诊断备案时,应当提交以下证明其符合本办法第八条规定条件的有关资料:

(一)《医疗机构执业许可证》原件、副本及复印件;

(二)职业病诊断医师资格等相关资料;

(三)相关的仪器设备清单;

(四)负责职业病信息报告人员名单;

(五)职业病诊断质量管理制度等相关资料。

第十条　职业病诊断机构对备案信息的真实性、准确性、合法性负责。

当备案信息发生变化时,应当自信息发生变化之日起十个工作日内向省级卫生健康主管部门提交变更信息。

第十一条　设区的市没有医疗卫生机构备案开展职业病诊断的,省级卫生健康主管部门应当根据职业病诊断工作的需要,指定符合本办法第八条规定条件的医疗卫生机构承担职业病诊断工作。

第十二条　职业病诊断机构的职责是:

(一)在备案的诊断项目范围内开展职业病诊断;

(二)及时向所在地卫生健康主管部门报告职业病;

(三)按照卫生健康主管部门要求报告职业病诊断工作情况;

(四)承担《职业病防治法》中规定的其他职责。

第十三条　职业病诊断机构依法独立行使诊断权,并对其作出的职业病诊断结论负责。

第十四条　职业病诊断机构应当建立和健全职业病诊断管理制度，加强职业病诊断医师等有关医疗卫生人员技术培训和政策、法律培训，并采取措施改善职业病诊断工作条件，提高职业病诊断服务质量和水平。

第十五条　职业病诊断机构应当公开职业病诊断程序和诊断项目范围，方便劳动者进行职业病诊断。

职业病诊断机构及其相关工作人员应当尊重、关心、爱护劳动者，保护劳动者的隐私。

第十六条　从事职业病诊断的医师应当具备下列条件，并取得省级卫生健康主管部门颁发的职业病诊断资格证书：

（一）具有医师执业证书；

（二）具有中级以上卫生专业技术职务任职资格；

（三）熟悉职业病防治法律法规和职业病诊断标准；

（四）从事职业病诊断、鉴定相关工作三年以上；

（五）按规定参加职业病诊断医师相应专业的培训，并考核合格。

省级卫生健康主管部门应当依据本办法的规定和国家卫生健康委制定的职业病诊断医师培训大纲，制定本行政区域职业病诊断医师培训考核办法并组织实施。

第十七条　职业病诊断医师应当依法在职业病诊断机构备案的诊断项目范围内从事职业病诊断工作，不得从事超出其职业病诊断资格范围的职业病诊断工作；职业病诊断医师应当按照有关规定参加职业卫生、放射卫生、职业医学等领域的继续医学教育。

第十八条　省级卫生健康主管部门应当加强本行政区域内职业病诊断机构的质量控制管理工作，组织开展职业病诊断机构质量控制评估。

职业病诊断质量控制规范和医疗卫生机构职业病报告规范另行制定。

第三章　诊　　断

第十九条　劳动者可以在用人单位所在地、本人户籍所在地或者经常居住地的职业病诊断机构进行职业病诊断。

第二十条　职业病诊断应当按照《职业病防治法》、本办法的有关规定及《职业病分类和目录》、国家职业病诊断标准，依据劳动者的职业史、职业病危害接触史和工作场所职业病危害因素情况、临床表现以及辅助检查结果等，进行综合分析。材料齐全的情况下，职业病诊断机构应当在收齐材料之日起三十日内作出诊断结论。

没有证据否定职业病危害因素与病人临床表现之间的必然联系的，应当诊断为职业病。

第二十一条　职业病诊断需要以下资料：

（一）劳动者职业史和职业病危害接触史（包括在岗时间、工种、岗位、接触的职业病危害因素名称等）；

（二）劳动者职业健康检查结果；

（三）工作场所职业病危害因素检测结果；

(四)职业性放射性疾病诊断还需要个人剂量监测档案等资料。

第二十二条　劳动者依法要求进行职业病诊断的,职业病诊断机构不得拒绝劳动者进行职业病诊断的要求,并告知劳动者职业病诊断的程序和所需材料。劳动者应当填写《职业病诊断就诊登记表》,并提供本人掌握的职业病诊断有关资料。

第二十三条　职业病诊断机构进行职业病诊断时,应当书面通知劳动者所在的用人单位提供本办法第二十一条规定的职业病诊断资料,用人单位应当在接到通知后的十日内如实提供。

第二十四条　用人单位未在规定时间内提供职业病诊断所需要资料的,职业病诊断机构可以依法提请卫生健康主管部门督促用人单位提供。

第二十五条　劳动者对用人单位提供的工作场所职业病危害因素检测结果等资料有异议,或者因劳动者的用人单位解散、破产,无用人单位提供上述资料的,职业病诊断机构应当依法提请用人单位所在地卫生健康主管部门进行调查。

卫生健康主管部门应当自接到申请之日起三十日内对存在异议的资料或者工作场所职业病危害因素情况作出判定。

职业病诊断机构在卫生健康主管部门作出调查结论或者判定前应当中止职业病诊断。

第二十六条　职业病诊断机构需要了解工作场所职业病危害因素情况时,可以对工作场所进行现场调查,也可以依法提请卫生健康主管部门组织现场调查。卫生健康主管部门应当在接到申请之日起三十日内完成现场调查。

第二十七条　在确认劳动者职业史、职业病危害接触史时,当事人对劳动关系、工种、工作岗位或者在岗时间有争议的,职业病诊断机构应当告知当事人依法向用人单位所在地的劳动人事争议仲裁委员会申请仲裁。

第二十八条　经卫生健康主管部门督促,用人单位仍不提供工作场所职业病危害因素检测结果、职业健康监护档案等资料或者提供资料不全的,职业病诊断机构应当结合劳动者的临床表现、辅助检查结果和劳动者的职业史、职业病危害接触史,并参考劳动者自述或工友旁证资料、卫生健康等有关部门提供的日常监督检查信息等,作出职业病诊断结论。对于作出无职业病诊断结论的病人,可依据病人的临床表现以及辅助检查结果,作出疾病的诊断,提出相关医学意见或者建议。

第二十九条　职业病诊断机构可以根据诊断需要,聘请其他单位职业病诊断医师参加诊断。必要时,可以邀请相关专业专家提供咨询意见。

第三十条　职业病诊断机构作出职业病诊断结论后,应当出具职业病诊断证明书。职业病诊断证明书应当由参与诊断的取得职业病诊断资格的执业医师签署。

职业病诊断机构应当对职业病诊断医师签署的职业病诊断证明书进行审核,确认诊断的依据与结论符合有关法律法规、标准的要求,并在职业病诊断证明书上盖章。

职业病诊断证明书的书写应当符合相关标准的要求。

职业病诊断证明书一式五份,劳动者一份,用人单位所在地县级卫生健康主管部门一份,用人单位两份,诊断机构存档一份。

职业病诊断证明书应当于出具之日起十五日内由职业病诊断机构送达劳动者、用人单位及用人单位所在地县级卫生健康主管部门。

第三十一条 职业病诊断机构应当建立职业病诊断档案并永久保存,档案应当包括:

(一)职业病诊断证明书;

(二)职业病诊断记录;

(三)用人单位、劳动者和相关部门、机构提交的有关资料;

(四)临床检查与实验室检验等资料。

职业病诊断机构拟不再开展职业病诊断工作的,应当在拟停止开展职业病诊断工作的十五个工作日之前告知省级卫生健康主管部门和所在地县级卫生健康主管部门,妥善处理职业病诊断档案。

第三十二条 职业病诊断机构发现职业病病人或者疑似职业病病人时,应当及时向所在地县级卫生健康主管部门报告。职业病诊断机构应当在作出职业病诊断之日起十五日内通过职业病及健康危害因素监测信息系统进行信息报告,并确保报告信息的完整、真实和准确。

确诊为职业病的,职业病诊断机构可以根据需要,向卫生健康主管部门、用人单位提出专业建议;告知职业病病人依法享有的职业健康权益。

第三十三条 未承担职业病诊断工作的医疗卫生机构,在诊疗活动中发现劳动者的健康损害可能与其所从事的职业有关时,应及时告知劳动者到职业病诊断机构进行职业病诊断。

第四章 鉴 定

第三十四条 当事人对职业病诊断机构作出的职业病诊断有异议的,可以在接到职业病诊断证明书之日起三十日内,向作出诊断的职业病诊断机构所在地设区的市级卫生健康主管部门申请鉴定。

职业病诊断争议由设区的市级以上地方卫生健康主管部门根据当事人的申请组织职业病诊断鉴定委员会进行鉴定。

第三十五条 职业病鉴定实行两级鉴定制,设区的市级职业病诊断鉴定委员会负责职业病诊断争议的首次鉴定。

当事人对设区的市级职业病鉴定结论不服的,可以在接到诊断鉴定书之日起十五日内,向原鉴定组织所在地省级卫生健康主管部门申请再鉴定,省级鉴定为最终鉴定。

第三十六条 设区的市级以上地方卫生健康主管部门可以指定办事机构,具体承担职业病诊断鉴定的组织和日常性工作。职业病鉴定办事机构的职责是:

(一)接受当事人申请;

(二)组织当事人或者接受当事人委托抽取职业病诊断鉴定专家;

(三)组织职业病诊断鉴定会议,负责会议记录、职业病诊断鉴定相关文书的收发及其他事务性工作;

(四)建立并管理职业病诊断鉴定档案;

(五)报告职业病诊断鉴定相关信息;

(六)承担卫生健康主管部门委托的有关职业病诊断鉴定的工作。

职业病诊断机构不能作为职业病鉴定办事机构。

第三十七条　设区的市级以上地方卫生健康主管部门应当向社会公布本行政区域内依法承担职业病诊断鉴定工作的办事机构的名称、工作时间、地点、联系人、联系电话和鉴定工作程序。

第三十八条　省级卫生健康主管部门应当设立职业病诊断鉴定专家库(以下简称专家库),并根据实际工作需要及时调整其成员。专家库可以按照专业类别进行分组。

第三十九条　专家库应当以取得职业病诊断资格的不同专业类别的医师为主要成员,吸收临床相关学科、职业卫生、放射卫生、法律等相关专业的专家组成。专家应当具备下列条件:

(一)具有良好的业务素质和职业道德;

(二)具有相关专业的高级专业技术职务任职资格;

(三)熟悉职业病防治法律法规和职业病诊断标准;

(四)身体健康,能够胜任职业病诊断鉴定工作。

第四十条　参加职业病诊断鉴定的专家,应当由当事人或者由其委托的职业病鉴定办事机构从专家库中按照专业类别以随机抽取的方式确定。抽取的专家组成职业病诊断鉴定委员会(以下简称鉴定委员会)。

经当事人同意,职业病鉴定办事机构可以根据鉴定需要聘请本省、自治区、直辖市以外的相关专业专家作为鉴定委员会成员,并有表决权。

第四十一条　鉴定委员会人数为五人以上单数,其中相关专业职业病诊断医师应当为本次鉴定专家人数的半数以上。疑难病例应当增加鉴定委员会人数,充分听取意见。鉴定委员会设主任委员一名,由鉴定委员会成员推举产生。

职业病诊断鉴定会议由鉴定委员会主任委员主持。

第四十二条　参加职业病诊断鉴定的专家有下列情形之一的,应当回避:

(一)是职业病诊断鉴定当事人或者当事人近亲属的;

(二)已参加当事人职业病诊断或者首次鉴定的;

(三)与职业病诊断鉴定当事人有利害关系的;

(四)与职业病诊断鉴定当事人有其他关系,可能影响鉴定公正的。

第四十三条　当事人申请职业病诊断鉴定时,应当提供以下资料:

(一)职业病诊断鉴定申请书;

(二)职业病诊断证明书;

(三)申请省级鉴定的还应当提交市级职业病诊断鉴定书。

第四十四条　职业病鉴定办事机构应当自收到申请资料之日起五个工作日内完成资料审核,对资料齐全的发给受理通知书;资料不全的,应当当场或者在五个工作日内一次性告知当事人补充。资料补充齐全的,应当受理申请并组织鉴定。

职业病鉴定办事机构收到当事人鉴定申请之后,根据需要可以向原职业病诊断机构或者组织首次鉴定的办事机构调阅有关的诊断、鉴定资料。原职业病诊断机构或者组织首次鉴定的办事机构应当在接到通知之日起十日内提交。

职业病鉴定办事机构应当在受理鉴定申请之日起四十日内组织鉴定、形成鉴定结论，并出具职业病诊断鉴定书。

第四十五条　根据职业病诊断鉴定工作需要，职业病鉴定办事机构可以向有关单位调取与职业病诊断、鉴定有关的资料，有关单位应当如实、及时提供。

鉴定委员会应当听取当事人的陈述和申辩，必要时可以组织进行医学检查，医学检查应当在三十日内完成。

需要了解被鉴定人的工作场所职业病危害因素情况时，职业病鉴定办事机构根据鉴定委员会的意见可以组织对工作场所进行现场调查，或者依法提请卫生健康主管部门组织现场调查。现场调查应当在三十日内完成。

医学检查和现场调查时间不计算在职业病鉴定规定的期限内。

职业病诊断鉴定应当遵循客观、公正的原则，鉴定委员会进行职业病诊断鉴定时，可以邀请有关单位人员旁听职业病诊断鉴定会议。所有参与职业病诊断鉴定的人员应当依法保护当事人的个人隐私、商业秘密。

第四十六条　鉴定委员会应当认真审阅鉴定资料，依照有关规定和职业病诊断标准，经充分合议后，根据专业知识独立进行鉴定。在事实清楚的基础上，进行综合分析，作出鉴定结论，并制作职业病诊断鉴定书。

鉴定结论应当经鉴定委员会半数以上成员通过。

第四十七条　职业病诊断鉴定书应当包括以下内容：

（一）劳动者、用人单位的基本信息及鉴定事由；

（二）鉴定结论及其依据，鉴定为职业病的，应当注明职业病名称、程度（期别）；

（三）鉴定时间。

诊断鉴定书加盖职业病鉴定委员会印章。

首次鉴定的职业病诊断鉴定书一式五份，劳动者、用人单位、用人单位所在地市级卫生健康主管部门、原诊断机构各一份，职业病鉴定办事机构存档一份；省级鉴定的职业病诊断鉴定书一式六份，劳动者、用人单位、用人单位所在地省级卫生健康主管部门、原诊断机构、首次职业病鉴定办事机构各一份，省级职业病鉴定办事机构存档一份。

职业病诊断鉴定书的格式由国家卫生健康委员会统一规定。

第四十八条　职业病鉴定办事机构出具职业病诊断鉴定书后，应当于出具之日起十日内送达当事人，并在出具职业病诊断鉴定书后的十日内将职业病诊断鉴定书等有关信息告知原职业病诊断机构或者首次职业病鉴定办事机构，并通过职业病及健康危害因素监测信息系统报告职业病鉴定相关信息。

第四十九条　职业病鉴定结论与职业病诊断结论或者首次职业病鉴定结论不一致的，职业病鉴定办事机构应当在出具职业病诊断鉴定书后十日内向相关卫生健康主管部门报告。

第五十条　职业病鉴定办事机构应当如实记录职业病诊断鉴定过程，内容应当包括：

（一）鉴定委员会的专家组成；

(二)鉴定时间;

(三)鉴定所用资料;

(四)鉴定专家的发言及其鉴定意见;

(五)表决情况;

(六)经鉴定专家签字的鉴定结论。

有当事人陈述和申辩的,应当如实记录。

鉴定结束后,鉴定记录应当随同职业病诊断鉴定书一并由职业病鉴定办事机构存档,永久保存。

第五章　监督管理

第五十一条　县级以上地方卫生健康主管部门应当定期对职业病诊断机构进行监督检查,检查内容包括:

(一)法律法规、标准的执行情况;

(二)规章制度建立情况;

(三)备案的职业病诊断信息真实性情况;

(四)按照备案的诊断项目开展职业病诊断工作情况;

(五)开展职业病诊断质量控制、参加质量控制评估及整改情况;

(六)人员、岗位职责落实和培训情况;

(七)职业病报告情况。

第五十二条　设区的市级以上地方卫生健康主管部门应当加强对职业病鉴定办事机构的监督管理,对职业病鉴定工作程序、制度落实情况及职业病报告等相关工作情况进行监督检查。

第五十三条　县级以上地方卫生健康主管部门监督检查时,有权查阅或者复制有关资料,职业病诊断机构应当予以配合。

第六章　法律责任

第五十四条　医疗卫生机构未按照规定备案开展职业病诊断的,由县级以上地方卫生健康主管部门责令改正,给予警告,可以并处三万元以下罚款。

第五十五条　职业病诊断机构有下列行为之一的,其作出的职业病诊断无效,由县级以上地方卫生健康主管部门按照《职业病防治法》的第八十条的规定进行处理:

(一)超出诊疗项目登记范围从事职业病诊断的;

(二)不按照《职业病防治法》规定履行法定职责的;

(三)出具虚假证明文件的。

第五十六条　职业病诊断机构未按照规定报告职业病、疑似职业病的,由县级以上地方卫生健康主管部门按照《职业病防治法》第七十四条的规定进行处理。

第五十七条　职业病诊断机构违反本办法规定,有下列情形之一的,由县级以上地方卫生健康主管部门责令限期改正;逾期不改的,给予警告,并可以根据情节轻重处以三万元以下罚款：

（一）未建立职业病诊断管理制度的；

（二）未按照规定向劳动者公开职业病诊断程序的；

（三）泄露劳动者涉及个人隐私的有关信息、资料的；

（四）未按照规定参加质量控制评估，或者质量控制评估不合格且未按要求整改的；

（五）拒不配合卫生健康主管部门监督检查的。

第五十八条 职业病诊断鉴定委员会组成人员收受职业病诊断争议当事人的财物或者其他好处的，由省级卫生健康主管部门按照《职业病防治法》第八十一条的规定进行处理。

第五十九条 县级以上地方卫生健康主管部门及其工作人员未依法履行职责，按照《职业病防治法》第八十三条第二款规定进行处理。

第六十条 用人单位有下列行为之一的，由县级以上地方卫生健康主管部门按照《职业病防治法》第七十二条规定进行处理：

（一）未按照规定安排职业病病人、疑似职业病病人进行诊治的；

（二）拒不提供职业病诊断、鉴定所需资料的；

（三）未按照规定承担职业病诊断、鉴定费用。

第六十一条 用人单位未按照规定报告职业病、疑似职业病的，由县级以上地方卫生健康主管部门按照《职业病防治法》第七十四条规定进行处理。

第七章 附 则

第六十二条 本办法所称"证据"，包括疾病的证据、接触职业病危害因素的证据，以及用于判定疾病与接触职业病危害因素之间因果关系的证据。

第六十三条 本办法自公布之日起施行。原卫生部2013年2月19日公布的《职业病诊断与鉴定管理办法》同时废止。

职业健康检查管理办法

（2015年3月26日原国家卫生和计划生育委员会令第5号公布 根据2019年2月28日《国家卫生健康委关于修改〈职业健康检查管理办法〉等4件部门规章的决定》第一次修订）

第一章 总 则

第一条 为加强职业健康检查工作，规范职业健康检查机构管理，保护劳动者健康权益，根据《中华人民共和国职业病防治法》（以下简称《职业病防治法》），制定本办法。

第二条 本办法所称职业健康检查是指医疗卫生机构按照国家有关规定，对从事接触职业病危害作业的劳动者进行的上岗前、在岗期间、离岗时的健康检查。

第三条 国家卫生健康委负责全国范围内职业健康检查工作的监督管理。

县级以上地方卫生健康主管部门负责本辖区职业健康检查工作的监督管理；结合职业病防治工作实际需要，充分利用现有资源，统一规划、合理布局；加强职业健康检查机构能力建设,并提供必要的保障条件。

第二章 职业健康检查机构

第四条 医疗卫生机构开展职业健康检查,应当在开展之日起15个工作日内向省级卫生健康主管部门备案。备案的具体办法由省级卫生健康主管部门依据本办法制定,并向社会公布。

省级卫生健康主管部门应当及时向社会公布备案的医疗卫生机构名单、地址、检查类别和项目等相关信息,并告知核发其《医疗机构执业许可证》的卫生健康主管部门。核发其《医疗机构执业许可证》的卫生健康主管部门应当在该机构的《医疗机构执业许可证》副本备注栏注明检查类别和项目等信息。

第五条 承担职业健康检查的医疗卫生机构(以下简称职业健康检查机构)应当具备以下条件:

(一)持有《医疗机构执业许可证》,涉及放射检查项目的还应当持有《放射诊疗许可证》;

(二)具有相应的职业健康检查场所、候检场所和检验室,建筑总面积不少于400平方米,每个独立的检查室使用面积不少于6平方米;

(三)具有与备案开展的职业健康检查类别和项目相适应的执业医师、护士等医疗卫生技术人员;

(四)至少具有1名取得职业病诊断资格的执业医师;

(五)具有与备案开展的职业健康检查类别和项目相适应的仪器、设备,具有相应职业卫生生物监测能力;开展外出职业健康检查,应当具有相应的职业健康检查仪器、设备、专用车辆等条件;

(六)建立职业健康检查质量管理制度;

(七)具有与职业健康检查信息报告相应的条件。

医疗卫生机构进行职业健康检查备案时,应当提交证明其符合以上条件的有关资料。

第六条 开展职业健康检查工作的医疗卫生机构对备案的职业健康检查信息的真实性、准确性、合法性承担全部法律责任。

当备案信息发生变化时,职业健康检查机构应当自信息发生变化之日起10个工作日内提交变更信息。

第七条 职业健康检查机构具有以下职责:

(一)在备案开展的职业健康检查类别和项目范围内,依法开展职业健康检查工作,并出具职业健康检查报告;

(二)履行疑似职业病的告知和报告义务;

(三)报告职业健康检查信息;

(四)定期向卫生健康主管部门报告职业健康检查工作情况,包括外出职业健康检查工作情况;

(五)开展职业病防治知识宣传教育;

（六）承担卫生健康主管部门交办的其他工作。

第八条　职业健康检查机构应当指定主检医师。主检医师应当具备以下条件：

（一）具有执业医师证书；

（二）具有中级以上专业技术职务任职资格；

（三）具有职业病诊断资格；

（四）从事职业健康检查相关工作三年以上，熟悉职业卫生和职业病诊断相关标准。

主检医师负责确定职业健康检查项目和周期，对职业健康检查过程进行质量控制，审核职业健康检查报告。

第九条　职业健康检查机构及其工作人员应当关心、爱护劳动者，尊重和保护劳动者的知情权及个人隐私。

第十条　省级卫生健康主管部门应当指定机构负责本辖区内职业健康检查机构的质量控制管理工作，组织开展实验室间比对和职业健康检查质量考核。

职业健康检查质量控制规范由中国疾病预防控制中心制定。

第三章　职业健康检查规范

第十一条　按照劳动者接触的职业病危害因素，职业健康检查分为以下六类：

（一）接触粉尘类；

（二）接触化学因素类；

（三）接触物理因素类；

（四）接触生物因素类；

（五）接触放射因素类；

（六）其他类（特殊作业等）。

以上每类中包含不同检查项目。职业健康检查机构应当在备案的检查类别和项目范围内开展相应的职业健康检查。

第十二条　职业健康检查机构开展职业健康检查应当与用人单位签订委托协议书，由用人单位统一组织劳动者进行职业健康检查；也可以由劳动者持单位介绍信进行职业健康检查。

第十三条　职业健康检查机构应当依据相关技术规范，结合用人单位提交的资料，明确用人单位应当检查的项目和周期。

第十四条　在职业健康检查中，用人单位应当如实提供以下职业健康检查所需的相关资料，并承担检查费用：

（一）用人单位的基本情况；

（二）工作场所职业病危害因素种类及其接触人员名册、岗位（或工种）、接触时间；

（三）工作场所职业病危害因素定期检测等相关资料。

第十五条　职业健康检查的项目、周期按照《职业健康监护技术规范》（GBZ 188）执行，放射工作人员职业健康检查按照《放射工作人员职业健康监护技术规范》（GBZ 235）等规定执行。

第十六条 职业健康检查机构可以在执业登记机关管辖区域内或者省级卫生健康主管部门指定区域内开展外出职业健康检查。外出职业健康检查进行医学影像学检查和实验室检测,必须保证检查质量并满足放射防护和生物安全的管理要求。

第十七条 职业健康检查机构应当在职业健康检查结束之日起30个工作日内将职业健康检查结果,包括劳动者个人职业健康检查报告和用人单位职业健康检查总结报告,书面告知用人单位,用人单位应当将劳动者个人职业健康检查结果及职业健康检查机构的建议等情况书面告知劳动者。

第十八条 职业健康检查机构发现疑似职业病病人时,应当告知劳动者本人并及时通知用人单位,同时向所在地卫生健康主管部门报告。发现职业禁忌的,应当及时告知用人单位和劳动者。

第十九条 职业健康检查机构要依托现有的信息平台,加强职业健康检查的统计报告工作,逐步实现信息的互联互通和共享。

第二十条 职业健康检查机构应当建立职业健康检查档案。职业健康检查档案保存时间应当自劳动者最后一次职业健康检查结束之日起不少于15年。

职业健康检查档案应当包括下列材料:

(一)职业健康检查委托协议书;

(二)用人单位提供的相关资料;

(三)出具的职业健康检查结果总结报告和告知材料;

(四)其他有关材料。

第四章 监督管理

第二十一条 县级以上地方卫生健康主管部门应当加强对本辖区职业健康检查机构的监督管理。按照属地化管理原则,制定年度监督检查计划,做好职业健康检查机构的监督检查工作。监督检查主要内容包括:

(一)相关法律法规、标准的执行情况;

(二)按照备案的类别和项目开展职业健康检查工作的情况;

(三)外出职业健康检查工作情况;

(四)职业健康检查质量控制情况;

(五)职业健康检查结果、疑似职业病的报告与告知以及职业健康检查信息报告情况;

(六)职业健康检查档案管理情况等。

第二十二条 省级卫生健康主管部门应当对本辖区内的职业健康检查机构进行定期或者不定期抽查;设区的市级卫生健康主管部门每年应当至少组织一次对本辖区内职业健康检查机构的监督检查;县级卫生健康主管部门负责日常监督检查。

第二十三条 县级以上地方卫生健康主管部门监督检查时,有权查阅或者复制有关资料,职业健康检查机构应当予以配合。

第五章 法律责任

第二十四条 无《医疗机构执业许可证》擅自开展职业健康检查的,由县级以上地方卫生健康主管部门依据《医疗机构管理条例》第四十四条的规定进行处理。

第二十五条 职业健康检查机构有下列行为之一的，由县级以上地方卫生健康主管部门责令改正，给予警告，可以并处3万元以下罚款：

（一）未按规定备案开展职业健康检查的；

（二）未按规定告知疑似职业病的；

（三）出具虚假证明文件的。

第二十六条 职业健康检查机构未按照规定报告疑似职业病的，由县级以上地方卫生健康主管部门依据《职业病防治法》第七十四条的规定进行处理。

第二十七条 职业健康检查机构有下列行为之一的，由县级以上地方卫生健康主管部门给予警告，责令限期改正；逾期不改的，处以三万元以下罚款：

（一）未指定主检医师或者指定的主检医师未取得职业病诊断资格的；

（二）未按要求建立职业健康检查档案的；

（三）未履行职业健康检查信息报告义务的；

（四）未按照相关职业健康监护技术规范规定开展工作的；

（五）违反本办法其他有关规定的。

第二十八条 职业健康检查机构未按规定参加实验室比对或者职业健康检查质量考核工作，或者参加质量考核不合格未按要求整改仍开展职业健康检查工作的，由县级以上地方卫生健康主管部门给予警告，责令限期改正；逾期不改的，处以三万元以下罚款。

第六章 附 则

第二十九条 本办法自2015年5月1日起施行。2002年3月28日原卫生部公布的《职业健康监护管理办法》同时废止。

工作场所职业卫生管理规定

（2020年12月4日第2次委务会议审议通过 2020年12月31日中华人民共和国国家卫生健康委员会令第5号公布）

第一章 总 则

第一条 为了加强职业卫生管理工作，强化用人单位职业病防治的主体责任，预防、控制职业病危害，保障劳动者健康和相关权益，根据《中华人民共和国职业病防治法》等法律、行政法规，制定本规定。

第二条 用人单位的职业病防治和卫生健康主管部门对其实施监督管理，适用本规定。

第三条 用人单位应当加强职业病防治工作，为劳动者提供符合法律、法规、规章、国家职业卫生标准和卫生要求的工作环境和条件，并采取有效措施保障劳动者的职业健康。

第四条 用人单位是职业病防治的责任主体，并对本单位产生的职业病危害承担责任。

用人单位的主要负责人对本单位的职业病防治工作全面负责。

第五条　国家卫生健康委依照《中华人民共和国职业病防治法》和国务院规定的职责,负责全国用人单位职业卫生的监督管理工作。

县级以上地方卫生健康主管部门依照《中华人民共和国职业病防治法》和本级人民政府规定的职责,负责本行政区域内用人单位职业卫生的监督管理工作。

第六条　为职业病防治提供技术服务的职业卫生技术服务机构,应当依照国家有关职业卫生技术服务机构管理的相关法律法规及标准、规范的要求,为用人单位提供技术服务。

第七条　任何单位和个人均有权向卫生健康主管部门举报用人单位违反本规定的行为和职业病危害事故。

第二章　用人单位的职责

第八条　职业病危害严重的用人单位,应当设置或者指定职业卫生管理机构或者组织,配备专职职业卫生管理人员。

其他存在职业病危害的用人单位,劳动者超过一百人的,应当设置或者指定职业卫生管理机构或者组织,配备专职职业卫生管理人员;劳动者在一百人以下的,应当配备专职或者兼职的职业卫生管理人员,负责本单位的职业病防治工作。

第九条　用人单位的主要负责人和职业卫生管理人员应当具备与本单位所从事的生产经营活动相适应的职业卫生知识和管理能力,并接受职业卫生培训。

对用人单位主要负责人、职业卫生管理人员的职业卫生培训,应当包括下列主要内容:

(一)职业卫生相关法律、法规、规章和国家职业卫生标准;

(二)职业病危害预防和控制的基本知识;

(三)职业卫生管理相关知识;

(四)国家卫生健康委规定的其他内容。

第十条　用人单位应当对劳动者进行上岗前的职业卫生培训和在岗期间的定期职业卫生培训,普及职业卫生知识,督促劳动者遵守职业病防治的法律、法规、规章、国家职业卫生标准和操作规程。

用人单位应当对职业病危害严重的岗位的劳动者,进行专门的职业卫生培训,经培训合格后方可上岗作业。

因变更工艺、技术、设备、材料,或者岗位调整导致劳动者接触的职业病危害因素发生变化的,用人单位应当重新对劳动者进行上岗前的职业卫生培训。

第十一条　存在职业病危害的用人单位应当制定职业病危害防治计划和实施方案,建立、健全下列职业卫生管理制度和操作规程:

(一)职业病危害防治责任制度;

(二)职业病危害警示与告知制度;

(三)职业病危害项目申报制度;

（四）职业病防治宣传教育培训制度；

（五）职业病防护设施维护检修制度；

（六）职业病防护用品管理制度；

（七）职业病危害监测及评价管理制度；

（八）建设项目职业病防护设施"三同时"管理制度；

（九）劳动者职业健康监护及其档案管理制度；

（十）职业病危害事故处置与报告制度；

（十一）职业病危害应急救援与管理制度；

（十二）岗位职业卫生操作规程；

（十三）法律、法规、规章规定的其他职业病防治制度。

第十二条　产生职业病危害的用人单位的工作场所应当符合下列基本要求：

（一）生产布局合理，有害作业与无害作业分开；

（二）工作场所与生活场所分开，工作场所不得住人；

（三）有与职业病防治工作相适应的有效防护设施；

（四）职业病危害因素的强度或者浓度符合国家职业卫生标准；

（五）有配套的更衣间、洗浴间、孕妇休息间等卫生设施；

（六）设备、工具、用具等设施符合保护劳动者生理、心理健康的要求；

（七）法律、法规、规章和国家职业卫生标准的其他规定。

第十三条　用人单位工作场所存在职业病目录所列职业病的危害因素的，应当按照《职业病危害项目申报办法》的规定，及时、如实向所在地卫生健康主管部门申报职业病危害项目，并接受卫生健康主管部门的监督检查。

第十四条　新建、改建、扩建的工程建设项目和技术改造、技术引进项目（以下统称建设项目）可能产生职业病危害的，建设单位应当按照国家有关建设项目职业病防护设施"三同时"监督管理的规定，进行职业病危害预评价、职业病防护设施设计、职业病危害控制效果评价及相应的评审，组织职业病防护设施验收。

第十五条　产生职业病危害的用人单位，应当在醒目位置设置公告栏，公布有关职业病防治的规章制度、操作规程、职业病危害事故应急救援措施和工作场所职业病危害因素检测结果。

存在或者产生职业病危害的工作场所、作业岗位、设备、设施，应当按照《工作场所职业病危害警示标识》（GBZ158）的规定，在醒目位置设置图形、警示线、警示语句等警示标识和中文警示说明。警示说明应当载明产生职业病危害的种类、后果、预防和应急处置措施等内容。

存在或者产生高毒物品的作业岗位，应当按照《高毒物品作业岗位职业病危害告知规范》（GBZ/T203）的规定，在醒目位置设置高毒物品告知卡，告知卡应当载明高毒物品的名称、理化特性、健康危害、防护措施及应急处理等告知内容与警示标识。

第十六条　用人单位应当为劳动者提供符合国家职业卫生标准的职业病防护用品，并督促、指导劳动者按照使用规则正确佩戴、使用，不得发放钱物替代发放职业病防护用品。

用人单位应当对职业病防护用品进行经常性的维护、保养，确保防护用品有效，不得使用不符合国家职业卫生标准或者已经失效的职业病防护用品。

第十七条 在可能发生急性职业损伤的有毒、有害工作场所，用人单位应当设置报警装置，配置现场急救用品、冲洗设备、应急撤离通道和必要的泄险区。

现场急救用品、冲洗设备等应当设在可能发生急性职业损伤的工作场所或者临近地点，并在醒目位置设置清晰的标识。

在可能突然泄漏或者逸出大量有害物质的密闭或者半密闭工作场所，除遵守本条第一款、第二款规定外，用人单位还应当安装事故通风装置以及与事故排风系统相连锁的泄漏报警装置。

生产、销售、使用、贮存放射性同位素和射线装置的场所，应当按照国家有关规定设置明显的放射性标志，其入口处应当按照国家有关安全和防护标准的要求，设置安全和防护设施以及必要的防护安全联锁、报警装置或者工作信号。放射性装置的生产调试和使用场所，应当具有防止误操作、防止工作人员受到意外照射的安全措施。用人单位必须配备与辐射类型和辐射水平相适应的防护用品和监测仪器，包括个人剂量测量报警、固定式和便携式辐射监测、表面污染监测、流出物监测等设备，并保证可能接触放射线的工作人员佩戴个人剂量计。

第十八条 用人单位应当对职业病防护设备、应急救援设施进行经常性的维护、检修和保养，定期检测其性能和效果，确保其处于正常状态，不得擅自拆除或者停止使用。

第十九条 存在职业病危害的用人单位，应当实施由专人负责的工作场所职业病危害因素日常监测，确保监测系统处于正常工作状态。

第二十条 职业病危害严重的用人单位，应当委托具有相应资质的职业卫生技术服务机构，每年至少进行一次职业病危害因素检测，每三年至少进行一次职业病危害现状评价。

职业病危害一般的用人单位，应当委托具有相应资质的职业卫生技术服务机构，每三年至少进行一次职业病危害因素检测。

检测、评价结果应当存入本单位职业卫生档案，并向卫生健康主管部门报告和劳动者公布。

第二十一条 存在职业病危害的用人单位发生职业病危害事故或者国家卫生健康委规定的其他情形的，应当及时委托具有相应资质的职业卫生技术服务机构进行职业病危害现状评价。

用人单位应当落实职业病危害现状评价报告中提出的建议和措施，并将职业病危害现状评价结果及整改情况存入本单位职业卫生档案。

第二十二条 用人单位在日常的职业病危害监测或者定期检测、现状评价过程中，发现工作场所职业病危害因素不符合国家职业卫生标准和卫生要求时，应当立即采取相应治理措施，确保其符合职业卫生环境和条件的要求；仍然达不到国家职业卫生标准和卫生要求的，必须停止存在职业病危害因素的作业；职业病危害因素经治理后，符合国家职业卫生标准和卫生要求的，方可重新作业。

第二十三条 向用人单位提供可能产生职业病危害的设备的，应当提供中文说明书，并在设备的醒目位置设置警示标识和中文警示说明。警示说明应当载明设备性能、可能产生的职业病危害、安全操作和维护注意事项、职业病防护措施等内容。

用人单位应当检查前款规定的事项，不得使用不符合要求的设备。

第二十四条 向用人单位提供可能产生职业病危害的化学品、放射性同位素和含有放射性物质的材料的，应当提供中文说明书。说明书应当载明产品特性、主要成份、存在的有害因素、可能产生的危害后果、安全使用注意事项、职业病防护和应急救治措施等内容。产品包装应当有醒目的警示标识和中文警示说明。贮存上述材料的场所应当在规定的部位设置危险物品标识或者放射性警示标识。

用人单位应当检查前款规定的事项，不得使用不符合要求的材料。

第二十五条 任何用人单位不得使用国家明令禁止使用的可能产生职业病危害的设备或者材料。

第二十六条 任何单位和个人不得将产生职业病危害的作业转移给不具备职业病防护条件的单位和个人。不具备职业病防护条件的单位和个人不得接受产生职业病危害的作业。

第二十七条 用人单位应当优先采用有利于防治职业病危害和保护劳动者健康的新技术、新工艺、新材料、新设备，逐步替代产生职业病危害的技术、工艺、材料、设备。

第二十八条 用人单位对采用的技术、工艺、材料、设备，应当知悉其可能产生的职业病危害，并采取相应的防护措施。对有职业病危害的技术、工艺、设备、材料，故意隐瞒其危害而采用的，用人单位对其所造成的职业病危害后果承担责任。

第二十九条 用人单位与劳动者订立劳动合同时，应当将工作过程中可能产生的职业病危害及其后果、职业病防护措施和待遇等如实告知劳动者，并在劳动合同中写明，不得隐瞒或者欺骗。

劳动者在履行劳动合同期间因工作岗位或者工作内容变更，从事与所订立劳动合同中未告知的存在职业病危害的作业时，用人单位应当依照前款规定，向劳动者履行如实告知的义务，并协商变更原劳动合同相关条款。

用人单位违反本条规定的，劳动者有权拒绝从事存在职业病危害的作业，用人单位不得因此解除与劳动者所订立的劳动合同。

第三十条 对从事接触职业病危害因素作业的劳动者，用人单位应当按照《用人单位职业健康监护监督管理办法》、《放射工作人员职业健康管理办法》、《职业健康监护技术规范》（GBZ188）、《放射工作人员职业健康监护技术规范》（GBZ235）等有关规定组织上岗前、在岗期间、离岗时的职业健康检查，并将检查结果书面如实告知劳动者。

职业健康检查费用由用人单位承担。

第三十一条 用人单位应当按照《用人单位职业健康监护监督管理办法》的规定，为劳动者建立职业健康监护档案，并按照规定的期限妥善保存。

职业健康监护档案应当包括劳动者的职业史、职业病危害接触史、职业健康检查结果、处理结果和职业病诊疗等有关个人健康资料。

劳动者离开用人单位时，有权索取本人职业健康监护档案复印件，用人单位应当如实、无偿提供，并在所提供的复印件上签章。

第三十二条 劳动者健康出现损害需要进行职业病诊断、鉴定的，用人单位应当如实提供职业病诊断、鉴定所需的劳动者职业史和职业病危害接触史、工作场所职业病危害因素检测结果和放射工作人员个人剂量监测结果等资料。

第三十三条 用人单位不得安排未成年工从事接触职业病危害的作业，不得安排有职业禁忌的劳动者从事其所禁忌的作业，不得安排孕期、哺乳期女职工从事对本人和胎儿、婴儿有危害的作业。

第三十四条 用人单位应当建立健全下列职业卫生档案资料：

（一）职业病防治责任制文件；

（二）职业卫生管理规章制度、操作规程；

（三）工作场所职业病危害因素种类清单、岗位分布以及作业人员接触情况等资料；

（四）职业病防护设施、应急救援设施基本信息，以及其配置、使用、维护、检修与更换等记录；

（五）工作场所职业病危害因素检测、评价报告与记录；

（六）职业病防护用品配备、发放、维护与更换等记录；

（七）主要负责人、职业卫生管理人员和职业病危害严重工作岗位的劳动者等相关人员职业卫生培训资料；

（八）职业病危害事故报告与应急处置记录；

（九）劳动者职业健康检查结果汇总资料，存在职业禁忌证、职业健康损害或者职业病的劳动者处理和安置情况记录；

（十）建设项目职业病防护设施“三同时”有关资料；

（十一）职业病危害项目申报等有关回执或者批复文件；

（十二）其他有关职业卫生管理的资料或者文件。

第三十五条 用人单位发生职业病危害事故，应当及时向所在地卫生健康主管部门和有关部门报告，并采取有效措施，减少或者消除职业病危害因素，防止事故扩大。对遭受或者可能遭受急性职业病危害的劳动者，用人单位应当及时组织救治、进行健康检查和医学观察，并承担所需费用。

用人单位不得故意破坏事故现场、毁灭有关证据，不得迟报、漏报、谎报或者瞒报职业病危害事故。

第三十六条 用人单位发现职业病病人或者疑似职业病病人时，应当按照国家规定及时向所在地卫生健康主管部门和有关部门报告。

第三十七条 用人单位在卫生健康主管部门行政执法人员依法履行监督检查职责时，应当予以配合，不得拒绝、阻挠。

第三章 监督管理

第三十八条 卫生健康主管部门应当依法对用人单位执行有关职业病防治的法律、

法规、规章和国家职业卫生标准的情况进行监督检查，重点监督检查下列内容：

（一）设置或者指定职业卫生管理机构或者组织，配备专职或者兼职的职业卫生管理人员情况；

（二）职业卫生管理制度和操作规程的建立、落实及公布情况；

（三）主要负责人、职业卫生管理人员和职业病危害严重的工作岗位的劳动者职业卫生培训情况；

（四）建设项目职业病防护设施"三同时"制度落实情况；

（五）工作场所职业病危害项目申报情况；

（六）工作场所职业病危害因素监测、检测、评价及结果报告和公布情况；

（七）职业病防护设施、应急救援设施的配置、维护、保养情况，以及职业病防护用品的发放、管理及劳动者佩戴使用情况；

（八）职业病危害因素及危害后果警示、告知情况；

（九）劳动者职业健康监护、放射工作人员个人剂量监测情况；

（十）职业病危害事故报告情况；

（十一）提供劳动者健康损害与职业史、职业病危害接触关系等相关资料的情况；

（十二）依法应当监督检查的其他情况。

第三十九条　卫生健康主管部门应当建立健全职业卫生监督检查制度，加强行政执法人员职业卫生知识的培训，提高行政执法人员的业务素质。

第四十条　卫生健康主管部门应当加强建设项目职业病防护设施"三同时"的监督管理，建立健全相关资料的档案管理制度。

第四十一条　卫生健康主管部门应当加强职业卫生技术服务机构的资质认可管理和技术服务工作的监督检查，督促职业卫生技术服务机构公平、公正、客观、科学地开展职业卫生技术服务。

第四十二条　卫生健康主管部门应当建立健全职业病危害防治信息统计分析制度，加强对用人单位职业病危害因素检测、评价结果、劳动者职业健康监护信息以及职业卫生监督检查信息等资料的统计、汇总和分析。

第四十三条　卫生健康主管部门应当按照有关规定，支持、配合有关部门和机构开展职业病的诊断、鉴定工作。

第四十四条　卫生健康主管部门行政执法人员依法履行监督检查职责时，应当出示有效的执法证件。

行政执法人员应当忠于职守，秉公执法，严格遵守执法规范；涉及被检查单位的技术秘密、业务秘密以及个人隐私的，应当为其保密。

第四十五条　卫生健康主管部门履行监督检查职责时，有权采取下列措施：

（一）进入被检查单位及工作场所，进行职业病危害检测，了解情况，调查取证；

（二）查阅、复制被检查单位有关职业病危害防治的文件、资料，采集有关样品；

（三）责令违反职业病防治法律、法规的单位和个人停止违法行为；

（四）责令暂停导致职业病危害事故的作业，封存造成职业病危害事故或者可能导致职业病危害事故发生的材料和设备；

（五）组织控制职业病危害事故现场。

在职业病危害事故或者危害状态得到有效控制后，卫生健康主管部门应当及时解除前款第四项、第五项规定的控制措施。

第四十六条 发生职业病危害事故，卫生健康主管部门应当依照国家有关规定报告事故和组织事故的调查处理。

第四章 法律责任

第四十七条 用人单位有下列情形之一的，责令限期改正，给予警告，可以并处五千元以上二万元以下的罚款：

（一）未按照规定实行有害作业与无害作业分开、工作场所与生活场所分开的；

（二）用人单位的主要负责人、职业卫生管理人员未接受职业卫生培训的；

（三）其他违反本规定的行为。

第四十八条 用人单位有下列情形之一的，责令限期改正，给予警告；逾期未改正的，处十万元以下的罚款：

（一）未按照规定制定职业病防治计划和实施方案的；

（二）未按照规定设置或者指定职业卫生管理机构或者组织，或者未配备专职或者兼职的职业卫生管理人员的；

（三）未按照规定建立、健全职业卫生管理制度和操作规程的；

（四）未按照规定建立、健全职业卫生档案和劳动者健康监护档案的；

（五）未建立、健全工作场所职业病危害因素监测及评价制度的；

（六）未按照规定公布有关职业病防治的规章制度、操作规程、职业病危害事故应急救援措施的；

（七）未按照规定组织劳动者进行职业卫生培训，或者未对劳动者个体防护采取有效的指导、督促措施的；

（八）工作场所职业病危害因素检测、评价结果未按照规定存档、上报和公布的。

第四十九条 用人单位有下列情形之一的，责令限期改正，给予警告，可以并处五万元以上十万元以下的罚款：

（一）未按照规定及时、如实申报产生职业病危害的项目的；

（二）未实施由专人负责职业病危害因素日常监测，或者监测系统不能正常监测的；

（三）订立或者变更劳动合同时，未告知劳动者职业病危害真实情况的；

（四）未按照规定组织劳动者进行职业健康检查、建立职业健康监护档案或者未将检查结果书面告知劳动者的；

（五）未按照规定在劳动者离开用人单位时提供职业健康监护档案复印件的。

第五十条 用人单位有下列情形之一的，责令限期改正，给予警告；逾期未改正的，处五万元以上二十万元以下的罚款；情节严重的，责令停止产生职业病危害的作业，或者提请有关人民政府按照国务院规定的权限责令关闭：

（一）工作场所职业病危害因素的强度或者浓度超过国家职业卫生标准的；

（二）未提供职业病防护设施和劳动者使用的职业病防护用品，或者提供的职业病防护设施和劳动者使用的职业病防护用品不符合国家职业卫生标准和卫生要求的；

（三）未按照规定对职业病防护设备、应急救援设施和劳动者职业病防护用品进行维护、检修、检测，或者不能保持正常运行、使用状态的；

（四）未按照规定对工作场所职业病危害因素进行检测、现状评价的；

（五）工作场所职业病危害因素经治理仍然达不到国家职业卫生标准和卫生要求时，未停止存在职业病危害因素的作业的；

（六）发生或者可能发生急性职业病危害事故，未立即采取应急救援和控制措施或者未按照规定及时报告的；

（七）未按照规定在产生严重职业病危害的作业岗位醒目位置设置警示标识和中文警示说明的；

（八）拒绝卫生健康主管部门监督检查的；

（九）隐瞒、伪造、篡改、毁损职业健康监护档案、工作场所职业病危害因素检测评价结果等相关资料，或者不提供职业病诊断、鉴定所需要资料的；

（十）未按照规定承担职业病诊断、鉴定费用和职业病病人的医疗、生活保障费用的。

第五十一条　用人单位有下列情形之一的，依法责令限期改正，并处五万元以上三十万元以下的罚款；情节严重的，责令停止产生职业病危害的作业，或者提请有关人民政府按照国务院规定的权限责令关闭：

（一）隐瞒技术、工艺、设备、材料所产生的职业病危害而采用的；

（二）隐瞒本单位职业卫生真实情况的；

（三）可能发生急性职业损伤的有毒、有害工作场所或者放射工作场所不符合法律有关规定的；

（四）使用国家明令禁止使用的可能产生职业病危害的设备或者材料的；

（五）将产生职业病危害的作业转移给没有职业病防护条件的单位和个人，或者没有职业病防护条件的单位和个人接受产生职业病危害的作业的；

（六）擅自拆除、停止使用职业病防护设备或者应急救援设施的；

（七）安排未经职业健康检查的劳动者、有职业禁忌的劳动者、未成年工或者孕期、哺乳期女职工从事接触产生职业病危害的作业或者禁忌作业的；

（八）违章指挥和强令劳动者进行没有职业病防护措施的作业的。

第五十二条　用人单位违反《中华人民共和国职业病防治法》的规定，已经对劳动者生命健康造成严重损害的，责令停止产生职业病危害的作业，或者提请有关人民政府按照国务院规定的权限责令关闭，并处十万元以上五十万元以下的罚款。

造成重大职业病危害事故或者其他严重后果，构成犯罪的，对直接负责的主管人员和其他直接责任人员，依法追究刑事责任。

第五十三条　向用人单位提供可能产生职业病危害的设备或者材料，未按照规定提供中文说明书或者设置警示标识和中文警示说明的，责令限期改正，给予警告，并处五万元以上二十万元以下的罚款。

第五十四条 用人单位未按照规定报告职业病、疑似职业病的,责令限期改正,给予警告,可以并处一万元以下的罚款;弄虚作假的,并处二万元以上五万元以下的罚款。

第五十五条 卫生健康主管部门及其行政执法人员未按照规定报告职业病危害事故的,依照有关规定给予处理;构成犯罪的,依法追究刑事责任。

第五十六条 本规定所规定的行政处罚,由县级以上地方卫生健康主管部门决定。法律、行政法规和国务院有关规定对行政处罚决定机关另有规定的,依照其规定。

第五章 附 则

第五十七条 本规定下列用语的含义:

工作场所,是指劳动者进行职业活动的所有地点,包括建设单位施工场所。

职业病危害严重的用人单位,是指建设项目职业病危害风险分类管理目录中所列职业病危害严重行业的用人单位。建设项目职业病危害风险分类管理目录由国家卫生健康委公布。各省级卫生健康主管部门可以根据本地区实际情况,对分类管理目录作出补充规定。

建设项目职业病防护设施“三同时”,是指建设项目的职业病防护设施与主体工程同时设计、同时施工、同时投入生产和使用。

第五十八条 本规定未规定的其他有关职业病防治事项,依照《中华人民共和国职业病防治法》和其他有关法律、法规、规章的规定执行。

第五十九条 医疗机构放射卫生管理按照放射诊疗管理相关规定执行。

第六十条 本规定自2021年2月1日起施行。原国家安全生产监督管理总局2012年4月27日公布的《工作场所职业卫生监督管理规定》同时废止。

用人单位职业健康监护监督管理办法

(2012年3月6日国家安全生产监督管理总局局长办公会议审议通过 2012年4月27日国家安全生产监督管理总局令第49号公布)

第一章 总 则

第一条 为了规范用人单位职业健康监护工作,加强职业健康监护的监督管理,保护劳动者健康及其相关权益,根据《中华人民共和国职业病防治法》,制定本办法。

第二条 用人单位从事接触职业病危害作业的劳动者(以下简称劳动者)的职业健康监护和安全生产监督管理部门对其实施监督管理,适用本办法。

第三条 本办法所称职业健康监护,是指劳动者上岗前、在岗期间、离岗时、应急的职业健康检查和职业健康监护档案管理。

第四条 用人单位应当建立、健全劳动者职业健康监护制度,依法落实职业健康监护工作。

第五条 用人单位应当接受安全生产监督管理部门依法对其职业健康监护工作的监

督检查,并提供有关文件和资料。

第六条 对用人单位违反本办法的行为,任何单位和个人均有权向安全生产监督管理部门举报或者报告。

第二章 用人单位的职责

第七条 用人单位是职业健康监护工作的责任主体,其主要负责人对本单位职业健康监护工作全面负责。

用人单位应当依照本办法以及《职业健康监护技术规范》(GBZ188)、《放射工作人员职业健康监护技术规范》(GBZ235)等国家职业卫生标准的要求,制定、落实本单位职业健康检查年度计划,并保证所需要的专项经费。

第八条 用人单位应当组织劳动者进行职业健康检查,并承担职业健康检查费用。

劳动者接受职业健康检查应当视同正常出勤。

第九条 用人单位应当选择由省级以上人民政府卫生行政部门批准的医疗卫生机构承担职业健康检查工作,并确保参加职业健康检查的劳动者身份的真实性。

第十条 用人单位在委托职业健康检查机构对从事接触职业病危害作业的劳动者进行职业健康检查时,应当如实提供下列文件、资料:

(一)用人单位的基本情况;

(二)工作场所职业病危害因素种类及其接触人员名册;

(三)职业病危害因素定期检测、评价结果。

第十一条 用人单位应当对下列劳动者进行上岗前的职业健康检查:

(一)拟从事接触职业病危害作业的新录用劳动者,包括转岗到该作业岗位的劳动者;

(二)拟从事有特殊健康要求作业的劳动者。

第十二条 用人单位不得安排未经上岗前职业健康检查的劳动者从事接触职业病危害的作业,不得安排有职业禁忌的劳动者从事其所禁忌的作业。

用人单位不得安排未成年工从事接触职业病危害的作业,不得安排孕期、哺乳期的女职工从事对本人和胎儿、婴儿有危害的作业。

第十三条 用人单位应当根据劳动者所接触的职业病危害因素,定期安排劳动者进行在岗期间的职业健康检查。

对在岗期间的职业健康检查,用人单位应当按照《职业健康监护技术规范》(GBZ188)等国家职业卫生标准的规定和要求,确定接触职业病危害的劳动者的检查项目和检查周期。需要复查的,应当根据复查要求增加相应的检查项目。

第十四条 出现下列情况之一的,用人单位应当立即组织有关劳动者进行应急职业健康检查:

(一)接触职业病危害因素的劳动者在作业过程中出现与所接触职业病危害因素相关的不适症状的;

(二)劳动者受到急性职业中毒危害或者出现职业中毒症状的。

第十五条 对准备脱离所从事的职业病危害作业或者岗位的劳动者,用人单位应当在劳动者离岗前30日内组织劳动者进行离岗时的职业健康检查。劳动者离岗前90日内的在岗期间的职业健康检查可以视为离岗时的职业健康检查。

用人单位对未进行离岗时职业健康检查的劳动者,不得解除或者终止与其订立的劳动合同。

第十六条 用人单位应当及时将职业健康检查结果及职业健康检查机构的建议以书面形式如实告知劳动者。

第十七条 用人单位应当根据职业健康检查报告,采取下列措施:

(一)对有职业禁忌的劳动者,调离或者暂时脱离原工作岗位;

(二)对健康损害可能与所从事的职业相关的劳动者,进行妥善安置;

(三)对需要复查的劳动者,按照职业健康检查机构要求的时间安排复查和医学观察;

(四)对疑似职业病病人,按照职业健康检查机构的建议安排其进行医学观察或者职业病诊断;

(五)对存在职业病危害的岗位,立即改善劳动条件,完善职业病防护设施,为劳动者配备符合国家标准的职业病危害防护用品。

第十八条 职业健康监护中出现新发生职业病(职业中毒)或者两例以上疑似职业病(职业中毒)的,用人单位应当及时向所在地安全生产监督管理部门报告。

第十九条 用人单位应当为劳动者个人建立职业健康监护档案,并按照有关规定妥善保存。职业健康监护档案包括下列内容:

(一)劳动者姓名、性别、年龄、籍贯、婚姻、文化程度、嗜好等情况;

(二)劳动者职业史、既往病史和职业病危害接触史;

(三)历次职业健康检查结果及处理情况;

(四)职业病诊疗资料;

(五)需要存入职业健康监护档案的其他有关资料。

第二十条 安全生产行政执法人员、劳动者或者其近亲属、劳动者委托的代理人有权查阅、复印劳动者的职业健康监护档案。

劳动者离开用人单位时,有权索取本人职业健康监护档案复印件,用人单位应当如实、无偿提供,并在所提供的复印件上签章。

第二十一条 用人单位发生分立、合并、解散、破产等情形时,应当对劳动者进行职业健康检查,并依照国家有关规定妥善安置职业病病人;其职业健康监护档案应当依照国家有关规定实施移交保管。

第三章 监督管理

第二十二条 安全生产监督管理部门应当依法对用人单位落实有关职业健康监护的法律、法规、规章和标准的情况进行监督检查,重点监督检查下列内容:

(一)职业健康监护制度建立情况;

(二)职业健康监护计划制定和专项经费落实情况;

(三)如实提供职业健康检查所需资料情况;

（四）劳动者上岗前、在岗期间、离岗时、应急职业健康检查情况；

（五）对职业健康检查结果及建议，向劳动者履行告知义务情况；

（六）针对职业健康检查报告采取措施情况；

（七）报告职业病、疑似职业病情况；

（八）劳动者职业健康监护档案建立及管理情况；

（九）为离开用人单位的劳动者如实、无偿提供本人职业健康监护档案复印件情况；

（十）依法应当监督检查的其他情况。

第二十三条 安全生产监督管理部门应当加强行政执法人员职业健康知识培训，提高行政执法人员的业务素质。

第二十四条 安全生产行政执法人员依法履行监督检查职责时，应当出示有效的执法证件。

安全生产行政执法人员应当忠于职守，秉公执法，严格遵守执法规范；涉及被检查单位技术秘密、业务秘密以及个人隐私的，应当为其保密。

第二十五条 安全生产监督管理部门履行监督检查职责时，有权进入被检查单位，查阅、复制被检查单位有关职业健康监护的文件、资料。

第四章 法律责任

第二十六条 用人单位有下列行为之一的，给予警告，责令限期改正，可以并处3万元以下的罚款：

（一）未建立或者落实职业健康监护制度的；

（二）未按照规定制定职业健康监护计划和落实专项经费的；

（三）弄虚作假，指使他人冒名顶替参加职业健康检查的；

（四）未如实提供职业健康检查所需要的文件、资料的；

（五）未根据职业健康检查情况采取相应措施的；

（六）不承担职业健康检查费用的。

第二十七条 用人单位有下列行为之一的，责令限期改正，给予警告，可以并处5万元以上10万元以下的罚款：

（一）未按照规定组织职业健康检查、建立职业健康监护档案或者未将检查结果如实告知劳动者的；

（二）未按照规定在劳动者离开用人单位时提供职业健康监护档案复印件的。

第二十八条 用人单位有下列情形之一的，给予警告，责令限期改正，逾期不改正的，处5万元以上20万元以下的罚款；情节严重的，责令停止产生职业病危害的作业，或者提请有关人民政府按照国务院规定的权限责令关闭：

（一）未按照规定安排职业病病人、疑似职业病病人进行诊治的；

（二）隐瞒、伪造、篡改、损毁职业健康监护档案等相关资料，或者拒不提供职业病诊断、鉴定所需资料的。

第二十九条 用人单位有下列情形之一的，责令限期治理，并处5万元以上30万元以下的罚款；情节严重的，责令停止产生职业病危害的作业，或者提请有关人民政府按照国务院规定的权限责令关闭：

（一）安排未经职业健康检查的劳动者从事接触职业病危害的作业的；

（二）安排未成年工从事接触职业病危害的作业的；

（三）安排孕期、哺乳期女职工从事对本人和胎儿、婴儿有危害的作业的；

（四）安排有职业禁忌的劳动者从事所禁忌的作业的。

第三十条　用人单位违反本办法规定，未报告职业病、疑似职业病的，由安全生产监督管理部门责令限期改正，给予警告，可以并处1万元以下的罚款；弄虚作假的，并处2万元以上5万元以下的罚款。

第五章　附　　则

第三十一条　煤矿安全监察机构依照本办法负责煤矿劳动者职业健康监护的监察工作。

第三十二条　本办法自2012年6月1日起施行。

工伤职工劳动能力鉴定管理办法

（2014年2月20日人力资源和社会保障部、国家卫生和计划生育委员会令第21号公布　根据2018年12月14日《人力资源社会保障部关于修改部分规章的决定》修订）

第一章　总　　则

第一条　为了加强劳动能力鉴定管理，规范劳动能力鉴定程序，根据《中华人民共和国社会保险法》、《中华人民共和国职业病防治法》和《工伤保险条例》，制定本办法。

第二条　劳动能力鉴定委员会依据《劳动能力鉴定 职工工伤与职业病致残等级》国家标准，对工伤职工劳动功能障碍程度和生活自理障碍程度组织进行技术性等级鉴定，适用本办法。

第三条　省、自治区、直辖市劳动能力鉴定委员会和设区的市级（含直辖市的市辖区、县，下同）劳动能力鉴定委员会分别由省、自治区、直辖市和设区的市级人力资源社会保障行政部门、卫生计生行政部门、工会组织、用人单位代表以及社会保险经办机构代表组成。

承担劳动能力鉴定委员会日常工作的机构，其设置方式由各地根据实际情况决定。

第四条　劳动能力鉴定委员会履行下列职责：

（一）选聘医疗卫生专家，组建医疗卫生专家库，对专家进行培训和管理；

（二）组织劳动能力鉴定；

（三）根据专家组的鉴定意见作出劳动能力鉴定结论；

（四）建立完整的鉴定数据库，保管鉴定工作档案50年；

（五）法律、法规、规章规定的其他职责。

第五条　设区的市级劳动能力鉴定委员会负责本辖区内的劳动能力初次鉴定、复查鉴定。

省、自治区、直辖市劳动能力鉴定委员会负责对初次鉴定或者复查鉴定结论不服提出的再次鉴定。

第六条 劳动能力鉴定相关政策、工作制度和业务流程应当向社会公开。

第二章 鉴定程序

第七条 职工发生工伤，经治疗伤情相对稳定后存在残疾、影响劳动能力的，或者停工留薪期满（含劳动能力鉴定委员会确认的延长期限），工伤职工或者其用人单位应当及时向设区的市级劳动能力鉴定委员会提出劳动能力鉴定申请。

第八条 申请劳动能力鉴定应当填写劳动能力鉴定申请表，并提交下列材料：

（一）有效的诊断证明、按照医疗机构病历管理有关规定复印或者复制的检查、检验报告等完整病历材料；

（二）工伤职工的居民身份证或者社会保障卡等其他有效身份证明原件。

第九条 劳动能力鉴定委员会收到劳动能力鉴定申请后，应当及时对申请人提交的材料进行审核；申请人提供材料不完整的，劳动能力鉴定委员会应当自收到劳动能力鉴定申请之日起5个工作日内一次性书面告知申请人需要补正的全部材料。

申请人提供材料完整的，劳动能力鉴定委员会应当及时组织鉴定，并在收到劳动能力鉴定申请之日起60日内作出劳动能力鉴定结论。伤情复杂、涉及医疗卫生专业较多的，作出劳动能力鉴定结论的期限可以延长30日。

第十条 劳动能力鉴定委员会应当视伤情程度等从医疗卫生专家库中随机抽取3名或者5名与工伤职工伤情相关科别的专家组成专家组进行鉴定。

第十一条 劳动能力鉴定委员会应当提前通知工伤职工进行鉴定的时间、地点以及应当携带的材料。工伤职工应当按照通知的时间、地点参加现场鉴定。对行动不便的工伤职工，劳动能力鉴定委员会可以组织专家上门进行劳动能力鉴定。组织劳动能力鉴定的工作人员应当对工伤职工的身份进行核实。

工伤职工因故不能按时参加鉴定的，经劳动能力鉴定委员会同意，可以调整现场鉴定的时间，作出劳动能力鉴定结论的期限相应顺延。

第十二条 因鉴定工作需要，专家组提出应当进行有关检查和诊断的，劳动能力鉴定委员会可以委托具备资格的医疗机构协助进行有关的检查和诊断。

第十三条 专家组根据工伤职工伤情，结合医疗诊断情况，依据《劳动能力鉴定 职工工伤与职业病致残等级》国家标准提出鉴定意见。参加鉴定的专家都应当签署意见并签名。

专家意见不一致时，按照少数服从多数的原则确定专家组的鉴定意见。

第十四条 劳动能力鉴定委员会根据专家组的鉴定意见作出劳动能力鉴定结论。劳动能力鉴定结论书应当载明下列事项：

（一）工伤职工及其用人单位的基本信息；

（二）伤情介绍，包括伤残部位、器官功能障碍程度、诊断情况等；

（三）作出鉴定的依据；

（四）鉴定结论。

第十五条 劳动能力鉴定委员会应当自作出鉴定结论之日起20日内将劳动能力鉴定结论及时送达工伤职工及其用人单位，并抄送社会保险经办机构。

第十六条 工伤职工或者其用人单位对初次鉴定结论不服的，可以在收到该鉴定结论之日起15日内向省、自治区、直辖市劳动能力鉴定委员会申请再次鉴定。

申请再次鉴定，应当提供劳动能力鉴定申请表，以及工伤职工的居民身份证或者社会保障卡等有效身份证明原件。

省、自治区、直辖市劳动能力鉴定委员会作出的劳动能力鉴定结论为最终结论。

第十七条 自劳动能力鉴定结论作出之日起1年后，工伤职工、用人单位或者社会保险经办机构认为伤残情况发生变化的，可以向设区的市级劳动能力鉴定委员会申请劳动能力复查鉴定。

对复查鉴定结论不服的，可以按照本办法第十六条规定申请再次鉴定。

第十八条 工伤职工本人因身体等原因无法提出劳动能力初次鉴定、复查鉴定、再次鉴定申请的，可由其近亲属代为提出。

第十九条 再次鉴定和复查鉴定的程序、期限等按照本办法第九条至第十五条的规定执行。

第三章 监督管理

第二十条 劳动能力鉴定委员会应当每3年对专家库进行一次调整和补充，实行动态管理。确有需要的，可以根据实际情况适时调整。

第二十一条 劳动能力鉴定委员会选聘医疗卫生专家，聘期一般为3年，可以连续聘任。

聘任的专家应当具备下列条件：

（一）具有医疗卫生高级专业技术职务任职资格；

（二）掌握劳动能力鉴定的相关知识；

（三）具有良好的职业品德。

第二十二条 参加劳动能力鉴定的专家应当按照规定的时间、地点进行现场鉴定，严格执行劳动能力鉴定政策和标准，客观、公正地提出鉴定意见。

第二十三条 用人单位、工伤职工或者其近亲属应当如实提供鉴定需要的材料，遵守劳动能力鉴定相关规定，按照要求配合劳动能力鉴定工作。

工伤职工有下列情形之一的，当次鉴定终止：

（一）无正当理由不参加现场鉴定的；

（二）拒不参加劳动能力鉴定委员会安排的检查和诊断的。

第二十四条 医疗机构及其医务人员应当如实出具与劳动能力鉴定有关的各项诊断证明和病历材料。

第二十五条 劳动能力鉴定委员会组成人员、劳动能力鉴定工作人员以及参加鉴定的专家与当事人有利害关系的，应当回避。

第二十六条 任何组织或者个人有权对劳动能力鉴定中的违法行为进行举报、投诉。

第四章 法律责任

第二十七条 劳动能力鉴定委员会和承担劳动能力鉴定委员会日常工作的机构及其工作人员在从事或者组织劳动能力鉴定时,有下列行为之一的,由人力资源社会保障行政部门或者有关部门责令改正,对直接负责的主管人员和其他直接责任人员依法给予相应处分;构成犯罪的,依法追究刑事责任:

(一)未及时审核并书面告知申请人需要补正的全部材料的;

(二)未在规定期限内作出劳动能力鉴定结论的;

(三)未按照规定及时送达劳动能力鉴定结论的;

(四)未按照规定随机抽取相关科别专家进行鉴定的;

(五)擅自篡改劳动能力鉴定委员会作出的鉴定结论的;

(六)利用职务之便非法收受当事人财物的;

(七)有违反法律法规和本办法的其他行为的。

第二十八条 从事劳动能力鉴定的专家有下列行为之一的,劳动能力鉴定委员会应当予以解聘;情节严重的,由卫生计生行政部门依法处理:

(一)提供虚假鉴定意见的;

(二)利用职务之便非法收受当事人财物的;

(三)无正当理由不履行职责的;

(四)有违反法律法规和本办法的其他行为的。

第二十九条 参与工伤救治、检查、诊断等活动的医疗机构及其医务人员有下列情形之一的,由卫生计生行政部门依法处理:

(一)提供与病情不符的虚假诊断证明的;

(二)篡改、伪造、隐匿、销毁病历材料的;

(三)无正当理由不履行职责的。

第三十条 以欺诈、伪造证明材料或者其他手段骗取鉴定结论、领取工伤保险待遇的,按照《中华人民共和国社会保险法》第八十八条的规定,由人力资源社会保障行政部门责令退回骗取的社会保险金,处骗取金额2倍以上5倍以下的罚款。

第五章 附 则

第三十一条 未参加工伤保险的公务员和参照公务员法管理的事业单位、社会团体工作人员因工(公)致残的劳动能力鉴定,参照本办法执行。

第三十二条 本办法中的劳动能力鉴定申请表、初次(复查)鉴定结论书、再次鉴定结论书、劳动能力鉴定材料收讫补正告知书等文书基本样式由人力资源社会保障部制定。

第三十三条 本办法自2014年4月1日起施行。

建设项目职业病防护设施“三同时”监督管理办法

（2017 年 1 月 10 日国家安全生产监督管理总局第 1 次局长办公会议审议通过　2017 年 3 月 9 日国家安全生产监督管理总局令第 90 号公布）

第一章　总　则

第一条　为了预防、控制和消除建设项目可能产生的职业病危害，加强和规范建设项目职业病防护设施建设的监督管理，根据《中华人民共和国职业病防治法》，制定本办法。

第二条　安全生产监督管理部门职责范围内、可能产生职业病危害的新建、改建、扩建和技术改造、技术引进建设项目（以下统称建设项目）职业病防护设施建设及其监督管理，适用本办法。

本办法所称的可能产生职业病危害的建设项目，是指存在或者产生职业病危害因素分类目录所列职业病危害因素的建设项目。

本办法所称的职业病防护设施，是指消除或者降低工作场所的职业病危害因素的浓度或者强度，预防和减少职业病危害因素对劳动者健康的损害或者影响，保护劳动者健康的设备、设施、装置、构（建）筑物等的总称。

第三条　负责本办法第二条规定建设项目投资、管理的单位（以下简称建设单位）是建设项目职业病防护设施建设的责任主体。

建设项目职业病防护设施必须与主体工程同时设计、同时施工、同时投入生产和使用（以下统称建设项目职业病防护设施“三同时”）。建设单位应当优先采用有利于保护劳动者健康的新技术、新工艺、新设备和新材料，职业病防护设施所需费用应当纳入建设项目工程预算。

第四条　建设单位对可能产生职业病危害的建设项目，应当依照本办法进行职业病危害预评价、职业病防护设施设计、职业病危害控制效果评价及相应的评审，组织职业病防护设施验收，建立健全建设项目职业卫生管理制度与档案。

建设项目职业病防护设施“三同时”工作可以与安全设施“三同时”工作一并进行。建设单位可以将建设项目职业病危害预评价和安全预评价、职业病防护设施设计和安全设施设计、职业病危害控制效果评价和安全验收评价合并出具报告或者设计，并对职业病防护设施与安全设施一并组织验收。

第五条　国家安全生产监督管理总局在国务院规定的职责范围内对全国建设项目职业病防护设施“三同时”实施监督管理。

县级以上地方各级人民政府安全生产监督管理部门依法在本级人民政府规定的职责范围内对本行政区域内的建设项目职业病防护设施“三同时”实施分类分级监督管理，具体办法由省级安全生产监督管理部门制定，并报国家安全生产监督管理总局备案。

跨两个及两个以上行政区域的建设项目职业病防护设施“三同时”由其共同的上一级人民政府安全生产监督管理部门实施监督管理。

上一级人民政府安全生产监督管理部门根据工作需要，可以将其负责的建设项目职业病防护设施“三同时”监督管理工作委托下一级人民政府安全生产监督管理部门实施；接受委托的安全生产监督管理部门不得再委托。

第六条 国家根据建设项目可能产生职业病危害的风险程度，将建设项目分为职业病危害一般、较重和严重3个类别，并对职业病危害严重建设项目实施重点监督检查。

建设项目职业病危害分类管理目录由国家安全生产监督管理总局制定并公布。省级安全生产监督管理部门可以根据本地区实际情况，对建设项目职业病危害分类管理目录作出补充规定，但不得低于国家安全生产监督管理总局规定的管理层级。

第七条 安全生产监督管理部门应当建立职业卫生专家库（以下简称专家库），并根据需要聘请专家库专家参与建设项目职业病防护设施“三同时”的监督检查工作。

专家库专家应当熟悉职业病危害防治有关法律、法规、规章、标准，具有较高的专业技术水平、实践经验和有关业务背景及良好的职业道德，按照客观、公正的原则，对所参与的工作提出技术意见，并对该意见负责。

专家库专家实行回避制度，参加监督检查的专家库专家不得参与该建设项目职业病防护设施“三同时”的评审及验收等相应工作，不得与该建设项目建设单位、评价单位、设计单位、施工单位或者监理单位等相关单位存在直接利害关系。

第八条 除国家保密的建设项目外，产生职业病危害的建设单位应当通过公告栏、网站等方式及时公布建设项目职业病危害预评价、职业病防护设施设计、职业病危害控制效果评价的承担单位、评价结论、评审时间及评审意见，以及职业病防护设施验收时间、验收方案和验收意见等信息，供本单位劳动者和安全生产监督管理部门查询。

第二章 职业病危害预评价

第九条 对可能产生职业病危害的建设项目，建设单位应当在建设项目可行性论证阶段进行职业病危害预评价，编制预评价报告。

第十条 建设项目职业病危害预评价报告应当符合职业病防治有关法律、法规、规章和标准的要求，并包括下列主要内容：

（一）建设项目概况，主要包括项目名称、建设地点、建设内容、工作制度、岗位设置及人员数量等；

（二）建设项目可能产生的职业病危害因素及其对工作场所、劳动者健康影响与危害程度的分析与评价；

（三）对建设项目拟采取的职业病防护设施和防护措施进行分析、评价，并提出对策与建议；

（四）评价结论，明确建设项目的职业病危害风险类别及拟采取的职业病防护设施和防护措施是否符合职业病防治有关法律、法规、规章和标准的要求。

第十一条 建设单位进行职业病危害预评价时，对建设项目可能产生的职业病危害因素及其对工作场所、劳动者健康影响与危害程度的分析与评价，可以运用工程分析、类比调查等方法。其中，类比调查数据应当采用获得资质认可的职业卫生技术服务机构出具的、与建设项目规模和工艺类似的用人单位职业病危害因素检测结果。

第十二条　职业病危害预评价报告编制完成后，属于职业病危害一般或者较重的建设项目，其建设单位主要负责人或其指定的负责人应当组织具有职业卫生相关专业背景的中级及中级以上专业技术职称人员或者具有职业卫生相关专业背景的注册安全工程师（以下统称职业卫生专业技术人员）对职业病危害预评价报告进行评审，并形成是否符合职业病防治有关法律、法规、规章和标准要求的评审意见；属于职业病危害严重的建设项目，其建设单位主要负责人或其指定的负责人应当组织外单位职业卫生专业技术人员参加评审工作，并形成评审意见。

建设单位应当按照评审意见对职业病危害预评价报告进行修改完善，并对最终的职业病危害预评价报告的真实性、客观性和合规性负责。职业病危害预评价工作过程应当形成书面报告备查。书面报告的具体格式由国家安全生产监督管理总局另行制定。

第十三条　建设项目职业病危害预评价报告有下列情形之一的，建设单位不得通过评审：

（一）对建设项目可能产生的职业病危害因素识别不全，未对工作场所职业病危害对劳动者健康影响与危害程度进行分析与评价的，或者评价不符合要求的；

（二）未对建设项目拟采取的职业病防护设施和防护措施进行分析、评价，对存在的问题未提出对策措施的；

（三）建设项目职业病危害风险分析与评价不正确的；

（四）评价结论和对策措施不正确的；

（五）不符合职业病防治有关法律、法规、规章和标准规定的其他情形的。

第十四条　建设项目职业病危害预评价报告通过评审后，建设项目的生产规模、工艺等发生变更导致职业病危害风险发生重大变化的，建设单位应当对变更内容重新进行职业病危害预评价和评审。

第三章　职业病防护设施设计

第十五条　存在职业病危害的建设项目，建设单位应当在施工前按照职业病防治有关法律、法规、规章和标准的要求，进行职业病防护设施设计。

第十六条　建设项目职业病防护设施设计应当包括下列内容：

（一）设计依据；

（二）建设项目概况及工程分析；

（三）职业病危害因素分析及危害程度预测；

（四）拟采取的职业病防护设施和应急救援设施的名称、规格、型号、数量、分布，并对防控性能进行分析；

（五）辅助用室及卫生设施的设置情况；

（六）对预评价报告中拟采取的职业病防护设施、防护措施及对策措施采纳情况的说明；

（七）职业病防护设施和应急救援设施投资预算明细表；

（八）职业病防护设施和应急救援设施可以达到的预期效果及评价。

第十七条　职业病防护设施设计完成后，属于职业病危害一般或者较重的建设项目，其建设单位主要负责人或其指定的负责人应当组织职业卫生专业技术人员对职业病防护设施设计进行评审，并形成是否符合职业病防治有关法律、法规、规章和标准要求的评审意见；属于职业病危害严重的建设项目，其建设单位主要负责人或其指定的负责人应当组织外单位职业卫生专业技术人员参加评审工作，并形成评审意见。

建设单位应当按照评审意见对职业病防护设施设计进行修改完善，并对最终的职业病防护设施设计的真实性、客观性和合规性负责。职业病防护设施设计工作过程应当形成书面报告备查。书面报告的具体格式由国家安全生产监督管理总局另行制定。

第十八条　建设项目职业病防护设施设计有下列情形之一的，建设单位不得通过评审和开工建设：

（一）未对建设项目主要职业病危害进行防护设施设计或者设计内容不全的；

（二）职业病防护设施设计未按照评审意见进行修改完善的；

（三）未采纳职业病危害预评价报告中的对策措施，且未作充分论证说明的；

（四）未对职业病防护设施和应急救援设施的预期效果进行评价的；

（五）不符合职业病防治有关法律、法规、规章和标准规定的其他情形的。

第十九条　建设单位应当按照评审通过的设计和有关规定组织职业病防护设施的采购和施工。

第二十条　建设项目职业病防护设施设计在完成评审后，建设项目的生产规模、工艺等发生变更导致职业病危害风险发生重大变化的，建设单位应当对变更的内容重新进行职业病防护设施设计和评审。

第四章　职业病危害控制效果评价与防护设施验收

第二十一条　建设项目职业病防护设施建设期间，建设单位应当对其进行经常性的检查，对发现的问题及时进行整改。

第二十二条　建设项目投入生产或者使用前，建设单位应当依照职业病防治有关法律、法规、规章和标准要求，采取下列职业病危害防治管理措施：

（一）设置或者指定职业卫生管理机构，配备专职或者兼职的职业卫生管理人员；

（二）制定职业病防治计划和实施方案；

（三）建立、健全职业卫生管理制度和操作规程；

（四）建立、健全职业卫生档案和劳动者健康监护档案；

（五）实施由专人负责的职业病危害因素日常监测，并确保监测系统处于正常运行状态；

（六）对工作场所进行职业病危害因素检测、评价；

（七）建设单位的主要负责人和职业卫生管理人员应当接受职业卫生培训，并组织劳动者进行上岗前的职业卫生培训；

（八）按照规定组织从事接触职业病危害作业的劳动者进行上岗前职业健康检查，并将检查结果书面告知劳动者；

（九）在醒目位置设置公告栏，公布有关职业病危害防治的规章制度、操作规程、职业病危害事故应急救援措施和工作场所职业病危害因素检测结果。对产生严重职业病危害的作业岗位，应当在其醒目位置，设置警示标识和中文警示说明；

（十）为劳动者个人提供符合要求的职业病防护用品；

（十一）建立、健全职业病危害事故应急救援预案；

（十二）职业病防治有关法律、法规、规章和标准要求的其他管理措施。

第二十三条 建设项目完工后，需要进行试运行的，其配套建设的职业病防护设施必须与主体工程同时投入试运行。

试运行时间应当不少于30日，最长不得超过180日，国家有关部门另有规定或者特殊要求的行业除外。

第二十四条 建设项目在竣工验收前或者试运行期间，建设单位应当进行职业病危害控制效果评价，编制评价报告。建设项目职业病危害控制效果评价报告应当符合职业病防治有关法律、法规、规章和标准的要求，包括下列主要内容：

（一）建设项目概况；

（二）职业病防护设施设计执行情况分析、评价；

（三）职业病防护设施检测和运行情况分析、评价；

（四）工作场所职业病危害因素检测分析、评价；

（五）工作场所职业病危害因素日常监测情况分析、评价；

（六）职业病危害因素对劳动者健康危害程度分析、评价；

（七）职业病危害防治管理措施分析、评价；

（八）职业健康监护状况分析、评价；

（九）职业病危害事故应急救援和控制措施分析、评价；

（十）正常生产后建设项目职业病防治效果预期分析、评价；

（十一）职业病危害防护补充措施及建议；

（十二）评价结论，明确建设项目的职业病危害风险类别，以及采取控制效果评价报告所提对策建议后，职业病防护设施和防护措施是否符合职业病防治有关法律、法规、规章和标准的要求。

第二十五条 建设单位在职业病防护设施验收前，应当编制验收方案。验收方案应当包括下列内容：

（一）建设项目概况和风险类别，以及职业病危害预评价、职业病防护设施设计执行情况；

（二）参与验收的人员及其工作内容、责任；

（三）验收工作时间安排、程序等。

建设单位应当在职业病防护设施验收前20日将验收方案向管辖该建设项目的安全生产监督管理部门进行书面报告。

第二十六条 属于职业病危害一般或者较重的建设项目，其建设单位主要负责人或其指定的负责人应当组织职业卫生专业技术人员对职业病危害控制效果评价报告进行评审以及对职业病防护设施进行验收,并形成是否符合职业病防治有关法律、法规、规章和标准要求的评审意见和验收意见。属于职业病危害严重的建设项目,其建设单位主要负责人或其指定的负责人应当组织外单位职业卫生专业技术人员参加评审和验收工作,并形成评审和验收意见。

建设单位应当按照评审与验收意见对职业病危害控制效果评价报告和职业病防护设施进行整改完善,并对最终的职业病危害控制效果评价报告和职业病防护设施验收结果的真实性、合规性和有效性负责。

建设单位应当将职业病危害控制效果评价和职业病防护设施验收工作过程形成书面报告备查,其中职业病危害严重的建设项目应当在验收完成之日起20日内向管辖该建设项目的安全生产监督管理部门提交书面报告。书面报告的具体格式由国家安全生产监督管理总局另行制定。

第二十七条 有下列情形之一的,建设项目职业病危害控制效果评价报告不得通过评审、职业病防护设施不得通过验收:

(一)评价报告内容不符合本办法第二十四条要求的;

(二)评价报告未按照评审意见整改的;

(三)未按照建设项目职业病防护设施设计组织施工,且未充分论证说明的;

(四)职业病危害防治管理措施不符合本办法第二十二条要求的;

(五)职业病防护设施未按照验收意见整改的;

(六)不符合职业病防治有关法律、法规、规章和标准规定的其他情形的。

第二十八条 分期建设、分期投入生产或者使用的建设项目,其配套的职业病防护设施应当分期与建设项目同步进行验收。

第二十九条 建设项目职业病防护设施未按照规定验收合格的,不得投入生产或者使用。

第五章 监督检查

第三十条 安全生产监督管理部门应当在职责范围内按照分类分级监管的原则,将建设单位开展建设项目职业病防护设施"三同时"情况的监督检查纳入安全生产年度监督检查计划,并按照监督检查计划与安全设施"三同时"实施一体化监督检查,对发现的违法行为应当依法予以处理;对违法行为情节严重的,应当按照规定纳入安全生产不良记录"黑名单"管理。

第三十一条 安全生产监督管理部门应当依法对建设单位开展建设项目职业病危害预评价情况进行监督检查,重点监督检查下列事项:

(一)是否进行建设项目职业病危害预评价;

(二)是否对建设项目可能产生的职业病危害因素及其对工作场所、劳动者健康影响与危害程度进行分析、评价;

(三)是否对建设项目拟采取的职业病防护设施和防护措施进行评价,是否提出对策与建议;

（四）是否明确建设项目职业病危害风险类别；

（五）主要负责人或其指定的负责人是否组织职业卫生专业技术人员对职业病危害预评价报告进行评审，职业病危害预评价报告是否按照评审意见进行修改完善；

（六）职业病危害预评价工作过程是否形成书面报告备查；

（七）是否按照本办法规定公布建设项目职业病危害预评价情况；

（八）依法应当监督检查的其他事项。

第三十二条　安全生产监督管理部门应当依法对建设单位开展建设项目职业病防护设施设计情况进行监督检查，重点监督检查下列事项：

（一）是否进行职业病防护设施设计；

（二）是否采纳职业病危害预评价报告中的对策与建议，如未采纳是否进行充分论证说明；

（三）是否明确职业病防护设施和应急救援设施的名称、规格、型号、数量、分布，并对防控性能进行分析；

（四）是否明确辅助用室及卫生设施的设置情况；

（五）是否明确职业病防护设施和应急救援设施投资预算；

（六）主要负责人或其指定的负责人是否组织职业卫生专业技术人员对职业病防护设施设计进行评审，职业病防护设施设计是否按照评审意见进行修改完善；

（七）职业病防护设施设计工作过程是否形成书面报告备查；

（八）是否按照本办法规定公布建设项目职业病防护设施设计情况；

（九）依法应当监督检查的其他事项。

第三十三条　安全生产监督管理部门应当依法对建设单位开展建设项目职业病危害控制效果评价及职业病防护设施验收情况进行监督检查，重点监督检查下列事项：

（一）是否进行职业病危害控制效果评价及职业病防护设施验收；

（二）职业病危害防治管理措施是否齐全；

（三）主要负责人或其指定的负责人是否组织职业卫生专业技术人员对建设项目职业病危害控制效果评价报告进行评审和对职业病防护设施进行验收，是否按照评审意见和验收意见对职业病危害控制效果评价报告和职业病防护设施进行整改完善；

（四）建设项目职业病危害控制效果评价及职业病防护设施验收工作过程是否形成书面报告备查；

（五）建设项目职业病防护设施验收方案、职业病危害严重建设项目职业病危害控制效果评价与职业病防护设施验收工作报告是否按照规定向安全生产监督管理部门进行报告；

（六）是否按照本办法规定公布建设项目职业病危害控制效果评价和职业病防护设施验收情况；

（七）依法应当监督检查的其他事项。

第三十四条　安全生产监督管理部门应当按照下列规定对建设单位组织的验收活动和验收结果进行监督核查，并纳入安全生产年度监督检查计划：

（一）对职业病危害严重建设项目的职业病防护设施的验收方案和验收工作报告，全部进行监督核查；

（二）对职业病危害较重和一般的建设项目职业病防护设施的验收方案和验收工作报告，按照国家安全生产监督管理总局规定的“双随机”方式实施抽查。

第三十五条　安全生产监督管理部门应当加强监督检查人员建设项目职业病防护设施“三同时”知识的培训，提高业务素质。

第三十六条　安全生产监督管理部门及其工作人员不得有下列行为：

（一）强制要求建设单位接受指定的机构、职业卫生专业技术人员开展建设项目职业病防护设施“三同时”有关工作；

（二）以任何理由或者方式向建设单位和有关机构收取或者变相收取费用；

（三）向建设单位摊派财物、推销产品；

（四）在建设单位和有关机构报销任何费用。

第三十七条　任何单位或者个人发现建设单位、安全生产监督管理部门及其工作人员、有关机构和人员违反职业病防治有关法律、法规、标准和本办法规定的行为，均有权向安全生产监督管理部门或者有关部门举报。

受理举报的安全生产监督管理部门应当为举报人保密，并依法对举报内容进行核查和处理。

第三十八条　上级安全生产监督管理部门应当加强对下级安全生产监督管理部门建设项目职业病防护设施“三同时”监督执法工作的检查、指导。

地方各级安全生产监督管理部门应当定期汇总分析有关监督执法情况，并按照要求逐级上报。

第六章　法律责任

第三十九条　建设单位有下列行为之一的，由安全生产监督管理部门给予警告，责令限期改正；逾期不改正的，处10万元以上50万元以下的罚款；情节严重的，责令停止产生职业病危害的作业，或者提请有关人民政府按照国务院规定的权限责令停建、关闭：

（一）未按照本办法规定进行职业病危害预评价的；

（二）建设项目的职业病防护设施未按照规定与主体工程同时设计、同时施工、同时投入生产和使用的；

（三）建设项目的职业病防护设施设计不符合国家职业卫生标准和卫生要求的；

（四）未按照本办法规定对职业病防护设施进行职业病危害控制效果评价的；

（五）建设项目竣工投入生产和使用前，职业病防护设施未按照本办法规定验收合格的。

第四十条　建设单位有下列行为之一的，由安全生产监督管理部门给予警告，责令限期改正；逾期不改正的，处5000元以上3万元以下的罚款：

（一）未按照本办法规定，对职业病危害预评价报告、职业病防护设施设计、职业病危害控制效果评价报告进行评审或者组织职业病防护设施验收的；

（二）职业病危害预评价、职业病防护设施设计、职业病危害控制效果评价或者职业病防护设施验收工作过程未形成书面报告备查的；

（三）建设项目的生产规模、工艺等发生变更导致职业病危害风险发生重大变化的，建设单位对变更内容未重新进行职业病危害预评价和评审，或者未重新进行职业病防护设施设计和评审的；

（四）需要试运行的职业病防护设施未与主体工程同时试运行的；

（五）建设单位未按照本办法第八条规定公布有关信息的。

第四十一条　建设单位在职业病危害预评价报告、职业病防护设施设计、职业病危害控制效果评价报告编制、评审以及职业病防护设施验收等过程中弄虚作假的，由安全生产监督管理部门责令限期改正，给予警告，可以并处5000元以上3万元以下的罚款。

第四十二条　建设单位未按照规定及时、如实报告建设项目职业病防护设施验收方案，或者职业病危害严重建设项目未提交职业病危害控制效果评价与职业病防护设施验收的书面报告的，由安全生产监督管理部门责令限期改正，给予警告，可以并处5000元以上3万元以下的罚款。

第四十三条　参与建设项目职业病防护设施“三同时”监督检查工作的专家库专家违反职业道德或者行为规范，降低标准、弄虚作假、牟取私利，作出显失公正或者虚假意见的，由安全生产监督管理部门将其从专家库除名，终身不得再担任专家库专家。职业卫生专业技术人员在建设项目职业病防护设施“三同时”评审、验收等活动中涉嫌犯罪的，移送司法机关依法追究刑事责任。

第四十四条　违反本办法规定的其他行为，依照《中华人民共和国职业病防治法》有关规定给予处理。

第七章　附　　则

第四十五条　煤矿建设项目职业病防护设施“三同时”的监督检查工作按照新修订发布的《煤矿和煤层气地面开采建设项目安全设施监察规定》执行，煤矿安全监察机构按照规定履行国家监察职责。

第四十六条　本办法自2017年5月1日起施行。国家安全安全生产监督管理总局2012年4月27日公布的《建设项目职业卫生“三同时”监督管理暂行办法》同时废止。

四、司法解释

最高人民法院关于审理非法行医刑事案件具体应用法律若干问题的解释

（2008年4月28日最高人民法院审判委员会第1446次会议通过　根据2016年12月12日最高人民法院审判委员会第1703次会议通过的《最高人民法院关于修改〈关于审理非法行医刑事案件具体应用法律若干问题的解释〉的决定》修正）

为依法惩处非法行医犯罪，保障公民身体健康和生命安全，根据刑法的有关规定，现对审理非法行医刑事案件具体应用法律的若干问题解释如下：

第一条　具有下列情形之一的，应认定为刑法第三百三十六条第一款规定的“未取得医生执业资格的人非法行医”：

（一）未取得或者以非法手段取得医师资格从事医疗活动的；

（二）被依法吊销医师执业证书期间从事医疗活动的；

（三）未取得乡村医生执业证书，从事乡村医疗活动的；

（四）家庭接生员实施家庭接生以外的医疗行为的。

第二条　具有下列情形之一的，应认定为刑法第三百三十六条第一款规定的“情节严重”：

（一）造成就诊人轻度残疾、器官组织损伤导致一般功能障碍的；

（二）造成甲类传染病传播、流行或者有传播、流行危险的；

（三）使用假药、劣药或不符合国家规定标准的卫生材料、医疗器械，足以严重危害人体健康的；

（四）非法行医被卫生行政部门行政处罚两次以后，再次非法行医的；

（五）其他情节严重的情形。

第三条　具有下列情形之一的，应认定为刑法第三百三十六条第一款规定的“严重损害就诊人身体健康”：

（一）造成就诊人中度以上残疾、器官组织损伤导致严重功能障碍的；

（二）造成三名以上就诊人轻度残疾、器官组织损伤导致一般功能障碍的。

第四条　非法行医行为系造成就诊人死亡的直接、主要原因的，应认定为刑法第三百三十六条第一款规定的“造成就诊人死亡”。

非法行医行为并非造成就诊人死亡的直接、主要原因的，可不认定为刑法第三百三十六条第一款规定的“造成就诊人死亡”。但是,根据案件情况,可以认定为刑法第三百三十六条第一款规定的“情节严重”。

第五条　实施非法行医犯罪,同时构成生产、销售假药罪,生产、销售劣药罪,诈骗罪等其他犯罪的,依照刑法处罚较重的规定定罪处罚。

第六条　本解释所称“医疗活动”“医疗行为”,参照《医疗机构管理条例实施细则》中的“诊疗活动”“医疗美容”认定。

本解释所称“轻度残疾、器官组织损伤导致一般功能障碍”“中度以上残疾、器官组织损伤导致严重功能障碍”,参照《医疗事故分级标准(试行)》认定。

最高人民法院关于依法惩处生产销售伪劣食品、药品等严重破坏市场经济秩序犯罪的通知

(法〔2004〕118号)

各省、自治区、直辖市高级人民法院,解放军军事法院,新疆维吾尔自治区高级人民法院生产建设兵团分院:

全国开展整顿和规范市场经济秩序工作以来,各级人民法院充分发挥审判职能,及时依法惩处了一大批各种严重破坏市场经济秩序的犯罪分子,维护了社会主义市场经济秩序,保障了公民、法人和其他组织的合法权益,为整顿和规范市场经济秩序工作提供了有力的司法保障。前不久,全国整顿和规范市场经济秩序工作领导小组第二次会议要求,进一步加大整治工作力度,紧紧抓住关系人民群众身体健康、生命安全和切身利益的突出问题,以开展食品卫生专项整治、打击“血头血霸”和非法采血供血、加强知识产权保护等为重点,扎扎实实推进今年的整顿和规范市场经济秩序工作。5月13日国务院召开全国食品安全专项整治电视电话会议,部署在全国范围内深入开展食品安全专项整治工作。及时审理好生产、销售伪劣食品、药品等犯罪案件,依法惩处严重破坏市场经济秩序的犯罪分子,是人民法院当前一项重要的审判工作。为此,特通知如下:

一、提高认识,把审理生产、销售伪劣食品、药品等破坏市场经济秩序犯罪案件的工作切实抓紧抓好

各种破坏社会主义市场经济秩序的犯罪,不但直接影响国民经济的健康运行,而且严重损害人民群众的切身利益。今年以来,安徽省阜阳市发生的劣质奶粉致多名婴儿死亡事件和广东省广州市发生的有毒白酒致死人命事件,一再提醒我们,整顿和规范市场经济秩序是一项长期的、艰巨的任务,必须以对人民高度负责的精神,抓紧抓好,常抓不懈。各级人民法院一定要从践行“三个代表”重要思想、落实司法为民要求的高度,充分认识整顿和规范市场经济秩序工作的重要性、必要性、紧迫性和长期性,把依法及时审理好破坏社会主义市场经济秩序犯罪案件作为一项经常性的重要工作,切实加强领导,安排得力审判力量,保证起诉到法院的生产、销售伪劣食品、药品等犯罪案件及时依法审结,有力打击犯罪分子的嚣张气焰,保障食品安全等专项整治工作的顺利进行。

二、突出重点，依法惩处严重破坏社会主义市场经济秩序的犯罪分子

各级法院要坚定不移地贯彻依法从严惩处的方针，对严重破坏社会主义市场经济秩序的犯罪分子严格依照刑法的规定定罪判刑。当前，要重点打击生产销售有毒有害食品以及不符合卫生标准的食品的犯罪；生产销售假药、劣药以及不符合卫生标准的医用器械犯罪；生产销售伪劣农药、兽药、化肥、种子的犯罪；生产销售不符合安全标准的产品以及其他伪劣产品的犯罪；强迫卖血、非法组织卖血和非法采集、制作、供应血液及血液制品犯罪；假冒注册商标、销售侵权复制品以及伪造、擅自制造他人注册商标标识等侵犯知识产权犯罪。对起诉到法院的走私、偷税、抗税、骗税、合同诈骗、金融诈骗、非法传销和变相传销等严重破坏市场经济秩序的犯罪分子，要继续依法从严惩处。各地法院要根据实际确定打击重点，注重实效。要把犯罪数额巨大、情节恶劣、危害严重、群众反映强烈，给国家和人民利益造成重大损失的案件，特别是有国家工作人员参与或者包庇纵容的案件，作为大案要案，抓紧及时审理，依法从严判处。依法应当重判的，要坚决重判。在依法适用主刑的同时，必须充分适用财产刑。法律规定应当并处罚金或者没收财产的，要坚决判处罚金或者没收财产；法律规定可以并处罚金或者没收财产的，一般也要判处罚金或者没收财产。对犯罪分子违法所得的财物要依法追缴或者责令退赔；对其用于犯罪的本人财物要依法予以没收。

三、依法妥善处理涉及众多受害人的案件

对于涉及大量受害群众的案件，在审理过程中一定要注意严格依法办事，妥善慎重处理；做好群众工作，确保社会稳定。被害人对涉嫌生产销售伪劣商品和侵犯知识产权等犯罪案件，直接向人民法院起诉的，人民法院应当依法立案并审理；如果属于严重危害社会秩序和国家利益或者受害群众较多的，应当依靠当地党委并与有关部门及时协调，依法通过公诉案件审理程序处理。要重视刑事附带民事诉讼的审理。注意最大限度依法挽回受害人和受害单位的损失。被告人和被告单位积极、主动赔偿受害人和受害单位损失的，可以酌情、适当从轻处罚。

四、通过审判活动积极参与市场经济秩序的综合治理

整顿和规范市场经济秩序是一项综合性的系统工程，既要治标，又要治本。人民法院的审判活动在治标和治本上都能发挥重要的作用。各级法院要精心做好破坏市场经济秩序犯罪案件的开庭审判工作，通过公开审理、公开宣判、庭审直播等形式，扩大审判的社会效果；在办案的同时，要注意发现在市场管理制度和环节上存在漏洞和隐患，及时提出司法建议，提醒和督促有关部门和单位健全制度，加强管理，防止发生犯罪；要注意选择具有教育意义的典型案件到案发当地公开宣判，并通过新闻媒体，采取就案说法等各种形式，广泛宣传法律，教育广大群众，提高全体公民运用法律保障和维护自身合法权益的意识和能力。要注意通过审判活动，大力加强法制宣传，增强全民法治观念和诚信观念，在全社会形成自觉守法和诚实守信的社会主义商业道德风尚。

近年来，最高法院在指导各级法院审理好与整顿和规范市场经济秩序有关案件的同时，选择典型案件，通过新闻媒体定期向社会公布，取得了很好的社会效果。各高级法院要进一步加强对辖区内有关督办案件的指导，严格按照最高人民法院有关通知的要求，确定联络员,加强信息沟通,随时了解审理进度,及时报送审判信息,对最高法院挂牌督办的案件和其他有重大影响的案件,一旦起诉到法院即应将受理情况层报最高法院。被最高法院确定为宣传报道的案件,有关法院要积极配合最高法院搞好大要案件督办和通过中央新闻媒体公布判决结果的工作。

以上通知,请认真遵照执行。

二〇〇四年六月二十一日

最高人民法院、最高人民检察院关于办理非法生产、销售烟草专卖品等刑事案件具体应用法律若干问题的解释

(2009 年 12 月 28 日由最高人民法院审判委员会第 1481 次会议、2010 年 2 月 4 日由最高人民检察院第十一届检察委员会第 29 次会议通过 法释〔2010〕7 号)

为维护社会主义市场经济秩序,依法惩治非法生产、销售烟草专卖品等犯罪,根据刑法有关规定,现就办理这类刑事案件具体应用法律的若干问题解释如下:

第一条 生产、销售伪劣卷烟、雪茄烟等烟草专卖品,销售金额在五万元以上的,依照刑法第一百四十条的规定,以生产、销售伪劣产品罪定罪处罚。

未经卷烟、雪茄烟等烟草专卖品注册商标所有人许可,在卷烟、雪茄烟等烟草专卖品上使用与其注册商标相同的商标,情节严重的,依照刑法第二百一十三条的规定,以假冒注册商标罪定罪处罚。

销售明知是假冒他人注册商标的卷烟、雪茄烟等烟草专卖品,销售金额较大的,依照刑法第二百一十四条的规定,以销售假冒注册商标的商品罪定罪处罚。

伪造、擅自制造他人卷烟、雪茄烟注册商标标识或者销售伪造、擅自制造的卷烟、雪茄烟注册商标标识,情节严重的,依照刑法第二百一十五条的规定,以非法制造、销售非法制造的注册商标标识罪定罪处罚。

违反国家烟草专卖管理法律法规,未经烟草专卖行政主管部门许可,无烟草专卖生产企业许可证、烟草专卖批发企业许可证、特种烟草专卖经营企业许可证、烟草专卖零售许可证等许可证明,非法经营烟草专卖品,情节严重的,依照刑法第二百二十五条的规定,以非法经营罪定罪处罚。

第二条 伪劣卷烟、雪茄烟等烟草专卖品尚未销售,货值金额达到刑法第一百四十条规定的销售金额定罪起点数额标准的三倍以上的,或者销售金额未达到五万元,但与未销售货值金额合计达到十五万元以上的,以生产、销售伪劣产品罪(未遂)定罪处罚。

销售金额和未销售货值金额分别达到不同的法定刑幅度或者均达到同一法定刑幅度的,在处罚较重的法定刑幅度内酌情从重处罚。

查获的未销售的伪劣卷烟、雪茄烟,能够查清销售价格的,按照实际销售价格计算。无法查清实际销售价格,有品牌的,按照该品牌卷烟、雪茄烟的查获地省级烟草专卖行政

主管部门出具的零售价格计算；无品牌的，按照查获地省级烟草专卖行政主管部门出具的上年度卷烟平均零售价格计算。

第三条 非法经营烟草专卖品，具有下列情形之一的，应当认定为刑法第二百二十五条规定的“情节严重”：

（一）非法经营数额在五万元以上的，或者违法所得数额在二万元以上的；

（二）非法经营卷烟二十万支以上的；

（三）曾因非法经营烟草专卖品三年内受过二次以上行政处罚，又非法经营烟草专卖品且数额在三万元以上的。

具有下列情形之一的，应当认定为刑法第二百二十五条规定的“情节特别严重”：

（一）非法经营数额在二十五万元以上，或者违法所得数额在十万元以上的；

（二）非法经营卷烟一百万支以上的。

第四条 非法经营烟草专卖品，能够查清销售或者购买价格的，按照其销售或者购买的价格计算非法经营数额。无法查清销售或者购买价格的，按照下列方法计算非法经营数额：

（一）查获的卷烟、雪茄烟的价格，有品牌的，按照该品牌卷烟、雪茄烟的查获地省级烟草专卖行政主管部门出具的零售价格计算；无品牌的，按照查获地省级烟草专卖行政主管部门出具的上年度卷烟平均零售价格计算；

（二）查获的复烤烟叶、烟叶的价格按照查获地省级烟草专卖行政主管部门出具的上年度烤烟调拨平均基准价格计算；

（三）烟丝的价格按照第（二）项规定价格计算标准的一点五倍计算；

（四）卷烟辅料的价格，有品牌的，按照该品牌辅料的查获地省级烟草专卖行政主管部门出具的价格计算；无品牌的，按照查获地省级烟草专卖行政主管部门出具的上年度烟草行业生产卷烟所需该类卷烟辅料的平均价格计算；

（五）非法生产、销售、购买烟草专用机械的价格按照国务院烟草专卖行政主管部门下发的全国烟草专用机械产品指导价格目录进行计算；目录中没有该烟草专用机械的，按照省级以上烟草专卖行政主管部门出具的目录中同类烟草专用机械的平均价格计算。

第五条 行为人实施非法生产、销售烟草专卖品犯罪，同时构成生产、销售伪劣产品罪、侵犯知识产权犯罪、非法经营罪的，依照处罚较重的规定定罪处罚。

第六条 明知他人实施本解释第一条所列犯罪，而为其提供贷款、资金、账号、发票、证明、许可证件，或者提供生产、经营场所、设备、运输、仓储、保管、邮寄、代理进出口等便利条件，或者提供生产技术、卷烟配方的，应当按照共犯追究刑事责任。

第七条 办理非法生产、销售烟草专卖品等刑事案件，需要对伪劣烟草专卖品鉴定的，应当委托国务院产品质量监督管理部门和省、自治区、直辖市人民政府产品质量监督管理部门指定的烟草质量检测机构进行。

第八条 以暴力、威胁方法阻碍烟草专卖执法人员依法执行职务，构成犯罪的，以妨害公务罪追究刑事责任。

煽动群众暴力抗拒烟草专卖法律实施，构成犯罪的，以煽动暴力抗拒法律实施罪追究刑事责任。

第九条　本解释所称“烟草专卖品”，是指卷烟、雪茄烟、烟丝、复烤烟叶、烟叶、卷烟纸、滤嘴棒、烟用丝束、烟草专用机械。

本解释所称“卷烟辅料”，是指卷烟纸、滤嘴棒、烟用丝束。

本解释所称“烟草专用机械”，是指由国务院烟草专卖行政主管部门烟草专用机械名录所公布的，在卷烟、雪茄烟、烟丝、复烤烟叶、烟叶、卷烟纸、滤嘴棒、烟用丝束的生产加工过程中，能够完成一项或者多项特定加工工序，可以独立操作的机械设备。

本解释所称“同类烟草专用机械”，是指在卷烟、雪茄烟、烟丝、复烤烟叶、烟叶、卷烟纸、滤嘴棒、烟用丝束的生产加工过程中，能够完成相同加工工序的机械设备。

第十条　以前发布的有关规定与本解释不一致的，以本解释为准。

最高人民法院、最高人民检察院关于办理危害食品安全刑事案件适用法律若干问题的解释

(2013年4月28日最高人民法院审判委员会第1576次会议、2013年4月28日最高人民检察院第十二届检察委员会第5次会议通过　法释〔2013〕12号)

为依法惩治危害食品安全犯罪，保障人民群众身体健康、生命安全，根据刑法有关规定，对办理此类刑事案件适用法律的若干问题解释如下：

第一条　生产、销售不符合食品安全标准的食品，具有下列情形之一的，应当认定为刑法第一百四十三条规定的“足以造成严重食物中毒事故或者其他严重食源性疾病”：

(一)含有严重超出标准限量的致病性微生物、农药残留、兽药残留、重金属、污染物质以及其他危害人体健康的物质的；

(二)属于病死、死因不明或者检验检疫不合格的畜、禽、兽、水产动物及其肉类、肉类制品的；

(三)属于国家为防控疾病等特殊需要明令禁止生产、销售的；

(四)婴幼儿食品中生长发育所需营养成分严重不符合食品安全标准的；

(五)其他足以造成严重食物中毒事故或者严重食源性疾病的情形。

第二条　生产、销售不符合食品安全标准的食品，具有下列情形之一的，应当认定为刑法第一百四十三条规定的“对人体健康造成严重危害”：

(一)造成轻伤以上伤害的；

(二)造成轻度残疾或者中度残疾的；

(三)造成器官组织损伤导致一般功能障碍或者严重功能障碍的；

(四)造成十人以上严重食物中毒或者其他严重食源性疾病的；

(五)其他对人体健康造成严重危害的情形。

第三条　生产、销售不符合食品安全标准的食品，具有下列情形之一的，应当认定为刑法第一百四十三条规定的“其他严重情节”：

（一）生产、销售金额二十万元以上的；

（二）生产、销售金额十万元以上不满二十万元，不符合食品安全标准的食品数量较大或者生产、销售持续时间较长的；

（三）生产、销售金额十万元以上不满二十万元，属于婴幼儿食品的；

（四）生产、销售金额十万元以上不满二十万元，一年内曾因危害食品安全违法犯罪活动受过行政处罚或者刑事处罚的；

（五）其他情节严重的情形。

第四条 生产、销售不符合食品安全标准的食品，具有下列情形之一的，应当认定为刑法第一百四十三条规定的"后果特别严重"：

（一）致人死亡或者重度残疾的；

（二）造成三人以上重伤、中度残疾或者器官组织损伤导致严重功能障碍的；

（三）造成十人以上轻伤、五人以上轻度残疾或者器官组织损伤导致一般功能障碍的；

（四）造成三十人以上严重食物中毒或者其他严重食源性疾病的；

（五）其他特别严重的后果。

第五条 生产、销售有毒、有害食品，具有本解释第二条规定情形之一的，应当认定为刑法第一百四十四条规定的"对人体健康造成严重危害"。

第六条 生产、销售有毒、有害食品，具有下列情形之一的，应当认定为刑法第一百四十四条规定的"其他严重情节"：

（一）生产、销售金额二十万元以上不满五十万元的；

（二）生产、销售金额十万元以上不满二十万元，有毒、有害食品的数量较大或者生产、销售持续时间较长的；

（三）生产、销售金额十万元以上不满二十万元，属于婴幼儿食品的；

（四）生产、销售金额十万元以上不满二十万元，一年内曾因危害食品安全违法犯罪活动受过行政处罚或者刑事处罚的；

（五）有毒、有害的非食品原料毒害性强或者含量高的；

（六）其他情节严重的情形。

第七条 生产、销售有毒、有害食品，生产、销售金额五十万元以上，或者具有本解释第四条规定的情形之一的，应当认定为刑法第一百四十四条规定的"致人死亡或者有其他特别严重情节"。

第八条 在食品加工、销售、运输、贮存等过程中，违反食品安全标准，超限量或者超范围滥用食品添加剂，足以造成严重食物中毒事故或者其他严重食源性疾病的，依照刑法第一百四十三条的规定以生产、销售不符合安全标准的食品罪定罪处罚。

在食用农产品种植、养殖、销售、运输、贮存等过程中，违反食品安全标准，超限量或者超范围滥用添加剂、农药、兽药等，足以造成严重食物中毒事故或者其他严重食源性疾病的，适用前款的规定定罪处罚。

第九条 在食品加工、销售、运输、贮存等过程中，掺入有毒、有害的非食品原料，或者使用有毒、有害的非食品原料加工食品的，依照刑法第一百四十四条的规定以生产、销售有毒、有害食品罪定罪处罚。

在食用农产品种植、养殖、销售、运输、贮存等过程中,使用禁用农药、兽药等禁用物质或者其他有毒、有害物质的,适用前款的规定定罪处罚。

在保健食品或者其他食品中非法添加国家禁用药物等有毒、有害物质的,适用第一款的规定定罪处罚。

第十条　生产、销售不符合食品安全标准的食品添加剂,用于食品的包装材料、容器、洗涤剂、消毒剂,或者用于食品生产经营的工具、设备等,构成犯罪的,依照刑法第一百四十条的规定以生产、销售伪劣产品罪定罪处罚。

第十一条　以提供给他人生产、销售食品为目的,违反国家规定,生产、销售国家禁止用于食品生产、销售的非食品原料,情节严重的,依照刑法第二百二十五条的规定以非法经营罪定罪处罚。

违反国家规定,生产、销售国家禁止生产、销售、使用的农药、兽药,饲料、饲料添加剂,或者饲料原料、饲料添加剂原料,情节严重的,依照前款的规定定罪处罚。

实施前两款行为,同时又构成生产、销售伪劣产品罪,生产、销售伪劣农药、兽药罪等其他犯罪的,依照处罚较重的规定定罪处罚。

第十二条　违反国家规定,私设生猪屠宰厂(场),从事生猪屠宰、销售等经营活动,情节严重的,依照刑法第二百二十五条的规定以非法经营罪定罪处罚。

实施前款行为,同时又构成生产、销售不符合安全标准的食品罪,生产、销售有毒、有害食品罪等其他犯罪的,依照处罚较重的规定定罪处罚。

第十三条　生产、销售不符合食品安全标准的食品,有毒、有害食品,符合刑法第一百四十三条、第一百四十四条规定的,以生产、销售不符合安全标准的食品罪或者生产、销售有毒、有害食品罪定罪处罚。同时构成其他犯罪的,依照处罚较重的规定定罪处罚。

生产、销售不符合食品安全标准的食品,无证据证明足以造成严重食物中毒事故或者其他严重食源性疾病,不构成生产、销售不符合安全标准的食品罪,但是构成生产、销售伪劣产品罪等其他犯罪的,依照该其他犯罪定罪处罚。

第十四条　明知他人生产、销售不符合食品安全标准的食品,有毒、有害食品,具有下列情形之一的,以生产、销售不符合安全标准的食品罪或者生产、销售有毒、有害食品罪的共犯论处:

(一)提供资金、贷款、账号、发票、证明、许可证件的;

(二)提供生产、经营场所或者运输、贮存、保管、邮寄、网络销售渠道等便利条件的;

(三)提供生产技术或者食品原料、食品添加剂、食品相关产品的;

(四)提供广告等宣传的。

第十五条　广告主、广告经营者、广告发布者违反国家规定,利用广告对保健食品或者其他食品作虚假宣传,情节严重的,依照刑法第二百二十二条的规定以虚假广告罪定罪处罚。

第十六条　负有食品安全监督管理职责的国家机关工作人员,滥用职权或者玩忽职守,导致发生重大食品安全事故或者造成其他严重后果,同时构成食品监管渎职罪和徇私舞弊不移交刑事案件罪、商检徇私舞弊罪、动植物检疫徇私舞弊罪、放纵制售伪劣商品犯罪行为罪等其他渎职犯罪的,依照处罚较重的规定定罪处罚。

负有食品安全监督管理职责的国家机关工作人员滥用职权或者玩忽职守,不构成食品监管渎职罪,但构成前款规定的其他渎职犯罪的,依照该其他犯罪定罪处罚。

负有食品安全监督管理职责的国家机关工作人员与他人共谋,利用其职务行为帮助他人实施危害食品安全犯罪行为,同时构成渎职犯罪和危害食品安全犯罪共犯的,依照处罚较重的规定定罪处罚。

第十七条 犯生产、销售不符合安全标准的食品罪,生产、销售有毒、有害食品罪,一般应当依法判处生产、销售金额二倍以上的罚金。

第十八条 对实施本解释规定之犯罪的犯罪分子,应当依照刑法规定的条件严格适用缓刑、免予刑事处罚。根据犯罪事实、情节和悔罪表现,对于符合刑法规定的缓刑适用条件的犯罪分子,可以适用缓刑,但是应当同时宣告禁止令,禁止其在缓刑考验期限内从事食品生产、销售及相关活动。

第十九条 单位实施本解释规定的犯罪的,依照本解释规定的定罪量刑标准处罚。

第二十条 下列物质应当认定为"有毒、有害的非食品原料":

(一)法律、法规禁止在食品生产经营活动中添加、使用的物质;

(二)国务院有关部门公布的《食品中可能违法添加的非食用物质名单》《保健食品中可能非法添加的物质名单》上的物质;

(三)国务院有关部门公告禁止使用的农药、兽药以及其他有毒、有害物质;

(四)其他危害人体健康的物质。

第二十一条 "足以造成严重食物中毒事故或者其他严重食源性疾病""有毒、有害非食品原料"难以确定的,司法机关可以根据检验报告并结合专家意见等相关材料进行认定。必要时,人民法院可以依法通知有关专家出庭作出说明。

第二十二条 最高人民法院、最高人民检察院此前发布的司法解释与本解释不一致的,以本解释为准。

最高人民法院 最高人民检察院关于办理药品、医疗器械注册申请材料造假刑事案件适用法律若干问题的解释

(2017年4月10日最高人民法院审判委员会第1714次会议、2017年6月8日最高人民检察院第十二届检察委员会第65次会议通过 自2017年9月1日起施行 法释〔2017〕15号)

为依法惩治药品、医疗器械注册申请材料造假的犯罪行为,维护人民群众生命健康权益,根据《中华人民共和国刑法》《中华人民共和国刑事诉讼法》的有关规定,现就办理此类刑事案件适用法律的若干问题解释如下:

第一条　药物非临床研究机构、药物临床试验机构、合同研究组织的工作人员，故意提供虚假的药物非临床研究报告、药物临床试验报告及相关材料的，应当认定为刑法第二百二十九条规定的"故意提供虚假证明文件"。

实施前款规定的行为，具有下列情形之一的，应当认定为刑法第二百二十九条规定的"情节严重"，以提供虚假证明文件罪处五年以下有期徒刑或者拘役，并处罚金：

（一）在药物非临床研究或者药物临床试验过程中故意使用虚假试验用药品的；

（二）瞒报与药物临床试验用药品相关的严重不良事件的；

（三）故意损毁原始药物非临床研究数据或者药物临床试验数据的；

（四）编造受试动物信息、受试者信息、主要试验过程记录、研究数据、检测数据等药物非临床研究数据或者药物临床试验数据，影响药品安全性、有效性评价结果的；

（五）曾因在申请药品、医疗器械注册过程中提供虚假证明材料受过刑事处罚或者二年内受过行政处罚，又提供虚假证明材料的；

（六）其他情节严重的情形。

第二条　实施本解释第一条规定的行为，索取或者非法收受他人财物的，应当依照刑法第二百二十九条第二款规定，以提供虚假证明文件罪处五年以上十年以下有期徒刑，并处罚金；同时构成提供虚假证明文件罪和受贿罪、非国家工作人员受贿罪的，依照处罚较重的规定定罪处罚。

第三条　药品注册申请单位的工作人员，故意使用符合本解释第一条第二款规定的虚假药物非临床研究报告、药物临床试验报告及相关材料，骗取药品批准证明文件生产、销售药品的，应当依照刑法第一百四十一条规定，以生产、销售假药罪定罪处罚。

第四条　药品注册申请单位的工作人员指使药物非临床研究机构、药物临床试验机构、合同研究组织的工作人员提供本解释第一条第二款规定的虚假药物非临床研究报告、药物临床试验报告及相关材料的，以提供虚假证明文件罪的共同犯罪论处。

具有下列情形之一的，可以认定为前款规定的"指使"，但有相反证据的除外：

（一）明知有关机构、组织不具备相应条件或者能力，仍委托其进行药物非临床研究、药物临床试验的；

（二）支付的价款明显异于正常费用的。

药品注册申请单位的工作人员和药物非临床研究机构、药物临床试验机构、合同研究组织的工作人员共同实施第一款规定的行为，骗取药品批准证明文件生产、销售药品，同时构成提供虚假证明文件罪和生产、销售假药罪的，依照处罚较重的规定定罪处罚。

第五条　在医疗器械注册申请中，故意提供、使用虚假的医疗器械临床试验报告及相关材料的，参照适用本解释第一条至第四条规定。

第六条　单位犯本解释第一条至第五条规定之罪的，对单位判处罚金，并依照本解释规定的相应自然人犯罪的定罪量刑标准对直接负责的主管人员和其他直接责任人员定罪处罚。

第七条　对药品、医疗器械注册申请负有核查职责的国家机关工作人员，滥用职权或者玩忽职守，导致使用虚假证明材料的药品、医疗器械获得注册，致使公共财产、国家和人民利益遭受重大损失的,应当依照刑法第三百九十七条规定,以滥用职权罪或者玩忽职守罪追究刑事责任。

第八条 对是否属于虚假的药物非临床研究报告、药物或者医疗器械临床试验报告及相关材料,是否影响药品或者医疗器械安全性、有效性评价结果,以及是否属于严重不良事件等专门性问题难以确定的,可以根据国家药品监督管理部门设置或者指定的药品、医疗器械审评等机构出具的意见,结合其他证据作出认定。

第九条 本解释所称"合同研究组织",是指受药品或者医疗器械注册申请单位、药物非临床研究机构、药物或者医疗器械临床试验机构的委托,从事试验方案设计、数据统计、分析测试、监查稽查等与非临床研究或者临床试验相关活动的单位。

第十条 本解释自2017年9月1日起施行。

最高人民法院关于审理医疗损害责任纠纷案件适用法律若干问题的解释

(2017年3月27日最高人民法院审判委员会第1713次会议通过 根据2020年12月23日最高人民法院审判委员会第1823次会议通过的《最高人民法院关于修改〈最高人民法院关于在民事审判工作中适用《中华人民共和国工会法》若干问题的解释〉等二十七件民事类司法解释的决定》修正)

为正确审理医疗损害责任纠纷案件,依法维护当事人的合法权益,推动构建和谐医患关系,促进卫生健康事业发展,根据《中华人民共和国民法典》《中华人民共和国民事诉讼法》等法律规定,结合审判实践,制定本解释。

第一条 患者以在诊疗活动中受到人身或者财产损害为由请求医疗机构,医疗产品的生产者、销售者、药品上市许可持有人或者血液提供机构承担侵权责任的案件,适用本解释。

患者以在美容医疗机构或者开设医疗美容科室的医疗机构实施的医疗美容活动中受到人身或者财产损害为由提起的侵权纠纷案件,适用本解释。

当事人提起的医疗服务合同纠纷案件,不适用本解释。

第二条 患者因同一伤病在多个医疗机构接受诊疗受到损害,起诉部分或者全部就诊的医疗机构的,应予受理。

患者起诉部分就诊的医疗机构后,当事人依法申请追加其他就诊的医疗机构为共同被告或者第三人的,应予准许。必要时,人民法院可以依法追加相关当事人参加诉讼。

第三条 患者因缺陷医疗产品受到损害,起诉部分或者全部医疗产品的生产者、销售者、药品上市许可持有人和医疗机构的,应予受理。

患者仅起诉医疗产品的生产者、销售者、药品上市许可持有人、医疗机构中部分主体,当事人依法申请追加其他主体为共同被告或者第三人的,应予准许。必要时,人民法院可以依法追加相关当事人参加诉讼。

患者因输入不合格的血液受到损害提起侵权诉讼的，参照适用前两款规定。

第四条　患者依据民法典第一千二百一十八条规定主张医疗机构承担赔偿责任的，应当提交到该医疗机构就诊、受到损害的证据。

患者无法提交医疗机构或者其医务人员有过错、诊疗行为与损害之间具有因果关系的证据，依法提出医疗损害鉴定申请的，人民法院应予准许。

医疗机构主张不承担责任的，应当就民法典第一千二百二十四条第一款规定情形等抗辩事由承担举证证明责任。

第五条　患者依据民法典第一千二百一十九条规定主张医疗机构承担赔偿责任的，应当按照前条第一款规定提交证据。

实施手术、特殊检查、特殊治疗的，医疗机构应当承担说明义务并取得患者或者患者近亲属明确同意，但属于民法典第一千二百二十条规定情形的除外。医疗机构提交患者或者患者近亲属明确同意证据的，人民法院可以认定医疗机构尽到说明义务，但患者有相反证据足以反驳的除外。

第六条　民法典第一千二百二十二条规定的病历资料包括医疗机构保管的门诊病历、住院志、体温单、医嘱单、检验报告、医学影像检查资料、特殊检查（治疗）同意书、手术同意书、手术及麻醉记录、病理资料、护理记录、出院记录以及国务院卫生行政主管部门规定的其他病历资料。

患者依法向人民法院申请医疗机构提交由其保管的与纠纷有关的病历资料等，医疗机构未在人民法院指定期限内提交的，人民法院可以依照民法典第一千二百二十二条第二项规定推定医疗机构有过错，但是因不可抗力等客观原因无法提交的除外。

第七条　患者依据民法典第一千二百二十三条规定请求赔偿的，应当提交使用医疗产品或者输入血液、受到损害的证据。

患者无法提交使用医疗产品或者输入血液与损害之间具有因果关系的证据，依法申请鉴定的，人民法院应予准许。

医疗机构，医疗产品的生产者、销售者、药品上市许可持有人或者血液提供机构主张不承担责任的，应当对医疗产品不存在缺陷或者血液合格等抗辩事由承担举证证明责任。

第八条　当事人依法申请对医疗损害责任纠纷中的专门性问题进行鉴定的，人民法院应予准许。

当事人未申请鉴定，人民法院对前款规定的专门性问题认为需要鉴定的，应当依职权委托鉴定。

第九条　当事人申请医疗损害鉴定的，由双方当事人协商确定鉴定人。

当事人就鉴定人无法达成一致意见，人民法院提出确定鉴定人的方法，当事人同意的，按照该方法确定；当事人不同意的，由人民法院指定。

鉴定人应当从具备相应鉴定能力、符合鉴定要求的专家中确定。

第十条　委托医疗损害鉴定的，当事人应当按照要求提交真实、完整、充分的鉴定材料。提交的鉴定材料不符合要求的，人民法院应当通知当事人更换或者补充相应材料。

在委托鉴定前，人民法院应当组织当事人对鉴定材料进行质证。

第十一条　委托鉴定书,应当有明确的鉴定事项和鉴定要求。鉴定人应当按照委托鉴定的事项和要求进行鉴定。

下列专门性问题可以作为申请医疗损害鉴定的事项:

(一)实施诊疗行为有无过错;

(二)诊疗行为与损害后果之间是否存在因果关系以及原因力大小;

(三)医疗机构是否尽到了说明义务、取得患者或者患者近亲属明确同意的义务;

(四)医疗产品是否有缺陷、该缺陷与损害后果之间是否存在因果关系以及原因力的大小;

(五)患者损伤残疾程度;

(六)患者的护理期、休息期、营养期;

(七)其他专门性问题。

鉴定要求包括鉴定人的资质、鉴定人的组成、鉴定程序、鉴定意见、鉴定期限等。

第十二条　鉴定意见可以按照导致患者损害的全部原因、主要原因、同等原因、次要原因、轻微原因或者与患者损害无因果关系,表述诊疗行为或者医疗产品等造成患者损害的原因力大小。

第十三条　鉴定意见应当经当事人质证。

当事人申请鉴定人出庭作证,经人民法院审查同意,或者人民法院认为鉴定人有必要出庭的,应当通知鉴定人出庭作证。双方当事人同意鉴定人通过书面说明、视听传输技术或者视听资料等方式作证的,可以准许。

鉴定人因健康原因、自然灾害等不可抗力或者其他正当理由不能按期出庭的,可以延期开庭;经人民法院许可,也可以通过书面说明、视听传输技术或者视听资料等方式作证。

无前款规定理由,鉴定人拒绝出庭作证,当事人对鉴定意见又不认可的,对该鉴定意见不予采信。

第十四条　当事人申请通知一至二名具有医学专门知识的人出庭,对鉴定意见或者案件的其他专门性事实问题提出意见,人民法院准许的,应当通知具有医学专门知识的人出庭。

前款规定的具有医学专门知识的人提出的意见,视为当事人的陈述,经质证可以作为认定案件事实的根据。

第十五条　当事人自行委托鉴定人作出的医疗损害鉴定意见,其他当事人认可的,可予采信。

当事人共同委托鉴定人作出的医疗损害鉴定意见,一方当事人不认可的,应当提出明确的异议内容和理由。经审查,有证据足以证明异议成立的,对鉴定意见不予采信;异议不成立的,应予采信。

第十六条　对医疗机构或者其医务人员的过错,应当依据法律、行政法规、规章以及其他有关诊疗规范进行认定,可以综合考虑患者病情的紧急程度、患者个体差异、当地的医疗水平、医疗机构与医务人员资质等因素。

第十七条　医务人员违反民法典第一千二百一十九条第一款规定义务,但未造成患者人身损害,患者请求医疗机构承担损害赔偿责任的,不予支持。

第十八条　因抢救生命垂危的患者等紧急情况且不能取得患者意见时,下列情形可以认定为民法典第一千二百二十条规定的不能取得患者近亲属意见:

(一)近亲属不明的;

(二)不能及时联系到近亲属的;

(三)近亲属拒绝发表意见的;

(四)近亲属达不成一致意见的;

(五)法律、法规规定的其他情形。

前款情形,医务人员经医疗机构负责人或者授权的负责人批准立即实施相应医疗措施,患者因此请求医疗机构承担赔偿责任的,不予支持;医疗机构及其医务人员怠于实施相应医疗措施造成损害,患者请求医疗机构承担赔偿责任的,应予支持。

第十九条　两个以上医疗机构的诊疗行为造成患者同一损害,患者请求医疗机构承担赔偿责任的,应当区分不同情况,依照民法典第一千一百六十八条、第一千一百七十一条或者第一千一百七十二条的规定,确定各医疗机构承担的赔偿责任。

第二十条　医疗机构邀请本单位以外的医务人员对患者进行诊疗,因受邀医务人员的过错造成患者损害的,由邀请医疗机构承担赔偿责任。

第二十一条　因医疗产品的缺陷或者输入不合格血液受到损害,患者请求医疗机构,缺陷医疗产品的生产者、销售者、药品上市许可持有人或者血液提供机构承担赔偿责任的,应予支持。

医疗机构承担赔偿责任后,向缺陷医疗产品的生产者、销售者、药品上市许可持有人或者血液提供机构追偿的,应予支持。

因医疗机构的过错使医疗产品存在缺陷或者血液不合格,医疗产品的生产者、销售者、药品上市许可持有人或者血液提供机构承担赔偿责任后,向医疗机构追偿的,应予支持。

第二十二条　缺陷医疗产品与医疗机构的过错诊疗行为共同造成患者同一损害,患者请求医疗机构与医疗产品的生产者、销售者、药品上市许可持有人承担连带责任的,应予支持。

医疗机构或者医疗产品的生产者、销售者、药品上市许可持有人承担赔偿责任后,向其他责任主体追偿的,应当根据诊疗行为与缺陷医疗产品造成患者损害的原因力大小确定相应的数额。

输入不合格血液与医疗机构的过错诊疗行为共同造成患者同一损害的,参照适用前两款规定。

第二十三条　医疗产品的生产者、销售者、药品上市许可持有人明知医疗产品存在缺陷仍然生产、销售,造成患者死亡或者健康严重损害,被侵权人请求生产者、销售者、药品上市许可持有人赔偿损失及二倍以下惩罚性赔偿的,人民法院应予支持。

第二十四条　被侵权人同时起诉两个以上医疗机构承担赔偿责任,人民法院经审理,受诉法院所在地的医疗机构依法不承担赔偿责任,其他医疗机构承担赔偿责任的,残疾赔偿金、死亡赔偿金的计算，按下列情形分别处理：

（一）一个医疗机构承担责任的，按照该医疗机构所在地的赔偿标准执行；

（二）两个以上医疗机构均承担责任的，可以按照其中赔偿标准较高的医疗机构所在地标准执行。

第二十五条　患者死亡后，其近亲属请求医疗损害赔偿的，适用本解释；支付患者医疗费、丧葬费等合理费用的人请求赔偿该费用的，适用本解释。

本解释所称的“医疗产品”包括药品、消毒产品、医疗器械等。

第二十六条　本院以前发布的司法解释与本解释不一致的，以本解释为准。

本解释施行后尚未终审的案件，适用本解释；本解释施行前已经终审，当事人申请再审或者按照审判监督程序决定再审的案件，不适用本解释。

最高人民法院　最高人民检察院　公安部　司法部 国家卫生和计划生育委员会关于依法惩处涉医违法犯罪维护正常医疗秩序的意见

（法发〔2014〕5号）

为依法惩处涉医违法犯罪，维护正常医疗秩序，构建和谐医患关系，根据《中华人民共和国刑法》《中华人民共和国治安管理处罚法》等法律法规，结合工作实践，制定本意见。

一、充分认识依法惩处涉医违法犯罪维护正常医疗秩序的重要性

加强医药卫生事业建设，是实现人民群众病有所医，提高全民健康水平的重要社会建设工程。经过多年努力，我国医药卫生事业发展取得显著成就，但医疗服务能力、医疗保障水平与人民群众不断增长的医疗服务需求之间仍存在一定差距。一段时期以来，个别地方相继发生暴力杀医、伤医以及在医疗机构聚众滋事等违法犯罪行为，严重扰乱了正常医疗秩序，侵害了人民群众的合法利益。良好的医疗秩序是社会和谐稳定的重要体现，也是增进人民福祉的客观要求。依法惩处涉医违法犯罪，维护正常医疗秩序，有利于保障医患双方的合法权益，为患者创造良好的看病就医环境，为医务人员营造安全的执业环境，从而促进医疗服务水平的整体提高和医药卫生事业的健康发展。

二、严格依法惩处涉医违法犯罪

对涉医违法犯罪行为，要依法严肃追究、坚决打击。公安机关要加大对暴力杀医、伤医、扰乱医疗秩序等违法犯罪活动的查处力度，接到报警后应当及时出警、快速处置，需要追究刑事责任的，及时立案侦查，全面、客观地收集、调取证据，确保侦查质量。人民检察院应当及时依法批捕、起诉，对于重大涉医犯罪案件要加强法律监督，必要时可以对收集证据、适用法律提出意见。人民法院应当加快审理进度，在全面查明案件事实的基础上依法准确定罪量刑，对于犯罪手段残忍、主观恶性深、人身危险性大的被告人或者社会影响恶劣的涉医犯罪行为，要依法从严惩处。

（一）在医疗机构内殴打医务人员或者故意伤害医务人员身体、故意损毁公私财物，尚未造成严重后果的，分别依照治安管理处罚法第四十三条、第四十九条的规定处罚；故意杀害医务人员，或者故意伤害医务人员造成轻伤以上严重后果，或者随意殴打医务人员情节恶劣、任意损毁公私财物情节严重，构成故意杀人罪、故意伤害罪、故意毁坏财物罪、寻衅滋事罪的，依照刑法的有关规定定罪处罚。

（二）在医疗机构私设灵堂、摆放花圈、焚烧纸钱、悬挂横幅、堵塞大门或者以其他方式扰乱医疗秩序，尚未造成严重损失，经劝说、警告无效的，要依法驱散，对拒不服从的人员要依法带离现场，依照治安管理处罚法第二十三条的规定处罚；聚众实施的，对首要分子和其他积极参加者依法予以治安处罚；造成严重损失或者扰乱其他公共秩序情节严重，构成寻衅滋事罪、聚众扰乱社会秩序罪、聚众扰乱公共场所秩序、交通秩序罪的，依照刑法的有关规定定罪处罚。

在医疗机构的病房、抢救室、重症监护室等场所及医疗机构的公共开放区域违规停放尸体，影响医疗秩序，经劝说、警告无效的，依照治安管理处罚法第六十五条的规定处罚；严重扰乱医疗秩序或者其他公共秩序，构成犯罪的，依照前款的规定定罪处罚。

（三）以不准离开工作场所等方式非法限制医务人员人身自由的，依照治安管理处罚法第四十条的规定处罚；构成非法拘禁罪的，依照刑法的有关规定定罪处罚。

（四）公然侮辱、恐吓医务人员的，依照治安管理处罚法第四十二条的规定处罚；采取暴力或者其他方法公然侮辱、恐吓医务人员情节严重（恶劣），构成侮辱罪、寻衅滋事罪的，依照刑法的有关规定定罪处罚。

（五）非法携带枪支、弹药、管制器具或者爆炸性、放射性、毒害性、腐蚀性物品进入医疗机构的，依照治安管理处罚法第三十条、第三十二条的规定处罚；危及公共安全情节严重，构成非法携带枪支、弹药、管制刀具、危险物品危及公共安全罪的，依照刑法的有关规定定罪处罚。

（六）对于故意扩大事态，教唆他人实施针对医疗机构或者医务人员的违法犯罪行为，或者以受他人委托处理医疗纠纷为名实施敲诈勒索、寻衅滋事等行为的，依照治安管理处罚法和刑法的有关规定从严惩处。

三、积极预防和妥善处理医疗纠纷

（一）卫生计生行政部门应当加强医疗行业监管，指导医疗机构提高医疗服务能力，保障医疗安全和医疗质量。医疗机构及其医务人员要严格遵守医疗卫生管理法律、行政法规、部门规章和诊疗护理规范，加强医德医风建设，改善服务态度，注重人文关怀，尊重患者的隐私权、知情权、选择权等权利，根据患者病情、预后不同以及患者实际需求，采取适当方式进行沟通，做好解释说理工作，从源头上预防和减少医疗纠纷。

（二）卫生计生行政部门应当指导医疗机构加强投诉管理，设立医患关系办公室或者指定部门统一承担医疗机构投诉管理工作，建立畅通、便捷的投诉渠道。

医疗机构投诉管理部门应当在医疗机构显著位置公布该部门及医疗纠纷人民调解组织等相关机构的联系方式、医疗纠纷的解决程序，加大对患者法律知识的宣传，引导患者依法、理性解决医疗纠纷。有条件的医疗机构可设立网络投诉平台，并安排专人处理、回复患者投诉。要做到投诉必管、投诉必复，在规定期限内向投诉人反馈处理情况。

对于医患双方自行协商解决不成的医疗纠纷，医疗机构应当及时通过向人民调解委员会申请调解等其他合法途径解决。

（三）司法行政机关应当会同卫生计生行政部门加快推进医疗纠纷人民调解组织建设，在医疗机构集中、医疗纠纷突出的地区建立独立的医疗纠纷人民调解委员会。

司法行政机关应当会同人民法院加强对医疗纠纷人民调解委员会的指导，帮助完善医疗纠纷人民调解受理、调解、回访、反馈等各项工作制度，加强医疗纠纷人民调解员队伍建设和业务培训，建立医学、法律等专家咨询库，确保调解依法、规范、有效进行。

司法行政机关应当组织法律援助机构为有需求并符合条件的医疗纠纷患者及其家属提供法律援助，指导律师事务所、公证机构等为医疗纠纷当事人提供法律服务，指导律师做好代理服务工作，促使医疗纠纷双方当事人妥善解决争议。

（四）人民法院对起诉的医疗损害赔偿案件应当及时立案受理，积极开展诉讼调解，对调解不成的，及时依法判决，切实维护医患双方的合法利益。在诉讼过程中应当加强诉讼指导，并做好判后释疑工作。

（五）卫生计生行政部门应当会同公安机关指导医疗机构建立健全突发事件预警应对机制和警医联动联防联控机制，提高应对突发事件的现场处置能力。公安机关可根据实际需要在医疗机构设立警务室，及时受理涉医报警求助，加强动态管控。医疗机构在诊治过程中发现有暴力倾向的患者，或者在处理医疗纠纷过程中发现有矛盾激化，可能引发治安案件、刑事案件的情况，应当及时报告公安机关。

四、建立健全协调配合工作机制

各有关部门要高度重视打击涉医违法犯罪、维护正常医疗秩序的重要性，认真落实党中央、国务院关于构建和谐医患关系的决策部署，加强组织领导与协调配合，形成构建和谐医患关系的合力。地市级以上卫生计生行政部门应当积极协调相关部门建立联席会议等工作制度，定期互通信息，及时研究解决问题，共同维护医疗秩序，促进我国医药卫生事业健康发展。

最高人民法院　最高人民检察院　公安部　司法部
关于依法惩治妨害新型冠状病毒感染肺炎疫情防控违法犯罪的意见

（法发〔2020〕7号）

为依法惩治妨害新型冠状病毒感染肺炎疫情防控违法犯罪行为，保障人民群众生命安全和身体健康，保障社会安定有序，保障疫情防控工作顺利开展，根据有关法律、司法解释的规定，制定本意见。

一、提高政治站位，充分认识疫情防控时期维护社会大局稳定的重大意义

各级人民法院、人民检察院、公安机关、司法行政机关要切实把思想和行动统一到习近平总书记关于新型冠状病毒感染肺炎疫情防控工作的系列重要指示精神上来，坚决贯彻落实党中央决策部署、中央应对新型冠状病毒感染肺炎疫情工作领导小组工作安排，按照中央政法委要求，增强“四个意识”、坚定“四个自信”、做到“两个维护”，始终将人民群众的生命安全和身体健康放在第一位，坚决把疫情防控作为当前压倒一切的头等大事来抓，用足用好法律规定，依法及时、从严惩治妨害疫情防控的各类违法犯罪，为坚决打赢疫情防控阻击战提供有力法治保障。

二、准确适用法律，依法严惩妨害疫情防控的各类违法犯罪

（一）依法严惩抗拒疫情防控措施犯罪。故意传播新型冠状病毒感染肺炎病原体，具有下列情形之一，危害公共安全的，依照刑法第一百一十四条、第一百一十五条第一款的规定，以以危险方法危害公共安全罪定罪处罚：

1. 已经确诊的新型冠状病毒感染肺炎病人、病原携带者，拒绝隔离治疗或者隔离期未满擅自脱离隔离治疗，并进入公共场所或者公共交通工具的；

2. 新型冠状病毒感染肺炎疑似病人拒绝隔离治疗或者隔离期未满擅自脱离隔离治疗，并进入公共场所或者公共交通工具，造成新型冠状病毒传播的。

其他拒绝执行卫生防疫机构依照传染病防治法提出的防控措施，引起新型冠状病毒传播或者有传播严重危险的，依照刑法第三百三十条的规定，以妨害传染病防治罪定罪处罚。

以暴力、威胁方法阻碍国家机关工作人员（含在依照法律、法规规定行使国家有关疫情防控行政管理职权的组织中从事公务的人员，在受国家机关委托代表国家机关行使疫情防控职权的组织中从事公务的人员，虽未列入国家机关人员编制但在国家机关中从事疫情防控公务的人员）依法履行为防控疫情而采取的防疫、检疫、强制隔离、隔离治疗等措施的，依照刑法第二百七十七条第一款、第三款的规定，以妨害公务罪定罪处罚。暴力袭击正在依法执行职务的人民警察的，以妨害公务罪定罪，从重处罚。

（二）依法严惩暴力伤医犯罪。在疫情防控期间，故意伤害医务人员造成轻伤以上的严重后果，或者对医务人员实施撕扯防护装备、吐口水等行为，致使医务人员感染新型冠状病毒的，依照刑法第二百三十四条的规定，以故意伤害罪定罪处罚。

随意殴打医务人员，情节恶劣的，依照刑法第二百九十三条的规定，以寻衅滋事罪定罪处罚。

采取暴力或者其他方法公然侮辱、恐吓医务人员，符合刑法第二百四十六条、第二百九十三条规定的，以侮辱罪或者寻衅滋事罪定罪处罚。

以不准离开工作场所等方式非法限制医务人员人身自由，符合刑法第二百三十八条规定的，以非法拘禁罪定罪处罚。

（三）依法严惩制假售假犯罪。在疫情防控期间，生产、销售伪劣的防治、防护产品、物资，或者生产、销售用于防治新型冠状病毒感染肺炎的假药、劣药，符合刑法第一百四十条、第一百四十一条、第一百四十二条规定的，以生产、销售伪劣产品罪，生产、销售假药罪或者生产、销售劣药罪定罪处罚。

在疫情防控期间，生产不符合保障人体健康的国家标准、行业标准的医用口罩、护目镜、防护服等医用器材，或者销售明知是不符合标准的医用器材，足以严重危害人体健康的，依照刑法第一百四十五条的规定，以生产、销售不符合标准的医用器材罪定罪处罚。

（四）依法严惩哄抬物价犯罪。在疫情防控期间，违反国家有关市场经营、价格管理等规定，囤积居奇，哄抬疫情防控急需的口罩、护目镜、防护服、消毒液等防护用品、药品或者其他涉及民生的物品价格，牟取暴利，违法所得数额较大或者有其他严重情节，严重扰乱市场秩序的，依照刑法第二百二十五条第四项的规定，以非法经营罪定罪处罚。

（五）依法严惩诈骗、聚众哄抢犯罪。在疫情防控期间，假借研制、生产或者销售用于疫情防控的物品的名义骗取公私财物，或者捏造事实骗取公众捐赠款物，数额较大的，依照刑法第二百六十六条的规定，以诈骗罪定罪处罚。

在疫情防控期间，违反国家规定，假借疫情防控的名义，利用广告对所推销的商品或者服务作虚假宣传，致使多人上当受骗，违法所得数额较大或者有其他严重情节的，依照刑法第二百二十二条的规定，以虚假广告罪定罪处罚。

在疫情防控期间，聚众哄抢公私财物特别是疫情防控和保障物资，数额较大或者有其他严重情节的，对首要分子和积极参加者，依照刑法第二百六十八条的规定，以聚众哄抢罪定罪处罚。

（六）依法严惩造谣传谣犯罪。编造虚假的疫情信息，在信息网络或者其他媒体上传播，或者明知是虚假疫情信息，故意在信息网络或者其他媒体上传播，严重扰乱社会秩序的，依照刑法第二百九十一条之一第二款的规定，以编造、故意传播虚假信息罪定罪处罚。

编造虚假信息，或者明知是编造的虚假信息，在信息网络上散布，或者组织、指使人员在信息网络上散布，起哄闹事，造成公共秩序严重混乱的，依照刑法第二百九十三条第一款第四项的规定，以寻衅滋事罪定罪处罚。

利用新型冠状病毒感染肺炎疫情，制造、传播谣言，煽动分裂国家、破坏国家统一，或者煽动颠覆国家政权、推翻社会主义制度的，依照刑法第一百零三条第二款、第一百零五条第二款的规定，以煽动分裂国家罪或者煽动颠覆国家政权罪定罪处罚。

网络服务提供者不履行法律、行政法规规定的信息网络安全管理义务，经监管部门责令采取改正措施而拒不改正，致使虚假疫情信息或者其他违法信息大量传播的，依照刑法第二百八十六条之一的规定，以拒不履行信息网络安全管理义务罪定罪处罚。

对虚假疫情信息案件，要依法、精准、恰当处置。对恶意编造虚假疫情信息，制造社会恐慌，挑动社会情绪，扰乱公共秩序，特别是恶意攻击党和政府，借机煽动颠覆国家政权、推翻社会主义制度的，要依法严惩。对于因轻信而传播虚假信息，危害不大的，不以犯罪论处。

（七）依法严惩疫情防控失职渎职、贪污挪用犯罪。在疫情防控工作中，负有组织、协调、指挥、灾害调查、控制、医疗救治、信息传递、交通运输、物资保障等职责的国家机关工作人员，滥用职权或者玩忽职守，致使公共财产、国家和人民利益遭受重大损失的，依照刑法第三百九十七条的规定，以滥用职权罪或者玩忽职守罪定罪处罚。

卫生行政部门的工作人员严重不负责任，不履行或者不认真履行防治监管职责，导致新型冠状病毒感染肺炎传播或者流行，情节严重的，依照刑法第四百零九条的规定，以传染病防治失职罪定罪处罚。

从事实验、保藏、携带、运输传染病菌种、毒种的人员，违反国务院卫生行政部门的有关规定，造成新型冠状病毒毒种扩散，后果严重的，依照刑法第三百三十一条的规定，以传染病毒种扩散罪定罪处罚。

国家工作人员，受委托管理国有财产的人员，公司、企业或者其他单位的人员，利用职务便利，侵吞、截留或者以其他手段非法占有用于防控新型冠状病毒感染肺炎的款物，或者挪用上述款物归个人使用，符合刑法第三百八十二条、第三百八十三条、第二百七十一条、第三百八十四条、第二百七十二条规定的，以贪污罪、职务侵占罪、挪用公款罪、挪用资金罪定罪处罚。挪用用于防控新型冠状病毒感染肺炎的救灾、优抚、救济等款物，符合刑法第二百七十三条规定的，对直接责任人员，以挪用特定款物罪定罪处罚。

（八）依法严惩破坏交通设施犯罪。在疫情防控期间，破坏轨道、桥梁、隧道、公路、机场、航道、灯塔、标志或者进行其他破坏活动，足以使火车、汽车、电车、船只、航空器发生倾覆、毁坏危险的，依照刑法第一百一十七条、第一百一十九条第一款的规定，以破坏交通设施罪定罪处罚。

办理破坏交通设施案件，要区分具体情况，依法审慎处理。对于为了防止疫情蔓延，未经批准擅自封路阻碍交通，未造成严重后果的，一般不以犯罪论处，由主管部门予以纠正。

（九）依法严惩破坏野生动物资源犯罪。非法猎捕、杀害国家重点保护的珍贵、濒危野生动物的，或者非法收购、运输、出售国家重点保护的珍贵、濒危野生动物及其制品的，依照刑法第三百四十一条第一款的规定，以非法猎捕、杀害珍贵、濒危野生动物罪或者非法收购、运输、出售珍贵、濒危野生动物、珍贵、濒危野生动物制品罪定罪处罚。

违反狩猎法规，在禁猎区、禁猎期或者使用禁用的工具、方法进行狩猎，破坏野生动物资源，情节严重的，依照刑法第三百四十一条第二款的规定，以非法狩猎罪定罪处罚。

违反国家规定，非法经营非国家重点保护野生动物及其制品（包括开办交易场所、进行网络销售、加工食品出售等），扰乱市场秩序，情节严重的，依照刑法第二百二十五条第四项的规定，以非法经营罪定罪处罚。

知道或者应当知道是国家重点保护的珍贵、濒危野生动物及其制品，为食用或者其他目的而非法购买，符合刑法第三百四十一条第一款规定的，以非法收购珍贵、濒危野生动物、珍贵、濒危野生动物制品罪定罪处罚。

知道或者应当知道是非法狩猎的野生动物而购买，符合刑法第三百一十二条规定的，以掩饰、隐瞒犯罪所得罪定罪处罚。

（十）依法严惩妨害疫情防控的违法行为。实施上述（一）至（九）规定的行为，不构成犯罪的，由公安机关根据治安管理处罚法有关虚构事实扰乱公共秩序，扰乱单位秩序、公共场所秩序、寻衅滋事，拒不执行紧急状态下的决定、命令，阻碍执行职务，冲闯警戒带、警戒区，殴打他人，故意伤害，侮辱他人，诈骗，在铁路沿线非法挖掘坑穴、采石取沙，盗窃、损毁路面公共设施，损毁铁路设施设备，故意损毁财物、哄抢公私财物等规定，予以治安管理处罚，或者由有关部门予以其他行政处罚。

对于在疫情防控期间实施有关违法犯罪的，要作为从重情节予以考量，依法体现从严的政策要求，有力惩治震慑违法犯罪，维护法律权威，维护社会秩序，维护人民群众生命安全和身体健康。

三、健全完善工作机制，保障办案效果和安全

（一）及时查处案件。公安机关对于妨害新型冠状病毒感染肺炎疫情防控的案件，要依法及时立案查处，全面收集固定证据。对于拒绝隔离治疗或者隔离期未满擅自脱离隔离治疗的人员，公安机关要依法协助医疗机构和有关部门采取强制隔离治疗措施。要严格规范公正文明执法。

（二）强化沟通协调。人民法院、人民检察院、公安机关、司法行政机关要加强沟通协调，确保案件顺利侦查、起诉、审判、交付执行。对重大、敏感、复杂案件，公安机关要及时听取人民检察院的意见建议。对社会影响大、舆论关注度高的重大案件，要加强组织领导，按照依法处置、舆论引导、社会面管控"三同步"要求，及时向社会通报案件进展情况，澄清事实真相，做好舆论引导工作。

（三）保障诉讼权利。要依法保障犯罪嫌疑人、被告人的各项诉讼权利特别是辩护权。要按照刑事案件律师辩护全覆盖的要求，积极组织律师为没有委托辩护人的被告人依法提供辩护或者法律帮助。各级司法行政机关要加强对律师辩护代理工作的指导监督，引导广大律师依法依规履行辩护代理职责，切实维护犯罪嫌疑人、被告人的合法权益，保障法律正确实施。

（四）加强宣传教育。人民法院、人民检察院、公安机关、司法行政机关要认真落实"谁执法谁普法"责任制，结合案件办理深入细致开展法治宣传教育工作。要选取典型案例，以案释法，加大警示教育，震慑违法犯罪分子，充分展示坚决依法严惩此类违法犯罪、维护人民群众生命安全和身体健康的决心。要引导广大群众遵纪守法，不信谣、不传谣，依法支持和配合疫情防控工作，为疫情防控工作的顺利开展营造良好的法治和社会环境。

（五）注重办案安全。在疫情防控期间，办理妨害新型冠状病毒感染肺炎疫情防控案件，办案人员要注重自身安全，提升防范意识，增强在履行接处警、抓捕、羁押、讯问、审判、执行等职能时的自我保护能力和防范能力。除依法必须当面接触的情形外，可以尽量采取书面审查方式，必要时，可以采取视频等方式讯问犯罪嫌疑人、询问被害人、证人、听取辩护律师意见。人民法院在疫情防控期间审理相关案件的，在坚持依法公开审理的同时，要最大限度减少人员聚集，切实维护诉讼参与人、旁听群众、法院干警的安全和健康。

最高人民法院　最高人民检察院　公安部　司法部　海关总署关于进一步加强国境卫生检疫工作　依法惩治妨害国境卫生检疫违法犯罪的意见

（署法发〔2020〕50号）

为进一步加强国境卫生检疫工作，依法惩治妨害国境卫生检疫违法犯罪行为，维护公共卫生安全，保障人民群众生命安全和身体健康，根据有关法律、司法解释的规定，制定本意见。

一、充分认识国境卫生检疫对于维护公共卫生安全的重要意义

国境卫生检疫对防止传染病传入传出国境，保障人民群众生命安全和身体健康，维护公共卫生安全和社会安定有序发挥着重要作用。党中央、国务院高度重视国境卫生检疫工作，特别是新冠肺炎疫情发生以来，习近平总书记对强化公共卫生法治保障、改革完善疾病预防控制体系、健全防治结合、联防联控、群防群治工作机制作出一系列重要指示批示。各级人民法院、人民检察院、公安机关、司法行政机关、海关要切实提高政治站位，把思想和行动统一到习近平总书记重要指示批示精神上来，坚决贯彻落实党中央决策部署，增强"四个意识"、坚定"四个自信"、做到"两个维护"；从贯彻落实总体国家安全观、推动构建人类命运共同体的高度，始终将人民群众的生命安全和身体健康放在第一位，切实提升国境卫生检疫行政执法和司法办案水平。特别是面对当前新冠肺炎疫情在境外呈现扩散态势、通过口岸向境内蔓延扩散风险加剧的严峻形势，要依法及时、从严惩治妨害国境卫生检疫的各类违法犯罪行为，切实筑牢国境卫生检疫防线，坚决遏制疫情通过口岸传播扩散，为维护公共卫生安全提供有力的法治保障。

二、依法惩治妨害国境卫生检疫的违法犯罪行为

为加强国境卫生检疫工作，防止传染病传入传出国境，保护人民群众健康安全，刑法、国境卫生检疫法对妨害国境卫生检疫违法犯罪行为及其处罚作出规定。人民法院、人民检察院、公安机关、海关在办理妨害国境卫生检疫案件时，应当准确理解和严格适用刑法、国境卫生检疫法等有关规定，依法惩治相关违法犯罪行为。

（一）进一步加强国境卫生检疫行政执法。海关要在各口岸加强国境卫生检疫工作宣传，引导出入境人员以及接受检疫监管的单位和人员严格遵守国境卫生检疫法等法律法规的规定，配合和接受海关国境卫生检疫。同时，要加大国境卫生检疫行政执法力度，对于违反国境卫生检疫法及其实施细则，尚不构成犯罪的行为，依法给予行政处罚。

（二）依法惩治妨害国境卫生检疫犯罪。根据刑法第三百三十二条规定，违反国境卫生检疫规定，实施下列行为之一的，属于妨害国境卫生检疫行为：

1. 检疫传染病染疫人或者染疫嫌疑人拒绝执行海关依照国境卫生检疫法等法律法规提出的健康申报、体温监测、医学巡查、流行病学调查、医学排查、采样等卫生检疫措施，或者隔离、留验、就地诊验、转诊等卫生处理措施的；

2. 检疫传染病染疫人或者染疫嫌疑人采取不如实填报健康申明卡等方式隐瞒疫情，或者伪造、涂改检疫单、证等方式伪造情节的；

3. 知道或者应当知道实施审批管理的微生物、人体组织、生物制品、血液及其制品等特殊物品可能造成检疫传染病传播，未经审批仍逃避检疫，携运、寄递出入境的；

4. 出入境交通工具上发现有检疫传染病染疫人或者染疫嫌疑人，交通工具负责人拒绝接受卫生检疫或者拒不接受卫生处理的；

5. 来自检疫传染病流行国家、地区的出入境交通工具上出现非意外伤害死亡且死因不明的人员，交通工具负责人故意隐瞒情况的；

6. 其他拒绝执行海关依照国境卫生检疫法等法律法规提出的检疫措施的。

实施上述行为，引起鼠疫、霍乱、黄热病以及新冠肺炎等国务院确定和公布的其他检疫传染病传播或者有传播严重危险的，依照刑法第三百三十二条的规定，以妨害国境卫生检疫罪定罪处罚。

对于单位实施妨害国境卫生检疫行为，引起鼠疫、霍乱、黄热病以及新冠肺炎等国务院确定和公布的其他检疫传染病传播或者有传播严重危险的，应当对单位判处罚金，并对其直接负责的主管人员和其他直接责任人员定罪处罚。

三、健全完善工作机制，保障依法科学有序防控

（一）做好行刑衔接。海关要严把口岸疫情防控第一关，严厉追究违反国境卫生检疫规定的行政法律责任，完善执法办案流程，坚持严格执法和依法办案。做好行政执法和刑事司法的衔接，对符合国境卫生检疫监管领域刑事案件立案追诉标准的案件，要依照有关规定，及时办理移送公安机关的相关手续，不得以行政处罚代替刑事处罚。

（二）加快案件侦办。公安机关对于妨害国境卫生检疫犯罪案件，要依法及时立案查处，全面收集固定证据。对新冠肺炎疫情防控期间发生的妨害国境卫生检疫犯罪，要快侦快破，并及时予以曝光，形成强大震慑。

（三）强化检察职能。人民检察院要加强对妨害国境卫生检疫犯罪案件的立案监督，发现应当立案而不立案的，应当要求公安机关说明理由，认为理由不成立的，应当依法通知公安机关立案。对于妨害国境卫生检疫犯罪案件，人民检察院可以对案件性质、收集证据和适用法律等向公安机关提出意见建议。对于符合逮捕、起诉条件的涉嫌妨害国境卫生检疫罪的犯罪嫌疑人，应当及时批准逮捕、提起公诉。发挥检察建议的作用，促进疫情防控体系化治理。

（四）加强沟通协调。人民法院、人民检察院、公安机关、司法行政机关、海关要加强沟通协调，畅通联系渠道，建立常态化合作机制。既要严格履行法定职责，各司其职，各负其责，又要相互配合，相互协作，实现资源共享和优势互补，形成依法惩治妨害国境卫生检疫违法犯罪的合力。对社会影响大、舆论关注度高的重大案件，要按照依法处置、舆论引导、社会面管控“三同步”要求，及时澄清事实真相，做好舆论引导和舆情应对工作。

（五）坚持过罚相当。进一步规范国境卫生检疫执法活动，切实做到严格规范公正文明执法。注重把握宽严相济政策：对于行政违法行为，要根据违法行为的危害程度和悔过态度，综合确定处罚种类和幅度。对于涉嫌犯罪的，要重点打击情节恶劣、后果严重的犯罪行为；对于情节轻微且真诚悔改的，依法予以从宽处理。

（六）维护公平正义。人民法院、人民检察院、公安机关要依法保障犯罪嫌疑人、被告人的各项诉讼权利特别是辩护权，切实维护当事人合法权益，维护法律正确实施。司法行政机关要加强对律师辩护代理工作的指导监督，促进律师依法依规执业。人民法院、人民检察院、公安机关、司法行政机关、海关要认真落实“谁执法谁普法”责任制，选取典型案例，开展以案释法，加大警示教育，震慑不法分子，释放正能量，为疫情防控营造良好的法治和社会环境。